치문경훈

초심자의 첫 마음을 굳건히 다져주는 불교의 명문장

緇門警訓 치문경훈

현진 옮김

불광출판사

버려서는 안 될 것이 있으니…

『치문경훈(緇門警訓)』이 새내기 치도(緇徒)의 일주문이 되지 못하는 것은 어제오늘의 새로운 일이 아니다. 비록 지금도 전국의 전통 강원에서 사미과의 기본 교재로 대부분 『치문』을 선택하고 있지만, 대승불교의 기반 아래 여러 경로를 통하여 보다 순수한 불음(佛音)을 받아들이고 있는 지금의 한국불교에서 불문(佛門)에 초발심한 이들이 택할 수 있는 길 또한 사회의 다양성만큼이나 여러 갈래로 열려 있는 것이 사실이다.

이제는 부처님의 뜻을 이해하는 데 군이 한전(漢典)을 고집할 이유가 없다. 불도 입문의 지침서로 여겨지는 『법구경(法句經)』 등은 벌써부터 빠알리어에서 우리말로 옮겨져 널리 읽히고 있으며, 심지어 그러한 경전의 틀을 벗어난 여러 저작들과 첨단의 프로그램을 통해 전파되는 부처님의 사상들을 접하는 것만도 이미 초심자들에게는 힘겨운 것인지 모르겠다.

더욱이 당대의 여러 고승과 문인들이 불음을 노래하고 불도(佛道)를 읊은 『치문경훈』의 글들은 이미 한학을 하던 이들도 꺼리는 어려운 문장으로 이루어져 있는데, 하물며 한학을 접하지 못한 세대에게는 분명 손쉬운 상대가 아니다.

그런데도 우리가 아직까지 『치문경훈』을 쉽사리 버리지 못하는 것은 무슨 까닭이며, 더욱이 이것을 초발심의 치도(緇徒)에게까지 군이 권하는 이유는 무엇인가? 그것은 이 책이 담당해 주어야 할 중요한 역할이 분명히 남아 있기 때문이다. 즉 한문으로 번역된 대부분의 경전들, 우리글로 온전히 옮겨지지 못한 경전의 많은 내용들을 아직까지는 한문이라는 창을 통해 들여다볼 수밖에 없는 실정이며, 여기에 이 책이 담당해야 할 역할이 있다.

여기에서 분명한 것은, 『치문경훈』이 비록 부처님의 가르침을 전해 주는 역할을 『법구경』류의 다양하고 새로운 서적들에게 물려주었다 하더라도, 한역 경전을 독파하는 도구로서 한문을 익히는 동시에 붓다의 종지를 함께 느껴볼 수 있으며, 나아가 여러 종류의 글을 통해 불교의 참된 모습을 가늠해 보는 역할에서만큼은 독보적이라는 점이다. 그러기에 아직까지 이 책은 온고(溫故)의 대상이지, 버림의 대상은 분명 아니다.

『치문경훈』은 그동안 진호 스님의 한글 현토를 시작으로 해방 후 몇 차례의 한글 번역본이 나왔다. 하지만 아직까지는 문언체의 어투를 중심으로 원문에 충실한 번역들이 주를 이루고 있으며, 그 참고서라 할 사기(私記) 또한 전해 내려오는 강사들의 비망록에서 크게 벗어나지 못했기에 불도를 익히려는 신세대의 감각을 포용하기엔 다소 거리감이 있었다. 그러므로 근자에 들어 『치문경훈』을 비롯한 강원의 몇몇 기본서들이 현대 젊은 세대의 어법과 분위기에 맞추어 거듭 번역되는 일은 시의적절하고 바람직스럽다고 생각한다.

이 책은 기존의 번역본과 사기류를 종합하여 정리한 모습에서 크게 벗어나지 않았지만, 공부 중인 학인의 손에 의해 새내기의 감각으로 정리되었다는 점에서 일고의 가치가 있다고 본다. 불도를 배우고자 하는 초심자라면 한 번은 접하게 될 『치문경훈』을 같은 위치에 있는 학인의 입장에서 다듬은 글이기 때문에 조금은 친숙하게 다가설 수 있을 것이다.

기왕에 초발심한 치도라면 다소 짧지 않은 기간을 할애하여, 불음의 깊이만큼이나 오랜 역사의 한문에 실려 있는 여러 선인들의 폭넓은 사상을 『치문경훈』을 통해, 우선은 많이 읽고 아울러 암송하며 언제나 마음에 두고 되씹어 보기 바란다. 그래서 이를 통해 한문 습득은 물론, 글 깊숙이 담아놓은 선사들의 질책과 훈계를 체득하여 불문에서 끊임없이 수행하는 데 길잡이가 되기를 바랄 뿐이다.

불기 2544(2000)년 경진 8월
종범(宗梵)

머리말

개정판을 내며

불문[緇門]에 처음 들어온 이가 경계와 훈계[警訓] 삼을 만한 글들이 반드시 한문으로 쓰여 있어야 가치가 있는 것은 아니다. 그러나 어느 한 문화권을 온전히 엿보고자 할 때 가장 왜곡이 적은 방법은 그 문화의 원어(原語)를 통해서 들여다볼 때이다. 그래서 불교의 원 모습을 보고자 하면 응당 빠알리어[남방불교]나 산스끄리트[대승불교] 원전을 통하는 것이 바른 길이요, 인도불교가 나름의 문화력을 지닌 중국에 들어가 온고지신(溫故知新)하여 성립된 중국불교를 알려면 한문 경전을 통하지 않고는 아무리 옅은 색이라도 채색된 안경을 통해서일 뿐이다.

치도(緇徒)의 초심에서 한문 원전에 기반한 『치문경훈』을 익히는 까닭은 불문(佛門)에 대한 시각을 다방면으로 둘러볼 수 있다는 점과 아울러 우리 문화와 유사한 뿌리를 지닌 채 아직까진 상당한 영향력을 지닌 중국문화에 대한 이해력을 한문을 익힘으로써 가질 수 있기 때문이다.

나름의 첫 번역이 나온 지 스무 해가 지난 후에 다시 조금의 윤문이 더해졌다는 핑계를 받아들여 개정판으로 세상에 나오도록 도움을 주신 원더박스의 전 주간 이상근 님과 다시 한 번 글을 꼼꼼히 살펴봐주신 김소영 편집자님께 특별히 감사드린다.

불기 2567(2023)년 계묘 2월
현진(玄津)

초판 옮긴이의 말

어차피 초역이 아니라면 '번역했다'는 말이 무색한 것은 사실이다.

『불조통기(佛祖統記)』에서 역경에 관해 언급한 내용에 의하면, 정면에 앉아서 범문(梵文)을 풀어 강설하는 이를 역주(譯主), 역주의 왼편에 앉아서 역주의 번역이 바른가 바르지 않은가를 판별하는 이를 증의(證義), 역주의 오른편에 앉아서 역주가 읽는 범문에 잘못이 없는가 조사하는 이를 증문(證文), 범문을 듣고서 범음(梵音) 그대로를 한자로 옮겨 쓰는 이를 서사(書寫), 범음을 한문으로 번역하는 이를 필수(筆受), 문자를 엮어서 글귀로 만드는 이를 철문(綴文), 범문과 한문을 비교하여 틀림이 없게 하는 이를 참역(參譯), 쓸데없이 긴 글귀를 줄여서 의미를 확정하는 이를 간정(刊定), 번역문을 윤색하는 이를 윤문(潤文)이라고 하여 아홉 가지 역할에 대해 말한다.

굳이 지금의 이 번역에 맞는 역할을 위의 아홉 가지 역할 가운데서 찾는다면 '윤문'이라는 하나의 역할 정도를 크게 넘어서지 않을 것이다.

그럼에도 번역 아닌 번역을 한 이유는 활자화시킬 번역문을 염두에 둔 것이 아니었다. 뜻을 보다 깊이 있게 이해하고자 하여 글로 옮겨본 것인데, 윤문이 제법 되었다는 말에 현혹되어 이 지경에까지 이르게 되었다.

기존의 모든 자료들을 적당히 나열하여 옮겨 놓은 것이 이 책의 번역문 원고였는데, 무려 세 차례에 걸쳐서 토씨 하나까지 상세히 윤문과 교정을 해줌으로써 비로소 탈고된 하나의 번역문이 되도록 출판해준 출판사에 특별히 감사를 드린다.

불기 2544(2000)년 경진 8월
현진

차례

해제

1. 경계 삼고 교훈 삼을 만한 글

먹물 옷을 입은 이로서 경계 삼고 교훈 삼을 만한 글이라면 굳이 삼장(三藏)의 여기
저기를 들추며 언급하지 않더라도 쉽사리 접할 수 있다. 공부하는 이라면 불문(佛門)
에 들어서며 누구 없이 가장 먼저 대하는 세 편의 유려한 글인『초발심자경문(初發心
自警文)』이 그 대표격이라면, 연이은 조사들이 혜명(慧命)의 단절을 근심하고 뒷사람
들의 나태를 걱정한 어록(語錄)의 말씀들도 모두 그런 글들이라 할 수 있다.

　'먹물 옷을 입은 이가 경계 삼고 교훈 삼을 글'이라는 제목처럼,『치문경훈(緇門
警訓)』은 불문경훈(佛門警訓)의 성격을 잘 내포하고 있는 글 모음으로 알려져 있다.
하지만『치문경훈』이 단지 그런 성격의 글들만을 모았거나 고승대덕의 문장만을 모
은 것은 아니다. 물론 경훈(警訓)이나 유계(遺誡) 등이 찬집의 중심이 되어 있기는 하
다. 하지만 육물(六物)을 설명한 글이나 그것을 노래한 부(賦)와 함께, 법당을 지었다
하여 그 연혁과 사정을 밝힌 기문(記文)이나 신불(信佛)의 정도를 피력한 호법(護法)
등과 같은 재가불자들의 글도 상당한 비중을 차지하고 있다. 이렇듯이『치문경훈』
은 재가인의 경우에는 불문을 엿볼 수 있고, 출가인의 경우에는 불문의 외형을 가늠
할 수 있는 종합적인 지남서(指南書)로서 그 성격을 넓혀 볼 수 있다.

　그러나 지금의 한국불교에서『치문경훈』이 갖는 가치는 무엇보다도, 불문의 겉
모습일지언정 폭넓게 개괄하여 언급하고 있는 '한문(漢文)'으로 된 문장의 모음집'이
라는 데서 찾을 수 있다.

우리가 불문의 교학(教學)을 익히는 데 있어서 아직까지 한문으로 된 원전을 고집하는 데에는 몇 가지 이유가 있다. 오랜 기간을 거쳐서 이루어진 축약적이며 상형적인 문자로서의 한문이 지니는 의미를, 문자로서의 연륜이 아직은 그리 깊지 않은 한글이 당장에 소화해 내기에는 역부족인 점이 그 이유 가운데 하나라면, '불설(佛說)'이라는 씨앗을 바탕으로 장구한 시공이 어우러져 만들어낸 거목이 바로 한문 원전이라는 인식이, 보다 불음(佛音)에 가깝다고 할 수 있는 초기경전에 집착하지 않게 하는 원인일 것이라는 점이 또 다른 이유가 될 것이다.

그러므로 우리가 불전을 깊이 있게 이해하는 데에서, 한문 원전은 그 물결을 헤쳐나갈 배이고, 한문은 그 배를 저어갈 노이며,『치문경훈』은 항해술을 익히는 교재로서 가장 보편적으로 거론될 수 있는 대상이라 할 수 있다. 물론 삼장이나 어록의 뛰어난 문장만을 모은 선집류나 그 요략(要略)을 유려한 문장으로 재구성한 서책들이 적지 않다. 그렇지만『치문경훈』은 단지 정수(精粹)만을 회편한 것이 아니라 불문의 겉모습도 폭넓게 언급하고 있는 잡록(雜錄)이기에 오히려 '교재'로서의 가치를 더욱 재고할 수 있을 것이다. 아울러『치문경훈』이 한문의 현학적인 난이도에서는 한역된 심오한 불설의 경전을 다소 능가하고 있다는 점 또한 간과할 수 없는 장점이라고 할 수 있다.

2.『치문』의 발자취

중국 북송(北宋) 때 택현 온제(擇賢蘊齊)[1] 선사가 불가제현(佛家諸賢)의 유훈류(遺訓

---

1 택현 온제 : (?~1130) 중국 송나라 때 스님. 자는 택현, 호는 청변(淸辨)임. 전당(錢塘) 당(唐)씨의 자손. 23세 때 경전을 시험 보고 득도하다. 언륜(彦倫)을 좇아 천태의 경전을 배워 폭넓은 이해를 가지게 되었으며, 평소 홀로 경전 보기를 좋아하였다. 전당의 도림사(道林寺)에서 주지하고 상방(上方)과 부석(浮石) 등 여러 사찰의 두루 거치다. 건염(建炎) 4년 4월에 대중을 모아놓고『미타경』을 외우더니 게송을 짓고는 열반에 들었다.

類) 가운데 뛰어난 문장을 모아 한 권의 책으로 엮으니, 바로 『치문경훈』의 전신인 『치림보훈(緇林寶訓)』이다. 당초 『치림보훈』에 어떤 글들이 몇 편이나 수록되어 있었는지는 남아 있는 기록이 없으나, 『치문경훈』이 대부분 당송 때 문장으로 할애되어 있고 덧붙여 몇몇 조대(朝代)의 소수 글들로 이루어진 점을 감안하면[2] 한 권의 『치림보훈』이 9권의 『치문경훈』에 비해 그 권수에 비례할 만큼의 적은 분량은 아니었을 것이다.

이 『치림보훈』을 토대로 환주 지현(幻住智賢) 선사 영중(永中)이 원나라 인종 황경(皇慶) 2년(1313)에 당시 전해 내려오던 고승대덕과 공경대부의 불문에 관련된 글들을 보충하여 아홉 권으로 엮어 펴내며 『치문경훈』이라고 책 이름을 고치니, 진(晉)나라 지둔(支遁) 선사의 글로부터 송나라와 원나라 시대에 이르는 글들이 두루 수록되어 있다.

우리나라의 경우에는 고려 충목왕 3년(1346)에서 6년 사이 중국에 들어가 구법행각을 하던 태고 보우(太古普愚) 선사가 석옥 청공(石屋淸珙) 선사로부터 법을 얻어 돌아오며 환주 지현의 9권본 『치문경훈』을 가지고 들어온 것으로 여겨진다. 그러나 본격적인 유포는 그 30년 뒤인 고려 우왕 5년(1378)에 명회(明會)와 도암(道庵) 두 스님의 모연으로 태고 스님 생전에 어렵게 판각됨으로써 이루어지게 되었다.

그 후 중국에서는 명나라 헌종 성화(成和) 6년(1470)에 가화부(嘉禾府) 진여청사(眞如請寺)의 여근(如巹)이 속집(續集) 1권을 증보하여 10권으로 만들고 공곡 경융(空谷景隆)과 애은 각준(崖隱覺濬)의 서문과 자신의 서문을 붙여 다시 출간하였다. 이것이 바로 신수장경(新修藏經) 등에 수록된 지금의 10권본 『치문경훈』이다.

주석이 첨가된 판본으로는 두 가지가 있다. 하나는 신수장경에 수록된 것으로서 주석자와 주석 시기가 미상이며 주석의 내용 또한 비교적 간단한 것인데, 중국에

---

2 총 203편 가운데 제한된 자료에 의해 그 필자가 확인된 것은 총 125편이다. 필자를 조대별로 구분해 보면, 진(晉) 1편, 유송(劉宋) 2편, 양(梁) 2편, 북주(北周) 2편, 수(隋) 4편, 당(唐) 24편, 오대(五代) 5편, 송(宋) 84편, 원(元) 1편 등이다.

서 주석된 것으로 보인다.[3] 다른 하나는 조선 숙종 21년(1695)에 백암 성총(栢庵性聰) 스님이 기존의 주석에 덧붙여 상세하게 주석하여 출간한 『치문경훈주(緇門警訓註)』로서, 『한국불교전서』에 수록되어 있는 것이다. 현재 전통 사찰의 강원에서 교재로 사용하고 있는 『정선현토치문』은 1936년 진호(震湖) 스님이 성총본에 수록된 191편의 글 가운데 67편만 발췌하여 글의 내용에 따라 "경훈(警訓)"과 "면학(勉學)" 등의 열세 부분으로 나누어 다시 편집하고, 아울러 수록되지 않은 부분의 주석 가운데 뛰어난 문장을 모아 "전기(傳記)"와 "계고(稽古)"라는 부록을 덧붙인 것이다.

3. 편찬과 재편에 의한 수록 형태의 변천

최초의 1권본인 『치림보훈』에는 몇 편의 글이 실려 있었는지는 알 수 없으나, 신수장경에 수록된 10권본에는 모두 200편의 글이 실려 있고, 『한국불교전서』에 수록된 성총본에는 모두 190편의 글이 실려 있다. 편수가 밝혀진 두 판본을 대조하여 서로 수록되지 않은 글을 모두 더하면 전체 편수는 총 203편이 된다.

성총본은 신수본의 권5에 수록된 전체 12편과 권8의 "대혜선사답손지현서" 등 총 13편이 부족한 대신 신수본에 수록되어 있지 않은 "양개 화상이 어버이를 이별하며 올리는 글[洞山良价和尙辭親書]", "양개 화상이 뒤에 또 올린 글[後書]", "양개 화상의 모친이 회답하다[娘廻答]"의 3편이 보충되어 있기에 총 10편의 차이를 보이고 있다. 특히 『치문경훈』을 거론하면 반드시 언급되는 뛰어난 글인 "양개 화상이 어버이를 이별하며 올리는 글" 등 세 편의 글이 신수본에 수록되어 있지 않은 사실에서,

---

3   구주(舊註)는 물론 성총 스님의 주석에까지 우리나라 관련 인명이나 지명을 구체적으로 언급하여 주석에 인용한 내용은 찾아볼 수 없다. 『정선현토치문』의 "계고편"에 수록된 "비석점기"는 『치문경훈』의 제8권 "석장부(錫杖賦)" 원문에 성총 스님이 주석한 것인데, 원래 주석에는 왕양명(王陽明)의 시와 함께 제목에서 "순천 선암사(順天仙巖寺)"라고 언급하고 있는 황매천의 시가 없는 것으로 보아 아마도 진호 스님이 회편할 때 첨가한 것이 아닌가 한다.

이 책이 한국과 중국에서 분리되어 보다 다양한 판본으로 전래되었을 수도 있음을 유추해 볼 수 있다.[4]

지현 선사에 의해 9권본으로 정리된 『치문경훈』은 그 편재에 있어서 하나의 뚜렷한 주제가 있는 듯하지는 않으며, 다만 책 이름에 맞게 비중 있는 경책의 글을 시작으로 유사 형태의 글을 적절히 나열해 놓았다. 성총 스님은 전체를 주석하면서도 옛것을 그대로 답습하였는데, 정작 축약본이 나오면서 그 편재에 변화가 나타나기 시작하였다.

1914년 한영(漢永) 스님은 글이 쉽고 뜻이 원만한 것을 발췌하여 『정선치문잡설(精選緇門雜說)』을 출간하며 모두 네 단원으로 편집하였다. 첫 번째 단원은 "권학(勸學)"으로서 "면학(勉學)" 등 4편을 수록하였고, 두 번째 단원은 "경유(警諭)"로서 "스님 되기가 이렇게 어려우니[釋難文]" 등 9편을 수록하였고, 세 번째 단원은 "서독(書牘)"으로서 "동산 양개 화상이 어버이를 이별하며 올리는 글" 등 10편을 수록하였으며, 네 번째 단원은 "잡저(雜著)"로서 "명각 선사가 벽 사이에 남겨놓은 글[雪竇明覺禪師壁間遺文]" 등 20편을 수록하였다.

그러나 대대적이며 체계적인 재편은 1936년 진호 스님이 성총본의 총 190편 가운데 67편을 발췌하고 그것을 13개 부분으로 성격을 세분하여 정리한[5] 『정선현토치문(精選懸吐緇門)』이 출간됨으로써 이뤄지게 되었다. 전체 글 가운데 보다 뛰어

---

4   이와 같이 어떤 책이 한국과 중국에서 각각 다양한 판본으로 전하여 발전한 예가 몇 가지 있다. 한학(漢學) 고문의 교과서로서 예로부터 널리 애용되던 『고문진보(古文眞寶)』의 경우에는 정작 중국보다 우리나라에서 높은 가치를 인정받아 왔다. 우리나라에서 유행한 판본은 전집 12권 후집 10권본으로 송우정(宋祐貞)이 음석(音釋)하고 유염(劉剡)이 교정했다 하는데, 중국의 어느 판본보다 내용이 증가되었다. 전집은 물론 후집의 경우 같은 10권이라도 분량이 거의 두 배에 달할 정도이니, 조선조 학자들이 보다 완전한 교과서를 만들기 위해 그 내용을 크게 보충한 것을 알 수 있다.

5   치문의 총 203편을 진호 스님이 분류한 13개 부분으로 분류해 보면 각 부분별 편수는, "경훈" 8편, "면학" 6편, "유계" 11편, "잠명" 17편, "서장" 14편, "기문" 7편, "서문" 5편, "원문" 11편, "선문" 4편, "시중" 22편, "계찬" 3편, "호법" 6편, "잡록" 89편이 된다.

난 글을 엄밀히 선정하고 아울러 내용을 분류하여 유사한 글을 한곳에 모아 편집함으로써 독서의 효율성을 높인 것이 이 판본의 장점이다. 다만 문장의 위치가 앞뒤로 바뀜으로써 물 흐르듯 일관성을 지니던 성총 스님의 주석이 다소 끊기거나 혹은 뒤바뀐 부분이 없지 않으며, 수록되지 않은 글 가운데 간혹 뛰어난 글이 발견되는 것은 어쩔 수 없는 아쉬움으로 남는다.6

4. 글쓴이 일람(一覽)

총 203편의 글 가운데 글쓴이가 확인된 글과, 비록 확실하지는 않으나 제목 등에 글쓴이의 이름이 거론된 것을 합하면 모두 136편이다. 이를 승속(僧俗)으로 나누어 보면 20편이 속인의 저작이고 나머지는 모두 스님의 글이다.

속인은 그 면모가 위로는 황제(양나라 고조, 수나라 고조 등), 대문호(백낙천, 황정견), 역사가(범엽, 사마온 공), 당대에 명성을 떨쳤던 거사들(방 거사, 무진 거사), 공경대부(안시랑)로 이루어져 있으며, 평민으로는 양개 화상의 모친이 있을 뿐이다. 이 가운데 호법류(護法類)의 글은 모두 군주의 저작이며, 기문(記文)으로 분류되는 글들은 어김없이 속인의 찬술인 것이 눈에 띄는 점이다.

기문이란 사원의 전각이나 당우를 신축 또는 증축하면서 그 전말을 기록한 문장을 말한다. 부처님께서 불법의 외호를 왕신(王臣)에게 부촉한 사실에서도 유추해 알 수 있듯이 호법과 기문에 승려의 글이 실려 있지 않다는 것은 출가인과 재가인의 본분이 무엇인지를 일깨워주는 사실이어서 그 시사하는 바가 크다.

---

6   진호 스님이 정선할 때 누락된 문장들은 주로 짧은 글로서 대부분 시중류(示衆類)나 잡록류(雜錄類)의 글들이다. 그 가운데 어려운 글로 간주되는 부(賦)의 형식을 띠고 있으나 쉬운 내용으로 간단하게 불가의 집물(什物)들을 노래한 "철발부(鐵鉢賦)", "녹랑부(漉囊賦)", "석장부(錫杖賦)" 등은 그 내용을 익힘은 물론 아울러 부담없이 부문(賦文)을 접할 수 있기에 자주 권독(勸讀)의 대상이 되곤 하였다.

스님들을 그 명칭으로 구분하는 데에는 무리가 있다. 비록 선사의 명칭이 다수를 차지하고 있지만, 이와 더불어 율사와 논사 등 외형적으로나마 폭넓은 분야의 명칭들이 보인다는 것은 그만큼 불문의 구석구석까지 언급된 폭넓은 내용의 글들이 수록되었음을 의미한다.7

5. 참고 자료

1) 국내 목판본

(1) 대광사(大光寺)본 : 조선 중종 19년(1524) 순천 대광사 간행본으로, 지관(智冠) 스님 소장. 상·중·하 및 속집 가운데 상권만이 남아 있다.

(2) 영정사(靈井寺)본 : 조선 인조 16년(1638) 밀양 영정사 간행본으로, 해인사 소장. "간행기"에는 "崇禎戊寅六月日, 慶尙密陽載岳山靈井寺, 主上殿下壽萬歲, 刊刻雞林後人住持印惠 -中略- 引經靈益, 別坐圓應, 化主信安."이라 되어 있다.

(3) 보현사(普賢寺)본 : 조선 숙종 9년(1682) 영변(寧邊) 보현사 간행본으로, 동국대학교 및 고려대학교 소장. 동국대학교 소장본은 뒤쪽의 4장이 일실되었으며, 고려대학교 소장본은 하권만 남아 있는데 그 뒤쪽의 3장 및 "간행기"는 필사로 보충되어 있다. "간행기"에는 "康熙卅一年平安道寧邊妙香山普賢寺開板."이라 되어 있다.

이상의 세 가지 판본은 "서주 치문경훈(敍註緇門警訓)"과 "성총주(性聰註)" 없이 단지 본문만 있을 뿐이다.

(4) 쌍계사(雙磎寺)본 : 조선 숙종 22년(1695) 진주 쌍계사 간행본으로, 동국대학

---

7 편명에 나타난 스님들의 칭호를 구분하여 그에 해당하는 스님의 수를 살펴보면, 선사 42, 율사 2, 법사 12, 화상 9, 대사 4, 승록(僧錄) 2, 논사(論師) 1, 국사 1, 참주(懺主) 1 이다.

교 소장. "서주 치문경훈"과 "성총주"가 실려 있으며, "간행기"에는 "供養主學眞, 鍊板振雄, 前判事都監智元, 別座雪淡, 化主性能, 康熙乙亥晉州智異山雙磎寺開刊."이라 되어 있다.

(5) 해인사(海印寺)본 : 그 형태가 영정사본과 동일하나 "간행기"가 없어 새긴 연대는 알 수 없다. 현재 남아 있는 것은 상권의 5~6쪽 및 하권의 1~2쪽, 47~48쪽, 59~60쪽 등 4개의 목판뿐이다.

(6) 이외에 현존하는 목판본으로는 운문사본(1588년, 89판), 갑사본(1614년, 76판), 용국사본(1664년, 76판), 그리고 규장각에 소장되어 있는 금강산 표훈사본(1539년) 등이 있다고 알려져 있다.

2) 원전류(原典類)

(1) 신수대장경 제48권 1040~1097쪽 『치문경훈』 10권 : 제1권에서 제9권까지로 되어 있고, 여근 스님의 속집이 제10권으로 되어 있다. 성총 스님의 주석에서 언급된 "구주(舊註)"만이 본문과 함께 수록되어 있다.

(2) 『한국불교전서』 제8책 552~654쪽 『치문경훈주』 3권 : 상·중·하 및 속집으로 이루어져 있으며 성총 스님의 주석이 실려 있다.

(3) 『선장(禪藏)』 제38권 81~336쪽 『치문경훈』 10권 : 1994년 대만(臺灣) 불광사(佛光寺)에서 편집 출판된 것으로, 신수장경과 내용상 동일하나 신수장경에 나오는 오자(誤字)가 많이 수정되었다.

3) 사기류(私記類)

(1) 『치문사기』 : 1권. 함명 태선(涵溟太先) 스님 편저. 조선 때 찬술된 사기로서 현존하는 것은 성총 스님의 주석과 이것뿐이다.

(2) 『치문사기』 : 지관 스님 편저. 지관 스님이 표충사와 동화사 및 해인사에서 강의하며 비망으로 적어두었던 것을 정리하여 1963년에 해인사 강원에서 프린트물로 출간한 것이다.

(3) 『정선치문경훈주해(精選緇門警訓註解)』: 종진(宗眞) 스님 편저. 내용에 관한 주석은 물론 본문을 해석하는데 난이한 곳은 일일이 지적하여 풀이해 놓았다. 본 사기는 지관 스님의 사기를 비롯한 이전의 사기를 종합하고 그 내용을 대대적으로 보충한 것으로, 해인사 강원에서 1966년에 프린트물로, 1993년에 활자 초판본으로 출간되었다.

(4) 『하마기(蝦蟆記)』: 서울 인사동 고서점에서 발견된 찬술자 미상의 사기를 봉선사(奉先寺) 통신강원에서 정리하여 프린트물로 출판한 것이다.**8** 동국대학교에도 동일 내용의 필사본이 소장되어 있다. 다섯 번째 단원이 누락된 상·중·하 3권본『치문』을 대상으로 사기한 것이다. 음을 표기할 때 "松音종也"라고 하거나 형용사를 설명할 때 "把茱, 한 줌 두 줌 하난 뜻이라."라고 하는 등 어김없이 한글을 쓴 점이나, 문장이 다소 유려하지 못한 점 등으로 미루어 해방 이전의 근래에 쓰인 것으로 보인다.

---

8 월운 스님의 서문에 다음과 같은 설명이 나온다. "통도사 강원에서 경을 보던 어느 해, 서울에 올 일이 있어 왔다가 인사동 고서점에 들렀더니 이름 모를 파고본(破古本) 하나가 있었다. 내용을 보니 아주 서투른 필사에 오자와 연문(衍文) 및 낙자(落字) 투성이인 치문사기류였다. 그러나 치문의 석사(釋詞)에는 도움이 될 것 같아서 빌려 초(草)해 두었었다. 그 후 종종 보면서 누구의 원작인지 생각해 보았으나 알 도리가 없고 제명(題名)마저 없었다. 알아볼 수 없는 것은 약간 수정하고 필요 없는 부분은 삭제하고 빠진 부분은 고로(古老)의 통설에 의해 보완한 뒤에 제목을 '하마'라고 붙였다."

일러두기

1. 이 책은 성총(性聰) 스님이 주석한 것을 발췌 편집하고 현토한 진호(震湖) 스님의 3권본을 저본으로 하였다.

2. 원문에서 현토는 삭제하고 이를 대신해 현재 중국에서 고문의 정리에 사용하고 있는 현대식 방점을 일부 적용하여 정리하였다. 책 이름(『책』)과 고유명사(_) 및 인용문(" ") 등은 별도로 표기하였다.

3. 사기(私記)는 매 편 뒤에 실어서 보다 깊은 내용을 살필 수 있게 하였다. 사기는 고래(古來)의 사기류를 집대성하여 해인사에서 간행한 종진 스님의 『치문사기』를 저본으로 한 것으로, 새로운 내용을 보충하고 일부 사전적인 항목을 추가하여 다시 편집한 집주(集註)이다. 원문에서 각주는 (숫재로 표시한 반면, 사기는 굵은 숫자로 표시하여 구별하였다.

4. 본문과 각주의 번역은 직역을 위주로 하였으며, 문맥이 압축되어 의미 전달이 부족한 곳은 많이 풀거나 도움말을 첨가하였다. 다만 본문 가운데 게송과 운율을 맞춘 글은 전통적인 한글 시가의 형식을 빌려 옮겼기에 다소 의역에 가깝다.

5. 찾아보기는 원문과 사기에서 명사 위주로 정리하여 쉽게 찾아볼 수 있게 하였다.

서문

序文

1

원서

原 序

●

道本無言, 因言顯道, 此三教之書, 所由作也.『緇[1]林寶訓』, 舊版不存, 皇慶[2]癸丑, 余因募緣, 重爲鋟梓. 乃掇遺編斷簡中, 君臣道俗, 凡可以激勸訓誡者, 頗增入之, 目曰『緇門警訓』[3], 庶廣學者見聞. 至得意忘言之時, 則區區之志, 豈徒然哉!

吳城 西幻住庵 比丘[4]永中謹識.

도(道)는 본래 말이 없으나 말로 인해 도가 드러나는 것이니, 이는 삼교(三敎)의 서적들이 지어지게 된 연유이다.『치림보훈』의 옛 판본이 남아 있지 않음에 황경 연간의 계축년에 인연이 모였기에 내가 다시 판각하였는데, 흩어지고 빠진 문장들을 모아 정리하는 가운데 군신(君臣)이나 도속(道俗)의 격려되고 훈계될 수 있는 것을 제법 늘려 삽입하고는 그 제목을『치문경훈』이라 하였으니, 널리 배우고자 하는 자들은 보고 익히기를 바란다. 뜻[意]을 얻고 말[言]을 잊기에 이르러선 곧 구구한 생각들이 될 뿐이겠지만, 어찌 그것이 헛되다고만 하겠는가?

오성 서환주암 비구 영중(永中)이 삼가 쓰다.

사기
(私記)

1 緇 : 帛黑色也. 段注: 黑者, 北方色也. 火所熏之色也.『考工記』三入爲纁, 五入爲緅, 七入爲緇.鄭注曰: 玄色者, 在緅緇之間, 其六入者與?(『說文解字』)

2 皇慶 : 중국 원나라 4대 인종(仁宗)의 연호(서기 1312~1313)로, 고려 26대 충선왕(忠宣王) 5~6년에 해당한다.

3 緇門警訓 : 송나라 때 택현(擇賢)의『치림보훈』1권을 토대로 원나라 인종 황경(皇慶) 2년(1313) 환주 지현(幻住智賢) 선사가 북송 이래 수·당·송·명 때에 이르기까지 고승대덕의 유훈(遺訓)과 명사 현인의 아화(雅話)를 널리 채집·증보하여『치문경훈』9권을 편찬하였다. 그 후 명나라 때 (1470) 가화부(嘉禾府) 진여청사(眞如請寺) 여근(如巹)이 속편 1권을 증보하여 총 10권이 되었다. 우리나라에 전해진 것은 고려 말 태고 보우(太古普愚) 선사가 원나라에 유학을 갔다 돌아오는 길에 환주지현본 9권을 가지고 들어오면서였다. 그로부터 30년 후 우왕(禑王) 4년(1378)에 명회(明會)와 도암(道庵) 등 두 스님의 화주로 판각되었고, 조선 숙종 21년(1695) 백암 성총(栢庵 性聰) 스님이 원문에 주석을 더하여『치문경훈』10권(3책)으로 출판된 뒤 불교 강원의 이력 과정에 편입되었다. 근래에는 1941년 박한영(朴漢永) 스님이『정선치문잡설(精選緇門雜說)』을 내고, 1936년 안진호(安震湖) 스님이 총 3책 191편 가운데 67편을 발췌하고 다시 "전기"와 "계고"를 부록으로 하여 토를 달아『정선현토치문(精選懸吐緇門)』을 출판하였다. 한글 번역본은 성총 스님의 주석까지 번역한 탄허(呑虛) 스님의『치문』(교림사)과 따로 주석을 붙인 이일영(李一影)의『치문경훈』(보련각) 및 한정섭(韓定燮)의『치문경훈』(법륜사) 등이 있다.

1) 택현 온제(擇賢蘊齊) : (?~1130) 중국 송나라 때 스님. 자는 택현(擇賢), 덕호(德號)는 청변(淸辨), 전당(錢塘) 당(唐)씨의 자손이다. 23세 때 경전을 시험 보고 득도하였다. 언륜(彦倫)을 좇아 천태의 경전을 배워 폭넓은 이해를 가지게 되었으며, 평소 홀로 경전 보기를 좋아하였다. 전당(錢塘)의 도림사(道林寺)에서 주지하고 상방(上方)·동령(東靈)·남병(南屛)·광화(廣化)·부석(浮石) 등의 사찰을 두루 거쳤다. 건염(建炎) 4년 4월에 대중을 모아놓고『미타경(彌陀經)』을 외더니 게송을 짓고는 열반에 들었다.

2) 여근(如巹) : (1425~?) 중국 명나라 때 임제종 스님. 경태(景泰) 원년(1450)에 항주(杭州) 수길산(修吉山)의 경륭(景隆) 선사에게 참구하여 수행하고 아울러 그의 법을 얻었다. 절강(浙江) 가화(嘉禾)의 진여사(眞如寺)에 오래도록 주석하였다. 헌종(憲宗) 성화(成化) 6년(1470)에『치문경훈』9권에 속집 1권을 증보하여 총 10권으로 중간(重刊)하였으며, 홍치(弘治) 2년(1489)에는『선종정맥(禪宗正脈)』10권을 저술하였다.

4 比丘 : 범어 bhikṣu를 소릿말적기한 것으로, 남자로서 출가하여 걸식으로 생활하는 이로 250계

를 받아 지닌 사람이다. 다음의 몇몇 다른 명칭이 있다.

1) 걸사(乞士) : 비구는 항상 밥을 빌어 깨끗하게 생활하는 자이니, 위로는 법을 빌어 지혜의 목숨을 돕고 아래로는 밥을 빌어 몸을 기른다는 뜻이다. → '걸식(乞食)'조(제7장 서문 "3. 각범홍선사송승걸식서覺範洪禪師送僧乞食序" 사기 2. 乞食)

2) 포마(怖魔) : 비구는 마왕과 마구니들을 두렵게 한다는 뜻이다.

3) 파악(把握) : 비구는 계·정·혜 삼학을 닦아서 견혹(見惑)과 사혹(思惑)의 악(惡)을 끊는다는 뜻이다.

4) 제근(除饉) : 비구는 계행(戒行)이란 좋은 복전(福田)이 있어 능히 물자를 내어 인과의 흉년을 제거한다는 뜻이다.

5) 근사남(勤事男) : 비구는 계율의 행을 노력하여 부지런하다는 뜻이다.

참고로, 두타(頭陀)는 범어 dhūta를 소릿말적기한 것으로, 의식주에 대한 탐착을 버리고 심신을 수련하는 것을 말하는데, 후세에는 산야와 세상을 순역하며 온갖 신산(辛酸)의 고행을 인내하는 행각의 수행이란 뜻으로 사용되었다. 두타의 생활규범에 대해 12조항을 세워 '십이두타행(十二頭陀行)'이라고 하는데 다음과 같다.

1) 재아란야처(在阿蘭若處) : 인가와 떨어진 조용한 곳에 머문다.

2) 상행걸식(常行乞食) : 항상 걸식을 행한다.

3) 차제걸식(次第乞食) : 걸식을 할 때 빈부를 가리지 말고 차례로 한다.

4) 수일식법(受一食法) : 하루 한 끼를 먹는다.

5) 절량식(節量食) : 과식을 하지 않는다.

6) 중후부득음장(中後不得飲漿) : 점심이 지난 정오 이후에는 과실즙이나 석밀(石蜜) 따위도 먹지 않는다.

7) 착폐납의(著弊衲衣) : 남루한 옷감으로 만든 옷을 입는다.

8) 단삼의(但三衣) : 삼의(三衣) 외에는 옷을 소유하지 않는다.

9) 총간주(塚間住) : 무덤 곁에 머물면서 무상관(無常觀)에 도움이 되도록 한다.

10) 수하지(樹下止) : 주거처에 대한 애착을 없애기 위해 나무 밑에서 머문다.

11) 노지좌(露地坐) : 공지(空地)에 앉을 것. 나무 밑에서 자는 경우 습기·새똥·독충의 해가 있기 때문이다.

12) 단좌불와(但坐不臥) : 항상 앉아 있고 눕지 않는다.

2

치문경훈서

緇門警訓序

●

盡大地人, 誰無佛性, 誰無信心.[1] 然, 不遇聖教, 則不發無上菩提[2]之心, 長沈苦海, 頭出頭沒, 虛生浪死, 實可憫也. 是以, 佛祖聖賢, 作不請友, 行無緣慈,[3] 爲說種種方便,[4] 教化[5]調伏,[6] 令其生淨信心, 成就無上佛果·菩提.[7] 佛果·菩提, 豈異事乎! 正是當人本覺心也. 『大經』亦云: "欲知如來大涅槃[8]者, 當須了知根本自性." 若人深信此語, 忽然反顧, 則卽知自心, 無量妙義·百千三昧,[9] 本自具足, 分毫不謬, 此是正信心也. 三世聖賢, 出現於世, 無言語中而起言說, 正謂此耳. 太古[10]南游求法時, 幸遇斯『警訓』, 將歸本土, 意欲廣宣流布, 利國利人, 有年矣. 今有勝士明會與道庵, 發大誓願, 廣化檀緣, 鏤板印施, 俾國人一見一聞, 皆結勝因, 畢竟, 同成無上正覺. 此, 斯『警訓』之大義歟!

戊午正月初吉, 三韓國尊 小雪山 利雄尊者謹序

온 세상의 사람들 가운데 그 누가 불성(佛性)이 없을 것이며, 그 누가 신심(信心)이 없을 것인가? 그러나 성인의 가르침을 만나지 못하면 위없는 보리(菩提)의 마음을 드러내지 못하고 길이 고통의 바다에 빠져서 머리를 내밀었다 디밀었다 하며 공허하게 살다가 헛되이 죽을 것이니 참으로 가련할 뿐이다.

이런 까닭에 부처님과 성현들이 청하지도 않은 벗이 되고 인연 없는 자비를 행하여 갖가지 방편을 말씀함으로써 교화하고 다독거려 청정한 신심이 생기게 하고 위없는 불과(佛果)와 보리(菩提)를 성취하게 해 주셨다. 불과와 보리가 어찌 별다른 것이겠는가? 바로 그 사람의 본디 깨달은 마음[本覺心]인 것을.

『대경(大經)』에 이르기를 "여래의 대열반(大涅槃)을 알고자 하면 반드시 근본 자성(自性)을 이해하여 알아야 한다." 하였다. 만약 사람들이 이 말을 깊이 믿어서 문득 돌이켜 본다면 곧 자기의 마음에 무한한 묘의(妙義)와 백 천 가지 삼매(三昧)가 본디 갖추어져 있어 털끝만큼도 어긋남이 없음을 알 것이니, 이것이 바로 올바른 신심이다. 삼세의 성현들이 세상에 출현하여 말할 것 없는 가운데서 말씀을 일으켰다 하였으니, 바로 이를 일컫는 것이다.

내[太古]가 남방을 다니며 법을 구할 때 다행히 이 『경훈』을 만났는데, 본국으로 가지고 돌아와 널리 유포시켜 나라와 백성을 이롭게 하고자 한 지가 여러 해였다. 이제 뛰어난 선비인 명회(明會)와 도암(道庵)이 있어서 큰 서원을 내어 널리 단월의 인연을 받아들여 판각하고 인쇄하여 유포하니, 나라 사람들로 하여금 한 차례 보고 듣게 하여 모두 훌륭한 인연이 맺어지고 결국에는 다 함께 위없는 바른 깨달음[無上正覺]을 이루게 할 것이다. 이것이 이 『경훈』의 큰 뜻일 것이다.

무오년 정월 초 길스러운 날, 삼한국존 소설산 이웅존자(利雄尊者)가 삼가 서문을 쓰다.

사기
(私記)

1 **信心** : 덧없는 것을 여읜 청정한 마음. 불·법·승의 삼보 및 인과의 이치를 믿는 것으로, 불교를 믿는 첫걸음이 된다. 남본(南本) 『열반경』 권32 "사자후품(師子吼品)"에서는 불성을 대신심(大信心)이라 부른다고 하였으며, 정토교에선 『무량수경』의 설에 따라 아미타불의 본원(本願)을 믿는 것을 말한다 하였다.

2 **無上菩提** : 보살 수도(修道)를 다섯 종류의 계위(階位)로 나눈 것을 5종 보리라 한다.
1) 발심보리(發心菩提) : 십신위의 보살이 한없는 생사 중에서 무상의 보리를 위하여 큰 마음을 발하는 것을 말한다.
2) 복심보리(伏心菩提) : 십주·십행·십회향위의 보살이 일체의 번뇌를 항복시키고, 다른 이를 이롭게 하는 교화의 수행을 행하는 것을 말한다.
3) 명심보리(明心菩提) : 초지 이상의 보살이 삼세 제법의 본말(本末)·총상(總相)·별상(別相) 등을 들여다보아 일체법의 실상을 명백히 아는 것을 말한다.
4) 출도보리(出到菩提) : 제8지·제9지·제10지의 보살이 지혜를 닦는 데 온갖 수단과 방법을 강구하여 무성(無性)의 이치를 증득하고 일체지에 이르는 것을 말한다.
5) 무상보리(無上菩提) : 보살이 등각(等覺)과 묘각(妙覺)의 지위에 이르러 일체의 번뇌를 멸하고 위없는 깨달음을 얻는 것을 말한다.

3 **無緣慈** : 무연자비(無緣慈悲). 자비에는 3종이 있으니 이 가운데 가장 수승한 것으로, 오온의 공적(空寂)한 이치를 관하고 일으킨 자비를 말한다. 지장보살 등의 자비가 이에 해당한다. 나머지 둘은 중생연(衆生緣)의 자비와 법연(法緣)의 자비이다. 중생연의 자비는 범부의 자비로 소비(小悲)이며, 법연의 자비는 이승(二乘)과 초지 이상의 보살이 짓는 자비이므로 중비(中悲)라 하고, 무연의 자비는 절대평등의 자비이며 붓다의 자비이므로 대비(大悲)라 한다. 무연자비는 심상을 다 없애어 분별하고 연관하는 바가 없이 무(無)·무상(無相)의 무심으로 짓는 붓다의 대무량심의 자비이다. 또 무연은 마음으로 진여를 관하지도 않고 평등 제일의(第一義)의 절대경에 자연히 안주하는 마음을 뜻한다.

4 **方便** : 범어로는 upāya로, 소릿말적기하여 '구파야(漚波耶)'라고도 한다. 십바라밀 가운데 하나이다. 의역하여 선권(善權) 또는 변모(變謀) 등으로 쓰며, 교묘한 접근이나 도달 또는 어떤 일의 처리 등을 가리킨다. 향상과 진전을 위한 일종의 방법을 말한다. 여러 경전에서 이 말이 빈번히 사용되는데 그 의미를 정리해 보면 다음의 네 가지 형태로 나누어 볼 수 있다.

1) 중생을 제도하기 위하여 여러 가지 수단과 방법을 강구하는 것, 혹은 그 수단과 방법을 말한다.

(1) 방법·편리 : 일체중생이 지닌 근기의 종류와 근성에 계합하는 방법과 수단을 편리하게 쓰는 것을 말한다.

(2) 방정한 이치·교묘한 말 : 여러 가지 근기의 종류에 대하여 방정한 이치와 교묘한 말을 하는 것을 말한다.

(3) 중생의 방역(方域)·교화하는 편법 : 모든 종류의 근기에 따른 방역에 순응하여 적당히 교화하는 편법을 쓰는 것을 말한다.

2) 진실법에 상대되는 것으로, 근기가 아직 성숙하지 못하여 깊고 묘한 교법을 받을 수 없는 이를 위하여 그를 깊고 묘한 진실도에 꾀어들이는 수단 방법이다. 권도(權道)로 시설(施設)한 낮고 보잘것없는 법문이기에 권가방편(權假方便) 또는 선교방편(善巧方便)이라 일컫는다.

3) 권도로 통달케 하는 지혜. 불보살이 여러 가지로 수단과 방법을 써서 중생을 진실한 대도로 이끌어 들이는 권지(權智)를 말한다.

4) 진리를 증득하기 위하여 그 전에 닦는 가행(加行)을 말한다.

5 敎化 : 범어 paripac로, 여기서 교(敎)는 좋은 법으로 다른 이를 가르쳐 이끄는 것이요, 화(化)는 나쁜 법을 멀리 여의도록 하는 것이다. 교도감화(敎導感化) 또는 교도화익(敎導化益)의 뜻이다. 개화(開化), 섭화(攝化), 시화(施化)라는 말도 거의 같은 의미로 쓰인다.

6 調伏 : 조화제복(調和制伏)의 뜻으로, 안으로는 자기의 신심을 제어하여 악덕을 떨쳐버리는 것을 말하고, 밖으로는 적의를 가진 자를 교화하여 악심을 버리게 함으로써 장애를 격파하는 것을 일컫는다.

7 菩提 : 범어 bodhi를 소릿말적기한 것으로, 각(覺)·지(智)·지(知)·도(道)라고 한다. 부처님·연각·성문이 각각 그 과에 따라 얻는 깨달음의 지혜를 말하는데, 이 세 가지 가운데 부처님의 보리가 최상의 궁극적인 것이므로 이것을 아뇩다라삼먁삼보리(阿耨多羅三藐三菩提)라 부르며, 번역하여 무상정등정각(無上正等正覺) 또는 무상보리(無上菩提)라고 한다. 보리에는 다음의 의미가 있다.

1)『지도론(智度論)』권53에서 말한 부처님의 5종 보리

(1) 발심보리(發心菩提) : 보살이 깨달음을 구하기 위해 발심할 때의 그 마음은 곧 보리의 과에 이르게 하는 인이다.

(2) 복심보리(伏心菩提) : 번뇌를 누르고 모든 바라밀을 행하는 것이다.

(3) 명심보리(明心菩提) : 제법실상(諸法實相)을 깨달은 반야바라밀의 상(相)을 말한다.

(4) 출도보리(出到菩提) : 반야바라밀에 의한 방편력을 얻었지만 그것에 집착하지 않고 번뇌를 끊어서 일체지에 이르는 것이다.

(5) 무상보리(無上菩提) : 불과(佛果)의 각지(覺智)이다.

2) 보리와 관련된 몇 가지 용어

(1) 무상보리를 구하는 중생을 보리살타(菩提薩埵)라 하며, 간략하게 보살이라 한다.

(2) 무상보리를 구하는 마음을 무상보리심(無上菩提心)·무상도의(無上道意)·보리심(菩提心)이라 한다.

(3) 성불하기를 빌고 명복을 비는 의식을 행하는 것을 증상보리(增上菩提) 또는 '보리를 애도(哀悼)한다.'고 한다.

8 涅槃 : 범어 nirvāṇa를 소릿말적기한 것으로, 반열반(般涅槃, 여기서 般은 범어 pari를 소릿말적기한 것으로, 완전의 뜻이고, 원적圓寂이라 번역함) 또는 대반열반(大般涅槃)이라 한다. 원래는 '불어 끈다'는 의미

이니, 타오르는 번뇌의 불을 멸진하여 깨달음의 지혜인 보리를 완성한 경지를 말한다. 열반에는 다음의 두 가지 풀이가 있다.

1) 소승[部派]불교에서 열반은 번뇌를 멸하여 없앤 상태이며, 여기에는 유여열반(有餘涅槃, 번뇌는 끊었지만 육체는 아직 잔존해 있는 상태)과 무여열반(無餘涅槃, 회신멸지灰身滅智의 상태로서 모든 것이 멸무滅無로 돌아간 경우)의 2종이 있다.

2) 대승불교에서는 열반을 적극적인 것이라 생각하여, 상·락·아·정의 네 가지 덕을 갖추지 않은 소승의 열반을 유위열반(有爲涅槃)이라 하는 데 대해, 네 가지 덕을 갖춘 열반을 무위열반(無爲涅槃)이라 하여 이것을 최상의 목표로 삼는다.

9 **三昧** : 범어 samādhi를 소릿말적기한 것으로, 삼마지(三摩地)·삼마제(三摩提)·삼마제(三摩帝)라고도 소릿말적기도 하고 등지(等持)·정(定)·정정(正定)·정의(定意)로 번역한다. 마음을 한곳에 둔다는 뜻. 등지(等持)에서 등(等)은 마음이 들뜨고[掉擧] 가라앉음[惛沈]을 여의어서 평등하여 편안한 뜻이며, 지(持)는 마음을 하나의 대상에 머무르게 한다는 뜻이다. 곧 마음을 하나의 대상에 집중해서 산란하지 않은 상태[心一境性]를 가리킨다.

10 **太古** : (1301~1382) 고려 말기 스님. 첫 법명은 보허(普虛), 호는 태고(太古), 법명은 보우(普愚), 속성은 홍씨이다. 홍주 사람으로 13세에 양주 회암사에서 광지에게 승려가 되고, 가지산 하총림(下叢林)에서 도를 닦았다. 26세에 화엄선(華嚴選)에 합격하고 용문산 상원암과 성서(城西)의 감로사에서 고행 정진하였다. 충숙왕 복위 6년(1337) 송도 전단원(栴檀園)에서 참선하다가 다음해 정월에 크게 깨달았다. 삼각산 중흥사 동쪽에 태고암을 짓고 지내며 태고라 호(號)하고 태고암가(太古庵歌)를 지었다. 충목왕 2년(1346) 중국에 가서 호주 하무산 석옥 청공(石屋 淸珙)의 법을 잇고 동국(東國) 임제종의 초조가 되었다. 다음해 본국에 돌아와 용문산 소설암에 있었다. 공민왕이 사신을 보내어 법을 묻고 왕사를 삼아 광명사에 원융부(圓融府)를 두고 구산을 통합하여 1종을 만들게 하였으나 뒤에 사퇴하고 소설암으로 옮겼다. 신돈(辛旽)의 투기로 속리산에 금고(禁錮). 신돈이 죽은 뒤에 국사가 되었다가 우왕 8년 12월 24일 소설암에서 입적하였다. 시호는 원증(圓證), 탑호는 보월승공(寶月昇空). 탑비는 삼각산 태고사 터에 있다.

3

서주치문경훈
叙註緇門警訓

●

釋敎東漸,[1] 每多註疏,[2] 如『金剛』[3]·『楞嚴』,[4] 動輒[5]百十, 其餘紀述, 亦或二三,『警訓』獨無解, 何哉? 豈海外褊邦, 未及聞見耶? 抑亦[6]無事解釋也耶?[7] 叢林[8]中傳習[9]旣久, 大略皆日用切近之誨, 不過遏浮情·誡邪業, 以軌乎正道, 是學佛之發軔,[10] 迪蒙之慈訓也. 凡爲釋子者, 不可不誦習依行, 正如爲山九仞,[11] 必俶乎一簣, 行詣千里, 實昉乎初步, 捨一簣初步, 望九仞[12]論千里, 雖三尺[13]亦知其無能爲也.[14]

　　此書雖曰入道初門, 矯矯[15]群賢, 各出手眼, 多有引用, 若不博涉, 固難遊刃.[16] 或根銀莫辨,[17] 名義俱錯, 余每臨講授, 終不醒然, 僭越秉筆, 略爲箋釋,[18] 行住必俱, 稽檢備忘, 祇堪自悅, 不可持贈他人也.

　　客曰: "近有一種禪流, 另騖高見, 但言『心卽是經, 何更喃喃?』, 或復抹却疑團, 淨土[19]諸門, 一皆掃除, 樂于放逸, 耽于閒寂, 自便己私. 子何沾沾以一寶自多, 從事於斯? 無乃[20]見大笑耶?" 答: "余卑卑雌伏,[21] 言不出群, 乏應世之全才, 蔑摧邪之慧力. 怎奈一齊而衆楚之,[22] 何? 是, 日夕扼腕而疾首[23]者也. 且在余之志, 爲道不爲名, 爲法不爲身, 譬如以鳥鳴春, 以雷鳴夏, 以蟲鳴秋, 以風冽冽鳴乎其冬,[24] 蓋出於自然而不能已也, 詎敢灑同雲[25]之

서문

035

潤, 以公見聞也? 聊私以示余之役而已.**26** 至於曲註蔓解, 以抹幽奧之旨
者, 亦解則無解, 豈能體古人無事解釋之意! 庶可以助一蕢初步."云爾.**27**

　　時, <u>康熙</u>**28**乙亥仲秋日,**29** <u>栢庵沙門</u>**30**<u>性聰</u>**31** 識.

석존의 가르침이 동쪽으로 젖어듦에 매번 그 주석이 많아졌으니, 『금강경』이나 『능
엄경』 같은 것은 툭하면 수십에 수백 가지요 그 나머지 기록이나 서술 역시 두세 가
지는 되는데, 『경훈』만이 유독 해석서가 없는 것은 무슨 까닭인가? 어찌 바다 바깥
에 치우친 나라이기에 미처 듣고 보지 못해서이겠는가? 그렇지 않다면 굳이 해석
을 일삼지 않았기 때문인가? 총림(叢林)에 전해지며 익혀온 지가 이미 오래되었으
니, 그 대략은 모두 날마다 쓰이는 절친한 가르침으로서 경박한 정(情)을 막고 사악
한 업(業)을 경계함으로써 바른 도[正道]에 올라서게 하는 것에 불과하지만, 이는 깨
달음[佛]을 배우는 첫 출발이며 몽매함을 이끄는 자비로운 가르침이다. 무릇 석가의
자식 된 자로서 암송하여 익히고 이에 의지하여 수행하지 않을 수 없으니, 마치 아
홉 길의 산이 이루어진 것도 반드시 한 삼태기에서 비롯되었고 나아가 천리 길에 이
른 것도 실로 첫걸음에서 비롯된 것과 같으므로, 한 삼태기와 첫걸음을 버리고 아홉
길의 산을 바라며 천리의 길을 거론한다면 비록 삼척동자라도 그렇게 될 수 없음을
알 것이다.

　　이 책이 비록 도(道)에 들어가는 기초 입문이라 일컬어지지만 쟁쟁한 여러 현인
들이 각기 솜씨와 혜안(慧眼)을 내어 지은 글로서 많은 인용문이 실려 있으니, 만약
여러 학문을 두루 섭렵하지 못했다면 여유롭게 칼날을 놀리기가 실로 어려울 것이
다. 간혹 근(根) 자와 은(銀) 자를 구별하지 못하여 형식[名]과 내용[義]을 모두 그르치
기에 내가 매번 강론해 주는 자리에 나아갔지만 결국에는 속 시원타 여겨지지 않으
므로 참람되이 붓을 들어 대략 주석한 것이니, 오가고 거처함에 반드시 갖추었다가
머리 조아려 살펴보아 잊을 것에 대비하며 다만 스스로 즐길 뿐이지 가져다 다른 사
람에게 줄 수는 없을 것이다.

객승이 이르기를 "근래에 한 무리의 선류(禪流)가 있어서 따로 고상한 견해로만 치달으며 단지 '마음이 곧 경전인데 어찌 다시 재잘거릴 필요가 있는가?'라고 말하며, 혹은 또 의심덩어리[疑團 즉 話頭]를 지워버리고 정토(淨土)의 모든 법문을 하나같이 다 쓸어버림으로써 방일을 즐기고 한적함에 탐닉하여 제 편한 대로 자신의 사익만을 취하는데, 그대는 어찌 경망스럽게도 좁은 소견으로 스스로 뛰어나다 여기며 이 일에 종사하십니까? 큰 웃음거리가 되는 일이나 없겠습니까?"라고 하기에, 답하기를 "내가 미천하여 남에게 쉬이 굴복하고 말은 뛰어나지 못하며 세상의 필요에 상응할 완전한 재주는 결핍되어 사악한 견해를 꺾을 만한 지혜의 힘이 없건만, 한 명의 제(齊)나라 사람이 말을 가르치려는데 한 무리의 초(楚)나라 사람들이 떠들어댄다면 더욱이 이를 어찌하겠습니까? 바로 이것이 밤낮으로 팔을 걷어붙이고 골치를 앓아온 이유입니다. 또한 내가 지닌 뜻은 도(道)를 위해서지 이름[名]을 위해서가 아니며, 법(法)을 위해서지 몸[身]을 위해서가 아닙니다. 비유컨대 새는 봄에 울게 하고 우뢰는 여름에 울게 하며 벌레는 가을에 울게 하고 바람은 겨울에 차디차게 울게 하는 것과 같으니, 대개 스스로 우러나온 것이므로 그만두게 할 수는 없는 것이거늘 어찌 감히 눈발 같은 윤기를 뿌림으로써 보고들은 것을 드러내려는 것이겠습니까? 아쉬운 대로 사사로이 내가 애쓴 것을 보이고자 할 뿐입니다. 나아가 잘못 주석하고 쓸데없이 풀이함으로써 오묘한 뜻을 지워버리게 된다면 풀이를 했다 하더라도 풀이한 것이 없다고 할 것이니, 어찌 해석을 일삼지 않은 고인의 뜻을 능히 체득할 수 있겠습니까? (그저) 한 삼태기와 첫걸음에 도움이 될 수 있기를 바랄 뿐입니다."라고 하였다.

때는 강희 연간의 을해년 중추, 백암사문 성총(性聰)이 쓰다.

사기
(私記)

1 **東漸** : 점은 유입(물이 점점 확장되어 가는 모양)의 뜻이니, 불교가 동방의 여러 나라로 점차 전파되어 가는 것. 곧 불교가 인도에서 중국으로, 중국에서 우리나라로, 우리나라에서 다시 일본으로 이렇게 점차로 동쪽에 전파된 것을 말한다. 동점이란 말은『상서(尙書)』"우공(禹貢)"에 "동점우해(東漸于海)"로 처음 보이며, 전교(傳敎)의 시기를 살펴보면 다음과 같다.

1) 중국 : 후한 명제(明帝) 영평(永平) 10년(67)에 왕이 금인(金人)을 꿈꾸고 채음(蔡愔)과 왕준(王遵) 등 18인을 월지국에 보내어 섭마등(葉摩騰)·축법란(竺法蘭)의 두 스님과 함께 도상과 경전을 가지고 낙양에 온 뒤부터이다.

2) 고구려 : 제17대 소수림왕 2년(372) 6월에 진(秦)나라 왕 부견(符堅)이 사자(使者) 및 스님 순도(順道)에게 불상과 경전을 보내온 뒤부터이다.

3) 백제 : 제14대 침류왕 원년(384) 9월에 인도 스님 마라난제(摩羅難提)가 동진에서 건너온 뒤부터이다.

4) 신라 : 제21대 소지왕(炤智王) 원년(528)에 처음 들어왔지만 공공연히 유포되지 못하다가 제23대 법흥왕(法興王) 15년 8월 5일 함인(含人) 이차돈(異次頓)이 장렬하게 순교한 뒤부터라고 하나, 기실은 신라 김씨 왕족의 선조들이 이미 불교를 가지고 한반도로 들어온 것이라고도 전해진다.

5) 일본 : (538 또는 552) 제29대 긴메이 천황(欽明天皇) 13년(552) 10월(또는 6년 11월 또는 센카 천황宣化天皇 3년인 538년 12월)에 백제 제25대 성왕(聖王) 30년에 도장(道藏)이 불상과 경전을 가지고 일본에 건너가 성실종(成實宗)의 개조(開祖)가 된 때부터이다.

2 **註疏** : 마른 논에 물을 대듯 새로운 내용을 더하니 주(注)라 하며, 막혔던 곳을 뚫어 시원스레 트이게 하니 소(疏)라 하며, 좋은 내용은 찾아서 그대로 베껴 적으니 초(鈔)라 하며, 좋은 말은 기억했다가 그대로 옮겨 적으니 기(記)라 하며, 자기의 소견은 겸손하게 쪽지를 붙이듯 적어놓으니 전(箋)이라 한다 하였다. 원문에 대하여 주→소→초→기→전의 순서로 내려가며 주석을 달기도 한다.

3 **金剛** :『금강반야바라밀경(金剛般若波羅密經, vajraprajñāpāramitāsūtra)』,『금강반야경』또는『금강경』이라고도 한다. 요진(姚秦)의 구마라집이 번역(420년)한 것으로, 현장 역『대반야(大般若)』의 제1부에서 제5부까지는 거의 같은 구조를 가지고 있는 데 대하여 제6부 이하는 같은 반야 사상을 내용으로 하면서도 취급 방법이 각각 다르며, 제9부 "금강"의 범어 원전은 인도 내외 여러 곳에 따로따로 보존되어 있다. 그 내용은 세존께서 사위국에 있는 기원정사에서 수보리 등을 위하여 처음에 경계가 공(空)함을 말하고, 다음에 혜(慧)가 공함을 보이고, 뒤에 보살공(菩薩空)을 밝힌 것으로,

공혜(空慧)로써 체(體)를 삼고 일체법무아(一切法無我)의 이치를 말한 것이다. 이 경은 널리 퍼져서 많은 사람들이 강설하였고 특히 선종에서 중요시 여겼다. 구마라집 이외에 여러 사람이 번역을 하였는데, 북위의 보리류지가 번역한『금강반야바라밀경』, 수나라의 담마파다가 번역한『금강능단반야바라밀경』, 진(陳)나라의 진제가 번역한『금강반야바라밀경』, 당나라의 현장이 번역한『능단금강분』, 당나라의 의정이 번역한『능단금강반야바라밀경』의 다섯 가지가 있다. 인도에서도 특히 유가사파(喩伽師派)에서 연구되어 그 주석서가 범어 원전, 한역, 서장어 역 등의 여러 종류로 현전한다.

4 **楞嚴 :** 범어 śūraṁgamasūtra. 경의 이름은『대불정여래밀인수증요의제보살만행수능엄경(大佛頂如來密因修證了義諸菩薩萬行首楞嚴經)』인데 줄여서『대불정수능엄경』,『대불정경』,『수능엄경』,『능엄경』 등으로 약칭하며 일명『중인도나란타대도량경(中印度那蘭陀大道場經)』이라고도 한다. 이 경은 관정부(灌頂部, 밀교)에 수록되어 인도의 나란타사에 비장(秘藏)하고 불멸 후 인도에만 유통하고 타국에는 전하지 못하게 하라는 왕의 엄명이 있어 당나라 이전까지는 중국에 전래되지 못하였다고 한다. 이 경 전체에 걸친 주안점은 섭심(攝心)에 의하여 보리심을 요득(了得)하고 진정한 묘심(妙心)을 체득하는 것에 있다. 그런데 진정한 묘심이란 선가에서 체증(體證)·오입(悟入)하려고 하는 것이기 때문에 이러한 선가의 요문(要門)에 밀교 사상이 가미된 것이 이 경전이라 하겠다. 이 경전은 이와 같이 선과의 관계가 깊기 때문에 우리나라 불교계에서 존중되는 경전의 하나로 자리를 굳혀 불교 전문 강원에서 사교과의 교과목으로 옛부터 학습되어 왔다.

5 **動輒 :** 동도 첩과 같다. '번번이', '툭하면', '걸핏하면', '자칫하면', '까딱하면'의 뜻이다.
1) 한유(韓愈),『진학해(進學解)』, "動輒得咎."
2) 제갈량(諸葛亮),『후출사표(後出師表)』, "論安言計, 動引聖人."
3) 두자미(杜子美),『증위팔처사(贈衛八處士)』, "人生不相見, 動如參與商."

6 **抑亦 :** 다음의 두 가지로 그 쓰임이 나뉜다.
1) 부사로서 추측을 나타내며 술어 앞에 쓰인다. '혹시', '아마', '혹은' 등으로 해석한다.『삼국지(三國志)』"위서(魏書)" '전위전(典韋傳)' : "許褚·典韋折衝左右, 抑亦漢之樊噲也(이것들은 아마 한나라의 번쾌에 상당할 것이다)."
2) 접속사로서 선택을 나타내고 의문문에 쓰이며, 대부분 뒤의 또 다른 선택 항목 앞에 놓인다. '아니면', '또한'으로 해석한다. '意亦'이라고도 쓴다.『좌전(左傳)』소공(昭公) 30년 "不知天將以爲虐乎, 使蘬喪吳國而封大異姓乎? 其抑亦將卒以祚吳乎(아니면 마지막에는 그를 통하여 오나라에게 복을 내려 주시려는 겁니까)?"

7 **也耶 :** 어기사가 연이어 쓰인 것으로 也는 단정을 나타내며 耶는 의문을 나타내는데, 중점은 耶 자에 있다. '…인가?' '…입니까?'라고 해석한다. 한유(韓愈), "제십이랑문(祭十二郎文)" "嗚呼! 言可終而情不可終, 汝其知也耶, 其不知也耶(너는 아느냐? 아니면 알지 못하느냐)?"

8 **叢林 :** 범어 vindhyavana의 번역으로 '빈타바나(貧陀婆那)'라고 소릿말적기하며 '단림(檀林)'이라고도 번역한다. 승속이 화합하여 한곳에 머무름이 마치 수목이 우거진 숲과 같다고 하여 이렇게 이름하였다. 특히 선찰의 경우를 말한다. 지금의 선원·선림·승당·전문도량(專門道場) 등 다수의 승려 대중이 모여 수행하는 곳을 총칭하여 총림(叢林)이라 한다.『지도론(智度論)』권3 "僧伽秦言衆, 多比丘一處和合, 是名僧伽, 譬如大樹叢聚, 是名爲林(승가는 중국말로 중이니, 많은 비구가 한 곳에 화합하여 머무는 것을 이름하는 것으로, 비유컨대 마치 큰 나무들이 무더기로 모여 있는 것을 숲이라 이름하는 것과 같다)."

9   傳習 :『논어(論語)』“학이편(學而篇)”“曾子曰: 吾日三省吾身, 爲人謀而不忠乎? 與朋友交而不信乎? 傳不習乎?”朱注: 傳謂受之於師, 習謂熟之於己.

10   發軔 : 인(軔)은 수레를 정지시키는 나무로 이것을 떼면 수레가 움직이므로, 발인(發軔)이란 수레를 출발시킴을 말하며, 이것이 전하여 일의 시작을 뜻한다.『노사(路史)』“軔, 支碍車輪之木, 止則用之, 行則去之. 故, 凡始事者, 皆曰發軔, 蓋發軔以後, 車行也.”

11   爲山九仞 : 출전은『서경(書經)』“여오편(旅獒篇)”의 “不矜細行, 終累大德, 爲山九仞, 功虧一簣(세세한 항목에까지 힘쓰지 않으면 결국엔 큰 덕을 이룸에 누가 되나니, 아홉 길 높이의 산을 쌓는데 공이 이지러지는 것은 한 삼태기의 흙 때문이다.)”라고 한 데서 비롯하였다. 그 본래의 의미는 수년 동안 공을 들인 일도 잠시의 실수로 그르치게 된다[功虧一簣]는 비유이나 이것이 전하여 무슨 일이든 맨 처음이 중요함[倣乎一簣]을 나타내기도 한다.

12   仞 : 고대 주나라 때의 길이 단위로 8척에 해당하는데, 또한 7척이나 5척 6촌 또는 4척이라는 설도 있다.
     1) 팔척설 :『說文』“仞, 伸臂一尋, 八尺.”『正字通』“仞, 古以周尺八尺爲仞, 中人之身長八尺, 兩臂尋之亦八尺, 兩足步之亦八尺. 度高深以仞, 度長短以尋.”
     2) 칠척설 :『說文 仞段注』“按此解疑非許之舊, 恐後人改竄爲之. 尺部下云, 周制寸尺咫尋常仞諸度量, 皆以人之體爲法. 假令尋仞同物, 許不當兩擧之矣. …… 二書皆言人伸兩手以度物之名. 而尋爲八尺, 仞必七尺者, 何也? 同一伸手度物, 而廣深用之, 其勢自不得不異. 人長八尺, 伸兩手亦八尺, 用以度廣, 其勢全伸而不屈, 而用之以度深, 則必上下其左右手而側其身焉. 身側則胸與所度之物不能相摩, 於是兩手不能全伸而成弧之形, 弧而求其弦以爲仞必不能八尺, 故七尺曰仞…….”
     3) 오척육촌설 :『漢書 食貨志上』“有石城十仞.”注: “應劭曰, 仞, 五尺六寸也.”
     4) 사척설 :『小爾雅 廣度』“四尺謂之仞.”

13   三尺 : 삼척동자의 준말. 키가 석 자 되는 5~6세 가량의 아이. 어리므로 무지하여 사리를 분별할 줄 모른다는 의미로 쓴다.

14   爲也 : 어기사가 이어져 쓰인 것으로, 반문이나 명령의 어기를 더한다. 연건(淵騫),『법언(法言)』“秦將白起不仁, 奚用爲也(어째서 그를 등용하려는가)!”

15   矯矯 : 힘이 세거나 날랜 모양[强哉矯矯], 높이 올라가는 모양, 뜻이 초연한 모양[時矯矯首而遐觀], 능란함 등을 말한다.

16   遊刃 :『장자(莊子)』양생(養生) 주석의 “회회호기어유인필유여지의(恢恢乎其於遊刃必有餘地矣)”에 나오는 말이다.

     “庖丁爲文惠君解牛, 手之所觸, 肩之所倚, 足之所履, 膝之所踦, 砉然嚮然, 奏刀騞然, 莫不中音; 合於桑林之舞, 乃中經首之會. 文惠君曰: ‘譆, 善哉! 技蓋至此乎?’庖丁釋刀對曰: ‘臣之所好者道也, 進乎技矣, 始臣之解牛之時, 所見無非全牛者. 三年之後, 未嘗見全牛也. 方今之時, 臣以神遇而不以目視, 官知之而神欲行. 依乎天理, 批大郤 導大窾因其固然, 技經肯綮之未嘗, 而況大軱乎! 良庖歲更刀, 割也; 族庖月更刀, 折也. 今臣之刀十九年矣, 所解數千牛矣, 而刀刃若新發於硎. 彼節者有間, 而刀刃者無厚; 以無厚入有間, 恢恢乎其於遊刃必有餘地矣. 是以十九年而刀刃若新發於硎. 雖然, 每至於族, 吾見其難爲, 怵然爲戒, 視爲止, 行爲遲. 動刀甚微, 謋然已解, 牛不知其死也, 如土委地. 提刀而立, 爲之四顧, 爲之躊躇滿志, 善刀而藏之.’文惠君曰: ‘善哉! 吾聞庖丁之言, 得養生焉.’”

17 根銀莫辨 →'근은불식(根銀不識)'조(서문序文 "서序" 사기 13. 根銀不識)

18 箋釋 : 전(箋)은『설문(說文)』에서 "表識書也라" 하였으니 책의 내용 가운데 미진한 부분을 표식하여 쉽게 알게 한다는 뜻이며, 석(釋)은 해(解)의 뜻이니 내용상 막힌 곳을 풀어 해석하여 그 사실에 맞게 설명한 것을 말한다. →'주소(註疏)'조(서문序文 "서주치문경훈叙緇門警訓" 사기 2. 註疏)

19 淨土 : 중생의 세계는 탐·진·치의 삼독에 의해 이루어진 예토인 데 대해, 붓다가 머무는 세계는 오직 깨달음을 위한 거룩한 청정광명각(淸淨光明覺)의 세계이므로 정토라 한다. 대승불교에서는 열반의 적극적인 활동을 인정, 열반을 성취한 무수한 부처님께서 각각 무량한 중생을 제도하기 위해 교도(敎導) 활동을 전개하는데, 그 부처님께서 머무는 세계를 불국정토라고 한다. 또한 아미타불이 계시는 서방 극락세계가 있고 아촉불이 계시는 동방 묘희(妙喜)세계가 있으며 약사불이 계시는 동방 정유리(淨琉璃)세계 등이 있어서 이 모든 부처님의 정토는 사바세계와 일정한 거리를 두고 일정한 방위에 있는 까닭에 시방(十方)정토라 일컫는다.

20 無乃 : 부사로서 추측이나 완곡한 판단을 나타내는 반어적 표현이고 항상 의문어기사와 호응하며, '아마도', '너무', '…이 아니다', '그럴 리가 없다' 등으로 해석한다. 또한 '毋乃'라고도 쓴다.『좌전(左傳)』희공(僖公) 32년 "師勞力竭, 遠主備之, 無乃不可乎(아마도 성공할 수 없겠지)?"

21 雌伏 : 웅비(雄飛)의 반대말로, 남에게 굴복하는 것을 말한다.『후한서(後漢書)』"조홍전(趙興傳)"의 "大丈夫當雄飛, 安能雌伏?"에서 나온 말이다.

22 一齊而衆楚之 :『맹자(孟子)』의 등문공 하편에 나오는 말이다. "一齊人傅之, 衆楚人咻之, 雖日撻而求其齊也, 不可得矣(한 명의 제나라 사람이 가르치려는데 무리 지은 초나라 사람들이 떠들어대면 비록 날마다 종아리를 치며 제나라 말을 할 수 있길 바라더라도 그리될 수 없다)." 즉, 초나라 대부의 아들에게 제나라 말을 가르치기 위해 제나라 선생을 한 명 모셔와 교육하더라도 주위에서 초나라 사람들이 매번 초나라 말로 떠들어댄다면 비록 교육을 엄하게 하여 제나라 말을 가르치려 해도 가르칠 수 없다는 의미이다.

23 疾首 : 질수축알(疾首蹙頞). 두통이 나서 콧날에 주름이 잡힘을 일컫는데, 즉 걱정하는 모양을 말한다.『맹자』양회왕하(梁懷王下) "今王鼓樂於此, 百姓聞王鐘鼓之聲管籥之音, 舉疾首蹙頞而相告曰: 吾王之好鼓樂, 夫何使我至於此極也. 父子不相見, 兄弟妻子離散."

24 以鳥鳴春, 以雷鳴夏, 以蟲鳴秋, 以風冽冽鳴乎其冬 :『고문진보(古文眞寶)』후집(後集) "송맹동야서(送孟東野序)" "維天之於時也, 亦然, 擇其善鳴者而假之鳴, 是故, 以鳥鳴春, 以雷鳴夏, 以蟲鳴秋, 以風鳴冬, 四時之相推奪, 其必有不得其平者乎."

25 同雲 : 눈이 내릴 때는 온 하늘이 구름처럼 희므로 눈의 별칭으로 쓰이며, 또는 눈이 내릴 듯한 구름이나 눈이 내릴 듯한 하늘을 말하기도 한다.『시경(詩經)·소아(小雅)』 "신남산(信南山)" "上天同雲, 雨雪雰雰. 益之以霡霂, 旣優旣渥, 旣霑旣足, 生我百穀(하늘 온통 눈발 날려 온천지가 구름마냥, 빗줄기인 듯 세찬 눈이 하염없이 내려친다. 거기에다 더하기를 보슬보슬 내리는 비, 그 비 내려 뿌려지니 눈이 비옷 입은 듯이, 넉넉하게 뿌려주고 촉촉하게 적셔주니, 우리네들 온갖 곡식 그 덕택에 자라난다)."

26 而已 : 어기사로서 한정됨을 나타내고 구문 끝에 쓰이며, '그만두다' '…할 뿐이다'라고 해석하거나 또는 해석하지 않을 수도 있다. '耳'의 일부 용법과 같다.『좌전(左傳)』환공(桓公) 6년 "在我而已, 大國何爲(일은 우리 자신에게 있을 뿐인데 대국에 의지하여 무엇하겠는가)?"

27 云爾 : 아래의 몇 가지 형태로 사용되며, 본문에서는 흔히 보이는 고정된 형식으로 사용된 경우이다.

1) 대명사로서 끝맺음이나 생략을 나타내고, 대부분 대화나 문구를 인용하는 경우에 많이 쓰인다. '이와 같이', '이렇게 하면' 등으로 해석한다. 『논어』"술이(述而)""若聖與仁, 則吾豈敢? 抑爲之不厭, 誨人不倦, 則可謂云爾已矣."

2) 흔히 보이는 고정된 형식으로 云은 대명사이고, 爾는 耳와 같은데 어기사이며 문장 끝에 쓰인다. '이와 같을 뿐이다.'라고 해석한다. 『논어』"술이(述而)""其爲人也, 發憤忘食, 樂以忘憂, 不知老之將至云爾."

3) 어기사가 연용된 경우이다.

(1) 云은 전하는 것을 나타내고 爾는 단정을 나타내며 중점은 爾자에 있으며 문장의 뜻에 따라 적당하게 번역할 수 있다. 『맹자』"공손축하(公孫丑下)""其心曰是何足與言仁義也云爾."

(2) 云은 어떤 내용을 전하는 것을 나타내고 爾는 제한을 나타내며 중점은 爾자에 있다. '…뿐이다'라고 해석한다. 『맹자』"진심상(盡心上)""孟子曰: 是猶或紾其兄之臂, 子謂之姑徐徐云爾."

28　康熙 : 중국 청나라 4대 성조(聖祖)의 연호(1662~1722). 을해년(乙亥年)은 성조 34년, 1695년이므로 조선조 19대 숙종 22년에 해당된다.

29　仲秋日 : 음력 8월 보름. 『유서찬요(類書纂要)』에 "八月十五日, 爲秋之半, 故曰仲秋."라 하였다. 맹추(孟秋)는 음력 7월, 계추(季秋)는 음력 9월이다.

30　沙門 : 범어 śramaṇa를 소릿말적기한 것으로 '실라말라(室囉末拏)' 또는 '사라마라(舍囉摩拏)'라고도 쓰며, 근로(勤勞)·공로(功勞)·정지(淨志)·식지(息止) 등으로 의역한다. 인도에서 전통적인 브라만교에 반하는 성격을 지닌 불교 등 신흥종교들이 우후죽순처럼 일어나기 이전엔 수행자들의 출가는 엄격한 교육과 사회봉사 과정을 마친 브라만 계급에 거의 한정되었기에 수행자로서 숲속에 머무는 그들에 대한 공양은 해당 지역의 모든 이들에 의해 자연스레 시행되었다. 하지만 기존의 모든 규율이 거의 무시된 채 단행된 신흥종교의 출가에 대해 반감을 지닌 지역민들이 출가자들에 대한 공양을 거부함으로써 그들은 결국 숲에 앉아서 받는 공양이 아니라 숲을 내려와 구걸하는 탁발이나 혹은 타 지방으로 떠돌며 수행해야 하는 어려움을 선택할 수밖에 없었다. 그럼에도 그들은 그러한 어려움을 감내하며 수행을 지속했기에 '고통을 감내하는 이'라는 의미의 '쉬라마나'란 명칭이 붙여지게 되었다. 중국의 사문(沙門)이란 말은 서역 지방 언어(龜玆語 samāne, 于闐語 samanā)를 소릿말적기한 듯하다. 출가자의 총칭으로 불교와 외도에 함께 통하는 명칭이다. 머리를 깎고 악을 끊어 몸과 마음을 고요하게 하여 선을 행하는 출가한 수도자를 말한다. 『장아함경』권3의 "유행경(遊行經)" 및 『대비바사론』권66에는 사문을 아래의 4부류로 나누어 놓고 있다.

1) 승도사문(勝道沙門) : 행도수승(行道殊勝)이라고도 하며 부처님이나 독각과 같은 분들로서 능히 스스로 깨닫기 때문에 그렇게 이름한다.

2) 시도사문(示道沙門) : 설도사문(說道沙門)·선설도의(善說道義)라고도 하여 도를 말함에 그릇됨이 없음을 가리킨다. 사리불과 같은 분들로서 부처님의 법륜을 항상 따르며 능히 수행하기 때문에 그렇게 이름한다.

3) 명도사문(命道沙門) : 활도사문(活道沙門)·의도생활(依道生活)이라고도 하며 도에 의지하여 살아가는 자를 가리킨다. 아난과 같은 분들로서 비록 배우는 위치에 자리하지만 무학(無學)과 동등하며 다문(多聞)과 선지(善持)로 청정한 계를 갖추고 세간에 법을 전하여 혜명(慧命)을 이어가기 때문에 그렇게 이름한다.

4) 오도사문(汚道沙門) : 괴도사문(壞道沙門)·위도작예(爲道作穢)라고도 하며 성스러운 도를 오염시키는 위선자를 가리킨다. 막갈낙가(莫喝落迦) 비구와 같은 자들로서 다른 사람의 재물을 훔쳤

기 때문에 그렇게 이름한다.

31 **性聰** : 인조 9년(1631)에서 숙종 26년(1700), 조선조 중엽의 스님으로, 호는 백암(柏庵). 속성은 이(李)씨, 본관은 남원(南原, 또는 단지 남원 사람이라 함). 인조 9년 남원에서 태어났다. 인조 24년인 16세에 순창(淳昌)의 취암(鷲岩)에게 출가하고 계를 받았으며, 열여덟 살에 방장산(지리산)으로 가서 취미 수초(翠微守初)에게 9년 동안 사사하고 법을 이었다. 서른 살 때부터 순천의 송광사와 낙안(樂安)의 징광사(澄光寺) 및 하동의 쌍계사 등 여러 절을 편력하면서 항상 학인들을 가르쳤다. 외전에도 통했으며 시에도 능해서 당시의 명사들과 교류가 많았으며, 특히 유학에 조예가 깊어 유생들의 배불론에 대해서는 철저히 변론하기도 하였다. 숙종 7년(1681) 큰 배가 임자도(荏子島)에 표류해 왔는데, 배 안에는 명나라의 거사 평림섭(平林葉)의 교간본(校刊本)인『화엄경소초』와『대명법수(大明法數)』,『회현기(會玄記)』,『금강기』,『기신론소』,『사대사소록(四大師所錄)』,『정토제서(淨土寶書)』 등 190여 권의 불전이 실려 있었다. 그는 이 불서들을 얻어 숙종 21년(1695)까지 15년 동안 약 5천 판을 새겨서 쌍계사에 보관하였으며, 이에 사방의 불자들이 존경하여 불법홍통종사(佛法弘通宗師)로서 추앙하였다. 숙종 26년 쌍계사 신흥암(神興庵)에서 70세로 입적하였다. 부도는 송광사와 지리산 칠불암(七佛庵)에 있고 비는 현재 송광사에 있다. 법맥은 무용(無用)→영해(影海)→풍암(楓巖)→최눌(最訥)로 이어져 새로운 선종의 한 파를 형성하였다. 그는 선종과 교종에 두루 통하였을 뿐 아니라 정토문(淨土門)에도 귀의하여 극락왕생을 염원하였으며, 또한 그의 참선 공부법은 철저히 임제종을 따랐고 그 방식대로 후학을 지도하였다. 문하에는 무용 수연(無用秀演)과 석실 명안(石室明眼) 등의 제자들이 있다. 저술에는『치문집주』 3권과『정토보서(淨土寶書)』 1책과『백암집』 2권 1책 및『지험기(持驗記)』 1책 등이 있다.

4

서

序[1]

●

蓋衆生[2]之根欲性[3]殊, 若一以論之,[4] 恐非得旨也. 故, 丈夫[5]自有衝天志, 不向如來[6]行處行, 是也; 非佛之言不言, 非佛之行不行, 亦是也. 等空法界[7]焉有'是·不是'? 而言'是·不是'乃是妄想的分別[8], 旣有此分別, 自有是非的說話.

觀那古之明心見性[9]的祖師,[10] 擧皆博學大家, 曹溪[11]之不識文字云者, 不似今時禪客[12]之根銀不識[13]者. 又觀那執塵搖松之高座,[14] 盡是宗說兼通,[15]泰 沼之不聽半徧[16]云者, 何如今之講家[17]水乳不辨者乎!

此書自支那[18]而朝鮮[19]而行于緇門之中者, 久矣. 於古則三券, 猶謂之略, 今則爲繁而略之爲一券, 學之者又謂之爲繁, 而又略之必矣. 若如是, 則將見此書未生前之時節, 亦不遠. 雖得不立文字[20]之旨, 有乖受持讀誦[21]之訓, 致使卽心卽佛之妙密旨趣, 反爲撥無因果者之口實.

古德[22]頌云: "深嗟末法實悲傷, 佛法無人得主張. 未解讀文先坐講, 不曾行脚[23]便陞堂[24]. 將錢討院[25]如狂狗, 空復高心似啞羊.[26]" 彼果是能知未來劫事之聖者歟? 何其寫得末法今日之事情, 如此其深且切哉!

震湖[27]講伯以善巧方便, 觀根逗機, 略之爲一券而懸吐[28]之, 至於註中

치문경훈

亦懸吐, 於孟浪處則筆削[29]之, 庶使不惱其惱而輒易解之, 可謂老婆心切矣. 請余校之, 遂不揆不才, 敢妄閱之, 不覺於藏識[30]中, 引起衆生根欲性殊之感. 書之於此, 庶幾不至略之又略, 至于無略, 而爲流通之一助云哉.

丙子春, 法輪寺 雪醐山人 草牛堂 卞榮世謹識.

무릇 중생은 그 능력과 희망과 성질이 서로 다르기에 만약 획일적으로 이를 논한다면 아마도 그 요지를 얻은 것이 아닐 것이다. 그러므로 장부가 스스로 하늘을 찌를 듯한 의지를 지니고 있더라도 여래행(如來行)에 마음을 기울이지 않은 채 처신하고 행위하는 것도 그 때문이요, 부처님의 말이 아니면 말하지 않고 부처님의 행위가 아니면 행하지 않음도 역시 그 때문이다. 허공과 같은 법계에 어찌 옳고 옳지 않음이 있겠는가? 그러기에 옳고 옳지 않음을 말한다면 이는 곧 망상에 의한 분별이니, 이러한 분별이 있게 되면 시시비비의 말들이 저절로 있게 된다.

마음을 밝혀 견성한 저 예전의 조사들을 보면 거의 모두 배움이 넓은 대가들이었으니, 조계 선사가 글을 알지 못하였다 운운하지만 지금의 선객들이 근(根) 자와 은(銀) 자도 분별하지 못하는 것 같지는 않았다. 또한 총채를 잡고 소나무 가지를 흔드는 저 높은 법상을 보면 모두 으뜸의 이치와 명쾌한 설명을 겸하여 꿰뚫고 있으니, 신태(神泰)와 혜소(慧沼)가 듣지도 못하고 반도 미치지 못했다 운운하지만 어찌 지금의 강사들이 물과 우유도 분별하지 못하는 것과 같겠는가!

이 책은 중국에서 시작하여 조선에 들어와 불가에서 쓰인 지가 오래 되었다. 예전에는 세 권이었는데도 간략하다 하였거늘, 지금은 번거롭다 하여 한 권으로 줄였음에도 이를 배우는 이들이 또 번거롭게 여겨 다시 간략하게 하는 것이 필요하다고 말한다. 만약 이와 같다면 곧 이 책이 생겨나기 전의 시절을 보는 것도 멀지 않을 것이다. 비록 불립문자의 요지를 얻었다 하더라도 받아 지녀 독송하는 가르침에 어그러짐이 있으면 설사 마음이 곧 부처라는 오묘한 으뜸의 이치라 하더라도 도리어 인과법(因果法)을 무시하여 물리치는 자의 구실이 될 뿐이다.

고덕께서 게송으로 이르기를 "말법임을 깊이 탄식할 새 실로 슬프고도 상심하나니, 그 누구도 불법을 얻어 주재하는 이 없구나. 읽은 글월 이해도 못한 채 성급히 강백의 자리에 앉으며, 일찍이 행각도 경험하지 못한 채 별안간 설법의 자리로 올라선다. 돈을 가지고 도량을 거론함이 마치 미친개와 같고, 빈속에 마음만 높은 것은 흡사 벙어리 염소와 같다." 하였으니, 그는 과연 미래겁의 일을 능히 아는 성자였던가? 그가 쓴 오늘날 말법의 사정이 어찌 이와 같이 깊이 있고도 또한 적절하단 말인가!

안진호 강백이 뛰어난 방편으로 근기를 보아내고 그것에 맞추어 한 권의 책으로 간략히 하고 토를 달았으며, 심지어 주석에도 토를 달고 엉터리없는 곳은 손을 보아 삭제함으로써 고민스러운 곳은 고민스럽지 않게 하여 쉽고도 쉽게 이해할 수 있도록 하였으니, 그 노파심이 가히 절실하다 하겠다. 나에게 그것의 교감을 요청함에 마침내 재주 없음을 살피지 않고 감히 망령되게 그것을 살펴보다가 불현듯 아뢰야식에서 중생의 능력과 희망과 성질이 서로 다르다는 느낌이 일게 되었다. 이 책이 여기에서 지극히 간략화된 것이 또다시 간략화되지 않기를 바라기에 더 이상 간략화되지 않은 채 보다 널리 보급되는데 조그만 도움이 되었으면 한다.

병자년 봄, 법륜사 설호산인 초우당 변영세(卞榮世) 삼가 쓰다.

사기
(私記)

1 序：敍(叙)와 같은 글자. 머리말, 권두언(卷頭言). 『회현기(會玄記)』 제1권 "序者 緒也, 如繭得序, 緒盡一繭之絲, 若疏得序, 序盡一疏之意."

2 衆生：범어 sattva의 번역어. 불교 이전의 브라만교에서부터 사용된 용어로서 유정(有情)이라고도 번역된다. 브라만교에서 일컫는 최고의 이상은 절대상태인 '브라흐만'이며 불교의 열반과 일치한다. 그러한 브라만교에서 미처 브라흐만과 합일[梵我一如]되지 못한 채 이 사바세계에 남아 있는[sat] 상태[tva]의 모든 존재를 일컬어 sattva라 일컬었다. 이러한 어원에 근거하면 구마라집 스님의 번역어인 '중생(衆生)'은 '衆[뭇]生[삶]', 즉 거듭 태어나 여러 삶을 살아간다는 의미를 지니고 있다. 그리고 현장 스님에 의해 새롭게 옮겨진 말인 '유정(有情)'은 유정(有情)·무정(無情)의 유정이 아니라 12연기 가운데 열 번째 단계인 '유(有)'의 의미가 그대로 적용된 '유적정황(有的情況, 존재하는 상태)'의 줄임말에 해당한다. 두 번역어 모두 소리옮김이 아닌 뜻옮김에 해당되며, 그 외에 함식(含識)이나 함령(含靈) 또는 군생(群生)이나 군류(群類) 등의 번역어가 있다. 대체로 이와 같은 말들은 생존하는 것이란 뜻으로서 일체의 생류를 가리키는데, 정확히는 해탈하여 열반에 이르지 못하고 미혹의 세계에 남아 있는 생류를 일컫기에, 넓게는 반열반에 들기 전의 불보살 또한 그 범위에 포함된다. 중생이란 개념은 『금강경』에서 대승수행자라면 갖지 말아야 하는 상(相, saṃjñā) 가운데 하나인 중생상(衆生相)에 해당하기도 하는데, 이는 비록 초기에 한한 것이긴 하지만 다른 아상류(我相類)와 달리 미망에 쌓인 이들로 하여금 수행의 길에 들어서게 하는 순작용이 있기에 굳이 애초부터 부정하진 않는 차이점이 존재한다.

3 根欲性：근은 능력, 욕은 희망, 성은 성질을 말한다. 『원각경약소(圓覺經略疏)』 "규봉서(圭峰序)" "연(然)이나 상품·중품·하품에 근과 욕과 성이 수(殊)할새"라 하고 그 주석에서 "근은 한결같이 성도(聖道)를 피워 일으키는 뿌리이니 신(信)과 진(進)과 정(定)과 혜(慧)요, 욕은 즐김이니 혹은 재물을 즐기고 혹은 명문(名聞)을 즐기며 혹은 정을 즐기고 혹은 혜를 즐김이며, 성은 종성이니 혹 일삼사오승(一三四五乘)에 성등(性等)이며 탐·진·치와 등분(等分)이며 내지는 8만 4천 행(行)을 종성이라 함이니, 성은 종자요 욕은 현행(現行)이다."라 하였다.

4 一以論之：일이(一以)는 이일(以一)의 강세적인 도치로서 『논어(論語)』 "이인(里仁)"의 "吾道, 一以貫之"에서와 같은 것이다. 한문에서 전치사 '以'와 '自'가 쓰이는 문장에서는 도치형을 취하는 수가 많은데, 도치는 전도법(顚倒法) 또는 도장법(倒裝法)이라고도 하며 문장을 수식하는 데에서 앞뒤 관계 또는 어사(語辭)의 완(緩)과 급(急) 따위에 따라 규정된 위치(어순)를 바꾸어 놓은 것을 말한다. 아래의 네 가지가 주로 많이 쓰인다.
1) 於 자를 쓴 것 : 『좌전(左傳)』 소공(昭公) 19년 "諺所謂室於怒, 市於色者." ← 怒於室, 色於市.

2) 是 자를 쓴 것 : 한유(韓愈), 『상유중영서(上柳中永書)』 "詩書禮樂是習, 仁義是修, 法度是束." ←習詩書禮樂, 修仁義, 束法度.

3) 之 자를 쓴 것 : 한유, "원도(原道)" "惟怪之欲聞" ←惟欲聞怪.

4) 哉 자를 쓴 것 : 『논어』 "옹야(雍也)" "賢哉! 回也." ← 回也, 賢哉.『孝經』第3章 "甚哉! 孝之大也." ← 孝之大也, 甚哉.

5 **丈夫** : 육근이 완전한 남자. 본래 키가 1장(10척) 되는 사람을 사람 가운데 가장 훌륭한 사람이라는 뜻이었지만, 불성의 이치를 깨달은 이도 장부라 하며 이런 뜻으로 보면 여자도 장부라 할 수 있다. 또 부처님을 대장부라 함은 사람 가운데 가장 수승한 분이란 뜻에서이다.

6 **如來** : 여래십호의 하나. 이 말 뜻을 알기 위해 이 말을 구성하고 있는 두 단어를 나누어 보면, 첫 말을 tatha 또는 tathā, 둘째 말을 āgata 또는 gatha라고 하는데 차이가 있다. tatha는 진실 또는 진리라는 뜻이고, tathā는 같이, 곧 역시(如是) 또는 여실(如實)의 뜻이며, āgata는 도달(오다)의 뜻이고, gatha는 서(逝, 가다)의 뜻이다. 그러므로 만일, 1) tatha + gatha라 하면 지금까지의 부처님과 같이 저들과 같은 길을 걸어서 열반의 피안에 간 사람이란 뜻으로 곧 선서(善逝) 혹은 도피안(到彼岸)의 뜻이요, 2) tatha + āgata라 하면 진리에 도달한 사람이란 뜻이요, 3) tathā + āgata라 하면 지금까지의 모든 부처님과 같이 저들과 같은 길을 걸어서 동일한 이상경에 도달한 사람이란 뜻이다. 또한 4) āgata를 오다[來格]의 뜻으로 보면 여래라는 것은 부처님과 같은 길을 걸어서 이 세상에 내현(來現)한 사람 또는 여실한 진리에 수순하여 이 세상에 와서 진리를 보여주는 사람이란 뜻이다.

7 **等空法界** : 등은 여(如)의 뜻으로, 허공과 같은 법계는 범어 dharmadhātu의 번역이다. dharma는 법(法), dhātu는 경계 또는 범위의 뜻으로, 우주 전체와 법성품(法性品)의 전체를 가리키는 말로 쓰이며, 흔히 다음의 세 가지 뜻으로 해석한다.

1) 법은 성법(聖法)이요 계는 인(因)의 뜻이니, 성법을 내는 원인이 되는 것으로 곧 진여를 말한다.

2) 계는 성(性)의 뜻이며 법은 일체법이니 만유제법의 본성이 되는 것으로 역시 진여를 말한다.

3) 계는 분제(分齊)의 뜻이고 법은 모든 법이니, 분제가 서로 같지 않은 모든 법의 모양으로 곧 만유제법을 포함하여 말한다.

8 **分別** : 범어 vikalpa의 번역으로, 사유 또는 계탁(計度)이라고도 번역한다. 추량사유(推量思惟)하는 것으로, 곧 심(心)과 심소(心所)가 경계에 대하여 작용을 일으켜 그 상(相)을 취해서 생기는 것이다. 『구사론』권2에서 이것을 다음의 세 가지로 나누고 있다.

1) 자성분별(自性分別)은 심(尋)의 심소를 체(體)로 하고 대경(對境)을 아무런 비지추탁(比知推度)도 하지 않고 직접 인식하는 직각작용(直覺作用)을 말한다.

2) 계탁분별(計度分別)은 의식과 상응하는 혜의 심소를 체로 하는 판단추리의 작용을 말한다.

3) 수념분별(隨念分別)은 의식과 상응하는 念의 심소를 그 체로 하고 과거의 것을 마음에 분명히 새기지 않고 생각을 해내는 추상 기억의 작용을 말한다.

9 **見性** : 달마대사의 『혈맥론(血脈論)』에 처음 사용하면서 그 내용을 말하기를 "만약 불(佛)을 구하려거든 모름지기 견성하라. 성은 곧 불이다. 만약 견성을 못하면 염불(念佛)·송경(誦經)·지계(持戒)·지재(持齋) 등의 모두가 이익이 없다. 염불은 인과를 얻고, 송경은 총명을 얻고, 지계는 생천(生天)을 얻고, 보시는 복을 얻을 뿐 불을 구함에는 아직 따르지 못한다. 만약 자기를 밝게 요달하지 못했으면 모름지기 계·정·혜 삼학을 겸비한 선지식을 찾아서 생사의 근본을 궁구하라. 견성을 못하면 가령 십이부경(十二部經)을 통설(通說)할지라도 생사윤회를 면치 못한다. 삼계에 고(苦)

를 받아서 벗어날 기약이 있을 수 없다."라고 하였다.

10 　祖師 : 조는 초(初)의 뜻, 사는 범(範)의 뜻. 일종일파(一宗一派)를 개설한 개조, 또는 그 교의 계통을 전한 열조(列祖)의 뜻으로 쓰이며, 조사선의 도리를 깨친 스님을 지칭하기도 한다. 개조에도 종조(宗祖)와 파조(派祖)를 생각할 수 있으니, 선종의 경우 5조 이후의 신수(神秀)나 혜능(慧能)은 파조이며, 또 혜능이 남종선의 개조이며 남악(南嶽)이나 청원(青原) 등은 남종선의 파조라 할 수 있는 것이 그것이다.

11 　曹溪 : 중국 광동성(廣東省) 소주부(韶州府)의 동남 30리 쌍봉산(雙峰山) 아래 조계(曹溪)라는 강이 흐르는 지역을 말한다. 667년 육조 혜능이 조숙량(曹叔良)으로부터 이 땅을 희사받아 보림사(寶林寺)를 짓고 선풍을 크게 진작시켰으며, 입적한 뒤에는 여기에 묻혔으므로 후인들이 혜능을 가리켜 조계라 불렀다. 『황여고(皇輿考)』 권8에서 "소주부의 조계는 부성(府城) 동남쪽에 있는데 양나라 때 천축국의 승려가 서쪽으로부터 오다가 조계 하구에 배가 닿으매 기이한 향내를 맡고는 이르기를 '상류에 반드시 승지(勝地)가 있을 것이다.' 하고는 그곳을 찾아내어 마침내 돌을 세우고는 '170년 후에 무상(無上)법사가 이 땅에서 법을 펼치게 될 것이다.' 하였는데, 지금에 6조께서 남화사(南華寺)에 계시니 바로 그 분이다."라 하였다.

12 　禪客 :
1) 참선자를 가리키는 말로서 선승만을 지칭하는 것이 아니라 속가에서 참선 수행하는 자도 포괄하여 가리킨다.
2) 선사에서 주지가 자리에 올라 설법할 때 대중 가운데 재변이 뛰어난 자를 뽑아 주지와 더불어 문답하게 하는 자를 일컬어 선객이라 한다. 송나라 때 이후에는 각 선찰에 선객이란 소임을 두었는데 큰 사찰에는 2명을, 작은 사찰에는 1명으로 소임을 맡게 하였다. 이에 비해 임시로 문답하는 자는 방선객(放禪客)이라 한다. 『백장청규(百丈清規)』 권2 "상당조(上堂條)" "古之學者, 蓋爲決疑, 故有問答. 初不滯於言語, 近日號名禪客, 多昧因果, 增長惡習, 以爲戲劇."

13 　根銀不識 : 숙맥불분(菽麥不分), 수유불변(水乳不辨)과 비슷함. 금근(金根)을 금은(金銀)의 잘못이라 하여 고쳤다는 고사로, 문자의 오용 또는 오역을 말한다. 『상서(尚書)』 "고실(故實)"에서 "韓退之子昶闇劣, 爲集賢殿校理, 史傳有金根車, 韓昶以爲誤, 改根爲銀, 爲時人所識."라 하였다. 금근차(金根車)는 진시황이 은나라의 대로제(大輅制)를 본받아 금으로 장식하여 만든 수레로, 한나라와 당나라 이후로는 태황(太皇)·태후(太后)·황후(皇后)가 모두 이 수레를 타게 되었다.

14 　高座 : 설법하는 법사가 앉는 한 단 높은 좌석. 세존께서 성도했다고 하는 금강보좌를 본따 만든 것으로, 설법·강경(講經)·설계(說戒)나 수법(修法)할 때 일반석보다 한 단 높이 마련한 좌석을 말한다. 그 크기는 율(律)의 규정에 의해서 여러 가지로 정해져 있는데, 가로 세로 1∼2미터에 높이 30∼50센티미터의 것이 많다. 또는 강사(講師)나 독사(讀師)가 앉는 높은 대(臺)를 말하니 강당(講堂)의 불단 좌우에 있다.

15 　宗說兼通 : 종설구통(宗說俱通). 선문에서 자오(自悟)가 철저함을 종통(宗通)이라 하고, 설법이 자재함을 설통(說通)이라 하며, 종통과 설통이 갖추어져 있는 이를 대종사(大宗師)라 한다.

16 　泰沼之不聽半徧 : 『원각경약소』 규봉(圭峰)의 서(序)에서 "講雖濫泰, 學且師安."이라 하고 그 주석에서 "古來相傳, 有蒲州不聽泰, 淄州半徧沼, 彼是聰慧上德, 不聽而講."이라 하였다. 신태와 혜소 두 스님은 현장 스님 밑에서 수학하였는데, 신태 스님은 현장 스님의 시봉을 들며 유식을 강의하는 내용을 문밖에서 다만 귀동냥으로 듣고도 밖에 나가 거침없이 유식을 강설했다 하였으며, 혜소 스님 또한 현장 스님의 유식 강의를 듣던 중 한 차례 온전히 마치기도 전에 그 절반

만 듣고도 대의를 알아차리고 밖에 나가 다른 이에게 그 내용을 강설하였다고 한다.

1) 신태(神泰) : 당나라 때 스님. 적관(籍貫)은 미상(未詳). 처음에는 포주(蒲州)의 보구사(普救寺)에 주지하였으며, 당 태종 정관(貞觀) 19년(645) 6월에 현장이 경사(京師)의 홍복사(弘福寺)에서 역경을 하자 영윤(靈潤) 등 11명과 함께 역경에 참여하여 증의(證義)의 소임을 맡았다. 현경(顯慶) 2년(657)에 칙령에 의해 서명사(西明寺)의 주지를 맡았다. 다음해 4월에 불교와 도교의 7인을 합벽궁(合璧宮)으로 불러들여 논쟁을 벌이게 하였을 때 선사가 구단지의(九斷知義)를 세워 도사의 설을 깨트렸다. 그 후 또 포주(蒲州)의 서엄사(栖嚴寺)와 대자은사(大慈恩寺)의 주지를 맡았다. 생몰년대 미상. 『구사론소(俱舍論疏)』 20권 등 다수의 저작이 있다.

2) 혜소(慧沼) : (651~714) 당나라 때 스님. 치천(淄川, 지금의 산동성 치천) 사람으로, 성씨는 미상이다. 어려서 매우 영특하였으며, 15세에 출가하여 법다이 수행하며 계율을 어기지 않으니 당시 사람들이 '소사리(沼闍梨)'라 일컬었다. 처음에는 현장을 따르며 수학하다 33세에 규기(窺基)의 문하에 들어가 유식학을 전공하여 깊이 깨달음에 이르고는 그의 전수자가 되었다. 규기가 입적한 후 원측(圓測)이 『유식론소(唯識論疏)』를 지어 규기의 설을 반박하자 이내 『유식론요의(唯識論了義)』를 찬술하여 그 설을 깨트리고는 법상의 참된 뜻을 드러내었다. 또 의정과 보리류지의 역경 사업을 도우며 증의의 소임을 맡아 간정(刊正)에 참여하였다. 『법상교의(法相敎義)』를 논술하여 법상종의 최고 번성기를 이루게 하는 등 많은 저술 활동을 하였으며, 규기 및 지주(智周)와 더불어 유식삼조라 일컬어진다.

17 **講家** : 선가의 반대말로서 교종을 말하거나 교종의 승려 또는 교종의 사원을 가리키기도 한다.

18 **支那** : 중국의 다른 이름. 중국이 기원전 221년 진(秦)나라로 통일되며 인도 및 서방으로 처음 알려지기 시작한 때 인도에서 진나라의 국호를 소릿말적기하여 '지나'라 부른 데서 시작되었다 한다.(『자은전慈恩傳』, 『현응음의玄應音義』, 『혜원음의慧苑音義』) 이 이름이 해로를 통해 서양으로 전파되어 '차이나' 또는 '신히나' 등으로 변하였다. 한편 한역 불교경전에서는 범어 '지나'를 支那·至那·脂那 등으로 소릿말적기되어 있는데 중국인들은 이것을 멸칭(蔑稱)이라 하여 싫어하지만 일본에서는 아직까지 중국의 칭호로 사용하고 있다.

19 **朝鮮** : 조선이라는 명칭의 유래에 대해서는 다음과 같은 여러 설이 있으나 아직 정설이 없다. 아래의 여러 설 가운데 가장 오래된 것은 장안(張晏)의 설인데, 그 타당성 여부는 차치하고 원래 조선 지역에는 습수(濕水)·열수(洌水)·산수(汕水)의 세 지류가 합류하는 열수(洌水)라는 강이 있었다는 정보를 제공해 주고 있다. 그런데 중국인들은 주변의 이민족의 족명이나 지명에는 대개 격하의 뜻을 지닌 문자를 사용하는 것이 통례인데 조선은 그 명칭이 우아한 것으로 보아 조선족 스스로 지은 명칭일 가능성이 있다.

1) 『사기집해(史記集解)』에서는 장안(張晏)의 말을 인용하여 "조선에는 습수와 열수 및 산수가 있으며 이 세 물줄기가 합해져 열수가 되는데, 아마도 낙랑이나 조선이 여기에서 그 이름을 취했으리라 생각된다."라고 하였고, 『사기』 "색은(索隱)"에서는 鮮의 음은 산이므로 산수가 있기에 그 명칭을 얻었을 것이라고 하였다.

2) 『신증동국여지승람(新增東國輿地勝覽)』에서는 동쪽 끝에 있어 해가 뜨는 지역이므로 조선이라 불렀다고 하였다.

3) 『동사강목(東史綱目)』에서는 선비(鮮卑)의 동쪽에 있으므로 조선이라 칭하였다고 하였다.

4) 신채호와 정인보는 조선을 같은 음을 지닌 만주어 주신(珠申)에서 온 것이라 해석하였다. 『만주원류고(滿洲源流考)』 '부족조(部族條)'에는 원래 만주어로 소속(所屬)을 주신(珠申)이라고 하였는

데, 숙신(肅愼)은 주신에서 전한 것이라 기록하고 있다. 이에 근거하여 소속을 관경(管境)과 그 뜻이 통하는 것으로 해석하여 주신은 국호의 의미를 지녔을 것으로 인식하였다. 그리고 옛 문헌에 보이는 조선과 숙신은 동일한 뜻을 지닌 다른 호칭이었던 것으로 받아들여, 결국 조선의 명칭은 주신에서 왔을 것이라고 하였다.

5) 양주동은 고대 조선족이 태양 숭배 신앙을 가지고 이동하면서 도처에 '밝'이나 '새'라는 지명을 남겼을 것으로 보고, 조(朝)를 '밝' 선(鮮)을 '새'로 해석하여 조선을 '밝새'로 보았다.

6) 이병도는 조선은 아사달(阿斯達)의 한자 표기라고 보았다. 『삼국유사』에 고조선의 도읍지가 아사달로 기록되어 있는 것에 근거하여 아사달은 도시명인 동시에 국명이었을 것으로 보고, 아사달의 아사는 일본어에서 아침이라는 말인 것으로 보아 한국 고대어의 아침이라는 말일 것이며, 달은 양달 또는 음달에서처럼 땅을 뜻하는 것으로 보아, 결국 아사달은 조양(朝陽) 또는 조광(朝光)의 땅이라는 뜻인데, 이것이 조선으로 표기되었을 것으로 보았다.

20 **不立文字** : 선종에서 법은 마음으로 마음에 전하는 것이므로 따로 언어나 문자를 세워 말하지 않는 데 참 뜻이 있다고 한다.

1) 『오등회원(五燈會元)』 "세존(世尊)" "吾有正法眼藏涅槃妙心, 實相無相微妙法門, 不立文字 教外別傳, 付囑大迦葉."

2) 『석문정통(釋門正統)』 "삼(三)" "禪宗者, 始菩提達磨遠越葱嶺, 來於此土. 初無不立文字之說, 南泉普願始唱別位 不立文字 見性成佛."

21 **讀誦** : 독은 글자를 보면서 읽는 것, 송은 글자를 보지 않고 외우는 것이다. 경전의 독송은 인도 이래 행해져 왔는데, 원래는 경전의 의미와 내용을 이해하고 실천하기 위해 읽었던 것이었지만 뒤에는 독송하는 것 자체가 하나의 수행법으로 되어 불전에 독경하고 부처님의 덕을 찬양함으로써 원하는 일이 이루어지도록 빌고, 죽은 자를 위해 독경의 덕을 쌓음으로 사후의 명복을 비는 등으로 행해졌다.

1) 진독(眞讀, 信讀) : 경전을 처음부터 끝까지 통독하는 것이다.

2) 전독(轉讀, 略讀) : 단지 경제(經題) 등을 읽어 경권(經卷)을 넘기는 것이다. 원래는 경권을 손에 잡고 넘기면서 전부 읽는다는 뜻이었다.

3) 심독(心讀) : 마음속으로 묵독하는 것이다.

4) 신독(身讀, 色讀) : 경전의 내용을 몸으로 실천하는 것이다.

5) 풍경(諷經, 誦經) : 선종에서 불덕(佛德)을 찬양하기 위해 경전을 독송하는 것을 말한다.

6) 전독(轉讀) : 선종에서 기원을 위해 많은 경전을 읽는 것을 말한다.

7) 간경(看經) : 선종에서 의미를 해석하며 읽는 것을 말한다.

22 **古德** : 송나라 때 항주(杭州) 영지사(靈芝寺) 원조율사(元照律師) → '대지원조(大智元照)'조(제5장 서장 "5. 대지조율사송의발여원조본선사서大智照律師送衣鉢與圓照本禪師書" 사기 1. 大智元照)

23 **行脚** : 선종의 승려가 수도와 수행을 위하여 일정한 거처를 정함이 없이 여러 지방을 돌아다니는 것을 말한다. 『조정사원(祖庭事苑)』 권8 "行脚者, 謂遠離鄉曲, 脚行天下, 脫情捐累 尋訪師友, 求法證悟也(행각이란 [자신과 인연이 있는] 마을을 멀리 떠나 천하를 두루 돌아다니면서 세속의 정을 벗고 얽힌 망연을 버리며 스승과 도반을 탐방하여 법을 구하고 깨달음을 증득하는 것을 일컫는다)."

24 **陞堂** : 상당(上堂). 상당은 상법당(上法堂)이란 뜻이다. 선종의 장로나 주지가 법당의 강단에 올라가 설법하는 것. 옛날에는 수시로 행했으나 후세에 들어와서 정기 및 임시로 상당하는 것이 관례

로 정해지게 되었다.

1) 단망상당(旦望上堂) : 매월 음력 1일과 15일에 상당한다.

2) 오참상당(五參上堂) : 매월 음력 5일·10일·20일·25일의 4회 상당한다. 단망상당과 합하면 5일마다 한 번씩 상당하게 되므로 오참이라 한다.

3) 구참상당(九參上堂) : 3일에 한 번씩 월 9회 상당한다.

4) 성절상당(聖節上堂) : 황제 탄생일에 상당한다.

5) 출대상당(出隊上堂) : 출대는 선사의 주지가 일단의 대중을 이끌고 밖으로 나가서 양곡이나 재물 등의 시주를 하는 것을 일컫는데, 출대로부터 돌아와서 주지가 상당하는 것을 말한다.

25 **院** : 범어 ārāma의 번역. 중국에서 큰 담장이 둘러쳐져 있는 것 또는 그런 집을 원(院)이라 했는데, 가람의 건축이 대개 이 같은 형식을 하고 있으므로 당나라 때부터 절 이름에 이 글자를 쓰게 되면서 통상적으로 스님들이 있는 곳을 원이라 하고 도교의 도사들이 있는 곳을 관(觀)이라 하였다. 『명의집(名義集)』 권7 "羅摩, 此云院, 周垣小院."

26 **啞羊** : 사종승(四種僧) 가운데 하나인 아양승을 말한다. 『지도론(智度論)』 권3에 의하면 사종승은 다음과 같다.

1) 유수승(有羞僧) : 계율의 범(犯)함을 알고 잘못을 참회할 줄 아는 사람이다. "云何名有羞僧? 持戒不破, 身口淸淨, 能別好醜, 未得道, 是名有羞僧(무엇을 유수승이라 이름하는가? 지닌 계행은 깨뜨리지 않고 신업과 구업은 청정하여 좋고 나쁨은 구별해낼 수 있으나 아직 도를 깨닫지 못한 이를 이름하여 제부끄럼이 있는 승려[有羞僧]라 한다)."

2) 무수승(無羞僧) : 비록 선악을 알고 범하나 안에 부끄러워하는 마음이 없어 참회하지 못하는 사람이다. "云何名無羞僧? 破戒, 身口不淨, 無惡不作, 是名無羞僧(무엇을 무수승이라 이름하는가? 계행은 깨어지고 신업과 구업은 깨끗하지 않으며 짓지 않는 악행이 없는 이를 이름하여 제부끄럼도 없는 승려[無羞僧]라 한다)."

3) 아양승(啞羊僧) : 범어 eḍamūka. 지극히 어리석은 비구가 선악의 계율을 분별치 못하여 범하고도 참회할 줄 모르는 것을 벙어리 염소가 죽임을 당해도 소리를 내지 못하는데 비유한 것. "云何名啞羊僧? 雖不破戒, 鈍根無慧, 不別好醜, 不知輕重, 不知有罪無罪, 若有僧事, 二人共諍, 不能斷決, 黙然無言, 譬如白羊乃至人殺不能作聲, 是名啞羊僧(무엇을 아양승이라 이름하는가? 비록 계행은 깨뜨리지 않았으나 둔한 근기에 지혜가 없어 아름다움과 추함을 구별하지 못하고 가벼움과 무거움을 알지 못하며 죄가 있는지 없는지를 알지 못하기에, 만약 스님 간에 일이 있어 두 사람이 다투어도 결단을 낼 수가 없어서 묵묵히 말도 못하고 있는 것이 마치 흰 양이 사람에게 죽임을 당하기에 이르러도 소리를 낼 수 없는 것과 같으니, 이를 이름하여 벙어리 염소 승려[啞羊僧]라 한다)."

4) 실승(實僧) : 온갖 지식으로 잘못 아는 소견을 여읜 자리인 견도(見道) 이상의 성덕(聖德)을 갖춘 사람이다. "云何名實僧? 若學人若無學人, 住四果中, 行四向道, 是名實僧(무엇을 명실승이라 이름하는가? 더 배워야 하는 사람이건 이젠 배울 것이 없는 사람이건 네 단계 과위에 머무르며 네 단계 나아갈 길에서 수행한다면 이를 이름하여 명실상부한 승려[實僧]라 한다)."

27 **震湖** : (1880~1965) 조선 후기의 스님. 법명은 석연(錫淵), 호는 진호(震湖), 속성은 순흥(順興) 안(安)씨이다. 경북 예천 사람. 16세에 예천 용문사(龍門寺)에 글을 읽으러 들어갔다가 1896년(건양 1) 17세에 신일(信一)에게 출가하였으며, 9년 동안 용문사 전문 강원에서 경전을 공부하였다. 이어 문경 금룡사(金龍寺)와 대승사(大乘寺)를 비롯한 여러 절에서 20여 년 동안 후학들을 지도하였다. 30대에는 사회의 소금 역할을 하겠다는 뜻에서 소금 장수로서 고행과 포교에 전력했고, 40대에는 사회의 등불이 되겠다는 뜻에서 등유 장사를 한 일이 있다. 1929년 50세 이후에는 서울로

와서 경전 번역과 불교 서적 출판에 전력하였다. 그가 국역 또는 현토 발행한 저술은 30여 종에 이른다. 1965년 나이 86세, 법랍 69세로 입적하였다. 저서로는 『보덕각씨(普德閣氏)』와 『영험실록(靈驗實錄)』이 있고, 편저로는 『불자필람(佛子必覽)』, 『석문의범(釋門儀範)』, 『팔상록(八相錄)』 등이 있다.

28 **懸吐** : 15세기에 이르러 한문 경전은 언해(諺解)라는 이름으로 한글로 번역되기 시작한다. 이는 한글이 발명(1443년)된 지 18년 뒤인 1461년(세조 7년) 6월에 간경도감이 설치되면서 본격화되었다. 간경도감은 1471년(성종 2년)에 폐지될 때까지 11년 동안 존속된 역경기관으로 『능엄경』, 『법화경』, 『금강경』, 『반야심경』, 『아미타경』, 『원각경』 등을 한글로 번역하였다. 간경도감의 번역 방법은 토를 달고 번역을 한 뒤 한문에 음을 붙이고 교정을 거쳐 왕에게 올려서 낭독하게 함으로써 완성된다. 여기에서 주목해야 할 것은 토이다. 한문 원문을 읽으면서 필요한 부분에 토를 단 것을 흔히 구결(口訣)이라고도 부른다. 이것은 한문과 한글이 가지는 역사적 특수성의 결과이다. 곧 우리의 문자체계가 없던 고대에 한문이 이 땅에 들어온 까닭에 입으로는 우리말을 하고 글은 한문을 쓰던 이중생활에서 비롯된 것이다. 중국어는 문법 형태상 고립어인 까닭에 교착어인 우리말처럼 접미사가 발달하지 못했다. 이 불편을 줄이기 위한 방안이 구결이다. 이러한 구결문은 언해문으로 하여금 직역이라는 형식을 띠게 할 수밖에 없었다. 그래서 간경도감의 언해서들은 원문에 토를 다는 일에서 번역이 시작된다는 특징을 갖는다.(『해인海印』지)

29 **筆削** : 필은 가필하는 것, 삭은 칼로 깎아버리는 것. 곧 써야 할 것은 더 쓰고 깎아야 할 것은 칼로 글자를 깎아버리는 것을 말한다. 『사기』 "공자세가(孔子世家)"에 공자가 『춘추(春秋)』를 만든 것을 저술하여 가로되 "孔子在位, 聽訟, 文辭有可與人共者, 弗獨有也. 至爲春秋, 筆則筆, 削則削, 子夏之徒, 不能贊一辭."라 한 데서 생긴 말이다.

30 **藏識** : 팔식(八識)의 하나로 제8 아뢰야식의 번역이다. 객관 대상에 향하여 그 일반상을 인식하는 정신작용이다. 식(識)을 분류하면 다음과 같다.
1) 전5식 : 색·성·향·미·촉을 인식하는 마음작용으로, 안식(眼識)·이식(耳識)·비식(鼻識)·설식(舌識)·신식(身識)의 오식을 총칭하는데, 단순한 감각작용을 할 뿐이다.
(1) 안식(眼識) : 안근(眼根)을 소의(所依)로 생겨나서 색경을 요별하는 것.
(2) 이식(耳識) : 이근(耳根)을 소의로 생겨나서 소리를 듣고 희·노·애·락 등을 분별하는 정신작용으로 청각을 말한다.
(3) 비식(鼻識) : 비근(鼻根)을 소의로 생겨나서 냄새가 좋고 나쁨을 분별하는 심식(心識)으로 후각을 말한다.
(4) 설식(舌識) : 설근(舌根)을 소의로 생겨나서 온갖 맛을 분별하는 심식으로 미각(味覺)을 말한다.
(5) 신식(身識) : 몸으로써 외부경계와 접촉하여 분별 인식하는 감각을 말한다.
2) 제6식[意識] : 의근(意根)을 소의로 생겨나서 법경(法境)을 요별하는 심왕(心王). 전5식처럼 감각기관을 의지하지 않고 다만 그들이 인식한 것에 대해 비교와 추리 등의 작용을 한다.
3) 제7식[末那識] : 제8식을 소의처(所依處)로 하여 '아(我)이다, 법(法)이다.' 하고 집착하는 사량식(思量識)이다.
4) 제8식[阿賴耶識] : 불교 유심론의 근본이 되는 식으로, 생사윤회가 거듭되는 미계(迷界)의 주체이다. 진제 삼장(眞諦三藏)은 이 식이 중생의 근본심식으로, 결코 없어지거나 잃어지는 것이 아니라는 뜻에서 '무몰식(無沒識)'이라 번역하고, 현장은 능장(能藏)과 소장(所藏) 및 집장(執藏)의 세 뜻이 있다 하여 '장식(藏識)'이라 번역하였다.

1
장

경훈
警訓

1

위산대원선사경책

潙山大圓¹禪師²警策{1}³

●

대원 선사가 경책하다

夫業{2}繫⁴受身,{3} 未免形累,⁵ 稟父母之遺體,{4} 假衆緣{5}而共成.{6} 雖乃四大⁶扶持, 常相違背,{7} 無常老病,{8} 不與人期, 朝存夕亡,{9} 刹那⁷異世.{10} 譬如春霜曉露, 倏忽卽無, 岸樹⁸井藤,⁹ 豈能長久? 念念迅速, 一刹那間轉息卽是來生, 何乃晏然空過?

父母不供甘旨,{11} 六親{12}¹⁰固以棄離, 不能安國治邦,{13}¹¹ 家業頓捐繼嗣, 緬離鄕黨,{14} 剃髮¹²稟師,{15} 內勤剋念之功, 外弘不諍之德,{16} 逈脫塵世, 冀期出離, 何乃纔登戒品,{17}¹³ 便言我是比丘.{18} 檀越¹⁴所須,{19} 喫用常住,{20}¹⁵ 不解忖思來處,{21} 謂言法爾¹⁶合供, 喫了聚頭喧喧, 但說人間雜話, 然卽一期趁樂, 不知樂是苦因.{22}

曩{23}劫{24}徇塵, 未嘗返省, 時光淹沒, 歲月蹉跎. 受用殷{25}繁, 施利濃厚, 動經年載, 不擬棄離, 積聚滋多, 保持幻質. 導師¹⁷有勑, 戒勗比丘, 進道嚴身, 三常不足.{26} 人多於此耽味不休, 日往月來, 颯然白首.{27}

後學未聞旨趣,{28} 應須博問先知, 將謂出家, 貴求衣食. 佛先制律, 啓創發蒙,{29} 軌則威儀,{30} 淨如氷雪, 止持作犯,{31} 束斂{32}初心, 微細條章,{33} 革諸猥弊,{34} 毘尼{35}18法席,{36} 曾未叨{37}陪, 了義上乘,19 豈能甄別?{38} 可惜一生空過, 後悔難追. 教理未嘗措懷, 玄道無因契悟,{39} 及至年高臘長,{40} 空腹高心, 不肯親附良朋, 惟知倨傲, 未諳法律, 戢斂全無.{41} 或大語高聲, 出言無度,{42} 不敬上中下座,{43} 婆羅門{44}20聚會無殊.

椀鉢21作聲,{45} 食畢先起, 去就{46} 乖角,{47} 僧體全無. 起坐忪諸,{48} 動他心念, 不存些些軌則, 小小威儀, 將何束斂? 後昆新學{49}無因倣傚. 纔相覺察, 便言我是山僧,22 未聞佛教, 行持一向情存麤糙.{50} 如斯之見, 盖爲初心慵惰, 饕餮{51}23因循,{52} 荏苒{53}人間, 遂成疎野, 不覺躘踵老朽,{54} 觸事面墻.{55}

後學咨詢, 無言接引, 縱有談說, 不涉典章,{56} 或被輕言, 便責後生無禮, 瞋心忿起, 言語該人. 一朝臥疾在牀, 衆苦縈纏逼迫, 曉夕思忖, 心裡恓惶,{57} 前路茫茫, 未知何往. 從茲始知悔過, 臨渴掘井奚爲? 自恨早不預修, 年晩多諸過咎, 臨行{58}揮霍,{59} 怕怖慞惶.{60}

穀穿雀飛,{61}24 識心隨業, 如人負債, 强者先牽, 心緒多端, 重處偏墜. 無常殺鬼25念念不停, 命不可延, 時不可待, 人天三有,26 應未免之. 如是受身, 非論劫數,{62}27 感傷嘆訝,{63} 哀哉切心, 豈可緘言? 遞相警策,{64} 所恨同生像季,{65}28 去聖時遙, 佛法生疎, 人多懈怠, 略伸管見,{66} 以曉後來. 若不蠲{67}矜, 誠難輪逭.{68}

夫出家者,{69}29 發足超方,{70} 心形異俗, 紹隆聖種, 震懾魔軍,{71}30 用報四恩,31 拔濟三有. 若不如此, 濫厠僧倫,{72} 言行荒疎,{73} 虛霑信施, 昔年行處, 寸步不移, 恍惚一生, 將何憑恃? 況乃堂堂僧相, 容貌可觀,{74} 皆是宿植善根, 感斯異報, 便擬端然拱手, 不貴寸陰,{75} 事業不勤, 功果{76}無因克就, 豈可一生空過, 抑亦來業無裨. 辭親決志披緇, 意欲等超何所? 曉夕思忖, 豈可遷延過時? 心期佛法棟樑,{77} 用作後來龜鏡,{78} 常

以如此, 未能少分相應.³²

　　出言須涉於典章, 談說乃傍於稽古.{79} 形儀挺特,{80} 意氣高閒. 遠行要假良朋,{81} 數數清於耳目; 住持必須擇伴, 時時聞於未聞, 故云生我者父母, 成我者朋友. 親附善者, 如霧露中行, 雖不濕衣, 時時有潤;³³ 狎習惡者, 長惡知見, 曉夕造惡,{82}³⁴ 卽目交報, 歿後沈淪.{83} 一失人身,³⁵ 萬劫不復, 忠言逆耳,{84} 豈不銘心者哉?{85} 便能澡心育德,{86}³⁶ 晦迹韜名,{87} 蘊素精神,{88} 喧囂止絕.{89}

　　若欲參禪學道, 頓超方便之門, 心契玄津, 研{90}幾{91}精妙, 決擇深奧,{92} 啓悟眞源, 博問先知, 親近善友. 此宗難得其妙, 切須仔細用心. 可中{93}頓悟正因,{94}³⁷ 便是出塵階漸,{95} 此則破三界二十五有.{96} 內外諸法,{97} 盡知不實, 從心變起悉是假名,³⁸ 不用將心湊泊,{98} 但情不附物, 物豈礙人? 任他法性周流, 莫斷莫續,{99} 聞聲見色,³⁹ 蓋是尋常, 遮邊那邊, 應用不闕, 如斯行止, 實不枉披法服,⁴⁰ 亦乃酬報四恩, 拔濟三有. 生生若能不退, 佛階決定可期. 往來三界之賓, 出沒爲他作則,{100} 此之一學, 最妙最玄, 但辦肯心, 必不相賺.

　　若有中流之士, 未能頓超, 且於教法留心, 溫尋貝葉,{101}⁴¹ 精搜義理, 傳唱敷揚, 接引後來, 報佛恩德, 時光亦不虛棄. 必須以此扶持, 住止威儀, 便是僧中法器.

　　豈不見倚松之葛, 上聳千尋, 附託勝因,{102} 方能廣益. 懇修齋戒,{103}⁴² 莫謾虧踰,{104} 世世生生, 殊妙因果. 不可等閒過日, 兀兀度時, 可惜光陰, 不求升進, 徒消十方信施, 亦乃孤負四恩. 積累轉深, 心塵易壅, 觸途成滯, 人所輕欺. 古云彼旣丈夫我亦爾, 不應自輕而退屈.{105} 若不如此, 徒在緇門, 荏苒一生, 殊無所益.

　　伏望興決烈之志, 開特達之懷, 舉措{106}看他上流, 莫擅隨於庸鄙. 今生便須決斷, 想料不由別人,⁴³ 息意忘緣, 不與諸塵作對. 心空境寂, 只爲久滯不通, 熟覽斯文, 時時警策, 强作主宰,{107} 莫徇人情. 業果所牽, 誠難逃避,{108} 聲和響順, 形直影端. 因果歷然, 豈無憂懼? 故經云:{109} "假使百千劫, 所作業不亡, 因緣會遇時, 果報還自受." 故知三界刑罰, 縈絆殺人, 努力勤修, 莫空過日. 深知過患,{110} 方乃相勸行持, 願百劫千生, 處處同爲法侶. 乃爲銘[44]曰:

幻身夢宅, 空中物色,{111}　　　前際無窮, 後際寧剋?
出此沒彼, 昇沈疲極,　　　　　未免三輪, 何時休息?{112}
貪戀世間, 陰緣成質,{113}[45]　　從生至老, 一無所得,
根本無明,[46] 因茲被惑.　　　　光陰可惜, 刹那不測,
今生空過, 來世窒塞.{114}　　　從迷至迷, 皆因六賊,[47]
六道[48]往還, 三界匍匐.　　　早訪明師, 親近高德,
決擇[49]身心, 去其荊棘.{115}　　世自浮虛, 衆緣豈逼?
研窮法理, 以悟爲則,　　　　　心境俱捐, 莫記莫憶.
六根怡然, 行住寂默,　　　　　一心不生, 萬法俱息.

{1} 潙山 靈祐禪師, 福州 趙氏子, 嗣百丈, 代宗勅諡大圓.

{2} 前因.

{3} 今果.

{4} 父精, 母血.

{5} 乳哺, 洗浴, 衣食等.

{6} 凡受身者, 皆有四相, 上卽生相.

{7} 『智論』云: "四大爲身, 常相惱害, 一一大中, 百一病起. 冷病有二百二, 水風起故; 熱病有二百二, 地火起故."

{8} 中間二相.

{9} 死相.

{10} 『仁王經』云: "一念中有九十刹那, 一刹那中, 經九百生滅." 言極少時也.

{11} 旨卽美也. 飮食之美者, 必以旨言.

{12} 『善見論』云: "父六親, 伯叔兄弟兒孫; 母六親, 舅姨兄弟兒孫."

{13} 大曰國, 小曰邦.

{14} 『禮』云: "五家爲隣, 二十五家爲里, 五百家爲黨, 萬二千五百家爲鄕."

{15} 初, 比丘於如來"善來"言下, 鬚髮自落, 袈裟披體, 成道十一年, 始以寶刀, 剪剃鬚髮, 又囑憍陳如等, 遍於天下, 爲諸沙彌受戒, 是剃髮受戒之始.

{16} 成而不朽者功, 周而不匱者德也. 又德, 得也, 有自生而得之於天, 有躬行而得之於心, 此言躬行也.

{17} 品者, 類也. 比丘二百五十戒, 束爲八類, 故云戒品.

{18} 比丘, 此云乞士, 內乞法, 以資慧命, 外乞食, 以資色身. 又有四義故, 存梵不譯.

{19} 檀, 施也, 施之以財; 越, 越貧窮海. 言所須, 謂施財者欲邀福懺罪也.

{20} 『鈔』云: "僧物有四種常住. 一, 常住常住, 謂衆所用什物, 體局當處, 不通餘界, 但得受用, 不許分賣故, 重云常住. 二, 十方常住, 寺中飮食等物, 體通十方, 唯局本處, 食旣熟已, 乃打鼓鍾, 盖明十方僧, 俱有分也. 上二, 名僧祇物. 三, 現前常住, 中有二, 一物現前, 二僧中現前, 謂此僧得多施物, 惟施此處現前僧衆故. 四, 十方現前常住, 謂亡僧遺物也, 體同十方, 唯本處現在僧得分故. 此二, 名現前僧物. 今詳分亡僧物, 十方來僧, 在羯磨數前, 卽得, 羯磨後來者, 不得也."

{21} 來處者, 此一鉢之食, 出於作者一鉢之汗血也, 又施者所求也.

{22} 不知今生受用快樂, 卽爲來世得苦果之因.

{23} 昔也.

{24} 時也.

{25} 多也, 盛也.

{26} 三常, 衣服·飮食·睡眠. 若圖取足, 何能行道?

{27} 颯然, 風聲發貌.

{28} 旨意向也, 意之所歸爲趣.

{29} 創始啓導, 擊發蒙昧.

{30} 威可畏也, 儀可象也.

{31} 攝善法戒, 止善爲犯, 作善爲持; 攝律儀戒, 止惡爲持, 作惡爲犯.

{32} 拘束收斂.

{33} 三千威儀·八萬細行, 一一各有條陳章句, 如木之有枝條, 故曰條章.

{34} 鄙猥愚弊.

{35} 此云調伏, 調鍊三業, 制伏過非. 又翻滅, 謂滅惑滅業, 得滅果也.

{36} 凡說法之處, 必舖筵設席, 故云法席.

{37} 猥濫也.

{38} 甄明, 陳別.

{39} 凡爲比丘, 五載學律, 又五歲通經然後, 稱爲大師, 且復參學禪道.

{40} 律中,以七月十六日,是比丘五分法身生來之歲,則十五日,是臘除也.比丘出俗,不以俗年爲計,乃數夏臘耳.

{41} 虧身業.

{42} 虧口業.

{43} 虧意業.

{44} 此云淨行,劫初種族,山野自閑故,人以淨行稱之.肇云,其種別有經書,世世相承,以道學爲業,或在家或出家,多恃見道術我慢人也.惟五天有,餘國無,諸經中梵志卽同此名.其人種類,自云梵天口生.

{45} 椀,小盂;鉢,梵語具云"鉢多羅",此云應器,唐·梵雙擧.食時若作聲,餓鬼咽中火起.

{46} 進退作爲.

{47} 角亦乖也.

{48} 怵,心動也,又驚也.

{49} 昆,同也·咸也,又後也.

{50} 糠與粗同.

{51} 獸名,羊身人面,目在腋,虎齒人爪,音如嬰兒.性貪婪,食之無厭,淺害其身.縉雲氏有不才子,貪于飲食,冒于貨賄,故謂之饕餮.舜投諸四裔.

{52} 無所作爲也.

{53} 展轉也.

{54} 躩踵,小兒行貌.

{55} 孔子謂伯魚曰:"人而不學『周南』·『召南』,猶面墙而立也歟?"言物無所見,一步不可行也.

{56} 典法也,五帝書也;章文也,言成事文也.孟浪之談,取笑傍觀,發言輕率,曰"孟浪".

{57} 恫,昏亂貌;惶,卽惑也,又恐也.

{58} 大去之行也.

{59} 揮霍,振動也.業重者,臨終手忙脚亂,振動周章也.

{60} 皆恐懼貌.

{61} 『七賢女經』"有雀飛入瓶中,以穀覆其瓶口,旣已穿破飛去."雀比識心,瓶比身,穀紗也.

{62} 劫,梵語具云"劫波",此云時分,不論長時短時·大時小時,皆曰劫.

{63} 訝,驚怪也.

{64} 豈可緘口而不言哉!

{65} 佛滅後,正法一千年,像法一千年,末法一萬年,然後法滅.像·似也,似正法時也;季末也.

{66} 古人云:"管中窺豹,時見一斑."自謙小見也.

{67} 除也.

{68} 逭逃也,未能逃脫輪廻三界也.上敍出家人過咎,以警覺,下說出家人行履,使其勉勵而策進也.

{69} 出家有三:一,辭親,出世俗家;二,悟道,出五蘊家;三,證果,出三界家.此卽初也.

{70} 世間曰方, 發步而超出方之外.

{71} 古譯經論, 魔字皆從石, 自梁武以來, 謂魔能惱人, 字宜從鬼.

{72} 『魏書』“無一人間厠其間.” 註, 厠雜也, 濫厠言泛雜也.

{73} 言乃行之實, 行乃言之表, 謂言疎濶・行荒弊者也.

{74} 堂堂, 自高貌, 又容貌之盛, 言“務外而自高, 不可輔而爲仁.”

{75} 大禹聖人, 不棄寸陰, 衆人, 當惜分陰.

{76} 積功獲果.

{77} 期作法門棟樑.

{78} 龜所以決猶豫, 鏡所以辨妍媸.

{79} 『禹謨』云: “無稽之言, 勿聽.” 註云, 無考, 無信驗也. 十口所傳, 爲古.

{80} 挺然而特立也.

{81} 律中, 比丘出行, 須假三人.

{82} 『付法藏經』云: “佛言, 一切衆生, 志性無定, 近惡則惡, 近善則善. 昔, 王有惡象, 罪人當死者, 繫投象前, 蹋踐殺之. 象廐失火, 移象近寺累日, 後不殺人. 王怪問之, 智臣對曰: ‘在寺中, 聞善言故然耳.’ 又移置屠肆中, 其惡如前. 獸旣如是, 人而不親近善友者乎!”

{83} 報有三種, 謂順現・順生・順後. 卽今目前, 相交其報, 卽順現; 死後淪墮, 卽順生・順後二報也.

{84} 『家語』“忠言逆耳, 利於行; 良藥苦口, 利於病.”

{85} 存心不忘, 如刻金石.

{86} 洗滌心塵, 保育德業.

{87} 隱晦其跡而和光同塵, 不市其名而去華就實.

{88} 蘊, 積也蓄也; 素, 皎也潔也. 精者人之元氣, 氣之伸者曰神, 言藏蓄而潔白其神氣也.

{89} 止息斷絶乎喧煩紛囂之心跡也.

{90} 究也.

{91} 盡也.

{92} 奧者, 室之西南隅. 得入門者, 必見其奧; 若未窺其奧者, 不入其門.

{93} 可, 與箇通用, 箇中謂此中也. 又說話, 云猶・云萬一也.

{94} 謂自心體性, 是正因也.

{95} 階級漸次也.

{96} 三界者: 一, 欲界, 欲有三種, 飮食・睡眠・淫欲也, 於此三事, 希求名欲, 下自風輪, 上至他化天, 皆欲界攝; 二, 色界, 形質淸淨, 身相殊勝, 未出色籠, 故名色界; 三, 無色界, 於彼界, 非有色故. 亦名三有, 各有業報故. 別分則二十五有, 莉溪頌曰: “四州四惡趣, 六欲並梵天, 四禪四空處, 無想及那含.”

{97} 約身心則心爲內・身爲外, 約心境則身心爲內・境界爲外, 一切諸法, 不出色心故.

{98} 如來藏心, 與無明合爲賴耶, 變起諸識·諸境, 皆是虛假, 但有其名, 都無實狀, 安用其心, 攀緣彼境.

{99} 卽此眞心, 與諸法爲性, 無處不在, 豈可斷續.

{100} 衆生輪廻三界之內, 永無出期, 諸佛菩薩示現受生, 皆爲利濟群品.

{101} 溫亦尋也, 習也. 佛滅後, 阿難等結集經律, 書貝多羅樹葉.

{102} 經敎.

{103} 齋者, 過中不食爲名, 戒者, 防非止惡爲義.

{104} 虧缺律行, 踰越敎戒.

{105} 佛誡羅睺羅偈也.

{106} 擧者, 處置動作, 措者, 安布施爲.

{107} 主·國主, 宰·宰相, 主則自在, 宰則割斷, 言我爲法王, 則於法自在, 不爲係滯而能制斷矣.

{108} 『書』云: "天作孽, 猶可違, 自作孽, 不可逭." 逭猶亡也.

{109} 『一切有部經』

{110} 五欲生死爲過患. 『止觀』明五欲過患: 色如熱金丸, 執之則燒; 聲如塗毒鼓, 聞之則死; 香如憋龍氣, 嗅之則病; 味如蜜塗刀, 舐之則傷; 觸如獅子臥, 近之則嚙. 憋音別, 嗔也.

{111} 物色空華, 根身器界, 虛幻不實, 如空華也.

{112} 永捨爲休, 暫廢爲息.

{113} 衆生形質, 從五陰十二因緣而成.

{114} 盡未來際, 無出頭期.

{115} 荊, 楚木也, 亦棘屬. 許氏曰: "棘, 如棗而多刺, 木堅赤色叢生. 大曰棗, 小曰棘, 棗性喬, 棘則底矣, 故並束爲棘." 此比煩惱也.

무릇 업(業)에 얽매여 받은 이 몸은 형상에 끄달림을 모면하지 못하니, 부모께서 물려주신 몸뚱이를 이어받고 뭇 인연에 의지하여 함께 이루어진 것이다. 비록 사대(四大)가 이 몸을 부지해 나가지만 항상 서로 어기고 등지는 까닭에 무상하게 늙고 병들어 가는 것이 사람과 더불어 기약하지 못하기에 아침에 있다가도 저녁이면 없어지니 찰나에 세상을 달리하게 된다. 비유컨대 마치 봄날의 서리나 새벽의 이슬과도 같아서 잠깐 사이에 곧 사라지니, 언덕 위의 나무와 우물가의 등나무라 어찌 오래갈 수 있겠는가. 찰나찰나에 신속하여 한순간에 숨을 돌리면 곧바로 내생(來生)인데 어찌 편안히 있으며 헛되게 지낼 수 있겠는가.

부모를 맛있는 음식으로 공양하지도 않고 육친도 굳이 버리고 나라를 편안히 다스리지도 못하고 가업의 상속마저 갑작스레 던져버리고 주위 사람들로부터 멀리 떠나와서 머리를 깎고 스승으로부터 계를 받았으면 안으론 생각을 이기는 공부를 부지런히 하고 밖으론 다투지 않는 덕행을 넓힘으로써 티끌 세상을 멀리 벗어나 해탈의 기약을 바라야 할 것인데, 어찌하여 겨우 계를 받은 정도에 올라서서 느닷없이 "나는 비구이다."라고 말하며, 바라는 바가 있는 시주들의 상주물(常住物)을 먹고 쓰면서 그 온 곳을 헤아려 생각지도 않고 "법이 그러하니 공양을 받음이 합당하다."라고 일컫고, 먹고 나서는 머리를 맞대고 시끄럽게 떠듦에 단지 세간의 잡된 말만 하고 있으니, 그러한 것은 곧 한때의 쾌락을 뒤좇을 뿐 쾌락이 고통의 원인임을 알지 못하기 때문이다.

　　지난날에 세속의 인연만을 좇다 여태껏 되돌아 살펴보지도 못한 채 시간은 지나가고 세월을 놓쳐버리고 말았으니, 받아 쓴 것은 점차 많아지고 시주의 은혜는 두터워만 지는데 여차하면 한 해가 지나가건만 버리고 여윌 생각은 하지 않으며 쌓이고 모인 것이 점점 많아지는데도 헛된 몸뚱이만 지키고 있구나. 스승이 글을 보내어 비구들을 경계하고 권면하기를 "나아가 도를 배우는 자들은 몸가짐을 엄히 하되 세 가지 상주물은 부족한 듯하게 하라." 하셨거늘, 사람들은 대체로 여기에 맛 들여 탐냄을 쉬지 않으니 해가 지고 달이 뜨는 결에 머리만 허옇게 세고 만다.

　　뒤에 배우는 자들이 아직 요지(要旨)를 듣지 못했으면 응당 선지식에게 널리 물어야 할 것이거늘, 출가하였다고 일컬으며 어찌 옷과 음식을 귀히 여겨 추구한단 말인가? 부처님께서 앞서 계율을 제정하시어 처음으로 계도하여 몽매함을 깨우쳐 주신 궤칙(軌則)과 위의(威儀)는 깨끗하기가 마치 얼음이나 눈과 같았으며, 그침[止]과 지킴[持]과 지음[作]과 범함[犯]에 대해 가르쳐 처음 먹은 마음[初發心]을 단속하게 하셨는데, 미세한 조강(條綱)과 전장(典章)으로 모든 외람된 폐단을 개혁하신 계율을 설파하는 자리에 일찍이 외람되이 참석치 못하였으니 궁극적인 진리인 최상의 법을 어찌 밝히고 분별할 수 있겠는가? 애석하다! 일생을 헛되이 보내면 그 후회는 뒤좇기 어렵다. 교리(教理)에 일찍이 마음을 두지 않으면 현묘한 도에 계합하여 깨달을 원인이 없으며, 나이를 먹어 승랍(僧臘)이 높아지면 빈 뱃속에 마음만 높아져 어진 벗과 친하기를 즐겨 하지 않고 오직 거만할 줄만 알기에 불법과 계율을 깨닫지 못하므로 이를 가다듬을 마음도 전혀 없게 된다. 혹은 거창한 말투와 높은 목소리로 말을 하지만 법도가 없으며 위아래의 품계를 공경하지도 않으니 바라문 집단의 모임과 다를 것이 없다.

(공양 중엔) 바리때 소리를 내고 공양이 끝나면 먼저 일어나기에 행동거지가 괴각스러워 승려로서의 모습이 전혀 없으며, 일어나고 앉을 때도 허둥대어 다른 사람의 마음까지 산란케 하며 세세한 궤칙이나 소소한 위의도 가지고 있지 않다면 장차 어떻게 스스로를 단속하겠는가? 뒤에 새로이 배우는 이들이 본받을 것이 없다. 겨우 알아차려 성찰하게 되더라도 걸핏하면 하는 말이 "나는 산속의 승려이다."라고 하지만 아직 부처님의 가르침을 듣지 못했기에 무엇을 행하거나 지니더라도 한결같이 그 생각을 거친 곳에 둘 뿐이다. 이와 같은 견해는 대개 처음 먹은 마음이 게으른 까닭으로 탐이나 내고 하는 일 없이 사람들 사이에서 그럭저럭 보내다가 마침내 성글고도 거칠어지게 되니, 어느덧 걸음걸이도 배우지 못한 채 고루하게 늙어버려 무슨 일에 부딪히면 마치 얼굴이 담벼락에 맞닿은 것과도 같게 된다.

후학들이 물어와도 마땅히 이끌어줄 말이 없고 비록 이야기한다 하더라도 경전의 글귀와 관련된 것이 아니며, 간혹 업신여기는 말이라도 들으면 곧장 후배를 무례하다 질책하며 성내는 마음을 일으켜 그 사람을 꾸짖기만 한다. 그러다 하루아침에 병으로 누우면 병석의 온갖 고통이 얽히어 핍박하니 아침저녁으로 헤아려 생각해 보더라도 마음속이 혼란하고 앞길이 망망하여 어디로 나아갈지 알지 못한다. 이러고야 비로소 허물을 뉘우칠 줄 알지만 목말라 샘 파는 격이니 어찌 하겠는가. 일찍감치 앞서서 수행하지 않다가 나이가 들어서야 여러 가지 과오와 허물이 많음을 스스로 한탄하며, 죽음에 임해서는 몸부림치며 두려워 어찌할 줄을 모른다.

비단이 뚫어지면 참새는 날아가고 만다. 식심(識心)도 업(業)을 따라가는 것이 마치 사람이 빚을 지게 되면 가장 큰 빚쟁이가 먼저 끌어당기듯이 마음의 실마리는 여러 갈래지만 무거운 쪽으로 치우쳐 떨어지기 마련이다. 무상한 살귀(殺鬼)는 순간

치문경훈

순간에도 쉬지 않기에 생명은 늘릴 수 없고 시간은 기다리지 않으니, 인간계나 천상계나 삼계의 그 어디에서도 당연히 이를 면할 수는 없다. 이와 같이 몸을 받은 것이 몇 겁(劫)이나 되었는지 논할 것도 없이 그 고통을 느끼기에 탄식하고 놀라며 슬픔으로 마음을 저며내니 어찌 입을 다물고만 있겠는가. 거듭 경책하는 말을 전한다 하더라도 한스러운 것은 상법(像法)의 말기에 함께 태어나 성인이 계시던 때와 요원히 멀고 불법은 생소해져 사람들이 대체로 게으르고 나태해진 것이니, 간략하게 소견을 펴서 뒤에 오는 이들을 깨우치고자 할 뿐이다. 만약 자만을 없애지 않으면 진실로 윤회를 면하기 어려울 것이다.

무릇 출가한 자는 발길을 내디뎌 세간을 초월하였으면 마음과 몸을 속인과 달리하여 성현의 종자를 이어받아 융성하게 함으로써 마군(魔軍)이 두려워 떨게 하고 네 가지의 은혜에 보답하며 삼계(三界)를 남김없이 구제해야 한다. 만약 이와 같이 하지 않으면 분에 넘치게 승려의 무리에 섞여 있는 것이어서, 말과 행동이 거칠고 성글며 헛되이 신도의 시주에만 젖어서 예전에 행하던 처신을 조금도 바꾸지 않은 채 흐리멍덩하게 일생을 보내게 될 것이니, 장차 어떻게 믿고 의지하겠는가! 하물며 당당한 승려의 모습은 그 용모가 가히 볼 만하지만 그 모든 것이 전생에 선업(善業)의 뿌리를 심었기에 이와 같은 특이한 과보를 감응한 것이거늘, 걸핏하면 단정히 앉아 손이나 마주 잡은 채 촌음(寸陰)을 귀중하게 여기지 않고 사업을 부지런히 하지 않으면 훌륭한 공을 쌓아서 좋은 결과를 얻고자 하여도 능히 이룰 만한 인연이 없을 것이니, 어찌 일생을 헛되이 보낼 수 있겠는가! 게다가 또한 내세의 업(業)에도 도움이 없을 것이다. 어버이를 하직하고 뜻을 굳혀 먹물 옷을 입은 것은 그 생각이 어느 곳을 몽땅 뛰어넘고자 해서인가? 아침저녁으로 생각하고 헤아려보건대 어찌 느직느직 시간만 보내겠는가! 불법의 동량이 되어 훗날의 귀감으로 쓰일 것을 마음으로 기약해야 하느니, 항상 이와 같이 하더라도 약간의 상응(相應)마저도 그리 쉽지 않을 것이다.

말을 하게 되면 모름지기 경전의 글귀를 섭렵하는 것이 되어야 하고 이야기를 꺼내면 곧 옛것에 가까이 머무르는 것이 되어야 하며, 형의(形儀)는 뛰어나게 하고

의기(意氣)는 고상하게 해야 한다. 멀리 행각을 나서면 반드시 어진 벗에 의지하여 자주자주 귀와 눈을 맑히고, 머물러 수행할 때는 모름지기 도반을 가려서 듣지 못했던 것을 때때로 들어야 하니, 그러한 까닭에 "나를 낳아준 이는 부모요 나를 완성시켜 주는 이는 벗이다."라고 하였다. 어진 이를 가까이 따르면 마치 안개와 이슬 속을 걷는 것과 같아서 비록 옷이 젖지 않더라도 때로 촉촉함이 있을 것이며, 악한 자와 익숙하여 가까이하면 나쁜 지식과 견문만 늘어나 아침저녁으로 못된 짓만 하겠기에 이내 눈앞에서 과보를 받을 것이고 죽은 후에는 고통의 바다에 잠기게 될 것이다. 한 번 사람의 몸을 잃으면 만겁이 지나도록 회복이 어려우니 충고하는 말이 귀에 거슬린다 하여 어찌 마음에 새겨두지 않겠는가. 곧장 마음을 씻고 덕을 기름으로써 자취를 감추고 이름을 숨기며, 깨끗한 정신을 쌓아가고 맑혀감으로써 속세의 시끄러움이 그치고 끊어지게 해야 한다.

만약 선을 참구하고 도를 배워 문득 방편의 문을 뛰어넘고자 한다면 마음을 현묘한 나루터에 계합시켜 그 정묘(精妙)함을 남김없이 연구하여 심오한 진리를 기어코 가리고 진여(眞如)의 근원을 열어서 깨우쳐야 하나니, 널리 선지식에 물어보고 착한 벗과 항상 가까이 하라. 이러한 종지(宗旨)는 그 오묘함을 얻기 어려우니 모름지기 세심하게 마음을 써야 한다. 그렇게 하는 가운데 문득 올바른 인(因)을 깨달으면 그것이 바로 티끌세계를 벗어나는 층계이자 순서이니, 이로써 삼계의 이십오유(二十五有)는 깨어지게 된다. 안팎의 모든 법은 실답지 않아서 마음을 좇아 변화하여 일어나므로 그 모두가 거짓된 이름임을 남김없이 앎으로써 마음을 그곳에 머무르게 하지 말지니, 그저 정(情)으로 사물에 집착하지만 않는다면 사물이 어찌 사람을 장애하겠는가. 저 법성(法性)이 두루 흐르는 대로 내버려두어 끊지도 말고 잇지도 말며, 소리를 듣고 형색을 볼 때에도 대체로 예사로운 듯이 하되 이렇게 하건 저렇게 하건 응용함에 모자람이 없게 할지니, 이처럼 모든 일을 행하거나 그친다면 진실로 법복(法服)을 그릇 되게 입은 것이 아닐 것이며 또한 네 가지 은혜에 보답하고 삼계를 남김없이 구제하는 것이 되리다. 세세생생에 만약 퇴보하지만 않는다면 깨달음의 지위[佛階]를 결정코 기약할 수 있을 것이다. 오고 감에 삼계의 나그네가 되며 나고 죽음에 다른 이의 본보기가 되리니, 이 한 가지 학문이 가장 오묘하고 가장 그윽하여 단지 힘써 옳게 여기는 마음만 가진다면 반드시 속임을 당하지는 않을 것이다.

만일 단박에 초탈하지 못한 중근기의 선비라면 일단 교법(教法)에 마음을 두어 경전과 율법을 원만히 익히고 그 뜻과 이치를 정밀하게 찾아서 널리 전하고 펼침으로써 뒤에 오는 이들을 맞아들여 이끌어준다면, 이것은 부처님의 은덕에 보답하는 것이며 시간 또한 헛되게 낭비하는 것이 아닐 것이다. 반드시 이러한 것으로써 자신을 유지해 나간다면 모든 행위의 위의가 곧 승려 가운데 법다운 그릇이 될 것이다.

어찌 보지 못했는가! 소나무에 의지한 칡은 위로 천 길을 솟아오르듯이 수승한 인(因)에 의탁하면 바야흐로 널리 유익하게 할 수 있을 것이다. 정성스럽게 율법의 행위와 교법의 가르침을 닦을 뿐 게으르고 업신여겨 어긋나거나 넘어서지 말지니, (이는) 세세생생에 빼어나고도 현묘한 인과(因果)이니라. 우두커니 날을 보내거나 멍청하게 시간을 넘겨서는 안 되며 가히 한순간도 아껴야 할 것이니, 오르고 나아감을 추구하지 않고 한갓 시방(十方)의 정성어린 시주물만 소비한다면 이 또한 네 가지 은혜를 저버리는 것이며, 쌓여가는 업은 더욱 깊어지고 마음의 티끌은 쉽사리 막혀서 닿는 곳마다 걸림이 되어 사람들이 업신여기고 기만하게 될 것이다. 옛사람이 이르기를 "그도 원래 장부였고 나도 또한 그러하니 제 스스로 가벼이 여겨 물러서지 말지니라." 하였다. 만약 이와 같지 않다면 단지 불문(佛門)에 있으면서 한 생을 그럭저럭 보내는 것이니 결단코 유익할 바가 없을 것이다.

엎드려 바라건대, 당차고 매서운 뜻을 일으키고 두드러지게 뛰어난 생각을 펼쳐서 행동할 때는 저 상류(上流)를 볼지언정 용렬하고 비속한 무리를 함부로 따르지 말라. 금생에는 반드시 결단을 내어야 하거늘 다른 이로 인할 것이 아니라 여겨지니 뜻을 쉬고 인연을 잊어 모든 번뇌와 더불어 상대를 짓지 말라. 마음이란 텅 빈 것이요 그 경계 또한 고요한 것이건만 단지 오랫동안 막혀서 통하지 않게 되었을 뿐이니, 이 글을 상세히 살펴보고 때때로 경책하여 기어코 자신을 휘어잡아 인정에 끄달리지 않게 하라. 업(業)의 과보에 이끌리면 참으로 벗어나기 어렵듯이 소리가 부드러우면 메아리도 순하고 모습이 곧으면 그림자도 단정하다. 인과(因果)가 뚜렷한데 어찌 근심과 두려움이 없겠는가. 그러므로 경전에서 "일백천겁 오랜 세월 제아무리 지나가도 단 한차례 지은 업은 없어질 리 만무하니 인연 시절 도래하여 마주하게 되는 날엔 그 과보를 순식간에 고스란히 받으리다." 하였다. 삼계의 형벌이 사람을 바짝 옭아맬 것임을 깨달아서 노력하고 부지런히 수행할 뿐 헛되이 나날을 보내지 말라. 허물 되고 근심 되는 줄 깊이 깨닫고서야 수행하고 계를 지키길 권하는 것이니 백겁천생토록 곳곳에서 함께 법의 도반이 되기를 원하노라. 이에 명(銘)을 지어 말하니.

덧없는 이 몸뚱이는
푸른 허공 그 가운데
이미 앞서 지나간 때
뒤이어서 다가올 때
이곳에서 태어나서
오르고 또 내리기에
삼계윤회 면하기는
그 어느 때 어디에서
티끌세상 탐을 내어
오온 덩이 열두 인연
이 내 몸이 나며부터
그 어느 것 한 가지도
속속들이 뿌리 깊은
이것으로 인하여서
스쳐가는 한순간도
찰나 또한 순간이라
지금 이때 이 금생을
이어오는 세상에는
혼미하게 시작하여

꿈결 속의 저택이요,
피다 지는 눈꽃일세.
다했음이 없건마는,
어찌 다함 있으리오.
저곳으로 죽어가니,
피로함이 지극하나,
못내 아득하올지니,
숨이라도 돌릴 텐가.
내 못 잊어 하는 것은,
바탕 이룬 때문이며,
늙어 주검 되기까지,
얻은 바가 없는 것을,
무명(無明)이라 하는 놈이,
더욱 미혹하게 되다.
가히 아껴둘 것이니,
예측할 수 없는 것을,
허황되이 보낸다면,
궁색하게 막힐 것을.
혼미함에 다다름은,

치문경훈

그 모든 것 육진(六塵)으로 말미암은 것이리니,
그저 육도(六道) 이리저리 하릴없이 오고가며,
그저 삼계(三界) 이리저리 슬금슬금 기어가네.
일찌감치 눈 밝은 이 스승으로 찾아뵙고,
높은 덕을 지닌 이는 친근하게 사귀어서,
이 몸덩이 이 마음을 과감하게 가려내어,
그곳에다 뿌리 놓인 가시덤불 들어내리.
이세상은 그 본래가 들뜨고도 공허하니,
무리 지은 인연인들 어찌 핍박하겠는가.
법의 이치 남김없이 궁구하려 들려면은,
무엇보다 깨달음을 준칙으로 삼을지니,
이 마음도 그 경계도 모두 모아 내버리고,
기억일랑 하지 말며 생각마저 하지 말라.
저 육근(六根)이 화합한 채 그렇게들 편안하면,
가고 오고 머무는 일 고요하여질 것이며,
그런 채로 한 마음도 일어나지 않는다면,
일만 가지 모든 법이 모두 쉬어들 것이다.

{1} 위산 영우 선사는 복주 조씨의 자손으로서 백장의 법을 이었으며, 대종이 칙서를 내려 '대원'이라는 시호를 하사하였다.

{2} 앞에 있었던 원인이다.

{3} 지금 일어난 결과이다.

{4} 아버지의 정(精)과 어머니의 혈(血)을 말한다.

{5} 젖을 먹여주는 일, 씻겨주는 일, 그리고 의복과 음식 등을 말한다.

{6} 무릇 몸을 받는 자는 모두 네 가지 상(相)을 지니는데, 가장 처음이 생상(生相)이다.

{7} 『지도론』에서 말하였다. "사대(四大)가 몸을 이루는데 항상 서로 번뇌로서 해악을 끼치니 하나하나의 대(大)마다 101가지의 병이 일어난다. 차가운 질병에는 202가지가 있는데 모두 수(水)와 풍

(風)에 기인한 것이며, 더운 질병에는 202가지가 있는데 모두 지(地)와 화(火)에 기인한 것이다.”

{8} (사상四相 가운데) 중간의 두 가지 상(相)이다.

{9} 죽음의 상(相)이다.

{10} 『인왕경』에 이르기를 “한 생각 중에 90찰나가 있으며, 한 찰나 중에 9백 차례 생멸을 거듭한다.” 하였으니, 지극히 적은 시간을 말한다.

{11} 지(旨)는 곧 “맛이 좋다[美].”는 것이다. 음식의 맛깔스러운 것은 반드시 ‘旨’ 자로서 말한다.

{12} 『선견론』에 말하였다. “부계(父系)의 육친(六親)은 백부·숙부·형·아우·자식·손자를 말하며, 모계의 육친은 외삼촌·이모·형·아우·자식·손자를 말한다.”

{13} 큰 나라를 ‘국(國)‘이라 하고, 작은 나라를 ‘방(邦)‘이라 한다.

{14} 『예기』에 말하였다. “다섯 집을 인(隣)으로 삼고, 스물다섯 집을 리(里)로 삼으며, 5백 집을 당(黨)으로 삼고, 1만 2천 5백 집을 향(鄕)으로 삼는다.”

{15} 최초에는 비구들이 여래의 “잘 왔구나, 비구야!” 하는 말끝에 머리카락이 저절로 떨어지고 가사가 몸에 입혀지더니, 도를 이룬 지 11년에 처음으로 보검으로써 머리카락을 잘라 삭발하였고 또 교진여 등에게 부촉해서 천하에 두루하며 모든 사미들을 위해 수계하게 하니, 이것이 머리를 깎고 계를 받는 시초가 된다.

{16} 완전히 이루어져 허물어지지 않는 것을 공(功)이라 하고, 두루 원만하여 빠진 것이 없는 것을 덕(德)이라 한다. 또한 덕을 ‘얻음[得]‘이라 하는데, 태어날 때는 그것(德)을 하늘로부터 얻고 몸을 굽혀 수행할 때는 그것(德)을 마음으로부터 얻으니, 그러한 것을 궁행(躬行)이라 말한다.

{17} 품(品)은 종류[類]이다. 비구는 2백 5십 가지 계가 있으며 이를 묶어서 여덟 가지 종류로 나누니, 그 까닭에 계품(戒品)이라 일컫는 것이다.

{18} 비구(比丘)는 중국말로 ‘걸인 선비[乞士]‘라 일컫는데, 안으로는 법을 구걸하여 혜명(慧命)의 바탕으로 삼고 밖으로는 음식을 구걸하여 색신(色身)의 바탕으로 삼는다. 또 달리 네 가지 뜻이 있는 까닭에 범어(梵語)로 놓아두고 번역하지 않는 것이다.

{19} 단(檀)은 베푼다[施]는 것이니 재물로써 베푼다는 뜻이며, 월(越)은 빈궁한 바다를 뛰어 넘는다는 뜻이다. ‘소수(所須)‘라고 하는 것은 재물을 보시하는 자가 복을 구하며 죄를 참회하고자 한다는 것을 일컫는다.

{20} 『사분율행사초자지기(四分律行事鈔資持記)』에 말하였다. “승려들이 쓰는 물건에 4종의 상주물이 있다. 첫 번째는 상주상주(常住常住)이니 말하자면 대중이 필요로 하는 생활의 온갖 사물로서, 체(體)가 있어야 할 곳이 국한되어 있어서 다른 곳으로 통용되지 못하며 다만 받아 사용할 수 있을 뿐 나누어 파는 것이 허락되지 않는 까닭에 ‘항상 머문다’ 함을 거듭 말한 것이다. 두 번째는 시방상주(十方常住)이니 절 안의 음식 등의 물품은 체(體)는 시방으로 통하지만 오직 본래의 장소에 국한된 것으로서, 음식이 이미 익으면 이에 북이나 종을 쳐서 대개 시방의 승려들 모두에게 배분이 있음을 밝히는 것이다. 이상의 두 가지는 승기물(僧祇物)이라 이름한다. 세 번째는 현전상주(現前常住)로서 물현전(物現前)과 승중현전(僧中現前)의 두 가지가 있으니, 말하자면 어느 곳의 승려가 많은 시주물을 얻어서 오직 그곳에 현재 있는 대중승려들에게 시주하기 때문이다. 네 번째는 시방현전상주(十方現前常住)이니 말하자면 열반에 든 승려의 유물로서, 체(體)의 활용 형태는 시방상주와 같으나 오직 본래 있던 곳의 재적승들이 배분을 받는 까닭이다. 이 두 가지는 현전승물(現

前僧物)이라 이름한다. 이제 상세히 고찰하니, 열반에 든 승려의 유물을 분배함에 사방에서 온 승려 가운데 숫자를 갈마하기 전에 왔으면 곧 배분을 얻고, 갈마한 후에 온 자는 얻지 못한다.”

{21} 내처(來處)라는 것은 이 한 발우의 음식이 그 음식을 일군 자의 한 발우에 해당하는 땀과 피에서 나온 것이며, 또한 시주자의 추구하는 바에서 나온 것임을 말한다.

{22} 금생에 받아쓰는 쾌락이 곧 내생에 받게 되는 고과(苦果)의 원인이 됨을 알지 못함.

{23} 옛날을 말한다.

{24} 때를 말한다.

{25} 많다거나 번성함을 말한다.

{26} 삼상(三常)은 의복과 음식과 수면을 말하는데, 만약 풍족하게 가지기를 꾀한다면 어찌 능히 도를 행하겠는가.

{27} 삽연(颯然)은 바람 소리가 나는 모양이다.

{28} 지(旨)는 뜻이 향함을 말하며, 뜻이 돌아가는 곳을 취(趣)라 한다.

{29} 계도를 창시하고 몽매를 격발시키다.

{30} 위엄은 가히 두렵게 하고, 거동은 가히 본받을 만하게 한다.

{31} 선법(善法)의 계를 섭수함에 있어서는 선(善)을 그치는 것이 범(犯)이 되고 선을 짓는 것이 지(持)가 되며, 율의(律儀)의 계를 섭수함에 있어서는 악(惡)을 그치는 것이 지(持)가 되고 악을 짓는 것이 범(犯)이 된다.

{32} 다잡아 매고 거두어들이다.

{33} 3천의 위의와 8만의 세행을 그 하나하나 각각 조목별로 장(章)과 구(句)로 벌려놓음이 마치 나무에 둥치와 가지가 있는 것과 같은 까닭에 조장(條章)이라 하였다.

{34} 인색하거나 어리석은 마음으로 인해 함부로 함으로써 생긴 폐단.

{35} 이곳 말로는 조복(調伏)시킴이니, 신구의(身口意) 삼업(三業)을 조련하여 과거의 그릇됨을 제압하고 굴복시킴을 말한다. 또는 멸(滅)이라 번역하는데, 의혹을 소멸시키고 업(業)을 소멸시킴으로써 멸과(滅果)를 얻음을 말한다.

{36} 무릇 법을 설하는 장소에는 반드시 자리를 깔고 좌석을 마련하는 까닭에 법의 자리[法席]라 한다.

{37} 외람됨을 말한다.

{38} 분명하게 밝혀서 나누어 늘어놓다.

{39} 무릇 비구가 되어서는 다섯 해 동안 율을 배우고 또 다섯 해 동안 경전을 두루 익힌 연후에야 대사(大師)라 일컬어지게 되며, 그러고는 다시 선도(禪道)를 참구하게 된다.

{40} 율장에 7월 16일로써 비구의 오분법신(五分法身)이 생겨난 날로 삼으니 곧 15일이 납제(臘除)이다. 비구는 세속을 떠났기에 세속의 햇수로 계산하지 않고 하랍(夏臘)을 셈할 뿐이다.

{41} 신업(身業)이 이지러짐.

{42} 구업(口業)이 이지러짐.

{43} 의업(意業)이 이지러짐.

{44} 이곳 말로는 정행(淨行)이니, 개벽의 초기부터 있어 온 종족으로서 산과 들에 유유자적하며 생활

하는 까닭에 사람들이 정행이라는 말로 그들을 일컫는다. 조(肇)가 이르기를, 그 종족은 따로 경서(經書)가 있어서 대대로 전해 내려오며 도학으로써 업을 삼으니 혹은 재가(在家)하고 혹은 출가(出家)하며, 도술을 보고 대체로 믿어 의지하는 아만심(我慢心)이 높은 사람들이다. 오직 다섯 천축국(天竺國)에만 있고 여타의 나라에는 없으며, 여러 경전 가운데 범지(梵志)라는 것이 곧 이 이름과 같다. 그 사람들의 종족 유형은 범천(梵天)의 입에서 생겨났다고 자칭하고 있다.

{45} 완(椀)은 작은 발우이며 발(鉢)은 범어로 갖추어 말하면 발다라(鉢多羅)로써 이곳 말로는 응기(應器)라 하니, 당나라 말과 범어를 함께 말한 것이다. 음식을 먹을 때 만약 소리를 내면 아귀의 목구멍에서 불길이 일어난다 하였다.

{46} 나아가고 물러서는 행위를 하는 것.

{47} 각(角) 역시 괴(乖)의 의미이다.

{48} 종(忪)은 심장이 두근거림을 말하며 또는 놀람을 말한다.

{49} 곤(昆)은 '같이[同]' 혹은 '함께[咸]'를 말하며, 또는 '뒤[後]'를 말한다.

{50} 조(糙)는 粗(거칠다, 정미精微하지 못하다)와 같다.

{51} 짐승의 이름으로, 양의 몸에 사람의 얼굴을 하고 눈은 겨드랑에 있으며 호랑이 이빨에 사람 손톱으로 소리는 마치 갓난아기와 같다. 성격은 탐욕이 심하여 음식을 먹음에 만족해 하는 일이 없어서 마침내 자신의 몸을 해치기에 이른다. 진운씨에게 변변치 않은 아들이 있어 음식을 욕심 내고 재물을 탐내는 까닭에 도철이라 일컬었다. 순이 사예(四裔)에 던졌다.

{52} 작위(作爲)하는 바가 없음을 말한다.

{53} (시간 등이) 굴러가거나 진행됨을 말한다.

{54} '용종'은 갓난아이가 걸어가는 모습이다.

{55} 공자가 백어에게 말하기를 "사람으로서 "주남"과 "소남"을 배우지 않는다면 담장에 얼굴을 맞대고 서 있는 것과 같지 않겠는가?" 하였으니, 한 가지의 물건도 보이는 바가 없을 것이며 한 걸음도 나아갈 수 없음을 말한 것이다.

{56} 전(典)은 법(法)이니 오제(五帝)의 서(書)이며, 장(章)은 문(文)이니 성사(成事)의 문(文)을 말한다. 맹랑이라는 사람의 이야기는 곁에서 보는 사람들로 하여금 항상 웃음거리가 되었기에 발언을 경솔하게 하는 것을 '맹랑하다'라 일컫게 되었다.

{57} 회(恛)는 혼란한 모양이며, 황(惶)은 곧 의혹을 말하거나 또는 두려움을 말한다.

{58} 크게 가는 것, 즉 죽음을 말한다.

{59} 휘곽(揮霍)은 진동함을 말한다. 업이 무거운 자는 임종 때 손발을 어찌할 줄 몰라 하여 떨며 당황해 한다.

{60} 모두 두려워하는 모습이다.

{61} 『칠현녀경』에 "참새가 병 속으로 날아 들어가자 얇은 비단으로 그 병 입구를 덮어놓았더니 얼마 있다가 구멍이 뚫려 터지자 날아가 버렸다."라 하였다. 참새는 식심(識心)에 비유하였고 병은 몸에 비유한 것이며, 곡(穀)은 비단을 말한다.

{62} 겁(劫)은 범어로 갖추어 말하면 겁파(劫波)이며 이곳 말로 하면 시분(時分)이니, 긴 시간이나 짧은 시간 또는 큰 시간이나 작은 시간을 막론하고 모두 '겁'이라 한다.

{63} 아(訝)는 놀랍고도 괴이함을 말한다.

{64} 어찌 입을 봉하고서 말하지 않으리요!

{65} 부처님 입멸 후 정법(正法) 기간이 1천 년이요 상법(像法) 기간이 1천 년이요 말법(末法) 기간이 1만 년이며, 그러한 후에 법은 소멸된다. 상(像)은 흡사하다는 것이니 정법과 흡사한 시기를 말하며, 계(季)는 끄트머리를 말한다.

{66} 옛사람이 말하기를 "대롱관으로 표범을 엿보면 때때로 한 개의 점을 볼 뿐이다." 하였으니, 스스로 소견임을 겸양해 하는 말이다.

{67} 덜어버림[除]을 말한다.

{68} 환(逭)은 도망[逃]이니 삼계의 윤회를 도망하여 능히 빠져 나오지 못함을 말한다. 위에서 출가인의 허물을 말함으로써 경책하여 깨우치게 하고 아래에서 출가인의 마땅한 행적을 말함으로써 힘써 권장하여 매진하게 하였다.

{69} 출가(出家)에는 세 가지가 있으니, 첫 번째는 어버이를 여의는 것이니 세속의 집을 나서는 것이요, 두 번째는 도를 깨우치는 것이니 오온의 집을 나서는 것이요, 세 번째는 불과를 증득하는 것이니 삼계의 집을 나서는 것이다. 여기서는 곧 첫 번째를 말한다.

{70} 세간을 방(方)이라 하니, 걸음을 옮겨 세간의 밖으로 초월하여 나가는 것이다.

{71} 예전에 경론을 번역할 때는 마(魔) 자를 모두 석(石)에서 비롯한 글자[磨]로 하였는데, 양 무제 이래로 마귀는 능히 사람을 번뇌케 한다 하여 글자를 마땅히 귀(鬼)에서 비롯한 글자[魔]로 한다고 하였다.

{72} 『위서』에서 "한 사람도 그 사이에 섞여 있음[間廁]이 없다." 하고는 주석에서 측(廁)은 섞이다[雜]라고 하였으니, 남측(濫廁)은 외람되이 섞임을 말한다.

{73} 말은 곧 행동의 열매이며 행동은 곧 말의 표상이니, 말이 거칠고 행동이 서투름을 일컬은 것이다.

{74} 당당(堂堂)은 스스로 높이 여기는 모습이며 또는 용모가 성대함이니, 겉모양에만 힘을 써서 스스로 높이 여길 뿐 속을 보완하여 어질게 되지 못함을 말한다.

{75} 우 임금 같은 성인도 촌음(寸陰)을 버리지 않으셨으니 대중들은 마땅히 분음(分陰)도 아껴야 한다.

{76} 공덕을 쌓아 과보를 얻는다.

{77} 불법(佛法) 문중(門中)의 동량이 되기를 기약하다.

{78} 거북은 그것으로써 예측을 결정하며 거울은 그것으로써 예쁘고 추함을 판단한다.

{79} 『우모』에 이르기를 "옛일을 상고(詳考)함이 없는 말은 듣지 말라." 하고는 그 주석에 '무고(無考)'는 믿거나 증험(證驗)할 바가 없음을 말한다고 하였다. 열 사람의 입을 거치면 '옛것'이 된다.

{80} 특출하여 특별히 드러남이다.

{81} 율장 가운데 비구가 길을 나섬에 모름지기 세 사람에게 가자(假藉)한다 하였다.

{82} 『부법장경』에 말하였다. "부처님이 말씀하시길, 모든 중생들은 뜻과 품성에 고정됨이 없어서 악을 가까이 하면 곧 악해지고 선을 가까이 하면 곧 선해진다 하였다. 옛날에 어떤 왕에게 포악한 코끼리가 있어서 죄인 가운데 죽임을 당할 자는 묶어서 코끼리 앞에 던져 짓밟아 죽이고는 하였다. 코끼리의 우리에 불이 나서 근처 사찰에 며칠 동안 코끼리를 옮겨두었더니 그 후로는 사람을 죽이지 않았다. 왕이 괴이하게 여겨 물으니 지혜 있는 대신이 대답하기를 '절에 있으면서 좋은 말

을 들은 까닭일 뿐일 것입니다.' 하였다. 또 도살장에 옮겨두었더니 그 포악함이 예전과 같았다. 짐승도 이미 이와 같거늘 사람이 되어서 착한 벗을 가까이하지 않을 수 있겠는가?

{83} 과보에는 세 종류가 있으니, 순현(順現)과 순생(順生)과 순후(順後)를 말한다. 즉 지금 당장 눈앞에서 그 과보를 주고받게 되면 곧 순현이요, 죽은 후에 과보에 떨어지게 되면 곧 순생과 순후의 두 과보이다.

{84} 『공자가어』에서 말하였다. "충성스런 말은 귀에 거슬리나 행함에 이로우며, 좋은 약은 입에 쓰나 병에는 이롭다."

{85} 마음에 두고 잊지 않기를 마치 쇠와 돌에 새겨놓은 듯하다.

{86} 마음의 티끌을 세척하고 덕스러운 업을 보호하여 기른다.

{87} 그 자취를 숨겨서 빛을 감추고 티끌에 섞이며, 그 이름을 드러내지 않아서 화려함을 제거하고 실다움에 나아간다.

{88} 온(蘊)은 쌓는다거나 모음을 말하고 소(素)는 희다거나 깨끗함을 말한다. 정(精)이란 사람의 원기이며 기(氣)를 펴는 것을 신(神)이라 하니, 그 신기(神氣)를 모으고 쌓아서 결백하게 함을 말한다.

{89} 시끄럽고 번잡하며 어지럽고 떠들썩한 마음의 자취를 그치고 쉬며 단절함을 말한다.

{90} 연구함이다.

{91} 남김없이 다함이다.

{92} 오(奧)란 방의 서남쪽 모퉁이다. 문을 들어서는 자는 반드시 그 모퉁이를 볼 것이며, 만약 그 모퉁이를 아직 엿보지 못하였다면 그 문을 들어서지 않은 것이 된다.

{93} 가(可)는 개(箇)와 통용되니 개중(箇中)이라 함은 '그렇게 하는 가운데[此中]'를 일컫는다. 또 말할 때는 '마치 ～와 같다'를 일컫거나 '만일 ～하다면'을 일컫는다.

{94} 자기 마음의 근본되는 품성이 곧 정인(正因)임을 말한다.

{95} 섬돌의 계단과 점진적인 차례이다.

{96} 삼계(三界)라는 것은, 첫 번째가 욕계(欲界)로서 욕망에는 세 종류가 있으니 음식에 대한 욕망과 수면에 대한 욕망과 음욕이다. 이 세 가지 일에 대해서 희망하고 추구하는 것을 이름하여 욕(欲)이라 하니, 아래로는 풍륜(風輪)으로부터 위로 타화자재천(他化自在天)에 이르기까지 모두 욕계에 포함된다. 두 번째는 색계(色界)로서 모양과 바탕이 맑고 깨끗하며 몸과 형상이 뛰어나게 수승하나 색(色)의 굴레를 아직 벗어나지 못한 까닭에 색계라 이름한다. 세 번째는 무색계(無色界)로서 그 세계에는 색이 존재하지 않는 까닭이다. 또한 (삼계를) 삼유(三有)라고도 이름하는데 각각에 업보(業報)가 있기 때문이다. 따로 분류하면 곧 25유(有)이니, 형계의 송(頌)에 이르기를 '4주(州)와 4악취(惡趣)와 6욕(欲)과 범천(梵天)과 4선(禪)과 4공처(空處)와 무상(無想)과 나함(那含)'이라 하였다.

{97} 몸과 마음을 기준하면 곧 마음은 안이 되고 몸은 밖이 되며, 마음의 경계를 기준하면 곧 몸과 마음은 안이 되고 경계는 바깥이 되니, 일체의 모든 법이 색심(色心)에서 벗어나지 않기 때문이다.

{98} 여래장심(如來藏心)은 무명(無明)과 합하여져 뇌야식(賴耶識)이 되어서 모든 식(識)과 모든 경계(境界)를 변화시키고 일으키지만 그 모든 것이 빈 것이고 헛된 것이어서 다만 그 이름이 있을 뿐으로 도무지 실상이 없으니, 어찌 그러한 마음을 써서 저 경계에 반연하겠는가?

{99} 곧 이 참된 마음은 모든 법과 더불어 품성[性]이 되며 존재하지 않은 곳이 없으니 어찌 끊는다거나 잇는다거나 할 수 있겠는가?

{100} 중생들이 삼계 안에서 윤회하며 도무지 벗어날 기약이 없기에 모든 부처님과 보살들이 드러냄을 보이고 태어남을 받은 것이니, 이 모든 일은 많은 중생들을 이롭게 하여 구제하기 위함이다.

{101} 온(溫) 역시 심(尋)으로서 '익힘'이다. 부처님이 입멸한 후 아난 등이 경장과 율장을 결집할 때 패다라 나무의 잎사귀에 글을 썼다.

{102} 경전의 가르침이다.

{103} 재(齋)는 정오가 지나면 음식을 먹지 않는 것으로 명색을 삼고, 계(戒)는 그릇된 것은 방지하고 사악한 것은 그치게 하는 것으로 의미를 삼는다.

{104} 율법의 행위에 어긋나고 교법의 가르침에 넘어서다.

{105} 부처님이 라후라를 훈계한 게송이다.

{106} 거(舉)란 처치(處置)의 동작이요 조(措)란 안포(安布)의 행위이다.

{107} 주(主)는 나라의 임금이요 재(宰)는 재상임에 임금은 곧 능히 자유자재하고 재상은 곧 능히 베고 끊으니, 내가 법왕이 되어서 법에 대해 자유자재하고 걸리거나 막히지 않으며 능히 통제하고 근절함을 말한다.

{108} 『서』에 이르기를 "하늘이 지은 허물은 오히려 어길 수 있으나 스스로 지은 허물은 가히 도망하지 못한다." 하였으니, 환(逭)은 도망[亡]과 같다.

{109} 『일체유부경』

{110} 오욕(五欲)과 생사(生死)가 허물과 근심이 된다. 『지관』에 오욕의 허물과 근심을 밝혀놓았으니, 색(色)은 마치 뜨거운 쇠구슬과 같아서 그것을 집으면 곧 불타게 되고, 성(聲)은 마치 독을 칠한 북과 같아서 그 소리를 들으면 곧 죽게 되고, 향(香)은 마치 성난 용의 기운과 같아서 그 향기를 맡으면 곧 병이 들고, 미(味)는 마치 꿀이 발려진 칼과 같아서 그것을 핥으면 곧 상처가 나고, 촉(觸)은 마치 사자가 누워 있는 것과 같아서 그것에 가까이 가면 곧 물리게 된다. 憋의 음은 별(別)이며 성냄[瞋]이다.

{111} 물(物)과 색(色)은 허공의 꽃이니, 식이 의지하는 몸뚱이나 몸뚱이가 의지하는 세계는 비어 있고 환상일 뿐 실답지 않음에 마치 허공의 꽃과 같다는 것이다.

{112} 영원히 그만두면 휴(休)가 되고, 잠시 내려두면 식(息)이 된다.

{113} 중생의 형상과 바탕은 오음(五陰)과 12인연에 따라 이루어진다.

{114} 미래의 끝이 다하도록 머리를 내밀 기약이 없다.

{115} 형(荊)은 가시나무이며 또한 멧대추나무의 일종이다. 허씨가 (『설문해자』에서) 말하기를 "멧대추나무는 대추나무와 같으나 가시가 많으며 나무가 견고하고 붉은 색을 띄며 군집생활을 한다. 큰 것을 대추나무라 하고 작은 것을 멧대추나무라 하는데, 대추나무는 품종이 키가 크지만 멧대추나무는 나지막한 까닭에 나란히 묶은 모양의 극(棘)이 된 것이다."라고 하였으니, 이는 번뇌를 비유한 것이다.

사기
(私記)

1 **潙山大圓**: (771~853) 중국 당나라 때 스님. 성은 조(趙), 이름은 영우(靈祐), 복주(福州) 장계(長鷄) 사람이다. 15세에 본군(本郡) 건선사(建善寺)의 법상(法常)에게 출가하고, 23세에 강서(江西)를 돌고 백장 회해(百丈懷海)를 찾아가 심법(心法)을 배웠다. 원화(元和, 805~820) 말년에 회해의 명을 받아 장사(長沙)로 가던 도중 대위산(大潙山)을 지나며 잠시 머물렀더니 군민들이 다투어 따르므로 결국에는 절을 짓고 선교(禪敎)를 설하기를 40여 년, 대중(大中) 7년에 83세로 입적하였다. 위산(潙山)에 오래 주석하였으므로 위산을 호로 삼았고, 대원은 당나라 대종(代宗)이 내린 시호(諡號)이다. 뒤에 그의 제자 혜적이 앙산(仰山)에서 선을 크게 펼쳤으니, 영우와 혜적의 파를 위앙종이라 부른다.

2 **禪師**: 선정에 통달한 스님. 삼학 중에 특히 정(定)이 중요하므로 고승을 숭배하여 선사라 부른다. 이 칭호는 천자가 덕이 높은 스님을 포상하여 주는 것과, 선승이 선대의 조사에게 또는 당대의 석덕(碩德)에 대한 덕호(德號)로 쓰는 것이 있다. 진(陳)나라 선제(宣帝) 대건(大建) 원년(元年) 숭악(崇岳)의 남악 혜사(南岳慧思)를 대선사(大禪師)라 하였고, 당나라 중종(中宗) 신룡(神龍) 2년(706)에 신수(神秀)에게 대통(大通) 선사란 시호를 준 것이 처음이다. 우리나라에서는 수선사(受禪師)의 준말로도 쓰인다. 참회 스님이라 부르며, 사자(師資)의 인연을 맺기 위하여 정한다. 은사(恩師)와 달리 여럿을 정할 수도 있다. 『성선주의천자소문경(聖善住意天子所問經)』권하(下) "天子問言 '文殊師利, 言禪師者, 何等比丘得言禪師?' 文殊師利答言 '天子, 此禪師者, 於一切法一行思量, 所謂不生, 若如是知, 得言禪師; 乃至無有少法可取, 得言禪師.'"

3 **潙山大圓禪師警策**: 예로부터 선림에서는 아래의 세 글을 불조삼경(佛祖三經)이라 하여 초학자의 필독서로 여겼다.
1) 『위산대원선사경책(潙山大圓禪師警策)』: 주석으로는 송나라의 수수(守遂)가 주석한 『위산경책주(潙山警策註)』1권과 명나라의 도패(道霈)가 술(述)한 『위산경책지남(潙山警策指南)』1권 및 명나라의 홍찬(弘贊)이 주석하고 개형(開詗)이 기(記)한 『구석기(句釋記)』2권이 있으며, 명나라의 대향(大香)이 주석한 『위산경책주(潙山警策註)』1권과 일본의 산전도자(山田道者)가 저술한 『위산경책강의(潙山警策講議)』가 있다.
2) 『유교경(遺敎經)』: 1권. 『불수반열반약설교계경(佛垂般涅槃略說敎誡經)』, 『불유교경(佛遺敎經)』, 『불임열반약계경(佛臨涅槃略誡經)』이라고도 한다. 세존께서 녹야원에서 최초의 설법으로 다섯 비구를 교화하시고, 최후의 설법에서 수발타라(須跋陀羅)를 제도하여 중생제도를 모두 마치고 열반에 들기 직전에 이 경을 설하셨다. 여러 제자에게 계를 지키고 신심을 닦아 오욕을 멀리하며, 적정을 구하도록 노력하며, 정(定)을 닦아서 깨달음을 얻을 것을 설하고, 최후에 사제의 가르침에

의심이 있는 자는 질문할 것을 세 번 권했는데 제자들은 계속 침묵함으로써 의심이 없다는 것을 보여주었다. 그러나 세존께서는 대비심으로, 슬퍼하지 말고 노력해서 해탈을 얻어 지혜의 광명으로 무명의 어리석음을 멸할 것을 설하셨다.

3) 『사십이장경(四十二章經)』: 1권. 후한 때 중국에 처음으로 불교를 전한 가섭마등(迦葉摩騰)과 축법란(竺法蘭)이 함께 번역했다는 최초의 한역 경전. 일상의 수행에 있어서 극히 요긴한 42가지의 짤막한 덕목들이 나열되어 있는 입문서로서, 특히 수행을 중요시하는 선가에서 애독되었다.

4 **業繫** : 업(業)을 짓는다[動作]는 의미로서 정신으로 생각하는 작용이다. 이 업은 유정을 결박하여 자재하지 못하게 하므로 이와 같이 말하며, 또 업박업승(業縛業繩)이라고도 한다. 업은 노끈과 같아서 중생의 몸을 속박하여 삼계의 감옥에 얽어매므로 계(繫)라 한다고도 한다.

5 **受身·形累** : 『위산경책지남』 "受身者, 異熟識爲前業所繫, 而受現在之身, 業屬因, 身屬果, 以因有善之殊, 故果有苦樂之異也. 形累者, 生老病死也, 老子云, 吾有大患, 爲吾身, 是也."

6 **四大** : 사대종(四大種), 물질계를 구성하는 사대원소인 지·수·화·풍을 말한다. 대종(大種)이라 함은 체(體)와 상(相)과 용(用)이 모두 커서 물질계를 내는 원인이 된다는 뜻이다.

1) 『대비바사론(大毘婆沙論)』 제127 "지·수·화·풍은 무슨 상(相)이며 무슨 업(業)인가?" "견고하다는 것은 지(地)의 모습이고 지닌다는 것은 지의 업이며, 축축하다는 것은 수(水)의 모습이고 포섭한다는 것은 수의 업이며, 따뜻하다는 것은 화(火)의 모습이고 익다는 것은 화의 업이며, 움직인다는 것은 풍(風)의 모습이요 성장하는 것은 풍의 업이다."

2) 『구사론(俱舍論)』 제1 "지계(地界)는 능히 지(持)하고, 수계(水界)는 능히 섭(攝)하고, 화계(火界)는 능히 숙(熟)하고, 풍계(風界)는 능히 장(長, 增盛)한다. …… 지계는 견성(堅性), 수계는 습성(濕性), 화계는 난성(煖性), 풍계는 동성(動性)이다."

3) 『지도론(智度論)』 제53 "사대가 몸을 이루는데 항상 서로 번뇌로서 해악을 끼치니 하나하나의 대(大)마다 101가지의 병이 일어난다. 차가운 질병에는 202가지가 있는데 모두 수(水)와 풍(風)에 기인한 것이며, 더운 질병에는 202가지가 있는데 모두 지(地)와 화(火)에 기인한 것이다."

7 **刹那** : 범어 kṣaṇa를 소릿말적기한 것. 차라(叉拏)라고도 쓰고 염경(念頃, 한 생각을 일으키는 순간)·일념(一念)·발의경(發意頃) 등으로도 번역하며, 단순히 염(念)이라고도 한다. 시간의 최소 단위를 뜻한다.

1) 찰나(刹那)의 길이.
(1) 『구사론(俱舍論)』 권12 : 120찰나 = 1달 찰나(tatkṣaṇa), 60달 찰나 = 1납박(臘縛, lava), 30납박 = 1모호율다(牟呼栗多, muhūrta, 須臾), 30모호율다 = 1주야(晝夜, aho-rātra). 1주야에서 역산하면 1찰나는 지금의 0.013초에 해당한다.
(2) 『마하승기율(摩訶僧祇律)』 권17 : 20념(念) = 1순(瞬), 20순 = 1탄지(彈指), 20탄지 = 1나예(羅豫, 臘縛), 20나예 = 1수유(須臾), 30수유 = 1주야(晝夜). 1주야에서 역산하면 1념은 지금의 0.018초에 해당한다.
(3) 『대비바사론』 권42 : 두 사람의 장정이 카아시이산의 명주실을 잡고 양쪽에서 잡아당기며, 다시 다른 한 사람의 장정이 시나산의 검으로써 단숨에 이것을 끊을 때, 한 올의 명주실이 끊어지는 시간이 64찰나이다.
(4) 현재의 1찰나를 '현재'라 하고 이전 찰나를 '과거'라 하고 이후 찰나를 '미래'라 하여, 이 셋을 합하여 찰나삼세(刹那三世)라 한다.

2) 찰나라는 이름의 단위를 경전에 따라 다르게 나타낸 경우
(1) 『왕생론주(往生論註)』 권상(上)에서는 60찰나를 1념으로 하였고, 『인왕반야경(仁王般若經)』 권

상(上) "관공품(觀空品)"에서는 90찰나를 1념으로 하였다.

(2) 『지도론』 권30 및 권83에서는 60념을 1탄지로 하였고, 『구사론』 권12에서는 65찰나를 1탄지로 하였다.

(3) 『인왕반야경』 권상(上)에서는 1찰나에 9백 생멸이 있다 하였고, 『왕생론주』 권상(上)에서는 1찰나에 101의 생멸이 있다 하였다.

8 **岸樹** : 『열반경(涅槃經)』 권1 "수명품(壽命品)" "是身易壞, 猶如河岸臨峻大樹(이 몸이 손쉽게 무너지는 것이 마치 강기슭에 걸려 있는 험준한 큰 나무와 같다)."

9 **井藤** : 『유마경(維摩經)』 권2 "방편품(方便品)"의 주석에서 다음과 같이 말했다. "옛날 어떤 죄인이 도망가자 왕이 사나운 코끼리[無常]를 시켜 쫓게 하였다. 죄인은 위급함을 피하기 위하여 마른 우물[生死]에 들어가다가 중간에서 썩은 넝쿨을 붙들었다. 밑에는 악한 용[惡道]이 있고 그 옆에 다섯 마리 독사가 있고 희고 검은 두 마리 쥐[白黑月]가 넝쿨을 쪼아 끊어지게 만들고 있었고 코끼리는 입구에서 지키고 있었다. 그런데 머리 위에 나무가 하나 있어 때때로 달콤한 꿀[五欲樂]의 방울이 떨어져 입에 들어오자, 그 사람은 그만 그 맛에 끌려 자기가 어려운 처지에 놓여 있는 것도 잊어버렸다."

10 **六親** : 가장 가까운 여섯 친족.

1) 『한서(漢書)』 "예락지(禮樂志)" 顔注 : 父子, 從父昆弟, 從祖, 昆弟, 曾祖昆弟, 族昆弟.

2) 『한서』 "가의전(賈誼傳)" 顔注와 『管子』 "牧民篇" 注 및 『佛敎辭典』 : 父, 母, 兄, 弟, 妻, 子.

3) 『노자(老子)』 제80장과 『후한서(後漢書)』 "풍연전(馮衍傳)" 章賢太子注 : 父, 子, 兄, 弟, 夫, 婦.

11 **國·邦** : 『설문해자(說文解字)』

1) 국(國) : 邦也. 段注 : 邑部曰: 邦, 國也. 按邦國互訓, 渾言之也. 『周禮』注曰: 大曰邦, 小曰國. 邦之所居亦曰國. 析言之也.

2) 방(邦) : 國也. 段注 : 『周禮』注曰: 大曰邦, 小曰國. 析言之也. 許云: 邦, 國也. 統言之也. 『周禮』注又云: 邦之所居亦曰國. 此謂統言則封竟之內曰國曰邑. 析言則國野對偶.

12 **剃髮** : 범어 muṇḍana의 번역으로 체제수발(剃除鬚髮)의 준말. 삭발(削髮)·낙발(落髮)·축발(祝髮)·체두(剃頭)라고도 한다. 수염과 머리털을 깎아서 세속의 인연을 끊고 출가한 모습을 나타냄. 교만을 버리고 또한 외도의 출가와 다름을 보이기 위한 제도로, 처음 출가할 때 득도식(得度式)의 의식을 따라 깎고 그 뒤에는 보름마다 한 번씩 깎는 것을 통례로 하고 있다. 『인과경(因果經)』 "過去諸佛, 爲成就無上菩提故, 捨飾好, 剃鬚髮, 卽發源言: 今落髮故, 願與一切衆生, 斷除煩惱及以習障."

13 **戒品** : 5계와 8계 및 10선계 등 계의 품류와 종별 → '육취(六聚)'조(제6장 기문기문 "3. 홍주보봉선원선불당기洪州寶峯禪院選佛堂記" 사기30. 六聚)

1) 비구(比丘) 250계(戒)의 분류

(1) 4바라이법(波羅夷法) : 계율 가운데 가장 중죄로, 이를 범하면 승려로서의 생명이 없어져 승려의 자격을 잃고 승단에서 축출된다. 음(淫)·도(盜)·살(殺)·망(妄)을 말한다. 이 가운데 음계는 비구가 가장 범하기 쉬운 반면 범하면 영구히 비구의 길이 막히는 극중죄이기에 이를 면하게 하기 위해 사계법(捨戒法)이 있다. 즉 비구가 계를 버리고 환속하여 음욕 생활을 하다가 다시 재출가할 경우 그 횟수에 구애받지 않고 비구가 될 수 있게 한 법이다. 『증일아함경』과 같은 일부 경전에서는 그 횟수를 7회 이상 되풀이하는 것을 금하기도 한다.

(2) 13승가바시사법(僧伽婆尸沙法) : 주로 욕정에 관한 것이다. 승가는 20인 혹은 그 이상의 승가

화합이 아니면 출죄(出罪)가 인정되지 않으며, 참회 후 비구들에게 이에 대하여 세 번에 걸쳐서 죄의 유무를 물었을 때 전원이 침묵하면 청정한 것으로 인정한다.

(3) 2부정법(不定法) : 율장 중에는 이 계명이 없으며, 도선(道宣)은 병처부정(屛處不定)·노처부정(露處不定)이라 이름하였다. 비구가 부인과 둘이서 은밀하거나 가려진 곳에 있다가 독실의 우바이한테 들켜 승가에 고발되는 경우[屛處不定]와, 드러나거나 가려지지 않은 곳에 있다가 고발되는 경우[露處不定]에 이를 심사하는 것을 말하는데, 비구의 자백 등의 결과에 따라 처리되는 경우가 대부분이므로 부정법이라 하였다.

(4) 30니살기바일제법(尼薩耆波逸提法) : 비구에 대하여 재물의 부정 소득을 금하는 것으로서, 이를 범한 비구는 부정 소득한 재물을 승가에 기사(棄捨)하고 그 행위에 대하여 고백 참회하게 된다. 여기서 니살기(尼薩耆)는 '사(捨)'의 의미이다. 죄의 종류로는 다음의 바일제(波逸提)와 같지만 부정 소득의 기사는 승가에 하고 그 처분도 승가가 하기 때문에 결국은 승가에 기사하고 참회하여야 출죄가 된다.

(5) 90바일제법(波逸提法) : 행동과 생활 양식에 관한 것이다. 앞의 니살기바일제법을 사타법(捨墮法)이라 하고 이것을 단타법(單墮法)이라 한다. 사타는 승가에 사출(捨出)할 재물이 있지만 이 타죄(墮罪)는 그것이 없기 때문에 참회주(懺悔主)가 될 비구를 세 명이나 두 명, 아니면 한 명만이라도 구하여 그 비구 앞에서 참회하면 출죄된다.

(6) 4바일제제사니법(波逸提提捨尼法) : 음식에 관한 법으로, 이를 범한 이는 계문(戒文) 가운데 있는 문구를 따서 다른 한 비구에게 참회하여야 한다. 범죄의 종류로서는 돌길라죄(突吉羅罪)이다.

(7) 100중다학법(衆多學法) : 일상적인 위의진퇴(威儀進退)에 관하여 주의를 촉구하는 정도의 과실을 훈계하는 것이다. 그 가운데 고의로 한 과실은 응참돌길라(應懺突吉羅)로서 한 사람의 비구 앞에서 참회하며, 고의가 아닌 것은 책심회(責心悔)의 돌길라(突吉羅)로서 스스로의 마음을 향해 자책하면 된다.

(8) 7멸쟁법(滅諍法) : 다툼으로 일어난 일에 대한 것이다. 계문의 머리에 "쟁사(諍事)가 일어나게 되면 곧 마땅히 제멸하라."라고 되어 있는데, 그 제멸 방법이 바로 일곱 가지의 멸쟁법이다.

① 현전비니(現前毘尼, saṁmukhavinaya) : 쟁론의 당사자를 직접 대면시키거나 삼장의 교법으로 그 즉시 증명시켜 보여줌으로써 판결하는 것이다.

② 억념비니(憶念毘尼, smṛtivinaya) : 다른 이로 하여금 당시의 일을 기억하여 진술하게 함으로써 당사자의 범(犯)·불범(不犯)을 규명하는 것이다.

③ 불치비니(不癡毘尼, amūḍhavinaya) : 정신 이상 상태에서 범한 죄는 일단 허물로 삼지 않고, 병이 치유된 뒤에 다시 거듭 범하지 않는 것을 보아 갈마를 한 뒤에 그 죄를 뉘우치게 하는 것이다.

④ 자언비니(自言毘尼, pratijñākāraka) : 비구가 죄를 범했을 경우 위력으로 그것을 제지하는 것이 아니라 스스로 토로하여 고백케 하여 그 죄를 다스리는 것이다.

⑤ 멱죄상비니(覓罪相毘尼, tatsvabhāvaiṣīya) : 범인이 진실을 토로하지 않거나 진술이 모순될 때에는 그 죄상을 드러내 보이고 수명이 다할 때까지 팔법(八法)을 지니게 하여, 다른 이를 득도시키거나 다른 이를 받아들여 의지토록 하는 일을 못하게 하는 것이다.

⑥ 다인멱죄상비니(多人覓罪相毘尼, yadbhūyasikīya) : 쟁의가 쉽사리 판결 나지 않을 때 덕망이 있는 스님들을 초빙하여 다수결에 의해 시비를 결정하는 것이다.

⑦ 여초복지비니(如草覆地毘尼, tṛṇaprastāraka) : 대중이 두 무리로 갈려서 쟁론이 그치지 않을 경우, 두 무리를 한 자리에 모이게 하고 양편의 상좌를 나오게 하여 쟁론을 일시에 해결토록 하는 것이니, 이는 풀[法藥]이 자라서 땅[諍論]을 덮어버리는 경우이다. 또는, 쟁론이 끝도 없이 이어지고 해

결의 여지가 없을 경우 대덕고승의 주도 아래 그 일을 없던 일로 돌리는 경우이니, 이는 땅을 갈아엎어 풀[諍論]을 묻어버리듯 해결하는 경우이다.

2) 비구니(比丘尼) 348계(戒)의 분류

(1) 8바라이법(波羅夷法): 음(淫), 도(盜), 살(殺), 망(妄), 마촉(摩觸, 남자와 몸을 비비고 접촉하는 것), 팔사성범(八事成犯, 남자의 오염심汚染心을 알면서도 손을 잡히며, 옷을 잡히며, 가려진 곳에 들어가며, 함께 서며, 함께 말하며, 함께 다니며, 몸을 서로 기대며, 함께 기약함), 복장타죄(覆藏他罪, 다른 비구니가 중죄를 범한 것을 알고도 숨겨줌), 수피거인(隨彼擧人, 대중에게 쫓겨난 비구를 따라감).

(2) 17승잔법(僧殘法)

(3) 30니살기바일제법(尼薩耆波逸提法)

(4) 비구니 178바일제법(波逸提法)

(5) 8바일제제사니법(波逸提提捨尼法)

(6) 100중학계법(衆學戒法)

(7) 7멸쟁법(滅諍法)

14　**檀越**: 범어 dānapati를 소릿말적기한 것을 단나(檀那)라 하고 시주(施主)라 번역하는데, 보시(布施)를 행하는 사람을 뜻한다. 단(檀)은 단나의 약칭, 월(越)은 시주한 공덕으로 빈궁한 세계를 뛰어넘음을 의미한다.

15　**常住**: 승기물(僧祇物). 승기(僧祇)는 범어 sāṃghika를 소릿말적기한 것으로 승가물(僧伽物) 또는 승물(僧物)이라고도 한다. 개인의 사유물인 삼의일발(三衣一鉢)을 제외한, 개인에게 분배된 의물(衣物)이나 방사(房舍) 및 토지 등의 공유재산을 비롯한 승단에 속하는 모든 물자를 말한다. 승물에 대해 군이 종류를 나누어 구분하는 까닭은 그 처분과 배분 등으로 인해 일어날 분쟁에 대하여 기준을 마련하기 위함이다.

1) 두 가지로 나눈 경우

(1) 사방승물(四方僧物): 초제승물(招提僧物) 또는 시방승물(十方僧物)이라고도 일컬으며, 모든 비구(니)가 같이 쓸 수 있는 교단의 공유물인 사사(寺舍)와 전원(田園) 등을 말한다. 현전의 승려가 자기 마음대로 처분하는 것이 허락되지 않는다.

(2) 현전승물(現前僧物): 특히 현전의 승려가 사용하는 물건으로, 시주가 현재 머물고 있는 승려대중에게 시여한 물건이나 망비구(亡比丘)의 유물 등을 말한다.

2) 네 가지로 나눈 경우.

(1) 상주상주물(常住常住物): 사원이나 전답 또는 숲 등으로, 오래도록 한 곳에 남겨둘 뿐 나누어 가질 것이 아닌 대중 공용의 물건이다.

(2) 시방상주물(十方常住物): 사원에서 대중스님에게 공양하는 음식을 말한다. 창고에 든 것이나 익히기 전의 음식물은 '상주상주물'인데, 그것을 공양할 수 있도록 익힌 다음 시방의 대중에게 내어놓으면 '시방상주물'이 된다.

(3) 현전현전물(現前現前物): 단월이 절에 와서 현재 머물고 있는 대중스님에게 시주하는 물품이나, 한 스님이 많이 탁발한 시주물 등을 말한다. 분배가 끝나기 전의 물건은 아직 승가의 상주물이 아니니 시방의 승려가 모두 분배받을 권리가 있는 것은 아니다.

(4) 시방현전물(十方現前物): 시방의 승려에게 나누어주어야 할 망비구의 유물. 이미 승가의 상주물인 것을 재분배하는 것일 뿐이니, 시방의 승려가 모두 분배받을 권리가 있으나 일정한 제약이 있다.

16　**法爾**: 법연(法然)·자연(自然)이라고도 한다. 만상(萬象, 諸法)이 천연·자연 그대로의 상태로 있는

것. 인력(因力)이나 업력(業力)에 대해서 법이력(法爾力)이라고 하면 설명할 수 없는 천연 자연의 힘을 뜻하고, 사종도리(四種道理)의 제4인 법이도리(法爾道理)는 불의 뜨거운 것이나 물의 습윤성과 같이 있는 그대로의 모습인 천연의 도리를 말한다. 진종(眞宗)에서는 아미타불의 원력에 의지하는 것을 법이(法爾) 또는 자연법이(自然法爾)라고도 한다.

17 **導師** : 중생을 인도하여 불도에 들어가게 하는 스승. 특히 세존 혹은 제불과 대보살 등을 가리킨다. 또 법회 때에 원문(願文)이나 표백(表白) 등을 써서 의식을 주도하는 스님을 가리킨다. 이에 반해 '도사(道士)'는 '도인(道人)' 또는 '도자(道者)'라고도 하는데, 불교나 외도를 불문하고 도를 행하는 사람을 가리키며, 깨달음을 얻은 사람이건 얻지 못한 사람이건 공통으로 사용하였다. 옛날 중국에서는 출가하여 도를 배우는 이를 가리켰는데, 뒤에는 도교를 하는 이, 특히 제주(祭主)를 부르는 말로 쓰였다.

18 **毘尼** : 비나야(毘奈耶). 범어 vinaya를 소릿말적기한 것으로, 제복(制伏)·조복(調伏)·선치(善治)·멸(滅)·율(律) 등으로 번역된다. 삼장(三藏)의 하나로, 부처님께서 제자들을 위해 제정하신 계율의 총칭이다. 계율로 모든 허물과 잘못을 소멸하므로 멸(滅)이라 하며, 세간의 율법으로 경중의 죄를 결단하므로 율(律)이라 한다. 신역에서는 조복(調伏)이라고 하였다.

19 **上乘** : 범어 uttarayāna. 하승(下乘)의 반대말로, 대승을 말함. 또 상연(上衍)이라고도 하는데, 여기서 상(上)은 한자, 연(衍)은 범어 yāna를 소릿말적기한 것으로 대승의 다른 이름이다.

20 **婆羅門** : 범어 brāhmaṇa를 소릿말적기한 것으로, 인도 사성계급의 하나이다. 정행(淨行)·정지(淨志)·정예(淨裔)·범지(梵志)라 번역한다. 인도의 사성계급 가운데 최고의 지위에 있는 종족으로 승려 계급이다. 브라만교의 전권을 장악하여 임금보다 높은 자리에 있으며, 신의 후예라 자칭하고, 정권의 배심을 하는 등 사실상 신의 대표자로서 권위를 떨친다. 만일 이것을 침해하는 사람은 신을 침해하는 것과 같다고 여긴다. 브라만교는 불교의 흥기로 그 세력이 다소 약화되었다가 아쇼카왕 시기에 흥륭하는 소승 부파불교에 대항하여, 다른 여러 토속신앙을 흡수하여 만신당식(萬神堂式) 종교 또는 철학사상으로 팽창을 시도하면서 힌두교(Hinduism)로 성립하게 되었다. 브라만의 생활에는 다음의 네 시기가 있다.

1) 학생기(學生期, brahmacārin) : 입문식(upanayana)을 시작으로 학생기가 시작되는데, 브라만의 경우는 8세, 끄샤뜨리야의 경우는 11세, 바이샤의 경우는 12세에 행해지며 그 기간은 보통 12년이다. 입문식 후 스승의 집이나 특정의 학당(āśrama)에 머물며 기본적인 인성교육과 더불어 베다를 암송하는 등의 교육을 받다가, 스승의 판단으로 시기가 되었다 여겨질 때부터 베다를 기반으로 하는 브라만으로서 필요한 것들을 공부한다. 스승의 허락으로 학생기를 마치고 집으로 돌아오면 얼마 후 결혼하여 가주기에 들어가게 된다.

2) 가주기(家住期, gṛhastha) : 20세를 전후하여 집으로 돌아와 결혼과 함께 가업에 열중하는 시기이다. 자식을 낳아 조상의 은혜에 보답하고, 제례를 올려 신들에게 보답하며, 배운 것을 전승하여 스승의 가르침에 보답한다. 가주기 동안 베다를 독송하고 집안을 돌보며 지역을 보살피는 가운데 브라만으로서 반드시 받들어야 하는 다섯 가지 제례가 봉행하는데, 브라흐만(Brahman)에 올리는 제례의 일환으로 베다를 독송하는 것, 조상(Pitṛ)에게 올리는 제례로서 스라다(Srāddhā)제, 신들(Deva)에게 올리는 제례로서 호마(Homa)제, 신귀들(神鬼, Bhūta)에게 올리는 제례로서 발리(Bali)제, 그리고 손님 등 타인에 대한 예절 등이 그것이다.

3) 임주기(林住期, vānaprastha) : 자신의 아들이 학생기로부터 집으로 돌아와 결혼함으로써 가주기에 접어들면 일정 기간 가업을 익히게 하였다가 적당한 시기에 가산과 집안일을 모두 자식에게 맡기고 홀로 혹은 부인과 함께 숲속에 머물며 청정한 신행 생활을 하는 수행의 시기이다. 임주기

에는 베다를 근거로 하여 아란야까나 우빠니샤드 등의 철학서를 주로 공부하며, 식사는 머무는 숲 인근의 마을에서 가져다주는 하루 한 끼의 공양에 전적으로 의지한다. 숲속 생활에선 물질적인 풍요가 터부시되어 공양을 받을 그릇과 옷가지 및 작은 물통과 지팡이 등의 몇 가지 생활도구만이 허락되는데, 이를 불교의 승단에서 답습한 것이 비구육물(比丘六物, 삼의三衣와 발우와 물 거름망인 녹낭 및 방석용 천인 니사단)이다. 브라만에게 임주기는 사회생활의 은퇴인 동시에 수행생활의 시작으로서 브라흐만과의 합일을 위해 청정한 고행생활을 영위할 수 있는 영예로운 시기로 여긴다.

4) 사문기(沙門期, saṁnyāsa) : 임주기를 통해 수행을 마쳤다고 여긴 다음에 촌락으로 탁발걸식하며 돌아다니는 유행자의 시기이다. 우빠니샤드 등에는 임주기까지만 언급되어 있으며, 사문기는 불교를 전후한 신흥종교의 출가사문이란 사회적인 제도가 흥성하여 정착된 뒤에 브라만교에서 그것을 받아들인 것으로서 기원전 4세기 이후에 확립되었다. 임주기를 마무리하고 사문기로 사회에 다시 돌아온 브라만은 자신의 집으로 돌아가는 것이 아니라 주로 유행하는 것이 일반적인데, 임주기 동안 깨달은 내용을 널리 전하는 것이 목적이기도 하였다.

21　椀鉢 : 완은 작은 바리로서 분자(鎭子)를 말하며, 발은 범어 pātra를 소릿말적기한 발다라(鉢多羅)의 준말이다. 응기(應器) 또는 응량기(應量器)라 의역한다. 재료는 철과 옹기를 써야 하며 그 밖의 것은 허용되지 않는다. 우리나라에서는 부처님이 금지하신 목발이 보편적으로 사용되고 있는데, 이는 상대적으로 나무가 풍부한 지역이기에 방편으로 그 재료를 변경한 경우에 해당한다. 범어인 발(鉢)과 중국어로 밥그릇을 뜻하는 우(盂)가 합쳐져 발우(鉢盂)라 하기도 한다.

1) 석발(石鉢) : 부처님께서 사용한 발우. 성도하려 할 때 사천왕이 와서 각각 청석(靑石) 발우를 올리니 이를 포개서 한 발우로 만들었다 한다. 그러나 제자들에게는 석발의 사용을 금하셨다.

2) 와발(瓦鉢) : 부처님께서 소마국을 유행하다 그 나라의 진흙이 곱고 윤택한 것을 보고 직접 그 흙으로 발우를 만들어 도공에게 굽게 하고는 뒷사람들에게 이를 쓰게 하셨다.

3) 철발(鐵鉢) : 부처님께서 모든 비구의 방사를 순행하다 한 노비구가 근심에 차 있는 것을 보고 그 연유를 물으니 힘이 없어 발우를 들다 놓쳐 깨뜨렸다고 하였다. 이에 부처님께서 모든 노비구와 병든 비구를 위해 철발을 가져도 좋다고 허락하였다. 그러나 뒤에 외도가 철발을 만드는 것을 보고는 청정비구가 되어 투구를 만든다고 비방하였기에 이것을 금하기도 하였다.

4) 목발(木鉢) : 부처님 당시 비구가 왕궁의 좋은 나무를 잘라 발우를 만든다고 비방당하였기에 못 쓰게 하였다. 또한 나무를 자를 때 많은 생물이 죽으니 자비를 으뜸으로 하는 불문에 어긋나기 때문에 더욱 쓰지 못하게 하였다.

22　山僧 : 도회지를 떠나 산간에 사는 승려로, 승려가 자기를 말할 때 겸손하게 일컫는 호칭이니 선승의 대명사로 쓰인다. 본문에서는 자신을 오만하게 지칭하는 것으로 쓰였다. 『지도론(智度論)』권3 "僧伽秦言衆, 多比丘一處和合, 是名僧伽, 譬如大樹叢聚, 是名爲林. 一一樹不名爲林, 除一一樹亦無林, 如是一一比丘不名爲僧, 除一一比丘亦無僧. 諸比丘和合故僧名生(승가는 중국말로 중衆이니, 많은 비구가 한 곳에 화합하여 머무는 것을 승가라 이름하는 것은 마치 큰 나무들이 무더기로 모여 있는 것을 숲이라 이름하는 것과 같다. 한 그루 한 그루의 나무는 숲이라 이름하지 않으나 그 낱낱의 나무가 없이는 숲이 될 수 없듯이, 한 명 한 명의 비구는 승僧이라 이름하지 않으나 그 개개의 비구가 없이는 승이 이루어질 수 없다. 모든 비구들이 화합하는 까닭에 승이라는 명칭이 생겨난 것이다)."

23　饕餮 : 재화(財貨)나 음식을 탐내는 것을 이름. 악수(惡獸)라고도 함. 『좌전(左傳)』문공(文公) 18년의 두주(杜注)에서 "貪財爲饕, 貪食爲餮"이라 하고, 공소(孔疏)에 "是三苗(당우唐虞 때 강회형주江淮荊州의 오랑캐 이름)"라 하였다. 주석에 있는 "縉雲氏云云"은 『좌전』문공 18년에 나오는 말이다.

24 **穀穿雀飛** : 『불설칠녀경(佛說七女經)』 "雀在瓶中, 覆蓋其口, 不能出飛. 今瓶已破, 雀飛而去."

25 **無常殺鬼** : 나고 죽음이 있는 것은 무상한 이치를 말미암으므로 무상한 이치를 비유하여 살귀라 해서 사람을 잡아가는 무서운 귀신에 비긴 것이다. 『법구경(法句經)』제2에 "옛날 범지(梵志) 네 형제가 있었는데 각기 신통을 얻었다. 네 형제는 앞으로 일주일 후 같은 시각에 모두 죽게 됨을 알고 이에 대해 의논하여, 자신들 넷은 오신통의 힘이 있으니 천지를 번복시켜 해와 달을 붙잡아 죽음을 피하기로 하였다. 한 사람은 큰 바다에 들어가 바다 밑바닥에도 이르지 않고 물 위로도 나오지 않겠다 하였으며, 한 사람은 수미산 속에 들어가 그 산을 합치겠다 하였으며, 다른 하나는 공중에 올라가겠다고 하였다. 나머지 한 사람은 큰 저자 속으로 들어가겠다고 말하였다. 다들 이와 같은 곳으로 피하면 무상한 살귀라도 자기들이 있는 곳을 모를 것이라 하였다. 의논을 마치고 임금에게 나아가 그들의 뜻을 말하고 각기 헤어졌다. 7일이 지나자 시감(市監)이 임금에게 아뢰기를 한 사람의 범지가 갑자기 시중에서 죽었다고 하니 임금이 말하기를 한 사람이 이미 죽었으니 나머지 셋도 죽음을 면치 못할 것이라 말하였다."고 하였다. 『법구비유경(法句譬喻經)』2와 『출요경(出曜經)』2에도 이런 비유를 볼 수 있다.

26 **三有** : 범어 trayobhava를 번역한 것으로 삼계와 같은데, 여기서 유(有)는 존재한다는 뜻으로 선악의 업인(業因)에 따라 받게 되는 고(苦)와 락(樂)이 제각기 다른 것을 말한다. 세분하면 삼계의 욕유(欲有)와 색유(色有) 및 무색유(無色有), 그리고 일생의 생유(生有, 태어나는 한 순간)와 본유(本有, 생으로부터 사에 이르는 동안의 금생의 존재) 및 사유(死有, 죽을 때의 한 순간)를 말한다. 삼계의 명칭과 원어 및 그 의미는 다음과 같다.

1) 무색계(arūpadhātu, 4天)

(4) 비상비비상처(非想非非想處, naivasaṃjñānāsaṃjñāyatana, 의식도 무의식도 없는 단계에 도달한 천신의 무리) : 어디에도 마음을 두지 않는 것이지만 그렇다고 이것도 저것도 생각하는 것도 아닌 미묘하고 섬세한 정신세계이다.

(3) 무소유처(無所有處, ākiñcanyāyatana, 무소유의 단계에 도달한 천신의 무리) : 공(空)과 심식(心識)을 모두 버리고 어디에도 마음을 두지 않는 정신세계이다.

(2) 식무변처(識無邊處, vijñānānantyāyatana, 무한 인식의 상태에 도달한 천신의 무리) : 공에도 마음을 두지 않고 오로지 마음, 즉 심식에 반연하는 객관대상에만 마음을 모으는 정신세계이다.

(1) 공무변처(空無邊處, ākāśānantyāyatana, 무한 공간의 상태에 도달한 천신의 무리) : 모든 물질을 떠나 마음을 공에 두는 정신세계이다.

2) 색계(rūpadhātu, 18天) : 여기서 색(色)은 '꼴 있는 것'을 의미하는 rūpa의 번역어이다. 그러므로 색계는 '꼴(형태)을 갖고 있는 것이 머무는 세계'를 말한다.

(4) 사선천(四禪天) : 사려분별의 작용이 없고 즐거움의 마음조차도 사라져 괴로움도 없고 즐거움도 없는 불고불락(不苦不樂)의 경지에 머물러서 마음이 조금도 동요되지 않는 곳이다.

⑱ 색구경천(色究竟天, akaniṣṭha, 의미 불분명)

⑰ 선현천(善現天, sudarśana, 아름다운 모습의 천신의 무리)

⑯ 선견천(善見天, sudṛśa, 좋은 눈을 가진 천신의 무리)

⑮ 무열천(無熱天, atapa, 곤궁함이 없는 천신의 무리)

⑭ 무번천(無煩天, avṛha, 번뇌가 없는 천신의 무리)

⑬ 광과천(廣果天, bṛhatphala, 커다란 과보를 가진 천신의 무리)

⑫ 복생천(福生天, puṇyaprasava, 좋은 복을 가진 천신의 무리)

⑪ 무운천(無雲天, anabhraka, 구름이 없는 공중에 사는 천신의 무리)

(3) 삼선천(三禪天) : 사려분별이 없으며, 기쁨은 없고 즐거움만 있는 곳. 마음이 평정을 이룬 세계이다.

⑩ 변정천(遍淨天, śubhakṛtsna, 흐린 곳이 없이 깨끗한 천신의 무리)

⑨ 무량정천(無量淨天, apramāṇaśubha, 무한히 깨끗한 천신의 무리)

⑧ 소정천(少淨天, parīttaśubha, 약간 깨끗하지 못한 천신의 무리)

(2) 이선천(二禪天) : 사려분별의 작용이 없고 기쁨과 즐거움만이 있는 곳. 지혜와 복덕이 충만한 세계이다.

⑦ 광음천(光音天, ābhāsvara, 광명과 소리를 발산하는 천신의 무리)

⑥ 무량광천(無量光天, apramāṇābha, 무한한 광명을 발하는 천신의 무리)

⑤ 소광천(少光天, parittābha, 약간의 광명을 발하는 천신의 무리)

(1) 초선천(初禪天) : 깨닫고 관찰하는 마음이 있으므로 사려분별하고 언어가 있으나 욕계의 탐욕이나 억압으로부터는 떠난 세계이다.

④ 대범천(大梵天, mahābrahmā, 위대한 브라흐만의 지배를 받는 천신의 무리)

③ 범보천(梵輔天, brahmapurohita, 브라흐만을 보좌하는 천신의 무리)

② 범중천(梵衆天, brahmapārṣadya, 브라흐만의 주위에 모여 있는 천신의 무리)

① 범종천(梵種天, brahmakāyika, 브라흐만의 권속인 천신의 무리)

3) 욕계(kāmadhātu, 6天)

(1) 육욕천(六欲天)

⑥ 타화자재천(他化自在天, paranirmitavaśavarti, 다른 사람이 불가사의한 힘으로 창조한 쾌락을 제어하는 천신의 무리) : 수미산 꼭대기에서 120만 유순 위에 있는 하늘. 욕계의 임금인 마왕이 있는 곳. 이 하늘은 남이 변화를 부려 나타내는 낙사(樂事)를 자유로이 자기의 쾌락으로 삼는 까닭에 타화자재천이라 한다. 이곳의 남녀는 서로 마주 보는 것만으로 음행이 만족되고, 자식을 낳으려는 생각만 하여도 무릎 위로 화생한다고 한다. 타화자재천 사람의 키는 3유순, 수명은 1만 6천 세인데 이곳의 1주야는 인간 세계의 1천 6백 년에 해당한다.

⑤ 화락천(化樂天, nirmāṇarati, 불가사의한 창조를 즐기는 천신의 무리) : 수미산 꼭대기에서 56만 유순 위에 있는 하늘. 이곳 중생들은 스스로 여러 가지 경계를 변화시켜 즐기므로 이렇게 부른다. 화락천 사람의 키는 2유순 반, 무릎 위로 화생하면 처음 태어날 때 인간의 12세와 같고 몸에서 항상 광명을 놓으며 수명은 8천 세이다. 이곳의 1주야는 인간 세계의 8백 년에 해당한다. 정욕(情欲)을 행할 때는 미소를 주고받는 것만으로 열뇌(熱惱)를 떠난다.

④ 도솔천(兜率天, tuṣita, 투쉬타천에 속하는 천신의 무리) : 수미산 꼭대기에서 24만 유순 위에 있는 하늘. 도사다(覩史多)·투슬치(鬪瑟哆)·도솔타(兜率陀)·도술(兜術)이라고도 쓰며, 상족(上足)·묘족(妙足)·희족(喜足)·지족(知足)이라 번역한다. 여기에는 칠보로 만든 아름다운 궁전이 있고, 한량없는 하늘사람들이 살고 있다고 기록하고 있다. 이곳에 내원(內院)과 외원(外院)이 있으니, 외원은 일반 천중(天衆)의 욕락처(欲樂處)이고 내원은 미륵보살의 정토를 말한다. 미륵보살은 일생보처(一生補處) 보살로서 여기에 있으면서 하늘나라 사람들을 지도하며 남섬부주에 하생하여 성불할 시기를 기다린다. 이 하늘은 아래로는 사천왕천·도리천·야마천이 욕정에 잠겨 있고, 위로는 화락천·타화자재천이 들뜬 마음이 많은 데 비해 잠기지도 들뜨지도 않으면서 오욕락에 만족한 마음을 내므로, 다음에 성불할 보처 보살이 머문다고 한다. 사바세계에 나는 모든 부처님께서는 반드시 이 하늘에 계시다가 성불하신다. 도솔천 사람의 키는 2유순, 옷 무게는 1수(銖) 반, 수명은 4천 세이다. 인간의 4백 세가 이 하늘의 1주야라고 한다. 정욕을 행할 때는 상대의 손을 잡는 것만으로 열

뇌를 떠난다.

③ 야마천(夜摩天, yāma, 야마에 속하는 천신의 무리) : 수미산 꼭대기에서 8만 유순 위의 허공에 떠 있는 하늘. 시간에 따라 즐거움을 받는다고 하여 선시천(善時天) 또는 시분천(時分天)이라고도 부른다. 야마천 사람의 키는 2유순, 옷은 길이가 4유순 넓이가 2유순 무게가 3수(銖), 무릎 위로 화생하면 처음 태어날 때 인간의 7세와 같으며 얼굴이 원만하고 의복이 저절로 마련되며 수명은 2천 세이다. 이곳의 1주야는 인간세의 2백 년에 해당한다. 정욕을 행할 때는 상대를 가볍게 포옹하는 것만으로 열뇌를 떠난다.

② 도리천(忉利天, trāyastriṁśa, 三十三天, 33개의 성으로 이루어진 세계에 사는 천신의 무리) : 수미산 꼭대기에 있는 33개의 하늘. 사방 모퉁이에 각각 여덟 개의 하늘이 있고 그 중앙에 있는 것이 선견성(善見城)이니 제석천이 제석환인으로 여기에 머물며 삼십삼천을 관장한다. 삼재일(三齋日)마다 성 밖에 있는 선법당(善法堂)에 모여서 법답고 법답지 못한 일을 평한다 함. 도리천의 1주야는 인간의 1백 년, 이 하늘 사람의 키는 1유순, 옷의 무게는 6수(銖)이며, 정욕을 행할 때는 인간의 모습으로 변하지만 다만 욕망의 바람이 새기만 하면 열뇌가 없어진다고 한다. 처음 태어났을 때는 인간의 6세 되는 아이와 같으며 빛깔이 원만하고 자연히 옷이 입혀져 있다고 한다. 수명은 1천 세이다.

① 사천왕천(四天王天, cāturmahārājakāyika, 사대왕에 속하는 천신의 무리) : 수미산 중턱에 걸쳐 사방으로 퍼져 있는 하늘로서 수미의 4주를 수호하는 신인 사대왕이 거처하는 곳이다. 모두 도리천의 주인인 제석천의 명을 받아 사천하를 돌아다니면서 사람들의 동작을 살펴 이를 보고하는 신이다.

• 지국천(持國天, dhṛtarāṣtra, 東) : 건달바와 부단나의 두 신중을 지배하고 동주를 수호하며, 다른 주도 겸한다.
• 증장천(增長天, virūḍhaka, 南) : 구반다와 폐려다의 두 신중을 지배하고 남주를 수호하며, 다른 주도 겸한다.
• 광목천(廣目天, virūpākṣa, 西) : 용과 비사사의 두 신중을 지배하고 서주를 수호하며, 다른 주도 겸한다.
• 다문천(多聞天, vaiśravaṇa, 北) : 야차와 나찰의 두 신중을 지배하고 북주를 수호하며, 다른 주도 겸한다.

(2) 사주(四洲) → '수미사주(須彌四洲)'조.
(3) 방생(傍生)과 아귀(餓鬼) → '축생(畜生)' 및 '아귀(餓鬼)'조.
(4) 지옥(地獄) → '지옥(地獄)'조.

(색구경천의 그 이상은 공간의 한계를 벗어난 세계이며, 색구경천부터 야마천까지는 허공에 머무는 하늘인 공거천空居天에 해당하며, 도리천과 사천왕천은 지상에 머무는 하늘인 지거천地居天에 해당하며, 사주와 방생은 지상에 해당하며, 아귀부터 그 이하는 지하에 해당한다.)

27 **劫** : 범어 kalpa를 소릿말적기한 것으로, 겁파(劫波) 또는 갈랍파(羯臘波)라고도 하고, 장시(長時)라 번역한다. 연(年)·월(月)·일(日)이나 어떤 시간의 단위로도 계산할 수 없는 무한히 긴 시간을 말한다. 겁은 어느 일정한 시간의 단위라기보다 굉장히 긴 기간의 비유일 뿐이다. 『대지도론』에 언급된 '겨자겁'은 "사방 40리 크기의 성안에 겨자를 가득 채우고 백 년마다 한 알씩 집어내어 그 겨자가 다 없어져도 1겁이 다하지 않는다."라고 되어 있으며, 『잡아함경』에 언급된 '반석겁'은 "사방 40리 되는 바위를 백 년마다 한 번씩 엷은 옷깃으로 스쳐서 마침내 그 바위가 다 닳아 없어져도 1겁이 다하지 않는다."라고 되어 있는데, 그 서술에 '1겁이 다하지 않는다.' 하였으니, 겁은 특정한 시간의 단위가 아님을 알 수 있다. 그리고 겁이 포함된 표현 가운데 가장 큰 것은 진묵겁(塵墨劫, 티끌 같은 먹이 다할 만큼의 겁)인데, 그 설명에 "삼천대천세계의 모든 땅덩이를 갈아 먹으로

만들고, 동쪽으로 1천 국토를 지날 때마다 간 먹을 한 점씩 떨어뜨리되 그 크기를 티끌만큼 하여 먹이 다할 때까지 한다. 그렇게 지나온 모든 세계를 다시 남김없이 갈아서 티끌로 만들고 그 티끌 하나를 1겁이라고 했을 때 모든 티끌만큼의 겁을 진묵겁이라 한다.”라고 되어있다. 성불을 하려면 3아승기겁 동안 수행을 해야 한다고 하는데, 10의 51승의 세 곱절인 겁이 3아승기겁이므로 길다면 길겠지만 진묵겁에 비하며 그 또한 찰나일 뿐이다.

1)『대지도론(大智度論)』권38 : “有一比丘問佛言, 世尊能說許名劫? 佛告比丘, 我雖能說汝不能知, 當以譬喩可解. 有方百由旬城溢滿芥子, 有長壽人過百歲持一芥子去, 芥子都盡劫猶不. 又如方百由旬石, 有人百歲持迦尸輕軟疊衣一來拂之, 石盡劫猶不.”

2)『잡아함경(雜阿含經)』권34 : “如大石山, 不斷不壞, 方一由旬, 若有士夫以迦尸劫貝, 百年一拂, 拂之不已, 石山遂盡, 劫猶不竟. 譬如鐵城, 方一由旬, 高下亦爾, 滿中芥子, 有人百年取一芥子, 盡其芥子, 劫猶不竟.”

28 像季 : 삼시(三時), 세존께서 입멸하시고 나서 시대가 흘러감에 따라 그 교설이 법답게 실행되지 않는다는 역사관에 입각해서 시대를 정(正)·상(像)·말(末)의 삼시로 나누어 말법이 끝나면 교까지도 들을 수 없는 법멸의 시대가 있다고 한다. 정법(正法)·상법(像法)·말법(末法)이란 말은『대승동성경(大乘同性經)』권하(下) 등에 보이고,『잡아함경(雜阿含經)』권33에는 정(正)·상(像) 이시(二時)의 설이 나온다. 길장(吉藏)의『법화현론(法華玄論)』권10에는 정·상을 구별하는 데 여러 설이 있다고 하였으니, 붓다의 재세시와 입멸 후, 부파의 분열 전과 후, 깨달음을 얻는 자의 많고 적음 등을 기준으로 정계(正季)와 상계(像季)로 나눈다 하였다. 또한 보살은 불법이 항상 존재함을 깨닫고 있기 때문에 정계만 있으며, 이승(二乘)은 불법에 흥쇠가 있다고 보기 때문에 상계가 있다고 하였다. 삼시의 기간에 대해서는 여러 가지 설이 있으나 대개는 정법 5백 년, 상법 1천 년, 말법 1만 년설을 취한다.

1) 규기(窺基)의『의림장(義林章)』권6에는 아래 내용으로 삼시를 구분하였다.

(1) 정법(正法) : 교설[敎]과 실천[行]과 결과[證]가 모두 갖추어져 있는 시대이다.

(2) 상법(像法) : 교설과 실천의 시대이다.

(3) 말법(末法) : 교설만 있는 시대이다.

2) 오견고(五堅固, 五五百年) : 불멸후 2천 5백 년간을 5개의 5백 년으로 끊어서 불교의 성쇠를 나타낸 것이다.『대방등대집월장경(大方等大集月藏經)』제10 “於我滅後五百年中, 諸比丘等, 猶於我法, 解脫堅固, 次五百年, 我之正法, 禪定三昧, 得住堅固, 次五百年, 讀誦多聞, 得往堅固, 次五百年, 於我法中, 多造塔寺, 得往堅固, 次五百年, 於我法中, 鬪諍言頌, 白法隱沒損減堅固.”

(1) 초오백년(初五百年) : 해탈견고(解脫堅固)·학혜견고(學慧堅固). 지혜를 얻어서 깨달음을 열고 해탈하는 이가 많은 시기.

(2) 이오백년(二五百年) : 선정견고(禪定堅固). 선정을 닦아 보전하는 이가 많은 시기

(3) 삼오백년(三五百年) : 다문견고(多聞堅固). 불법(佛法)을 열심히 청문(聽聞)하는 이가 많은 시기.

(4) 사오백년(四五百年) : 조사견고(造寺堅固). 열심히 사원 건립을 하는 이가 많은 시기.

(5) 오오백년(五五百年) : 투쟁견고(鬪爭堅固). 서로 자기의 설만이 훌륭하고 다른 이의 설은 못하다고 다투어가는 상태로 불교가 전승되어가는 시기.

29 出家 : 범어 pravrajita를 풀어쓴 말로, 임거(林居)라고도 하며 파폐니야(波吠儞野)라고 소릿말적기한다. 원래는 고대의 인도 브라만교에서 행한 일종의 수행 방식인데 불교 등의 신흥 종교에서도 이를 채용하여 조건을 갖춘 자들은 가정을 벗어나 출가하여 승려가 될 것을 제창하였다. 불경의 여러 곳에서도 출가의 공덕을 찬탄하는데, “出家閑曠, 猶處虛空.”이라 하여 가정의 애정과

세속의 속박을 벗어나 오로지 수도에 전념할 수 있도록 하였다. 『보우경(寶雨經)』에서는 법다운 바른 믿음에 의한 출가를 추구해야지, 왕의 힘에 핍박을 받거나 도적에 억압을 받거나 채무나 빈궁에 쫓겨서 출가해서는 안 된다 하였다. 『삼천위의경(三千威儀經)』에서는 출가인의 정업(正業)은 좌선(坐禪)과 송경(誦經)과 권화(勸化)라 하였다. 그러나 불교에서 출가할 것을 제창하고 있지만 모든 사람들의 출가를 허락하지도 않고 또한 오직 출가만이 유일한 수행의 방법임을 인정하고 있지도 않으니, 출가에 대해서는 그 조건과 방법을 엄격하게 규정하고 있다.

30 魔軍 : 악마의 군병. 세존께서 성도할 때 제6천의 마왕이 여러 권속을 거느리고 와서 방해했으나 세존의 신통력으로 모두 항복시켰다. 또한 모든 악사(惡事)가 불도를 방해하는 것을 마군이라 한다. 마(魔)는 범어 māra를 소릿말적기한 마라(魔羅)의 준말. 살자(殺者)·탈명(脫命)·능탈명자(能脫命者)·장애(障礙)라고 번역되며, 구역에는 '磨'로 썼으나 양나라 무제 때부터 '魔'로 썼다.

31 四恩 : 네 가지의 큰 은혜.
1)『정법념처경(正法念處經)』권61 : "母恩, 父恩, 如來恩, 說法師恩."
2)『대승본생심지관경(大乘本生心地觀經)』권2 : "父母恩, 衆生恩, 國王恩, 三寶恩."
3)『지각선사자행록(智覺禪師自行錄)』및『석씨요람(釋氏要覽)』: "師長恩, 父母恩, 國王恩, 施主恩."
4)『대장법수(大藏法數)』권23 : "天下恩, 國王恩, 師尊恩, 父母恩."

32 相應 : 범어 saṃprayukta(서로 잘 연결된)를 옮긴 말. 서로 평등하게 화합한다는 뜻이니, 마치 물과 우유가 잘 섞이는 현상과 같을 것을 가리킨다. 또한 두 개 이상의 법이 서로 화합하여 떨어지지 않는 관계를 나타내는데, 특히 심(心)과 심소(心所) 사이의 일치하는 관계를 가리키는 말로도 쓰인다.

33 時時有潤 : 『공자가어(孔子家語)』"與好人同行, 如霧露中行, 雖不濕衣, 時時有潤 ; 與無識人同行, 如厠中座, 雖不汚衣, 時時聞臭."

34 曉夕造惡의 주석에서 인용한 『付法藏經』: 『부법장인연전(付法藏因緣傳)』6권. 북위(北魏)의 고가야(古迦夜)와 담요(曇曜)가 함께 번역한 것으로, 줄여서 『부법장전(付法藏傳)』이라고도 한다. 부처님께서 멸도한 뒤에 인도에서 법을 부촉하여 받은 차례를 기록한 책. 1권에는 마하가섭, 2권에는 아난, 3·4권에는 상나화수, 5권에는 우바국다·뎨다가·미자가·불타난뎨·불타밀다·협존자·부나야사·마명·비라·용수, 6권에는 가나뎨바·라후라·승가난뎨·승가야사·구마라타·사야다·바수반타·마노라·학륵나야사·사자를 싣고 있다. 제23조 사자는 계빈국에 들어가 설법 교화하였으나 국왕 미라굴이 잘못된 소견으로 절과 탑을 파괴하고 승려들을 해쳤으며 이때 사자도 피살되어 법을 부촉하던 일이 끊겼다고 기록하고 있다. 이에 반해 『마하지관(摩訶止觀)』1권에는 아난에게서 곁으로 나간 말뎐디를 더하여 서토(西土) 24조로 여기며, 선가에서는 미자가의 다음에 바수밀을 넣고 마지막 사자의 다음에 바사사나·불여밀다·반야다라·보리달마를 더하여 서천(西天) 28조라고 한다.

35 一失人身 : 『열반경』"失人身者, 如大地土 ; 得人身者, 如瓜上土."

36 澡心育德 : 『지남(指南)』"澡心育德, 謂淨三毒養三學 ; 晦跡韜名, 謂隱幻身藏虛名 ; 蘊素精神者, 謂精神蘊畜, 不浮露, 素潔而無染着, 澡育之功也."

37 正因 : 바르게 물심제법(物心諸法)을 내는 인종(因種)이란 뜻이니 곧 우리 마음의 체성(體性)을 말한다. 정토에 왕생하는 직접적인 원인[正因]과 직접행위 및 그 소행[正行]을 말한다. 선도(善導)의 『관경유산선의(觀經疏散善義)』에서는, 정토에 나기 위해서는 삼복(三福, 도덕道德, 계율戒律, 대승불교 적행大乘佛敎의 行)이 정인이며 구품(九品, 그 실천 수행 정도를 아홉 단계로 나눈 것)이 정행이라 하였다. 혹

은 삼심(三心, 지성심至誠心, 심심深心, 회향발원심廻向發願心)이 정인이고, 오정행(五正行, 독송讀誦, 관찰觀察, 예배禮拜, 칭명稱名, 찬탄공양讚歎供養)이 정행이라고 한다.

38　**假名** : 범어 prajñapti의 번역. 가설(假說)·가설(假設)·가(假)·시설(施設)이라고도 한다. 사물이 최승진실(最勝眞實)의 도리로 보면 공(空)이지만, 세간의 통속적인 관용으로 보면 인연에 의해서 있는 가유(假有)라고 한다. 곧 가명이란 거짓으로 이름을 짓거나 다른 것을 빌려서 이름을 붙여둔다는 뜻이다. 따라서 가명의 법은 승의의 입장에서 보면 공이므로 가명공(假名空)이라고 한다. 『성실론(成實論)』에서는 유정으로서의 아체(我體)가 없는 것, 곧 인공(人空·아공我空)을 가명공이라 한다. 모든 것이 가명이며 실체가 없다는 것을 설하는 종지(經部, 성실종成實宗)를 가명공(假名宗)이라 한다. 십주 이전의 보살은 아직 참다운 법력을 갖춘 보살이 아니고 이름만이 보살이란 뜻으로 가명보살(假名菩薩) 또는 명자보살(名字菩薩)이라 한다.

39　**聞聲見色** : 사조(四祖)가 우두(牛頭) 스님에게 말하기를 "境緣이 無好醜어늘 好醜가 起於心하나니 心若不强名하면 妄情이 何從起리요? 妄情이 旣不起면 眞心이 任徧知하리라. 汝但隨心自在하야 無復對治면 卽名常住니 法身은 無有變易이니라." 하였고, 『指南』에서는 "應用不闕, 謂今時那畔, 臨時臨機, 隨緣出沒, 無定軌也."라 하였다.

40　**法服** : 법의라고도 한다. 비구·비구니가 입는 옷. 처음에는 삼의(三衣), 곧 가사를 일컫던 것인데 후세에는 가사밖에 편삼(褊衫)이나 군자(裙子) 및 직철(直綴) 등을 입게 되어 이것들도 모두 법의라 부르게 되었다.

41　**貝葉** : 패다라(貝多羅). 범어 pattra(나뭇잎)를 소릿말적기한 것으로, 패다라엽(貝多羅葉)·패엽(貝葉)·패다(貝多)라고도 한다. 종이가 없던 시대(일부 남방불교에서는 현재도 사용)에 글씨를 쓰기 위해 사용한 나무 잎사귀로서 주로 다라수(多羅樹)의 잎을 사용했다. 건조한 잎을 폭 약 2촌(寸)·길이 약 1~2척(尺)으로 절단하여 작은 두 개의 구멍을 뚫고 양면에 칼이나 송곳으로 글자 획을 만들고 먹을 넣기도 하고 먹과 붓으로 쓰기도 하였다. 쓴 후에는 포개서 끈으로 매고 같은 모양의 크기와 좀 큰 협판으로 양쪽을 눌러놓아 보존에 편리하게 했다. 종이를 사용하게 된 뒤에도 경권(經卷)의 서사간행(書寫刊行)에 이 형식을 일부에서 채용하였으니, 서장어 경전류가 그 예이다. 이와 같이 협판에 낀 패엽경본이나 혹은 이 형식으로 만든 서책을 범협(梵夾)이라고 일컫는다. 지금도 동남아의 여러 나라에서는 미얀마어 또는 태국어로 쓰여진 패엽경이 사용되고 있다. 주석에 나오는 "阿難等結集經律, 書貝多羅樹葉."이란, 초기 결집은 특정인이 그 내용을 암송해 내고, 그렇게 송출된 내용을 정정하여 확인한 후 모두 함께 합송(saṃgīti)함으로써 이루어졌으니, 곧 결집이란 암기에 의한 내용의 확인일 뿐 문서로 기록한 것은 아니다. 경전이 글로써 확실하게 쓰인 것은 기원전 1세기 중엽 스리랑카에서였다는 증거가 남아 있으며, 인도에서도 대체로 이와 비슷한 시기였을 것으로 추측된다.

42　**齋戒** : 재(齋)는 범어 upoṣadha의 번역으로 오포사타(烏脯沙陀)라고 소릿말적기한다.
1) 신심을 청정하게 가지고 행위를 삼가고 반성하여 늘어진 마음을 경계하는 것을 말하기도 한다. 재계는 8종의 계를 바탕으로 하여 이루어지므로 팔재계(八齋戒)라고 통칭된다.
2) 정오를 지나면 먹지 않는 것을 '재'라고 하니, 곧 바른 때의 식사를 의미한다. '정오가 지나면 식사를 하지 마라.'는 계는 팔재계 가운데 가장 뒤에 나오는 조목이나 그 내용이 나머지 재계의 중심을 이루고 있기 때문에 그 전체를 일컬어 특히 '재'라고 하게 되었다. 다섯 종류의 재의는 다음과 같다.
(1) 법희식(法喜食) : 의여래법(依如來法), 환희봉행(歡喜奉行).

(2) 선열식(禪悅食) : 내외징적(內外澄寂), 신심열락(身心悅樂).

(3) 원식(願食) : 행주좌와(行住坐臥), 상행선원(常行善願).

(4) 염식(念食) : 상념제불(常念諸佛), 심구상응(心口相應).

(5) 해탈식(解脫食) : 심상청정(心常淸淨), 불염세진(不染世塵).

43 **不由別人** : 나옹 화상의 누님은 동생이 도가 높다 하여 자기는 놀고만 지냈다. 하루는 나옹 화상이 누님을 깨우치게 하기 위해 밥상을 앞에 놓고 혼자 먹으면서 "누님! 배가 부르십니까?" 묻자 누님이 부르지 않다고 하기에 "내가 밥을 먹으면 내 배가 부르지, 누님 배가 부른 것은 아닙니다. 그처럼 저의 도가 높다고 누님의 도가 높은 것은 아닙니다."라고 하였다고 한다.

44 **銘** : 금석(金石)이나 기물(器物) 등에 새겨서 경계하거나 반성케 하는 글을 말한다.

1) 『석명(釋名)』에서 "銘 名也, 迹其功美使可稱名也."라 하였고, 『사물원시(事物原始)』에서는 "銘 志也, 記名其功."라 하였다. 또 『문체변명(文體辨明)』에서 "銘 名也, 名其器物, 以自警也."라 하였으니, 이것은 경계의 뜻을 주로 한다. 경계는 자계(自戒)와 타계(他戒)의 두 가지가 있다.

2) 『대학(大學)』에 보이는 은나라 탕왕의 반(槃)의 명(銘)은 자계(自戒)에 속하는 것이며, 또 이런 종류의 것은 고명(古銘)이다. 송찬(頌讚)의 명으로는 태산명(泰山銘) 등이 있으며, 이 밖에도 비명(碑銘)이나 묘명(墓銘) 등 죽은 이를 위한 것도 있다. 형식은 대개 4언의 격구운(隔句韻)이나 오래된 것은 3언 혹은 3·5·7언을 혼용한 것도 있다.

3) 『지남(指南)』에서는 "古者盤盂凡杖에 皆有銘하니 以著儆戒之辭라 今文에 有後繫之銘하니 其意亦然하며 又重述上文之意니 猶經中之有應頌也라." 하였다.

45 **陰緣** : 오온(五蘊, 오음五陰)과 십이인연

1) 오온 : 오음. 범어 pañcaskandha. 온(蘊)은 범어 skandha의 번역으로 새건타(塞建陀)라고 소릿말적기도 한다. 모인다는 뜻으로, 가지가지의 종류를 일괄해서 취설한다는 뜻이다.

(1) 색온(色蘊) : 물질(物質). 스스로 변화하고 또 다른 것을 장애하는 물체이다.

(2) 수온(受蘊) : 인상(印象)·감각(感覺). 고락(苦樂)과 불고불락(不苦不樂)을 느끼는 마음의 작용이다.

(3) 상온(想蘊) : 지각(知覺)·표상(表象). 외계의 사물을 마음 속에 받아들이고 그것을 상상하여 보는 마음의 작용이다.

(4) 행온(行蘊) : 의지(意志). 인연으로 생겨나서 시간적으로 변천한다.

(5) 식온(識蘊) : 심(心). 의식하고 분별한다.

2) 십이인연 : 십이연기. 범어 dvādaśāṅgapratītyasamutpāda. 범부로서의 유정의 생존이 12가지의 조건에 의해서 성립되어 있는 것. 연기를 해석할 때에 1찰나에 십이연기를 갖춘다는 학설과, 시간적으로 삼세에 걸쳐 설명하는 두 가지의 설이 있다. 뒤의 설을 따르면 양중(兩重)의 인과가 있으니, 식(識)에서 수(受)까지 다섯 가지를 현재의 5과라 하고 무명과 행을 현재의 과보를 받게 한 과거의 그 인이라 한다[過現一重因果]. 다음에 애(愛)와 취(取)는 과거의 무명과 같은 혹(惑)이요, 유(有)는 과거의 행(行)과 같은 업(業)이니, 이 현재 3인에 의하여 미래의 생과 노사의 과를 받는다고 한다[現未一重因果].

(1) 무명(無明) : 미(迷)의 근본인 무지를 말한다.

(2) 행(行) : 무지로부터 마음의 의식작용을 일으키는 동작을 말한다.

(3) 식(識) : 의식의 작용을 말한다.

(4) 명색(名色) : 이름만 있고 형상이 없는 마음과 형체가 있는 물체를 말한다.

(5) 육처(六處) : 육입(六入). 안·이·비·설·신의 5관과 의근(意根)을 말한다.

(6) 촉(觸) : 사물에 접촉함을 말한다.

(7) 수(受) : 외계로부터 받아들이는 고락의 감각을 말한다.

(8) 애(愛) : 고통을 피하고 즐거움을 구함을 말한다.

(9) 취(取) : 자기가 욕구하는 물건을 취함을 말한다.

(10) 유(有) : 업(業)의 다른 이름. 다음 세상의 결과를 불러올 업을 말한다. 사바세계에 존재한다는 의미.

(11) 생(生) : 이 몸을 받아 태어남을 말한다.

(12) 노사(老死) : 늙어서 죽음을 말한다.

46 **根本無明** : 범어 mūlāvidyā의 번역으로, 근본불각(根本不覺)·무시무명(無始無明)·원품무명(元品無明)이라고도 한다. 모든 번뇌의 근본인 불각미망(不覺迷妄)의 마음을 말한다. 또 오주지(五住地) 가운데 제5 무명주지(無明住地)를 말하고, 앞의 4주지(住地) 즉 견사(見思)의 혹(惑)을 지말무명(枝末無明)이라 한다.

47 **六賊** : 육경(六境)·육진(六塵)을 말한다. 육경은 육근을 매개로 하여 중생이 증과에 이를 수 있는 공덕을 빼앗고 번뇌를 일으키게 하므로 적에 비유하여 이렇게 말한다. 『능엄경(楞嚴經)』권4 "則汝現前, 眼耳鼻舌及與身心, 六爲賊媒, 自劫家寶, 由此無始衆生世界, 生纏縛故, 於器世間, 不能超越."

48 **六道** : 육취(六趣). 중생의 업인(業因)의 차별에 따라 윤회하는 길을 여섯으로 나눈 것이다.

1) 지옥도(地獄道, narakagati) : 팔한(八寒) 팔열(八熱) 등 괴로움뿐인 곳으로, 지하에 있으므로 지옥이라 한다.

2) 아귀도(餓鬼道, pretagati) : 항상 먹을 것만 구하는 귀신들이 태어나는 곳이다.

3) 축생도(畜生道, tiryagyonigati) : 신역에서는 방생(傍生)이라 번역하며, 금수들이 태어나는 곳이다. 대부분 인계(人界)를 의지처로 삼으므로 인계에서 볼 수 있다.

4) 아수라도(阿修羅道, asuragati) : 항상 진심(嗔心)을 품어서 싸우기를 좋아하는 대력신(大力神)들이 태어나는 곳이다. 심산유곡(深山幽谷)에 있다 하며 인계에서 볼 수 없다.

5) 인도(人道, manuṣyagati) : 인류가 태어나는 곳이다.

6) 천도(天道, devagati) : 몸에 광명이 있고 저절로 쾌락을 받는 중생을 천이라 한다. 욕계 6천과 색계 18천 및 무색계 4천을 합하여 모두 28천이 있다.

49 **決擇** : 택단간택(澤斷簡擇)의 뜻. 곧 무루(無漏)의 성지(聖智)로서 의심을 결단하여 사성제의 상등(相等)을 분별 간택하는 것. 『구사론(俱舍論)』제23에 "決은 謂決斷이요 簡은 謂簡擇이니, 決斷簡擇은 聖道를 이루는데, 모든 聖道는 능히 의심을 끊기 때문이며, 또한 四諦의 相을 분별하기 때문이다."라고 하였다.

2

장로자각색선사귀경문
長蘆慈覺賾禪師[1] 龜鏡文

●

종색 선사의 귀경문과 자경문

1) 龜鏡文[1]2

夫兩桂垂蔭,[2] 一華現瑞.[3] 自爾叢林之設,[4] 要之本爲衆[3]僧.
是以開示衆僧故有長老,[5]4 表儀衆僧故有首座,[6]5 荷負衆僧故有監
院,[7]6 調和衆僧故有維那,[8]7 供養衆僧故有典座,[9]8 爲衆僧作務故有
直歲,[10]9 爲衆僧出納故[11]有庫頭,10 爲衆僧主典翰墨故有書狀,[12] 爲
衆僧守護正敎故有藏主.11

　爲衆僧迎待檀越故有知客,12 爲衆僧請召故有侍者,13 爲衆僧看守
衣鉢故有寮主,14 爲衆僧供侍湯藥故有堂主,15 爲衆僧洗濯故有浴主·水
頭,16 爲衆僧禦寒故有炭頭·爐頭,17 爲衆僧乞丐故有街坊化主,18 爲衆僧
執勞故有園頭19·磨頭20·莊主,21 爲衆僧滌除故有淨頭,22 爲衆僧給侍故
有淨人.[13]23

　所以行道之緣十分備足,資身之具百色現成,萬事無憂,一心爲道.世

間尊貴, 物外優閑, 淸淨無爲, 衆僧爲最, 廻念多人之力, 寧不知恩報恩?

晨參暮請, 不捨寸陰, 所以報長老也. 尊卑有序, 擧止安詳, 所以報首座也. 外遵法令, 內守規繩, 所以報監院也. 六和[14]24共聚, 水乳相參,[15]所以報維那也. 爲成道故, 方受此食, 所以報典座也. 安處僧房, 護惜什物,[16]25 所以報直歲也.

常住之物, 一毫無犯,26 所以報庫頭也. 手不把筆, 如救頭燃,27 所以報書狀也. 明窗淨案, 古敎照心,28 所以報藏主也. 韜光晦跡, 不事追陪, 所以報知客也. 居必有常, 請必先到, 所以報侍者也. 一瓶29一鉢, 處衆如山, 所以報寮主也. 寧心病苦, 粥藥隨宜, 所以報堂主也. 輕徐靜默, 不昧水因,[17]30 所以報浴主 · 水頭也. 緘言拱手, 退己讓人, 所以報炭頭 · 爐頭也. 忖己德行,31 全闕[18]應供, 所以報街坊化主也. 計功多少, 量彼來處,[19]所以報園頭 · 磨頭 · 莊主也. 酌水運籌, 知慚識愧, 所以報淨頭也. 寬而易從, 簡而易事, 所以報淨人也.

所以叢林之下, 道業惟新. 上上之機, 一生取辦; 中流之士, 長養聖胎;32 至如未悟心源, 時中亦不虛棄, 是眞僧寶, 爲世福田.33 近爲末法之津梁, 畢證二嚴34之極果.[20]35

若或叢林不治, 法輪36不轉, 非長老所以爲衆也. 三業不調, 四儀37不肅, 非首座所以率衆也. 容衆之量不寬, 愛衆之心不厚, 非監院所以護衆也. 修行者不安, 敗群者不去,[21]38 非維那所以悅衆也. 六味不精, 三德不給,39 非典座所以奉衆也. 寮舍不修, 什物不備, 非直歲所以安衆也. 畜積常住, 減剋衆僧, 非庫頭所以瞻衆也. 書狀不工, 文字滅裂[22] 非書狀所以飾衆也. 几案不嚴, 喧煩不息, 非藏主所以待衆也.

憎貧愛富, 重俗輕僧, 非知客所以贊衆也. 禮貌不恭, 尊卑失序, 非侍者所以命衆也. 打疊不勤, 守護不謹, 非寮主所以居衆也. 不聞供侍, 惱亂病人, 非堂主所以恤衆也. 湯水不足, 寒煖失儀, 非浴主 · 水頭所以浣衆也. 預備不前, 衆人動念, 非爐頭 · 炭頭所以向衆也. 臨財不公, 宣力不盡, 非街坊化主所以供衆也. 地有遺利, 人無全功, 非園頭·磨頭·莊主所以代衆也. 懶惰併除, 諸緣不具, 非淨頭所以事衆也. 禁之不止, 命之不行, 非淨人所以順衆也.

如其衆僧輕師慢法, 取性隨緣, 非所以報長老也. 坐臥參差, 去就乖角, 非所以報首座也. 意輕王法,{23} 不顧叢林, 非所以報監院也. 上下不和, 鬪諍堅固,40 非所以報維那也. 貪婪{24}美膳, 毀訾麤食, 非所以報典座也. 居處受用, 不思後人, 非所以報直歲也. 多貪利養{25} 不恤{26}常住, 非所以報庫頭也. 事持筆硯, 馳騁文章, 非所以報書狀也. 慢易金文, 看尋外典,41 非所以報藏主也. 追陪俗士, 交結貴人, 非所以報知客也.

遺忘召請, 久坐衆僧, 非所以報侍者也. 以己妨人, 慢藏誨盜,{27} 非所以報寮主也. 多嗔少喜, 不順病緣, 非所以報堂主也. 桶杓作聲, 用水無節,42 非所以報浴主·水頭也. 身利溫煖, 有妨衆人, 非所以報爐頭·炭頭也. 不念修行, 安然受供, 非所以報街坊化主也. 飽食終日, 無所用心,{28} 非所以報園頭·磨頭·莊主也. 涕唾{29}43墙壁, 狼藉44東司,45 非所以報淨頭也. 專尙威嚴, 宿無善敎, 非所報淨人也.

盖以旋風千匝, 尙有不周,{30} 但知捨短從長,{31} 共辦出家之事. 所冀獅子窟中盡成獅子, 栴檀{32}46林下純是栴檀, 令斯後五百年再覩靈山47之會. 然則法門興廢, 係在僧徒. 僧是敬田,{33} 所應奉重, 僧重則法重, 僧輕則法輕. 內護旣嚴, 外護必謹. 設使粥飯主人{34}48一期王化叢林, 執事偶爾當權, 常宜敬仰同袍, 不得妄自尊大. 若也貢高我慢, 私事公酬, 萬事無常, 豈能長保? 一朝歸衆, 何面相看? 因果無差, 恐難回避.

僧爲佛子, 應供無殊,{35} 天上人間, 咸所恭敬, 二時粥飯, 理合精豊, 四事供須,49 無令闕少. 世尊二十年遺蔭,50 盖覆兒孫, 白毫相51一分功德, 受用不盡, 但知奉衆, 不可憂貧. 僧無凡聖, 通會十方, 旣曰招提,{36}52 悉皆有分, 豈可妄生分別, 輕厭客僧? 且過寮{37}三朝權住, 盡禮供承; 僧堂前暫爾求齋, 等心供養.53 俗客尙猶照管, 僧家忍不逢迎? 若無有限之心,自有無窮之福.

僧門和合, 上下同心, 互有長短, 遞相盖覆, 家中醜惡, 莫使外聞. 雖然於事無傷, 畢竟減人瞻仰, 如獅子身中蟲,[54] 自食獅子肉, 非外道天魔所能壞也.[38] 若欲道風[55]不墜, 佛日[56]常明, 壯祖域之光輝, 補皇朝之聖化, 願以斯文爲龜鏡焉.

{1} 龜, 所以決猶豫; 鏡, 所以辨姸醜. 猶豫者, 猶卽鼬也, 善登木, 性多疑慮, 常居山中, 忽聞人聲, 豫先上樹, 久之無人, 其後敢下, 須臾又上, 如此非一故, 人之不決疑者, 以比之.

{2} 兩桂者, 嵩山 少林窟前有二株桂樹故, 自謂之少林.『應聖讖』云 "二株嫩桂久昌昌", 密記此也. 又臨齊·曹洞二宗, 聯芳不絶故, 云二株久昌昌. 垂蔭者, 初祖九載面壁于此, 得可大士, 以傳心印, 此乃禪宗之始. 自此, 布于天下, 豈非垂蔭也!

{3} 一華者優曇鉢羅, 此云靈瑞花. 葉似梨而果大, 無花而結子, 亦有花而難値故, 經中以喻希有.『泥洹經』云: "閻浮提內, 有尊樹王, 名優曇鉢羅. 有實無花, 若金花生者, 佛乃現世." 今百丈開法出世, 亦如此花之希有故, 云現瑞也.

{4} 自達磨來梁, 隱居魏地, 六代相繼, 至于大寂, 二百五十年間未有禪刹, 百丈刱意別立禪居, 禪衆行道資身禪宴食息之資, 一一備具, 各有可存.

{5} 禪宗住持, 必呼爲長老者,『阿含』有三長老; 一, 耆年長老, 年臘多者; 二, 法長老, 了達法性, 內有智德; 三, 作長老, 假號之者, 今取第二. 又德高爲長, 年多爲老.

{6} 卽古之上座也. 今禪門, 所謂首座者, 必擇其己事已辦·衆所服從·德業兼備者充之.

{7} 卽監寺也.『僧史』曰: "知寺三綱者, 若綱罟之巨繩也, 提之則百目正矣. 詳其, 寺主起於東漢白馬寺, 寺旣爰處, 人必主之." 今禪門, 有內外知事, 以監寺爲首.『大集經』云: "僧物難掌, 佛法無主, 我聽二種人掌三寶物, 一知業報者, 二知慙愧者." 今禪門, 必擇心通法道·身忘利養者, 以掌僧務, 此先德之遺意也.

{8} 『寄歸傳』云: "華·梵兼擧. 維是綱維, 那是略梵語, 刪去羯磨陀三字, 此云悅衆."『十誦』云: "以僧坊中, 無人知時灑掃, 衆亂時, 無人彈指等, 佛令立維那." 今禪門, 令掌僧籍及表白等事, 必選當材也.

{9} 『僧史』謂典主牀座, 九事, 今擧一以攝之, 乃通典雜事也. 今禪門, 相沿以立此名焉爾.

{10} 『僧史』謂直一年之務故, 立此職. 今禪門, 雖不止定歲時立名, 亦法於古制.

{11} 出納者, 出而用之, 納而藏之.

{12} 執掌文翰. 山門, 牓疏·書簡·祈禱·語詞, 悉皆屬之.

{13} 『毘奈耶』云: "由作淨業故, 名淨人."

{14} 戒和同修, 身和同住, 口和無諍, 意和同悅, 見和同解, 利和同均. 什師云: "如衆不和, 非敬順之道也."

{15} <u>明公</u>云: "水與乳, 本性和合, 加水於乳, 色不變也."

{16} 什, 衆也雜也. 會數之名, 資生之物, 非一故, 謂之什物. <u>關尹</u>曰: "凡有貌相形色者, 皆曰物."

{17} 『<u>楞嚴經</u>』"跋多波羅浴時, 忽悟水因." 注: 水爲所觸之因, 悟其了不可得也.

{18} 闕則不宜也, 全乃可受.

{19} 功多少者, 一鉢飯出於作夫一鉢汗血; 量來處者, 施者欲邀福免禍.

{20} 五度, 莊嚴化身; 慧度, 莊嚴法身.

{21} <u>卜式</u>, 牧羊肥息曰, 非獨羊也. 治民亦猶是也. 惡者輒去, 毋令敗群. 注: 息謂蕃息也, 又盛多也.

{22} 短也, 不熟也.

{23} 王去聲, 下同.

{24} 『<u>左傳</u>』"貪婪無饜", 注: 愛財曰貪, 愛食曰婪.

{25} 財之所欲曰利, 利之所樂曰養.

{26} 恤憂也.

{27} 『<u>係辭</u>』"慢藏誨盜, 冶容誨淫." 言慢易守藏則示誨盜賊也.

{28} <u>孔子</u>曰: "飽食終日, 無所用心, 難矣哉! 不有博奕者乎? 爲之, 猶賢乎已." 註: 已, 止也.

{29} 從目出者爲涕, 從口出者爲唾.

{30} 迴旋之風, 雖吹之千匝, 必有所未至處, 言人雖飾行措躬, 豈可盡善而無過咎哉!

{31} <u>什公</u>偈云: "譬如淤泥中而生青蓮華, 智者取蓮華, 勿取於淤泥."

{32} 栴檀, 此云與藥. 白檀能治熱病, 赤檀能去風腫, 皆除疾安身之藥, 故名與藥.

{33} 福田有二, 衆生是悲田, 三寶是敬田.

{34} 『<u>智論</u>』云: "佛制比丘一日一食. 後, 羅睺羅幼少出家, 飢而啼之, 佛爲止啼, 且許朝粥, 後世比丘, 見此開門, 朝粥中食, 以爲恒式." 『博物志』云: "雜食, 百疾妖邪之所鍾, 食逾少·心逾明, 食逾多·心逾損." 又: "<u>野干</u>心念十善, 七日不食, 得生天上."

{35} 應供, 卽佛十號之一, 言與佛無異也.

{36} 『<u>音義</u>』云: "梵語招鬪提奢, <u>唐</u>言四方僧物, 又飜別房施. 後<u>魏</u> <u>太武</u> <u>始光</u>元年, 建伽藍, 創立招提之名."

{37} 卽客堂也. 旅客遞相宿食而行過, 猶夜旦之更代故, 云旦過也.

{38} 『<u>蓮華面經</u>』"佛告阿難: 譬如獅子, 命終身死, 所有衆生, 不敢食肉, 惟獅子身, 自生諸虫, 還自食盡獅子之肉. 阿難! 我佛法中, 非餘破壞, 是諸比丘, 破我三大阿僧祇法." 『七夢經』亦同此說.

1) 귀경문

무릇 두 그루의 계수나무가 그늘을 드리우자 한 송이의 꽃이 상서로움을 드러내었다. 이로부터 총림(叢林)이 개설되었으니 요컨대 총림은 본디 대중스님들을 위한 것이다.

그러므로 대중스님들에게 불법의 방향과 내용을 열어 보이는 까닭에 장로(長老)가 있고, 대중스님들에게 위의를 보여주는 까닭에 수좌(首座)가 있으며, 대중스님들을 책망하고 감독하는 까닭에 감원(監院)이 있고, 대중스님들을 화합시키는 까닭에 유나(維那)가 있으며, 대중스님들을 공양하는 까닭에 전좌(典座)가 있고, 대중스님들을 위해 사무를 보는 까닭에 직세(直歲)가 있으며, 대중스님들을 위해 출납을 처리하는 까닭에 고두(庫頭)가 있고, 대중스님들을 위하여 글 쓰는 일을 주관하는 까닭에 서장(書狀)이 있으며, 대중스님들을 위하여 경전을 수호하는 까닭에 장주(藏主)가 있다.

대중스님들을 위해 시주들을 영접하고 응대하는 까닭에 지객(知客)이 있으며, 대중스님들을 위하여 심부름하는 까닭에 시자(侍者)가 있고, 대중스님들을 위하여 옷과 발우를 간수하는 까닭에 요주(寮主)가 있으며, 대중스님들을 위해 탕약을 받들어 공양하는 까닭에 당주(堂主)가 있고, 대중스님들을 위하여 세탁을 하는 까닭에 욕주(浴主)와 수두(水頭)가 있으며, 대중스님들을 위해 추위를 막는 까닭에 탄두(炭頭)와 노두(爐頭)가 있고, 대중스님들을 위하여 탁발하는 까닭에 가방화주(街坊化主)가 있으며, 대중스님들을 위하여 노역을 맡는 까닭에 원두(園頭)와 마두(磨頭)와 장주(莊主)가 있고, 대중스님들을 위해 소제하는 까닭에 정두(淨頭)가 있으며, 대중스님들을 위하여 시봉하는 까닭에 정인(淨人)이 있다.

이렇게 함으로써 도(道)를 수행하는 인연은 충분히 갖추어지고 몸을 돕는 도구들은 여러모로 버젓이 이루어지니, 만사에 아무런 근심이 없어야 한 마음으로 도(道)를 위할 수 있는 것이다. 세간에선 높고도 귀하며 출세간에선 넉넉하고도 한가로워서 청정하고도 작위(作爲)가 없기로 스님들이 으뜸이 되지만 많은 사람들의 노력을 돌이켜 생각해 보건대 어찌 은혜를 알고서 그 은혜를 보답하지 않겠는가?

새벽녘에 찾아가 여쭙고 해 저물어 더욱 물음을 청하여 한 치의 시간도 버리지 않아야 장로에게 보답하는 도리가 되고, 높고 낮음에 순서가 있고 행동거지가 침착하여야 수좌에게 보답하는 도리가 되며, 밖으로 법령을 준수하고 안으로 규약을 지켜야 감원에게 보답하는 도리가 되고, 육화(六和)로 함께 모이되 물과 젖처럼 서로 섞여야 유나에게 보답하는 도리가 되며, 도(道)를 이루기 위하는 까닭에 바야흐로 이 음식을 받는다 해야 전좌에게 보답하는 도리가 되고, 승방에 편안히 거처하며 모든 생활의 도구들을 보호하고 아낄 줄 알아야 직세에게 보답하는 도리가 된다.

상주(常住)의 물품은 털끝만큼도 범함이 없어야 고두에게 보답하는 도리가 되고, 손으로 붓을 잡지 않더라도 마치 머리에 붙은 불을 끄듯 공부를 해야 서장에게 보답하는 도리가 되며, 밝은 창가 맑은 책상에서 옛사람의 가르침을 마음에 비춰 볼 줄 알아야 장주에게 보답하는 도리가 되고, 마음의 빛을 감추고 행적을 숨길 뿐 따라다니거나 모시고 다님을 일삼지 않아야 지객에게 보답하는 도리가 되며, 기거함에 반드시 일정한 장소가 있고 부르면 반드시 먼저 도착해야 시자에게 보답하는 도리가 되고, 하나의 병(瓶)과 하나의 발우(鉢盂)로써 대중 가운데 처신함에 마치 산과 같이 하여야 요주에게 보답하는 도리가 되며, 질병의 고통에도 편안한 마음을 가지고 미음과 약은 그 적절한 시기를 따라야 당주에게 보답하는 도리가 되고, 가볍고도 서서히 하고 조용하고도 묵묵히 함으로써 수인(水因)에 어둡지 않아야 욕주와 수두에게 보답하는 도리가 되며, 입을 다물고 손을 맞잡은 채 자신은 물러 세우고 다른 사람에게 양보해야 탄두와 노두에게 보답하는 도리가 되고, 자신의 덕행이 공양을 받기에 온전한가 온전치 못한가를 헤아릴 줄 알아야 가방화주에게 보답하는 도리가 되며, 공양의 공덕이 얼마인지 헤아리고 그것이 어디서부터 온 것인지 헤아릴 줄 알아야 원두와 마두와 장주에게 보답하는 것이고, 물은 조금씩 떠내어 쓰고 산가지를 사용하며 부끄러운 줄 알아야 정두에게 보답하는 것이며, 관대하여 좇기 쉽게 하고 간략하여 섬기기 쉽게 하여야 정인에게 보답하는 것이다.

이렇게 하여야 총림에서의 도업(道業)이 더욱 새로워지리니, 뛰어난 근기라면 한 생으로 그 결과가 판별되고 중간 무리의 선비라도 오래도록 성인의 씨앗을 기른다면 나아가 마음의 근원을 깨닫지는 못할지라도 한나절을 헛되이 버리는 것은 아닐 것이다. 이것이 진실된 승보(僧寶)이며 세상의 복밭이니, 가깝게는 말법 시대의 나루터와 다리가 되고 결국에는 화신장엄(化身莊嚴)과 법신장엄(法身莊嚴)의 궁극적인 결과를 증득하게 될 것이다.

만약 총림이 다스려지지 않고 불법의 수레가 구르지 않는다면 장로로써 대중을 위하는 도리가 아니고, 몸과 입과 뜻의 업이 순조롭지 않고 가고 머무르고 앉고 눕는 거동이 엄숙하지 못하면 수좌로써 대중을 통솔하는 도리가 아니며, 대중을 받아들이는 아량이 너그럽지 못하고 대중을 사랑하는 마음이 두텁지 못하면 감원으로써 대중을 보호하는 도리가 아니고, 수행하는 자가 편안하지 않고 대중에게 해악을 끼치는 자가 제거되지 못하면 유나로써 대중을 기쁘게 하는 도리가 아니며, 음식의 여섯 가지 맛이 정결하지 못하고 음식의 세 가지 덕이 넉넉하지 못하면 전좌로써 대중을 받드는 도리가 아니고, 사는 집을 정돈하지 않고 일상용품을 갖추지 못하면 직세로써 대중을 편안하게 하는 도리가 아니며, 상주(常住)는 쌓아 축적하되 대중스님은 줄인다면 고두로써 대중을 넉넉하게 하는 도리가 아니며, 글귀가 정교하지 못하고 문자가 짧으면 서장으로써 대중을 꾸미는 도리가 아니고, 책걸상이 엄밀하지 못하여 시끄럽고 번잡스러움이 그치지 않으면 장주로써 대중을 대우하는 도리가 아니다.

가난을 미워하고 부귀를 좋아하며 세속을 중히 여기고 승려를 경시하게 한다면 지객으로써 대중을 돕는 도리가 아니고, 예절의 모습이 공손하지 못하고 높고 낮음에 그 순서를 잃으면 시자로써 대중이 편안하게 명령하도록 하는 도리가 아니며, 청소하고 정돈함에 근실하지 않고 지키고 보호함에 삼가지 않으면 요주로써 대중이 편안하게 있도록 하는 도리가 아니고, 받들어 시봉하기를 차분하게 하지 않아 병든 사람을 혼란스럽게 한다면 당주로써 대중을 위로하는 도리가 아니며, 더운물이 부족하거나 차고 더운 것이 정도를 잃으면 욕주와 수두로써 대중이 씻을 수 있도록 하는 도리가 아니고, 미리 앞세워 준비하지 않아 많은 사람들로 하여금 생각을 일으키게 하면 노두와 탄두로써 대중들이 불을 쪼이게 하는 도리가 아니며, 재물에 관련해서 공정하지 못하고 힘껏 주선함을 다하지 않으면 가방화주로써 대중을 공양하는 도리가 아니고, 땅은 묵히는 것이 있고 사람은 온전히 공들이지 않는다면 원두와 마두와 장주로써 대중을 대신하는 도리가 아니며, 게으른 마음에 몽땅 밀쳐둔 채 모든 필요한 물품을 갖추어 놓지 않으면 정두로써 대중을 섬기는 도리가 아니고, 금지한 것을 그치지 않고 명령한 것을 시행하지 않으면 정인으로써 대중을 따르는 도리가 아니다.

만일 대중스님들이 스승을 가벼이 여기거나 법을 업신여겨 성질대로 하고 되는 대로 한다면 장로에게 보답하는 도리가 아니고, 앉고 누움에 들쭉날쭉하게 하고 물러나고 나아감에 행동이 어그러지면 수좌에게 보답하는 도리가 아니며, 뜻에 국왕의 법을 가벼이 여기고 총림을 돌아보지 않으면 감원에게 보답하는 도리가 아니고, 위아래가 화목하지 못하여 다툼을 심하게 하면 유나에게 보답하는 도리가 아니며, 맛깔진 음식만을 탐내고 거친 음식을 헐뜯으면 전좌에게 보답하는 도리가 아니고, 거처하는 자리와 함께 쓰는 물건에 대해 뒷사람을 생각하지 않으면 직세에게 보답하는 도리가 아니며, 이익과 그 즐거움만 지나치게 탐하고 상주물을 아끼지 않으면 고두에게 보답하는 도리가 아니고, 붓과 벼루를 지니고서 문장을 짓거나 다듬는 일에만 전념한다면 서장에게 보답하는 도리가 아니며, 불경을 업신여겨 가벼이 보고 외전(外典)만 보고 뜻을 찾는다면 장주에게 보답하는 도리가 아니고, 세속의 선비를 좇아 모시고 귀인들과 교류를 맺는다면 지객에게 보답하는 도리가 아니다.

불러 청한 사실을 잊어버리고 대중스님들과 오래도록 앉아 있으면 시자에게 보답하는 도리가 아니고, 몸소 남을 방해하고 갈무리를 게을리 함으로써 도적질을 가르치면 요주에게 보답하는 도리가 아니며, 성을 많이 내고 기쁜 마음은 적게 가져 질병의 올바른 인연에 따르지 않으면 당주에게 보답하는 도리가 아니고, 물통과 표주박으로 소리를 내고 물을 씀에 절제가 없으면 욕주와 수두에게 보답하는 도리가 아니며, 자기 한 몸 데우기에 유리하게 하여 많은 사람들에게 방해되는 바가 있으면 노두와 탄두에게 보답하는 도리가 아니고, 수행할 생각은 하지 않고 편안히 공양만 받는다면 가방화주에게 보답하는 도리가 아니며, 종일토록 배불리 먹으며 마음 쓰는 바가 없으면 원두와 마두와 장주에게 보답하는 도리가 아니고, 담과 벽에 코 풀고 침 뱉어 변소를 어수선하게 쓰면 정두에게 보답하는 도리가 아니며, 오로지 위엄만 숭상하고 평소에 올바른 가르침이 없으면 정인에게 보답하는 도리가 아니다.

대저 회오리바람이 천 번을 돌아 불어도 여전히 미치지 못하는 곳이 있는 법이니, 다만 단점을 버리고 장점을 좇아서 출가의 일을 다 함께 끝낼 것만 생각할지어다. 바라건대 사자굴 안에서는 모두 사자가 되고 전단나무 숲 아래로는 순전히 전단이 되었으면 하는 것이니, 이로부터 5백 년 후에 다시 영산(靈山)의 모임을 볼 수 있도록 하자. 그러한즉 법문의 흥폐는 승려 무리에게 달려 있다. 승려는 공경해야 될 복밭이므로 응당 받들고 소중히 여겨야 할 바이니, 승려가 막중하면 법도 막중하고 승려가 가벼우면 법도 가볍기 마련이다. 안에서 보호함이 이미 엄하고서야 밖에서 보호함이 필시 조심하게 될 것이다. 비록 죽과 밥만 먹고 지내던 사람이라도 한 차례 왕의 덕화를 입어 총림의 집사로써 뜻하지 않게 권력을 맡게 되면 마땅히 같이 있던 도반들을 항상 공경하고 숭앙해야 하니, 망령되게 스스로를 존대하여 높이지 말아야 한다. 만일 나를 높여 거만히 하고 사사로운 일을 공적으로 갚는다면 만사는 무상하니 어찌 길이 보전할 수 있을 것이며, 하루아침에 대중으로 돌아오면 무슨 면목으로 마주 보겠는가? 인과는 어김이 없으니 회피하기 어려울 것이다.

승려는 부처님의 아들로서 응공(應供)과 다를 바 없으므로 천상이나 인간이나 모두 공경하는 바이니, 두 끼니의 죽과 밥도 이치에 맞추어 정갈하고 풍족하게 해야 하며 네 가지 물건으로 공양함에 조금의 빠트림도 없게 하라. 석가세존께서 남기신 20년의 음덕이 무릇 그 자손을 덮어주고 있나니, 백호상(白毫相)의 약간의 공덕도 다 받아쓰지 못할 것이기에 다만 대중을 받들 줄만 알아야 할 것이요 가난은 근심할 것이 없다. 승려는 범부나 성인 할 것 없이 온 세상에 두루 통할 수 있기에 이미 초제(招提)라고 일컬으면 모두에게 다 몫이 있는데 어찌 망령되게 분별심을 내어 객승이라 업신여기고 싫어할 수 있겠는가? 객실에서 사흘은 권리로써 묵는 것이니 예절을 다하여 받들어 모셔야 하며, 승당(僧堂) 앞에서 잠깐 동안 먹을 것을 구하더라도 평등한 마음으로 공양하라. 세속의 손님도 오히려 보살피거늘 승가(僧家)를 어찌 영접하지 않을 수 있겠는가? 만일 유한한 마음이 없으면 자연히 무궁한 복록이 있을 것이다.

승문(僧門)은 화합이니 위아래가 같은 마음이 되어 서로 간에 장단점이 있을지라도 번갈아 서로를 덮어주어 집안의 추하고 흉한 일은 바깥으로 들리지 않게 하라. 비록 그럴지라도 큰일에는 해가 됨이 없겠지만 결국에는 우러러 숭앙하는 사람들이 줄어들 것이므로 마치 사자의 몸에서 생긴 벌레가 스스로 사자의 고기를 먹는 것과 같이 외도나 하늘마귀가 무너뜨리는 것이 아니다. 만약 도풍(道風)을 떨어뜨리지 않게 하고 부처님의 광명이 항상 밝아서 조사들의 영역에 빛이 왕성하게 하고 황제와 조정의 성스러운 덕화를 돕고자 한다면 이 글로써 귀감과 거울을 삼기 바란다.

{1}　거북은 그것으로써 예측을 결정하며 거울은 그것으로써 예쁘고 추함을 판단한다. 유예(猶豫)의 유(猶)는 곧 족제비이니, 나무를 잘 타고 성격에 의심이 많아서 항상 산속에 머묾에 홀연히 사람의 소리를 들으면 미리 앞서 나무에 올랐다가 오래되어 사람이 없으면 그 후에 감히 내려왔다가는 잠깐 사이에 또 올라가는데, 이같이 함이 한두 번이 아닌 까닭에 사람들이 무엇을 의심하여 결정하지 못하는 것을 이것에 비유한 것이다.

{2}　두 그루의 계수나무란, 숭산의 소림굴 앞에 두 그루의 계수나무가 있는 까닭에 자연히 소림을 일컫는다. 『옹성참』에 이르기를 "두 그루의 어린 계수나무 오래도록 푸르고 푸르도다." 한 것은 이것을 은밀히 기록한 것이다. 또 임제와 조동의 두 종파가 잇달아 그 향훈이 끊이지 않는 까닭에 "두 그루는 오래도록 푸르고 푸르도다."라 하였다. 그늘을 드리운다는 것은 달마가 여기에서 9년을 면벽하고는 가대사를 얻어 그에게 심인(心印)을 전하니 이것이 선종의 시초가 되었으며, 이로부터 천하에 널리 퍼지게 되었으니 어찌 그늘을 드리운 것이 아니겠는가.

{3}　한 송이의 꽃이란 우담바라(優曇鉢羅)이니 이곳 말로는 영서화(靈瑞花)이다. 잎사귀는 배나무와 흡사하나 열매는 크고 꽃이 없이 열매를 맺으며, 또한 꽃이 피기도 하지만 그런 경우는 만나기 어려운 까닭에 경전에서는 그것을 희유한 일에 비유하고 있다. 『니원경』에 이르기를 "염부제 안에 존귀한 나무의 왕이 있으니 이름은 우담바라이다. 과실은 있으되 꽃은 없으나 만약 금빛 꽃이 피면 부처님이 곧 세상에 나타나신다." 하였다. 이제 백장께서 법을 열어 세상에 나오셨으니 또한 이러한 꽃이 희유한 것과 같은 까닭에 상서로움을 드러냈다고 말하였다.

{4}　달마가 양나라에 와서 위나라 땅에 은거하면서부터 6대 동안 이어져 내려와 대적에 이르기까지 250년 동안에는 선종의 사찰이 없었는데, 백장이 새로이 뜻을 내어 참선의 거처를 따로 설립하니 참선하는 대중에 행도(行道)와 자신(資身)과 선연(禪宴)과 식식(食息) 등의 자격이 하나하나 구비되어 각각에 소임자가 있게 되었다.

{5}　선종의 주지는 반드시 호칭하기를 장로(長老)라 하는데 『아함경』에 세 가지 장로가 있으니, 첫째는 기년장로로서 승랍이 많은 자요, 둘째는 법장로로서 불법의 성품을 속속들이 통달하고 안으로 지혜와 덕행을 지닌 자며, 셋째는 작장로이니 임시로 그렇게 호칭할 뿐인 자인데, 지금은 그 두 번째를 취한 것이다. 또 덕이 높으면 장(長)이 되고 승랍이 많으면 로(老)가 된다.

{6} 즉 예전의 상좌(上座)이다. 지금의 선문에서는 소위 수좌(首座)라 하는 자는 반드시 자신의 일을 이미 모두 끝내 놓은 자로서 대중들이 복종하는바 덕행과 선업을 겸비한 자를 택하여 소임을 맡긴다.

{7} 즉 감사(監寺)이다. 『승사』에 이르기를 "사찰을 맡고 있는 삼강(三綱)은 마치 그물의 굵은 줄과도 같이 그것을 들추면 곧 전체 그물의 눈이 바르게 되는 것과도 같다. 그것을 더욱 상세히 고찰하면, 사주(寺主)는 동한 때의 백마사에서 시작되었는데 사찰이 도처에 퍼지게 되자 사람들이 반드시 사찰을 관리하게 되었다."라 하였다. 지금의 선문(禪門)에 안팎으로 사판(知事)들이 있는데 감사로써 우두머리를 삼는다. 『대집경』에 이르기를 "승물(僧物)은 장악하기 어렵고 불법(佛法)은 주인이 없으나 내가 두 종류의 사람에게 삼보의 물건을 장악하도록 허락하여 주노니, 첫째는 업보를 아는 자요 둘째는 제부끄러움과 남부끄러움을 아는 자이다." 하였다. 지금의 선문에서는 반드시 마음으로 법도를 통달하고 몸으로는 이익 배양함을 잊은 자를 선택하여 승려의 사무를 관장하게 하고 있으니, 이는 앞선 대덕께서 남긴 뜻이다.

{8} 『기귀전』에 이르기를 "중화의 말과 범어를 함께 열거한 것이다. 유(維)는 벼리의 밧줄[綱維]이요 나(那)는 범어를 간략하게 한 것으로 갈마타(羯磨陀) 세 자를 떼어버린 것이니, 이곳 말로 하면 열중(悅衆)이다."라 하였으며, 『십송』에 이르기를 "승려가 거처하는 절에 때를 알아서 물 뿌리고 청소하는 사람이 없으며 대중이 시끄럽게 할 때 그것을 지적하여 나무라는 사람이 없는 등의 이유로 부처님께서 유나(維那)를 세우도록 하였다."고 하였다. 지금의 선문에서는 승적(僧籍) 및 표백(表白, 선중에서 제문이나 회향문 등을 읽는 일 또는 그 소임) 등의 일을 관장하게 하고자 반드시 마땅한 인재를 선출한다.

{9} 『승사』에서 일컫는 '상좌(牀座)의 소임을 맡아 주재함'을 말하는데, 아홉 가지 소임 가운데 이제 한 가지 소임의 이름을 들어 그 전체의 의미를 포함시키고 있으며, 잡다한 일을 통틀어 맡음을 말한다. 지금의 선문에서는 오랫동안 해 오던 관례에 따라 이 이름을 둔 것일 뿐이다.

{10} 『승사』에서 일컫기를, 1년 동안 직무를 맡는 까닭에 이 직명을 두었다고 하였다. 지금의 선문에서는 비록 때와 시기를 한정 짓는 것으로 이름을 세운 것은 아니지만 그 또한 옛 제도를 본받은 것이다.

{11} 출납(出納)이란 꺼내어 쓰고 넣어두어 간직함이다.

{12} 문장이나 서한을 관장함이니, 산문(山門)에서의 방이나 상소문 및 서간문과 기도문과 일반글 등이 모두 여기에 속한다.

{13} 『곤나야』에 이르기를 "깨끗한 업을 짓는 까닭으로 말미암아 정인(淨人)이라 이름한다." 하였다.

{14} 계화(戒和)는 함께 수행함이요, 신화(身和)는 함께 거주함이요, 구화(口和)는 다툼이 없음이요, 의화(意和)는 함께 기뻐함이요, 견화(見和)는 함께 이해함이요, 이화(利和)는 함께 이익을 균등히 함이다. 집사가 이르기를 "만약 대중이 화목하지 않으면 공경하고 순종하는 도리가 아니다."라고 하였다.

{15} 명공이 말하였다. "물은 우유와 더불어 자못 근본 성질이 화합하니, 우유에 물을 더하면 색이 변하지 않는다."

{16} 집(什)은 무더기이며 잡다한 것이다. 모아서 셈하는 법의 이름과 삶에 필요한 물건이 하나가 아닌 까닭에 그것을 일컬어 십물(什物)이라 한다. 관윤이 이르기를 "무릇 모양이나 형색이 있는 것은 모두 물(物)이라 말한다."고 하였다.

{17} 『능엄경』에 "발다바라가 목욕할 때 홀연히 수인(水因)을 깨달았다." 하고는 주석에서, 물은 접촉하는 바의 원인이 되기에 이해하는 것으로는 얻을 수 없다는 것을 깨달은 것이라 하였다.

{18} (자신의 덕행이) 부족하면 곧 (공양을 받기에) 마땅치 않으며, 온전하면 이에 받을 자격이 있다.

{19} '공덕이 얼마인가'란 한 발우의 밥이 그것을 일군 농부의 한 발우에 해당하는 땀과 피에서 나왔음을 말하고, '그것이 온 곳'이란 시주하는 자가 복을 구하고 화를 면하고자 함을 말한다.

{20} 오도(五度)로 화신(化身)을 장엄하고 혜도(慧度)로 법신(法身)을 장엄한다.

{21} 복식(卜式)의 목양비식(牧羊肥息)에 이르기를, "비단 양(羊)뿐만이 아니라 백성을 다스림에도 역시 그러하니, 악한 자는 그때마다 제거하여 무리를 해치지 못하게 해야 한다." 하였다. 주석에 이르기를, 식(息)은 불어남을 일컬으며 또한 번성하여 많아짐을 말한다고 하였다.

{22} (실력이) 짧음이요 익숙하지 못함이다.

{23} 왕(王)은 거성(去聲)이니, 아래도 같다.

{24} 『좌전』에 "탐하고 탐함에 물림이 없다." 하고는 주석에 이르기를, 재물을 좋아하는 것을 탐(貪)이라 말하고 음식을 좋아하는 것을 람(婪)이라 말한다고 하였다.

{25} 재물에 대해 욕심 부리는 바를 이(利)라 하고 그 이를 즐기는 바를 양(養)이라 한다.

{26} 휼(恤)은 근심함이다.

{27} 『계사』에 "갈무리를 게을리 함은 도적질을 가르치는 것이요 용모를 꾸미는 것은 음탕질을 가르치는 것이다." 하였으니, 지키고 갈무리함을 게을리 하거나 건성으로 함은 곧 드러내어 도적질을 가르치는 것임을 말한다.

{28} 공자가 이르기를 "종일토록 배불리 먹으며 마음 쓰는 바가 없으면 어렵도다. 놀음하는 이가 있지 않은가? 그것은 하는 것보다 오히려 그만두는 것이 현명하다." 하고는 주석에 이르기를, 이(已)는 '그만둠'이라 하였다.

{29} 눈에서 나오는 것을 '체(涕)'라 하고 입에서 나오는 것을 '타(唾)'라 한다.

{30} 회오리 치는 바람이 비록 천 번을 돌아 불더라도 반드시 미치지 못한 곳이 있으니, 사람이 비록 행위를 좋은 일로 꾸미며 몸소 행할지라도 어찌 선행을 남김없이 다하여 과오나 허물이 없겠는가를 말한 것이다.

{31} 십공이 게송으로 말하였다. "비유컨대 진흙 중에 푸른 연꽃이 생겨나는 것과 같으니, 지혜로운 자는 연꽃을 취할 뿐 진흙을 취하지는 않는다."
전단은 열병을 능히 치료하고 붉은 전단은 풍종(風腫)을 능히 제거하니 모두 질병을 제거하여 몸을 편안케 해 주는 약인 까닭에 여약(與藥)이라 이름하는 것이다.

{33} 복밭은 두 가지가 있으니 중생은 자비의 복밭이요 삼보는 공경의 복밭이다.

{34} 『대지도론』에 이르기를 "부처님께서 비구는 하루에 한 끼의 식사를 하도록 제정하셨다. 후에 라후라가 어려서 출가하여 배고픔에 우니 부처님께서 울음을 그치게 하고는 아침에 죽 먹는 것을 허락하셨는데, 후세의 비구들이 이 문 열어주심을 보고 아침에는 죽을 먹고 점심때는 밥을 먹었으니 그것을 항상 행하는 법식으로 삼았다." 하였으며, 『박물지』에 이르기를 "잡스러운 음식은 백 가지 질병의 요사함이 모인 것이니, 음식은 적게 먹을수록 마음은 더욱 밝아지고 많이 먹을수록 마음에 손해가 된다." 하였다. 또 말하기를 "야간(野干, 여우와 흡사한 요수妖獸)이 열 가지 선을 마음으로 생각하며 7일 동안 음식을 먹지 않았더니 천상에 태어남을 얻었다."고 하였다.

{35} 응공(應供)은 곧 부처님의 열 가지 명호 가운데 하나이니 부처님과 더불어 다름이 없음을 말한 것이다.

{36} 『음의』에 말하였다. "범어로 '초투제사'는 당나라 말로 '사방승물(四方僧物, 사방의 모든 승려가 사용할 수 있는 물건)'이며 또는 별방시(別房施)로 번역한다. 후위의 태무제 시광 원년에 가람을 건축하고는 처음으로 '초제'라는 이름을 세웠다."

{37} 즉 객실이다. 나그네가 번갈아 숙식하며 거쳐가는 것이 마치 밤낮이 거듭 번갈아드는 것과 같은 까닭에 단과(旦過)라 말하였다.

{38} 『연화면경』에서 말하였다. "부처님께서 아난에게 말하였다: 비유컨대 사자가 명이 다하여 죽음에 모든 중생들이 감히 그 고기를 먹지 못하였으나 오직 사자의 몸에서 저절로 여러 벌레가 생겨나서 도리어 사자의 고기를 모두 먹어 버렸다. 아난아! 나의 불법 가운데는 파괴될 여지가 없으나 곧 모든 비구가 나의 3대 아승지겁의 법을 파괴하리다." 『칠몽경』에도 이와 같은 내용의 이야기가 있다.

2) 自警文

神心洞照, 聖黙爲宗,[39]57 旣啓三緘,[40]58 宜遵四實.[41] 事關聖說, 理合金文, 方能輔翼教乘, 光揚祖道, 利他自利, 功不浪施.

　若乃竊議朝廷政事,[42] 私評郡縣官寮, 講[43]國土之豊凶, 論風俗之美惡,[44] 以至工商細務, 市井59閑談, 邊鄙[45]兵戈, 中原寇賊[46], 文章技藝[47], 衣食貨財, 自恃己長, 隱他好事, 揄揚顯過, 指摘[48]微瑕, 旣乖福業, 無益道心. 如此游言, 並傷實德, 坐消信施, 仰愧龍天.

　罪始濫觴,[49]60 禍終滅頂. 何也? 衆生苦火, 四面俱焚, 豈可晏然坐談無義?[50]

{39} 聖黙: 佛於摩竭, 掩關七日; 淨名, 杜口毘耶; 達摩, 少林面壁九載之類也.

{40} 『家語』"孔子觀周, 遂入太祖 后稷之廟, 堂右階之前, 有金人焉, 三緘其口, 而銘其背曰'古之愼言人也'".

{41} 如語, 實語, 不妄語, 不異語也.

{42} 紀綱法度曰政, 動作云爲曰事. 又在君爲政, 在臣爲事. 又大曰政, 小曰事.

{43} 論也.

{44} 上所說曰風, 下所習曰俗.

{45} 『周紀』"四里爲鄼, 五鄼爲鄙, 五百家也." 又邊也, 或云都鄙. 都者, 君子之居; 鄙者, 野人之居. 故, 古者謂野爲鄙, 謂都爲美.

{46} 劫奪曰寇, 殺人曰賊.

{47} 杜詩: 文章, 一小技.

{48} 挑發也.

{49} 『書』"三江濫觴." 註言: 泉始流, 不過杯水, 泛溢而漸, 至于橫流也.

{50} 身則生老病死, 心則生住異滅, 此無常苦火, 一時而四面俱起也. 全篇切戒口業也.

2) 자경문

신비스러운 마음을 속속들이 비추는 데는 성스러운 침묵이 으뜸이지만 이미 세 겹이나 꿰매두었던 입을 열었으면 마땅히 네 가지의 실다움을 좇아야 한다. 일은 성인의 말씀에 관계되고 이치는 경전에 합치해야만 비로소 능히 교승(教乘)을 돕고 조사님들의 도를 빛내어 드날림으로써 타인을 이롭게 하고 스스로에게 이익이 되니 공덕을 헛되이 베푸는 것이 되지 않는다.

만약 조정의 정사를 몰래 논의하거나 군현의 관료들을 사사로이 비평하고 국토의 풍흉을 이야기하거나 풍속의 좋고 나쁨을 논하며, 또는 공상(工商)의 세세한 일과 저잣거리의 한가로운 이야기와 변방의 전쟁과 나라 안의 도적과 문장의 기예와 옷가지 먹거리 및 재물에 대해서 논하며, 스스로 자기의 장점만을 믿으며 다른 사람의 좋은 일은 숨기고 드러난 과실만을 끌어내어 퍼트리며 작은 허물을 지적한다면 이미 복된 업에 어긋나는 것이니 도를 닦는 마음에 도움될 것이 없다. 이와 같이 떠도는 말은 참된 덕을 상하게 하고 아울러 앉아서 신도의 시주를 녹이는 것이니 우러러 용중(龍衆)과 천중(天衆)에 부끄러울 뿐이다.

죄악은 작은 술잔을 넘치는 정도에서 시작되나 그 재앙은 정수리까지 마멸시킨다. 어떠한가? 중생의 괴로운 불길은 사방에서 타오르는데 편안하게 의미 없는 좌담이나 늘어놓기를 바랄 수 있겠는가?

{39} 성스러운 침묵이란, 부처님이 마갈에서 7일 동안 빗장을 걸어 닫고, 정명이 비야에서 입을 다물고, 달마가 소림에서 9년 동안 면벽한 것과 같은 것들이다.

{40} 『공자가어』에 "공자께서 주나라를 살펴보며 마침내 태조 후직의 묘에 들어감에 묘당의 오른쪽 계단 앞에 금인(金人)이 있었는데, 그 입이 세 겹이나 꿰매어져 있었으며 그 등에 명문이 새겨져 있기를 '예전에 말을 삼가던 사람이다.'라고 되어 있었다."

{41} 사실과 똑같은 말과 진실된 말과 거짓되지 않는 말과 다르게 하지 않는 말 등이다.

{42} 기강이 있고 법도가 있음을 일컬어 정(政)이라 하고 동작하고 언행함을 일컬어 사(事)라 한다. 또 임금에 있어서는 정이 되고 신하에 있어서는 사가 된다. 또 큰 것을 일컬어 정이라 하고 작은 것

을 일컬어 사라 한다.

{43} 논(論)함이다.

{44} 윗사람이 말한 바를 일컬어 풍(風)이라 하고 아랫사람이 익힌 바를 일컬어 속(俗)이라 한다.

{45} 『주례』에 "4리(里)가 찬(鄼)이 되며 5찬이 비(鄙)가 되니 5백 가(家)이다."라 하였으며, 또는 변두리이며 혹은 도비(都鄙)라 한다. 도(都)는 군자의 거처요 비는 야만인의 거처다. 그러므로 옛사람들은 야(野)라 일컬으면 천한 것으로 여겼고 도(都)라 일컬으면 아름다운 것으로 여겼다.

{46} 물건을 빼앗는 것을 도적질[寇]이라 하고 사람을 죽이는 것을 노략질[賊]이라 한다.

{47} 두보의 시에 '문장(文章)은 하나의 작은 기예(技藝)'라 하였다.

{48} 도발이다.

{49} 『서경』에 "세 강이 작은 술잔에서 넘실거린다." 하고는 주석에서 말하기를, 샘이 처음으로 흐를 때는 한 잔의 물에 불과하다가 불어나며 점점 나아가서는 거대한 강둑도 넘쳐흐르기에 이른다.

{50} 몸은 곧 태어나고 늙어서 병들어 죽으며 마음은 곧 생겨나서 머물다가 달라지고는 소멸되니, 이는 무상한 괴로움의 불길로서 일시에 사면에서 함께 일어난다. 전체 문장에서 구업(口業)을 간절히 경계하고 있다.

사기
(私記)

1 **長蘆慈覺** : (1010~1092) 중국 송나라 때 스님으로 장로 응천(長蘆應天)의 제자이다. 양양(襄陽, 또는 명주洺州) 손(孫)씨의 자손으로 이름은 종색(宗賾), 장로산(長蘆山)에 오래 머물렀으므로 장로라 부르게 되었고, 자각사(慈覺寺)에 주석하였기에 호가 자각이다. 어려서 아버지를 여의고 어머니에게 효를 다함. 유가의 경전에 널리 통하고 문장에도 능했다. 29세에 원통 법수(圓通法秀)에게 출가하고 뒤에 장로 응천에게 참알(參謁)하여 그 법을 이었다. 어머니를 방장(方丈)의 동실(東室)에 모시고 봉양하며 부지런히 염불에 정진하였고, 만년에는 사중(四衆)을 거느리고 연사(連社)를 맺어 정법(淨法)을 닦았다. 송나라 원우(元祐) 7년(1092)에 83세로 입적하였다. 저서에『좌선의(坐禪儀)』와『선원청규(禪苑淸規)』등이 있다.

2 **龜鏡文** : 언제 어디서 지은 글인지 확실치 않다.『칙수청규(敕修淸規)·대중장(大衆章)』제7에 실려 있고, 면산(面山)의『귀경문문해(龜鏡文聞解)』와 본광(本光)의『귀경문구적(龜鏡文求寂)』등의 주석이 있다.

3 **衆** : 범어 saṁgha의 번역으로, 승가라 소릿말적기한다. 구역가(舊譯家)는 4인 이상의 화합으로, 신역가(新譯家)는 3인 이상의 화합으로 해석하였다.『법화현의(法華玄義)』1에서 천태(天台)는 "衆은 僧이다. 理事의 두 가지가 화합하므로 중이란 이름을 얻으며 3인 이상이므로 승이다."라 하였다. 중승(衆僧)은 범한쌍거(梵漢雙擧)의 병칭이며, 또 선종에서는 같은 절에 있는 운수승을 중승 또는 대중이라 한다.

4 **長老** : 지혜와 덕이 높고 법랍이 많은 비구를 말하며, 또 젊은 비구가 연로한 비구를 높여 부르는 말이다. 옛날 중국 총림에서는 주지를 장로라 불렀다. 주석에 있는 "禪宗住持云云"은『조정사원(祖庭事苑)』제8에 나오는 말이다.

5 **首座** : 선종의 승당에서 한 대중의 우두머리 되는 이로, 제일좌(第一座)·좌주(座主)·선두(禪頭)·수중(首衆)이라고도 한다. 전당수좌(前堂首座), 후당수좌(後堂首座), 입승수좌(立繩首座), 명덕수좌(名德首座), 각래수좌(却來首座) 등의 구별이 있다. 우리나라에서는 선원에서 참선하는 스님을 수좌라 하고, 또 동료간이나 수하 사람의 이름 밑에 붙여 부르기도 하나 원래의 뜻과 맞지 않다. 주석에 있는 "卽古之云云"은『조정사원』제8에 나오는 말이다.

6 **監院** : 감사(監寺)·원주(院主)·주수(主首)라고도 일컫는다. 선종 사찰의 육지사(六知事) 가운데 하나로서 한 사찰의 사무를 종합적으로 관리한다. 중국은 당나라 후기에 도사(都寺)란 직책을 증설하여 사찰의 업무를 총괄하게 하였는데 감사의 위에 자리한다. 우리나라에서는 한 절[寺] 한 방(房)의 살림을 사는 이를 말한다. 주석에 있는 "卽監寺云云"은『조정사원』제8에 있는 말.

● 주석에 나오는 『승사(僧史)』는 곧 『대송승사략(大宋僧史略)』이니, 『승사략(僧史略)』으로도 일컫는다. 모두 3권. 송나라 때 찬녕(贊寧, 930~1001)의 저술로, 태종(太宗) 태평흥국(太平興國) 때 조서를 받들어 편찬하였다. 찬녕은 그 서문에서 『홍명집(弘明集)』이나 여타 고승전의 사전(史傳)에 대해 일종의 불만을 표시하고는 호교의 입장에서 불교 교단의 제도, 의례, 계율, 참법 등 교단사를 상세히 저술하였다. 권상(上)에는 부처님의 탄생 연대와 불교의 동전(東傳) 및 가람의 창건과 경·율·논의 번역을 비롯하여 출가와 수계 참회 및 경론 강의의 연혁에서 선법이 중국에 들어온 경과 등에 대해 기록하였다. 권중(中)에는 주로 승정(僧正)이나 승통(僧統) 등의 교단 제도에 대한 연혁을 밝혔으며, 권하(下)에는 자의(紫衣)와 대사(大師)의 호칭 및 계단(戒壇)과 종교 결사의 역사를 비롯, 재회(齋會)와 결사의 기원에서 도승(度僧)의 방법에 이르기까지 언급하였다. 그 외에 마니교에 대한 내용도 수록되어 있다.

7 **維那** : 절의 사물을 맡고 모든 일을 지휘하는 소임. 유는 망유(網維), 나는 범어 karmadāna를 줄인 말. 지사(知事)·사호(寺護)·차제(次第)·수사열중(授事悅衆)이라 번역한다. 우리나라의 입승(立繩)에 해당된다. 주석에 있는 "寄歸傳云云"은 『남해기귀내법전(南海寄歸內法傳)』 제4에 나오는 말이다. 유나에는 아래의 두 가지 뜻이 있다.
1) 사원(寺院)의 삼강(三綱) 가운데 하나로서 그 위치는 상좌의 위, 주지의 아래에 해당하며, 대중 스님의 서무를 관장한다. 후에는 선종 사원의 육집사(六執事) 가운데 하나로서 대중스님의 위의(威儀)와 진퇴기강(進退紀綱) 등을 주로 관장하였다.
2) 관직명으로 후진 때 처음으로 설치되었다. 북위 때는 사문통(沙門統)을 설립하여 최고의 승관으로 삼고 유나로 그 직위를 보좌케 하였다. 수나라 때도 그 제도를 사용하였다.

8 **典座** : 선종 사찰 6지사(知事)의 하나로, 선원에서 중승의 방사와 이부자리 및 음식 등을 담당하는 소임을 말한다.

9 **直歲** : 선종 사찰 6지사(知事)의 하나로, 사찰의 보수와 건축, 사찰 소유의 산림과 토지 등의 업무를 관장하는 소임을 말한다.

10 **庫頭** : 지고(知庫) 또는 부원(副院)이라고도 한다. 선원에 부사(副寺)의 관직이 없었던 송나라 초기까지는 절의 미맥재화(米麥財貨)의 수지 출납 일체를 주관하였다.

11 **藏主** : 지장(知藏)이라고도 한다. 선원의 육두수(六頭首)의 제3위. 장전(藏殿, 대장경을 보관하는 건물)과 간경당(看經堂, 대장경을 열람하는 건물)을 관리하는 직책. 남송 이후가 되면 간경당의 기능이 중료(衆寮)로 옮겨져 장주의 직무는 경장의 관리가 추가 된다.

12 **知客** : 지빈(知賓) 또는 전객(典客)이라고도 한다. 절에서 오고가는 손님의 접대와 응답을 맡는 소임, 또는 그러한 일을 맡아 하는 승려를 말한다.

13 **侍者** : 장로(長老)의 곁에 있으면서 장로를 친히 모시고 그 시중을 드는 사람. 아난이 부처님의 시자로 있었던 것이 그 시초이다. 『열반경(涅槃經)』 권40에는 과거칠불에게 각각 시자가 있다고 설한다.

14 **寮主** : 요원(寮元)을 보좌하는 소임. 한 달, 반 달 혹은 10일씩 교대로 근무한다.

15 **堂主** : 지금의 간병(看病)에 해당. 당(堂)은 열반당이나 성행당 또는 연수당을 가리킨다.

16 **浴主** : 욕주(浴主)는 대중의 목욕물을 담당하는 소임으로 욕두(浴頭) 또는 지욕(知浴)이라고도 하며, 수두(水頭)는 물을 길어다 끓이는 소임을 맡은 소임이다.

17 **炭頭·爐頭** : 선사에서 매년 음력 10월 1일부터 이듬해 2월 1일까지 화로에 불을 피우는데, 이

화로를 맡은 소임을 노두라 하고 숯을 맡은 이를 탄두라 한다.

18 **街坊化主** : 가방(街坊) 또는 화주(化主)라고도 한다. 거리에 나가서 여러 사람에게 시물을 얻으면서 사람들로 하여금 법연을 맺게 하는 동시에 그 절에서 쓰는 비용을 구해 오는 사람이다. 그 종류로는 죽가방(粥街坊), 미맥가방(米麥街坊), 채가방(菜街坊), 장가방(醬街坊) 등이 있다.

19 **園頭** : 원주(園主). 선종에서 채원(菜園)의 경작을 관리하고 채소를 제공하는 소임이다.

20 **磨頭** : 마주(磨主). 마원(磨院)이나 대방(碓坊, 방앗간)을 맡은 소임. 방앗간에서 쌀을 빻는 일을 담당하는 소임. 혹은 밀가루를 만들어서 빨래에 먹이는 풀을 준비한다고 하여 마호(磨糊)라고도 한다. 마두(麻頭)는 선원에서 옷의 재료인 마(麻)를 조달하는 소임을 말한다.

21 **莊主** : 선림에서 농감(農監)과 같은 소임이다.

22 **淨頭** : 변소 소제를 하며 세정(洗淨)할 물을 긷는 일을 맡은 소임이다.

23 **淨人** : 절에 있으면서 스님들을 받들어 섬기는 속인. 『십송률(十誦律)』에서는 "병사 왕이 마하가섭께서 손수 진흙을 이겨 집 수리하는 것을 보았는데, 얼마 뒤에 5백 명의 도적을 잡아 그들에게 너희들이 능히 비구들을 시봉하면 너희 목숨을 살려줄 테니 그렇게 할 수 있느냐고 물으니 도적들이 모두 그렇게 하겠다고 원하므로 왕이 기원정사에 보내어 정인(淨人)에 충당했다는 데서 처음 생겼다."라고 하였다.

24 **六和** : 육화경(六和敬), 또는 육위로법(六慰勞法)·육가희법(六可憙法)이라고도 한다. 깨달음을 구하여 깨끗한 행을 닦는 자가 서로 사이좋게 공경하며 지내는 6종의 화목을 말한다.
1) 대승에서 말하는 보살이 중생과 화동(和同)하여 애경(愛敬)하는 6종이란, 신업동(身業同)·구업동(口業同)·의업동(意業同)(이상의 세 가지는 신·구·의의 행위에서 불쌍히 여기어 사랑을 가지고 모든 법행자梵行者를 향하며 저들로 하여금 함께 그 법을 공경하여 행하게 하는 것이다) 동계(同戒)·동시(同施)·동견(同見)(이상의 세 가지는 자기가 얻은 맑은 계와 행에 의해서 얻은 덕 및 성지聖智에 의해서 얻은 견해를 베푸는 것이다)을 말한다.
2) 비구가 수행하는 가운데 닦아야 하는 육화행이란, 신자화경(身慈和敬)·구자화경(口慈和敬)·의자화경(意慈和敬)·동계화경(同戒和敬)·동견화경(同見和敬)·동리화경(同利和敬)을 말한다.
3) 『조정사원(祖庭事苑)』에서 밝힌 육화행의 구체적인 실천방향은 신화공주(身和共住, 몸으로 화합하여 함께 머무름)·구화무쟁(口和無諍, 입으로 화합하여 다툼이 없게 함)·의화동사(意和同事, 뜻으로 화합하여 함께 일함)·계화동수(戒和同修, 계로써 화합하여 함께 수행함)·견화동해(見和同解, 바른 견해로 화합하여 함께 깨달음)·이화동균(利和同均, 이익으로써 화합하여 균등히 나눠가짐)을 말한다.

25 **什物** : 십은 열[十] 또는 취(聚)나 잡(雜)의 뜻으로, 여러 가지를 포용·함축하였음을 나타내는 말이다. 이는 사원의 소유인 갖가지 기재를 일컫는데, 십기 가운데 특히 진기한 것을 법보물(法寶物)이라 한다. 또는 일상에 쓰는 잡종의 기물을 말하니, 곧 세간살이에 쓰이는 온갖 기구이다.

26 **一毫無犯** : 『방등경(方等經)』에서 화취(華聚)보살이 이르기를 "5역(逆)과 4중(重)은 내가 능히 구제할 수 있지만 상주물을 훔치는 사람은 내가 구제하지 못한다."고 하였다.

27 **如救頭燃** : 두연(頭燃)은 머리털이 불붙는다는 말로, 일이 위급하여 빨리 구해야 함을 비유한 말이다. 『중아함경』 제10과 『예품경(穢品經)』 제23경에서 "猶人, 爲火燒頭燒衣, 急求方便, 救頭救衣."라 하였다.

28 **古敎照心** : 고교는 고인(古人)의 교훈, 곧 부처님의 경문(經文)이나 조사의 어록(語錄)을 말함. 『보장론(寶藏論)』 "古鏡照精, 其精自精; 古敎照心, 其心自明."

29 **瓶** : 갈(缾)이라고도 쓰며, 도기 또는 금속으로 만든 용기를 말한다.

1) 가라사(迦羅奢) : 범어 kalaśa를 소릿말적기한 것으로, 향수(香水) 등을 담아서 불보살께 공양하는 데 쓰인다. 항상 재보를 저축하여 다른 이의 원을 따라서 이것을 나누어 주어 만족시키기 때문에 덕병(德瓶)·여의병(如意瓶)·만병(滿瓶)이라 한다.

2) 군지(軍持) : 범어 kuṇḍkā를 소릿말적기한 것으로, 군지(君持)·군지(君遲)·군정(軍挺)·군치가(捃稚迦)라고도 쓰며, 병(瓶)·조병(澡瓶)·수병(水瓶)이라 번역한다. 범천이나 천수관음 등의 지물이며 또한 대승의 비구가 항상 지녀야 할 18물 가운데 하나로서 물을 넣어 휴대하는 용기이다.

30 **水因** →"二十五行"조(二十五圓通).

31 **忖己云云** : 구본(舊本) 『치문(緇門)』 권중(中) 『시비구촌기덕행수식(示比丘忖己德行受食)』 "忖己德行全缺應供者, 德行全, 可以應供, 德行缺, 則不可應供. 今之比丘, 或年三四十歲, 或年五六十歲, 未嘗一日不應供也, 德行全耶? 德行缺耶?"

32 **聖胎** : 성인이 될 인(因)이란 뜻. 또 10주·10행·10회향의 3현위(賢位)를 말한다. 『인왕경(仁王經)』 '양분소(良賁疏)' "於三賢位, 俱名聖胎, 所謂胎者, 自種爲因, 善友爲緣, 聞淨法界等流正法, 修習長養, 初地見道, 誕佛家矣."

33 **福田** : 범어 puṇyakṣetra의 번역. 부처님·승가·부모 및 고뇌하는 이들을 공경하여 보살피고 베풀면 복덕과 공덕을 얻기 때문에 이것을 밭에 비유해서 말하는 것인데, 특히 승가를 '복덕과 공덕을 산출하는 밭'이라는 뜻으로 이처럼 부른 것은 가장 오래된 초기경전에도 나타나 있으니, 이는 그 당시 인도의 보편적인 사고방식이 불교에 유입된 것으로 볼 수 있다. 붓다나 승보는 공경해야 할 대상이므로 공경복전[경전敬田]이라 하고, 부모나 스승은 은혜에 보답해야 할 대상이므로 보은복전[은전恩田]이라 하고, 가난한 이나 병자 등은 불쌍하게 여겨야 할 대상이므로 연민복전[비전悲田]이라 하여, 이 셋을 삼복전이라 한다.

34 **二嚴** : 지혜를 연마하여 몸을 장엄하게 만드는 지혜장엄(智慧莊嚴)과, 복덕을 쌓아서 몸을 장엄하게 만드는 복덕장엄(福德莊嚴)을 말한다.

35 **極果** : 지극한 증과(證果)란 뜻으로, 부처님의 정각을 말함. 대승의 불과(佛果)나 소승의 무학과(無學果)와 같이 지극구경(至極究竟)의 과(果)를 가리킨다. 곧 인위(因位) 수행의 결과를 말함. '무상열반(無上涅槃)의 극과(極果)'라고도 한다.

36 **法輪** : 범어 dharmacakra의 번역. 붓다의 가르침을 전륜성왕이 가지고 있는 윤(輪)보에 비유한 말. 부처가 설법하시는 것을 전법륜이라고 한다. 중생의 번뇌를 잘 쳐부수고, 일인일소(一人一所)에 그치지 않고 늘 굴러서 여러 사람에게 이르는 것이 마치 수레바퀴와 같으므로 법륜이라 한다. 또 범륜(梵輪)이라고도 하는데, 여기서 범(梵)이란 거룩하고 깨끗하다는 뜻으로도 본다. 붓다는 대범(大梵)이고 범음(梵音)으로 설법하시기 때문에, 혹은 초전법륜이 범천의 권청에 의해 이루어졌기 때문에 범 자를 붙였다고도 한다.

37 **四儀** : 사위의(四威儀). 일상의 기거동작인 행(行)·주(住)·좌(坐)·와(臥)를 말한다. 여기에 지켜야 할 제약을 계율로 정하고 있다. 예컨대, 행법(行法)은 여인 혹은 취인(醉人)과 함께 하지 못하고, 손을 늘어뜨리지 말고, 좌우를 돌아보지 말고, 7척 전방의 땅을 곧바로 보라는 등이다. 주법(住法)은 똑바로 앞에 서지도 말고, 곧바로 뒤에 서지도 말라는 등으로 정해져 있다. 좌법(坐法)은 좌구를 깔고 결가부좌 혹은 반가부좌하고, 피로하여 다리를 뻗을 때에도 한 다리만 뻗어야지 두 다리를 뻗지 말라는 등의 규정이 있다. 와법(臥法)은 와구를 깔고 오른손을 베개로 하여 오른쪽 옆구리를 바닥에 대고 누워야 하며 두 발을 겹친다는 등의 규정이다.

38 **修行者云云의 주석에 나오는 卜式** : 한나라 하남(河南) 사람으로, 양을 쳐서 부를 쌓았다. 당시 한무제가 흉노를 정벌하려 하자 복식이 글을 올리고 자신의 재산 절반을 내어 정벌을 돕고자 하였으며, 또한 빈민을 구제하였기에 중랑(中郞)의 벼슬이 내려졌다. 그가 질박하고 충성스럽다 하여 제왕(齊王)의 태부(太傅) 벼슬이 내려졌으며 승상으로 자리를 옮겼다가 석경(石慶)을 대신하여 어사대부(御史大夫)가 되었다. 그러나 문장을 익히지 않은 것이 빌미가 되어 태자태부(太子太傅)로 폄직되었다가 임종을 맞았다.

39 **六味·三德** : 음식의 육미는 쓴맛[고苦]·단맛[감甘]·짠맛[함鹹]·담백한 맛[담淡]·신맛[산酸]·매운 맛[신辛] 등이며, 음식의 삼덕은 청정(淸淨)·유연(柔軟)·여법(如法)이다.

40 **鬪諍堅固** → '상계 오견고(像季 五堅固)'조(제1장 경훈警訓 "1. 위산대원선사경책潙山大圓禪師警策"의 사기 28. 像季)

41 **外典** : 불전 이외의 전적이란 뜻. 내전의 반대말로, 외서라고도 한다. 곧 인도의 네 가지 베다와 18대경(大經) 등을 비롯하여 기타 세간에 유포된 불교 이외의 가지가지 전적을 말한다. 중국과 우리나라에 있어서는 노장유묵(老莊儒墨) 등과 기독교, 천도교 등의 서책을 말한다.

42 **用水無節** : 昔, 湛堂和尙, 平生律身以約, 雖領衆弘法, 不異在衆, 晨與後架, 只取小杓湯, 洗面後濯足, 後受水, 漑灌蔬果. 여기서 후가(後架)는 선가에서 승당 뒤에 있는 세면소를 말한다.

43 **涕唾** : 『장엄보왕경(莊嚴寶王經)』에서 "상주지(常住地)에 코 풀고 침 뱉는 사람은 사라수 속에서 침구충(針口蟲)이 되어 12년 동안을 지낸다."고 하였으며, 『열이전(列異傳)』에서 "남양(南陽)의 송경백(宋經伯)이 밤길을 가다가 귀신과 마주치자 귀신들은 대체로 무엇을 꺼리냐고 물으니, 귀신들이 대답하기를 오직 사람들이 뱉는 침을 좋아하지 않을 뿐이라 하였다."고 했다. 체(涕, 눈물)와 이(洟, 콧물)는 상호 통용되며, 사(泗, 콧물)는 눈물과 콧물을 함께 흘리는 모습[目液及鼻液竝四行故泗]을 말한다.

44 **狼藉** : 여기저기 흩어져 어지러운 것을 말한다. 『사기(史記)』 "골계전(滑稽傳)"에 나오는 "배반낭자(杯槃狼藉, 잔이나 접시가 마치 이리에게 깔린 뒤의 풀과 같이 난잡한 것)"에서 처음 생긴 말이다. 『통감연의(通鑑演義)』에서 "이리는 반드시 풀을 깔고 눕는데, 누웠다가 간 자리는 풀이 어지러이 흩어져 있다."고 하였다.

45 **東司** : 동정(東淨)이라고도 한다. 선종 사찰의 동쪽에 있는 변소. 혹은 변소가 있는 방향과는 관계 없이 쓰이기도 한다. 제예명왕(除穢明王)이 동쪽에 있으면서 사람과 불법을 수호한다는 전설에 따라 변소는 흔히 동쪽에 짓는다.

46 **栴檀** : 범어 candana를 소릿말적기한 것으로, 전단나(栴檀娜) 또는 전탄나(栴彈那)라고도 쓰며, 번역하여 여낙(與樂)이라고 한다. 인도 등에서 자생하는 상록수인 향나무의 이름으로 크기가 보통 6~8미터이고, 향기가 있으며, 약용으로도 쓰이고, 조각이나 건축의 재료로도 쓰이며, 뿌리와 함께 가루를 만들어 향으로 쓰고 향유를 만들기도 한다. 1~2촌 되는 칼 끝 모양의 잎이 마주나고 꽃은 주머니 모양이며 씨가 굳고 둥근 열매가 열린다. 인도 중부 데칸 고원지방에서 많이 나며 자주색과 흰색 등 여러 종자가 있다. 『혜원음의(慧苑音義)』에서 "백단(白檀)은 능히 풍종(風腫)을 제거하고 몸을 편안케 하여 즐거움을 주므로 여락(與樂)이라 한다."고 하였다.

47 **靈山** : 영취산(靈鷲山). 범어 gṛdhrakūṭa, 기사굴산(耆闍崛山)의 번역. 중인도 마갈타국 왕사성 부근에 있는 산으로, 부처님께서 설법하시던 곳이다. 『법화경』을 이곳에서 설하였다. 이 산에는 신선들이 살았고, 또 독수리가 많이 있으므로 영취산 또는 취두(鷲頭)·취봉(鷲峰)·취대(鷲臺)라고도

한다. 또 많은 취령(鷲靈)들이 산상에 있으므로 이름한 것이라 하며, 혹은 산의 모양이 독수리의 머리와 비슷하여 이렇게 이름한 것이라고도 한다.

48 粥飯主人 : 죽과 밥의 주인 노릇이나 하는 사람이라는 뜻으로, 곧 음식이나 축내며 할 일 없이 지내는 사람을 말한다. 이것이 전하여 무능한 사람을 조소하는 뜻으로 쓰인다. 餘食者, 如來初制 比丘, …… 以爲恒式. 是以此兩時外, 皆爲餘食. 若失朝中, 非時得食, 不食則佳, 食亦無妨, 何者? 飢羸無力, 則道業難成故.『止觀論』云 : "食不節易成病."『博物志』云 : "雜食, 百疾妖邪 之所鍾, 食逾少·心逾明, 食逾多·心逾損." 故食不過度.

49 四事供須 : 사사공양(四事供養). 공양하는 데 쓰이는 네 가지 물건으로, 음식과 의복과 탕약과 와 구 등으로 부처님이나 스님 또는 스승에게 공양하는 것을 말한다. 와구 대신 방사를 넣기도 한다.

50 二十年遺蔭 : 부처님 당시는 인수백세정명(人壽百歲定命)인데도 부처님이 말세 비구들을 생각하시어 80세에 입적하시고 20년 동안 수용할 복을 남겨서 말세 제자에게 물려주었다는 말이다.

51 白毫相 : 미간백호상(眉間白毫相)의 준말. 부처님이 갖춘 32상의 하나. 흰 털이 우측으로 말린 덩어리를 말하는데, 미간에 있는 흰색의 감긴 머리털로서 오른쪽으로 감겨 있으며 광명을 발한다고 한다.『석문정통(釋門正統)』삼(三) "如來留白毫一分功德, 供養末世弟子也."

52 招提 : 범어 caturdeśa를 소릿말적기한 것이다. 초두제사(招頭提奢)의 오전(誤轉)으로 사방(四方)이라 번역하며 사방승방(四方僧房)이라고도 한다. 사방으로부터 모여든 각 지방의 중승(衆僧)(이것을 초제승招提僧 또는 사방승四方僧이라고 함)이 머무르는 객사를 가리킴. 이것은 승단의 공유물로서 일체의 승려들이 공동으로 사용하는 초제승물(招提僧物, 사방승물四方僧物)이다.『대당서역구법고 승전(大唐西域求法高僧傳)』상(上)권「법현전(法顯傳)」에 의하면 인도와 서역에 초제(招提)가 있다고 하고, 중국에서는 후한 때 지은 낙양의 백마사(白馬寺)를 처음에는 초제사(招提寺)라 했다고 한다.

53 供養 : 범어 pūjanā. 공시(供施)·공급(供給)·공(供)이라고도 한다. 음식물이나 의복을 불·법·승의 삼보와 부모·사장(師長)·망자에게 공급하는 일. 공양이란 원래 주로 신체적 행위를 말한 것이지만 단순히 정신적인 것까지도 포함하여 말하는데, 이것을 신분(身分)공양·심분(心分)공양이라 한다.
1) 이종공양(二種供養)
(1)『십주비바사론(十住毘婆沙論)』권1에서 말하는 법(法)과 재(財)의 두 가지 공양이다.
(2)『대일경(大日經)』"공양법(供養法)"의 소(疏)에서 말하고 있는 이(理, 참된 진리에 합당하고 깨달음에 들어가는 것)와 사(事, 향화향華 등을 바치는 것)의 두 가지 공양이다.
2) 삼종공양(三種供養)
(1) "보현행원품(普賢行願品)"의 소(疏)에 나오는 재(財, 세간의 재보향화財寶香華 등)와 법(法, 보리심을 일으켜 자리이타를 행함)과 관행(觀行, 주변함용周遍含容 사사무애관事事無礙觀 등을 행함)의 세 가지 공양이다.
(2)『십지경(十地經)』권3에 나오는 이양(利養, 의복, 와구 등)과 공경(恭敬. 향화香花, 번개幡蓋 등)과 행(行, 수행, 신계행信戒行 등)의 세 가지 공양이다.

54 獅子身中蟲
1)『연화면경(蓮華面經)』권상(上) "阿難, 譬如師子命絶身死, 若空若地若水若陸, 所有衆生不 敢食彼師子身肉, 唯師子身自生諸蟲, 還自噉食師子之肉. 阿難, 我之佛法非餘能壞, 是我法中諸惡比丘猶如毒刺, 破我三阿僧祇劫積行勤苦所集佛法."
2)『아난칠몽경(阿難七夢經)』"七者夢師子王名華撒頭上, 有七毫毛, 在地而死, 一切禽獸, 見故怖畏, 後見身中蟲出, 然後食之. …… 第七夢師子死者, 佛泥洹後, 一千四百七十歲, 我諸弟

子修德之心, 一切惡魔不得嬈亂. 七毫者七百歲後事."

55 **道風** : 도가 사람을 교화하는 것이 마치 바람이 풀을 쓰러뜨리는 것과 같으므로 이렇게 말한다. 또는 도인이 올 바람을 말한다. 『석씨요람(釋氏要覽)』권중(中)에 "조사 난제가 마제(摩提) 나라에 갔다. 어느 날 서풍이 불어오거늘 점쳐 말하기를 이것은 도풍(道風)이다. 반드시 도인이 올 것이다 하였더니 얼마 뒤에 과연 가야사다(伽耶舍多)가 왔다."라 하였다.

56 **佛日** : 부처님을 해에 비유하여 일컫는 말. 햇볕이 싹을 나게 하고 꽃을 피워 열매를 맺게 하는 것처럼, 부처님은 보리심의 싹을 나게 하시고 무루의 도수(道樹)를 자라나게 하시며, 해가 어두움을 없애는 것처럼 중생의 번뇌를 없애주시므로 이렇게 말한다.

57 **聖默爲宗** : 두구(杜口). 법의 현묘함은 말로 설명할 수 없기 때문에 그 입을 닫아 말을 그침을 말한다. 『주화엄경제법계관문송(註華嚴經題法界觀門頌)』권하(下)에서 "摩竭掩室, 毘耶杜口."라 하였다. 마갈엄실이란 부처님께서 마갈타국에서 성도하시고 난 초기에 삼칠일 동안 입을 닫고 설법하지 않으시니 마치 문을 닫고 집안에 계신 것과 같이 고요히 아무런 소리도 없었으니, 불법의 깊은 뜻 또한 말을 하거나 소리를 내어 전달할 수 있는 것이 아님을 드러낸 것이다. 비야두구란 유마 거사가 비야성에서 병색을 보이자 모든 보살들이 모여서 제각기 불이법문을 설하였는데 문수보살이 유마에게 묻자 유마가 묵묵히 아무 말도 없었으니, 불이법문은 언어로 펼쳐 보일 수 있는 것이 아님을 드러낸 것이다.

58 **三緘** : 함(緘)은 봉하는 것을 말한다. 입을 세 번 봉한다는 뜻으로, 말을 삼가야 한다는 의미이다. 『공자가어(孔子家語)』 "관주편(觀周篇)"에서 나온 말이다. '삼함(三緘)을 연다' 함은 말을 하면 이치에 맞는 말을 해야 한다는 말이다.

59 **市井** : 저잣거리의 뜻으로, 이것이 전하여 인가가 많은 곳을 뜻한다.
1) 『백호통(白虎通)』 : 정전(井田) 옆에서 저자를 열었으므로 시정(市井)이라 한다.
2) 『풍속통(風俗通)』 : 사람들이 저자를 보러 가기 전에 먼저 상품을 우물에서 깨끗이 씻었으므로 시정(市井)이라 한다.
3) 『유청일찰(留靑日札)』 : 시중의 통로가 4통5달하여 마치 정(井)자와 같기에 시정(市井)이라 한다.
4) 『관자(管子)』 소광(小匡) 주(注) : 저자를 만듦에 반드시 우물 만드는 법과 같이 하므로 시정(市井)이라 한다.

60 **濫觴** : 사물의 시초나 기원이란 말로, 『서경(書經)』에서 "三江濫觴"이라 한 데서 처음 생긴 말이다. 『공자가어』 "삼서편(三恕篇)"에서 "옛날부터 양자강은 민산(岷山, 사천성四川省과 청해성靑海省 사이에 있는 산)에서 흘러내리는데, 그 수원은 잔에 넘칠 정도에 불과하다. 그것이 하류에 와서 수량이 많아지고 흐름도 빨라져 배를 띄우지 않고서는 건널 수 없으며, 바람이 없는 날을 고르지 않고서는 배로도 건널 수 없게 된다."라고 하였다.

3

영명지각수선사수계·팔일성해탈문
永明智覺壽禪師{1}1垂誡·八溢聖解脫門

●

연수 선사의 훈계와
성스러운 해탈을 이루는 여덟 가지 문

1) 垂誡

學道之門, 別無奇特, 只要洗滌根塵下無量劫來業識種子.² 汝等但能消除情念, 斷絶妄緣,³ 對世間一切愛欲境界, 心如木石相似, 直饒未明道眼, 自然成就淨身.{2}

若逢眞正導師, 切須勤心親近. 假使參而未徹, 學而未成, 歷在耳根, 永爲道種, 世世不落惡趣, 生生不失人身, 纔出頭來, 一聞千悟. 須信道眞善知識{3}4爲人中最大因緣, 能化衆生得見佛性.

深嗟! 末世詿說一禪, 只學虛頭, 全無實解, 步步行有, 口口談空. 自不責業力所牽, 更敎人撥無⁵因果, 便說飮酒食肉不礙菩提, 行盜行婬無妨般若, 生遭王法,{4} 死陷阿鼻.⁶ 受得地獄⁷業消, 又入畜生{5}8·餓鬼,⁹ 百千萬劫, 無有出期. 除非一念回光,¹⁰ 立卽翻邪爲正. 若不自懺自悔,{6} 自度自修, 諸佛出來也無救你處.

若割心肝如木石相似, 便可食肉. 若喫酒如喫屎尿相似, 便可飲酒. 若見端正男女如死尸相似, 便可行婬. 若見己財他財如糞土相似, 便可侵盜. 饒你鍊得到此田地, 亦未可順汝意在, 直待證無量聖身, 始可行世間逆順事.

古聖施設,[11] 豈有他心? 只爲末法僧尼少持禁戒, 恐賺他向善俗子, 多退道心, 所以廣行遮護. 千經所說, 萬論所陳, 若不去婬, 斷一切清淨種; 若不去酒, 斷一切智慧種; 若不去盜, 斷一切福德種; 若不去肉, 斷一切慈悲種. 三世諸佛同口敷宣, 天下禪宗一音演暢, 如何後學略不聽從, 自毀正因, 反行魔說? 只爲宿熏[12]業種,[13] 生遇邪師, 善力易消, 惡根難拔. 豈不見古聖道: 見一魔事如萬箭攢心, 聞一魔聲如千錐箚耳. 速須遠離, 不可見聞. 各自究心, 愼莫容易.

{1} 抗州 永明 智覺禪師, 諱延壽, 餘杭 王氏子. 七歲誦『法華』, 群羊跪聽. 年二十八歲出家, 嗣天台 德韶國師, 世傳阿彌陀佛後身.

{2} 有說淨身, 清淨法身者, 非也. 豈有未明道眼而先能成就法身也? 但自淨身業之謂也.

{3} 善知識有三: 一, 外護.『止觀』云"不揀黑白, 但能如母養兒, 調理得所."『輔行』"自己身心爲內, 望他身心爲外, 爲外所護, 名外護善知識." 二, 同行.『止觀』云"更相策發, 不昏不散, 日有其新."『輔行』云"己他遞相策發, 人異行同, 名同行善知識." 三, 教授.『止觀』云"內外通塞, 皆能決了, 善巧說法."『輔行』云"宣傳聖言, 名之爲教, 訓誨於我, 名之爲授, 名教授善知識."

{4} 佛告比丘: "若人作賊, 偸盜他物, 爲主所繫縛, 送付於王, 治其盜罪. 王卽遣人, 閉着牢獄, 或截手足, 或時鋸解, 如是種種, 苦切殺之. 命終之後, 生地獄中, 受無量苦, 地獄罪畢, 生畜生中象馬牛羊等, 經百千歲, 以償他力, 飢渴苦勞, 不可具言, 經百千歲, 受如是苦也."

{5} 『婆沙論』云: "謂彼橫生, 稟性愚痴, 不能自立, 爲人畜養而生故, 曰畜生."

{6} 自懺自悔者, 華 梵兩存. 懺名白法, 悔名黑法, 白法須尙, 黑法須捨. 又懺名披陳衆失, 悔名斷相續念.

1) 수계

도(道)를 배우는 문(門)에는 별로 기이하거나 특별난 것이 없으니, 다만 육근(六根)과 육진(六塵) 아래에서 한량없는 겁 동안 길러온 업식(業識)의 종자를 씻어내길 바랄 뿐이다. 너희들이 단지 정에 어린 생각을 소제하고 허망한 인연을 단절할 수 있으며 세상의 일체 애욕경계에 대해 마음이 마치 목석과 같아질 수 있다면 설사 도안(道眼)을 밝히지는 못하더라도 자연스레 청정한 몸을 성취할 수 있을 것이다.

만일 진정한 마음으로 이끌어주는 스승을 만나면 모름지기 근실한 마음으로 가까이 해야 한다. 가령 참구하였으나 철저하지 못하고 배웠으나 이루지 못하였더라도 귀를 스쳐가기만 하면 영원히 불도(佛道)의 종자가 되리니, 세세생생 악취(惡趣)에 떨어지거나 사람의 몸을 잃지 않을 것이며 태어나자마자 하나를 들으면 천 가지를 깨우칠 것이다. 모름지기 이르는 말을 믿으라! 참된 선지식은 사람에게 있어 가장 거룩한 인연이 되며 능히 중생을 교화하여 불성을 얻어 보게 할 것이다.

심히 애달프다! 말세에 기만의 말을 일삼는 한 부류 선객들이 단지 허황된 것만을 배울 뿐 실다운 견해는 전혀 없이 걸음걸음마다 유위(有爲)를 행하되 입과 입으로는 공(空)을 이야기하며, 업력(業力)에 끌려 다니는 바를 스스로 책망하지는 않고 더욱이 사람들에게 인과가 없다고 가르치며, 술 마시고 고기 먹는 일이 보리에 장애가 되지 않고 도적질하고 음행하는 것이 반야에 방해가 되지 않는다 말하고 있으니, 살아서는 왕의 법에 저촉되고 죽어서는 아비지옥에 빠질 것이요, 받았던 지옥의 업이 소멸되면 또 다시 축생과 아귀로 떨어져 백천만겁 동안 빠져 나올 기약이 없을 것이다. 오로지 한 생각으로 빛을 돌이키면 그 자리에서 곧 삿된 것을 뒤집어 올바르게 되겠지만, 만약 스스로 참회하고 제도하여 수행하지 않는다면 모든 부처님이 이 세상에 나더라도 너를 구제할 근거가 없을 것이다.

만일 심장과 간을 도려내더라도 마치 목석과 같이 여긴다면 곧 고기를 먹어도 좋을 것이요, 만일 술을 마시더라도 마치 똥오줌을 마시듯 여긴다면 곧 술을 마셔도 좋을 것이며, 만일 단정한 남녀를 보더라도 마치 시체처럼 여긴다면 곧 음행을 해도 좋을 것이요, 만일 자신의 재물이나 남의 재물을 보아도 마치 똥덩어리같이 여긴다면 곧 도적질을 해도 좋을 것이다. 설령 네가 연마하여 이 경지에 이르더라도 또한 네 뜻에 있는 대로 따를 수는 없을 것이니, 곧장 한량없는 성스러운 몸을 증득하기 기다려야 비로소 세간의 거꾸로 되고 바로 된 일들을 모두 행할 수 있을 것이다.

옛 성인들께서 시설(施設)해 놓으신 것에 어찌 별다른 마음이 있겠는가! 단지 말법의 승려가 되어 금지의 계율도 얼마 지니지 않은 채 저 선한 법을 향하는 속인들을 속임으로써 도심(道心)이 많이 물러설까 두렵기 때문에 삿된 것을 막고 참된 것을 보호하는 행위를 널리 펼친 것일 뿐이다. 천 권의 경전에서 말하고 만 권의 논서에서 진술하길, 만일 음행을 버리지 않는다면 일체의 청정종자를 끊는다 하였고, 만일 음주를 버리지 않는다면 일체의 지혜종자를 끊는다 하였으며, 만일 도둑질을 버리지 않는다면 일체의 복덕종자를 끊는다 하였고, 만일 육식을 버리지 않는다면 일체의 자비종자를 끊는다 하였다. 삼세의 모든 부처님이 한 입으로 널리 선양하셨고 천하 선문(禪門)의 종사들이 한 목소리로 널리 진술하였는데 어찌하여 후학들은 소홀하여 듣거나 따르지 않아 스스로 바른 인연을 헐어버리고 도리어 마귀의 말을 행하는 것인가? 단지 오래도록 묵힌 업의 종자가 되어서 세상에 태어나선 삿된 스승을 만나니 착한 힘은 쉽게 삭아들고 악의 뿌리는 뽑아버리기 어렵게 될 뿐이다. 어찌 보지 못했는가! 옛 성인이 말하기를 "한 가지 마구니의 일을 보면 마치 만 개의 화살이 심장을 뚫는 것과 같이 여기고, 한 마디 마구니의 소리를 들으면 마치 천 개의 송곳이 귀를 찌르는 것과 같이 여기라." 하였으니, 모름지기 신속하게 멀리 여의어 보지도 듣지도 말 것이며 각자 스스로 마음을 공부함에 삼가 쉽게 여기지 말지어다.

{1} 항주 영명 지각 선사의 휘는 연수이며 여항 왕씨의 자손이다. 7세 때 『법화경』을 외우니 양(羊)의 무리가 무릎을 꿇고 들었다. 18세 때 출가하여 천태 덕소 국사의 법을 이으니 세간에서는 아미타불의 후신이라고 전해졌다.

{2} 어떤 이가 정신(淨身)을 청정법신(淸淨法身)이라 말하는데 틀린 말이다. 어찌 아직 도안(道眼)도 밝

히지 못한 채 앞서서 능히 법신을 성취할 수 있겠는가. 다만 몸의 업을 스스로 맑게 함을 말함일 뿐이다.

{3} 선지식에는 세 가지가 있다. 첫 번째는 외호(外護)이니, 『지관』에 이르기를 "흑백을 가리지 않고 단지 어머니가 아이를 양육하듯이 이치를 조절하여 마땅한 바를 얻는다." 하였으며, 『보행』에 "자기의 몸과 마음을 안으로 여기고 다른 이의 몸과 마음을 밖으로 여기니 바깥 사람에 의해 보호받는 바가 되는 까닭에 외호 선지식이라 이름한다." 하였다. 두 번째는 동행(同行)이니, 『지관』에 이르기를 "거듭 서로를 채찍질로 분발하여 혼미하지 않게 하고 산란하지 않게 하니 날로 그 새로움이 있다." 하였으며, 『보행』에 이르기를 "자신과 남이 번갈아 서로 채찍질하여 분발함에 사람은 다를지라도 행하는 바는 같기에 동행(同行) 선지식이라 이름한다." 하였다. 세 번째는 교수(教授)이니, 『지관』에 이르기를 "안팎으로 통하고 막혔던 것을 모두 능히 마무리하여 정당하고도 공교함으로 설법한다." 하였으며, 『보행』에 이르기를 "성인의 말을 널리 전하는 것을 교(教)라 이름하고 나 자신을 훈계하여 가르치는 것을 수(授)라 이름하니 교수(教授) 선지식이라 이름하는 것이다."라고 하였다.

{4} 부처님이 비구에게 알려주었다. "만약 사람이 도적질하여 다른 이의 물건을 훔쳤다면 주인에 의해 결박되어 왕에게 보내져서 그 도적질한 죄를 다스리게 할 것이며, 왕은 곧 사람을 파견하여 잡아다 감옥에 가두고 손발을 절단시키거나 톱으로 쓰는 등 이와 같은 가지가지의 고통으로 그를 죽일 것이다. 죽은 후에는 지옥에 태어나 무량한 고통을 받을 것이며, 지옥의 벌이 끝나면 축생 가운데 코끼리나 말 또는 소나 양 등으로 태어나 백천 세를 지나도록 다른 이의 힘든 일을 대신함에 기갈(飢渴)의 고통과 수고로움은 갖추어 말할 수 없을 것이니, 백천 세가 지나도록 이와 같은 고통을 받을 것이다."

{5} 『파사론』에 말하였다. "저 횡생(橫生)들은 품성이 어리석어 능히 자립할 수 없으므로 사람에 의해 사육되어 살아가는 까닭에 축생(畜生)이라 일컫는다."

{6} 자참자회(自懺自悔)란 중화의 말과 범어를 같이 쓴 것이다. 참(懺)은 백법(白法)을 이름하고 회(悔)는 흑법(黑法)을 이름하니 백법은 모름지기 숭상해야 하고 흑법은 모름지기 버려야 한다. 또 참(懺)은 대중의 실수를 나누어 벌여 놓음을 이름한 것이고 회(悔)는 연이어지는 생각을 끊음을 이름한 것이다. (추가 : 의정義淨의 『유부비나야有部毘奈耶』 권15 주注에, 참은 가벼운 의미로서 단지 용서를 구하는 것을 말하고, 회는 범어 āpatti-pratideśana에 해당하며 다른 사람에게 자기의 죄를 고백하여 죄를 없애는 설죄說罪로서 의미가 무겁다.)

2) 八溢聖解脫14門 {6}

禮佛者, 敬佛之德也; 念佛[15]者, 感佛之恩也; 持戒者, 行佛之行也; 看經者, 明佛之理也; 坐禪[16]者, 達佛之境也; 參禪[17]者, 合佛之心也; 得悟者, 證佛之道也; 說法[18]者, 滿佛之願也.

實際理地,[19] 不受一塵, 佛事門中, 不捨一法. 然此八事, 猶如四方四隅,[20] 闕一不可. 前聖後聖, 其揆一也,[21] 六波羅蜜[22]亦須兼行. 六祖[23]云: "執空之人,[24] 滯在一隅." 謂不立文字, 自迷猶可, 又謗佛經, 罪障深重, 可不戒哉?

{7}　溢,滿也.若八事滿足,則得解脫聖道.

2) 팔일성해탈문

부처님께 예하는 것[禮佛]은 부처님의 덕을 공경하는 것이고, 부처님을 생각한다는 것[念佛]은 부처님의 은혜에 감사하는 것이며, 계를 지닌다는 것[持戒]은 부처님의 행위를 따라 행한다는 것이고, 경전을 본다는 것[看經]은 부처님의 이치를 밝히는 것이며, 앉아서 선을 닦는다는 것[坐禪]은 부처님의 경계에 도달하는 것이고, 선을 참구한다는 것[參禪]은 부처님의 마음에 합치하는 것이며, 깨달음을 얻는다는 것[得悟]은 부처님의 도를 증득하는 것이고, 법을 말한다는 것[說法]은 부처님의 바람을 원만하게 하는 것이다.

　사실의 영역과 진리의 경지에는 한 톨의 티끌도 받아들여지지 않지만 부처님의 일을 하는 문 안에는 한 가지의 법도 버리지 않는다. 그러한 까닭에 이 여덟 가지 일은 마치 네 방위 및 네 모서리와 같아서 하나라도 빠트릴 수 없다. 예전의 성인과 이후의 성인도 그 법도는 한 가지이며, 육바라밀 또한 겸하여 수행해야 한다. 육조가 이르기를 "공(空)에 집착한 사람은 한구석에 머물러 있으면서 일컬어 불립문자(不立文字)라 한다. 제 자신 미혹한 것은 그래도 괜찮으나 불경을 비방함에 그 죄의 업장(業障)이 깊고도 무겁다."라 하시니 어찌 경계하지 않겠는가!

{7} 일(溢)은 가득함이다. 만일 여덟 가지 일을 만족히 하면 곧 해탈의 성스러운 도를 얻을 것이다.

사기
(私記)

1 **智覺延壽** : (904~975) 중국 북송 때 스님. 영명(永明)은 절 이름, 지각(智覺)은 시호, 연수(延壽)는 이름, 자는 중현(仲玄), 호는 포일자(抱一子). 항주(杭州) 왕(王)씨의 자손. 28세(30세라고도 함)에 구족 계를 받은 뒤 취암 잠공(翠嵒岑公)에게 선을 배우다 마침 잠공이 입적하자 이내 용책사(龍册寺)로 들어가 두타법(頭陀法)을 닦았다. 얼마 뒤에 천태산(天台山) 천주봉(天柱峰)에 가서 덕소(德韶) 국사 를 뵙고 밀인(密印)을 얻고는 그의 뒤를 이었다. 지자선원(智者禪院)에서 『법화경』을 많이 외웠고, 송나라 건륭(建隆) 2년 전충의(錢忠懿)가 영명사(永明寺)를 건립하고 그를 청하여 주지케 함에 영 명대도량(永明大道場)으로 옮겨 크게 대중을 제접하니 세간에서 영명(永明) 대사라 일컬었다. 항 상 108사(事)를 일과로 정하고 실행하였는데, 아미타불의 명호를 10만 번씩이나 불렀다 한다. 영 명(永明)에 주석하기를 15년, 당시 사람들이 자씨(慈氏)의 하생(下生)이라 불렀다. 고려의 광종(光 宗)과 문필 거래가 많았으며, 고려 스님으로서 그의 문하에 가서 인가를 받은 이가 원공(圓空) 선 사 외에 36인이 있었기에 고려에도 한때 법안종(法眼宗)이 성하였다. 밤에는 귀신에게 먹을 것을 주고 낮에는 방생하며 염불하다가 송나라 개보(開寶) 8년 12월에 72세의 나이로 입적하였다. 법 안종의 제3조이며 정토종에서도 제6조로 여긴다. 『종경록(宗鏡錄)』 100권과 『만선동귀집(萬善同 歸集)』 6권 등 60여 부, 수백 권의 저서가 있다.

2 **業識種子** : 제8 아뢰야식를 말한다. 업식은 진여의 일심이 무명의 힘에 의하여 처음으로 기동되 는 것. 뇌야연기설(賴耶緣起說)의 견지에서 보면 만유의 물심현상(物心現象)은 아뢰야식에서 발생 하고 전개되는데, 그러한 것을 내는 마음의 세력이 아뢰야식에 갈무려져 있으며 그것을 종자라 한다.

3 **妄緣** : 연(緣)은 내 몸의 안팎에 관계되는 사물을 말한다. 이 연체(緣體)는 허망하여 실다움이 없 기 때문에 망연이라 한다. 또는 이 사물은 내가 망정을 일으키는 연유가 되므로 이렇게 말한다.

4 **善知識의 주석에 나오는 輔行** : 『마하지관보행전홍결(摩訶止觀輔行傳弘決)』 40권. 약칭하여 지관 보행(止觀輔行), 마하지관홍결(摩訶止觀弘決), 지관홍결(止觀弘決), 보행(輔行), 총결(弘決) 등이라 한 다. 당나라 형계 담연(荊溪湛然, 711~782) 찬술. 원래는 10권이었으나 40권으로 보충되었다. 이 책 은 『마하지관(摩訶止觀)』의 주석서이자 가장 권위 있는 연구서로서 매우 많은 전적의 내용이 인 용되어 있다. 북송 천성(天聖) 2년(1024)에 대장경에 삽입되었으며, 후에 일본 승려 최징(最澄)에 의해 일본에 소개되었다. 주석으로는 담연(湛然)의 저작인 『마하지관보행수요기(摩訶止觀輔行搜 要記)』 10권 등이 있다.

5 **撥無** : 범어 apavāda의 번역으로, 제거하여 없앤다는 말. 또는 무엇을 무시하거나 그 존재를 부 정하여 없는 것으로 여기는 것을 가리킨다.

6   阿鼻 : 범어 avici를 소릿말적기한 것으로, 무간(無間)이라 번역. 팔열 지옥의 하나로, 남섬부주 아래 2만 유순되는 곳에 있는 몹시 고통을 주는 지옥이다. 오역죄의 하나를 범하거나, 인과를 무시하고 절탑을 무너뜨리거나, 성중(聖衆)을 비방하고 공연히 시주의 물건을 먹는 이는 이 지옥에 떨어진다고 한다. 여기에는 괴로움을 받는 것이 끊임없으므로 무간이라 하는데, 취과무간(趣果無間, 업의 과를 받기에 바빠서 다른 생을 받을 틈이 없음)·수고무간(受苦無間, 고통을 받는데 간단間斷이 없음)·시무간(時無間, 한 겁劫이 정해 있음)·명무간(命無間, 수명이 계속 이어져 간단이 없음)·형무간(形無間, 유정의 고통을 받는 신형身形이 지옥의 넓이와 같아져서 간극이 없음)의 다섯 가지가 있다.

7   地獄 : 범어 naraka 또는 niraya의 번역으로, 날락가(捺落迦)·나락(奈落)·니리야(泥梨耶)·니리(泥犁)라고 소릿말적기한다. 죄업을 짓고 극고(極苦)의 세계에 난 유정 중생, 그런 유정의 세계, 혹은 그런 생존을 일컬어 지옥이라 한다. 현재 정리된 지옥에 대한 개념은 일시에 성립된 것이 아니다. 기원전 6~5세기경 자이나교나 불교 등의 새로운 종교가 발생하자 브라만교 내부에서도 철학적 서적인 오의서(奧義書, Upaniṣad)를 중심으로 새로운 사상이 일어나며 지옥에 대한 사상이 발전하게 되었다. 『구사론』에 표현된 내용을 중심으로 『대비바사론』의 설명을 더하면 지옥은 다음과 같이 정리된다.

1) 지옥의 위치는 섬부주의 땅 아래 : 섬부주 아래 5백 유순의 두께의 진흙[泥]층이 있고 그 아래에 같은 두께의 백토(백선白墡)층이 있으며, 그 아래로 내려가면 각 1천 유순 두께의 백토(白土)·적토(赤土)·황토(黃土)·청토(青土)층이 차례로 있다. 그러고는 팔열 지옥의 제일 윗부분인 등활(等活) 지옥이 청토층 아래에서 시작되니, 이렇게 피라미드처럼 쌓여 있는 거대한 지옥의 꼭지점에 섬부주가 있는 셈이다.

2) 여덟 종류의 뜨거운 지옥 : 살인적인 더위가 현실의 고통으로 존재하는 인도에서 나온 개념답게 지옥은 열기지옥부터 시작된다. 각 지옥은 그 높이와 4면으로 된 한 변의 길이가 각기 5천 유순에 이른다.

(1) 등활지옥(等活, saṁjīva) : 열기의 고통을 받아 죽었다가 찬 바람이 불어와서 잠시 살아나면 또다시 뜨거운 고통이 반복되는 지옥이다.

(2) 흑승지옥(黑繩, kālasūtra) : 뜨거운 쇠사슬로 몸과 팔다리를 묶어놓고 큰 톱으로 끊는 지옥이다.

(3) 중합지옥(衆合, saṁghāta) : 여러 가지 고통을 주는 기구가 한꺼번에 닥쳐와서 몸을 핍박하여 해치는 지옥이다.

(4) 오규지옥(號叫, raurava) : 온갖 고통에 못 견디어 원망하는 슬픈 고함을 지르게 되는 지옥이다.

(5) 대규지옥(大叫, mahāraurava) : 지독한 고통에 못 견디어 통곡을 터뜨리게 되는 지옥이다.

(6) 염열지옥(炎熱, tapana) : 뜨거운 불길이 몸을 둘러싸서 그 뜨거움을 견디기 어려운 지옥이다.

(7) 대열지옥(大熱, pratāpana) : 뜨거운 고통이 더욱 심한 지옥이다.

(8) 무간지옥(無間, avīci) : 조금도 쉴 새 없이 고통을 받는 지옥이다.

3) 팔열 지옥에 딸린 부지옥(副地獄) : 하나의 지옥 동·서·남·북 4면의 각 면마다 아래의 네 가지 부지옥이 딸려 있는데, 하나의 지옥에는 16개의 부지옥이 있어 팔열 지옥 전체에는 도합 128개의 부지옥이 딸려 있다.

(1) 당외(塘煨) 부지옥 : 뜨거운 잿불 속을 걷는 고통을 받는다.

(2) 시기(屍糞) 부지옥 : 시체와 똥의 수렁에 빠지며 구더기에게 골수를 빨린다.

(3) 봉인(鋒刃) 부지옥 : 도인로(刀刃路)에서는 칼이 날을 위로 하여 늘어서 있는 길을 걷게 되며, 검엽림(劍葉林)에서는 바람이 불 때마다 칼나무 잎이 떨어져 죄인의 손발을 자르고 그 잘라진 손발을 검은 반점을 가진 개가 잡고 비틀어 떼어 먹으며, 검자림(劍刺林)에서는 양날검의 가시가 빽

빽이 돋아난 나무를 올랐다가 내려오려고 하는데 양날검의 칼날이 위를 향해 있기에 오르지도 내리지도 못해 쩔쩔매게 된다. 이때 까마귀 떼가 날아와 두 눈을 쪼아 먹는다.

(4) 열하(熱河) 부지옥 : 가늘고 긴 도랑이나 강처럼 생긴 지옥인데, 부글부글 솟구치며 끓어오르는 탕 속에 죄인들이 곡물의 낟알처럼 떴다 잠겼다 한다. 그들이 언덕에 손을 뻗쳐 오르려 하면 언덕 위에서 옥졸들이 칼이나 창으로 그 손을 베어버린다.

4) 팔한 지옥 : 팔열 지옥 곁으로 다시 여덟 곳의 차디찬 지옥이 있다. 팔열 지옥과 그 부지옥 및 팔한 지옥으로, 지옥은 모두 144개가 된다.

(1) 포지옥(皰, arbuda) : 매서운 추위로 몸에 좁쌀 같은 것이 돋아나니, 곧 천연두 종기(arbuda)가 온몸을 뒤덮는다.

(2) 포열지옥(皰裂, nirarbuda) : 더욱 극한 추위로 부스럼이 나고 온몸이 짓물러 터지는 지옥이다.

(3)·(4)·(5) 아타타 지옥(aṭaṭa), 하하바 지옥(Hahava), 후후바 지옥(Huhuva) : 추위로 괴로워 신음하는 소리로 이름한 지옥이다.

(6) 청련화지옥(靑蓮華, utpala) : 혹한이 몸을 엄습하여 살이 물러 터지고 온몸이 푸른 연꽃처럼 퍼렇게 썩어가는 지옥이다.

(7) 홍련화지옥(紅蓮華, padma) : 물러 터진 살이 붉은 연꽃처럼 울긋불긋하게 되는 지옥이다.

(8) 대홍련화지옥(大紅蓮華, mahāpadma) : 큰 연꽃이 피어나듯 온몸이 붉게 피어나고 터져 썩어가는 지옥이다.

8   畜生 : 범어 tiryagyoni의 번역으로 저율거(底栗車)라 소릿말적기하며, 신역에서는 방생(傍生)이라 한다. 축양되는 생류이므로 축생이라고 한다. 일체의 세상 사람들은 먹이로 삼거나 부리기 위해 짐승들을 기른다. 방생이란 엎드려 기어 다니는 동물이란 뜻이다. 축생은 고통이 많고 즐거움이 적으며 식욕과 음욕만 강하고 무지하여 부모나 형제의 윤리가 없으며 싸우고 서로 잡아먹으므로 공포 속에 산다. 그 종류가 아주 많다. 축생 세계에 나는 업인(業因)으로 『석씨요람(釋氏要覽)』에서는 계를 범하여 사사로이 도적질하는 것, 빚을 지고 갚지 않는 것, 살생하는 것, 경법(經法) 듣기를 좋아하지 않는 것, 재회(齋會)에 장애가 있는 것을 들었고, 『지관(止觀)』 제10에는 무참무괴(無慚無愧)를 들었다.

9   餓鬼 : 범어 preta의 번역. 벽려다(薜荔多)라 소릿말적기하고 귀(鬼)라고도 번역한다. 삼도(三塗)·오취(五趣)·육취(六趣)의 하나. 전생에 악업을 짓고 탐욕을 부린 자는 아귀로 태어나 항상 기갈에 괴로워한다. 아귀가 거주하는 곳은 염마왕계이고 염마왕이 그 주인이다.

1) 『순정리론(順正理論)』 권31에는 3종의 아귀를 설하고 있다.

(1) 무재아귀(無財餓鬼) : 아무것도 먹을 수가 없는 아귀이다.

(2) 소재아귀(少財餓鬼) : 고름과 피 등을 먹는 아귀로, 유재아귀(有財餓鬼)라고도 한다.

(3) 다재아귀(多財餓鬼) : 사람이 남긴 물건이나 사람이 주는 것만 먹을 수가 있는 아귀로, 하늘과 같은 복락을 받는 유재아귀도 이에 포함된다.

2) 『지도론(智度論)』 권30에서는 아귀라 불리우며 기갈에 괴로워하는 무위덕귀(無威德鬼), 폐귀(弊鬼)라 불리우며 하늘에서 많은 복락을 받는 유위덕귀(有威德鬼)로 나누고 있다.

10   回光 : 회광반조(回光返照)의 준말. 선종에서 쓰는 말로, 언어 문자에 의지하지 않고 자기를 회고 반성하여 바로 심성을 비추어보는 것을 말한다. 『임제록(臨濟錄)』에서 "儞言下便自回光返照, 更不別求, 知身心與祖佛不別."이라 하였고, 『경덕전등록(景德傳燈錄)』 권30 '석두초암가(石頭草庵歌)'에서는 "住此庵, 休作解, 誰誇鋪席圖人買 ? 迴光返照便歸來, 廓達靈根非向背."라 하였

다. 또한 '회광반조'는 일몰 때 그 잔여의 빛을 강하게 발한다는 의미도 내포하고 있는데, 지금은 사람이 병으로 임종할 무렵 홀연히 그 잔여의 생명력을 발휘하여 정신력이 갑자기 현현하게 왕성해진 상태를 비유하는 데 쓰이기도 한다.

11　施設 : 설비나 장치 따위를 차려놓거나 일정한 구조물을 만든다는 의미의 시설(施設)은 범어 prajñapta를 옮긴 말이다. 예를 들면 아파트의 모델하우스 같은 '시설'은 어떤 대상을 잘 이해할 수 있도록 만들어놓은 구조물을 말하는데, 원래 불교용어였다가 일반용어로 정착된 이 말에는 시설된 그 어떤 무엇이 임시적인 것이란 의미가 내포되어 있다.

12　熏 : 마치 향이 그 냄새를 옷에 배게 하는 것같이, 사람이 신·구·의로 하는바 선악의 언어나 동작 또는 생각하는 것 등이 그냥 없어지지 않고 어떠한 인상이나 세력을 자기의 심체(心體)에 머물게 해 둠을 말한다.

13　業種 : 선악의 업이 고락의 과를 내는 것이 마치 종자가 열매를 맺는 것과 같으므로 이렇게 이름 하며, 업종자(業種子)의 준말이다.

14　解脫 :

1) 범어 vimokṣa(비목차毘木叉·비목차毘目叉라 소릿말적기함), 또는 vimukti(비목저毘木底라 소릿말적기함)에서 나온 말로, '풀려 오다'라는 뜻이다. 번뇌에 묶인 것에서 풀려 미혹의 고통에서 나오는 것. 미혹의 세계를 넘는다는 뜻으로 도탈(度脫)이라고도 한다.

2) 본래는 열반과 같이 실천도의 궁극적인 경지를 나타내는 말이었으나 후세에 와서 여러 가지로 분류하여서 고찰하게 되었다.

(1) 유위(有爲)해탈 : 해탈한 자인 아라한이 확실히 요해(了解)하여서 인정하는 마음의 작용, 곧 승해(勝解)이다.

(2) 무위(無爲)해탈 : 열반을 말한다.

(3) 성정(性淨)해탈 : 중생이 본래의 모습에서 번뇌의 오염에서 벗어나서 청정한 것이다.

(4) 장진(障盡)해탈 : 현실의 번뇌 때문에 그 본래의 청정함이 오염되어 있으나 그 번뇌를 끊고 해탈하는 것이다.

(5) 심(心)해탈 : 마음에 탐애를 여의는 것이다.

(6) 혜(慧)해탈 : 지혜에 의하여 무명, 즉 무지에 벗어나는 것, 혹은 아라한이지만 멸진정이 아닌 상태.

(7) 구(俱)해탈 : 아라한이 멸진정을 얻는 것이다.

3) 귀로 불법을 듣고 해탈하므로 "귀를 기울여서 불법을 듣는다."라고도 한다. 해탈의 진미를 해탈미(解脫味)라고 한다. 그러나 해탈의 경지는 평등하고 차별이 없으므로 일미(一味)라고도 한다. 소승에선 해탈하는 데 아주 빠르면 3년이 걸린다고 하여 삼년해탈(三年解脫)이라고도 한다. 또 여래를 진해탈(眞解脫)이라 일컫는 것은 소승의 해탈인 아라한은 일부분만 해탈한 것으로 진실한 해탈이 아니기 때문이다. 해탈하여도 그것에 집착하여 다른 사람을 유익하게 하지 못하는 자는 해탈의 깊은 구렁에 떨어진 자라고 한다.

15　念佛 : 붓다를 염하는 것. 염불은 일반적으로 불도 수행의 기본적 행법의 하나인데, 여기에는 이법(理法)으로서의 붓다를 염하는 법신의 염불과, 붓다의 공덕이나 붓다의 상을 마음에 떠올려서 보는 관념의 염불과, 붓다의 이름을 입으로 부르는 칭명의 염불이 있다.

1) 아함에서는 범어로 buddhānusmṛti라고 하며 세존에 대한 귀경(歸敬)·예배(禮拜)·찬탄(讚嘆)·억념(憶念) 등의 뜻을 지닌다고 한다. 염불에 의해서 번뇌를 일으키지 않게 되어 하늘에 태어나거

나 열반을 얻을 수 있다고 한다.

2) 대승에서는 삼매에 들어가서 염불하는 염불삼매의 법을 설하여, 이것에 의해서 죄를 멸하고 정(定) 중에 붓다를 본다고 하며 또한 불국토에 태어난다고 한다.

16　坐禪 : 정좌한 자세로 일체의 생각을 쉬는 것, 곧 앉아서 참선한다는 말. 선(禪)은 선나(禪那, dhyāna)를 줄여서 말하는 것으로, 정려(靜慮)라고 번역한다. 결가부좌하고 사려분별을 쉬는 수련으로 마음을 하나의 대상에 오로지 몰입하는 것을 좌선이라고 한다. 좌선은 인도에서 세존 이전부터 사용됐던 수행법으로, 세존께서 불교적 실천 수행법으로 발전시킨 것이니, 『대반열반경(大般涅槃經)』권중(中)에서는 출가의 법에 좌선을 제1로 한다 하였다. 중국에서는 선·삼매를 포함해서 넓은 의미의 선법으로 일컫는 경향이 있다. 승예(僧叡)와 혜원(慧遠) 및 지의(智顗) 등은 모두 다 좌선에 주력했으며 후세에 특히 선종이 일어나고부터 더욱 성행했다.

17　參禪 : 선을 참구하고 참학한다는 뜻으로, 선사에게 나아가 선도에 참입(參入)한다는 뜻. 또는 스스로 선법을 실수참구(實修參究)하는 것을 일컫는다. 좌선은 앉아서 선정을 닦는 것이므로 앉는 데 국한되지만 참선은 자세에 국한된 것이 아니고 행주좌와의 사위의(四威儀) 내에 언제든지 하는 것이 특색이다.

18　說法 : 부처님의 가르침을 여러 방법에 의해 사람들에게 설해 전하는 것.
1) 『사익범천소문경(思益梵天所問經)』권2에서 말하는 5종의 설법은 다음과 같다.
(1) 진리에 꼭 맞는 말씀에 의한다[언설言說].
(2) 상대의 능력과 성질에 따른다[수의隨宜].
(3) 깨달음에 이르게 하기 위하여 구체적인 방법을 마련한다[방편方便].
(4) 위대한 진리를 설하여 깨달음의 길을 보인다[법문法門].
(5) 중생을 구원하기 위하여 큰 자비와 불쌍히 여기는 마음을 일으킨다[대비大悲].
2) 법을 설하는 다섯 종류의 능설(能說)을 말한다.
(1) 『지도론』권2 : 불(佛)·불제자(佛弟子)·선인(仙人)·제천(諸天)·화인(化人, 참 모습을 감추고 다른 몸을 나타내어 설하는 이).
(2) 징관(澄觀)의 『화엄경소(華嚴經疏)』권1에서 말한 다섯 교설자 : 불(佛)·보살(菩薩)·성문(聲聞)·중생(衆生)·기계(器界, 산하대지 등).
(3) 일행(一行)의 『대일경소(大日經疏)』권7에서 말한 진언의 설법자 : 여래(如來)·금강보살·이승(二乘)·제천(諸天)·지거천(地居天).

19　實際理地 : '실제(實際)'는 범어 bhūtakoṭi를 옮긴 것으로, 진실이 지극한 경지에 이르렀음을 뜻하며 진여(眞如) 또는 법성(法性)이라고도 한다. 『대지도론(大智度論)』권32에 이르기를, 도를 닦아 법성을 증득하였을 때를 이름하여 '실제(實際)'라고 한다 하였으니, 궁극적으로 진실의 변제(邊際)를 요달하였음을 말한다. 항상 '이지(理地)'와 결합하여 일컬으니, 진여와 법성의 경계나 혹은 법성의 이치적인 경지를 궁구하였음을 말한다. 『호법록(護法錄)』제6에서는 "실제의 진여는 한 티끌에도 물들지 않는다." 하였다.

20　四隅 : 사유(四維)와 같다. 사방의 사이. 서북(西北)[건乾]·西南(서남)[곤坤]·동북(東北)[양良]·東南(동남)[손巽].

21　其揆一也 : 『맹자집주(孟子集註)』 "先聖後聖, 其揆一也." 주석에서는 "揆度也, 其揆一者, 言度之而其道無不同也."라고 하였다. 범씨(范氏)는 "言聖人之生, 雖有先後遠近之不同, 然其道則一也."라고 하였다.

22 **波羅蜜** :

1) 육바라밀 : 바라밀은 범어 pāramitā를 소릿말적기한 것으로, 바라밀다(波羅密多)라고도 쓰고, 도피안(到彼岸)·도무극(度無極)·도(度)라 번역한다. 미혹의 이 언덕에서 깨달음의 저 언덕에 이른 다는 뜻으로, 육바라밀은 대승의 보살이 실천 수행하지 않으면 안 되는 여섯 가지 행을 말한다.

(1) 보시바라밀(布施, dānapāramitā) : 재(財)·무외(無畏)·법(法)을 남김없이 주고, 베풀면서 주었다 는 생각마저 버림으로써 자기 자신의 탐심을 끊고 집착을 떠나며 또한 타인의 가난함을 도와주 는 윤리적 실천이다.

(2) 지계바라밀(持戒, śilapāramitā) : 대소 일체의 계와 율을 견고히 지켜 악업을 멸하고 몸과 마음 의 청정을 얻는 것이다.

(3) 인욕바라밀(忍辱, kṣāntipāramitā) : 타인으로부터 받는 모든 박해나 고통을 잘 참고, 도리어 그것 을 받아들임으로써 원한과 노여움을 없애고, 모든 법을 밝게 관찰하여 마음이 안주하는 것을 말 한다.

(4) 정진바라밀(精進, vīryapāramitā) : 심신을 가다듬고 힘써 선행하는 것이니, 특히 여러 바라밀을 꾸준히 실천하여 해태한 마음을 버리고 선법을 점점 더 발전시키는 것을 말한다.

(5) 선정바라밀(禪定, dhyānapāramitā) : 마음이 산란하여지는 것을 멈추고 사선과 팔정 및 108삼매 를 행하여 마음의 평정을 유지하는 것을 말한다.

(6) 반야바라밀(般若, prajñāpāramitā) : 어리석음을 고쳐 모든 진리를 밝게 아는 예지, 또는 그 여실 의 진리를 체득하는 것을 말한다.

2) 십바라밀 : 보살십지 가운데 염(染)에서 정(淨)으로 일대 비약을 하는 제7지인 원행지(遠行地) 에 머무는 보살은 육바라밀 외에 다음의 사바라밀을 갖추어 순간순간에 10바라밀을 모두 구족 한다고 한다.

(7) 방편바라밀(方便, upāyapāramitā) : 중생을 제도하기 위한 완전한 수단 방법으로, 무량한 지혜를 드러내는 것이다.

(8) 원바라밀(願, praṇidhānapāramitā) : 깨달음의 지혜를 얻어서 중생을 제도하려는 서원을 계속 일 으킴으로써 지혜가 두루 미치는 것을 실현하는 것이다.

(9) 방바라밀(方, balapāramitā) : 바르게 판단하여 수행하는 완전한 힘으로, 일체 외도의 설이나 마 중(魔衆)에 의해 도를 무너뜨리지 않게 하는 것이다.

(10) 지바라밀(智, jñānapāramitā) : 깨달음의 즐거움을 받고서 또 중생을 깨달음에 인도하는 완전 한 지혜이다.

23 **六祖** : 대감(大鑑) 혜능(惠能)을 말함. 동토(東土) 초조로부터 6대째의 조사이므로 이렇게 말한다. 남해(南海) 신흥(新興, 광동성廣東省 조경부肇慶府 신흥현新興縣) 사람. 성은 노(盧)씨이다. 세 살 때 아버 지를 여의고 집안이 매우 가난하게 되어 땔 나무를 팔아 어머니를 봉양하다가, 어느 날 장터에서 스님이 『금강경』을 읽는데 "應無所住 而生其心"이라는 대목에 이르러 깨달은 바가 있었다. 당 나라 함형(咸亨) 때(670~674) 소양(韶陽)으로 갔다가 무진장(無盡藏) 비구니가 『열반경』을 독송하 는 것을 듣고 그 뜻을 이해하였으며, 지원(智遠)의 권유로 5조 홍인(弘忍)을 찾아가 방앗간에서 일 하기 8개월, 동산(東山)의 의법을 전해 받았다. 676년 남방으로 가서 교화를 펴다가 조계산에 들 어가 큰 법을 선양하였다. 신룡(神龍) 원년에 중종(中宗)이 내시 설간(薛簡)을 보내 서울로 불렀으 나 병을 핑계하여 가지 않았고, 선천(先天) 원년에 문인에게 명하여 절 안에 보은탑(報恩塔)을 건 립하였으며, 2년에 국은사(國恩寺)에 돌아가 같은 해 8월 3일에 78세로 입적하였다. 사법(嗣法) 제 자가 40여 명으로 남악 회양(南岳懷讓)·청원 행사(靑原行思)·남양 혜충(南陽慧忠)·영가 현각(永嘉

玄覺) 등이 뛰어났다. 헌종(憲宗) 원화(元和) 16년에 대감(大鑑) 선사, 송나라 태종(太宗) 태평흥국 (太平興國) 때 진종(眞宗) 선사, 인종(仁宗)은 보각(普覺) 선사, 신종(神宗)은 원명(圓明) 선사란 시호를 각각 하사하였다. 『송승전(宋僧傳)』8, 『전등록(傳燈綠)』5, 『전법정종기(傳法正宗記)』제6, 『종문통요속집(宗門統要續集)』제2 참조.

24   **執空之人**: 『六祖大師法寶壇經』 '法門對示' 제9 "執空之人有謗經, 直言不用文字, 旣云不用文字, 人亦不合語言, 只此語言, 便是文字之相. 又云直道不立文字, 卽此不立兩字, 亦是文字. 見人所說, 便卽謗他, 言著文字. 汝等須知, 自迷猶可, 又謗佛經, 不要謗經, 罪障無數."

4

설두명각선사벽간유문 - 석각

雪 寶 明 覺 禪 師{1}1 壁 間 遺 文 - 石 刻

●

명각 선사가 벽 사이에 남겨놓은 글

夫傳持祖燈,{2} 嗣續佛壽, 此非小任, 宜景前修, 肅爾威儀, 尊其瞻視,{3}
懲忿窒慾, 治氣養心. 無以名利動於情, 無以得失介於意, 無隨世之上下,
無逐人之是非. 黑白置之于胸, 喜怒不形於色. 樂人之樂, 猶己之樂; 憂人
之憂, 若己之憂. 容衆尊賢, 克己復禮,{4}2 無因小隙, 失素所善, 無背公議,
棄素所疎. 能不可矜, 勢不可恃; 無護己短, 無掩人長; 見德不可忘身, 在
貴不可忘賤.

且夫3學本修性, 豈慍人之不知? 道貴全生, 無靳世之爲用. 人或慕義
理, 固推餘必也. 篤爾心誠, 誨以規矩,4 博授群籍, 深示妙宗. 慈室5忍衣,6
不可須臾7而離;{5} 大方寶所,8 欲其造次必是.9

動息有常, 嫌疑必愼. 人不可侮, 天不可欺. 衆之去來, 無追無拒.{6} 人
之毁譽, 無患無貪. 內無所慼, 外無所恤. 或若聲華溢美, 利養豊多, 畏四趣
之果因, 愼三寶之交互. 死生未脫, 業苦難逃, 方其得志, 亟思利正.

身如行廁, 利稱軟賊, 百年非久, 三界無安, 可惜寸陰, 當求解脫. 古先諸祖, 擧有懿範. 杖錫一味喫土,[10] 丹霞[11] 只箇布裘, 趙州[12] 靑灰滿首, 朗師[13] 編草爲氈, 或深禪久修, 或優詔不就大都.[7] 約則尠失, 奢則招譏, 謙則有光, 退則無忌. 去佛逾遠, 行道有艱, 觀時進止, 無自辱也.

{1} 雪竇山 重顯禪師, 遂州 李氏子, 嗣北塔.
{2} 代代相承曰傳, 眷眷執守曰持. 祖燈, 祖師心燈也.
{3} 『冠禮』曰: "整其衣冠, 尊其瞻視, 儼然人望而畏之."
{4} 『論語』"顏回問仁. 子曰: 克己復禮爲仁." 克·勝也, 己·身之私慾也, 復·反也, 禮·天理之節文也, 言爲仁者, 勝私慾而反乎理之節文也.
{5} 『法華』云: "入如來室者, 於一切衆生, 大慈悲心, 是也; 着如來衣者, 柔和忍辱心, 是也." 今謂慈悲, 如人之有堂室, 不可須臾而離也; 柔忍, 如人之有衣服, 不可須臾而棄也.
{6} 『四行論』云: "物若欲來, 住之莫逆, 物之欲去, 放去勿追."
{7} 『書記』註云, 大都猶云大略也.

무릇 조사의 법등(法燈)을 전해 받아 지님으로써 부처님의 혜명(慧命)을 잇는 것은 작은 임무가 아니니, 마땅히 앞선 수행인들을 우러러보아 그대의 위의를 엄숙히 하고 바라보는 눈매를 존귀하게 가져서 성냄과 욕심을 막으며 기운을 다스리고 마음을 길러야 한다. 명예와 이익으로 감정을 움직이는 일이 없어야 하고 이득과 손실이 의지에 개입되는 일이 없어야 하며, 세상의 위아래를 따르는 일이 없어야 하고 사람들의 시비를 좇는 일이 없어야 한다. 검고 흰 것은 가슴속에 묻어두고 기쁨과 분노를 얼굴빛에 드러내지 말라. 남의 즐거움을 즐거워함에 마치 자신의 즐거움처럼 하고, 남의 근심을 근심스러워 함에 흡사 자신의 근심처럼 하라. 대중을 포용하고 현인을 존중하며 자신을 극복하여 예(禮)로 돌아갈 것이며, 조그마한 틈으로 인하여 평소에 선하다고 여겼던 바를 잃는 일이 없어야 하며, 대중의 공론을 등져가면서까지 평소에 소원(疏遠)하던 바를 배척하는 일이 없어야 한다. 능력은 자랑할 것이 못 되고 권세는 믿을 것이 못 되며, 자신의 단점을 보호하는 일이 없어야 하고 남의 장점을 숨기는 일이 없어야 하며, 덕망 있는 자를 보면 자기 자신은 어떤지 잊지 말아야 하고 부귀한 곳에 있을 때는 빈천한 곳에 있을 때를 잊지 말아야 한다.

또한 배움이란 본디 스스로의 성품을 닦는 데 있으니 어찌 다른 사람이 알아주지 않는다고 화를 내겠는가? 도(道)는 삶을 온전히 함을 귀하게 여기니 세상의 쓰임이 되기를 바라는 일이 없도록 하라. 사람들이 혹시 (나의) 뜻과 논리를 흠모하더라도 반드시 그 밖(의 내용)을 추천함도 필요하니, 마음과 정성을 돈독히 하여 기초에 근거하여 가르치되 뭇 서적들을 다양하게 주어 오묘한 종지를 깊이 있게 보여주라. 자비의 방[慈室]과 인욕의 옷[忍衣]은 잠시라도 떼어놓을 수 없으며, 큰 법의 보배가 있는 곳은 잠시라도 필시 그 자리에 도달하고자 해야 할 것이다.

움직이고 쉼에 있어 꾸준함이 있어야 하고 의심스러운 것은 반드시 삼가야 한다. 사람은 업신여길 수 없으며 하늘은 속일 수 없다. 대중이 가고 오면 붙좇지도 말고 거부하지도 말며, 사람들이 힐뜯거나 칭찬하면 성내지도 말고 탐내지도 말지니라. 안으로는 부끄러운 바가 없도록 하고 밖으로는 동정 받는 바가 없도록 하라. 혹은 만약 화려한 명성이 지나치게 아름다워 이익과 그 즐거움이 풍족하고 많아지더라도 사취(四趣)의 인과를 두려워하고, 삼보의 물건은 바꿔 쓰는 것을 삼가라. 생사를 벗어나지 못하면 업의 고통을 피하기 어려우니 바야흐로 해보아야겠다는 뜻을 얻었으면 빨리 날카롭고도 바르게 되기를 생각하라.

몸뚱이는 돌아다니는 변소와 같고 이익은 부드러운 도적이라 일컬으며, 백 년이라도 오랜 것이 아니며 삼계 또한 편안한 바가 없으므로 찰나를 아껴서 해탈을 추구해야 한다. 예전의 앞선 여러 조사들은 모두 훌륭한 모범을 보였으니, 장석은 한결같이 손수 땅을 갈아 먹었고, 단하는 단지 한 벌의 베옷뿐이었으며, 조주는 푸른 먼지가 머리에 가득하였고, 낭사는 풀을 엮어 이불을 삼았으며, 어떤 이는 심오한 선(禪)을 오래도록 닦았고, 어떤 이는 넉넉한 조서(詔書)에도 나아가지 않았다. 대개 검약하면 잃는 것이 적고 사치하면 비방을 초래하며 겸손하면 빛이 있고 물러서면 시기함이 없다. 부처님과의 거리가 더욱 멀어져 도를 행함에 어려움이 있으니 시기를 관찰하여 나아가고 머물러 스스로 욕됨이 없도록 하라.

{1} 설두산 중현 선사는 수주 이씨의 자손으로서 북탑의 법을 이었다.

{2} 대대로 이어져 전해 내려오는 것을 전(傳)이라 하고, 가지고서 돌보며 지켜가는 것을 지(持)라 한다. 조등(祖燈)은 조사의 마음의 등불이다.

{3} 『관례』에 말하였다. "의관을 단정히 하고 굽어보는 눈매를 존귀하게 가지면 엄숙하여 사람들이 바라보며 두려워한다."

{4} 『논어』에 "안회가 인(仁)에 대해 묻자 공자가 말하기를, 자신을 극복하고 예를 회복하면 어짊을 이룰 것이라 하였다." 하였다. 극(克)은 이기는 것이요, 기(己)는 자신 몸의 사사로운 욕망이요, 복(復)은 돌이킴이요, 예(禮)는 하늘의 이치를 적절히 함축한 것이니, 어짊을 이룬다 함은 사사로운 욕망을 이기고 이치의 적절한 자리에 돌아감을 말한다.

{5} 『법화경』에 이르기를 "여래의 방에 들어온다는 것은 일체 중생에 대해 큰 자비심을 베푼다는 바로 그것이요, 여래의 옷을 입는다는 것은 부드러운 화합의 마음과 인욕의 마음을 가지는 바로 그것이다."라 하였다. 지금 말하는 자비라는 것은 마치 사람에게 있어서 거처하는 집과 같아서 잠시도 여읠 수 없으며, 부드러움과 인욕은 마치 사람에게 있어서 의복과 같아서 잠시도 버릴 수 없는 것이다.

{6} 『사행론』에 말하였다. "사물이 만약 오고자 하면 와서 머물게 하되 거역하지 말 것이며, 사물이 가고자 하면 놓아주어 가게 하되 뒤쫓지 말 것이다."

{7} 『서기』의 주석에 말하기를 대도(大都)는 대략(大略)이라고도 말한다고 하였다.

사기
(私記)

1. **雪竇明覺** : (980~1052) 중국 송나라 때 스님. 설두(雪竇)는 지명, 명각(明覺)은 시호, 이름은 중현(重顯), 자는 은지(隱之). 어려서 보안원(普安院) 인선상인(仁銑上人)에게 출가하여 구족계를 받고 뒤에 남방을 다니다 지문 광조(智門光祚)의 법을 이었다. 얼마 후에 취미봉(翠微峯)에 주석하다가 다시 설두산(雪竇山)으로 옮겨 크게 문풍을 떨쳤다. 송나라 인종(仁宗) 황우(皇祐) 4년 6월 10일에 73세로 입적하였다.

2. **克己復禮** : 복(復)은『논어(論語)』주희의 주석에서 "程子曰須是克盡己私, 皆皈於禮, 方始爲仁."이라 한 것에 의하면 귀(歸)의 뜻이다. 또 이(履)라 하여 이행(履行) 또는 실행(實行)의 뜻으로 해석하기도 한다.『논어』"안연(顏淵)"에서 "顏淵問仁, 子曰: 克己復禮爲仁. 一日克己復禮, 天下歸仁焉. 爲仁由己, 而由人乎哉(안연이 어짊에 대해 여쭙자 공자께서 이르셨다. 자기 자신을 이기고 예로 돌아가는 것이 어짊이다. 어느 날 자기 자신을 이기고 예로 돌아가면 온 세상이 어짊으로 귀할 것이다. 어질게 되는 것은 자신에게 기인하는 것이지 어찌 남으로부터 말미암겠는가?)"라고 하였다. 朱注: 仁者, 本心之全德. 克, 勝也. 己, 謂身之私欲也. 復, 反也. 禮者, 天理之節文也.

3. **且夫** :
   1) 접속사로서 한층 추진함을 나타내고, 윗구나 윗문단을 연접하며 아랫구나 아래 단락의 맨 앞에 쓰인다. '다시 말하면', '하물며', '뿐만 아니라'라고 해석한다.『장자(莊子)』"소요유(逍遙遊)"에서 "且夫水之積也不厚, 則其負大舟也無力(다시 말해서 물이 모인 것이 두텁지 않으면 큰 배를 질 힘이 없다)."라 하였다.
   2) 어기사로서 구의 첫머리에 쓰이고 의논하려 함을 나타내며 화제를 제시하는데, 해석할 필요는 없다. 접속사로 쓰일 때와는 달리 아래 문장과 윗글의 관계가 밀접하지 않으며, 단지 다른 한 문단을 시작하는 것을 나타낼 뿐 한층 더 나아가는 작용은 없다. 여기서 '차(且)'와 '부(夫)'는 동일한 뜻이다.『장자(莊子)』"변무(駢拇)"에서 "且夫駢於拇者, 決之則泣(엄지발가락과 둘째발가락이 달라붙은 것을 갈라놓으면 운다)."라 하였다.

4. **誨以規矩** :『맹자(孟子)』"고자(告子)" 제11에서 "大匠誨人, 必以規矩, 學者亦必規矩(대목장도 사람을 가르칠 때 반드시 기초 도구인 컴퍼스와 직각자로 하였으니, 배우는 자도 반드시 컴퍼스와 직각자로 해야 한다)."라 하였다.

5. **慈室** : 자문(慈門). 불·보살의 자심(慈心)으로 모든 공덕과 선교방편(善巧方便)이 흘러나오는 것을 말한다.

6. **忍衣** : 인욕의(忍辱衣). 인욕은 능히 일체의 바깥 장애를 막아주기 때문에 옷에 비유하여 일컬음.

가사의 총칭으로 쓰인다.

7 **須臾** : 짧은 시간을 일컬으며, 잠시·잠깐의 뜻. 본래는 중국어였던 것을 범어의 muhūrta(모호율다 牟呼栗多)의 번역어에 배대시켰으며, 또한 kṣaṇa(찰나刹那)의 번역어로도 삼았다. 모호율다는 1주 야의 30분의 1에 해당하는 시간으로 지금의 48분에 해당한다.

8 **大方寶所** : 크고 방정한 보배가 있는 곳이란 말로, 이상적인 경지인 피안의 열반에 비유한 것. 『법화경(法華經)』 "화성유품(化城喩品)"에서 "若有多衆, 欲過此道, 至珍寶處, 有一導師, 聰慧明 達, 善知險道通塞之相, 將導衆人, 欲過此難, 所將人衆, 中路懈退, 白導師言:"我等疲極而復 怖畏, 不能復進, 前路猶遠, 今欲退還." 導師多諸方便, 而作是念"此等可愍, 云何捨大珍寶, 而欲退還?" 作是念已, 以方便力, 於險道中, 過三百由旬, 化作一城, 告衆人言:"汝等勿怖, 莫 得退還. 今此大城, 可於中止, 隨意所作, 若入是城, 快得安隱, 若能前至寶所, 亦可得去." 是 時, 疲極之衆, 心大歡喜, 歎未曾有:"我等今者, 免斯惡道, 快得安隱." 於是衆人, 前入化城, 生已度想, 生安隱想. 爾時導師, 知此人衆, 旣得止息, 無復疲倦, 卽滅化城, 語衆人言:"汝等 去來, 寶處在近, 向者大城, 我所化作, 爲止息耳."라 하였다.

9 **造次必是** → '조차전패(造次顚沛)'조(제2장 면학勉學 "1. 고산원법사면학편孤山圓法師勉學篇" 사기 10. 造次 顚沛)

10 **喫土** : 땅에 직접 곡식을 심어서 그것으로 생활한다는 말. 일설에는 나무뿌리만을 캐어 먹고 산 다거나, 땅에서 나는 약초 등을 캐어 먹는 것이라거나, 자기가 사는 주위에서 나는 곡식만을 먹 는 것을 말하는 것이라고도 한다. 『송설존의서(送薛存義序)』에서 "凡民之食於土者"라 하였으며, 『좌전(左傳)』 "소공(昭公)"편에서 "封略之內, 何非君土, 食土之毛, 誰非君臣?"이라 하였다.

11 **丹霞** : (739~824) 중국 송나라 때 스님. 단하는 등주(鄧州) 단하산의 천연(天然) 선사를 말한다. 그 는 장안에 관리가 되려고 갔다가 한 선승을 만나 마조 화상에게 찾아가 승려가 되었다. 그 후 석 두 화상의 법을 이었다. 단하가 낙양의 혜림사에 머물고 있을 때 어느 추운 겨울날 법당의 목불을 꺼내다 불을 지폈다. 그랬더니 그 절 원주가 황급히 달려와서 그럴 수 있느냐고 펄펄 뛰었다. 단 하가 "나는 부처님을 다비하여 사리를 얻으려는 걸세."라고 대답하였더니 원주가 비웃으며 "목 불에 무슨 놈의 사리가 있단 말이오!"하고 대들었다. 그러자 단하는 "만약 사리가 없는 부처라면 불을 땐들 어찌 나를 책망할 수 있겠소!"라고 했다. 말년에 그는 단하산에 살다가 86세 때 문인 들을 시켜 목욕을 하고 갓을 쓰고 지팡이를 들고서 마루에 나섰으며 "자, 나는 간다. 신을 신겨다 오!" 하고 신 한 짝을 발에 걸친 채 땅에 내려서는 순간 입적하였다.

12 **趙州** : (778~897) 중국 당나라 임제종 스님. 속성은 학(郝)씨, 이름은 종심(從諗), 조주(曹州) 사람. 조주의 관음원에 있었으므로 이렇게 부름. 어려서 호통원(扈通院)에서 출가하였으나 계는 받지 않고 지양(池陽)에 가서 남천(南泉)을 찾으니, 마침 누워 있던 남천이 물었다. "어느 곳에서 왔는 가?" "서상원(瑞像院)에서 왔습니다." "서상(瑞像)을 보았는가?" "서상은 보지 못하고 누워 있는 부 처를 보았습니다." "네가 유주(有主)사미냐, 무주(無主)사미냐?" "유주사미입니다." "주(主)가 어디 에 있느냐?" "동짓달이 매우 춥사온데 체후 만복(滿腹)하시나이까?"라고 선문답을 나누자, 남천 이 기특하게 생각하고 입실을 허락하였으며, 숭악(嵩嶽)의 유리단(瑠璃壇)에 가서 계를 받고 남천 에게 돌아왔다. 뒤에 대중이 청하여 조주 관음원에 있게 하니 이곳을 동원(東院)이라고도 하며, 교화를 크게 펼치다가 건녕(乾寧) 4년 120세에 입적하였다. 시호는 진제(眞際) 대사이다.

13 **玄朗禪師** : (672~754) 중국 당대(唐代) 스님. 자는 혜명(慧明), 오정(烏程: 절강浙江 동양東陽) 부(傅)씨 의 자손. 쌍림 흡(雙林翕) 대사의 후예이다. 9세 때 출가하여 여의(如意) 원년에 득도하였다. 동양

(東陽)의 청태사(淸泰寺)에 있다가 약관에 광주 안(光州岸) 율사에게 구족계를 받았다. 율장을 배우면서 다시 경론을 익히고 천태의 종지를 들음으로써 대중의 답답함을 해소시키고 하나의 이치로 나아갈 수 있으리라 여겨 동양 천궁사(天宮寺)의 혜위(慧威) 법사를 찾아 뵙고 법화(法華)의 대론을 배웠으며, 또 공(恭) 선사에 의지하여 지관을 닦았다. 심지어 유가와 도가의 전적 및 백가의 잡설 가운데 살펴보지 않은 것이 없었다. 그러나 항상 마음은 물외(物外)에서 노닐고 몸은 인계(人界)를 멀리하고자 하였기에 좌계(左溪)의 암굴에 은거하며 그 행을 청정히 하였으니, 베옷에 소식(疏食)하며 한 감실(龕室)에 홀로 앉아 있기를 30여 년 동안 주위를 고치거나 자리를 옮기지 않았다. 만약 단월의 시주가 있으면 모두 복 짓는 일에 쓰도록 하고, 가르침을 구하는 사람을 만나면 인도하여 깨우쳐줌에 게으르지 않았다. 천태의 교법이 그로 말미암아 더욱 번성하였다. 천보(天寶) 13년 9월에 81세로 입적하니, 명각(明覺)이라 시호하였으며 세간에서는 좌계(左溪) 존자라 일컬었다. 저서에 『법화경과문(法華經科文)』 2권이 있다.

5

천태원법사자계
天 台 圓 法 師 自 戒

●

원 법사가 스스로를 경계하다

三界悠悠一圖圖,{1}
本來面目²久沈埋,
欲火燒殘功德林,³
紛紛萬類器中蚊,
亦曾天帝殿⁵中遊,{2}
循環又撞入胞胎,{4}
一包膿血暫扶持,
七情{6}⁶馳騎不知歸,
春風不改昔時波,
改頭換面弄機關,{8}⁷
貴賤賢愚我與人,
金烏{9}玉兔{10}自磨空,

羈鎖生靈¹受酸楚.
野馬無韁恣飄鼓.
逝波傾入無明塢.
啾啾⁴鳴亂沈還擧.
也向閻公鍋裏煮.{3}
交搆腥臊{5}成沫聚.
數莖白骨權撑拄.
六賊{7}爭鋒誰作主?
依舊貪嗔若狼虎.
忍氣吞聲受辛苦.
是非榮辱今猶古.
雪鬢朱顏盡成土.

我嗟瞥地⁸一何晚,　隨波逐浪空流轉.
追思古聖與先賢,　掩袂令人獨羞赧.
而今捉住主人翁,　生死魔來我誰管?
昔時伎倆莫施呈,　今日生涯須自勉.
是非窟裏莫回頭,　聲利門前高着眼.
但於自己覓愆尤,　肯與時流較長短.
一點靈光直照西,　萬端塵事任舒卷.
不於蝸角竊虛名,　獨向金臺預高選.
從{11}他病死與生老,　只此一回相括惱.
修行惟有下梢難,{12}　豎起脊梁休放倒.
莫教錯認定盤星,{13}⁹　自家牢守衣中寶.{14}¹⁰
願同法界冤與親,　共駕白牛遊直道.

{1} 夏之夏臺,殷之羑里,周之圜土,秦之囹圄,皆獄名.囹者,令之使聆;圄者,語之使悟也.

{2} 生天.

{3} 入獄.

{4} 得人身.

{5} 生肉曰腥臊,豕犬曰膏臭.阿難曰:"欲氣麤濁,腥臊交遘."

{6} 卽七識也.

{7} 六識.

{8} 『華嚴』疏云:"機關,抽之則動,息之則無."鈔:容物動處,名爲機;於中轉者,說爲關.

{9} 『淮南子』"日中有踆烏",謂三足烏也.

{10} 『西域記』云:"劫初有兎·狐·猿,異類相悅.時,天帝欲試修菩薩行者,化爲一老夫,謂三獸曰:'二三者,善安穩乎?老夫故此遠尋,今正飢乏,何以饋我?'曰:'幸小留.'狐得鯉魚,猿採花菓,同進老夫,惟兎空還,謂猿·狐曰:'多聚草木蓺火.'兎謂老夫曰:'身雖卑劣,充此一湌.'入火致死.是時,老夫復帝釋身,除燼取骸,歎謂二獸曰:'一何至此,不泯其迹.'寄之月輪,傳于後世."

{11} 任也.

{12} 下梢猶云末梢也.

{13} 秤上第一星,以比第八識.

{14} 見『法華經』五百弟子授記品.

이 삼계(三界)는 끝이 없는
생령(生靈)들에 재갈 물려
본래면목 오래도록
들녘 말은 고삐 없이
욕심불길 공덕림(功德林)을
거센 물결 무명언덕
어지러운 오만 무리
웅웅 거려 우는 소리
일찍이는 천상제왕
염라대왕 가마 속에
그렇게들 돌고 돌아
비린내랑 누린내랑
한 보따리 피와 고름
두어 줄기 뼈마디로
치닫느니 일곱 정(情)은
여섯 적(賊)이 다투지만
봄바람이 건듯 부나
예전 마냥 탐냄 성냄
머리 얼굴 바꿔달고
기를 쓰고 뱉는 소리
귀천(貴賤)이나 현우(賢愚)거나
옳고 그름 또한 영욕(榮辱)
금까마귀 옥토끼랑
흰 귀밑털 붉은 얼굴
내 어쩌다 깜빡 사이
파도 따라 물결 좇아

하나뿐인 감옥 우리
혹독 고통 받게 하니
잠기고도 묻혀 있어
제멋대로 뛰놀도다.
남김없이 태워가고
엎지른 듯 쏟아드니
그릇 속의 모긴지라
잠겼다가 다시 든다.
궁전 뜰에 노닐다가
들어앉아 삶기더니
포태(胞胎) 속에 자리하여
서로 엉긴 거품덩이.
엉기고 또 엉긴데다
잠시나마 지탱함에
돌아갈 곳 어디매며
그 누구가 주인인가.
옛 물결은 변함 없고
승냥이와 진배 없어
기관(機關) 희롱 해보아도
다만 고통뿐일러라.
나 자신과 그리고 남
예나 지금 다르잖아
제 스스로 허공 가니
어김없이 흙이 되다.
이리 한번 늦어져서
허황되이 흘러도니

옛 성인과 앞선 현인
가린 소매 홀로 앉아
지금에도 주인옹(翁)을
삶과 죽음 마군무리
지난날의 잔재주는
오늘날의 생애 만을
시시비비 굴속으론
명예이익 문전에선
다만 자기 자신에서
어찌 시류(時流) 더불어서
한 가닥의 신령 광채
만 가지의 세속 일을
달팽이의 뿔 위에서
홀로 금대(金臺) 향하여서
병들거나 죽음일랑
다만 여기 이 한 차례
수행에서 어려움은
척량골을 곧추세워
정반성(定盤星)을 그릇되이
옷 속에 둔 보물일랑
원하건대 온 세계의
모두 흰 소 멍에하고

추모하여 생각함에
제 얼굴이 붉어지다.
붙잡아다 앉힌다면
나와 무슨 상관이리
아예 베풀 생각 말고
모름지기 힘쓸지다.
머리 돌려 두지 말고
더 높은 곳 눈 돌려서
모든 허물 찾을진정
즐겨 장단(長短) 비교할까.
곧장 서쪽 비춘다면
마음대로 다루리니
헛된 이름 도적 말고
높은 선발(選拔) 참예하라.
생로(生老) 마냥 버려두고
과감 힘써 볼지니라
그 끝에서 어렵나니
쓰러지지 말지니라.
인식 않게 할 것이며
제 스스로 지킬지니
원수거나 친한 이나
곧은 길을 다닐지다.

{1} 하(夏)나라 때의 하대, 은(殷)나라 때의 유이, 주(周)나라 때의 환토, 진(秦)나라 때의 영어 등은 모두
    감옥 이름이다. 영(囹)은 명령을 내려 듣도록 하는 것이요, 어(圄)는 말하여서 깨닫도록 하는 것이다.

{2} 하늘에 태어남.

{3} 지옥에 떨어짐.

{4} 사람의 몸을 얻음.

{5} 날고기의 역한 냄새를 성조(腥臊)라 하고, 돼지나 개의 역한 냄새를 고취(膏臭)라 한다. 아난이 말하기를 "욕망의 기운은 거칠고 혼탁하여 비린내와 누린내가 엇갈려 마주친다."라 하였다.

{6} 곧 7식이다.

{7} 6식이다.

{8} 『화엄경』의 소(疏)에 이르기를 "기관(機關)은 잡아당기면 곧 움직이고 그만두면 곧 아무런 동작도 없다."라 하고는 그 초(鈔)에, 물건을 받아들여 움직이는 곳을 기(機)라 이름하고 그 가운데 회전하는 것을 관(關)이라 말한다고 하였다.

{9} 『회남자』에 "해 가운데 준오(踆烏)가 있다." 하였으니, 세 발 달린 까마귀를 말한다.

{10} 『서유기』에서 말하였다. "태초에 토끼와 여우와 원숭이가 있었는데 다른 부류였지만 서로 기뻐하며 따랐다. 그때 천제께서 보살행 닦는 것을 시험해 보고자 한 노인네로 변신하여 세 짐승에게 이르기를 '너희들 편안히 잘 있었느냐? 이 노인네가 이렇게 멀리 찾아온 까닭에 이제 막 배고프고 피곤한데 무엇으로 나를 대접하겠느냐.' 하니 '잠시만 기다리십시오.' 한 뒤에, 여우는 잉어를 잡아오고 원숭이는 꽃과 과일을 따와서 함께 노인네에게 올렸는데 오직 토끼만이 빈손으로 돌아와서 원숭이와 여우에게 말하기를 '풀과 나무를 많이 모아 불을 지펴 달라.' 하고는 노인네에게 '제가 비록 비천하고 용렬하나 이로써 한 끼의 식사로는 충분할 것입니다.'라고 말한 뒤 불로 뛰어들어 죽기에 이르렀다. 이때 노인이 제석의 몸을 회복하고는 깜부기불을 제거하고 해골을 취한 뒤 두 짐승에게 찬탄하며 '한결같이 어찌 이러함에 이르렀는가, 그 자취를 없애지 않으리다.'라고 말하고는 달에 위탁하여 후세에 전해지게 하였다."

{11} 맡김이다.

{12} 하초(下梢)는 '끄트머리'라고도 말한다고 하였다.

{13} 저울의 제일 첫 번째 별자리이니, 그것으로 제8식에 비유한다.

{14} 『법화경』의 "오백제자수기품"을 보라.

사기
(私記)

1 **生靈** : 『원각경』 언해의 주석에서 "생령은 사생(四生)이 다 신령한 식(識)을 머금어 있기에 생령(生靈)이라 한다." 하였다.

2 **本來面目** : 깨달은 경지에서 나타나는 자연 그대로의, 조금도 인위를 더하지 않은, 모든 사람들이 갖추고 있는 심성을 말한다. 선종의 용어로 제6조 혜능이 "能이 云不思善, 不思惡하라. 正興麼時에 那箇가 是明上座의 本來面目고?"라고 한 데서 처음 생겼다. 또 본지풍광(本地風光), 본분전지(本分田地)라고도 한다.

3 **功德** :
1) 공을 공능(功能)이라 해석. 선(善)을 수행하는 이를 도와서 이롭게 하므로 공이라 하고, 공의 덕이란 뜻으로 공덕이라 한다.
2) 공을 베푸는 것을 공이라 하고, 자기에게 돌아옴을 덕이라 한다.
3) 악이 다함을 공, 선이 가득 찬 것을 덕이라 한다.
4) 덕은 얻었다[得]는 것이니, 공을 닦은 뒤에 얻는 것이므로 공덕이라 한다.

4 **啾啾** : 방울 같은 것이 가늘게 울리는 소리, 가늘게 우는 소리, 처량하게 우는 소리, 음산하게 내리는 빗소리. 『능엄경』 권5에서 "三千大千世界, 所有衆生, 如一器中, 貯百蚊蚋, 啾啾亂鳴"이라 하였다.

5 **天帝殿** : 제석천의 궁전으로, 수승전(殊勝殿)이라고도 한다. 선견성(善見城) 안에 있다. 제석이 여기에 있어 사천왕과 삼십이천을 통솔하면서 불법에 귀의한 사람을 보호하며 아수라의 군대를 정벌한다고 한다. 피상적으로 '천상에 태어난다' 할 때의 그곳을 대표하기도 한다.

6 **七情** : 육적(六賊)이 제6식을 가리키므로 칠정(七情)은 제7 말나식을 의미한다. 단독으로 쓰일 경우는 전칠식(前七識) 또는 칠정(七情)으로도 볼 수 있다.
1) 칠식(七識) : 법상종에서 심식을 8종으로 나눈 가운데 제8식을 제외한 제7 말나식, 제6 의식, 그리고 전5식을 가리킨다. 또는 제7 말나식만을 가리킬 때도 있다.
2) 칠정(七情) : 인간이 가지고 있는 일곱 가지의 감정을 말한다. 즐거워하는 것[喜]·분노하는 것[怒]·사랑하는 것[愛]·즐거워하는 것[樂]·근심하는 것[憂]·미워하는 것[憎]·하고자 하는 것[欲]을 말한다. 불교 이외에서는 낙(樂) 대신 구(懼)를 넣기도 한다.

7 **機關** : 본래는 괴뢰(傀儡)란 뜻이니 인형을 말한다. 인형은 그것을 조종하는 사람에 의해서 동작하게 되고 조종하는 사람이 손을 멈추면 아무런 동작을 하지 못하게 된다. 그러므로 우리의 신체가 지·수·화·풍의 사대로 결합된 것을 기관목인(機關木人)이라고 한다. 그런 데서 변하여 자연히

동작하는 기계(機械)를 일컫는 말로 되었고, 다시 선가에서는 종사(宗師)가 학인을 제접 지도하는 교묘한 수단 작법의 뜻으로 쓰이게 되었다. 일반적으로 기관 두 자만 쓸 때에는 후자의 경우에 해당한다.

8 **瞥地** : 별은 눈에 얼핏 지나가는 것. 별지는 똑똑히 보지 못한 것, 철저하게 보지 못한 것을 말한다. 견성(見性)하는 것에 비유. 지(地)는 조사이다.

9 **定盤星** : 반(盤)은 저울판, 성(星)은 저울대의 눈금, 정(定)은 일정하여 움직이지 않는다는 뜻이다. 정반성은 저울의 첫 눈금으로 물건의 가볍고 무거운 것과는 관계없는 눈금이다. 저울추를 이 눈금에 놓으면 저울은 평형이 된다. 움직일 줄 모르는 집착상을 보이는 것과, 가볍고 무거움에 동요하지 않는 격외(格外)에 초출(超出)한 일점성(一點星)을 보이는 두 가지 뜻이 있다. 본문에서는 제8식을 비유한 것이다.

10 **衣中寶** : 『법화경』 "오백제자수기품(五百弟子受記品)"에서 "譬如有人, 至親友家, 醉酒而臥, 是時親友, 官事當行, 以無價寶珠, 繫其衣裏, 與之而去. 其人醉臥, 都不覺知, 起已遊行, 到於他國, 爲衣食故, 勤力求索, 甚大艱難, 若少有所得, 便以爲足. 於後親友, 會遇見之, 而作是言: '咄哉! 丈夫. 何爲衣食, 乃至如是? 我昔欲令汝得安樂, 五欲自恣, 於某年日月, 以無價寶珠, 繫汝衣裏, 今故現在, 而汝不知, 勤苦憂惱, 以求自活, 甚爲癡也. 汝今可以此寶, 貿易所須, 常可如意, 無所乏短.'"라 하였다.

6

자운식참주서신

慈雲式懺主{1}¹書紳²

●

준식 참주가 띠에 쓴 경계의 글

知白! 汝知日之所爲, 害善之法, 偏宜遠之; 損惡之道, 益其用之. 口無自伐, 心無自欺, 勿抱內蠹, 勿揚外儀. 欲人之譽, 畜己之私, 殺義之始, 陷禍之基. 自恃其德, 必有餘譏; 自矜其達, 必有餘非. 眷屬集樹,{2} 汝宜遠之; 利養{3} 毛繩,{4} 汝宜畏之. 擇而思之.

　懲惡之餘, 何則是宜? 淸香一炷, 紅蓮數枝, 口勿輟誦, 意勿他思. 安禪³禮像, 其則勿虧; 量衣節食, 其志勿移. 造世文筆, 如佛戒之. 說人長短, 如法愼之. 縱對賓侶, 口勿多辭. 頻驚光影, 坐勿消時. 芭蕉虛質, 非汝久期,{5} 蓮花淨土, 是汝眞歸. 俾夜作晝, 勤而行之.{6}

{1}　師諱遵式, 字知白, 台州 葉氏子. 傳台教, 以禮懺爲業, 故名.

{2}　『遺敎經』云: "若樂衆者, 卽受衆惱, 譬如大樹衆鳥集之, 則有枯折之患."

{3}　財之所欲曰利, 利之所樂曰養.

{4}　言小而不切也.

{5} 山谷詩云"芭蕉自觀身", 又云"忍持芭蕉身", 注云, 『維摩經』云: "是身如芭蕉, 中無有堅固." 陸佃云: "蕉不落葉, 一葉舒則一葉焦故, 謂之蕉." 俗謂乾物爲巴, 巴亦焦義也.

{6} 師臨終, 預期十日, 使徒衆誦『彌陀經』, 以證其終.

지백아! 너는 날마다 할 바를 알아야 하리니, 선한 것을 해치는 법은 마땅히 그것을 멀리하고 해악을 덜어내는 도는 더욱 그것을 사용토록 하라. 입으로는 스스로 자랑하는 일이 없도록 하고 마음으론 스스로 기만하는 일이 없도록 하며, 안에 들은 좀 벌레는 감싸 안지 말고 밖으로 드러난 겉모양은 드날리지 말지니라. 사람들의 칭찬을 바라고 자기의 사욕만 쌓으면 올바름을 죽이는 시초가 되고 재앙에 빠지는 기초가 된다. 스스로 그 덕을 믿다 보면 반드시 다른 이의 비아냥거림이 있게 되고, 스스로 그 영달을 자랑하다 보면 반드시 남겨진 잘못이 있기 마련이다. 권속이 나뭇가지에 새 모이듯 하더라도 너는 마땅히 그것을 멀리해야 하고 이익과 그 즐거움이 터럭이나 실낱같을지라도 너는 마땅히 그것을 두려워해야 할지니, 잘 선택하여 그것을 생각하라.

해악을 징계한 후에는 어떻게 해야 올바른가? 맑은 향 한 묶음 사르고 붉은 연꽃 두어 가지 공양하되 입으로는 경전의 암송을 그치지 말고 의미로는 다른 생각을 하지 말지니라. 편안히 참선하여 불상에 예불하되 그 법칙에 있어 이지러뜨리지 말며, 의복은 가늠하여 쓰고 음식은 절약하여 먹되 그 의지를 옮기지 말지니라. 세간의 글을 지을 때는 부처님처럼 경계하고, 다른 이의 장단을 말할 때는 여법하게 삼갈지니라. 비록 손님과 벗을 대하더라도 입으로는 많은 말을 하지 말며, 자주자주 세월의 흐름을 두려워함으로써 앉은 채 시간을 소비하지 말지니라. 파초의 텅 빈 바탕은 네가 오래도록 기약할 바가 아니며 연화정토가 바로 너의 참된 귀의처이니, 밤을 낮 삼아 부지런히 행할지니라.

{1} 선사의 휘는 준식이요 자는 지백으로 태주 엽씨의 자손이다. 태교(台敎)를 전하며 예참(禮懺)으로써 업을 삼은 까닭에 이름한 것이다.

{2} 『유교경』에서 말하였다. "만약 무리를 좋아하는 자는 곧 온갖 번뇌를 받을 것이니, 비유컨대 큰 나무에 한 무리의 새가 모여들면 곧 가지가 마르고 꺾여지는 근심이 있게 되는 것과 같다."

{3} 재물에 대해 욕심 부리는 바를 이(利)라 하고 그 이를 즐기는 바를 양(養)이라 한다.

{4} 작으나 끊어지지 않음을 말한다.

{5} 산곡의 시에서 "파초에 비겨 스스로 자신의 몸을 관(觀)한다." 하고 또 "파초 같은 몸을 인내하여 지탱한다." 하고는 주석에서 말하기를, 『유마경』에 이르기를 "이 몸은 파초와 같아서 그 속에는 아무런 견고한 것이 없다."라 하였다. 육전이 말하기를 "파초의 잎은 낙엽으로 떨어지지 않고 하나의 잎사귀가 피어오르면 곧 하나의 잎사귀가 시들기[焦] 때문에 그것을 일컬어 초(蕉)라 하는 것이다." 하였다. 물건이 마르는 것을 보통 파(巴)라 일컫는데 파 역시 초(焦)의 뜻이다.

{6} 선사는 임종 때 열흘을 미리 기약하고 문도와 대중들로 하여금 『미타경』을 송(誦)하게 함으로써 그 임종을 증명하게 하였다.

사기
(私記)

1 **慈雲遵式** : (964~1032) 중국 송나라 때 스님. 자는 지백(知白), 천태(天台) 섭(葉)씨의 자손. 천태 의
전(天台義全)에게 투신하여 출가, 내외전의 학문에 두루 통하고 시문 등 뭇 기예에 능하였다. 군
(郡)을 돌며 시험을 관장하던 시승(試僧)이 그의 재주가 화려함에 경탄하여 그를 환속시키려 하였
으나 듣지 않았는데, 그가 천태산 국청사의 보현보살상 앞에서 한 손가락을 태워 천태교학 연구
의 뜻을 분명히 하자 이에 그의 뜻대로 내버려두었다 한다. 고려인 보운 의통(寶雲義通)을 따르며
천태교의 전적을 배워 그 오묘한 비전을 모두 익혔다. 대중상부(大中祥符)년간에 항주(杭州) 소경
사(昭慶寺)에 자리하며 배웠던 바를 강설하여 널리 드날렸으며, 후에 옛 천축사(天竺寺)를 다시 일
으켜 그곳에 거처하였다. 참강(懺講)이 끊이지 않자 사방의 먼 곳으로부터 귀의해 오는 제자들이
항시 1천여 명이나 되었지만 그 분위기는 언제나 숙연하면서도 화목하였다. 함평(咸平) 3년(1001)
크게 가물자 비를 비니 영험이 있었다. 그 뒤에 천태산의 서쪽에 암자를 짓고 대중과 함께 염불삼
매를 닦고, 1024년 조정에 주청(奏請)하여 천태의 교문을 대장경에 넣게 하였다. 명도(明道) 원년
10월에 입적하니 속납(俗臘) 69세. 찬술한 참의(懺儀)가 매우 많아 세간에서 백본참주(百本懺主)라
일컬었고, 자운참주(慈雲懺主), 자운(慈雲) 존자라고도 불렸으며, 소흥(紹興)년간에 참주(懺主) 선혜
(禪慧) 대사의 호가 추증되었다. 찬술에는 『천축영원집(天竺靈苑集)』이 있다.

2 **書紳** : 『논어(論語)·위령공(衛靈公)』 제15 "子張問行. 子曰: '言忠信, 行篤敬, 雖蠻貊之邦, 行矣.
言不忠信, 行不篤敬, 雖州里, 行乎哉? 立則見其參於前也, 在輿則見其倚於衡也, 夫然後行.'
子張書諸紳." 朱注: "紳, 大帶之垂者. 書之, 欲其不忘也."

3 **安禪** : 좌선과 같은 말로, 마음을 가라앉히고 참선하는 것은 일체의 동작을 여의고 심신을 안락
하게 함으로써 마음이 편안해진다는 뜻이므로 이렇게 말한다. 왕유(王維)의 『과향적사(過香積寺)』
에서 "安禪制毒龍"이라 하였다.

2
장

면학

勉學

1

고산원법사면학편-병서

孤山圓法師[1]勉學篇 - 並序

●

지원 법사가 배움을 권하다

中人之性知務學, 而或惰於學, 乃作勉學.

1) 勉學上

嗚呼![1] 學不可須臾怠, 道不可須臾離. 道由學而明,[2] 學可怠乎? 聖賢之域,[3] 由道而至, 道可離乎? 肆[4]2 凡民之學不怠, 可以至於賢; 賢人之學不怠, 可以至於聖.3 冉求[5]4之學可以至於顔淵,5 而不逮具體者,[6]6 中心怠耳. 故曰非不悅子[7]之道, 力不足也. 子曰: "患力不足者, 中道廢, 今汝畫."[8] 顔淵[9]之學可以至於夫子, 以不齊於聖師者, 短命死耳. 如不死, 安知其不如[10]仲尼7哉! 以其學之不怠也. 故曰"有顔氏子好學, 不幸短命死矣, 今也則亡."[11]

或問: "聖人學耶?"

曰:"是何言歟? 是何言歟? 凡民與賢猶知學, 豈聖人怠於學耶? 夫天之剛也, 而能學柔於地, 故不干四時焉;{12} 地之柔也, 而能學剛於天, 故能出金石焉. 陽之發生也, 而亦學肅殺於陰, 故靡草死焉;{13} 陰之肅殺也, 而亦學發生於陽, 故薺麥生焉.{14} 夫爲天乎地乎, 陽乎陰乎, 交相學而不怠, 所以成萬物. 天不學柔則無以覆, 地不學剛則無以載, 陽不學陰則無以啓, 陰不學陽則無以閉,{15}8 聖人無他也, 則天地陰陽而行者, 四者學不怠, 聖人惡乎怠?"

或者避席曰:"予之孤陋也,{16} 幸子發其蒙, 願聞聖人之學."

中庸子曰:"復坐, 吾語汝, 『書』9不云乎:『惟狂剋念作聖, 惟聖罔念作狂.』{17} 是故聖人造次顛沛{18}10未嘗不念正道而學之也. 夫子11大聖人也, 拔乎其萃,12 出乎其類,{19} 自生民以來, 未有如夫子者. 入太廟,{20}13 每事問, 則是學於廟人也; 三人行, 擇其善者而從之,{21} 則是學於偕行也; 入周則問禮於老子, 則是學於柱史也.{22}14 豈仲尼之聖不若廟人·行人·柱史15耶? 盖聖人懼夫不念正道而學之, 則至於狂也矣,16 故曰『必有如丘之忠信焉, 不如丘之好學也.』"

曰:"聖人生而知之,17 何必學爲?"

曰:"知而學, 聖人也; 學而知, 常人也. 雖聖人·常人, 莫有不由於學焉."

孔子18曰:"君子{23}不可不學." 子路19曰:"南山有竹, 不柔{24}自直. 斬而用之, 達乎犀革.{25} 以此言之, 何學之有?"孔子曰:"括而羽之, 鏃而礪之,20 其入之不亦深乎?"子路再拜曰:{26}"敬受教矣."噫! 聖人之學, 無乃括羽鏃礪使深入乎! 豈生而知之者, 兀然21不學耶?

{1}　烏見異則噪, 故以爲烏呼, 歎所異也. 本作烏, 後人加口於傍, 非也.

{2}　在天者, 莫明於日月, 故以日月作明字.

{3}　靈明洞鑑曰聖. 又聖猶正也, 以正教誨人也. 超凡亞聖曰賢.

{4}　承上起下之辭, 猶言遂也. 又故令也. 見『詩』注.

{5}　孔子弟子, 字子有, 以政事著名.

{6}　『傳』曰: "具體而微." 注云: 具有聖人之全體, 但未若聖人之大而化之無限量, 故云微.

{7}　謂夫子也.

{8}　如劃地以自限, 謂自足而止也. 又截止也.

{9}　顏回, 字子淵, 孔夫子稱其好學. 二十九髮白, 三十二夭.

{10}　『詩』註: 不如者, 如也.

{11}　季康子問: "弟子中, 孰爲好學?" 子曰 "有顏氏子" 云云, 顏輅之子.

{12}　『左傳』"天爲剛德, 猶不干時." 注云: 寒暑相順也, 猶不干犯四時之序.

{13}　草之枝葉靡細者屬陰, 陽盛則死. 秋者, 百穀成熟之期, 於此時, 雖夏, 麥卽秋, 故云麥秋. 註曰: 凡物盛陰而生者, 柔而靡, 謂之靡草, 卽至陰之所生, 故不勝陽而死焉. 又所謂夏枯草也, 其形類水荘蕙子, 好生平原砂土.

{14}　薺, 甘草. 『詩』"其甘如薺." 『淮南子』"薺, 水菜. 冬水而生, 夏土而死." 麥, 秋種夏熟, 繼絶續乏之穀也. 『春秋』"於他穀則不書, 至無麥則書之."

{15}　『左傳』云: "凡分至啓閉, 必書雲物." 註云: 分, 春分 · 秋分也; 至, 冬至 · 夏至也; 啓, 立春 · 立夏; 閉, 立秋 · 立冬也. 雲物, 氣色以大變也.

{16}　『學記』云: "獨學而無友則孤陋而寡聞."

{17}　剋念者, 改過遷善之謂也, 聖, 通明之稱, 言 "狂愚, 剋念則爲聖, 雖聖, 而罔念則爲狂矣".

{18}　造次, 急遽苟且之時; 顚沛, 傾覆流離之際.

{19}　如草木拔出乎叢林之萃, 聖人特立乎衆庶之類.

{20}　魯 周公廟也.

{21}　『論語』"三人行, 必有我師, 擇其善者而從之, 不善者而改之."

{22}　老子, 姓李名耳, 字伯陽. 鶴髮龍顏, 又長耳, 故立謚曰聃. 其母夢見日精落入口, 因以有娠, 七十二歲而生, 或曰八十載而生, 故號老子. 嘗爲柱下史, 守藏書之官. 孔子, 諱丘, 字仲尼. 周靈王庚戌二十一年十二月初四日, 生於魯國 兗州 鄒邑 平昌闕里. 父先娶施氏, 生子孟皮, 後娶顏氏女, 生孔子. 爲字言仲者, 次於孟皮也, 禱尼丘山而生, 故名丘字尼也.

{23}　上敬尊長, 如臣事君, 下恤萬民, 如父育子, 故曰君子.

{24}　與揉同

{25}　古者, 以犀革爲甲, 取堅而箭難穿破, 故謂兵甲爲兵革也.

{26}　『荀子』曰: "平衡曰拜." 註: 平衡, 謂磬折而首與腰平也.

중간근기를 지닌 사람의 성품은 배움에 힘 쓸 줄은 알면서도 혹 배움에 게으르기 마련이니 이에 면학(勉學)을 짓는다.

1) 배움을 권하다-상

오호라! 배움은 잠시라도 게을리할 수 없으며 도(道)는 잠시라도 떼어놓을 수 없다. 도는 배움으로 말미암아 밝아지는 것인데 배움을 게을리할 수 있겠는가? 성현의 경계는 도(道)로 말미암아 도달하는 것이니 도를 떼어놓을 수 있겠는가? 그러므로 평범한 백성이 배움을 게을리하지 않으면 현인에 이를 수 있고 현인이 배움을 게을리하지 않으면 성인에 이를 수 있다.

　염구의 학문이 가히 안연에 이르렀다 하겠지만 그 실체를 갖추기에 이르지 못한 것은 중도에 마음이 게을렀기 때문일 뿐이다. 그러므로 이르기를 "스승님의 도를 좋아하지 않는 것이 아니라 힘이 부족할 뿐입니다."라고 하니, 공자께서 이르기를 "힘이 부족한 것을 근심한다면 중도에 힘이 다하여 자연스레 그만둘 것인데 지금의 너는 선을 긋고 말았구나."라고 하였다. 안연의 학문은 가히 공자에 이르렀다 하겠지만 성현·조사들과 나란히 자리하지 못하는 것은 단명으로 죽었기 때문일 뿐이다. 만일 죽지 않았다면 그가 중니와 같이 되었을지 어찌 알겠는가? 그가 배우기를 게을리하지 않았으니 하는 말이다. 그러므로 이르기를 "안씨의 아들이 있어 배우기를 좋아하더니 불행히도 단명하여 죽었으니 이제는 그만이구나." 하였다.

　어떤 사람이 물었다. "성인도 배웁니까?"

　말하였다. "이 무슨 말인가! 이 무슨 말인가! 평범한 백성과 현인도 오히려 배움을 알거늘 어찌 성인이 배움에 게으르겠느냐? 무릇 하늘은 강하지만 땅에게서 부드러움을 배우기에 사시(四時)의 차례를 범하지 않으며, 땅은 부드러우나 하늘로부터 강함을 배우기에 금석(金石)을 낸다. 양(陽)은 생명을 피우는 것이지만 또한 음(陰)에게서 숙살(肅殺)을 배우기에 가는 잎의 풀들이 죽으며, 음은 숙살하지만 또한 양으로부터 생명을 피우는 것을 배우기에 냉이와 보리가 자라난다. 무릇 하늘과 땅과 양과 음은 사귀어 서로 배우기를 게을리하지 않으므로 만물이 이루어지니, 하늘이 부드러움을 배우지 않으면 곧 덮어줄 수가 없고, 땅이 굳셈을 배우지 않으면 곧 실어줄 수가 없으며, 양이 음을 배우지 않으면 춘하(春夏)의 계절을 열 수가 없고, 음이 양을 배우지 않으면 추동(秋冬)의 계절을 닫을 수 없다. 성인도 별다름 없이 하늘과 땅과 양과 음을 본받아 행하는 분이니 이 네 가지가 배움을 게을리하지 않는데 성인이 어찌 게을리하리오?"

그 사람이 자리를 피하며 말하였다. "나의 고루함이여! 다행히 그대께서 그 몽매함을 깨우쳐주셨으니 바라건대 성인의 학문을 듣기 원합니다."

중용자가 말하였다. "다시 앉으라, 내가 너에게 말하리라. 『상서』에서 말하지 않았더냐? '생각건대 미치광이라도 생각을 이겨내면 성인이 되고, 생각건대 성인이라도 생각을 잊어버리면 미치광이가 된다.' 하였으니, 이러한 까닭에 성인은 잠시잠깐이라도 바른 도를 생각하지 않은 채 배운 적은 없다. 공자는 큰 성인으로 그 무리 가운데 빼어났으며 그 부류 가운데 출중하였으니 백성이 생긴 이래 공자와 같은 이가 없었으나, 태묘에 들어가서는 모든 일을 물어 행하였다 하였으니 이는 곧 묘지기에게 배운 것이며, 세 사람이 길을 감에 착한 사람을 가려서 그를 좇았다 하였으니 이는 곧 동행자에게 배운 것이며, 주나라에 들어가서는 예(禮)를 노자에게 물었다 하였으니 이는 곧 도서관지기에게 배운 것이다. 어찌 중니와 같은 성인이 묘지기나 행인이나 도서관지기만 못하겠는가? 아마도 성인은 바른 도를 생각하여 그것을 배우지 않으면 이내 미치광이에 이르지 않을까 두려워하기 때문이리라. 그런 까닭에 '반드시 나와 같이 충실하고 믿음 있는 자는 있을 수 있을지언정 나처럼 배우기를 좋아하지는 못할 것이다.'라고 하였다."

말하였다. "성인은 나면서부터 안다 하였는데 어찌 배울 필요가 있습니까?"

말하였다. "알고도 배우는 것이 성인이며 배워서 아는 것이 보통 사람이라 하였으니, 비록 성인이나 보통 사람이라 할지라도 배움으로 말미암지 않은 자는 없다."

공자께서 이르기를 "군자는 배우지 않으면 안 된다."라고 하니, 자로가 말하기를 "남산에 대나무가 있음에 바로잡지 않아도 스스로 곧으니 베어서 사용하면 무소의 가죽을 꿰뚫는다 하였습니다. 이를 두고 말하건대 무슨 배울 것이 있겠습니까?" 하므로, 공자가 이르기를 "오늬를 채워 깃털을 달고 살촉을 박아서 숫돌에 갈면 그 들어가는 깊이가 또한 깊지 않겠느냐?" 하므로 자로가 재차 절을 올리며 말하기를 "삼가 가르침을 받겠습니다."라고 하였다. 오호라, 성인의 배움이 오늬를 채워 깃털을 달고 살촉을 박아 숫돌에 갊으로써 더욱 깊게 들어가게 하는 것이 아니겠는가? 나면서부터 안다고 하여 어찌 뻗대고서 배우지 않을 것인가!

{1} 까마귀는 이상한 것을 보면 곧 지저귀는 까닭에 오호(烏呼)라 하니, 이상함을 찬탄하는 것이다. 본래 오(烏)가 되어야 하거늘, 뒷사람들이 구(口)를 곁에 덧붙인 것은 틀린 것이다.

{2} 하늘에 있는 것 중 해와 달보다 밝은 것이 없으므로 일(日)과 월(月)로써 명(明) 자를 지었다.

{3} 밝은 신령스러움으로 환하게 내다보는 것을 일컬어 성(聖)이라 한다. 또 성은 정(正)과도 같은데, 정교(正教)로써 사람들을 가르치기 때문이다. 범부를 초월하고 성인에 버금가는 자를 현인이라 한다.

{4} 윗문장을 이어받아 아래문장을 일으키는 말이니 '마침내[遂]'라고 말하는 것과 같다. 또한 예전의 슈(가령 령; 이를테면, 가사假使)이다. 『시경』의 주석을 참고하여 보라.

{5} 공자의 제자로서 자는 자유이며 정치로써 저명하였다.

{6} 『맹자』에 이르기를 "실체를 갖추었으나 미약하다."라 하고는 주석에 이르기를, 성인의 전반적인 실체를 갖추어 가지고 있다고는 하나 다만 아직까지 성인의 위대함이나 덕화의 무한함과 같지 않은 까닭에 미약하다 말한 것이라 하였다.

{7} 공자[孔夫子]를 일컬은 것이다.

{8} 마치 땅에 선을 그어 스스로 제한하는 것과 같이 스스로 만족하여 그침을 일컫는다. 또는 차단하여 그만둠을 말한다.

{9} 안회의 자는 자연이며, 공자는 그가 배우기를 좋아함을 칭찬하였다. **29**세 때 백발이 되었으며, **32**세 때 요절하였다.

{10} 『시경』의 주석에, 불여(不如) 여(如)라고 하였다.

{11} 계강자가 묻기를 "제자 가운데 누가 배우기를 좋아합니까?" 하니 공자가 이르기를 "안씨의 아들이 있는데……" 운운하였으니, 안로의 아들이다.

{12} 『좌전』에 "하늘은 강한 덕이 되지만 오히려 때를 범하지 않는다." 하고는 주석에 이르기를, 추위와 더위가 서로 따름이니 사시의 순서를 범하지 않음과 같은 것이라 하였다.

{13} 풀 가운데 가지와 잎이 미세한 것은 음(陰)에 속하므로 양(陽)이 치성해지면 곧 죽는다. 추(秋)란 모든 곡식이 성숙하는 시기인데, 때가 비록 여름이라도 보리는 곧 성숙기인 까닭에 '맥추(麥秋, 보리가 익는 시절)'라 말한다. 주석에 말하기를, 무릇 사물 가운데 음이 치성하여 생겨난 것은 부드럽

고도 지엽(枝葉)이 가늘기에 미초(靡草)라 일컫는데, 즉 지극한 음기의 소생인 까닭에 양을 이기지 못하고 죽는 것이다. 또는 하고초(夏枯草)라 일컫는 것이니, 그 형태가 들깨 또는 혜초(蕙草)와 비슷하며 평원의 모래땅 위에 잘 자란다.

{14} 제(薺)는 단맛이 나는 풀이다. 『시경』에 "달기가 마치 냉이와 같다." 하였고, 『회남자』에 "냉이는 물에서 자라는 나물이다. 찬물에서 자라며 열기가 있는 땅에서는 죽는다." 하였다. 보리는 가을에 씨를 뿌렸다가 여름에 익으니 다른 곡식이 끊어져 먹거리가 궁핍할 때 이어가는 곡식이다. 『춘추』에 "다른 곡식에 대해서는 기록하지 않지만 보리가 흉년이 들면 곧 그 일을 기록하였다."라 하였다.

{15} 『좌전』에 이르기를 "무릇 나누고 이르고 열고 닫음에 받듯이 천기의 길흉을 기록하였다."라 하고 그 주석에 이르기를, 분(分)은 춘분(春分)과 추분(秋分)이요, 지(至)는 동지(冬至)와 하지(夏至)요, 계(啓)는 입춘(立春)과 입하(立夏)요, 폐(閉)는 입추(立秋)와 입동(立冬)이라 하였다. 운물(雲物)은 천기(天氣)와 물색(物色)이 크게 변화함을 말한다.

{16} 『학기』에 말하였다. "홀로 배우며 친구가 없으면 곧 고루해지고 또한 듣는 바가 적다."

{17} 생각을 이긴다 함은 허물을 고쳐 선한 것으로 옮겨감을 말하는 것이요, 성(聖)은 사리에 통달하여 밝음을 일컫는 것이니, 지극히 어리석더라도 생각을 이겨내면 곧 성인이 되고 비록 성인이라도 생각을 잃게 되면 곧 미치광이가 된다는 말이다.

{18} 조차(造次)는 갑작스럽고도 잠깐인 시간을 말하고, 전패(顛沛)는 기울어 뒤집혀지며 떨어져 나가는 때를 말한다.

{19} 마치 풀이나 나무가 숲으로 우거진 가운데에서 특출나게 드러나 있는 것처럼 성인이 평범한 대중의 무리 가운데 특별히 우뚝함을 말한다.

{20} 노나라 주공의 묘당이다.

{21} 『논어』에서 말하였다. "세 사람이 걸어가면 반드시 나의 스승이 있을지니, 선한 자는 가려서 그를 본받아 붙좇고 선하지 않은 자는 그를 본받아 고칠 것이다."

{22} 노자는 이씨 성에 이름이 이(耳)이며 자는 백양이다. 머리털은 닭과 같고 얼굴은 용을 닮았으며 또 긴 귀를 가졌기에 시호를 담(聃)이라 하였다. 그의 어머니는 일정(日精)이 입으로 들어오는 꿈을 꾸고는 그로 인해 태기가 있다가 72년 뒤에, 혹은 80년 뒤에 낳았다고 하니, 그 까닭에 노자(老子)라 부르게 되었다. 일찍이 주하사(柱下史)로 서고를 지키는 관직을 지냈다.
공자의 휘는 구(丘)이며 자는 중니이다. 주나라 영왕 경술 21년 12월 4일 노나라 연주의 추읍 평창궐리에서 출생하였다. 부친은 앞서 시씨에게 장가들어 아들 맹피를 낳고, 뒤에 안씨의 여식에게 장가들어 공자를 낳았다. 자를 중(仲)이라 하게 된 것은 맹피 다음인 때문이요, 니구산에 기도하여 낳았기에 이름을 구(丘)라 하고 자를 니(尼)라 한 것이다.

{23} 위로 어른을 존경하여 받들기를 마치 신하가 임금 섬기듯 하고, 아래로 만백성을 긍휼히 여기기를 마치 아버지가 아들을 기르는 듯 하는 까닭에 군자(君子)라 한다.

{24} 揉(주무르다, 손질하다)와 같다.

{25} 옛사람들은 무소의 가죽으로 갑옷을 만든 것은 견고함을 취하여 화살이 뚫고 나가기 어렵게 하기 위한 것이니, 그러므로 병갑(兵甲)을 일컬어 병혁(兵革)이라 하였다.

{26} 『순자』에 이르기를 "평형을 배(拜)라 한다." 하고는 주석에서, 평형은 경쇠가 꺾여져 있듯이 머리가 허리와 평평해진 것을 말한다고 하였다.

2) 勉學下

夫聖且賢必務於學,[22] 聖賢以下安有不學而成人哉? 學猶飲食衣服也. 人有聖乎·賢乎·衆庶乎. 雖三者異, 而飢索食, 渴索飲, 寒索衣, 則不異矣. 學也豈得異乎? 惟禽獸土木不必學也. 嗚呼! 愚夫嗜飲食而不怠, 冒{27} 貨利而不休, 及就于學, 朝學而夕怠者有矣夫,[23] 有春學而冬怠者有矣夫. 苟如嗜飲食, 冒貨利之不知怠者, 何患於不爲博聞乎, 不爲君子乎?

曰: "世有至愚者, 不辨菽麥之異,{28} 不知寒暑之變, 豈令學耶? 豈可敎耶?"

曰: "至愚, 由不敎也, 由不學也. 苟師敎之不倦, 彼心之不怠者, 聖域可躋而陞乎, 何憂菽麥之不辨乎? 且愚者渴而知飲, 飢而知食, 寒而知衣. 旣知斯三者, 則與草木殊矣, 惡乎不可學也, 不可敎也! 人之至愚, 豈不能日記一言耶? 積日至月, 則記三十言矣; 積月至年, 則記三百六十言矣; 積之數年而不怠者, 亦幾於博聞乎. 又日取一小善而學行之, 積日至月, 則身有三十善矣; 積月至年, 則身有三百六十善矣; 積之數年而不怠者, 不亦幾於君子乎. 爲愚爲小人而不變者, 由不學耳."

中庸子喟然嘆曰. 吾嘗見恥智之不逮, 才之不敏, 而輟於學者, 未見恥飲食不如他人之多, 而輟飲食者." 輟飲食則殞其命, 何必恥於不多耶? 輟學問則同夫禽獸土木, 何必恥才智之不如他人耶? 苟恥才智不如而不學, 則亦應恥飲食不如他人則廢飲食. 以是觀之, 豈不大誤乎? 吾亦至愚也, 每揣才與智不逮他人者遠矣, 由知飲食之不可輟, 而不敢怠於學也.

行年四十有四矣. 雖病且困, 而手未嘗釋卷,{29} 所以懼同於土木禽獸耳, 非敢求臻聖域也, 亦非求乎聞達也.[24] 雖或彷徉{30}戶庭, 夷猶{31}[25]原野, 以暫頤養,{32} 目觀心思, 亦未嘗敢廢於學也. 由是登山則思學其高, 臨水則思學其淸, 坐石則思學其堅, 看松則思學其貞, 對月則思學其明, 萬境森列, 各有所長, 吾悉得師而學之.{33} 萬境無言而尙可學, 況人之能

치문경훈

言, 雖萬惡必有一善也. 師一善而學之, 其誰曰不然乎?

　　中庸子曰. 世有求之而或不得者也, 世有求之而必得者也. 求之而或不得者, 利也, 求之而必得者, 道也. 小人之於利也, 雖或萬求而萬不得, 而求之彌勇; 君子之於道也, 求之必得, 而望途懷惏, 自念力不足者, 此求利小人之罪耳.{34}26 仲尼曰: "仁遠乎哉?27 我欲仁, 斯仁至矣." 言求之而必得也.

{27} 貪也, 干也.

{28} 『左傳』"周公有兄而不慧, 不能辨菽麥, 故不可立." 註: 菽, 大豆也. 豆麥殊形易別, 以爲癡者之候. 不慧, 世所謂白癡也.

{29} 師早嬰痾瘵, 而講道撰述, 未嘗休息, 傍助法化焉.

{30} 『楚辭』"聊彷徉而逍遙." 註: 徙倚貌, 又徘徊也.

{31} 盤桓也.

{32} 頤神養性也. 頤亦養也, 動於下, 應於上, 上下咀物, 以養人者也. 禪家齋後, 有小時經行, 以頤養精性也.

{33} 若志存學道, 則觸目萬物, 無非所學也.

{34} 君子怠於求道, 小人勤於求利, 以勤怠言之, 則君子而不如小人矣. 是, 君子得罪於小人矣, 如所謂五伯三王之罪人也.

2) 배움을 권하다-하

무릇 성인과 현인도 반드시 배움에 힘쓰거늘 성현도 못 되는 자가 어찌 배우지 않고도 사람다움을 이룰 수가 있겠는가? 배움이란 음식이나 의복과 같다. 사람에게는 성인이 있고 현인이 있고 서민이 있는데, 비록 이 셋은 다르지만 주리면 음식을 찾고 목마르면 마실 것을 찾으며 추우면 옷을 찾는 것은 다르지 않으니, 배움 또한 어찌 다를 바가 있겠는가? 오직 날짐승과 들짐승이나 흙과 나무만이 배울 필요가 없을 뿐이다. 오호라! 어리석은 사람은 먹고 마시기를 즐겨함에 게으르지 않으며 재물과 이익을 탐냄에 쉬지 않으나 배움에 나아가기에 이르러서는 아침에 배우다가 저녁에 게을리하는 자가 있으며 봄에 배우다가 겨울에 게을리하는 자가 있다. 진실로 먹고 마시기를 좋아하고 재물과 이익을 탐하듯이 게으름을 모르는 자라면 어찌 널리 얻어듣지 못하게 됨을 근심할 것이며 군자가 되지 못할 것을 근심하겠는가?

말하였다. "세상에 지극히 어리석은 자가 있어 콩과 보리의 차이를 구별하지 못하고 추위와 더위의 변화를 알지 못하면 어떻게 배우게 하며 어떻게 가르치겠습니까?"

말하였다. "지극히 어리석은 것도 가르치지 않았기 때문이며 배우지 않았기 때문이다. 진실로 스승이 그를 가르침에 쉬지 않고 그의 마음이 게으르지 않다면 성인의 경지라도 올라 설 수 있을 것인데 어찌 콩과 보리를 구별하지 못함을 근심하겠는가? 또한 어리석은 자라도 목마르면 마실 줄 알고 주리면 먹을 줄 알며 추우면 입을 줄 안다. 이미 이 세 가지를 안다면 곧 초목과 다르니 어찌 배우지 않을 것이며 어찌 가르치지 않겠는가. 사람이 아무리 어리석더라도 어찌 하루에 한 마디의 말을 기억하지 못하겠는가? 날이 쌓여 달이 되면 서른 마디의 말을 기억할 것이며 달이 쌓여 해가 되면 3백 6십 가지의 말을 기억할 것이니, 그렇게 쌓기를 몇 년 동안하며 게으르지 않는다면 또한 널리 들음에 가깝지 않겠는가? 또 하루에 한 가지 작은 선행을 취하여 그것을 배우고 행한다면 날이 쌓여 달이 되면 몸에 30가지 선행이 있게 될 것이며 달이 쌓여 해가 되면 몸에 3백 6십 가지 선행이 있게 될 것이니, 그렇게 쌓기를 몇 년 동안하며 게으르지 않는다면 그 또한 군자에 가깝지 않겠는가? 어리석은 이가 되고 소인이 되어 변화하지 않는 자는 배우지 않기 때문일 뿐이다."

중용자가 탄식하며 이른다. 내 일찍이 지혜가 미치지 못하고 재주가 민첩하지 못함이 수치스러워 배움을 걷어치우는 자는 보았지만 음식이 다른 사람처럼 많지 않음이 수치스러워 음식을 걷어치우는 자는 보지 못했다. 음식을 걷어치우면 곧 생명을 잃을 것인데 어찌 반드시 많지 않다고 부끄러워할 것이며, 학문을 걷어치우면 곧 금수나 토목과 같아질진대 어찌 반드시 재주나 지혜가 다른 사람만 못하다고 부끄러워하겠는가. 진실로 재주와 지혜가 남만 못함을 부끄러워하여 배우지 않는다

치문경훈

면 또한 마땅히 음식이 다른 사람만 못함을 부끄러워하여 음식을 폐해야 할 것이다. 이로써 살펴보면 어찌 크게 잘못된 것이 아니겠는가? 나 역시 지극히 어리석어 매번 재주와 지혜를 헤아려 보건대 다른 사람에게 미치려면 아직 멀었으나 음식을 걷어치우지 못함을 알기에 감히 배우기를 게을리하지 않는다.

내 나이 마흔 넷, 비록 병들고 고달프더라도 일찍이 손에서 책을 놓지 않은 것은 토목이나 금수와 같이 될까 두려웠을 뿐이니, 감히 성인의 경지에 이르기를 바란 것도 아니었고 또한 입신출세를 추구한 것도 아니었다. 비록 간혹 뜰 앞을 배회하고 들녘을 거닐더라도 잠시나마 품성을 기르고자 눈으로 보고 마음으로 생각하며 또한 감히 배움을 폐한 적이 없었다. 이로 말미암아 산을 오르면 곧 그 높음을 생각하여 배웠으며, 물에 다다르면 곧 그 맑음을 생각하여 배웠으며, 돌에 앉으면 곧 그 견고함을 생각하여 배웠으며, 소나무를 보면 곧 그 절개를 생각하여 배웠으며, 달을 대하면 곧 그 밝음을 생각하여 배웠다. 만 가지 경계가 늘어서 있음에 각기 뛰어난 바가 있으니 내가 그 모든 것을 스승으로 삼아 배웠다. 만 가지 경계는 말이 없으나 그래도 배울 만한데 하물며 사람은 말을 할 수 있음에랴! 비록 만 가지 악을 지녔다 하더라도 반드시 한 가지 선은 있을 것이므로 한 가지 선을 스승으로 삼아 그것을 배우면 될 것이니, 그 누가 그렇지 않다 말하겠는가?

중용자가 이른다. 세상에서 구하여도 간혹 얻지 못하는 것이 있으며, 세상에서 구하면 반드시 얻을 수 있는 것이 있다. 구하고자 하나 간혹 얻지 못하는 것은 이익이며, 구하면 반드시 얻는 것은 도(道)다. 소인은 이익에 대해서 비록 만 번을 구하여 만 번을 얻지 못하더라도 그것을 구함에 더욱 용맹스럽게 할 뿐인데, 군자로서 도에 대해 구하면 반드시 얻을 것임에도 앞길을 바라보고 겁을 먹어 스스로 힘이 부족하다 생각하는 것은 이익을 구하는 소인에게 죄스러울 뿐이다. 중니께서 이르기를 "어짊이 멀리 있느냐? 내가 어질고자 하면 이곳으로 어짊이 이를 것이다." 하였으니 구하면 반드시 얻을 수 있음을 말한 것이다.

{27} 탐함[貪]이요 범함[干]이다.

{28} 『좌전』에 "주공에게 형이 있었으나 지혜롭지 못하여 콩과 보리도 분별하지 못하였기에 보위에 오르지 못하였다." 하고는 주석에, 숙(菽)은 콩이니 콩과 보리는 모양이 달라 쉽게 분별할 수 있으므로 어리석은 자의 징후로 여긴 것이며, 불혜(不慧)는 세속에서 소위 백치라는 것이라 하였다.

{29} 선사가 일찍이 과로로 인해 앓는 병에 걸렸으나 도를 익히고 찬술하는 일은 그래도 쉬지 않은 채 교법의 교화를 곁에서 돕곤 하였다.

{30} 『초사』에 "즐겨 배회하며 노닌다." 하고는 주석에, 한가하게 다니는 모양이며 또한 배회하는 것이라 하였다.

{31} 머뭇거리듯 슬슬 거니는 모양이다.

{32} 정신과 성품을 기르는 것이다. 이(頤) 역시 양(養)이니, 아래턱(이빨)을 움직여 위턱(이빨)에 부딪치게 함으로써 위아래로 물건을 씹어 사람을 양육하기 때문이다. 선가에서는 공양 후에 잠시동안 가벼이 거닒으로써 정신을 양성한다.

{33} 만약 도를 배우고자 함에 뜻을 둔다면 곧 눈에 부딪치는 모든 사물들이 배울 바가 아닌 것이 없을 것이다.

{34} 군자는 도를 구함에 태만하고 소인은 이익을 구함에 부지런하니 부지런하고 태만한 것을 들어 말하자면 곧 군자이면서 소인만 못한 이가 된다. 이것이 군자로서 소인에게 죄를 짓는 것이니, 소위 오백(五伯)이 삼왕(三王)의 죄인이라 하는 것과도 같다.

사기
(私記)

1 **孤山圓** : (975~1022) 중국 송나라 때 스님으로, 봉선 청원(奉先靑原)의 제자. 전당(錢塘) 서(徐)씨의 자손, 호는 고산(孤山), 원(圓)은 지원(智圓)이니 이름, 자(字)는 무외(無外), 자호(自號)를 중용자(中庸子) 또는 잠부(潛夫)라 한다. 항주의 고산사(孤山寺)에 살았으므로 고산을 호로 삼았다. 어려서 출가하여 처음에는 유가의 교전을 익혀 시문에 능하였으며, 후에 원청(源淸)에 의지하여 삼관(三觀)의 법을 익혔다. 본디 병약하였으나 학자들에게 강의해 주는 것과 찬술하는 것을 쉬지 않았으므로 서호(西湖)의 고산에 은거하여 마노원(瑪瑙院)에 머물 때는 학자들이 많이 모여드는 모습이 마치 저자에 가는 행렬과 같았다 한다. 『문수반야경소(文殊般若經疏)』 등 10종을 편찬한 까닭에 세간에서 십본소주(十本疏主)라 일컬었다. 또한 『열반삼덕지귀(涅槃三德指歸)』 등 1백여 권과 『한거편(閑居編)』 60여 권이 있다. 송나라 진종(眞宗) 건흥원년(乾興元年) 2월에 47세로 입적하였다. 배움을 권하는 "면학편"은 44세 때 지은 것이다.

2 **肆** :
1) 『시경』 : 螽斯羽, 詵詵兮(구 중간이나 끝에 놓여 어조를 고르는 구실을 한다). 王赫斯怒(말 끝에 놓여 연연과 같은 뜻을 나타낸다).
2) 『허사사전』 : 접속사로서 앞 문장을 이어받는 것을 나타내고, 대부분 조건을 나타내는 복문의 주문 첫머리에 쓰이며 '곧', '그렇다면', '그렇다면 ~ 곧'이라고 해석한다.

3 **聖·賢** : 『설문해자(說文解字)』
1) 성(聖) : 通也. 段注: 『邶風』母氏聖善. 傳云: 聖, 叡也. 『小雅』或聖或不. 傳云: 人有通聖者, 有不能者. 從耳. 段注: 聖從耳者, 謂其耳順. 『風俗通』曰: 聖者, 聲也, 言聞聲知情. 按聲聖字, 古相叚借.
2) 현(賢) : 多財也. 段注: 賢, 本多財之偶. 引伸之凡多皆曰賢. 人偶賢, 賢能, 因習其引伸之義而廢其本義矣. 『小雅』大夫不均, 我從事獨賢. 傳曰: 賢, 勞也, 謂事多而勞也. 故孟子說之曰: 我獨賢勞. 戴先生曰: 投壺, 某賢於某若干純. 賢, 多也.

4 **冉求** : 중국 춘추시대 노나라 사람. 자는 자유(子有), 염유(冉有) 또는 유자(有子)라고도 일컫는다. 공문십철(孔門十哲) 가운데 한 사람으로 재예와 정사에 뛰어났으며, 노나라 계손씨(季孫氏)에게 벼슬하여 가신이 되었다. 공자는 그를 일컬어 1천 호의 읍이나 백승(百乘) 집안의 재상감이라 일컬었으나 그가 계손씨의 가렴주구를 도운 일은 엄히 질책하였다.

5 **顏淵** : (기원전 521 ~ 기원전 490) 중국 춘추시대 말기 학자. 노나라 사람. 성은 안(安)씨, 이름은 회(回), 자는 자연(子淵). 공문십철 가운데 으뜸으로 꼽힘. 안빈낙도하여 덕행으로 이름이 높았다. 무

슨 일에 성내거나 과오를 저지르지 않았다. 공자도 그가 죽자 "아! 하늘이 나를 망쳤구나, 하늘이 나를 망쳤구나!" 하고 통곡했다고 『논어(論語)』 "선진편(先進遍)"에 보인다.

6 **具體** : 형체를 온전하게 구비함을 말한다. 『맹자(孟子)』 "공손추(公孫丑)" 상(上) "昔者竊聞之, 子夏·子游·子張, 皆有聖人之一體; 冉牛·閔子·顏淵, 則具體而微."

7 **仲尼** : 공자의 자(字). 중(仲)은 중(仲 : 둘째 아들), 니(尼)는 니구산(尼丘山)을 뜻함이니, 니구산에서 기도를 드려 공자를 낳았기 때문에 중니(仲尼)라 하였다.

8 **〜啓, 〜閉** : 계폐(啓閉)는 열고 닫음이니 곧 개폐의 뜻이다. 입춘·입하와 입추·입동을 말한다.
1) 『좌전(左傳)』 희공(僖公) 5년 "凡分·至·啓·閉, 必書雲物, 爲備故也." 會箋 : 陽氣用事爲啓, 陰氣用事爲閉.
2) 『좌전』 소공(昭公) 17년 "靑鳥氏, 司啓者也; 丹鳥氏, 司閉者也." 注 : 以立春鳴, 立夏止; 以立秋來, 立冬去. 會箋 : 啓, 陽氣啓物也, 謂立春立夏; 閉, 陰氣閉物也, 謂立秋立冬.

9 **書** : 중국 최고(最古)의 경서. 오경 또는 십삼경의 하나로 우(虞)·하(夏)·상(商)·주(周) 4대의 역사적 사실과 사상 등을 기록하여 100편으로 된 것을 공자가 산정(删定)하였다고 하며 유가에서 중요 경전으로 여긴다. 현존하는 것은 58편뿐이며, 서경(書經) 또는 상서(尙書)로도 불린다.

10 **造次顚沛** : 조차(造次)는 창졸간, 별안간, 갑자기. 전패(顚沛)에서 전(顚)은 발을 헛디디고 아차 넘어지는 것, 패(沛)는 물이 엎질러지는 불안한 일순간을 말한다. 『논어』 "이인(里仁)" "富與貴, 是人之所欲也; 不以其道得之, 不處也. 貧與賤, 是人之所惡也; 不以其道得之, 不去也. 君子去仁, 惡乎成名? 君子無終食之間違仁, 造次必於是, 顚沛必於是."

11 **夫子** :
1) 자(子)라고 할 때에 부(夫) 자를 덧붙인 말. 『일지록(日知錄)』에 의하면 불성사(不成辭)를 피하기 위해서라고 했다. 춘추시대에 선생이나 장자의 호칭으로 많이 쓰였다.
2) 공자의 존칭. 스승의 존칭으로도 쓰이는데, 본문에서는 그렇게 쓰였다.
3) 남자의 통칭.
4) 아내가 남편을 부르는 말이다.

12 **拔乎其萃** : 『맹자』 "공손추" "出於其類, 拔乎其萃, 自生民以來, 未有盛乎孔子也."

13 **入太廟** : 『논어(論語)』 "팔일(八佾)" 제3에 "子入太廟, 每事問. 或曰: '孰謂鄹人之子知禮乎? 入太廟, 每事問.' 子聞之曰: '是禮也.'"라 하였다. 태묘(太廟)는 노나라 주공의 묘를 말하니, 『논어』 "집해(集解)"에 "太廟, 周公廟, 孔子仕魯, 魯祭周公而助祭也."라 하였으며, 『공양전(公羊傳)』 문공(文公) 13년에 "周公稱太廟, 魯公稱世室, 群公稱宮."이라 하였고, 『석명(釋名)』에 묘는 선조의 형모가 있는 곳이라 하였으며, 『고금주(古今注)』에는 묘는 모(貌)로서 선조의 용모를 봄과 같다고 하였다.

14 **入周則問禮於老子** : 『공자가어(孔子家語)』 "관동편(觀同篇)"에 공자가 남경숙(南敬叔)에게 말하기를 "내가 듣건대 노담(老聃)은 고금에 통달하여 예악의 원리에 능통하고 도덕의 근본에 밝으니 곧 나의 스승이 될 만한 이이므로 이제 가서 뵙고자 한다." 하고는 경숙과 함께 주나라에 이르러 노담에게 예를 물었다 하였으니, 이때 공자의 나이 30세이다.
1) 주나라 : (기원전 1123 ~ 기원전 256) 중국에서 은나라 다음에 일어난 고대 왕조. 처음 위수(渭水) 분지에서 건국하여 기원전 1121년 무왕 발(發)이 은나라의 주왕을 쳐서 없애고 주 왕조를 세움. 희성(姬姓). 처음에는 호(鎬)에 도읍하였다가 기원전 770년 13대 평왕(平王) 때 동쪽의 낙양에 천도한 뒤로 세력이 떨치지 못하더니 38왕 867년 만에 진나라의 시황에게 망하였다.

2) 노자 : 도가의 시조. 초나라 고현(苦縣, 지금의 하남성)의 여향(厲鄕) 곡인리 사람. 성은 이(李)씨, 이름은 이(耳), 자는 백양(伯陽), 시호는 담(聃). 주나라 장실(藏室)의 사(史, 종묘에 딸린 장실을 관리하는 자)였다. 공자가 노자를 만나 가르침을 받고 그를 용에 비유하여 찬양했다 한다. 오랫동안 주나라에 살다가 주나라의 덕이 시드는 것을 보고 그곳을 떠나 함곡관(函谷關)에 이르니 그곳 관령(關令)인 윤희(尹喜)가 권하므로 도와 덕의 학설 5천여 마디로 상·하 2편을 기술하고 떠났다고 하니, 바로 『도덕경(道德經)』이다. 생몰에 대해서는 이설이 많다.

15 **柱史** : 주하사(柱下史)의 약칭. 옛날 중국의 벼슬 이름. 일종의 도서관 서기. 주나라 때 노자가 이 벼슬을 하였으므로 노자의 별칭으로 쓰인다. 뒤에는 주하어사(柱下御史) 또는 시어사(侍御史)로 개칭됨. 『통기(統紀)』주석에서 "柱下史, 官所立之處, 記言記事, 常在君前."이라 하였다.

16 **也矣** : 어기사가 연이어 사용된 것으로 '야(也)' 자는 단정을 나타내고 '의(矣)' 자는 감탄을 나타낸다. 의미는 그 앞에 서술된 내용에 대해 추측의 어기가 포함된 단정의 뜻을 나타내며, '…이구나' 또는 '…일 것이다'로 해석된다.

17 **生而知之** : 학문을 닦지 않아도 나면서부터 안다는 뜻이다.
1) 『논어』 "계자(季子)" 제16 "孔子曰: 生而知之者, 上也; 學而知之者, 次也; 困而學之, 又其次也; 困而不學, 民斯爲下矣."
2) 『중용(中庸)』 제20장 "或生而知之, 或學而知之, 或困而知之, 及其知之, 一也; 或安而行之, 或利而行之, 或勉强而行之, 及其成功, 一也."

18 **孔子** : (기원전 551~기원전 479) 주나라 영왕(靈王) 21년(노나라 양공襄公 22년) 11월에 주나라의 작은 제후국인 노나라 창평향(昌平鄕) 추읍(鄹邑, 지금의 산동성 곡부현曲阜縣)에서 탄생했다. 선조는 본래 송나라의 대부(大夫) 벼슬을 한 사람으로서 그의 증조부 방숙(方叔) 때 망명하여 노나라로 이주하였다. 아버지 숙량흘(叔梁紇), 어머니 안징재(安徵在). 세 살 때 부친을 여의었으나 어려서 놀이할 때에도 제기를 진열해 놓고 제사 놀이를 했다고 한다. 도학에 뜻을 두었으나 일정한 스승이 없었고, 전하는 말에 의하면 예는 노자에게 물었고, 음악은 장홍(萇弘)에게 물었으며, 벼슬하는 도리는 담자(郯子)에게 물었고, 거문고는 사양(師襄)에게 배웠다고 한다. 50세를 전후하여 노나라 정공(定公) 밑에서 사구(司寇 : 법무장관)를 지낸 일이 있지만 위리(委吏 : 물품 출납 관리)니 사직리(司職吏 : 축산을 맡은 관리)니 하는 하급관리부터 대성한 노력가이다. 말년에는 뜻을 펴지 못한 채 교육가와 저술가로서 뒷세대를 위하여 노력하였다. 주나라 경왕(敬王) 41년(노나라 애공哀公 16년) 4월에 73세의 일기로 세상을 떠났다.

19 **子路** : (기원전 542~기원전 481) 중국 춘추시대 노나라 변(卞, 지금의 산동성 사수泗水 동쪽) 사람. 성은 중(仲), 이름은 유(由), 자로(子路)는 그의 자(字)임. 계로(季路)라고도 한다. 공문십철 가운데 정치 방면에 뛰어났고, 효성이 지극하였다 함. 일찍이 노나라에서 벼슬하며 예악으로 백성들을 이끌 것을 주창하였다. 공자보다 10살 아래로서 공자를 스승으로 잘 모셨으며, 성품이 용맹스러움에 위나라에서 벼슬하다가 공리(孔悝)의 난 때 전사하였다.

20 **括·羽·鏃** : 괄(括)은 화살의 오뉘이니 화살의 머리를 시위에 끼우도록 저며낸 부분으로서 광대싸리로 짧은 동강을 만들어 화살 머리에 붙인다. 우(羽)는 화살의 깃인 간도피(間桃皮) 아래에 세 갈래로 붙인 새의 날개 털로서 꿩 털로 만든다. 족(鏃)은 화살 끝에 박은 쇠로 시말금(矢末金)이라고도 한다.

21 **兀然** :
1) 높이 우뚝 솟다. 우뚝 서서 움직이지 않는 모양[兀然端坐]을 말한다.

2) 돌연하다는 뜻이다.

3) 머리가 멍한 모양. 혼미한 모양[兀然而醉]을 말한다.

22 **務於學** : 배움에는 네 가지 허물이 있으니, 어떤 허물은 너무 많은 것을 배워 적용할 곳을 찾지 못하는 것[或失則多]이요, 어떤 허물은 너무 적게 배워 무엇 하나 알지 못하는 것[或失則寡]이요, 어떤 허물은 배움을 소홀히 여겨 가벼이 생각하는 마음을 내는 것[或失則易]이요, 어떤 허물은 더 이상 하려 하지 않고 그만두려는 것[或失則止]이다. 이 네 가지에 대한 마음가짐은 모두 같지 않다 하였다.

23 **矣夫** : 어기사가 이어져 사용된 것이며 '의(矣)'는 '이미 그러한' '장차 그러할'이란 의미이며, '부(夫)'는 감탄을 나타낸다. 중점은 '부' 자에 있고 '…하구나' '…이겠지' '…인지'라고 해석한다.

1) 『좌전』 성공(成公) 12년 "無禮必食言, 吾死無日矣夫(우리들의 죽음이 며칠 남지 않았구나)!"

2) 『예기(禮記)』 "단궁상(檀弓上)" "三年之喪, 亦已久矣夫(또한 너무도 길구나)!"

24 **聞達** : 문(聞)은 명성이 세상에 알려지는 것이고, 달(達)은 입신출세하는 것이다. 공명(孔明)의 '전출사표(前出師表)'에 "신(臣)은 본시 포의(布衣)로 몸소 남양(南陽)에 밭을 갈아 간신히 생명을 난세에 보전하여 문달(聞達)을 제후에 구하지 않았더니(不求聞達於諸侯)…"라고 하였다.

25 **夷猶** : 본래의 뜻은 망설이는 모양이나 주저하는 모양을 말하나, 여기서는 방양(彷徉)과 같이 쓰임. 주석에서 머뭇거려 멀리 떠나지 아니하는 모양을 말한다 하였다.

26 **小人之罪** : 『맹자』 "고자하(告子下)" "五覇者, 三王之罪人也; 今之諸侯, 五覇之罪人也; 今之大夫, 今之諸侯之罪人也."

1) 삼왕(三王) : 하(夏)나라 우(禹) 임금·상(商)나라 탕(湯) 임금·주(周)나라 문왕(文王)을 말한다.

2) 오패(五覇) : 춘추시대 제후 가운데 다섯 맹주(盟主)로, 제(齊)나라 환공(桓公)·진(晉)나라 문공(文公)·진(秦)나라 목공(穆公)·송(宋)나라 양공(襄公)·초(楚)나라 장왕(莊王)을 말한다.

27 **乎哉** : 어기사가 연용된 것으로 대체로 세 가지 경우가 있다.

1) '호(乎)'에 중점이 있으며 의문을 나타내고 '…입니까'라고 해석한다. 『맹자』 "양혜왕상(梁惠王上)" "若寡人者, 可以保民乎哉(나 같은 사람도 백성을 보존할 수 있습니까)?"

2) 중점이 '재(哉)'에 있고 반문을 나타내며 '…하겠는가' '…인가'라고 해석한다. 『예기(禮記)』 "단궁상(檀弓上)" "吾縱生無益於人, 吾可以死害於人乎哉(내가 사람들에게 해롭게 하고 죽을 수 있겠는가)?"

3) '재(哉)'에 중점이 있으며 감탄을 나타내고 '…하구나' '…이구나'라고 해석한다. 한유(韓愈) 『송동소남서(送董邵南序)』 "董生勉乎哉(동생董生 정말 노력하는구나)!"

2

고소경덕사운법사무학십문-병서

姑 蘇¹景 德 寺 雲 法 師{1}2務 學 十 門 - 並序

●

법운 법사가 권하는 열 가지 배움의 문

玉不琢不成器, 人不學不知道.{2} 余十有五而志于學,³ 荏苒光景,⁴ 倏忽
老至. 歲月旣深, 粗知其趣, 翻歎疇昔, 殊失斯旨. 限迫桑楡,{3}5 學不可逮,
因述十門垂裕{4} 後昆,{5}6 俾務學而成功, 助弘敎而復顯云爾.⁷

1) 不修學無以成{6}

『涅槃經』⁸云:⁹ 凡有心者, 皆當得成阿耨多羅三藐三菩提.¹⁰ 何以故? 盖爲
一切衆生{7}11 皆有佛性, 此性虛通, 靈明常寂. 若謂之有, 無狀無名; 若謂
之無, 聖以之靈.{8}12 群生無始不覺自迷, 煩惱{9} 覆蔽, 遺此本明, 能生諸
緣, 枉入六趣. 由是大覺憫物迷盲, 設戒定慧三學¹³ 之法. 其道恢弘, 示從
眞以起妄; 軌範群品, 令息妄以歸眞. 若能信受佛語, 隨順師學, 乃駕苦海
之迅航, 則登聖道之梯隥.{10} 誰能出不由戶? 何莫由斯道焉!{11}

{1} 師名法雲, 字天瑞, 自稱無機子. 五歲出家, 後賜號普潤大師.

{2} 二句, 出『禮記·學記』

{3} 桑楡, 晩也, 或云日入處. 『淮南子』 "西日垂影, 在樹端曰桑楡." 言晩暮也.

{4} 饒也, 寬也, 容也.

{5} 昆亦後也.

{6} 不修戒定慧三學, 無以成菩提, 戒定慧三, 通言學者, 所以踈神達思, 怡情怡性, 聖人之上務也. 學猶飾也, 器不飾則無以爲美觀, 人不學則無以有懿德.

{7} "一切"二字, 六經無出. 『史記』云: "一切皆高祖功臣." 『惠帝記』云: "一切滿秩." 註云: 如刀切物. 苟取外面整齊, 不稽內之長短巨細也. 佛經用此二字, 意義同此.

{8} 聖通明也.

{9} 憂煎爲煩, 迷亂爲惱.

{10} 梯木階也, 隥又梯也.

{11} 洪氏曰: "人知出必由戶而不知行必由道, 道非遠人, 人自遠爾." 朱子曰: "不合理處, 便是不由道."

옥은 쪼지 않으면 그릇이 되지 못하고 사람은 배우지 않으면 도를 알지 못한다. 나는 열다섯에 배움에 뜻을 두었으나 그럭저럭 세월만 흐르다 홀연히 늙어버렸다. 세월이 이미 깊어서야 그 취지를 대강 알게 되었기에 예전을 돌아보며 이 뜻을 아주 잃어버렸음을 거듭 한탄하였다. 기한은 해 저물녘에 임박하여 다시 배워도 미칠 수는 없으리니, 이로 인해 열 가지 법문을 지어 후학들에게 드리워줌으로써 배움에 힘써서 공(功)을 이루도록 하며 부처님의 가르침을 넓히는 데 도와서 다시 밝게 드러나게 하고자 할 뿐이다.

1) 배움을 닦지 않으면 이룰 것이 없다

『열반경』에 이르기를 "무릇 마음이 있는 것은 모두가 마땅히 아뇩다라삼먁삼보리를 얻어 이룰 것이다." 하였으니 어찌하여 그런가? 대저 일체 중생은 모두 부처의 성품[佛性]이 있기 때문이다. 이 성품은 비어 있고 융통하여 신령스럽고 밝으며 항상하고 고요하니, 만약 그것을 일컬어 '있다'고 하려 하지만 모양도 없고 이름도 없으며 만약 그것을 일컬어 '없다'고 하려 하지만 성스러움은 이로써 나아가 신령스럽게 된다. 뭇 중생들이 무시이래(無始以來)로 깨닫지도 못하는 사이에 스스로 미혹해져 번뇌로 덮이고 가리워졌기에 그 본래의 밝음을 잃었으며 모든 반연(攀緣)들이 생겨나서 그릇되게 육취(六趣)로 빠져들었다. 이로 말미암아 크게 깨우치신 세존께서 중생들이 미혹하고 눈이 먼 것을 불쌍히 여겨 계(戒)·정(定)·혜(慧)의 세 가지 배움의 법을 베푼 것이다. 그 도는 넓고도 넓어 참된 것으로부터 허망한 것이 일어났음을 드러내 보이고는 뭇 중생들에게 궤범이 되어 허망한 것을 쉬게 함으로써 참된 것으로 돌아가게 하시니, 만일 능히 부처님의 말씀을 믿고 받아들이며 스승을 따르고 순종하여 배운다면 이에 고통의 바다를 운행하는 빠른 배가 될 것이요 성스러운 길에 오르는 사다리이며 계단이 될 것이다. 어느 누가 나갈 때 문을 통하지 않을 수 있겠는가? 어찌 이 도(道)로 말미암지 않으리요!

{1} 선사의 이름은 법운이요 자는 천서이며 스스로 무기자라 일컬었다. 5세에 출가하였으며, 후에 보윤대사의 법을 이었다.

{2} 두 구절은 『예기』의 학기편에 나온다.

{3} 상유(桑楡)는 해 질 무렵, 혹은 해가 떨어지는 곳을 말한다. 『회남자』에 "서쪽으로 해가 그림자를 드리우며 나무의 끝에 있는 것을 상유라 한다." 하였으니 해 질 무렵을 말한다.

{4} 넉넉함이요, 너그러움이요, 포용력이 있음이다.

{5} 곤(昆) 역시 후(後)이다.

{6} 계·정·혜의 삼학을 닦지 않으면 보리를 이룰 수가 없나니, 계·정·혜 세 가지를 통틀어 학(學)이라 말한 것은 그것으로써 정신을 소탈하게 하고 생각을 활달하게 하며 감정과 성품을 기쁘게 하기 때문이므로 성인이 가장 힘써야 할 바이다. 학은 장식한다는 것과도 같으니, 그릇은 장식하지 않으면 아름답게 여길 것이 없거니와 사람으로서 배우지 않으면 곧 기를 만한 덕행이 없을 것이다.

{7} '일체(一切)' 두 자는 육경(六經)에 출처가 없다. 『사기』에 이르기를 "일체(一切) 모두 고조의 공신이다." 하였으며, 『혜제기』에 이르기를 "하나같이 칼로 끊은 듯[一切] 질서정연하다." 하고는 주석에서, 마치 칼로 물건을 절단한 듯 하다고 하였으니, 단지 외면의 가지런함만을 취한 것이지 내면의 길고 짧음과 크고 세밀함을 헤아린 것은 아니다. 불경에서 이 두 자를 사용할 때도 그 의미가 이와 같다.

{8} 성(聖)은 사리에 통달하여 밝음을 말한다.

{9} 근심으로 마음 졸이는 것을 일컬어 번(煩)이라 하고, 미혹하여 혼란스러운 것을 뇌(惱)라 한다.

{10} 제(梯)는 나무 계단이며 등(隥) 또한 제(梯)이다.

{11} 홍씨가 이르기를 "사람들은 나갈 때 반드시 문을 통해야 한다는 것은 알면서도 반드시 도를 통해 수행해야 함은 알지 못하니, 도가 사람을 멀리하는 것이 아니라 사람이 스스로 멀어질 뿐입니다." 하였으며, 주자가 이르기를 "이치에 합당하지 않은 것은 곧 도를 통하지 않았기 때문이다." 하였다.

2) 不折我無以學

『說文』¹⁴云: "我, 施身自謂也." 『華嚴』¹⁵云: "凡夫¹⁶無智, 執着於我." 『法華』¹⁷云: "我慢¹⁸自矜高, 諂曲心不實."{12} 由執我見,¹⁹ 憍慢貢高, 不愧無智, 妄自尊大, 見善不從, 罔受敎誨, 於賢不親, 去道甚遠. 欲求法者, 當折我心, 恭黙思道, 屈節{13}卑禮{14} 以敬事長, 尊師重道, 見賢思齊²⁰ 鳩摩羅什{15}²¹初學小敎, 頂禮²²槃頭達多,{16} 此下敬上, 謂之賢尊; 槃頭達多晚求大法, 復禮鳩摩羅什, 此上敬下, 謂之尊賢.{17}

故, 『周易』²³曰: "謙, 德之柄也." 『書』云: "汝惟不矜,{18} 天下莫與汝爭能; 汝惟不伐, 天下莫與汝爭功."{19} 晏子²⁴曰: "夫爵{20}益高者意益下, 官益大者心益小, 祿益厚者施益博." 子夏²⁵曰: "敬而無失, 恭而有禮,{21} 四海²⁶之內皆兄弟也."{22}²⁷

{12} 諂曲者, 罔冒於他, 曲順時宜, 矯設異議, 或藏己失.

{13} 屈折肢節以服事也.

{14} 卑辭敬禮.

{15} 此云童壽, 其祖印土人. 父以聰敏見稱, 龜玆王聞之, 以女妻之而生什. 七歲出家, 日誦千偈, 亦通義旨. 母生什後, 亦出家爲尼, 得第三果也.

{16} 罽賓國人, 未詳華言.

{17} 達多晚求大乘, 禮什爲師曰: "和尙是我大乘師, 我是和尙小乘師."

{18} 自賢曰矜.

{19} 舜誡禹之辭. 老子曰: "不自伐故有功, 不自矜故爲長; 自伐者無功, 自矜者不長."

{20} 爵, 鳥名, 象其形爲酌器, 取其能飛而不溺於酒. 『說文』 "取其鳴節節, 足足也." 陸佃云: "一升曰爵, 亦取其鳴節節, 以誡荒淫. 大夫以上, 與燕享後賜爵, 以彰有德, 故因謂命秩, 爲爵祿爵位, 命秩曰爵, 守取曰官."

{21} 心多貌小曰敬, 貌多心小曰恭. 又形虔曰恭, 心重曰敬.

{22} 『論語』司馬牛曰: "人皆有兄弟, 我獨亡." 子夏答之.

2) 나를 굽히지 않으면 배울 만한 것이 없다

『설문』에 이르기를 "'나'라는 것은 부모로부터 베풀어져 받은 몸을 스스로 일컫은 것이다." 하였고, 『화엄경』에 이르기를 "범부는 지혜가 없기 때문에 '나'에 집착한다." 하였으며, 『법화경』에 이르기를 "아만으로 스스로 긍지가 높아진 마음이나 아첨으로 굽은 마음은 실답지 못하다." 하였다. '나'라는 소견에 집착됨으로 말미암아 교만스럽고도 높은 체 하며, 지혜 없음을 부끄러워하지 않고 망령되이 스스로 존귀하고도 위대하게 여기며, 착한 이를 보고도 따르지 않고 그 가르침을 받지도 않으며 어진 이를 가까이하지 않으니 도(道)와 매우 멀리 떨어져 있게 된다. 법을 구하고자 한다면 마땅히 나의 교만한 마음을 꺾고 삼가 묵묵히 도를 생각하며, 몸을 굽히고 자신을 낮춤으로써 예를 차리고 공경으로써 어른을 섬기며, 스승을 존중하고 도를 소중히 하며 현인을 보면 그와 가지런해질 것을 생각하라. 구마라집이 처음 소승의 가르침을 배울 때는 반두달다에게 정례(頂禮)하였으니 이것은 아랫사람이 윗사람을 공경하는 것이라 이를 일컬어 "높은 이를 귀하게 여긴다[貴尊]."라고 하며, 반두달다가 뒤에 대승의 법을 구할 때 다시 구마라집에게 예를 드렸으니 이것은 윗사람이 아랫사람을 공경하는 것이라 이를 일컬어 "현명한 이를 존귀하게 여긴다[尊賢]."라고 한다.

그러므로 『주역』에 이르기를 "겸양은 덕의 근본이다." 하였고, 『상서』에 이르기를 "네가 오직 뽐내지 않으면 천하가 너와 더불어 능력을 다투지 않을 것이요, 네가 오직 자랑하지 않으면 천하가 너와 더불어 공덕을 다투지 않을 것이다." 하였다. 안자가 이르기를 "무릇 작위가 높을수록 뜻을 더욱 낮추고, 관직이 클수록 마음을 더욱 작게 가지며, 녹봉이 두터울수록 베풀기를 더욱 넓게 하라." 하였으며, 자하가 이르기를 "공경함에 실수가 없고 공손함에 예의가 있으면 온 천하가 모두 형제이다."라고 하였다.

{12} 첨곡(諂曲)이란, 다른 사람을 속여넘기고자 그때그때의 적당함에 따라 간사하게 순종하며 구구한 의견만을 기만으로 늘어놓거나 혹은 자기의 실수를 숨기는 것이다.

{13} 사지의 마디를 굴절시킴으로써 복종하고 섬기는 것이다.

{14} 자신을 낮추고 사양함으로써 남을 공경하고 예우하는 것이다.

{15} 이곳 말로 하면 동수(童壽)이니, 그의 조상은 인도 사람이다. 부친이 총명하고 민첩함으로 명성을 얻자 구자왕이 그 이야기를 듣고는 그의 여식을 그에게 시집 보내니 구마라집을 낳았다. 7세 때 출가하여 날마다 1천의 게송을 외웠으며 또한 그 올바른 뜻을 통달하였다. 모친도 구마라집을 낳은 후에 출가하여 비구니가 되어 제3과(果)를 증득하였다.

{16} 계빈국 사람으로, 중국말로 어떤 뜻인지 상세하지 않다.

{17} 반두달다는 만년에 대승의 법을 구함에 구마라집을 스승으로 예우하며 말하기를 "스님은 대승에 있어서 나의 스승이요, 나는 소승에 있어서 스님의 스승입니다." 하였다.

{18} 스스로 현명하다 생각하는 것을 일컬어 긍(矜)이라 한다.

{19} 순이 우를 훈계한 말이다. 노자가 말하기를 "스스로 자랑하지 않는 까닭에 공이 있게 되고 스스로 뽐내지 않는 까닭에 어른이 되는 것이니, 스스로 자랑하는 자는 공이 없게 되고 스스로 뽐내는 자는 어른답지 못하다." 하였다.

{20} 작(爵)은 새 이름이니 그 모습을 본따서 술잔을 만든 까닭은, 새는 능히 날아다닌다는 뜻을 취하여 술에 빠져들지 않고자 함이다. 『설문』에는 "그 울음소리가 '절절족족'인 것을 취한 것이다." 라 하였다. 육전이 말하기를 "1 되[升]를 일컬어 작이라 하며, 또한 그 울음소리가 '절절(節節)'인 것을 취하여 사음(邪淫)을 경계한 것이다. 대부 이상에게 주연을 베푼 후에 잔[爵]을 줌으로써 덕이 있음을 드러낸 까닭에 그로 인해 품계나 벼슬을 일컫게 되어 작록(爵祿) 또는 작위(爵位)가 되었으니, (명예적인 벼슬로서의) 품계나 벼슬을 작이라 하고 (실질적인 벼슬로서의) 관직을 관(官)이라 한다." 하였다.

{21} (공손함의 정도에 있어서) 속마음에 비해 겉모습이 덜 깍듯한 것을 경(敬)이라 하고, 속마음에 비해 겉모습이 더 깍듯한 것을 공(恭)이라 한다. 또는 겉모습이 (더욱) 정성스러운 것을 공이라 하고, 속마음이 (더욱) 중후한 것을 경(敬)이라 한다.

{22} 『논어』에서 사마우가 "사람들은 모두 형제가 있으나 나는 혼자로서 아무도 없습니다."라고 하자 자하가 그렇게 답하였다.

3) 不擇師無以法

鳥之將息, 必擇其林; 人之求學, 當選於師. 師乃人之模範.{23}28 模不模, 範不範, 古今多矣. 爲模範者, 世有二焉, 上則智慧博達, 行業堅貞, 猶密室 燈光徹窓隙. 次乃解雖洞曉, 行亦藏瑕, 如犯罪人持燈照道. 斯二高座{24} 皆蘊師法, 其如寡德適時, 名而不高,{25} 望風依附, 畢世荒唐.{26}

　　東晋29 安師,30 十二出家, 貌黑形陋, 師輕視之, 駈役田舍. 執勞三年, 方求師教授『辨意經』.31 執卷入田, 因息就覽, 暮歸還師, 經已闇誦, 師方 驚歎, 乃爲剃髮.{27} 至受具戒,{28}32 恣其遊學, 投佛圖澄,{29}33 見以奇 之: "異哉小童, 眞世良驥, 不遇靑眼,34 困駕鹽車, 自非伯樂,35 奚彰千里之 駿?"{30}

　　故出家者愼宜詳擇, 察有匠成36之能, 方具資稟之禮. 故南山37云: 眞 誠出家者, 怖四怨{31}38之多苦, 厭三界之無常, 辭六親之至愛, 捨五慾之 深着, 能如是者, 名眞出家. 則可紹隆三寶, 度脫四生, 利益甚深, 功德無 量. 比眞敎凌遲,{32}39 慧風掩扇, 俗懷侮慢, 道出非法, 並由師無率誘之 心, 資缺奉行之志.{33} 二彼相捨, 妄流鄙境, 欲令道光, 焉可得乎?

{23} 模範者, 以木曰模, 以竹曰範, 皆鑄器之式也. 楊子曰: "務學不如務求師. 師者, 人之模範, 模 不模·範不範, 爲不少矣." 模又木名, 昔模木生於周公塚上, 其葉春靑·夏赤·秋白·冬黑, 以 色得其正也; 楷木生於孔子塚上, 其幹枝疎以不屈, 以質得其直也. 若正與直, 可爲法則, 況 在周·孔之塚乎! 見『淮南子』.

{24} 上則行解俱圓, 次則有解無行也. 尸黎密多羅, 天竺國王子, 讓位出俗, 至建康, 王導·庚亮· 周顗等一時名公, 皆造門結友, 號爲高座, 高座之號始此.

{25} 『梁高僧傳』云: "實行潛光則高而不名, 寡德適時則名而不高."

{26} 虛而不實, 無所憑據.

{27} 道安, 家世英儒, 早失覆蔭, 爲表兄所養. 七歲讀書, 一覽能記. 十二出家, 神雖聰敏, 形貌甚 陋, 不爲師所重, 駈役執勞, 曾無怨色. 方啓師求經, 授『辯意長者經』一卷, 僅五千言, 入田因 息而覽, 暮歸以經還師, 更求餘者, 師曰: "昨經未讀, 今更求也?" 答: "已暗誦." 師雖異而未信,復授『光明經』, 可九千言, 暮歸復還, 師執經覆之, 不差一字, 師大驚異. 以貌黑故, 時人謂之黑頭陀, 又謂漆道人.

{28} 佛在羅閱城, 有群童子, 大者年十七, 小者十二, 欲出家, 比丘卽度受大戒, 不堪一食, 夜啼. 佛制年滿二十, 方受大戒, 依年受具, 是也.

{29} 神異不測. 腹傍有一孔, 常以絮塞之, 夜乃拔之, 光照一室, 晝至流泉, 從孔中引出腸胃, 洗訖還內腹中.

{30} 『祖庭錄』云: "李伯樂, 字孫陽, 善相馬. 行至虞山之坂, 有一駿馬至而其人不識, 用駕塩車, 遙見伯樂乃鳴, 以坐下馬易之, 日行千里. 有人, 詩云: 花有梅花鳥有鶯, 早開先囀悅人情, 可憐孤竹塩車馬, 不遇知音負一生."

{31} 四魔也.

{32} 凋敗也.

{33} 老子曰: "善人, 不善人之師, 不善人, 善人之資." 說者曰: "善人有不善人然後, 善救之功著, 故曰資."

3) 스승을 가리지 않으면 본받을 것이 없다

새가 쉬고자 하면 반드시 앉을 숲을 택하고 사람이 배움을 구하고자 하면 응당 스승을 가리게 된다. 스승은 곧 사람의 모범(模範)인데 모(模)가 모 답지 못하고 범(範)이 범 답지 못한 이가 고금에 허다하다. 모범이 되는 자는 세상에 두 가지가 있으니, 그중 뛰어난 자는 지혜가 넓고도 활달하며 행업(行業)이 굳고도 곧은 것이 마치 밀실의 등불의 빛 줄기가 창 틈을 꿰뚫고 나가는 듯 하는 자이며, 그 다음은 곧 견해는 비록 꿰뚫어 깨닫고 있으나 행위에 또한 티끌을 숨기고 있으니 마치 죄를 범한 사람이 등불을 가지고 길을 비춰주는 듯 하는 자이다. 이러한 두 어른은 모두 스승으로서의 법도를 쌓은 자이지만, 만일 부족한 덕행으로 적당한 시기를 만나 이름은 났으나 실제는 높지 못한 자를 그 소문만 바라보고 의지한다면 생을 마칠 때까지 허탕을 칠 것이다.

동진의 도안 법사는 12세에 출가함에 얼굴이 검고 몸이 비루하여 스승이 그를 가벼이 보고 농막에 내몰아 일만 시켰다. 수고를 3년 동안 하고서야 비로소 스승에게 가르침을 구하니 『변의경』을 주기에 책을 가지고 밭에 들어가 쉬는 틈에 모두 살펴보고 해 저물어 돌아와서 스승에게 돌려주고는 경전을 이미 모두 암송하니 스승이 그제서야 놀라며 찬탄하고는 이에 머리를 깎아주었다. 구족계를 받기에 이르러 마음대로 돌아다니며 배우다가 불도징에게 귀의하니 그를 보고는 기이하게 여겨 "기이하다, 어린아이여! 참된 세상의 훌륭한 말이지만 눈 푸른 자를 만나지 못하여 수고롭게 소금수레를 멍에 하였구나. 만일 백낙이 아니었다면 어찌 천리의 준마임이 드러났겠는가." 하였다.

그러므로 출가하는 자는 신중하고 자세히 알아보고 선택하되, 살펴보아 나를 다듬어줄 능력이 있으면 그제서야 제자의 도리로써 법을 묻는 예를 갖추어라. 그러므로 남산이 이르기를 "참으로 순수하게 출가하는 자는 사원(四怨)의 많은 괴로움을 두려워하고 삼계(三界)의 무상함을 싫어하며 육친(六親)의 지극한 사랑을 여의고 오욕(五慾)의 깊은 애착을 버린다." 하였으니 능히 이와 같이 해야만 참된 출가라 이름할 것이다. 곧 삼보를 계승하여 융성케 하고 사생(四生)을 제도하여 해탈케 할 수 있으면 그 이익은 매우 깊고 공덕은 무량할 것이다. 요즈음 참된 가르침은 능멸되고 지연되며 지혜의 바람은 가려지고 속인들은 업신여기는 마음을 품으며 도(道)에서 그릇된 법(法)이 나오는 것은 그 모든 것이 스승은 이끌어 인도하는 마음이 없고 제자는 받들어 행하려는 뜻이 결핍된 때문이다. 둘 다 모두 서로를 버려 망령스레 비루한 경계로 흐르게 되니 도(道)로 하여금 빛이 발하도록 하고자 하나 어찌 그러함을 얻을 수 있겠는가!

{23} 모범(模範)이란, 나무로 된 것을 모(模)라 하고 대나무로 된 것을 범(範)이라 하는데 모두 기물을 주조하는 형틀이다. 양자가 말하기를 "배움에 힘쓰는 것은 스승을 구함에 힘쓰는 것만 못하다. 스승이란 사람의 모범이지만 모로서 모답지 못하고 범으로서 범답지 못한 이가 적지 않다." 하였다. 모는 또한 나무의 이름이니, 옛날에 모나무가 주공의 무덤 위에 났는데 그 잎이 봄에는 푸른색을, 여름에는 붉은색을, 가을에는 흰색을, 겨울에는 검은색을 띠었음에 색(色)으로써 그 바름을 얻은 것이며, 해(楷)나무가 공자의 무덤 위에 났는데 그 줄기와 가지가 성글었으나 굽지 않았음에 질(質)로써 그 곧음을 얻은 것이다. 만약 바르거나 곧은 것이라면 가히 법칙이 될 것이거늘 하물며 주공과 공자의 무덤에 있음에랴. 『회남자』를 참고하라.

{24} 보다 뛰어난 것은 행(行)과 해(解)가 모두 원만한 것이고, 그다음 것은 해는 있으되 행이 없는 것

이다. 시려밀다라는 천축국의 왕자로써 왕위를 사양하고 출가하여 건강에 이르니 왕도와 유량 및 주의 등 한때 이름 있는 공경대부들이 모두 몰려와 벗을 맺으며 그를 고좌(高座)라 부르니, 고좌라는 호칭이 여기에서 비롯하였다.

{25} 『양고승전』에 말하였다. "실다운 행(行)이 빛을 잠재우고 있으면 곧 고귀하되 명성은 없으며, 적은 덕(德)으로 때를 만났으면 곧 명성은 얻을 것이나 고귀하지는 않다."

{26} 허망하면서도 실답지 않으니 기대어 의지할 바가 없다.

{27} 도안은 그 집안이 대대로 뛰어난 유학자였는데 일찍 부모를 잃고 사촌 형에 의해 양육되었다. 7세 때 책을 읽음에 한 번 훑어보고는 능히 암기하였다. 12세 때 출가하였는데, 생각은 비록 총명하고 민첩하였으나 외모가 매우 비루하여 스승이 중히 여기는 바가 되지 못하고 노역에 내몰려 일만 하였으나 그래도 원망하는 기색이 없었다. 바야흐로 스승에게 여쭈어 경전을 구하자 『변의장자경』1권을 줌에 거의 5천 자[言]가 되었는데, 밭에 들어가 쉬는 틈에 훑어보고는 저물어 돌아와서 경을 스승에게 돌려주며 다시 나머지를 구하였다. 그러자 스승이 "어제 준 경전을 아직 다 읽지도 않고서 지금 다시 달라느냐?"라고 하자 "이미 모두 암송하였습니다." 함에 스승이 비록 기이하게 여겼으나 믿지 않고 다시 『광명경』을 주었다. 거의 9천 자[言]가 되었는데, 저물어 돌아와서 다시 돌려주니 스승이 경을 덮었으나 한 자도 틀리지 않음에 스승이 크게 놀라며 기이하게 여겼다. 외모가 검은 까닭에 당시 사람들은 그를 흑두타라 일컬었고 또한 칠도인이라 일컬었다.

{28} 부처님이 나열성에 계실 때 한 무리의 어린아이들이 있었는데 큰아이는 17세였고 작은아이는 12세로, 출가하고자 하므로 비구가 곧 구족계를 받게 하였더니 하루 한 끼의 식사를 견디지 못하고 밤이면 울었다. 부처님께서 20세를 채워서야 구족계를 받도록 계율을 제정하시니, '나이에 의해 구족계를 받는다' 함이 바로 이것이다.

{29} (불도징의) 신비와 이적은 헤아릴 수 없다. 배 옆구리에 구멍이 하나 나 있어서 항상 솜으로 그곳을 막고 있었는데 밤에 솜을 빼내면 빗줄기가 온 방 안을 비추었으며, 낮에는 흐르는 샘물이 있는 곳에 이르러 구멍으로 창자와 위를 꺼내어 모두 씻은 후에 다시 배 안으로 넣곤 하였다.

{30} 『조정록』에 말하였다. "이백락의 자는 손양으로 말을 볼 줄 알았다. 여행을 다니다 우산의 언덕에 이르니 한 필의 준마가 있었는데 그 주인은 알아보지 못하고 소금 수레를 끄는데 부리고 있는지라. 말이 멀리서 백락을 보고는 울자 (백락이) 타고 있던 말과 바꾸니 하루에 능히 천리를 달렸다. 어떤 사람이 시로써 말하였다: 꽃은 매화 새는 꾀꼬리, 일찍 피고 앞서 울어 사람 마음 기쁘나니, 가련하다 홀로 핀 대나무 소금 수레 지친 말, 알아볼 이 만나지 못해 헛된 한 생을 짊어졌구나."

{31} 네 마귀이다.

{32} 시들고 무너짐이다.

{33} 노자가 "착한 사람은 착하지 않은 사람의 스승이요, 착하지 않은 사람은 착한 사람의 밑천이다."라고 하니 설자가 "착한 사람이란 착하지 않은 사람이 있은 연후에 착하고 구원하는 공덕이 드러나는 까닭에 '밑천'이라 말하는 것이다."라 하였다.

4) 不習誦無以記

記諸善言,{34} 諷{35}而誦之, 迦葉40·阿難41具足住持{36}八萬法藏.42 西域43·東夏44高德出家, 幼年始習, 皆學誦持, 竺45佛圖澄能誦佛經數百萬言. 佛陀跋陀,{37}46 此云覺賢, 同學數人習誦爲業, 餘人一月工誦, 覺賢一日能記, 其師歎曰:"一日之學, 敵三十夫." 然人之至愚, 豈不日記一言? 以日繫月, 以月繫年,{38} 積工必廣, 累課亦深, 其道自微而生, 何患無所立矣?

{34}『祖庭』云:"『魯論』二十篇, 皆孔子弟子記諸善言也."
{35} 讀也.
{36} 潛子云:"藉人持其法, 使之永住而不泯也. 夫戒·定·慧, 持法之具也; 僧園物務, 持法之資也; 法者, 大聖人之道也."
{37} 此乃甘露飯王之裔, 大乘三果人. 早失怙恃, 從祖悼其孤露, 度爲沙彌. 至年十七, 與同學數人, 習誦爲業, 來神州, 與什相見, 什所有疑者, 多就咨決.
{38}『左傳』云:"記事者, 以事繫日, 以日繫月, 以月繫時, 以時繫年, 所以記遠近·別同異也." 註: 時者, 三月爲一時; 繫者, 以下綴上之辭, 書其日有事, 卽以事綴於日, 紀年月之遠近, 分事物之同異.

4) 익히고 소리내어 읽지 않으면 기억할 수 없다

모든 좋은 말들을 기록하여 읽되 소리 높여 읊을지니, 가섭과 아난은 8만의 법전을 온전하게 갖추어 지녔었다. 서역과 중국의 고승대덕들은 출가하면 어려서부터 익히기 시작하여 모두 외워 지니기를 배웠으며, 축불도징은 불경의 수백만 글귀를 능히 외웠다. 이곳 말로 '각현(覺賢)'이라 번역되는 불타발타는 몇 사람과 함께 배우면서 익혀 외우는 것을 업으로 삼음에 다른 사람은 한 달 만에야 능숙하게 외우는 것을 각현은 하루에 능히 기억하니 그의 스승이 찬탄하여 이르기를 "하루 동안 배운 것이 서른 날 배운 것에 필적한다." 하였다. 그러니 사람이 아무리 어리석더라도 어찌 하루에 한 마디를 기억하지 못하겠는가? 날로써 달을 잇고 달로써 해를 잇는다면 쌓여진 공부는 반드시 넓어지고 누적된 성과 역시 깊어질 것이므로 그 도(道)는 미약한 것으로부터 생겨나는 것이니 어찌 이룰 바가 없을까 근심하겠는가!

{34} 『조정』에 말하였다. "『노론』20편은 모두 공자의 제자가 모든 좋은 말들을 기록한 것이다."

{35} 읽는 것이다.

{36} 잠자가 말하였다. "사람에 의지하여 불법을 유지 보존함으로써 그 법이 영원히 머물러 없어지지 않도록 하는 것이다. 무릇 계·정·혜는 법을 유지 보존하는 도구이며, 승려와 사원 및 상주물과 힘써 노력함은 법을 유지 보존하는 밑천이며, 법이란 큰 성인의 도이다."

{37} 그는 곧 감로반왕의 후손으로 대승의 삼과(三果)를 증득한 사람이다. 일찍이 믿고 의지할 곳을 잃자 종조부가 그의 외롭고도 고달픔을 애석하게 생각하여 출가시켜 사미가 되게 하였다. 17세에 이르러 같이 공부하는 몇 사람과 경전을 익히고 외우는 일에 전념하다가 신주에 와서 구마라집과 더불어 서로 만나게 되자 구마라집이 의심스러웠던 바를 가지고 가서 많은 자문을 구하여 해결하였다.

{38} 『좌전』에 이르기를 "일을 기록한다는 것은, 사건을 날에 잇고 날을 달에 잇고 달을 절기에 잇고 절기를 해에 이음으로써 멀고 가까움을 기록하고 같고 틀림을 구별 짓는 것이다." 하고는 주석에서, 절기[時]라는 것은 3개월을 한 절기로 삼으며 잇는다[繫]는 것은 아래의 것으로써 위의 것에 연잇는다는 말이니 어느 날에 어떤 일이 있으면 기록하고 그 일을 그날에 연결 지음으로써 연월의 멀고 가까움을 계통을 세워 기록하고 사건의 같고 다름을 분별하게 하는 것이라 하였다.

5) 不工書無以傳

書{39}47者, 如也, 叙事如人之意. 防現生之忘失, 須繕{40}寫而編錄, 欲後代以流傳, 宜躬書以成集, 則使敎風不墜, 道久彌芳. 故釋氏經律48結集49貝多,{41} 孔子詩書刪定竹簡.{42}50 若不工書, 事難成就. 翻思智者{43}51無礙之辯, 但益時機, 自非章安{44}52秉筆之力, 豈留今日? 故罽賓53高德槃頭達多, 從旦至中, 手寫千偈,54 從中至暮, 口誦千偈; 但當遵佛, 能寫名字, 愼勿傚世, 精草隸焉.{45}55

{39} 書者, 亦庶也, 記庶物也. 又如也, 寫其言如其意也.

{40} 繕, 補也緝也. 綴緝文字, 謂之繕寫也.

{41} 貝多羅, 此云岸形, 『西域記』南印度 建那國, 北有多羅樹, 距三十里, 其葉長廣, 其色光潤, 諸國書寫, 莫不採用. 故, 阿難等, 結集三藏, 皆書此葉也.

{42} 簡, 竹片也. 古者無紙, 有事, 書之於簡. 單執一札曰簡, 連編諸簡曰策. 謂刪詩書, 定禮樂, 書之於簡策也.

{43} 師諱智顗, 字德安, 華容 陳氏, 子. 七歲入寺, 聞僧誦『法華』, 忽自憶七卷之文, 宛如夙習, 位居十信前五品弟子位. 辯才無礙, 隋 文帝賜智者之號.

{44} 灌頂法師, 字法雲, 章安人. 慧解天縱, 智者命爲侍者, 記其所說, 垂之未來, 殆與慶喜結集, 同功而比德, 微章安, 智者之道, 將絶聞於今日也.

{45} 吳郡 張芝, 字伯英, 善草書, 氣脈通連, 隔行不斷, 謂之一草書. 周太史籀始制大篆, 秦 李斯又爲小篆. 秦 下邽人程邈爲獄吏, 得罪繫獄, 覃思十年, 易小篆爲隸書三千字, 秦始皇喜而免其罪, 用爲御使, 謂徒隸所造也.

5) 글 쓰는 법을 공부하지 않으면 전할 방법이 없다

'글[書]'이란 '같다[如]'는 것이니 사람의 뜻과 똑같이 어떤 일을 서술함을 말한다. 현생에 잊어 먹음을 방지하기 위해서는 모름지기 정갈하게 엮어 베끼고 순서대로 엮어 기록할 것이요 후대에 전해지도록 하려면 마땅히 몸소 글을 써서 집성할 것이니, 그렇게 한다면 가르침의 기풍은 떨어지지 않게 되고 도(道)는 오랠수록 더욱 꽃답게 될 것이다. 그러므로 석가의 경전과 율법은 패다라 잎에 결집(結集)되었고 공자의 시(詩)와 서(書)는 대나무 줄기에 산정(刪定)되었으니, 만약 글 쓰는 일을 공부하지 않았다면 일은 성취되기 어려웠을 것이다. 돌이켜 생각건대 지자 대사의 걸림 없는 변설은 단지 당시 중생들의 근기에 유익할 뿐이었거늘 만일 장안의 집필력이 아니었으면 어찌 오늘에까지 유포되었겠는가? 그러므로 계빈국의 고승대덕인 반두달다는 새벽부터 낮까지 손수 1천 편의 게송을 쓰고 낮부터 저녁까지 입으로 1천 편의 게송을 외웠다. 다만 응당 부처님을 좇아 능히 이름자를 쓸 수 있게 할 뿐, 세상을 본받아 초서와 예서를 정교하게 하는 일은 삼가 하지 않도록 하라.

{39} 서(書)는 많다[庶]는 것이니, 여러가지 사물에 대해 기록하기 때문이다. 또는 같다[如]는 것이니, 말을 글로 쓸 때는 그 뜻과 같게 하기 때문이다.

{40} 선(繕)은 깁거나 꿰매는 것이다. 문자를 꿰매어 모으는 것을 일컬어 선사(繕寫)라 한다.

{41} 패다라는 이곳 말로 하면 '언덕 모양'이다. 『서유기』에서, 남인도 건나국의 북쪽에 다라(多羅)나무가 있으니 크기가 30리로 그 잎이 길고도 넓은데 그 색이 빛나고도 윤기가 있어 모든 나라에서 글을 쓸 때는 그것을 가져다 쓰지 않음이 없었다고 한다. 그러므로 아난 등이 삼장(三藏)을 결집할 때 모두 이 잎에다 글을 썼다.

{42} 간(簡)은 대나무 조각이다. 옛날에는 종이가 없었기에 일이 있으면 죽간에다 글을 썼다. 하나의 대나무 조각을 홑으로 놓아둔 것을 간이라 하고, 여러 개의 간을 연결 지어 엮은 것을 책(策)이라 한다. 시(詩)와 서(書)를 추리고 예(禮)와 악(樂)을 정리하여 간책(簡策)에 기록했음을 말한다.

{43} 선사의 휘는 지의, 자는 덕안이며 화용 진씨의 자손이다. 7세 때 절에 들어와 스님이 『법화경』 외는 것을 듣고는 문득 7권의 글귀를 스스로 기억하였는데, 그 완연함이 마치 옛날부터 익혔던 것 같았기에 십신(十信)의 앞인 오품제자(五品弟子)의 지위에 자리하게 되었다. 말솜씨에 재주가 있어 걸림이 없음에 수문제가 '지자(智者)'라는 호를 하사하였다.

{44} 관정 법사의 자는 법운으로 장안 사람이다. 하늘이 내린 지혜와 이해력을 가졌기에 지자 대사가 명하여 시자로 삼자 그가 이야기한 바를 기록하였다가 뒷날까지 전해 주었으므로 경희가 결집한 것과 더불어 그 공덕을 견줄 수 있으리니, 장안이 아니었다면 지자 대사의 도는 아마도 오늘날 들을 수 없었을 것이다.

{45} 오군의 장지는 자가 백영으로 초서에 뛰어났는데, 기맥이 연이어 통함에 (붓끝이) 멈추는 듯 나아감이 끊지지 않았으니 이를 일컬어 일초서(一草書)라 하였다. 주나라 태사 주가 처음으로 대전(大

篆)을 만들었고, 진나라 이사가 또 소전(小篆)을 만들었다. 진나라 하규 사람 정막이 옥사의 관리가 되었다가 죄를 받아 옥에 갇혀 생각에 잠겨 있기를 **10**년, 소전을 바꿔 예서(隸書) **3**천 자를 만드니 진시황이 기뻐하여 그의 죄를 면하게 해주고 등용하여 어사(御使)로 임명하였는데, 죄수가 만든 것이라 (하여 예서라) 하였다.

6) 不學詩無以言

言善則千里之外應之, 言不善則千里之外違之.{46} 『詩』⁵⁶陳褒貶,{47} 語順聲律,{48}⁵⁷ 國風敦厚,{49} 雅頌溫柔,{50} 才華氣清, 詞富彬蔚.{51} 久習卽語論{52}自秀, 纔誦乃含吐不俗. 彼稱四海習鑿齒,⁵⁸ 此對彌天釋道安.{53} 陳留⁵⁹ 阮瞻⁶⁰時忽嘲曰: "大晋龍興, 天下爲家, 沙門何不全髮膚, 去袈裟,⁶¹ 釋梵服, 被綾紗?" 孝龍{54}⁶²對曰: "抱一以逍遙, 唯寂以致誠. 剪髮毁容, 改服變形, 彼謂我辱, 我棄彼榮. 故無心於貴而愈貴, 無心於足而愈足." 此乃氣蘊蘭芳,{55} 言吐風采,{56} 雖不近乎聾俗, 而可接於淸才.{57} 佛法旣委王臣,{58} 弘道須習文翰.{59} 支遁⁶³投書北闕,{60}⁶⁴ 道安方逸東山,{61}⁶⁵ 自非高才, 豈感君主?{62} 宜省狂簡之言, 徒虛語耳.{63}

{46} 『易·繫辭』"君子居其室, 出其言善, 則千里之外應之, 況其邇者乎! 君子居其室, 出其言不善, 則千里之外違之, 況其邇者乎!"

{47} 褒, 揚美也; 貶, 抑挫也. 善者可以感發人之善心, 惡者可以懲創人之逸志也. 創, 亦懲也. 詩三百, 褒揚其善, 貶抑其惡.

{48} 聲, 五音也; 律, 六律也. 叶於聲律故, 歌詩以鼓琴瑟. 聲屬陽, 律屬陰. 楊子曰: "聲生於日, 律生於辰也."

{49} 十五國風俗歌謠, 敦大而重厚也. 風是民庶之作也. 『詩』序云: "上以風化下, 下以風刺上." 刺, 譏切也. 又如物因風之動以有聲, 而其聲又足以動物也.

{50} 『雅』, 大小二『雅』; 『頌』, 周·商·魯三『頌』. 『雅』是朝延之詩, 『頌』是宗廟之詩, 皆溫和而柔順也.

{51} 彬, 文采炳朗也; 蔚, 文華深密貌. 『易』曰: "其文蔚也."

{52} 以言告人曰語, 對人難辨曰論.

{53} 襄陽高士習鑿齒先聞安重名, 致書通好, 安自陸渾山至壇溪寺. 習聞安至, 詣安, 旣坐自稱"四海習鑿齒", 安曰"彌天釋道安". 時人, 以爲名對.

{54} 『高僧傳』云: "沙門支孝龍, 淮陽人. 少以風姿見重, 加以高論適時, 陳留·阮瞻等, 並結知音之交, 時人號爲八達."

{55} 蘭生幽谷, 淸香遠聞. 黃山谷曰: "一榦一花而香有餘者, 蘭; 一榦數花而香不足者, 蕙也." 蕙亦蘭屬也.

{56} 風流文采.

{57} 雖見棄於聾瞽無知之俗, 可以敵對於淸新才藝之士.

{58} 佛於靈山付囑國王·大臣, 使其外護也.

{59} 翰, 文詞也.

{60} 晋哀帝時, 竺潛辭闕而歸剡, 詔支遁繼講於禁中, 遁乃抗表還山. 北闕卽玄武門也. 未央殿前雖南向, 而上書奏事謁見之徒, 皆詣北闕, 然則北闕爲正門.

{61} 東晋孝武聞安高名, 有詔曰: "法師以道德照臨天下, 使大法流行, 蒼生依賴. 故, 宜日食王公祿." 以時資給, 安因不受, 遂隱東山. 山在魯境. 逸, 逃遁也.

{62} 二師非有盛德高才, 豈帝王之所感動哉!

{63} 子曰: "吾黨之小子狂簡, 斐然成章, 不知所以裁之." 適時狂簡, 志大而略於事也. 志大, 狂也; 略於事, 簡也. 斐然, 文貌; 成章, 言其文理成就有可觀者. 須省察而勿聽乎文章, 是狂簡之說, 非其實言也. 欲弘斯道, 可以傍閱詩編耳也.

6) 시를 배우지 않으면 말을 잘할 수 없다

말을 올곧게 잘하면 천리 밖에서도 그 말에 호응하고, 말을 올곧게 잘하지 못하면 천리 밖에서도 그 말을 어기려 든다. 『시경』은 칭찬하여 말하는 법과 비평하여 말하는 법을 갖추어 진술함에 그 말은 성조(聲調)와 운율(韻律)을 따랐으니, 『국풍』은 도탑고도 중후하고 『아·송』은 온화하고도 부드러우며, 재치가 빛나고 기개가 청아하며 어휘가 풍부하고도 밝게 빛난다. 오래 익히면 곧 말과 논리가 저절로 빼어나고 가까스로 외우더라도 말을 머금고 내뱉음에 있어 속되지 않는다. 저쪽에서 "이 세상[四海]의 습착치입니다."라고 일컫자 이쪽에서 "온 천하[彌天]의 석도안입니다."라고 대꾸하였다. 진류의 완첨이 한때 문득 조롱하여 이르기를 "진나라가 크게 일어나 천하로 집을 삼았거늘 사문은 어찌 터럭과 피부를 온전히 하고 가사를 버리며 승복을 벗고 비단옷을 입지 않는가?" 하니 효룡이 대답하기를 "참된 도를 안고 자유로이 노닐며 오직 고요하게 정성을 다할 뿐입니다. 머리를 깎아 얼굴을 헐고 의복을 고쳐 모습을 변화시키니 저희들은 내가 욕되다 일컫지만 나는 그들의 영욕을 버렸을 뿐입니다. 그러므로 부귀에 무심하니 더욱 존귀하게 되고 만족에 무심하니 더욱 풍족하게 되는 것입니다."라고 하였다. 이는 곧 기개는 난초의 향기로움을 머금고 있으며 말은 풍류로운 문채를 뿜어내니, 비록 귀먹고 속된 이들은 가까이 하려 않겠지만 맑고도 재주로운 이들을 접인(接引)할 수 있다 하겠다. 불법을 이미 왕과 신하에게 맡기셨으니 도를 넓히고자 하면 모름지기 글월을 익힐 것이다. 지둔은 북궐에 글을 올리고 도안은 동산에 숨었으니 스스로 뛰어난 재주를 가지지 못했다면 어찌 군주를 감동시켰겠는가? 마땅히 사리 분별에 벗어나는 말을 살필진대 단지 헛된 말일 뿐이다.

{46} 『역경』의 "계사편"에 말하였다. "군자가 집안에 앉아 있더라도 내뱉는 그 말을 올곧게 잘하면 곧 천리 밖에서도 호응할 것이니 하물며 가까이 있는 자들이랴! 군자가 집안에 앉아 있더라도 내뱉는 그 말을 올곧게 잘하지 못하면 곧 천리 밖에서도 그 말을 어기려 들 것이니 하물며 가까이 있는 자들이랴!"

{47} 포(襃)는 아름다운 것을 선양하는 것이요, 폄(貶)은 (추악한 것을) 억눌러 꺾는 것이다. 선한 것은 사람들을 감응시켜 착한 마음을 일으키게 할 수 있으며, 악한 것은 사람들을 징계하여 해이한 뜻을 혼내줄 수 있다. 창(創) 역시 징계한다는 뜻이다. 『시경』의 시 3백 편은 선한 것을 칭찬하여 선양하고 악한 것을 내쳐서 억눌렀다.

{48} 성(聲)은 다섯 가지 음계(音階)를 말하며, 율(律)은 여섯 가지 음률(音律)을 말한다. 성조와 음률에 화합하는 까닭에 시를 노래하는 것으로써 금슬을 탈 수가 있다. 성은 양(陽)에 속하며 율은 음(陰)에 속한다. 양자가 말하기를 "성은 해로부터 생겨났고 율은 별로부터 생겨났다."고 하였다.

{49} 열다섯 나라의 풍속과 가요는 크게 도타우면서도 중후하다. 풍(風)은 서민들이 지은 것이다. 『시경』의 서문에 이르기를 "윗사람은 풍으로써 아랫사람을 교화하고 아랫사람은 풍으로써 윗사람을 풍자한다." 하였다. 자(刺)는 나무라거나 충고함이 절실함을 말한다. 또한 사물은 풍으로 인하여 움직이게 됨으로써 소리가 있게 되고 그 소리가 또한 사물을 움직이게 하기에 넉넉함과 같다.

{50} 아(雅)에는 대아와 소아의 두 가지가 있으며, 송(頌)에는 주송과 상송과 노송의 세 가지가 있다. 아는 조정의 시(詩)이며 송은 종묘의 시이니 (그 성격이) 모두 온화하고 유순하다.

{51} 빈(彬)은 문장이 두드러지게 밝은 것이요, 울(蔚)은 문장이 화려하고도 깊이가 있는 모습이다. 『주역』에 말하기를 "그 문장은 화려하고도 깊이가 있다."라고 하였다.

{52} 말을 하여 다른 사람에게 알리는 것을 어(語)라 하고, 다른 사람과 상대하여 분별하기 어려운 것에 대해 왈가왈부하는 것을 논(論)이라 한다.

{53} 양양의 덕 높은 선비인 습착치가 먼저 도안의 높은 이름을 듣고는 글을 보내 호의를 알리자 도안이 육혼산을 내려와 단계사에 이르렀다. 습착치가 도안이 도착하였다는 말을 듣고는 도안에게 가서 이윽고 앉으며 스스로 일컫기를 "이 세상의 습착치입니다."라 하자 도안이 "온 천하의 석도안입니다."라 하였다. 당시 사람들이 그것을 훌륭한 대구로 여겼다.

{54} 『고승전』에 말하였다. "사문 지효룡은 회양인이다. 젊어서 기풍 있는 모습으로 중시를 받았으며 더욱이 탁월한 논변으로 때의 흐름을 좇아가니 진류와 완첨 등이 더불어 지음(知音)의 교제를 맺

음에 당시 사람들이 팔달(八達)이라 불렀다.

{55} 난(蘭)은 깊은 계곡에서 자라나 맑은 향기가 멀리까지 퍼진다. 황산곡이 말하기를 "한 줄기에 한 송이의 꽃이더라도 향기가 넉넉한 것을 난이라 하고, 한 줄기에 몇몇 송이 꽃이더라도 향기가 부족한 것을 혜(蕙)라 한다." 하였다. 혜 역시 난의 계통이다.

{56} 풍류가 있는 문채.

{57} 비록 귀먹고 눈먼 무지한 속인들에게는 버림을 받을지라도 청신하고도 재주로운 선비들과는 맞서서 상대할 수 있다.

{58} 부처님이 영취산에서 국왕과 대신들에게 부촉하여 그들로 하여금 불법을 외호하도록 하였다.

{59} 한(翰)은 문헌의 글귀이다.

{60} 진나라 애제 때 축잠이 대궐을 하직하고 염으로 돌아가자 지둔에게 조서를 내려 대궐에서 계속 강설하게 하니 지둔이 이에 표(表)를 올려 항명하고 산으로 돌아갔다. 북궐은 곧 현무문이다. 미앙전의 앞쪽이 비록 남향을 하고 있으나 글을 올리거나 일을 아뢰는 이 또는 알현하는 무리들이 모두 북궐에 이르므로, 그러한즉 북궐이 정문이 되었다.

{61} 동진의 효무제가 도안의 덕 높은 이름을 듣고는 조서를 내려 이르기를 "법사께서 도덕으로써 천하에 임하여 밝은 빛을 비추어 큰 법을 유행하게 하니 창생들이 의지하고 힘입게 되었다. 그러므로 응당 왕공의 녹봉을 먹어야 할 것이다." 하고는 절기에 맞추어 재물을 대주었으나 도안이 받지 않고 마침내 동산에 은둔하였으니, 그 산은 노나라의 경계에 있다. 일(逸)은 도망하여 은둔함을 말한다.

{62} 두 선사에게 치성한 덕과 높은 재주가 없었다면 어찌 제왕이 감동할 바가 되었겠는가.

{63} 공자가 말하기를 "나의 문중 어린 선비들이 사리분별을 벗어남에 오락가락, 그렇게 문장을 이루고는 그것을 마름질할 줄을 알지 못하는구나." 하였다. 적시광간(適時狂簡)은 뜻은 크나 일을 처리함에 있어서는 대충대충 하는 것을 말하니, 뜻이 크므로 광(狂)이요 일을 대충대충 처리하므로 간(簡)이다. 비연(斐然)은 문장의 모양이요, 성장(成章)은 문장의 이치가 성취되어 볼 만한 것이 있음을 말한다. 모름지기 살펴서 알기는 하되 문장을 자세히 받아들이지는 말지니, 이 광간의 이야기는 그 참된 말이 아니다. 불도를 넓히고자 한다면 시편들을 그저 두루 살펴보면 될 따름이다.

7) 不博覽無以據{64}

『高僧傳』66云: "非博則語無所據." 當知今古之興亡, 須識華 梵之名
義,{65}67 游三藏68之敎海, 玩六經69之詞林,{66} 言不妄談, 語有典據. 故
習鑿齒讚安師70曰: "理懷簡衷,{67} 多所博涉, 內外群書,{68} 略皆遍觀,
陰陽算數, 悉亦能通, 佛經妙義, 故所游刃."{69} 眞宗皇帝71詔李侍讀72
飮,{70} 仲容起, 固辭曰: "告官家,73 撤巨器." 上問: "何故謂天子爲官家?"
對曰: "臣嘗記蔣濟74萬機論言: 『三皇官天下, 五帝家天下.』{71}75 兼三五
之德, 故曰官家." 上76喜曰: "眞所謂君臣千載一遇." 此由學問藏身,77 多
識{72}前言, 無所累矣.{73}

{64} 『高僧傳』云: "唱導所貴有四: 非聲則無以警衆, 非才則無以適時, 非辯則無言可採, 非博則語
無依據." 『事鈔』云 "博學爲濟貧", 謂濟識見之貧也.

{65} 法雲法師之自述名義集云: "名義者, 能詮曰名, 所詮曰義."

{66} 六經: 『詩』, 『書』, 『易』, 『春秋』, 『周禮』, 『禮記』.

{67} 理, 治也; 懷, 中也; 簡, 不煩也; 衷, 正也. 言自治其心情, 不煩而且正也.

{68} 儒以九經爲內, 以諸家雜書爲外.

{69} 習與謝安書云: "來此見釋道安, 無變化伎術可以惑常人之耳目, 無重威大勢可以整群小之
參差, 而師徒蕭蕭, 自相尊敬, 乃是吾由來素未見其人. 若安者, 非常勝士, 恨公不一見." 庖丁
解牛, 恢恢乎其游刃有餘地矣.

{70} 宋侍讀李仲容善飮, 號李萬回, 眞宗飮無敵, 飮則必召仲容.

{71} 『史』"五帝官天下, 三皇家天下, 官以傳聖賢, 家以傳子孫也."

{72} 音志記也.

{73} 『易』曰: "君子多識前言往行, 以蓄其德." 符堅於藍田得一古鼎, 容二十七斛. 朝士皆無知者,
以問安, 安曰: "魯 襄公所鑄也." 腹有篆文, 果信. 堅勅諸學士, 皆師於安, 國人語曰: "學不師
安, 義不禁難."

7) 널리 살펴보지 않으면 근거할 것이 없다

『고승전』에 이르기를 "널리 살펴보지 않으면 말함에 근거할 바가 없다."라 하였으니, 응당 고금의 흥망을 알아야 하고 모름지기 한문과 범문의 명의(名義)에 자세해야 한다. 삼장(三藏)의 가르침바다를 여행하고 육경(六經)의 어휘숲을 노닒으로써 말을 하면 허망한 이야기가 되지 않고 그 언어에는 전거(典據)가 있게 된다. 그러므로 습착치는 도안 법사를 찬양하여 "속마음을 다스려 간결하고도 바르게 지니며 널리 섭렵한 바가 많아 안팎의 뭇 서적들을 대략 모두 훑어보았고 음양과 산술 또한 능통하니 불경의 오묘한 이치는 본디부터 여유로운 칼날을 놀리듯 하였다."라고 말하였다.

    진종 황제가 시독 이중용을 불러들여 술을 마시는데 중용이 일어나 굳이 사양하며 이르기를 "관가(官家)에게 아뢰나니 큰 그릇은 거두소서." 하니 천자가 묻기를 "어인 까닭으로 천자를 일컬어 '관가'라 하는가?" 하기에 대답하기를 "신이 일찍이 장제의 『만기론』에 쓰여진 '삼황은 천하를 벼슬아치가 관청 다스리듯 하였고, 오제는 천하를 가장이 집안 다스리듯 하였다.'라는 말을 기억하고 있음에 삼황과 오제의 덕을 겸비하셨기에 '관가'라 말씀드린 것입니다." 하니 천자가 기뻐하며 이르기를 "참으로 이른바 임금과 신하가 천 년에 한 번 만났음이로다." 하였다. 이는 학문을 몸에 갈무리하여 두었음으로 말미암은 것이니, 앞사람들의 말을 많이 익혀두어서 누(累)가 될 바는 없다.

{64} 『고승전』에 이르기를 "불도를 제창하여 대중을 이끌어 감에 있어서 소중하게 여겨야 할 바가 네 가지 있으니, 소리 내어 말하는 것이 아니면 곧 대중을 경책할 수 없으며, 재주롭지 못하면 곧 시의(時宜)에 적절하게 대응할 수 없으며, 말을 잘하지 못하면 곧 채택할 만한 이야기가 없으며, 널리 섭렵하지 않으면 곧 말을 하여도 근거하는 바가 없다."라고 하였다. 『행사초자지기』에 이르기를 "널리 배우는 것은 빈곤을 구제하는 것이 된다."라 하였으니, 식견의 빈곤을 구제하는 것을 일컫는다.

{65} 법운 법사가 자신이 서술한 『명의집』에서 말하였다. "명의(名義)라는 것은 능동적으로 설명하는 것을 명(名)이라 하고 설명되어지는 바를 의(義)라 한다."

{66} 6경은 『시』, 『서』, 『역』, 『춘추』, 『주례』, 『예기』이다.

{67} 이(理)는 다스림이요, 회(懷)는 가운데(속마음)이며, 간(簡)은 번뇌스럽지 않음이요, 충(衷)은 바름이다. 스스로 그 마음의 정서를 다스려 번뇌하지 않고 또한 바르게 됨을 말한다.

{68} 유가에서는 아홉 종의 경전을 내전(內典)으로 삼고 제가(諸家)의 잡서를 외전(外典)으로 삼는다.

{69} 습착치가 사안에게 준 글에서 말하기를 "이곳에 와서 석도안을 보니 변화무쌍한 재주와 꾀로써 보통사람들의 이목을 유혹할 만한 바가 없으며 중후하고 위엄 있는 큰 위세로써 뭇 소인배들의 들쭉날쭉한 바를 정돈할 만한 바는 없으나 선사의 무리들이 엄숙하면서도 스스로 서로를 존경하니 곧 이 점이 내가 원래 평소에 보지 못했던 그의 사람됨입니다. 도안과 같은 이는 비상하고도 뛰어난 선비이니 공께서 한 차례 만나보지 못했음이 한스럽습니다." 하였다. 포정이 소를 해체함에 칼날을 놀리는 것이 여유로워 오히려 여지(餘地)가 있는 듯 하였다.

{70} 송나라 시독 이중용은 술을 잘 마셔 호가 이만회였는데, 진종이 술을 마시면 대적하는 이가 없음에 마실 때는 반드시 중용을 불렀다.

{71} 『사기』에 말하였다. "오제는 천하를 벼슬아치가 관청 다스리듯 하였고 삼황은 천하를 가장이 집안 다스리듯 하였으니, 관청은 성현에게 전해지고 집안은 자손에게 전해지는 것이다."

{72} (識의) 음은 지[志] 또는 기[記]이다.

{73} 『주역』에 말하기를 "군자는 예전에 있었던 말과 행위 등을 많이 기억하여 그 덕을 기른다." 하였다. 부견이 남전에서 오래된 솥 하나를 얻게 되었는데 용량이 27곡이나 되었다. 조정의 선비들이 모두 아는 자가 없기에 도안에게 물으니 도안이 말하기를 "노나라 양공이 주조한 것입니다." 하였는데, 솥의 배 부분에 전문(篆文)이 있는지라 과연 믿을 수 있었다. 부견이 뭇 학사들에게 조칙을 내려 모두 도안에 대해 스승의 예를 취하게 하니 나라 사람들이 말하기를 "배움에 있어 도안을 스승으로 삼지 않으면 도의 이치에 있어 어려움을 금치 못할 것이다." 하였다.

8) 不歷事無以識

子曰: 吾非聖人, 經事久矣. 洎"入太廟, 每事問"者, 徼戒無虞, 罔失法度.**{74}** 羅漢**78**雖聖, 赤鹽不知,**{75}79** 方朔**80**雖賢, 刼灰罔辨.**{76}81** 多見而識之, 未見而昧矣. 李後主**82**得畫牛一軸, 畫則出於欄外,**{77}** 夜乃歸於欄中, 持貢闕下.**{78}** 太宗**83**張後苑以示群臣, 俱無知者, 惟僧錄**84**贊寧**85**曰: "南倭**86**海水或減, 則灘磧**87**微露, 倭人拾方諸**{79}88**蚌蛤中有餘淚數滴者, 得之和色着物, 則畫隱而夜顯. 沃焦山,**{80}89** 時或風燒**81**飄擊, 忽有石落海岸, 得之滴水, 磨色染物, 則畫顯而夜晦." 諸學士皆以爲無稽.**{82}** 寧曰: "見張騫**90**『海外異記』."**{83}** 後杜鎬**91**檢三舘書目,**{84}** 果見於六朝**{85}**舊本書中, 此乃博聞强識, 見幾而作也.

{74} 徼, 與警同; 虞, 度也; 罔, 勿也; 法度, 法則制度也. 言當無可虞度之時, 法度易至廢弛故, 戒其失墜也.

{75} 法預婆羅門, 將赤塩問羅漢, 不知. 『山海經』"大州南極有七大井, 晝夜煮而爲塩, 其色赤. 此, 天下之毒物, 塗之門則諸鬼不能入, 塗之木則諸禽不能止."

{76} 東方朔, 生三日父母俱亡, 後遊澤中, 黃眉翁指朔曰: "此, 吾兒也. 服氣三千年一返髓, 三千年一剝皮伐毛也. 吾生已三洗髓·三伐毛." 從知朔是非常人也. 漢 武帝欲伐昆明國, 其國在水中, 鑿池終南山下三百里, 教水戰, 號昆明池. 池低得異灰, 問朔, 朔曰: "非臣所知." 後人問胡僧, 曰: "世界壞時, 劫火燒盡器界, 此刼燒之灰也."

{77} 牛圈曰欄.

{78} 江南 徐知諤得之, 與南唐主李煜, 煜獻太宗.

{79} 方石諸珠也.

{80} 『山海經』有沃焦山, 沃焦者, 謂隨沃隨焦也.

{81} 他本作撓.

{82} 考也.

{83} 『異記』者, 漢 武帝令張騫尋黃河水源, 乘槎而直上崑崙山, 復上至銀河, 得天女支機石而來, 其往來時, 所記者也.

{84} 宋 太宗於龍門東北刱立三舘, 至太平興國三年三舘成, 賜名崇文院, 遷西舘書貯焉, 凡八萬卷. 三舘, 昭文舘·集賢舘·史舘, 總名崇文院.

{85} 晋·宋·齊·梁·陳·隋也.

8) 일을 겪지 않으면 익히 아는 것이 없다

공자가 이르기를 "나는 성인이 아니라 일을 경험한 지 오래 되었을 뿐이다." 하였으
니, 태묘에 들어가자 모든 일을 묘지기에게 물은 것은 우려하는 마음이 없어서 법도
를 잊을 것을 경계하셨기 때문이다. 나한이 비록 성인이나 붉은 소금을 알지 못하였
고 동방삭이 비록 현인이나 겁회(劫灰)를 분별하지 못하였으니, 견문이 많으면 그것
을 익히 알았겠지만 보고 듣지 않았기에 어두웠던 것이다.

   이후주가 소 그림 한 폭을 얻었는데 낮이면 난간 밖으로 나왔다가 밤이면 이내
난간 안으로 돌아가는지라 가져다가 대궐에 바치니 태종이 후원에 펼쳐놓고 뭇 신
하들에게 보였으나 아무도 아는 이가 없었는데, 오직 승록 찬녕이 이르기를 "남쪽
왜 지방에 바닷물이 간혹 줄어들면 물 속의 자갈밭이 약간 드러나게 되는데, 왜인들
이 반듯한 돌이나 진주를 줍다가 큰 조개 안에 남아 있는 눈물 몇 방울을 얻어 물감
에 타서 칠하면 낮이면 숨었다가 밤이면 드러난다고 하며, 옥초산이 때때로 간혹 바
람에 휩쓸리거나 회오리와 부딪치면 어쩌다 해안으로 잔돌이 떨어지는데 그것을
주워다 몇 방울의 물에 갈아서 색을 낸 뒤에 물건에 바르면 곧 낮에는 드러났다가
밤이면 숨는다고 하였습니다." 하니 뭇 선비들이 모두 근거 없는 것으로 여기기에
찬녕이 "장건의 『해외이기』에서 보았습니다." 하였다. 후에 두호가 삼관(三舘)의 책
목록을 검열하던 중에 과연 육조(六朝)의 옛 서적 가운데에서 보게 되었으니 이는 곧
널리 듣고 잘 익혀두었다가 기회를 보아 지식을 드러낸 것이다.

{74} 경(儆)은 경(警, 경계하다)과 같으며, 우(虞)는 헤아림[度]이며, 망(罔)은 하지 말라[勿]는 것이요, 법도
(法度)는 법칙과 제도이다. 우려하고 헤아리는 일이 없게 되는 지경이 되면 법도는 쉽사리 피폐하
고 느슨해짐에 이르는 까닭에 잘못하여 무너지게 됨을 경계하는 것을 말한다.

{75} 법예 바라문이 붉은 소금을 가져다 나한에게 물었으나 알지 못하였다. 『산해경』에 "대주의 남쪽
끝에 일곱 개의 큰 우물이 있음에 밤낮으로 (그 우물의 물을) 달이면 소금이 되는데 그 빛깔이 붉다.
이것은 천하의 독극물로서 문에 바르면 모든 귀신들이 능히 들어오지 못하고 나무에 바르면 모
든 날짐승이 능히 앉지를 못한다." 하였다.

{76} 동방삭은 태어난 지 사흘만에 부모가 모두 죽었으며, 후에 택중을 유력할새 눈썹이 누른 늙은이가 동방삭을 가리키며 말하기를 "이는 나의 아들이다. 기운을 입은 지 3천 년에 한 차례 골수가 새롭게 바뀌고 3천 년에 한 차례 가죽이 벗겨지고 털을 갈게 된다. 나는 태어나서 이미 세 차례 골수를 씻어 내렸고 세 차례 털을 갈았다." 하므로 이로써 동방삭이 비상한 사람임을 알게 되었다. 한나라 무제가 곤명국을 치려고 함에 그 나라가 물 가운데 있으므로 종남산 아래 3백 리 되는 못을 파서 수전을 교육시키며 그 못을 곤명호라 하였다. 못 바닥에서 이상한 재를 얻자 동방삭에게 물었더니 동방삭이 "신이 아는 바가 아닙니다." 하였는데, 뒤에 사람들이 오랑캐 승려에게 물으니 말하기를 "세계가 무너질 때 겁화(劫火)가 일체 세간을 모조리 태우는데 이것은 겁화가 세간을 태운 재입니다." 하였다.

{77} 소 우리를 난(欄)이라 한다.

{78} 강남의 서지악이 이것을 얻어 남당의 군주인 이욱에게 주니 이욱이 태종에게 바쳤다.

{79} 방(方)은 돌이며 제(諸)는 진주이다.

{80} 『산해경』에 옥초산이 있으니, 옥초(沃焦)란 물을 갖다 부으면 붓는 대로 마르는 것을 말한다.

{81} 다른 판본에는 요(撓)로 되어 있다.

{82} 참고함이다.

{83} 『이기(異記)』는, 한나라 무제가 장건에게 명하여 황하 물줄기의 근원을 찾도록 하자 뗏목을 타고 곧장 곤륜산에 오르고 다시 위로 은하에 이르러 천녀의 지기석을 얻어 돌아왔는데, 그가 왕래할 때 기록하였던 것이다.

{84} 송나라 태종이 용문 동북쪽에 삼관을 처음 세웠는데, 태평흥국 3년에 이르러 삼관이 낙성되자 숭문원이란 이름을 하사하고 서관의 서적을 옮겨 갈무리해 두게 하였는데 무릇 8만 권이나 되었다. 삼관은 소문관과 집현관 및 사관으로 총명이 숭문원이다.

{85} 진, 송, 제, 양, 진, 수나라이다.

9) 不求友無以成

生我者父母, 成我者朋友. 故君子以朋友講習,[92] 以文會友,[93] 以友輔仁,[86] 品藻[94]人物,[87] 商搉同異,[88] 如切如磋, 如琢如磨.[89][95] 劉孝標[90][96]云: "組織仁義,[91] 琢磨道德,[97] 歡其愉樂,[92] 恤其陵夷,[93] 寄通靈臺之下,[94] 遺跡江湖[98]之上.[95] 風雨急而不輟其音,[99] 雪霜零而不渝其色.[96]" 斯乃賢達之素交, 歷萬古而一遇.

東晉 道安未受戒時, 會沙彌[100]僧光[101]於逆旅,[97] 共陳志慕, 神氣慷慨, 臨別相謂曰: "若俱長大, 勿忘同遊." 後光[98]學通經論, 隱飛龍山. 安後復從之, 相會所喜, 謂昔誓始從, 因共披文屬思, 新悟尤多. 安曰: "先舊格義,[102] 於理多違." 光曰: "且當分析逍遙, 何容是非先達?" 安曰: "弘贊理教, 宜令允愜, 法鼓[103]競鳴, 何先何後!" 時僧道護[99]亦隱飛龍, 乃共言曰: "居靜離俗, 每欲匡正大法, 豈可獨步山門, 使法輪輟軫?[100] 宜各隨力所被, 以報佛恩." 衆僉[101]曰'善', 遂各行化.

{86} 講學以會友, 則其道益明;取善以輔仁, 則其德日進.

{87} 『漢書』註云: 品其差次, 藻飾文質也.

{88} 商量推擧乎人物之同異也, 又搜求義理之當否也.

{89} 治骨角者, 旣切而復磋之, 治玉石者, 旣琢而復磨之, 言其治之有緒而益致其精也.朋友之道, 亦如是也.

{90} 名峻.

{91} 組亦織也.組織作布帛之總名, 行仁喩義, 如織布帛之有經緯也.

{92} 愉亦樂也, 顏色和悅之貌.

{93} 夷平也, 言人之頹替不振, 如丘陵之漸平.

{94} 靈臺, 心也.莊周曰: "萬惡不可內於靈臺." 司馬彪曰: "心爲神靈之臺." 選註云: "寄神通於心府之下."

{95} 嚴子陵隱富春江, 有嚴陵釣臺.

{96} 輟·止也, 渝·變也.『詩』云"風雨如晦, 鷄鳴不已." 言不失時也.子曰: "歲寒然後, 知松栢之後凋." 言不變色也.君子之交, 以貴賤得失, 不易時改節也.

{97}　客店.

{98}　僧光, 冀州人, 常山淵公弟子. 後, 受戒勵行, 値石氏之亂, 隱飛龍山.

{99}　護亦冀州人, 貞節有慧解, 又隱飛龍

{100}　軫, 車後橫木, 又動也.

{101}　亦衆也, 又皆也.

9) 벗을 구하지 않으면 이루어지는 것이 없다

나를 낳아준 이는 부모이고 나를 이루어주는 자는 벗이다. 그러므로 군자는 벗으로써 배우고 익히며 글로써 벗을 모으고 모인 벗으로써 어질고자 하는 마음을 도우니, 인품을 차츰차츰 다듬어 나가며 같고 다름을 헤아리고 들추되 톱으로 끊는 듯이 하고 돌로 가는 듯이 하고 정으로 쪼는 듯이 하고 맷돌로 가는 듯이 할지니라. 유효표가 이르기를 "인의(仁義)로서 조직하고 도덕(道德)으로 탁마함에 그 기쁨과 즐거움을 기뻐하고 그 침체와 쇠퇴를 근심하며 신통의 경계는 신령스러운 누각 아래로 붙여둔 채 그 자취를 강호 위에 남기니, 비바람이 몰아쳐도 그 소리는 그치지 않고 눈서리가 떨어져도 그 색깔은 바래지 않는다." 하였으니 이는 곧 어질고 활달한 이의 꾸밈없는 사귐이라 만고에 있어 겨우 한 차례나 마주치는 일이다.

　　동진 때 도안 법사가 아직 계를 받지 않았을 때 사미 승광을 객점에서 만나 함께 포부를 펴니 정신과 의기가 강개하여지더니 헤어지며 서로 일컫기를 "만약 함께 크게 되거든 함께 노닐던 것을 잊지 말자."라고 하였다. 후에 승광이 경론을 배워 통달하고는 비룡산에 은거하자 도안이 뒤에 다시 그를 쫓아가 서로 만나 기뻐하며 예전에 서약하였던 것을 비로소 따르게 되었다고 말하고는, 그로 인해 함께 글을 펼치고 생각을 지어가니 새로 깨달은 것이 더욱 많았다. 도안이 이르기를 "옛 어른들의 격의(格義)에도 이치에 어긋남이 제법 많다." 하자 승광이 이르기를 "우선은 응당 그 이치를 분석하고 그 도리에 소요(逍遙)해야 하거늘 어찌 앞선 어른들을 옳고 그르다 할 수 있겠는가?" 하므로 도안이 "진리의 교법을 넓히고 찬양하고자 하면 마땅히 진실과 합당하게 해야 할 것이니, 법고가 다투어 울림에 어찌 먼저와 뒤가 있겠는가?"

하였다. 이때 승려 도호 역시 비룡산에 은거하여 있다가 이에 함께 이야기하며 일컫기를 "고요한 곳에 거처하며 속세와 떨어져 있는 것은 언제라도 큰 법을 곧게 바로 잡고자 함인데 어찌 홀로 산문을 거닒으로서 법의 수레로 하여금 구르는 것을 그만두게 하겠는가! 마땅히 각자 힘이 미치는 바에 따라 부처님의 은혜에 보답할 것이다." 하니 대중이 모두 "좋다!"라 말하고는 마침내 각자 교화를 행하였다.

{86} 학문을 강론함으로써 벗을 모으면 곧 그 도는 더욱 밝아지고, 착함을 취함으로써 어짊을 도우면 곧 그 덕이 날로 전진하게 된다.

{87} 『한서』의 주석에 말하기를, 그 상이한 차례를 품별하고 문채와 실질을 수식한다 하였다.

{88} 인물의 같고 다름을 헤아리고 들추어봄이며, 또한 의리(義理)의 정당성 여부를 찾아 구해봄이다.

{89} 뼈나 뿔을 마름질하는 자는 먼저 톱으로 자른 다음에 다시 그것을 돌로 갈며, 옥이나 돌을 마름질하는 자는 먼저 정으로 쫀 다음에 다시 그것을 줄로 가는 것이니, 그 마름질에 계통이 있어서 정교함이 더욱 더함을 말한다. 친구의 도리도 역시 이와 같다.

{90} 이름은 준(峻)이다.

{91} 조(組) 역시 직(織)이다. 조직(組織)은 베나 비단을 짜는 총명이니, 어짊을 행하고 정의를 깨우쳐 줌이 마치 베나 비단을 짜는 데 경선과 위선이 있는 것과 같다.

{92} 유(愉) 역시 즐거움이니 안색이 평화롭게 기뻐하는 모습이다.

{93} 이(夷)는 평평해지는 것이니, 사람이 무너져 쇠퇴해 감이 마치 언덕이 점차 평평해져 가는 것과 같음을 말한다.

{94} 영대는 마음이다. 장주가 말하기를 "만 가지 악은 영대 안으로 들일 수 없다." 하였고, 사마표가 말하기를 "마음은 신령한 돈대가 된다." 하였으며, 선주에 이르기를 "신통의 경계를 심장 아래에 붙여둔다."고 하였다.

{95} 엄자릉이 부춘강에 은거하니 엄릉조대가 있게 되었다.

{96} 철(輟)은 그침이요, 투(渝)는 변화함이다. 『시경』에 "몰아치는 비바람 그믐 저녁 같으나 닭 울음소리 그치지 않는다." 하였으니 시기를 잃지 않음이요, 공자가 말하기를 "세월이 추워진 연후에야 소나무와 측백나무가 뒤에 시듦을 안다." 하였으니 색이 변치 않음을 말함이다. 군자의 교류는 귀하거나 천하거나 이해득실로써 때를 바꾸거나 절개를 고치지 않는다.

{97} 객점이다.

{98} 승광은 기주 사람으로 상산 연공의 제자이다. 후에 계를 받고는 만행을 다니다 석씨의 난을 만나 비룡산에 은거하였다.

{99} 호 역시 기주 사람으로 정절에 지혜와 이해가 있었으니, 또한 비룡산에 은거하였다.

{100} 진(軫)은 수레 뒤편의 가로목이며, 또한 움직임을 말한다.

{101} (첨僉) 역시 대중[衆]이며 또한 모두[皆]이다.

10) 不觀心[104]無以通

『維摩』[105]云: "諸佛解脫, 當依衆生心行中求."[106] 何以故? 晋『華嚴』
[102][107]云: "心如工畫師, 造種種五陰. 一切世間[108]中, 無不從心造. 如心
佛亦爾,[103] 如佛衆生然.[104] 心佛及衆生, 是三無差別." 旣爲生佛之母,
亦爲依正[109]之源. 故『楞嚴』云: "諸法所生,[110] 唯心所現. 一切因果[105] 世
界[111]微塵,[106] 因心成體." 欲言心有, 如箜篌[107][112]聲, 求不可見; 欲言其
無, 如箜篌聲, 彈之亦響. 不有不無, 妙在其中. 故『般舟』[108][113]云: "諸佛
從心得解脫, 心者淸淨名無垢. 五道鮮潔不受色,[109] 有解此者大道成."

    遵此十門, 上行下效不倦, 終之則吾佛之教可延於後世; 苟謂不然, 祖
道必喪傾望後裔覽而警焉.

{102} 佛陀跋多所譯, 六十卷經.

{103} 以心例佛也, 謂如世五蘊從心而造, 諸佛五蘊亦然.

{104} 如佛五蘊, 餘一切衆生亦然, 皆從心造也.

{105} 正報.

{106} 依報.

{107} 空篌者, 盖空國之侯所作也. 師涓爲晋 平公鼓焉, 桓譚曰: "鄙人謂狐爲狸, 以瑟爲空篌. 此,
非徒不知狐與瑟, 乃不知狸與空篌也."

{108} 『般舟三昧經』, 一切十方現在佛悉在前立定經, 此經三卷.

{109} 五色譬五道: 黑喩地獄, 由黑業所感故; 靑喩餓鬼, 鬼面靑故; 赤喩畜生, 由噉血故; 黃喩人
道, 居天獄之中故; 白喩天道, 純善業所感故. 言五道空則五色亦不有也.

---

10) 마음을 들여다보지 못하면 통할 것이 없다

『유마경』에 이르기를 "모든 부처님의 해탈은 마땅히 중생들의 마음이 움직이는 가
운데에 의지하여 구하라." 하시거늘 무슨 까닭인가? 진나라 판본『화엄경』에 이르기

를 "마음은 마치 뛰어난 화가와 같아서 가지가지의 오음(五陰)을 짓는 것이며, 일체의 세간(世間) 가운데 마음으로 인해 만들어지지 않는 것이 없다. 마치 마음처럼 부처님 역시 그러할 뿐이며 마치 부처님처럼 중생도 그러하니, 마음과 부처 그리고 중생 이 셋은 차별이 없다." 하였으니 마음은 중생과 부처의 어머니가 되며 또한 의보(依報)와 정보(正報)의 근원이 된다. 그러므로 『능엄경』에 이르기를 "모든 법이 생겨난 바는 오직 마음이 드러난 바이니 일체의 인과와 세상의 작은 티끌은 마음으로 인하여 그 실체[體]가 이루어진다." 하였다. 마음은 있다고 말하고자 하나 마치 공후의 소리와도 같아서 구하여도 가히 볼 수가 없고, 마음은 없다고 말하고자 하나 마치 공후의 소리와도 같아서 그것을 퉁기면 또한 울림이 있다. 있지도 않고 없지도 않으니 오묘함이 그 가운데 있다. 그러므로 『반주삼매경』에 이르기를 "모든 부처님은 마음을 좇아 해탈을 얻으니 마음이란 청정하여 무구(無垢)라 이름하며, 오도(五道)에 헤매더라도 선명하고 깨끗하여 색(色)을 받지 않으므로 이것을 해득하는 자는 큰 도를 이룬다." 하였다.

이 열 가지 문을 준수하여 윗사람은 행하고 아랫사람은 본받아서 게으르지 않고 그것을 마치면 곧 우리 부처님의 가르침이 후세에까지 이어질 것이나, 진실로 일컫나니 그렇지 않으면 조사들의 도는 반드시 상하게 될 것이다. 뒤를 잇는 이들에게 바라나니 살펴보고 경계할지어다.

{102} 불타발다가 번역한 것으로 60권 『화엄경』이다.

{103} 심(心)으로써 불(佛)에 예시한 것이다. 말하자면, 세간의 오온이 마음을 좇아 만들어진 것처럼 모든 부처님의 오온 또한 그러하다는 것이다.

{104} 부처님의 오온처럼 나머지 일체 중생도 그러하니, 모두 마음을 좇아 만들어진 것이다.

{105} 정보(正報, 과거세에 지은 업인業因에 의해 그 갚음으로 얻어진 유정有情의 몸)

{106} 의보(依報, 정보正報의 그 몸이 의지하고 있는 환경, 곧 국토國土 또는 기세간器世間)

{107} 공후는 아마도 공국의 제후가 만든 것일 것이다. 사연이 진나라 평공을 위해 연주하자 환담이 말하기를 "천박한 이들은 여우를 일컬어 너구리라 하고 거문고를 공후로 여기나니, 이는 단지 여우와 거문고를 알지 못할 뿐만 아니라 너구리와 공후도 알지 못함을 말한다." 하였다.

{108} 『반주삼매경』은 일체 시방 현재불이 모두 바로 앞에서 입정(立定)하여 나타나는 경이며, 이 경은 3권이다.

{109} 다섯 가지 색을 오도(五道)에 비유하면, 검은색은 지옥에 비유되니 흑업(黑業)으로 말미암아 감
응받는 바인 까닭이며, 푸른색은 아귀에 비유되니 귀신이 얼굴이 푸른 까닭이며, 붉은색은 축
생에 비유되니 피를 먹음으로 말미암은 까닭이며, 황색은 인도에 비유되니 하늘과 지옥의 중간
에 거처하는 까닭이며, 흰색은 천도에 비유되니 순수한 선업에 감응받는 바인 까닭이다. 오도
가 공허함은 곧 오색(五色) 역시 존재하지 않음을 말한다.

사기
(私記)

1   **姑蘇**: 춘추전국시대 오나라의 수도. 지금의 강소성(江蘇省) 소주부(蘇州府)에 해당함. 고소성(姑蘇城)은 그 성, 고소대(姑蘇臺)는 오나라 왕 부차(夫差)가 월나라를 격파하고 얻은 미인 서시(西施)를 위하여 쌓은 돈대를 말한다. 고소산(姑蘇山)은 소주부 오현(吳縣)의 서남쪽에 있다.

2   **雲法師**: (1086~1158) 중국 송나라 때 스님. 운(雲)은 법운(法雲)이니 그의 이름, 자는 천서(天瑞), 자호를 무기자(無機子)라 하다. 장주(長洲) 과(戈)씨 자손. 다섯 살에 자행(慈行)의 행공(行空)을 스승으로 섬기고, 다음해에 『법화경』 일곱 권을 외웠으며, 아홉 살에 머리를 깎고 열 살에 계를 받았다. 내외전에 널리 통하고 시문에 능하였다. 천태의 교법에 몰두하였으며, 매번 그윽한 요지를 간파하여 비밀스런 뜻을 얻게 되었다. 정화(政和) 연간에 송강(松江)의 대각사에 주석하며 연이어 8년 동안 『법화경』 및 여러 경전을 강의하는 등 저작과 교육에 힘쓰니 황제가 소문을 듣고 자의(紫衣)를 하사하고 보윤(普潤) 대사라 호하였다. 후에 향리로 돌아가 모친을 받들며 효도를 다하였으며, 매번 1천 명을 모으고 연사(連社)를 맺어 염불하였다. 송나라 고종(高宗) 소흥(紹興) 28년 9월에 73세로 입적하였다. 『명의집(名義集)』을 번역하였고 『심경소초(心經疏抄)』 등을 지었다.

3   **志于學**: 『논어(論語)·위정(爲政)』 제2 "吾十有五而志于學, 三十而立, 四十而不惑, 五十而知天命, 六十而耳順, 七十而從心所欲, 不踰矩."

4   **光景**: 세월의 의미로서 처음에는 광경(光景)이라 사용하였는데, 갈홍(葛洪)이 『자원(字苑)』을 지을 때 처음으로 삼(彡)을 첨가하여 영(影)으로 썼다. 『자휘(字彙)』에서 "景, 影同."이라 하였으며, 『정자통(正字通)』에서 "景, 於正切, 音影, 物之陰影也."라 하였다.

5   **桑楡**:
1) 해가 지는 곳이라는 의미로, 이것이 전하여 해질녘 해의 그림자를 뜻한다. 지는 해의 그림자가 뽕나무와 느릅나무 끝에 남아 있다는 뜻이다.
2) 말년(末年), 즉 노인의 사기(死期)를 말한다.
3) 동쪽에 대하여 서쪽, 아침에 대하여 저녁의 뜻. 유삭(劉鑠)의 의고시(擬古詩)에 "願垂薄暮景, 照妾桑楡時."라 하였는데 이선(李善)이 주석에서 "日在桑楡, 以喩人之將死."라 하였다.

6   **垂裕後昆**: 『서경(書經)』 권4에서 "王懋昭大德, 建中于民, 以義制事, 以禮制心, 垂裕後昆."이라 하였으며 동전(同傳)에서 "後昆, 後嗣也, 謂後嗣子孫也. 垂裕後昆, 垂優定之道, 示後世也."라 하였다.

7   **云爾**:
1) 대명사로서 끝맺음이나 생략을 나타내고, 대화나 문구를 인용하는 경우에 많이 쓰인다. '이와

같이' '이렇게 하면' 등으로 해석한다. '여차(如此)' '운운(云云)'과 같다.『논어』"술이(述而)" "若聖與仁, 則吾豈敢? 抑爲之不厭, 誨人不倦, 則可謂云爾已矣(사람을 가르치는 걸 싫어하지 않는데, 이런 정도에 이르렀다고 말할 수 있을 뿐이다)."

2) 흔히 보이는 고정된 형식으로 '운(云)'은 대명사이고 '이(爾)'는 '이(耳)'와 같은 어기사이며 문장 끝에 쓰인다. '이와 같을 뿐이다'라고 해석한다.『논어』"술이" "其爲人也, 發憤忘食, 樂以忘憂, 不知老之將至云爾(즐거워 근심을 잊으며 늙음이 장차 이른다는 것을 알지 못하는데 이와 같을 뿐이다)."

3) 어기사가 연용된 것으로 두 가지 형태가 있다.

(1) '운(云)'은 전하는 것을 나타내고 '이(爾)'는 단정을 나타내며, 중점은 '이(爾)' 자에 있다. 문장의 뜻에 따라 적당하게 번역할 수 있다. 한유(韓愈),『원도(原道)』"亦曰言師亦嘗師之云爾(일찍이 그들에게 공부했었다고 말하는구나)."

(2) '운(云)'은 어떤 내용을 전하는 것을 나타내고 '이(爾)'는 제한을 나타내며, 중점은 '이(爾)' 자에 있다. '…뿐이다'라고 해석한다.『맹자』"진심상(盡心上)" "是猶或紾其兄之臂, 子謂之姑徐徐云爾(당신이 그에게 잠시 천천히 하라는 것과 비슷할 뿐입니다)."

8 涅槃經 : 원명은『대반열반경(大般涅槃經)』으로 소승의『대반열반경』과 이름을 같이하기 때문에 『소승열반경』과『대승열반경』으로 나뉘어 부르는데, 대승불교권에서『열반경』이라고 줄여서 부를 때에는『대승열반경』을 말한다.『소승열반경』이 부처님께서 돌아가신 것을 사건 중심으로 서술한 것에 비해『대승열반경』은 그러한 사건의 철학적 종교적 의미가 강조된다는 특징이 있다. 그리하여 이 경은 부처님이 돌아가시기 직전의 마지막 설교의 형식을 통하여 첫째 불신의 상주(常住), 둘째 열반의 상락아정(常樂我淨), 셋째 일체중생의 실유불성(悉有佛性)이라는 세 가지의 사상을 밝히고 있다.

9 凡有云云 :『대반열반경』권27 "사자후보살품(師子吼菩薩品)" 제111 "衆生亦爾, 悉皆有心, 凡有心者, 定當得成阿耨多羅三藐三菩提. 以是義故, 我常宣一切衆生, 悉有佛性."

10 阿耨多羅三藐三菩提 : 범어 anuttarasamyaksaṃbodhi를 소릿말적기한 것으로, 아뇩삼보리(阿耨三菩提) 또는 아뇩보리(阿耨菩提)라고 줄여서 말하기도 하고 무상정등정각(無上正等正覺)·무상정진도(無上正眞道)·무상정변지(無上正遍知)라 번역한다. 혹은 후반만을 취하여 삼먁삼보리(三藐三菩提)라 쓰기도 하고 번역하여 정등각(正等覺)이라고 한다. 붓다가 붓다다운 까닭인 지혜의 깨달음을 말하며, 이 위없이 높고 바르고 평등 원만한 점에서 이와 같이 일컫는다. 또 이와 같은 깨달음을 얻으려고 하는 보살의 뜻을 아뇩다라삼먁삼보리심(阿耨多羅三藐三菩提心), 번역하여 무상정진도의(無上正眞道意)라 한다.

11 一切 : 범어 sarva의 번역으로, '모든 것' '온갖 것'을 말한다. 전부·다·전체(全體)를 포함할 때 전분(全分)의 일체와 대부분을 포함할 때 소분(少分)의 일체가 있다. 또 일체의 법, 곧 오온·십이처·십팔계를 말하는 것처럼 각각 보는 각도에 따라 법의 체계를 말한다.

12 虛寂, 聖靈 :
1) 허(虛) : 空也, 無也, 情無所念慮也. ←『장자(莊子)』"인간세(人間世)" "唯道集虛, 虛者心齋也."(注) "虛其心則至道集於懷也."(疏) "唯此眞道集在虛心, 故如虛心者, 心齋妙道也."『淮南子』"原道訓" "是故貴虛者."(注) "虛者, 情無所念慮也."
2) 적(寂) : 無人聲也, 靜也, 安也. 佛家語, 滅也, 涅槃也.
3) 성(聖) : 通也. 出類, 拔萃之人也. ←『대대례(大戴禮)』"애공문오의(哀公問五義)" "所謂聖人者, 知通乎大道, 應變而不窮, 能測萬物之情性者也."

4) 령(靈) : 巫也, 巫以玉事神也. 神之精明者稱靈. 人身之精氣也, 元氣也.

13 **三學** : 범어 trīṇiśikṣāni의 옮김. 불교를 배워 도를 깨달으려는 이가 반드시 닦아야 할 세 가지 계[增上戒]·정[增上心]·혜[增上慧]를 말함. 삼승학(三勝學) 또는 삼증상학(三增上學)이라고도 한다. 계는 신·구·의의 악을 그치고 그릇됨을 막는 계율, 정(定)은 산란심을 막고 안정을 얻는 법인 모든 선정과 삼매, 혜(慧)는 의혹을 깨뜨리고 진리를 깨닫기 위한 사제·십이인연 또는 진여와 실상을 관하는 것이다. 따라서 삼학은 실천 방면에서도 불교의 모든 것을 포함하게 된다. 또는 불교 경전을 삼학에 배당하여 경장을 정학(定學), 율장을 계학(戒學), 논장을 혜학(慧學)으로 분류하는 설도 있는데 이에는 다른 설이 있다. 혹은 오분법신(五分法身)·육도(六度)·칠정(七淨)·팔정도(八正道) 등의 내용 설명에 삼학이 사용된다. 불교의 삼학을 내(內)의 삼학(三學), 불교 이외 다른 학파의 삼학을 외(外)의 삼학(三學)이라 부를 때가 있다.

14 **說文** : 서적명 『설문해자(說文解字)』의 준말. 후한의 허신(許愼)이 100년(후한 영원永元 21년, 신라 파사왕 21년)에 지은 것으로 30권이다. 총 14편 목록 1편이며, 소전자(小篆字)가 9,353자, 거듭 나오는 중문(重文)이 1,163자, 주문(注文)이 133,440자로 되어 있다. 50개의 기본적인 글자[部首]로 총괄 분류하여 각 글자의 뜻을 설명하고 자형의 구조와 자음을 표시하였다. 자형의 구조는 육서의 원리를 이용했다. 이 책 이름의 유래에 대해 설문(說文)의 자서(自序)에 이르기를 "종류에 의하여 상형한 글자를 문(文)이라 하며, 그 후에 형성(形聲)이 상익(相益)하여 이룬 글자가 자(字)이다(依類相形, 謂之文; 其後, 形聲相益, 謂之字)."라 하였으니, 곧 문(文)을 말하고 자(字)를 풀이한다는 뜻이다. 청나라 단옥재(段玉裁)의 『설문해자주(說文解字注)』가 유명하며, 요복보(丁福保)의 『설문해자고림(說文解字詁林)』에는 처음으로 갑골문자까지 수록되어 있어 한자의 종합참고서라고도 할 수 있다. 이 두 가지는 설문을 통하는 데 없어서는 안 될 책이다.

※ 중국 역대 자전류의 글자 수 증감

(1) 『창힐편(蒼頡篇)』 : 진(秦)나라 기원전 208년 이사(李斯) 3,300[+0]

(2) 『훈찬편(訓纂篇)』 : 한나라 1~5년 양웅(揚雄) 5,340[+2,040]

(3) 『속훈찬(續訓纂)』 : 한나라 60~70년 반고(班固) 6,180[+840]

(4) 『설문해자(說文解字)』 : 한나라 100년 허신(許愼) 9,353[+3,173]

(5) 『성류(聲類)』 : 위나라 227~239년 이등(李登) 11,520[+2,167]

(6) 『자림(字林)』 : 진(晋)나라 290년 여침(呂忱) 12,824[+1,304]

(7) 『자통(字統)』 : 후위 400년 양승경(楊承慶) 13,734[+910]

(8) 『광아(廣雅)』 : 후위 480년 장읍(張揖) 18,150[+4,416]

(9) 『옥편(玉篇)』 : 양나라 543년 고야옥(顧野王) 22,726[+4,576]

(10) 『당운(唐韻)』 : 당나라 751년 손면(孫愐) 26,194[+3,468]

(11) 『운해경원(韻解鏡源)』 : 당나라 753년 안진경(顔眞卿) 26,911[+717]

(12) 『유편(類篇)』 : 송나라 1066년 옥수호숙(玉洙胡宿) 31,319[+4,408]

(13) 『자휘(字彙)』 : 명나라 1615년 매응조(梅膺祚) 33,179[+1,860]

(14) 『정자통(正字通)』 : 명나라 1675년 장자열(張自烈) 33,440[+261]

(15) 『강희자전(康熙字典)』 : 청나라 1716년 진우경등(陳迋敬等) 42,172[+8,734]

(16) 『중화대자전(中華大字典)』 : 중화민국 1915년 중화서국(中華書局) 44,908[+2,734]

15 **華嚴** : 『대방광불화엄경(大方廣佛華嚴經)』은 부처님께서 성도한 깨달음의 내용을 그대로 표명한 경전이다. 동진 때 붓다발타라가 번역한 60권(34장) 화엄과 측천무후 때 우전국 삼장 실타난타가

번역한 80권(36장) 화엄이 있는데 내용은 동일하다. 또 숭복사에서 반야삼장이 "입법계품"만을 번역한 40권 화엄이 있다. 그 내용을 보면 60화엄에서는 일곱 곳에서 여덟 번 집회하고 설한 내용이 34장으로 나뉘어 있다. 설법이 진행함에 따라서 모임의 자리가 지상에서 천상으로 높아졌다가 다시 지상으로 내려오는 구성은 그 설법의 내용과 부처님의 교화의 뜻을 표명하고 있으며, 특히 다시 지상으로 내려와서 귀결하는 구성은 불교의 목적이 지상의 오늘에 있음을 시사하는 것으로, 그 구성 자체가 깊은 의미를 지닌다.

1) 지상 적멸도량에서의 모임 : 부처님께서 마갈타국에서 깨달음을 얻은 것으로부터 시작한다. 그때 부처님께서는 이 경의 교주인 비로자나 부처님과 일체가 되어 있다. 그리하여 수많은 보살들은 한 사람 한 사람 일어나 부처님을 칭찬한다.

2) 지상 보광법당에서의 모임 : 부처님께서는 첫째 모임의 자리를 보광법당의 사자좌로 옮긴다. 이곳에서 문수보살은 네 가지 진리인 고·집·멸·도의 사제를 설하고 열 명의 보살이 각각 열 가지 깊은 법을 설한다.

3) 천상 도리천에서의 모임 : 십주(十住)의 법이 설해진다.

4) 천상 야마천궁에서의 모임 : 십행(十行)의 법이 설해진다.

5) 천상 두솔천궁에서의 모임 : 십지(十地)의 법이 설해진다.

6) 천상 타화자재천궁에서의 모임 : 이 모임에서 설해진 "십지품(十地品)"은 범어 원전이 전해지고 있는데 경의 이름이 "십지(十地)의 지배자라고 이름하는 대승경전"이다. 이 십지는 보살의 수행을 열 가지 단계로 나누어 단계적으로 설한 것으로서 『화엄경』 안에서 극히 중요한 부분이다.

7) 지상 보광법당에서의 모임 : 지금까지 설한 것을 요약해서 설하고 있다.

8) 지상 기원정사에서의 모임 : "입법계품"을 설하고 있는데, 산스크리트 원전 Gaṇḍavyūhasūtra를 줄여서 부르는 것이 『화엄경』이며, 그렇게 줄여서 부르는 이름이 경전 전체를 대표하는 것에서도 알 수 있듯이 이 부분은 널리 알려져 있다. 이 품은 선재라고 하는 소년이 53명인 여러 유형의 사람, 예를 들면 보살·비구·비구니·소년·소녀·의사·장자·항해사·신·선인·외도·브라만 등을 만나 도를 구하는 상황이 문학적으로 설해지고 있으며, 이러한 구성은 참다운 구도자 앞에는 계급도 종교도 초월해야 함을 시사할 뿐만 아니라 실로 대승정신의 면모를 보여주고 있다.

16 **凡夫** : 범어 pṛthagjana의 번역으로, 필률탁흘나(必栗託仡那)라고 소릿말적기하고, 이생(異生)이라고 직역한다. 현자에 상대하여 어리석고 평범한 사람이라는 뜻이다. 이생이란 말은 여러 가지 견해나 번뇌에 의해서 가지가지의 업을 일으키고 여러 가지 과를 받아서 갖가지 세계에 태어난다는 뜻이다. 수행의 단계로 말하면 처음으로 무루의 지혜가 열려서 사제를 보는 지위인 견도에 오르기 이전이다. 범부로 하여금 범부답게 하는 성질을 이생성(異生性) 또는 범부성(凡夫性)이라 한다.

17 **法華** : 범어 Saddharmapuṇḍarikasūtra로서 『정법화경(正法華經)』(축법호 번역) 또는 『묘법연화경(妙法蓮花經)』(구마라집 번역)으로 번역된다. 『법화경』은 중국에서 한역된 후 수나라 천태대사 지의(智顗)에 의해 경의 내용이 교학적·사상적으로 조직·정리됨으로써 천태 사상의 발전하게 되어 화엄 사상과 함께 중국불교의 쌍벽을 이루는 경전으로 자리잡게 되었다. 또한 내용과 사상으로 볼 때 이 경전은 인도에서 재가 신도들이 중심이 된 대승불교 운동의 태동과 그 맥락을 같이 해서 성립된 경이므로 철두철미한 대승불교적인 경전이라 할 수 있다. 이 경의 주안점을 두 가지로 요약하면 삼승(三乘)을 회통시켜 일승(一乘)으로 귀의케 한다는 회삼귀일(會三歸一)(제2 "방편품")과, 세존의 성불은 무량수겁 이전에 이미 이뤄졌고 상주불변하며 멸도를 보인 것은 중생을 구하기 위한 대자비의 방편이었음을 말하는 구원성불(久遠成佛)(제16 "여래수량품")이다.

18 慢:

1) 만(慢) : 내가 남보다 못한 데 대해 남보다 잘한다고 거드름을 피우는 것이다.

2) 과만(過慢) : 나보다 나은 사람에 대해 내가 낫다고 생각하는 것이다.

3) 만과만(慢過慢) : 나와 동등한 사람에 대해 내가 낫다고 생각하는 것이다.

4) 아만(我慢) : 내가 잘났다고 생각하는 것이다.

5) 증상만(增上慢) : 수승한 법을 얻지 못했는데 얻었다고 하는 것, 즉 자기를 가치 이상으로 판단하는 것이다.

6) 비열만(卑劣慢) : 한편으로 잘못되었다고 생각하면서도 잘한다는 생각을 버리지 않는 것이다.

7) 사만(邪慢) : 정법을 정법으로 보지 않고 계속 교만심을 내는 것이다.

19 我見 : 오견(五見)의 하나로 신견(身見)이라고도 한다. 오온의 가화합적(假和合的) 존재가 심신을 상일실체(常一實體)로 생각하는 망견을 아견이라 한다. 즉 인간에게 영원히 변하지 않는 주체가 있다는 생각, 상일주재(常一主宰)의 ātman이 있다고 하여 거기에 집착하는 견해, 정신이 여러 조건의 집결에 지나지 않음을 모르는 채 실체적인 자아의 존재를 인정하는 견해를 말한다. 다섯 가지 그릇된 견해인 오견은 다음과 같다.

1) 유신견(有身見, satkāyadṛṣṭi) : 심신에 실체적 자아가 존재한다고 보는 아견(我見)과 모든 사물을 내 것이라고 집착하는 아소견(我所見)을 합한 것이다.

2) 변집견(邊執見, antaparigrahadṛṣṭi) : 편벽된 극단에 집착하는 견해로서 '나는 사후에도 상주한다.'고 집착하는 상견(常見, 유견有見이라고도 함)과 단견(斷見, 무견無見이라고도 함)이 그것이다.

3) 사견(邪見, mithyādṛṣṭi) : 인과의 도리를 부정하는 견해이다.

4) 견취견(見取見, dṛṣṭiparāmarśadṛṣṭi) : 잘못된 견해에 집착하여 진실한 견해라고 하는 것이다.

5) 계금취견(戒禁取見, śīlavrataparāmarśadṛṣṭi) : 바르지 않은 계율이나 금제(禁制) 등을 열반(깨달음)에 인도하는 바른 계목이라 고집하는 것이다. 외도(外道)가 지키려는 것을 계(戒)라 하고 금지하려는 것을 금(禁)이라 할 경우, 불제자가 그러한 계와 금을 따름으로써 해탈할 수 있다고 여기는 견해를 말한다.

20 見賢思齊 : 『논어』 "이인(里仁)" 제4 "見賢思齊焉, 見不賢而內自省也."

21 鳩摩羅什 : 범어 Kumārajīva로, 라집(羅什)이라 줄여서 부르며, 동자 같은 외모에 노인 같은 생각을 지녔다 하여 동수(童壽)라 번역한다. 인도 스님 구마라염(鳩摩羅炎, Kumārāyaṇa)을 아버지로 하고 구자국 왕의 누이동생 기바(耆婆, Jīvā)를 어머니로 하여 구자국에서 태어났다. 부모의 이름을 합하여 그의 이름으로 하고 7세 때 출가하여 어머니를 따라서 여러 곳을 다녔으며, 인도 북쪽의 계빈국에서 반두달다(槃頭達多)에게 소승을 배웠고, 소륵국의 수리야소마(須梨耶蘇摩)에게 대승을 배웠다. 구자국에 돌아와서는 비마라차(卑摩羅叉)에게 율을 배우고 난 뒤 구자에 있으면서 주로 대승을 포교하였다. 383년 진나라 왕 부견(符堅)이 여광(呂光)을 시켜 구자국을 쳤을 때 여광이 구마라집을 데리고 양주(凉州)로 왔으나 부견이 패했다는 소식을 듣고 자기가 임금이 되어 구마라집을 후히 대접하였다. 그 뒤 후진(後秦)의 요흥(姚興)이 양(凉)을 치고 401년 구마라집을 장안으로 데려와 국빈으로 대우하며 서명각(西明閣)과 소요원(逍遙園)에서 여러 경전을 번역케 하였다. 그는 경율부 74부 380여 권을 번역하는 등 여러 방면에 힘을 기울였으나 그중에도 특히 삼론(三論)과 중관(中觀)의 불교를 널리 포교하였으므로 그를 삼론종(三論宗)의 조사라 하며, 제자 3천 명 가운데 도생(道生)·승조(僧肇)·도융(道融)·승예(僧叡) 등을 집문사철(什門四哲)이라 부른다. 속랍 74세 되던 413년 8월에 장안의 대사(大寺)에서 입적하였다.

22 頂禮 : 오체투지(五體投地)라고도 한다. 고대에 인도 등지에서 행해진 최고의 경례로, 존자 앞에 엎드려 머리를 땅에 붙이고 발밑을 우러러보는 것이다. 정확히는 자신의 정수리를 상대의 발바닥에 닿도록 하는 예법인데, 이는 사람의 몸에서 가장 존귀한 부분을 정수리로 여기고 가장 비천한 부분을 발바닥으로 여기는 까닭에, '나의 가장 뛰어남이 당신의 가장 뒤쳐짐보다 못함'을 드러낸 것이다. 『귀경의(歸敬義)』하(下) "我所貴者頂也, 彼所卑者足也, 以我所尊, 敬彼所卑者, 禮之極也."

23 周易 : 오경의 하나, 또는 13경의 하나. 유가 경전의 제1위로서 가장 난해한 경서의 하나이다. 상(上)·하(下)의 두 편과, 계사전(繫辭傳) 상(上)·하(下), 설괘(說卦), 문언(文言), 서괘(序卦), 잡괘(雜卦)의 10편 등 모두 12편으로 되어 있다. 계사전에 팔괘를 풀이하여 신명(神明)의 덕을 통해서 만물의 정을 점치고 복희씨(伏羲氏)가 팔괘를 만든 뒤 주나라 문왕(文王)이 팔괘를 중첩시켜 64괘로 하였고, 괘마다 괘의 의리(義理)를 총론하여 이를 단사(彖辭)라 하였다. 주공(周公)은 다시 364효(爻)에 대해 그 상(象)과 의(義)를 풀이하였으니 이를 효사(爻辭)라 한다. 뒤에 공자가 여기에 주석을 달았다. 그러므로 이것은 복희(伏羲)·문왕(文王)·주공(周公)·공자(孔子)의 네 성인의 손을 거쳐 이룩된 것이다. 『주역』이란 명칭에 대해서는 이설이 많지만 주나라 문왕과 주공이 사(辭)를 붙여 그 의미를 설명했기 때문에, 또 윗대의 연산역귀장역(連山易歸藏易)이라는 것에 대하여 주나라 때 주(周) 자를 붙였다는 설이 있는데 이 설이 제일 온당하다. 그런데 『주역』은 원래 유교 경전과는 별개의 것으로 진시황의 분서(焚書) 때에도 화를 면하였고, 가장 늦게 유교 경전에 끼게 되었는데, 위나라 왕필(王弼)이 주석을 달고 당나라 공영달(孔穎達)이 소(疏)를 가하여 『십삼경주소(十三經注疏)』의 첫머리에 놓이게 되었다. 우리나라에서도 신라 때 독서삼품과(讀書三品科)의 시험 과목의 하나로 사용된 이래 유가의 필독서로 널리 애독되었을 뿐만 아니라 조선 선조 때는 한글로 번역한 『주역언해』도 나왔으며 또한 이를 연구한 학자도 많다.

24 晏子 : 춘추시대의 제나라 명신. 이름은 영(嬰), 자는 평중(平仲). 제나라 영공(靈公)과 장공(壯公) 및 경공(景公)을 섬겨 재상이 되었으며 공경력행(恭敬力行)하여 한 벌의 여우 털 갖옷을 30년이나 입었으므로 '안영지호구(晏嬰之狐裘)'란 말이 생겼다. 그의 언행을 기술한 것으로 『안자춘추(晏子春秋)』8권이 있다.

25 子夏 : 춘추시대 위나라 사람. 성은 복(卜), 이름은 상(商), 자하(子夏)는 그의 자(字). 공자의 문인으로 자유(子游)와 함께 문학에 뛰어났으며, 일찍이 노나라에서 벼슬하였다. 공자가 죽은 후 서하(西河, 지금의 제수濟水와 황하黃河 중간)에 거처하니 이극(李克)과 오기(吳起), 전자방(田子方), 단간목(段干木) 등이 그에게 와서 수업하였으며, 위문후(魏文侯)가 그를 중히 여겨 스승으로 삼아 경예(經藝)를 익혔다.

26 四海 : 사방의 바다라는 뜻에서 전(轉)하여 천하·세계의 의미로 쓰인다. 또한 불교에서 말하는 수미산을 둘러싸고 있는 바다를 말한다.
1) 『시경(詩經)』 "상송(商頌)·현조(玄鳥)" "邦畿千里, 維民所止, 肇域彼四海. 四海來假, 來假祁祁. 景員維河, 殷受命咸宜, 百祿是何."
2) 『논어』 "요왈편(堯曰篇)" "天之曆數在爾躬, 允執其中. 四海困窮, 天祿永終."
3) 『맹자』 "고자장구하(告子章句下)" "是故禹以四海爲壑, 今吾子以隣國爲壑."
4) 『장자』 "소요유(逍遙遊)" "邈姑射之山, 有神人居焉, 肌膚若冰雪, 綽約若處子; 不食五穀, 吸風飮露; 乘雲氣, 御飛龍, 而遊乎四海之外. 其神凝, 使物不疵癘而年穀熟."

27 皆兄弟 : 『논어』 "안연편(顔淵篇)" 司馬牛憂曰: "人皆有兄弟, 我獨亡." 子夏曰: "商聞之矣: 死

生有命, 富貴在天. 君子, 敬而無失, 與人恭而有禮, 四海之內, 皆兄弟也. 君子何患乎無兄弟也?" 朱注: 牛有兄弟而云然者, 憂其爲亂而將死也. [商聞之] 蓋聞之夫子. 命, 稟於有生之初, 非今所能移, 天, 莫之爲而爲, 非我所能必, 但當順受而已.

28 模範 : 주조하는 형틀에서 속틀을 모(模)라 하고 겉틀을 범(範)이라 한다. 밀랍 등으로 종 모양을 만들었으면 그것이 모[鑄器必先用蠟爲模]이며, 그 밀랍에 주사(鑄砂)를 씌운 뒤 밀랍을 녹여낸 후 쇳물을 부을 수 있게 남은 거푸집이 범이다. 『설문해자(說文解字)』 "模: 法也. 段注: 以木曰模, 以金曰鎔, 以土曰型, 以竹曰范, 皆法也."

29 東晉 : 중국 춘추전국시대의 조대 이름. 서진(西晉)이 멸망한 후 317년에 사마예(司馬睿)가 건강(建康, 지금의 강소江蘇 남경南京)에서 다시 정권을 세우니, 역사에서는 동진(東晉)이라 일컬으며 서진과 더불어 양진(兩晉)이라 부른다. 420년 유유(劉裕)가 동진의 공제(恭帝) 사마덕문(司馬德文)을 폐하고 스스로 제위에 오르니(송나라 무제武帝) 동진은 멸망했다. 모두 11제(帝), 104년의 통치였다.

30 安師 : (314~385) 도안(道安) 법사. 중국 상산(常山) 부류(扶柳) 사람. 성은 위(魏)씨. 일찍이 부모를 여의고 12세에 출가하였으나 용모가 너무 못생겨 스승에게서 귀여움을 받지 못한 채 논밭에서 일하기 3년, 어느 날 밭에서 일하던 여가에 『변의경(辨意經)』과 『성구광명경(成具光明經)』을 배운 뒤 곧 외워서 스승을 놀라게 하였다. 진(秦)나라 왕 부견(符堅)이 그의 학덕을 사모하여 군대로 양양을 포위하고 장안(長安)으로 초청하여 오중사(五重寺)에서 경전을 번역 강론케 하였다. 모르는 것이 없었으므로 당시의 사람들이 "학불사안(學不師安), 의불금난(義不禁難)."이라고 할 정도였다 한다. 그의 학설은 반야의 공론(空論)을 주장. 중국 초기의 불교는 주로 인도와 서역에서 온 스님에 의하여 개척되었는데 도안에서부터 중국 사람에 의하여 중국불교가 일어나게 되었다. 경전을 해석하는 데 서분(序分)·정종분(正宗分)·유통분(流通分)의 3분과목을 창설하였으며, 승려 생활의 규범, 석(釋)을 승려의 성씨로 해야 옳다는 것 등을 주장하였다. 그가 지은 『종리중경목록(綜理衆經目錄)』은 경론의 목록으로서 가장 권위 있는 서적이었으나 불행하게도 지금은 전하지 않는다. 진(秦)나라 건원(建元) 21년 2월에 72세로 입적하였다. 20여 부의 저서가 있으나 지금 전하는 것은 얼마 되지 않는다.

31 辨意經 : 『변의장자자소문경(辨意長者子所問經)』 1권. 원위(元魏)의 법장(法場)이 번역. 부처님께서 장자의 아들이 질문한 물음에 생천(生天)과 불회(佛會)에 오사(五事)가 있음을 답한 것이다.

32 具戒 : 구족계. 범어 upasaṁpanna로 오파삼발나(鄔波三鉢那)라 소릿말적기하고 근원(近圓)이라 번역한다. 열반에 가까이 한다는 뜻. 구계(具戒)라 약칭하고 대계(大戒) 또는 비구계(比丘戒)·비구니계(比丘尼戒)라고도 한다. 비구·비구니가 지켜야 할 계법으로 비구는 250계, 비구니는 348계이다. 이 계를 받으려면 만20세 이상이 되어야 한다.

33 佛圖澄 : (232~348) 불도등(佛圖磴), 불도등(佛圖蹬), 불도등(佛圖橙)이라고도 한다. 서역 구자국 사람으로서 속성은 백(帛)이다. 어려서 출가하여 경문 수백만 자를 외우고 문리에 통달하여, 그 후에 훌륭한 스승을 만나 가르침을 받고, 310년(영가永嘉 4년)에 중국 낙양에 왔다. 대법을 널리 전파하기를 뜻하여 여러 가지 신이한 것을 나타내어 사람들을 교화하였다. 그때 후월(後越)의 석륵(石勒)이 불도징에게 귀의하여 대화상이라 일컬으며 아들들을 절에 보내어 양육케 하였다. 333년(건평建平 4년)에 석륵이 죽은 뒤에 석호(石虎)가 임금이 되어 역시 스승으로 섬기며 대전(大殿)에 올라와서 정사에 참여케 하였다. 건무(建武) 14년 12월에 업궁사(鄴宮寺)에서 117세로 입적하였으며, 제자는 1만여 명이나 되었다고 한다.

34 靑眼 : 기뻐하는 눈, 귀여워하는 눈. 좋은 마음으로 남을 대할 때 기꺼움이 드러나는 눈매를 말한

다. 백안(白眼)의 반대말. 진(晉)나라 완적(阮籍)이 백안과 청안(靑眼)을 썼다는 데서 생긴 말이다.

35 伯樂 : 중국 진(秦)나라 목공(穆公) 때의 사람으로, 성은 손(孫), 이름은 양(陽)이다. 『성경(星經)』에 "백락(伯樂)은 하늘 별자리의 이름으로 천마(天馬)를 관장하는데, 손양(孫陽)이 말을 잘 다루니 그 까닭에 그처럼 이름을 붙인 것이다."라고 하였다. 백락이 말을 감정하는 데 명수였으므로 널리 말의 일에 밝은 사람의 뜻으로 쓰이며, 좋은 말이 백락을 만나 세상에 알려지면 그 값이 열 배로 올랐다는 데서 '백락일고(伯樂一顧)'란 고사까지 생기게 되었다. 본문에서는 백락(伯樂)으로 지인 (知人)을 비유하기 위해 사용하였다.

36 匠成 : 장(匠)은 옛날의 유명한 건축 조각가인 장석(匠石, 자는 백백)이란 사람을 말한다. 장성(匠成) 이란 장인이 물건을 마음대로 다루어 집을 짓고 연장을 만들 듯이 스승이 나를 잘 지도하여 성취 하게 해줌을 말한다.

1)『법화문구(法華文句)』"師有匠成之能, 學者具資稟之德."

2)『장자』"郢人堊漫其鼻端, 若蠅翼, 使匠石斲之. 匠石運斤成風, 聽而斲之, 盡堊而鼻不傷, 郢人立不失容. 宋元君聞之, 召匠石曰: "嘗試爲寡人爲之." 匠石曰: "臣則嘗能斲之. 雖然, 信 之質死久矣." 自夫子之死也, 吾无以爲質矣, 吾无與言之矣."

3)『연밀초(演密鈔)』"匠是工匠, 如世工匠, 能匠成諸器, 阿闍利法匠, 能匠成三乘三學法器."

37 南山 : (596~667) 중국 남산 율종의 시조. 단도(丹徒) 혹은 장성(長城) 사람. 성은 전(錢). 16세에 출 가하여 지수(智首) 율사에게 비구계를 받고 율전을 배웠다. 무덕(武德) 7년(624) 종남산(終南山) 방 장곡(倣掌谷)에 들어가 백천사(白泉寺)를 짓고 계율을 엄하게 지키며 선을 닦았으므로 세상에서 남산(南山) 율사라 불렸다. 정관(貞觀) 19년(645) 현장이 귀국하여 홍복사(弘福寺)에서 역경 사업을 진행할 때 그 감문가(勘文家)가 되어 수백 권의 율부와 전기를 써내었다. 특히 사분율종을 이루어 이른바 남산율종을 세웠다. 건봉(乾封) 2년 10월에 72세로 입적하였다. 저서로는 『속고승전(續高 僧傳)』, 『광홍명집(廣弘明集)』, 『사분율행사초(四分律行事鈔)』등 20부가 있다.

38 四怨 : 다음의 사마(四魔)를 말한다.

1) 번뇌마(煩惱魔) : 탐욕을 비롯한 여러 가지 번뇌는 우리의 심신을 어지럽게 하므로 이렇게 일 컫는다.

2) 사마(死魔) : 죽음은 인간의 생명을 빼앗기에 일컫는다.

3) 음마(陰魔) : 온마(蘊魔). 색(色)·수(受)·상(想)·행(行)·식(識)을 마로 본 것이다. 오온은 중생의 불성을 여의게 하므로 이렇게 일컫는다.

4) 천자마(天子魔) : 욕계의 맨 위 하늘로서 제6천인 타화자재천의 천주를 일컫는다. 그 이름은 마 왕파순(mārapāpiyas)이니 마파순 또는 파순으로 간략히 일컫기도 한다. 선인, 특히 수행하는 이에 대해 그들을 그대로 두면 자신의 권속들을 없애고 제6천의 궁전을 없앨 것이라 하여 천마의 군 병을 동원해 괴롭히고 정법의 수행을 하지 못하게 한다.

39 凌遲 : 능이(陵夷). 언덕이 점차 평평해진다는 뜻으로 사물이 점차 쇠퇴해 감을 말한다.

40 迦葉 : Mahākāśyapa. 부처님의 십대 제자 중의 한 사람. 마하가섭(摩訶迦葉)이라고 소릿말적기하 고, 의역하여 대음광(大飮光) 또는 대귀씨(大龜氏)라 한다. 인도 왕사성의 장자였던 브라만 니그루 다깔빠의 아들로서 삐빨라 나무 아래서 탄생하였으므로 삐빨라야나라고 부르기도 하였다. 일찍 이 비야라성의 브라만 딸과 결혼하였으나, 어려서 부모를 잃고 세속적인 욕망의 무상함을 깨달 아 부부가 함께 부처님의 제자가 되었다. 그는 8일 만에 바른 지혜의 경지를 증득하고 아라한과 를 얻었다고 한다. 그는 항상 엄격한 계율로 두타행을 하였고, 교단의 상수제자로서 존경을 받았

으며, 부처님으로부터도 인정을 받았다. 어느 날 사위국의 깊은 숲속에서 오랫동안 수행을 하다가 길게 자란 수염과 머리에 헌 옷을 입은 채로 기원정사에 찾아갔을 때 대중들은 그를 마음속으로 경멸하였다. 그때 부처님은 여러 대중의 마음을 읽으시고 "어서 오너라, 가섭이여! 여기 내 자리에 앉아라." 하시고는 가섭 존자에게 자리를 내어주고 모든 위없는 정법을 모두 가섭에게 부촉하여 자신이 입멸한 후 모든 수행자의 의지처가 될 것이라고 예언하셨다. 어느 때 가섭이 바사성에 머물다가 돌아오는 도중에 세존께서 열반하신 소식을 듣고, 즉시 쿠시나가라의 천관사(天觀寺)로 가서 부처님의 발에 예배한 후 다비의식을 거행하였다. 그 후 그는 5백 명의 아라한들과 함께 아난과 우바리로 하여금 경과 율을 결집하도록 하였다. 선가에서는 가섭을 부법장(付法藏) 제1조로 높이 받들고 있다.

41 阿難 : Ānanda. 부처님의 십대 제자 중의 한 사람. 다문제일(多聞第一)로 유명하다. 무염(無染)·환희(歡喜)·경희(慶喜)라 번역. 부처님의 사촌 동생이며 제바달다의 친동생이다. 까삘라성의 석가 종족(부왕에 대해서는 곡반왕斛飯王·감로반왕甘露飯王·백반왕白飯王의 이설이 있다)의 집에서 출생하였다. 부처님께서 성도하시던 밤에 태어났다고 한다. 8세에 출가하여 출가하였는데 미남인 탓으로 여자의 유혹이 여러 번 있었으나 지조가 견고하여 몸을 잘 보호하여 수행을 완성하였다. 그의 전기에 의하면 부처님이 전도 생활하신 지 20년 후에 여러 제자들 중에서 선출되어 친근한 시자가 되었으며, 다문제일의 제자가 되어 부처님 멸도하신 후에 마하가섭을 중심으로 제1차 결집 때 중요한 위치를 차지하였으며, 부처님의 이모 교담미의 출가를 적극 성사시킨 일들이 있다. 또 어떤 기록에서는 3종 아난 또는 4종 아난을 말하였는데, 이는 부처님 1대의 설법을 전파한 덕을 나타낸 것인 듯하다.

42 八萬法藏 : 중국인들이 많은 수를 말할 때 10만 8천이라 말하는 것처럼 인도에서 많은 수를 말할 때는 흔히 8만 4천의 수를 들며, 줄여서 8만이라고도 한다. 8만 법장은 부처님의 일대 교법을 통틀어 일컫는 말이니 중생 세계에 8만 4천 번뇌가 있으므로 이것을 대치하기 위하여 8만 4천 법문을 말씀하셨다고 한다.

43 西域 : 중국 서쪽 총령(葱嶺)의 동서에 있던 여러 나라의 총칭. 곧 지금의 중앙아시아 일대. 중국의 서북쪽에 위치한 신강성(新疆省)에 있는 천산산맥의 남쪽 타클라마칸 사막을 중심으로 한 곤륜산맥·천산산맥·총령산맥 등에 의해 남·북·서의 3면이 둘러싸인 지역으로, 한나라 때에는 서역 3역으로도 불렸던 동서 교통의 요로에 위치하고 있었다. 그러므로 동서의 문명은 반드시 일단 이곳을 통해서 상대쪽으로 전하여지게 되어 있었기 때문에 자연히 여기에 서역 문명의 발달을 촉진하게 되었다. 주요 국가로는 고창(高昌)·선선(鄯善)·구자(龜慈)·소륵(疏勒)·차사(車師)·우전(于闐)·강거(康居) 등이 있었다.
1) 고창(高昌) : 442년 저거무휘(沮渠無諱)가 북양(北涼)의 잔여 무리를 거느리고 고창(高昌) 태수를 축출한 뒤 그 땅에 자리잡았으며, 이듬해 자립하여 양왕(涼王)이 되니 이는 고창 지역 건국의 시초가 된다. 460년 유연(柔然)이 저거씨(沮渠氏)를 멸하고 감백주(闞伯周)를 세워 고창왕으로 삼으니, 이후 마침내 고창이 국호가 되었다. 연이어 수년 만에 세 명의 왕이 바뀌다가 499년 국가(麴嘉)가 즉위하여 왕이 되어 국(麴)씨가 9세 10왕 141년을 전했으며, 640년에 이르러 당나라에게 멸망되어 그 땅은 서주(西州)가 되었다. 고창성에 도읍했는데, 옛 성은 지금의 신강(新疆) 토노번성(吐魯番城) 동쪽의 아사탑나(阿斯塔那, 한명漢名으로 삼보三堡)촌의 동쪽, 합랍화탁(哈拉和卓, 한명漢名으로 이보二堡)촌 남쪽에 있었다. 강역은 초기에는 단지 원래의 고창군(高昌郡) 땅뿐이었으나 450년 서쪽으로 차사국(車師國)을 병합함에 비로소 전체 투르판 분지를 차지하게 되었으며, 그 후로 점차 확대되어 국씨의 전성기 때는 남쪽으로 하남(河南, 나포박羅布泊 이남의 토곡혼吐谷渾 국경을 가리

킨다)에 닿고 동쪽은 돈황(敦煌)에 연결되었으며, 서쪽은 구자(龜玆, 지금의 고차庫車 일대)에 이르고 북쪽은 칙륵(敕勒, 천산의 북쪽 기슭에 있다)과 인접했다. 강역 안에는 한위(漢魏) 이래 서역에서 수자리를 보았던 한인(漢人)들의 후예가 많아서 언어·풍속·제도가 중원과 비슷했다. 백성들은 농업과 양봉 및 목화를 재배하였으며, 목축도 하였다. 나라가 작아서 대로로 북쪽에 인접한 유목족인 유연(柔然)과 고차(高車) 및 돌궐(突厥)에 신하로서 복속되어 있었다.

2) 선선(鄯善) : 중국 역사서에 보이는 서역의 한 나라로서 이름의 원래 의미는 분명치 않다. 이 나라는 중국과 근접하여 기원전 2세기 말에 한나라가 서방과 직접 교섭을 열자 남도(南道)의 모든 나라들에 대한 한나라의 병참기지로서의 역할 및 동서무역에 의해서 국세가 융성하여졌다. 선선 지역은 서역 남도와 청해(青海) 방면을 잇는 지점이었기 때문에 청해에 나라를 세운 토곡혼이 동서무역에서 활약하기 시작한 5세기에는 서방의 차말(且末)과 함께 그 서방 기지로 되어 독립을 상실하고 635년까지 토곡혼의 지배를 받았다.

3) 구자(龜玆) : 중앙아시아의 타림 분지에서 번영했던 나라로, 중국의 기록에는 구자 이외에 굴지(屈支)·굴자(屈茨)·구자(邱玆) 등으로도 실려 있으며, 원나라 때에는 곡선(曲先)·야차(若叉) 등으로 기록되어 있는데, 모두 Kūci를 소릿말적기한 것이다. 이 나라의 북쪽에 있는 천산에는 각종 주요 광물이 풍부하여 광물채굴에 따른 광업의 융성은 구자국 발전의 중요한 기초가 되었다. 또한 서역 북도에 있는 요충지로서의 위치는 이 나라를 무역의 중심지로 번영시켰다. 658년 이래 안서도호부(安西都護府)가 설치되어 당나라가 중앙아시아에서 패권을 지니고 있다는 표시가 되었다. 이곳은 민족 분류상 아리아족에 속하며 인도·유럽어 계통의 독특한 언어를 사용하는데, 불교가 발달하였고 예술 방면에서도 뛰어나다.

4) 소륵(疏勒) : 기원전 2세기에 처음으로 한나라와 교섭을 하게 되면서 이후 1천 년간에 걸쳐 중국의 역사서에 나타나고 있다. 이 나라의 위치는 지금의 카쉬가르(Kashgar) 지방에 해당한다. 소륵의 어원은 Shulik 또는 Shulig로 추정된다. 이 나라는 타림 분지의 북서쪽 모퉁이에 위치하고 천산산맥을 횡단하여 북쪽 기슭으로 통하는 위치에 있어서 중요한 시장으로서 번성하였다. 이에 7세기 당나라 왕조에서는 이곳에 소륵진(疏勒鎭)을 설치하여 안서사진(安西四鎭)의 하나로 삼았다.

5) 차사(車師) : 중국 역사서에 나타나는 서역의 한 나라로, 한나라 때부터 북위시대에 이르기까지 천산산맥 동부에 존재하였다. 흉노가 서역으로 남하하는 입구에 해당하여 한나라의 서역경영의 진전으로 인해 두 세력의 각축장이 되었다. 한나라 선제(宣帝) 때에는 서역도호부(西域都護府)가 설치되어 서역경영이 진전되었으며, 『한서(漢書)』 "서역전(西域傳)"에는 이때 차사를 분할하여 차사전왕(車師前王)·후왕(後王)의 두 나라 및 산북(山北)의 여섯 나라로 만들었다고 기록되어 있다. 그러나 왕망(王莽) 시대에 차사는 흉노에게 멸망당해 한나라의 서역경영은 어려워졌으며, 후한 시대에 들어와 한나라와 흉노가 이 지역을 둘러싸고 각축하여 일시적이지만 반초(班超)의 아들 반용(班勇)이 차사전부(車師前部, 전왕前王)의 유중(柳中)에 진출한 적도 있었다. 차사후부(車師後部)는 서진(西進)한 연연(蠕蠕)에게 멸망되었으며, 차사전부는 450년 저거(沮渠) 안부(安周)에게 멸망당하여 그 지역에는 저거씨(沮渠氏)의 고창국이 건립되었다.

6) 우전(于闐) : 중앙아시아 타림 분지의 남쪽에 있는 나라로서 한나라와 당나라의 역사서에는 우치국(于寘國)으로 되어 있는데, 서역남도(西域南道)의 대표국이었다. 그 외에도 오전(烏纏)·우둔(于遁)·우전(于殿)·굴단(屈丹)·환나(喚那)·학단(堅旦) 등으로도 불렸으며, 원나라 때에는 황도(嵂舍)·알단(斡端)·오단(五端)·홀탄(忽炭) 등으로도 쓰였다. 우치(于寘)는 곤륜산에서 북쪽으로 흐르는 YurungKash 강과 KaraKash 강에 걸친 대 오아시스국으로, 많은 부락이 산재하여 과수 재배

및 농경으로 생활하였다. 하상(河床)에서 채취되는 부드러운 옥이 특산품으로 중국과 이란 및 이라크 등지에 수출되어 우치국을 부유하게 하였으며, 동서교섭과 더불어 이 나라를 서역의 유수한 문화국으로 만들었다. 기원전 2세기에 중국에 처음으로 알려질 즈음 이미 우치국은 번영기에 있으면서 동서무역의 중계시장으로서 각 방면의 문화를 받아들여 다채로운 문화가 꽃피고 있었다. 조로아스터교가 유행하여 많은 사찰이 건립되었다. 7세기에는 당나라의 지배를 받아 이 나라에 사비도호부(沙毗都護府)가 설치되어 안서사진(安西四鎭)의 하나가 되었다.

7) 강거(康居) : 중국 한나라와 위나라 시대의 역사서에 나타나는 서아시아에 위치한 나라이다. Syrdarya 강 하류와 Kirghiz 광야 지역에 거주하는 유목민의 나라인데, 장건(張騫)이 그 소식을 전한 이래 서진(西晉) 시대에 이르기까지 중국의 역대 정사『서역전(西域傳)』에 그 이름이 기록되고 있다. 동으로는 오손(烏孫), 남동으로는 대완(大宛), 남으로는 대월지(大月氏), 서로는 엄채(奄蔡)와 접해 있기 때문에 각 지방을 연결하는 상로의 교차점이 되었다. 이 나라의 이름은 서진 시대를 마지막으로 역사에서 사라졌지만 남북조 시대에 이르러 역사서에 강국(康國)을 강거(康居)의 후예로 기록하고 있다. 그러나 여기에는 약간의 억측이 있다고 할 수 있다.

44 **東夏** : 중국에서 화하계(華夏系)는 특별히 현대 한족(漢族)의 주요 근간이 될 뿐만 아니라 전체 중국 민족의 주요 근간이 된다. 각 계열별 민족은 화하계 민족과 접촉하고 혼합된 뒤 그 대부분이 화하계에 동화되어 버렸다. 그러나 그렇게 다른 계열의 민족으로 이루어진 구성원이 많은 까닭에 이 계열은 오래전부터 이미 초기의 화하계가 아니라 하나의 복합적인 새로운 '족(族)'으로 되었으니, 오늘날 한족(漢族)이라 일컬을 때 그것은 응당 화하계를 지칭하는 것은 아니다. 화하(華夏)라는 이름은 태곳적부터 시작되어 정식으로 이 계열의 옛 명칭으로 사용되었다. 한족(漢族)이라 할 때의 '한(漢)'은 비록 그 또한 역사상의 명칭에 속하지만 '화하'라는 명칭 뒤에 생겨난 것이고, 더욱이 지금까지 '화하'라는 명칭에 비해 더욱 보편적으로 사용되었으며 그것을 대체할 만한 이름이 그 이후에 생기지 않았다. 예를 들면 '당인(唐人)'이라는 이름 또한 널리 사용되지 않았으며 거듭 새로운 이름을 만들어 쓰는 것 또한 쉽지 않았기에 단지 '한족'이라는 명칭만을 사용하는 것이 비교적 적합하였다. 여러 서적에서 사용된 예를 살펴보면 한나라 이전에는 단지 '화하'라고만 일컬었으며, 한나라 이후에는 '한족'이라 일컬었다. 화하계는 그 발생이 역사 이전이기에 원류에 대한 학설 또한 매우 많으나 아마도 토착설이 사실에 가까울 것이니, 신석기 시대 후기에 황하 유역에서 생활하였던 것으로 보인다. 그로부터 5~6천 년을 내려오며 다른 계열과 접촉하고 혼합되어 그 내용이 확대되었으니, 지금에 이르러 혼합된 다른 계열로서 가장 중요한 것이 넷이 있다. 거주하였던 곳이 초기는 황하 유역에 한정되었으나, 지금은 중국 대부분의 지역과 해외에까지 산재해 있다. (임혜상林惠祥, 『중국민족사中國民族史』 "제1장 중국민족中國民族의 분류分類")

45 **竺** : 성씨로, 중국에서 도안(道安) 법사 이전에는 흔히 인도 태생이거나 인도의 스님을 스승으로 한 이도 축(竺)씨 성을 많이 썼다. 인도 태생의 스님은 축담마등(竺曇摩騰)과 축담무란(竺曇無蘭) 등이 있으며, 인도 스님을 스승으로 한 이는 축불념(竺佛念)과 축도생(竺道生) 등이다. 또 월지국 사람이면 지(支)를 성으로 썼으니 지첩가참(支婁迦讖)과 지요(支曜) 등이 있으며, 그 나라 스님을 스승으로 삼은 이도 지(支)를 썼으니 지법령(支法領)과 지도림(支道林) 등이 그들이다.『개원석교록(開元釋敎錄)』제2에서 "沙門竺曇摩羅察, 晋言法護 …… 年八歲出家, 事故國沙門竺高座爲師, 遂稱竺姓."이라 하였다. 진(秦)나라와 진(晋)나라 이전에는 대부분이 스승의 성을 따라 썼으나 도안이 석(釋)으로 승려의 성씨를 삼아야 한다고 주장하며 "彌天釋道安"이라 일컬은 뒤부터 모두 석(釋)을 성씨로 쓰게 되었다.

46 **佛陀跋陀** : (359~429) 범어 Buddhabhadra를 소릿말적기한 것으로, 각현(覺賢)이라 번역. 인도

가비라국 사람. 인도에 구법하러 갔던 중국 스님 지엄(智儼)의 요청으로 중국에 왔다. 장안에서 구마라집과 법상을 의논, 혜원(慧遠)을 위하여 처음 선경(禪經)을 강의하였다. 그 뒤 역경에 종사하여 동진의 안제(安帝) 의희(義熙) 14년(418)에 『진화엄(晋華嚴)』60권을 위시하여 15부 117권을 번역하였다. 송나라 문제(文帝) 원가(元嘉) 6년에 71세로 입적하였다.

47　　**書**：箸也. 段注: 此琴禁, 鼓郭之例, 以疊韻釋之也. 叙目曰, 箸於竹帛謂之書. 書者, 如也. 箸於竹帛, 非筆未由也. 『설문해자(說文解字)』

48　　**經律**：초기불교의 경과 율로서 현존하는 남북양전(南北兩傳) 가운데 서로 거의 다 일치되는 것들이 이른바 4아함(경經)과 5니까야(경經) 및 비나야(율律)들이다.

1) 북전경(北傳經)：4아함

(1) 『장아함경』22권(30경) 법장부가 전한 것으로 413년 한역되었다.

(2) 『중아함경』60권(221경) 설일체유부가 전한 것으로 398년 한역되었다.

(3) 『잡아함경』50권(1362경) 설일체유부가 전한 것으로 433년 한역되었다.

(4) 『증일아함경』51권(471경) 471년 한역되었다.

(5) 이 외에 니까야의 소부(小部)에 해당되는 것으로서 『법구경』과 『본사경(本師經)』 등 일부가 한역되어 있다.

2) 북전율(北傳律)：『십송률(十誦律)』61권, 『사분율(四分律)』60권, 『마하승기율(摩何僧祇律)』40권, 『오분율(五分律)』30권, 『근본설일체유부비나야(根本說一切有部毘奈耶)』50권.

3) 남전경(南傳經)：빠알리어로 전해진 5니까야

(1) 디가니까야(Dīghanikāya, 장부長部)：내용이 긴 경전 34경을 모은 것으로서 3편으로 분류되어 있다. 이 중에는 『범망경(梵網經)』, 『사문과경(沙門果經)』, 『열반경(涅槃經)』, 『육방예경(六方禮經)』 등의 중요한 경전이 포함되어 있다. (한역 『장아함경』)

(2) 맛지마니까야(Majjhimanikāya, 중부中部)：중간 정도 길이의 152경을 모은 것으로서 약 50경씩 3편으로 분류되어 있는데, 다시 각 편은 5품으로 나누어지고, 각 품은 대개 10경 단위로 구성되어 있다. (한역 『중아함경』)

(3) 상윳따니까야(Saṁyuttanikāya, 상응부相應部)：다음의 증지부와 마찬가지로 짧은 경전으로 집성되어 있다. 2,875경으로 되어 있는데, 불교의 주요한 교리강목(教理綱目)·천(天)·마(魔)·인(人)·경(經)을 설하는 사람 등의 관점에 따라 분류하고 있다. 전체를 5품으로 나누고 각 품마다 상윳따(saṁyutta)라는 명칭을 붙이고 있다. 한역 『잡아함』은 1,362경인데, 이 외에도 별역 『잡아함경』과 단권 『잡아함경』이 포함되어 있다.

(4) 앙굿따라니까야(Aṅguttaranikāya, 증지부增支部)：사제(四諦)라든가 팔정도가 법의 수에 따라 분류되어 집성된 것이다. 2,198경이 1법에서부터 11법까지 순서대로 배열되어 있다. 한역 『증일아함경』은 이에 상당하는데, 472경을 1법부터 10법으로 분류한 것이다.

(5) 쿳다까니까야(Khuddakanikāya, 소부小部)：다음과 같은 15권의 경전으로 구성되어 있다. 『소송(小誦, Khuddakapāṭha)』, 『법구경(法句經, Dhammapada)』, 『감흥게(感興偈, Udāna)』, 『여시어(如是語, Itivuttaka)』, 『경집(經集, Suttanipāta)』, 『천궁사(天宮事, Vimānavatthu)』, 『아귀사(餓鬼事, Petavatthu)』, 『장로게(長老偈, Theragāthā)』, 『장로니게(長老尼偈, Therīgāthā)』, 『본생담(本生譚, Jātaka)』, 『의석(義釋, Niddesa)』, 『무애해도(無碍解道, Paṭisambhidāmagga)』, 『비유(譬喩, Apadāna)』, 『불종성(佛種姓, Buddhavaṁsa)』, 『소행장(所行藏, Cariyāpiṭaka)』.

4) 남전율(南傳律)

(1) 숫다위왕가(Suttavibhaṅga, 경분별經分別)：비구와 비구니가 개인으로서 지켜야 할 규칙을 제시

한 것.

(2) 칸다까(Khandhaka, 건도부犍度部) : 승가의 운영에 관한 규정을 제시한 것.

(3) 빠리와라(Parivāra, 부수附隨) : 이상 2부에 대한 보충적 설명을 한 곳에 모은 것.

49 結集 : 범어 saṃgīti의 번역으로 합송(合誦)한다는 뜻을 갖는다. 불멸 후 불제자들이 모여서 붓다의 유교(遺敎)의 산실(散失)을 막고 아울러 교권의 확립을 위해 붓다의 가르침을 외워 정리하고 집성함으로써 교법을 전승하는 데 도움이 되도록 한 일을 말한다. 제1결집은 불멸 당년 왕사성 부근에 5백 인의 제자가 모여서 행했고, 그 뒤에 여러 가지 이의가 생겨서 제2, 제3 등의 결집이 차례로 행해졌다. 교법이 언제 필록되기 시작했는지는 확실치 않지만 초기의 결집 당시에는 아직 문자로 옮겨지지 않았을 것으로 보인다.

1) 제1결집 : 불멸 당년(기원전 544)에 왕사성 칠엽굴에서 마하가섭을 상수로 하여 5백 비구가 회집(會集)하여 붓다 유법(遺法)의 보존을 위해 들은 바를 송출해 냄으로써 검토와 교정의 과정을 거쳐 교법을 편찬·결집하였다. 이것을 제1결집이라 한다. 이것을 5백결집이라 하며 상좌결집이라 하고 굴내결집이라고도 한다. 이에 대해 굴외결집·대중결집이 있다. 가섭 존자가 결집을 시작한 것은 안거의 처음 15일이었는데 안거를 마친 뒤에 1만의 아라한 등이 모여왔지만 가섭의 결집이 끝날 무렵이었고 참여를 허락하지 않으므로 바수바(婆修婆)를 상수로 한 대중들이 약 20여 리 떨어진 곳에 회집하여 법장을 결집했다. 소저람장(素咀纜藏, 경장), 비나야장(毘奈耶藏, 율장), 아비달마장(阿毘達磨藏, 논장), 잡집장(雜集藏), 금주장(禁呪藏)을 별도로 결집하여 5장이라 했다. 이 회중은 실은 범부와 성인이 함께 모인 것이었으므로 대중부(大衆部)란 이름을 얻게 되었다.

2) 제2결집 : 불멸 100년경에 야사(耶舍, Yasa) 존자의 발기로 7백 장로가 비야리(毘奈離, Vaiśāli)성에 모여 계율에 관련된 십사(十事)에 대해 검토하고 이를 법답지 못한 것으로 배척한 것을 말하는데, 7백결집이라고도 한다. 십사란 밧지족 출신의 비구들이 당시 관행으로 행하던 열 가지 일이 깨끗한 법임을 주장한 것이었으니, 즉 각염정(角鹽淨 : 뿔로 만든 용기에 소금을 넣어 지니고 있다가 음식에 넣어먹는 관행), 이지정(二指淨 : 규정된 시간에서 태양의 그림자가 손가락 두 마디 정도를 넘긴 때의 식사 관행), 타취락정(他聚落淨 : 다른 부락에 가서 음식을 취하는 관행), 주처정(住處淨 : 동일한 교구 안의 다른 주처에서 포살회를 운영하는 관행), 수의정(隨意淨 : 곧 도착할 비구의 동의를 예상하여 정족수가 부족하여도 의결을 행하는 관행), 구주정(久住淨 : 세존이나 아사리의 습관에 따르는 관행), 생화합정(生和合淨 : 식사 후에도 응고하지 않은 우유를 마시는 관행), 음도루가주정(飮屠樓伽酒淨 : 발효하지 않은 야자즙을 마시는 관행), 무연좌구정(無緣坐具淨 : 테두리에 장식이 없는 방석의 사용에 관한 관행), 금은정(金銀淨 : 신자로부터 금·은을 받는 관행) 등이다.

3) 제3결집 : 불멸 200년경에 아육왕이 목건련제수(目犍連帝須, Maudgaliputra Tiśya) 존자를 상좌로 하여 1천의 비구가 모여 법장을 송출하고, 제수(帝須)는 다시 스스로 논사 1천 장을 지어 이의사설(異議邪說)을 격파했다. 당시 아육왕은 불법을 돈독히 믿었는데, 외도들이 의식 등을 위해 불교도의 모습을 꾸며 혼탁하게 하였으므로 바르고 삿된 것을 구분하여 가려내기 위한 것이었다.

4) 제4결집 : 불멸 600년경에 카니쉬카(Kaniṣka)왕이 5백 비구를 모아 협(脇, Pārśva) 존자와 세우(世友, Vasumitra) 존자를 대표로 하여 삼장에 주석을 더하는 등의 대대적인 결집을 이룩했는데, 이 것이 제4결집으로 파사결집이라고도 한다.

50 删定竹簡 : 옛날에 종이가 없었을 때 글씨를 쓰던 댓조각에 글자나 글귀의 잘못을 깎아내어 개정하는 것. 산수(删修).『공자가어(孔子家語)』제9권 '본성해(本姓解)' 제39에서 "删詩述書, 定禮理樂, 制作春秋, 讚明易道, 垂詞後詞."라 하였다. 원래『시경』이 3천 편이었던 것을 기원전 484년(주나라 경왕敬王 36년, 노나라 양왕襄王 11년)에 공자가 산정하여 350편으로 만들었고 같은 해에『서경』을 서술하였다. 종이는 후한의 환관인 채륜(蔡倫)이 105년(후한 화제和帝 원흥元興 1년)에 처음으

로 만들었다 한다. 원료는 나무껍질이나 삼 또는 떨어진 삼베 등을 사용하였다 한다. 『후한서(後漢書)』"환자전(宦者傳)"과 "몽구전(蒙求傳)"에 관련 내용이 보인다.

51 **智者** : (531~597) 지의(智顗) 수나라 때 스님. 천태종의 개조. 자는 덕안(德安), 속성은 진(陳), 이름은 지의(智顗). 형주 화용현 사람. 18세에 상주 과원사에서 법서(法緖)에게 출가함. 혜광(惠曠)에게 율학과 대승교를 배우고, 진(陳)나라 천가(天嘉) 1년(560)에 광주 대소산으로 혜사(慧思)를 찾아 심관(心觀)을 받았다. 30세에 혜사의 명으로 금릉에서 전도, 38세에 천태산에 들어가 수선사를 창건하고 『법화경』을 중심으로 불교를 통일하여 천태종을 완성. 다시 금릉에 가서 진소주(陳少主)의 청으로 태극전에서 『지도론』과 『법화경』을 강설하였다. 591년 여산에 있으면서 진(陳)나라 왕 양광(楊廣)에게 보살계를 주고 지자(智者) 대사의 호를 받았다. 당나라 양현에 옥천사를 창건하고 『법화현의(法華玄義)』와 『마하지관(摩訶止觀)』을 강설하였다. 개황(開皇) 17년(597) 천태산 산중의 큰 석상 앞에서 앉은 채 입적하니 속납 67세였다. 장안 관정(章安灌頂)이 그 상수제자. 시호는 법공보각영혜존자(法空寶覺靈慧尊者)이고, 저서에는 『법화현의』 『마하지관』 등 30여 부가 있다.

52 **章安** : (관정灌頂) (561~632) 중국 천태종 스님. 임해(臨海)의 장안(章安) 사람으로 성은 오(吳)씨, 이름은 법운(法雲), 7세에 장안 섭정사(攝靜寺)의 혜증(慧拯)에게 출가하여 20세에 비구계를 받았다. 25세 때 천태 지자(天台智者) 대사를 은사로 모시고 13년간 『법화문구(法華文句)』 『법화현의(法華玄義)』 등을 듣고 이를 편찬하니 백여 권에 달함. 후세에 천태종의 종지(宗旨)에 대한 지자(知者)의 논설이 전하게 된 것은 그의 공적이며 지자가 죽은 뒤에는 국청사(國淸寺)·칭심정사(稱心精舍) 등에서 강설에 종사하였다. 가상사(嘉祥寺)의 길장(吉藏)도 그의 가르침을 받았으며, 당나라 정관(貞觀) 6년(632) 8월 국청사에서 72세로 입적한 뒤로 세간에서는 장안(章安) 대사 또는 장안 존자라 불렸다. 오나라 월왕(越王)은 총지(總持) 존자라는 시호를 내렸으며, 후세에 다시 높여 동토(東土) 천태종 제5조라 하였다. 저서로는 『열반현의(涅槃玄義)』 2권, 『관심론소』 2권 등 10여 부가 있다.

53 **罽賓** : 계빈(罽賓). 범어 Kasmira의 번역. 고대 중국과 인도 사이에 존재했던 소국 가운데 하나로서 지금의 아프가니스탄 동남부와 파키스탄의 북부 및 카슈미르 서북부에 위치하였으며, 세력이 강대했을 시기에는 카불 강과 인더스 강까지 그 판도를 넓혀 지금의 카불 시 등이 중요 도시였다. 그 경내에 힌두쿠시 산맥과 카불 강 및 인더스 강 상류의 거대한 협곡으로 말미암아 교통이 매우 험난하여 실크로드 가운데 유명한 험로 가운데 하나였다. 아육왕이 보낸 전도자가 처음으로 이곳에 불교를 펼치고 2세기경 카니슈카 왕의 영토가 되었다. 협(脇) 존자와 세우(世友) 스님 등 5백 대중이 모여 『대비바사론(大毘婆沙論)』 2백 권을 편찬한 곳이기도 하다.

54 **偈** : 범어 gāthā를 소릿말적기한 것을 줄여 부른 것으로, 가타(伽陀)·게타(偈佗)라 적기도 하고, 풍송(諷誦)·게송(偈頌) 등으로 번역한다. 일반적으로 운문체(韻文體)의 가요나 성가 또는 시구 등을 뜻한다. 좁은 의미로는 구부경(九部經)·십이부경(十二部經)(곧 초기불교 경전의 기본적인 형태)의 하나로서 흔히 경문의 첫 단 또는 전체의 마지막에 두는 운문체의 시구를 말한다. 이것은 본문의 내용을 운문으로써 확실하게 중복해서 설하는 기야(중송重頌)와는 달라서 본문의 중설(重說)이 아닌 운문을 뜻하고, 따라서 고기송(孤起頌)·부중송게(不重頌偈)라고도 번역하지만, 넓은 의미에서는 반드시 그렇지도 않다. 넓은 의미의 게송의 일종으로 가장 보편적인 형태는 슬로까(śloka)이다. 단, 이것은 게송에 한하지 않는 문장(장행長行 산문)에서나, 게송의 자수가 32자로 되는 한 절을 의미한다. 게송의 경우 한 절은 8자의 4구로 이루어진다. 슬로까는 음의 장단의 규정에 따라 그 종류가 다양하지만 일괄적으로 아누쉬뚜브(anuṣṭubh)라고 한다.

55 **草隸** : 초(草)는 초서로서, 행서를 한층 흘려서 쓴 것이다. 일반적으로 행서에서 탈화한 것이라고

생각하나 해서보다 이른 시기인 전한(前漢) 말에 전서와 예서에서 발달되었다. 장욱(張旭)은 오군 소주(吳郡蘇州) 사람. 초서를 잘 쓰기로 이름이 높았는데, 술에 취하면 두 발에 먹을 적셔 가지고 글씨를 썼으므로 초서의 성인이라 전한다. 예(隸)는 예서로서 전서 다음가는 옛 글씨이니, 진시황 시대에 정막(程邈)이 소전을 간략하게 하여 창안한 것이라고 전한다. 현재 보통 말하는 예서는 한예(漢隸) 곧 한나라 때 통용된 팔분서(八分書)를 가리킨다. 주석에서 주(籀)는 『산해경(山海經)』의 곽박(郭璞)의 주(注)에 "或作籀나 所未詳也라." 하였고, 『자휘보(字彙補)』에서 "與籀字로 不同하니 籀는 從手라." 하였다. 주(籀)는 주문 주, 곧 주나라 선왕(宣王) 때의 태사주(太史籀)가 창작한 것이다. 소전(小篆)의 전신으로서 보통 대전(大篆)이라고 한다.

56 **詩** : 『시경(詩經)』이라고 이름하는 유가 경전이다. 춘추시대에 편성된 것으로 주왕조 및 각 제후국의 사관과 악관에 의해 오랜 기간 동안 정리되고 편집되어 이루어진 것인데, 예전에 전하던 이 책을 공자가 정리하였다. 원래 『시(詩)』라 일컬어지는 중국 최초의 시가 총집이던 것이 후에 유가에 의해 존중되어 경전이 되면서 비로소 『시경』이라 불렸다. 무릇 305편으로, 위로는 서주 초기부터 시작하여 아래로 춘추 중엽에 이르는 5백 년간의 시가 창작을 포괄하고 있다. 그 가운데 대부분은 민간의 가요이며 일부분이 귀족들의 창작품이다. 내용에 따라 풍(風)·아(雅)·송(頌)의 셋으로 크게 나뉜다. 시경은 4언이 위주가 되어 보편적으로 부(賦)·비(比)·흥(興)의 수법을 채용하고 있는데, 많은 편장(篇章)의 언어가 생동감이 있고 정연하며 음절이 자연스레 화합되어 예술적인 감응력이 풍부하다. 중국 2천여 년의 문학 발전에 많은 영향력을 끼쳤으며, 주나라 때 사회를 연구하기 위한 진귀한 사료이기도 하다. 한나라 때에 전래된 『시』로는 제(齊)·노(魯)·한(韓)·모(毛) 등 사가(四家)의 것이 있었으나 앞의 삼가(三家)의 것은 이미 전해지지 않고 지금의 『시경』은 모형(毛亨)이 전한 것이다. 『사부비요(四部備要)』본 20권(한나라 『모시정전毛詩鄭箋』, 송나라 주희朱熹 『시집전詩集傳』)이 있으며, 근래의 것으로 상해(上海) 고적출판사(古籍出版社)에서 1958년 출판한 판본 등이 있다.

1) 풍(風) : 풍에는 15국풍(國風)이 있는데, 즉 각국 민간의 악가이다. 주남(周南)·소남(召南)·패(邶)·용(鄘)·위(衛)·왕(王)·정(鄭)·제(齊)·위(魏)·당(唐)·진(陳)·회(檜)·조(曹)·빈(豳)을 포괄한 모두 160편으로, 민중에 대한 착취와 압박 및 그에 대한 반항을 비교적 구체적으로 반영하고 있으며, 사회활동과 농업생산 및 대담하게 애정을 추구하는 민중 생활에 대한 묘사가 있다. 자하(子夏)는 시서(詩序)에서 "風者, 教也, 風以動之, 教以化之."라 하였으며, 또 주자의 전(傳)에 "風, 民俗歌謠之詩也."라 한 데서 보이는 바와 같이 풍기(風紀)·풍화(風化)·풍교(風教)를 뜻한다.

2) 아(雅) : 주왕조의 수도 일대에서 연주되고 불리던 악가로서 모두 105편이며, '대아(大雅, 대악곡에 상당함)'와 '소아(小雅, 소악곡에 상당함)'로 나눠진다. 대아는 서주 때의 작품으로 모두 귀족의 손에서 나온 것인데, 주왕조 선조의 사적(史迹)과 무공(武功) 등을 반영하고 있다. 소아는 주왕실이 쇠락한 이후 나온 것인데, 일부는 귀족 문인의 작품이고 일부는 민간의 가요로서 어두운 현실을 폭로하고 풍자하거나 백성들에 대한 동정과 국가의 운명에 대한 관심을 표시하고 있다. 자하의 시서(詩序)에 "雅者, 正也, 言王政之所由興廢也."라 하였고, 주자의 전(傳)에는 "雅者, 正也, 正樂之歌也 …… 正小雅, 燕饗之樂也; 正大雅, 會朝之樂也."라 하였다.

3) 송(頌) : 귀족들이 제사 때 사용하던 악가로서 모두 40편인데, 주송(周頌)·노송(魯頌)·상송(商頌)의 세 부분으로 나뉘어 그 대부분이 공덕을 노래하여 칭송하는 말로 되어 있다. 자하의 시서(詩序)에 "頌者, 美盛德之形容, 以其成功, 告於神明者也."라 하였으며, 주자의 전(傳)에는 "頌者, 宗廟之樂歌也."라 한 데서 보이는 바와 같이 천자나 제후가 조종(祖宗)의 성덕을 찬송하여 종묘에서 신명에게 고하는 종묘제사(宗廟祭祀)에 쓰는 악을 말한다.

57 **聲律**：성(聲)은 오음이니 궁(宮)·상(商)·각(角)·치(徵)·우(羽)의 다섯 음율이며, 율(律)은 육률이니 12율 가운데 양성에 속하는 여섯 가지의 소리로서 태주(太簇)·고선(姑洗)·황종(黃鍾)·이칙(夷則)·무역(無射)·유빈(蕤賓)이다. 12율은 아래와 같다.

월명(月名)	맹중계(孟仲季)	이명(異名)	건(建)	율(律)
정월(正月)	맹춘(孟春)	추(陬)	인(寅)	태족(太簇)
이월(二月)	중춘(仲春)	여(如)	묘(卯)	협종(夾鍾)
삼월(三月)	계춘(季春)	병(病)	진(辰)	고세(姑洗)
사월(四月)	맹하(孟夏)	여(余)	사(巳)	중려(中呂)
오월(五月)	중하(仲夏)	고(皐)	오(午)	유빈(蕤賓)
유월(六月)	계하(季夏)	단(旦)	미(未)	임종(林鍾)
칠월(七月)	맹추(孟秋)	상(相)	신(申)	이칙(夷則)
팔월(八月)	중추(仲秋)	장(壯)	유(酉)	남려(南呂)
구월(九月)	계추(季秋)	현(玄)	술(戌)	무사(無射)
십월(十月)	맹동(孟冬)	양(陽)	해(亥)	응종(應鍾)
십일월(十一月)	중동(仲冬)	고(辜)	자(子)	황종(黃鍾)
십이월(十二月)	계동(季冬)	도(涂)	축(丑)	대려(大呂)

58 **習鑿齒**：진(晉)나라 때 양양(襄陽) 사람으로, 자는 언위(彦威). 박학하고 글에 능했으며 더욱이 사재(史才)가 있었다. 영양(榮陽)의 태수(太守)를 지낸 일이 있었고, 『한진춘추(漢晉春秋)』를 지어서 촉(蜀)이 정통임을 주장하였으나 책은 일실되어 전하지 않는다.

59 **陳留**：지금의 중국 하남성(河南省) 개봉부(開封府) 진류현(陳留縣)이다.

60 **阮瞻**：진(晉)나라 때 진류(陳留) 사람으로, 성씨는 완(阮), 이름은 첨(瞻), 자는 천리(千里). 회제(懷帝) 영가(永嘉) 연간(307~312)에 태자사인(太子舍人)을 지냄. 진(晉)의 팔달(八達) 가운데 한 사람인데, 진팔달(晉八達)은 광일(光逸)·호전보지(胡毋輔之)·사곤(謝鯤)·완방(阮放)·필탁(畢卓)·양만(羊曼)·환이(桓彝)·완부(阮孚)이다.

61 **袈裟**：kaṣāya. 가사야(袈裟野)·가라사예(迦邏沙曳)라고도 쓰며, 이진복(離塵服)·무구의(無垢衣)·인개(忍鎧)·복전의(福田衣)라고도 한다. 가사는 수행승이 입는 법의(法衣)의 하나로, 초기경전에서는 사의지(四依止: 출가 수행자가 의지해야 할 기본적인 네 가지 생활양식)의 하나로 사람들이 내버린 옷 또는 죽은 사람의 옷을 모아 불규칙하게 꿰맨 분소의(糞掃衣)로 한정하였으나, 승원의 발전과 더불어 삼의(三衣)로 정착되었다. 청·황·적·백·흑의 오정색(五正色) 이외의 잡색으로만 물들여 쓰도록 규정하였기 때문에 괴색(壞色)이라 부르며, 그 재료를 의체(衣體) 또는 의재(衣財)라 한다. 여러 개의 천을 직사각형이 되도록 붙여서 만들며, 네 귀에는 일(日)·월(月)·천(天)·왕(王)이라는 수를 놓았다. 양쪽에는 끈이 달려 있으며, 겹으로 하여 사방에 통로를 내었는데 이것을 통문(通門)이라 하여 콩알을 넣어 사방으로 굴려서 통해야 하니, 만일 막힌 곳이 있으면 다음 생에 맹인의 과보를 받는다고도 한다. 삼의는 인도가 원래 더운 지방이기에 이것만으로 몸을 가리기 때문에 '의(衣)'라 하였으나, 우리나라와 중국 및 일본 등지에서는 추운 날씨 관계로 가사 아래 장삼을 입어 가사와 구별하였다.

1) 승가리(僧伽黎, saṃghāṭi)：21조·23조·25조(4장 1단-상품), 15조·17조·19조(3장 1단-중품), 9조·11조·13조(2장 1단-하품). 설법할 때, 마을에 들어가 걸식할 때, 궁중에 들어갈 때 입는다. 대의(大衣)라 한다.

2) 울다라승(鬱多羅僧, uttarāsaṅgha) : 7조(2장 1단). 예불, 독경, 청강, 포살 등을 할 때에 입는다. 상의 (上衣)라 한다.

3) 안타회(安陀會, antarvāsa) : 5조(1장 1단). 절 안에서 작업할 때 입는다. 내의(內衣)라 한다.

62 **孝龍** : 중국 동진(東晉) 시대의 스님. 회양(淮陽, 하남성河南省 회양현淮陽縣) 사람. 성은 지(支)씨, 효용 (孝龍)은 이름이다. 법용(法龍)이라고도 한다. 법계(法系)와 생몰년대는 미상.『고승전(高僧傳)』제4 의 '지효용전(支孝龍傳)' 참조.

63 **支遁** : (314~366) 중국 동진(東晉) 스님으로, 하남(河南) 진류(陳留) 또는 하동(河東) 임려(林慮) 사람 이다. 속성은 민(閔)씨, 자는 도림(道林), 세간에서 지공(支公) 또는 석공(析公)이라 불렸다 한다. 25 세에 출가하여, 왕흡(王洽)·허순(許詢)·왕경인(王敬仁) 등 당시의 명사들과 교류하였다. 뒤에 앙산 과 석성산(石城山)에서 수행하면서 승려들을 가르치고 많은 논(論)을 저술하였다. 동진의 애제(哀 帝)가 즉위하자 동안사(東安寺)에 가서『도행반야경(道行般若經)』을 강설하고, 태화(太和) 1년 오산 (塢山)에서 53세로 입적하였다. 저서에『즉심유현론(卽心遊玄論)』,『성불변지론(聖不辨知論)』등이 있다.

64 **北闕** : 궁전의 북쪽 정문. 한나라 때 미앙궁(未央宮)이 남쪽으로 향하였는데 상소를 올리거나 알 현하는 사람들이 모두 북궐을 통하였던 까닭에 전하여 대궐(大闕) 또는 궁금(宮禁)의 뜻으로 쓰 임.『한서(漢書)』'고제기(高帝紀)'에서 "蕭何治未央宮, 立東闕北闕前殿."이라 하였으며, 그 주 석에서 "『關中記』曰 東蒼龍闕, 北玄武闕."이라 하였고,『설문(說文)』에는 "진종(秦宗)의 구궁(舊 宮)이 모두 위수(渭水)의 북에 있다."고 한 것이 보인다.

65 **東山** : 절강성(浙江省)에 있는 산 이름. 진(晉)나라 때 사안(謝安)이 동산(東山)에 누워서 세상에 나 오지 않았다는 고사에서 "一臥東山三十春"이란 시구가 생겼다.

66 **高僧傳** : 14권. 양나라의 혜교(慧皎)가 지은 것으로『양고승전(梁高僧傳)』또는『양전(梁傳)』이라고 도 하며, 중국에 불교가 전래된 후 후한 명제(明帝)의 영평(永平) 10년(67)에서 양나라 천감(天監) 18년(519)에 이르는 453년간에 있었던 고승의 사적을 적은 책이다. 역경(譯經)·의해(義解)·신이 (神異)·습선(習禪)·명률(明律)·망신(亡身)·송경(誦經)·홍복(興福)·경사(經師)·창도(唱導)의 10례로 나누어 257인의 기록과, 방출(傍出)과 부견(附見) 등의 2백여 인을 기록하고 있는 것으로, 현재 전 하고 있는 고승전 가운데 가장 오래된 것이다. 이를 필두로 이후에 시대별로 고승전이 편찬되었 으니 아래와 같다.

1)『속고승전(續高僧傳)』30권. 당나라 태종 정관(貞觀) 19년(645)에 도선(道宣) 율사가 저술함. 502 년부터 645년까지 144년간의 명승과 석덕(碩德)의 사적을 기록한 것이다. 내용은 역경(譯經)·의 해(義解)·습선(習禪)·명률(明律)·호법(護法)·감통(感通)·유신(遺身)·독송(讀誦)·홍복(興福)·잡과 (雜科)의 10편으로 되어 있다.

2)『송고승전(宋高僧傳)』30권. 송나라 단공 1년(988) 찬녕(贊寧) 등이 엮음. 당나라 초부터 송나라 태평흥국 5년(980)까지 350년 동안의 고승 533인의 전기와 아울러 130인의 부전(附傳) 기록을 모은 것이다. 편제는『속고승전』과 동일한 내용의 10편으로 되어 있으니, 열 번째 '잡과(雜科)'가 여기서는 '잡과성덕(雜科聲德)'으로 되어 있을 뿐이다.

3)『명고승전(明高僧傳)』8권. 명나라 여성(如惺)이 지음.『대명고승전(大明高僧傳)』이라고 한다. 만 력(萬曆) 45년(1617)에 완성함. 찬녕(贊寧)이『송고승전』을 탈고한 해인 989년으로부터 630년 동안 세상에 나온 명승의 전기. 편찬 방법은 양나라 혜교(慧皎)의『고승전』에 의지, 역경자(譯經者)·해의

자(解義者)·습선자(習禪者)의 3편으로 나누어, 정전(正傳) 138인, 부전(附傳) 71인을 수록하였다.

4)『해동고승전(海東高僧傳)』(잔질殘秩) 2권. 고려 고종 2년(1215) 경북 오관산 영통사 주지 각훈(覺訓)이 지음. 고구려와 신라에 불교를 전한 순도(順道) 등 수십 인의 전기를 기록하였다. 후세에 흩어져 전하지 못하던 것을 1930년대 말경 성주(星州)의 어느 절에서 2권이 발견되었는데 원래 모두 몇 권이었는지는 알 수 없다. 이상『양전(梁傳)』부터『해동고승전』까지 신수장경 제50권("사전부史傳部 제2")에 모두 수록되어 있다.

5)『일본고승전(日本高僧傳)』75권. 일본의 사만(師蠻)이 짓다.

67 **名義** : '제행무상(諸行無常)'에서 제행은 명(名)이요 무상은 의(義)이다. 모든 법의 본체를 겉으로 드러내어 일컬은 것이 명이요, 모든 법의 본체가 지니고 있는 진실한 뜻이 의이다.『명의집(名義集)』은 책명으로『번역명의집(飜譯名義集)』이니 7권이다. 중국 남송의 법운(法雲, 1088~1158)이 1143년에 지었으며, 여러 가지 범명(梵名)을 들어 해석한 책이다. 1권에는 "십종통호(十種通號) 제1"에서 "승가중명(僧伽衆名) 제13"까지, 2권에는 "팔부(八部) 제14"에서 "시분(時分) 제24"까지, 3권에는 "제왕(帝王) 제25"에서 "현색(顯色) 제38"까지, 4권에는 "총명삼장(總明三藏) 제39"에서 "중선행법(衆善行法) 제48"까지, 5권에는 "삼덕비장(三德秘藏) 제49"에서 "반만서적(半滿書籍) 제54"까지, 6권에는 "당범자체(唐梵字體) 제55"에서 "음계입법(陰界入法) 제58"까지, 7권에는 "사탑단당(寺塔壇幢) 제59"에서 "통론이제(統論二諦) 제64"까지의 여러 편을 수록, 최후에 속보(續補)라 하여 명행족(明行足)에서 찰마(刹摩)에 이르는 수십 항을 해석하였다.『제승법수(諸乘法數)』및『석씨요람(釋氏要覽)』과 함께 불학3서라고 한다.

68 **三藏** :

1) 장(藏)은 범어 piṭaka의 번역으로, 용기(容器)·곡창(穀倉)·농(籠) 또는 암기(諳記)된 것 등의 뜻이다. 삼장이라 함은 경장(經藏)·율장(律藏)·논장(論藏)의 셋으로, 불교성전을 이 세 부류로 나누어 모았다는 뜻으로부터 불교성전을 총칭하여 삼장 또는 삼법장이라 한다.

(1) 경장(經藏, sūtrāntapiṭaka) : 소달람장(素怛纜藏)·수다라장(修多羅藏)이라 소릿말적기하고, 계경장(契經藏)이라고도 번역한다. 붓다 교설의 요의인 경의 부류에 속하는 것을 말한다.

(2) 율장(律藏, vinayapiṭaka) : 비나야장(毘柰耶藏)·비니장(毘尼藏)이라 소릿말적기하고, 조복장(調伏藏)이라고도 번역한다. 부처님께서 제정하신 교단의 생활규칙, 곧 율의 부류를 말한다.

(3) 논장(論藏, abhidharmapiṭaka) : 아비달마장(阿毘達磨藏)·아비담장(阿毘曇藏)이라 소릿말적기하며, 대법장(對法藏)이라고도 번역한다. 붓다의 교설을 다시 발전시켜 논리적으로 조직하고 체계화하여 논의 해석한 아비달마(阿毘達磨), 곧 논에 속하는 것을 말한다.

2) 성문·연각·보살의 삼승을 위한 교법을 각기 성문장·연각장·보살장이라 하고, 합하여 삼장이라 한다.

69 **六經** : 유가에서 말하는 여섯 가지 경서. 곧『역경(易經)』·『서경(書經)』·『시경(詩經)』·『춘추(春秋)』·『예기(禮記)』·『악기(樂記)』.『악기』는 진시황의 분서갱유 때 일실되고 오경만 남아 있다.

70 **安師** : 사안(謝安). 동진(東晋) 중기의 명신으로, 자는 안석(安石), 시호는 문정(文靖). 양하(陽夏)에서 태어났다. 벼슬을 하지 않고 동산(東山)에 들어가 은거하고 있다가 40세에 이르러 처음으로 관계에 나가서 환온사마(桓溫司馬)가 되고 마침내 벼슬이 태보(太保)에 이름. 사후에 태부(太傅)에 추증되었으므로 사태부(謝太傅)라 불리어짐.

71 **眞宗皇帝** : (968~1022) 중국 송나라 3대 황제 조항(趙恒)으로 태종(太宗)의 아들이다. 997년부터 1022년까지 재위하였다. 즉위 초 정사에 충실하였으며, 거란의 위협이 있자 군사를 늘려 변방을

수비했다. 1004년(경덕景德 원년) 요나라에서 대거 송나라를 공격하자 재상 구준(寇準)의 재촉 아래 친히 정벌에 나섰다가 단연(澶淵)의 맹(盟)을 맺어 세폐(歲幣)를 지불하는 것으로 구차한 안위를 취했다. 후에 왕흠약(王欽若)의 계책을 채용하여 거짓으로 천서(天書)를 제조하여 상서로운 기운을 크게 일으키고 동쪽으로 태산(泰山)에서 봉선을 행하고 서쪽으로 분양(汾陽)에서 제사를 올림으로써 통치의 기반 확립을 추구했다. 다시 정위(丁謂)를 임용하여 궁궐을 확대 건축하여 태평세월임을 꾸미려고 백성들을 노역시키고 재물을 탕진했다. 결국 국가의 재정이 날로 궁핍해지고 사회의 불안이 격화되었다.

72 **李侍讀** : 이름은 중용(仲容), 자는 의문(義文), 호는 만회(萬回). 진종(眞宗) 때 호부시랑(戶部侍郎)이 됨. 시독(侍讀)은 관직명으로 당나라 중기 이후에 한림시독학사(翰林侍讀學士)를 두어 천자가 학문을 익히는 데 고문으로 삼았다. 송나라 때에는 겸직의 성격을 띤 한림시독학사와 시강학사(侍講學士)의 두 관직을 두어 천자에게 나아가 강독하는 책임자로 삼았으며, 그 아래로 시독(侍讀)·시강(侍講)·설서(說書) 등을 두었다. 모두 정관(正官)은 아니다. 금나라와 원나라 이후 이 두 관직은 한림원(翰林院)의 비중 있는 관직이 되었다. 명나라와 청나라 시기에 지위가 상승했으며, 더욱이 청나라 때 이 두 학사는 종사품관이 되었다.

73 **官家** : 천자 또는 황실을 가리킴.
1) 『설원(說苑)』 "鮑白令對秦始王曰: 天下官則讓賢, 天下家則世繼. 故曰五帝以天下爲官, 三王以天下爲家."
2) 『서언고사(書言故事)』 "宋眞宗, 嘗以問侍讀李仲容, 對曰: 蔣濟 『萬機論』, 五帝官天下, 三王家天下. 傳之子, 兼三五之德, 故曰官家."
3) 『사물기원(事物紀原)』 "童謠曰: 官家養蘆化, 作荻. 則晋末之於, 已云然矣."
4) 『육서심원(六書尋原)』 제24 "又官家者, 五帝官天下, 三王家天下, 故稱帝王曰官家."

74 **蔣濟** : 중국 삼국시대 위나라 사람. 자는 자통(子通), 위(魏)나라 명제(明帝) 때(227~238) 중호군(中護軍)을 지냈다.

75 **三皇五帝** :
1) 삼황(三皇) : 중국의 고대 전설에 나타난 세 임금. 여러 설이 있으나 흔히 세 번째의 설을 따른다.
(1) 천황(天皇), 지황(地皇), 인황(人皇).
(2) 수인씨(燧人氏), 복희씨(伏羲氏), 신농씨(神農氏).
(3) 복희씨, 신농씨, 황제(黃帝).
2) 오제(五帝) : 삼황 다음으로 대를 이은 전설상의 다섯 천자(天子).
(1) 『상서(尙書)』 서(序)와 『제왕세기(帝王世紀)』 : 소호(少昊) 금천씨(金天氏, 금덕왕金德王)·전욱(顓頊) 고양씨(高陽氏, 수덕왕水德王)·제곡(帝嚳) 고신씨(高辛氏, 목덕왕木德王)·당요(唐堯, 화덕왕火德王)·우순(虞舜, 토덕왕土德王).
(2) 『사기(史記)』와 『대대례(大戴禮)』 : 황제(黃帝)·전욱·제곡·제요(帝堯)·제순(帝舜).
(3) 『예기(禮記)』 월령편(月令篇)과 『공자가어(孔子家語)』 : 태호(太皞)·염제(炎帝)·황제·소호(少皞)·전욱.
(4) 『황왕대기(皇王大紀)』 : 포희(包羲)·신농(神農)·황제·요(堯)·순(舜).
3) 중국 고대 역사 전설상의 인물들.
(1) 태호 복희씨(太昊 伏羲氏) : 상고 시대의 제왕. 복희(伏戱), 복희(宓戱), 복희(宓犧), 포희(包犧), 포희(庖犧)라고도 한다. 풍(風)씨 성이다. 처음으로 팔괘를 짓고 서계(書契)를 만들었으며, 사냥하고

고기 잡으며 목축하는 것을 백성에게 가르쳤다. 진(陳)에 도읍하여 115년 동안 재위하였으며, 뒤로 15대를 전하여 무릇 1,260년 동안 이어졌다고 한다.

(2) 염제 신농씨(炎帝 神農氏) : 상고 시대의 제왕. 강수(姜水)에서 태어났기에 강(姜)을 성씨로 한다. 처음으로 쟁기를 만들어 백성들에게 농사일을 가르쳤다. 불의 덕[火德]으로 임금이 되었기에 염제(炎帝)라고도 하며, 열산(烈山)에서 일어났기에 열산씨라고도 한다. 재위시 온갖 약초를 맛보아 그로써 질병을 치료하였으며, 저자를 열어 재화의 유통을 처음 시작하였다. 애초에는 진(陳)에 도읍하였다가 후에 노(魯)로 천도하였으며, 120년 동안 재위에 있었다고 한다.

(3) 황제 헌원씨(黃帝 軒轅氏) : 상고 시대의 제왕. 소전씨(少典氏)의 아들. 성은 공손(公孫)이며, 희수(姬水)에서 자랐기에 또한 희(姬)를 성으로 삼는다. 헌원의 언덕에서 태어났기에 헌원씨라고 부르며, 유웅(有熊)에 나라를 세웠기에 유웅씨라고도 부르며, 토덕(土德)으로 임금이 되었고 흙은 누런색인 까닭에 황제라고 부르게 되었다. 애초에 신농씨로부터 여덟 대를 전하여 유망(楡罔)에 이르자 유망이 폭악무도하여 동방의 치우씨에게 쫓겨났는데, 황제가 다시 치우씨를 몰아내고 제위에 올랐다. 대요(大撓)에게 명하여 갑자(甲子)를 짓게 하였으며, 창힐(倉頡)에게 명하여 육서(六書)를 짓게 하였으며, 영윤(伶倫)에게 명하여 율려(律呂)를 정하게 하였으며, 예수(隸首)에게 명하여 산수(算數)를 정하게 하였다. 또한 기백(岐伯)에게 자문하여 내경(內經)을 지어 처음으로 의약 처방의 길을 열었다. 그의 아내 나조(螺祖)는 또한 누에를 치고 실을 잣는 것을 가르쳐 의상의 제도를 처음으로 열었다고 한다. 100년 동안 재위에 있었다고 한다.

(4) 소호 금천씨(少昊 金天氏) : 상고 시대의 제왕. 황제(黃帝)의 아들. 소호(少皞)로도 쓰며 이름은 지(摯)이다. 태호 복희씨의 법을 닦았기에 소호라고 하며, 쇠의 덕[金德]으로 임금이 되었기에 금천씨라 하며, 궁상(窮桑)에 영지를 가졌기에 궁상씨라고도 하며, 청양(靑陽)에서 나라를 일구었기에 청양씨라고도 하며, 죽어서 운양(雲陽)에 장사를 지냈기에 또한 운양씨라고도 한다. 곡부(曲阜)에 도읍하였으며, 84년 동안 재위하였다고 한다.

(5) 당요(唐堯) : 옛 성인으로, 제곡(帝嚳)의 둘째 아들이다. 이(伊)에서 태어나 기(耆)로 옮겼으므로 이기씨(伊耆氏)라고 하고, 처음에 도(陶)에 피봉되었다가 후에 당(唐)으로 옮겼으므로 도당씨(陶唐氏)라고도 일컬어지며, 호는 요(堯)이다. 역사가들은 당요(唐堯) 또는 방훈(放勳)이라 일컫는다. 그의 형 지(摯)를 이어 제위에 올라 덕스러운 정치를 베풂에, 백성들이 강구가(康衢歌)와 격양가(擊壤歌) 등을 지어 불렀다. 아들 단주(丹朱)가 어리석어 이인(夷人)인 순(舜)에게 임금 자리를 물려주었다. 98년 동안 재위하였다고 한다.

(6) 우순(虞舜) : 옛 성인으로, 성씨는 요(姚)이다. 처음에는 견무(畎畝)에 머무르며 효도를 다하니 그곳의 백성들이 많이 따랐다. 당요(唐堯)가 그를 발탁하여 섭정을 시켰더니 사흉(四凶 : 환두讙兜·공공共工·곤鯀·삼묘三苗)을 제거하고, 일을 잘 처리하는 여덟 현인인 팔원(八元 : 백분伯奮·중감仲堪·숙헌叔獻·계중季仲·백호伯虎·중웅仲熊·숙표叔豹·계리季貍)과 사물에 잘 화합하는 여덟 현인인 팔개(八愷 : 창서蒼舒·퇴애隤敳·도인檮戭·대림大臨·방강尨降·정견庭堅·중용仲容·숙달叔達)를 등용하여 천하를 크게 다스렸다. 섭정 30년에 제위의 선양을 받으니 유우씨(有虞氏)라 일컬어지게 되었다. 호를 순(舜)이라 하며, 역사가들은 우순(虞舜) 또는 중화(重華)라 일컫는다. 후에 남쪽으로 순행을 하다가 창오(蒼梧)의 들녘에서 돌아가시니 임금의 자리에 있은 지 18년 만이었다. 아들 상균(商均)이 어리석어 우(禹)에게 자리를 전하였다.

(7) 삼왕(三王) : 중국 고대 현인으로 칭송되는 세 임금으로, 하(夏)나라의 우왕(禹王)·은(殷)나라의 탕왕(湯王)·주(周)나라의 문왕(文王)과 무왕(武王)을 말한다. 문왕과 무왕은 부자(父子)이므로 한 임금으로 본다.

① 우왕(禹王) : 하 왕조의 건립자로서 대우(大禹) 또는 하우(夏禹)라 불린다. 사(姒)씨 성으로 이름은 문명(文命)이다. 순임금 때 사공(司空)이 되어 홍수를 다스렸다. 『서경』 "우공조(禹貢條)"에는 그가 구주(九州) 전역에서 산수(山水)를 다스리고 전지(田地)의 등급을 분별하였으며 공물과 부역을 제정하였다 한다. 『사기』 "육국년표서(六國年表序)"에서는 "禹興于西羌"이라 하였으며, 또한 '융우(戎禹)'라는 칭호도 있다. 전하는 바에 의하면 순임금에 의해 발탁되어 그의 후계자로 선출되었다가 순임금이 서거하자 즉위하여 하대(夏代)를 건립하고 '하후(夏后)'라 일컬었다 한다. 『제왕세기(帝王世紀)』에서 우(禹)는 1백 세에 회계(會稽)에서 서거하니 회계산의 음현(陰縣) 남쪽에 장사 지냈다고 한다. 지금의 절강(浙江) 소흥시(紹興市) 동남쪽에 우릉(禹陵)이 있다.

② 탕왕(湯王) : 은 왕조의 창업 군주로 『복사(卜辭)』에는 당(唐)·대을(大乙)·고조을(高祖乙)이라는 이름으로 표기하였다. 『서경』에는 성탕(成湯)으로, 『시경·상송』에는 무탕(武湯)으로, 『장발(長發)』에는 탕(湯)·무왕(武王)으로 되어 있다. 그의 이름은 이(履)로 박(亳)에 도읍하여 갈(葛)을 토벌하고 위(韋)·고(顧)·곤오(昆吾)를 쳤다. 또한 하왕조를 멸망시켜 은왕조를 세운 뒤 이윤(伊尹)과 중훼(仲虺)의 도움을 받아 치적을 쌓아 저(氐)·강(羌) 등을 복속시켰다고 한다. 은의 건국 연대에 관하여 동작빈(董作賓)은 기원전 1751년, 진몽가(陳夢家)는 기원전 1579년으로 보고 있다.

③ 무왕(武王) : 주 왕조의 첫 임금으로서 성은 희(姬)이며 이름은 발(發)이다. 문왕(文王)의 장자로 즉위 후 서남(西南)의 만족(蠻族)을 이끌고 황하(黃河)를 건너 북진하여 은(殷)의 군대를 목야(牧野, 하남성河南省 탕음현湯藤縣)의 전투에서 패배시키고 은의 도읍를 공격하여 주왕(紂王)을 패배케 하였다. 도읍을 호(鎬, 섬서성陝西省 서안西安 부근)로 정하고 국호를 주(周)라 하였다. 은주(殷周) 혁명의 시기에 대해서는 여러 설이 분분하지만 대체로 기원전 1100년경으로 보고 있다.

76 上 : 천자나 군주 등을 이르는 말. 이 용어의 사용은 사마천(司馬遷)으로부터 시작되었다. 채옹의 『독단(獨斷)』에 "上者, 尊位所在也. 太史令司馬遷記事, 當言帝, 則依違但言上, 不敢渫瀆言尊號, 尊王之義也."라 하였다.

77 學問藏身 : 『역계사(易繫辭)』에 "君子, 藏器于身, 待時而動."이라 하였다. 학문을 몸에 쌓았다가 적당한 기회를 보아서 그것을 쓴다는 말.

78 羅漢 : 아라한(阿羅漢)

1) 범어 arhan을 소릿말적기한 것으로, arhat의 남성·주격·단수형이다. 아라하(阿羅訶)·아라가(阿囉呵)·아로한(阿盧漢)·알라갈제(遏囉曷帝)라고도 쓰고, 줄여서 나한(羅漢)·라가(囉呵)라고도 한다. 응공(應供)·응(應)·살적(殺賊)·불생(不生)·무생(無生)·응진(應眞)·진인(眞人)이라고 번역한다. 좁은 의미로는 소승불교에서 최고의 깨달음을 얻은 이를 가리키며, 넓은 의미로는 대승과 소승을 통하여 최고의 깨달음을 얻은 자를 가리키는 말이다.

(1) 응공(應供) : 공양을 받는 데 응하는 이, 공양을 받을 가치가 있는 이. 그렇다고 꼭 '공양'을 지칭하는 것이 아니고 다만 보족(補足)일 뿐이다.

(2) 응(應) : 범어 arhat의 완벽한 번역이다.

(3) 살적(殺賊) : 번뇌라는 적을 죽였다는 의미이다.

(4) 불생(不生)·무생(無生) : 영구히 열반의 깨달음에 들어가서 다시 미혹의 세계에 태어남을 받지 않는다는 의미이다.

2) 여래십호의 하나이다.

3) 소승의 교법을 수행하는 성문사과 가운데 최고의 자리이다.

79 赤鹽不知 : 적염은 『산해경』에 "대주(大洲)의 남극(南極)에 일곱 곳의 큰 우물이 있어 주야로 끓어

소금이 되면 그 빛이 붉은데, 이것은 천하의 독물(毒物)로서 그것을 문에 바르면 귀신이 들어오지 못하고 나무에 바르면 새가 그 가지에 앉지 못한다."고 적혀 있다. 붉은 소금을 알지 못한다는 말은, 아라한은 염오무지(染汚無知)를 끊고 열반의 진리를 증득하였으나 불염오무지(不染汚無知)까지 끊지 못하면 세간의 사상(事相)을 통달하지 못하여 지극히 어리석어질 수도 있다는 데서 생긴 말이다. 부지적염(不知赤鹽)을 도치한 것이다. 『구사광기(俱舍光記)』제1 "諸境中, 或有羅漢, 不識赤鹽, 出有異生, 是通三藏, 是名於境智(阿羅漢人)不及愚(異生)."

80 **方朔**: 동방삭(東方朔). 한나라 염차(厭次) 사람으로, 자는 만정(曼倩). 무제 때 벼슬이 금마문시중(金馬門侍中)에 이르렀다. 항상 경구(警句)와 기지에 찬 글로서 무제를 풍간(諷諫)하였다. 해학과 변설을 잘하였으므로 뒤에는 익살 잘하는 사람을 '동방삭아류(東方朔亞流)'라고 하는 말까지 생겼다. 서왕모(西王母)의 복숭아를 훔쳐먹고 오래 살았다고 한다. 예로부터 우리나라에서 '삼천갑자동방삭(三千甲子東方朔)'이라 하면 불로장생한 대표적인 인물로 전해 오고 있다.

81 **刮灰罔辨**: 주석의 "東方朔~非常人也." 부분은 『간명기(諫冥記)』제2에 있는 말이며, "漢 武帝~刮燒之灰也." 부분은 『고승전(高僧傳)』 "축법란장"의 말이다. 또한 『대당내전록(大唐內典錄)』제1에서도 "問東方朔, 朔云: 非臣所知, 可問西域胡人. 法蘭旣至, 追以問之, 蘭云: 此是劫燒時灰. 朔言有徵, 信者甚衆."이라 하였다. 겁회(劫灰)는 세계가 멸망할 때 일어나는 큰불의 재, 곧 겁화(劫火)의 재를 말한다. 겁화는 겁소(劫燒) 또는 겁진화(劫盡火)라고도 하는데, 세 가지 큰 재앙 가운데 하나이다. 겁화가 일어날 때는 일곱 개의 해가 하늘 위에 나타나 초선천까지는 모두 다 이 화재로 불태워진다고 한다.

82 **李後主**: 중국 5대10국 가운데 하나인 남당 3대의 마지막 임금. 이름은 욱(煜), 자는 중광(重光), 이변(李昪)의 아들로서 16년간 재위하고 송나라 태조에게 망하였다.

83 **太宗**: (939~997) 중국 북송의 제2대 황제 조경(趙炅)으로, 원명은 광의(匡義)이고 광의(光義)라는 이름도 있다. 태조의 아우이다. 976~997년에 재위하였다. "천하를 하나로 하라[一天下]."는 태조의 뜻을 이어 978년(태평흥국太平興國 3) 진홍(陳洪)을 핍박하여 땅을 헌납하게 하고 오월(吳越)에게는 토지를 바치게 하였다. 이듬해 북한(北漢)을 공격하여 멸망시켰다. 기세를 타고 요(遼)를 공격하여 유(幽)·계(薊) 지역을 회복하려 하였으나 급작스레 군사를 진격시켰다가 고량하(高梁河, 지금의 북경北京 서직문西直門 밖)에서 패하였다. 986년(옹희雍熙 3) 재차 요를 공격하였으나 또 기구관(岐溝關, 지금의 하북河北 탁현涿縣 서남방)에서 패하고 마침내 몰리는 입장으로 바뀌었다. 대내적으로는 전제주의의 중앙집권을 강화하고 진사과(進士科)의 급제 인원을 대량으로 증가시켜 문인들을 많이 등용해서 정치에 참여시키고 『태평어람(太平御覽)』 등의 책을 찬수케 하는 등 문인을 중시하는 풍조를 형성했다. 그의 통치 시기 만년에는 사천(四川)에서 왕소파(王小波)·이순(李順)의 봉기가 있었다.

84 **僧錄**: 승관명. 후진(後秦) 2대 요흥(姚興)이 승계(僧契)로 승정(僧正)을, 승선(僧選)으로 열중(悅衆)을, 법흠(法欽)과 혜빈(慧斌) 두 사람으로 승록(僧錄)을 삼은 데서 처음 시작되었으나, 초기의 그 직권에 대해서는 상세하지 않다. 당(唐) 때 거듭 설치되어 전국 사찰과 승적 및 승관의 업무 등을 관장하였다. 좌가(左街) 승록과 우가(右街) 승록으로 나뉘어져 좌우가공덕사(左右街功德使)에 소속되어 관할되었는데, 어떤 때는 좌우의 승록을 한 사람이 동시에 맡기도 하였다. 송나라 때에도 그 제도를 답습하였으며, 처음에는 홍려시(鴻臚寺)에 소속시켰다가 후에 예부(禮部)로 이속하였다. 원나라 때에는 주군(州郡)에 승록과 판정(判正) 및 부도망(副都網) 등의 승직을 설치하였다. 명나라와 청나라 때는 중앙에 승록사(僧錄司)를 설치하였다.

85 贊寧 : (918~999) 중국 송나라 때 스님. 속성은 고(高)씨, 절강성(浙江省) 호주덕청현(湖州德淸縣) 사람으로, 선조는 발해인(渤海人). 어려서 항주(杭州) 상부사(祥符寺)에서 출가. 삼장(三藏)에 박섭(博涉)하였는데 특히 남산율(南山律)에 정통하고 담론을 잘하였으므로 당시의 사람들이 율호(律虎)라 일컬었다. 유(儒)·노(老)의 서적에도 박통하고 문사(文辭)도 뛰어났다. 애초에 오월(吳越)의 충의왕(忠懿王)이 그의 덕을 흠모하여 명의종문(明義宗文) 대사의 호를 주고 양절승통(兩浙僧統)에 임명하였다. 송나라 태조가 그의 명성을 듣고 경사(京師)로 불러들여 예우를 극진히 하였다. 태종 때 궐내로 맞아들여 법을 물으니 하루종일 쉬지 않고 답하였다 하며, 이에 통혜(通慧) 대사란 호를 받았다. 태평흥국(太平興國) 7년(982)에 칙명으로 절동(浙東)에 돌아가『송고승전』을 편수하기 시작하여 988년 완성하니 그 문장이 뛰어나 전인미답의 경지에 이르므로 칙령으로 장경(藏經)에 편입시켜 유통시키게 하였다. 오랫동안 경사에 머물다 고향으로 돌아가고자 하였으나 당시 조정에서는 그의 문장을 중히 여겨 한림사관편수(翰林史館編修)를 겸하게 하였다. 다시 좌가승록에 임명되어 수좌들에게 경전을 강설하였다. 돌아가고자 하는 청을 네 차례나 올리고서야 비로소 간청이 받아들여졌으나 절중(浙中)으로 돌아와서 채 2년이 되기도 전에 다시 경사로 불려 올라갔다. 다시 순화(淳化) 원년(990)에 조칙을 받들어『취영성현록(鷲靈聖賢錄)』100권을 지었다. 함평(咸平) 원년(998)에 우가승록의 작위가 더해지고 그 이듬해 82세로 입적하였다. 숭녕(崇寧) 4년에 원명(圓明) 대사라 시호하였다.

86 倭 : 예로부터 중국과 우리나라에서 일본을 일컫는 말. 무로마치 시대 초만 해도 일본과 중국 간에는 정식 외교가 성립되어 있지 않았는데, 마찬가지로 정식 무역도 행해지지 않던 때에 이들 상선단(商船團)은 조선과 중국 등지에 나타나 강제로 무역을 요구했다. 그들은 요구에 응하지 않으면 집에 불을 지르고 반항하는 사람은 가차 없이 죽였기 때문에 민간인에게는 공포의 대상이었다. 조선과 중국에서는 이들 일본인을 왜구(倭寇)라 하였다. 일본의 중학교 교과서에서는 "규수와 세토나이해(서호내해瀨戶內海) 연안에 사는 무사와 상인 및 농어민 중에 조선과 중국 연안에 진출해 마을을 습격하고 곡물을 약탈하는 자들이 있었다."고 기록하고 있다.

87 灘磧 : 바위나 자갈 같은 것이 많이 있는 바닷가. 탄(灘)은 물이 얕고 빠르게 흐르는 곳이나 돌이 많아 배가 다니기에 위험한 곳을 말하고, 적(磧)은 냇가나 강가의 돌이 많은 곳을 말한다. 물속에 모래가 쌓여서 된 섬을 가리키는 말이기도 하다.

88 方諸 : 고대에 달 아래에서 물을 받는 그릇, 즉 음수(陰燧) 또는 대합(大蛤) 등 이설이 많다.
   1)『설문해자(說文解字)』"鑑, 大盆也. 一曰, 鑑諸也, 可以取明水於月."
   2) 손이양(孫詒讓)『정의(正義)』"取水者, 世謂之方諸者, 此亦以漢時方言爲說."
   3)『회남자(淮南子)』"천문훈(天文訓)"方諸見月, 則津而爲水." 高注云: 方諸, 陰燧, 大蛤也.
   4)『어람(御覽)』天部 引許注云: "諸, 珠也; 方, 石也. 以銅盤受之, 下水數升."
   5)『화엄경음의(華嚴經音義)』引許注云: "方諸, 五石之精, 作圓器, 似杯坊, 向月則得水也."

89 沃焦山 : 큰 바다 속에 있다고 하는 상상의 산. 바닷물이 더하지 못하는 것은 이 산이 바닷물을 흡수하기 때문이라 한다. 옥초(沃焦)는 큰 바다 밑에 있는 물을 흡수하는 돌의 이름인데, 그 아래에 있는 무간지옥의 불기운으로 말미암아 이 돌이 항상 초열(焦熱)한다고 한다.
   1)『관불경(觀佛經)』제5 "從阿鼻地獄, 上衝大海沃焦山, 下大海水涕, 如車軸計."
   2)『문구기(文句記)』9하 "沃焦者, 舊華嚴經名號品中, 及十住婆娑中所列. 大海有石, 其名曰焦, 萬流沃至石皆竭, 所以大海水不增長云云."

90 張騫 : (?~기원전 114) 중국 서한 시기 한중(漢中) 성고(城固, 지금의 섬서陝西 성고城固) 사람으로, 건원

(建元) 2년(기원전 139) 낭(郞)의 신분으로 모집에 응해 대월지(大月氏, 지금의 아무르 강 유역)에 사신으로 가서 함께 흉노를 협공하고자 협약했다. 그는 총령(蔥嶺)을 넘어 직접 대완(大宛)과 강거(康居) 및 대월지와 대하(大夏) 등지를 다녔다. 원삭(元朔) 3년(기원전 126) 한나라로 돌아오니 바깥에 머문 지 모두 13년으로, 일찍이 귀국 중에 흉노에게 억류된 것이 모두 11년에 달했다. 원삭 6년 대장군 위청(衛靑)을 따라 흉노를 공격하였으며, 박망후(博望侯)에 책봉되었다. 원수(元狩) 4년(기원전 119) 또 명을 받들고 오손(烏孫, 지금의 신강新疆 이리하伊犁河와 이새극호伊塞克湖 일대)에 사신으로 갔으며, 아울러 부사(副使)를 파견하여 대완·강거·대하·안식(安息) 등지에 사신으로 가게 했다. 그의 두 차례 출사(出使)는 중원과 서역 소수민족간의 관계를 강화, 한나라 왕조와 중앙아시아 각지 민족과의 우호적인 관계를 발전시켰으며, 경제와 문화의 교류 및 발전을 촉진했다. 돌아온 후에 그 공로로 대행령(大行令 : 변방민족과 대외 사무에 관한 일을 맡은 벼슬)에 책봉, 구경(九卿)의 반열에 올랐으며, 만년에 장안에서 병으로 세상을 떠났다.

91 杜鎬 : 송나라 무석(無錫) 사람으로, 자는 문주(文周)이다. 송나라 태종(976~997) 때는 비서각(秘書閣)에, 대중상부(大中祥符)년간(1008~1016)에는 예부시랑(禮部侍郎)을 역임하였다.

92 以朋友講習 : 『불설패경』에는 꽃·저울·산·땅에 비유하여 네 가지 유형의 벗이 있음을 말하였고, 『사분율』에서는 벗이라면 갖추어야 할 일곱 가지 덕목을 나열하였으며, 『육방경』은 벗으로서 지켜야 할 다섯 가지 일을 열거하고 있다.

1) 『불설패경(佛說孛經)』 "何謂如花? 好時揷頭, 萎時捐之, 見富貴附, 貧賤則棄, 是花友也. 何謂如秤? 物重頭低, 物輕則仰, 有與則敬, 無與則慢, 是秤友也. 何謂如山? 譬如金山, 鳥獸集之, 毛羽蒙光, 貴能榮人, 富樂同歡, 是山友也. 何謂如地? 百穀財寶, 一切仰之, 施給仰護, 恩厚不薄, 是地友也."

2) 『사분율(四分律)』 권제40 "有七法, 是親友利益慈愍故. 何等七? 難與能與; 難作能作; 難忍能忍; 密事相語, 不相發露; 遭苦不捨; 貧賤不輕."

3) 『시가라월육방예경(尸迦羅越六方禮經)』 "人視親屬朋友, 當有五事 : 一者見之作罪惡, 私往於屏處, 諫曉呵止之; 二者小有急, 當奔趣救護之; 三者有私語, 不得爲他人說; 四者當相敬難; 五者所有好物, 當多少分與之."

93 以文會友 : 『논어』 "안연편(顏淵篇)" "曾子曰 : 君子以文會友, 以友輔仁."

94 品藻 : 물품의 좋고 나쁨과 그의 가치를 평정(評定)함. 품계(品階)·품평(品評)과 같은 말이다.

95 切磋琢磨 : 『이아(爾雅)』 "석기(釋器)" "骨謂之切, 象謂之磋, 玉謂之琢, 石謂之磨."

96 劉孝標 : (462~521) 중국 남조 양나라 사람으로, 이름은 준(峻), 효표(孝標)는 자이다. 어려서 빈곤하여 책을 남에게 빌어 공부하였으므로 서음(書淫)이란 말까지 들었다. 크게 활동하지 못하다가 안성왕(安成王)의 호조참군(戶曹參軍)이 되었으며, 뒤에 산동자엄산(山東紫嚴山)에 은거하였다. 그가 지은 『변명론(辨命論)』은 매우 유명하며, 『세설신어(世說新語)』의 주석은 그 내용이 좋을 뿐만 아니라 그 주석에서 인용한 서적 4백여 종은 자료로서도 소중한 것이다. 양나라 무제 보통(普通) 2년에 졸(卒)하였다. 시호는 현정선생(玄靖先生)이다.

97 道德 : 인륜(人倫)의 대도(大道), 인간으로서 마땅히 지켜가야 할 도리 및 그에 준(準)한 행위를 말한다. 곧 자기의 행위 또는 품성을 자기 양심 내지 사회적 규범으로서 자제하며, 선한 일과 바른 일을 행하며 악한 일과 부정한 일을 하지 않는 것이다. 덕(德)은 본래 득(得)의 뜻이다. 몸에 얻음을 말하는데 날 적부터 얻어지는 품성의 능력을 덕이라 하고, 학문 수양으로 얻은 인격 또는 인격의 결과로 얻은 덕망이나 은혜도 덕이라 한다.

98 **江湖** : 강서강남(江西江南)의 뜻. 혹은 삼강(三江 : 호북성의 형강荊江·강소성의 송강松江·절강성의 절강浙江)과 **오호**(五湖 : 강서성 요주饒州의 파양호鄱陽湖·부주缶州의 청초호靑草湖·강소성 윤주潤州의 단양호丹陽湖·호남성 악주鄂州의 동정호洞庭湖·강소성 소주蘇州의 태호太湖)의 뜻이다. 이 말은 『장자』 내편(內篇) "대종사(大宗師)"에 처음 나온다. 선림에서는 이것을 운수승(雲水僧)의 뜻으로 쓰는데, 당나라 말기에 선풍이 크게 드날려 남악의 문하 마조 도일은 강서(江西)에 있으면서, 청원(靑原)의 문하 석두 회천은 호남(湖南)에 있으면서 한창 천하의 납자들을 제접하였으므로 강서와 호남 지방은 선객의 왕래가 빈번하였다. 따라서 그때 사람들은 이들 운수승을 가리켜 '강호의 선객'이라 하였다.

99 **風雨急而不輟其音** : 『시경』 정풍(鄭風) 풍우(風雨) "風雨淒淒, 鷄鳴喈喈. 旣見君子, 云胡不夷! 風雨瀟瀟, 鷄鳴膠膠. 旣見君子, 云胡不瘳! 風雨如晦, 鷄鳴不已. 旣見君子, 云胡不喜!"

100 **沙彌** : 범어 śrāmaṇerake 또는 śrāmaṇera를 소릿말적기한 것으로, 불교 교단에서 십계를 받은 7세 이상 20세 미만의 출가한 남자를 말한다. 식자(息慈, 남산南山 율사의 번역), 근책(勤策, 현장玄奘의 번역), 구적(求寂, 의정義淨의 번역)이라 번역한다. 사미는 나이에 따라 세 가지로 구별된다.
1) 구오(驅烏)사미 : 7〜13세. 절에서 식탁의 음식을 보고 날아드는 까마귀나 쫓는 일 등을 맡았다.
2) 응법(應法)사미 : 14〜19세. 사미로서의 올바른 생활을 할 수 있다.
3) 명자(名字)사미 : 20세가 넘었지만 아직 비구로서 완전한 계를 받지 못하고 사미 상태에 있다.

101 **僧光** : 기주(冀州) 사람으로, 상산 연공(常山淵公)의 제자. 구족계를 받고 여행(勵行)하다가 석씨(石氏)의 난을 만나자 비룡산에 숨었다.

102 **格義** : 붓다의 교리를 다른 사상의 교리를 통해 해석하고 정의하는 것. 곧 중국 위진시대에 노장사상이 성행했었는데, 불교의 반야공리(般若空理)를 설명하는 데 있어 이미 중국인들에게 익숙한 노장사상으로 설명하려 들었던 편의적 해석법을 말한다. 과도적인 학풍이었으므로 불교학을 전공할 것을 역설한 부진(符秦)의 도안(道安) 때부터 차차 배척되기 시작했다.
1) 『고승전』 제5권 '축법아전(竺法雅傳)' "時依雅門徒, 並世典有功, 未善佛理, 雅乃康法朗等, 以經中事數, 擬配外書, 爲生解之例, 謂之格義, 乃毘浮曇相等, 亦辯格義以訓門徒."
2) 『출장삼기집(出三藏記集)』 제8 "비마라힐제경소서(毘摩羅詰提經疏序)" "自慧風東扇, 法言流詠已來, 雖曰講肆, 格義迂而乖本, 六家偏而不卽性空云宗."

103 **法鼓** : 붓다의 설법이 중생의 번뇌를 격파하기를 마치 대군이 큰북을 치면서 진군하는 것에 비유한 것. 선종 사찰에서 사용하는 북의 하나로서, 법당에 두고 법의식이 있을 때 울려서 대중에게 알린다.

104 **觀心** : 자기 마음의 본 성품을 바르게 살펴보는 일. 마음은 일체 만법의 주체로, 모든 것은 마음과 관계되므로 마음을 관조하는 것은 곧 일체 법을 보는 일이 된다. 그러므로 사(事)와 이(理)를 관찰하는 것을 모두 관심(觀心)이라 한다.

105 **維摩** : 『유마경(維摩經)』 3권. 후진 홍치(弘治) 6년(405)에 구마라집이 번역함. 『유마힐소설경(維摩詰所說經)』, 『불가사의해탈경(不可思議解脫經)』, 『정명경(淨名經)』이라 한다. 『반야경』에서 말하는 공사상에 기초한 윤회와 열반, 번뇌와 보리, 예토와 정토 등의 구별을 떠나, 일상생활 속에서 해탈의 경지를 체득하여야 함을 유마힐이라는 주인공을 내세워 설화식으로 설하였다. 유마힐이 병중에 있을 때 문수보살이 여러 성문과 보살들을 데리고 문병하러 왔다. 그때 유마힐은 여러가지 신통을 보여 불가사의한 해탈상을 나타내고, 서로 문답하여 무주(無住)의 근본으로부터 일체법이 성립되는 것과 삼라만상을 들어 모두 불이(不二)의 일법(一法)으로 돌려보내는 법문을 보였

다. 마지막으로 유마힐은 입을 다물고 잠자코 있어 말 없는 것으로서 불가언불가설(不可言不可說)의 뜻을 표현하여 문수보살을 감탄케 하였다. 산스크리트 원전은 전하지 않고 구마라집 번역 외에 오나라 지겸이 번역한 2권과 당나라 현장이 번역한 6권이 전한다.

106 **諸佛解脫, 當依衆生心行中求** : 『유마경』 "문수사리문질품(文殊師利問疾品)" "又問: 空當於何求? 答曰: 當於六十二見中求. 又問: 六十二見, 當於何求? 答曰: 當於諸佛解脫中求. 又問: 諸佛解脫, 當於何求? 答曰: 當於一切衆生心行中求."
1) 육십이견(六十二見) : 본래는 세존 당시 창궐한 이교도의 사상을 총칭한 것이었으나, 나중에는 자기와 세계에 관한 모든 잘못된 견해를 말하는 일반적 용례로 쓰였다.
2) 『주유마힐경(注維摩詰經)』 권5 "肇曰, 衆生心行, 卽縛行也. 縛行卽解脫之所由生也."
3) 『유마경의기(維摩經義記)』 권3 "衆生心行, 有迷有悟, 迷則繫縛, 悟則解脫, 諸佛解脫, 皆從心起, 故當於衆生心行中求. 亦可衆生所有心行, 傳眞而起, 體卽是眞. 故經宣說, 生死二法是如來藏, 五陰卽佛性, 十二因緣卽佛惟等. 窮悟此性卽眞解脫."

107 **晉華嚴** : 불타발타라가 번역한 것으로 동진 때 번역한 것이라 하여 『진화엄(晉華嚴)』이라 하며, 또 현장이 번역한 『신역(新譯)화엄』에 대하여 『구화엄(舊華嚴)』이라고도 하며, 60권으로 되어 있기 때문에 『육십화엄』이라고도 한다. 중국에서 번역된 『화엄경』 중에 제일 먼저 번역된 것이다.

108 **世間** : 범어 loka의 번역. 줄여서 세(世)라고도 하고 로가(路迦)라 소릿말적기함. 깨지고 부서지게 될 것 또는 그렇게 될 세상이란 뜻. 세간에 속하는 것도 세간(laukika)이라고 하는데, 이런 경우는 세속 또는 범속의 뜻이다. 세상의 사물과 번뇌에 얽매어 헤어나지 못하고 있는 존재의 모든 현상을 가리킨다. 『불성론(佛性論)』에서 '세(世)'에는 부정되어 없애버리지 않으면 안 되는 것[對治], 옮아가는 것[不靜住], 진리에 어긋난 헛소리인 것[虛妄]의 세 가지 의미가 있다고 하였다. 『구사론(俱舍論)』에서는 '세간(世間)'을 일차적으로 유정세간(有情世間 : 살아 있는 것, 중생세간)과 기세간(器世間 : 유정을 살 수 있게 하는 산하대지 등, 물기세간物器世間)의 두 가지로 나누었다.

109 **依正** : 의보(依報)·정보(正報)의 이보(二報)를 말한다. 과거 숙세에 지은 업에 따라 받는 과보를 두 가지로 구별한 것으로, 곧 육체는 직접적인 과보이므로 정보이고, 의식주와 부모 또는 가족과 사회 등은 간접적인 과보로서 정보가 의지하는 바가 되므로 의보라 한다.

110 **諸法所生** : 『능엄경』 권 제1 "如來常說諸法所生, 唯心所現 ; 一切因果世界微塵, 因心成體, 阿難! 若諸世界, 一切所有, 其中乃至草葉縷結, 詰其根元, 咸有體性, 縱令虛空, 亦有名貌, 何況淸淨, 妙淨明心, 性一切心, 而自無體?"

111 **世界** : 범어 lokadhātu의 번역으로, 로가태도(路迦馱靚)라 소릿말적기한다. 부서질 장소란 뜻. 곧 시간적으로는 방위 등의 한정이 있는 장소의 의미로, 중생이 살고 있는 장소를 말한다. 이와 같이 본래의 의미로 말하면 삼계유위(三界有爲)의 세계를 가리키지만, 대승불교에서는 연화세계나 아미타불의 정토와 같이, 상대의 세계를 넘어선 절대의 세계, 무위의 세계를 포함하여 말한다.

112 **空篌** : 고대 동양 현악기의 일종. 공후(空侯) 또는 감후(坎侯)라고도 하며, 수공후(竪箜篌)·와공후(臥箜篌)·봉수공후(鳳首箜篌) 등의 구별이 있다. 수공후는 서양의 하프와 비슷하고, 와공후는 거문고와 같은 종류이다. 이는 본래 서역에서 중국으로 수입되었다가 고구려와 백제로 전해졌으며, 일본의 공후는 백제에서 전해진 것이므로 백제금(百濟琴)이라고도 하는 수공후이다. 공후라는 명칭의 유래에 대해서는 여러 가지 설이 있다.

113 **般舟** : 『반주삼매경(般舟三昧經)』. 후한 광화(光和) 1년(178)에 지루가참(支婁迦懺)이 번역. 『반주경

(般舟經)』, 『시방현재불실재전립경(十方現在佛悉在前立經)』이라고도 한다. 부처님이 발타화보살의 요청에 응하여 반주삼매(般舟三昧)의 법문을 말씀하신 경이다. 여기서 반주(般舟)란 현전(現前 : 부처가 바로 앞에 나타나 계심)의 뜻을 가진 pratyutpanna를 소릿말적기한 것이다. 경에서는 보살이 현전삼매, 즉 반주삼매를 얻으려면 첫째 신심을 깨뜨리지 않으며, 둘째 정진을 게을리하지 않으며, 셋째 지혜가 수승해야 하며, 넷째 선지식을 가까이해야 하는 네 가지 조건을 열거하고 있다. 1권 8품으로 된 『불설반주삼매경(佛說般舟三昧經)』과 상·중·하 3권으로 된 『반주삼매경』이 있다.

3

서학로권동행근학문
徐 學 老 勸 童 行¹ 勤 學 文

●

서학로가 어린 행자에게 배움을 권하는 글

玉不琢不成器, 人不學不知道. 出家兒幸得身離塵網, 居於廣堂大厦, 切
不可以溫飽自滿其志. 少壯之時不勤學問,² 不究義理, 不正呼吸, 對聖前
如何可以宣白? 士大夫³前如何可以談吐? 不學一筆字, 文疏如何寫? 士
大夫往來書尺[1]⁴如何回?

出家人胸中貫古今, 筆下起雲烟,⁵ 方可了身[2] 了性,[3] 以至於了
命.[4] 若自懶惰, 託言所稟, 無受道之資, 是自壞了一生也. 且如猿猴獸類
也, 尚可敎以藝解; 鴝鵒禽鳥也, 尚可敎以歌唱;[5] 人爲萬物之靈, 如不學,
視禽獸之不若也.

爲人師者, 自當尙嚴, 師嚴而後道尊.[6] 與其⁶初年失於寬, 而招異時
之怨, 不若過於嚴, 招異時之感. 人家子弟捨父事師, 師却不嚴而縱其懶,
及其時過失學也, 談吐又訥, 宣白又鈍, 發遣⁷又疎, 寫染又拙, 覺時事事無
能, 方始自悔而歸咎於其師, 何謂至感?

初年脫白⁸從師, 師長訓導, 極其嚴緊. 於公事畢, 然後敢治私事, 禁妄

出. 讀書要背,⁹ 寫字要楷, 義理要通, 道念要正. 日漸月磨, 復還固有之天, 得造洞然之妙. 由是性海清澄, 心珠瑩澈, 學仙者着脚蓬萊,{7}10 學佛者安身樂國. 到恁麼¹¹時, 却感師長嚴訓之功也.

{1}　古者裁簡牘, 長咫尺, 故曰書尺.
{2}　受之父母曰身, 可以知其立身.
{3}　物之所受曰性, 可以知其天性.
{4}　天之所賦曰命, 『書』曰: "不知命, 無以爲君子."
{5}　『零陵記』云: "土人多養鴝鵒. 五月五日, 去其舌尖則能語, 聲尤淸越, 雖鸚鵡不能過也, 號曰八哥."
{6}　『學記』云: "凡學之道, 師嚴爲難, 師嚴然後道尊, 道尊然後民知敬學矣."
{7}　杜詩: 蓬萊如可到, 衰白問群仙.

옥은 쪼지 않으면 그릇을 이룰 수 없고 사람은 배우지 않으면 도를 알지 못한다. 출가한 남아로서 다행히 그 몸이 티끌의 그물을 벗어나 넓고도 큰 집에 거처하였으니 결코 따뜻하고 배부른 것으로써 스스로 그 뜻을 만족하게 여겨서는 안 된다. 젊고 건장할 때 학문에 힘쓰지 않고 의리(義理)를 깊이 연구하지 않으며 호흡을 바르게 하지 않으면 성인을 앞에 마주하여 어찌 생각을 펴서 말할 수 있을 것이며 사대부 앞에서 어찌 담론을 토해 낼 수 있겠는가! 한 글자도 배우지 않으면 어떻게 문장을 써 낼 것이며 사대부와 오가는 서찰에 어떻게 답하겠는가?

　출가한 사람은 가슴속으로 고금을 꿰뚫고 붓 아래로는 구름과 연기를 일으켜야 비로소 입신(立身)을 깨닫고 천성(天性)을 깨달으며 천명(天命)을 깨닫기까지 이를 수 있을 것인데, 만일 자신이 게으르면서도 핑계하여 "품성으로 보아 도를 받을 만한 자질이 없다."고 말한다면 이는 스스로 일생을 무너뜨리는 것이다. 또한 예컨대 원숭이는 짐승의 부류지만 그래도 가르치면 기예를 부릴 줄 알며 구욕새는 날짐승이지만 그래도 가르치면 노래를 할 줄 아는데, 사람은 만물의 영장이 되어서 배우지 않는다면 금수를 보는 것만 같지 못할 것이다.

다른 이의 스승이 되는 자는 응당 스스로 엄격함을 숭상해야 할 것이니, 스승이 엄격하고서야 도가 높아지는 것이다. 초년에 관대함에 빠졌다가 다른 때에 원망을 불러들이는 것은 지나치게 엄격하였다가 다른 때에 감사히 여기는 마음을 불러일으킴만 못하다. 여염집 사람의 자제가 아비를 버리고 스승을 섬김에 스승이 오히려 엄하지 않아 그의 게으름을 방종함으로써 시기를 놓쳐 배움을 그르치게 되면 담론을 토해 낼 때도 더듬거릴 것이요 생각을 펴서 말할 때도 우둔할 것이며 편지를 보낼 때도 엉성할 것이고 글씨를 쓸 때도 졸렬할 것이니, 때로 하는 일마다 무능함을 깨닫고서야 비로소 스스로 후회하며 허물을 그 스승에게 돌린다면 어찌 지극히 감사하는 것이라 일컫겠는가?

초년에 흰옷을 벗고 스승을 따름에 스승이 가르치며 이끌되 그 엄하고 긴장함을 지극히 해야 하고, 공적인 일을 마친 연후에야 감히 사사로운 일을 다스려야 하며, 망령된 외출은 금해야 한다. 책을 읽을 때는 반드시 모두 외우도록 해야 하고 글자를 쓸 때는 반드시 방정해야 하며, 의리(義理)는 반드시 능통해야 하고 도를 생각하는 마음은 반드시 반듯해야 한다. 날로 점차 연마해 가면 고유한 하늘로 돌아가 밝게 확 트인 오묘함을 이룰 것이다. 이로 말미암아 성품의 바다는 맑고 맑아지며 마음의 진주는 밝고 밝아질 것이니, 선(仙)을 배우는 자는 봉래산에 발을 들여놓을 것이요 불(佛)을 배우는 자는 극락세계에 몸을 편안히 할 것이다. 이러한 때에 이르면 스승이 엄하게 훈계한 공을 도리어 감사하게 여기리라.

{1} 옛사람들이 대쪽에 쓴 편지글을 마름질함에 그 길이가 여덟 치나 한 자가 되었던 까닭에 서척(書尺)이라 말하였다.

{2} 부모로부터 받은 것을 신(身)이라 하니, 그럼으로써 입신(立身)할 줄을 안다.

{3} 사물로부터 받은 것을 성(性)이라 하니, 그럼으로써 천성(天性)을 아는 것이다.

{4} 하늘이 부여한 바를 명(命)이라 하니, 『서경』에 이르기를 "명을 알지 못하면 군자라고 여길 만한

것이 없다." 하였다.

{5} 『영릉기』에 말하였다. "그 지방 사람들은 구욕을 많이 기르는데 5월 5일이면 그 혀끝을 잘라냄에 곧 능히 말을 할 수 있었으니, 소리가 맑고 가락이 높아 비록 앵무새라 하더라도 그에 지나치지 못하였으며 팔가(八哥)라 불렀다."

{6} 『학기』에 말하였다. "무릇 배움의 도는 스승이 엄하게 됨이 어려우니, 스승이 엄한 연후에 도가 존귀해지고 도가 존귀해진 연후에 백성들이 배움을 공경할 줄 안다."

{7} 두보의 시에, 봉래산에 만일 가 닿는다면 뭇 신선들에게 몸이 쇠퇴하고 머리가 희어짐에 대해 물을 것이라 하였다.

사기
(私記)

1 **童行** : 선종의 사원에서 아직 득도(得度)하지 못한 연소자를 동행(童行)이라 하고, 그 거실을 동행당(童行堂) 또는 행당(行堂)이라 하며, 동행을 교훈하는 것을 훈동행(訓童行)이라고 한다. 주지가 매월 초하루와 보름날이면 행자를 침당(寢堂 : 주지의 침실)으로 집합시켜서 훈계하는 예가 있었다. 우리나라에서는 동행이라는 말을 잘 쓰지 않고 흔히 행자라고 한다.

2 **學問** : 학(學)은 효(效) 또는 각(覺)의 뜻. 문(問)은 신(訊)의 뜻. 일을 본받아서 그 이치를 깨닫고 도(道)를 물어 그 미혹함을 푼다는 뜻이다. 이 말은 『주역(周易)』 "문언건괘(文言乾卦)"에서 "君子, 學以集之, 問以辨之"라 한데서 생긴 말이다.

3 **士大夫** : 중국 고대 주나라 때 벼슬 지위로 천자나 제후를 섬기는 벼슬아치를 통틀어 일컫는 말이었다가 후에는 문인이나 선비들의 통칭이 되었다.
1) 『주예(周禮)』 "고공기(考工記)" "坐而論道謂之王公; 作而行之謂之士大夫."
2) 『순자(荀子)』 "강국(强國)" "不比周, 不朋黨, 倜然莫不明通而公也, 古之士大夫也."
3) 『진서(晉書)』 "하후담전(夏侯湛傳)" "僕也承門戶之業, 受過庭之訓, 是以得接冠帶之末, 充乎士大夫之列."

4 **書尺** : 『전한서(前漢書)』 열전(列傳) 제4 "한신전(韓信傳)" "奉咫尺之書." 注: "師古曰 八寸曰咫. 咫尺者, 言其簡牘, 或長咫, 或長尺, 喩輕率也. 今俗言尺書, 或言尺牘, 蓋其遺語耳."

5 **筆下起雲烟** : 운연(雲烟)은 필적이 훌륭한 것을 형용한 말. 번악(藩岳)의 『양형주주(揚荊州誅)』에 "붓이 움직이기를 나는 것과 같이하고 종이 위에 떨어지니 구름과 같다." 하였고, 두보(杜甫)의 "음중팔선가(飮中八仙歌)"에 "붓을 휘둘러 종이 위에 떨치면 구름이 날고 연기가 움직이는 것 같다[揮毫落紙, 如雲烟]." 하였다. 글씨가 필력이 있는 것을 '운연비동(雲烟飛動)'이라 형용한다.

6 **與其** : '與其~ 不若~'의 형일 때는 '그 ~보다는 ~만 같지 못하다.'라 새기고 '~보다 ~이 더 좋다.'라는 뜻이 있는 비교급이 된다.
1) '與其~ 寧~'의 형은 '그 ~보다는 차라리 ~'으로 새기고 '~보다는 ~이 더 좋다.'의 뜻이 있다.
2) '與其~ 豈若~'의 형은 '그 ~보다는 어찌 ~만 같겠느냐?'라 새기고 '~보다는 ~이 좋지 않으냐?'의 뜻이 있다. "與其從辟人之士也, 豈若從辟世之士哉(그 벽인辟人의 선비를 좇는 것보다는 어찌 벽세辟世의 선비를 좇는 것만 같겠느냐?)"
3) '與其~莫若(若如)~'의 형은 '그 ~보다 ~만 같지 못하다.'로 새기지만 이 형은 최상급이 되어서 '~중에서 ~이 제일 좋다.'라는 뜻이 있다.

7 **發遣** :

치문경훈

1) 발견(發遣, 정토교의 경우) : 석가모니 부처님께서 정토에 왕생하라고 권하는 것을 발견(發遣)이라 하고, 아미타불이 정토에 오라고 권하여 부르는 것을 초환(招喚)이라 한다. 선도(善導)의 『관경소산선의(觀經疏散善義)』의 "이하비(二河譬)"에 있는 말. 친란(親鸞)의 『교행신증(教行信證)』의 행(行)권에서는, 귀명(歸命)이라는 말은 아미타불이 정토에 오라고 하는 분부를 받는다는 뜻으로서 본원초환(本願招喚)의 칙명이라고 해석하고 있다.

2) 발견(撥遣, 밀교의 경우) : 밀교에서 공양하고 염송하기 위하여 맞이한[勸請] 불·보살 등을 그것이 끝나고 나서 본토에 봉송하는 것을 말한다. 발견(撥遣)을 위한 인(印)이나 진언 등은 수행법의 종류에 따라 다르다. 불상을 수복(修覆, 수선修繕)할 때에도 이 법을 사용하며, 수복이 끝나고 나서 다시 맞아들인다.

8 **脫白** : 백(白)은 백의(白衣)이니 재가 수행자나 재가 수행자의 상태를 가리키며, 범어 avadāta-vasana의 번역이다. 인도인은 일반적으로 흰옷을 귀히 여겨 승려 이외의 귀족 등은 모두 흰옷을 입었으므로 재가인을 가리켜 백의라 하고, 불교의 사문을 치의(緇衣) 또는 염의(染衣)라 한다.

9 **讀書要背** : 배송은 책을 보지 않고 돌아앉아서 외는 것을 말한다. 『삼국지(三國志)』 "위지(魏志) 왕찬전(王粲傳)"에서 "粲與人共行, 讀道邊碑, 人問曰: 卿能闇誦乎? 曰: 能. 因使背而誦之, 不失一字."라 한데서 처음 나온 말이다.

10 **蓬萊** : 바다 가운데 신선이 산다는 산의 이름으로 봉구(蓬丘)라고도 한다.
1) 『한서(漢書)』 "교사지(郊祀志)" "使人入海求蓬萊·方丈·瀛洲, 此三神山者, 其傳在渤海中."
2) 『열자(列子)』 "탕문(湯問)" "渤海之東有五山, 五曰蓬萊."
3) 『태평어람(太平御覽)』 "蓬萊山上有九天眞宮, 蓋太眞仙人所居."

11 **恁麼** : 중국 송나라 때의 속어에서 유래하여 현재의 백화문에까지 쓰인다. 임(恁)은 여차(如此), 마(麼)는 의심하는 것. 대명사로서 이러한·그러한·어떠한 등의 의미 및 부사로서 이렇게·그렇게 등의 뜻이 있다.

4

보령용선사시간경

保 寧 勇 禪 師 {1}1 示 看 經

●

인용 선사가 간경하는 법을 보여주다

夫看經之法, 後學須知, 當淨三業. 若三業無虧, 則百福俱集. 三業者, 身口
意也. 一, 端身正坐, 如對尊顏, 則身業淨也. 二, 口無雜言, 斷諸嬉笑, 則口
業淨也. 三, 意不雜亂, 屛息萬緣, 則意業淨也.

　　內心旣寂, 外境俱捐,² 方契悟於眞源, 庶硏窮於法理. 可謂水澄珠瑩,
雲散月明. 義海湧於胸襟, 智嶽凝於耳目. 輒莫容易, 實非小緣. 心法雙忘,
自他俱利, 若能如是, 眞報佛恩.

{1}　王荊公 安石, 爲亡子雱, 奏施金陵舊第爲寺, 賜額曰保寧, 請仁勇禪師居之. 師四明 竺氏子,
　　嗣楊岐.

무릇 경전 보는 법을 후학들은 알아야 하리니, 응당 삼업(三業)을 깨끗이 하라. 만약 삼업에 이지러짐이 없으면 곧 많은 복이 모두 모일 것이다. '삼업'이란 몸과 입과 뜻이다. 첫째로 몸을 단정히 하고 바로 앉음에 마치 존귀한 얼굴을 대하듯 하면 곧 신업(身業)이 깨끗해질 것이요, 둘째로 입으로 잡스러운 말을 하지 않고 조롱하여 웃는 웃음을 끊으면 곧 구업(口業)이 깨끗해질 것이요, 셋째로 뜻이 어지럽지 않고 온갖 인연을 물리쳐 버릴 수 있으면 곧 의업(意業)이 깨끗해질 것이다.

안으로 마음이 이미 고요하고 밖으로 일체의 경계를 모두 버리면 바야흐로 참된 근원에 계합하여 깨달을 것이며 머지않아 불법의 이치를 연마하여 궁구하게 될 것이니, 물이 맑으니 구슬이 빛나고 구름이 흩어지니 달이 밝아졌다 일컬을 만하다. 진리의 바다가 가슴에서 용솟음치고 지혜의 뫼 뿌리가 귀와 눈에 응어리질 것이다. 행여라도 쉽게 여기지 말지니, 실로 작은 인연이 아니다. 마음과 법을 모두 잊으면 자신과 남에게 모두 이로우리니, 만약 이와 같이 할 수 있다면 참으로 부처님의 은혜에 보답하는 것이다.

{1} 왕형공 안석이 죽은 아들 방을 위해 금릉의 옛 저택을 보시하여 절로 삼고 편액을 하사하여 '보녕'이라 하고는 인용 선사를 청하여 거처하게 하였다. 선사는 사명 축씨의 아들로서 양기의 법을 이었다.

사기
(私記)

1 **保寧仁勇** : 중국 송나라 때 스님으로, 사명(四明) 축(竺)씨의 자손이다. 어려서 출가하였다. 위의
와 용모가 빼어나며 총명함과 지혜가 남달랐다. 처음에는 천태학을 익혀 그 밀의(密意)에 능통하
였다. 설두 명각(雪竇明覺) 선사를 찾아가 뵈니 선사가 그를 책망하며 '앙상좌주(央庠座主)'라 일컫
거늘 분개하여 떠나오며 "이 한평생 행각하며 도력이 설두를 넘어서지 않으면 맹세코 고향으로
돌아가지 않겠다."라 하였다. 이에 운개사(雲蓋寺)로 양기 방회(楊歧方會)를 찾아뵘에 말 한 마디가
미처 끝나지도 않아 문득 마음의 근원이 밝아왔다. 양기가 죽자 백운 수단(白雲守端)을 따르며 함
께 참구하여 현묘한 이치를 궁구하였다. 세간에 나와 금릉사(金陵寺)를 거쳐 보녕사(保寧寺)에 두
차례 주석하다 열반하였다. 생몰년대 미상이다.

2 **內心旣寂, 外境俱捐** : 달마 대사가 혜가에게 이르기를 "內心無喘, 外息諸緣, 心如墻壁, 可以
入道."라 하였다.

5

우가령승록면통외학
右 街 寧 僧 錄 勉 通 外 學

●

승록이 외도의 학문에도 능통하길 권하다

夫學不厭博,{1} 有所不知, 盖闕如也.{2}1 吾宗致遠, 以三乘²法而運載焉. 然或魔障³相陵, 必須禦侮. 禦侮之術, 莫若知彼敵情. 敵情者, 西竺則韋陀,{3}4 東夏則經籍矣. 故祇桓寺⁵中有四韋陀院, 外道以爲宗極. 又有書院, 大千界⁶內所有不同文書並集其中, 佛俱許讀之, 爲伏外道, 而不許依其見也.

　此土古德高僧能懾伏異宗者, 率由博學之故. 譬如夷狄⁷之人, 言語不通, 飲食不同, 孰能達其志, 通其欲? 其或微解胡語, 立便馴和矣.{4} 是以習鑿齒, 道安以詼諧而伏之;{5} 宗 雷⁸之輩, 慧遠⁹以『詩』『禮』¹⁰而誘之;{6} 權無二,{7}11 復禮¹²以『辨惑』而誘之; 陸鴻漸,¹³ 皎然¹⁴以『詩式』¹⁵而友之.{8} 此皆不施他術, 唯通外學耳. 況乎¹⁶儒道二敎, 義理玄邈, 釋子旣精本業, 何妨鑽極?{9}17 以廣見聞, 勿滯於一方也.

{1} 『高僧傳』云: "學不厭博, 博則通矣." 孔子曰: "君子博學於文, 約之以禮, 亦可以不畔矣." 言不違反於道也.

{2} 孔子謂子夏曰: "君子於其所不知, 盖闕如也." 謂不知必闕, 問於知者, 盖不以己所見爲是也. 此言闕如義, 謂無也.

{3} 韋陀, 此云智論, 知此生智, 卽邪智論. 韋陀有四: 一, 阿由, 此云方命亦曰壽, 謂養生繕性; 二, 殊夜, 謂祭祀祈禱; 三, 婆磨, 謂禮儀占卜兵法軍陣; 四, 阿達婆, 技藝禁呪醫方. 又云四明: 一, 聲明, 謂聲教明了世間文子釋語訓字; 二, 工巧明, 技術陰陽曆數; 三, 醫方明, 謂禁呪針藥醫治方法; 四, 因明, 因卽萬法生起之因, 種種言論圖印等, 一一研覈眞僞, 五明中除內明.

{4} 此, 嚴尤『凶奴論』全文也.

{5} 詼諧, 嘲謔也. 以"彌天, 釋道安"對"四海, 習鑿齒"者, 是也. 或, 兩人同行, 安前習後, 習忽嘲曰"箕而簸之, 糠糠先去", 安卽對曰"淘而汰之, 沙石後來"語句.

{6} 太子舍人宗炳·散騎常侍雷次宗, 皆遠公蓮社中客, 以『詩』·『書』·『禮記』誘致之也.

{7} 唐文人.

{8} 道士陸羽, 字鴻漸, 嘗著『茶經』. 詩僧淸晝, 字皎然, 謝康樂十世孫. 得詩人之奧旨, 傳乃祖之菁華, 詞多芳澤, 律尙淸壯, 一時詞人, 莫不楷模.

{9} 『補行』云: "讀『春秋』誦『左傳』, 終朝心遊戰陣, 口演詐謀, 助佛法者遠矣. 如老·莊·孔·孟之書, 文弘仁義故, 爲新學入道之門, 亦可時覽.『毘奈耶』中, 佛聽比丘一日三分, 初中二分讀佛經, 晚讀外著.『列仙傳』云: "有人入山求道, 老君與鐵杵使鑽石, 石厚五尺, 此若能穿, 便當得道. 晝夜鑽之, 積四十日, 石穿得仙丹, 遂爲仙, 曰鑽極."

무릇 배울 때는 널리 익힘을 싫어하지 말며, 모르는 바가 있으면 부족하거나 모자란 대로 두어라. 우리의 종(宗)이 널리까지 이르는 것은 삼승(三乘)의 법으로 실어 나르는 까닭이다. 그러나 간혹 마장(魔障)이 서로를 능멸하려 들면 반드시 그 업신여김을 막아야 할지니, 업신여김을 막는 방법에는 적의 실정을 아는 것만 한 것이 없다. 적의 실정이란 서쪽 나라에서는 베다(Veda)이며 동쪽의 중국에서는 경적(經籍)이다. 그러므로 기환사에는 사위타원(四韋陀院)이 있어서 외도들은 그것을 가르침의 종지로 삼는다. 또 서원이 있어서 대천세계 안의 서로 다른 모든 문서를 모두 그 안에 모아 놓았으니, 부처님이 그것들을 함께 읽는 것을 허락한 것은 외도를 굴복시키기 위함이지 그들의 견해에 의지함을 허락한 것이 아니다.

　이 땅에 예전의 덕 높은 고승들이 다른 종교를 두렵게 만들어 굴복시킬 수 있었던 것은 널리 배움으로 말미암은 까닭이다. 비유하자면 오랑캐들은 언어가 통하지 않고 음식이 같지 않은데 누가 능히 그들의 뜻을 깨닫고 그들이 하고자 하는 바를 꿰뚫어 보겠는가? 혹 오랑캐의 말을 조금이라도 이해한다면 바로 길들여 순화시킬 수 있는 것과 같다. 이러한 까닭에 습착치는 도안이 익살로써 그를 굴복시켰고, 종병과 뇌차종 같은 무리는 혜원이 『시』와 『예』로써 그들을 구슬려 인도하였으며, 권무이는 복례가 『십문변혹론』을 지어줌으로써 그를 구슬려 인도하였으며, 육홍점은 교연이 『시식』을 지어줌으로써 그와 벗하였다. 이는 모두 다른 방술을 베푼 것이 아니라 오로지 외학에 능통하였기 때문일 뿐이다. 하물며 유교와 도교는 그 뜻과 이치가 깊고도 넓으니 승려가 되어 기왕에 본업을 면밀하게 하였다면 어찌 깊이 연구해 보는 것이 방해가 되겠는가? 널리 보고 들음으로써 한쪽에만 치우쳐 머무르지 말지니라.

{1} 『고승전』에 이르기를 "배움에 있어서 널리 익히는 것을 싫어하지 말 것이니 널리 익히면 곧 통달하게 되리라." 하였으며, 공자가 말하기를 "군자가 문장에 대해 널리 배우고 예법으로 그것을 요약해 지니면 또한 어긋나지 않을 것이다." 하였으니, 도에 대해 어기거나 어긋나지 않음을 말한다.

{2} 공자가 자하에게 이르기를 "군자는 알지 못하는 바에 대해서는 대개 무엇이 빠진 듯 여겨야 한다." 하였으니, 말하자면 알지 못하는 것은 반드시 무엇이 빠진 듯 여겼다가 아는 자에게 물으라는 것인데, 대개 자기의 소견으로써 옳음을 삼지 말라는 것이다.

{3} 위타는 이곳 말로 하면 지론(智論)인데, 이것을 알면 지혜가 생기니 곧 삿된 지혜의 논리[邪智論]이다. 위타에는 네 가지가 있다. 첫 번째는 아유(Rg)위타로서 이곳 말로는 방명(方命) 또는 수(壽)라 하는데 양생(養生)하고 선성(繕性)을 말한다. 두 번째는 수야(Yajur)위타로서 제사와 기도를 말한다. 세 번째는 바마(Sāma)위타로서 예의(禮儀)와 점복(占卜)과 병법과 군진(軍陣)을 말한다. 네 번째는 아달바(Atharva)위타로서 기예와 금주(禁呪)와 의방(醫方)을 말한다. 또는 사명(四明)이라 말한다. 첫 번째는 성명(聲明)으로서 소리를 통한 가르침으로 세간의 문자와 부처님의 말과 훈자(訓字)를 명확하게 밝히는 것을 말한다. 두 번째는 공교명(工巧明)으로서 기술과 음양과 역수(曆數)이다. 세 번째는 의방명(醫方明)으로서 금주와 침약(針藥)의 의술 치료 방법을 말한다. 네 번째는 인명(因明)으로서 인(因)은 곧 만법이 생겨서 일어나는 원인이니 각종의 언론과 도인(圖印) 등으로 하나하나 진위를 연구하여 엄격하게 하는 것이다. 오명(五明) 가운데 내명(內明)을 빠트린 것이다.

{4} 이것은 엄우의 『흉노론』 전문이다.

{5} 회해(詼諧)는 조롱하고 희롱거림이다. "온 천하의 석도안이요!"라는 말로써 "이 세상의 습착치입니다!"라는 말에 대꾸한 것이 그것이다. 혹은 두 사람이 같이 가다가 도안이 앞서고 착치가 뒤에 감에 착치가 갑자기 조롱하여 말하기를 "키로써 쌀을 까부르니 재강과 쌀겨가 앞서간다." 하자 도안이 곧장 대꾸하여 말하기를 "쌀을 일어 씻으니 모래 돌이 뒤따라온다."라는 어구(語句)이다.

{6} 태자사인 종병과 산기상시 뇌차종은 모두 원공의 연사에 머물던 객으로『시』·『서』·『예기』등으로 불러들인 자들이다.

{7} 당나라 때의 문인이다.

{8} 도사 육우는 자가 홍점으로 일찍이 『다경』을 저술하였다. 시인 승려인 청주는 자가 교연으로 사강락의 10세손이다. 그는 시인의 오묘한 취지를 얻어 선조의 정화(精華)를 전하였으니, 사(詞)는 대체로 화려하고도 윤택하며 율(律)은 청아하고 건장함을 숭상하였음에 한때의 사인(詞人)들이 그를 본보기로 삼지 않음이 없었다.

{9} 『보행』에 이르기를 "『춘추』를 읽고 『좌전』을 외우면 아침 내내 마음은 전장의 진영에서 노닐고 입으로는 술책과 모사를 연설하므로 불법을 돕고자 하는 자들이 멀리하는 것이다. 노자와 장자와 공자와 맹자의 서적 같은 것은 그 글이 인의를 넓히고자 하는 까닭에 새롭게 도에 들어가는 것을 배우는 문호가 되므로 또한 때때로 살펴볼 만하다." 하였다. 『곤나야』중에서, 부처님은 비구들이 하루를 3등분하여 처음과 중간의 두 차례 동안에는 불경을 읽고 저녁에는 외도의 서적을 읽는 것을 허락하셨다고 하였다. 『열선전』에 이르기를 "어떤 사람이 산에 들어가 도를 구하자 노군이 쇠망치를 주며 돌을 뚫으라 하였다. 돌의 두께는 5척이나 되었는데, 만약 능히 뚫는다면 곧 도를 얻을 것이라 하였다. 밤낮으로 그것을 뚫기를 40일 동안 하여 돌을 뚫고는 선단(仙丹)을 얻어 마침내 신선이 되었으니, 일컬어 찬극(鑽極)이라 한다."고 하였다.

사기
(私記)

1. **闕如** : 여(如)는 연(然)과 같다. 궐여는 어떤 일이나 사실을 관여하지 않고 제쳐 놓는 것. 모르는 일에 대해서는 짧은 견해로 시비를 분별하거나 억설로 내용을 밝히려 하지 않고 다만 가만히 놓아두어 말하지 않음으로써 차후에 스스로 또는 다른 이에 의해 정확히 밝혀지도록 그 여지를 남겨 놓음을 말한다. 『논어(論語)』 "자로편(子路編)" "君子於其所不知, 蓋闕如也."

2. **三乘** : 성문·연각·보살에 대한 세 가지 교법을 말하는 것으로, 여기서 승은 짐을 실어 나르는 수레로서 짐을 옮기는 것을 목표로 하니, 부처님의 교법도 중생을 실어 열반의 언덕에 이르게 하는 데 비유한 것이다. 『증일아함경(增一阿含經)』 제45에서는 성문승(聲聞乘)·벽지불승(辟支佛乘)·불승(佛乘)이라 하였고, 『대보적경(大寶積經)』 제94에서는 성문승·연각승(緣覺乘)·대승(大乘)이라 하였으며, 『돌경일승보성론(突境一乘實性論)』 제2에서는 대승·중승(中乘)·소승(小乘)이라 하여 삼승의 이름을 달리 말하고 있다.
   1) 성문승 : 사제법(四諦法)이니, 불설의 소리를 듣고 이를 관하여 해탈을 얻는 것이다.
   2) 연각승 : 십이인연법(十二因緣法)이니, 스승에 의지하지 않고 스스로 잎이 피고 꽃이 지는 이치를 관하여 깨닫는 것이다.
   3) 보살승 : 육바라밀(六波羅密)이니, 보살이 이 법에 의하여 스스로 해탈하고 다른 이도 해탈케 하여 부처가 되는 것이다.

3. **魔障** : 악마의 장애. 마(魔)는 범어 māra를 소릿말적기하여 부른 것이고, 장(障)은 māra를 번역한 말이니, 범어와 한자어를 함께 이르는 말이다. 『승의제품경(勝義諦品經)』에서는 10마장을, 『허공장보살소문경(虛空藏菩薩所問經)』에서는 45마장을 말하고 있다.

4. **韋陀** : Veda. 고대 인도의 브라만교 근본 성전의 총칭. 한자로 폐다(吠陀)·폐타(吠咤)라고도 한다. 본래 지식을 뜻하는 말이며, 특히 종교 제식에 관한 지식을 지칭하던 것이 마침내 신성한 지식의 보고인 브라만의 기본이 되는 문헌에 붙이는 존칭이 되었다. 그 성립 연대는 대략 기원전 2천 년부터 기원전 5백 년으로 추정되며, 카불(Kabul) 계곡 지방에서 서북 인도에 침입한 인도 아리아인이 인더스 강 유역 오하 지방(현재의 편잡)에 정주하며 문화의 초석을 쌓고 먼저 거주하던 드라비다족을 수드라 계급화시켜 노예로 만들면서 그 중심을 갠지스강 유역으로 옮기게 된 시기에 이루어진 것이다. 제사의식과 밀접하게 관련하여 발달된 종교문헌으로, 『리그 베다(RgVeda)』·『사마 베다(SāmaVeda)』·『야쥬르 베다(YajurVeda)』의 3베다(삼명三明, TrayīVeda)와, 후에 추가된 『아타르바 베다(AtharvaVeda)』의 4베다로 이루어져 있으니, 제사를 지낼 때 각각 그 직장(職掌)을 달리하는 4종의 금관(禁官)에 소속되므로 이런 구별이 생겼다. 각 베다는 각각에 좁은 의미의 베다인 상히타(Saṁhitā) 및 본문에 부수되는 주석서 형식의 문헌인 브라흐마나(Brāhmaṇa)와 100여 개 철학적 문

헌들인 아란야까(Āraṇyaka)와 우빠니샤드(Upaniṣad)의 네 부문이 붙게 됨으로써 종합적인 브라흐마니즘(Brahmanism)의 모습을 갖추게 되었으며, 다시 전승과 해석의 다름으로 인하여 후세에 많은 학파가 생겨 무수한 이본의 발생을 보게 되어 매우 복잡한 문헌조직을 구성하기에 이르렀다.

1)『리그 베다(ṚgVeda)』: 주로 천지자연의 신에 대하여 찬탄하는 시를 모은 것으로 인도에서 가장 오래된 글이다. 모든 신을 모든 곳에 초청하고 그 위덕을 찬미하는 호뜨리(hotṛ) 제관에 속한다.

2)『사마 베다(SāmaVeda)』: 월(月)·일(日)에 대한 소마공(蘇摩供)을 베풀 때에 읊기 위하여 찬탄하는 시에다 악센트를 붙여서 제사 지내는 차례에 따라 정리하여 놓은 책이다. 대부분은『리그 베다』의 시를 다시 기록한 것으로서 가송과 작법의 2부로 되어 있다. 일정한 선율에 맞추어 노래하는 우드가뜨리(udgātṛ) 제관에 속한다.

3)『야쥬르 베다(YajurVeda)』: 제사 지내는 의식에 관한 책으로, 2종이 있다.『흑(黑)야쥬르 베다』는 일부분은『리그 베다』와 공통되는 찬탄하는 시와 이것을 제사에 쓰기 위하여 주해한 산문의 설명으로 되어 있고,『백(白)야쥬르 베다』는 설명하는 부분을 빼고 다만 찬탄하는 시만을 모은 것이다. 제사(祭詞)를 읽으며 제의와 재공의 제식 실무를 담당하는 아드바르유(adhvaryu) 제관에 속한다.

4)『아타르바 베다(AtharvaVeda)』: 여러 가지의 재난과 좋지 못한 일을 없이하고 저급한 쾌락과 행복을 얻기 위한 주문 등을 모은 책이다. 본래 식재(息災)와 증익(增益)을 본령(本領)으로 하면서도 수시로 추가 보충되고 제식 전반을 총감하는 브라흐만(brahman) 제관에게 속한다.

5 **祇桓寺**: 기원정사(JetavanaVihāra). 기타원림수달정사(祇陀園林須達精舍)의 약칭. 중인도 사위성에서 남쪽으로 1마일 떨어진 지점에 위치하고 있으며, 기수급고독원에 수달장자가 부처님과 제자들을 공양하기 위해 지은 절이다.『고승전(高僧傳)』"법현편(法顯篇)"에 의하면 높이가 7층으로 매우 장엄하였는데, 당나라 현장이 그곳을 순례하던 때는 벌써 황폐화되어 있었다고 한다.

6 **大千界**: 1대천세계의 준말로, 3천세계·1대3천대천세계·1대3천세계라고도 한다. 3천대천세계라 함은 불교의 천문학에서 수미산을 중심으로 하고 그 사방에 사대주가 있고 그 주위를 대철위산이 둘러쌓고 있다 하는데, 이것을 1세계 또는 1사천이라고 한다. 사천하 1천 개를 합한 것이 1소천세계(小千世界)이며, 그것의 천 배를 1중천세계(中千世界), 다시 그것의 천 배를 1대천세계(大千世界)라 한다. 1대천세계에는 소천·중천·대천의 세 가지가 있으므로 1대3천세계 또는 3천대천세계라 한다.『구사론(俱舍論)』에 "4대주와 일월과 수미산과 육욕천과 범세(梵世 : 범중천梵衆天, 범보천梵輔天, 대범천大梵天의 색계 초선)가 각 1천인 것을 1소천세계라 이름하고, 이 소천의 천 배를 중천이라 하며, 이것의 천 배 한 것을 대천이라 한다." 하였다.

7 **夷狄**: 중국 중원 지역의 화하족(華夏族)인 한족이 변방의 민족들을 폄칭하여 일컫는 말이다. 세분하여 동방의 동이(東夷)·서방의 서융(西戎)·남방의 남만(南蠻)·북방의 북적(北狄)으로 나누기도 하는데, 이적(夷狄)은 단순히 '변방의 오랑캐'란 의미로 사용된다.

8 **宗雷**:

1) 종병(宗炳): 유송(劉宋) 때 남양(南陽) 사람으로, 자는 소문(小文). 어렸을 때부터 지극한 정성이 있었으며, 금(琴)과 서(書)를 좋아하고 그림을 잘 그렸다. 뒤에 벼슬에 올라 태자사인(太子舍人)을 지냈다. 문제(文帝) 원가(元嘉) 24년(447)에 69세로 세상을 떠났다.

2) 뇌차종(雷次宗): 유송(劉宋) 때 남창(南昌) 사람으로, 자는 중륜(仲倫). 젊어 여산의 동림사에 가서 혜원에게 사사하였다. 원가(元嘉) 연간(424~453)에 교관(教舘)을 설치하고 도제를 모아 교수하였으며, 뒤에 산기시랑(散騎侍郎)을 역임하였다. 원가 25년(448)에 63세로 세상을 떠났다.

9 **慧遠**: 동진 때의 스님으로, 여산(廬山, 강서성江西省 구강부덕화현치九江府德化縣治) 백련사(白蓮社)의 개조. 13세에 이미 6경(經)을 연구, 특히 노장학에 정통하였다. 21세에 도안(道安)을 찾아가서 수

행 정진하고, 뒤에 혜영(慧永)의 힘을 빌려 동림사(東林寺)를 짓고 지내며 그의 덕을 사모하여 모여든 사람 123인과 함께 백련사를 창설하였고, 30여 년 동안 여산에 있으면서 법정(法淨)과 법령(法領) 등을 멀리 서역에 보내어 범본을 구하고 계빈국(罽賓國) 스님 승가바제(僧伽婆提)에게 청하여 『아비담심론(阿毘曇心論)』을 다시 번역하고 또 담마류지(曇摩流支)에게 청하여 『십송률(十誦律)』을 번역하는 등 불교계에 크게 공헌하였다. 진(晋)나라 의희(義熙) 13년 8월에 83세로 입적하였다. 당나라 선종(宣宗)이 변각(辨覺) 대사, 송나라 태종(太宗)은 원오(圓悟) 대사라 시호하였다.

10 禮:『예(禮)』,『사예(士禮)』,『예경(禮經)』이라고도 하는 유가의 경전. 찬술자와 책이 완성된 연대는 상세하지 않다. 근래의 고증에 의하면 전국시대에 책이 이루어졌다고 하나 한 시기에 한 사람의 손에 의해 편찬된 것은 아니다. 모두 17권으로 춘추전국시대의 부분적인 예의와 제도를 모아 편찬한 것인데, 전체는 사관례(士冠禮), 사혼례(士婚禮), 사묘(士廟), 상견례(相見禮), 향음주례(鄕飮酒禮), 향사례(鄕射禮), 연례(燕禮), 대사빙례(大射聘禮), 공식대부례(公食大夫禮), 근례(覲禮), 상복(喪服), 사상복(士喪服), 기석(旣夕), 사우례(士虞禮), 특희궤식례(特犠饋食禮), 소뢰궤식례(少牢饋食禮), 유사철(有司徹)의 17종류이며, 그 가운데 "상복"을 가장 중요시하고 봉건제도의 존비장유(尊卑長幼)와 남녀유별이 가장 분명하게 드러나 있다. 이 책은 선진(先秦) 시기의 예의제도를 연구하는 중요한 자료로서 유가경전의 하나로 열거되었다. 한나라의 대덕(戴德)과 대성(戴聖)이 함께 전한 판본이 있으나 불완전한 것이고, 한나라의 정현(鄭玄)이 주석을 달고 당나라의 가공언(賈公彦)이 소(疏)를 더한 『십삼경주소(十三經注疏)』본이 가장 널리 통용되는 것이며, 청나라 건륭(乾隆) 연간에 관에서 찬수한 판본 등이 있다. 근래의 것으로는 1990년 북경서국(北京書局)에서 영인한 판본이 있다.

11 權無二:당나라 때 시인이다. 한때 태자문학(太子文學)을 지낸 적이 있으나 전기가 자세하지 않다.

12 復禮:경조(京兆) 황보씨의 아들로, 흥선사(興善寺)에 살면서 내전에 마음을 두고, 겸하여 유학에도 능통하였다. 당나라 고종(高宗) 영륭(永隆) 2년(681)에 태자문학으로 있던 권무이(權無二)가 『석전계의(釋典稽疑)』10조를 지어 복례에게 물으니 복례가 『십문변혹론(十門辯惑論)』을 지어 그에 답하였다.

13 陸鴻漸:당나라 때의 은사(隱士)로, 의릉(意陵) 사람. 홍점(鴻漸)은 자, 이름은 우(羽), 호는 상저옹(桑苧翁). 차를 즐겨 후세 사람들로부터 차의 신으로 숭앙되었다. 저서에 『다경(茶經)』3권이 있다. 당나라 정원(貞元) 19년(803)에 세상을 떠났다.

14 皎然:당(唐)나라 장성(長城) 사람으로, 성은 사(謝)씨, 교연(皎然)은 자, 이름은 청주(淸晝). 생몰년대는 미상이다.

15 詩式:중국 당나라 때의 승려이자 시인인 교연(皎然)이 저술한 시 평론집으로, 5권 분량이다. 시법을 논하여 작품을 5격으로 나누고 한위(漢魏) 이래 시인의 구절을 인용하여 평론을 가하고 수사론 및 창작론까지 언급하였다. 종산영(鍾山榮, 502~557)의 『시품(詩品)』이 작가에 관하여 비평을 개재한 데 국한된 반면 『시식(詩式)』에서는 각 작품의 논평을 가하였으며 문세(文勢)의 비평 등을 한 걸음 발전시켰다 할 수 있다.

16 況乎:접속사로서 한층 더 나아감을 나타내고 복문의 뒤의 단문 첫머리에 쓰이며 '하물며'라고 해석한다. 『맹자(孟子)』 "만장하(萬章下)" "以大夫之招招虞人, 虞人死不敢往; 以士之招招庶人, 庶人豈敢往哉? 況乎以不賢人之招招賢人乎?"

17 鑽極:찬구궁극(鑽求窮極)의 뜻. 『이아서(爾雅序)』에서 "沈研鑽極二十載笑"라 하고 소(疏)에 "深沈研覈極, 凡八十載."라 하였다. 찬(鑽)은 깊이 연구하는 것, 극(極)은 끝마친다는 뜻이다.

3
장

유계
遺誡

1

고산원법사시학도

孤 山 圓 法 師{1} 示 學 徒

●

지원 법사가 배우는 이들에게 훈시하다

於戲! 大法下衰, 去聖逾遠, 披緇雖衆, 謀道尤稀, 競聲利{2}爲己能, 示流通
{3}爲兒戲, 遂使法門¹罕闢, 教網²將穨, 實賴後昆克荷斯道. 汝曹虛心聽
法, 潔己依師, 近期於立身揚名, 遠冀於革凡成聖. 發揮像法, 捨子而誰?

故須修身踐言,{4} 愼終如始, 勤爾學問, 謹爾行藏,{5}³ 避惡友如避虎
狼, 事良朋如事父母, 奉師盡禮, 爲法忘軀, 有善毋自矜, 起過務速改, 守仁
義而確乎不拔,⁴ 處貧賤則樂以忘憂,⁵ 自然與禍斯違, 與福斯會. 豈假相形
問命, 諂求榮達之期, 擇日選時, 苟免否屯⁶之運?{6} 此豈沙門之遠識? 實
唯俗子之妄情.

宜乎⁷見賢思齊, 當仁不讓,⁸ 慕雪山之求法,⁹ 學善財之尋師,{7}¹⁰ 名利
不足動於懷, 死生不足憂其慮. 倘功成而事遂, 必自邇而陟遐,{8} 不沽名
而名自揚, 不召衆而衆自至. 智足以照惑, 慈足以攝人, 窮則獨善其身, 達
則兼善天下,{9} 使眞風息而再振, 慧炬滅而復明, 可謂大丈夫焉, 可謂如
來使矣.

豈得身捿講肆,{10} 跡混常徒, 在穢惡則無所間然, 於行解則不見可畏,{11} 以至積習成性, 自滅其身. 始教慕彼上賢, 終見淪於下惡, 如斯之輩, 誠可悲哉! 詩云: "靡不有初, 鮮克有終."{12} 斯之謂矣, 中人以上可不誡歟?{13} 抑又戒慧分宗,{14} 大小異學悉自佛心而派出, 意存法界以同歸.{15}

旣而未曉大猷, 於是[11]各權所據,{16} 習經論則以戒學爲棄物,{17} 宗律部則以經論爲憑虛.{18} 習大法者則滅沒小乘, 聽小乘者則輕毀大法. 但見人師偏讚, 遂執之而互相是非, 豈知佛意常融?

苟達之而不見彼此, 應當互相成濟, 共熟機緣.[12] 其猶萬派朝宗無非到海,{19} 百官蒞事咸曰勤王.{20} 未見護一派而擬塞衆流, 守一官而欲廢庶績. 原夫法王之垂化也, 統攝群品, 各有司存, 小律比禮刑之權,{21} 大乘類鈞衡之任,{22} 營福如司於漕輓,{23} 製撰若掌於王言,{24} 在國家之百吏咸修, 類我敎之群宗競演. 果明此旨, 豈執異端?[13]

當須量己才能,{25} 隨力演布, 性敏則兼學爲善, 識淺則顓{26}門是宜. 若然者, 雖各播風猷,{27} 而共成慈濟, 同歸和合之海, 共坐解脫之床.{28} 夫如是, 則眞迷途之指南,{29}[14] 敎門[15]之木鐸也.{30}[16] 居乎師位, 諒無慙德; 趣乎佛果, 決定不疑. 汝無矜伐小小見知,{31} 樹立大大我慢, 輕侮先覺, 熒惑後生. 雖云聽尋, 未補過咎,{32} 言或有中, 汝曹思之?

{1} 智圓法師, 字無外, 錢塘 徐氏子. 居杭州 孤山寺, 學者歸之如市. 自號中庸子.

{2} 取名曰聲, 厚己曰利.

{3} 不壞正法曰流, 無所壅滯曰通.

{4} 『記』曰: "修身踐言, 謂之善行." 註: 修治其身, 踐行其言, 是爲善行也.

{5} 『語』曰: "用之則行, 捨之則藏."

{6} 否, 閉塞也, 天地不交而萬物不通也. 以一人言之, 則陰陽不合, 氣血不通, 表裡失度也, 物不可以終通也. 屯, 難也, 剛柔始交而難生, 萬物始生, 屈而未申之象也.

{7} 佛, 昔爲雪山童子, 求法而行, 天帝化爲羅刹, 說半偈, 又欲畢聞下半, 忘身而求. 見『涅槃經』. 善財童子, 初從文殊發心, 遂南行百城, 參五十三善知識, 見『華嚴經』.

치문경훈

{8} 『書』云: "若升高, 必自下; 陟遐, 必自邇." 註云: 行遠必自邇, 登高必自卑, 進德修業, 得如此也.

{9} 獨善不失其身, 兼善不失其望.

{10} 講道之所, 衆集如市肆, 故云講肆. 『肇論』云: "學處, 陳列書史如市中陳列貨物也." 後漢 張楷, 字公超, 學徒隨之, 所居如市, 故今講學處, 稱肆焉.

{11} 若有正解高行則人皆畏而敬之, 言無一可畏之解行也.

{12} 『詩』大雅蕩之篇. 靡, 無也; 鮮, 小也; 克, 能也. 有始無終, 乃人之常情也.

{13} 上善不待教, 中人聞語而改, 下愚聞不遷. 故, 指中人, 一以誡之也.

{14} 律詮於戒, 論詮於慧, 律論分其宗.

{15} 『華嚴』云: "無不從此法界流, 無不還歸此法界." 是同歸法界也.

{16} 權, 執也.

{17} 律制: 比丘, 五夏以前專精律部, 然後學經論. 今但習經論者, 以律學爲棄物也.

{18} 比丘戒爲行本, 不能由之而但尙經論之學故, 謂爲憑虛.

{19} 『傳』曰: "江·漢朝宗于海." 謂江·漢之勢, 奔趨於海, 若諸候之朝宗於王也. 春見曰朝, 夏見曰宗, 言諸宗融會於心海也.

{20} 勤王, 如『詩』云 "鞅掌王事, 王事靡盬" 之類是也. 鞅掌, 失容也, 言王事煩勞, 不假爲儀容也. 盬音固, 不堅也, 言王事不可不堅固也.

{21} 如禮部·刑部, 所執之權柄也.

{22} 鈞, 陶鈞也. 陶家謂轉者爲鈞, 蓋取周回均調之義. 言宰相法天而統百官馭萬民, 亦猶陶人轉鈞也. 衡, 阿衡, 號伊尹曰阿衡. 阿倚也, 衡平也, 言依倚而取平也.

{23} 舟運曰漕, 車運曰輓.

{24} 如左史知製誥典翰之類, 掌記王言也.

{25} 能, 獸名, 形色似熊, 其足似鹿, 爲物堅中而力强故, 人之有賢才者, 皆爲之能也.

{26} 專同.

{27} 猷道也, 風聲也, 王者聲教, 亦謂之風教. 又化也, 萬物以風動·以風化, 今言風猷者, 謂化道聲教也.

{28} 出纏名解, 離障名脫.

{29} 周時越裳入貢, 迷其去路, 周公作指南車, 載之而歸.

{30} 木鐸者, 金口木舌, 施政教時, 所振以警衆者. 若金鐸則金口金舌. 春用木, 秋用金, 文用木, 武用金, 時與事之不同也. 或木鐸所以徇于道路, 言天使夫子失位, 周流四方, 以行其教, 如木鐸之徇于道路也.

{31} 伐者如伐木之伐, 凡人矜誇其能, 乃所以自伐其身. 故謂矜爲伐也.

{32} 古云: 聽經尋論, 未補道, 未除過.

오호라! 큰 법은 점차 쇠퇴하고 성인과의 거리는 더욱 멀어지니 승복을 걸친 이는 비록 많으나 도를 도모하는 자는 더욱 드물어서 명성과 이익 다툼을 자기의 능사로 삼고 바른 법이 흐르고 소통되는 것을 드러내 보이는 것은 아이들의 유희로 여기며 마침내 불법의 문이 드물게 열리게 함으로써 가르침의 규범이 곧 무너지려 하니, 진실로 뒤를 잇는 이에게 의뢰하려면 능히 이 도를 짊어져야 한다. 너희들은 마음을 비우고 법을 들으며 몸을 깨끗이 하여 스승에게 의지함으로써, 가까이는 몸을 세워 이름을 드날릴 것을 기약하고 멀리는 범부의 품성을 개혁하여 성인의 품성 이루기를 바라야 한다. 상법(像法)을 꽃피워 드날리고자 함에 그대가 아니면 그 누구이겠는가?

그러므로 모름지기 몸을 닦고 말을 실천함에 끝까지 삼가기를 마치 처음과 같이 하라. 배우고 묻기를 부지런히 하며 나아가고 물러서는 일에 삼갈 것이니, 못된 벗 피하기를 마치 호랑이 피하듯 해야 하고 어진 벗 섬기기를 마치 부모 섬기듯 해야 하며 스승을 받듦에 예를 다하고 법을 위해서는 몸을 잊으며, 선행을 했더라도 스스로 자랑하지 말고 잘못을 저질렀으면 속히 고치도록 힘써야 한다. 인의(仁義)를 지킴에 확연히 흔들리지 않고 빈천(貧賤)에 거처하되 즐거워함으로써 근심을 잊으면 자연히 재난과는 떨어지고 복록과는 모이게 된다. 어찌 관상을 보고 운명을 물음으로써 아첨하여 영달의 기회를 구할 것이며, 날을 선택하고 때를 가림으로써 막히고 어려운 운세를 구차히 면하기를 빌겠는가? 이것이 어찌 사문의 원대한 식견이리요! 실로 오직 속인의 망령된 뜻일 뿐이다.

마땅히 현인을 보면 그와 가지런해질 것을 생각하고, 어진 일을 당면해선 스승 앞에서도 양보하지 말아야 하며, 설산의 구법(求法)을 사모하고 선재(善財)가 스승을 찾던 일을 배우라. 명예와 이익은 가슴을 움직이기에 부족하며 삶과 죽음은 족히 근심할 바가 되지 못한다. 만약 공이 이루어지고 일이 성취되려면 반드시 가까운 곳으로부터 먼 곳으로 나아가야 하리니, 이름을 팔지 않아도 이름은 스스로 드날려질 것이며 대중을 불러들이지 않아도 대중이 스스로 올 것이다. 지혜가 풍족함으로써 미혹을 비춰볼 수 있고 자비가 풍족함으로써 사람들을 끌어당길 수 있으니, 궁핍하면 곧 홀로 자신만을 착하게 하고 통달하면 이내 천하까지 겸해서 착하게 하여, 잠잠하던 참된 교화의 바람을 다시 떨쳐 일어나게 하고 꺼졌던 지혜의 횃불을 다시 밝게 밝힌다면 가히 대장부라 일컬을 것이며 가히 여래의 사자라 일컬을 것이다.

어찌하여 몸은 강의하는 자리에 깃들어 있으되 자취는 범상한 무리와 뒤섞여 있으며, 더럽고 추악한 곳에 있으나 나쁜 점을 지적하여 비난하는 바가 없으며, 수행과 견해에 있어서도 가히 두려워할 만한 것을 볼 수 없으며, 나아가 그러한 습성을 쌓아 성품을 이루게 됨으로써 그 몸을 스스로 멸하게 할 것인가! 처음에는 저 위의 현인들을 사모하다가 결국에는 아래로 추악함에 빠짐을 드러내니, 이와 같은 무리는 진실로 슬플 뿐이다. 『시경』에 이르기를 "'처음'이 없지는 않으나 능히 '마침'이 있는 것은 드물다." 한 것은 이를 두고 말한 것이니, 중간 근기의 사람 이상은 가히 경계해야 되지 않겠는가? 그리고 또한 계(戒)와 혜(慧)가 종파를 나누고 대승과 소승이 배움을 달리하나 모두 부처님의 마음으로부터 갈라져 나온 것이니 뜻을 법계(法界)에 두고 모두 함께 돌아가야 한다.

아직까지 큰 법을 깨닫지 못했음에도 각기 근거하는 바를 고집하니, 경론을 익히면 이내 계학(戒學)을 쓰레기로 취급하고, 율부(律部)를 으뜸으로 삼으면 곧 경론을 헛된 곳에 기대는 것으로 여기며, 대승을 익히는 자는 곧 소승을 멸시하고 소승을 듣는 자는 곧 대승을 업신여긴다. 단지 사람들의 스승이 될 만한 이의 치우친 찬사만 보고 마침내 그것에 집착하여 서로 옳고 그르다 하고 있으면 어찌 부처님의 뜻이 항상 원융무애하다는 것을 알 수 있겠는가!

진실로 그것을 통달하여 이것과 저것을 함께 보지 못한다면 응당 서로를 구제해 줌으로써 함께 올바른 근기와 인연을 성숙시켜 가야 한다. 그것은 마치 1만 줄기의 물줄기가 머리를 조아려 바다에 이르지 않는 것이 없으며 문무백관이 일에 임함에 모두 왕을 위해 힘쓸 것이라 일컫는 것과 같으니, 한 가닥 물줄기를 보호하고자 여러 물줄기를 막으려 한다거나 하나의 벼슬을 지키고자 수많은 벼슬을 폐지하려 한다는 것은 보지 못했다. 본디 무릇 법왕이 교화를 드리움에 뭇 유형의 중생들을 통틀어 끌어안고자 각각에 소임을 두었으니, 소승의 율(律)은 예부와 형부의 권위에 비견되고, 대승(大乘)은 재상의 임무와 비슷하며, 복을 짓는 일은 배나 수레를 조종하는 것과 같고, 서적을 찬술하는 일은 마치 왕의 말을 관장하는 것과 같으며, 나라에서 모든 벼슬아치가 함께 자신의 직분을 닦는 것은 우리 불교의 여러 종파들이 다투어 포교하는 것과 유사하다. 과연 이 취지를 밝히면 어찌 이단(異端)이라 고집하겠는가?

응당 모름지기 자기의 재능을 가늠하고 능력에 따라 포교해야 하니, 성품이 민첩하면 겸하여 배우는 것이 최선일 것이고 지식이 얕다면 오로지 한 가지만 연구해도 마땅할 것이다. 만약 그렇게 된다면 비록 각각 교화와 법도를 전파하더라도 함께 자비로운 구제를 이루어서 같이 화합의 바다로 돌아갈 것이며 함께 해탈의 자리에 앉을 것이니, 무릇 이와 같이 한다면 참으로 미로의 나침판이며 교문(教門)의 목탁일 것이다. 그러면 스승의 지위에 자리하더라도 참으로 부끄러운 덕행은 없을 것이요, 불과(佛果)에 나아감이 결코 의심스럽지 않을 것이다. 너희는 작디작은 견해와 지식을 자랑하거나 크디크게 나의 거만을 세워서 선각자들을 업신여기거나 뒤에 오는 사람들을 현혹하는 일이 없도록 하라. 비록 옛 말을 듣고 옛 글을 찾아보는 것이 허물을 보완하지 못한다고 일컫지만 말 가운데 혹시라도 맞는 것이 있다면 너희들은 그것을 생각하라.

{1} 지원 법사는 자가 무외이며 전당 서씨의 자손이다. 항주의 고산사에 거처하니 학자들이 그에게 귀의하여 문전성시를 이루었다. 스스로 중용자라 불렀다.

{2} 명예를 취하는 것을 성(聲)이라 하고, 자기를 두텁게 하는 것을 이(利)라 한다.

{3} 바른 법을 무너뜨리지 않는 것을 유(流)라 하고, 막히거나 엉기는 곳이 없게 하는 것을 통(通)이라 한다.

{4} 『기』에 이르기를 "몸을 닦고 말을 실천하는 것을 일컬어 선행(善行)이라 한다." 하고는, 주석에서 그 몸을 닦아 다스리고 그 말을 실천하여 행하면 그것이 선행이 된다고 하였다.

{5} 『어』에 말하였다. "사용하면 곧 행(行)이요, 버리면 곧 장(藏)이다."

{6} 부(否)는 막혀 있음이니 하늘과 땅이 교류하지 못하고 만물이 통하지 못함이다. 한 사람의 예를 들어 말한다면 곧 음양이 화합되지 않고 기혈이 통하지 않으니 겉과 속이 그 법도를 잃고 사물은 궁극적인 곳까지 통할 수가 없다. 둔(屯)은 어려움으로서 굳센 것과 부드러운 것이 처음 교차하며 어렵게 생겨나는 것이니, 만물이 처음 생겨나며 굽어진 채 아직 펴지지 않은 모습이다.

{7} 부처님이 예전에 설산의 동자로서 법을 구하며 다닐 때 천제가 나찰로 변화하여 게송의 절반을 이야기하자 또 그 절반을 마저 듣고자 몸을 염두에 두지 않고 법을 구했다. 『화엄경』에 보인다.

{8} 『서』에 이르기를 "만약 높이 오르려면 반드시 아래로부터 시작해야 하며, 먼 곳을 오르려면 반드시 가까운 곳으로부터 시작해야 한다." 하고는, 주석에서 멀리 가려면 반드시 가까운 곳으로부터 시작하고 높이 오르려면 반드시 낮은 곳으로부터 시작하니 덕에 힘쓰고 업을 닦음도 이와 같아야 할 것이라 하였다.

{9} 홀로 선하면 그 몸을 잃지 않음이요, 함께 선하면 그 희망을 잃지 않음이다.

{10} 불도를 강의하는 곳에 대중이 모여든 것이 마치 저잣거리 같은 까닭에 강사(講肆)라 했다. 『조론』에 이르기를 "배움의 장소에는 뭇 서적을 진열해 놓은 것이 마치 저잣거리에 물건을 진열해 놓은 것과 같다." 하였다. 후한 때의 장해는 자가 공초인데 배우고자 하는 무리들이 그를 따르며 거처하는 곳이 마치 저잣거리 같았던 까닭에 지금에 학문을 강의하는 장소를 사(肆)라 일컫는다.

{11} 만약 바른 견해와 높은 수행이 있으면 곧 사람들이 모두 그를 두려워하고 공경할 것이니, 어느 한 가지도 두려워할 만한 견해나 수행이 없음을 말한다.

{12} 『시경』의 〈대아〉 '탕지편'이다. 미(靡)는 없다는 것이요, 선(鮮)은 작다는 것이요, 극(克)은 능히 행한다는 것이다. 시작은 있으나 끝이 없는 것은 곧 인지상정(人之常情)이다.

{13} 상근기는 착하여 가르침을 기다리지 않으며, 중근기는 인간다워 말을 듣고 고치며, 하근기는 어리석어 듣더라도 실천하지 않는다. 그러므로 중근기의 사람을 지적하여 한결같이 경계하게 한 것이다.

{14} 율(律)은 계(戒)에 대한 설명이고 논(論)은 혜(慧)에 대한 설명이니 율(律)과 논(論)으로 그 종지를 나눔이다.

{15} 『화엄』에 이르기를 "이 법계로부터 흘러나오지 않은 것이 없기에 이 법계로 되돌아가지 않을 것이 없다." 하니 곧 함께 법계로 돌아감이다.

{16} 권(權)은 집착함이다.

{17} 율(律)에 제정되어 있기를, 비구는 여름 다섯 철 이전에는 오로지 율부(律部)를 정미롭게 한 연후에 경론(經論)을 배우라 하였다. 지금 단지 경론만을 배우는 자들은 율학(律學)을 쓰레기로 여긴다.

{18} 비구는 계를 수행의 근본으로 여겨야 하거늘 능히 이렇게 하지 못하고 단지 경론만을 숭상하여 배우는 까닭에 '헛된 것에 기대는 것으로 여긴다'고 일컬은 것이다.

{19} 『전』에 이르기를 "강수(江水)와 한수(漢水)가 바다에 머리를 조아리며 모여든다." 하였으니 강수와 한수의 형세가 바다를 향해 달려가는 것이 마치 제후들이 왕에게 복종하는 것과 같음을 말한다. 봄에 임금을 알현하는 것을 조(朝)라 하고 여름에 알현하는 것을 종(宗)이라 하니, 모든 종파가 융합하여 마음의 바다에 모이는 것을 말한다.

{20} 근왕(勤王)이란 『시경』에서 말한 "제왕의 일로 바쁘게 힘쓰다, 제왕의 일은 견고하고도 치밀하다."라고 한 것 등이 바로 그것이다. 앙장(鞅掌)은 바른 몸가짐을 잃는 것인데, 왕의 일로 번거롭고 수고로워 의례와 위용을 꾸미지 않음을 말한다. 盬의 음은 고(固)이며 견고하지 않으니 왕의 일은 불가불 견고해야 됨을 말한다.

{21} 예부나 형부가 권력의 핵심을 쥐고 있는 것과 같다.

{22} 균(鈞)은 도공의 녹로이다. 도공들은 (그릇을 만드는 도구 가운데) 회전시키는 것을 일컬어 균이라 하니, 아마도 일정하게 회전하며 균등하게 조절한다는 의미를 취한 것일 것이다. 재상이 하늘을 본

받아 백관을 통치하고 만백성을 부리는 것 역시 도공들이 균을 회전시키는 것과 같음을 말한다. 형(衡)은 아형(은나라 이윤이 한 벼슬로 지금의 국무총리 같음)인데, 이윤을 호칭하여 아형이라 하였다. 아(阿)는 의뢰함이요 형은 평평하게 함이니, 의지하고 기대어 공평을 취함을 말한다.

{23} 배가 운행되는 것을 조(漕)라 하고 수레가 운행되는 것을 만(輓)이라 한다.

{24} 좌사 지제고 전한 등과 같은 종류로서 왕이 하는 말을 관장하여 기록한다.

{25} 능(能)은 짐승 이름으로 형색은 곰과 흡사하고 그 다리는 사슴과 흡사한데, 그 종류됨이 굳세고 도 힘이 있는 까닭에 사람으로서 현명하고 재주가 있는 자를 모두 '능하다'고 한다.

{26} 전(專)과 같다.

{27} 유(猷)는 법도[道]이며 풍(風)은 소리[聲]이다. 왕의 성교(聲敎)는 또한 그것을 일컬어 풍교(風敎)라 한다. 또한 교화(敎化)이니 만물은 바람으로써 움직이고 바람으로써 변화되는 것이며, 지금에 풍유(風猷)라 말한 것은 교화의 법도에서 성교를 일컬은 것이다.

{28} 얽힌 것으로부터 빠져 나온 것을 해(解)라 이름하고 장애를 벗어난 것을 탈(脫)이라 이름한다.

{29} 주나라 때 월상이 들어와 공물을 바치고는 돌아가는 길을 잃어버렸기에 주공이 지남차를 만들어 그것을 싣고 돌아가게 하였다.

{30} 목탁은 쇠로 된 입에 나무로 된 혀가 있는 것이니, 나라의 일이나 종교의 가르침을 베풀 때 흔들어서 대중들을 경계시키는 것이다. 만약 금탁(金鐸)이면 곧 쇠로 된 입에 쇠로 된 혀이다. 봄에는 나무를 사용하고 가을에는 쇠를 사용하며 문신들은 나무를 사용하고 무관들은 쇠를 사용하는 등, 시기와 더불어 일삼는 것이 같지 않다. 혹은 목탁은 길로 돌아다니는 까닭에, 하늘이 공자로 하여금 벼슬의 지위를 잃게 하고 사방을 두루 다니게 함으로써 그 가르침을 행하게 하는 것이 마치 목탁이 도로를 돌아다니는 것과 같음을 말한다.

{31} 벌(伐)이란 '나무를 베다[伐]' 할 때의 伐과 같은데, 무릇 사람이 자기의 능력을 긍지를 가지고 자랑하는 것은 곧 스스로 그 몸을 베는 것이다. 그러므로 긍지를 가지고 자랑함은 베는 것이 된다고 말하였다.

{32} 옛사람이 이르기를, 경전을 듣거나 논장을 탐구하는 것은 도를 이룸을 돕는 것도 아니요, 허물을 제거할 수 있는 것도 아니라 하였다.

사기
(私記)

1 **法門** : 범어 'dharma[법]paryāya[문]'의 번역어. paryāya는 자신의 이익을 위해 특정한 것에 나아가기 위해 행하는 반복적인 행위나 그런 행위에 유익한 경로로서의 과정 등을 의미하며, 문(門)이라 한역되었다. 따라서 법문(法門)은 '해탈을 향해 나아감에 도움이 되도록 법으로 일궈놓은 체계적인 과정'이란 의미이다.

2 **教網** : 부처님의 교법. 중생을 고기에, 부처님의 법은 그물에 비유한 것. 『진화엄(晉華嚴)』제59에서 "張大教網, 絚生死海."라 한 데서 생긴 말이다.

3 **行藏** : 나아가서 일을 하는 것과 물러가서 숨는 것이다. 『논어(論語)』"술이(述而)"제7에서 "用之則行, 捨之則藏, 惟我與爾, 有是夫夫!"라 한 데서 나온 말이다.

4 **確乎不拔** : 『증운(曾韻)』에서 "拔, 抽也."라 하였다. 튼튼하여 흔들리지 아니함, 단단하여 꿈쩍도 하지 않음을 말한다. 『주역(周易)』"건괘문언(乾卦文言)"에 "確乎不可拔"이라 한 데서 나온 말이다.

5 **樂以忘憂** : 『논어』"술이"제7 "葉公問孔子於子路, 子路不對. 子曰: 女奚不曰其爲人也, 發憤忘食, 樂以忘憂, 不知老之將至云爾. 朱注: "未得則發憤而忘食, 已得則樂之而忘憂, 以是二者, 勉焉日有孳孳, 而不知年數之不足, 但自言其好學之篤爾. 然, 深味之, 則見其全體至極, 純亦不已之妙, 有非聖人不能及者, 蓋凡夫子之自言類如此, 學者宜致思焉."

6 **否屯** :
   1) 부(否)는 비괘비, ☷☰(곤하坤下, 건상乾上) : 음양이 고르지 못하여 일이 잘 되지 않는 상이다.
   2) 둔(屯)은 준괘준, ☳☵(진하震下, 감상坎上) : 험난하여 전진하는 데 고생하는 상이다.

7 **宜乎** : 조동사로서 원인이 명백해진 것을 나타내며, 아랫문장에서 말하는 상황에 대해 기이하게 느끼지 않고 수긍하며, 전체 구문의 수식어가 된다. '과연 ~하는 것도 당연하다.' '참으로 당연하다.'라고 해석한다. 『맹자(孟子)』"양혜왕상(梁惠王上)""我非愛其財而易之以羊也, 宜乎百姓之謂我愛也(나는 재물을 아껴 양으로 그것을 바꾼 것은 아니지만, 백성들이 나를 인색하다고 말하는 것은 참으로 당연하다)."

8 **當仁不讓** : 『논어』"위령공(衛靈公)"제15 "當仁, 不讓於師." 朱注: "當仁, 以仁爲己任也. 雖師, 亦無所遜, 言當勇往而必爲也. 蓋仁者, 人所自有而自爲之, 非有爭也, 何遜之有."

9 **雪山之求法** : 『열반경(涅槃經)』제14 "가섭아, 아주 까마득한 먼 옛날 아직 이 세상에 여래가 출현하시기 전에 나는 설산선인(설산동자라고도 함)으로서 설산에 살면서 보살행을 닦고 있었다. …… 제석천신이 그가 보리도를 감내할 수 있는 사람인가 아닌가를 알아보려고 나찰의 몸으로 바꿔 설산으로 내려갔다. 그는 명랑한 소리로 '세상 모든 일은 항상됨 없이 한번 나면 반드시 없어지나니[諸行無常, 是生滅法].'라고 옛 부처님의 게송의 반만을 노래하고 지나갔다. 동자는 외쳤

다. '이제 그 훌륭한 반게(半偈)를 노래한 이는 누구십니까?' 그러고는 앞뒤를 돌아보았다. 아무것도 보이지 않고 오직 무서운 형상을 가진 나찰이 있을 뿐이었다. (······) 나찰은 '너는 다만 네 일만 생각하고 내 일은 조금도 생각해 주지 않는구나. 나는 지금 몹시 주리고 있어 말할 기력이 없다.'고 말하며 먹을 것을 요구했다. 설산동자가 나찰의 말을 듣고 '그렇다면 그 뒤의 게송 반을 마저 설해 주시오. 이 몸은 얼마 못 가서 죽을 몸입니다. 이제 차라리 당신에게 공양을 올리고 법문을 듣는 것이 소원입니다.' 동자는 옷을 벗어 나찰을 위하여 설법상을 대신하여 펴놓고 뒤의 게송을 설하여 달라고 하며 꿇어앉아서 법문을 청했다. 나찰은 낭랑한 음성으로 '생멸멸이(生滅滅已), 적멸위락(寂滅爲樂).' 하고는 약속을 이행하라고 동자에게 재촉했다. 동자는 그 게송을 바위 위나 돌벽이나 길바닥이나 나무 등에 썼다. 그러고는 높은 나무 위에서 몇십 길이나 되는 낭떠러지 밑으로 떨어지니 땅바닥에 떨어지기도 전에 제석이 동자의 몸을 받았다."

10 **善財之尋師**: 『화엄경』 "입법계품"에 나오는 구도자. 53선지식을 두루 찾아뵙고, 맨 나중에 보현보살을 만나서 10대원을 듣고 아미타불 국토에 왕생하여 입법계(入法界)의 지원(志願)을 채웠다 한다. 선재는 태어날 때 집안에 진귀한 보물이 가득하게 있었기 때문에 그렇게 불렸으며, 동자(童子)는 동진위(童眞位)를 말하는 것일 뿐 아동을 의미하지는 않는다. 『탐현기(探玄記)』에서는 그 지위를 "있는 곳에 따라서 곧 그의 지위가 일체에 두루하기 때문에 보현(普賢)의 위(位)와 같다."고 하였다.

11 **於是**:

1) 전치사+목적어 구문으로서 문장 안에서 부사어나 보어가 되며 '이로부터', '이곳에서', '이때' 등으로 해석한다. 우시(于是)와 혼용되어 쓰이는 경우가 있다. 『좌전(左傳)』 희공(僖公) 33년 "遂墨以葬文公, 晋於是始墨(마침내 검게 염색한 상복을 입고 진晉 문공을 안장했다. 진나라는 이때부터 검은색 옷을 입기 시작했다)."

2) 접속사로서 뒷일이 앞일과 밀접함을 나타내고 아랫구의 맨 앞에 쓰인다. 『맹자』 "양혜왕하(梁惠王下)" "景公悅, 大戒於國, 出舍於郊, 於是始興發補(경공이 기뻐하여 널리 나라에 준비하게 하고 교외에 나가 거처하여 이곳에서 일을 마련하고 곡식을 발급하여 모자라는 사람을 도와주었다)."

12 **機緣**: 중생의 근기에 부처님의 교화를 받을 만한 인연이 있는 것을 말하니, 부처님의 교화에 감응하므로 기연(機緣)이라 한다. 또한 기(機)는 시기, 연(緣)은 인연이란 숙어로, 기회(機會)를 뜻하기도 한다.

13 **異端**: 『논어』 "위정(爲政)" 제2 "子曰, 攻乎異端, 斯害也已." 朱注: "范氏曰: ······ 異端, 非聖人之道而別爲一端, 如楊墨, 是也. 其率天下, 至於無父無君, 專治而欲精之, 爲害甚矣."

14 **指南**: 남을 지도하여 가르치거나 길잡이의 역할을 함. 지남차(指南車)는 중국 고대에 일정한 방향을 가리키도록 만든 수레를 말하는데, 수레의 바퀴와 수레 위의 신선상 사이에 톱니를 이용한 일정한 장치를 설치하여 수레가 비록 회전을 하더라도 신선상의 손은 항상 처음 가리킨 일정한 방향을 계속 가리키도록 만든 장치이다. 후대에 자석이 발명되자 비로소 현재 개념의 지남차가 만들어지게 되었다.

15 **教門**: 괴로움이 많은 세계에서 가르침[敎]을 얻어 도에 들어가는 문(門)이란 뜻으로, 특히 문은 그 가르침이 한결같지 아니하고 천차만별로 각기 문호를 달리함을 나타낸 것이다.

16 **木鐸**:

1) 탁(鐸)은 방울을 말한다. 금탁(金鐸)과 목탁(木鐸)의 두 종류가 있는데, 그 전체를 금속으로 만든 것을 금탁이라 하고 추를 나무로 만든 것을 목탁이라 한다. 본래 중국에서 가르침이나 명령을

내릴 때 이것을 흔들어 여러 사람에게 주의를 환기시키던 것인데, 학자가 가르침을 베풀 때나 승려들이 불도를 펼 때 두드리는 나무 방울을 가리킨다. 이것이 전하여 귀감(龜鑑)이나 사표(師表)와 비슷한 뜻으로 쓰이기도 하고, 참되게 이끌어주는 사람을 뜻하기도 한다.

2) 법기(法器) 이름. 나무를 깎아 물고기 모양으로 만들고 속은 공간이 있게 하여 두들겨서 소리를 낸다. 두 종류가 있으니, 하나는 원형으로 크기가 일정하지 않은데 경을 읽거나 염불할 때 두들겨서 그에 맞추게 함으로써 절도가 있게 하는 것이며, 하나는 장방형으로 고당(庫堂) 앞에 걸어놓고는 두 차례의 공양 때 두들겨서 그 시간을 알리는 것으로서 속칭 '방(梆)'이라 한다. 물고기 모양으로 조각한 까닭은, 물고기는 밤낮으로 항상 깨어 있는 듯하여 그 모양이 흡사 혼침과 나태를 경계하는 듯 하기 때문이다.(『신편불교사전新編佛敎辭典』, 중국)

3) 둥글게 만든 목어를 우리나라에서는 목탁이라 한다. 본래 중국의 선원에서 아침 먹을 때와 낮에 밭일함을 알릴 때 쓰던 것인데, 우리나라에서는 불전에서 염불이나 독경 또는 예배할 때에 쓰고, 공양할 때나 대중을 모을 때에도 쓰고 있다.

2

주경사대중흥사도안법사유계구장
周京師大中興寺道安法師遺誡九章[1]

●

도안 법사가 남긴 아홉 가지 훈시의 글

周[2]京師[{1}][3]大中興寺 道安法師[{2}][4]遺誡九章以訓門人, 其詞曰:

敬謝諸弟子等:[{3}] 夫出家爲道, 至重至難, 不可自輕, 不可自易. 所謂重者, 荷道佩德, 縈仁負義, 奉持淨戒, 死而有已.[5] 所謂難者, 絶世離俗, 永割親愛, 廻情易性, 不同於衆. 行人所不能行, 割人所不能割, 忍苦受辱, 捐棄軀命, 謂之難者, 名曰道人.

道人者, 導人也, 行必可履, 言必可法. 被服出家, 動爲法則, 不貪不諍, 不讒不慝, 學問高遠, 志在玄黙,[6] 是爲名稱,[{4}] 參位三尊.[{5}] 出賢入聖,[7] 滌除精魂,[{6}] 故得君主不望其報, 父母不望其力, 普天之人莫不歸攝. 捐妻減養,[8] 供奉衣食, 屈身俯仰, 不辭勞恨者, 以其志行淸潔, 通於神明,[9] 淡泊 [{7}]虛白,[{8}][10] 可奇可貴.

自獲荒流, 道法逡替, 新學之人, 未體法則, 着邪棄正. 忘其眞實, 以小黠爲智, 以小恭爲足, 飽食終日, 無所用心, 退自推觀, 良亦可悲! 計今出家, 或有年歲, 經業未通, 文字不決, 徒喪一世, 無所成名, 如此之事, 可不深思? 無常之限, 非旦卽夕, 三塗{9}苦痛, 無强無弱.11 師徒義深, 故以伸示. 有情之流, 可爲永誡.

其一曰:

卿12已出家, 永違所生,　　剃髮毁容, 法服加形.
辭親之日, 上下涕零,　　剖愛崇道, 意凌太淸.13
當遵此志, 經道修明,　　如何無心, 故存色聲?
悠悠竟日, 經業不成,　　德行日損, 穢積邃盈,
師友慙恥, 凡俗所輕.　　如是出家, 徒自辱名.
今故誨勵, 宜當專精.

其二曰:

卿已出家, 棄俗辭君,　　應自誨勵, 志果靑雲,14
財色不顧, 與世不群,　　金玉不貴, 惟道爲珍,
約已守節, 甘苦樂貧,　　進德自度, 又能度人,
如何改操, 趨走風塵?　　坐不暖席, 馳鶩東西,
劇如徭役,15 縣官所牽.16　　經道不通, 戒德不全,
朋友蚩弄, 同學棄捐.　　如是出家, 徒喪天年.
今故誨勵, 宜各自憐.

其三曰:

卿已出家, 永辭宗族,　　無親無疎,{10} 淸淨無欲,
吉則不歡, 凶則不慼,　　超然縱容,17 豁然18離俗,
志存玄妙, 軌眞守樸,　　得度廣濟, 普蒙福祿,
如何無心, 仍着染觸?　　空諍長短, 銖兩升斛.{11}
與世爭利, 何異僮僕?　　經道不明, 德行不足.
如是出家, 徒自毁辱.　　今故誨示, 宜自洗浴.

其四曰:

卿已出家, 號曰道人,　　父母不敬, 君帝不臣,

普天同奉, 事之如神,
尚其清修, 自利利人,
如何怠慢, 不能報恩?
無戒食施, 死入泰山,
如斯之痛, 法句[20]所陳.

其五曰:

卿已出家, 號曰息心,
志參清潔, 如玉如氷.
衆生蒙祐, 幷度所親,
縱其四大, 恣其五根,
如是出家, 與世同塵.

其六曰:

卿已出家, 捐世形軀,
如何擾動, 不樂閒居?
淸白不履, 反入泥途,
地獄之痛, 難可具書.

其七曰:

卿已出家, 不可自寬,
衣服雖麤, 坐起令端,
夏則忍熱, 冬則忍寒,
不肖[23]之供, 足不妄前.
學雖不多, 可齊上賢.
宗親知識,[15] 一切蒙恩.

其八曰:

卿已出家, 性有昏明,
上士坐禪, 中士誦經,

稽首致敬, 不計富貧.
減割之重, 一米七斤,[19]
倚縱遊逸, 身意虛煩.
燒鍊爲食, 融銅灌咽,
今故誨約, 宜改自新.[12]

穢雜不着, 惟道是欽,
當修經戒, 以濟精神,
如何無心, 隨俗浮沈?
道德遂淺, 世事更深.
今故誡約, 幸自開神.

當務竭情, 泥洹[21]合符,
經道損耗, 世事有餘,
過影之命, 或在須臾,
今故戒勵, 宜崇典謨.[13]

形雖鄙陋, 使行可觀.
飲食雖疎, 出言可餐.
能自守節, 不飲盜泉,[14][22]
久處私室, 如臨至尊,
如是出家, 足報二親,
今故誡汝, 宜各自敦.

學無多少, 要在修精,
下士堪能塔寺經營,[16]

豈可終日, 一無所成,　　　立身無聞, 可謂徒生.

今故誨汝, 宜自端情.

其九曰:

卿已出家, 永違二親,　　　道法革性, 俗服離身.

辭親之日, 乍悲乍欣,　　　邈爾絶俗, 超出埃塵,

當修經道, 制已履眞.　　　如何無心, 更染俗因?

經道已薄, 行無毛分,　　　言非可貴, 德非可珍,

師友致累, 恚恨日殷,　　　如是出家, 損法辱身.

思之念之, 好自將身.

{1}　京大也, 師衆也, 天子所居, 必以衆大言之也.

{2}　晋 道安, 姓衛, 此師姓姚氏.

{3}　『淨名』疏云: "師之謙光, 處資如弟子." 則捨父從師, 如子事父. 又學從師後曰弟, 解從師生曰子.

{4}　外聞之聲曰名, 叶於內實曰稱.

{5}　位參僧寶.

{6}　洗滌掃除心識也.

{7}　淡泊一作澹泊也, 恬靜無爲兒.

{8}　虛白, 『莊子』虛室生白.

{9}　三塗者, 『四解脫經』以三塗對三毒: 一, 火塗瞋恚; 二, 刀塗慳貪; 三, 血塗愚癡也.

{10}　愛而近之曰親, 惡而遠之曰疏, 言無愛惡之念, 平等持心也.

{11}　『律歷志』云: "權者, 所以知輕重, 本起於黃鍾. 黃鍾一龠, 容千二百黍, 重十二銖: 二十四銖爲一兩, 十六兩爲一斤, 三十斤爲一鈞, 四鈞爲一石. 量者, 龠·合·升·斗·斛也: 千二百黍爲龠, 龠十爲合, 合十爲升, 升十爲斗, 斗十爲斛."

{12}　日新又日新.

{13}　"典"主記事故, 堯·舜皆載其實; "謨"主記言故, 禹·皐陶則載其謨. 此言兩字通爲法則.

{14}　廣州有水, 名曰盜泉, 一歃懷千金, 如西國痴水也.

{15}　流派所出爲宗, 姻眷爲親, 見面爲知, 聞名爲識.

{16}　『無爲經』云: "沙門有三輩, 坐禪爲上, 誦經爲中, 助衆爲下." 『瑜伽論』云: "無二利行者, 下士; 有自利無利他行者, 中士; 有二利行者, 名上士." 經營者, 經謀爲也, 營量度也. 又縱橫爲經, 回旋爲營也.

주나라 수도의 대중흥사 도안 법사가 경계의 글 아홉 문장을 지어 문중의 사람들을 훈계하였으니, 그 글에서 말하였다.

삼가 여러 제자들에게 말을 남기노라. 무릇 출가하여 도를 이루는 것은 지극히 막중하고도 심히 어려우니 스스로 가볍게 여기지 말아야 하며 쉽게 여기지도 말아야 한다. 막중하다 일컫는 것은 도(道)를 울러메고 덕(德)을 지니며 인(仁)을 두르고 의(義)를 짊어지고서 청정한 계(戒)를 받들어 지닌 채 죽어서야 그만둘 수 있기 때문이며, 어렵다 일컫는 것은 세상과 단절하고 속세를 떠나 어버이의 사랑을 영원히 베어내며 정을 돌이키고 습성을 바꾼 채 뭇 사람들과 함께 하지 않기 때문이다. 사람들이 행하지 못하는 것을 행하고 사람들이 베어내지 못하는 것을 베어내며 괴로움을 참고 욕됨을 받아들인 채 몸뚱이와 목숨을 버리기에 어렵다고 일컫는 것인데, 이같은 사람을 이름하여 도인(道人)이라 한다.

도인이란 사람을 인도하는 것을 말하니 그 행위는 반드시 붙좇을 만해야 하고 그 언행은 반드시 본받을 만해야 하며, 승복을 입고 출가함에 움직이면 곧 법칙이 되어야 하며, 탐내지도 않고 다투지도 않고 헐뜯지도 않고 간사하지도 않아야 하며, 학문은 고매하고 뜻은 그윽이 침묵하는 곳에 두어야 하니, 이것이 명성과 칭찬이 되어 삼존(三尊)의 지위에 오르게 된다. 현인의 지위를 벗어나 성인의 단계로 들어감에 정기와 혼백을 씻어버렸으니, 그러므로 군주는 그 보답을 바라지 않고 부모는 힘을 바라지 않으며 온 천하의 사람들이 그에게 돌아와 포섭되지 아니함이 없다. 처자를 팔고 양식을 덜어서 옷과 음식을 공양하고 몸을 굽혀 우러러 받들며 힘든 노역을 사양하지 않음을 얻게 되는 것은 그 뜻과 행위가 청결하고도 신명(神明)과 통해 있으며 욕심이 없고 마음이 깨끗하고도 공허롭기에 기이하고도 귀하게 여길 만하기 때문이다.

황당하고 유락(流落)한 경계를 얻고부터 도법이 마침내 쇠퇴하니, 새로 배우는 사람은 법칙을 미처 체득하지도 못한 채 사악함에 집착하여 올바름을 버리게 된다. 진실을 망각한 채 조그만 꾀를 지혜로 여기고 작은 공경에 만족하며 하루 종일 포식하고도 마음 쓰는 바가 없으니, 물러나 스스로 미루어 살펴보면 실로 슬플 뿐이다! 금생의 출가를 헤아려보니 어쩌다 나이는 들었으되 경전의 수업은 아직 통하지 못하였고 문자도 판별하지 못한 채 그저 한 생을 허비하여 이름을 이룬 바도 없으니, 이와 같은 일을 어찌 깊이 생각하지 않겠는가? 무상한 죽음의 기한은 아침이 아니면 곧 저녁이며 삼도(三塗)의 고통은 강한 자나 약한 자나 차별이 없다. 스승과 제자의 뜻은 깊은 까닭에 이로써 펼쳐 보이니 감정이 있는 무리라면 영원한 경계로 삼을지어다.

그 첫 번째로 말한다.
그대 이미 출가하여 태어난 바 어기고는,
머리 깎아 모습 헐고 법복 몸에 걸쳤구나.
어버이를 버리던 날 위아래가 울음바다,
애욕 끊고 도(道) 받드니 그 의지는 하늘이라.
그대 응당 이 뜻 따라 밝은 길을 닦을진댄,
어찌 이도 무심하야 빛과 색에 머무는가?
그럭저럭 날을 보내 경전 업(業)을 못 이루고,
공덕행(行)도 날로 줄어 허물 쌓여 넘치거늘,
스승과 벗 뵐 낯 없고 속인 무리 경시하네.
이와 같은 출가라면 이름자만 욕될지니.
그런고로 권면하니 전심전력 정진하라.

그 두 번째로 말한다.
그대 이미 출가하여 세속 버려 하직하니,
제 스스로 가르쳐서 푸른 구름 이룰지라.
재물과 색(色) 내버리고 모든 세간 여의고서,
금옥(金玉)마저 팽개치고 오직 도(道)가 참된 보물.
자기 몸에 절도 지켜 고통 가난 감내하며,
덕(德)에 나가 제 자신을 다른 이도 건지거늘,

어이하여 절조 고쳐 바람 티끌 내달리나?

앉은 자리 데우기 전 동과 서로 질주하니,

부역하러 나선 길에 관리들이 소 매끌듯.

경전의 길 막힌 채로 계율의 덕 그도 역시,

동무들은 희롱하고 동학들은 멀리하네.

이와 같은 출가라면 그저 천년(天年) 버리는 것.

그런고로 권면하니 제제각각 연민하라.

그 세 번째로 말한다.

그대 이미 출가하여 아예 종족 이별하니,

친한 이도 성긴 이도 욕심마저 청정이라.

경사라도 기뻐 않고 흉사라도 슬퍼 않아,

초연하고 종용(縱容)함은 이 세속을 여의고서,

현묘함에 의지 두고 참된 질박 지켜가며,

득도하고 널리 제도 복록 두루 해야거늘,

어이하여 무심하게 여전히도 물든 채로?

길고 짧음 공론(空論)하길 한 수(銖) 두 수 한 승(升) 두 승,

이 세간과 이(利) 다투니 종복들과 다를손가?

경전의 길 밝지 않고 덕행 또한 부족이라.

이와 같은 출가라면 궤멸이요 욕됨일 뿐.

그런고로 권면하니 제스스로 세정(洗淨)하라.

그 네 번째로 말한다.

그대 이미 출가하여 도인(道人)이라 부르나니,

부모 향해 예경(禮敬) 않고 군왕에도 굽히잖아,

널리 천하 받들기를 마치 신을 섬기는듯,

머리 숙여 하는 공경 부(富)와 빈(貧)에 두지 않아.
청정수행 숭상하여 스스로와 그리고 남,
감하고 던 막중함은 쌀 한 톨에 예닐곱 근,
이와 같이 태만하면 어이 능히 보답할까?
방종하게 노닐기만 몸과 뜻은 텅 빈 번뇌,
계행 없이 먹은 시주 죽어서는 태산지옥,
달군 쇠로 음식 삼고 녹인 동(銅)에 목 축이니,
이와 같은 온갖 고통 법구경에 진술된바.
그런고로 권면하니 고쳐서 또 새롭도록.

그 다섯 번째로 말한다.
그대 이미 출가하여 마음 쉰다 부르나니,
예잡(穢雜)에는 집착 말고 오직 도를 흠모하여,
청결(淸潔)함에 참예하길 마치 옥과 얼음같이.
경전 계율 응당 닦아 자기 정신 제도하면,
중생들은 도움 입고 친한 이도 힘 입을 걸,
어이하여 무심하게 세속 따라 부침(浮沈)인가?
마냥 사대(四大) 방종하고 오근(五根)마저 놓아두니,
도와 덕은 옅어지고 세속 일은 더욱 깊어.
이와 같은 출가라면 세간 티끌 덮어쓸 뿐.
그런고로 권면하니 정신 차릴 뿐이로다.

그 여섯 번째로 말한다.
그대 이미 출가하여 세속형상 버렸으니,
애정 고갈 응당 힘써 열반도에 부합해야,
어이하여 요동할 뿐 한가로움 즐기잖나?

경전 길은 덜어내되 세간 일은 넉넉하며,
맑고 밝음 제쳐두고 진흙길로 돌아드니,
그림잔가 이 목숨은 잠시간에 있을지나,
지옥에서 그 고통은 글로 어이 갖추리오.
그런고로 권면하니 어른 말씀 숭상하라.

그 일곱 번째로 말한다.
그대 이미 출가함에 제 자신에 엄할지니,
형상 비록 누추하나 행하기는 볼 만하게.
의복 비록 거칠지나 앉고 섬은 단정하며,
음식 비록 간소하나 뱉는 말은 맛깔지게.
여름이면 더움 참고 겨울에는 추위 견뎌,
스스로가 절개 지켜 도독 샘물 마시잖고,
실답잖은 공양에는 발길 선뜻 내지 말라.
오래 혼자 있더라도 존귀한 분 마주하듯,
배움 비록 많잖아도 어진 이와 나란하리.
이와 같은 출가라야 양친 모두 보답하고,
종친이며 아는 이도 모두 은혜 입으리다.
그런고로 권면하니 제 스스로 도타워야.

그 여덟 번째로 말한다.
그대 이미 출가함에 성품에는 혼명(昏明) 있어,
얼마간을 배웠던지 좋이 닦음 달렸으니,
상근기는 좌선하고 중근기는 독경하며,
하근기는 감당커든 탑사 경영 해얄진데,
어이하여 종일토록 이룬 일도 하나 없이,

몸 세워도 들림 없어 허송세월일 수밖에.
그런고로 권면하니 그대 뜻을 단정하게.

그 아홉 번째로 말한다.
그대 이미 출가하여 양친 아주 어겼으니,
도법(道法)으로 성품 바꿔 속복일랑 벗을지라.
어버이를 버린 날엔 슬프기도 기쁘기도,
까마득히 세속 떠나 티끌에서 벗어나니,
경전의 길 응당 닦아 추스리고 참되거늘,
어이하여 무심하게 다시 속인(俗因) 물드는가?
경전의 길 이미 엷어 행위에는 털끝만도,
말 한 마디 귀하잖고 덕이랄 게 없는 것을,
스승 벗에 누만 쌓여 원망만이 날로 느니,
이와 같은 출가라면 법 해치고 몸 해치고,
이를 깊이 생각하여 좋이 몸을 거둘지라.

{1} 경(京)은 크다는 것이요 사(師)는 대중의 무리를 말하니, 천자가 거처하는 곳은 반드시 무리를 이
     룬다는 말과 크다는 말로써 일컫는다.
{2} 진나라 도안 법사는 성이 위씨요, 이 법사의 성씨는 요씨이다.
{3} 『유마경』의 소에 이르기를 "선사의 겸손한 빛은 헤아려 살펴봄이 마치 제자(弟子)와 같았다." 하
     였으니, 곧 부친을 버리고 스승을 따름에 마치 아들이 아버지를 섬기는 것과 같음이다. 또, 배움
     에 있어서는 스승의 뒤를 좇는 까닭에 제(弟)라 하고, 그 견해는 스승을 좇아 생겨나는 까닭에 자
     (子)라 한다.
{4} 겉으로 들려오는 명성을 명(名)이라 하고, 내실에 부합되는 것을 칭(稱)이라 한다.
{5} 그 지위가 승보에 참여하게 됨이다.
{6} 마음의 식(識)을 세척하고 소제함이다.
{7} 담박(恢泊)은 '澹泊'으로 되어 있기도 한데 편안하고 고요하며 굳이 행함이 없는 모습이다.
{8} 허백(虛白)이란 『장자』에서 말한 허실방백(虛室生白, 방이 비면 밝다는 뜻으로, 사람의 마음도 망상이 들어가

지 않으면 도를 깨달을 수 있다는 말)이다.

{9} 삼도(三塗)는 『사해탈경』에서 삼도로써 삼독(三毒)에 대응시켰으니, 첫째로 불이 치솟는 길은 화내고 성냄이라 하였고, 둘째로 칼날이 우뚝 솟은 길은 아끼고 탐냄이라 하였고, 셋째로 피가 가득 찬 길은 어리석고 미련함이라 하였다.

{10} 사랑하기에 가까이 하는 것을 친(親)이라 하고 싫어하기에 멀리하는 것을 소(疎)라 하니, 좋아하고 싫어하는 생각이 없이 평등하게 마음을 유지함을 말한다.

{11} 『율력지』에 말하였다. "저울추[權]란 그것으로써 무겁고 가벼움을 알 수 있는데 본래 황종(黃鍾)에서 기원한다. 황종 1약은 그 용량이 1천 2백 알의 기장을 담을 수 있으며 무게는 12수이니, 24수가 1량이 되고 16량이 1근이 되며 30근이 1균이 되고 4균이 1석이 된다. 분량을 나타내는 것은 약·합·승·두·곡 등이니, 기장 1천 2백 알이 1약이 되고 10약은 1합이 되고 10합은 1승이 되고 10승은 1두가 되고 10두는 1곡이 된다."

{12} 하루가 새롭고 또 하루가 새롭게 되다.

{13} 전(典)은 주로 어떤 일을 기록하는 까닭에 요임금과 순임금은 모두 그들의 실록을 기재하였고, 모(謨)는 주로 말을 기록하는 까닭에 우임금과 고도는 곧 그들의 책략을 기재하였다. 이는 두 글자가 '법칙'으로 통용됨을 말한다.

{14} 광주에 샘이 있어 '도둑놈 샘[盜泉]'이라 이름하는데 한 모금 마시면 1천 금의 횡재를 꿈꾸게 되니, 서쪽 나라에 있다는 '어리석은 물[痴水]'과도 같다.

{15} 부류와 파벌이 시작되어 나온 곳이 종(宗)이 되고, 혼인으로 맺어진 권속들이 친(親)이 되며, 보고 마주했던 것이 지(知)가 되고, 듣고 이름했던 것이 식(識)이 된다.

{16} 『무위경』에 이르기를 "사문은 세 무리가 있으니 좌선하는 이들을 가장 위로 치고 경전 읽는 이들을 중간으로 치며 대중을 돕는 이들을 아래로 친다." 하였으며, 『유가론』에 이르기를 "둘에 모두 이익됨이 없이 행하는 자를 아래 근기의 선비라 하고, 스스로에게는 이로움이 있으나 다른 사람에게는 이로움이 없이 행하는 자를 중간 근기의 선비라 하고, 둘 모두에게 이롭게 행하는 자를 이름하여 윗근기의 선비라 한다." 하였다. 경영(經營)의 경(經)은 헤아려서 무엇을 하는 것이요 영(營)은 재량하고 헤아림이다. 또한 가로와 세로로 놓인 것이 경이 되고 빙글빙글 두른 것이 영이 된다.

사기
(私記)

1 **周京云云**:『속고승전(續高僧傳)』제23권의 "석도안전(釋道安傳)"에 실려 있다.

2 **周**:(557~581) 중국 남북조시대 북조의 하나. 우문각(宇文覺)이 서위(西魏)의 뒤를 이어 세운 나라. 건국한 지 다섯 군주 24년 만에 수나라에게 망하였다. 북주(北周)라고도 한다. 동일한 국명을 가진 조대(朝代)로는 은나라에 이어서 무왕(武王) 발(發)에 의해 건국되어 기원전 1122~기원전 249에 존속하였던 주(周)로서 후에 진시황에게 멸망한 왕조와, 오대(五代)의 하나로서 곽위(郭威)가 후한을 이어 세운 주(周, 후주後周라고도 함)로서 951~959년에 존속하다 송나라 태조에게 멸망한 왕조가 있다.

3 **京師**:임금이 있는 서울. 수많은 사람이 사는 곳이란 뜻. '師'란 갑골문과 초기의 금문(金文)에서는 적을 처벌할 목적으로 제육(祭肉)을 받들고 출발하는 군대의 뜻을 나타낸다. 주나라 때에는 2천 5백 명으로 이뤄진 군제(軍制)를 사(師)라 일컬었으며, 이것이 전하여 중인(衆人)의 의미를 지니게 되었다.

4 **道安**:(?~600) 중국 북주(北周) 때 스님. 세간에서 소도안(小道安)이라 일컫는다. 호성(胡城, 섬서陝西) 요(姚)씨의 자손이다. 일정한 스승을 정함이 없이 큰스님이 있다는 말만 들으면 찾아갔다.『열반경(涅槃經)』과 지론(智論) 및 자사(子史)의 뭇 기예에 능통하였다. 주(周) 초기에 대척호사(大陟岵寺)에 주석하였는데 무제가 그를 중히 여겨 때때로 절간의 처소로 행차하여 그와 더불어 대담하곤 하였다. 후에 무제가 우사(羽士)의 꾀임에 빠져 불법을 괴멸시키려 생각하자 도안이『이교론(二敎論)』을 찬술하여 그 마음을 돌이키려 노력하였다. 건덕(建德) 3년(574) 법난이 종결되자 도안은 임수(林藪)로 숨으니 무제가 그를 찾아 칙령으로 환속시켜 관직에 나아가게 하였으나 끝내 굴복하지 않은 채 "폐하는 백성을 위하시므로 나오시고, 빈도(貧道)는 법을 위하여 나가지 않습니다." 하고 답하였다 한다. 독자이므로 어머니를 대중흥사(大中興寺)에 모셔놓고 손수 어머니의 진지를 지어드리고 난 뒤에 강설하였다고 한다. 수나라 문제(文帝) 개황(開皇) 말년(600)에 입적하였다.

5 **死而有已**:『논어(論語)』"태백(泰伯)"제8 "曾子曰:士不可以不弘毅, 任重而道遠. 仁以爲己任, 不亦重乎? 死而後已, 不亦遠乎?"朱注:"仁者, 人心之全德, 而必欲以身體而力行之, 可謂重矣; 一息尙存, 此志不容少懈, 可謂遠矣."

6 **玄黙**:고요히 침묵을 지킴. 현(玄)은 청정의 뜻. 고요할 현.『전한서(前漢書)』"양웅전(揚雄傳)" "人君以玄黙爲神, 澹治爲德."

7 **出賢入聖** → '현(賢)·성(聖)'조(제2장 면학勉學 "1. 고산원법사면학편孤山圓法師勉學篇" 사기3. 聖·賢)

8　減養 : 『승기율』에서는 "시주가 그 아내와 자식의 몫을 덜어서 복을 구하기 위하여 보시한다." 하였다.

9　神明 : 신(神)은 불가측한 것, 명(明)은 비추어보는 것을 말한다.
1) 신귀의 영험함을 일컫는데, 신들은 선악과 사정(邪正)을 정확히 살펴서 알기에 조금도 실수가 없기 때문이다. 『서경(書經)』 "至治馨香, 感於神明."
2) 중생의 신식(神識), 즉 정신의 주체인 넋이나 얼을 말한다. 『황제내전(黃帝內傳)』 "心者君主之宮, 神明出焉."

10　虛白 : 『장자(莊子)』 "인간세(人間世)"에서 "瞻彼闋者, 虛室生白."이라 하였다. 허백은 허실생백(虛室生白)의 준말로, 망상이 없어지면 도를 깨달을 수 있다는 뜻이다. 『석문(釋文)』에서 사마표(司馬彪)는 "결(闋)은 공허함이며, 실(室)은 마음을 비유한 것이다. 마음이 공허해지면 곧 순백이 저절로 생기는 것이다."라고 하였다. 즉 마음이 공허하면 저절로 지혜의 광명을 환히 내비치게 되니 모든 사물의 참 모습을 똑똑히 알게 된다는 뜻이다.

11　三塗苦痛, 無强無弱 : 『서장(書狀)』 "답왕내한언장(答汪內翰彥章)" "光陰倏忽暫須臾, 浮世那能得久居. 出嶺年登三十二, 入閩早是四旬餘. 佗非不用頻頻擧, 己過還須旋旋除. 爲報滿城朱紫道, 閻王不怕佩金魚."

12　卿 : 2인칭 대명사로 쓰이는데, 진나라와 한나라 때는 임금이 신하를 부르는 말로 쓰였고, 수나라 때나 당나라 때 이후로는 동년배가 서로 부르는 말로 쓰였다. 여기서는 제자를 부르는 말이다.

13　太淸 : 하늘. 『갈관자(鶡冠子)』 "도만(度萬)"에서 "唯聖人, 能正其音, 調其聲. 故, 其德, 上及太淸, 下及太寧, 中及萬靈."이라 하였다. 이에 반해 태녕(太寧)이라 하면 땅을 말한다.

14　靑雲 :
1) 성현의 말을 이룩하여 세상에 전하는 사람이다. 『사기(史記)』 "백이전(伯夷傳)" "非附靑雲之上."
2) 높은 벼슬이나 지위에 오르는 것이다. 『사기』 "범휴전(范雎傳)" "君能自致於靑雲之上."
3) 속세로부터 초연하는 것이다. 안정년(顏廷年)의 '오군영(五君詠)'에 "仲容靑雲器"에서 유래한다.
4) 학덕이 높은 것을 비유해서 쓰는 말이다.

15　徭役 : 나라에서 구실 대신으로 시키는 노동. 노역(勞役) 또는 부역(賦役)이라 한다.

16　縣官 : 현령(縣令), 현장(縣長), 현리(縣吏). 한나라 때에 1만 호 이상의 현에는 현령을, 그 이하의 현에는 현장을 두었다.

17　縱容 : 종용(從容). 종(縱)과 종(從)은 통용된다. 사람의 기상과 태도가 무게 있고 점잖은 것, 또는 떠들지 않고 조용한 것을 말한다. '조용'은 종용에서 달라진 말이다.

18　豁然 : 환하게 터진 모양, 또는 막힌 것 없이 밝게 깨달은 모양을 말한다.

19　一米七斤 : 제10장 시중(示衆) "여산동림혼융선사시중(廬山東林混融禪師示衆)" 주석 {2} 참조. 어떤 스님이 들을 지나다 남의 논에서 기장 쌀 3알을 떨어뜨린 과보로 그 집에 소로 태어나 3년 동안 일을 하게 되었다. 하루는 주인이 소 옆을 지나가는데 소가 말하기를 "오늘은 많은 도적들이 올 것이니 저녁에 문을 잠그지 말고 맛있는 음식을 차려 그들을 맞이하십시오. 내 말대로 하지 않으면 큰 화를 면하지 못할 것입니다." 하였다. 이상히 여긴 주인은 그 말대로 음식을 차려놓고 있었는데 과연 저녁때 도적 무리들이 오거늘 맞이하였더니 깜짝 놀란 도적들이 그 연유를 물었다. 주인은 "바로 저 소가 가르쳐 주었다." 하였더니, 그 소가 스님으로 변하여 말하기를 "나는 이 집의 기장 쌀 3알을 떨어뜨린 과보로 이렇게 3년 동안 고생을 하는데, 남을 괴롭히고 물건을 빼앗

는 너희들은 무슨 과보를 어떻게 받을 것인가 생각해 보라." 하여 그들을 제도했다고 한다.

20 **法句所陳**: 『법구경』 "지옥품(地獄品)" "寧噉燒石, 呑飮鎔銅, 不以無戒, 食人信施." 『법구경』은 범어 Dharmapāda로, 진리(dharma)의 말씀(pāda)이란 뜻이다. 일종의 시집으로, 세존께서 직접 읊으신 것은 아니지만 세존의 요긴한 뜻이 시의 형태로 엮어져서 초기불교 교단 내에서 널리 유포되고 있었는데 여러 사람들이 각각 달리 편집했던 것으로 생각된다. 편집의 시기는 기원전 4세기 내지 3세기경으로 추정된다. 『법구경』은 불교의 윤리적인 교의를 시의 형태로 나타내어 불도에 입문하는 지침으로 하고 있다. 방대한 불경 가운데 가장 오래된 것으로 세존의 진의를 전하는 주옥같은 문자로써 예로부터 많이 애송되어 왔다. 한역 『법구경』은 서기 1세기 내지 2세기경에 법구(法救, Dharmatrāta)라는 스님이 편집한 것을 224년 지겸(支謙) 축장염(竺將焰)이 한역한 것이다. 한역본은 26장 500게송의 원전을 기본으로 하여 다른 곳에서 13장 250게송을 보충하였다.

21 **泥洹**: 열반(涅槃, nirvāṇa)을 소릿말적기한 것. 열반나(涅槃那), 열례반나(涅隷槃那), 니박남(抳縛南), 열바남(涅婆南)이라고도 한다.

22 **不飮盜泉**: 육사형(陸士衡)의 '맹호행(猛虎行)'에서 "渴不飮盜泉, 熱不息惡木樹."라 하였다.
1) 『설원(說苑)』 "담총편(談叢篇)" "邑名勝母, 曾子不入; 水名盜泉, 孔子不飮. 醜其聲也."
2) 『회남자(淮南子)』 "설산훈(說山訓)" "曾子立孝, 不過勝母之閭; 墨子非樂, 不入朝歌之邑; 曾子立廉, 不飮盜泉. 所謂養志者也."
3) 『사기(史記)』 "추양전(鄒陽傳)" "故縣名勝母而曾子不入; 邑號朝歌而墨子迴車."
4) 『염철론(鹽鐵論)』 "조착(晁錯)" 제8 "孔子不飮盜泉之流, 曾子不入勝母之閭."

23 **不肖**: 재주가 없는 사람을 가리키니, 자기를 겸손하여 일컫는 말. 아버지만 못한 아들을 일컫기도 한다. 초(肖)는 닮는다는 뜻이니, 사람은 하늘의 뜻으로 생기는 것인데 하늘을 닮지 못했다는 뜻으로 불초(不肖)라 한다.

3

양고승칭법주유계소사

梁[1] 高 僧 傅 法 主 遺 誡 小 師[1]2

●

칭 법주가 어린 스님들에게 남긴 훈시의 글

塵世匪堅, 浮生[3]不久. 我光陰以謝, 汝齒髮[2]漸高. 無以世利下其身, 無以虛名苟其利, 莫輕仁賤義, 莫嫉善妬才.[3] 莫抑遏無辜, 莫沈埋有德, 莫疎慵人事, 莫懶惰焚修, 莫耽湎睡眠.[4] 莫強知他事, 莫空腹高心, 莫營私利己, 莫恃強欺弱, 莫利己損他.

　無以長而慢後生, 無以少而欺老宿, 無以財華下視物, 無以意氣高揖人,[5] 無以不善苦相親, 無以善而却憎惡, 無以片能稱我是, 無以少解道他非, 無以在客慢主人, 無以爲主輕旅客, 無以在事失綱紀,[6] 無以亻幻衆[7]破條章, 無以誹謗怪他人, 無以穿鑿覓他過. 好向佛法中用意, 多於塵境上除情.

　袈裟下失却人身, 實爲苦也; 捺落[4]裡受諸異報, 可謂屈焉.[8] 況端拱無爲, 安閑不役, 徐行金地,[5] 高坐華堂, 足不履泥, 手不彈水,[6] 身上衣而口中食, 豈易消乎? 圓却頂而方却袍, 爲何事也? 其或剛柔得所,[9] 進退含容,[10] 堪行卽行,[11] 可止須止,[12] 無貪眼下, 數省時中, 一點相當, 萬金消得. 予以千叮萬囑, 苦口甘言,{13} 依予言者, 來世相逢; 若不依予言者, 擬向何處出頭? 珍重! 珍重!7

{1} 偶稱同. 受具而未滿十歲, 猶稱小師.

{2} 年臘也.

{3} 害賢曰嫉, 忌才曰妬. 又徇自名利, 不耐他榮曰嫉妬.

{4} 睡眠之魔, 雖氷床雪被, 不覺中來, 令人無力, 況厚敷茵席, 伸脚大臥, 則安能却之. 所以熟眠沈溺, 猶如死人, 不知夜之旦·日之暮, 何暇攝心做工乎? 故, 戒莫沈湎耳. 況有五過: 一, 多有惡夢; 二, 諸天不護; 三, 心不入法; 四, 不思明相; 五, 喜出精. 湎音勉.

{5} 長揖者, 舉兩手而揖, 高揖者, 但舉一手而揖, 謂倨傲也.

{6} 綱張也, 紀理也. 大綱小紀, 所以張理上下, 整齊衆僧也.

{7} 囫拗同, 音了, 固相違也.

{8} 捺落, 具云捺落迦, 此翻不可量, 又云極苦處, 苦具在地之下故, 稱地獄也. 異報者, 異之言多也, 受種種諸苦報也.

{9} 『素書』云: "剛有所施, 柔有所設." 註云: 不妄設也, 如處女, 柔有所設也, 如脫兔, 剛有所施也.

{10} 含容謂包函也, 進退行止, 可以寬裕, 少無刻急也.

{11} 進也.

{12} 退也.

{13} 言之悅於耳者曰甘言.

티끌 세상은 견고한 것이 아니며 구름 같은 삶은 오래가지 않는다. 나는 세월 따라 물러가고 너희는 나이가 점차 높아진다. 세상의 이익 때문에 몸을 낮추는 일이 없어야 하고 헛된 이름 때문에 이익을 구차하게 구하는 일도 없어야 하며, 어진 이를 가벼이 여기거나 의로운 이를 천하게 여기지 말며, 착한 이를 시기하거나 재주 있는 이를 질투하지 말며, 무고한 사람을 물리치거나 억누르지 말며, 덕 있는 사람을 매장하지 말라. 사람과의 일에 성글거나 게으르지 말며, 향을 사르고 수행하는 일에 게으르지 말며, 잠에 지나치게 빠지지 말며, 남의 일을 굳이 알려고 하지 말라. 빈 배에 마음만 높이 가지지 말며, 사사로움을 도모함으로써 자신을 이익되게 하지 말며, 강한 것을 믿고서 약한 것을 기만하지 말며, 자신을 이롭게 하고자 남에게 손해를 입히지 말라.

어른이라 하여 후생들을 업신여김이 없어야 하며, 젊었다 하여 나이든 이들을 기만함이 없어야 하며, 재물과 영화가 있다고 남을 깔봄이 없어야 하며, 의기가 있다 하여 남에게 거만히 읍하는 일은 없어야 한다. 착하지 못한 몸으로 애써 상대와 친하고자 하는 일이 없어야 하며, 착하고자 하여 도리어 악한 이를 미워하여 물리치는 일이 없어야 하며, 조그만 능력으로 내가 옳다 일컫는 일이 없어야 하며, 조그만 견해로 다른 이의 그릇됨을 말하는 일이 없어야 한다. 손님으로 있으면 주인에게 거만히 구는 일이 없어야 하며, 주인이 되어서는 손님을 업신여기는 일이 없어야 하며, 일을 함에 있어서는 기강을 잃는 일이 없어야 하며, 대중을 어김으로써 조칙을 깨뜨리는 일이 없어야 하며, 비방함으로써 남을 의심스럽게 만드는 일이 없어야 하며, 억지를 부림으로써 남의 허물을 들춰내는 일이 없어야 한다. 슬기롭게 불법(佛法)을 향해 가는 가운데 마음을 쓰되 티끌의 경계 위에서 자주 세속의 정(情)을 제거하라.

가사(袈裟) 아래에서 사람의 몸을 잃는 것은 실로 고통이며, 지옥 안에서 온갖 기이한 과보를 받는 것은 가히 굴욕이라 일컬을 만하다. 하물며 단정히 팔짱을 끼고서 하는 일도 없이 편안하고 한가로이 노역도 하지 않은 채 절간을 서서히 노닐며 화려한 법당에 높이 앉아서 다리로는 진흙을 밟지 않고 손으로는 물을 퉁기지 않으니, 몸에 걸친 옷이며 입에 넣은 음식을 어찌 쉽사리 소화해 내겠는가? 정수리를 둥글게 하고 소매를 모나게 한 것은 무엇을 위해서인가? 그 가운데 혹은 강함이나 부드러움이 그 마땅한 바를 얻어서, 나아가고 물러섬에 넉넉함을 머금은 채 감히 행할 만하면 곧 행하고 그쳐야 할 것은 모름지기 그치며, 눈앞의 것을 탐하는 일이 없이 때때로 자주자주 살피고 살피다가 한순간에 깨친다면 일만 냥의 금덩이도 이내 소화해 낼 것이다. 내가 1천 번을 부탁하고 1만 번을 당부하며 쓰디쓴 입으로 달디달게 말하나니 나의 말에 의지하는 자는 내세에 서로 만날 것이지만, 만약 나의 말에 의지하지 않는 자는 어느 곳을 향하여 머리를 내밀려 하는가? 진중하고 진중할지니라.

치문경훈

{1} 칭(偁)은 稱과 같다. 구족계를 받고 **10**년이 차지 않았으면 소사(小師)라 일컫는다.

{2} 연랍이다.

{3} 어진 이를 해코지하는 것을 질(嫉)이라 하고 재주 있는 이를 시기하는 것을 투(妬)라 한다. 스스로는 명리를 드러내 자랑하면서 다른 사람의 영예로움은 참지 못하는 것을 질투(嫉妬)라 한다.

{4} 수면(睡眠)이라는 마구니는 비록 얼음 침상에 눈 이불을 덮고 있다 하더라도 느끼지도 못하는 사이에 와서 사람을 무력하게 만들거늘, 하물며 자리를 두텁게 깔고서 다리를 펴고 널찍하게 누워 있으면서 어찌 능히 물리치겠는가. 그러한 까닭에 숙면에 깊이 빠져 있음은 흡사 죽은 사람과도 같이 밤이 새는 줄도 모르고 날이 밝는 줄도 모르는데 어느 겨를에 마음을 수습하고 일을 해내겠는가. 그러므로 (잠에) 깊이 빠져들지 말라고 경계한 것이다. 항차 (과도한 수면에) 다섯 가지 허물이 있으니, 첫째는 악몽이 많음이요, 둘째는 모든 천신이 보호하지 않음이요, 셋째는 마음이 법에 들어가지 못함이요, 넷째는 밝은 상(相)을 생각하지 못함이요, 다섯째는 정(精)을 내기 좋아함이다. 湎의 음은 면(勉)이다.

{5} 장읍(長揖)이란 두 손을 들어 읍하는 것이요, 고읍(高揖)이란 단지 한 손을 들어 읍하는 것으로서 거만함을 일컫는다.

{6} 강(綱)은 펼친다는 것이요 기(紀)는 다스린다는 것이다. 대강소기(大綱小紀)는 그것으로써 위아래를 펼쳐 다스리고 대중 스님들을 가지런히 하는 바이다.

{7} 요(拗)는 拗와 같으며 음은 요(了)이니, 서로 어긋남을 고집하는 것이다.

{8} 나락은 갖추어 말하면 '나락가'로서 이곳 말로 번역하면 '헤아릴 수 없음' 또는 '지극히 고통스러운 곳'인데, 고통은 모두 땅 밑에 있는 까닭에 지옥이라 일컫는다. 이보(異報)란 이(異)가 종류 별로 많음을 말하니 각종의 모든 괴로운 과보를 받는다는 것이다.

{9} 『소서』에 이르기를 "굳셈도 베풀어주는 바가 있고 부드러움도 베풀어주는 바가 있다." 하고는 주석에서 허망하게 베풀지는 않음이라 하였으니, 마치 처녀는 그 부드러움으로 베푸는 바가 있고 그물을 빠져 도망하는 토끼는 굳셈으로 베푸는 바가 있음과 같은 것이다.

{10} 함용(含容)은 포함하여 감싸고 있음을 일컬으니, 나아가고 물러서며 행하고 그침에 있어서 관대하고 너그러울 수 있으므로 조금도 각박하거나 성급함이 없다.

{11} 나아감이다.

{12} 물러섬이다.

{13} 말하여 귀를 즐겁게 하는 것을 감언(甘言)이라 한다.

사기
(私記)

1 **梁** : 중국 조대명으로, 남조의 하나. 소씨(蕭氏)의 제나라 종실이 권력을 쟁취하기 위해 서로 살육을 자행했다. 소도성(蕭道成)의 족제(族弟)인 소연(蕭衍)이 그 기회를 타고 양양(襄陽)에서 군사를 일으켜 건강(建康)을 공격하여 502년 제나라를 대신하며 칭제(稱帝)하고 국호를 양(梁)이라 하여 건강(지금의 강소江蘇 남경南京)에 도읍을 세웠다. 역사에서는 또한 소양(蕭梁)이라 일컫는다. 강역은 그 초기에 후기의 제나라와 같았으며, 북위가 한 차례 쇠퇴한 혼란한 틈을 타고 북진하여 얼마간 확대시켰다가, 후경(侯景)의 난 후에 그 태반을 상실하였으며, 장강(長江) 이북은 북제(北齊)의 손에, 그리고 파촉(巴蜀)은 서위(西魏)의 손에 들어가고 운귀(雲貴)의 고원은 토착민족에게 버려두었으며, 오래되지 않아 또 양번(襄樊) 일대를 서위에게 빼앗기고 강릉(江陵) 일대는 서위 시대의 후량(後梁)에게 부용(附庸)했다. 557년 진나라에 멸망당했다. 모두 4제(帝), 56년 동안 통치하였다.

2 **小師** :
1) 범어 dahara의 번역으로, 탁갈라(鐸曷羅)라 소릿말적기한다. 구족계를 받고 10년이 차지 않은 연소한 비구를 말한다.
2) 승려가 스스로를 겸손하게 이르는 말이다.
3) 제자를 말하며, 사승(師僧)의 반대말이다.

3 **浮生** : 덧없는 인생, 인간의 무상함을 말한다. 물 위에 뜬 거품이 생겼다가 금시에 없어져 버리는 데 비유한 말이며, 또 물 위에 뜬 부평초가 일정한 곳이 없이 떠돌아다니는 데 비유한 말이다.

4 **捺落** : 범어 narakai 또는 nāraka를 소릿말적기한 것으로, 지옥을 의미하며 고구(苦具)·고기(苦器)라 번역한다. 읽는 데 따라서 괴로움을 받는 곳인 지옥과 괴로움을 받는 지옥의 죄인이라는 두 가지로 구별하기도 한다. → '지옥(地獄)' 조(제1장 경훈警訓 "3. 영명지각수선사수계永明智覺壽禪師垂誡" 사기 6. 地獄)

5 **金地** : 금전(金田)이라고도 하며, 절을 일컫는 명칭 가운데 하나이다. 수달다(須達多) 장자가 기타(祇陀) 태자의 원림(園林)을 사서 부처님께 승원으로 보시하고자 태자와의 약속대로 승원을 세울 땅에 금을 깔았던 고사에 연유하여 이같이 이름한다.

6 **足不履泥, 手不彈水** : 운봉(雲峰) 열화상(悅和尙)의 소참(小參)에서 말하였다. "就中, 今時後生, 纔入衆來, 便乃端然拱手, 受他別人供養, 到處, 菜不擇一莖, 柴不槃一束, 十指不沾水, 百事不于懷, 雖則一期快樂, 爭奈三途累身?"

7 **珍重** : 자중(自重)을 더함을 가리킨다. 선종에서는 승려가 특별한 때에 인사하는 말이다. 만났다 물러나며 구두로 진중(珍重)이라 하면 '안녕히 계십시오.'의 뜻이며, 또한 편지 끝에 붙이는 인사말로 쓰거나 찬미하는 말로도 쓰인다.

4

종산철우인선사시동행법회

鍾山鐵牛印禪師[1]1 示童行法晦

●

종인 선사가 어린 행자 법회에서 훈시하다

唐[2] 則天[3] 延載[4]元年五月十五日, 始括天下僧尼隷祠部.[5] 玄宗[6] 天寶[7]六年, 制所度僧尼令祠部給牒.[8] 肅宗[9]至德[10]元年, 祠部牒賜功臣賣始.[2]11以此論之, 延載前爲僧, 依天竺法, 有行業堪任受道者, 惟師攝授. 如唐宮使會通[3]12謁鵲巢 道林禪師[13]曰: "弟子不願爲官, 志慕出家, 願和尙攝授." 道林曰: "今時爲僧, 行多浮濫." 通曰: "本淨非琢磨, 元明不隨照." 道林曰: "汝若了淨智妙圓, 體自空寂, 卽眞出家, 何假外相?" 通曰: "願垂攝授, 誓遵師敎." 道林乃與剃落. 後來行業旣濫, 檢制興焉, 自然之理. 所以黃面老子以法付囑[14]國王大臣, 盖以此也.

今國朝聖澤洪霈, 特使穹其價者, 政所以重敎尊僧, 貴尙其法也. 明敎嵩禪師曰: "夫僧也者, 其防身有戒, 攝心有定, 辨明有慧, 有威可敬, 有儀可則, 天人望而儼然." 近世多輕僧, 固僧人自取.

然披僧伽梨者, 非數世願力之重, 夙熏種智[15]之成熟, 未易得也. 如本朝王文正公 旦,[16] 臨薨[17]背時, 悔當初錯了路頭不作僧, 乃囑令諸子爲削其鬚髮, 衣以僧家三衣, 然後入棺, 要第二世出頭來使成僧, 仍囑侍郞[18]楊大年[19]主其治命. 後楊以宰臣薨背, 國家自有典故, 雖不從所請, 只以三衣剃刀置之棺中. 楊亦自悔, 竟參禪宗, 了悟自心, 被旨詳定『景德傳燈錄』,[20] 流布西天此土.{4}

噫! 爲僧之難有如此者. 若是大丈夫漢, 興決烈之志, 屛浮濫之行, 從脚跟下一刀兩段, 向佛祖外一覷便透, 身心俱了, 亦不爲難, 亦不患護身符子不入手.{5}[21] 所以道: 高山流水深深意, 自有知音[22]笑點頭.

法晦致身寶公道場[23]有年, 其爲人謹愿朴厚, 有決烈之志, 無浮濫之行. 今謀進納爲僧, 敬投敬信, 英偉特達, 大賢揮金,{6} 助成其志. 以此軸求警策, 因縷縷示之, 亦欲世間賢士大夫興重教尊僧之心, 知前輩雖爲富貴所折困, 末後亦有悔之者. 歲在[24]己未中秋, 住鍾山 鐵牛.

{1}　諱宗印, 嗣佛照 德光禪師.
{2}　按『通載』, 肅宗 至德二載, 聽白衣能誦經五百紙者度爲僧, 賜明經出身, 或納錢百緡, 請牒剃落. 及兩京平後, 又於關·輔諸州, 納錢度僧萬餘人, 買牒爲僧, 自此而始.
{3}　招賢寺 會通禪師, 杭州 吳氏子, 幼名元卿. 幼而聰敏, 德宗·憲宗時, 爲六宮使, 皇族咸美之, 後出家.
{4}　東吳僧道原作『傳燈錄』三十卷, 詣闕進呈, 眞宗覽之, 嘉賞, 勅翰林楊億, 使之詳定而撰序, 頒行天下. 道原嗣天台 德韶國師, 爲法眼宗也.
{5}　魏 武帝藏螢火丸於臂肘之間, 流矢不入百步之內, 是爲護身符也.
{6}　古詩"揮金見深意", 言揮振金玉之音也.

당나라 측천의 연재 원년 5월 15일에 처음으로 천하의 비구와 비구니를 총괄하여 사부(祠部)에 예속시켰으며, 현종 천보 6년에 득도한 비구와 비구니를 통제하여 사부로 하여금 도첩(度牒)을 주게 하였으며, 숙종 지덕 원년에 사부에서 도첩을 내려주어 공신들이 팔기 시작하였다. 이로써 논하건대 연재 이전에 승려가 될 때는 천축의 법도에 의지하여 행업(行業)이 도를 물려받기를 감당할 만한 자가 있으면 오직 스승이 받아들여 계를 주었을 뿐이다. 마치 당나라 때 궁사 회통이 작소 도림 선사를 뵙고 이르기를 "제자는 벼슬아치가 되는 것을 원치 않고 출가를 바라니, 원하건대 스님께서 받아들여 주십시오." 하니 도림이 이르기를 "지금 시기에 승려가 된 자들은 그 행실이 대체로 들뜨고 외람되다." 하였는데, 회통이 이르기를 "본디 맑은 것은 쪼아 갈지 않으며 원래 밝은 것은 비추는 빛을 따라가지 않는다 하였습니다." 하자 도림이 이르기를 "네가 만약 깨끗한 지혜는 오묘하게 원만하며 그 실체는 스스로 비어 있고도 고요한 것임을 알았다면 그것이 곧 참된 출가인데 어찌 겉모습을 빌리려 하는가?" 하니 회통이 이르기를 "원하건대 받아들여 주십시오. 맹세코 스승님의 가르침을 따르겠습니다." 하므로 도림이 이에 머리를 깎아주었던 일과 같은 것이다. 뒤로 오면서 행업이 외람되게 되자 검사제도가 흥성하게 되었으니 자연스런 이치이다. 그러한 까닭에 금빛 얼굴의 노자께서 법으로써 국왕과 대신들에게 부촉한 것은 아마도 이것 때문이리라.

이제 이 나라 조정의 성스러운 은택이 넓고도 크기에 특별히 그 가치를 높이고자 하여서 가르침을 소중히 여기고 스님을 존숭하며 그 법을 귀하게 여겨 숭상하는 것이다. 명교 숭 선사가 이르기를 "무릇 승려라는 자는 몸을 방어함에 계(戒)가 있고 마음을 거두어들임에 정(定)이 있으며 사건을 분별하여 밝힘에 혜(慧)가 있다. 위엄(威嚴)이 있기에 가히 공경할 만하며 의용(儀容)이 있기에 가히 본받을 만하므로 천하의 사람들이 우러러보아 엄연히 여기는 것이다."라 하였으니, 근세에 대체로 승려를 경시하는 것은 진실로 승려 스스로가 자초한 것이다.

그러나 승가리를 걸친다는 것은 여러 생에 걸친 원력의 막중함과 일찍이 심어둔 지혜의 종자가 성숙되지 않고는 쉽게 얻을 수 있는 것이 아니다. 마치 본 조정의 왕인 문정공 단이 세상을 하직하려 할 때 애초에 길을 그르쳐서 승려가 되지 못한 것을 후회하며 뭇 아들에게 부촉하여 명하기를, 그의 수염과 머리털을 깎게 하고 승려 집안의 세 가지 가사를 입힌 연후에 입관하게 하여 다음 생에 태어나서는 승려가 될 수 있도록 하고자 하였으며, 아울러 시랑 양대년에게 부촉하여 그 유언을 주관하게 하였다. 후에 양대년이, 재신(宰臣)으로 죽었으면 나라에는 그 나름대로 엄연한 법도가 있다 하여 비록 요청한바 그대로 따르진 않았지만, 그래도 세 가지 가사와 삭발에 쓰이는 칼은 관 안에 넣어주었다. 양대년 역시 스스로 후회하더니 결국 선종(禪宗)을 참구하여 스스로 마음을 깨닫고는 교지(敎旨)를 받들어 『경덕전등록』을 상세히 교정하여 서방과 이 땅에 유포시켰다.

오호라! 승려 되기 어렵다는 것이 바로 이와 같은 것이로다. 만약 남아대장부라면 결단력 있고 장렬한 뜻을 일으켜 들뜨고 외람된 행업은 물리치고 바로 그 자리에서 한 칼로 두 동강이를 내듯이 불조(佛祖)의 바깥을 향해 한 차례 힐끗 보고는 문득 꿰뚫으면 몸과 마음을 함께 깨닫는 것도 어려운 것이 아니며 또한 호신의 부적이 손에 들어오지 않음을 근심하지도 않을 것이니, 그러한 까닭에 "높은 산 흐르는 물의 깊고 깊은 뜻은, 예로부터 그 소리를 아는 이 있어 웃으며 머리를 끄덕이네."라 하였다.

법회가 보공도량에 몸을 맡긴 지 여러 해가 되었는데, 그는 사람됨이 근엄하고 성실하며 순박하고 후덕하며 결단력과 장렬한 뜻이 있고 들뜨거나 외람된 행업이 없었다. 이제 나아가 승려가 되기를 꾀하니, 공경히 의지하고 믿으며 뛰어나고도 훌륭하게 특별히 통달해야 할 것이다. 크게 어진 이가 금옥 같은 음성으로 그 뜻을 도와 이루게 할 것이다. 이 서신으로써 경책을 구해야 할 것이니, 그리하여 이것을 자세히 내보이는 까닭은 세간의 현명한 선비와 대장부로 하여금 가르침을 소중히 여기고 승려를 존중하는 마음을 일으킴은 물론 선배들이 비록 부귀에 꺾이기도 하였으나 결국에는 후회하는 자 또한 있었음을 알게 하고자 하기 때문이다.

때는 기미년 중추, 종산에 머무는 철우.

{1} 휘는 종인으로 불조 덕광 선사의 법을 이었다.

{2} 『불도역대통재』에 의하면, 숙종 지덕 2년에 백성으로서 경전 5백 쪽을 능히 외우는 자들을 득도시켜 승려가 되게 하는 것을 허락하였으며, 경전에 밝은 출신들이나 혹은 돈 1백 민을 납부하는 자들에게 도첩을 주어 머리를 깎게 하는 은덕을 베풀었다. 두 경사(京師)가 평정되기에 이르자 또 관중과 경기의 모든 주에서 돈을 받고 승려로 득도시켜 준 것이 1만여 명이나 되었으니, 도첩을 사서 승려가 되는 것이 이로부터 시작되었다.

{3} 초현사 회통 선사는 항주 오씨의 자손으로 어릴 때 이름은 원경이었다. 어려서 매우 총명하여 덕종과 헌종 때 육궁사가 되니 황족들이 모두 그를 어여삐 여겼으며, 후에 출가했다.

{4} 동오 때의 승려 도원이 『전등록』 30권을 지어 대궐에 나아가 바치니 진종이 그것을 살펴보고는 기뻐하며 후하게 상을 주고는 한림 양억에게 칙서를 내려 그것을 상세히 교정하고 서문을 찬술하여 천하에 반포 통행시키게 하였다. 도원은 천태 덕소 국사의 법을 이어 법안종을 이루었다.

{5} 위나라 무제는 반딧불의 불꽃알을 팔과 팔꿈치 사이에 갈무리해 둠으로써 흐르는 화살이 백보 안으로 날아들지 못하게 하였으니, 이것이 몸을 보호하는 부적이 된다.

{6} 옛 시에 "금을 휘둘러 깊은 뜻을 보이다." 하였으니, 금과 옥조 같은 음성을 휘둘러 떨침을 말한다.

사기
(私記)

1 鍾山鐵牛 : (?~1213) 중국 송나라 때 스님. 자는 철우(鐵牛), 염관(鹽官)이던 진씨(陳氏)의 자손. 15세에 출가하여 육왕광(育王光)의 법을 이었다. 영종 때는 영은사(靈隱寺) 방장을 맡았다. 송나라 영종(寧宗) 가정(嘉定) 6년(1213) 12월에 송강(松江)에서 입적하였다. 시에 능통하였다.

2 唐 : 중국 조대명. 수나라 왕조가 농민봉기의 충격으로 와해되자, 617년 태원유수(太原留守) 이연(李淵)이 그의 아들 이세민(李世民)의 권유로 기회를 잡아 군사를 일으켰으며, 그해 말 장안(長安, 지금의 섬서陜西 서안西安)을 공격하여 함락시키고 수조(隋朝)의 대왕(代王)인 양유(楊侑)를 괴뢰황제(수공제隋恭帝)로 세운 뒤 수나라 양제(煬帝)는 멀리서 태상황(太上皇)으로 높이고 그는 스스로 대승상(大丞相)이 되어 당왕(唐王)에 책봉되었다. 618년 양제가 피살된 후 이연은 양유(楊侑)를 폐하고 관중(關中)에서 칭제(稱帝 고조高祖)하며 국호를 당(唐)이라 하여 장안에 도읍했다. 당나라 전기의 국세는 매우 강성했다. 907년 후량(後梁)의 주온(朱溫)에게 멸망당했다. 모두 20제, 290년 동안 통치하였다.

3 則天 : (623~705) 중국 당나라 고종의 황후로, 성은 무(武)씨이다. 산서(山西) 사람. 고종이 죽은 뒤 중종(中宗)과 예종(睿宗)을 연이어 폐하고 스스로 제위에 올라 신성황제(神聖皇帝)라 칭하며 국호를 주(周)로 개칭하였으나 얼마 지나지 않아 폐위되었으니, 683~705년 사이가 실제 재위기간이다. 무측천 또는 측천무후라고도 한다.

4 延載 : 당나라 5대 예종(睿宗)의 연호. 실질적으로는 측천무후의 통치기간이다. 그 원년은 서기 694년, 신라 제32대 효소왕(孝昭王) 3년에 해당한다.

5 祠部 : 예제(禮制)를 주관하는 관청으로 사사(祠祀), 천문(天文), 누각(漏刻), 국기(國忌), 묘휘(廟諱), 복축(卜祝), 의약(醫藥) 또는 승니(僧尼)의 부적(簿籍) 등을 관리하던 곳이다.

6 玄宗 : (685~762) 이융기(李隆基), 또는 당명황(唐明皇)이라 일컫는다. 당나라 황제로, 712~756년에 재위하였다. 693년(장수長壽 2) 임치군왕(臨淄郡王)에 책봉되었다. 710년(당륭唐隆 원년) 고모인 태평(太平) 공주와 함께 모의하여 정변을 일으켜 위후(韋后)를 살해하고 위후가 세운 소제(少帝)를 폐한 뒤 부친인 상왕(相王) 단(旦, 예종睿宗)을 옹립하여 황제에 오르게 하였으며, 태자로 책립되었다. 712년(연화延和 원년) 선위를 받고 제위를 계승하여 선천(先天)이라 개원했다. 이듬해 또 개원(開元)이라 개원했다. 초기에는 연이어 요숭(姚崇)·송경(宋璟)을 임용하여 재상으로 삼고 무(武)씨와 위(韋)씨 이래의 폐정(弊政)을 정돈하였기에 옛 역사가들은 이를 '개원의 치(治)'라 찬양하였다. 736년(개원 24) 이후 이임보(李林甫)·양국충(楊國忠)이 서로 이어 정권을 잡아 정치가 부패했다. 또 음악과 여색을 좋아하여 사치하고 황음했다. 동시에 균전제(均田制)와 부병제(府兵制)가 파괴되

자 경사(京師)와 중원(中原) 지역의 경비는 허술해지고 북방과 서북 각 진(鎭)의 절도사들은 막강한 군대를 장악하게 되어, 허술한 중앙에 강력한 지방의 세력이 형성되었다. 755년(천보天寶 14) 안사(安史)의 난이 폭발하였고, 이듬해 성도(成都)로 도망가자 태자 형(亨, 숙종肅宗)이 영무(靈武, 지금의 영하寧夏 영무靈武 남쪽)에서 즉위하고 그는 태상황(太上皇)으로 받들어졌다. 757년(지덕至德 2) 말 장안으로 돌아왔다. 후에 서내(西內)로 옮겨 거처하다 좌우의 사람들이 모두 폄직(貶職)을 당해 축출되자 울분에 쌓여 죽었다.

7   **天寶** : 당나라 현종의 연호(742~756). 천보 6년은 747년으로 신라 35대 경덕왕 6년에 해당한다.

8   **牒** : 출가하여 득도(得度)한 자에게 주는 것을 도첩(度牒, 상서성尙書省의 사부사祠部司에서 발행했기 때문에 사부첩祠部牒이라고도 함), 또 수계(受戒)한 자에게 주는 것을 계첩(戒牒)이라고 한다. 도첩을 갖지 않은 승려를 사도승(私度僧)이라고 하여 공적으로는 승려의 신분을 인정받지 못하였다. 도첩은 통상 시경(試經, 득도할 때의 독경이나 경론 해석의 시험)에 합격한 자에게 주는 것인데, 본래 중국에서 세금을 면하기 위하여 출가하는 이가 많아지게 되자 그 폐단을 막기 위하여 만든 제도이다. 우리나라에서는 고려 광종 때 일반 과거법에 따라 승려도 승과를 치르게 한 일이 있었으며, 조선 명종 때도 문정왕후의 외호로 부활된 교종시(敎宗試 : 봉선사奉先寺) 선종시(禪宗試 : 봉은사奉恩寺)가 잠시동안이나마 치루어졌다.

9   **肅宗(숙종)** : 당나라 제7대 임금으로 현종(玄宗)의 셋째 아들. 이름은 형(亨)이고, 756~762년의 7년 동안 재위하였다.

10 **至德(지덕)** : 당나라 숙종의 연호(756~758). 그 원년은 756년으로 신라 35대 경덕왕 15년에 해당한다.

11 **功臣賣始 주석에 나오는 通載** : 『불조역대통재(佛祖歷代通載)』22권, 혹은 36권. 원나라 때 승려 염상(念常)의 저술이다. 『통재(通載)』 또는 『불조통재(佛祖通載)』라 약칭함. 체재상으로는 지반(志磐)이 저술한 『불조통기(佛祖統紀)』의 "법운통색지(法運通塞志)"가 저본이 되었으며, 내용은 선종을 불문의 정통으로 보아 위로는 칠불로부터 아래로는 원나라 순제(順帝) 원통(元統) 원년(1333)에 이르기까지의 불교(佛敎) 사실(史實)과 역대 황실·신료(臣僚)들에 의한 불교 흥폐의 사적 및 관련 문서, 그리고 유·도·불의 관계와 승려들의 역경·찬술·불교활동 등을 연대별로 폭넓게 싣고 있다. 간지(干支)로 연도를 매기고 아울러 제기(帝紀)의 연호를 덧붙인 편년체이다. 전반부 몇 권은 28조사에 관한 내용을 송나라 때 도원(道原)의 『경덕전등록(景德傳燈錄)』에 근거하여 서술하였으며, 동한(東漢) 명제(明帝)로부터 오대(五代)에 이르는 10여 권은 남송(南宋) 조수(祖琇)의 『융흥불교편년통론(隆興佛敎編年通論)』을 옮긴 것으로서, 주요 서술 대상 시기는 송나라와 원나라 때이다.

12 **會通** : 중국 항주(杭州) 초현사(招賢寺)의 회통시자(會通侍者), 포모시자(布毛侍者)라고도 한다. 회통(會通)은 호, 이름은 원경(元卿), 성은 오(吳)씨이다. 당나라 덕종 때 육궁사(六宮使)로 있다가 세상이 무상함을 느끼고 작소 도림(鵲巢道林) 선사에게 가서 스님이 되어 온갖 노고를 무릅쓰고 8년 동안이나 모시고 있었으나 한 마디의 가르침도 없었다. 회통이 하루는 도림에게 하직을 고하니 도림이 "너 어째서 가려느냐?" 하기에 회통이 "법을 위하여 출가하였사온데 화상께서는 가르쳐 주시지 않으시니 이제 제방(諸方)에 다니면서 불법을 배우려 합니다." 하므로 도림이 "만약 불법을 찾는다면 내게도 조금은 있지." 하였다. 회통이 "어떤 것이 스님의 불법입니까?"라고 물으니 도림이 몸에서 포모(布毛)를 집어들고 혹 불어버리니 회통이 마침내 깊은 뜻을 깨닫게 되었다고 하여 '포모시자'라 부르게 되었다.

13 **鵲巢道林** : (741~824) 작소(鵲巢)는 호, 도림(道林)은 자, 성은 번(潘)씨이다. 항주(杭州) 부양 사람.

9세에 출가하고, 21세에 형주(荊州)의 관원사에서 구족계를 받았다. 장안(長安) 서명사(西明寺)의 복례(復禮)에게 『화엄경』과 『기신론』을 배우면서 선을 닦고, 경산(徑山)의 도흠(道欽)을 찾아가 심요를 깨달았다. 남쪽에 있는 전당고산(錢塘孤山)의 영복사(永福寺)에 가는 도중 서호(西湖)의 진망산(秦望山)에 나뭇가지가 무성하여 일산(日傘)과 같이 된 장송이 있음을 보고 항상 그 위에 올라가 있었으므로 조과(鳥窠) 또는 작소(鵲巢) 선사라 불리웠다. 당나라 목종(穆宗) 장경(長慶) 4년에 84세로 입적하였다. 시호는 원수(圓修) 선사이다.

14 付囑 : 부속(付屬) 또는 촉루(囑累)라고도 한다. 맡기고 부탁하는 것을 말한다. 촉(囑)은 마음의 뜻을 말로 표현하여 그것을 부탁하는 것으로, 흔히 부처님이 교법을 잘 전하여 줄 것을 부탁하는 뜻으로 사용된다. 『법화경』 "여래신력품(如來神力品)"에서는 세존께서 상행(上行) 보살 등 본화(本化) 보살에게 이 경의 가장 중요한 다섯 자(묘妙·법法·연蓮·화華·경經)에 대한 부촉을 설하고 계시며, 아울러 『법화경』의 일부를 부촉하고 있어서 이 품을 "촉루품(囑累品)"이라 하였고 이것을 총부속(總付屬)이라 한다.

15 種智 : 일체종지(一切種智)의 준말로서 3지(智)의 하나이다.
1) 일체지(一切智) : 모든 존재에 관하여 포괄적으로 아는 지혜로서 성문 또는 연각의 지혜라고 한다.
2) 도종지(道種智) : 보살이 중생을 교화하기 위해서 도(道)의 종별(種別)을 다 아는 지혜로서 보살의 지혜라고도 한다.
3) 일체종지(一切種智) : 모든 존재에 관해서 평등의 상(相)에 즉(卽)하여 차별의 상을 다시 정밀하고도 세세하게 아는 지혜로서 부처님의 지혜라고 한다.

16 王文正公 : 왕우(王祐)의 아들. 문정공(文正公)은 시호. 단(旦)은 이름, 자는 자명(子明). 송나라 태평흥국(太平興國) 때(976~983) 진사(進士)가 되었고, 진종 때(998~1022) 지사(知事)를 역임하였다. 송나라 진종 천우(天祐) 원년(1017) 9월에 세상을 떠났다. 후에 위국공(魏國公)에 피봉(被封)되었다.

17 薨 : 천자(天子)가 죽으면 붕(崩), 제후가 죽으면 훙(薨), 현인이 죽으면 서(逝), 군자가 죽으면 졸(卒), 스님이 죽으면 적(寂), 일반인이 죽으면 사(死)라고 한다.

18 侍郎 : 중서시랑(中書侍郎), 황문시랑(黃門侍郎), 내사시랑(內史侍郎), 문하시랑(門下侍郎). 진(秦)·한(漢) 시기 낭중령(郎中令)의 속관(屬官)으로 의랑(議郎)·중랑(中郎)·시랑(侍郎)·낭중(郎中) 등의 낭관(郎官)을 두었는데, 모두 무기를 지니고 금중(禁中)의 경비와 번직(番職)을 담당했다. 금문(禁門)을 수비하는 것 외에는 천자의 외출시에는 그 경비군에 가입되었다. 한나라 때의 소부(少府)에 상서랑관(尚書郎官)을 두어, 궁중에서 1년을 근무한 상서랑중(尚書郎中)이 승진하여 그 직무를 맡으며, 3년 후에는 승진하여 시랑(侍郎)이 되고, 5년 후에는 곧 큰 현의 현관으로 전직된다. 위진남북조 시대에는 낭관(郎官) 외에 중서시랑과 황문시랑 등의 관직을 두었다. 수나라 때에는 내사성(內史省)의 내사시랑(부관직분副官職分)과 문하성(門下省)의 황문시랑(부관직분) 및 동문하시랑(同門下侍郎) 외에 육부(六部 : 상서성尚書省) 상서(尚書 : 대신大臣)의 부직(副職)으로 모두 시랑을 두었다. 당나라는 수나라의 제도를 모방했고, 오대(五代)와 송나라 역시 이것을 모방했다. 후에 삼성(三省) 시랑제(侍郎制)의 폐지에 따라 단지 육부(六部)에 시랑직(侍郎職 : 부직)을 두었다. 청나라 말기 새로 부대신(副大臣)을 두게 되면서 시랑은 폐지되었다.

19 楊大年 : 송나라 포성(浦成) 사람으로, 성은 양(楊)씨, 대년(大年)은 자, 이름은 억(億)이다. 11세 때 태종(太宗)의 부름을 받아 비서성(秘書省) 정자(正字)가 되었고, 진종(眞宗) 때(998~1022)에 한림(翰林) 학사를 지내고, 뒤에 공부(工部) 시랑에 오름과 동시에 사관수찬(史館修撰)을 겸하였다. 왕흠약

(王欽若)과 『책부원구(册符元龜)』 1천 권을 지었다.

20 **景德傳燈錄** : 30권. 송나라의 도원(道源)이 1006년에 지은 것으로, 과거칠불로부터 역대의 선종 조사들과 5가(家) 52세(世)에 이르기까지 전등한 법계의 차례를 기록한 책이다. 처음부터 26권까지는 칠불을 비롯, 마하가섭에서 청원(靑原) 아래로 제11세의 장수 법제(長壽法齊)에 이르는 1,712인을 기록하고 있는데, 그중 954인에 대해서는 어록이 있고, 다른 758인은 이름만 있다. 제27권에서는 보지(寶誌) · 선혜(善慧) · 혜사(慧思) · 지의(智顗) · 승가(僧伽) · 법운(法雲) · 풍간(豊干) · 한산(寒山) · 습득(拾得) · 포대(布袋)의 10인, 여러 곳에 잡거(雜擧) · 징(徵) · 염(拈) · 대(代) · 별(別) 등 여러 가지를 싣고 있다. 제28권에서는 남양 혜충(南陽慧忠)에서 법안 문익(法眼文益)까지 12인의 광어(廣語)를 싣고 있으며, 제29권에서는 찬(讚) · 송(頌) · 게(偈) · 시(詩)를 실었고, 제30권에는 명(銘) · 기(記) · 잠(箴) · 가(歌)를 싣고 있다.

21 **護身符子** : 몸을 수호하는 신령스러운 병부라는 뜻이다. 불 · 보살 · 천 · 귀신의 형상이나 진언 등을 쓴 병부 조각을 말한다.

22 **知音** : 거문고 소리를 듣고 그 뜻을 잘 분간한다는 뜻인데, 이것이 전하여 자기의 마음을 잘 알아주는 친한 벗, 곧 지기지우(知己之友)의 뜻으로 쓰인다. 『열자(列子)』 "탕문편(湯門篇)" "伯牙鼓琴, 志在高上, 鍾子期曰: '峨峨兮, 若泰山.' 志在流水, 子期曰: '洋洋兮, 若江河.' 伯牙所念, 子期必得之. 子期死, 伯牙絶絃, 以無知音者."

23 **寶公道場** : 개선사(開善寺)를 말한다. 당나라 희종(僖宗) 건부(乾符)년간(874~878) 중에 칙명으로 보공원(寶公院)이라 개칭하였다. 송나라 태조 개보(開寶)년간(968~975) 중에 다시 개선도량(開善道場)이라 불렀다. '도량(道場)'은 넓은 의미로 다음과 같은 뜻을 지닌다.
1) bodhimaṇḍa. 보리도량(菩提道場) · 보리장(菩提場)이라고도 하며, 부처님께서 성도하신 장소를 일컫는다.
2) 불도수행을 위한 구역. 당우(堂宇)의 유무를 불구하고 밀행(密行)의 불사(佛事)를 닦는 것을 일컫는다.
3) 보리를 이루는 데 계기가 되는 발심수행의 장소를 일컫는다.
4) 밀교에서는 유가(瑜伽)의 묘행(妙行)을 닦을 적에 먼저 반드시 결계를 하고 다음에 본존의 도량을 건립하기 위한 도량관(道場觀)을 닦는다.
5) 수행을 위한 별당(別堂)의 의미로 쓰일 때가 있으며 사원의 별명으로도 쓰이기도 한다. 수나라 양제(煬帝)가 천하의 사찰을 도량이라고 개칭한 일이 있다.

24 **歲在** :
1) 해의 간지(干支)를 따라 정한 차례를 말한다.
2) 세차(歲次)와 같은 말로, 세성(歲星 : 목성木星)이 머무는 위치를 말한다. 목성은 그 궤도가 12차(次)로 되었으며 궤도를 일주하는 데 10년이 걸린다고 한다.

5

월굴청선사훈동행

月窟淸禪師[1]訓童行

●

혜청 선사가 어린 행자를 훈계하다

咨爾[1]童行, 聽予誡云'高以下基, 洪由纖起.'[2] 古今賢聖莫不由斯, 儒宗頗多, 釋氏尤甚, 玆不繁引, 略擧二三. 虞[3]夏[4]2至尊, 尙曾歷試; 可能二祖,[5]3 猶服勤勞. 一念因眞, 千生果實, 若其濫服, 終無所成, 任是毁形, 徒增黑業.

　　爾等童4牽,[6] 今各顓誠, 履實踐眞, 無隨流俗. 處淸淨地, 生難遭心. 見佛逢僧, 克勤敬慕. 如能反責, 可謂丈夫.[7] 施主交肩, 宜先祇揖; 同衣相見, 莫後和南.

　　夕火晨香, 常常勿懈; 齋飱蚤粥, 念念興慼. 當直殿堂, 供過寮舍, 宜勤拂拭, 無怠應承. 進止威儀, 上流是則; 言黙要道, 下輩休詢. 貝葉固合精通, 墳典[8]尤宜博學. 稍知今古, 方解爲人, 若似啞羊, 出家何益?[9] 如來未成佛果, 文武兼能;[10] 永嘉6纔作人師, 宗說俱備;[11] 睎顏睎驥, 子雲7有言;[12] 誦箒[13]誦掃, 釋尊無誤.[14] 各須努力, 莫謾因循. 立志堅固, 不墮凡地, 故經云:"立志如高山, 種德若深海." 如斯苦口, 期汝爲人, 報答佛

祖莫大恩, 拔濟衆生無量苦, 日日如是, 不愧自心. 頌曰:

負舂{15}劃草{16}示嘉模,　　　　紹續須還猛烈徒.
一念豁然三際⁸斷,　　　　　　單傳⁹肯下老臊胡.{17}

{1} 咨嗟也, 爾汝也.

{2} 合抱之木, 始於毫末; 九層之臺, 起於累土.

{3} 虞, 國名, 其帝名舜, 起自耕稼陶漁.

{4} 夏亦國名, 其主號禹, 治洪水時, 手足胼胝焉.

{5} 二祖慧可, 求乎心法以至立雪斷臂; 六祖, 帶石夜舂·守網獵中.

{6} 十五曰童, 八十曰耋. 耋, 至也, 年之至也. 又恐耊, 行字之誤也.

{7} 『涅槃』云:"若具四法, 卽名丈夫: 一, 善知識; 二, 說法; 三, 思惟義; 四, 如說行. 無此四法, 不名丈夫."

{8} 墳, 三皇書, 言大道也; 典, 五帝書, 言常道也.

{9} 佛時, 有諸比丘結安居, 自作制不得共語問訊, 佛言:"汝等共住, 如似寃家, 猶如啞羊, 我以方便, 教諸比丘; 彼此相教, 共相受語, 展轉覺悟. 不應如是, 共受啞法, 同於外道. 若行啞法者, 突吉羅."

{10} 『普曜經』云:"太子七歲, 王以選友波羅門爲師, 太子問: '如何典, 相教?' 答曰: '梵佉留等書.' 太子曰: '異書有六十四, 何言只有二種?' 師云: '何等名耶?' 太子曰: '梵佉留書·龍書·鬼書·阿修倫書等也.' 選友深慙而退."『因果經』云:"太子年十歲, 王勅難陀·調達及五百童子, 復令國有勇力者, 定日集於戲場捔射. 調達領衆先出, 有象當門, 以手搬倒; 難陀, 足跳路側; 太子, 擲於空中, 以手還接, 不令損傷. 旣至戲場, 標鼓鼓之, 調達, 竪四十里鼓, 不能得過; 難陀, 竪六十里鼓, 亦莫能越; 太子, 竪百里鼓, 弓力弱, 取庫內諸王良弓古今無能張者, 太子旣挽, 放一箭透七鼓, 箭入地, 泉水湧出.『西域記』云, 其泉至今存焉, 一切病人, 飮則皆愈, 傳名箭泉."

{11} 宗通, 自覺; 說通, 覺人.

{12} 『楊子·學行篇』睎顔之徒, 亦顔之類; 睎驥之馬, 亦驥之類."

{13} 古者少康, 初作箕帚. 俗作箒, 非也.

{14} 『阿含』"周利槃特迦, 過去以慳法故, 極暗鈍. 世尊使執箒掃地, 教掃箒二字, 若誦箒忘掃, 誦掃忘箒."

{15} 盧行子, 於黃梅會下, 負石而舂.

{16} 祝髮也. 丹霞天然禪師爲行者時, 石頭使大衆劃草, 惟師以水淨頭, 跪石頭前, 便與剃髮, 卽劃無明草也. 祝, 斷也.

{17} 『祖庭』云:"諸祖, 初以三藏敎乘兼傳. 後, 達磨單傳心印, 所謂敎外別傳也." 老臊胡, 指達磨也.

오호라 너희 아이들아, 내가 경계하여 일컫는 말을 들어라! '높은 것은 낮은 것으로써 기초를 삼고 큰 것은 작은 것으로 말미암아 일어나느니라.' 고금의 성현들도 이로 말미암지 않은 이가 없었으니, 유가에는 자못 많고 불가에는 더욱 번성하였기에 이를 번거롭게 인용하지 않고 대략 두세 가지만 들어 보이노라. 우순(虞舜)이나 하우(夏禹)와 같이 지극히 존귀한 이들도 일찍이 시련을 겪었고 혜가(慧可)와 혜능(慧能) 두 조사도 오히려 힘든 일에 부지런하였다. 한 생각의 원인이 참되면 1천 생이 바뀌도록 결과가 진실되거니와, 만약 외람되게 법복을 입으면 결국에는 이루어지는 바가 없을 것이며 마음대로 형체를 허문 것이기에 단지 악업만 더할 뿐이리라.

너희 아이들은 이제 각자 삼가 정성을 들여 견실하고 참된 것을 뒤좇아 실천함에 흘러가는 세속을 따르는 일이 없이, 청정한 곳에 거처하며 만나기 어렵다는 마음을 일으켜 부처님을 보거나 스님을 만나면 지극한 마음으로 힘써 경모할지어다. 만일 능히 돌이켜 꾸짖을 수 있다면 가히 장부라 일컬을 것이다. 시주와 마주칠 때에는 마땅히 먼저 공경하여 읍해야 하며, 같은 옷 입은 사람과 마주 볼 때에는 합장하기를 나중에 하지 말라.

아침저녁으로 향과 등 피우기를 항시 게을리 하지 말 것이며, 낮에 밥 먹고 아침에 죽을 먹을 때는 생각생각마다 부끄럽다는 마음을 일으켜라. 전당(殿堂)에 당직을 서고 과료사(過寮舍)에 시중 들 때에는 응당 부지런히 털고 닦아냄에 게으름 없이 응대하고 받들어야 할 것이다. 나아가고 멈추는 위의에 대해서는 윗사람들이 곧 본보기가 될 것이며, 언담과 침묵의 긴요한 도리는 아래 무리에게 묻지 말라. 불법의 경전은 진실로 정밀하게 능통해야 하며 옛 전적은 더욱 마땅히 널리 배워야 한다. 조금이라도 고금의 일을 알아야 바야흐로 사람 위하는 일을 이해할 것이니, 만약 벙어리 염소와 같다면 출가한들 무슨 이익이 있겠는가?

여래께서 아직 깨달음의 결과를 이루지 못하였을 적에 문무를 겸비하여 모두 능통하였으며, 영가는 다른 이들의 스승이 되자마자 종통(宗通)과 설통(說通)을 모두 갖추었으며, 안연처럼 되기를 원하고 준마가 되기 원한다는 자운의 말이 있으며, 추(箒) 자를 외우게 하고 소(掃) 자를 외우게 한 것은 석존께서 그르친 게 없다. 각자는 모름지기 노력하여 부질없이 머뭇거리지 말라. 뜻 세우기를 견고히 하면 평범한 경지로 떨어지진 않을 것이니, 그러므로 경전에 이르기를 "뜻 세우기를 마치 높은 산과 같이 할 것이며, 덕 심기를 마치 깊은 바다와 같이 할 것이다."라 하였다. 이와 같이 간절하게 말하는 것은 그대가 사람이 되어서 부처님의 막대한 은혜에 보답하고 중생을 한없는 고통으로부터 구제하여 건네주기를 바라는 것이니, 날마다 이와 같이 한다면 스스로의 마음에 부끄러움이 없을 것이다.

게송으로 이르노라.

지고 찧고 풀 벤 것은   그 모두가 좋은 모범,
이를 계승하려면은   모름지기 맹렬해야.
한 생각에 활연개오   이 삼제(三際)를 끊는다면,
마음으로 전하는바   어찌 달마(達摩) 뒤질손가.

{1} 자(咨)는 탄식하는 것이요, 이(爾)는 '너희'이다.
{2} 한아름의 나무도 가는 털과 같은 줄기로부터 시작하고, 9층의 누대도 흙무더기에서 일으킨 것이다.
{3} 우(虞)는 나라 이름이며 그 제왕의 이름이 순(舜)이니, 스스로 밭 갈고 벼 심으며 그릇 굽고 고기 잡는 일로부터 일어났다.
{4} 하(夏) 역시 나라 이름으로 그 군주는 우(禹)라 부르는데 홍수를 다스릴 때 손발에 굳은살이 박혔다고 한다.
{5} 2조 혜가는 마음의 법을 구하고자 눈 위에 서서 팔을 끊기까지 하였으며, 6조는 돌을 허리에 맨 채 밤중에 방아를 찧었고 사냥 중에 그물을 지켰다.
{6} 15세를 동(童)이라 하고 80세를 질(耋)이라 한다. 질은 '도달하다'이니, 나이가 도래하였음이다. 또 질은 행(行) 자의 오자가 아닌지 모르겠다.
{7} 『열반경』에 말하였다. "만약 네 가지 법을 갖추면 곧 장부라 이름할 것이니, 첫째는 선지식이요, 둘째는 법을 설함이요, 셋째는 의리를 사유하는 것이요, 넷째는 말한 것처럼 행하는 것이다. 이 네 가지 법이 없으면 장부라 이름하지 않는다."
{8} 분(墳)은 삼황의 서적으로 근본 도[大道]를 말하고, 전(典)은 오제의 서적으로 변함없는 도[常道]를 말한다.
{9} 부처님 시기에 여러 비구들이 안거를 들어가며 스스로 제도를 만들어 함께 말하거나 묻지 않기로 하였더니 부처님께서 말씀하시기를 "너희들이 함께 머무름에 마치 원수의 집안 같거나 흡사

벙어리 염소와도 같기에 내가 방편으로써 모든 비구들에게 가르치나니, 피차간에 서로 가르치며 함께 서로 말을 주고받아 꾸준히 깨닫고 깨우치라. 응당 이와 같이 하지 않으면 함께 벙어리법을 받아 외도와 같아지게 되다. 만약 벙어리법을 행하는 자라면 돌길라(범계犯戒의 죄명으로, 몸과 입으로 지은 나쁜 업을 말함)이리라." 하셨다.

{10} 『보요경』에 이르기를 "태자가 7세 때 왕께서 선우 바라문으로 스승을 삼으니 태자가 묻기를 '어떠한 경전으로 가르치는가?' 하니 답하기를 '범구류(梵佉留) 등의 서적입니다.' 하므로 태자가 말하기를 '이서(異書)가 64종이 있거늘 어찌 다만 2종이 있다고 말하는가?' 하니 스승이 말하기를 '어떠한 이름들입니까?' 하기에 태자가 말하기를 '범거류서와 용서와 귀서와 아수륜서 등입니다.' 하니 선우가 깊이 부끄럽게 생각하고는 물러갔다."고 하였다. 『인과경』에 이르기를 "태자 나이 10세 때 왕이 난타와 조달 및 5백 동자들에게 칙서를 내리고 다시 나라에서 용맹력이 있는 자들로 하여금 날을 정해 광장에 모여 사격술을 다투도록 하였다. 조달이 무리를 거느리고 먼저 나오다가 코끼리가 문을 막고 있자 손으로 가슴을 쳐서 넘어뜨렸으며, 난타는 발을 놀려 길 옆으로 뛰어 넘었으며, 태자는 공중에 던졌다가 손으로 다시 되받아서 상처를 입지 않게 하였다. 모두 광장에 도착하자 북을 표식으로 놓고 사격을 하였는데 조달은 40리에 북을 세워 두었으나 능히 통과시키지 못했으며, 난타는 60리에 북을 세워 두었으나 역시 능히 넘기지 못했으나, 태자는 1백 리에 북을 세워둠에 활의 힘이 약하자 창고에서 모든 왕들의 좋은 활 가운데 고금을 통해 능히 다룰 수가 없던 것을 가져다 태자가 잡아 당겨 화살 하나를 쏘니 일곱 개의 북을 뚫고는 화살이 땅으로 들어가더니 샘물이 용솟음쳐 올랐다. 『서역기』에 이르기를, 그 샘은 지금까지 남아 있어 모든 병든 사람들이 마시면 곧 모두 낳는다 하며 화살샘[箭泉]이라 이름이 전한다고 한다."고 하였다.

{11} 종통(宗通)은 스스로 깨닫는 것이요, 설통(說通)은 다른 사람을 깨우쳐 주는 것이다.

{12} 『양자』"학행편"에 말하였다. "안연처럼 되고자 하는 무리는 또한 안연과 비슷한 부류가 될 것이며, 천리마가 되고자 하는 말도 역시 천리마와 비슷한 부류가 될 것이다."

{13} 옛날에 소강이 처음으로 쓰레받기와 빗자루를 만들었다. (추(帚)를) 속자로 추(箒)로도 쓰지만 틀린 것이다.

{14} 『아함경』에 말하였다. "주리반특가는 과거세에 법에 인색했던 까닭에 지극히 어리석고도 둔했다. 세존께서 비를 들고 땅을 쓸게 하면서 소(掃)와 추(箒) 두 글자를 가르쳤으나 만약 추를 외우면 소(掃)를 잊어 먹고 소를 외우면 추를 잊어 먹었다."

{15} 노행자가 황매의 문하에서 돌을 짊어지고 방아를 찧은 것이다.

{16} 머리 깎음을 말한다. 단하 천연 선사가 행자로 있을 때 석두 대사가 대중들에게 풀을 베고자 한다 하였더니 오직 선사만이 물로 머리를 깨끗이 씻고 석두 대사 앞에 무릎을 꿇고 않는지라 곧바로 머리를 깎아주었으니, 곧 무명초(無明草)를 깎음을 말함이었다. 축(祝)은 끊음이다.

{17} 『조정』에 이르기를 "모든 조사들이 처음에는 삼장(三藏)으로써 교법을 겸하여 전하였다. 후에 달마가 단지 심인(心印)만을 전하니 일컫는바 '교법 외에 달리 전한 것[教外別傳]'이다."라 하였다. 늙고 비린내 나는 오랑캐는 달마를 가리킨다.

사기
(私記)

1 **月窟慧淸**: 중국 복주(福州) 복청(福淸) 사람으로, 월굴(月窟)은 호, 이름은 혜청(慧淸)이다. 어렸을 때 동리의 사람이 불에 타죽는 것을 보고 말하기를 "나는 부처가 되어 맹화에 태움을 받지 않겠다."고 하니 그의 부모가 기이하게 여겼다 한다. 14세에 출가하여 호주(湖州)의 하산(何山)에 가서 복암(復庵)에게 승려가 되었고, 뒤에 둔암(遯庵)의 법을 이었다. 생몰년대는 미상이다.

2 **虞 · 夏** → '삼황오제(三皇五帝)'조(제2장 면학勉學 "2. 고소경덕사운법사무학십문姑蘇景德寺雲法師務學十門" 사기75. 三皇五帝)

3 **可能二祖**: 혜가(慧可)와 혜능(慧能)을 말한다.

1) 혜가: (487~593) 중국 선종의 제2조. 처음 이름은 신광(神光), 속성은 희(姬). 낙양 사람으로 낙양 용문의 향산에서 출가하였다. 여러 곳으로 다니면서 불교와 유교를 배우고, 32세에 향산에 돌아와 8년 동안 좌선을 하였으며, 40세에 숭산 소림사에 보리달마를 찾아가서 눈 속에 앉아 가르침을 구하였으나 허락지 않으므로 자신의 왼팔을 끊어 그 굳은 뜻을 보여 마침내 허락을 받고 크게 깨달았다. 552년 제자 승찬(僧璨)에게 법을 전하고, 업도(鄴道)에 34년 동안 머물렀다. 뒤에 관성현 광구사에서 『열반경』을 강하였는데 여러 사람들의 관심이 혜가에게 옮아가자 승려 변화(辨和)가 참소하여 수나라 문제(文帝) 개황(開皇) 13년 3월에 혹형을 당해 107세로 입적하였다. 당나라 태조가 정종(正宗) 보각(普覺) 대사라 시호하였다.

2) 혜능: (1562~1636) 중국 선종의 제6조로, 남해(南海) 신흥 사람. 속성은 노(盧)씨이다. 황매산의 제5조 홍인(弘忍)의 법을 이었으며, 당나라 서천 2년 8월에 76세로 입적하였다.

4 **童**: 男有罪曰奴, 奴曰童, 女曰妾. 段注: 女部曰: 奴婢皆古之罪人也. 偁『周禮』其奴男子入于罪隷, 女子入于春稿. 『설문해자(說文解字)』

5 **利南**: 범어 vandana를 반담(伴談), 반제(伴題), 바남(婆南) 등으로 소릿말적기한 것이다. 아례(我禮) 또는 계수(稽首)라 번역한다. 공경히 예하는 것을 말한다.

6 **永嘉玄覺**: (665~713) 중국 당나라 때 스님. 자는 도명(道明), 영가(永嘉, 절강浙江) 대(戴)씨의 자손이다. 집안 대대로 불도를 받들었으며 어려서부터 특출한 지혜가 있었다. 장성하여 형인 선(宣)과 함께 같은 날 머리를 깎고 불문에 들어가 읍내의 용흥사(龍興寺)에 머물며 처음에는 천태의 지관법을 익히고 아울러 화엄을 면밀히 공부하였다. 후에 육조 혜능 선사를 찾아뵙고 자기의 본 바를 인증받고는 말이 끝나자 곧 돌아가려 함에 육조가 만류하여 하룻밤을 묵고 떠났기에 사람들이 일숙각(一宿覺)이라 이름하였다. 다음날 산에서 내려와 온강(溫江)에 돌아오니 배우러 오는 이가 날로 늘어 진각(眞覺) 대사라 일컬었다. 선천(先天) 원년에 49세로 입적하였다. 무상(無相) 대사의

시호가 내려졌다. 저서로는 『증도가(證道歌)』와 『영가집』이 있다.

7   **子雲** : (기원전 53 ~ 기원후 18) 중국 전한 시대 말엽의 사람. 촉(蜀) 성도(成都)에서 출생하였다. 성은 양(楊)씨, 자운(子雲)은 자, 이름은 웅(雄). 말을 더듬어 이야기를 잘 못하였다. 사마상여(司馬相如)의 부(賦)에 감탄하여 항상 이를 교본으로 삼아 부를 지었으며, 굴원(屈原)의 『이소(離騷)』를 읽을 때마다 감격하여 『반이소(反離騷)』를 지어 이것을 민산(岷山)에서 강물에 던져 굴원을 조상(弔喪)하였다. 성제(成帝) 때 서울에 들어왔다가 부름을 받아 부를 바치고 낭(郎)이 되었다. 애제(哀帝)와 평제(平帝)를 거쳐 왕망(王莽) 때에는 대부(大夫)가 되었기 때문에 절조(節操)에 관해 비난이 있다. 뒤에 왕망에게 의심을 받고 죄에 걸릴 것을 두려워하여 교서각(校書閣)에서 몸을 던져 상처를 입고 그로 인해 불우하게 죽었다. 『주역』을 본떠 『태현경(太玄經)』을, 『논어』를 본떠 『법언(法言)』을, 『창힐편(倉詰篇)』을 본떠서 『훈찬(訓纂)』을, 『이아(爾雅)』를 본떠서 『방언(方言)』을 지었다. 그 가운데 『법언』과 『방언』을 후세에까지 널리 쓰였다.

8   **三際** : 삼세(三世)의 다른 이름으로 전제(前際 : 과거過去) · 중제(中際 : 현재現在) · 후제(後際 : 미래未來)를 말한다.

9   **單傳** : 선종에서 깨달음을 한 사람의 마음으로부터 다른 한 사람의 마음으로 전한다는 뜻으로 쓰며, 문자와 언어를 가지고 여러 사람에게 가르치는 것과 다름을 강조한 말이다. 곧 '심인(心印)을 단전(單傳)한다.'고 한다.

4
장

잠명
箴銘

1

대당자은법사출가잠

大 唐 慈 恩 法 師 {1}1 出 家 箴 2

●

자은 법사의 출가에 관한 훈계의 글

捨家出家何所以?　　　　　稽首{2}空王3求出離,
三師七證4定初機,{3}　　　　剃髮染衣發弘誓.
去貪嗔, 除鄙悋,　　　　　　十二時5中常謹慎,
鍊磨眞性若虛空,　　　　　　自然戰退魔軍陣.
勤學習, 尋師匠,　　　　　　說與同人堪倚仗,
莫敎心地6亂如麻,　　　　　百歲光陰等閒喪.
躡前賢, 斅先聖,{4}　　　　　盡假聞思修{5}7得證,
行住坐臥要精專,　　　　　　念念無差始相應.
佛眞經, 十二部,8　　　　　縱橫{6}指示菩提路,
不習不聽不依行,　　　　　　問君何日心開悟?
速須究, 似頭燃,　　　　　　莫待明年與後年,
一息不來卽後世,　　　　　　誰人保得此身堅?
不蠶衣, 不田食,　　　　　　織女耕夫汗血力,

爲成道業施將來,　　　　　道業未成爭消得?

哀哀夫, 哀哀母,　　　　　嚥苦吐甘大辛苦,

就濕迴乾養育成,　　　　　要襲門風繼先祖.

一旦辭親求剃落,　　　　　八十九十無依托,

若不超凡越聖流,　　　　　向此因循全大錯.

福田衣,{7}9 降龍鉢,{8}　　受用一生求解脫,

若因小利繫心懷,　　　　　彼岸涅槃爭得達?

善男子, 汝須知,　　　　　遭逢難得似今時,

旣遇出家披縷褐,{9}10　　　猶如浮木値盲龜.{10}

大丈夫, 須猛利,　　　　　緊束身心莫容易,

儻能行願力相扶,　　　　　決定龍華11親授記.{11}

{1} 師諱窺基, 近衛將軍尉遲敬宗之子也. 玄奘法師紿之而令出家, 群書過目成誦, 著論百部, 時稱百部論師. 然, 性豪俊, 每出必治三車, 備經書食饌, 亦號三車法師. 高宗, 在春宮日, 爲母文德皇后建慈恩寺凡十餘院千八百九十七間, 以師入居, 參譯諸經, 因居之, 人稱曰慈恩法師. 又南山律師, 持律精嚴, 常感天供, 聞師三車之號, 心竊薄之. 一日, 師訪律師, 過午天供不至, 師辭去, 天供乃至, 律師責以過時, 天曰: "大乘菩薩在此, 翊衛甚嚴, 無自而入." 律師聞之, 遂大警而懺謝.

{2} 稽首者, 『周禮』有九拜: 一曰稽首, 謂下首至地, 稽留乃起; 二, 頓首, 謂下首至地, 卽起, 又下首叩地; 三, 空首, 謂頭至手, 所謂拜手; 四, 振動, 謂恐悚迫蹙而下手; 五, 吉拜, 謂雍容而下手; 六, 凶拜, 鄭玄曰: "拜而後稽顙‧吉拜, 稽顙而後拜‧凶拜"; 七, 奇拜, 奇不偶也, 謂禮簡不再拜; 八, 褒拜, 謂答拜也, 古文, 報亦作褒; 九, 肅拜, 謂直身肅容而微下手, 如今婦人拜也.

{3} 三師, 和尙‧羯磨‧教授也. 和尙, 此云近讀, 謂親近承事, 受讀經法, 又力生, 由師之力, 生長法身. 羯磨, 此云辦事, 由玆能成辦比丘‧比丘尼事故, 卽受戒師. 教授, 卽受戒時教威儀者. 『鈔』云: "阿闍梨, 此云正行, 能糾正弟子行故." 『四分』明五種闍梨: 一, 出家阿闍梨, 所依得出家者; 二, 受戒阿闍梨, 受戒作羯磨者; 三, 教授阿闍梨, 教授威儀者; 四, 受經阿闍梨, 所從受經乃至一四句偈; 五, 依止阿闍梨, 乃至依住一宿者. 五中第二, 羯磨師; 第三, 教授師; 四及五, 和尙師. 七證者, 受戒時證戒師七人, 若邊國則但三人作證.

{4} 『商書』"斅于民." 斅音效, 教也, 又法效也.

{5} 三慧也.

{6} 縱說橫說.

{7} 袈裟是無上大福田衣, 作者受者皆生無量福故. 又像彼溝塍畦町, 以制條葉, 故曰田衣. 塍音升, 稻田畦畔也.

{8} 迦葉三兄弟初事火龍, 佛欲度之, 往火龍窟, 火龍見佛而嗔, 先放毒火, 佛亦放三昧火, 毒龍熱惱竄身無地, 投佛鉢水中, 佛爲說法得度三迦葉故, 謂之降龍鉢.

{9} 褐, 毛布, 賤者所服也.

{10} 須彌山下香水海中有一盲龜, 其壽無量劫, 百年一回出水. 又有一孔木頭, 漂流海浪, 若或相値, 龜即休止, 不得相遇, 即能沈沒. 衆生亦如是, 漂溺五趣之苦海, 得人身難, 復甚於此. 倘得人身, 其易出家乎?

{11} 龍華, 樹名, 其華如龍故名. 『彌勒下生經』云: "慈氏下生於翅頭末城中大波羅門妙梵家, 出家日即成正覺, 身長六十丈, 具八萬四千相好. 坐此樹下, 三會說法, 度盡釋迦遺法中, 乃至一稱佛名者."

집 버리고 출가한 것   이는 무슨 까닭인가?
부처님께 머리 숙여   벗어나길 구함이니,
세 스승과 일곱 증사(證師)   애초 근기 정하여서,
머리 깎고 먹옷 입어   거대 서원 하나이다.
탐욕 성냄 버리고서   비천 인색 덜어내어,
열두 시간 가운데서   어느 때나 삼갈지니.
참된 성품 연마하여   허공과도 같이 하면,
자연스레 마군 무리   두려워서 물러가리.
배우기를 부지런히   스승 지식 찾아감에,
너와 내가 기꺼웁게   견뎌내고 의지할 뿐,
이 마음을 삼과 같이   어지러이 하지 말고,
백 년 광음 허황되이   보내지를 말지어다.
예전 현인 추종하고   앞선 성인 본받아서,
모든 것을 듣고 보고   수행하여 얻을지니,
가고 서고 앉고 누워   정밀하고 전일하며,
생각 생각 빗남 없이   그제서야 상응일새.

부처님이 말씀하신
종횡으로 보리의 길
익혀 듣고 의지하여
그대에게 묻자오니
신속하게 참구함은
내년이니 후년이니
단 한 차례 숨 멈추면
어느 누가 이 몸 두고
누에 없이 옷 입으며
베를 짜는 아낙네와
도업만을 이루라고
도업마저 못 이루면
슬프도다 아버지여
쓴 것 삼코 단 것 뱉어
젖은 자리 마른 자리
가문 잇고 기풍 세워
졸지간에 어버이를
팔십 구십 다 되어도
만약 범부 초월하여
여기에서 미적미적
단 한 벌의 홑가사와
받아쓰며 평생 동안
만약에도 조그마한
건너편의 열반언덕
선남자야 모름지기
만나기가 어려움이

참된 경전 열두 부에,
지적하여 놓았으니,
행하지를 않는다면,
어느 날에 깨칠 건가?
눈썹 끝에 불 붙은듯,
기다리지 말 것이니,
그대로가 다음 세상,
견고하다 보장할까?
밭 갈잖고 밥 먹으니,
밭 가는 이 수고인걸,
시주들이 져오거늘,
어찌하여 녹여낼까?
슬프도다 어머니여,
큰 어려움 받으시고,
골라 앉혀 기르심은,
선조 잇자 함이온데,
머리 깎아 하직하니,
의탁할 곳 없을진대,
성현 무리 못 넘으면,
모든 일을 그르치리.
단 하나의 흙발우로,
해탈 추구 할 것이니,
이익에다 마음 매면,
어이하여 도달할까?
너는 필시 알 것이니,
흡사 지금 같을진대,

이미 출가 인연 만나 　　　　　가사까지 걸쳤으니,

떠다니던 나무토막 　　　　　눈먼 거북 만남일세.

대장부는 모름지기 　　　　　맹렬하고 예리하되,

몸과 마음 단속하여 　　　　　쉽게 생각 말지니라.

그 원력을 능히 행해 　　　　　서로 돕고 의지하면,

결정코 용화회상(龍華會上)서 　　　친히 수기 받으리다.

{1} 선사의 휘는 규기로서 근위장군위지 경종의 아들이다. 현장 법사가 그를 달래어 출가하게 하였더니 뭇 서적들을 한 번 훑어보고는 모두 외워버리고 논(論) 1백 부를 저술하였기에 당시 백부논사(百部論師)라 일컬어졌다. 그러나 성격이 호방하고도 걸출하여 매번 외출 때는 반드시 3량의 수레에 경서와 음식을 갖추고 다녔기에 또한 삼거법사(三車法師)라 불리었다. 고종이 춘궁에 있을 때 모후인 문덕황후를 위하여 무릇 10여 원(院) 1천 8백97칸의 자은사를 지어 선사에게 들어와 거처하게 하며 모든 경전의 번역에 참여하게 하였는데, 그곳에 거처한 인연으로 사람들이 자은 법사라 일컬었다. 또 남산 율사는 계율을 지님에 정밀하고도 엄격하여 항상 하늘의 공양을 받고 있었는데, 선사의 삼거(三車)라는 호를 듣고는 마음으로 남몰래 천하게 여겼다. 하루는 선사가 율사를 방문하였는데 정오가 지나도록 하늘로부터 공양이 도착하지 않자 선사가 인사를 하고 물러나오니 하늘의 공양이 그제야 도착하므로 율사가 때를 넘긴 것을 힐책함에 천인이 말하기를 "대승보살께서 여기에 계셔서 그 호위가 매우 엄하였기에 들어올 수가 없었습니다." 하므로 율사가 그 말을 듣고는 마침내 크게 놀라며 참회하고 사죄하였다고 한다.

{2} 계수(稽首)란,『주례』에 아홉 종류의 절이 있으니, 첫째는 계수로서 머리를 아래로 내려 땅에 닿게 하였다가 한참을 머문 뒤에 일어나는 것을 말한다. 둘째는 돈수(頓首)로서 머리를 아래로 내려 땅에 닿게 하였다가 곧 일어나서는 또 머리를 내려 땅을 두드리는 것을 말한다. 셋째는 공수(空首)로서 머리끝을 손에 가져가는 것이니 소위 배수(拜手)라 일컫는 것을 말한다. 넷째는 진동(振動)으로서 두렵고도 당황한 마음에 급박하게 손을 내리는 것을 말한다. 다섯째는 길배(吉拜)로서 온화한 얼굴로 손을 내리는 것을 말한다. 여섯째는 흉배(凶拜)로서 정현이 말하기를 "절을 한 후에 이마를 조아리면 길배요, 이마를 조아린 후에 절을 하면 흉배이다."라 하였다. 일곱째는 기배(奇拜)로서 기(奇)는 짝을 이루지 않음인데, 말하자면 예절을 간단히 하여 거듭 절하지 않는 것이다. 여덟째는 포배(襃拜)로서 답례로 하는 절을 말하는데, 옛 문장에는 보답하다[報]는 의미를 나타낼 때 포(襃) 자를 쓰기도 하였다. 아홉째는 숙배(肅拜)로서 몸을 곧추세우고 숙연한 얼굴로 미미하게 손을 내리는 것이니 마치 지금의 부인들이 하는 절과 같은 것을 말한다.

{3} 세 스승은 화상과 갈마와 교수이다. 화상(和尙)은 이곳 말로 하면 근독(近讀)인데 이어받아 섬기는 일을 친근히 하고 경전의 법을 받아서 읽음을 일컬으며, 또는 역생(力生)인데 스승의 힘으로 말미암아 법신을 성장케 함을 말한다. 갈마(羯磨)는 이곳 말로 하면 판사(辦事)인데 이로 말미암아 비구와 비구니의 일을 능히 판단하는 까닭이니 곧 수계사(受戒師)이다. 교수(敎授)는 곧 수계

때 위의를 가르치는 자이다. 『행사초자지기』에 이르기를 "아사리는 이곳 말로 하면 정행(正行)인데, 능히 제자의 행위를 바로잡아 주는 까닭이다."라 하였다. 『사분율』에 다섯 종류의 아사리를 밝혀놓았으니, 첫째는 출가아사리로서 의지하여 출가를 얻은 자이다. 둘째는 수계아사리로서 수계 때 갈마를 한 자이다. 셋째는 교수아사리로서 위의를 가르쳐 준 자이다. 넷째는 수경아사리로서 좇아서 경전의 강의를 받았거나 혹은 4구게 한 수라도 받은 자이다. 다섯째는 의지아사리로서 혹은 하루 저녁이라도 의지하여 머물렀던 자이다. 다섯 가운데 두 번째는 갈마사(羯磨師)이며, 세 번째는 교수사이며, 네 번째와 다섯 번째는 화상사이다. 칠증(七證)이란 수계 때의 증명계사(證明戒師) 일곱 명을 말하는데, 만약 변방국이면 단지 세 사람으로 증명사를 삼는다.

{4} 『상서』에 "백성들을 가르친다." 하였으니, 효(敎)는 음이 효이며 가르침이나 또는 모범으로 삼음이다.

{5} 세 가지 지혜이다.

{6} 종설(縱說)과 횡설(橫說)이다.

{7} 가사(袈裟)는 위없는 큰 복밭의 옷으로 지은 자나 받는 자 모두 무량한 복이 생기는 까닭이다. 또는 저 밭두둑의 경계를 본떠서 가지와 잎을 마름질한 까닭에 전의(田衣)라 한다. 승(塍)은 음이 승(升)이요 논의 두둑이다.

{8} 가섭 3형제는 애초에 화룡을 섬겼는데 부처님이 그들을 제도하고자 화룡의 굴로 갔더니 화룡이 부처님을 보고는 성을 내어 먼저 독을 품은 불길을 뿜자 부처님 역시 삼매의 불길을 놓으니 독룡이 그 열기에 괴로워하다가 몸을 숨길 곳이 없자 부처님 발우 가운데의 물속으로 몸을 던지거늘 부처님께서 설법을 행하고는 가섭 3형제를 득도시켰던 까닭에 그것을 일컬어 항용발(降龍鉢)이라 한다.

{9} 갈(褐)은 털로 짠 베이니 빈천한 자들이 입는 것이다.

{10} 수미산 아래 향수해(香水海) 가운데 한 마리의 눈 먼 거북이 있는데 그 수명은 무량겁으로서 백 년 마다 한 번씩 물 밖으로 나온다. 또한 구멍 하나가 뚫린 나무토막이 있어서 파도에 표류하다가 만약 간혹 서로 마주치면 거북이 그것에 의지하여 쉬고 마주치지 못하면 곧 물속으로 잠겨든다. 중생 역시 이와 같아서 오취(五趣)라는 고통의 바다에 빠져서 떠내려가다가 사람의 몸을 얻기가 어려움이 이보다 심할 것이다. 혹시 사람의 몸을 얻었더라도 출가하기란 또한 쉽겠는가?

{11} 용화(龍華)는 나무 이름으로 그 꽃이 마치 용(龍)과 같은 까닭에 이름하였다. 『미륵하생경』에 이르기를 "자씨는 하계의 시두말성 안의 대 바라문 묘범의 집안에 태어나서 출가하는 날 곧장 바른 깨달음을 이루니, 신장이 60장이요 8만 4천의 상호(相好)를 모두 갖추고 있다. 나무 아래 앉아서 세 차례의 회상에서 설법하여 석가께서 남긴 법 가운데에서 혹은 한 번이라도 부처님의 이름을 일컬은 자들은 모두 남김없이 득도케 한다." 하였다.

사기
(私記)

1 **慈恩**：(632~682) 중국 당나라 때 스님. 중국 법상종의 시조 규기(窺基)를 말함. 규기는 영기(靈基) 또는 승기(乘基) 혹은 대승기(大乘基)로 되어 있기도 하며 『개원석교록(開元釋教錄)』에 처음으로 규기(窺基)라 기록되어 있는데, 근래의 연구에 의하면 그의 이름은 단지 '기(基)' 한 글자였다고도 한다. 자는 홍도(洪道). 개휴(介休) 위지(尉遲)씨의 자손이다. 그의 선조는 탁발씨(拓拔氏)와 함께 선 비족(鮮卑族)에서 떨어져 나와 위지부(尉遲部)라 불렸다. 후에 부족명으로 성씨를 삼았는데, 위(魏)·주(周)·수(隋)를 지나며 뛰어난 인물들이 많았다. 그의 부친 이름은 종덕(宗德)으로 공덕이 있어 강유현(江由縣)의 개국공(開國公)에 책봉되었으며 좌금오장군송주도독(左金吾將軍松州都督)을 지냈다. 악국공(鄂國公) 경덕(敬德)이 그의 백부이다. 모친 배(裴)씨는 하동(河東) 망족(望族)의 여인이다. 기는 정관(貞觀) 6년 장안에서 출생하였다. 체구가 크고 훤칠하며 용감무쌍한 기개가 있었고, 성격은 총명하고 지혜로워 민예(敏睿)로움이 상륜(常倫) 등과는 달랐다. 9세 때 부모를 여의고는 점차 세속에 뜻을 잃게 되었다. 17세 때 출가하여 광복사(廣福寺)에 머물렀으며, 얼마 후 칙령을 받들어 자은사(慈恩寺)로 들어가 현장(玄奘)을 시봉하며 오천축어(五天竺語)를 배웠다. 현경(顯慶) 원년 25세 때 역경 작업에 참여하며 틈틈이 현장의 서한(書翰) 관리를 맡았다. 28세 때 『성유식론 (成唯識論)』의 구술을 기록 정리하였고, 아울러 스승의 위촉으로 그 기(記)와 요지를 찬술함으로써 오묘한 종지를 널리 펴기에 이르렀다. 인덕(麟德) 원년인 33세 때 현장이 입적하고 역경 작업이 마침내 종결되었다. 이에 오대산과 태행산(太行山)을 유력(遊歷)하였으며, 박릉(博陵)에서 『법화경』을 강설하고 태원(太原)에서 경론을 전수하니 그 명성이 상륜과는 비할 바가 아니었다. 후에 다시 경사(京師)로 돌아와 자은사(慈恩寺)의 역경원(譯經院)에 머무르다 영순(永淳) 원년 11월에 51세로 입적하였다. 평생 찬술한 것은 매우 많았으며 현존하는 것은 약 14부 1백 수십 권이다. 당시 그를 백본소주(百本疏主)나 자은(慈恩) 대사라 이름하였다.

2 **箴**：『문심조룡(文心雕龍)』의 주석에서 잠(箴)은 질병을 물리치는 것으로, 침(針)과 같은 뜻이라 하였다. 『정문(程文)』에 잠은 침(鍼)과 같다 하였다. 경계하는 뜻을 서술한 글로서 사언구나 격구운의 운체를 갖춘 글을 말한다.

3 **空王**：붓다의 다른 명호. 법을 공법(空法)이라 하고 붓다를 공왕(空王)이라 하는데, 모든 잘못된 집착을 여의고 열반에 들어가는 요문(要門)이 되기 때문이다.

4 **三師七證**：비구가 구족계를 받을 때는 변방국이 아니면 계화상(戒和尙)·갈마사(羯磨師)·교수사 (教授師)의 삼사(三師)와 덕이 높은 스님 일곱 분을 뽑아 증인으로 하여 계를 주었다. 변방국의 경우에는 삼사이증(三師二證)이라도 설할 수 있다.
1) 계화상 : 바로 계를 주는 사람이다.

2) 갈마사 : 계를 받는 취지를 표현하여 부처님과 대중에게 고하는 표백(表白)과 갈마문(磨文)을 읽는 사람이다.

3) 교수사 : 위의와 작법을 교수하는 사람이다.

5 　**十二時** : 하루 24시간을 말한다. 지금 쓰고 있는 24시를 예전에는 12지(支)에 배대하여 12시(時)로 썼다.

6 　**心地** :

1) 마음을 말한다. 마음은 일체 만법을 내는 것이 마치 땅에서 풀이나 나무 등이 나는 것과 같으므로 이렇게 말하며, 또한 삼업 가운데 가장 수승한 것이므로 이렇게 이르기도 한다.

2) 보살의 십신(十信)·십주(十住)·십행(十行)·십회향(十廻向)·십지(十地)의 50위에 있어서의 심을 말한다. 보살이 심을 근거로 하여 수행을 해나가므로 땅에 비유한 것이다.

3) 계를 말한다. 계는 마음을 기반으로 하는 것이 마치 세간이 대지를 기반으로 하는 것 같으므로 이와 같이 이르는 것이다.(『범망경梵網經』)

4) 선종에서는 달마가 전한 득도를 일컫는다.

7 　**聞思修** : 문혜(聞慧)·사혜(思慧)·수혜(修慧)의 삼혜(三慧)를 말한다. 문혜와 사혜는 산지(散智)로서 다만 수혜를 발하게 하는 연이 될 뿐이고, 수혜는 정지(定智)로서 미혹을 끊고 진리를 증득하게 하는 지혜이다.

1) 문혜 : 보고 들음으로써 얻는 지혜이다.

2) 사혜 : 고찰하여 얻는 지혜이다.

3) 수혜 : 고찰을 마치고 입정한 뒤에 닦아서 얻는 지혜이다.

8 　**十二部** : 12분경(分經) 또는 12분교(分教)라고도 한다. 부처님의 일대교설을 그 경문의 성질과 형식으로 구분하여 열둘로 나눈 것이다. 초기에 붓다의 교설은 줄거리로서 정리되어 기억하는 것을 통해 나름대로의 방법으로 전승되었으나 교단이 확립되고 점차 발전함에 따라 그 전하는 방식도 어떤 통일성을 갖추어 정비할 필요성이 요구되었다. 그 결과 어떤 특정한 문학 형식을 부여하여 이를 통해 성전으로서의 권위를 살리는 동시에 기억하는 데 편리하도록 하였으니, 이러한 문학 형식은 9분교 또는 12분교라는 명칭으로 정리되었다. 시기적으로는 미증유법(未曾有法)까지의 9분교가 먼저 성립되었는데, 그 중에서도 감흥게(感興偈)까지의 다섯이 더 오래되었으며, 방광(方廣)·미증유법(未曾有法)·논의(論議)의 셋은 경문상의 체재를 따르고 나머지 아홉은 경문에 실린 내용을 따라서 이름한 것이다.

1) 숫따(sutta, 경經·수다라修多羅) : 교설을 10여 행 이내로 간결하게 정리한 산문이다.

2) 게야(geyya, 중송重頌) : 수다라의 내용을 다시 시로 반복하여 설한 양식이다.

3) 웨야까라나(veyyākaraṇa, 기답記答·수기授記) : 경전 가운데 말한 뜻을 문답하고 해석한 것으로, 제자가 다음 세상에 날 곳 등을 예언한 것으로 간단한 문답체이다.

4) 가타(gāthā, 게偈·고기송孤起頌) : 산문에 대한 4언이나 5언 또는 7언으로 된 운문이다.

5) 우다나(udāna, 감흥게感興偈·무문자설無問自說) : 붓다께서 기뻐하거나 슬퍼할 때 느낀 감흥을 그대로 표현한 시로, 누가 묻지 않았는데도 부처님께서 스스로 말씀한 경전으로 『아미타경』 같은 것을 말한다.

6) 이띠웃따까(itivuttaka, 여시어如是語) : 중송(重頌)이 특수하게 발달한 형식으로 정형문구를 사용하는 것이 특징이며, 부처님이나 제자들의 지난 세상 인연을 말한 것이다.

7) 자따까(jātaka, 본생담本生譚) : 부처님 당신께서 지난 세상에 행하셨던 보살행을 말씀하신 경이다.

8) 웨달라(vedalla, 방광方廣) : 아랫사람이 윗사람에게 중층적으로 기뻐하며 질문하는 교리문답으로, 정형의 문구를 사용하는 것이 특징이다.

9) 아붓다담마(abbhutadhamma, 미증유법未曾有法) : 부처님께서 여러 가지 신통력이나 불가사의를 나타내시는 것을 말한다.

10) 니다나(nidāna, 인연담因緣譚) : 경전 중에서 부처님을 만나 법을 들은 인연을 말씀한 것으로, 특히 계율의 본문이 성립된 배경에 대한 이야기이다.

11) 아와다나(avadāna, 비유譬喩) : 과거세의 이야기로 교훈적이고 비유적으로 이용되어 경전 중에서 은밀한 교리를 명백하게 한 것이다.

12) 우빠데샤(upadeśa, 논의論議) : 수다라의 해설과 주해(註解)이다.

9 **福田衣** : 가사의 다른 이름. 비구는 가사를 입고 다른 이의 공양을 받아 몸과 목숨을 유지하며, 또 다른 이에게 교법을 말하여 주어 자기와 다른 이가 함께 복덕을 받는 것이 마치 밭이 곡식을 내는 것과 같으므로 '복전의 옷'이라 하며, 또 가사 모양이 논두렁과 같으므로 이렇게 말한다.

10 **縷褐** : 누(縷)는 褸와 같으니 헌 누더기이며, 갈(褐)은 굵은 베로 만든 옷이다. 남루한 베옷, 곧 가사를 말한다.

11 **龍華** : 용화회상(龍華會上), 즉 용화삼회(龍華三會)를 말한다. 불멸 후 56억 7천만 년이 지난 뒤 미륵보살이 나와 용화수 밑에서 정각을 이루고 중생들을 3회에 걸쳐 제도한다는 설법의 법좌(法座). 제1회의 설법에서 96억 인, 제2회의 설법에서 94억 인, 제3회의 설법에서 92억 인을 제도한다 하였다.

2

규봉밀선사좌우명

圭 峰 密 禪 師{1}1 座 右 銘2

●

종밀 선사의 좌우명

寅起可辦事,{2}　　　省語終寡尤.
身安勤戒定,　　　事簡疎交遊.
他非不足辨,　　　己過當自修.
百歲旣有限,　　　世事何時休?
落髮墮僧數,　　　應須佺上流,
胡爲逐世變,　　　志慮尙囂浮?
四恩重山岳,　　　錙銖3未能酬,{3}
蚩蚩{4}居大廈,　　　汲汲將焉求?
死生在呼吸,{5}　　　起滅若浮漚.
無令方服下,　　　飜作阿鼻由.{6}

{1}　師諱宗密, 果州 西充 何氏子, 嗣道圓和尙.

{2} 孔子有三契圖: 一生之契, 幼而不學, 老無所知; 一年之契, 春而不耕, 秋無所種; 一日之契, 寅若不起, 日無所辦.

{3} 八絲爲銖, 八銖爲錙, 二十四銖爲一兩. 言四恩至重, 未能少分報答也.

{4} 『楊子』云: "六國蚩蚩." 註云: 無知貌.『詩』云: "民之蚩蚩." 註: 愚也, 又輕侮也.

{5} 『四十二章經』云: "佛問一沙門: '人命在幾間?' 對曰: '呼吸間.' 佛言: '善哉! 子知道矣.'"

{6} 阿鼻, 此云無間, 卽最下地獄也. 所受苦報, 無有間歇故.

인시(寅時)에는 일어나야
하는 말을 절약해야
몸을 편히 하려 하면
하는 일을 줄이려면
다른 이의 작은 허물
제 자신의 큰 과오를
일백 년의 긴 세월도
세상의 일 어느 때에
기왕에사 머리 깎고
모름지기 윗사람과
어찌하여 정신 없이
뜻은 물론 생각까지
네 가지의 깊은 은혜
털끝만도 갚지 못해
어리석게 크나큰 집
그 무엇에 급급하여
삶과 죽음 어디인가
일어나고 사라짐이
가사마저 걸치고서

일을 판단할 수 있고,
짓는 허물 적으리라.
계와 정을 닦을게고,
노는 것이 성글지라.
판별할 바 못 되나니,
스스로가 닦을지라.
어느 듯에 한정되니,
마음 놓고 쉬겠는가?
승려 무리 되었으면,
가지런히 해야거늘,
세상 변화 뒤쫓으며,
시끄럽고 들뜨는가?
무겁기가 뫼 같거늘,
나 몰라라 밀쳐두고,
편안하게 거처하며,
그 무엇을 구하는가?
들숨날숨 사이일세,
거품과도 같은 것을.
앉아 있는 자리에서,

4장 . 잠명   307

도리어 아비지옥(阿鼻地獄)의　　　　원인 짓지 말지니라.

{1} 선사의 휘는 종밀로서 과주 서충의 하씨 자손이며 도원 화상의 법을 이었다.

{2} 공자에게 삼계도(三契圖)가 있었다. 한 생의 서약은, 어려서 배우지 않으면 늙어서 아는 바가 없음이다. 1년의 서약은, 봄에 밭 갈지 않으면 가을에 추수할 것이 없음이다. 하루의 서약은, 인시에 만약 일어나지 않으면 하루 종일 힘 쓸 바가 없음이다.

{3} 명주실 여덟 올이 1수이며 8수가 1치가 되고 24수가 1량이 된다. 네 가지 은혜가 지극히 막중하여 일부분이라도 능히 보답하지 못함을 말한다.

{4} 『양자』에 이르기를 "여섯 나라가 어리석고 어리석어[蚩蚩]." 하고는, 주석에 아는 것이 없는 모양이라 하였다. 『시경』에 이르기를 "백성들이 어리석고 어리석어[蚩蚩]." 하고는, 주석에 어리석음이며 또는 가벼이 보아 업신여김이라 하였다.

{5} 『사십이장경』에 말하였다. "부처님이 한 사문에게 묻기를 '사람의 목숨은 어느 사이에 있는가?' 하니 대답하기를 '들숨과 날숨 사이입니다.' 하므로 부처님께서 '좋구나! 그대는 도를 알고 있도다.' 하였다."

{6} 아비(阿鼻)는 이곳 말로 하면 무간(無間)이니 곧 가장 아래에 있는 지옥이다. 그곳에서 받는 고통의 과보는 쉴 틈이 없는 까닭(에 그렇게 이름한 것)이다.

사기
(私記)

1 **圭峰宗密:** (780~841) 중국 당나라 때 스님으로, 서충(西充, 사천四川) 하(何)씨의 자손이다. 어려서부터 경사(經史)에 능통하고 기개가 있었으며 시원스런 성격에 큰 뜻을 지니고 있었다. 28세 때인 원화(元和) 2년에 경사(京師)로 과거에 응시하러 가는 도중 수주(遂州, 사천 수녕遂寧)에서 도원(道圓) 화상의 설법을 듣고는 느끼는 바가 있어 그 자리에서 출가하였다. 하루는 대중들과 함께 공양을 받고자 그 말석에 앉아 있다 경전을 받는 차례가 되어 『원각경』제12장을 펼쳐 들고 미처 끝까지 훑어보기도 전에 느끼는 바가 있어 눈물을 흘렸다. 돌아와서는 느꼈던 바를 스승에게 아뢰니 도원이 그를 쓰다듬으며 이르기를 "너는 응당 천태의 가르침을 크게 넓혀야 하리니 스스로 한 구석에 머물러 있지 말고 유력토록 하라." 하였다. 이에 스승을 떠나와 유력하다 어느 개울가에서 한 병든 스님을 만나 『화엄경소』를 전해 받았는데, 그 전말은 일찍이 들어 익혔던지라 대충 훑어보니 뜻밖에도 익히 배웠던 것인 양 내용이 확연하였다. 마침내 서울에 이르러 징관(澄觀) 대사를 찾아뵙고 제자의 예를 다하였다. 징관이 "비로자나불의 화장세계에 능히 나를 좇아 노닐 자가 바로 너로구나!" 하였다. 이에 징관에게서 『화엄경』의 깊은 이치를 받아 가져 화엄종의 동토(東土) 5조가 되었다. 항상 선과 교의 일치를 주장하여 『선원제전집(禪源諸詮集)』100권을 편찬하였으나 일실되고 그 서문에 해당하는 『도서(都序)』4권만 전해지고 있다. 후에 종남산(終南山)의 초당사(草堂寺) 등에 머무르다 회창(會昌) 원년 정월에 흥복선원(興福禪院)에서 62세의 나이로 단정히 앉은 채 입적하니 당나라 선종(宣宗)이 정혜(定慧) 선사라 시호하였다. 『원각경』과 『화엄경』등 경전의 소 및 『사분율소초(四分律疏鈔)』등 1백여 권이 전한다. 또한 『화엄원인론(華嚴原人論)』이 있어 세간의 주목을 받았다.

2 **座右銘:** "당선월대사좌우명(唐禪月大士座右銘) 병서(幷序)"『선월집(禪月集)』.

序曰, 愚常覽白太保所作續崔子玉座右銘一首, 其詞旨乃典乃文, 再懇再切, 實可警策未悟, 貽厥將來, 次又見姚宗卞蘭, 張說李邕, 皆有斯文, 尤爲奧妙, 其於束矣婉娩, 乃千古之鑑誡資腴矣, 愚竊愛其文, 唯恨世人不能行之十得一二, 一日因抽毫, 遂作續白氏之續, 命曰續姚梁公座右銘一首, 雖文經理緯, 非逮於群公而亦可書於屋壁. 善爲爾諸身, 行爲爾性命, 禍福必可轉, 莫懇言前定, 見人之得, 如己之得, 則美無不克, 見人之失, 如己之失, 是亨貞吉, 返此之徒, 天鬼必誅, 福先禍始, 好殺減紀, 不得不止, 守謙寡欲, 善善惡惡, 不得不作, 無見貴熱, 謟走鼇鼇, 無輕賤微, 上下相依, 古聖著書, 矻矻孳孳, 忠孝信行, 越食逾衣, 生天地間, 未或非假, 身危彩虹, 景速奔馬, 胡不自彊, 將昇玉堂, 胡爲自墜, 言虛行僞, 艶殃爾壽須戒, 酒腐爾腸須畏, 勵志須至, 撲滿必破, 非莫非於餙非, 過莫過於文過, 及物陰功, 子孫必封, 無恃文學, 是司奇薄, 患隨不忍, 害逐無足, 一此一彼, 諸官合徵, 親仁下問立節求己, 惡木之陰匪陰, 盜泉之水非水, 世孚草草, 能生幾幾, 直須如冰如玉, 種桃種李, 嫉人之惡, 酬恩報義, 忽己之慢, 成人之美, 無擔虛譽, 無背至理, 恬和愻暢, 冲融終始, 天人景行, 盡此而已, 丁寧丁寧, 戴髮含齒.

3 **錙銖 :** 무게의 단위. 10서(黍)가 1루(기장 열 알 무게 루), 10루가 1수(銖), 24수가 1량(兩), 8량이 1치(錙)이다. 수가 매우 적은 것을 비유한 것이다.

3

주위빈사문망명법사식심명
周 渭 濱¹ 沙 門 亡 名 法 師{1}² 息 心 銘³

●

망명 법사의 마음을 쉬게 하는 다짐의 글

法界有如意寶人焉, 久緘其身, 銘其膺曰"古之攝心人也", 誠之哉! 誠之哉! 無多慮, 無多知. 多知多事, 不如息意; 多慮多失, 不如守一. 慮多志散, 知多心亂; 心亂生惱, 志散妨道. 勿謂何傷, 其苦悠長;{2} 勿言何畏, 其禍鼎沸. 滴水不停, 四海將盈, 纖塵不拂, 五嶽⁴將成.

防末在本, 雖小不輕. 關爾七竅,⁵ 閉爾六情.{3} 莫窺於色, 莫聽於聲. 聞聲者聾, 見色者盲.⁶ 一文一藝, 空中小蚋;{4} 一技一能, 日下孤燈. 英賢才藝, 是爲愚獘. 捨其淳樸, 耽溺淫麗, 識馬易奔, 心猿難制. 神旣勞役, 形必損斃, 邪逕終迷, 修途{5}永泥.{6}

英賢才能, 是曰惛憒, 泝拙羨巧, 其德不弘. 名厚行薄, 其高速崩, 塗舒汗卷,{7} 其用不恒. 內懷憍伐, 外致怨憎. 或談於口, 或書於手, 要人令譽, 亦孔之醜. 凡謂之吉, 聖謂之咎. 賞翫暫時, 悲憂長久.

畏影畏迹, 逾走逾劇, 端坐樹陰, 迹滅影沈.{8}⁷ 厭生患老, 隨思隨造. 心想若滅, 生死長絶.{9} 不死不生, 無相無名. 一道虛寂, 萬物齊平. 何勝何

劣? 何重何輕? 何貴何賤? 何辱何榮? 澄天愧淨, 曒日慙明. 安夫岱嶺,[10]
固彼金城.⁸ 敬貽賢哲, 斯道利貞.⁹

{1} 師南陽人. 梁 竟陵王爲友, 曾不婚娶, 梁敗, 師出家, 號亡名.

{2} 周 武王楹銘曰: "毋曰何害, 其禍將大; 毋曰胡傷, 其禍將長."

{3} 六根也.

{4} 『荀子』曰: "醯酸而蚋聚." 一名蟻蠓, 一名醢鷄也.

{5} 卽三惡道. 人間六十劫, 泥犁爲一晝夜, 如是經無量劫也. 三惡道, 皆經無量無數劫, 則可謂
長遠之途矣.

{6} 音例, 滯陷不通也.

{7} 『高僧傳』, 塗作隆, 汙作汚. 言隆盛之時, 暫能舒展, 汚下之日, 卽復卷却, 謂其用無常而不恒
一也.

{8} 人有畏影惡迹, 去而走者, 擧足逾數而迹愈多, 走愈疾而影不離身, 不知處陰而休影, 處靜而
息迹, 愚亦甚矣. 起厭患心, 欲捨生死, 亦復如是也.

{9} 所謂揚湯止沸不如釜底抽薪.

{10} 岱岳在恒州, 爲山衆之長.

법계에 여의보인(如意寶人)이 있어 오랫동안 그 몸을 봉함한 채 그 가슴에 새겨 이르
기를 "옛적에 마음을 잘 거두어 추스르던 사람이다." 하였으니, 이를 경계 삼고 경계
삼을지니라. 많이 생각하지 말고 많이 알려 하지 말라. 아는 것이 많으면 일이 많으
니 뜻을 쉬는 것만 같지 못하고, 생각이 많으면 잃는 것이 많으니 하나를 지키는 것
만 못하다. 생각이 많으면 뜻이 흩어지고 아는 것이 많으면 마음이 어지러우니, 마음
이 어지러우면 번뇌가 일어나고 뜻이 흩어지면 도에 장애가 된다. "무슨 손해가 있
을 것인가!"라고 일컫지 말지니 그 고통은 길고도 오랠 것이며, "무엇이 두려운가!"
라고 말하지 말지니 그 재앙은 솥 속의 끓는 물과 같다. 방울져 떨어지는 물도 그치
지 않으면 장차 사해(四海)에 가득 찰 것이요, 가녀린 티끌도 털어내지 않으면 장차
오악(五嶽)을 이룰 것이다.

끝을 막는 것은 근본에 있으니 비록 작은 것이라도 가벼이 여기지 말라. 일곱 구멍을 잠그고 여섯 가지 뜻을 닫아서 색을 엿보지 말고 소리를 듣지 말라. 소리를 듣는 자는 귀가 멀 것이요 색을 보는 자는 눈이 멀 것이다. 한 가지 학문과 한 가지 기예는 허공 가운데의 작은 초파리이며, 한 가지 기량과 한 가지 재능은 햇빛 아래의 외로운 등불이다. 영특하고 현명하며 재능이 있고 기예가 뛰어난 것은 그대로가 곧 우매한 것일 뿐이다. 본래의 순박함을 버린 채 음탕하고 화려함에 빠지면 식마(識馬)가 쉽게 날뛰어 마음은 원숭이처럼 제어하기 어렵게 된다. 정신이 너무 힘들고 피로하면 몸은 반드시 상하여 쓰러질 것이니 삿된 길에서 마침내 방황하며 길이 삼악도에 영원히 잠길 것이다.

영특하고 현명하며 재능 있고 기예 있음을 일컬어 혼몽(惛懵)이라 하니, 졸렬한 것을 자랑하고 기교스러운 것을 부러워하면 그 덕이 넓지 못할 것이다. 명성은 두터우나 행함이 경박하면 높은 지위는 속히 무너질 것이며, 융성할 때는 나아가 펴고 침체할 때는 물러나 숨으면 그 쓰임이 한결같지 않을 것이다. 안으로 교만하고 자랑하는 마음을 품으면 밖으로 원망하고 증오함이 이를 것이다. 혹은 입으로 말을 하고 혹은 손으로 글을 써서 사람들에게 명예를 요구한다면 이 또한 매우 추악한 것이다. 범부는 그것을 좋다고 이르나 성인은 그것을 허물이라 이르니, 즐기어 구경함은 잠깐이요 슬퍼하고 근심함은 오래가 된다.

그림자나 발자취를 두려워하여 달아나면 달아날수록 더욱 더하겠지만 단정히 나무의 그늘에 앉아 있으면 발자취는 사라지고 그림자는 없어질 것이다. 삶을 싫어하고 늙음을 근심하다 보면 생각을 따라 생각이 일어나게 되는 것이니, 마음에 생각이 만약 사라지면 삶과 죽음이 영원히 끊어지리라. 죽지도 않고 나지도 않으면 모양도 없고 이름도 없으며, 참된 도가 텅 비고 고요하여 만물이 가지런히 평등하여지니, 무엇이 뛰어난 것이고 무엇이 열등한 것이며, 무엇이 무거운 것이고 무엇이 가벼운 것이며, 무엇이 고귀한 것이고 무엇이 비천한 것이며, 무엇이 욕스러운 것이고 무엇이 영예로운 것이겠는가. 맑은 하늘은 깨끗함을 부끄러워하고 밝은 해는 밝음을 부끄러워하며, 태산처럼 편안하며 금성탕지마냥 견고하리라. 삼가 현철들에게 전해 주나니 이 도를 이롭고도 곧게 할지어다.

{1} 선사는 남양 사람이다. 양나라 경릉왕이 벗으로 삼았으며, 일찍이 장가들지 않고 있다가 양나라가 패망하자 선사는 출가하여 호를 망명(亡名)이라 하였다.

{2} 주나라 무왕이 기둥에 새긴 훈계의 글에서 말하였다. "무엇이 해로운가 하고 말하지 말라 그 재앙은 장차 심히 크리라, 어찌하여 상처를 주겠는가 하고 말하지 말라 그 재앙은 장차 오랠 것이다."

{3} 육근이다.

{4} 『순자』에서 말하기를 "신맛이 나면 모기가 모여든다." 하였으니, 일명 '눈에놀이'라고도 하고 일명 '초파리'라고도 한다.

{5} 즉 삼악도이다. 인간세계의 60겁은 지옥에서 하루 밤낮이 되는데 이와 같이 무량겁을 지낸다. 삼악도는 어디에서나 무량무수겁을 지나니, 즉 길고도 먼길이라고 말할 수 있다.

{6} 음은 례(例)이며 막히고 빠져들어 통하지 않음이다.

{7} 『고승전』에는 '塗'가 '隆'으로 되어 있고 '汙'는 '汚'로 되어 있다. 융성할 때는 잠시 펼치다가 비천해지는 날에는 곧 다시 말아 들이니, 그 활용이 무상하여 언제나 하나같지 않음을 일컫는다.

{8} 사람 가운데 그림자를 두려워하고 발자취를 싫어하여 떼어버리고 달아나려는 자가 있었는데, 발을 들어 자주 옮기면 옮길수록 발자취는 더욱 많아지고 빨리 달아나면 달아날수록 그림자는 몸에서 떨어지지 않았으니, 그늘진 곳에 자리하면 그림자가 그치고 고요하게 자리해 있으면 발자취도 쉬게 될 것을 알지 못했음에 그 어리석음이 매우 심하다. 싫어하고 근심하는 마음을 일으켜 삶과 죽음을 떨쳐 버리고자 한다면 그 또한 다시 이와 같으리라.

{9} 끓어오르는 것을 끓지 못하게 하는 것은 솥 밑에서 장작을 빼내는 것만 못하다 하였다.

{10} 대악은 항주에 있는데 뭇 산 가운데 우두머리이다.

사기
(私記)

1 周渭濱 : 주(周)는 북주(北周), 위수빈(渭水濱)은 위수의 강가를 말한다. 위수(渭水)는 감숙성(甘肅省) 난주부(蘭州府) 위원현(渭源縣)에서 발원하여 섬서성(陝西省) 동주부화음현(同州府華陰縣)을 거쳐 황해(黃海)로 들어가는 강이다. 위수 강가에서 고기를 낚다가 문왕에게 발탁되어 장상(將相)이 된 태공망(太公望) 여상(呂尙)의 고사에서 위빈기(渭濱器) 위빈어부(渭濱漁父) 등의 말이 생겼다.

2 亡名 : 중국 북주(北周) 때 스님. 남군(南郡, 호북성湖北) 송(宋)씨의 자손으로, 본명은 궐태(闕殆)이다. 집안이 대대로 청빈하고 어려서부터 불문을 극진히 섬겼다. 양나라 원제(元帝)를 섬겼으며 문장이 능한 것으로 이름이 있었다. 양나라가 망하자 승려가 되어 촉(蜀) 지방에 거처하였다. 주(周)나라가 촉까지 아우르게 되자 마침내 강압에 의해 장안에 이르게 되었는데, 사대부와 더불어 노니노라면 모두들 그의 재주가 화려한 것에 놀라곤 하였다. 간혹 속인으로 돌아가 벼슬길에 나아가길 권하더라도 듣지 않았다. 항시 남방의 뭇 사찰들을 돌아다녔기에 결국에는 그가 임종한 곳을 알지 못하게 되었다. 『지도론(至道論)』, 『순덕론(淳德論)』, 『유집론(遺執論)』, 『거시비론(去是非論)』, 『수공론(修空論)』 등과 문집 10권이 있어 세간에 널리 성행하였다.

3 息心銘 : 『대당내전록(大唐內典錄)』 제5에는 "법계보인병서(法界寶人銘幷序)"로 되어 있고, 『속고승전』 제7에서는 "誓欲枯木其形하고 死灰其慮하며 降此患累하야 以其求虛하야 乃作絶學箴文하고 名息心讚이라하야 擬夫周廟하니 其銘曰 法界云云."이라 하였다. 『경덕전등록』 제30권에도 실려 있다. 주묘(周廟)를 본따서 지은 것이므로 『공자가어(孔子家語)』 제3 「관주편(觀周篇)」의 '금인명(金人銘)'을 참고로 전재하면 다음과 같다. "孔子觀周, 遂入太祖後稷之廟, 廟堂右階之前, 有金人焉, 參緘其口, 而銘其背曰, 古之愼言人也, 戒之哉, 無多言, 多言多敗, 無多事, 多事多患, 安樂必戒, 無行所悔, 勿謂何傷, 其禍將長, 勿謂何害, 其禍將大, 勿謂何殘, 其禍將然, 勿謂不聞, 神將伺人, 焰焰不滅, 炎炎若何, 涓涓不壅, 終爲江河, 綿綿不絶, 或成網羅, 毫末不扎, 將尋斧柯, 誠能愼之, 福之根也, 口是何傷, 禍之門也, 强梁者, 不得其死, 好勝者, 必遇其敵, 盜憎主人, 民怨其上, 君子知天下之不可上也, 故下之, 知衆人之不可先也, 故後之, 溫恭愼德, 使人慕之, 執雌持下, 人莫踰之, 人皆趨彼, 我獨守此, 人皆或之, 內藏我智, 不示人技, 我雖尊高, 人弗我害, 誰能於此, 江海雖左, 長於百川, 以其卑也, 天道無親, 而能下人, 戒之哉, 孔子旣說斯文也, 顧謂弟子曰, 小子識之."

4 五嶽 : 중국의 다섯 개의 높은 산을 말한다.
　1) 동악(東嶽) : 태산(泰山)으로서 대종(岱宗), 대산(岱山), 대악(岱嶽), 대령(岱嶺)이라고도 한다. 산동성 태안주(泰安州)에 있다.
　2) 서악(西嶽) : 화산(華山)으로서 수산(垂山)이라고도 한다. 섬서성 화음현(華陰縣)에 있다.

3) 남악(南嶽) : 형산(衡山)으로서 곽산(霍山)이라고도 한다. 호남성 형산현(衡山縣)에 있다.

4) 북악(北嶽) : 항산(恒山)으로서 항악(恒嶽), 상산(常山)이라고도 한다. 산서성 대동부혼원주(大同府渾源州)에 있다.

5) 중악(中嶽) : 숭산(崇山)으로서 숭고산(嵩故山), 종숭산(宗嵩山), 숭숭산(崧嵩山), 숭악(崧岳), 태실산(太室山)이라고도 한다. 하남성 하남부등봉현(河南府登封縣)에 있다.

5　**七竅** : 사람의 얼굴에 있는 일곱 개의 구멍. 『영추맥도편(靈樞脈度篇)』에서 칠규(七竅)는 귀와 눈과 코 및 입이라 하였다.

6　**聞聲者聾, 見色者盲** : 『유마경(維摩經)』의 "제자품(弟子品)" 제3에 "所見色與盲等, 所聞聲與嚮等."이라 하였으며, 『서장(書狀)』의 "답종직각(答宗直閣)"에서 "古德云, 但於事上, 通無事, 見色聞聲, 不用(盲)聾."이라 하였다.

7　**迹滅影沈** : 『문선(文選)』 제9 "枚叔淮陽人, 爲吳王濞郎中, 上書諫吳王, 人性畏其形而惡其迹, 却背而走迹逾多, 景逾疾, 不知就陰而止, 景滅迹絶, 欲人勿聞, 莫若勿言, 欲人勿知, 莫若勿爲."

8　**金城** : 금성철벽(金城鐵壁) 또는 금성탕지(金城湯池)의 준말로, 아주 견고한 성벽이나 방어(防禦) 또는 바깥 성안에 있는 아성(牙城)을 말한다.

9　**利貞** : 역리(易理)에서 말하는 천도(天道)의 덕으로 사물의 근본원리를 일컫는 것이니, 갖추어 말하면 원형이정(元亨利貞)이다. 원(元)은 봄에 속하여 만물의 시초로 인(仁)이 되고, 형(亨)은 여름에 속하여 만물이 자라나 예(禮)가 되고, 이(利)는 가을에 속하여 만물이 이루어져 의(義)가 되며, 정(貞)은 겨울에 속하여 만물이 거두어져 지(智)가 된다는 이론이다.

5
장

서장
書狀

1

동산양개화상사친서
洞 山 良 价 和 尙{1}12 辭 親 書

●

양개 화상이 어버이를 이별하며 올리는 글

1) 初書

伏聞, 諸佛出世, 皆托父母而受生, 萬類興生, 盡假天地之覆載. 故, 非父母而不生, 無天地而不長, 盡霑養育之恩, 俱受覆載之德. 嗟夫, 一切含靈,3 萬像形儀, 皆屬無常, 未離生滅. 稚則乳哺情重,{2} 養育恩深, 若把賄賂{3}4供資, 終難報答, 若作血食侍養5 安得久長. 故, 『孝經』6云: "日用三牲{4}之養, 猶爲不孝也." 相牽沈沒, 永入輪廻,7 欲報罔極之恩,{5}8 未若出家功德.

截生死之愛河, 越煩惱之苦海, 報千生之父母, 答萬劫之慈親, 三有四恩, 無不報矣. 故云 '一子出家, 九族生天.' 良价, 捨今生之身命, 誓不還家, 將永劫之根塵, 頓明般若. 伏惟, 父母心聞喜捨, 意莫攀緣,9 學淨飯10之國王, 效摩耶11之聖后.{6} 他時異日, 佛會上相逢, 此日今時, 且相離別. 良价非拒五逆12於甘旨, 盖時不待人, 故云 "此身不向今生度, 更待何生度此身." 伏冀尊懷, 莫相記憶. 頌曰:

未了心源度數春,　　翻嗟浮世謾逡巡.

幾人得道空門[13]裡,　　獨我淹留在世塵.

謹具尺書[7]辭眷愛,　　欲明大法報慈親.

不須灑淚頻相憶,　　比似當初無我身.

林下白雲常作伴,　　門前青嶂以爲隣.

免于世上名兼利,　　永別人間愛與親.

祖意直敎言下曉,　　玄微須透句中眞.

合門親戚[8]要相見,　　直待當來正果因.

{1} 和尙, 會稽 兪氏子, 嗣雲巖 曇晟禪師.

{2} 『經』云:"子在母胎, 飮乳八斛四斗." 又『心地觀經』:"一切男女, 處於胎中, 口吮乳根, 飮噉母血, 及出胎, 已飮乳百八十斛." 『中陰經』亦如此說.

{3} 賄, 財也, 又贈送也. 賂, 以財與人也.

{4} 牛·羊·豕也. 始養謂之畜, 將用謂之牲.

{5} 『詩』云:"欲報之德, 昊天罔極."

{6} 淨飯·摩耶, 佛之父母.

{7} 古者, 簡牘之長, 只裁咫尺故, 曰尺書也.

{8} 近曰親, 遠曰戚; 內族曰親, 外族曰戚; 父黨曰親, 母黨曰戚.

1) 첫 서신

엎드려 듣자오니, 모든 부처님께서 세상에 나오실 땐 모두 부모에 의지하여 삶을 받았으며, 만물이 생겨날 때는 모두 하늘이 덮어주고 땅이 실어주는 힘을 빌었다 하였습니다. 그러므로 부모가 아니면 태어나지 못하고 천지가 없으면 자라나지 못하니, 모두가 길러주는 은혜에 젖어 있으며 모두가 덮어주고 실어주는 은덕을 받았습니다. 오호라! 일체의 중생과 만 가지의 형상들은 모두 무상(無常)에 속하기에 태어나고 죽는 것을 여의지 못하는 것입니다. 어려서는 곧 젖을 먹여준 정이 무겁고 길러준 은혜가 깊으니 만약 온갖 재물을 가지고 공양하고 돕더라도 결국에는 보답하기 어려우며, 만약 베어낸 살로 음식을 지어 시봉하더라도 어찌 오래도록 장수를 얻을 수 있겠습니까. 그러므로 『효경』에 이르기를 "날마다 세 가지의 희생물을 잡아 봉양하더라도 여전히 효를 다하지 못한다." 하였으니, 서로 끌어당기며 잠겨들면 영원히 윤회의 길로 들어가게 되는 것이므로 망극한 은혜를 보답하려면 출가하는 공덕만한 것이 없을 것입니다.

삶과 죽음으로 이어지는 애증의 물줄기를 끊어버리고 번뇌로 가득 찬 고통의 바다를 뛰어넘음으로써 1천 생의 부모에게 보답하고 1만 겁의 자애로운 육친에게 보답한다면 삼계의 네 가지 은혜를 갚지 않음이 없을 것입니다. 그러므로 이르기를 "한 아들이 출가하면 구족(九族)이 천상에 난다." 했습니다. 양개는 금생의 몸과 생명을 버리더라도 맹세코 집으로 돌아가지 않고 영겁의 근진(根塵)으로 반야를 깨우쳐 밝히려 합니다. 엎드려 바라건대, 부모님께서는 마음으로 들으시고 기꺼이 버리시어 뜻으로 새로이 인연을 짓지 마시고 정반 국왕을 배우시며 마야 모후를 본받으십시오. 다른 날 다른 때에 부처님의 회상에서 서로 만날 것이오니, 지금 이때에는 잠시 서로 이별하는 것입니다. 양개는 오역죄를 저지르고자 부모공양을 거절하는 것이 아니라 세월이 사람을 기다려주지 않기 때문이니, 그러한 까닭에 "이 몸을 금생에 제도하지 않으면 다시 어느 생을 기다려 이 몸을 제도할 것인가."라고 한 것입니다. 엎드려 바라건대 부모님의 마음에 이 자식을 다시는 기억하지 마십시오. 송(頌)하여 가로되:

마음 근본 못 깨친 채
뜬 세상에 부질없이
수많은 이 빈 문에서
나 홀로 만 세상티끌
외람되이 짧은 글로

그 몇 해를 지냈던가,
머뭇거려 슬퍼하네.
무상도를 얻었거늘,
파묻힌 채 남아 있네.
깊은 사랑 하직하고,

큰 법 밝혀 자애로운 　　　육친 은혜 보답코자.
눈물 뿌려 애닯게도 　　　자주 생각 하지마소,
애초부터 이 한 몸은 　　　없던 걸로 비기소서.
깊은 숲속 흰 구름이 　　　언제라도 벗 될 게고,
문앞에선 푸른 뫼봉 　　　이웃으로 삼을지니,
그와 같이 세상 명예 　　　이익에서 벗어나서,
오래도록 사람 사이 　　　애증 이별 하렵니다.
조사들이 품은 참뜻 　　　잠식 간에 깨우치려,
묘한 눈빛 모름지기 　　　참된 것을 꿰뚫지니,
온 집안의 친척들이 　　　서로 간에 보려며는,
마땅히 찾아들어올 　　　바른 인과 기다리소.

{1} 화상은 회계 유씨의 자손으로서 운암 담성 선사의 법을 이었다.

{2} 경전에 이르되 "자식이 어미의 태중에 있을 때 마신 젖이 84말이다." 하였으며, 또 『심지관경』에는 "모든 남녀가 태중에 자리할 때 입으로 젖의 뿌리를 빨고 어미의 피를 마시니 모태를 나설 때는 이미 마신 젖이 1천 8백 말이나 된다." 하였고, 『중음경』 역시 이와 같이 이야기하고 있다.

{3} 회(賄)는 재물이며 또는 선물을 보낸다는 것이다. 뇌(賂)는 재물을 다른 사람에게 주는 것이다.

{4} 소와 양과 돼지이다. 처음으로 사육하던 것[養謂蓄飮蕃息]을 일컬어 축(畜)이라 하고, 그것을 가지고 제물로 쓰던 것[用謂共祭及膳]을 일컬어 생(牲)이라 한다.

{5} 『시경』에 말하였다. "그 덕을 갚고자 하니 넓고 크기가 하늘 같아 망극하도다."

{6} 정반과 마야는 부처님의 부모이다.

{7} 옛날에는 대쪽으로 만드는 편지 조각의 길이를 단지 8치나 1척으로 마름질했던 까닭에 척서(尺書)라 한다.

{8} 가까운 이를 친(親)이라 하고 먼 이를 척(戚)이라 하며, 내부의 가계를 친이라 하고 외부의 가계를 척이라 하며, 부친의 일가를 친이라 하고 모친의 일가를 척이라 한다.

2) 後書

良价, 自離甘旨,¹⁴ 策杖南遊, 星霜已換於十秋.^{9} 岐路俄隔於萬里. 伏惟, 慈母收心慕道, 攝意歸空, 休懷離別之情, 莫作倚門之望.¹⁵ 家中家事, 但且隨緣, 轉有轉多, 日增煩惱. 阿兄勤行孝順, 須求冰裡之魚,^{2} 少弟竭力奉承, 亦泣霜中之笋.^{3} 夫! 人居世上, 修己行孝, 以合天心; 僧在空門, 慕道參禪, 而報慈德. 今則千山萬水, 杳隔二途,^{4} 一紙八行, 聊書寸懷. 頌曰:

不求名利不求儒,	願樂空門捨俗途,
煩惱盡時愁火滅,	恩情斷處愛河枯.
六根空慧香風引,	一念才生慧力扶,
爲報北堂¹⁶休悵望,	比如死子比如無.

{9} 杜詩: 三霜楚戶砧. 註云: 在楚, 三換星霜也.
{10} 『類苑』云: "王祥, 性至孝, 繼母朱氏不慈, 數譖之, 由是失愛於父. 朱嘗病, 欲食生魚, 時天寒冰凍, 魚不可得, 祥臥冰求之, 冰忽自開, 雙鯉躍出."
{11} 又孟宗, 字恭武, 性至孝, 母好食竹笋, 冬月無竹笋, 宗入竹林中哀號, 笋爲之生.
{12} 物外人間.

2) 나중의 서신

양개가 부모님 곁을 떠나면서부터 지팡이를 짚으며 남방을 돌아다님에 세월은 이미 열 차례나 바뀌었고 갈림길은 어느새 1만 리나 떨어져 있었습니다. 엎드려 바라옵건대, 자애로운 어머님께서는 마음을 가다듬어 도를 사모하시고 뜻을 거두시어 공(空)에 귀의함으로써 이별의 정을 품지 마시고 문에 기대어 바라보는 일은 행하지 마십시오. 집안의 일들은 다만 인연에 따를 뿐이기에 있으면 있을수록 더욱 많아지니 날로 번뇌만 더할 뿐입니다. 옥형은 부지런히 효도를 행하여 모름지기 얼음 속에서 고기를 구할 수 있을 것이며, 아우는 힘을 다하여 받듦에 또한 서리 속에서 죽순을 구하고자 울 것입니다. 대저 사람은 이 세상에 거처함에 자기 몸을 수양하고 효도를 행함으로써 하늘의 마음에 합치될 것이며, 승려는 불가의 문중에 있으면서 도를 사모하고 선을 참구함으로써 자비로운 덕에 보답할 것입니다. 지금은 곧 1천의 산과 1만의 물줄기가 아득히 두 길을 가로막고 있으니 한 장의 종이에 여덟 줄의 글월로서 아쉬운 대로 한 치 품은 마음을 쓰고자 합니다.

명리 얻기 바라잖고   선비 되기 바라잖고,
빈 문에서 노닐고자   세속 길을 버렸으니,
이 번뇌가 다할 때면   근심의 불 꺼질 게고,
은혜 온정 끊어진 곳   애증 줄기 마를 것을.
육근 공해 얻는 지혜   향기 바람 끌어안고,
한 생각이 일기도 전   지혜 힘이 지탱할세,
어머님께 드릴 말씀   슬픈 눈물 쉬실지니,
죽은 듯 생각하시고   없는 듯이 여기소서.

{9} 두보의 시에 "세 차례 서리, 초 땅의 문지방 모롯돌에 서리다." 하고는, 주석에 초 땅에서 지내며 한 해가 세 번 바뀌었음을 말한다.

{10} 『유원』에서 말하였다. "왕상은 성품이 매우 효성스러웠으나 계모 주씨가 자애스럽지 못하여 자주 그를 헐뜯게 되자 그로 말미암아 부친으로부터 사랑을 잃게 되었다. 주씨가 병을 얻음에 싱싱한 물고기를 먹고 싶었으나 때는 한겨울로 모든 것이 꽁꽁 얼어 있었기에 물고기를 얻을 수가 없었는데 왕상이 얼음에 누워 그것을 구하니 얼음이 홀연히 저절로 열리더니 두 마리의 잉어가 뛰쳐나왔다."

{11} 또 맹종은 자가 공무로서 성품이 지극히 효성스러웠는데, 어머니가 죽순을 먹고 싶어하였으나 겨울에 죽순이 없음에 맹종이 대나무 숲으로 들어가 슬피 우니 죽순이 그를 위해 자라났다.

{12} 출세간과 세속이다.

3) 娘廻答

吾與汝, 夙有因緣, 始結母子, 取愛情注. 自從懷孕, 禱神佛天, 願生男子, 胞胎月滿, 命若懸絲, 得遂願心, 如珠寶惜, 糞穢不嫌於臭惡, 乳哺不倦於辛勤. 稍自成人, 送令習學, 或暫逾時不歸, 便作倚門之望.

　　來書堅要出家, 父亡母老, 兄薄弟寒, 吾何依賴? 子有抛母之意, 娘無捨子之心. 一自汝往他方, 日夕常灑悲淚, 苦哉苦哉! 既誓不還鄉, 即得從汝志. 我不期汝如王祥臥氷 · 丁蘭刻木,{13} 但望汝如目連尊者,¹⁷ 度我解脫沈淪, 上登佛果.{15} 如其未然, 幽愆有在, 切須體悉.

{13}『類苑』云: "蘭, 河內人. 少喪考妣, 不及供養, 乃刻木彷佛親形, 事之如生, 朝暮定省. 隣人張叔妻從蘭妻有所借, 蘭妻跪拜木人, 不悅, 不以借之. 叔乘醉來, 詈罵木人, 以杖叩其頭, 蘭還見木人色不悅, 問妻, 妻以具告, 即奮刃殺叔. 吏捕蘭, 蘭辭木人, 木人見蘭, 爲之垂淚. 縣嘉其至孝通於神明, 圖其形於公堂."

{14} 目連見其亡母生地獄中, 不得食, 以此白佛, 佛言: "七月十五日, 具百味五果着盆中, 供養十方佛菩薩然後, 得食." 目連如敎, 母得食生天.

---

3) 모친의 회신

나는 너와 더불어 예로부터 인연이 있어 오다 비로소 어미와 아들로 맺어짐에 애욕을 취하여 정을 쏟게 되었다. 너를 가지면서부터 부처님과 하늘에 기도를 드려 아들을 낳게 해 달라고 원하였더니, 임신한 몸에 달이 차자 목숨이 마치 실 끝에 매달린 듯 하였으나 마침내 마음에 바라던 것을 얻게 되어서는 마치 보배처럼 아낌에, 똥오줌도 그 악취를 싫어하지 않았으며 젖을 먹일 때도 그 수고로움을 게을리하지 않았다. 차츰 성인이 되면서부터 밖으로 보내어 배우고 익히게 함에 간혹 잠깐이라도 때가 지나 돌아오지 않으면 곧장 문에 기대어 바라보곤 하였다.

　　보내온 글에는 군이 출가하기를 바라지만 아버님은 돌아가셨고 어미는 늙었음에, 네 형은 인정이 메마르고 아우도 성격이 싸늘하니 내가 어찌 기대어 의지할 수 있겠느냐. 아들은 어미를 팽개칠 뜻이 있으나 어미는 아들을 버릴 마음이 없다. 네가 훌쩍 다른 지방으로 떠나가고부터 아침저녁으로 항상 슬픔의 눈물을 뿌림에 괴롭고도 괴롭구나. 이미 맹세코 고향으로 돌아오지 않는다 하였으니 곧 너의 뜻을 따를 것이다. 나는 네가 왕상이 얼음 위에 누운 것이나 정란이 나무를 새긴 것과 같이 하기를 기대하는 것이 아니라 단지 네가 목련 존자같이 나를 제도하여 고해의 바다에서 벗어나게 하여주고 위로는 불과(佛果)에 오르기를 바랄 뿐이다. 만일 그렇지 못할 것 같으면 깊이 허물이 있을 것인 즉 모름지기 간절하게 이를 체득하여 알아야 할 것이다.

{13} 『유원』에서 말하였다. "난은 하내 사람이다. 젊어서 어머니를 여의고 공양하지 못하자 이에 모친의 형상과 흡사하게 나무를 조각하여 생시 때와 같이 섬기며 아침저녁으로 시간에 맞춰 보살폈다. 이웃 사람 장숙의 처가 난의 처에게 빌릴 것이 있다고 하자 난의 처가 목인에게 무릎을 꿇고 절을 하니 기꺼워하지 않는지라 빌려주지 않았다. 장숙이 술김에 와서 목인을 꾸짖고 욕하며 지팡이로 그 머리를 두드렸는데, 난이 돌아와서 목인의 안색이 기쁘지 않음을 보고는 처에게 묻자 처가 소상하게 일러주었더니 곧 분격하여 칼로 장숙을 살해하였다. 관리가 난을 체포하자 난이 목인에게 하직인사를 하니 목인이 난을 보고는 그를 위해 눈물을 흘렸다. 현에서 그의 지극한 효심이 신명에 통했음을 가상히 여겨 공당(公堂)에 그의 모습을 그려놓았다.

{14} 목련 존자는 그의 죽은 어머니가 지옥에 태어나서 음식을 먹지 못함을 보고는 이러한 것을 부처님께 아뢰니 부처님께서 말씀하시기를 "7월 15일에 온갖 맛의 다섯 가지 과일을 동이그릇에 담아 시방의 부처님과 보살님께 공양한 후에 드시게 하라." 하므로 목련 존자가 가르침대로 하니 어머니가 음식을 먹고는 하늘에 태어나게 되었다.

사기
(私記)

1 　**洞山良价**: (807~869) 중국 당나라 때 스님으로, 조동종의 개조이다. 청원 행사(靑原行思)의 제4 대 법손인 운암 담성(雲巖曇晟)의 제자로, 회계(會稽) 사람이다. 성은 유(兪)씨, 휘(諱)는 양개(良价), 호는 동산(洞山), 시호는 오본(悟本) 대사, 탑호(塔號)는 혜각(慧覺)이다. 오설산(五洩山)의 진목에게 승려가 되었으며, 21세에 숭산에게 구족계를 받았다. 여러 곳으로 다니다가 남전 보원을 찾고, 위산 영우(潙山靈祐)에게 갔다가 위산의 지시로 운암 담성을 찾아가서 무정(無情)이 설법한다는 말을 듣고 선지를 깨달아 운암의 법을 이었다. 당나라 대중(大中) 말년에 신풍산에서 학도를 가르치고 그 후 예장의 동산(洞山) 보리원으로 옮겨 종풍을 선양하였으니, 동산이란 이름은 여기서 생긴 것이다. 당나라 함통 10년 3월에 삭발 후 옷을 입히게 하고는 종을 쳐서 대중을 모아 부촉을 마친 후 의젓하게 앉은 채 열반하였다. 그의 문도들이 슬퍼 오열함을 그치지 않자 얼마 후에 양개가 홀연히 눈을 뜨고 일어나 이르기를 "무릇 출가한 사람이면 마음이 사물에 끄달리지 않아야 이것이 참된 수행이거늘, 수고로이 살아오다 죽음을 맞아 편히 쉬겠거니 비통함이 어찌 있을 수 있단 말인가!" 하고는 어리석은 재(齋)의식을 분별하게 하고 그렇게 사모하는 것을 책망하였다. 그 후 8일째 되는 날 목욕을 마치고 단정히 앉아 오래도록 미동도 않으니 그때가 63세였다. 시호는 오본(悟本) 대사이다. 저서는 어록 1권이 있다. 그 문하에 운거 도응, 조산 본적, 소산 광인, 청림 사건, 용화 거둔, 화엄 휴정 등을 배출하여 동산의 가풍이 더욱 떨치게 되었고 드디어는 조동종이라는 한 종파를 이루었다.

2 　**和尚**: 범어 upādhyāya의 불완전한 소릿말적기로, 정확히 하면 '오파타야(鄔波馱耶)'이다. 화사(和社)·화사(和社)·화상(和上)이라고도 하며, 친교사(親敎師)·방생(方生)·의학(依學)이라 번역한다. 인도에서는 원래 사부(師父)의 속칭이었으며, 중국에서는 스님 가운데 사장(師長)에 대한 존칭이었으나 후에는 속인들이 스님을 부르는 속칭이 되었다. 또한 아사리와 함께 수계사인 스님을 말하는 것이었으나, 후세에는 덕이 높은 스님을 가리키는 말이 되었다. 제자를 둘 수 있는 자격이 있는 사람, 제자에게 구족계를 줄 수 있는 스님을 말한다. 선종에서는 수행경력이 10년 이상의 스님을 말한다. → '제자(弟子)'조(제12장 호법호법 "3. 진왕수보살계소晉王受菩薩戒疏" 사기 2. 弟子)

3 　**含靈**: 중생을 말한다. 중생은 각각 심령을 가지고 있으므로 이렇게 일컫는다. 함허(涵虛)의 설의(說義)에서 "以含靈至明智. 欲見如來大悲, 托衆生知得, 若無衆生, 如來無因起悲? 欲見如來十智, 卽想念知得, 若非想念, 焉知佛智之無私?"라 하였다. → '중생(衆生)'조(서문 사기 2. 衆生)

4 　**賄賂**: 일을 잘 보아 달라고 관리에게 몰래 보내는 재물을 말하는데, 보내는 것을 증회(贈賄), 수회(收賄)라 한다. 또는 금옥(金玉)을 회(賄)라 하고 포백(布帛)을 뇌(賂)라 한다.

5 　**血食侍養**: 혈식은 본래 제례의 용어로서 희생을 잡아 바치고 제사를 지내는 행위를 말한다. 이

것이 전하여 집안에서 희생을 기르듯 고이 기른 짐승을 잡아 부모에게 올리며 정성스레 봉양함을 일컫는다.

6 **孝經 :** 유가의 경전으로, 공문의 후학들이 찬술한 18장의 책이다. 춘추전국시대 쯤에 책이 완성되었고, 한나라 때 일곱 경전의 하나로 받들어졌으며, 이후 역대 통치자들의 중시를 받아 널리 퍼지게 되었다. 본서는 봉건의 효도에 대해 논술하고 종법관념(宗法觀念)과 효치사상(孝治思想)을 선전하고 있어, 선진(先秦)사회의 정치와 의식형태에 대해 연구하는 데 상당한 가치가 있다. 『십삼경주소(十三經注疏)』본(당唐 현종玄宗의 주석과 송나라 형병刑昺의 소疏가 수록)과 청나라 건륭(乾隆) 때 포정박(鮑廷博)이 일본으로부터 구한 공안국(孔安國) 주석본을 『지부족재총서(知不足齋叢書)』에 수록하여 발간한 것이 있다.

7 **輪廻 :** 윤회의 원어 상사라(saṃsāra)는 동사 'sṛ(나아가다, 흘러가다)'에서 온 말로서 '함께[saṃ] 흘러가는[√sṛ] 것[a]'이란 의미를 지닌다. 중생이 해탈에 이르러 모든 번뇌를 쉬지 못한 채 태어나고 죽고 다시 태어남을 거듭하는 것이 마치 굴러가는 수레바퀴 같은 까닭에 한문으로는 '바퀴처럼 돌아감[輪廻]'이라 번역하였다. 인도의 고대 철학서인 우빠니샤드(Upaniṣad)에 언급된 윤회는, 삶을 살다 죽음에 이르러 화장되면 그 영혼이 상승하여 달에 도착하고, 달에 머물던 영혼은 비가 되어 지상에 내리며, 땅에 내린 비는 지상의 식물에 수분으로 흡수되어 음식이 되며, 그 음식을 먹은 남자에 의해 정자로 형성되고, 결국엔 모태로 들어가 태아로 다시 태어남으로써 다시 삶을 사는 인간이 된다는 원리이다.

윤회에 있어서 그 주체와 인과응보의 사상이 명확히 반영된 것은 우빠니샤드 시대(기원전 8세기~5세기)로서, 먼저 이미 언급한 내용으로 오화설(五火說)이 확립되고, 이를 근거로 이도설(二道說)이 정립되었다. 오화설은 '오화설(五化說)'로도 일컬을 수 있다. 수레가 한 바퀴 구르는 동안 다섯 차례의 변곡점이 있으니, 화장(火葬) 강우(降雨) 정수형성(精髓形成) 수태(受胎) 탄생(誕生) 등의 다섯 가지 변화가 그것인데, 이 가운데 화장[죽음]의 순간이 윤회의 흐름을 벗어날 수 있는 가장 중요한 순간에 해당하기에 '오화설'이라 이른 것이다. 이도설이란 윤회와 해탈의 모든 과정이 포함된 말로서 조도(祖道)와 신도(神道)로 구성되어 있다. 조도는 미망에 사로잡힌 중생이 수행의 기회[삶]가 주어져도 윤회의 흐름에서 벗어나지 못하고 그저 앞선 조상들이 갔던 길을 맴돌 뿐이기에 붙여진 말로서 윤회와 같은 의미이다. 이에 반해 신도는 수행을 통해 윤회의 흐름에서 벗어난 이가 이 길에 들어서면 결국엔 브라흐만과의 합일이 가능하다고 여겼다. 동서양을 막론하고 일반적으로 일컫는 신(神)의 개념이 인도의 그것과 다른 점은 이도설의 신도를 통해 이해될 수 있다. 인도에선 비록 이제 막 임종을 맞았을지라도 수행을 통해 이미 윤회를 벗어났다 여겨지는 수행자는 이미 조도에서 벗어나 신도에 접어들었으니 그 순간부터 신으로 추앙의 대상이 될 수 있다 여긴다. 거기엔 서양처럼 거룩한 신화의 치장이나 중국처럼 오랜 역사를 품을만한 숙성의 기간을 필요로 하지는 않는다.

브라만교의 윤회에 있어 무엇보다 중요한 것은 윤회를 하는 주체로서 고정불변의 실체로 여기는 아뜨만(ātman)이란 존재가 산정되어 있다는 점인데, 아뜨만이란 브라만교에서 궁극적인 것으로 보는 브라흐만(Brahman)이라는 절대상태가 그 절대적인 상태에서 벗어나 존재하는 것을 가리킨다. 이러한 아뜨만은 원래의 절대상태로 돌아가려는 속성이 내재되어 있기에 조도(윤회)를 벗어나 신도에 접어든 뒤 결국엔 브라흐만의 절대상태에 이름으로써 브라흐만과의 합일[梵我一如]이 성취되도록 노력하게 되는데, 그 노력을 일컬어 요가(yoga, 연결함)라 한다. 아뜨만이 윤회의 주체가 되어 윤회를 거듭하다 조도를 벗어나 신도를 거쳐 결국엔 순수 아뜨만의 상태로 브라흐만과 합일이 됨으로써 해탈하게 되는 까닭에 비록 윤회의 흐름에 있을지라도 모든 생명체 가운데 인간 중에서도 남성을 제외하면 심지어 여성마저도 신도로 접어들어 해탈에 가닿음이 불가능하다. 그들에게 있어서 윤회란 단지 기왕의 업보를 덜고 새로이 공덕을 쌓음으로써 결국엔 아뜨만을 지닌 남성(좁게는 남자 브라흐만)으로 태어나기 위한 과정일 뿐이다.

불교에서도 윤회를 부정하진 않는다. 그렇다면 아뜨만의 존재를 인정하지 않는 무아법(無我法)에 기반하여 성립된 불교에서 윤회를 인정한다는 것이 논리의 모순이지 않은가? 그 문제는 무아윤회(無我輪廻)로 설명될 수 있긴 하다. 심지어 불교 경전의 내용 가운데도 브라만교식의 윤회를 그대로 적용할 수 있는 내용들이 부처님의 전생담을 위시하여 다수 존재하는 것이 사실이다. 그러나 그런 유형의 내용들, 즉 무아법과 상치하는 글귀들은 중생제도를 위한 방편설(方便說)의 범위를 벗어나 근본적인 불교 교리에 담겨진 내용은 찾아볼 수 없는 것 또한 사실이다. 이는 브라만교 못지않게 포용력을 지닌 불교가 어느 정도의 기존 사상을 수용하는 모습으로 봐도 무방하리라.

기존의 윤회를 그대로 가져와 불교식으로 풀이하는 방법론으로 재생설(再生說)과 파동설(波動說) 등이 있다. 재생설이란 모든 존재하는 것은 찰나의 시간에 무한히 변한다는 점에 기반하여 윤회를 해석하고 있다. 재생설에 의하면 1/17초에 해당하는 찰나에 영혼이 넘어가면서 분해되었다가 다른 모습으로 다시 조합되기에, 유아윤회처럼 아뜨만이란 주체가 있어 변치 않은 상태에서 윤회하는 것이 아니라 윤회의 주체라 할 만한 것이 순간에 사라졌다 다시 재생되어 존재하는 까닭에 무아윤회가 가능하다는 논리이다. 무아법에 보다 근접한 파동설은 마치 호수에 물결이 번져갈 때 물 분자 자체가 옮겨가는 것이 아니라 최초의 물 분자에 가해진 운동에너지가 점차 다음의 물 분자에 전달되는 형태와 유사하게 인간이 지은 업보의 에너지가 죽음과 함께 단절되지 않고 전달되어 내생이 형성된다는 논리이다. 그러나 이 두 가지 모두 반야(prajñā, 智慧)에 근거하지 않은 일종의 상(相, saṁjñā)일 뿐이기에 방편설의 범위를 확실히 벗어나지 못한다고 보여진다.

단멸론에 빠져 중생제도의 마음을 잃어버리고 결국 허무주의에서 헤맬 중생들을 위한 방편설로서의 몇몇 불교식 윤회설을 제외한다면 불교에서 윤회가 가르침으로 성립될 수 있는 것은 현재, 즉 금생(今生)이란 범위를 벗어나지 않는다. 금생을 벗어난 것이라면 반야(prajñā, 눈앞에 두고 본 듯이 앎)가 불가능하여 추리 혹은 비량(比量)으로 짐작할 수밖에 없는데, 깨달음을 얻지 못한 이라면 이는 단지 산냐(saṁjñā)에 불과하기에 척결의 대상일 뿐 의지의 대상은 아니기 때문이다. 청정한 육근으로 직접 상대하여 앎으로써 반야의 성취가 가능한 상황 가운데에도 윤회라 불릴 만한, 그래서 그 윤회의 고리를 끊어야 할 상황은 산재해 있다. 우리가 잘못을 알면서도 욕심에 그 잘못을 반복하는 모든 것들이 바로 그러한 윤회에 해당한다. 지금 지혜로써 바라볼 수 있고 해결할 수 있으나 그러지 못하고 있는 '윤회'에 신경을 쓸 뿐이지 산냐로 얼버무려놓아 무엇인지도 불분명한 '윤회'는 무기(無記)로 차치(且置)해둠이 불교의 가르침에 근접한다 하겠다.

8 **欲報罔極之恩**: 『시경(詩經)』 "소아소민(小雅小旻)" "父兮生我, 母兮鞠我, 拊我畜我, 長我育我, 顧我復我, 出入腹我, 欲報之德, 昊天罔極."

9 **攀緣**: 범어 ālambana의 번역으로, 마음이 대상에 의지해서 작용을 일으키는 것을 말한다. 번뇌 망상의 시원이며 근본이라고 한다. 마음이 제 혼자 일어나지 못하는 것이 마치 칡덩굴이 나무나 풀줄기가 없으면 감고 올라가지 못하는 것과 같아서, 마음이 일어날 때는 반드시 대상 경계를 의지하고야 일어난다.

10 **淨飯**: 범어 Śuddhodana의 번역어로, 중인도 가비라국의 임금이며, 백정왕(白淨王)이라고도 한다. 사자협왕(師子頰王)의 아들. 구리성의 임금 선각왕의 누이동생인 마하마야를 왕비로 맞았으나 세존을 낳고 7일 후에 죽자 그의 동생인 마하파자파제를 왕비로 정하여 세존을 양육하게 하였으며, 그 뒤에 난타를 낳았다. 만년에 병들어 부처님과 난타와 라후라 등의 간호를 받다가 죽었다.

11 **摩耶** : 범어 mahāmāyā를 소릿말적기한 것을 줄인 말이다. 대환(大幻)·대술(大術)·대지모(大智母)라 번역한다. 구리성주(拘利城主) 선각왕(善覺王)의 누이동생으로 정반왕의 왕비가 되어 세존을 낳고 이레 만에 죽어 도리천에 태어났다.

12 **五逆** : 부처님의 가르침에 상반하는 다섯 가지의 중죄를 말한다.
1) 소승의 오역죄 : 해모(害母, 살모殺母)·해부(害父, 살부殺父)·해아라한(害阿羅漢, 살아라한殺阿羅漢)·출불신혈(出佛身血, 악심출불심혈惡心出佛身血)·파화합승(破和合僧, 파승破僧).
2) 대승의 오역죄 :
(1) 탑사를 파괴하여 경전과 불상을 불태우고 삼보의 물건을 빼앗고, 혹은 그와 같은 짓을 사람에게 시키거나 그 행위를 보고 기뻐하는 것을 말한다.
(2) 성문·연각·대승의 법을 비방하는 것을 말한다.
(3) 출가자가 불법을 닦는 것을 방해하고 혹은 그를 죽이는 것을 말한다.
(4) 소승의 오역 가운데 한 죄를 범하는 것을 말한다.
(5) 모든 업보는 없다고 생각하여 십불선악(十不善惡)을 행하여 후세를 두려워하지 않고 또 사람에게 그런 것들을 가르치는 것을 말한다.

13 **空門** :
1) 불교의 총칭. 불교는 공법(空法)으로서 그 전체를 꿰뚫은 근본 뜻을 삼는 것이므로 공문이라 한다.
2) 사문(四門)의 하나. 유(有)에 집착하는 것을 깨뜨리기 위하여 온갖 사물을 실체와 자성(自性)이 없다고 말한 아공(我空)·법공(法空)·유위공(有爲空)·무위공(無爲空) 등 공리(空理)의 법문을 말한다.

14 **甘旨** : 좋은 맛이나 좋은 음식이라는 뜻으로, 이것이 전하여 그러한 음식으로 부모님을 봉양함을 말한다.

15 **倚門之望** : 어머니가 문에 기대어 마음을 졸여가며 자녀가 돌아오기를 기다리는 지극한 애정을 말함.『전국책(戰國策)』"제책(齊策)""王孫賈年十五, 事閔(湣)王, 王出走, 失王之處, 其母曰:「汝朝出而晩來則, 吾倚門而望, 汝暮出而不還則, 吾倚門而望. 汝今事王, 王出走, 汝不知其處, 汝尙何歸焉?」王孫賈乃攻淖齒, 殺之."

16 **北堂** : 어머니를 말함. 모당(母堂)이나 훤당(萱堂)이라고도 한다. 중국 고대의 사대부 집에서는 집의 동북쪽에 주부의 방이 있는데서 생긴 말이다.

17 **目連尊者** : 범어 Maudgalyāyana. 부처님 십대제자 중 한사람으로, 중인도 왕사성 근방의 구리가촌 브라만의 아들. 처음에 외도인 산자야(刪闍耶)에게서 사리불과 함께 도를 배웠으나, 사리불이 5비구의 하나인 아설시(阿說示)를 만나 불법을 알고 깨달았을 때 함께 죽림정사로 가서 부처님의 제자가 되었다. 불교에 귀의한 후에는 여러 고장을 찾아다니며 부처님의 교화를 펼치고, 신통이 제일이었다 한다. 별명은 구율타(拘律陀)이다.

2

무주좌계산낭선사소영가대사산거서

婺州左溪山朗禪師[1]召永嘉大師山居書

●

낭 선사가 영가 대사에게
산에 머물기를 권하고자 보낸 글

自到靈溪,[1] 泰然心意.　　　　高低峰頂, 振錫[2]常遊.
石室巖龕, 拂乎宴坐.[3]　　　　青松碧沼, 明月自生.
風掃白雲, 縱目千里.　　　　　名花香果, 蜂鳥啣將.
猿嘯長吟, 遠近皆聽.　　　　　鋤頭當枕, 細草爲氈.
世上崢嶸, 競爭人我.　　　　　心地未達, 方乃如斯.
儻有寸陰, 願垂相訪.

{1} 溪山 朗尊者, 東陽 傅大士六世孫, 所居左縈碧澗故, 號曰左溪.

영계(靈溪)에 도착한 뒤로는 마음이 매우 편안합니다.

높고 낮은 산봉우리에 석장을 흔들며 늘상 노닐고

돌집과 바위굴에 먼지를 털고 들어앉으니

푸른 솔과 파란 못으로 밝은 달이 저절로 생겨나고

바람이 흰 구름을 쓸어 감에 시선을 천 리 밖으로 던져봅니다.

이름난 꽃과 향기로운 과실은 벌과 새들이 물어 나르고

원숭이의 휘파람 소리가 길게 이어져 멀고 가까이에서 모두 들리니

호미 자루를 베개 삼고 가느다란 풀잎으로 포단을 삼아봅니다.

세상은 험악하여 너와 나를 다투는 것은

마음 바탕을 통달하지 못했기에 바야흐로 이와 같으니

만약 조금의 시간이 있으시면 원컨대 한 차례 찾아오시기 바랍니다.

{1} 계산 낭 존자는 동양 부 대사의 6세손으로, 거처하던 곳의 왼쪽이 푸른 계곡으로 둘려져 있던 까닭에 호를 '좌계'라 하였다.

사기
(私記)

1 **霊溪** : 절강성(浙江省) 용유현(龍游縣)의 남쪽에 있는 내 이름. 비 오기를 빌어서 영험이 있었다 하여 지은 이름이다.

2 **錫** : 석장(錫杖)의 준말. 범어 khakkhara 또는 kikkhara로, 극기라(隙棄羅)·끽기라(喫棄羅)라 소릿말적기하며, 유성장(有聲杖)·성장(聲杖)·명장(鳴杖)·지장(智杖)·덕장(德杖)으로 번역한다. 지팡이의 일종으로, 대승 비구가 늘 가지고 있어야 하는 비구 18물의 하나이다. 길에서는 독사 등 해충을 막고 걸식할 때는 이것을 흔들어 소리를 내어 비구가 온 것을 알린다. 또 늙어서는 몸을 의지하는 것으로 사용한다. 비구가 여행할 때 반드시 휴대해야 하므로 승려가 널리 다니면서 포교하는 것을 비석(飛錫)이라고 하고, 비구가 만행하는 것을 순석(巡錫)이라 하며, 다른 절에 가서 오래 머물러 있는 것을 유석(留錫)·괘석(掛錫), 한 곳에 오래 머물며 법을 펼치는 것을 주석(駐錫)이라한다. 지팡이의 윗부분은 주석[錫]으로, 가운데는 나무로, 아랫부분은 뿔[牙]로 만든다. 우리나라에서는 육환장(六環杖)이라 부른다.

3 **宴坐** : 편안하게 바로 앉는 것, 혹은 좌선하는 것을 말한다. 좌선의 대명사로도 쓰이며, 연좌(燕坐)라고도 쓴다.

3

영가답서

永 嘉 答 書

●

영가 대사가 낭 선사에게 답하다

自別已來, 經今數載, 遙心眷想, 時復成勞, 忽奉來書, 適然無慮. 不委信後道體如何? 法味¹資神, 故應淸樂也.

粗得延時, 欽詠德音, 非言可述.{1} 承懷節操, 獨處幽棲, 泯跡人間, 潛形山谷, 親朋絶往, 鳥獸時遊. 竟夜綿綿, 終朝寂寂, 視聽都息, 心累闃然. 獨宿孤峰, 端居樹下, 息繁餐道, 誠合如之.{2}

然而正道寂寥, 雖有修而難會; 邪徒喧擾, 乃無習而易親. 若非解契玄宗, 行符眞趣者, 則未可幽居抱拙, 自謂一生歟? 應當博問善知, 伏膺{3}誠懇, 執掌屈膝, 整意端容, 曉夜忘疲, 始終虔仰, 折挫身口, 蠲矜怠慢, 不顧形骸, 專精至道者, 可謂澄神方寸²歟?{4}

夫欲採妙探玄, 實非容易. 決擇³之次, 如履輕氷,⁴ 必須側耳目而奉玄音, 蕭情塵而賞幽致. 忘言晏旨, 濯累餐微, 夕惕⁵朝詢, 不濫絲髮, 如是則乃可潛形山谷, 寂累絶群哉;{5} 其或心塗未通, 矚物成壅, 而欲避喧求靜者, 盡世未有其方. 況乎鬱鬱⁶長林, 峨峨聳峭, 鳥獸鳴咽, 松竹森梢, 水石峥嶸, 風枝蕭索,[7] 藤蘿縈絆, 雲霧氤氳, 節物衰榮, 晨昏眩晃, 斯之種類, 豈非喧雜耶? 故知見惑[8]尙紆, 觸途成滯耳.[6]

是以先須識道, 後乃居山. 若未識道而先居山者, 但見其山, 必忘其道; 若未居山而先識道者, 但見其道, 必忘其山. 忘山則道性怡神, 忘道則山形眩目. 是以見道忘山者, 人間亦寂也; 見山忘道者, 山中乃喧也.[7] 必能了陰無我, 無我誰住人間? 若知陰入[9]如空, 空聚何殊山谷? 如其三毒未祛, 六塵尙擾, 身心自相矛盾,[10] 何關人山之喧寂耶?[8]

且夫道性沖虛, 萬物本非其累, 眞慈平等, 聲色何非道乎? 特因見倒惑生, 遂成輪轉耳. 若能了境非有, 觸目無非道場, 知了本無, 所以不緣而照, 圓融法界, 解惑何殊? 以含靈而辨悲, 卽想念而明智, 智生卽法應圓照, 離境何以能悲? 悲起則機合通收, 乖生何以能度? 度盡生而悲大, 照窮境而智圓. 智圓, 則喧寂同觀; 悲大, 則怨親普救. 如是則何假長居山谷? 隨處任緣哉![9]

況乎法法虛融, 心心寂滅, 本自非有, 誰强言無? 何喧擾之可喧, 何寂靜之可寂? 若知物我冥一, 彼此無非道場, 復何徇喧雜於人間, 散寂寞於山谷? 是以釋動求靜者, 憎枷愛杻也; 離怨求親者, 厭檻忻籠也.[10] 若能慕寂於喧, 市廛無非宴坐; 徵違納順, 怨債由來善友矣. 如是則劫奪毁辱, 何曾非我本師?[11] 叫喚喧煩, 無非寂滅.[11]

故知妙道無形, 萬像不乖其致; 眞如[12]寂滅, 衆響靡異其源. 迷之則見倒惑生, 悟之則違順無地. 闃寂非有, 緣會而能生. 峨嶷非無, 緣散而能滅. 滅旣非滅, 以何滅滅? 生旣非生, 以何生生? 生滅旣虛, 實相[13]常住矣.[12] 是以定水滔滔,[14] 何念塵而不洗? 智燈了了, 何惑霧而不祛? 乖之則六趣循環, 會之則三途逈出. 如是則何不乘慧舟而遊法海, 而欲駕折軸於山谷者哉?[13]

故知物類紜紜, 其性自一, 靈源寂寂, 不照而知, 實相天眞, 靈智非造. 人迷謂之失, 人悟謂之得. 得失在於人, 何關動靜者乎? 譬夫未解乘舟而

欲怨其水曲者哉.{14}

若能妙識玄宗, 虛心冥契, 動靜常矩, 語默恒規, 寂爾有歸, 恬然無間. 如是則乃可逍遙山谷, 放曠郊塵, 遊逸形儀, 寂泊心腑, 恬澹息於內, 蕭散揚於外, 其身兮若拘, 其心兮若泰, 現形容於寰宇, 潛幽靈於法界. 如是則應機有感, 適然無準矣.{15}

因信略此, 餘更何申? 若非志朋, 安敢輕觸? 宴寂之暇, 時暫思量, 予必詀言無當, 看竟, 廻充紙燼耳. 不宣. 同友玄覺和南.

{1}　上問候, 下領旨.
{2}　下省己求反.
{3}　胸也, 爲首俯伏於胸也.
{4}　下, 隱居得失, 先明得.
{5}　下卞失.
{6}　下約道結得失.
{7}　下約行結得失.
{8}　下悲智由道.
{9}　下喧寂在人先雙叅喧寂.
{10}　次雙會喧寂.
{11}　下雙結喧寂.
{12}　下約定慧責.
{13}　下約迷悟責.
{14}　下結旨應機.
{15}　下敍謙光.

작별한 이후 지금까지 몇 해를 지나오며 멀리서 마음으로 돌아보고 생각함에 때로는 오히려 걱정이 되더니, 문득 보내주신 서신을 받음에 적연히 근심이 사라집니다. 서신을 주신 뒤로는 도체(道體)가 어떠하신지 자세하지 않습니다만, 법의 재미로움이 정신을 북돋울 것이기에 응당 맑디맑은 즐거움에 계시리라 믿습니다.

언뜻 시간을 내어 덕스러운 법음(法音)을 조심스레 읊조려보니 이는 말로써 표현할 수가 없습니다. 절개와 지조를 받들어 가슴에 품고 홀로 그윽한 곳에 머무르며 사람들 가운데 자취를 없앤 채 깊은 산골짜기에 몸을 잠기우고 친한 벗과는 오고 감을 끊은 채 새나 짐승과 때때로 노닒에, 밤이 다하도록 이어지다 아침녘을 적적히 지내노라면 보고 듣는 것이 모두 쉬어지니 마음의 번뇌는 고요해질 것입니다. 외로운 봉우리에 홀로 머물며 나무 아래로 단정히 거처하면 번거로움을 쉬고 도에 맞들 일 것이니, 진실로 이와 같을 것입니다.

그러나 바른 도는 고요하고도 고요하니 비록 닦음이 있더라도 익혀 알기 어렵지만, 삿된 무리는 떠들썩하기에 익히지 않고도 가까이하기 쉽습니다. 만약 이해하는 바가 현묘한 종지에 계합하지 않거나 수행하는 바가 참된 취지에 부합하지 않는이라면 아직은 한적하게 머무르며 무위자적(無爲自適)하는 몸으로 있을 수 없을 것이니, 한 생의 삶을 살았다고 스스로 말할 수 있겠습니까? 응당 선지식에게 널리 물음에 가슴깊이 머리 숙여 정성을 간절히 하고, 합장하여 무릎을 꿇은 채 생각과 용모를 단정히 하고, 아침저녁 피로를 잊고서 시종일관 경건히 우러러 몸[身]과 입[口]과 뜻[意]의 업을 꺾고 태만을 애써 없앰에 몸뚱이를 돌아보지 않은 채 오로지 정진하여 도에 이르는 자라야 혼과 마음을 맑힌다고 말할 수 있지 않겠습니까?

무릇 오묘한 이치를 채득하고 현묘한 종지를 탐구하고자 하는 것은 실로 쉬운 일이 아닙니다. 결단하여 행할 때는 마치 엷은 얼음을 밟듯이 하여 반드시 귀와 눈을 기울여 현묘한 법음(法音)을 받들고 본성의 티끌을 말끔히 하여 그윽한 이치를 맛볼 것이며, 말을 잊은 채 근본 종지에 편안히 깃들어 번뇌를 씻고 미묘한 이치를 맛들임에, 늦은 밤까지 뒤척이다 아침이면 다시 물어 실 한 올과 터럭 하나라도 함부로 하지 말아야 할 것입니다. 이와 같으면 곧 몸뚱이를 산 속 골짜기에 잠기운 채 세속의 번거로움을 잠재우고 무리들과의 인연을 끊었다 할 수 있을 것이지만, 간혹 마음의 좁은 길이 뚫리지 않아 사물을 대할 때마다 막히게 되면서 시끄러움을 피해 고요한 것을 구하고자 한다면 세상 어디에도 그 방법이 있지 않을 것입니다. 하물며 빽빽이 늘어선 숲과 높이 솟구친 가파른 언덕에 뭇 새와 짐승들이 목메어 울고 소나무와 대나무는 무성히 자라 있으며, 물옷 입은 바위들이 험준하게 엉켜 있고, 바람이는 가지로는 쓸쓸함이 다하며 등나무와 여라 이끼가 얼기설기 얽혀 있고 구름과 안개의 기운이 어려 있으며, 절기마다 사물이 피고 짐을 거듭하고 아침녘과 저물녘으로 어둠과 밝음을 반복하니, 이러한 가지가지의 모습들이 어찌 시끄럽고 번잡한 것이 아니겠습니까? 그러므로 미혹된 것을 보아서 오히려 굽어지면 부딪치는 것마다 막힘이 될 뿐임을 알 수 있을 것입니다.

이러한 까닭에 먼저 모름지기 도를 알고 난 후에 산에 거처해야 할 것입니다. 만약 도를 알지 못한 채 앞서서 산에 거처하는 자는 단지 산을 볼 뿐 필시 도는 잊게 될 것이요, 만약 아직 산에 거처하지 않더라도 앞서서 도를 아는 자는 단지 도만을 볼 뿐이니 필시 산은 잊게 될 것입니다. 산을 잊으면 곧 도의 성품이 정신을 기쁘게 할 것이요, 도를 잊으면 곧 산의 형상이 눈을 현혹케 할 것입니다. 이러한 까닭에 도를 보고 산을 잊은 자는 사람들 사이에 있더라도 또한 고요할 것이요, 산을 보고 도를 잊은 자는 산중도 시끄러울 것입니다. 반드시 오음(五陰)에 나 자신이 없음을 깊이 이해해야 할 것이니 나 자신이 없다면 그 누가 사람들 사이에 머무는 것이며, 만약 오음과 육입(六入)이 허공과 같다면 그저 허공이 모인 것이니 어찌 깊은 산골짜기와 다르겠습니까? 만일 삼독(三毒)을 미쳐 떨쳐버리지 못하고 육진(六塵)이 오히려 어지러우며 몸과 마음이 제 스스로 모순된다면 어찌 사람들 사이에 시끄러움이나 산 속의 고요함이 상관이 있겠습니까?

또한 무릇 참됨 도의 성품은 텅 빈 것이요 만물은 본래 무엇이 누적된 것이 아니며 참된 자비는 평등하니 소리와 빛깔이 어찌 도가 아니겠습니까? 보는 바가 거꾸러져 의혹이 생겨나게 된 까닭에 마침내 윤회의 바퀴가 구르게 될 뿐입니다. 만약 모든 경계가 존재하는 것이 아님을 깊이 이해할 수 있으면 눈 닿는 곳이 도량 아님이 없을 것이며 깊이 이해해야 할 것 또한 본디 없음을 알 것이니, 그러한 까닭에 인연에 끄달리지 않고 원만융통한 법계를 비추어 본다면 올바른 견해와 잘못된 미혹이 어찌 다르겠습니까? 중생이 있기에 자비가 분별되고 상념에 나아감으로써 지혜

치문경훈

가 밝혀지니, 지혜가 생겨나면 응당 법이 원만히 비춰질 것이므로 이러한 경계를 여의고 어떻게 자비로울 수 있으며, 자비심이 일어나면 곧 모든 근기가 통틀어 섭수될 것이거늘 중생과 괴리되면 어찌 제도할 수 있겠습니까? 모든 중생들을 제도하면 자비가 커지고 궁극적인 경계까지 비추어보면 지혜가 원만하여질 것입니다. 지혜가 원만해지면 시끄러움과 고요함이 똑같이 들여다보일 것이며, 자비가 커지면 원수나 친한 이나 두루 구제할 수 있을 것입니다. 이와 같다면 어찌 산 속 골짜기에 오래도록 거처함을 빌미하겠습니까? 머무는 곳에 따라 인연에 맡길 뿐입니다.

하물며 모든 법은 공허롭고도 원융하며 일체 마음은 고요하고도 고요하여 본래 스스로 존재하지 않는데 그 누가 굳이 말하여 "없다"라고 하겠습니까? 시끄럽고 떠들썩한 그 어떤 것이 시끄럽게 할 수 있을 것이며, 적막하고 고요한 그 어떤 것이 적막하게 할 수 있겠습니까? 만약 만물과 나 자신이 그윽하게 하나임을 안다면 저곳이나 이곳이나 도량 아닌 곳이 없을 것인데, 다시 어찌 사람들 사이에서 떠들썩하고 혼잡함을 내쫓으며 산 속 골짜기에서 고요하고 쓸쓸함을 흩뿌리겠습니까? 이러한 까닭에 움직임을 버리고 고요함을 추구하는 것은 목칼을 미워하면서 쇠고랑을 좋아하는 꼴이요, 원수를 멀리 여의고 친한 이를 가까이 하려는 것은 수레감옥을 싫어하면서 죄인덮개를 즐기는 꼴입니다. 만약 시끄러운 가운데 고요함을 사모할 수 있다면 저잣거리도 참선의 자리 아닌 곳이 없으며, 어긋남을 꾸짖고 순리를 받아들일 수 있다면 원수거나 빚진 이도 본디 착한 벗일 것입니다. 이와 같다면 위협하여 빼앗거나 헐뜯으며 욕함이 나의 근본 되는 스승이 어찌 아닐 것이며, 규환지옥의 시끄럽고 번잡함도 적멸 아님이 없을 것입니다.

그러므로 알진대, 오묘한 도는 형상이 없으므로 모습을 지닌 모든 것은 그 이치에 어긋나지 않으며, 진여는 적멸이니 모든 울림은 그 근원이 다르지 않습니다. 이에 미혹되면 곧 견해가 전도되어 의혹이 생기게 되고, 이를 깨달으면 곧 역경계건 순경계건 자리할 곳이 없을 것입니다. 고요함이란 본디 존재하는 것이 아니나 인연이 모이면 생겨날 수 있고, 이상과 분별같이 높고도 높은 것은 없지 않으나 인연이 흩어지면 소멸되어버립니다. 소멸은 이미 소멸이 아닌데 무엇으로 소멸을 소멸시킬 것이며, 생겨남은 이미 생겨남이 아닌데 무엇으로 생겨남을 생겨나게 하겠습니까. 생겨남과 소멸이 다하여 텅 비게 되면 진실한 모습이 항상 머물 것입니다. 이러한 까닭에 선정의 물줄기가 도도하면 어떠한 망념의 티끌일지언정 어찌 씻기지 않을 것이며, 지혜의 등불이 밝게 타오르면 어떠한 미혹의 안개라도 어찌 떨쳐 없애지 못하겠습니까? 이것이 어긋나면 곧 육취(六趣)에서 순환할 것이요, 이것을 익혀서 깨달으면 이내 삼도(三途)로부터 멀리 벗어날 것입니다. 이와 같다면 어찌하여 지혜의 배를 타고서 법의 바다에 노닐지 않고 산 속 골짜기에서 바퀴축이 부러진 수레를 몰고자 하는 것입니까?

그러므로 사물은 종류가 어지러이 많다지만 그 성품은 본래 하나이며 신령스러운 근원은 고요하고 고요하여 비추지 않고도 알 수 있으니, 진실한 모습은 천진하며 신령한 지혜는 만들어내는 것이 아님을 알아야 합니다. 사람이 미혹하면 그것을 잃었다 일컫고 사람이 깨달으면 그것을 얻었다 일컬으니, 얻고 잃음이 사람에게 있을지언정 어찌 움직임과 고요함에 연관되겠습니까? 비유컨대, 아직 배 타는 법을 이해하지 못하면서 그 물줄기가 굽어져 있는 것만 원망하는 것과 같을 것입니다.

만약 현묘한 종지를 잘 알아 텅 비운 마음으로 그윽이 계합할 수 있으면 움직임과 고요함이 항상 법다웁고 언어와 침묵이 늘 모범되며 고요한 마음이 돌아갈 바가 있고 편안한 마음은 끊임이 없을 것입니다. 이와 같으면 곧 산 속 골짜기를 자유로이 거닐거나 성 밖 저잣거리를 활달하게 노닒에 겉모습은 흥겨워 노닐지라도 속마음은 고요히 머물러 있기에 안으로는 담박하게 쉬고 밖으로는 조용하고도 한가로이 드날리는 것이니, 몸은 얽매인 듯 하나 마음은 태연한 채 모습을 천하에 드러내고 그윽한 영혼을 법계에 침착히 잠길 수 있습니다. 이와 같으면 곧 근기(根機)에 응하여 감응이 있게 되니 자연스레 따로 준칙이 없을 것입니다.

서신에 답하여 이처럼 간략히 적으니, 나머지 말은 다시 어찌 펼치겠습니까? 만약 뜻 있는 벗이 아니면 어찌 감히 가벼이 범하여 들었겠습니까? 한적함을 즐기는 여가에 때때로 잠시 생각해 보시기 바랍니다. 내 필시 미친 듯이 뱉은 말은 그대에게 해당되는 바가 없을 것이니, 다 보고 난 뒤에 불쏘시개로나 사용하여 주십시오.

이만 줄이겠습니다. 도반 현각 합장.

{1} 이상은 문안을 나눈 말이고, 아래는 편지글을 이해한 내용을 이야기하였다.

{2} 아래는 자기 자신을 살펴보고 반대되는 내용을 구한 것이다.

{3} 가슴이니, 머리를 가슴에 부복하는 것이다.

{4} 아래는 은둔하여 거처하는 득실을 말함에 먼저 그 이득을 밝혔다.

{5} 아래는 손실을 밝혔다.

{6} 아래는 도(道)를 지니고 있음과 있지 못함에 (산에 거처하는) 득실이 달려 있음을 말하고 있다.

{7} 아래는 행(行)을 지니고 있음과 있지 못함에 (산에 거처하는) 득실이 달려 있음을 말하고 있다.

{8} 아래는 자비와 지혜가 도(道)에 연유하였음을 밝혔다.

{9} 아래는 시끄럽고 고요함이 사람에게 있으니 먼저 시끄럽고 고요함에 대한 사실을 함께 조사하여 밝힌 것이다.

{10} 그다음으로 시끄럽고 고요함을 함께 회통(會通)시킨 것이다.

{11} 아래는 시끄럽고 고요함을 함께 결부(結付)시킨 것이다.

{12} 아래는 선정과 지혜에 기준하여 책망하였다.

{13} 아래는 미혹과 깨달음에 기준하여 책망하였다.

{14} 아래는 종지에 결부되어 근기에 반응함을 말한다.

{15} 아래는 겸손한 빛을 서술하였다.

사기
(私記)

1 **法味** : 불법미(佛法味) 또는 법지미(法智味)라고도 한다. 진리의 본질을 말하는데, 부처님의 말씀은 그 뜻이 심히 깊고 미묘하여 좋은 음식의 맛에 비유한 것이다.

2 **方寸** : 마음[心臟]을 가리키는 말로, 심장의 크기가 사방 1촌이기에 일컫는 것이다.

3 **決擇** : 결(決)은 결단, 택(擇)은 간택의 뜻. 의심을 결단하여 이치를 분별하는 것을 말한다.

4 **如履輕氷** : 『시경(詩經)』 "소아(小雅)", "소민(小旻)" "戰戰兢兢, 如臨深淵, 如履薄氷."

5 **夕惕** : 저녁때까지 삼가함, 즉 하루 종일 삼가 조신하는 것을 말한다. 『주역(周易)』 "건괘(乾卦)"에서 "君子終日乾乾, 夕惕若厲."라 하고 그 주석에서 "夕惕者, 謂至夕之時, 猶懷憂惕."이라 하였다.

6 **鬱鬱** : 초목이 무성한 모양을 가리키며, 또는 뜻을 얻지 못하여 우울하거나 일이 뜻대로 되지 않아 번민하는 모양을 가리킨다.

7 **蕭索** : 쓸쓸한 모양. 『운회(韻會)』에 "蕭索, 荒也."라 하였다. 인온(氤氳)은 천지의 기운이 서로 합하여 어린 모양을 말하는데, 여기서는 구름과 안개가 자욱하게 낀 모양을 일컬은 것이다.

8 **見惑** : 마음의 미혹, 곧 번뇌를 말한다. 견혹(見惑)은 견도(見道)에 의해 소멸되는 미혹이란 뜻이고, 수혹(修惑, 사혹思惑)은 수도(修道)에 의해 소멸해 없어지는 미혹을 말한다. 구사종에서는 사성제의 진리(불교의 진리)를 알지 못함으로써 진리를 모르는 미혹을 견혹이라 하고, 현상적인 사물에 집착하고 미혹한 사물에 미혹함을 수혹이라 하였다. 유식종에서는 삿된 도의 이단자가 삿된 가르침 등의 유도에 의해서, 또는 마음으로 생각하고 분별함에 따라 일으키는 후천적인 번뇌를 견혹이라 하고, 태어남과 동시에 저절로 생기는 선천적인 번뇌를 수혹이라 하였다. 견혹 자체에는 오리사(五利使 : 신견身見·변견邊見·사견邪見·견취견見取見·계금취견戒禁取見)와 오둔사(五鈍使 : 탐貪·진瞋·치癡·만慢·의疑)의 열 가지가 있다.

9 **陰入** : 오음(五陰)과 십이입(十二入)을 말한다. 십이입은 곧 십이입처(十二入處) 또는 십이처(十二處)라 한다.
1) 오음(五陰, pañcaskandha) : 오온(五蘊)이라고도 한다. 색(色)·수(受)·상(想)·행(行)·식(識)의 총칭인데, 수·상·행은 대체로 마음의 작용을 나타내기 때문에 오온은 물질계와 정신계의 양면에 걸치는 일체의 유위법을 가리킨다.
2) 십이처(十二處) : 길러 생장시킨다는 뜻을 지닌 처(處, āyatana)에는 안(眼)·이(耳)·비(鼻)·설(舌)·신(身)·의(意)의 육근과 색(色)·성(聲)·향(香)·미(味)·촉(觸)·법(法)의 육경이 있는데, 육근은 주관에 속하는 감각기관 또는 그 기능이기 때문에 육내처(六內處)라 하고, 육근은 감지되는 대상으로서 객관에 속하므로 육외처(六外處)라 하니, 이 모두를 일컬어 십이처라 하며 이로써 일체법을 모

두 섭수한다.

10 **矛盾** : 모(矛)는 창, 순(盾)은 방패. 말의 전후가 당착됨을 가리킨다. 이 말은 『한비자(韓非子)』 제15 "난세편(難世篇)"의 초(楚)나라 병기(兵器 : 창과 방패) 장수의 비유에서 나온 말인데, 후세에는 '모순 율(矛盾律)'이니 '기대모순(紀對矛盾)의 자기동일(自己同一)'이니 하는 어려운 술어로 쓰이게 되었다.

11 **本師** : 석가모니불은 불교의 근본되는 교주이므로 본사라 한다. 그 외에 한 종파의 조사를 일컫 기도 하며, 처음 불문에 들어가 승려가 될 때 삭발하고 계를 내려준 스승, 또는 지식과 학문을 가 르쳐준 스승을 일컫기도 한다.

12 **眞如** : 범어 tathātā의 번역으로, 사물의 있는 그대로의 모습을 말한다. 사물의 본체로서 진실로 영원불변한 것이란 의미로 진여(眞如)라고 이름한 것이다. 여여(如如) · 여실(如實) · 여(如) 등으로 부르며, 대승에서는 만유의 본체를 일컫는다.
1) 아함 : 연기의 이법(理法)이 영원불변의 진리임을 진여라고 하였다.
2) 대승 : 모든 존재의 본성이 인(人)과 법(法)의 이무아(二無我)이며 모든 차별적인 상(相)을 초월 해서 절대의 하나인 것을 진여라 이름하였으며, 또 이것을 여래 법신의 자성으로 삼는다.
3) 법상종 : 진여란 허망한 분별법을 여읜 인법이무아(人法二無我)의 본성으로, 삼성(三性) 가운데 원성실성(圓性實性)에 해당한다고 하였다.

13 **實相** : 모든 것의 있는 그대로의 참모습. 실상을 관찰하는 것을 실상관(實相觀)이라 하고, 유식관 은 사관(事觀)임에 대하여 이것을 이관(理觀)이라고 한다. 또 제법의 실상이라고 주장하는 것은 대승불교에서의 인(印), 곧 표치(標幟)로 이를 실상인이라 한다. 대승에서 일법인(一法印)을 주장 하는 것은 소승불교가 삼법인(三法印 : 無常 · 無我 · 涅槃)을 주장하는 것에 대조가 된다.

14 **滔滔** : 물이 출렁출렁 흐르는 모양, 강하(江河)의 넓고 큰물이 흐르는 모양이다. 물이 흘러가서 되 돌아오지 않는 모양, 광대한 모양을 말한다.

4

응암화선사답전장로법사서

應菴華禪師[1] 答詮{1} 長老法{2} 嗣書

●

담화 선사가 법제자인 전 장로에게 답하는 글

老僧自幼出家, 正因也; 方袍[2]圓頂, 正因也; 念生死未明, 撥草瞻風,[3] 親近
眞善知識, 亦正因也. 至於出世[4]領衆, 今三十餘年, 未嘗毫髮厚己也, 方丈
[5]之務未嘗少怠也, 晝夜精勤未嘗敢懈[6]也, 念衆之心未嘗斯須忘也.{3} 護
惜常住之念未嘗敢私也. 行解雖未及古人, 隨自力量行之, 亦不負愧也.

痛心佛祖慧命懸危甚於割身肉也. 念報佛祖[7]深恩, 寢息不遑安處也.
念方來衲子[8]心地未明, 不啻倒懸也. 雖未能盡古人之萬一, 然此心不欺也.

長老隨侍吾三四載, 凜然卓卓可喜. 去年夏末命悅衆, 是吾知長老也.
吾謝鍾山, 寓宣城 昭亭, 未幾, 赴姑蘇 光孝. 方兩月, 長老受鳳山之請, 道
由姑蘇, 首來相見, 道義不忘, 其如此也. 別後杳不聞耗,{4} 正思念間, 懷淨
上人來,{5}9 承書並信物, 方知入院[10]之初開堂{6}11爲吾燒香,[12] 乃知不負
之心昭廓也.

今旣爲人天眼目, 與前來事體不同也. 果能如吾自幼出家爲僧, 行脚親
近眞善知識, 以至出世住持,[13] 其正因行藏, 如此行之, 則吾不妄付授也, 又

何患宗門¹⁴寂寥哉? 至祝. 無以表信, 付拂子¹⁵一枝·法衣一領, 幸收之.
　　紹興¹⁶壬午七月初七日, 住平江府.光孝.應菴老僧曇華書復.^{語錄}

{1}　守詮.

{2}　曇華禪師, 蘄州 江氏子, 嗣虎丘 紹隆禪師.

{3}　斯者, 辨於此; 須者, 待於彼. 辨則離, 待則合, 謂一離一合之頃.

{4}　董仲舒『策』: "察天下之息耗" 註: 息, 生也; 耗, 虛也. 息耗, 一云善惡.

{5}　上人, 『律』云: "瓶沙王稱佛弟子, 謂上人." 『大品』云: "佛言: 若菩薩一心行阿耨菩提, 心不散
　　亂, 是名上人."

{6}　『祖庭』云: "今宗門, 命長老, 住持演法之初, 亦皆謂之開堂者, 謂演佛祖正法眼藏, 上祝天算,
　　又以祝四海生靈之福, 是謂開堂也."

이 늙은 승려가 어려서 출가한 것은 바른 인연이고, 네모진 소매에 둥근 정수리를 한 것도 바른 인연이며, 삶과 죽음의 문제를 아직 밝히지 못한 것을 염려하여 풀밭을 헤치고 바람을 맞으며 참된 선지식을 가까이하는 것 역시 바른 인연이다. 대중 앞에 발탁되어 대중을 이끌어 온 지 이제 삼십 여 년이 되었으나 여태껏 털끝만큼도 자신의 몸을 후하게 하지 않았고 방장의 임무를 조금도 태만히 하지 않았으며, 밤낮으로 정근함에 감히 게으르지 않았고 대중의 마음을 생각함에 잠깐 동안도 잊어 본 적이 없으며, 상주물은 보호하고 아끼는 마음에서 감히 사사로이 하지 않았다. 수행과 견해가 비록 옛사람에게는 미치지 못하나 스스로의 역량에 따라 행하여 온지라 또한 부끄럽지 않도다.

　　부처님과 조사님들의 혜명(慧命)이 위태로운 지경임을 마음 아프게 여기기를 육신의 살을 베어 내는 것 보다 심하게 여겼으며, 부처님과 조사님들의 깊은 은혜에 보답하려는 마음에 잠을 자거나 쉴 때도 한가로이 편안한 처소에 머무르지 못했으며, 사방에서 몰려드는 납자들의 심지를 밝혀주지 못함을 생각함에 거꾸로 매달린 것같이 여겼을 뿐만이 아니었으니, 비록 옛사람들의 만 분지 일도 능히 다하지 못했지만 그러나 이 마음은 속이지 않았다.

　장로가 나를 따르며 시중 든 지 서너 해 되었는데 늠름하고도 탁월하여 매우 기뻤다. 지난 해 여름이 끝날 무렵 열중(悅衆)에 임명하니 이는 내가 장로를 잘 알기 때문이다. 내가 종산을 떠나와 선성의 소정에 머물다 얼마지 않아 고소의 광효에 부임하였는데, 거의 두 달이 될 무렵 장로가 봉산의 부탁을 받고 도중에 고소를 경유하며 먼저 찾아와 서로 보았으니, 도의를 잊지 않음이 이와 같았다. 헤어진 후 묘연하여 소식을 듣지 못하다가 마침 생각하고 있던 중에 회정상인이 와서 서신과 신물을 받들어 전하기에 그제야 사원에 들어가던 초에 법당을 열어 나를 위해 향을 사루었음을 알았으니, 이로서 저버리지 않는 마음이 밝고도 넓음을 알게 되었다.

　지금은 이미 인천(人天)의 동량이 되었으니 예전과는 일의 형편이 같지 않을 것이다. 과연 내가 어려서 출가하여 승려가 되어 운수행각하며 참된 선지식을 가까이 하고 대중 앞에 발탁되어 주지를 하기에 이르기까지의 그 바른 인연인 행장(行藏)과도 같이 이처럼 행하였기에 곧 내가 망령되이 부탁하지 않는 것이니, 또한 종문(宗門)이 적적함을 어찌 근심하겠는가? 지성으로 축하하나니, 달리 믿음을 표할 길 없기에 불자(拂子) 하나와 법의(法衣) 한 벌을 붙이니 받아주기 바란다.

　소흥 임오년 칠월 칠일, 평강부의 광효에 머물고 있는 응암 노승 담화가 글을 써서 답한다.

{1}　이름이 수전이다.

{2}　담화 선사는 기주 강씨의 자손이며 호구 소융 선사의 법을 이었다.

{3}　사(斯)란 여기에서 변별함이요 수(須)란 저기에서 기다림이다. 변별한즉 헤어지고 기다린즉 만나나니, 한 차례 헤어졌다 다시 만나는 잠시간을 일컫는다.

{4}　동중서의 『책』에 "천하의 정황[息耗]을 살핀다." 하고는 주석에, 식(息)은 생겨남이요 모(耗)는 텅 비게 하는 것이다. 식모(息耗)를 또는 선악(善惡)이라고도 한다.

{5}　상인(上人)이란 『율』에 이르기를 "병사왕이 불제자를 일컬어 상인이라 하였다."고 하였으며, 『대품』에 이르기를 "부처님께서 말씀하시길, 만약 보살이 일심으로 아뇩보리를 행하면 마음이 산란하지 않을 것이니 이것을 상인이라 이름한다고 하셨다."고 하였다.

{6}　『조정』에서 말하였다. "지금의 종문에서 장로나 주지로 명을 받아 법을 연설하는 그 처음 역시 모

두 개당(開堂)이라 일컫는 것은 부처님의 정법안장(正法眼藏)을 연설하여 위로 하늘의 지혜를 축원함을 말하며, 또한 그렇게 함으로써 온 세상 생령들의 복을 기원하는 그것을 개당(開堂)이라 일컫는다."

사기
(私記)

1. **應菴曇華** : (1103~1163) 중국 송나라 때 스님으로, 속성은 강(江)씨, 호는 응암(應菴), 이름은 담화 (曇華)이다. 17세에 동선사(東禪寺)에서 출가하여 원오(圓悟) 선사에게 가서 법을 구하려 하였으나 마침 원오 선사가 사천(四川)으로 돌아가자 장교사의 호구 소륭(虎丘紹隆) 문하에서 수행하다가 사(師)의 법을 잇고 묘암사에서 개당하니 남악의 16세가 된다. 만년에 명주(明州) 천동사(天童寺) 에 기거하며 법의 교화를 떨치자 당시 사람들은 대혜 종고(大慧宗杲)와 함께 이감로문(二甘露門) 이라 일컬었다. 제자 밀암 함걸(密菴咸傑)에게 법을 전하고 융흥(隆興) 원년 61세로 입적하였다.

2. **方袍** : 한나라 때 입던 평상복이었는데 당나라 때에 이르러 점차 승복으로 상용되었다. 한족의 속복 가운데 도포 등은 그 소매가 비교적 넓고 네모진 모습이었는데, 후에 속복은 비록 계속 변화 하였으나 승복의 변화는 그다지 크지 않았기에 원래의 형태가 승복에만 남은 것이다.

3. **撥草瞻風** : 무명의 거친 풀을 헤치고 불조의 현풍(玄風)을 우러러보는 것으로, 발초참현(撥草參 玄)이라고도 한다. 『벽암록(碧巖錄)』 제17칙 평창의 종전초(種電鈔)에는 험한 길을 다니면서 선지 식의 덕풍을 첨앙(瞻仰)하는 것이라 하였다.

4. **出世** : 훌륭한 신분이나 지위로 오름을 의미하는 출세(出世)에는 불교적인 두 가지 뜻이 있다.
   1) 부처님께서 중생을 구제하기 위하여 이 세상에 출현하심(buddhautpāda) : 이는 세존께서 이 세 계에 출현하게 되었던 참뜻이라는 의미를 나타내고 있다. 선종에서는 수행을 마치고 은거하고 있던 승려가 주지승이 되어 사원에 사는 것을 출세라 하였는데, 이것은 주지승으로서 사람들을 구도하는 것을 세존께서 출현하여 중생을 교화하는 것에 비교하여 이름한 것이다.
   2) 세속적인 것을 뛰어 넘음(lokauttara) : 흔히 출세간(出世間)이라 하니, 그 뜻은 생사유전에서 헤 매고 있는 세속적인 세계에서 초탈하는 것이요 세상 일을 버리고 불도에 들어가는 것이므로 출 가(出家)와도 의미가 통한다.

5. **方丈** : 사방이 1장(丈 : 십척十尺, 3미터)의 방이란 뜻으로, 방장실(方丈室) 또는 장실(丈室)이라고도 한다.
   1) 선종의 사원에서 주지가 머무는 처소로, 『유마힐경(維摩詰經)』 가운데 유마 거사가 비록 사방 1 장의 작은 방에 거처하였으나 무량함을 함용(含容)하고 있다는 의미에서 유래하였다. 당나라 회 해(懷海)의 『선문규식(禪門規式)』에서는 "旣爲化主, 卽處于方丈, 同淨名之室, 非私寢之室也." 라 하였다. 또는 객전(客殿)·함장(函丈)·정당(正堂)·당두(堂頭)라고도 한다.
   2) 사원의 주지를 가리키는데, 방장에 머무르기 때문이다.

6. **行解** : 수행과 지해(知解)이니, 『성유식론(成唯識論)』 제9에서 "依勝解力, 修勝行."이라 하였다.

또한 주관인 심식이 객관인 대상에 작용하여 그 모양을 분별하고 요해하는 알음알이를 말하기도 한다.

7 **佛祖**: 불교의 개조인 세존을 가리키거나 별도로 구분하여 세존과 조사를 말하기도 한다. 그러나 선종에서는 세존도 조사이고 조사 또한 고불(古佛)이라고 보아 이 둘을 특히 구별하지 않는다.

8 **衲子**: 납(衲)은 본래 아주 낡은 것을 보수하여 만든 옷을 뜻하니 가사(袈裟)를 말한다. 또한 납(納)과도 통용되므로 모든 것을 포용하는 모습이요, 자(子)는 사람을 아름답게 일컫는 말이다. 또 옛적에 한 벌의 납의를 입고서 모든 승방을 다니기 때문에 납자를 납승이라고도 한다 하였다. 종문에서 납의를 입게 된 것은 가섭존자가 처음 시작하였다고 하니 대개 두타하는 종문의 풍토를 상징하기도 하는데, 납의를 입은 승려란 뜻으로 수행승이나 선승을 일컫는 말로 쓰이며, 선승이 자신을 이를 때도 쓴다.

9 **上人**: 엄격히 계율을 지키고 불학에 정통한 스님을 일컫는 말. 『석씨요람(釋氏要覽)』 권상(卷上)에 이르기를 "內有智德, 外有勝行, 在人之上, 名上人."이라 하였다. 통상적으로 덕행을 겸비하고 속진의 세간을 벗어난 스님의 존칭으로 쓰이는데, 일본에서는 일찍이 조정에서 이 존칭을 칙서로 고승에게 내려주기도 하였다.

10 **入院**:
1) 출가하여 세간을 벗어나 사원에 들어가는 것을 말한다.
2) 신임 주지가 처음으로 절에 들어가 머문다는 뜻. 선원에 신임 주지가 취임함을 말하니 진산(晉山)과 그 의미가 같다.

11 **開堂**: 본래 중국 역경원에서 해마다 임금의 생일에 새 경전을 번역하여 성수(聖壽)를 축하하곤 하였는데, 두 달 전에 여러 벼슬아치들이 모여와서 번역하는 것으로서 개당(開堂)이라는 의식이 있었다. 뒤에는 종문의 장로가 새로 주지가 되어 절에 들어가서 처음으로 설법하는 행사를 일컫게 되었다. 이는 선종에서 하는 법식이지만 역경원 의식에서 본뜬 것이다. 『조정록(祖庭錄)』에서 "불조(佛祖)의 정법안장(正法眼藏)을 연설하여 위로는 천산(天算)을 빌고 아래로는 생령(生靈)을 제도하는 것을 개당(開堂)이라 한다."라고 하였다.

12 **燒香**: 선종에서 새로 주지가 진산식을 가지거나 설법을 위해 상당할 때 축원과 함께 향을 사르는데 이를 염향(拈香)이라 하며 손으로 일정량의 향을 집어 향로에 태우는 것을 말한다. 이때 보통 세 차례로 나누어 하는데 첫 번째는 국가를 위해 축원하고, 두 번째는 외호연(外護緣)과 단월연(檀越緣)을 위해 축원한다. 세 번째는 법을 전해 받은 스승을 위해 축원하니 좇아온 바의 종지를 잊지 않음을 나타내기 위해서인데, 그 세 번째를 보고 그 스님의 종파를 알 수 있다고 한다.

13 **住持**:
1) 주지의 원래 의미는 세상에 머물러서 교법을 보전하여 유지케 하는 것으로, 주지삼보(住持三寶) 또는 주지불(住持佛)의 뜻으로 사용된다.
2) 선종이 성행하자 그 후에 사원을 주관하는 승려의 직책명으로 쓰이게 되었다. 『백장청규(百丈清規)』 "주지장(住持章)" "百丈以禪宗浸盛, …… 非崇其位, 則師法不嚴, 始奉其師爲住持, 而尊之曰長老, 亦稱方丈. 一般前任住持稱前住, 現任稱現住, 後任稱後住, 已故稱故住."

14 **宗門**: 선종을 특별히 종문(宗門)이라 하고 교종을 교문(敎門)이라 하였으니, 선종이 곧 불법의 종지를 전하는 문이란 뜻이다. 그러나 이는 선종의 주관적인 호칭으로, 후세에는 다른 종에서도 이 말을 사용하였다. 또는 한 종단을 다른 종과 구별하여 일종(一宗)이나 일파(一派)를 말하는 경

우도 있다.

15 **拂子** : 불(拂) 또는 불진(拂塵)이라고도 한다. 짐승의 털이나 삼[麻] 등을 묶어서 자루[柄]에 맨 것으로 벌레를 쫓을 때 사용되는데, 인도에서는 일반인들이 모두 사용한다. 율장에는 비구가 백불(白拂) 등 화려하지 않은 것을 사용하도록 규정하고 있다. 백불이란 백리우(白氂牛)나 백마의 꼬리로 만든 불자를 귀중하게 여긴다. 밀교에서는 관음 등의 소지품 가운데 하나이다. 중국에서는 특히 선종의 장식용으로 사용되어 주지 또는 그 대리자가 불자를 들고 상당하여 대중에게 설법하는 것을 병불(秉拂)이라 한다. 병불이 될 수 있는 다섯 사람을 오두수(五頭首)라 하는데 전당수좌(前堂首座)·후당수좌(後堂首座)·동장주(東藏主)·서장주(西藏主)·서기(書記)를 말한다.

16 **紹興** : 중국 송나라 1대 고조의 연호(1131~1162). 소흥 32년은 1162년으로, 고려 18대 의종(毅宗) 17년이다.

5

대지조율사송의발여원조본선사서

大智照律師1送衣鉢與圓照本禪師{1}2書

●

원조 율사가 종본 선사에게 의발과 함께 보낸 글

某年月日, 比丘元照謹裁書, 獻于淨慈 圓照禪師. 元照早嘗學律, 知佛制比丘, 必備三衣3·一鉢4·坐具5·漉囊,6 是爲六物,7 上中下根, 制令遵奉. 故從其門者, 不可輒違, 違之則抵逆上訓, 非所謂師資之道也.

三衣者何? 一曰僧伽梨, 謂之大衣, 入聚應供, 登座說法則着之; 二曰鬱多羅僧, 謂之中衣, 隨衆禮誦, 入堂受食則着之; 三曰安陀會, 謂之下衣, 道路往來, 寺中作務則着之. 是三種衣必以麤踈麻苧爲其體, 青黑木蘭8染其色,{2} 三肘五肘9爲其量.{3} 裂碎還縫, 所以息貪情也; 條葉分明, 所以示福田也.{4} 言其相, 則三乘聖賢而同式; 論其名, 則九十六道10所未聞; 敍其功, 則人得免凶危之憂, 龍11被逃金翅12之難,{5} 備存諸大藏, 未可以卒擧也.13

一鉢者, 具云鉢多羅, 此云應器. 鐵瓦二物, 體如法也; 煙薰青翠, 色如法也; 三斗·斗半,14 量如法也.

盖是諸佛之標幟, 而非廊廟之器用矣. 昔者迦葉如來15授我釋迦本師,

『智論』[16]所謂十三條黐布僧伽梨是也. 洎至垂滅, 遣飮光尊者持之於鷄足山,[17] 以待彌勒, 有以見佛佛之所尊也.[6] 祖師西至, 六代相付,[18] 表嗣法之有自, 此又祖祖之所尚也.

今有講下僧在原, 奉持制物, 有年數矣, 近以病卒, 將啓手足,[7][19] 囑令以衣鉢坐具奉于禪師, 實以賴其慈蔭, 資其冥路故也. 恭惟禪師道邁前修, 德歸庶物, 黑白蟻慕,[8] 遐邇雲奔, 天下叢林莫如斯盛.

竊謂事因時擧, 道假人弘, 果蒙暫屈高明, 俯從下意, 許容納受, 特爲奉持. 如是則大聖之嚴制可行, 諸祖之餘風未墜. 謹遣僧齋衣鉢共五事, 修書以道其意, 可否間, 惟禪師裁之. 不宣.[20]

{1} <u>宗本</u>禪師, <u>常州</u> <u>無錫</u> 管氏子, 嗣<u>天衣</u> <u>義懷</u>禪師.

{2} 『四分』有三壞色, 靑·黑·木蘭. 靑謂銅靑色也, 黑謂雜泥色也. 木蘭, 樹皮色也, 其皮染作赤色也.

{3} 準薩婆多中, 三衣長五肘·廣三肘, 每肘一尺八寸. 準姬周尺, 長九尺·廣五尺四寸.

{4} 『章服儀』云: "條堤之相, 事等田疇, 如畦貯水而養嘉苗, 譬服此衣而生功德也. 佛令像此, 義不徒然." 『五分』云: "衣下數破, 當倒彼之."

{5} 『海龍王經』云: "龍王白佛: '如此海中, 無數龍種, 有四金翅鳥, 常來食之, 願佛擁護, 令得安穩.' 於是, 佛脫身皂衣, 告龍王言: '汝取是衣, 分與諸龍, 皆令周遍, 於中有値一縷者, 鳥不能觸犯.'"

{6} 『祖庭』云: "<u>迦葉</u>入<u>王舍城</u>, 最後乞食. 食已未久, 登鷄足山, 山有三峯, 如仰鷄足. <u>迦葉</u>入中, 結跏趺坐, 作誠實言: '願我此身幷衲鉢等, 久住不壞, 乃至經於五十七俱胝六十百千歲, <u>慈氏</u>如來出現世時, 施作佛事.' 作此誓已, 尋般涅槃. 時, 彼三峯, 便合成一."

{7} <u>曾子</u>有疾, 召門弟子曰: "啓予手足! 而今而後, 吾知免矣. 小子!" 盖<u>曾子</u>平日, 以身體不敢毁傷故, 於此使弟子開衾而視之, 以其所保之全, 示門人, 至於將死而後, 以其得免於毁傷. 小子, 門人.

{8} 言緇素嚮往, 如蟻集腥膻.

모년 모월일에 비구 원조(元照)는 삼가 글을 다듬어 정자 원조(圓照) 선사에게 드립니다. 원조는 일찍이 율장을 배워 부처님께서 제정하신 바를 알고 있으니, 비구는 반드시 세 가지 옷과 하나의 바루 그리고 앉는 도구와 녹랑을 갖추어야 하는데 이를 육물(六物)이라 합니다. 상·중·하의 근기에 따라 제정하여 좇아 지키며 받들도록 한 까닭에 불문(佛門)을 따르는 자는 가벼이 어길 수 없으니, 이를 어기면 곧 높으신 가르침을 거역하는 것이므로 스승과 제자의 도리라고 일컬을 바가 아닙니다.

세 가지 옷이란 무엇인가? 첫 번째를 승가리(僧伽梨)라 하여 '큰 옷'이라 일컫는데 마을에 들어가 공양에 응하거나 자리에 올라 법을 설할 때 착용하며, 두 번째를 울다라승(鬱多羅僧)이라 하여 '가운데 옷'이라 일컫는데 대중을 따라 예불이나 경을 읽을 때 또는 전당에 들어가 음식을 받을 때 착용하며, 세 번째를 안타회(安陀會)라 하여 '안쪽 옷'이라 일컫는데 길을 왕래할 때나 절 안에서 운력을 할 때 착용합니다. 이 세 종류의 옷은 반드시 거칠고 성긴 삼베로 그 바탕을 삼고 푸른색과 검은색 및 목란색으로 염색하여 3주(肘)에 5주를 그 크기로 삼습니다. 가르고 찢었다가 다시 바느질하는 것은 탐내는 마음을 쉬고자 하는 까닭이며, 가닥과 잎을 분명하게 하는 것은 복밭임을 표시하고자 하는 까닭입니다. 그 모습을 말하면 곧 삼승(三乘)의 성현이 같은 형식이고, 그 이름을 논하면 아흔 여섯 외도에게서도 들어보지 못했던 바이며, 그 공을 서술하면 곧 사람이 얻음에 재앙과 위태로움의 근심을 면하고 용이 입으면 금시조의 난을 피할 수 있으니, 이러한 내용들이 대장경에 갖추어져 있으나 졸지에 열거할 수 없을 뿐입니다.

하나의 발우라는 것은 갖추어 말하면 발다라(鉢多羅)로서 이곳 말로는 '알맞은 그릇'이라 합니다. 쇠와 질그릇의 두 가지 물질로 되어 있으니 그 몸체가 법답다 할 것이며, 연기를 쏘여 푸른 비췻빛을 띠게 하였으니 그 색채가 법답다 할 것이며, 세 두(斗)와 한 두 반이니 그 양이 법답다 할 것입니다.

대개 이는 모든 부처님의 표식이지 묘당의 제구는 아닙니다. 옛적에 가섭여래께서 우리 석가본사께 건네주셨으니, 『지론』에서 말하는 거친 베로 된 13조의 승가리가 그것입니다. 입멸에 임박하여 음광 존자를 보내 그것을 가지고 계족산에서 미륵을 기다리게 하였으니, 모든 부처님들이 존중하는 바임을 드러내 보이려는 까닭입니다. 조사께서 서쪽에서 이른 뒤로 6대가 서로 부촉함은 법을 이어가는 것에 그 비롯한 근원이 있음을 드러내는 까닭이니, 이는 또한 모든 조사님들이 숭상하는 바입니다.

지금 강단의 제자인 승려 재원(在原)이 있어 법다운 육물을 받들어 지닌 지 수년째 되었습니다. 근자에 병으로 세상을 떠났는데 막 손발을 열어 보이려 할 때에 가사와 발우 및 앉는 도구를 선사에게 드릴 것을 부탁하였으니, 실로 자애로운 음덕에 힘입어 그 저승길을 돕고자 하는 까닭일 것입니다. 삼가 생각건대 선사의 도력이 앞서 수행하던 분들을 뛰어넘고 덕행은 만물이 돌아와 의지하니 사문이나 속인들이 개미떼처럼 붙좇으며 멀고 가까이서 구름처럼 몰려오는지라, 천하의 총림이 이같이 번성한 적이 없었습니다.

가만히 말씀드리건대 모든 일은 때에 인연하여 거행되고 도는 사람에 빌미하여 넓혀지는 것이므로 높고 밝으신 뜻을 잠시 굽히고 아랫사람의 뜻을 굽어 따름으로서 과연 허락하고 받아들여 특별히 지녀주십시오. 이와 같다면 곧 큰 성인의 엄한 법제가 행해질 수 있을 것이며 모든 조사님의 남겨진 교화의 바람이 땅에 떨어지지 않을 것입니다. 삼가 승려를 보내며 가사와 발우를 꾸리고 다섯 가지 일과 함께 글을 써서 그 뜻을 아뢰오니 가부간에 오직 선사께서는 이를 헤아려 주십시오. 이만 줄입니다.

{1} 종본 선사는 상주 무석의 관씨 자손으로서 천의 의회 선사의 법을 이었다.

{2} 『사분율』에 세 가지 괴색(壞色)이 있으니 푸른색과 검은색과 목란색이다. 푸른색은 구릿빛같이 푸른색을 말하며, 검은색은 잡다한 진흙색이다. 목란은 (목란의) 나무껍질색인데 그 껍질로 염색하여 붉은색을 만든다.

{3} 살바다율의 내용에 기준하면 세 종류 가사는 길이가 5주이고 넓이는 3주이며, 1주는 1척 8촌이다. 희씨 성의 주나라 척도에 기준하면 길이가 9척이요 넓이가 5척 4촌이다.

{4} 『장복의』에 이르기를 "가닥이 진 모습을 밭두둑같이 만들어 놓은 것은 마치 두둑을 쌓고 물을 저장하여 벼를 기르는 것과 같음이니, 이 옷을 입으면 모든 공덕이 자라남을 비유한 것이다. 부처님께서 이러한 모양을 띠게 한 것은 그 뜻이 공연한 것이 아니다." 하였으며, 『오분율』에 이르기를 "옷 아래쪽이 자주 닿아 떨어지면 응당 거꾸로 입으라." 하였다.

{5} 『해룡왕경』에 말하였다. "용왕이 부처님께 아뢰기를 '이 바다 가운데 무수한 용의 종자를 네 마리의 금시조가 있어서 항상 와서 먹으니 원컨대 부처님께서 옹호하시어 편안함을 얻게 하여 주십시오.' 하였더니 이에 부처님께서 몸에서 검게 물들인 옷을 벗어서 용왕에게 고하기를 '너는 이 옷을 가져다 모든 용들에게 나누어주어 모두가 두르도록 할 것이니, 그 가운데 할 올만 가지게 되더라도 금시조가 능히 범하지 못할 것이다.' 하였다."

{6} 『조정』에 말하였다. "가섭이 왕사성에 들어가 최후로 걸식을 하였다. 식사가 끝나고 얼마 후에 계

족산에 오르니 산에는 봉우리가 세 개 있었는데 마치 닭의 발이 하늘을 우러러보고 있는 것 같았다. 가섭이 그 가운데로 들어가 결가부좌를 하고는 정성스럽고도 진실된 말로 '원하옵건대, 나의 이 몸과 가사 및 발우 등이 오래도록 허물어지지 않은 채 57구지 60백천세가 지나기에 이르러 자씨여래께서 이 세상에 출현할 때 불사를 이루어 베풀도록 하여 주십시오.' 하여 이러한 서약을 짓고 난 후에 곧 열반에 드셨다. 이때 그 세 봉우리가 문득 합쳐져서 하나로 되었다."

{7} 증자가 병이 있자 문중의 제자들을 불러 말하기를 "나의 손과 발을 펴보아라. 지금 이후에야 내가 (훼상을) 면하였음을 알았도다. 문인들아!" 하였다. 아마도 증자가 평소에 신체를 감히 훼손시키지 않았던 까닭에 여기서는 제자들로 하여금 이불을 헤치고 그것을 보게 함으로써 온전히 보전시킨 바를 문하인들에게 보여준 것이니, 막 죽게 됨에 이른 뒤에야 훼상을 면하였음을 알았다고 말한 것이다. 소자는 문하인이다.

{8} 사문과 속인들이 심복하여 향해 감이 마치 개미가 비린 것에 모여드는 것 같음을 말한다.

사기
(私記)

1 　**大智元照** : (1048~1116) 중국 송나라 때 율종 스님. 자는 담연(湛然), 호는 안인자(安忍子), 여항(餘
杭) 당(唐)씨의 자손이다. 어릴 때 속가를 떠나와 18세 때 득도하여 처음에는 혜감 율사에게 계율
을 배우고 후에 신오 처겸(神悟處謙)을 따라 천태의 교학과 관심(觀心)을 연구하였으나 율장에 뜻
을 두어 광자(廣慈)로부터 보살계를 받고 윤감(允堪)의 뒤를 이어 남산율(南山律)을 전하였다. 항
상 가사를 입고 석장을 끌고 발우를 들고 시정에서 걸식하는 등 부처님의 계율을 엄수하였다. 원
풍(元豊) 연간 중에 소경사(昭慶寺)에 주석하며 계율을 널리 펼쳤으며, 원부(元符) 1년(1098) 개원
사에 계단을 창립, 만년에는 영지(靈芝)의 숭복사로 옮겨 30년을 기거하니 세간에서 영지(靈芝)
존자라 일컬었다. 스님의 가르침을 받는 도속(道俗)이 항상 3백 명에 달하였다. 일찍 정토에 귀향
하는 것을 가벼이 여기더니, 후에 중병을 얻어 천태의 『십의론(十疑論)』을 읽고는 정토를 깊이 믿
고 염불하였다. 송나라 정화(政和) 6년에 69세로 입적하였다. 대지(大智)는 송나라 소흥(紹興) 11
년에 내린 시호이다. 저서로는 『사분율행사초자지기(四分律行事鈔資持記)』 42권 등이 있다.

2 　**圓照本** : (1015~1099) 중국 송나라 때 스님으로, 상주(常州) 무석(無錫) 사람이고 성은 관(管)씨이
다. 원조(圓照)는 송나라의 신종(神宗)이 내린 시호이고, 본은 종본(宗本)이니 대본(大本)이라고도
한다. 호는 혜림(慧林). 19세에 소주(蘇州)의 영안 도승(永安道昇)에게 가서 스님이 되었다. 송나라
철종(哲宗) 원부(元符) 2년 12월에 85세로 입적하였다.

3 　**三衣** : 범어 trayacīvara로, 세 가지 옷이라는 뜻이다. 안타회·울다라승·승가리가 그것이다. 『마하
승기율(摩訶僧祇律)』 제23에서 "此是安陀會, 此是鬱多羅僧, 此是僧伽梨, 此是我三衣."라 하였
고, 『사분율(四分律)』 제6에서 "부처님께서는 비구에게 삼의를 준비해 두는 것을 허락하셨다." 하였
다. → '가사(袈裟)' 조(제2장 면학勉學 "2. 고소경덕사운법사무학십문姑蘇景德寺雲法師務學十門" 사기 61. 袈裟)

4 　**一鉢** → '완발(椀鉢)' 조(제1장 경훈警訓 "1. 위산대원선사경책潙山大圓禪師警策" 사기 21. 椀鉢)

5 　**坐具** : 범어 niṣīdana의 번역으로, 부구(敷具)·수좌구(隨坐具)라고도 번역하며 니사단(尼師壇)이
라 소릿말적기한다. 삼의(三衣)·발(鉢)·녹랑(漉囊)과 더불어 비구가 항상 가지고 다녀야 하는 6종
생활필수품인 육물(六物)의 하나로, 앉고 누울 때 바닥에 까는 장방형의 포(布)로 일종의 방석과
요의 겸용이다. 포편(布片)은 2중·3중·4중으로 누벼서 만들며, 새로 만들 때는 예전에 쓰던 헌 것
의 한복판에 덧붙이도록 하고 있다. 후세에 중국·한국·일본에서는 불상이나 스승에게 예배할
때 깔고 참배하였다. 또 좌구의 일종이었던 초좌(草座)는 세존께서 성도할 때 깔고 앉으셨던 길상
초(吉祥草)를 모방한 것으로 법회 때에 장로가 사용했다.

6 　**漉囊** : 녹수낭(漉水囊). 범어 parisrāvaṇa의 번역으로, 발리살라벌나(鉢里薩羅伐拏)라 소릿말적기

하며, 녹수낭(漉水囊)·녹수대(漉水袋)·녹수기(漉水器)·수록(水漉)·수대(水袋)라 번역하고 수라(水羅)라고도 한다. 소승과 대승을 통해서 비구가 항상 소지하는 도구의 하나이다. 물을 마실 때 물속에 있는 작은 벌레를 죽이지 않기 위해서, 또는 티끌 같은 것을 없애기 위하여 물을 거르는 주머니를 말한다.

7 **六物** : 대승의 비구가 탁발 걸식을 하는 때나 여러 곳을 돌아다니며 가르칠 때 항상 몸에 지니고 다녀야 하는 생활용구로 소승율에서 규정한 것이니, 승가리·울다라승·안타회의 삼의와 발우와 좌구와 녹수낭 등 여섯 가지를 말한다. 또한 『법망경』 권하(卷下)에서는 비구의 지참물로 육물을 포함하여 모두 18종의 도구를 말하고 있으니, 1) 양지(楊枝 : 칫솔), 2) 조두(澡豆 : 대두大豆와 소두小豆의 분말로서 손을 씻는 비누), 3) 삼의(三衣), 4) 병(甁 : 마실 물을 넣는 그릇), 5) 발(鉢 : 음식을 담는 그릇), 6) 좌구(坐具 : 앉거나 누울 때 까는 천), 7) 석장(錫杖 : 머리 부분에 쇠고리가 달린 지팡이), 8) 향로(香爐), 9) 녹수낭(漉水囊), 10) 수건(手巾), 11) 도자(刀子 : 손칼), 12) 화수(火燧 : 부싯돌), 13) 섭자(鑷子 : 콧수염을 빼는 쪽 집게), 14) 승상(繩床 : 법문용의 승제繩製 상床), 15) 경(經 : 경권經卷), 16) 율(律 : 계본戒本), 17) 불상, 18) 보살상 등이다.

8 **木蘭** : 삼종여색법(三種如法色) 가운데 하나인 목란색(木蘭色)을 말한다. 목란나무의 껍질로 물들인 것으로, 붉은빛에 검은빛을 띤 빛깔. 보통 중국에서는 목란, 인도에서는 건타색(乾陀色), 일본에서는 향염(香染)을 사용했다 한다.

9 **肘** : 범어 hasta로, 고대 인도의 길이 단위로서 서주량(舒肘量)과 권주량(拳肘量) 두 가지가 있다. 손가락을 편 상태에서 팔꿈치 밑동으로부터 중지 끝부분까지의 길이를 서주량이라 하고, 팔꿈치 밑동으로부터 주먹을 쥔 끝부분까지의 길이를 권주량이라 한다. 1주의 길이는 여러 경전에서 말하는 바가 일치하지 않는데, 『구사론(俱舍論)』 권12와 『대당서역기』 권2 등에 근거하면 7광맥(穬麥, yava)이 1지절(指節, aṅguliparva)에 해당하며, 24지절이 1주에 해당하며, 4주가 1궁(弓, dhanus)에 해당한다 하였다. 광맥과 지절 및 궁은 모두 고대 인도의 길이 단위이다. 또한 『다라니집경(陀羅尼集經)』 권12에 기재된 것에 근거하면 주의 길이는 주사(呪師)의 팔과 팔꿈치 길이에 따라서 측량이 달라진다 하였다. 혹은 1주가 2책수(磔手)라 하는데 1책수는 약23센티미터에 해당한다. 이로서 알 수 있는 것은, 밀교 수행 때 수행자들이 자신의 신체에 준하여 얻은 각기 다른 광협(廣狹)과 장단(長短)의 단위를 사용하고 있다는 점이다.

10 **九十六道** : 96종의 외도를 말하며, 96술(術), 96경(經), 96도(道), 96종이도(種異道)라고도 한다. 기원전 5세기경 인도에서 여러 군소 부족 국가들이 꼬살라(Kosala)·마가다(Magadha)·아완띠(Avanti)·왕사(Vaṃsa) 등 몇 개의 강대국가로 병합 통일되고 문화가 발전됨에 따라서 그때까지 지배적 사상이었던 브라만교와는 다른 여러 가지 철학과 종교 및 사상이 일어나 당시 초기불교 경전에서는 이를 62종의 견해로 분류하였는데, 그중 불교를 제외하고 가장 유력했던 여섯 학파의 6인과 그들의 제자 15명씩을 합한 96인을 가리키는 말이다. 6인의 외도들에게는 각각 15종의 가르침이 있어 15제자에게 하나씩 가르쳤다고 전한다. 또는 96종의 외도 중에서 소승의 1파와 비슷한 것이 있으므로 이를 제하고 95종을 말하기도 한다. 소승의 1파라 함은 독자부(犢子部)인 듯하다는 설이 있다. 『살바다비니비바사(薩婆多毘尼毘婆沙)』 제4 "僧伽梨·鬱多羅僧·安陀會, 所以作此三名差別者, 欲現未曾有法故, 一切九十六種盡無此三名."
1) 아지따께사깜발라 파(Ajitakesakambala, 유물론) : 순세파(順世派, Lokāyata) 혹은 사탕발림파(Cārvaka)라고도 하며 극단적인 유물론이다. 사람의 일생은 지·수·화·풍인 사대의 집합과 이산에 불과하기에 죽어서 화장하면 사대는 모두 제대로 돌아가고 영적인 것은 아무것도 남는 것이

없기 때문에 죽기 전에 잘 먹고 잘 노는 현실적 쾌락밖에는 인생의 목적은 없다고 주장하였다. 제사, 기도, 교육, 종교, 도덕 등 일체의 윤리적 엄숙주의를 반대하였다.

2) 빠꾸다까짜야나 파(Pakudhakaccāyana, 7요소설) : 기계적 불멸론이라고 할 수 있으니, 절대부동 불변하는 7요소인 지·수·화·풍·고·락과 생명의 이합집산일 뿐, 죽은 뒤에도 7요소 자체는 불변불멸이기 때문에 인생의 결정적 단멸은 없다고 하였다. 칼로 목을 잘라도 결국 칼날은 7요소 사이의 공간을 지나갔을 뿐이니 생명이 없어지지는 않았다고도 하였다.

3) 뿌라나깟싸빠 파(Pūranakassapa, 도덕부정론) : 독단적인 윤리적 회의론이니, 선악은 사회적 관습에 의한 임시적인 것이며 사람은 선행을 하든 악행을 하든 거기에 필연적인 인과응보는 있을 수 없다고 주장하였다. 인간이나 생물을 죽이고 괴롭히고 강도나 거짓말을 하여도 악이 아니며, 기도·제사·보시·인욕·참말만을 하여도 선이 아니고 복도 따라오지 않는다 하였다.

4) 막칼리고쌀라 파(Makkhaligosāla, 숙명론) : 사명외도(邪命外道)라고도 하는 극단적인 필연론이다. 모든 생물은 지·수·화·풍과 허공 및 득·실·고·락·생·사, 그리고 영혼의 12요소로 구성되어 있으며, 우리들의 행동이나 운명은 모두 자연법칙에 의하여 이미 숙명적으로 결정되어 있기 때문에 몸이나 마음의 힘으로는 이렇게 이미 예정된 행로를 도저히 바꿀 수 없다 주장하였다. 마치 산 꼭대기에서 굴러떨어지기 시작한 돌이 굴러가는 대로 굴러가다가 결국 바닥에 가 부딪쳐야만 비로소 멈추듯이, 인생도 일정한 오랜 기간 동안을 인연에 따라서가 아니고 이미 결정된 윤회전생을 무수히 반복하다가 보면 마침내는 해탈하는 날이 온다고 하였다.

5) 싼자야벨랏타뿟따 파(Sañjayabelaṭṭhaputta, 회의론) : 불가지론(ajñānavāda) 혹은 기분파(氣分派)라고도 할 수 있으며, 특히 형이상학적 문제에 대해서는 일체의 판단을 중지하던가 혹은 그때그때의 경우에 따라 제각기 제대로의 소신을 말하면 그것이 곧 진리라고 주장하였다. 가령 누가 묻기를 "내세와 인과응보가 있느냐?"라고 하면 "있다고 생각하면 있다고 대답하겠는데, 나는 있다고도 없다고도 있을는지도 없을는지도 이렇게도 저렇게도 아무렇게도 생각하지 않는다."라고 대답하여도 그 말이 그냥 그대로 진리라고 여겼다.

6) 니간타나뿟따 파(Niganthanāputa, 쟈이냐교) : 극단적 고행과 불살생을 주장하는 윤리적 엄숙주의로서 불교와 거의 동시에 한 걸음 앞서 일어났다. 존재론적으로는 명(命, jīva)과 비명(非命, ajīva)의 이원론이며, 인식론적으로는 부정주의(不定主義, syādvada)와 상대주의(相對主義, anekāntavāda)이다. 모든 인식은 개연적이고 일방적이라고 주장하였으니, 말하자면 어떤 일정한 때와 곳에서 일정한 사람이 보고 들은 것은 그때 그곳 그 사람에게만은 진리일 수 있다고 하였다.

11 龍 : 상상의 동물로 몸통은 큰 뱀과 닮았고 등에 80개의 비늘을 지니고 있으며, 네 발에 각 다섯 개의 발가락을, 머리에는 두 개의 뿔, 긴 귀와 긴 수염을 갖고 있다. 수중이나 지상에 살며 때로는 하늘을 날며 구름이나 비를 일으키고 번개를 치기도 하는 등 변화의 상징으로 일컬어진다. 범어의 nāga를 번역하여 용이라 하고 천룡팔부(天龍八部) 가운데 하나로 간주하지만 인도에서 nāga는 원래 뱀을 가리킨다. 『장아함경』과 『법화경』 등에서 나타난 용에 관한 여러 가지 사상은 본래 인도의 용종족(龍種族)의 사류(蛇類) 숭배의 신화로부터 시작된 것으로 조룡(鳥龍)과 사룡(蛇龍) 등 25종류가 있다 하였다. 중국에서는 교룡(蛟龍) 등 5종이 있다고 하였으며, 또 선악 2종의 용을 상상하여 선한 용은 불법에 귀의한 사람을 지키고 감로를 내려 오곡이 자라게 한다고 믿었다. 우리 나라에서는 예로부터 용은 기린과 봉황 및 거북과 더불어 사상서(四祥瑞)라고 하여 숭배되어 왔으며, 그 상상도는 고분벽화 등에서 볼 수 있다.

12 金翅 : 범어 garuḍa로, 가루라(迦樓羅)·가류라(加留羅)·갈로다(羯路荼)라 소릿말적기하고 묘시조(妙翅鳥)라 번역한다. 팔부중(八部衆)의 하나이다. 깃이 금색이므로 금시조(金翅鳥)라 한다. 양쪽 날

개의 넓이는 3백 6만 리나 되고, 독수리처럼 사나운 성질을 가진 조류의 괴수로 용을 잡아먹는 다고 한다. 가루다가 나가(용·뱀)를 잡아먹는 것과 관련된 인도신화가 있는데 다음과 같다. "태고에 '가도르'와 '브이나다' 자매는 아슈아파 신선의 아내가 되었다. 어느 날 그들은 태양을 끄는 말의 색깔에 대해 논쟁을 벌이고는 내기에 지는 쪽이 이긴 자의 노예가 되기로 하였다. 가도르는 검다고 하였고 브이나다는 희다고 주장하였는데, 가도르는 자기 아들인 뱀에게 명하여 태양의 말에 독을 내뿜어 그 색을 검게 만들고서 내기에 이기고는 브이나다를 노예로 삼았다. 브이나다의 아들인 가루다는 어머니를 노예 상태에서 해방시켜 주길 애원하였는데 뱀족은 감로를 가져오면 해방시켜 주겠다고 하였다. 가루다는 비슈누신으로부터 감로를 받아 어머니를 해방시켰다. 그런데 감로를 마시려 하자 홀연 제석천이 나타나 감로를 가지고 가버렸으며, 뱀들은 감로 방울이 남아 있지 않을까 하여 풀을 핥는 사이에 혀가 둘로 갈라지게 되었다. 뒤에 속은 것을 안 가루다는 분노가 풀리지 않아 뱀들을 계속 잡아먹었는데, 후에 뱀들은 사신(捨身)의 행위로 스스로를 구제하였다 한다.

13　備存云云:

1) 『비화경(悲華經)』 제8 "제보살본수기품(諸菩薩本授記品)" 제4의 6 "釋迦如來, 昔於寶藏佛前, 誓已成佛時, 袈裟有五德, 一或犯重之四重, 若於一念中生恭敬心, 必於三乘受記, 二天龍人鬼, 若恭敬袈裟少分, 卽得三乘不退, 三若鬼神諸人, 得袈裟少分, 乃至四寸, 則得飮食充足, 四衆生, 共違反, 念袈裟, 便生悲心, 五若在兵陣, 持此少分, 慕敬尊重, 常得勝他, 若我袈裟, 無此五力, 則欺十方諸佛."

2) 『현우경(賢愚經)』 권 제54 "有一師子, 名號奈迦羅毗(晋言堅誓), 軀體金色, 光相明顯, 煥然明烈云云, 是時獵師, 剃頭著袈裟, 內佩弓箭, 行於澤中, 見有師子, 甚懷歡喜, 而心念言, 我今大利, 得見此獸, 可級取皮, 以用上王, 足得脫貧, 是時師子, 適値睡眠, 獵師便以毒箭射之, 師子驚覺, 卽欲馳害, 見着袈裟云云, 此染衣者, 過去未來現在三世聖人標相, 我若害之, 則爲惡心趣向三世諸聖人, 如是思惟, 害意還息云云, 便說偈曰, 耶羅羅, 婆奢沙, 娑訶河云云, 具爲大王解說其義, 耶羅羅其義, 唯剃頭着染衣, 當於生死, 疾得解脫, 婆奢沙, 云剃頭着染衣者, 皆是賢聖之相, 近於涅槃, 娑河, 云剃頭着染衣者, 當爲一切請天人所敬仰."

3) 이 외에도 『대비분타리경(大悲分陀利經)』 제6과 『십주비바사론(十住毘婆沙論)』 제16 등에 가사(袈裟)의 공덕이 많이 보인다.

14　三斗斗半: 여법(如法)한 상발(上鉢)은 그 용량이 3말이요, 소발(小鉢)은 1말 반이다. 당나라의 상발(上鉢)은 그 용량이 1말이요 소발(小鉢)은 반 말이다.

15　迦葉如來: 과거칠불 가운데 여섯 번째 부처님으로, 현재현겁천불(現在賢劫千佛)의 제3 부처님. 사람의 수명 2만 세 때 나신 부처님으로 성은 가섭(迦葉), 아버지는 범덕(梵德), 어머니는 재주(財主), 아들은 집군(集軍)이다. 급비왕(汲毗王)의 수도 바라나에서 나서 니구류 나무 아래서 정각을 이루고 1회 설법으로 제자 2만을 제도하였다고 한다.

16　智論: 『대지도론(大智度論)』 100권. 용수(龍樹) 보살이 저술하고 구마라집이 번역한 것으로 『마하반야바라밀경』을 자세히 풀이한 것이다. 『지도론(智度論)』이라 약칭하며, 『대론(大論)』, 『대지석론(大智釋論)』, 『마하반야석론(摩訶般若釋論)』이라고도 한다.

17　鷄足山: 범어 Kukkutapāda로, 존족(尊足)·낭적(狼跡)이라고도 한다. 중인도 마갈타국에 있는 산 이름이다. 지금은 꾸르키아르(Kurkhiār)라 부른다. 부다가야의 동북쪽 20리쯤에 있다. 세 봉우리가 나란히 솟아 마치 닭의 발과 같으므로 이렇게 이름하였다.

18 **六代相付** : 달마 스님이 의발을 가지고 중국에 와서 이것을 혜가에게 전하고 다시 차례로 전하다가 육조 혜능에 이르러 전하지 않고 조계(曹溪)의 보림사(寶林寺)에 비장(秘藏)했다고 하는데, 확실한 것을 고증하기 어렵다.

19 **將啓手足** : 『논어(論語)』 "태백편(泰伯篇)" "曾子有疾, 召門弟子曰: 啓予足! 啓予手! 『詩』云: 戰戰兢兢, 如臨深淵, 如履薄氷. 而今而後, 吾知免夫! 小子!" 朱注: "啓, 開也. 曾子平日, 以爲身體受於父母, 不敢毁傷. 故, 於此使弟子開其衾而視之. 『詩』小旻之篇. 戰戰, 恐懼; 兢兢, 戒謹; 臨淵, 恐墜; 履氷, 恐陷也. 曾子以其所保之全, 示門人, 而言其所以保之之難如此, 至於將死而後, 知其得免於毁傷也. 小子, 門人, 語畢而又呼之, 以致反復丁寧之意."

20 **不宣** : 서신의 말미에 사용하는 상투어로서, '그만 줄이겠습니다'의 의미이다.

6

개선밀암겸선사답진지승서

開 善[1] 密 菴 謙 禪 師[2] 答 陳 知 丞 書 {1}

●

도겸 선사가 진지승에게 답한 글

某啓: 欣審官舍多暇, 焚香靜默, 坐進此道, 何樂如之? 參禪如應擧. 應擧
之志, 在乎登第, 若不登第, 而欲功名富貴光華一世者, 不可得也; 參禪之
志, 在乎悟道, 若不悟道, 而欲福德智慧超越三界者, 不可得也.

　竊嘗思: 悟道之爲易, 登第之爲難. 何故? 學術在我, 與奪在彼, 以我之
所見, 合彼之所見, 不亦難乎? 是以登弟之難也. 參究在我, 證入在我, 以
我之無見, 合彼之無見, 不亦易乎? 是以悟道之爲易也.

　然參禪者衆, 悟道者寡. 何也? 有我故也. 有我則不能證入, 亦易中之
難也. 讀書者衆, 及第者亦衆, 何也? 見合故也. 見合則推而應選, 是難中
之易也.

　故見合爲易, 無我爲難; 無我爲易, 無無爲難; 無無亦易, 亦無無無爲
難; 亦無無無亦易, 亦無無無亦無爲難; 亦無無無亦無爲易, 和座子撞翻
爲難. 故龐居士[3]云'煉盡三山[4]錬, 鎔銷五嶽銅', 豈欺人哉? 因筆及此, 庶
火爐邊團欒頭, 說無生話時, 聊發一笑. {2}

{1} 縣百戶以上爲令, 皆有丞, 主刑獄囚徒, 多以本部人爲之. 俗謂之閑官, 不領公事. 道謙禪師, 建寧府人, 嗣大慧.

{2} 龐居士頌云: "有男不婚, 有女不嫁, 大家團欒頭, 共說無生話."

아무개가 아뢰노라. 흔쾌히 살피건대, 관사에 여가가 많아서 향을 사르고 조용히 침묵하는 가운데 가만히 앉아서 도에 나아간다고 하니 어떠한 즐거움이 이와 같겠는가? 참선은 과거에 응시하는 것과 같다. 과거에 응하는 뜻은 급제함에 있으니 만약 급제하지 못하고서 부귀공명으로 한 세상을 영화롭고자 하는 것은 이룰 수 없는 일이며, 참선하는 뜻은 도를 깨치는 데 있으니 만약 도를 깨치지 못하고서 복덕과 지혜로 삼계를 초월하고자 하는 것은 이룰 수 없는 일이다.

가만히 생각해 보건대 도를 깨치기는 쉽고 과거는 급제하기 어려우니, 무슨 까닭인가? 학문과 기술은 나에게 있으나 주고 빼앗는 것은 저들에게 있으므로 나의 소견으로써 저들의 소견에 합치시켜야 하기에 대단히 어렵지 않겠는가? 그러한 까닭에 과거에 급제하기 어려운 것이다. 참선으로 진리를 구함도 나에게 있고 증득하여 들어가는 것도 나에게 있으므로 나의 소견이 없는 자리로써 저 소견이 없는 자리에 합치시키는 것이기에 대단히 쉽지 않겠는가? 그러한 까닭에 도를 깨치기는 쉬운 것이다.

그러나 참선하는 자는 많으나 도를 깨치는 자는 적으니, 어찌된 까닭인가? 내가 존재하기 때문이다. 내가 있으면 증득하여 들어갈 수 없으니 대단히 쉬운 가운데 어려운 것이다. 글을 읽는 자는 많고 급제하는 자 또한 많으니, 어찌된 까닭인가? 견해가 계합하기 때문이다. 견해가 계합하면 추천하여 선발에 응하는 것이니 이는 어려운 가운데 쉬운 것이다.

그러므로 견해가 계합되기는 쉬우나 내가 없기는 어려우며, 내가 없기는 쉬우나 내가 없음이 없기는 어려우며, 내가 없음이 없기는 또한 쉬우나 또한 내가 없음이 없는 것까지 없기는 어려우며, 또한 내가 없음이 없는 것까지 없기는 또한 쉬우나 또한 내가 없음이 없는 것이 없는 것까지 또한 없기는 어려우며, 내가 없음이 없는 것이 없는 것까지 또한 없기는 쉬우나 앉은 방석까지도 아울러 흔들어 뒤집기는 어렵다. 그러므로 방거사가 "세 산줄기의 쇠를 모두 정련하고 다섯 산맥의 구리를 모두 녹여낸다." 하였으니 어찌 사람을 속이겠는가? 쓰다 보니 여기까지 왔음에 화롯가에서 단란하게 무생(無生)에 관한 이야기를 말할 때 그저 한 차례 웃기를 바라노라.

{1} 현에서 1백 가구 이상을 영(令)으로 하여 모두 승(丞)을 두었으니, 주로 옥사나 죄인의 일을 다루며 대체로 본 부락의 사람으로써 그 보직을 삼았다. 속칭 한관(閑官)이라 하니 공적인 일에는 매달리지 않는다. 도겸 선사는 건녕부 사람으로 대혜의 법을 이었다.

{2} 방 거사의 송에 말하였다. "남자가 있으되 장가들지 않고 여자가 있으되 시집가지 않고, 집안 모두 단란하게 둘러앉아 무상(無生)의 이야기를 함께 말한다."

사기
(私記)

1 **開善** : 강소성(江蘇省) 강녕부(江寧府) 종산(鍾山)의 개선사(開善寺)를 말한다.

2 **密菴道謙** : 중국 송나라 때 스님. 건녕(建寧) 유(游)씨의 자손으로, 호는 밀암(密菴), 이름은 도겸(道謙)이다. 대혜 종고(大慧宗杲) 선사의 법을 이었다. 어려서 부모를 잃고는 출가하여 어버이의 은혜에 보답코자 하였다. 애초에는 경사(京師)에서 원오(圓悟) 선사에게 의지하였으나 뜻에 맞지 않아, 후에 다시 묘희(妙喜) 화상을 따랐으나 오래도록 얻는 바가 없었다. 하루는 묘희 화상이 장자암(張紫巖)에게 서신을 보내게 되었는데, 스님은 가려고 하지 않았으나 친구의 간청으로 그와 함께 가던 도중에 말을 주고받다가 활연히 깨달음에 들게 되었다. 후에 향리의 개선사(開善寺)에 주석하며 명성을 얻게 되었으며, 주희(朱熹)가 그와 더불어 교류하며 노닐곤 하였다.

3 **龐居士** :
1) 방거사 : 중국 당나라 때 형양인(衡陽人)으로, 자는 도원(道元)이다. 집안 대대로 유학을 하였으나 홀로 불도를 사모하였다. 원화(元和) 연간 초에 석두(石頭)를 찾아뵙고는 말없는 가운데 선지를 짐작하였다. 다시 단하(丹霞)의 풍채를 좋아하여 그와 더불어 벗이 되었다. 하루는 석두가 "그대 스스로 이 노승을 보건대 일상적인 일은 해서 무엇하겠는가?"라고 묻기에 "만약 일상적인 일을 묻는다면 곧 답할 자리가 없습니다."라 답하고는 아울러 "神通并妙用, 運水及搬柴."라는 게송 하나를 읊으니 석두가 그럴듯하게 여기고는 "그대는 승려인가, 속인인가?"라고 물으므로 "원컨대 사모하는 바를 따르고자 할 뿐입니다."라고 하였기에 결국에는 머리를 깎지 않게 되었다. 후에 강서로 가서 마조(馬祖)를 찾아뵙고 "만법과 더불어 짝하지 않는 것은 무엇입니까?"라 물었더니 마조가 "네가 한 입에 서강(西江)의 물을 남김없이 마셔버린다면 네게 일러주마."라고 답하였는데, 방거사가 그 말 끝에 종지를 알아차려 현묘한 이치를 문득 깨닫고는 "시방동취회(十方同聚會), 개개학무위(箇箇學無爲), 차시선불장(此是選佛場), 심공급제귀(心空及弟歸)."라는 게송을 지어 바치고 두 해 동안 머무르며 정진하였다. 이로부터 임기응변의 신속함은 제방에 명성이 자자하게 되었다. 원화(元和) 연간에 북쪽으로 양양(襄陽)을 유력하다 그 지방의 풍토를 좋아하여 마침내 집안의 재산을 배에 실어 강에 가라앉히고는 처자와 함께 몸소 녹문산(鹿門山) 아래에서 밭을 갈았으니, 날이면 날마다 도를 물어오는 자가 있었으며 또한 그 담론하는 바가 모두 칼날 같은 법어였기에 그의 처자들도 그로 인해 모두 깨달음을 얻게 되었다. 태화(太和) 연간에 세상을 하직하니 당시에는 그를 방옹(龐翁)이라 일컬었으며, 후세에는 그를 양양(襄陽) 방대사(龐大士)라 이름하였다. 어록과 시 및 게송 등이 세상에 전한다.
2) 거사(居士) : 범어 grhapati의 의역으로, '가라월(迦羅越)'이라 소릿말적기한다. 집(grha)의 주인(pati)으로, 부처님 시대의 인도에서는 특히 상공업에 종사하는 장자를 거사라 일컬으며 네 가지

계급 가운데 바이샤(Vaiśya)에 소속되어 하나의 계급을 형성하고 있었다. 불교의 논서에서는 불교의 거사와 사회계급에서의 거사를 엄격히 구분하였으니, 『대지도론(大智度論)』 권98에서는 "居士, 眞是居舍之主, 非四姓中居士."라 하였으며, 『십송률(十誦律)』에서는 "除王·王臣及婆羅門種, 余在家白衣, 是名居士."라 하였다. 고대 중국에서는 집에 머물며 벼슬에 나아가지 않으나 덕망이 높은 이를 거사(居士)라 하였으며 처사(處士)라고도 하였는데, 불교가 들어온 후로는 재가의 불교신도를 거사라 하였으니 '집에 머물며 수도하는 선비'라는 뜻이다. 혜원(慧遠)의 『유마경소(維摩經疏)』에 "居士有二: 一廣積資財, 居財之士, 名爲居士; 二在家修道, 居家道士, 名爲居士."라 하였다.

4 **三山 :**

1) 중국 복건성에 있는 산 이름. 동쪽에 구선산(九仙山), 서쪽에 민산(閩山), 북쪽에 월왕산(越王山)이 있다.

2) 강소성 강녕현(江寧縣) 서남에 있는 산 이름. 세 봉우리가 연해 있으므로 삼산(三山)이라 하였다.

3) 발해(渤海) 가운데 있다는 전설상의 세 산인 봉래(蓬萊)·방장(方丈)·영주(瀛洲)를 가리키기도 한다.

5 **無生話 :** 무생은 생멸이 없는 열반의 진리이고, 무생화란 무생에 관한 이야기를 뜻한다.

7

안시랑답운행인서

顔 侍 郞[1] 答 雲 行 人 書[2]

●

안시랑 운 행인에게 답한 글

近辱書[3]誨, 且以禪教之說見教, 讀之深有開慰. 而向來亦嘗有所開示, 適以多事, 不能與師周旋.{1} 今復有言, 自非見愛之深, 孰能以此相警? 顧我愚昧, 何足知之? 然師所言者, 予竊疑焉.

於如來方便之道似執一偏, 猶有人我之見, 以我爲是, 以人爲非, 於佛法中是爲大病. 人我不除, 妄談優劣, 只爲戲論,[4] 爭之不已, 遂成謗法,[5] 未獲妙果, 先招惡報, 不可不愼. 但能於先佛一方便門精進修行, 行滿功圓, 自然超脫, 不必執我者爲是, 以餘爲非也.

修行淨土, 佛及菩薩[6]皆所稱歎, 在家出家, 往生[7]非一.[8] 况今末法之中, 修此門者可謂捷徑. 然於是中間, 亦須洗去根塵, 摧折我慢. 於其他種種法門, 雖非正修行路, 隨力隨分, 亦加欽信, 豈可妄論優劣, 自爲高下?

達磨西來, 不立文字, 直傳心印, 一花五葉,[9] 自曹溪來, 悟此法者如稻麻竹葦.[10] 在李唐[11]時, 世主尊崇, 如事師長, 以至于今, 師授不絶, 特未可以優劣議也. 若必欲引教家義目, 定其造證, 謂如是修者方入某地, 如是行者方登某位, 眞所謂描畫虛空, 徒自勞耳. 故經云:[12] "如人數他寶, 自無半錢分. 於法不修行, 多聞亦如是." 願師屛去知見, 勿論其他, 專心自修於淨業也.

某每與師談, 見師多斥不立文字之說, 使此說非善, 則達磨必不西來, 二祖必不肯斷臂求之也. 今禪家文字徧滿天下, 此乃末流自然至此, 何足怪耶? 娑婆[13]世界衆生知見, 種種差別, 非可以一法而得出離, 故佛以方便設種種法門, 使其東西南北縱橫小大, 皆可修行, 皆可證入.

華嚴會上, 文殊師利[14]盖嘗問於覺首言: "心性是一, 云何[15]見有種種差別?" 問於德首言: "如來所悟, 唯是一法, 云何乃說無量諸法?" 問於智首言: "於佛法中, 智爲上首, 如來何故或讚布施, 或讚持戒, 或讚堪忍, 以至或復讚歡慈悲喜捨, 終無有以一法而得出離者?" 咸有頌答, 是師之朝夕所讀者也, 斯理必深明之.[16]

夫受病旣殊, 處方亦異. 今以手足之疾服某藥而愈, 他人病在腹心而責其不進手足之藥, 乃以治腹心之劑爲非, 可乎? 楞嚴會中二十五行,[17] 獨推觀音, 豈可便優觀音而劣諸菩薩神仙外道? 於我法中皆爲邪見.[18] 然華嚴知識,[19] 或在外道, 或爲人王, 或爲淫女, 引導衆生. 若以正修行者爲是, 則善財所參勝熱·婆須蜜女·無厭足王等, 皆可指爲非也.{2}

千經萬論, 止爲衆生除病, 病去藥除, 何須無病而自灸? 此心垢重, 故修淨因. 淨垢若亡, 復何修證? 三界無住, 何處求心? 四大本空, 佛依何住? 衣中之寶, 只爲衣纏. 衣若壞亡, 珠當自現. 聊敍鄙見以復來誨, 或別有可教者, 更垂一言. 幸甚! 愼勿支離蔓衍, 以成戲論也.

邇來四大輕安否? 所苦不下食, 今復差退否? 某隨緣過日, 只求無事耳. 未間, 千萬珍重!

{1} 周旋, 旋旗指麾也, 又回也, 幹也.

{2} 勝熱, 示行癡行, 使善財得般若解脫門; 婆須密女, 示行貪行, 使善財得離欲解脫門; 無厭足王, 示行嗔行, 使善財得如意解脫門.

근자에 수고스럽게 서신으로 깨우쳐 주시고 또한 선(禪)과 교(敎)의 말씀으로 가르침을 드러내 보이심에 그것을 읽으니 깨닫고 위로됨이 절실하였습니다. 또한 지난번에도 계도해 보이셨으나 마침 여러 일로 인하여 스님과 서신을 왕래하지 못하였는데 이제 다시 말씀이 있으시니, 만약 사랑을 드러내 보임이 깊지 않다면 그 누가 이러한 것으로써 서로 경책해 주실 수 있겠습니까? 돌이켜보건대 제가 우매한 까닭에 어찌 흡족하게 그것을 알겠습니까마는 스님께서 말씀하신 바가 저는 그윽이 의문입니다.

여래의 방편도(方便道)에 있어서 흡사 치우친 한 편에 집착하는 것 같아 오히려 인상과 아상의 견해가 있게 되어서 나 자신을 옳다 여기고 남을 그르다 여기니, 부처님 법에서는 이것을 큰 병폐로 여깁니다. 인상과 아상을 떨치지 못하고 망령되이 우열을 논한다면 단지 쓸모없는 이론이 될 뿐인데, 이를 다투어 그치지 않으면 마침내 정법을 헐뜯게 되어 오묘한 결과를 얻지 못한 채 앞서 죄악의 과보만을 초래하게 될 것이므로 삼가지 않을 수 없는 일입니다. 단지 앞선 부처님의 한결같은 방편문에서 오로지 수행해 나갈 수 있다면 덕행과 공덕이 원만해지고 자연스럽게 초탈해질 것이니, 나 자신만이 옳고 그 나머지는 그르다는 생각에 집착하지는 말아야 할 것입니다.

정토(淨土)를 수행하는 것은 불보살님 모두 칭송하고 찬탄하며 재가와 출가 가운데 왕생한 이가 한 둘이 아닌데, 하물며 지금과 같은 말법 시대에 이 정토염불문을 수행하는 것은 가히 첩경이라 말할 수 있습니다. 그러나 이 가운데에서 또한 오근(五根)과 오진(五塵)을 씻어버리고 아만을 꺾어야 하며, 기타 갖가지의 법문에서 비록 미리 마음먹었던 수행의 행로는 아니더라도 역량과 분수에 따라 또한 한층 더 공경하여 믿어야 하거늘, 어찌 망령되이 우열을 논하여 스스로 높고 낮다 여기겠습니까?

달마가 서쪽에서 오셔서 문자를 세우지 않고 마음의 흔적으로 곧장 전하니 한 송이 꽃에 다섯 잎이 되었으며, 조계선사로부터 내려오며 이 법을 깨달은 자가 마치 빽빽이 들어찬 볏단이나 대나무 숲처럼 많았습니다. 이씨의 당나라 때는 대대로 군주들이 존경하고 숭앙하기를 마치 스승이나 어른을 섬기듯 하였으며, 그렇게 지금에 이르기까지 스승의 전수가 끊이지 않았으니 별스럽게 우열로써 의론할 수는 없을 것입니다. 만일 반드시 교학의 가문에서 말하는 정의와 조목을 인용하여 증득의 경지에 나아가는 단계를 정하고자 하여 "이와 같이 수행하는 자라야 바야흐로 어떠어떠한 경지에 들어간다."라거나 "이와 같이 수행하는 자라야 바야흐로 어떠어떠한 계위에 오른다."라고 말한다면 이는 참으로 허공을 묘사하여 그림을 그리는 것이니 그저 스스로 수고로울 뿐입니다. 그러므로 경전에 이르기를 "마치 어떤 사람이 다른 이의 보물만 헤아린다면 결국 자신에게는 반 푼 어치의 몫도 없는 것과 같이, 법에 있어서도 수행하지 않으면 비록 많이 들었다 하더라도 역시 이와 같다." 하였으니, 바라건대 스님께서는 알음알이 소견을 물리쳐버린 채 그 외의 것은 논하지 말고 전심으로 업을 깨끗이 하는 일을 스스로 닦으십시오.

제가 매번 스님과 이야기를 나눌 때 스님께서 여러 번 불립문자(不立文字)의 논설을 배척하는 것을 보았는데, 만일 이 논설이 옳은 것이 아니라면 필시 달마가 서쪽에서 오지 않았을 것이며 반드시 혜가 대사 또한 기꺼이 팔을 끊으며 그것을 구하지 않았을 것입니다. 지금 선가의 문자가 만천하에 두루하니 이는 말법의 흐름이 자연히 이러한 지경에 이른 것이기에 어찌 괴이하다고만 하겠습니까? 사바세계 중생의 지혜와 견해는 가지가지로 차별이 있어 하나의 법으로써 벗어날 수 있는 것이 아닌 까닭에, 부처님께서 방편으로 가지가지 법문을 베풀어 동서남북과 대소종횡으로 하여금 모두 수행할 수 있게 하였고 모두 증득하여 들어갈 수 있게 하였습니다.

화엄회상에서 문수사리보살이 일찍이 각수보살에게 묻기를 "마음과 성품은 하나인데 어찌하여 견해에는 가지가지의 차별이 있습니까?" 하였고, 덕수보살에게 묻기를 "여래가 깨달은 바는 오직 한 가지 법인데 어찌하여 한량없이 수많은 법을 설하셨습니까?" 하였으며, 지수보살에게 묻기를 "부처님 법 가운데 지혜를 가장 우두머리로 여기는데 여래는 어떤 까닭으로 혹은 보시를 찬탄하고 혹은 계 지킴을 찬탄하며 혹은 감내함을 찬탄하거나 혹은 자비하고 희사함을 찬탄하기까지 함으로써 결국에는 하나의 법으로써 벗어남을 얻게 하지 못하는 것입니까?" 하였는데, 모두 게송으로 답한 것이 있으니 이는 스님께서 아침저녁으로 읽은 것이라 필시 그 이치에는 매우 밝을 것입니다.

무릇 얻은 병이 이미 다르면 그 처방도 다른 법인데, 지금 손발의 질환에 어떤 약을 복용하고 쾌유하였다 하여 다른 사람의 병이 뱃속에 있는데도 손발의 질환에 먹는 약을 쓰지 않았다고 힐책하며 뱃속 치료약을 그른 것이라 한다면 옳겠습니까? 능엄회상 가운데 25행에 유독 관음보살만을 추대한 것이 어찌 관음보살만이 우수하고 다른 모든 보살은 열등하다는 것이겠습니까? 신선이나 외도들은 우리 불법에서는 모두 삿된 지견이 됩니다. 그러나 화엄의 선지식은 혹은 외도에 있기도 하고 혹은 임금이기도 하며 혹은 음녀가 되기도 하여 중생들을 인도하는데, 만약 바르게 수행하는 자만을 옳다 여긴다면 곧 선재가 나아가 도를 물은 승열과 바수밀녀 또는 무염족왕 등은 모두 그르다고 지적할 수 있을 것입니다.

천 가지 경전과 만 가지 논소들은 단지 중생들을 위해 병을 제거하기 위한 것이므로 병이 나으면 약은 치워져야 하거늘 어찌 병이 없는데도 스스로 뜸을 뜰 필요가 있겠습니까? 이는 마음의 때가 심한 까닭에 청정한 인연을 닦는 것이니, 때를 맑혔거나 없어졌다면 어찌 다시 수행하고 증득할 것이 있겠습니까. 삼계(三界)에 머무를 일이 없는데 어디에서 마음을 찾을 것이며, 사대(四大)가 본디 비어 있거늘 부처님인들 어디에 의지하여 머무르시겠습니까? 옷 속의 보배는 단지 옷으로 감싸여 있을 뿐이기에 만약 옷이 닳아 없어지면 구슬은 응당 저절로 드러날 것입니다. 비천한 견해를 애오라지 서술함으로써 보내주신 가르침에 답하오니 혹시 달리 지도해 주실 것이 있으면 다시 한 말씀 내려주시면 매우 다행이겠습니다. 난잡하게 너저분한 글이지만 삼가 노닥거리는 공론이나 되지 않았으면 합니다.

근자에 심신은 편안하신지? 소화가 되지 않아 고생하시던 것은 이제 차도가 있으신지? 저는 인연을 따라 날을 보내며 단지 무사하기만을 바랄 뿐입니다. 뵙지 못하는 사이 아무쪼록 자중자애하시기 바랍니다.

{1} 주선(周旋)은 깃발을 흔들어 지휘하는 것이며, 또한 회전하거나 돎을 의미한다.

{2} 승열은 어리석은 행위를 드러내 보임으로써 선재로 하여금 반야해탈문을 얻게 하였으며, 바수밀녀는 탐욕의 행위를 드러내 보임으로써 선재로 하여금 이욕해탈문을 얻게 하였으며, 무염족왕은 성냄의 행위를 드러내 보여서 선재로 하여금 여의해탈문을 얻게 하였다.

사기
(私記)

1 **顔侍郞**: 중국 송나라 때 사람으로, 자는 이중(夷仲)이고, 일찍이 여영공(呂榮公)을 따르며 배웠다. 여거인(呂居仁)이 제음(濟陰)의 주부(主簿)가 되었을 때 안시랑은 조(曹) 지방의 남쪽으로 유배를 가 있었는데, 여거인에게 보낸 편지의 시에 이르기를 "念昔從學日, 同升夫子堂."이라 하였다. 여기서 부자(夫子)는 여영공을 말한다. 건염(建炎) 연간에 관직이 문하시랑(門下侍郞)에까지 올랐다.

2 **行人**: 주나라 때에 추관(秋官)에 예속된 것으로 대행인(大行人)과 소행인(小行人)의 두 관직이 있었다. 먼 곳으로부터 천자를 찾아온 빈객에 대한 접대를 담당했다. 한나라 때 대홍려(大鴻臚)의 속관(屬官) 가운데 행인령(行人令)이 있어서 부(府) 내 낭관(郞官)의 관리를 책임졌다. 명나라 때의 행인사(行人司)에 역시 이 관직이 있었는데 정8품직이었다. 홍무(洪武) 13년 설치했을 때는 행인(行人)이 정9품이기도 했다. 모두 진사(進士) 출신자로 임명했다. 이 행인사는 건문(建文) 중에 한때 파하였다가 영락(永樂) 때 복구되었다. 청나라 때는 폐지되었다.

3 **辱書**: 상대방의 편지를 말한다. 상대방으로부터 분수에 넘치는 호의로 가득 찬 서신을 받았으나 그에 보답할 능력이 없기에 그 서신을 욕되게 하였다는 뜻으로, 죄송한 동시에 영광스럽다는 겸손의 말이다.

4 **戱論**: 희롱(戲弄)의 담론(談論). 부질없이 희롱하는 아무 뜻도 이익도 없는 말이다. 여기에는 사물에 집착하는 미혹된 마음으로 하는 가지가지 옳지 못한 언론인 애론(愛論)과, 여러 가지의 치우친 소견으로 하는 견론(見論)의 두 종류가 있다. 근기가 둔한 사람은 애론을 근기가 민감한 사람은 견론을, 재가인은 애론을 출가인은 견론을, 천마는 애론을 외도는 견론을, 범부는 애론을 이승(二乘)은 견론을 고집한다고 한다.

5 **謗法**: 비방정법(誹謗正法)의 준말. 부처님의 정법을 비방하는 언동으로, 그 죄를 방법죄(謗法罪)라 하여 오역죄보다 더 큰 중죄로 친다. 이 죄를 지으면 영원히 성불하지 못한다고 하여 방법천제(謗法闡提)라 한다.

6 **菩薩**: 범어 bodhisattva를 소릿말적기하여 줄인 말로, 대승불교가 홍기하며 내세운 이상적인 인간상이다. 당시 대중 포섭에 효과적이었던 브라만교의 다신성(多神性)에 대응하여 나온 다불보살설(多佛菩薩說)에 그 뿌리를 두고 있다. 인도 꾸샤나 제국 시대는 모든 종교들이 다 보호를 받았지만 특히 그 전성기인 아쇼카왕 때는 불교의 세력이 대단하였다. 이 당시 불교는 전통적이며 보수적인 소승(Hīnayāna)이었으며 그 가운데서도 특히 설일체유부(Sarvāstivāda)가 보호를 받았으니, 승가는 대장원을 가지고 비구들은 부유한 생활을 하며 많은 소승의 주석서들을 저작하였다. 그러나 이렇게 왕권의 옹호를 받으며 부유한 생활에 파묻혀 번쇄한 교리적 이론을 일삼고 불교의 정통을 자처하면서도 붓다의 근본교리인 제행무상설(sarvamanityam)과는 반대로 일체유(一切有, sarvāsti)와 법항유(法恒有, dharmanitya)를 주장하는 독선적이고 이기적인 재래의 불교 교단에 대

하여 일부 대중적인 불교 포교사들은 자미도선도타(自未度先度他)의 대자비(mahākaruṇa)와 대중을 포섭하기 위한 무수방편의 원천인 대반야(mahāprajñā)와 또 일체의 본체론적인 불변하는 절대자를 부정하는 일체개공(一切皆空, sarva śūnya)을 표방하며 종래의 보수적 교단을 소승이라 부르고 자기들을 대승(Mahāyāna)이라 부르며 이상적 인간상으로서 '보살'을 내세우게 되었다.

7 **往生** : 목숨이 다하여 다른 세계에 가서 태어나는 것으로, 왕생을 원하는 것을 원생(願生) 또는 원왕생(願往生)이라 한다.
1) 극락왕생(極樂往生) :『무량수경』등의 설에 의거하여 아미타불의 정토에 태어나는 것을 말한다.
2) 시방왕생(十方往生) :『시방수원왕생경(十方隨願往生經)』등의 설에 의거하여 아미타불 이외 모든 부처님의 정토에 태어나는 것을 말한다.
3) 도솔왕생(兜率往生) :『미륵상생경(彌勒上生經)』등의 설에 의거하여 미륵보살이 현존하는 두솔천에 태어나는 것을 말한다.

8 **往生非一** : 고려 무기(無寄)의『석가여래행적송(釋迦如來行蹟頌)』에서 말하였다. "若唯諸經論說, 凡有衆生, 聞彼國名及彼佛號, 發願求生者, 無一不往. 如『月藏經』云 我末法中, 億億衆生, 起行修道, 未有一得者, 唯淨土一門, 可通人路(云云). 然則當此末法之時, 不求淨土而何也? 或人, 於此法門, 多生疑謗, 若見求生者, 笑而止之, 自誤誤人, 與佛爲怨, 悲大悲夫."

9 **一花五葉** :
1) 육조 혜능의 법계에 위앙종(潙仰宗)·임제종(臨濟宗)·조동종(曹洞宗)·운문종(雲門宗)·법안종(法眼宗) 등 5가가 일어난 것이다.
2) 심지개발(心地開發)의 양상을 비유한 것으로,『전등록(傳燈錄)』권3 "달마장(達磨章)"에서 "吾本來此土, 傳法救迷情, 一華開五葉, 結果自然成."이라 하였다.

10 **稻麻竹葦** : 물건이 많은 것을 비유한 말로, 벼·삼·대·갈대같이 많다는 뜻이다.

11 **李唐** : 이연(李淵)이 수나라의 뒤를 이어 천하를 통일한 나라로, 이연이 세운 나라이므로 이당(李唐)이라 한다. 또한 후당(後唐) 및 남당(南唐) 등과 구별키 위하여 그렇게 부르기도 한다.

12 **經云** :『화엄경(華嚴經)』제10 "보살문명품(菩薩問明品)" "法首菩薩, 以頌答日: 佛子善諦聽! 所問如實義, 非但以多聞, 能入如來法. 如人水所漂, 懼溺而渴死, 於法不修行, 多聞亦如是; …… 如人數他寶, 自無半錢分, 於法不修行, 多聞亦如是."

13 **娑婆** : 범어 sahā를 소릿말적기한 것으로, 사가(沙訶)·사가(沙呵)·색가(索訶)·사부(沙桴)라고도 쓰며, 인(忍)·감인(堪忍)·능인(能忍)이라 번역한다. 자세히는 사하루타(沙訶樓陀) 곧 사바세계를 말하고, 또 인토(忍土)·인계(忍界)·감인토(堪忍土)라고도 한다. 세존이 나신 이 세상, 곧 이 땅의 중생은 여러 가지 번뇌를 참고 나가야 하고 또 성자들은 여기서 피곤함을 참고 교화해야 하므로 이 세상을 감인(堪忍)이라 한다. 처음에는 우리가 살고 있는 염부제의 뜻으로 썼지만, 뒤에는 석가불의 교화가 삼천대천세계에 미친다고 생각하여 백억의 수미산 세계를 총칭해서 말했다. 따라서 세존께서는 사바의 본사(本師)라 한다. 또 범천이 이 세상을 창조했다고 하여 범천을 사바왕(娑婆王)·인토왕(忍土王)이라고도 한다. 또 사바를 잡회(雜會)·잡잡(雜雜)이라고도 번역하는데, 이것은 사바의 범어가 sabhā라고 보아 많은 중생이 잡다하게 거주하고 있다고 해석한 것이다.

14 **文殊師利** : 범어 Mañjuśri. 구역에서는 문수사리(文殊師利), 신역에서는 만수실리(曼殊室利)로 소릿말적기하였다. 문수와 만수는 묘(妙)의 뜻이고, 사리와 실리는 두(頭)·덕(德)·길상(吉祥)의 뜻이므로 지혜가 뛰어난 공덕이라는 뜻이 된다. 석가모니불의 보처로서 왼쪽에 있으며 지혜를 맡는다. 머리에 5계(髻)를 맺은 것은 대일(大日)의 5지(智)를 나타내는 것이고, 오른손에는 지혜의 칼

을 들고, 왼손에는 꽃 위에 지혜의 그림이 그려 있는 청련화를 쥐고 있으며, 위엄과 용맹을 나타 내기 위하여 사자를 타고 있다. 세존의 교화를 돕기 위해 일시적인 권현(權現)으로 보살의 자리에 있다고 한다. 현재 북방의 상희(常喜) 세계에 있는 환희장마니보적여래라고 이름하기도 하고, 일 찍이 성불했다하여 용존상불(龍尊上佛)·대신불(大身佛)·신선불(神仙佛)이라고도 하며, 미래에 성 불할 것이라 하여 보견(普見) 여래라고도 한다. 전설적으로 중국의 산서성 오대산(五臺山)에 1만 의 보살과 함께 있다고도 하며, 우리나라에도 오대산에 주석한다 하여 상원사(上院寺)는 문수를 주존으로 하여 예불을 드리는 도량으로 알려졌다.

15 云何 :
1) 대명사로서 여하(如何)와 같고, 의문을 나타내며 사물 또는 방식 등을 묻는다. 목적어나 술어 혹은 부사어가 되기도 하여 '무엇', '어떻게' 등으로 해석한다. 『세설신어(世說新語)』 "식감(識鑑)" "此法當失, 云何得遂有天下(이 방법은 응당 틀렸으니 어떻게 하면 천하를 통일할 수 있습니까?)"
2) 부사로서 '하기(何其)'와 같고 정도가 매우 높음을 나타내며, 형용사나 동사 앞에 쓰인다. '얼마 나', '어느 정도' 등으로 해석한다. 『시경(詩經)』 "주남권이(周南卷耳)" "我僕痛矣, 云何吁矣(나의 마 부가 병들어 쓰러졌으니 얼마나 슬프겠는가?)"

16 咸有云云 : 모두 게송으로 답한 것이 있으니 아래와 같다.
1) 覺首菩薩, 以頌答曰 : "仁今問是義, 爲曉悟群蒙, 我如其性答, 惟仁應諦聽. 諸法無作用, 亦無有體性, 是故彼一切, 各各不相知. 譬如河中水, 湍流競奔逝, 各各不相知, 諸法亦如是. 亦如大火聚, 猛焰同時發, 各各不相知, 諸法亦如是. 又如長風起, 遇物咸鼓扇, 各各不相知, 諸法亦如是. 又如衆地界, 展轉因依住, 各各不相知, 諸法亦如是. 眼耳鼻舌身, 心意諸情根, 以此常流轉, 而無能轉者. 法性本無生, 示現而有生, 是中無能現, 亦無所現物. 眼耳鼻舌身, 心意諸情根, 一切空無性, 妄心分別有. 如理而觀察, 一切皆無性, 法眼不思議, 此見非顚倒. 若實若不實, 若妄若非妄, 世間出世間, 但有假言說."
2) 德首菩薩, 以頌答曰 : "佛子所問義, 甚深難可了, 智者能知此, 常樂佛功德. 譬如地性一, 衆 生各別住, 地無一異念, 諸佛法如是. 亦如火性一, 能燒一切物, 火焰無分別, 諸佛法如是. 亦 如大海一, 波濤千萬異, 水無種種殊, 諸佛法如是. 亦如風性一, 能吹一切物, 風無一異念, 諸 佛法如是. 亦如大雲雷, 普雨一切地, 雨滴無差別, 諸佛法如是. 亦如地界一, 能生種種芽, 非 地有殊異, 諸佛法如是. 如日無雲曀, 普照於十方, 光明無異性, 諸佛法如是. 亦如空中月, 世 間靡不見, 非月往其處, 諸佛法如是. 譬如大梵王, 應現滿三千, 其身無別異, 諸佛法如是."
3) 智首菩薩, 以頌答曰 : "佛子甚希有, 能知衆生心, 如仁所問義, 諦聽我今說. 過去未來世, 現在諸導師, 無有說一法, 而得於道者. 佛知衆生心, 性分各不同, 隨其所應度, 如是而說法. 慳者爲讚施, 毀禁者讚戒, 多瞋爲讚忍, 好懈讚精進. 亂意讚禪定, 愚癡讚智慧, 不仁讚慈愍, 怒害讚大悲. 憂慼爲讚喜, 曲心讚歡捨, 如是次第修, 漸具諸佛法. 如先立基堵, 而後造宮室, 施戒亦復然, 菩薩衆行本. 譬如建城郭, 爲護諸人衆, 忍進亦如是, 防護諸菩薩. 譬如大力王, 率土咸戴仰, 定慧亦如是, 菩薩所依賴. 亦如轉輪王, 能與一切樂, 四等亦如是, 與諸菩薩樂."

17 二十五行 : 이십오원통(二十五圓通). 널리 통하여 두루 막힘이 없는 원통을 깨닫기 위해 실천 수 행하는 25종의 방편, 또는 깨달은 지혜에 의해서 나타난 진여의 이치를 실천하는 데 25종의 방 편수단으로 원통을 증득하는 것이다. 원만한 법성의 실다운 원리를 두루 통하는 데 중생의 근기 가 천차만별임을 따라 종종의 수행법이 있음을 말한다. 부처님께서 능엄 회상에서 보살과 성문 등에게 진여의 묘경(妙境)을 원만하게 통달하면 주변무애(周遍無碍)의 심경을 통달함에 있어 어떤 법을 근본으로 하느냐고 물으심에 그 방법에 대해 각자가 체득한 바를 25종으로 대답한 것이다.

1) 음성(音聲) : 교진나 등의 성진원통(聲塵圓通)을 말한다.

2) 색인(色因) : 우파니사타 비구의 색진원통(色塵圓通)을 말한다

3) 향인(香因) : 향엄(香嚴) 동자의 향진원통(香塵圓通)을 말한다.

4) 미인(味因) : 약왕(藥王)과 약상(藥上) 두 법왕자의 미진원통(味塵圓通)을 말한다.

5) 촉인(觸因) : 발타바라(跋陀婆羅) 등의 촉진원통(觸塵圓通)을 말한다.

6) 법인(法因) : 마하가섭 등의 법진원통(法塵圓通)을 말한다.

7) 견원(見元) : 아나율타의 안근원통(眼根圓通)을 말한다.

8) 식공(息空) : 주리반특가의 비근원통(鼻根圓通)을 말한다.

9) 미지(味知) : 교병발제의 설근원통(舌根圓通)을 말한다.

10) 신각(身覺) : 필능가바차의 신근원통(身根圓通)을 말한다.

11) 법공(法空) : 수보리의 의근원통(意根圓通)을 말한다.

12) 심견(心見) : 사리불의 안식원통(眼識圓通)을 말한다.

13) 심문(心聞) : 보현보살의 이식원통(耳識圓通)을 말한다.

14) 비식(鼻息) : 손타라난타의 비식원통(鼻識圓通)을 말한다.

15) 법음(法音) : 부루나의 설식원통(舌識圓通)을 말한다.

16) 신계(身戒) : 우바리의 신식원통(身識圓通)을 말한다.

17) 심달(心達) : 대목건련의 의식원통(意識圓通)을 말한다.

18) 화성(火性) : 오추슬마의 화대원통(火大圓通)을 말한다.

19) 지성(地性) : 지지(持地)보살의 지대원통(地大圓通)을 말한다.

20) 수성(水性) : 월광(月光) 동자의 수대원통(水大圓通)을 말한다.

21) 풍성(風性) : 유리광(瑠璃光) 법왕자의 풍대원통(風大圓通)을 말한다.

22) 공성(空性) : 허공장(虛空藏)보살의 공대원통(空大圓通)을 말한다.

23) 식성(識性) : 미륵(彌勒)보살의 식대원통(識大圓通)을 말한다.

24) 정념(淨念) : 대세지(大勢至)보살 등의 근대원통(根大圓通)을 말한다.

25) 이근(耳根) : 관음(觀音)보살의 이근원통(耳根圓通)을 말한다.

18 **邪見** : 오견(五見)의 하나. 주로 인과의 도리를 무시하는 옳지 못한 견해를 말한다. 온갖 망견(妄見)은 다 정리(正理)를 어기는 것이므로 사견이라 하거니와 특히 인과의 도리를 무시하는 것은 그 허물이 중대하므로 사견이라 함. → '아견(我見)'조(제2장 면학勉學 "2. 고소경덕사운법사무학십문姑蘇景德寺雲法師務學十門" 사기 19. 我見)

19 **華嚴知識** : 『화엄경』 "입법계품(入法界品)"에서 선재동자가 복성(福城)의 동쪽 장엄당사라림에서 문수보살의 법문을 듣고 남방으로 향하여 차례차례 찾아가서 법문을 들은 선지식 53인을 말한다. 덕운 비구, 해운 비구, 선주 비구, 미가 장자, 해탈 장자, 해당 비구, 휴사 우바이, 비목구사 선인, 승열 브라만, 자행 동녀, 선견 비구, 자재주 동자, 구족 우바이, 명지 거사, 법보계 장자, 보안 장자, 무염족왕, 대광왕, 부동 우바이, 변행 외도, 육향 장자, 바지라 선자, 무상승 장자, 사자빈신 비구니, 바수밀녀, 비슬지라 거사, 관자재보살, 정취보살, 대천신, 안주지신, 바산바연지, 보덕정광야신, 회목관찰중생야신, 보구묘덕야신, 적정음해야신, 수호일체중생야신, 개부수화야신, 대원정진야신, 묘덕원만야신, 구바석종녀, 마야불모, 천주광천녀, 변우동자사, 중예 동자, 현승 우바이, 견고해탈 장자, 묘월 장자, 무승군 장자, 적정 브라만, 덕생 동자, 미륵보살, 문수보살, 보현보살이 그들이다.

20 **支離** : 이리저리 어지럽게 흩어져 갈피를 잡을 수 없는 것. 『사해(辭海)』에서는 "謂文字言語無系統次序者曰支離"라 하였다.

8

고경화상회분양태수
古 鏡 和 尙 回 汾 陽 太 守[1]

●

고경 화상이 분양 태수에게 회답하다

南陽 忠國師,[2] 三詔[3]竟不赴,　　　遂使唐 肅宗, 愈重於佛祖.
然我望南陽, 雲泥雖異路,　　　回首思古人, 愧汗下如雨.[1]
如何汾陽侯, 視我如泥土,　　　戲以玉峯寺, 出帖請權住.
豈可爲一身, 法門同受汚?　　　萬古長江水, 惡名洗不去.
謹謹納公帖, 觀使自收取,　　　放我如猿鳥, 雲山樂幽趣.
他年無以報, 朝夕香一炷.

{1} 以我望於南陽, 雖似雲泥之逈隔, 然彼感皇王之詔, 余得太守之帖, 持今較古, 寧無愧汗之
霡霂乎?

그 예전의 남양 땅에 혜충 국사 주신 모범,

세 차례의 황제 조서 미동 하나 않았으니,

그러고서 마침내는 당 숙종을 감복시켜,

그로 하여 부처 조사 더욱 귀히 모셔지다.

그렇기에 이내 몸이 남양 땅을 바라보면,

하늘 구름 땅의 진흙 현격하여 차이지니,

머리 돌려 옛 고덕(高德)을 잠시라도 생각하면,

제 부끄러 흐르는 땀 마치 비가 내리는 듯.

어이하여 분양 땅의 덕 높으신 제후께선,

나 보기를 다름 아닌 진흙땅의 한 줌의 흙,

옥봉사란 그 하나로 이리 심히 희롱하며,

부임 문서 내어놓아 머물기를 권하는가?

어찌 가히 이 한 몸을 위한다는 그 구실로,

넓디넓은 이 법문(法門)을 함께 몰아 더럽힐까?

천년만년 흐르는 물 저 장구한 장강수(長江水)로,

씻고 씻고 또 씻어도 씻지 못할 악명(惡名)이리.

삼가고 또 삼가는 맘 공첩(公帖)내어 바치오니,

관사께서 아량으로 거두어서 지니시고,

들녘 원숭 하늘의 새 그들처럼 저를 놓아,

구름 둘린 산속에서 정취 즐김 허(許)하시라.

다른 날은 아무래도 그 은덕을 못 갚을새,

아침마다 저녁마다 한 심지 향 사루리다.

{1} 나를 남양에 견주어보면 비록 구름과 진흙 같은 현격한 차이가 있으나 그는 황제의 조서를 받았고 나는 태수의 서첩을 얻었음에, 지금을 예전과 비교하면 어찌 제 부끄러워 흐르는 땀이 가랑비 같음이 없겠는가.

사기
(私記)

1 **太守** : 관직명. 진나라 때 군수를 두었는데 이를 한나라 경제(景帝) 때(기원전 145) 태수로 이름을 고친 것으로서, 일개 군의 최고 행정장관이다. 수나라 초기에는 주(州)의 자사(刺史)가 군의 장관이 되었다. 송나라 이후 군을 부(府) 혹은 주(州)로 고치자 태수는 정식적인 관직명이 아닌 지부(知府) 또는 지주(知州)의 별칭으로 사용되었다. 명나라와 청나라 때는 오로지 지부(知府)를 가리키는 말이 되었다.

2 **南陽忠** : (?~775) 중국 당나라 때 스님. 속성은 염(冉)씨, 이름은 혜충(慧忠), 호는 남양(南陽). 육조 혜능의 인가를 받고 오령산(五嶺山)·나부산(羅浮山)·사명산(四明山)·천목산(天目山) 등 여러 명산을 다니다가 남양(南陽) 백애산(白崖山) 당자곡(黨子谷)에 들어가 정좌장양(靜坐長養)하며 40여 년을 하산치 않았다고 한다. 현종·숙종·대종 등 3대 임금의 두터운 귀의를 받았고, 상원(上元) 2년(760)에 숙종의 부름에 응하여 천복사(千福寺)의 서선원(西禪院)에 살았는데, 임금이 자주 도를 물을 정도로 깨달은 바가 많았다고 한다. 항상 남악 혜사(南岳慧思)의 종풍을 사모하고, 임금에게 주청하여 형악(衡岳)의 무당산(武當山)에 태일(太一) 연창사(延昌寺)를, 당자곡에 향엄(香嚴) 장수사(長壽寺)를 창건하고 대장경 1부를 각각 모셨다. 당나라 대종(代宗) 대력(大歷) 10년 12월에 당자곡에서 입적하였다. 시호는 대증(大證) 선사이다.

3 **三詔** : 3대(代)의 임금이 각기 불렀으므로 이처럼 말하는 것이다. 숙종이 즉위한 뒤 상원(上元) 2년(761) 정월에 조(詔)를 받고 고보궁(高步宮)에 들어간 일이 있다.

6
장

기문
記文

1

남악법륜사성행당기-초연거사조영금찬

南 岳 法 輪 寺 省 行 堂1 記 - 超 然 居 士 趙 令 衿[1]2 撰

●

남악 법륜사 성행당 기문

嘗謂諸苦之中, 病苦爲深; 作福之中, 省病爲最.[2]3 是故古人以有病爲善知識, 曉人以看病爲福田, 所以叢林爲老病之設. 今叢林聚衆, 凡有病, 使歸省行堂, 不惟修省改行以退病, 亦欲人散夜靜, 孤燈獨照之際, 究索大事.[3] 豈徒然4哉!

旣命知堂以司藥餌,[4] 又戒[5]常住以足供須. 此先佛之規制, 近世不然. 堂名延壽, 鄙俚[6]不經. 病者不自省咎,5 補躬乖方, 湯藥妄投, 返成沈痼.[7] 至有酷疾不參堂, 以務疎逸者,[8] 大失建堂命名之意也.

知堂名存實廢, 或同路人;[9] 常住急於日用, 殊不存撫, 又復失優婆6待老病之意也.[10] 由是病人呻吟痛楚, 日益增極, 過在彼此, 非如來咎.[11] 縱有親故問病, 率皆鄕曲故舊,[12] 心旣不普, 事忽有差.

今法輪病所, 奐然一新,[13] 盖有本分人, 是事色色成辦, 無可論者, 惟有病人宜如何哉? 省躬念罪, 世之有識者, 皆能達此, 衲僧分上, 直截[14]機緣. 當於頭痛額熱之時, 薦取7掉動底; 於聲寃叫苦之際, 領略徹困之心.

密密究思: "是誰受病人? 旣不見病從何來, 人病雙亡, 復是何物?" 直饒見得分明, 正好爲他將息.

{1} 字表之, 嗣圓悟禪師.

{2} 八福田中, 給事病人, 其福甚大.

{3} 『法華』, 以佛知見爲大事; 『涅槃』, 以佛性爲大事; 『維摩』, 以不思議爲大事; 『華嚴』, 以法界爲大事; 宗門, 以一着子爲大事. 名雖有別, 其義則一也.

{4} 餌亦藥也.

{5} 備也, 理也.

{6} 俚亦鄙也, 又俗也.

{7} 久固之疾.

{8} 頑疎放逸.

{9} 視其病僧, 如同行路之人也.

{10} 優婆離沙陀, 持律行故, 於佛會中, 看待老病, 如今之知堂也.

{11} 不順先佛明誨之過, 在乎病者及知堂, 豈吾佛制法之咎哉!

{12} 鄕里曰曲. 又曲者, 里之曲也.

{13} 奧大也, 又文彩粲明貌, 言居室之美也.

{14} 無有分別, 不饒病人故, 曰直截.

일찍이 이르기를, 모든 괴로움 가운데 병으로 인한 고통이 가장 심하고 복을 짓는 일 가운데 병자를 보살피는 것이 으뜸이라 하였다. 이러한 까닭에 옛사람들은 병이 있는 것을 선지식으로 삼았고 밝은 사람은 간병하는 것으로써 복전을 삼았으니, 그러므로 총림은 늙고 병든 자를 위한 시설을 갖춘다. 이제 총림에 모인 대중 가운데 병든 자가 있으면 성행당(省行堂)으로 돌아가게 하는 것은 단지 수행과 반성을 통해 행을 고침으로써 병을 물리치게 할 뿐만 아니라, 또한 사람들이 흩어지고 밤이 고요해진 뒤 외로운 등불이 홀로 비출 때 대사를 추구하여 찾으려 하는 것이기에 어찌 헛되이 지낸다고만 하겠는가.

예전에는 지당(知堂)에게 명하여 탕약과 음식을 맡아보게 하였고 또 상주물(常住物)을 갖추어 공양에 필요한 것으로 충족하게 하였으니, 이는 앞서 부처님의 규율과 제도인데 근세에는 그렇지 못하다. 건물 이름을 '수명을 연장함[延壽]'이라 한 것도 야비하고 속되어 경우에 맞지 않다. 병자가 스스로 허물은 돌아보지 않은 채 몸의 기력을 보충함에 처방을 어기며 탕약을 함부로 투여하면 도리어 고질병을 이루게 될 것이다. 심지어 혹독한 질병이 있음에도 성행당에 들어가지 않은 채 게으르고 편안한 것에만 힘쓰는 것은 성행당을 세우고 이름 지은 뜻을 크게 잃어버리는 것이다.

'지당'은 이름만 있을 뿐 실제는 폐지되어서 병자를 길 가는 사람처럼 여기기도 하고 상주물은 하루하루 쓰는 일에 급하여 특별히 보살펴주지 못하고 있으니, 이 또한 우바리사타가 늙고 병든 이를 대접하는 뜻을 거듭 잃어버린 것이다. 이로 말미암아 병든 사람이 신음하고 고통스러워함이 날로 더욱 심해지니 잘못이 피차에 있을 뿐 여래의 허물은 아니다. 설령 친분이 있다 하여 문병하더라도 대개는 모두 고향에서 예전에 알던 이들이라 이미 마음 씀이 두루 미치지 못하기에 매사에 어긋남이 있게 된다.

이제 법륜사의 간병 장소가 완연히 새로워졌음에, 대개 본분이 있는 사람은 이 일을 가지가지로 이루어 처리할 것이니 가히 논할 것도 없거니와, 오직 병이 있는 사람은 마땅히 어떻게 해야 되는가? 자기 몸을 돌아보고 허물을 생각함은 세간의 식견이 있는 자들도 모두 그 정도는 알 것이니, 승려의 신분이라면 기틀이 되는 인연을 당장에 끊어버려야 한다. 머리가 아프고 이마에 열이 날 때를 직면하면 들뜨려 하는 존재를 몽땅 거둬들이고, 소리 내어 원망하고 괴로움을 부르짖을 때는 철저히 곤혹스러워진 마음을 깨달아서, 면밀히 궁구해 생각하기를 "그 누가 병을 받는 사람인가? 기왕에 병이 어디서 왔는지 보이지 않아서 사람과 병이 모두 사라지면 다시 그것은 무엇인가?"라고 할지니라. 설사 견해가 분명해지더라도 그를 위해 휴식을 가지는 것이 정말 좋을 것이다.

{1} 자는 표지이며 원오 선사의 법을 이었다.

{2} 여덟 가지 복밭 가운데 병든 이에게 시중들어 주는 것은 그 복이 매우 크다.

{3} 『법화경』에서는 깨달음의 지견(知見)으로써 대사(大事)를 삼고, 『열반경』에서는 깨달음의 성품으로써 대사를 삼고, 『유마경』에서는 생각하고 헤아리지 않는 것으로써 대사를 삼고, 『화엄경』에서는 법계로써 대사를 삼고, 선종의 문중에서는 한 자리 틀어앉는 것으로써 대사를 삼으니, 이름은 비록 차이가 있으나 그 뜻은 곧 하나이다.

{4} 이(餌) 역시 약이다.

{5} 갖춘다는 것이며 다스린다는 것이다.

{6} 이(俚) 역시 야비(野鄙)하다는 것이며, 또한 속되다는 것이다.

{7} 오랫동안 굳어진 질병.

{8} 완고하고 소홀하며 제멋대로임.

{9} 병든 승려 보기를 마치 길 가는 사람과 같이 여김이다.

{10} 우바리사타는 율을 준수하는 품행을 지녔던 까닭에 부처님의 회상 중에 늙고 병든 자들을 간호하였으니 지금의 지당과도 같다.

{11} 앞선 부처님의 밝은 가르침을 순종하지 않는 허물은 병자와 지당에게 있으니 어찌 우리 부처님이 제정하신 법의 허물이겠는가.

{12} 향리를 곡(曲)이라 한다. 또한 곡이란 마을이라는 의미의 곡(曲)이다.

{13} 환(奐)은 크다는 것이며 또한 문채가 찬연하게 밝은 모습이니, 거처하는 방이 훌륭함을 말한다.

{14} 분별이 있지 않아 (구분을 두어) 병자에게 관대하지 않는 까닭에 '곧장 끊는다'고 하였다.

사기
(私記)

1   **省行堂** : 중병자를 요양시키는 당우이다. 『사분율행사초(四分律行事鈔)』권하(卷下) 4에는 "율가(律家)에서는 무상당(無常堂)·무상원(無常院)이라 하고 선가에서는 열반당(涅槃堂)·연수당(延壽堂)이라 한다."라 하고는 무상원의 규모와 들어가서 준수할 사상을 서술하고, 선종의 여러 가지 청규를 기록하고 있다.

2   **超然居士** : 중국 송나라 때 사람으로, 조영금(趙令衿)이다. 송나라 태조의 5대손이며 덕소(德昭)의 현손으로, 자는 표지(表之), 초연(超然) 거사는 법호이다. 학문에 박통하고 시문에 능했으며 관직에 있을 때 직언을 잘하여 진회(秦檜)의 뜻에 거슬려서 주살될 지경에 이르렀으나 마침 진회가 죽게 되자 위기를 모면하였다. 일찍이 원오 극근(圓悟克勤)에게 참구하여 그의 말끝에 깨달음에 들고는 게송을 바쳤더니 원오가 인가하고는 불법의 호지를 부탁하였다.

3   **作福之中省病爲最** :
1) 『범망경(梵網經)』권하(卷下)에서 "八福中, 看病福田第一福田."이라 하였다. 팔복(八福)이란 복 받을 원인이 될 8종의 좋은 일로서 먼 길에 우물을 파는 일, 나루에 다리를 놓는 일, 험한 길을 잘 닦는 일, 부모에게 효도하는 일, 스님에게 공양하는 일, 병든 사람을 간호하는 일, 재난당한 이를 구제하는 일, 무차대회(無遮大會)를 열고 일체 고혼(孤魂)을 제도하는 일이다.
2) 『증일아함경(增一阿含經)』제40 "佛告諸比丘: 汝等所以出家者, 共一師·同一水乳, 然各各不相瞻視. 自今已往, 當展轉相瞻視. 設病比丘無弟子者, 當於衆中差次使看病人. 所以然者, 離此已, 更不見所爲之處, 福勝視病之人者, 其瞻病者瞻我無異. 爾時世尊便說斯偈: 設有供養我, 及過去諸佛, 施我之福德, 瞻病而無異. 爾時世尊說此敎已, 告阿難日: 自今已後諸比丘各各當相瞻視. 若復比丘知而不爲者, 當案法律. 此是我之敎誡!"

4   **徒然** : 아무 일도 않고 꼼짝 않는 모양[居然]이다. 부질없이, 헛되이[漫然]라는 의미이다. 심심한 모양, 적적한 모양 또는 헛되이 그러함, 한갓 그러함을 말한다.

5   **病者不自省咎** : 『불설의경(佛說醫經)』에서 말한 병을 얻게 되는 열 가지 연을 말한다. 1) 근심 격정을 많이 하는 것, 2) 오래 앉아 있는 것, 3) 음식을 조절하지 않는 것, 4) 극도로 피곤한 것, 5) 음욕, 6) 성내는 것, 7) 대변을 참는 것, 8) 소변을 참는 것, 9) 호흡을 참는 것, 10) 방귀를 참는 것이 그것이다.

6   **優婆** : 범어 Upāli로, 부처님의 10대 제자 가운데 한 분이다. 우바리(優波離)·오바리(鄔波離)·우바리(優波利) 등으로도 쓰며, 근집(近執)·근취(近取)라 번역한다. 계를 엄하게 지킨 존자라 해서 지계제일(持戒第一)이라 일컬어진다. 인도의 사성계급 가운데 가장 천한 수드라 출신으로, 장성해

서 석가족 궁중에서 머리를 깎는 이발사로 일했다. 부처님께서 성도하신 뒤 고향에 돌아오시어 법을 설하시자 석가족의 왕자들이 출가할 때 머리를 깎아주기 위해 왕자들을 따라서 부처님 계신 데로 갔다. 거기서 모든 왕자들이 출가하는 것을 보고 자신도 출가하고 싶었으나 수드라 출신의 천민으로서는 감히 생각도 못하고 슬픔에 잠겨 있는 것을 아시게 된 부처님께서 아누룻다에게 분부하시어 석가족들이 지켜보는 가운데 우바리의 머리를 깎고 제자로 삼으셨다. 이는 부처님께서 주장하신 사성의 평등을 실천한 것으로서, 사성계급의 제도가 엄격히 지켜지던 당시로서는 큰 결단이자 인권의 선언으로 일대 사회개혁이었다. 부처님께서 열반에 드셨을 때 이미 우바리는 나이 70이 넘었는데, 불제자들이 기자구타산의 동굴에서 제1결집을 할 때 율장은 주로 우바리가 되뇌어 결집하였다.

7 **薦取 :** 몽땅 가져간다는 뜻이다. 중국 사람들이 돗자리 위에서 노름을 하다가 이기는 사람이 돗자리 채로 가져간다는 데서 나온 말이다.

2

무주영안선원신건법당기동승당기–무진거사찬

撫州[1] 永安禪院新建法堂記同僧堂記 – 無盡居士{1}[2] 撰

●

무주 영안선원에서
새로 건축한 법당 기문과 승당 기문

1) 法堂記

臨川 陳宗愈, 於永安 常老會中得大法喜, 捐其家貲, 爲建丈室, 作脩廊. 方且鳩材以新法堂,[3] 而宗愈死. 其二子號訴於常曰: "吾先子之未奉佛也安且强; 旣奉佛也, 病且亡. 佛之因果可信耶? 其不可信耶?"

常曰: "吾野叟也, 不足以譬子. 子第成父之志, 而卒吾堂. 吾先師有得法上首無盡居士, 深入不二,[4] 辯才無碍, 隨順根性善演法音. 法堂成, 當爲子持書求誨, 決子之疑."

紹聖[5]元年春, 常遣明鑑至山陽, 以書來言. 會予方以諫官, 召還未暇. 明年, 鑑又至京, 待報於智海禪刹. 爾時, 居士黙處一室, 了明幻境, 鐵輪旋頂, 身心泰定. 明鑑雨淚悲泣, 慇懃三請: "大悲居士! 佛法外護, 付與王臣. 今此衆生流浪苦海, 貪怖死生, 迷惑因果. 唯願居士作大醫王,[6] 施與法藥."

居士曰: "善哉! 善哉! 汝乃能不遠千里, 爲陳氏子諮請如來無上秘密甚深法要, 諦聽吾說, 持以告之. 善男子! 大空寂間, 妄生四相, 積氣爲風, 積形爲地, 積陽爲火, 積陰爲水. 建爲三才,[7] 散爲萬品.

"一切有情, 水火相摩, 形氣相結, 以四小相,[8] 具四大界.[9] 因生須養, 因養須財, 因財須聚, 因聚成貪, 因貪成競, 因競成瞋, 因瞋成很, 因很成愚, 因愚成癡. 此貪·瞋·癡, 諸佛說爲三大阿僧祇劫.[10] 人於百年劫中, 或十歲二十歲, 或三十四十歲, 或五六十歲, 或七八十歲, 各於壽量, 自爲小劫, 於此劫中而欲超越不可數劫, 譬如蚯蚓欲昇烟雲, 無有是處.

"諸佛悲愍, 開示檀波羅蜜大方便門, 勸汝捨財. 汝財能捨, 卽能捨愛; 汝愛能捨, 卽能捨身; 汝身能捨, 卽能捨意; 汝意能捨, 卽能捨法; 汝能捨法, 卽能捨心; 汝心能捨, 卽能契道.

"昔迦葉尊者行化, 有貧嫗以破瓦器中潘汁施之, 尊者飲訖, 踊身虛空, 現十八變.[11] 貧嫗瞻仰, 心大歡喜. 尊者[12]謂曰:『汝之所施, 得福無量, 若人若天. 輪王[13]·帝釋[14]·四果聖人,[15] 及佛菩提, 汝意所願, 無不獲者.』嫗曰:『止求生天.』尊者曰:『知汝所欲. 過後七日命終, 生忉利天,[16] 受勝妙樂.』[2][17]

"又罽賓國王在佛會聽法, 出衆言曰:『大聖出世, 千劫難逢. 今欲發心造立精舍, 願佛開許.』佛云:『隨爾所作.』罽賓持一枝竹揷於佛前曰:『建立精藍竟.』佛云:『如是! 如是!』以是精藍, 含容法界; 以是供養, 福越河沙.

"鑑來爲吾持此二說歸語檀越, 善自擇之. 汝父所建堂室廊廡, 比一器潘, 得福甚多, 生天受樂, 決定無疑. 若比罽賓國王揷一枝竹, 乃能含容無量法界. 汝欲進此, 聽吾一偈:『一竿脩竹建精藍, 風捲蟭螟入海南,[3] 惡水潑來成第二,[4] 鈍根蹉過問前三.』"[5][18]

於是明鑑踊躍信受, 歸告其人. 筆集緖言, 刻以爲記.

{1}　宋丞相張商英, 字天覺號無盡居士, 得法於從悅禪師.

{2}　『金藏集』云: "迦葉欲乞食時, 先入三昧, 何所貧人, 吾當福之, 於王舍城, 見一老母, 極貧又病,無衣掩身, 施籬障形, <u>迦葉</u>知其命終. 有長者婢, 棄臭潘汁, 母乞盛瓶. <u>迦葉</u>乞食, 母言: '貧窮加疾, 食從何得? 但有臭米汁, 欲以布施, 哀我受不?' <u>迦葉</u>言: '善!' 母以裸形, 不得出外, 側身傴僂, 籬上授與, <u>迦葉</u>受之, 飲訖昇空, 現十八變云云."

{3} 明含容之義.
{4} 不存軌則.
{5} 未容疑議.

1) 법당기

임천의 진종유가 영안의 요상 노스님의 법회에서 커다란 법의 희열을 얻고서 집안 재물을 기부하여 방장실을 건립하고 긴 행랑을 지었다. 바야흐로 다시 재목을 모아 새로 법당을 세우려다 종유가 죽으니 그의 두 아들이 요상에게 호소하여 "저희 부친께서 부처님을 받들지 않았을 때는 편안하고 건강하였는데 부처님을 받들게 되어서는 병이 들더니 돌아가셨으니 부처님의 인과는 믿을 만한 것입니까? 아니면 믿을 수 없는 것입니까?"라고 하였다.

요상이 이르기를 "나는 시골의 늙은이라 자네를 깨우쳐주기에는 부족하네. 자네는 그저 부친의 뜻을 이루어 우리 법당을 끝마쳐라. 나의 돌아가신 스승님에게 법을 전해 받은 상수좌 무진 거사가 있는데 둘 아닌 진리에 깊이 들어가 설법함에 걸림이 없고 근기와 성품에 따라서 법음을 아주 잘 설한다. 법당이 낙성되면 응당 자네를 위해 인편으로 서신을 보내 가르침을 구하여 자네의 의심을 해결토록 해주겠노라." 하였다.

소성 원년 봄에 요상이 명감을 보내 산양에 도착하여 서신을 가지고 와서 말하였으나 마침 내가 간관(諫官)으로 소환되었기에 겨를이 없었다. 이듬해 명감이 다시 서울에 도착하여 지해선찰에서 회신을 기다렸다. 그때 나[居士]는 한곳에 묵묵히 거처하며 일체의 허황된 경계를 남김없이 밝혔기에 쇠바퀴가 정수리를 선회하더라도 몸과 마음은 매우 편안하였다. 명감은 비 오듯 눈물을 흘리고 슬피 울며 정성껏 세 차례 청하기를 "크게 자비로우신 거사님이여! 부처님 법의 외호는 국왕과 대신에게 부촉되어 있습니다. 지금의 이 중생들은 괴로움의 바다에서 방랑하며 삶을 탐하고 죽음을 두려워하여 인과에 미혹되어 있으니, 오직 원하건대 거사께서 크나큰 의왕 (醫王)이 되시어 불법의 약을 베풀어주시기 바랍니다." 하였다.

내[居士]가 말하였다. "옳거니, 옳거니! 그대가 천 리 길을 멀다 않고 진씨의 아들을 위해 여래의 위없고 비밀스러우며 심원한 법요를 물어 청하니 나의 말을 자세히 듣고는 가지고 가서 일러주어라. 선남자여! 크게 비어 있고 고요한 가운데 망령되이 네 가지 모습이 생겼으니, 기운이 쌓여 바람을 이루었고 형상이 쌓여 땅을 이루었고 따뜻함이 쌓여 불을 이루었고 음기가 쌓여 물을 이루었다. 세우면 삼재(三才)가 되고 흩어지면 만품(萬品)이 된다.

일체의 유정이 물과 불로 더불어 서로 마찰하여 형상과 기운이 서로 맺어짐에 네 가지 작은 모습으로써 네 가지 큰 세계를 갖추게 되니, 태어남으로 인하여 성장하길 바라게 되고, 성장함으로 인하여 재물을 바라게 되고, 재물을 상대함으로 인하여 재물 모으기를 바라게 되고, 재물을 모음으로 인하여 탐욕이 이루어지게 되고, 탐욕으로 인하여 경쟁이 이루어지게 되고, 경쟁으로 인하여 성냄이 이루어지게 되고, 성냄으로 인하여 패려궂게 되고, 패려궂음으로 인해 우매함이 이루어지게 되고, 우매함으로 인하여 어리석음이 이루어지는 것이다. 이 탐냄과 성냄과 어리석음을 모든 부처님께서 삼대아승지겁 동안 말씀하셨다. 사람이 백년겁(百年劫) 가운데 혹은 10세나 20세 혹은 3, 40세 혹은 5, 60세 혹은 7, 80세로 각기 수명의 한계 안에서 스스로 소겁(小劫)으로 여기는데, 이 소겁 중에서 헤아릴 수 없는 겁을 초월하고자 하는 것은 비유컨대 지렁이가 연기를 타고 구름에 오르려는 것과 같으니, 이런 경우는 있을 수 없다.

모든 부처님이 자비로써 불쌍히 여기고 단바라밀의 큰 방편문을 열어 보여 그대에게 재물을 버릴 것을 권하셨다. 그대가 재물을 버릴 수 있으면 곧 애욕을 버릴 수 있을 것이요, 애욕을 버릴 수 있으면 곧 몸을 버릴 수 있을 것이요, 몸을 버릴 수 있으면 곧 뜻을 버릴 수 있을 것이요, 뜻을 버릴 수 있으면 곧 법을 버릴 수 있을 것이요, 법을 버릴 수 있으면 곧 마음을 버릴 수 있을 것이요, 마음을 버릴 수 있으면 곧 도에 계합할 수 있을 것이다.

예전에 가섭 존자가 교화를 행하실 때 가난한 노파가 깨진 질그릇으로 뜨물을 시주하니 존자께서 다 마시고는 몸을 허공으로 솟구쳐 열여덟 가지 변화를 드러내니 가난한 노파가 우러러보고 마음으로 크게 기뻐하였다. 존자께서 이르기를 '그대가 보시한 바는 한량없는 복을 얻을 것이다. 사람으로나 천상에서나 또는 전륜성왕이나 제석천이나 네 가지 계위를 얻은 성인 및 부처님의 보리 등 그대 뜻에 원하는 바는 얻지 못할 것이 없을 것이다.' 하니 노파가 이르기를 '단지 천상에 태어나길 바랄 뿐입니다.' 하므로 존자께서 이르기를 '그대가 하고자하는 바를 알겠노라.' 하였다. 과연 일곱 날이 지나 목숨이 다하고 도리천에 태어나 뛰어나고도 오묘한 즐거움을 받았다.

또 계빈국의 왕이 부처님의 회상에서 법을 듣다가 대중 가운데서 나와 말하기를 '큰 성인께서 세상에 나시기는 1천 겁이 지나더라도 마주치기 어렵다 하였으니, 이제 마음을 내어 정사를 건립하고자 하오니 원컨대 부처님께서 허락하여 주십시오.' 하니 부처님께서 이르시길 '그대가 하는 바대로 따르겠다.' 하므로 계빈국왕이 한 가지의 대나무를 가져다 부처님 앞에 꽂으며 이르기를 '정사의 건립을 마쳤습니다.' 하기에 부처님께서 '옳거니! 옳거니!'라고 하셨으니, 이 훌륭한 가람은 온 법계를 품어 안을 것이요 이 공양은 그 복이 항하의 모래알을 넘어설 것이다.

명감은 이리 오라! 나를 위해 이 두 가지 이야기를 가지고 돌아가 단월에게 말해 주되 스스로 잘 선택하게 하라. 그대의 부친이 지은 당실과 행랑은 한 그릇의 뜨물에 비한다면 얻는 복이 매우 많으리니 천상에 태어나 복락을 누림은 결정코 의심할 바가 없을 것이다. 만약 계빈국왕이 한 가지의 대나무를 꽂은 것에 비하더라도 능히 무량한 법계를 품어 안을 수 있을 것이다. 그대가 이것을 나아가 통달코자 할진댄 나의 한 구절 게송을 들으라."

단 한 줄기 긴 대나무   정사 세워 바치오니,
돌개바람 초명 몰아   바다 남쪽 잠겨든다.

| 더러운 물 끼얹고는 | 제이(第二)만을 이루거늘, |
| 둔한 근기 삐끗하니 | 전삼삼(前三三)을 묻는구나. |

그리하여 명감이 뛸 듯이 기뻐하며 서신을 받아 돌아와서 그 사람에게 일러주고는 사연을 써 모으고 새겨서 기록으로 삼는다.

{1} 송나라 승상 장상영은 자가 천각이요 호가 무진 거사로서 종열 선사로부터 법을 얻었다.

{2} 『금장집』에 말하였다. "가섭이 걸식을 하고자 할 때 먼저 삼매에 들어가 어느 곳의 가난한 이를 내가 마땅히 복을 줄꼬 하다가 왕사성에서 한 늙은 할미가 지극히 빈곤하고도 병까지 들었으나 몸을 가릴 옷이 없어 울타리로 몸을 가리고 있는 것을 보았는데, 가섭은 그의 목숨이 곧 다할 것을 알았다. 어떤 장자의 계집종이 악취 나는 뜨물을 버리려 할미가 구걸하자 병에 담아주었다. 가섭이 음식을 구걸하자 할미가 말하기를 '빈궁한 몸에 병까지 들었는데 음식이 어디에 있겠습니까. 다만 악취 나는 쌀뜨물이 있어 이것으로 보시하고자 하는데 저를 애석히 여겨서 받아주시지 않겠습니까?' 하므로 가섭이 말하기를 '좋다.' 하였다. 할미가 벌거벗은 몸이라 밖으로 나오지 못하고 몸을 옆으로 기울인 채 울타리 위로 건네주니 가섭이 그것을 받아 모두 마시고는 공중으로 솟구쳐 열여덟 가지 변화를 나타내었다 한다."

{3} 머금고 있는 모습의 뜻을 밝혔다.

{4} 궤칙을 두지 않음이다.

{5} 의심스러워하는 본의미를 수용하지 못함이다.

2) 僧堂記

古之學道之士,[19] 灰心泯志, 於深山幽谷之間, 穴土以爲廬, 紉[6]草以爲衣, 掬溪而飲,[20] 煮藜而食, 虎豹之與隣, 猿狙[7]之與親. 不得已而聲名腥羶,[8][21] 文彩發露, 則枯槁同志之士, 不遠千里裹粮躡屩,[9] 來從之遊. 道人深拒而不受也, 則爲之樵蘇,[10] 爲之舂炊, 爲之灑掃, 爲之刈植, 爲之給侍奔走.

凡所以效勞, 苦致精一, 積月累歲, 不自疲厭.[11] 覯師見而愍之, 賜以一言之益, 而超越死生之岸. 烏有今日所謂堂殿宮室之華, 床榻臥具[22]之安, 氈幄之溫, 簟席之凉, 窓牖之明, 巾單之潔, 飲食之盛, 金錢之饒, 所須而具, 所求而獲也哉?[23] 嗚呼! 古之人, 吾不得而見之矣. 因永安禪院之新其僧堂也, 得以發吾之緒言.

元祐[12]六年冬十一月, 吾行郡過臨川, 聞永安主僧老病物故,[13][24] 以兜率從悅[14][25]之徒了常繼之. 常陞座說法, 有陳氏子,[15] 一歷耳根, 生大欣慰, 謂常曰:"諦觀師誨, 前此未聞, 當有淨侶雲集, 而僧堂狹陋, 何以待之? 願出家貲百萬,[16] 爲衆更造." 明年堂成, 高廣宏曠,[17] 殆甲江右.[18][26] 常遣人來求文曰:"公迫常於山而及此也,[19] 幸卒成之.[20]"

吾使謂常擊鼓集衆, 以吾之意而告之曰:"汝比丘! 此堂旣成, 坐臥經行, 惟汝之適. 汝能於此帶刀而眠,[27] 離諸夢想, 則百丈[28]卽汝, 汝卽百丈; 若不然者, 昏沈睡眠, 毒蛇[21]伏心, 暗冥無知, 畫入幽壤.[22] 汝能於此跏趺宴坐, 深入禪定, 則空生[29]卽汝, 汝卽空生; 若不然者, 獼猴[23]在檻外覷楹栗,[24] 雜想變亂, 坐化異類.[25] 汝能於此橫經而誦, 研味聖意, 因漸入頓, 因頓入圓, 則三藏卽汝, 汝卽三藏; 若不然者, 春禽晝啼, 秋蟲夜鳴, 風氣所使, 曾無意謂.

"汝能於此閱古人話, 一見千悟, 入紅塵裡[26]轉大法輪,[27] 則諸祖卽汝, 汝則諸祖; 若不然者, 狗嚙枯骨, 鴟啄腐鼠, 鼓喙呀唇, 重增飢火. 是故析爲垢淨, 列爲因果, 判爲情想,[30] 感爲苦樂, 漂流汩溺, 極未來際. 然則作此堂者, 有損有益; 居此堂者, 有利有害, 汝等比丘宜知之. 汝能斷毗盧髻,[28] 截觀音臂,[29] 刳文殊目,[30] 折普賢脛,[31] 碎維摩座,[32] 焚迦葉衣,[33] 如是受者, 黃金爲瓦, 白銀爲壁, 汝尙堪任, 何況一堂? 戒之勉之! 吾說不虛."

了常諮參悅老十餘年, 盡得其末後大事, 盖古德所謂金剛王寶劍云.[31] 元祐七年十二月十日, 南康 赤烏觀, 雪夜擁爐, 書以爲記.

{6} 『禮』"紉針請補綴", 以線貫針爲紉. 又紉蘭爲佩.

{7} 猿長臂, 善攀援樹枝. 狙·猿屬, 又獦狙, 音但, 似狼, 赤眉鼠目狗頭, 以猿爲雌.

{8} 生肉曰腥, 穀氣曰饐. 『禮·內則』"鷄膏, 腥; 犬膏, 臊; 牛膏, 饐; 羊膏, 羶." 然則饐非穀氣也. 言名聲有聞於外人也.

{9} 躡蹻也, 着屐履也. 屬音覺, 『廣韻』草履. 又麻曰屬, 木曰屐. 『史』"馮驩躡蹻", 見孟嘗君傳.

{10} 採薪曰樵, 刈草曰蘇.

{11} 身不疲, 心不厭.

{12} 宋 哲宗年號.

{13} 物故者, 死也, 言其同於鬼物而故也. 一說, 不欲斥死, 但云其所服用之物已故耳. 又高堂隆曰: "物無也, 故事也, 言死者無復所能於事也."

{14} 戀州 熊氏子, 嗣眞淨 克文禪師.

{15} 臨川 陳宗愈.

{16} 錢百萬貫.

{17} 空也, 洞也, 大也.

{18} 甲爲十干之首, 言爲江右首也.

{19} 言及此山也.

{20} 卒, 畢也, 言幸而畢成其堂也.

{21} 毒蛇者, 『搜神記』云: "嶺南 蒙岬山中有蛇, 見人輒呼, 爲片片花塊, 行人不知, 捉其一塊則皆合而囓人. 又北地有蛇, 能呼人名, 人苟應之則夜來食人腦." 言沈湎昏睡, 如蛇處窟穴中, 冥然睡痴而已.

{22} 黑暗地獄.

{23} 陸佃云: "此獸無脾, 以行消食." 盖猿之德, 靜而緩, 猴之德, 躁而囂.

{24} 樝, 果屬, 似梨而酸.

{25} 畜生.

{26} 以朱土坌散於九陌上, 塵飛於車轍馬蹄之間, 故曰紅塵. 坌音茲, 撒土大道上也. 一云塵本不紅, 以言其染也. 此言紅塵者, 通言世間也.

{27} 輪有二義: 一, 圓滿義, 具轂輻輞軸等, 體用周遍; 二, 摧輾義, 摧輾煩惱, 如摧未降也. 流演圓通之謂輪, 自我之彼謂轉.

{28} 髻表中道, 謂中道不須安也.

{29} 觀音有千手臂, 謂不求大悲接引也.

{30} 目表文殊大智. 刳, 括去也, 又剖也.

{31} 脛, 脚也, 言不依普賢萬行也.

{32} 淨名於十笏方丈, 容八萬四千獅子座, 言不用其不思議神通也.

{33} 迦葉奉釋迦金襴裟, 於鷄足山中入定, 以待慈氏下生, 言不須傳衣也.

2) 승당기

예전에 도를 배우던 선비들은 심산유곡에서 마음을 죽이고 뜻을 없앴으니, 땅을 파서 움막을 삼고 풀잎을 엮어 옷을 삼으며 시냇물을 움켜 마시고 명아주를 삶아 먹으며 호랑이나 표범과 더불어 이웃하고 원숭이와 더불어 가까이 하였다. 부득이 하여 이름이 널리 알려지고 문채가 드러나게 되면 곧 같은 뜻을 지닌 고고한 선비들이 천리를 마다 않은 채 양식을 싸가지고 짚신을 신고 와서 그를 붙좇아 노닐었다. 도인이 엄히 거절하고 받아주지 않으면 이내 그를 위해 나무하고 풀 베며, 그를 위하여 방아 찧고 불 때며, 그를 위하여 물 뿌리고 소제하며, 그를 위하여 베어내고 심으며, 그를 위하여 시중 들기 분주하였다.

　　무릇 수고로움을 드러내며 각고의 노력으로 전일하여 달이 쌓이고 해가 쌓여도 스스로 지치거나 싫증내지 않는 것은 스승이 이를 보아 불쌍히 여기게 하여 유익한 말 한 마디를 내려 받음으로써 삶과 죽음의 언덕을 초월하고자 바라는 것이니, 어찌 오늘날같이 전당이나 궁실의 화려함과 평상이나 침구의 안락함과 담요나 휘장의 따뜻함과 대자리와 깔개의 서늘함과 창문과 들창의 밝음과 수건과 방석의 깨끗함과 음식의 풍성함과 금전의 풍부함을 더불고서야 바라는 바가 갖추어지고 구하는 바가 얻어지는 일들이 있었겠는가? 오호라! 예전 사람들은 내가 얻어보지 못하였으나, 영안선원에서 새로 승당을 건립하는 인연으로 나의 머릿글을 써보내노라.

원우 6년 겨울 11월, 내가 군을 순행하며 임천을 지나다가 영안의 큰스님이 노병으로 돌아가셨음을 듣고는 도솔 종열의 문도인 요상으로 뒤를 잇게 하였다. 요상이 법좌에 올라 설법하였는데, 어떤 진씨 성을 가진 이가 한 차례 귓전에 스치자마자 크게 기쁜 마음을 내어 위안을 찾고는 요상에게 말하였다. "선사의 가르침을 자세히 살펴보니 앞서 들어보지 못하던 것입니다. 청정한 스님들이 운집하면 승당이 좁고 누추할 것인데 어찌 대처하겠습니까? 원하건대 집안의 재물 백만을 내어 대중들을 위해 다시 짓고자 합니다." 이듬해 승당이 완성되니 높고 넓고도 장대하여 아마 장강 이남에선 으뜸일 것이다. 요상이 사람을 보내와서 글을 구하며 이르기를 "공께서 요상을 다그쳐 산에 머무르게 하였기에 여기에 이르렀는데, 결국엔 다행스레 이런 결과를 이루게 되었습니다." 하였다.

내가 사람을 시켜 요상에게 북을 쳐 대중을 모으고 나의 뜻을 알리도록 하라 일컬으며 가로되, "그대 비구들이여 이 승당이 이미 완성되었으니 앉고 누우며 경행함에 오직 그대들에게 적합하리라. 그대들이 여기에서 칼을 차고 잠에 들어 모든 망상을 여읠 수 있으면 백장이 곧 그대이고 그대가 곧 백장일 것이나, 만약 그렇지 못하다면 수면에 혼미하게 빠지고 독사는 마음속에 엎드려 있기에 어둡고도 무지하여 대낮에도 암흑의 구덩이로 떨어질 것이다. 그대들이 여기에서 가부좌하여 편안히 앉아 선정에 깊이 들어갈 수 있으면 공생이 곧 그대이고 그대가 곧 공생일 것이나, 만약 그렇지 못하다면 원숭이가 우리 안에서 밖으로 아가위 밤을 쳐다보듯 잡된 생각이 어지럽게 변하여 앉은자리에서 축생으로 변할 것이다. 그대들이 여기에서 경전을 가로세로로 외우며 성스러운 뜻을 연구하고 음미하여 점차 닦아가는 인연으로 문득 깨달음에 들어가고 문득 깨달음을 인연으로 교법과 원만히 융화되는 경지에 능히 들어갈 수 있으면 삼장이 곧 그대이고 그대가 곧 삼장일 것이나, 만약 그렇지 못하다면 봄날의 날짐승이 낮에 울고 가을날의 벌레들이 밤에 소리를 내듯이 바람기운이 부리는 바와 같기에 아무런 의미나 일컬을 만한 것이 없을 것이다.

그대들이 여기에서 옛사람들의 말을 두루 살펴봄에 한 가지를 보아 천 가지를 깨닫고 붉은 티끌 속으로 들어가 큰 법의 바퀴를 능히 굴릴 수 있으면 모든 조사가 곧 그대이고 그대가 곧 모든 조사일 것이나, 만약 그렇지 않으면 개가 마른 뼈를 깨물고 소리개가 썩은 쥐를 쪼는 것과 같기에 쪼는 부리와 벌린 입술에 굶주림의 불길만 더할 뿐일 것이다. 그러한 까닭으로 분석하면 더러움과 깨끗함이 되고 나열하면 원인과 결과가 되고 판단하면 욕심과 생각이 되고 감응하면 괴로움과 즐거움이 되니, 깊이 빠져 표류하다 아득한 미래의 끝이 다하게 될 것이다. 그러한즉 이 승당을 지은 자는 손해도 있고 유익도 있을 것이며 이 승당에 거처하는 자 또한 이익도 있고 해악도 있을 것이니, 그대 비구들은 마땅히 이를 알아야 할 것이다. 그대들은 비로자나불의 상투를 자르고 관음보살의 팔을 끊고 문수보살의 눈을 도려내고 보현보살의 다리를 부러뜨리고 유마 거사의 자리를 잘게 부수고 가섭 존자의 옷을 능히 불태울 수 있어야 한다. 이와 같이 시주물을 받는다면 황금으로 기와를 삼고 백은으로 벽을 짓더라도 그대가 오히려 감당할 수 있을진대 하물며 어찌 한 채의 승당이겠는가? 경계하고 힘쓸지니, 나의 말은 헛되지 않으리라.”

요상이 종열 스님에게 물어 참구한 지 10여 년에 그 궁극적인 큰일을 남김없이 증득하였으니 아마도 옛 덕인들이 말하던 금강왕보검이라는 것이리라. 원우 7년 12월 10일, 남강 적오관에서 눈 오는 밤 화로를 끼고 글을 써서 기록으로 삼다.

{6} 『예기』에 “바늘을 꿰어 깁고 꿰맴을 청하다.”라 하였으니 실을 바늘에 꿴 것을 인(紉)이라 한다. 또한 난초를 꿰어 노리개를 삼는다.

{7} 원숭이는 팔이 길어 나뭇가지를 잘 탄다. 저(狙)는 원숭이에 속하는데 또는 ‘큰이리원숭이’이니, (狙의) 음은 단(但)으로 이리와 흡사하며 붉은 눈썹에 쥐의 눈을 하고 개의 머리 모습으로서 원숭이를 암컷으로 삼는다.

{8} 날고기(에서 나는 냄새)를 성(腥)이라 하고 곡기(에서 나는 냄새)를 향(薌)이라 한다. 『예기』 내칙에 “닭이 기름져 나는 노린내가 성이고, 개가 기름져 나는 노린내가 조(臊)이며, 소가 기름져 나는 노린

내가 향이고, 양이 기름져 나는 노린내가 전(羶)이다." 하였으므로 향은 곡기에서 나는 냄새가 아니다. 명성이 다른 사람들에게 알려진 바가 있음을 말한다.

{9} 섭(躡)은 밟는다는 것으로 나막신을 신음을 말한다. 屩의 음은 각(覺)이며 『광운』에서는 짚신이라 하였다. 또 삼으로 엮은 것을 짚신[屩]이라 하고 나무로 만든 것을 나막신[屐]이라 한다. 『사기』에 "빙환이 짚신을 신다." 하였으니 "맹상군전"에 보인다.

{10} 땔나무를 하는 것을 초(樵)라 하고, 풀을 베는 것을 소(蘇)라 한다.

{11} 몸으로는 피로함을 느끼지 않고 마음으로는 싫어함이 없다.

{12} 송나라 철종의 연호이다.

{13} 물고(物故)란 죽음이니 도깨비[鬼物]와 같이 낡았음[故]을 말한다. 일설에는, 죽었다는 사실을 나타내고자 하지 않아서 단지 그 복용한 물질[物]이 이미 오래되었음[故]을 말하는 것일 뿐이다. 또 고당융이 말하기를 "물(物)은 없음이요 고(故)는 일이니, 죽은 자는 일에 대해 다시 능한 바가 없음을 말한다." 하였다.

{14} 당주 옹씨의 자손으로서 진정 극문 선사의 법을 이었다.

{15} 임천 진종유이다.

{16} 돈 백만 관.

{17} 비어 있고 공허하며 크다.

{18} 갑(甲)은 십간의 처음이니 장강의 이남에서 가장 수위(首位)임을 말한다.

{19} 이 산에 이르렀음을 말한다.

{20} 졸(卒)은 마침이니 다행스럽게도 그 승당의 낙성을 마쳤음을 말한다.

{21} 독사(毒蛇)란 『수신기』에 이르기를 "영남의 몽수산에 뱀이 있는데 사람을 보면 번번이 소리내어 부르고는 조각조각 꽃잎이 되었다가 행인이 알지 못하고 그 한 조각이라도 잡으면 곧 모두 합쳐져 사람을 깨물어버린다 한다. 또 북쪽 땅에 뱀이 있어 능히 사람의 이름을 부르는데 사람이 만약 그 소리에 대답하면 곧 밤중에 와서 그 사람의 뇌를 먹는다 한다."라고 하였다. 혼미한 수면에 깊이 빠져 있다는 말은 마치 뱀이 굴의 구멍 안에 들어앉은 것과 같이 어둠침침하게 수면에 빠진 듯이 어리석다는 것일 뿐이다.

{22} 흑암지옥이다.

{23} 육전이 말하기를 "이 짐승은 지라[脾]가 없어서 돌아다니는 것으로 음식을 소화시킨다." 하였다. 대개 원(猿)의 행위는 고요하고도 느긋하며 후(猴)의 행위는 성급하고도 떠들썩하다.

{24} 사(樝)는 과일 종류로서 배와 비슷하나 신맛이 난다.

{25} 축생이다.

{26} 붉은 흙을 큰길에 뿌려 길을 돋아 놓으니 먼지가 수레바퀴와 말발굽 사이에서 일어나는 까닭에 붉은 먼지라 하였다. 坌의 음은 자(玆)이며 큰길에 흙을 뿌리는 것을 말한다. 또는 먼지가 본디 붉은 것이 아니라 (석양 등에 의해) 먼지가 붉게 물든 것임을 말한 것이라고도 한다. 여기서 말한 붉은 먼지란 통상적으로 세간(世間)을 말한다.

{27} 바퀴[輪]는 두 가지 뜻이 있음에, 첫째는 원만하다는 뜻이니 바퀴의 통과 살과 테와 굴대 등이 갖추어져 있듯이 체와 용이 두루하여 고루 미침이요, 둘째는 구르는 것을 꺾는다는 뜻이니 번뇌를

꺾음이 마치 아직 항복하지 않은 것을 꺾는 것과 같음이다. 흘러서 원만하게 통하는 것을 윤(輪)이라 하고 내가 있는 곳으로부터 저쪽으로 가는 것을 전(轉)이라 한다.

{28} 상투는 중도(中道)를 나타내니, 중도 또한 온전히 둘 바가 아님을 말한다.

{29} 관음보살은 천 개의 손과 팔이 있으니, 대자대비로 이끌어줌도 구하지 않음을 말한다.

{30} 눈은 문수의 큰 지혜를 나타낸다. 고(刳)는 도려서 들어내는 것이며 또는 갈라내는 것이다.

{31} 경(脛)은 다리이니, 보현보살의 만 가지 선행에도 의존하지 않음을 말한다.

{32} 유마거사가 십홀의 사방 1장 넓이에 8만 7천 사자좌를 넣었으니, 그런 불가사의한 신통력도 쓰지 않음을 말한다.

{33} 가섭이 석가의 금란가사를 받들고는 계족산 속에서 선정에 들어가 자씨의 출현을 기다리고 있다 하니, 가사의 전수도 필요 없음을 말한다.

사기
(私記)

1   **撫州** : 중국 강서성(江西省) 임천현(臨川縣)의 옛 이름이다.

2   **無盡居士** : (1044~1122) 중국 송나라 때 사람으로, 성은 장(張)씨, 이름은 상영(商英), 자는 천각(天覺), 호는 무진(無盡) 거사, 시호는 문충(文忠)이다. 촉(蜀)의 신진(新津) 사람이다. 과거에 급제하여 벼슬길에 나아가 여러 관직을 역임하였는데, 기개가 호방하고 부강(富强)을 으뜸으로 여겼다. 신종(神宗) 때 내직으로 옮겨 감찰어사(監察御史)를 역임하며 형공(荊公)과 더불어 신법(新法)을 논의하였다. 원우(元祐) 연간에 하동제점형옥(河東提點刑獄)을 제수받고는 그 결에 오대산에 참배하며 문수상(文殊像)을 조성하고 발원문을 지었다. 얼마 후 강서전운사(江西轉運使)로 옮겨가자 동림 총(東林總) 선사를 찾아뵙고는 다소 느끼는 바가 있었으며, 다시 도솔 열(兜率悅) 선사를 찾아뵙고는 비로소 깨달음을 얻게 되었다. 숭녕(崇寧) 연간에 승상 채경(蔡京)의 미움을 받아 협주(峽州)로 유배되었다가 우연히 각범 혜홍(覺範惠洪) 선사를 만나 그의 말끝에 문득 참된 종지를 보게 되었다. 대관(大觀) 4년 채경이 승상의 직위에서 쫓겨나자 입궐하여 중서시랑(中書侍郞)이 되어 정권을 잡은 뒤 채경이 저지른 번잡하고 가혹한 것들을 남김없이 제거하여 민력(民力)이 되살아나게 하였다. 아울러 휘종(徽宗)에게 권하여 사치를 절제하고 토목공사를 쉬며 요행을 바라지 않도록 하니 휘종이 그를 매우 꺼려하였다. 간신들의 배척을 입어 하남부(河南府)의 지사로 내몰렸다가 얼마 후 형주(衡州)에 안치되었다. 다시 채경이 승상의 자리에 오르자 태학생(太學生)들이 그의 억울함을 밝히니 비로소 옛 관작을 회복하였다. 선화(宣和) 4년 11월에 게송을 짓고는 79세에 세상을 떴다. 그가 찬술한 『호법론(護法論)』 등이 세간에 전한다. 무진 거사가 불교를 믿게 된 동기는 어느 날 절에 갔다가 불경을 비단 위에 금은으로 장식한 것을 보고서 '우리 공자님의 서적은 종이로 장식되어 있는데 불교의 책은 어찌 저같이 사치스러운가?' 하고 시기심이 일어나 집에 와 삼경이 지나도록 불교를 배척하는 논을 지으려고 했다. 밤에 이것을 본 부인이 무엇을 하느냐고 묻자, 거사는 "부처가 없다는 무불론을 지으려고 한다." 하니 부인 향(向)씨가 웃으며 "이미 부처가 없으면 그만이지 논은 지어 무엇합니까?" 하였다. 거사는 그 말에 의심이 나서 말이 없었는데, 잠시 후에 부인이 불경을 읽어보았느냐고 묻자 거사는 읽어보지 않았다고 하니 부인은 "경전을 읽어보지도 않고 어떻게 논을 쓰려고 합니까? 불경을 한 번 읽고 쓰시지요." 하였다. 거사는 다음 날 인근 절에서 불경을 빌려오니 그 책이 바로 『유마경(維摩經)』이었다. 읽어 가다 "문수사리문병품(文殊師利問病品)" 제5의 구절에 이르러 불교의 깊은 이치를 깨닫고 참회하여 『호법론』(구양수(歐陽修)의 불교 비방을 공격한 내용) 1권을 지었다.

3   **法堂** : 삼보인 불·법·승에 의거하면 불당은 불상을 모신 당우를, 법당은 경전을 안치하거나 역경과 설법 등을 행하는 당우를, 승당은 승려가 기거하는 당우를 가리킨다. 그러나 이후 선종의 확

립과 더불어 불당과 법당은 혼재의 양상을 띠며 특히 선가에서 큰 법을 펴고 종지를 강의하고 법 요식을 행하는 장소로서 법당이라 단일화되어 일컬어지기도 하였고, 우리나라에서는 본존상을 봉안한 당우를 흔히 법당이라 일컫게 되었다. 그러나 아직까지 사용하는 명칭인 대웅전(大雄殿)의 대웅은 불(佛)을 의미하므로 불당이란 호칭이 완전히 사라진 것은 아니다. 승당은 특히 선종의 확립 이후 선가에서 가장 중시하는 당우가 되었으니, 승려가 항상 기거하고 선을 수행하는 곳으로서 좌석의 순서나 행동거지에까지 엄격하게 그 규율을 정해 놓고 있다.

4 **不二** : 일실(一實)의 이치가 평등하여 피차의 분별이 없는 것을 말한다. 보살은 일실평등(一實平等)의 이치에 깨달아 들어갔으므로 입불이법문(入不二法門)이라 한다. 『유마경』에 33인이 불이법을 얻었다고 설한다. 대승의장일(大乘義章一)에서 불이(不二)는 무이(無異)를 말한다고 하였다.

5 **紹聖** : 중국 북송 7대 철종(哲宗)의 연호(1094~1098)이다.

6 **大醫王** : 붓다를 말한다. 어진 의원이 환자의 병에 따라 약을 주어 병자를 치료하는 것처럼, 부처님께서 중생의 근기에 따라 거기에 알맞는 교법을 설하시어 그 고통을 없애고 편안하게 하므로 그렇게 불렀다.

7 **三才** : 하늘과 땅과 사람을 말한다. 『역경』 "계사하전(繫辭下傳)" "有天道焉, 有人道焉, 有地道焉. 兼三才而兩之, 故六天者非他也, 三才之道也."

8 **四小相** : 지·수·화·풍의 사대를 말한다.

9 **四大界** : 지·수·화·풍의 사대로 이루어진 태·난·습·화의 사생(四生)을 말한다.

10 **三大阿僧祇劫** : 삼아승지겁(三阿僧祇劫). 보살이 부처님의 지위에 이르기까지 수행하는 기간이다. 아승지겁(asaṃkhyeyakalpa)을 번역하면 '한량없이 긴 시간'이다. 보살의 계위는 50위가 있고 이를 세 기간으로 구분한 것이다. 십신·십주·십행·십회향의 40위는 제1 아승지겁이 되고, 십지 가운데 초지로부터 제7지까지가 제2 아승지겁이 되며, 제8지에서 제10지가 제3 아승지겁이 된다. 제10지를 마치면 곧 불과(佛果)다. 아승지는 범어 asaṃkhya를 소릿말적기한 것으로 무앙수(無央數) 등으로 번역한다. 『화엄경』 "아승지품(阿僧祇品)"에서는 124대수 가운데 제105이다. 『대비바사론(大毘婆沙論)』177과 『대지도론(大智度論)』4 및 『화엄경탐현기(華嚴經探玄記)』15 등에 여러 가지 명칭과 설명이 있다.

11 **十八變** : 『유가사지론(瑜伽師地論)』 제37에 있는, 불·보살이 나타내는 18종의 불가사의한 신변(神變). 진동(震動)·치연(熾然)·유포(流布)·시현(示現)·전변(轉變)·왕래(往來)·권(卷)·서(舒)·중상입신(衆像入身)·동류악취(同類往趣)·은(隱)·현(顯)·소작자재(所作自在)·제타신통(制他神通)·능시변재(能施辯才)·능시억념(能施憶念)·능시안락(能施安樂)·방대광명(放大光明)을 말한다.

12 **尊者** : 범어 āyuṣmat의 번역으로 직역하여 구수(具壽)라고도 한다. sthavira의 번역이기도 하며, 상좌(上座)·장로(長老)로도 번역된다. 존자란 '거룩한 덕이 있는 이' 또는 '존귀한 덕행을 가진 이'란 뜻으로 불제자에 대한 경칭이며, 후세에는 조사나 고승대덕에게도 쓰였다.

13 **輪王** : 범어 Cakravartirājan의 번역으로, 작가라벌랄저갈라저(斫迦羅伐剌底遏羅闍)·차가월(遮迦越) 등으로 소릿말적기하며, 전륜왕(轉輪王)·전륜성왕(轉輪聖王)·전륜성제(轉輪聖帝)·비행전륜제(飛行轉輪帝)·비행황제(飛行皇帝) 등으로 불린다. 윤보(輪寶, 현재의 전차에 해당함)를 굴리는 왕이라는 뜻이다. 칠보(七寶 : 윤륜·상상·마마·주주·여녀·거사居士·주병신主兵臣)를 지니고 사덕(四德 : 장수長壽·번민이 없음·용모가 뛰어남·보배가 곳간에 그득함)을 갖추었으며 바른 법으로 수미 사주의 세계(전 세계)를 통솔한다고 생각된 신화적이며 이상적인 왕이다. 불전에서는 가끔 붓다와 비교되기도 하고,

또 붓다의 설법을 윤보를 굴리는 것에 비유하여 전법륜이라고 한다.『인왕반야경(仁王般若經)』에는 금은동철(金銀銅鐵)의 사륜왕을 십신·십주·십행·십회향의 보살 계위에 역차(逆次)로 의설(擬說)하기도 한다. 증겁(增劫) 때에는 2만 세로부터, 감겁(減劫) 때에는 8만 4천 세부터 8만 세에 이르는 사이에 이 전륜성왕이 세상에 난다고 한다. 이 왕은 몸에 여래의 32상을 갖추고 하늘에서 윤보를 감득하여 즉위하며, 윤왕이 나아가는 곳마다 윤보가 앞에서 굴러 땅을 고르고 사방을 위엄으로 정복하지 않는 것이 없다고 한다. 또 전륜왕에는 4종이 있어서 금륜왕(金輪王)은 수미 사주의 전 세계를, 은륜왕(銀輪王)은 동·서·남의 3주를, 동륜왕(銅輪王)은 동·남의 2주를, 철륜왕(鐵輪王)은 남염부주 1주를 통치한다고 한다.

14　帝釋 : 범어 Śakradevānām indra로, 범한병칭(梵漢倂稱)이다. 곧 구족하게는 석제환인다라(釋提桓因陀羅) 또는 석가제바인다라(釋迦提婆因陀羅)라 소릿말적기하며, 석제환인(釋提桓因)이라 약칭한다. 제(帝)는 인드라의 번역이고, 석(釋)은 석가(釋迦)를 줄여 부른 것이다. 수미산 정상 도리천의 임금. 선견성에 있으면서 4천왕과 32천을 통솔하며 불법과 불법에 귀의하는 사람을 보호하고 아수라의 군대를 정벌한다는 하늘 임금이다.

15　四果聖人 : 소승 증과(證果)의 4계위로, 여기서 과(果)는 무루지(無漏智)가 생기는 지위를 말한다.
1) 수다원과(須陀洹果, srotāpannaphala) : 입류(入流, 예류預流) 또는 역류(逆流)라 번역한다. 범부중생이 견도(見道)를 성취하여 연기하는 현상의 실제 모습을 알고 보게 되어 범부로부터 성자로 종성이 바뀐 이가 수다원이다. 수다원이 되어 수행함으로써 오하분결 가운데 삼결(三結: 유신견·계금취견·의심)이 소멸되고 음욕과 분노와 어리석음이 옅어지면 사다함이 된다. 수다원이란 이름의 '흐름에 듦[預流]'이란 범부에서 벗어나 성자로 종성이 바뀜으로서 해탈로 향하는 큰 흐름에 들게 된 것을 말하는데, 진실로 흐름에 든 주체가 있어 흐름에 든 것은 아니다.
2) 사다함과(斯陀含果, sakṛdāgāmiphala) : 일래(一來)라 번역한다. 범부중생이 사다함이 되어 수행함으로써 삼결(三結)은 물론 욕탐과 진에까지 오하분결이 모두 소멸되면 아나함이 된다. 사다함이란 이름의 '한 번 왕래함[一來]'이란 오온이 인간의 몸을 버리고 욕계 천신의 몸으로 상속하다가 다시 이를 버리고 인간의 몸으로 한 차례 상속하는 것을 말하는데, 진실로 왕래하는 주체가 있어 왕래하는 것은 아니다.
3) 아나함과(阿那含果, anāgāmiphala) : 불래(不來-구역) 또는 불환(不還-신역)이라 한다. 욕계에서 죽어 색계와 무색계에 나고는 번뇌가 없어져서 다시 욕계로 돌아오지 않는다는 뜻이다. 범부중생이 아나함이 되어 수행함으로써 오상분결의 다섯 가지 번뇌가 소멸됨으로써 모든 번뇌가 소멸되면 아라한이 된다. 아나함이란 이름의 '돌아오지 않음[不還]'이란 오온이 더 이상 욕계의 몸으로 상속하지 않음을 말한 것일 뿐이지 진실로 돌아오는 주체가 있어 오거나 오지 않는다고 일컬은 것은 아니다.
4) 아라한과(阿羅漢果, arahatphala) : 살적(殺賊)·응공(應供)·불생(不生)이라 번역한다. 위로 비상처(非想處)에 이르러 일체의 사혹(思惑)을 끊는 성문승의 극과(極果)이다. 일체의 견혹과 사혹을 끊으므로 살적이라 하며, 이미 극과를 얻어 인간과 천상의 공양을 받으므로 응공이라 하며, 일세(一世)의 과보를 다하여 영원히 열반에 들어가 다시는 삼계에 내생하지 않으므로 불생(不生)이라 한다.

16　忉利天 → '삼유(三有)-도리천'조(제1장 경훈警訓 "1. 위산대원선사경책潙山大圓禪師警策" 사기 26.三有)

17　樂 : 범어 sukha로, 고(苦)에 상대가 되는 말. 신심을 유쾌하게 느끼는 감정으로, 몸과 마음으로 나누어 몸으로 받는 것을 락(樂)이라 하고 마음으로 받는 것을 희(喜)라고 하기도 한다.
1) 3락 : 천락(天樂 : 십선十善을 닦으므로 천계에 나서 받는 락)·선락(禪樂 : 선정의 경지에 들어가서 받는 락)·열

반락(涅槃樂 : 열반의 깨달음을 얻은 락)이다.

2) 3락 : 외락(外樂 : 안眼 등의 전5식으로부터 생기는 락)·내락(內樂 : 초선·제2선·제3선의 의식으로부터 생기는 락)·법락(法樂 : 무루의 지혜로부터 생기는 락, 깨달음의 법열을 즐기는 락)이다.

3) 4락 : 출리락(出離樂 : 출가락出家樂이라고도 하니, 출가해서 도를 얻으므로 고苦를 해탈한 락)·원리락(遠離樂 : 초선의 락이니, 탐욕과 악惡·불선不善의 법을 여의었으므로 얻는 락)·적정락(寂靜樂 : 제2선 이상의 락이니, 심尋·사伺가 지식止息했으므로 얻어지는 락)·보리락(菩提樂 : 번뇌를 여읜 진실의 지智, 즉 보리를 얻은 락)이다.

4) 5락 : 위의 4락에 열반락을 더한 것이다.

18 **前三** : 전삼삼후삼삼(前三三後三三). 무착(無着) 선사와 문수(文殊)와의 문답에서 나온 말이다. 당나라 때 무착 문회 선사가 남방의 항주(杭州)에서 북쪽에 있는 오대산에 문수보살을 친견하려 당도하여 한 노인의 영접을 받아 어떤 절로 갔다.

"어디서 오시는 길이오?"

"남방에서 옵니다."

"남방의 불법은 어떻게 잘 주지하고 있소이까?"

"말법의 비구인지라 계율을 잘 받들어 지키는 자가 적습니다."

"대중이 얼마나 되오?"

"남방의 총림에는 혹 3백 혹 5백씩 살지만, 북방의 불법은 어떻게 주지하고 있습니까?"

"용과 뱀이 섞여 살고 범부와 성인이 함께 거처하고 있소."

"몇이나 됩니까?"

"전삼삼후삼삼(前三三後三三)이니라"

마지막 문장은 숫자를 뜻하는 말이 아니라 전후[彼此]가 같다는 뜻이며 무량수의 뜻으로도 쓰인다. 『화엄경』의 "인악사기(仁岳私記)"에서는, 전삼삼은 복수로 3,000x3 =9,000, 300x3 =900, 30x3 =90인데 이것을 합하여 9,990이고, 후삼삼은 단수로 3x3 =9로 다 합하면 9,999인데, 거기에다 문수를 더하면 1만 명이라고 풀었다. 이것은 『화엄경』에 중국 청량산에 문수보살이 1만 보살과 함께 상주 설법한다는 데 근거한 것이다.

19 **士** : 事也. 段注: 大雅武王豈不仕傳亦云, 仕事也. 鄭注表記申之曰, 仕之言事也. 凡能事其事者稱士. 『白虎通』曰, 士者事也, 任事之稱也. 故傳曰, 通古今, 辯然不, 謂之士. : 數始於一, 終於十, 從一十. 段注: 三字依廣韻. 此說會意也. : 孔子曰, 推十合一爲士. 段注: 韻會, 玉篇皆作推一合十. 鉉本及 『廣韻』皆作推十合一. 似鉉本爲長. 數始一終十, 學者由博返約, 故云推十合一. 博學·審問·愼思·明辨·篤行, 惟以求其至是也. 若一以貫之, 則聖人之極致矣. 『說文解字』

20 **掬溪而飮** : 『發心修行章』 "高嶽峩巖, 智人所居, 碧松深谷, 行者所捿, 飢殘木果, 慰其飢腸, 渴飮流水, 息其渴情."

21 **腥羶** : 성(腥)은 비린내, 향(羶)은 구수한 곡식 냄새를 말한다. 곡식의 구수한 냄새와 고기의 비린내가 멀리 풍기는 것처럼 깊은 산중에 숨어 있더라도 자연히 도덕이 높다고 하는 소문이 멀리까지 퍼진다는 말이다.

22 **臥具** : 범어 santhata의 번역으로, 흔히 침구를 지칭하나 넓은 의미에서 깔개의 뜻인 부물(敷物)을 가리키기도 한다. santhata는 펼친다는 의미로서 그 제조법에서 온 명칭인데, 『승기율』과 『십송율』 등에는 부구(敷具)로 번역되어 침구가 아닌 융단과 같은 부물임을 확실히 하고 있다.

23 **也哉** : 어기사가 연이어 쓰인 것으로 '也(야)'는 단정을 나타내고 '재(哉)'는 감탄이나 반문을 나타내는데, 중점은 '재' 자에 있다. '~하구나', '~인가?', '~입니까?'로 해석한다. 『좌전(左傳)』 양공(襄公)

25년 "九世之卿族, 一擧而滅之, 可哀也哉(9대가 벼슬을 하였는데 한 번에 멸망시켰으니 가히 슬프구나)!"

24   **物故** :
1) 사람이 죽는 것. 그 사람이 쓰던 물건이 아주 낡아버렸다는 데서 전하여 죽음의 뜻으로 쓴다.
2) 죄인을 죽이는 것. 물고를 낸다 함은 죄진 사람을 죽여 버린다는 뜻이다. 주석에 나오는 "物故 …… 物而故也."까지는 『전한서(前漢書)』의 "소무전(蘇武傳)"에 있는 말이고, "又高堂隆云云"은 『자휘(字彙)』에 나오는 말이다.

25   **兜率從悅** : 당주(灨州) 사람으로, 성은 웅(熊)씨, 도솔(兜率)은 호, 종열(從悅)은 이름이다. 송나라 신종(神宗) 원우(元祐) 6년 11월에 입적하였다. (參) "室中說三語: 一, 拔草瞻風, 只圖見性, 郎今上座, 性在甚麼處? 二, 識得自性, 方脫生死, 眼光落地時, 作麼生脫? 三, 脫得生死, 便知去處, 四大分離, 向甚麼處去?"

26   **江右** : 우(右)를 방위로 보았을 때는 서쪽, 즉 남향하여 보았을 때의 오른쪽을 가리킨다. 강우(江右: 장강의 우측)라 함은 한족의 발상지인 황하를 모든 것의 중심으로 보는 생각에서 연유한 것이니, 황하에서 남쪽으로 장강을 바라보았을 때의 오른쪽인 그 상류를 지칭하는 것이 되므로 혹은 강서라 하기도 하므로 지금의 강서성(江西省) 지역이다. 이에 반해 강좌(江左)라 하면 장강의 하류 지역인 지금의 강소성(江蘇省) 지역을 말한다.

27   **帶刀而眠** : 칼을 차고 잠을 자서 오른쪽 옆구리를 땅에 대고 눕는 것을 말한다. 칼을 차면 칼이 대게 왼쪽 옆구리에 있게 되니 왼쪽으로 눕지 못하게 되므로 오른쪽으로 눕는 것을 말한다. 『상기전(象器箋)』 제12에 자세히 볼 수 있다. 대도와(帶刀臥) 또는 대도수(帶刀睡)라고도 한다.

28   **百丈** : (720~814) 중국 당나라 스님으로서 강서성 남창부(南昌府)의 대웅산(大雄山), 일명 백장산(百丈山)에 살았던 회해(懷海) 선사를 말한다. 특히 그는 백장청규(百丈淸規)를 제정한 것으로 유명하며, 선문의 직책에서부터 식사에 이르기까지 선종 종단의 규율은 그에 의해 만들어졌다고 할 수 있다. 그리고 "일일부작(一日不作) 일일불식(一日不食)"이라는 유명한 말을 남기기도 하였다. 이 말은 백장 선사가 90세가 되어서도 다른 사람들처럼 일을 하므로 주위에서 어느 날 그의 농기구를 감추었더니 단식을 하며 "하루 일하지 않으면 하루 먹지 않는다."라고 했다 한다. 당나라 원화(元和) 9년 1월에 95세에 입적하였다. 장경(長慶) 원년에 대지(大智) 선사라 시호하였고, 송(宋)나라 대관(大觀) 원년에 당조(黨照) 선사, 원통(元統) 3년에 묘행(妙行) 선사라 시호를 더하였다.

29   **空生** : 부처님 10대 제자 가운데 해공제일(解空第一)인 수보리를 말한다. 『법화문구(法華文句)』 제2에서 "수보리는 우리말로 번역하면 공생(空生)이니, 그가 탄생할 때 창고와 상자와 기구 등이 텅 비었으므로 점쟁이에게 물었더니 점괘가 길하다 하기에 공(空)으로 인해 태어났다 하여 이름을 공생이라 하였다."고 한다.

30   **判爲情想** : 『능엄경(楞嚴經)』 제8권 "阿難! 一切世間, 生死相續, 生從順習, 死從變流, 臨命終時, 未捨煖觸, 一生善惡, 俱時頓現, 死逆生順, 二習相交. 純想卽飛, 必生天上, 若飛心中, 兼福兼慧, 及與淨願, 自然心開, 見十方佛, 一切淨土, 隨願往生. 情少想多, 輕擧非遠, 卽爲飛仙 · 大力鬼王 · 飛行夜叉 · 地行羅刹, 遊於四天, 所去無礙. 其中, 若有善願善心, 護持我法, 或護禁戒, 隨持戒人, 或護神咒, 隨持咒者, 或護禪定, 保綏法忍, 是等, 親住如來座下. 情想均等, 不飛不墜, 生於人間, 想明斯聰, 情幽斯鈍. 情多想少, 流入橫生, 重爲毛群, 輕爲羽族. 七情三想, 沈下水輪, 生於火際, 受氣猛火, 身爲餓鬼, 常被焚燒, 水能害已, 無食無飮, 經百千劫. 九情一想, 下洞火輪, 身入風火, 二交過地, 輕生有間, 重生無間, 二種地獄. 純情卽沈, 入阿鼻獄, 若沈心中, 有謗大乘, 毁佛禁戒, 誑妄說法, 虛貪信施, 濫膺恭敬, 五逆十重, 更生十方,

阿鼻地獄. 循造惡業, 雖則自招, 衆同分中, 兼有元地."

1) 순상(純想) : 생어천상(生於天上).

2) 9상(想) 1정(情) : 위비선(爲飛仙).

3) 8상2정 : 위대력귀왕(爲大力鬼王).

4) 7상3정 : 위비행야차(爲飛行夜叉).

5) 6상4정 : 위지행나찰(爲地行羅刹).

6) 5상5정 : 생어인간(生於人間).

7) 4상6정 : 위모군우족(爲毛群羽族).

8) 3상7정 : 생어수화제(生於水火際).

9) 2상8정 : 생어화상(生於火上).

10) 1상9정 : 생어화풍간(生於火風間).

11) 純情(순정) : 타어아비지옥(墮於阿鼻地獄).

31 **古德所謂金剛王寶劍** : 임제(臨濟)의 사갈(四喝)에서 말하였다. "有時一喝, 如金剛王寶釼, 有時
一喝, 如踞地金毛師子, 有時一喝, 如探竿影草, 有時一喝, 不作一喝用."

3

홍주보봉선원선불당기-승상장상영찬

洪州寶峯禪院選佛堂[1]記 – 丞相張商英撰

●

홍주 보봉선원의 선불당 기문

崇寧天子{1}[2]賜馬祖[3]塔號慈應, 謐曰祖印, 歲度僧[4]一人, 以奉香火. 住山老福深, 卽祖殿後建天書閣, 承閣爲堂, 以選佛名之. 使其徒請記於余, 余三辭而請益堅. 余謂之曰: "古人謂選佛而及第者, 涉乎名言爾. 子以名堂, 余又記之, 無乃不可乎. 憐子之勤, 謾爲之記."

夫選者, 選擇之謂也. 有去有取, 有優有劣, 施之於科擧, 用之於人才, 此先王所以勵世磨鈍之具,{2} 非所以選佛也. 使佛而可選也, 取六根乎? 取六塵乎? 取六識乎? 取三六則一切凡夫皆可以作佛, 去三六則無量佛法誰修誰證?

取四諦[5]·六度[6]·七覺[7]·八正[8]·九定[9]·十無畏,[10] 乃至十八不共法[11]·三十七助道品[12]乎? 取之則有法[13]也. 去四諦·六度, 乃至三十七助道品乎? 去之則無法也. 去取有無, 渺然如絲之留于心中, 欻然如埃之入乎胸次.[14] 此在修多羅藏,[15] 或謂之二障,[16] 或謂之四病,[17] 或謂之不了義,[18] 或謂之戲論, 或謂之遍計邪見, 或謂之微細流注.[19] 取之非佛也, 去之非佛也, 不去不取亦非佛也, 佛果可以選乎?

曰: 先生之論相宗[20]也, 吾祖之論禪宗也. 凡與吾選者, 心空而已矣.[21] 弟子造堂而有問, 宗師踞座而有答. 或示之以玄要,[22] 或示之以料揀,[23] 或示之以法鏡[24]三昧, 或示之以道眼因緣, 或示之以向上一路,[25] 或示之以末後一句,[26] 或示之以當頭, 或示之以平實, 或揚眉瞬目, 或舉拂敲床, 或畫圓相, 或劃一劃, 或拍掌, 或作舞. 契吾機者, 知其心之空也. 知其心之空則佛果可以選矣.

余曰: 世尊擧花, 迦葉微笑, 正法眼藏,[27] 如斯而已矣.[28] 後世宗師之所指示, 何其紛紛之多乎? 吾恐釋氏之教, 中衰於此矣.

深, 河東人也. 甘麤糲,[3] 耐辛苦, 久從關西眞淨[29]遊, 孤硬卓立, 必能宏其教. 蓋釋氏之教, 枯槁以遺其形, 寂寞以灰其慮. 戒定密行, 鬼神所莫窺, 慈悲妙用, 幽顯所同. 仰迫而後應, 則五衆[4]喪其伴侶. 不得已而後言, 則六聚[30]亡其畛域.

生死之變, 人之所畏也. 吾未嘗有生, 安得有死, 則奚畏之? 有利害之境, 人之所擇也. 吾未嘗有利, 安得有害, 則奚擇之爲? 夫如是則不空於外而內自空, 不空於境而心自空, 不空於事而理自空, 不空於相而性自空, 不空於空而空自空. 空則等, 等則大, 大則圓, 圓則妙, 妙則佛. 嗟呼! 吾以此望子, 子尚無忽哉!

{1} 徽宗年號.

{2} 梅福云: "爵祿束帛者, 天下之砥石也, 高祖所以勵世磨鈍也." 勵世者, 有修飾振起之意.

{3} 粟一石, 得米六斗爲糲; 糲米一石, 舂爲八斗爲鑿. 與鑿同, 精也.

{4} 五衆者, 漢末, 飜爲五陰, 僧叡, 改爲五衆, 唐三藏, 改爲五蘊. 『法華』一如註五趣生滅之衆, 此言五蘊和合之衆皆喪亡也.

숭녕 연간에 천자께서 마조에게 탑호를 자응, 시호를 조인이라 내리고 해마다 승려 한 명을 득도시켜 제사를 받들게 하였다. 산에 거처하는 노승 복심이 조사전 뒤에 천서각을 짓고 천서각에 이어 승당을 지어 '선불(選佛)'이라 이름하고 그의 문도를 시켜 나에게 기문(記文)을 청하였는데, 내가 세 차례나 사절하였으나 요청이 더욱 견고해졌다. 내가 그에게 이르기를 "옛 사람들이 말하기를 부처를 가려내어 급제시킨다는 것은 이름과 말에 끄달린 것일 뿐이라 하였는데, 그대가 그것으로 승당의 이름을 짓고 내가 또 그것의 기문을 지으면 가당찮은 일이겠는가 마는 그대가 애씀을 가엾게 여겨 부질없이 기문을 적는다." 하였다.

무릇 '가려 뽑는다'는 것은 선별하여 채택함을 일컫는다. 덜어내야 할 것도 있고 취해야 할 것도 있으며 우수한 자도 있고 열등한 자도 있기에 과거를 치르는데 그것을 시행하였고 인재를 뽑는데 그것을 활용하였으니, 이는 앞선 제왕들이 세상을 권면하고 아둔함을 갈고 닦는 도구로 쓰고자 해서이지 부처를 가려 뽑는다는 것은 아니다. 만약 부처님도 선별할 수 있다면 육근(六根)에서 취하겠는가, 육진(六塵)에서 취하겠는가, 아니면 육식(六識)에서 취하겠는가? 이 세 가지 육(六)을 취한다면 곧 일체의 평범한 사내도 모두 부처를 이룰 것이요, 이 세 가지 육(六)을 버린다면 무량한 부처님의 법을 그 누가 닦고 그 누가 증득하겠는가?

사제(四諦)와 육도(六度)와 칠각지(七覺支)와 팔정도(八正道)와 구차제정(九次第定)과 십무외(十無畏) 내지 십팔불공법(十八不共法)과 삼십칠조도품(三十七助道品)을 취하겠는가? 이를 취한다면 곧 유위법이며, 사제와 육도 내지 삼십칠조도품을 버리겠는가? 이를 버린다면 곧 무위법이다. 버리느냐 취하느냐 있느냐 없느냐는 그 분별관념이 묘연하여 마치 한 올의 실이 마음속에 머물러 있는 것과 같으며 홀연히 마치 한 톨의 먼지가 가슴속에 들어온 것과 같다. 이것은 수다라장에 있으니 혹은 이를 일컬어 이장(二障)이라 하고, 혹은 이를 일컬어 사병(四病)이라 하고, 혹은 이를 일컬어 불료의(不了義)라 하고, 혹은 이를 일컬어 희론(戲論)이라 하고, 혹은 이를 일컬어 변계사견(遍計邪見)이라 하고, 혹은 이를 일컬어 미세류주(微細流注)라 한다. 이것을 취하면 부처가 아니요 이것을 버려도 부처가 아니며, 버리지도 않고 취하지도 않더라도 역시 부처가 아니니, 그럼에도 불과(佛果)를 선별할 수 있겠는가?

　　이르기를 "선생의 논지는 상종(相宗)이고 나의 선조의 논지는 선종(禪宗)이니, 무릇 내가 가린다고 한 것은 마음이 공(空)할 따름이다. 제자가 승당에 나아가 질문을 하면 종사는 자리에 걸터앉아 답하기를 혹은 삼현삼요(三玄三要)로써 보여주며, 혹은 사요간(四料揀)으로써 보여주며, 혹은 법경삼매(法鏡三昧)로써 보여주며, 혹은 도안인연(道眼因緣)으로써 보여주며, 혹은 위로 향하는 한 가닥 길로써 보여주며, 혹은 최후의 한 마디 말로써 보여주며, 혹은 맞닥뜨린 당장의 그 상태로써 보여주며, 혹은 평상스럽고 진실한 것으로써 보여주며, 혹은 눈썹을 치켜뜨고 눈을 깜짝거리며, 혹은 불자를 들어 법상을 치며, 혹은 둥근 모양을 그리며, 혹은 한 획을 그으며, 혹은 손바닥을 치며, 혹은 춤을 추는 것으로써 보여주니, 나의 근기에 계합하는 자는 그 마음이 공한 줄을 아는 것이며 그 마음이 공한 줄을 안다면 곧 불과(佛果)를 선별할 수 있다는 것이다." 하였다.

　　내가 이르기를 "세존께서 꽃을 들어 보이자 가섭 존자가 미소를 지었으니, 진리를 볼 수 있는 지혜의 눈으로 깨달은 비밀한 법[正法眼藏]이란 다만 이와 같을 따름인데, 후세에 종사들이 가리키며 드러내 보이는 바는 어찌 그리도 분분하여 많은가. 나는 석가의 가르침이 중도에 여기에서 쇠퇴해질까 두렵다." 하였다.

　　복심은 하동 사람이다. 거친 양식을 달게 여기고 혹독한 고생을 참아내며 오랫동안 관서의 진정을 좇아 교류함에 의젓하게 우뚝 섰으니 반드시 그 가르침을 능히 크게 넓힐 수 있을 것이다. 대개 석가의 가르침은 마르고 말라버림으로써 그 형체를 돌보지 않고 적막함으로써 그 근심을 삭인다. 계를 지키고 선정에 드는 그윽한 수행은 귀신도 엿보지 못할 바이며 자비의 오묘한 운용은 어둡거나 밝은 세계가 함께 숭앙하는 바이니, 절박한 후에 응하면 곧 오중(五衆)이 그 반려를 잃어버리고 부득이한 후에 말하면 곧 육취(六聚)가 그 경계와 영역을 잃게 될 것이다.

　　삶과 죽음의 변화는 사람들이 두려워하는 바이지만 나는 일찍이 태어남을 맛보지 못하였는데 어찌 죽음이 있을 것이며 어찌 두려움이 있겠는가? 이익과 손해의 경계는 사람들이 가려 택하는 바이지만 나는 아직 이익을 맛보지 못하였는데 어찌 손해가 있을 것이며 어찌 가려 택함이 있겠는가? 무릇 이와 같으면 곧 외면에 공하지 않아도 내면은 저절로 공하여지고, 경계에 공하지 않아도 마음은 저절로 공하여지고, 일에 공하지 않아도 이치는 저절로 공하여지고, 형상에 공하지 않아도 성품은 저절로 공하여지고, 공에 공하지 않더라도 공은 저절로 공하여진다. 공하면 곧 평등하고, 평등하면 곧 크고, 크면 곧 둥글고, 둥글면 곧 오묘하고, 오묘하면 곧 깨달음[佛]이다. 오호라! 내가 이것으로써 그대에게 바라나니 그대는 소홀함이 없어야 할 것이다.

{1} 휘종의 연호이다.
{2} 매종이 이르기를 "작위와 녹봉 및 비단 등은 천하의 숫돌이니 고조가 그것으로써 세상을 권면하고 아둔함을 갈고 닦고자 하였다." 하였으니 여세(勵世)란 수식을 하여 떨쳐 일어나게 한다는 뜻이 있다.
{3} 껍질을 벗기지 않은 벼 1석으로 현미 상태의 쌀 6두를 얻으며, 현미쌀 1석을 찧으면 정미를 거친 8두의 쌀이 된다. 착(鑿)과 같으니 정미롭다는 것이다.
{4} 오중(五衆)이란, (원전原典의 것을) 한나라 말기에 오음(五陰)으로 번역하였다가 승려 예가 고쳐서 오중이라 하였으며, 당나라 삼장 법사는 고쳐서 오온(五蘊)이라 하였다. 『법화경』에서 일여는 '오취(五趣)에서 나고 죽음을 거듭하는 무리'라고 주석하였으니, 이것은 오온과 화합한 무리들이 모두 없어짐을 말한다.

사기
(私記)

1   **選佛堂** : 부처를 선발하는 당실(堂室)이란 뜻이니, 참선을 통해 '직지인심(直指人心) 견성성불(見性成佛)'하는 당우를 의미하고, 계율을 수계하는 당우를 일컫기도 한다. 불법을 수학하는 도량을 높여 부른 것이기도 하다.

2   **崇寧** : 중국 북송(北宋) 8대 휘종(徽宗)의 연호(1102~1106)이다.

3   **馬祖** : (709~788) 속성은 마(馬)씨, 이름은 도일(道一), 호는 마조(馬祖), 별호는 강서(江西)이다. 중국 한주(漢州) 십방(什邡) 사람으로, 어렸을 때 자주(資州)의 당(唐) 화상에게 출가한 중국 선종 스님이다. 투주(渝州)의 원(圓) 율사에게 계를 받고, 개원(開元) 연간(713~741) 중에 남악(南嶽)의 회양(懷讓)에게 선을 익혀 심인(心印)을 받아, 대력(大歷) 연간(766~779) 중에 강서(江西) 종릉(鍾陵)의 개원사(開元寺)에 들어갔다. 이때부터 학자가 운집하여 선풍을 드날리며, 백장(百丈)·대매(大梅)·염관(鹽官)·남전(南泉) 등 139인의 제자를 두니 남악의 종풍은 실로 도일에 의해 천하에 떨치게 되었다. 세상에서 강서(江西) 마조(馬祖)라고 일컬었던 그는 정원(貞元) 4년 80세로 건창(建昌)의 석문산(石門山)에서 입적하였다. 시호는 대적(大寂) 선사이다.

4   **度僧** :

1) 중국의 경우 : 조정에서 승니(僧尼)의 숫자를 통제하고 어느 정도의 자질을 유지하며 사사로이 출가하는 것을 막기 위해 도승제도(度僧制度)를 설치하여 불경에 관한 시험을 거쳐 합격한 자에 한하여 승첩(僧牒)을 주었으니, 당나라 현종 때 처음 실시하여 송대를 거치며 유지되었다가 청대 중엽에 와서 폐지되었다.

2) 한국의 경우 : 입산 출가하고자 하는 사람은 3개월 이내에 선종이나 교종에 신고하여 경전을 암송하는 것을 시험하고 예조(禮曹)에 보고하면 정전(丁錢)을 받고 도첩(度牒)을 주었다. 정전은 조선 예종 1년(1469) 승려의 득도하는 법을 정하고 베 30필씩의 정전을 받고 도첩을 주던 제도이다. 또 선종과 교종은 3년마다 시험을 보는데, 선종『전등록』과『염송』으로, 교종은『화엄경』과『십지론』으로 시험하여 각각 30인을 뽑았다.

5   **四諦** : 제(諦)는 범어 satya의 번역으로 진리(眞理)라는 뜻이다. 사제란 사성제 또는 사진제(四眞諦)라 하며 네 가지의 틀림없는 진리를 말한다. 이는 최승법설(最勝法說)이라고도 불리는 세존 최초의 설법인 초전법륜에서 설한 것이다.『중아함경』제7권 30의 "상적유경(象跡喩經)"에서 "비록 한량이 없는 선법이 있더라도 그 모든 법은 다 사성제에 포섭되어 그 가운데로 들어온다."고 하였으니, 모든 동물의 발자국이 코끼리 발자국 속에 포함되듯이 붓다의 모든 가르침도 이 사성제에 포섭됨을 말하였다.

1) 고성제[苦諦] : 미혹의 이 세상은 다 괴로움임을 말한 것이니, 괴로움의 진상을 인식하는 것이다.

2) 고집성제[集諦] : 괴로움의 원인은 구하고 탐하여도 그치지 않는 집착임을 말한 것이니, 괴로움의 원인을 규명하였다.

3) 고멸성제[滅諦] : 그 집착을 완전히 끊어 없애 버림으로 괴로움을 멸한 때가 궁극의 이상경임을 말한 것이니, 괴로움에서 해방된 상태를 말하였다.

4) 고멸도성제[道諦] : 이와 같은 괴로움이 없는 열반경에 도달하기 위하여 팔정도의 옳은 수행의 길을 따라야 함을 말한 것이니, 괴로움으로부터 해방에 이르는 방법을 말하였다.

6 **六度** → '바라밀(波羅蜜)'조(제1장 경훈警訓 "3. 영명지각수선사수계永明智覺壽禪師垂誡" 사기21. 波羅蜜)

7 **七覺** : 칠각분(七覺分). 범어 saptasaṁbodhyaṅga로, 칠보리분(七菩提分), 칠각지(七覺支), 칠각의(七覺意), 칠각(七覺)이라고도 한다. 불도를 수행하는데 지혜로써 참되고 거짓되고 선하고 악한 것을 살펴서 선별하는데 7종이 있다. 만일 마음이 혼침하면 1·2·3으로 마음을 일깨우고, 마음이 들떠서 흔들리면 4·5·6으로 마음을 다스린다.

1) 택법각분(擇法覺分) : 지혜로 모든 법을 살펴서 선악의 진위를 간택하는 것이다.

2) 정진각분(精進覺分) : 수행할 때에 용맹한 마음으로 쓸데없는 삿된 행위를 여의고 바른 도에 전력하여 게으르지 않는 것이다.

3) 희각분(喜覺分) : 마음에 선법을 얻어서 기뻐하는 것이다.

4) 제각분(除覺分) : 그릇된 견해나 번뇌를 끊어버릴 때에 능히 참되고 거짓됨을 알아서 올바른 선근을 생겨나게 하는 것이다.

5) 사각분(捨覺分) : 바깥 경계에 집착하던 마음을 여일 적에 거짓되고 참되지 못한 것을 추억하는 마음을 버리는 것이다.

6) 정각분(定覺分) : 선정에 들어서 번뇌 망상을 일으키지 않는 것이다.

7) 염각분(念覺分) : 불도를 수행함에 있어서 항상 잘 생각하여 정·혜가 한결같게 하는 것이다.

8 **八正** : 팔정도. 범어 āryāṣṭāṅgamārga로, 팔정도지(八正道支), 팔정도분(八正道分), 팔정성로(八正聖路), 팔현성도(八賢聖道), 팔직도(八直道), 팔품도(八品道)라고도 한다. 불교를 실천 수행하는 데에서 중요한 종목을 8종으로 나눈 것으로, 욕락과 고행 등의 극단을 떠난 중도이며 올바른 깨침에 인도하기 위한 가장 합리적인 올바른 방법으로 되어 있다.

1) 정견(正見) : 바른 견해. 불교의 바른 세계관과 인생관으로, 연기법과 사성법에 대한 바른 이해이다.

2) 정사유(正思惟) : 바른 생각, 바른 결의. 신어(身語)에 의한 행위를 하기 전에 바른 의사 또는 결의를 가리키는 것으로, 부드럽고 자비롭고 깨끗한 마음으로 생각하는 것이다.

3) 정어(正語) : 바른 말. 정사유 뒤에 생기는 바른 언어적 행위로, 망어(妄語)나 악구(惡口)나 양설(兩舌) 또는 기어(綺語)를 하지 않고 진실하고 남을 사랑하며 융화시키는 유익한 말을 하는 일이다.

4) 정업(正業) : 바른 행위. 정사유 뒤에 생기는 바른 신체적 행위로서, 살생과 투도와 사음을 떠나서 생명의 애호와 시여자선(施與慈善) 및 성도덕을 지키는 등의 선행을 하는 일이다.

5) 정명(正命) : 바른 생활. 이는 다른 존재들을 해롭게 하지 않는 바른 직업을 택하여 바르게 생활하는 것을 말하지만, 일상생활을 규칙적으로 하는 것이기도 하다.

6) 정정진(正精進) : 바른 노력. 용기를 가지고 이상을 향해 꾸준히 노력하는 것이다.

7) 정념(正念) : 바른 기억. 바른 의식을 가지고 이상과 목적을 언제나 잊지 않는 일이다.

8) 정정(正定) : 정신을 바르게 통일하여 법을 보는 수행. 이것에 의해서 지혜를 얻게 되며, 지혜를 얻게 되면 열반에 이를 수 있다.

9 **九定**: 삼학(三學)의 하나인 정(定)을 아홉으로 나눈 것으로, 초선정(初禪定)·이선정(二禪定)·삼선정(三禪定)·사선정(四禪定)·공무변처정(空無邊處定)·식무변처정(識無邊處定)·무소유처정(無所有處定)·비상비비상처정(非想非非想處定)·멸진정(滅盡定)이 그것이다.

10 **十無畏**: 부처님께서 대중 가운데서 설법하실 때 태연하여 두려움이 없는 열 가지 덕으로, 일체지무소외(一切智無所畏)·누진무소외(漏盡無所畏)·설장도무소외(說障道無所畏)·진고도무소외(盡苦道無所畏)·선무외(善無畏)·신무외(身無畏)·무아무외(無我無畏)·법무외(法無畏)·법무아무외(法無我無畏)·평등무외(平等無畏)가 그것이다.

11 **十八不共法**: 부처님께만 있는 공덕으로서 이승(二乘)이나 보살과는 함께 공유하지 않는 열여덟 가지의 법.이다 즉 붓다의 10력(力)과 4무소외(無所畏)와 3념주(念住)와 대비(大悲)이다.
1) 신무실(身無失): 몸에는 잘못이 없다.
2) 구무실(口無失): 입의 행위에 있어서 잘못이 없다.
3) 의무실(意無失): 깊은 선정을 닦아서 마음이 흐트러지지 않으며 법에 집착하지 않고 편안하다.
4) 무이상(無異想): 일체중생 누구나 기이한 생각이 일어나지 않도록 하신다.
5) 무부정심(無不定心): 행주좌와에 있어 선정을 떠나지 않는다.
6) 무부지사심(無不知捨心): 일체법을 비춘 다음 버리고 집착하지 않는다.
7) 욕무멸(欲無減): 모든 중생을 제도하여 마음에 싫어함과 부족함이 없다.
8) 정진무멸(精進無減): 불과를 이룬 후에도 정진력에 감소함이 없다.
9) 염무멸(念無減): 일체 지혜를 구비하고 모든 중생을 제도하되 마음에 부족한 생각이 없다.
10) 혜무멸(慧無減): 지혜로 모든 중생을 제도하되 조금도 부족함이 없는 지혜이다.
11) 해탈무멸(解脫無減): 일체의 집착에서 벗어나 유위와 무위의 두 해탈을 구현하고 일체 번뇌를 멸하였다.
12) 해탈지견무멸(解脫知見無減): 일체의 해탈에 관하여 명백한 지견(知見)을 가지고 조금도 결함이 없다.
13) 일체신업수지혜행(一切身業隨智慧行): 청정한 승상(勝相)으로 지혜를 따라 행하여 일체중생을 이익되게 한다.
14) 일체구업수지혜행(一切口業隨智慧行): 미묘하고 청정한 말씀의 작용으로 지혜에 따라 중생을 교화하여 유익케 하는 덕.이다
15) 일체의업수지혜행(一切意業隨智慧行): 청정한 마음의 활동으로 지혜에 따라 중생을 교화하여 유익하게 하는 덕이다.
16) 지혜지견과거무애무장(智慧知見過去無礙無障)
17) 지혜지견미래세무애장(智慧知見未來世無礙無障)
18) 지혜지견현재세무애무장(智慧知見現在世無礙無障)

12 **三十七助道品**: 도품은 범어 bodhipākṣika의 번역으로, 보리분(菩提分)·각지(覺支)·각분(覺分)이라고도 번역한다. 불교의 지고의 목적인 깨달음의 경지[涅槃]를 실현하는 지혜(道·菩提·覺)를 얻기 위한 실천도의 종류의 뜻으로, 여기에 37항이 있으므로 37도품이라 한다. 37보리분법(菩提分法), 37각지(覺支), 37각분(覺分)이라고도 한다.
1) 사념처(사념주四念住): 관신부정(觀身不淨)·관수시고(觀受是苦)·관심무상(觀心無常)·관법무아(觀法無我).
2) 사정근(사정단四正斷): 미생지악알령불생(未生之惡遏令不生)·이생지악단령불속(已生之惡斷令不續)·미생지선령생(未生之善令生)·이생지선령광(已生之善令廣).

3) 사여의주(사신족四神足) : 욕(欲) · 정진(精進) · 심(心) · 사유(思惟).

4) 오근(五根) : 신(信) · 진(進) · 념(念) · 정(定) · 혜(慧).

5) 오력(五力, 오근을 증장케 하는 힘) : 신력(信力) · 진력(進力) · 염력(念力) · 정력(定力) · 혜력(慧力).

6) 칠각지(칠보살분七菩薩分)

7) 팔정도(팔성도八聖道)

13 **有法·無法** : 거북의 털이나 토끼의 뿔과 같이 실재가 없는 것을 무법(無法)이라 함에 대해, 현상계의 사물처럼 실체도 작용도 없는 것이 아닌 것으로서 사물과 성질을 가지고 있는 주체를 유법(有法)이라 한다.

14 **胸次** : 『장자(莊子)』 "외편(外篇)" 田子方 "草食之獸不疾易藪, 水生之蟲不疾易水, 行小變而不失其大常也, 喜怒哀樂不入於胸次."

15 **修多羅藏** : 삼장의 하나로, 부처님께서 말씀하신 교법을 모은 총칭이다. 수다라는 범어 Sūtra를 소릿말적기한 것이다. 선(線), 조(條), 정(綖)의 뜻이 있으며, 계경(契經), 직설(直說), 성교(聖敎), 법본(法本), 선어교(善語敎) 등으로 번역한다. → '삼장(三藏)'조(제2장 면학勉學 "2. 고소경덕사운법사무학십문 姑蘇景德寺雲法師務學十門" 사기 68. 三藏)

16 **二障** : 혹장(惑障)을 두 가지로 나눈 것이다.

1) 『구사론』에서는 법뇌장(煩惱障)과 해탈장(解脫障)으로 나눈다.

2) 『유식론』에서는 번뇌장(煩惱障)과 소지장(所知障)으로 나눈다.

3) 『원각경』에서는 이장(理障)과 사장(事障)으로 나눈다.

4) 『금강경론(金剛經論)』에서는 번뇌장(煩惱障)과 삼매장(三昧障)으로 나눈다.

5) 내장(內障)과 외장(外障)으로 나눈다.

17 **四病** : 『원각경』에 원각(圓覺)을 잘못 구하는 네 사람의 이단을 가리키는 말이다.

1) 작병(作病) : 여러 가지 수행을 함으로써 원각을 구하고자 하는 병이다.

2) 임병(任病) : 생사를 끊지도 않고 열반을 구하지도 않고 만유에 맡겨서 원각을 구하려는 병이다.

3) 지병(止病) : 모든 생각을 끊으면 곧 진(眞)이라고 하여 고요하고 평등하게 하는 것으로 원각을 구하고자 하는 병이다.

4) 멸병(滅病) : 일체의 번뇌를 끊어 원각을 구하고자 하는 병이다.

18 **不了義·了義** : 불교의 도리가 현료(顯了)하게 다 서술되어 있는 가르침을 요의교(了義敎)라 하고, 이에 설하는 경전을 요의경(了義經)이라 한다. 이에 반하여 중생의 이해의 정도에 맞추어 주기 위해 현요한 뜻을 직접 설하지 않고 점차로 진실한 교(敎)로 유인하는 방편의 가르침을 불요의교(不了義敎, 미요의교未了義敎)라 하며, 이것을 설하는 경전을 불요의경(不了義經, 미요의경未了義經)이라 한다. 소승의 대중부에서는 외도의 설을 불요의라 하고, 성실론(成實論) 등에서는 경전의 의미를 보지 않고 문자에 얽매이는 것을 불요의라 하였다.

19 **微細流注** : 망식(妄識)이 미세하게 생멸천류(生滅遷流)하는 것을 말한다. 제8 아뢰야식의 상(相)이다.

20 **相宗** : 천태종과 화엄종을 성종(性宗)이라 하는 데 대해, 본체의 문제보다는 만유의 현상의 문제인 상(相)을 주로 탐구하는 구사종과 법상종 등을 가리키는 말이다.

21 **已矣** : 어기사가 연이어 사용된 것이며, 사건의 발전이나 변화를 나타낸다. 비교적 단독으로 쓰여 긍정의 어기를 강하게 하며, '~하구나'라고 해석한다. 『맹자(孟子)』 "등문공하(滕文公下)" "由是

觀之, 則君子之所養, 可知已矣(이로부터 본다면 군자가 자신의 인품을 배양하는 것을 알 수 있구나)."

22 **玄要** : 현(玄)은 삼현(三玄)이니 체중현(體中玄)·구중현(句中玄)·현중현(玄中玄)을 말하며, 요(要)는 삼요(三要)이니 대기원응(大機圓應)·대용직절(大用直截)·기용육시(機用育施)를 말한다.

23 **料揀** : 요간(料簡), 양간(量簡) 혹은 요견(料見)이라고도 한다. 잘 생각하고 헤아려서 바른 설을 골라내는 것이다.
   1) 여러 관점에서 논구(論究)하는 것, 문답에 의해서 정밀하게 논증하는 것 등을 가리킨다.
   2) 임제 의현(臨齊義玄)은, 사람을 깨달음에 인도하는 수단으로서 탈인불탈경(奪人不奪境)·탈경불탈인(奪境不奪人)·인경구탈(人境俱奪)·인경구불탈(人境俱不奪)을 설하는 4종의 범주라는 의미로 보았다.
   3) 일반적으론 이해와 용서의 뜻으로 쓰인다.

24 **法鏡** : 큰 법은 물(物·중생)을 여실히 비출 수 있기에 거울로 비유한 것이다.

25 **向上一路** : 선종의 용어로서 향상사(向上事) 또는 향상일구(向上一句)라 일컫기도 한다. 수행자가 철저하게 깨달은 궁극적인 자리를 가리킨다. 『벽암종전초(碧巖種電鈔)』에서 "향상일로(向上一路)는 천성(千聖)도 전하지 못하거늘, 이를 전하고자 하는 학자의 수고로운 모습은 마치 원숭이가 그림자를 잡으려는 것과 같다."라고 하였다.

26 **末後一句** : 『벽암록』에 철저하게 대오한 극치에 도달하여 지극한 말을 함으로써 다시는 이 말을 능가하는 더 나은 말이 없는 것을 말한다. 또 말후(末後)는 구경(究竟)·필경(畢竟)·구극(究極)·지극(至極)의 뜻이다. 구(句)는 언구나 문구의 뜻으로 곧 종문(宗門)의 활구(活句)를 말한다.

27 **正法眼藏** :
   1) 진리를 볼 수 있는 지혜의 눈[正法眼]으로 깨달은 비밀스런 법[藏]이란 뜻이다. 또 붓다 내심의 깨달음은 표현을 초월한 것으로서 세존으로부터 순차로 달마에 이르듯이 스승의 마음에서 제자의 마음으로 전해진다고 하는 깨달음을 가리키니, 이것을 '정법안장(正法眼藏) 열반묘심(涅槃妙心)'이라고 하며 간략하게 정법묘심(正法妙心)이라고도 한다.
   2) 송나라 대혜 종고(大慧宗杲)의 법어를 모은 6권짜리 책으로, 1147년 시자 충밀 혜연(冲密慧然)이 편집한 것이다.

28 **而已矣** : 어기사가 연용된 것으로서 '이이(而已)'는 한정을 나타내며 '의(矣)'는 어기를 강화시키는 작용을 한다. '~할 뿐이다'라고 해석한다. 『논어(論語)』 "위령공(衛靈公)" "大何爲哉! 恭己正南而已矣(도대체 무엇을 하겠는가! 몸을 공손히 하고 똑바로 남면해서 있을 따름이다)."

29 **眞淨** : 중국 송나라 때 스님으로, 자는 운암(雲菴)이고, 섬부(陝府, 하남섬현河南陝縣) 정(鄭)씨의 자손이다. 25세 때 불도에 입문하여 내외의 학문에 능통하였다. 처음에는 황룡 혜남(黃龍慧南)에게 참구하였으나 뜻이 맞지 않자 향성 순(香城順)에게 가서 의지하다 비로소 황룡(黃龍)의 진면목을 깨닫고 이내 돌아와 의지하여 머물렀다. 혜남이 입적하자 앙산(仰山)의 대중을 거느렸다. 고안(高安)의 전과(錢戈)가 선사를 청하여 동산(洞山)에 주석케 하였으며, 후에 융흥(隆興)의 보봉사(寶峰寺)로 옮겼다. 숭녕(崇寧) 원년 10월 16일 밤중에 가부좌한 채 헤어질 때가 되었음을 고하니 대중이 법을 묻거늘 웃으며 "今年七十八, 四大各別離, 風火旣離散, 臨行休更說."이란 임종게를 설하고 입적하다. 저서로 『운암어록(雲菴語錄)』이 있다.

30 **六聚** : 육취계(六聚戒). 비구·비구니가 지켜야 할 계를 죄의 경중에 따라 6종으로 나눈 것이다. → '계품(戒品)'조(제1장 경훈警訓 "1. 위산대원선사경책潙山大圓禪師警策" 사기 13. 戒品)

1) 바라이(波羅夷, pārājika) : 계율 가운데 가장 엄하게 제지한 것이다. 이 중죄를 범한 사람은 승려로서의 생명이 없어지고 자격을 잃는 것이라 하며, 승중에서 쫓겨나 함께 살지 못하며, 길이 불법으로부터 버림을 받아 죽은 뒤에는 아비지옥에 떨어진다고 하는 극히 악한 죄이다. 비구는 살생(殺生)·투도(偸盜)·음행(淫行)·망어(妄語)의 4바라이가 있고, 비구니는 이것에 마촉(摩觸)·팔사성중(八事成重)·복장타중죄(覆障他重罪)·수순피격비구(隨順被擊比丘)의 네 가지가 더하여 8바라이가 있다.

2) 승잔(僧殘, saṃghāvaśeṣa) : 바라이죄 다음으로 무거운 죄. 이것은 범하여도 승려로서의 생명이 남아 있어 대중에게 참회하여 허락하면 구제될 수 있는 계법이다. 비구가 지니는 13승잔과 비구니가 지니는 17·19·20종의 승잔이 있다.

3) 투란차(偸蘭遮, sthūlātyaya) : 바라이죄나 승잔죄에 이를 수 있는 죄를 말한다. 남자가 여자에게 가까이하면서 머리카락으로 머리카락을 서로 닿게 하거나, 손톱으로 손톱을 서로 닿게 하면 투란차를 범한 것이고, 손으로 머리카락이나 손톱을 닿게 하면 승잔죄가 된다. 이것은 중한 죄를 지을 방편으로, 선근을 끊고 악도에 떨어지게 되는 죄이다.

4) 바일제(波逸提, payattika) : 이것을 범한 이는 범계에 관련된 재물을 내놓거나 다른 이에게 참회함으로써 죄가 없어지는 것이다. 그러나 만일 규정에 따라 참회하지 않으면 지옥에 떨어질 죄업을 구성하는 것이므로 타(墮)라 한다.

5) 제사니(提舍尼, deśana) : 승중의 한 사람에게 고백하거나 참회하면 죄가 소멸되는 가벼운 죄이다.

6) 돌길라(突吉羅, duṣkṛta) : 범계의 죄명으로 몸과 입으로 지은 나쁜 업을 말한다. 이 죄를 범한 이는 등활지옥에 떨어진다고 한다.

4

수주대홍산영봉사시방선원기
隨州 大洪山 靈峯寺 十方禪院記[1]

●

수주 대홍산 영봉사 시방선원 기문

元祐[{1}2]二年九月, 詔隨州 大洪山 靈峯寺革律爲禪. 紹聖[{2}3]元年, 外臺[4] 始請移洛陽 少林寺, 長老[5] 報恩[{3}6]爲住持. 崇寧[{4}]改元正月, 使來求'十 方禪院記', 迺書曰:

大洪山在隨州西南, 盤基百餘里. 峯頂俯視漢東諸國林巒丘嶺猶平川 也. 以耆舊[7]所聞攷之, 洪或曰胡, 或曰湖, 未詳所謂. 今以地理攷之, 四山 之間, 昔爲大湖, 神龍所居, 洪波洋溢, 莫測涯涘. 其後二龍鬪, 搦開層崖, 湖水南落, 故今負山之鄕謂之落湖管, 此大洪所以得名也.

唐 元和[{5}8]中, 洪州 開元寺僧善信, 卽山之慈忍大師[9]也. 師從馬祖密 傳心要, 北遊五臺山,[10] 禮文殊師利, 瞻覩殊勝, 自慶菩薩有緣, 發願爲衆 僧炊爨[{6}]三年, 寺僧却之, 流涕嗟慨, 有老父曰: "子緣不在此, 往矣行焉, 逢'隨'卽止, 遇'湖'則住." 師卽南邁, 以寶曆[11]二年秋七月抵隨州, 遠望高 峯, 問鄕人曰: "何山也?" 鄕人曰: "大湖山也." 師默契前語, 尋山轉麓, 至 于湖側. 屬歲亢旱, 鄕人張武陵[12]具羊豕, 將用之以祈于湖龍. 師見而悲之, 謂武陵曰: "雨暘不時, 本因人心黑業所感, 害命濟命, 重增乃罪, 可且勿殺. 少須三日, 吾爲爾祈."

武陵亦異人也, 聞師之言, 敬信之. 師則披榛捫石, 得山北之巖穴, 泊然宴坐, 運誠冥禱, 雷雨大作. 霽後數日, 武陵迹而求之, 師方在定, 蛛絲冪面, 號耳挓體, 久之方覺. 武陵卽施此山爲師興建精舍, 以二子給侍左右. 學徒依嚮, 遂成法席.

太和{7}13元年五月二十九日, 師密語龍神曰: "吾前以身代牲, 輟汝血食. 今捨身餉汝, 汝可享吾肉." 卽引利刀截左膝, 復截右膝, 門人奔馳. 其慈忍膝不克斷, 白液{8}流出, 儼然入滅, 張氏二子立觀而化.14 山南東道奏上其狀, 唐 文宗嘉之, 賜所居額爲幽濟禪院. 晋 天福中{9}15改爲奇峯寺, 本朝元豊元年{10}16又改爲靈峯寺, 皆以祈禱獲應也.

自師滅, 至今三百餘年而漢 廣 汝 汾17之間十數州之民, 尊嚴奉事, 如赴約束, 金帛粒米, 相尾於道, 貨强法弱, 僧範乃革. 前此山峯高峻, 堂殿樓閣依山製形, 後前不倫, 向背靡序. 恩老至止, 熟閱形勝, 闢道南入, 以正賓主. 鑱崖壘澗, 鏟嶬補砌, 嵯峨萬仞, 化爲平頂. 三門{11}堂殿, 翼舒繩直, 通廊大廡, 疏戶四達, 淨侶雲集, 藹爲叢林. 峨嵋{12}之寶燈瑞相,18 清凉{13}19之金橋圓光, 他方詭觀, 異境同現, 方其廢故而興新也.

律之徒懷土20而呹呹, 會予謫爲郡守, 舍禪律而證之曰: "律以甲乙, 禪以十方,21 而{14}所謂甲乙者, 甲從何來, 乙從何立? 而必曰我慈忍之子孫也. 今取人於十方, 則忍後絶矣. 乙在子孫, 甲在慈忍; 乙在慈忍, 甲在馬祖; 乙在馬祖, 甲在南嶽;22 乙在南嶽, 甲在曹溪. 推而上之, 甲乙乃在乎菩提達摩,23 西天四七.24 所謂甲乙者, 果安在哉? 又而所謂十方者, 十從何生, 方從何起? 世間之法, 以一生二, 一二爲三, 二三爲六, 三三爲九. 九者, 究也, 復歸爲一. 一九爲十, 十義乃成, 不應突然無一有十. 而所謂方者, 上爲耶? 下爲方耶? 東爲方耶? 西爲方耶? 南爲方耶? 北爲方耶? 以上爲方則諸天所居, 非而境界; 以下爲方則風輪25所持, 非而居止; 以東爲方,則毘提訶人²⁶面如半月;{15} 以北爲方, 則鬱單越人壽命久長;{16} 以西爲方, 則瞿耶尼洲滄波浩渺;{17} 以南爲方, 則閻浮提洲象馬殊國.{18}²⁷ 然則甲乙無定, 十方無依, 競律競禪, 奚是奚非?"

律之徒曰: "世尊嘗居給孤獨園²⁸·竹林精舍,²⁹ 必如太守言, 世尊非耶?"

余曰: "汝豈不聞:『以大圓覺爲我伽藍, 身心安居平等性智.』此非我說, 乃是佛說." 於是律之徒黙然而去.

禪者曰: "方外之士, 一瓶一鉢, 涉世無求, 如鳥飛空, 遇枝則休, 如龜遊海, 値木則浮. 來如聚梗, 去如滅漚, 不識使君甲乙之乎? 十方之乎?"

予曰: "善哉佛子! 不住內, 不住外, 不住中間, 不住四維上下虛空, 應無所住而住持, 是眞十方住持矣. 尙何言哉? 尙何言哉?"

時崇寧元年正月上元日記.{19}

{1} 宋哲宗年號.

{2} 又哲宗年號.

{3} 黎陽劉氏子, 未冠擧方略, 擢上第. 後, 厭塵, 乞謝簪纓, 爲僧, 嗣投子義靑禪師.

{4} 徽宗年號.

{5} 憲宗年號.

{6} 取其進火謂之爨, 取其氣上謂之炊.

{7} 文宗年號.

{8} 『四諦論』云: "菩薩行慈, 血變成乳, 如慈母育子, 以慈愛心故, 生子有乳, 自然流出."

{9} 後晉高祖年號.

{10} 宋神宗年號.

{11} 梵刹, 外建三門, 夫三者, 乃空無相無作三法, 謂之三解脫門. 令一入此門, 卽當達此三法, 今之人, 入是門者, 果能達此否? 愼毋口則談空, 行則着有, 故曰: "君子以空進其德, 小人以空肆其欲." 入空門者, 須諦審焉. 見『天樂鳴空集』.

{12} 山名, 在蜀, 眞普賢住處.

{13} 山名, 在北五臺山是也, 眞文殊住處.

{14} 汝也, 下同.

{15} 東毘提訶, 亦曰弗派提. 此云勝身, 形如半月, 壽五百歲.

{16} 北鬱單越, 亦曰拘盧洲. 此云勝洲, 形如方座, 壽一千歲.

{17} 西瞿耶尼, 亦曰瞿陀尼. 此云牛貨, 形如滿月, 壽二百五十歲.

{18} 南閻浮提, 亦曰贍部洲. 此云勝金, 形如車箱, 壽一百歲.

{19} 正月十五日, 上元; 七月十五日, 中元; 十月十五日, 下元.

원우 2년 9월에 수주 대홍산 영봉사(靈峯寺)에 조서를 내려 율종을 혁파하여 선종으로 만들고, 소성 원년에 외대(外臺)에서 비로소 낙양 소림사의 장로 보은(報恩)에게 청하여 옮겨가서 주지가 되게 하였다. 숭녕 원년 정월에 사자가 와서 "시방선원기"를 구하기에 이에 글을 써서 말하였다.

대홍산은 수주의 서남쪽에 있으며 자리한 기반이 백 여 리로, 산봉우리에서 굽어 살펴보면 한수 동쪽 모든 지방의 산림과 구릉이 오히려 평탄한 물줄기와 같다. 노인네들에게 들은 바로서 상고하여 보건대, '洪'을 '胡'라고도 말하며 혹은 '湖'라고도 말한다는데 정확히 일컫는 바는 상세하지 않다. 이제 지리적으로 상고하여 보건대, 네 산의 중간으로 예전에는 큰 호수여서 신룡들이 거처하고 있는 곳이었는데 거대한 파도가 출렁이고 있었기에 그 물결의 끝을 헤아릴 수 없었다 한다. 그 후에 두 마리의 용이 싸우며 엎치락뒤치락하다가 암반을 벌려 놓으니 호수물이 남쪽으로 빠져나갔다. 그러므로 지금에 그 산을 등진 고을을 '낙호관'이라 일컬으니, 이것이 '대홍'이라 이름을 얻게 된 연유이다.

당나라 원화 때 홍주 개원사의 승려 선신이 곧 이 산의 자인 대사이다. 대사가 마조 선사로부터 심요(心要)를 은밀히 전수 받고 북쪽으로 오대산을 만행하다가 문수사리보살에게 예불하게 되자 그 수승함을 우러러보고는 문수보살에게 인연이 있음을 스스로 기쁘게 생각하여 대중 스님들을 위해 삼년 동안 불 때고 밥 짓기를 발원하였는데, 그 절의 승려들이 거절하거늘 눈물을 흘리고 탄식하며 근심하였더니, 한 노인이 이르기를 "그대의 인연은 여기에 있지 않으니, 떠나가되 '수(隨)'를 만나면 쉬고

'호(湖)'를 만나면 머무르라." 하였다. 대사가 곧 남쪽으로 가다 보력 2년 가을 7월에 수주에 이르러 멀리 높은 봉우리를 바라보며 고을 사람들에게 무슨 산이냐고 물으니 사람들이 '대호산'이라 말하였다. 대사가 예전의 말과 은연중에 합치함을 알고는 산을 찾아 기슭을 전전하다 호수가에 이르니, 그 해에 극심한 가뭄이 들어 고을 사람 장무릉이 양과 돼지를 갖추어 그것으로 호수의 용에게 기도를 드리려고 하였다. 대사가 그것을 보고는 가련히 여겨 무릉에게 이르기를 "비오거나 개는 것이 제 때에 되지 않는 것은 본래 사람들의 마음에서 일어나는 악업에 감응함에 인연하는 것인데, 생명을 해치고서 생명을 건지려는 것은 거듭 죄업만 증장시킬 뿐이니, 우선은 죽이지 않을 수 있겠는가? 사흘만 기다리면 내가 그대들을 위해 기도를 올리겠다." 하였다.

무릉 역시 비범한 사람이라 대사의 말을 듣고는 존경하여 그를 믿어 주었다. 대사는 곧 덤불을 헤치고 암반을 더듬어 산 북쪽의 바위혈을 발견하고 고요히 편안하게 앉아 정성을 기울여 가만히 기도하니 우뢰가 치고 비가 크게 내렸다. 비가 갠 뒤 며칠 후에 무릉이 자취를 따라 그를 찾으니 대사가 바야흐로 선정에 들어 거미줄이 얼굴을 덮고 있는지라, 귀에다 소리를 지르고 몸을 흔드니 얼마 만에 비로소 깨어났다. 무릉이 곧 그 산을 시주하고 대사를 위해 정사를 건축하고는 두 아들로 좌우에서 시봉을 들게 하니, 배우고자 하는 무리들이 의지하고 뒤따라 마침내 법석을 이루게 되었다.

태화 원년 5월 29일 대사가 용의 신에게 은밀히 이르기를 "내가 이전에 이 몸으로 희생을 대신함으로써 그대의 혈식(血食)을 그치게 하였는데, 이제 이 몸을 버려 그대에게 먹히고자 하니 그대는 나의 육신을 먹어라." 하고는 곧 예리한 칼을 꺼내어 왼쪽 무릎을 끊고 다시 오른쪽 무릎을 끊으니 문도들이 급히 달려갔다. 자인대사의 무릎은 완전히 끊기지 않은 채 흰 액이 흘러나오며 근엄한 자태로 입멸하였으며, 장씨의 두 아들은 선 채로 이를 보고는 입적하였다. 산남의 동도(東道)가 그 상황을 상소하여 올리니 당나라 문종이 가상히 여겨 그가 거처하던 곳에 현액을 내려 '유제선원'이라 하였다. 진나라 천복 연간에 '기봉사'라 고쳐 부르고, 본조의 원풍 원년에 '영봉사'라 다시 고쳐 불렀으니, 모두 기도로써 감응을 얻었기 때문이다.

대사가 입멸하고부터 지금에 이르기까지 3백여 년 동안 한수(漢水)와 광수(廣

水) 및 여수(汝水)와 분수(汾水) 사이의 10여 주 주민들이 존엄하게 받들어 섬기기를 마치 약속하여 이르듯 하여 금과 비단이며 백미가 길에서 서로 꼬리를 이었는데, 재물이 흥성하면 불법이 약해지므로 스님들의 규범이 이에 고쳐졌다. 이보다 앞서 산의 봉우리가 높고 험준하여 전당과 누각을 산에 의지해 형세를 잡았기에 앞뒤가 가지런하지 않고 마주보거나 등지고 있는 모습에 질서가 없었다. 노승 보은이 머물게 되자 지세가 뛰어남을 익히 살피고는 길을 열어 남쪽으로부터 들어감으로써 주되고 부수되는 것을 바로잡았으며, 가파른 곳을 깎아내어 계곡을 메우고 높은 곳은 깎아내려 섬돌을 보수하니 울쑥불쑥 솟았던 만 길의 형세가 바뀌어 평정하게 되었다. 삼문과 전당이 날개를 편 듯 하고 먹줄을 그은 듯하였으며 시원스레 뚫린 행랑과 커다란 곁채가 드문드문 놓인 문을 통해 사방으로 닿음에 청정한 승려들이 구름처럼 모여들어 무성히 총림을 이루었으니, 아미산의 보배등불이 상서로운 형상을 드러내던 것과 청량산의 황금다리가 원만한 빛을 뿜어내던 것처럼 여러 지방의 기이한 경관들이 다른 경계에서 함께 나타나기에 바야흐로 낡은 것을 폐하고 새로운 것을 일으키게 되었다.

　　율종의 무리들이 근거를 가지고 왁자지껄 떠들거늘, 마침 내가 좌천되어 군수가 되었기에 선과 율을 떠나서 증명하여 이르기를 "율(律)은 갑을(甲乙)로써 하고 선(禪)은 시방(十方)으로써 하니, 그대가 말하는 갑을이라는 것은 갑이 어디로부터 온 것이며 을은 어디를 좇아 세워진 것인가? 그대는 필시 '나는 자인(慈忍)의 자손인데 이제 사람들을 시방에서 취하면 곧 자인의 후손은 끊어질 것이다.' 할 것이나, 을이 자손에게 있으면 갑은 자인에 있을 것이고, 을이 자인에 있으면 갑이 마조에 있을 것이고, 을이 마조에 있으면 갑이 남악에 있을 것이고, 을이 남악에 있으면 갑이 조계에 있을 것이다. 미루어 올라가면 갑을이 보리달마와 서천의 28대 존자들에게 있을 것이니 이른 바 갑을이란 것이 과연 어디에 있겠는가. 또 그대가 말한 시방이란 것은 십(十)이 어디로부터 생겨났으며 방(方)은 어디로부터 일어난 것인가? 세간의 법은 하나로써 둘이 생겨나고, 하나와 둘이 셋이 되고, 둘과 셋이 여섯이 되고, 셋과 셋이 아홉이 된다. 아홉이란 끝점이니 다시 돌아가 하나가 되며 하나와 아홉이 열이 됨에 열의 뜻이 이에 이뤄지니 응당 하나가 없이 돌연 열이 있게 되지는 않는다. 그대가 말한 방(方)이란 것은 위가 네모나다는 것인가, 아래가 네모나다는 것인가, 동쪽이 네모나다는 것인가, 서쪽이 네모나다는 것인가, 남쪽이 네모나다는 것인가, 북쪽이 네모나다는 것인가? 위쪽을 네모난 것으로 삼는다면 곧 제천(諸天)이 거처하는 바이니 그대의 경계가 아니요, 아래쪽을 네모난 것으로 삼는다면 곧 풍륜(風輪)이 지탱되는 바이니 그대가 차지하여 머물 곳이 아니요, 동쪽을 네모난 것으로 삼는다면 곧 비제하의 사람이니 얼굴이 반달 같을 것이며, 북쪽을 네모난 것으로 삼는다면 울단월의 사람이니 수명이 장구할 것이며, 서쪽을 네모난 것으로 삼는다면 곧 구야니주이니 큰 바다의 물결이 크고도 아득할 것이며, 남쪽을 네모난 것으로 삼는다면 곧 염부제주이니 상마수국이다. 그러한 즉 갑을은 정해진 것이 없으며 시방은 의지할 바가 없으니 율을 다투고 선을 다툼이 무엇이 옳고 무엇이 그르겠는가.” 하였다.

율의 무리들이 말하기를 “세존께서 일찍이 급고독원과 죽림정사에 거처하셨는데, 필시 태수의 말과 같다면 세존이 그르다는 것인가?” 하였다.

내가 말하기를 “그대들은 어찌 들어보지 못했는가? 크고도 원만히 깨달음으로써 나의 가람을 삼으니 몸과 마음이 편안히 평등성지에 머물게 된다 하였다. 이는 나의 말이 아니라 곧 부처님의 말씀이다.”라 하였더니 율의 무리가 묵묵히 가버렸다.

참선을 하는 자가 이르기를 “사방 바깥의 선비가 하나의 호리병과 하나의 발우로 세간을 섭렵함에 구하는 바가 없으니, 마치 새처럼 허공을 날다가 나뭇가지를 만나면 곧 쉬고, 마치 거북이처럼 바다를 노닐다가 나무토막을 만나면 이내 떠오르며, 올 때는 마치 가시나무가 모이듯 하고 갈 때는 마치 거품이 꺼지듯 합니다. 알지 못하겠습니다! 사군께서는 갑을을 하시겠습니까? 시방을 하시겠습니까?” 하였다.

내가 이르기를 “옳도다, 불자여! 안팎에 머무르지 않고 중간에 머무르지 않고 사유(四維)나 상하나 허공에 머무르지 않은 채 응당 머무는 바가 없이 머물러 지탱한다면 이것이 참으로 시방에 머무르며 지탱하는 것이리라.” 하였다. 무슨 말을 바랄 것이며 무슨 말을 바라겠는가?

때는 숭녕 원년 정월 십오일에 쓰다.

{1} 송나라 철종의 연호이다.

{2} 이 또한 철종의 연호이다.

{3} 여양 유씨의 자손으로서 성인의 관례를 아직 올리지도 않아서 방략(方略)을 올렸다가 상제(上第)로 발탁되었다. 후에 세속에 염증을 느끼고 관직을 물러나 승려가 되어 투자 의청선사의 법을 이었다.

{4} 휘종의 연호이다.

{5} 현종의 연호이다.

{6} 위로 솟구치는 불기운을 취하는 것을 일컬어 찬(爨)이라 하고, 위로 솟구치는 기운을 취하는 것을 취(炊)라 한다.

{7} 문종의 연호이다.

{8} 『사제론』에서 말하였다. "보살의 행이 자애로움에 피가 변하여 젖이 되었으니, 마치 자애로운 어머니가 자애심으로 자식을 기르는 까닭에 자식을 낳으면 젖이 자연스레 생겨나는 것과 같다."

{9} 후진의 고조 연호이다.

{10} 송나라 신종의 연호이다.

{11} 인도의 사찰에는 바깥으로 문 세 개를 세우는데, 무릇 셋이란 곧 공(空)과 무상(無相)과 무작(無作)의 세 가지 법이니 이것을 일컬어 삼(三)해탈문이라 한다. 이 문에 한 번 들어서기만 하면 곧 응당 이 삼법(三法)에 통달해야 하나니, 지금의 사람으로서 이 문에 들어서는 자가 과연 이것을 능히 통달해 내는가? 삼가 입으로는 공(空)을 이야기하지 말고 행위는 유(有)에 집착되지 말 것이라. 그러므로 이르기를 "군자는 공(空)으로써 그 덕을 향상시키고 소인은 공(空)으로써 그 욕심을 방자하게 한다." 하였으니 공문(空門)에 들어선 자는 모름지기 살피고 또 살필지라. 『천락명공집』에 (이 내용이) 보인다.

{12} 산 이름으로 촉 지방에 있으며 보현보살이 항상 거주하는 곳이다.

{13} 산 이름으로 북쪽에 있는 오대산이 그것이며 그곳은 문수보살이 항상 거주하는 곳이다.

{14} '그대[汝]'이다. 아래도 같다.

{15} 동비제가 또는 불파제라 한다. 이곳 말로는 승신인데 모습이 반달 같으며 수명이 5백 세이다.

{16} 북울단월 또는 구노주라 한다. 이곳 말로는 승주인데 모습이 사방 네모진 자리 같으며 수명이 1천 세이다.

{17} 서구야니 또는 구타니라 한다. 이곳 말로는 우화인데 모습이 보름달 같으며 수명이 2백50세이다.

{18} 남염부제 또는 섬부주라 한다. 이곳 말로는 승금인데 모습이 수레상자 같으며 수명이 1백 세이다.

{19} 정월 15일이 상원이며, 7월 15일이 중원이며, 10월 15일이 하원이다.

사기
(私記)

1 『치문하마기(緇門蝦蟆記)』에서는 "此, 張無益居士所撰也."라 하였다.

2 **元祐** : 북송 7대 철종(哲宗)의 연호(1086~1094)이다.

3 **紹聖** : 북송 7대 철종의 연호(1094~1098)이다.

4 **外臺** : 알자대(謁者臺). 조정에 내방하는 사람의 접대와 조칙을 받들어 사신을 파견하는 직책이다.

5 **長老** : 일반적으로 학덕이 높고 불도에 들어온 지 오래되어 대중의 존경을 받는 이를 일컫는다.
사실 원어는 두 가지인데 그것을 한역하며 동일하게 장로라 하였다.
1) 스타위라(sthavira) : 덕행이 높고 나이가 많은 수행승(비구)을 부를 때 사용되었으니, 일반적인
장로의 의미와 부합한다.
2) 아유스맛(āyuṣmat) : 수명(āyuṣ)을 유지한다는 의미로 구수(具壽)라고 한역되기도 하였다. 수명
을 유지한다는 말은 나이가 들었다는 의미보다는 오히려 생명력으로 흘러넘친다는 의미이므로
활기에 찬 훌륭한 사람을 부를 때의 존칭이었으니, 불전만이 아니라 일반적인 고대 인도의 문헌
에서 이 존칭은 연장의 사람뿐만 아니라 젊은 사람이나 후배에 대해서 사용되는 예도 빈번하였
다. 물론 한역의 경우는 동일한 장로(長老)라고만 번역되었다.

6 **報恩** : 투자 의청(投子義靑)의 제자로, 성은 유(劉)씨이고, 위지(衛之) 여양(黎陽) 사람이다. 한진(韓
縝)의 청에 의하여 서경(西京)의 소림(小林)에 있다가 얼마 되지 않아 영봉사의 주지가 되었다. 생
몰 년대는 미상이다.

7 **耆舊** : 기숙(耆宿). 나이가 많고 사물에 경험이 많은 사람, 노숙한 사람을 말한다.

8 **元和** : 당나라 제11대 헌종(憲宗)의 연호(806~820년)이다.

9 **慈忍大師** : 마조의 제자로서 속성은 장(張)씨, 호는 자인(慈忍), 이름은 선신(善信), 시호는 영제(靈
濟) 대사이다.

10 **五臺山** : 중국 섬서성 태원부(太源府) 오대현(五台縣)에 있는 산 이름. 오대산은 동·서·남·북·중
의 다섯 봉우리 모두 표고가 높고 산 자체가 다소 북방에 위치한 까닭에 산 정상에는 나무가 자라
지 않아서 그 모습이 마치 흙으로 쌓은 누대(樓臺) 같기 때문에 오대(五臺)라는 이름을 지니게 되
었다. 보현보살이 상주한다는 아미산, 지장보살의 구화산, 그리고 관음보살의 성지인 보타산과
더불어 중국 4대 불교 성지 가운데 한 곳이다.

11 **寶曆** : 당나라 제13대 경종(敬宗)의 연호(825~827)이다.

12 **張武陵** : 흥복(興福) 사람으로, 자는 경홍(景弘)이다.

13 太和 : 당나라 14대 문종(文宗)의 연호(827~835)이다.

14 立觀而化 :

1) 화(化) : 개전(改轉)의 뜻으로, 변화·화작(化作)·화현(化現)처럼 불가사의한 술법으로 가지가지의 모양을 변현(變現)하는 것이다.

2) 천화(遷化) : 이 사바세계의 중생들을 교화할 인연이 끝났으므로 다른 세계 중생들을 구제하기 위해 이 세상을 떠났다는 뜻으로 고승의 죽음을 말한다.

15 天福 : 후진(後晋) 1대 고조(高祖)의 연호(936~942)이다.

16 元豊 : 북송(北宋) 6대 신종(神宗)의 연호(1078~1085)이다.

17 漢廣汝汾 : 한수(漢水)·광천(廣川)·여하(汝河)·분하(汾河)를 가리키며, 모두 산서성(山西省) 태원(太源) 부근에 있는 강 이름이다.

18 峨嵋之寶燈瑞相 : 아미산(峨嵋山)은 중국 사천성 가정의 서쪽 70리에 위치한 산이다. 예로부터 보현보살의 신령한 도량으로 알려졌고, 산 일대에 수많은 사찰과 암자가 산재해 있다. 아미산의 주봉 가운데 하나인 금정(金頂, 3,054미터)은 네 가지 특색 있는 경관으로 유명하다. 첫째는 일출로서 산의 정상에 있으면 마치 태양이 발아래서 올라오는 듯하는 것이요, 둘째는 불광(佛光)으로서 오후 2시에서 4시 경에 나타나는 무지개 현상인데 금정 뒤에 후광이 있는 것처럼 보이는 것이요, 셋째는 운해(雲海)로서 때에 따라서는 티베트의 산들이 이 구름바다 저쪽에 보이는 것이요, 넷째는 성등(聖燈)으로서 밤이 되면 밑에서 도깨비불이 솟아오르는 것처럼 보이는데 이는 나무에서 나온 밀환균(密環菌)이라는 발광체의 영향 때문이라고 한다.(『대중불교』1998년 3월호)

19 淸凉 : 중국 산서성에 있는 오대산의 다른 이름으로, 한여름에도 서늘한 냉기를 느끼므로 청량산이라 하였다. 전하는 말에 의하면 오대산은 본래 무덥고 습한 산이었다고 한다. 그런데 어느 때 깊은 바다의 용궁에 비장되어 있던 청량석(淸凉石)을 오대산으로 옮겨 놓은 뒤부터 산 일대가 지금처럼 서늘한 기운을 지니게 되었다고 한다. 청량석은 지금도 오대산 청량사 뜰 가운데 놓여 있으며, 청량사의 계곡 건너편에 위치한 옛 청량사는 청나라 순치 황제가 출가했던 사찰로도 유명하다.

20 懷土 : 현재 지니고 있는 안락한 거처 등의 기득권에 만족하고 집착하여 살아가는 모습이다. 『논어』"이인편(里仁篇)" "君子懷德, 小人懷土; 君子懷刑, 小人懷惠."

21 甲乙·十方 : 한 사찰의 주지가 열반하였거나 퇴임하였을 때 그 후임을 사제 또는 문중의 사람 가운데 순차로 일정한 좌차에 따라 임명하여 계승케 하였는데 이를 '갑을도제원(甲乙徒弟院)'이라 하였다. 중국에서는 송나라 때 이래 주로 시행되었다. 이에 반해 그 후임을 사제 또는 문중에 구애받지 않고 시방의 고덕 가운데 적임자를 초빙하여 맡도록 하는 것을 '시방주지원(十方住持院)'이라 한다. 여기에서 '갑을(甲乙)'은 인위적인 하나의 권속 또는 파벌에 의한 전승을 의미하고, '시방(十方)'은 이를 떠나 그 경계가 없는 일불제자 전체에 기반을 둔 전승을 의미한다.

22 南嶽 : (677~744) 중국 당나라 때 스님으로, 속성은 두(杜)씨, 호는 남악(南嶽), 이름은 회양(懷讓)이다. 금주(金州) 안강(安康) 사람으로, 15세에 형주(荊州) 옥천사(玉泉寺)에 가서 홍경(弘景) 율사 아래에서 스님이 되어 율을 배웠다. 뒤에 도반인 탄연(坦然)의 권고로 숭산 적안(嵩山觀安) 선사를 만나고, 다음에 육조 혜능의 시자로 15년 동안 모셨다. 713년 남악 반야사에 들어가 30년을 있으면서 남악의 선풍을 선양하니 당시 사람들이 남악(南嶽)이라 불렀다. 당나라 현종 천보(天寶) 3년에 68세로 입적하였다. 당나라 경종(敬宗)이 대혜(大慧) 선사라 시호하였다.

23 菩提達摩 : (?~528) Bodhidharma로, 중국 선종의 시조이며, 서천 28조의 제28이다. 남인도 향

지국왕의 셋째 아들. 처음 반야다라에게 도를 배우고, 40년 동안 섬기다가 반야다라가 죽은 뒤에 본국에서 크게 교화하여 당시 성행하던 소승 선관(禪觀)의 6종을 굴복시켜 그 이름이 인도 전역에 퍼졌다. 뒤에 그의 조카 이견왕을 교화하였다. 배를 타고 중국으로 향하여 양나라 보통(普通) 1년(520) 9월에 광주 남해군에 이르고, 10월에 광주 자사 소앙의 소개로 금릉(金陵)에 가서 궁중에서 무제와 문답하다가 인연이 맞지 않음을 깨닫고 낙양으로 가서 숭산 소림사에 있으면서 매일 벽을 향하여 좌선만 하므로 세상 사람들이 벽관바라문(壁觀婆羅門)이라 불렀다. 이락(伊洛)에 있던 신광(神光)이 달마의 풍성을 사모하고 찾아와 밤새도록 눈을 맞고 밖에 섰다가 팔을 끊어 구도의 정성을 다하니, 드디어 곁에서 시봉할 수 있도록 허락하고 혜가(慧可)라는 이름을 지어 주었다. 효명제가 달마의 이적을 듣고 크게 경양하여 마랍의가사(摩衲衣袈裟) 2벌과 금발(金鉢)과 은병(銀缾) 및 비단 등을 보냈다. 소림사에서 9년 동안 있다가 혜가에게 깊고 비밀한 종취와 가사·발우·『능가경』을 전하고, 우문(禹門)의 천성사(天聖寺)에 갔다가 영안(永安) 1년 10월에 입적하였다. 당나라 대종(代宗)이 원각(圓覺) 대사라 시호하였다.

24 **西天四七** : 서건사칠(西乾四七)이라고도 하며, 인도의 28조를 말한다. 1) 마하가섭(摩訶迦葉), 2) 아난다(阿難陀), 3) 상나화수(商那和修), 4) 우바모국다(優波毛匊多), 5) 제다가(提多迦), 6) 미차가(彌遮迦), 7) 바수밀다(婆須密多), 8) 불타난제(佛陀難提), 9) 복태밀다(伏駄密多), 10) 협존자(脇尊者), 11) 부나야사(富那耶舍), 12) 마명(馬鳴), 13) 가비마라(迦毗摩羅), 14) 용수(龍樹), 15) 가나제바(迦那提婆), 16) 나후라다(羅睺羅多), 17) 승가난제(僧伽難提), 18) 가야사다(加耶舍多), 19) 구마라다(鳩摩羅多), 20) 사야다(闍夜多), 21) 바수반두(婆須槃頭), 22) 마나라(摩拏羅), 23) 학륵나(鶴勒那), 24) 사자존자(獅子尊者), 25) 바사사다(婆舍斯多), 26) 불여밀다(不如密多), 27) 반야다라(般若多羅), 28) 보리달마(菩提達磨).

25 **風輪** : 불교의 우주관에 나오는 사륜(四輪)의 하나이다. 이 우주는 크기가 없는 허공[虛空輪]에 풍륜(風輪)이 떠 있는데 그 크기는 둘레가 무수(無數, asaṁkhya, 10의 51승) 유순이요 두께가 160만 유순으로서 원반형이다. 그 풍륜 위에 같은 원반형으로 크기는 직경이 120만 3천450 유순이요 두께가 80만 유순인 수륜(水輪)이 있으며, 그 수륜 위에 역시 같은 원반형으로서 동일한 직경에 두께가 32만 유순인 금륜(金輪)이 있으니, 그 금륜의 상부 표면에 수미산을 비롯한 산과 바다 및 섬[四洲] 등이 실려 있다고 한다.

26 **毘提訶人** : 수미사주(須彌四洲). 금륜의 상부 표면에 해저 8만 유순과 해발 8만 유순의 높이(도합 16만 유순)로 솟아 있는 수미산을 중앙으로 하여, 수미산 사방으로 펼쳐진 8만 유순 넓이의 바다 바깥에 4만 유순 높이의 지쌍산(持雙山)이 수미산의 주위를 원형(『구사론』에 의하면 방형)으로 띠를 이루어 에워싸고 있으며, 그렇게 바다와 산이 반복되어 수미산을 겹겹이 에워싸고 있기를 모두 일곱 차례(지축산持軸山 2만 유순, 첨목산檐木山 1만 유순, 선견산善見山 5천 유순, 마이산馬耳山 2,500유순, 상이산象耳山 1,250유순, 니민달라산尼民達羅山 625유순) 한 후에 그 니민달라산 바깥으로 대염해가 펼쳐져 있으며, 그 대염해에 동·서·남·북으로 네 주가 있으니 이를 수미사주라 한다. 그리고 최종적으로 대염해를 철위산(鐵圍山)이 에워싸고 있다. 사주의 설명은 『중아함경』 제11, 『장아함경』 제18, 『기세경』, 『구사론』 제11 등에서 자세히 볼 수 있다.

1) 동(東) 비제하(毘提訶, Videha) : 불바제(弗婆提)·불우제(弗于逮)라고도 소릿말적기하며, 이 땅에 사는 사람들은 몸이 매우 훌륭하기 때문에 승신(勝身)이라 번역한다. 그 땅은 둘레가 7천 유순인데 서·북·남쪽은 길이가 같고 동쪽만 매우 좁은 까닭에 그 지형이 반달과 같다. 사람의 키는 16주(肘)이고, 수명은 5백 세이다. 캄캄한 어둠 속에서도 여러 가지 빛깔을 볼 수 있으며, 귀로 들을 수 있는 거리는 화살 하나가 힘있게 날아간 거리만큼이나 된다고 한다.

2) 북(北) 울단월(鬱單越, Uttarakuru) : 울달라구로(鬱怛羅矩嚕)·울다라구류(鬱多羅究留)·울달라월(鬱怛羅越)이라고도 소릿말적기하고, 승생(勝生)·승처(勝處)·최승(最勝)·최상(最上)이라 번역하며, 쾌락이 끝이 없고 사주 가운데 중생·처소·재물 등이 가장 수승하기 때문에 특히 승주(勝洲)라 번역한다. 그 땅은 둘레가 8천 유순으로 지반은 다른 세 주보다 다소 높으며 지형이 네모반듯한 자리와 같다. 사람의 키는 32주이고, 수명은 1천 세인데 요절하는 이가 없다. 눈으로는 거대한 산이 막혀 있더라도 그것을 꿰뚫어 볼 수 있으며, 멀리 있거나 가깝게 있거나 모두 들을 수 있다 한다.

3) 서(西) 구야니(瞿耶尼, Godāniya) : 구다니(瞿陀尼)라고도 소릿말적기하고, 우화(牛貨)·우시(牛施)라 번역하니, 여기서는 소가 많으므로 시장에서 금전과도 같이 쓴다고 한다. 땅의 둘레는 7천 유순으로 지형은 보름달과 같으며, 사람의 키는 8주이고 수명은 250세이다. 눈으로는 산과 벽에 걸림 없이 볼 수 있을 뿐만 아니라 소리까지 듣는다고 한다.

4) 남(南) 염부제(閻浮提, Jambudvīpa) : 섬부주(贍部洲)라고도 소릿말적기하고 승금(勝金)이라 번역한다. 염부제는 염부수(閻浮樹)가 번성한 나라라는 뜻인데, 그 염부나무 사이로 흐르는 강인 염부단(閻浮檀)에서 사금을 채취한다고도 하며, 또는 염부나무 밑으로 금괴가 있다고도 하여 그 땅을 승금이라 한다. 땅은 둘레가 6천5백 유순으로 지형은 북쪽은 넓고 남쪽은 좁아 수레상자와 같으며, 사람의 키는 3주이고 수명은 100세 가량이나 정해져 있지 않다. 이곳의 사람들이 누리는 즐거움은 다른 곳보다 다소 못하지만 제불(諸佛)께서 출현하시는 곳은 오직 이 남주뿐이라 한다. 염부제란 원래 인도를 가리키는 말이었는데 후세에는 인간 세계를 통칭하게 되었다.

27 **象馬殊國** : 전륜왕이 없을 때의 남섬부주는 4개의 주국(主國)으로 분할된다. 당나라 현장(玄奘)의 도식에 따르면, 설산(雪山)의 동쪽으로부터 동해에 이르기까지는 그 기후가 화창하여 사람이 살기에 적당하므로 인주국(人主國)이라 하고, 설산(雪山)의 남쪽으로부터 남해에 이르기까지는 그 기후가 서습(暑濕)하여 코끼리가 살기 적당하므로 상주국(象主國)이라 하고, 설산(雪山)의 서쪽으로부터 서해에 이르기까지는 그 땅에 보물이 많이 나므로 보주국(寶主國)이라 하고, 보주국 북방은 그 지대의 기후가 차갑고 드세어 말이 살기에 적당하므로 마주국(馬主國)이라 하였다.(『서역기西域記』제1, 『석가방지釋迦方誌』上, 『경율이상經律異相』제47)

28 **給孤獨園** : 범어 Jetavānānāthapiṇḍasyārāma로, 기수급고독원(祇樹給孤獨園) 또는 기다수급고독원(祇多樹給孤獨園)이라 한다. 중인도 사위성에서 남쪽으로 1마일 지점에 있다. 기원정사가 있는 곳이다. 부처님이 설법한 유적지로, 본래 파사닉왕의 태자 기타(祇陀)가 소유한 동산이었으나, 급고독장자가 그 땅을 사서 부처님께 바치고 태자는 또 그 숲을 부처님께 바쳤으므로 두 사람의 이름을 따서 이같이 이름하였다.

29 **竹林精舍** : 범어 Veṇuvana로, 중인도 마갈타국 가란타촌에 있던 절이다. 세존께서 성도하신 뒤에 가란타 장자가 부처님께 귀의하여 죽림원을 바치고, 빈바사라 왕이 그 곳에 부처님과 그 제자들을 위하여 큰 정사를 지었다. 이것이 불교 최초의 절인 죽림정사이다.

5

양주석문사승당기-송대제사도찬
襄州石門寺僧堂記1- 宋待制査道{1}2 撰

●

양주 석문사 승당의 기문

乾明寺者, 去郡百里, 古曰石門, 因勅易之. 高山峻谷, 虎豹所伏, 岐路磽确,{2} 人煙夐絶, 非志于道者, 罔能捿其心也. 遊宦之徒, 羈束利名, 雖觀其勝絶而罕能陟其境.

道守郡日, 知有學者, 法字守榮,3 自雍熙{3}4五年參尋而至, 後安禪之堂卑隘隳壞, 於是發心重構, 克堅其志, 聚落求化, 多歷年所, 召良工, 市美材, 迄景德{4}三年始告成, 凡五間十一架.{5} 春有學徒慧果, 携錫至京, 請余識之, 將刊于石, 乃書曰:

"自佛法廣被, 達磨西來, 具信根者, 求證本源, 星居曠野, 蔽身草木, 衣不禦寒, 食不充腹. 及正法漸漓, 人法替怠, 百丈禪師乃營其棟宇以安老病. 邇來禪刹, 競構宏壯, 少年初學恣臥其間, 殊不知化緣5者勞形苦骨, 施財者邀福懺悔, 明因果者如臥鐵床, 若當冤敵, 自非朝夕, 密密增長聖胎, 其次親善知識者, 志求解脫, 可以暫容其形, 龍神攸護. 其或心沒盖纏,{6}6 身利溫燠, 不察無明, 不知命縮, 惟記語言, 自謂究竟, 詔盡遷謝,{7} 墮彼惡趣. 丈夫猛利, 得不動心者哉! 榮公, 生鳳翔 虢邑, 出家於雍州 鄠縣 白雲山 淨居禪院."

大中祥符{8}7二年四月八日記.

{1} 谷隱山 石門寺 蘊禪師, 嗣首山念禪師. 住石門日, 太守以私意笞辱, 旣歸, 衆迎於道側, 首座
     問訊曰: "太守無辜屈辱和尙如此." 師以手指地云: "平地起骨堆." 隨指湧一土堆, 太守聞之,
     令人削去, 復湧如初. 其後, 太守全家死於襄州. 宋査道爲待制, 每食必盡一膳, 常曰: "福當如
     是惜."

{2} 石地不平.

{3} 宋 太宗年號.

{4} 眞宗年號.

{5} 『史』註: 兩家爲一間. 此言五間十一架, 未詳.

{6} 五盖十纏, 皆煩惱名.

{7} 春光, 謂之韶光, 取和暢之義. 言此韶光倏忽已盡, 報緣遷變謝落則當沒溺惡道也.

{8} 眞宗年號.

건명사(乾明寺)는 군(郡)으로부터 1백 리 떨어져 있으며 예전에는 석문사(石門寺)라 하였는데 칙령에 의해 이름을 바꾸었다. 높은 산과 험준한 골짜기는 호랑이와 표범이 숨어 있고 갈림길은 울퉁불퉁한 자갈길로서 사람의 자취로부터 아득히 단절되어 있으니 도 닦는 일에 뜻을 둔 이가 아니면 능히 깃들고자 하는 마음이 없을 것이며, 벼슬길에서 하릴없이 노니는 무리들은 이익과 명예에 매어있기에 비록 그 뛰어난 절경을 즐길지라도 능히 그 경계에 오르는 이가 드물었다.

사도(査道)가 군을 지키던 때에 한 학자를 알고 있었는데 법명이 수영(守榮)으로, 옹희 3년부터 찾아다니며 법을 묻더니 지금에까지 이르렀다. 후에 좌선하는 승당이 낮고 좁으며 여기저기 허물어졌기에 발심하여 다시 짓고자 그 뜻을 굳게 가지고 마을에서 시주를 구함에, 여러 해를 지나고 여러 곳을 다니다가 좋은 장인을 부르고 훌륭한 재목을 구입하여 경덕 3년에 이르러 비로소 낙성을 고하니 무릇 5간(間) 11가(架)였다. 봄에 학승인 문도 혜과(慧果)가 석장을 이끌고 서울에 이르러 나에게 기문(記文)을 청하며 가지고 가서 돌에 새기겠노라 하므로 이에 글을 써서 말하였다.

　"부처님 법이 널리 미쳐서 달마가 서쪽에서 건너옴으로부터 신근(信根)을 갖춘 자들이 근본 원류의 증득을 추구하되 광야에 별처럼 거처하며 초목으로 몸을 가리니, 옷은 추위를 막지 못하였고 음식은 배를 채우지 못하였다. 정법이 점차 경박해짐에 이르러 사람과 법이 쇠퇴하고 태만해져 백장 선사가 이에 건물을 지어서 늙고 병든 이들을 편안케 하였다. 그로부터 선종의 사찰들이 경쟁적으로 건물을 크고 웅장하게 짓게 되었으니, 젊은 나이의 초학들은 그곳에 제멋대로 누워 있으되 교화할 인연을 가진 자들이 고달픈 몸으로 고초를 겪은 일과 재물을 시주한 자들이 복을 요구하기 위해 깊이 참회하는 것은 거의 알지 못하였지만, 인과에 밝은 자는 마치 쇠로 된 평상에 누워 있는 듯이 여기고 흡사 원수나 도적을 마주친 듯이 여긴 것이 원래 하루 이틀이 아니었기에 가만가만히 꾸준하게 성현의 씨앗을 늘려 자라게 하였다. 그 다음으로 선지식을 가까이하는 자는 뜻에 해탈을 구하고 있기에 잠시 그 육신을 허용하더라도 용신이 보호하는 바가 되는 것이다. 만일 마음이 온갖 번뇌에 빠져서 몸으로 따뜻한 것만 이롭게 여기며 무명을 살피지 않고 명이 줄어드는 것을 알지 못한 채 오직 언어만 기억하여 스스로 궁극적인 것이라 일컫는다면 세월이 다하여 물러갈 때 저 악도에 떨어질 것이니, 장부로서 용맹하고 예리한 자라면 어찌 마음을 움직이지 않을 수 있겠는가! 영공은 봉상의 곡읍에서 태어나 옹주의 호현 백운산의 정거 선원에서 출가하였다."

　대중상부 2년 4월 8일에 글을 쓰다.

{1}　곡은산 석문사 온선사는 수산 염 선사의 법을 이었다. 석문사에 머물러 있을 때 태수가 사사로운 뜻으로 태장을 가해 욕을 보였는데, 이윽고 돌아옴에 대중들이 길 옆으로 서서 맞아주며 수좌가 물어 가로되 "태수가 무고하게 스님을 이와 같이 굴욕케 하였습니다." 하므로 스님이 손가락으로 땅을 가리키며 이르기를 "평지에서 뼈 무더기가 솟아오르리다." 하니 가리킨 곳에서 한 무더기

의 흙이 솟아올랐다. 태수가 이 이야기를 듣고 사람을 시켜 깎아버리게 하였으나 다시 처음처럼 솟아올랐다. 그 후에 태수의 온 집안이 양주에서 죽었다. 송사도는 대제가 되어 매번 식사 때마다 반드시 반찬 한 가지를 남김없이 먹고는 항상 말하기를 "복록도 응당 이와 같이 아까워해야 한다."고 하였다.

{2} 자갈 땅으로 평탄하지 않음이다.

{3} 송나라 태종의 연호이다.

{4} 진종의 연호이다.

{5} 『사기』의 주석에 2가(家)를 1간(間)으로 한다 하였다. 여기서 말하는 '5간 11가'가 무엇인지는 상세하지 않다.

{6} 5개(蓋)와 10전(纏)으로 모두 번뇌의 이름이다.

{7} 춘광(春光)을 소광(韶光)이라 일컬은 것이니 화창하다는 뜻을 취한 것이다. 이 세월의 빛이 홀연히 다하여 과보의 인연이 옮겨지고 변하여 물러나게 되면 곧 응당 악도에 침몰하여 헤어나지 못함을 말한다.

{8} 진종의 연호이다.

사기
(私記)

1 **襄州云云** : 구본(舊本)에는 "慈照聰禪師住襄州石門請查待制爲撰僧堂記"로 되어 있다.

2 **宋待制** : 성은 송(宋)씨. 양주(襄州) 용호(龍湖) 사람. 자는 광록(光祿), 이름은 사도(查道). 대제(待制)는 각 부처의 시종 고문의 벼슬로 현재의 부관격에 해당된다.

3 **守榮(수영)** : 복주(福州) 고산 신안(鼓山神晏)의 제자이다. 봉상(鳳翔) 괵읍(虢邑) 사람으로, 속성은 송(宋)씨, 호는 백운(白雲), 이름은 지작(智作), 시호는 진적(眞寂)이다. 송나라의 인종(仁宗) 명도(明道) 원년(1032) 9월 27일에 83세로 입적하였다. 옹희(雍熙) 3년은 986년이다.

4 **雍熙** : 북송 2대 태종(太宗)의 연호(984~987)이다.

5 **化緣** :
1) 교화하는 인연이다. 불·보살이 이 세상에 출현하는 것은 교화할 인연이 있는 까닭이므로, 만일 이 교화의 인연이 다하면 곧 열반에 들게 된다.
2) 화익(化益)의 기연(機緣), 즉 교화할 중생의 기연이다. 불·보살은 중생의 근기가 익숙하여 그 교화의 이익을 받을 수 있게 되기를 기다려서 이것을 인연으로 하여 교화하므로 그 근기를 화연이라 한다.

6 **盖纏(개전)** : 오개(五盖)와 십전(十纏)을 말한다.
1) 오개 : 범어 pañcāvaraṇāni로, 오장(五障)이라고도 한다. 마음을 덮어서 선법을 내지 못하게 하는 5종의 번뇌를 말한다.
(1) 탐욕개(貪慾盖)
(2) 진에개(瞋恚盖)
(3) 온면개(惛眠盖) : 수면개(睡眠盖)라고도 한다. 혼침과 수면으로, 심신을 어둠에 잠기게 하여 적극적으로 작용하지 못하게 하는 것과 잠들게 하는 것을 말한다.
(4) 도회개(掉悔盖) : 도거(掉擧)와 악작(惡作)으로, 마음이 어지럽고 들뜨거나, 거꾸로 근심이나 걱정하며 후회하거나 하는 것을 말한다.
(5) 의개(疑盖) : 의심이 깊은 것을 말한다.
2) 십전 : 범어 paryavasthāna로, 마음을 얽어서 선을 수행할 수 없도록 방해하는 것이다. 탐(貪) 등의 근본번뇌에 따라 일어나는 번뇌이므로 특히 수번뇌(隨煩惱)라 한다. 무참(無慚)·무괴(無愧)·질(嫉)·간(慳)·회(悔)·수면(睡眠)·도거(掉擧)·혼침(惛沈)·분(忿)·복(覆)이 그것이다.

7 **大中祥符** : 북송 3대 진종(眞宗)의 연호(1008~1016)이다.

6

포선산혜공선원윤장기-무위거사양걸작

褒禪山慧空禪院輪藏¹記－無爲居士楊傑{1}2作門

●

포선산 혜공선원 법륜장 기문

法界本無衆生, 衆生緣乎妄見; 如來本無言敎, 言敎爲乎有情. 妄見者, 衆生之病; 言敎者, 如來之藥. 以藥治病, 則病無不治; 以言覺妄, 則妄無不覺. 此如來不得已而言, 賢智不得已而述也. 故阿難陀集而爲經, 優婆離結而爲律, 諸菩薩衍而爲論.{2}

經·律·論雖分乎三藏, 戒·定·慧盖本乎一心. 藏以示其函容,{3} 心不可以滯礙.{4} 是以雙林大師接物隨機, 因權表實. 聚言敎而爲藏, 載寶藏而爲輪, 以敎依輪則敎流而無礙,{5} 以輪顯敎則輪運而無窮.{6} 使披其敎者, 理悟變通;{7} 見其輪者, 心不退轉. 然後優遊性海, 解脫意筌, 無一物不轉法輪, 無一塵不歸華藏.⁴ 非有深智者, 其孰能與於此哉?

{1} 楊傑, 字次公, 仕至禮部侍郎. 無爲州人, 嗣天衣義懷禪師.

{2} 如來滅後, 於畢鉢羅窟, 立三座部主, 各結集爲三藏, 阿難誦出經藏, 迦葉誦出論藏, 優婆離誦出律藏, 此卽上座部. 更有一千賢聖, 命波尸迦, 於窟外結集, 名大衆部. 此二部通稱爲僧祇律, 是爲根本, 分三藏爲三部, 是小乘. 又阿難海與文殊, 於鐵圍山, 結集菩薩藏, 此是大乘, 不分經律. 其後諸菩薩, 作大乘諸論, 亦爲論藏.

{3}　有藏義.

{4}　有輪義.

{5}　橫流十方.

{6}　竪通三際.

{7}　變識爲智.

법계엔 본디 중생이 없건만 중생은 망령된 견해에서 반연하며, 여래는 본디 말이나 가르침이 없건만 말이나 가르침으로 중생을 위한다. 망령된 견해는 중생의 병고이며, 말이나 가르침은 여래의 양약이다. 양약으로 병을 치료하면 곧 치료되지 않을 병이 없듯이 말로써 망령됨을 깨우치면 곧 깨닫지 못할 망령됨이 없으니, 그래서 여래가 부득이 말을 한 것이며 어진 이와 지혜 있는 이들이 부득이 저술한 것이다. 그러므로 아난타는 결집하여 경장(經藏)을 이루었고 우바리는 결집하여 율장(律藏)을 이루었으며 모든 보살들이 부연하여 논장(論藏)을 이루었다.

　경과 율과 논이 비록 삼장으로 나뉘어졌으나 계정혜는 대개 하나 되는 마음에 뿌리를 둔다. 장(藏)은 그것으로써 함용하고 있음을 드러내 보이지만 심(心)은 가히 막히거나 거리낄 수 없다. 그런 까닭에 쌍림대사(雙林大師)가 중생들을 제접하고 근기를 따라서 방편에 의지하여 실다움을 표방하였다. 말씀과 가르침을 모아서 장(藏)을 이루고 그러한 보물스런 장(藏)을 실어서 윤(輪)을 만들었으니, 가르침을 펴는 데는 바퀴에 의지하면 가르침이 유포되는데 장애가 없고 바퀴로써 가르침을 드러내 보이면 바퀴가 굴러가는데 끝이 없을 것이므로, 그 가르침을 입는 자로 하여금 이치에 변통을 깨닫고, 그 바퀴를 보는 자로 하여금 마음에 물러섬이 없게 할 것이다. 그런 후에 성품의 바다에서 자유롭게 노닐며 뜻의 통발에서 벗어난다면 어느 한 물건도 법륜(法輪)을 굴리지 않는 것이 없을 것이며 어느 한 티끌도 화장(華藏)의 세계로 돌아가지 않는 것이 없을 것이다. 깊은 지혜를 지닌 자가 아니면 그 누가 여기에 참여할 수 있겠는가?

{1} 양걸의 자는 차공으로 관직이 예부시랑까지 이르렀다. 무위주의 사람으로 천의 의회 선사의 법을 이었다.

{2} 여래께서 입멸한 후 필발라 굴(窟)에서 삼좌부(三座部)의 부주(部主)를 세우고 각기 결집하여 삼장(三藏)을 이룸에 아난은 경장(經藏)을 외어내었고 가섭은 논장(論藏)을 외어내었고 우바리는 율장을 외어내었으니 이것이 곧 상좌부이다. 다시 1천의 현인과 성인들이 있어 파시가에게 명하여 굴 밖에서 결집하니 대중부라 이름한다. 이 2부는 통상적으로 승기율이라 일컫고 곧 근본이 되며 삼장을 나누어 삼부로 하였으니 바로 소승이다. 또 아난해가 문수와 더불어 철위산에서 보살장(菩薩藏)을 결집하니 이것이 바로 대승으로서 경(經)과 율(律)을 따로 나누지 않았다. 그 후에 모든 보살들이 대승에 관한 여러 논(論)을 지으니 이 역시 논장(論藏)이 되었다.

{3} 감추어 지닌다는 뜻이 있다.

{4} 움직여 굴러가게 한다는 뜻이 있다.

{5} 시방에 널리 퍼져 감.

{6} 삼제(三際)에 널리 통함.

{7} 식(識)을 변화시켜 지혜가 됨.

사기
(私記)

1 **輪藏** : 전륜장(轉輪藏). 전관경장(轉關經藏) 또는 줄여서 윤장(輪藏)이라고도 한다. 대장경을 소장해 두는 곳간이란 뜻으로, 경전을 넣어서 회전하도록 만든 일종의 책궤이다. 양나라 쌍림(雙林) 대사 부흡(傅翕)이 처음 만들었다고 하며, 팔각형으로 밑에는 바퀴를 달고 중앙에는 기둥을 세워서 궤를 돌리면 찾고 싶은 경책을 마음대로 찾아볼 수 있게 한 책장이다. 속인은 경을 읽지 않고 이것을 돌리기만 하더라도 공덕을 얻는다고 한다. 윤장은 티베트 불교에서 마니차(摩尼車)로 정착되었다. 마니차는 원통형으로 되어 있으며, 겉면에는 만뜨라가 새겨져 있고 내부에는 경문이 적힌 두루마리가 들어 있다. 크기는 손에 쥘 수 있는 것부터 몇 미터에 달하는 거대한 것이 사원에 세워져 있기도 한데, 마니차를 한 차례 회전시킴으로 경문을 읽은 공덕이 있다는 믿음은 윤장과 동일하다.

2 **楊傑(양걸)** : 중국 송나라 때 사람으로, 자는 차공(次公), 호는 무위자(無爲子), 안휘(安徽) 무위(無爲) 사람이다. 원풍(元豊) 연간에 태상경(太常卿)의 관직으로 윤주(潤州)의 지사로 나갔는데, 선법을 매우 좋아하여 명망 있는 이들을 두루 제접하여 머리를 조아리고 심요를 구하더니 결국에는 천의 회(天衣懷) 선사에게 법을 얻었다. 송나라 인종(仁宗) 가우(嘉祐) 연간(1056~1063)에 진사(進士)에 급제하고 신종(神宗) 원풍(元豊) 연간(1078~1085)에 태상(太常)을 지냈으며, 철종(哲宗)의 원우(元祐) 연간(1086~1093)에 예부시랑(禮部侍郎)이 되었다. 희녕(熙寧) 연간 말에 모친상으로 귀향하여 한가로이 서적을 대하며 지내다 마침내 정토신앙에 마음을 귀의하고 왕고(王古)와 교류하였다. 한 번은 쌍림 부 대사(大士)의 고가(古家)에 막 들어가려 하자 윤장(輪藏)이 저절로 회전하니 모두들 희유한 일이라 감탄하였다. 원우 연간에 때가 되었음을 미리 알고는 게송을 설하고 세상을 하직하였다. 『불조통기(佛祖統紀)』 제28에서 "舍壽之日, 感佛來迎, 端坐而化."라 하였는데, 염불을 많이 하였다 한다. 찬술로는 불법을 찬양한 『보도집(輔道集)』이 있는데 소자첨(蘇子瞻)이 그 서문을 썼다.

3 **雙林大師** : (497~569) 중국 동양(東陽)군 오상(烏傷)현 사람이다. 부 대사(傅大士)이니, 성은 부(傅), 이름은 흡(翕), 자는 현풍(玄風), 호는 선혜(善慧)이다. 16세에 유(劉)씨와 결혼하여 보건(普建)·보성(普成)의 두 아들을 낳았다. 24세에 계정당(稽停塘)에서 인도 승려 숭두타(嵩頭陀)를 만나 불도에 뜻을 두고 송산의 쌍도수(雙擣樹) 사이에 암자를 짓고 스스로 쌍도수하당래해탈선혜(雙擣樹下當來解脫善慧) 대사라 하였다. 낮에는 품을 팔고 밤에는 아내 묘광(妙光)과 함께 설법하기를 7년, 소문이 사방에 퍼져 천하의 명승들이 모여 왔다고 한다. 대통(大通) 3년(529) 운황산에 절을 짓고 있다가 뒤에 경사(京師)에 들어가 임금과 문답하고 정림사(定林寺)에 있으면서 지방관(地方官)의 공급(供給)을 받았다. 성을 따라 부(傅) 대사, 또는 동양 사람이라 하여 동양(東陽) 대사라 하며, 또

는 선혜(善慧) 대사·쌍림(雙林) 대사·오상(烏傷) 대사라 한다. 태청(太淸) 2년(548) 단식분신공양(斷食焚身供養)할 서원을 세웠다가 제자들이 적극 만류하며 대신하여 제자 19명이 대신 소신공양(燒身供養)을 하고자 하니 대사가 이에 그만 두었다. 부 대사의 집에 기거하는 대중들이 매우 많았으며 강설이 그치지 않았는데 그를 따르던 대중들은 매번 분지연비(焚指燃臂)하여 불공하였다고 한다. 대장경을 편히 읽게 하기 위해 두 아들과 의논하여 윤장(輪藏)을 만들어 세움으로써 대중들이 경을 보는데 크게 도움이 되었던 까닭에 후에 제작된 윤장에는 모두 그 부자 3인의 상이 새겨져 있다. 진(陳)나라 태건(太建) 원년 4월 제자들을 모아놓고 훈계를 마치고는 가부좌한 채 입적하니 향년 73세였다. 저서로는『부대사록(傅大士錄)』4권과『심왕명(心王銘)』1권이 있다.

4 華藏 : 연화장세계(蓮華藏世界). 이 세계는 비로자나(毘盧遮那) 여래의 과거의 원력과 수행에 의해서 깨끗하게 꾸며진 세계이고, 십불(十佛)이 교화를 베푸는 경계라고 한다. 그 구조는 세계의 가장 아랫쪽에 풍륜(風輪)이 있고, 그 위에 향수해가 있고, 그 가운데 한 송이의 큰 연꽃이 있다고 하는데, 이 대연화(大蓮花)에 세계가 함장되어 있기 때문에 연화장세계라 한다. 그곳에는 미진수의 세계가 20겹으로 중첩된 중앙세계종(中央世界種)을 중심으로 하여 111세계로 그물과 같이 둘러져서 세계망(世界網)을 구성하고 각각 온갖 보물로 꾸며져 있으며, 붓다가 거기에 출현하시고 중생도 그 가운데 충만하다고 하는 광대무변한 세계이다. 위의 내용은『화엄경』의 설에 따른 내용이며,『범망경』과『섭대승론석(攝大乘論釋)』등 연화장세계에 대한 여러 설이 있다.

7
장

서문

序文

1

남곡신법사자경록서

藍谷信法師¹自鏡錄序

●

남곡 회신 법사가 자경록에 쓴 서문

余九歲出家, 于今過六十矣. 至於逍遙廣厦, 顧步芳除,{1} 體安輕軟, 身居閒逸. 星光未旦, 十利之精饌已陳;{2} 日彩方中,{3} 三德{4}之珍羞總萃. 不知耕稼{5}之頓弊, 不識鼎飪{6}之劬勞. 長六尺之軀, 全百年之命者, 是誰所致乎? 卽我本師之願力也.

余且約計五十之年, 朝{7}中{8}飮食盖費三百餘碩矣,{9}2 寒暑衣藥盖費二十餘萬矣.{10} 爾其高門邃宇, 碧砌丹楹, 軒乘{11}僕豎之流, 机案牀褥之類, 所費又無涯矣. 或復無明暗起, 邪見橫生, 非法妄用, 非時飮噉, 所費又難量矣. 此皆出自他力資成我用, 與夫汲汲之位,{12} 豈得同年而較其苦樂哉?

是知大慈之敎至矣, 大悲之力深矣. 况十號³調御, 以我爲子而覆之; 八部天龍,4 以我爲師而奉之. 皇王雖貴, 不敢以臣禮畜之, 則其貴可知也; 尊親雖重, 不敢以子義瞻之, 則其尊可知也. 若乃悠悠四俗,{13} 茫茫九土,{14}5 誰家非我之倉儲? 何人非予之子弟? 所以提盂入室, 緘封之膳

遽開;{15} 振錫登衢,{16} 施慢之容肅敬.{17} 古人以一飡之惠,6 猶能效{18}
節,{19} 一言之顧, 尙或亡軀.{20} 況從頂至踵, 皆如來之養乎! 從生至死,
皆如來之蔭乎!

　　向使不遇佛法, 不遇出家, 方將曉夕犯霜露, 晨昏勤隴畝, 馳驟萬端,
逼迫{21}千計, 弊襜塵絮,{22} 或不足以盖形, 藿{23}茹{24}饌食, 或不能以
充口. 何暇盱衡{25}廣宇, 策杖閑庭, 曳履淸談, 披襟閑謔, 避寒署·擇甘辛,
呵斥童稚, 徵求捧汲, 縱意馬之害群, 任情猿之矯樹也.{26}

　　但三障{27}雲聳, 十纏{28}縈結, 癡愛亂心, 狂愚患惱. 自悔自責, 經瞬
息而已遷; 悲之恨之, 歷旬朔而俄變. 或復陞堂致禮, 恥尊儀而雨泣; 對格
披文, 慼聖敎而垂淚. 或鶉衣{29}犬食,{30} 困辱而治之; 損財去友, 孤窮而
苦之.{31} 竟不能屈慢山, 淸欲火, 捨麤弊之聲色, 免鑊湯之深誅, 豈不痛
哉! 豈不痛哉! 所以常慘 常啼,{32}7 酸辛而不拯, 空藏 地藏,8 救接而無方.

　　余又反覆求己周旋, 自撫形容耳目, 不減於常流, 識悟神淸, 參差於名
輩. 何福而生中國?9 何善而預出家? 何罪而戒檢多違?{33} 何釁而剛强難
化? 所以縈紆日昃, 佇歎中宵, 莫識救之之方, 未辨革之之術.

　　然幼蒙庭訓,{34} 早霑釋敎, 頗聞長者之遺言, 屢謁名僧之高論. 三思之
士,{35} 假韋絃以是資;{36} 九折之賓, 待箴銘而作訓.{37} 故乃詳求列代, 披
閱群編, 採同病之下流, 訪迷津之野客. 其有蔑聖言, 輕業累, 縱逸無恥, 頑疎
不檢, 可爲懲勸者, 並集而錄之, 仍簡十科, 分爲三軸, 朝夕觀覽, 庶裨萬一.

　　若乃坐{38}成龍報, 立{39}驗蛇身,{40} 牛泣登坡, 駝鳴遶寺, 或杖楚{41}
交至, 遍體火燃, 或戈戟去來, 應時流血, 或舌銷眉落, 或失性發狂, 或取把
荣而作奴,{42} 或侵束柴而燃足,{43} 寄神園木, 割肉酬施主之恩,{44}10 托
跡圜扉, 變骨受謗人之罰.{45} 昔不見而今見, 先不知而始知, 號天叩地莫
以追, 破膽摧肝非所及. 當此時也, 父母百身而無贖, 親賓四馳而不救, 貨
賂委積{46}而空陳, 左右撫膺而奚補? 向之歡娛美樂爲何在乎? 向之朋流
眷屬爲何恃乎?

烏呼! 朝爲盛德, 唱息於長廊; 夕爲傷子, 哀慟於幽房. 匪斯人之獨有, 念余身兮或當, 儻百年而一遇, 將恥悔兮何央!{47} 可不愴乎! 可不懼乎! 故編其終始, 備之左右, 佇勖書紳之誡,{48} 將期戰勝之功.{49} 其有名賢雅誥,{50} 哲人殊迹, 道化之洿{51}隆, 時事之臧{52}否,{53} 亦附而錄之, 以寄通識. 古人云: "百年影徂, 千載心在." 實望千載之後知余心之所在焉.

{1} 除階砌也.

{2} 『四分』云: "明相出時, 食粥. 或出已久後, 或未出時, 卽是非時." 『僧祇』云: "佛因難陀母施衆僧粥, 說偈云: '持戒淸淨人所奉, 供敬隨時以粥施, 十利饒益於行者, 是名良藥佛所說.'" 十利者: 資色, 增力, 益壽, 安樂, 辯說, 風除, 消宿食, 詞淸, 消飢, 消渴. 詞淸, 謂訓釋言辭; 辯說, 謂言出無礙.

{3} 『毘羅三昧經』云: "佛告法惠菩薩, 食有四種: 早起, 諸天食; 日中, 諸佛食; 日西, 畜生食; 日暮, 鬼神食. 佛制, 斷六道因, 同三世佛故, 令中食."

{4} 淸淨如法柔軟.

{5} 春耕秋穫.

{6} 熟食.

{7} 粥.

{8} 齋食.

{9} 米也.

{10} 錢也.

{11} 車上有盖曰軒乘.

{12} 汲汲, 不暫休息之意.

{13} 四俗, 士農工商; 悠悠, 言四俗之多.

{14} 茫茫, 曠蕩貌, 言九州之廣也.

{15} 釋上倉儲句.

{16} 『根本雜事』云: "比丘乞食, 入長者房, 遂招譏謗, 比丘白佛, 佛言: '可作聲警覺.' 卽訶呵作聲, 喧鬧招毁. 佛復制以拳打門, 家人怪問: '何故, 打破我門?' 比丘黙爾無對. 佛言: '應作錫杖, 令杖頭安環子, 搖振作聲而爲警覺, 動可二三, 無人問時, 卽須行也.'"

{17} 釋上子弟句.

{18} 致也又獻也.

{19} 翳桑餓人靈輒事也.

{20} 雪山童子事.

{21} 任重無替曰逼, 强力所使曰迫.

{22} 衣之弊前者曰襘.『說文』"絮, 弊綿也." 繰餘爲絮, 不繰爲緬. 繰, 繹繭爲絲也. 又纊之別名, 精曰綿, 麤曰絮.

{23} 豆葉.

{24} 菜之總名.

{25} 左太沖賦 "盱衡而誥." 註: 盱, 張目也, 眉上曰衡, 謂擧眉揚目也. 誥, 告也.

{26}『呂氏春秋』云: "楚王有神白猿, 王自射之則矯樹而嬉, 使群臣各射而未能中之, 又使養由基射之, 始調弓擧矢, 猿擁樹而號, 由基發箭能中之." 矯, 詐也; 矯樹, 如搏樹而嬉也. 搏, 抱也.

{27} 惑障, 業障, 報障.

{28} 纏有五纏八纏十纏, 皆數數增盛, 纏繞一切觀行者之心. 又纏縛身心故, 名.

{29} 子夏家貧, 衣若懸鶉.

{30} 麤食也.

{31} 無友曰孤, 無所依也; 無財曰窮, 無所資也.

{32} 常慘, 未詳. 薩陀波崙, 此云常啼, 求佛法故, 憂愁啼哭, 七日七夜, 因是號常啼. 具如『大般若經』.

{33} 檢束也, 以戒律檢束身心故, 曰戒檢也.

{34} 夫子嘗獨坐, 鯉趨而過庭, 子曰: "學詩乎?" 曰: "不學詩." 子曰: "不學詩, 無以言." 鯉退而學詩. 他日, 鯉又趨而過庭, 子曰: "學禮乎?" 曰: "不學禮." 子曰: "不學禮, 無以立." 鯉退而學禮. 出『雜記』. 後人, 學於其親者, 謂之"庭訓".

{35} 季文子, 每事三思而後行.

{36} 韓非子曰: "西門豹, 性急故佩韋; 董安子, 性緩故佩弦." 註: 韋, 皮繩, 喩緩; 弦, 弓弦, 喩急. 劉廙曰: "韋絃, 非能言之物, 而古人引而自匡, 臣願比於韋絃."

{37} 王陽爲益州刺史, 至九折坂, 歎曰: "身體髮膚, 受之父母, 無敢毁傷." 仍以不赴. 此, 以孝子作箴也. 後, 王遵爲益州至此, 戒從驅策進曰: "此豈王陽所畏乎? 志士不忘喪其元, 勇士不忘棄溝壑." 此, 以忠臣作訓也.

{38} 忽也.

{39} 卽也.

{40} 坐成龍報: 梁 武帝 郄皇后性妬忌, 帝初立, 未及册命, 因憤怒, 忽投殿前井, 衆趨救之, 已化爲毒龍, 莫敢近之. 立驗蛇身: 『自鏡錄』云: "高麗有大興輪寺, 有一比丘, 厥名道安, 善講說, 恒居此寺, 評量衆僧, 呵斥童兒, 大行嗔恚. 後因抱疾, 生變蛇身, 經出林野, 長十丈餘."

{41} 大曰杖, 小曰楚.

{42}『自鏡錄』又云: "昔有一人, 春月夜, 乘興遊友人之家, 隱取一把之菜, 死作厥家之奴也."

{43} 又云: "昔, 朗州有金鎰者, 先富後貧, 終無眷屬, 時値雪不勝寒苦, 於隣家竊一束之柴, 死後遭燃足之患也."

{44} 園菌見上.

{45} 地獄之制, 以象斗星, 墻曰圓墻, 扉曰圓扉, 總以名之曰圓土. 今言圓扉, 謂地下之獄.

{46} 金玉曰貨. 賂, 遺贈也. 委音畏, 積音恣, 皆蓄積也. 小曰委, 多曰積, 凡指所聚之物而言之則音畏恣, 指聚物而積累之則如字也.

{47} 及也.

{48} 『論語』, 子張願聞一言, 書諸紳. 紳, 大帶也.

{49} 『韓非子』云: "子夏始癯而後肥, 有問之者, 曰: '吾戰勝.' 問: '何爲戰勝?' 曰: '吾入見夫子之義而榮之, 出見富貴又榮之. 二者戰於胸中, 故癯, 今見夫子之義勝, 故肥.'"

{50} 雅, 正也; 誥, 上之警下之言也.

{51} 洿音哇, 汙下之地, 濁水不流處也.

{52} 善也.

{53} 不善也.

내가 아홉 살에 출가하여 지금까지 60년이 지났는데, 넓은 기와집을 한가로이 노닐고 꽃향기 가득한 섬돌을 두리번거리며 거닐에 몸은 가볍고도 부드러운 곳에 두고 또한 한적하고 조용한 곳에 거처하였다. 별빛이 아직 아침이 되기도 전에 열 가지 이로움을 담은 공양의 정미로운 음식이 이미 펼쳐지고, 햇빛이 바야흐로 정오에 이르면 청정하고 법답고 부드러운 진수성찬이 모두 모이지만, 밭 갈고 수확하는 고달픔을 알지 못하고 솥에 익히는 수고로움을 깨닫지 못한 채 6척 몸뚱이를 길러 1백 년의 수명을 온전히 함은 이것이 누구의 덕택인가? 곧 우리 본사(本師)의 원력이다.

　　내가 우선 50여 년을 대략 계산해 보건대 아침과 낮에 마시고 먹은 것으로 대략 3백여 석(碩)을 소비하였고, 추위와 더위에 쓴 의복과 약재로 대략 20여 만(萬)을 소비하였다. 그리고 높은 문과 깊숙한 집과 푸른 섬돌과 붉은 기둥과 덮개 수레와 노복의 무리 및 걸상과 책상과 평상과 침구 같은 온갖 것들을 소비한 것은 또 끝이 없으며, 혹은 거듭하여 무명이 가만히 일어나거나 삿된 견해가 제멋대로 생겨서 법답지 않은 것을 망령되게 사용하거나 때가 아닌 때 마시고 먹으며 소비한 것 또한 헤아리기 어렵다. 이 모든 것은 다른 이의 힘으로부터 나왔으나 가져와서 내가 쓰게 되었으니, 무릇 저 급급한 무리와 더불어 어찌 같은 햇수로 셈하여 그 고락을 비교할 수 있겠는가?

　이로서 크게 자비로운 가르침이 지극하고 크게 자비로운 힘이 깊음을 알 수 있으니, 하물며 열 가지 명호를 모두 갖추신 조어장부께서 나를 아들로 삼아 덮어 기르고 팔부의 천룡이 나를 스승으로 삼아 받들어 모심에랴! 황제나 군왕이 비록 존귀하나 감히 신하의 예로써 기르지 아니하니 곧 그 존귀함을 알 수 있으며, 높으신 어버이가 비록 막중하나 감히 자식의 의미로써 굽어보지 않으니 곧 그 높음을 알 수 있다. 이에 하고 많은 세속의 네 무리와 끝도 없이 너른 땅에 그 누구의 집이 나의 곳간이 아니겠으며 그 어떤 사람이 나의 자제가 아니겠는가? 그러한 까닭에 발우를 들고 집안으로 들어서면 깊이 간직했던 음식을 급히 열고, 석장을 떨치며 거리에 나서면 거만만 피우던 얼굴이 정중하고 예의 바르게 된다. 옛 사람들은 한 끼 음식의 은혜를 받더라도 오히려 절개를 바칠 수 있었고 한 마디의 보살핌을 입더라도 오히려 몸까지 바쳤으니, 하물며 머리부터 발끝에 이르기까지 모두 여래께서 길러주셨고 태어나면서부터 죽음에 이르기까지 모두 여래의 음덕임에랴!

　예전에 만약 불법을 만나지 못했거나 출가를 하지 못했다면 바야흐로 아침저녁으로 서리와 이슬을 범하고 밤낮으로 밭두둑과 논이랑에서 수고스럽게 만 가지 일로 뛰어다니며 천 가지 계교에 핍박되었을 것이며, 헤진 행주치마와 때 긴 솜옷이라도 혹은 몸뚱이를 가리기에 부족하고 콩잎과 채소로 된 반찬과 먹거리라도 간혹 입을 채우기에 부족하였을 것이다. 그러니 어느 겨를에 넓은 집에서 두리번거리며, 한가한 정원에서 지팡이를 짚고 신을 끌며 맑은 이야기를 나누며, 옷깃을 헤치고 한가로이 농짓거리를 하며, 추위와 더위를 피하고 달고 매운 것을 가리며, 어린아이를 야단쳐 물리치며, 물을 떠다 받치기를 바라며, 뜻의 야생마가 무리를 훼방함을 놓아두며, 감정의 원숭이가 나무를 옮겨 타는 것을 내버려두겠는가?

　단지 세 가지 업장이 구름같이 솟아 있고 열 가지 번뇌가 얼기설기 얽혀 있으며 어리석음과 애욕이 마음을 어지럽혀 미친 듯한 어리석음으로 근심하고 고뇌하나니, 스스로 후회하고 꾸짖는다 하더라도 순식간만 지나면 이미 달라지고, 슬퍼하고 한탄한다 하더라도 열흘이나 한 달만 지나면 갑자기 변할 것이다. 혹은 다시 승당에 올라 예를 지극히 하면 존엄한 위의에 부끄러워하여 비 오듯 울음을 터트리며, 책상을 대하여 글을 펴 보면 성스러운 가르침에 수치스러워 눈물을 떨군다. 혹은 헤진 옷과 거친 밥으로 곤욕스럽더라도 그것을 다스리며, 재물을 덜어내고 벗을 떠나와 외롭고 곤궁해져 괴로움을 겪더라도, 결국에는 교만의 산을 굴복시키지 못하고 욕망의 불길을 식히지 못하며 거칠고 피폐한 소리와 빛을 버리지 못하면 가마솥에 삶기는 극심한 벌을 면하지 못할 것이다. 어찌 슬프고 슬프지 않겠는가! 그러한 까닭에 상참보살과 상제보살이 갖은 수고를 다하여도 건져내지 못하고 공장보살과 지장보살은 구제하고 제접하려야 제접할 방도가 없다.

내가 또 반복하여 이 몸을 구해보고 거듭하여 스스로 어루만져 보니 몸뚱이의 모양이나 귀와 눈은 보통의 무리보다 모자라지 않지만 의식을 깨닫고 정신을 맑히는 데는 이름 난 사람들과 가지런하지 못하다. 무슨 복으로 중국(中國)에 태어나서 무슨 선행으로 출가에 뛰어들었으며, 무슨 죄업으로 계율로 검속한 것을 그리 많이 어겼으며 무슨 허물로 고집스럽게 되어 교화하기 어렵게 되었는가? 그러한 까닭에 해가 기울며 얽혀 들었다가 한밤중까지 우두커니 서서 한탄하지만 그것을 구제할 방법을 알지 못하고 그것을 변혁시킬 술책을 가리지 못하였다.

그러나 어려서 가정의 훈육을 받으며 일찍이 석가의 가르침에 젖어서 자못 장자(長者)의 유언을 들었으며, 누차 이름 있는 스님들의 높은 담론을 참구하였다. 세 차례 깊이 생각하는 선비도 느슨한 가죽과 팽팽한 현을 빌어 의지하는 바를 삼았으며, 구절판(九折坂) 고갯길의 빈객도 잠(箴)과 명(銘)을 갖추어 훈계를 삼는다 하였다. 그러므로 이에 여러 세대로부터 상세히 구하고 뭇 서적들을 자세히 살펴보아 같은 병을 지닌 하근기들을 가려내고 길 잃은 나루터의 길손들을 탐방하였다. 그것에 성인의 말씀을 능멸하며 업의 과보를 가벼이 여기며 수치심도 없이 제멋대로 안일하며 완고하고 성기어도 단속하지 않는 등 악을 징계하고 선을 권할 만한 것이 있으면 모두 모아 기록하였으며, 그대로 열 과목으로 간략하게 한 뒤 세 권으로 나누었으니, 아침저녁으로 살펴보아 만의 하나라도 보탬이 되기를 바란다.

만약 앉은 자리에서 용의 과보를 이루거나, 곧장 뱀의 몸으로 징험을 받거나, 소가 되어 눈물을 흘리며 비탈을 오르거나, 낙타가 되어 울며 절을 빙빙 돌거나, 혹은 곤장과 회초리가 번갈아 이르러 온몸이 불길로 타오르거나, 혹은 곧은 창과 굽은 창이 오고감에 그때마다 피를 흘리거나, 혹은 혀가 녹아 없어지고 눈썹이 떨어지거나, 혹은 실성하여 광기를 부리거나, 혹은 한 줌의 나물을 가졌다가 노비가 되거나, 혹은 한 다발의 땔나무를 도둑질하였다가 발을 태우거나, 정신을 동산의 나무에 의탁하여 살을 베어 시주의 은혜를 갚거나, 자취를 지옥에 의탁하여 뼈가 변하도록 남을 비방한 죄를 받게 되면, 예전에는 보지 못한 것을 지금에야 보게 되고 앞서 알지 못한 것을 비로소 알게 되니 하늘을 우러러 통곡하고 땅을 치더라도 뒤따를 수 없으며 쓸개를 쪼개어 내고 간을 도려내어도 미칠 바가 아니다. 이때를 당해서는 부모가 1백 개의 몸을 지녔다 하더라도 죄를 대신할 수 없고, 친지나 빈객들이 사방에서 달려오더라도 구원할 수 없으며, 뇌물을 내버리듯 쌓아두어도 헛되이 벌려 놓은 것이니, 좌우에서 가슴을 어루만져준들 어찌 도움이 되겠는가? 예전의 환락과 멋진 즐거움이 어찌 존재하는 바가 될 것이며, 예전의 벗들과 권속들이 어찌 믿을 바가 되겠는가.

오호라! 아침에는 성대한 덕을 지닌 이가 되어 기다란 행랑에서 노래하며 쉬다가 저녁에는 상처받은 자가 되어 어두운 방 안에서 서럽게 우는구나. 이 사람에게만 홀로 있는 것이 아니라 나의 몸도 혹시 해당할까 염려가 되니, 만일 백 년에 한 번이라도 마주쳐서 수치스러워 하고 한스러워 한들 어떻게 그치겠는가! 어찌 슬프지 않으며 두렵지 아니한가! 그러므로 그 처음과 끝을 엮어 왼편과 오른편을 갖추어 두었다가 옷끈에 적어 둔 훈계의 글로써 묵묵히 힘씀으로서 장차 전승의 공로를 기대하는 것이다. 그밖에 혹은 이름난 현인들의 고아한 가르침이나, 지혜 밝은 이의 뛰어난 자취나, 불도의 교화가 쇠퇴하고 융성함이나, 그때그때의 일로서 선한 일과 그렇지 않은 일 등이 있으면 역시 덧붙여 기록함으로써 널리 알려고 하는 이에게 붙이노라. 옛사람이 이르기를 "백 년의 그림자는 갔으나 천 년의 마음은 그대로 있다." 하였으니, 진실로 천 년 후라도 나의 마음이 있는 곳을 알아주기를 바라노라.

{1} 제(除)는 섬돌층계이다.

{2} 『사분율』에 이르기를 "하늘이 훤하게 동이 트는 첫 새벽에 죽을 먹는다. 동이 튼지 이미 오래 되었거나 혹은 아직 동이 트지 않았을 때는 (먹을) 때가 아니다." 하였다. 『승기율』에 "부처님께서 난타의 어미가 대중스님에게 죽을 시주한 것을 인연하여 게송을 읊어 말하였다. '청정계율 지켜가니 사람들이 받들기를, 공경으로 공양함에 때에 맞춰 죽시주라, 열 가지로 유익하여 수행자를 도웁나니, 이름하여 양약(良藥)이라 옛 부처님 말씀일세.'." 하였는데, 열 가지 이익이란 혈액순환에 좋고, 체력을 증진시키고, 수명을 더하고, (몸과 마음이) 안락(安樂)하고, 말이 유창해지고, 풍증(風症)의 질환을 없애고, 묵은 음식[宿食]을 소화시키고, 말에 조리가 있고, 주림을 해소하고, 갈증을 없애 주는 것 등이다. 사청(詞淸)이란 한마디 한마디의 말에 조리가 있음을 말하고, 변설(辯說)이란 말을 함에 거침이 없음을 말한다.

{3} 『비라삼매경』에 말하였다. "부처님께서 법혜보살에게 일러주시기를 음식을 먹음에 네 가지 유형이 있다 하였으니, 새벽에 일어나며 먹는 것은 모든 하늘신들이 먹는 것이요, 해가 중천에 있을 때 먹는 것은 모든 부처님들이 먹는 것이요, 해가 서녘에 기울어서 먹는 것은 축생들이 먹는 것이요, 해가 저문 뒤에 먹는 것은 귀신들이 먹는 것이라 하였다. 부처님께서 제정하시기를, 육도(六道)의 원인을 끊고 삼세(三世)의 모든 부처님과 같게 되고자 하는 까닭에 해가 중천에 있을 때 음식을 먹게 하신 것이다."

{4} 청정함과 법다움과 유연함이다.

{5} 봄에 밭 갈고 가을에 수확함이다.

{6} 음식을 익힘.

{7} 죽.

{8} 공양 음식.

{9} 쌀이다.

{10} 돈이다.

{11} 덮개가 있는 수레를 헌승(軒乘)이라 한다.

{12} 급급(汲汲)은 잠시도 쉬지 않는다는 뜻이다.

{13} 사속(四俗)은 선비와 농부와 장이와 아치를 말하며, 유유(悠悠)는 네 부류의 속인들이 많음을 말한다.

{14} 망망(茫茫)은 광활하여 끝이 없는 모습으로서 온 천지가 넓음을 말한다.

{15} 위에서 창저(倉儲)라고 한 구절에 잇대어 풀이한 것이다.

{16} 『근본잡사』에 말하였다. "비구가 걸식하며 장자의 집으로 (무심코) 들어갔다가 비난을 받기에 이르자 비구가 부처님에게 아뢰니 부처님이 '소리를 내어 경각심을 불러일으키게 하면 될 것이다.' 하므로 이에 큰 소리로 꾸짖듯이 소리를 지르다가 시끄럽다 하여 험담을 들었다. 다시 부처님이 주먹으로 문을 두드리라 (하기에 그렇게) 하였더니 집안 사람들이 괴상히 여겨 묻기를 '무슨 까닭으로 우리집 문을 두드려 부수려는가?' 하였으나 비구는 묵묵히 있을 뿐 대답이 없었다. 부처님이 말씀하시기를 '응당 석장(錫杖)을 만들어 그 머리에 둥근 고리를 장치하고는 흔들어 소리를 냄으로써 경각심을 불러일으킬 것이니 두세 번 움직이면 될 것이며, 묻는 이가 없을 때는 곧 발걸음을 옮겨야 할 것이다.' 하였다."

{17} 위에서 자제(子弟)라고 한 구절에 잇대어 풀이한 것이다.

{18} 보내다[致]는 것이며 또는 바치다[獻]는 것이다.

{19} 예상에서 굶주림을 겪었던 영첩의 일을 말한다.

{20} 설산 동자의 일이다.

{21} 맡겨지는 일이 막중하면서도 그칠 줄 모르는 것을 핍(逼)이라 하고, 억지로 부리는 것을 박(迫)이라 한다.

{22} 옷의 앞부분이 해진 것을 첨(襜)이라 한다. 『설문』에 "서(絮)는 해진 솜옷이다." 하였다. 고치를 켜고 남은 것이 서이며 고치를 켜지 않은 것은 면(緜)이다. 고치를 켠다는 것은 누에고치를 풀어내어 실을 만드는 것을 말한다. 또한 솜의 다른 이름이니, 정교한 것을 면(綿)이라 하고 거친 것을 서라 한다.

{23} 콩잎이다.

{24} 나물의 총괄적인 이름이다.

{25} "좌태충부"에 "눈을 부릅뜨고 눈썹을 치켜올리며 알리다." 하고는 그 주석에 우(盱)는 눈을 크게 벌리는 것이요 눈썹을 치켜올리는 것을 형(衡)이라 한다 하였으니, 눈썹을 치켜올리고 눈을 치켜뜨는 것을 말한다. 고(誥)는 알리는 것이다.

{26} 『여씨춘추』에 "초나라 왕에게 신비스런 흰 원숭이가 있었는데 왕이 직접 그 원숭이를 활로 쏘았더니 나무 사이를 뛰어다니며 희롱하므로 모든 신하들에게 각자 활을 쏘게 하였으나 능히 그 원숭이를 맞히지 못하였다. 다시 양유기에게 그 원숭이를 쏘게 하였더니 막 활을 조절하고 화살을 들어올리자 원숭이가 나무를 끌어안고 통곡하였는데, 유기가 화살을 쏘아 능히 적중시켰다."라 하였다. 교(矯)는 업신여겨 희롱함이니 교수(矯樹)는 나무를 감싸안고 희롱하는 것이다. 박(搏)은 감싸안음이다.

{27} (중생이 탐진치 등의 혹惑으로 말미암아 심성心性을 더럽히고 바른 도를 장애하는) 혹장(惑障)과 (언어와 동작 또는 마음으로 악업을 지어 정도正道를 방해하는 장애인) 업장(業障)과 (지옥과 아귀 및 축생 등의 과보果報를 받아 불법佛法을 들을 수 없는 장애인) 보장(報障)이다.

{28} 전(纏)에는 오전(五纏)과 (무참無慚, 무괴無愧, 질嫉, 간慳, 회悔, 수면睡眠, 도거掉擧, 혼침昏沈의) 팔전(八纏)과 (팔전에 분忿, 복覆을 더한) 십전(十纏)이 있으니, 모두 여러 번 더해지고 번성해져서 진리를 관(觀)하고 행(行)하는 모든 자들의 마음을 얽어 감싼다. 또 몸과 마음을 얽어 묶는 까닭에 이름한 것이다.

{29} 자하는 가난하여 의복이 마치 메추라기를 매달아 놓은 듯 헤진 것이었다.

{30} 거친 음식이다.

{31} 벗이 없는 것을 고(孤)라 하나니 의지할 바가 없음이요, 재물이 없는 것을 궁(窮)이라 하나니 밑천할 바가 없음이다.

{32} 상참(常慘)은 무엇인지 분명치 않다. 살타파륜(sadāprarudita)은 이곳 말로 하면 '항상 울다[常啼]'인데, 불법(佛法)을 구하는 까닭에 근심과 시름으로 울기를 7일 밤낮을 한 인연으로 상제(常啼)라 부른다. 『대반야경』에도 (내용이) 갖추어져 있다.

{33} 검(檢)은 동여매는 것인데, 계율로 몸과 마음을 동여매는 까닭에 계검(戒檢)이라 한다.

{34} 일찍이 공자가 홀로 앉아 있었더니 공리가 종종걸음으로 뜰을 지나가기에 공자께서 "시(詩)를 배웠느냐?" 하니 "시를 배우지 않았습니다." 하므로 공자께서 "시를 배우지 않으면 말할 만한 거리가 없느니라." 하기에 공리가 물러나서 시를 배웠다. 다른 날 공리가 또 종종걸음으로 뜰을 지나

가자 공자께서 "예(禮)를 배웠느냐?" 하니 "예를 배우지 않았습니다." 하므로 공자께서 "예를 배우지 않으면 세울 만한 거리가 없느니라." 하기에 공리가 물러나서 예를 배웠다.『잡기』에 나온다. 훗날 사람들이 그 부친에게 배우는 것을 일컬어 '정훈(庭訓)'이라 하였다.

{35} 계문자는 모든 일을 세 번 생각한 후에 행하였다.

{36} 한비자가 이르기를 "서문표는 성격이 급한 까닭에 부드러운 가죽을 차고 다녔고, 동안자는 성격이 느슨한 까닭에 활시위를 차고 다녔다."라고 하였다. 주석에, 위(韋)는 가죽으로 된 노끈으로 느슨함을 비유하며, 현(弦)은 활의 시위로 성급함을 비유한다. 유이가 이르기를 "가죽이나 시위는 말을 할 줄 아는 물건이 아니지만 옛 사람들이 그것을 끌어대어 스스로 잘못을 바로 잡았으니, 신은 원컨대 가죽이나 시위에 비견되고자 합니다." 하였다.

{37} 왕양이 익주자사가 되어서 구절판에 도착하자 탄식하여 이르기를 "이 몸의 터럭과 살갗은 부모로부터 받은 것이니 감히 헐고 상처입게 할 수 없다." 하고는 이에 나아가지 않았다. 이것은 효자(의 입장으)로써 훈계를 지은 것이다. 후에 왕준이 익주(자사)가 되어 여기에 도착하자 말을 모는 시종을 타이르고 채찍질하여 나아가며 말하기를 "이것이 어찌 왕양이 두려워하던 바이겠는가. 뜻을 가진 선비는 그 근원을 잃음을 잊지 않으며, 용기 있는 선비는 봇도랑의 웅덩이에 버려짐을 잊지 않는다." 하였다. 이것은 충신(의 입장)으로써 훈계를 지은 것이다.

{38} (좌坐는) '갑자기'이다.

{39} (입立은) '즉각'이다.

{40} 좌성용보(坐成龍報)는, 양 무제의 극황후는 성격에 질투와 시기가 심하였는데 무제가 보위에 오르던 초에 미처 책봉의 명령을 내리지 못하였더니 그로 인해 분을 이기지 못하고 노하여 갑자기 전각 앞에 있던 우물로 뛰어 들었는데 대중들이 달려가 구하려 하였으나 이미 독을 품은 용으로 변하였기에 감히 근접하지 못하였다고 한다. 입헌사신(立驗蛇身)은,『자경록』에 이르기를 "고려의 대흥륜사에 한 명의 비구가 있어 그 이름은 도안으로 이야기를 잘하였는데, 항상 그 절에 기거하며 대중스님들을 평론하여 저울질하거나 어린아이들을 꾸짖어 물리치는 등 성내는 마음을 크게 내었다. 후에 질병을 품은 것에 연유하여 산채로 뱀의 몸으로 변해 숲과 들녘을 지나다니게 되었는데 그 길이가 10여 장(丈) 남짓이나 되었다."고 하였다.

{41} 큰 것을 일러 장(杖)이라 하고 작은 것을 일러 초(楚)라 한다.

{42} 『자경록』에 또 말하였다. "예전에 어떤 사람이 봄날의 달 밝은 밤에 흥에 겨워 친구의 집에서 노닐다가 은밀히 나물 한 움큼을 가졌었는데 죽어서 그 집의 노비가 되었다."

{43} 또 말하였다. "예전 낭주에 금일이란 자가 있어 처음에는 부귀하였다가 뒤에 와서 빈곤하여 결국에는 권속도 없게 되었는데, 그러다 폭설을 만나서 추위를 견디지 못하자 이웃집에서 한 묶음의 장작을 훔치더니 죽은 후에 발을 태우는 환난을 겪게 되었다."

{44} 정원의 버섯은 위의 문장을 보아라.

{45} 지옥의 제도는 북두칠성을 본뜬 것이니, 담장을 환장(圓墻)이라 하고 문짝을 환비(圓扉)라 하며 그 모든 것을 총괄하여 이름하기를 환토(圓土)라 한다. 이제 환비라 말한 것은 지하의 감옥을 일컫는 것이다.

{46} 금과 옥을 재물이라 하고 뇌(賂)는 보내주는 물건을 말한다. 㲧는 음이 외(畏)이며 積은 음이 자(恣)이니 모두 쌓아 둠을 말한다. 작(게 쌓)은 것을 위라 하고 많(이 쌓)은 것을 적이라 하니, 무릇 모아 둔 물건을 지적하여 그것을 말할 때는 곧 음이 '외자'이며, 물건을 모으는 것을 지적하여 그것

을 쌓는다 할 때는 곧 글자의 본래 음과 같다.

{47} (앙앙은) 다다름이다.

{48} 『논어』에서 자장이 원하여 한 마디 말을 듣고는 (들은 말을) 신(紳)에 기록하였다고 하였으니, 신은 큰 허리띠이다.

{49} 『한비자』에서 말하였다. "자하가 처음에는 여위었다가 뒤에 살이 찌므로 어떤 이가 그 이유를 물으니 말하기를 '제가 싸움에서 이겼습니다.' 하므로 묻기를 '어찌하여 싸움에서 이겼다 하는가?' 하니 이르기를 '제가 들어가서는 공자님의 올바름을 보고 그것을 영광된 것이라 여겼으며 나와서는 부귀를 보고 또한 그것을 영광된 것이라 여겼기에 이 두 가지가 마음속에서 싸움을 한 까닭에 여위게 되었던 것이며 지금은 공자님의 올바름이 승리하였음을 보았기에 살이 찌게 된 것입니다.' 하였다."

{50} 아(雅)는 바르다는 것이며, 고(誥)는 윗사람이 아랫사람에게 경계시켜 하는 말이다.

{51} 洿의 음은 와(哇)이니, 불결하고도 낮은 땅에 혼탁한 물이 (고여) 흐르지 않는 곳을 말한다.

{52} 착함이다.

{53} 착하지 않음이다.

사기
(私記)

1 **藍谷信**: 중국 당나라 때 스님으로, 호는 남곡(藍谷), 이름은 회신(懷信). 양주(楊州) 서영탑사(西靈塔寺)에 머물렀는데 처음에는 별다른 기이함을 보이지 않았다. 회창(會昌) 연간에 회남(淮南)의 유은지(劉隱之)가 꿈속에서 회신(懷信)이 탑을 옮겨 동쪽 바다로 가는 것을 보았다. 열흘 후 양주를 지나다 회신을 우연히 만남에 회신이 "기억컨대 바다 위에서 서로 만나지 않았는가?" 하므로 유은지가 이에 깨닫게 되었다. 며칠 있다가 탑이 저절로 불타버리니 얼마 후에 마침내 법난이 일어났다.

2 **三百餘碩矣**: 『회남자(淮南子)』 "설림훈(說林訓)"에서 "也之與矣, 相去千里."라 하였듯이, '矣'는 '也'와 함께 어기사로서 구 끝에 쓰이지만 현격한 구별이 있다. '也'는 정적이고 사실을 확인하는 판단구에 쓰이며, '矣'는 동적이고 상황을 반영하는 서술구나 묘사구에 쓰인다. 『삼국지(三國志)·위서(魏書)』의 '무제가(武帝紀)'에서 "一戰而天下定矣, 不可失也!"라 하여 그 미묘한 상황을 나타내는데 적절하게 쓰였다.

3 **十號**: 부처님께 있는 공덕상을 일컫는 열 가지 명호이다.
1) 여래(如來, tathāgata): '그처럼(tathā)+오다(āgata)'로, 부처님과 같은 길을 걸어 이 세상에 와서 진리를 보여주는 사람이란 뜻이다. 혹은 '그처럼(tathā)+가다(gata)'로, 지금까지의 부처님들과 같은 길을 걸어서 열반의 피안에 간 사람이란 뜻을 갖기도 한다.
2) 응공(應供, arhat): 온갖 번뇌를 끊어서 인간·천상의 중생들로부터 공양을 받을만한 덕 있는 사람이다.
3) 정변지(正遍知, samyaksaṃbuddha): 부처님께서는 일체의 지혜를 갖추어 온갖 우주간의 물심 현상에 대하여 알지 못하는 것이 없다는 뜻이다.
4) 명행족(明行足, vidyācaraṇasaṃpanna): 부처님께서는 삼학(三學)의 각족(脚足)에 의하여 무상정변지를 얻었으므로 이렇게 부른다.
5) 선서(善逝, sugata): 인(因)으로부터 과(果)로 가기를 잘하여 돌아오지 않는다는 뜻이다.
6) 세간해(世間解, lokavid): 부처님께서는 능히 세간의 온갖 일을 다 아신다는 뜻이다.
7) 무상사(無上士, anuttara): 부처님께서는 일체중생 가운데 가장 높아서 위없는 큰 선비라는 뜻이다.
8) 조어장부(調御丈夫, puruṣadamyasārathi): 부처님께서는 대자(大慈)·대비(大悲)·대지(大智), 즉 부드러운 말과 간절한 말과 여러 가지 말을 써서 중생들을 조복시키고 제어하여 바른 도를 잃지 않게 하는 이라는 뜻이다.
9) 천인사(天人師, śāstādevamanuṣyānām): 부처님께서는 하늘무리와 사람의 스승이라는 뜻이다.
10) 불세존(佛世尊, buddhalokanātha): 부처님께서는 모든 것을 깨달은 분[佛]인 동시에 세상에서 가장 존귀한 분[世尊]이란 뜻이다.

4　　**八部天龍** : 불법을 수호하는 제신(諸神). 천룡팔부(天龍八部), 용신팔부(龍神八部)를 줄여서 팔부(八部)라고 한다.

1) 천(天, deva) → '천(天)'조(제12장 호법護法 "3. 진왕수보살계소晉王受菩薩戒疏" 사기 5. 天)

2) 용(龍, nāga) → '용(龍)'조(제5장 서장書狀 "5. 대지조율사송의발여원조본선사서大智照律師送衣鉢與圓照本禪師書" 사기 11. 龍)

3) 야차(夜叉, yakṣa) : 약차(藥叉)라고도 쓰며, 위덕(威德)·용건(勇健)·첩질(捷疾)이라고 번역한다. 위세가 있어 사람을 괴롭히고 해치는 귀신의 종류이다.

4) 건달바(乾達婆, gandharva) : 건달박(健達縛) 또는 언달바(彦達婆)라고도 쓰고, 식향(食香)·심향(尋香)·향음(香陰)이라 번역한다. 제석천의 아락(雅樂)을 관장하는 신으로서 향(香)만을 먹는다고 한다.

5) 아수라(阿修羅, asura) : 아소라(阿素羅) 또는 아수륜(阿須輪)이라고도 쓰고, 비천(非天)·부단정(不端正)이라고 번역한다. 인도 고대에서는 전투를 일삼는 일종의 귀신으로 간주되었고, 항상 인드라 신과 싸우는 투쟁적인 악신으로 여겨졌다. 불교에서 아수라는 제석천과 끊임없이 전투를 벌이는 존재로 묘사되고, 오도(五道)에 아수라도가 추가되어 육도(六道)를 형성하며, 불법을 수호하는 팔부신중 가운데 하나이기도 하다. 'asura'란 이름은 동사어근 aś(호흡하다)에서 온 것인데, '살아있는 모든 것들을 호흡하게 하는 존재'라는 의미로서 페르시아 조로아스터교의 절대신인 아후라마즈다(AhuraMazda)의 아후라를 그 어원으로 보는 것이 일반적이다. 인도에서도 베다의 초기엔 'deva'와 아울러 신을 뜻하는 말이었으나 후에 데바와 대립하는 존재로서 선신인 데바에 상대하는 가공할 만한 주술력을 지닌 악신으로 자리잡게 되었다. 신을 의미하는 또 다른 말인 'sura'에 부정관사 'a'가 붙어 아수라는 '신이 아닌 존재'라는 의미로 잘못 취급되는 것은 아수라가 인드라에게 최고신의 지위를 넘겨준 뒤에 발생한 상황으로 여겨진다.

6) 가루라(迦樓羅, garuḍa) : 가류라(迦留羅)로도 쓰고, 금시조(金翅鳥)·묘시조(妙翅鳥)라고도 한다. 새들의 왕이다. 험악하고 사나운 개괴조(大怪鳥)로, 용을 삼킨다고 한다.

7) 긴나라(緊那羅, kiṁnara) : 긴다라(緊陀羅)라고도 쓰고, 의인(疑人)·의신(疑神)·인비인(人非人)이라 번역하며, 가신(歌神)·음락천(音樂天)이라고도 한다. 가영(歌詠)과 가무의 신이다.

8) 마후라가(摩睺羅伽, mahoraga) : 막호륵가(莫呼勒伽)라고도 쓰고, 대복행(大腹行)·대망신(大蟒神)이라고 번역한다. 인신사수(人身蛇首)의 낙신(樂神) 또는 무족복행(無足腹行)의 지룡(地龍)이라고 한다.

5　　**九土** : 구주(九州)와 같으니, 중국 우(禹) 임금 때 중원 천하를 아홉 개의 행정구역으로 구획한 것을 말하는데, 이것이 전하여 중국 천하를 의미하게 되었다. 우 임금 때의 구주는 연주(兗州)·기주(冀州)·청주(青州)·서주(徐州)·예주(豫州)·형주(荊州)·양주(揚州)·옹주(擁州)·양주(梁州)이다.

6　　**一湌之惠** : 『좌전(左傳)』선공(宣公) 2년 "初, 宣子田于首山, 舍于翳桑, 見靈輒餓, 問其病, 曰: "不食三日矣." 食之, 舍其半, 問之, 曰: "宦三年矣, 未知母之存否? 今近焉, 請以遺之." 使盡之, 而爲之簞食與肉, 置諸槖以與之. 旣而與爲公介, 倒戟以禦公徒而免之. 問: "何故?" 對曰: "翳桑之餓人也." 問其名居, 不告而退, 遂自亡也."

7　　**常慘·常啼** :

1) 상참(常慘) : 상비(常悲) 보살이라고도 한다. 세존의 과거 인행시(因行時)의 전신이다. 세상이 예탁하여 정도를 버리고 사악한 데로 향하는 것을 보고 항상 근심하여 슬퍼하였으므로 상참 보살이라고 한다. 그때 경법무예(經法無穢)라는 부처님이 있었는데 멸도한 지 오래지 않아 경법이 모두 사라져버렸다. 보살이 꿈에 그 부처님의 설법을 듣고 마음의 때를 모두 벗어버리고 청정정(淸

淨定)에 들어서는 곧 처자를 버리고 산에 들어가 고행하면서 스스로 통곡하기를 내가 부처님을 만나지 못하고 법다운 수행자를 보지 못하였으니 어떻게 불도를 닦겠는가 하며 항상 슬퍼하였다고 한다.

2) 상제(常啼) : 범어 Sādāprālpa의 번역이다.『지도론(智度論)』96에서 "어떤 사람이 말하기를 그가 어렸을 때 울기를 잘했기 때문이라 하였고, 또 어떤 사람은 말하기를 이 보살은 대비유연(大悲柔軟)을 행하기 때문에 중생이 악세에서 가난한 고통과 늙고 병드는 고통을 보고 슬피 울었기에 이렇게 불렀다 하였으며, 또 어떤 사람은 이 보살은 불도를 구하려고 7일 밤낮을 근심하며 통곡하였기 때문에 천룡귀신(天龍鬼神)이 상제(常啼)라고 이름하였다고 한다."고 하였다.

8 **空藏·地藏 :**

1) 공장(空藏) : 범어 Ākāśagarbha 또는 Gaganagarbha로, 보살의 이름이다. 또는 허공잉(虛空孕)이라고도 한다. 이 보살의 지혜와 자비가 광대무변한 것이 마치 허공을 고장(庫藏)으로 한 것과 같으므로 허공장(虛空藏)이라 이름한다. 밀교의 만다라에서는 태장계 허공장원의 주존(主尊)이다.

2) 지장(地藏) : 범어 Kṣitigarbha. 지지(持地), 묘당(妙幢), 무변심(無邊心)이라고도 한다. 도리천에서 세존의 부촉을 받고 매일 새벽 항하사의 정(定)에 들어 중생의 갖가지 근기를 관찰하고 이불(二佛)의 중간인 무불세계(無佛世界)에 육도중생을 교화하는 대비(大悲) 보살이다. 안인부동(安忍不動)하여 대지와 같으며, 정려심밀(靜慮深密)하여 비장(秘藏)과 같기에 지장(地藏)이라 이름한다고 한다.

9 **中國 :** 우수한 문화를 지녔던 민족이 자기 나라를 세계의 중심이라는 뜻으로 '중국(中國)'이라고 일컫고 타국을 '변국(邊國)'이라고 일컫는 예는 지금의 인도와 중국에서 찾아볼 수 있다. 초기 빠알리어 경전은 '불교중국(佛敎中國)'이라는 말을 사용하고 있는데, 그 범위는 동방으로는 카장가라 촌, 동남방으로는 산라바티 강, 남방으로는 세타칸니카 촌, 서방으로는 투나라고 불리는 브라만 촌, 북방으로는 우시라닷자 산에 둘러싸인 지역(각 지역 이름은 명확하지 않으나 대체로 갠지스강의 중하류 지역을 중심으로 하는 지금의 비하르 주에서 웃따라쁘라데슈 주에 걸친 일대로 추측됨)이라 하고, 그 이외의 지역은 '변지(邊地)'라고 하였다. 율장에는 수계[具足戒]를 받을 때 '중국'에서는 10인의 승가가 필요하지만 '변국'에서는 5인의 승가면 된다고 하였다. 중국에서는 모든 분야에서 자신들이 중심임을 자처하였으나 유독 불교 부분에 있어서는 잠시나마 인도를 중국으로 여기고 자신들을 변국으로 여기기도 하였다.

10 **施主之恩의 주석에 나오는 園菌見上 :** '할육수은(割肉酬恩)'에 대해 성총 스님이 주석하며 '견상(見上)'이라 한 것은, 원래의 10권본『치문(緇門)』에는 원균(園菌)에 대한 내용이 수록된 "여산동림혼융선사시중(廬山東林混融禪師示衆)"(제2권 4번째 글)이 "남곡신법사자경록서(藍谷信法師自鏡錄序)"(제2권 5번째 글)보다 앞에 실려 있었기 때문이다.

2

선림묘기전서-경사서명사석현칙찬

禪林妙記[1]前序[1] – 京師西明寺釋玄則[2]撰

●

선림묘기 서문

一切諸佛皆有三身:[3] 一者法身, 謂圓心所證; 二者報身, 謂萬善所感; 三者化身, 謂隨緣所現. 今釋迦牟尼佛者, 法身久證, 報身久成, 今之出現, 盖化身耳.

謂於過去釋迦佛所, 發菩提心, 願同其號, 故今成佛亦號釋迦.[2] 三無數劫修菩薩行, 一一劫中事無量佛, 中間續遇錠光如來,[3][4] 以髮布泥, 金華奉上, 尋蒙授記,[4] 得無生忍.[5] 然一切佛將成佛時, 必經百劫修相好[6]業, 其釋迦發心在彌勒後, 當以逢遇弗沙如來, 七日翹仰, 新新偈讚, 遂超九劫, 在前成道.[5] 將欲成時, 生兜率天,[7] 號普明菩薩. 盡彼天壽, 下閻浮提, 現乘白象, 入母右脅.

其母摩耶, 夢懷白象,[6] 梵仙占曰: "若夢日月, 當生國王; 若夢白象, 必生聖子." 母從此後, 調靜安泰, 慈辯日異.

菩薩初生,[8] 大地震動, 身紫金色, 三十二相, 八十種好, 圓光一尋. 生已, 四方各行七步, 爲降魔梵, 發誠實語: "天上天下, 唯我獨尊." 抱入天祠,[9] 天像悉起.{7} 阿私陀仙[10]合掌[11]歎曰: "相好明了, 必爲法王. 自恨當死, 不得見佛.{8}" 斯則淨飯國王之太子也, 字悉達多, 祖號師子頰, 父名淨飯, 母曰摩耶. 代代爲輪王, 姓瞿曇氏,{9}[12] 復因能事, 別姓釋迦.{10} 朗悟自然, 藝術天備, 雖居五欲,[13] 不受欲塵.

遊國四門, 見老病死, 及一沙門, 還入宮中, 深生厭離. 忽於夜半, 天神扶警, 遂騰寶馬,[14] 踰城出家.

苦行六年,{11} 知其非道, 便依正觀, 以取菩提. 時有牧牛女人[15]煮乳作糜, 其沸高涌, 牧女驚異, 以奉菩薩, 菩薩食之, 氣力充實, 入河[16]洗浴.{12} 將登岸時, 樹自低枝, 引菩薩上. 菩薩從此受吉祥草,[17] 坐菩提樹.{13}[18] 惡魔見已,{14} 生嗔惱心云: "此人者, 欲空我界." 卽率官屬十八億萬, 持諸苦具, 來怖菩薩, 促令急起, 受五欲樂. 又遣妙意天女三人{15}來惑菩薩. 爾時, 入勝意慈定, 生憐愍心, 魔軍自然墮落退散, 三妙天女化爲癭鬼.{16} 降魔軍已, 於二月八日[19]明相出時而成正覺.{17}

旣成佛已, 觀衆生根, 知其樂小, 未堪大法, 卽趣波羅奈國,[20] 度憍陳如等五人,[21] 轉四諦法輪, 此則三寶出現之始也.

其後說法[22]度人之數, 大集菩薩之會, 甚深無相之談, 神通示現之力, 經文具之矣. 又於一時昇忉利天,{18} 九旬安居,[23] 爲母說法. 時優闐國王及波斯匿王思慕佛德, 刻檀畫氎, 以寫佛形, 於後佛從忉利天下, 其所造像, 皆起避席. 佛摩其頂曰: "汝於未來善爲佛事." 佛像之興, 始於此矣.[24]

化緣將畢,[25] 時從厭怠.{19} 佛便告衆: "却後三月, 吾當涅槃." 復記後事, 如經具說. 然如來實身, 常在不滅, 故『法華』云: "常在靈鷲山,{20} 及餘諸住處." 今生滅者, 是佛化身, 爲欲汲引, 現同其類, 所以受生; 復欲令知有爲必遷, 所以示滅. 又衆生根熟, 所以現生; 衆生感盡, 所以現滅. 佛涅槃後, 人天供養, 起諸寶塔.[26]

又大迦葉召千羅漢, 結集經藏, 阿難從鎖隙入,[27] 誦出佛經, 一無遺漏, 如瓶瀉水, 置之異器. 一百年外, 有鐵輪王, 字阿輸迦, 亦名阿育,[28] 役御神鬼,²⁹ 於一日中, 天上人間造八萬四千-³⁰舍利³¹寶塔.{21} 其佛遺物, 衣鉢杖等, 及諸舍利, 神變非一. 逮漢 明感夢金軀日, 佩丈六之容,³² 一如釋迦本狀.³³ 又吳³⁴主孫權³⁵燒椎舍利, 無所變壞.{22} 爰及浮江石像,{23} 泛海瑞容,{24} 般若冥力,{25} 觀音密驗,{26} 別記具之, 事多不錄.

讚弗沙佛偈:

| 天上天下無如佛, | 十方世界亦無比. |
| 世間所有我盡見, | 一切無有如佛者. |

{1} 師亦有後序.

{2} 『大論』云:"釋迦先世作瓦師, 名大光明. 時有佛, 名釋迦文, 弟子名舍利佛·目連·阿難, 與弟子俱到瓦師舍一宿. 爾時, 瓦師布施草座燈明蜜漿, 便發願言:'我於當來作佛, 如今佛名, 弟子名亦如今時'." 又『婆娑論』云:"過去有佛出世, 號釋迦. 彼佛化導有情, 恒涉道路, 爲風所薄, 肩背有疾, 令阿難:'往陶師家, 求胡麻油及以煖水, 爲吾塗洗.'侍者往求. 時彼陶師名曰廣識, 辦油及香水, 爲佛灌洗. 風疾除愈. 佛爲說法, 彼聞發願云云也."

{3} 『大論』云:"太子生時, 一切身邊, 光如燈故, 云燃燈. 以至成佛, 亦名燃燈." 亦云錠光, 有足名錠, 無足名燈.

{4} 佛因地, 作善慧仙人, 遇燃燈佛赴降怨王請, 布髮掩泥, 佛履而過之, 又上金蓮華七枝, 佛與記曰:"汝當得佛, 號釋迦."

{5} 『本生經』云:"過去有佛, 名曰弗沙, 有二菩薩, 一名釋迦, 一名彌勒. 是佛觀釋迦, 心未成熟, 其諸弟子, 心皆純熟, 如是思惟:'一人之心, 易可速化, 衆人之心, 難可疾治.'卽上雪山, 入寶窟中, 入火禪定. 時釋迦菩薩作外道仙人, 上山採藥, 見佛歡喜, 翹一足立, 叉手向佛, 一心而觀, 目未曾眴, 七日七夜, 以偈讚佛. 於是, 超過去九劫, 九十一劫得阿耨菩提."

{6} 『普曜經』云:"菩薩當作白象入胎, 何以故? 三獸渡河, 象窮底故."

{7} 『因果經』云:"置太子七寶象輿入城時, 王及釋種, 未識三寶, 卽將太子, 往詣天祠, 太子旣入, 梵天形像, 皆從座起, 禮太子足." 餘經, 與此小異.

{8} 阿斯陀仙在香山中, 自彼飛來, 詣太子所, 相太子已, 忽然悲泣. 王問:"有何不祥, 涕泣如是?" 仙言:"假使天雨金剛泰山, 不能動其一毛, 必當作佛. 我今年暮, 當生無色天上, 不得見佛, 不聞其法故, 自悲耳."

{9} 瞿曇, 或云瞿曇彌, 或喬答摩, 皆訛也. 南山云:"瞿曇星名, 從星立稱." 應法師翻爲"地最勝", 謂人中此族最勝.『十二遊經』明:"阿僧祇初, 大茅草王捨位付臣, 師波羅門, 遂受其姓, 名小瞿曇." 仁賢劫初, 識神託生, 立瞿曇姓故, 知瞿曇遠從過去, 近自民主云.

{10} "釋迦"此翻"能仁".『長阿含』云:"昔有輪王, 姓甘蔗氏. 聽次妃之譖, 擯四太子, 至雪山北, 自築城居, 以德歸人, 不數年間, 蔚爲强國. 父王悔憶, 遣使往召, 四子辭過不還, 父王三歎: '我子釋迦!' 因命氏."

{11} 逾春城於八夜, 捿雪嶺於六年.

{12} 『華嚴經』云: "菩薩浴時, 諸天競取此水, 將還天宮, 池中水族, 飲此水已, 得生天上. 菩薩爲利益故, 度脫水族, 示現洗浴."

{13} 『西域紀』云: "泥蓮河西南十里有樹, 名畢波羅." 是爲菩提樹也.

{14} 魔王波旬, 於前世, 但作一寺主, 受一日八戒, 布施辟支弗一鉢之食故, 生第六天, 作天魔王; 佛, 於無量劫, 廣修功德, 供養無量諸佛, 亦復供養聲聞緣覺之人不可數計, 豈波旬所能動耶? 宜乎惡魔軍衆退散而降. 『大乘方便經』云: "若非佛力, 彼等惡魔, 豈得近佛. 魔爲欲界尊勝, 勝旣先降, 餘皆伏故."

{15} 皆波旬女也.

{16} 癭, 頸瘤也, 言癭項瘤之鬼, 東坡詩: 潤領先裁盖癭衣. 『博物志』云: "山居多癭, 飲泉水之不流者也."

{17} 周以子月爲歲首, 周之二月卽今之獵月也.

{18} 時, 如來年七十八歲. 『瑞應經』云: "摩耶産太子後七日, 命終, 以懷菩薩功德大故, 生忉利." 又: "太子自知福德威重, 無有女人堪受禮者, 因其將終託之而生."

{19} 於時, 有緣衆生, 皆已度訖, 唯餘無緣難化者故, 而生厭怠.

{20} 如來因時, 嘗爲鷲鳥, 於此山中, 養育父母, 由此得名. 又城南有屍多林, 鷲鳥居之, 多食死人, 人欲死者, 鷲翔其家, 悲鳴作聲, 人以預知, 故名靈鷲.

{21} 『育王傳』云: "王詣鷄頭摩寺, 至上座耶舍前言: '我今於閻浮提內, 欲立八萬四千寶塔.' 耶舍曰: '王若欲一時作塔, 我於大王作塔時, 以手障日, 可遍勅國界, 手障日時, 盡起立塔.' 王造八萬四千寶篋, 各盛一舍利, 以一舍利付一夜叉, 使遍閻浮, 共一億人處, 起一寶塔."

{22} 吳 赤烏四年, 康居國僧會, 行至建康, 設像行道, 吳人初見, 謂之妖異, 有司聞之. 主詔問之, 會曰: "如來化已千年, 靈骨舍利, 神應無方." 主曰: "可得舍利, 當爲塔之." 會暇請七日, 懇求無驗. 乃至三七日五鼓時, 鏗然有聲, 會曰: "果吾願矣." 以進之, 權與公卿聚觀之, 歎曰: "希世之瑞也." 使力士椎之, 砧碎而光明自若. 於時, 建塔, 立建初寺, 使會居之.

{23} 西晉 建興元年, 有維衛·迦葉二佛石像泛海而至松江 滬瀆口, 吳縣 朱膺素奉正法, 同數人共迎, 石像於是, 乘流自至, 背有銘志, 一名維衛, 一名迦葉, 登舟, 其輕如羽, 安于通玄寺供養.

{24} 『高僧傳』云: "晉 咸和中, 丹陽尹高悝, 於張候橋浦得一金像, 無光趺而製造甚工, 前有梵書云育王第四女所造, 悝奉安于張干寺. 後一年許, 漁人張係世, 於海口得銅蓮華趺浮在水上, 卽取送縣, 表上, 勅使安像足下, 符合無差. 後有竺僧五人, 詣悝云: '昔於天竺奉育王像, 至鄴遭難, 藏在河邊, 亂後尋失所在, 近感夢云爲高悝所得, 欲一見禮拜.' 悝引至長干, 五人見像拜泣, 像卽放光. 五人云: '本有圓光, 卽在遠處, 亦尋至矣.' 合浦人董宗之得一佛光, 刺史表上, 簡文勅施像, 孔穴懸同, 光色一種. 凡四十餘年, 東西祥感, 光趺方具. 其於靈異, 可勝道哉!"

{25} 吳僧智藏居開善寺, 聰慧鋒銳. 有相者占曰: "師雖慧悟, 乃報年可至三十一矣." 師時年方二十九, 師乃營室設像, 誦『般若經』, 常晝夜不輟. 至期, 忽有空中聲云: "汝以般若功, 得倍報年." 師聞之喜躍, 功倍於前. 後遇相者, 驚曰: "師何尚存?" 卽具述其由, 相者歎曰: "佛法之靈,非世智之所擬議."

{26} 宋時, 求那跋陁, 五明呪述無不該精, 譙王欲請講『華嚴經』, 陁自知未善宋語, 且夕有憂, 常誦『觀音陀羅尼』, 以求冥應, 忽夢白衣人, 持劒擎一人頭來言: "何事有憂?" 陁以事具告, 神曰: "無憂!" 卽以刀易首, 更安新頭, 語令回轉曰: "得無痛否?" 答曰: "無傷." 覺心快然, 備曉宋言, 於是開講大弘佛法.

일체의 모든 부처님은 모두 세 가지 몸이 있다. 그 첫 번째가 법신(法身)이니 원만한 마음으로 증득한 바를 일컬으며, 두 번째는 보신(報身)이니 만 가지의 선함으로 감응하는 바를 일컬으며, 세 번째는 화신(化身)이니 인연에 따라 나타나는 바를 일컫는다. 지금의 석가모니불께선 법신을 오래 전에 증득하셨고 보신도 오래 전에 이루셨으니 지금 출현하신 것은 대저 화신일 뿐이다.

이르기를, 과거 석가불의 처소에서 보리심을 내어 그 칭호와 같기를 원하였던 까닭에 지금 성불하여 역시 '석가'라 호칭한 것이라 하였다. 삼아승지겁 동안 보살의 행을 닦으시고 낱낱의 겁마다 무량한 부처님을 섬겼는데, 그 중간에 연이어 정광여래를 만나 머리칼을 진창에 펴고 황금의 꽃을 받들어 올리고는 얼마지 않아 수기를 받으사 무생인(無生忍)을 얻으셨다. 그러나 일체의 부처님께서 막 성불하려 할 때는 반드시 백겁을 지나며 상호업(相好業)을 닦으셔야 하는데, 석가께서 발심한 것은 미륵보다 뒤였으나 불사여래를 만나서 7일 동안 간절히 우러러보며 새롭고 새로운 게송으로 찬탄하여 마침내 아홉 겁을 뛰어 넘어서 먼저 불도를 이루었다. 장차 불도를 이루고자 할 때에 도솔천에 태어나 보명보살이라 호칭하며 그곳 하늘의 수명이 다하고는 염부제로 내려와 흰 코끼리를 탄 모습으로 어머니의 오른쪽 옆구리로 들어가심을 나타내었다.

어머니 마야부인이 꿈에서 흰 코끼리를 품자 범선(梵仙)이 점을 쳐서 이르기를 "만약 해나 달의 꿈을 꾸었으면 응당 국왕을 생산하실 것이며, 만약 흰 코끼리의 꿈을 꾸었으면 반드시 성인을 생산하실 것입니다." 하였는데, 어머니는 그 후로부터 고르고 고요하며 편안하고 태연하였으며 자애로운 말씨가 날로 달라졌다.

보살께서 처음으로 태어나자 대지가 진동하고 몸은 자줏빛의 금색이었으며 서른두 가지 모습[相]과 여든 가지 모양[好]을 갖추고 둥근 빛이 한 길이나 벋쳤다. 태어나자마자 사방으로 각각 일곱 걸음을 거닐어 마구니와 바라문의 항복을 받았으며, 성실한 말씀을 드러내어 "하늘 위와 하늘 아래 오직 나만이 홀로 존귀하다." 하셨다. 품에 안고 천신의 사당에 들어가자 천신의 형상들이 모두 일어섰으며, 아사타 선인이 합장하고 찬탄하여 말하기를 "상호가 명료하시니 필시 법왕이 될 것입니다. 저는 죽음에 임박하였기에 부처님을 뵈올 수 없는 것이 스스로 한탄스러울 뿐입니다." 하였다. 이가 곧 정반국왕의 태자이니 이름은 '실달다'요 조부의 이름은 '사자협'이며 부친의 이름은 '정반'이고 모친은 '마야'이다. 대대로 윤왕(輪王)이 되어 성이 '구담'씨이며, 또한 장한 일의 인연으로 따로이 성씨를 '석가'라 하였다. 명랑한 깨달음이 자연히 갖추어져 있고 예술을 천부적으로 갖추고 있었으며 비록 오욕에 거처하여도 욕된 세속의 티끌을 받지 않으셨다.

나라 안의 네 문을 구경 다니시며 늙고 병들고 죽는 일과 한 사문을 보고는 궁중으로 돌아와 세속이 싫어 떠나고자 하는 마음이 깊이 생겼으며, 홀연히 야밤에 천신이 붙들어 경책하기에 마침내 아끼던 말을 타고 성을 넘어 출가하였다.

6년 동안 고행하시다 그것이 올바른 도가 아님을 알고는 문득 바르게 들여다보는 힘에 의지하여 그로써 깨달음을 성취하고자 하셨다. 이때 소를 치는 여인이 우유를 끓여 미음을 만듦에 그것이 끓다가 높이 솟아오르자 소를 치는 여인이 놀랍고도 이상하게 여기고 그것을 받들어 보살에게 바쳤는데, 보살이 그것을 먹고는 기력을 차리고 강물에 들어가 목욕을 하였다. 막 언덕에 오르려 할 때 나무가 저절로 가지를 낮추어 보살을 위로 끌어 올렸다. 보살은 이로부터 길상초를 받아 보리수 밑에 앉으니 악마가 보고는 성내고 번뇌하는 마음을 일으켜 말하기를 "이 사람이 나의 세계를 텅 비게 하려고 한다."라고 하며 곧 관속 18억만을 거느리고 모든 고문의 도구를 가지고 와서 보살을 위협하며 재촉하기를, 급히 일어나서 오욕의 즐거움을 받아들이도록 하였다. 또 묘의천녀 세 명을 보내와서 보살을 유혹하였는데, 이때는 수승한 뜻을 지닌 자비의 선정[勝意慈定]에 들어 연민의 마음을 내니 마군은 자연스레 몰락하여 물러나 흩어지고 세 명의 묘의천녀는 혹 달린 귀신이 되었다. 마군을 항복시 킨 뒤 2월 8일 새벽 먼동이 틀 때 바른 깨달음을 이루셨다.

이미 성불을 하고 나서는 중생의 근기를 관찰하여 그들이 작을 것을 즐기고 대 법을 아직 감당하지 못함을 아시고 곧 바라나국으로 나아가 교진여 등 5명을 제도하 고 사성제(四聖諦) 법의 바퀴를 굴리시니 이것이 곧 삼보가 출현하게 된 그 처음이다.

그 후 설법으로 제도한 사람의 숫자와, 보살들을 크게 모은 회상(會上)과, 매우 깊고도 모습이 없는 말씀과, 신통이 드러나 보인 힘 등은 경전에 갖추어져 있다. 또 한 때는 도리천에 올라가 9순(旬)동안 안거하며 어머니를 위해 설법하셨다. 그때 우 전국왕과 파사닉왕이 부처님의 덕을 사모하여 박달나무에 새기고 모직물에 그려 부처님의 형상을 묘사하였다. 뒤에 부처님이 도리천에서 내려오자 조성한 형상들 이 모두 일어나 자리를 피하거늘, 부처님께서 그 정수리를 어루만지며 이르기를 "너 희들은 미래에 불사를 잘하여라." 하였으니 불상의 발흥이 여기에서 비롯하였다.

교화의 인연이 곧 다하려 하자 때로 싫증을 내고 게으름을 부리기에 부처님께 서 곧 대중에게 이르기를 "3개월 후에 내 마땅히 열반에 들 것이다." 하고 다시 뒷일 을 수기(授記)하니 경전에 갖추어 말한 것과 같다. 그러나 여래의 법신은 항상 존재 하여 멸하지 않는 까닭에 『법화경』에 이르기를 "항상 영취산 및 여타의 모든 머무 르는 곳에 계신다." 하였으니, 지금에 나고 멸하는 것은 부처님의 화신으로, 끌어들 여 인도하고자 하여 그들과 같은 무리로 몸을 드러내는 까닭에 태어남을 받은 것이 다. 다시 유위법(有爲法)은 반드시 변천함을 알게 하고자하는 까닭에 입멸함을 보이 신 것이다. 또 중생들의 근기가 무르익은 까닭에 태어남을 드러내 보인 것이요, 중생 들의 감응이 다한 까닭에 입멸을 드러내 보인 것이다. 부처님께서 열반에 드신 후에 인계와 천계에서 함께 공양하며 뭇 보탑들을 일으켰다.

또 대가섭이 천 명의 나한을 불러들여 경장(經藏)을 결집함에 아난이 닫힌 문틈 으로 들어가 부처님의 경전을 암송해 내었는데 하나도 빠트리지 않음이 마치 병의 물을 부어 다른 그릇으로 옮기는 것과 같았다. 1백 년 후에 자(字)는 아륜가이며 아 육이라고도 이름하는 철륜왕이 있었는데, 귀신들을 부려 하루사이에 천상과 인계

치문경훈

에 8만4천의 사리보탑을 조성하였다. 부처님께서 남긴 의발과 석장 및 모든 사리들은 그 신통변화가 하나 둘이 아니었다. 한 나라 명제 때 이르러 금색 몸에 햇빛을 두른 16척의 모습을 꿈에 감응하였는데 석가의 본 모습과 하나같이 같았다. 또 오나라 군주 손권이 사리를 불태우고 방망이로 쳤으나 아무런 변화나 부서짐이 없었다. 이에 강으로 떠내려 온 석상과 바다로 떠 내려온 관음보살의 상서로운 모습과 반야경의 그윽한 힘과 관음보살의 비밀스런 영험 등은 따로 기록하여 그 내용을 갖추고 여기서는 일이 번잡하여 수록하지 않는다.

불사불을 찬탄하는 게송에,

하늘 위나 하늘 아래   부처 같음 없을지니,

시방세계 그 무엇도   견줄 것이 없더이다.

이 세간에 있는 것을   내가 모두 보았건만,

부처님과 같은 것은   아무것도 없더이다.

{1} 선사가 쓴 후서(後序)가 또 있다.

{2} 『대론』에 이르기를 "석가께서 전생에 와사였을 때 대광명이라 이름하였다. 그 당시 부처님이 있어서 석가문이라 이름하였으며 제자들은 사리불·목련·아난이라 이름하였는데, 제자들과 함께 와사의 집에 와서 하루를 묵었다. 이때 와사가 풀로 엮은 자리와 밝은 등불 및 꿀을 보시하며 문득 서원을 내어 말하기를 '제가 나중에 부처가 되면 지금의 부처님 이름과 같게 할 것이며 제자들의 이름 또한 지금과 같게 하고자 합니다.'라 했다."고 하였다. 『파사론』에 이르기를 "과거에 어떤 부처님이 세상에 모습을 드러내어 호를 석가라 하였다. 그 부처님이 유정물(有情物)을 교화하여 인도함에 항상 길을 나다니게 되어 바람결에 (피부가) 메말라 어깨와 등 쪽으로 질병이 생기게 되었기에 아난을 시켜 '도사의 집에 가서 호마 기름과 따뜻한 물을 구해 와서 나를 씻겨 달라.' 하므로 시자가 가서 그것들을 구하였다. 당시 그 도사는 이름을 광식이라 하였는데, 기름과 향내 나는 물을 마련하여 부처님에게 끼얹어 씻어주니 풍질이 말끔히 나았다. 부처님이 그를 위해 법을 설하여 주자 그가 듣고는 발원하여……"라 하였다.

{3} 『대론』에 이르기를 "태자가 태어날 때 몸 주변이 온통 마치 등불과도 같이 빛이 났기에 '연등(燃燈)'이라 일컬은 것이다. 성불함에 이르러서도 또한 '연등'이라 이름하였다."고 하였다. 또는 '정광(錠光)'이라 일컫기도 하는데, (등 가운데) 발이 있는 것을 정(錠)이라 이름하고 발이 없는 것을 등(燈)이라 이름한다.

{4} 부처님이 그 땅에 인연하여 선혜선인이 되었을 때 항원왕의 (법문) 요청에 나아가던 연등불을 만나 머리칼을 벌려 진흙길을 덮으니 연등불이 그것을 밟고 지나갔으며 또 금연화 7가지를 바쳤더니 연등불이 수기(授記)하며 말하기를 "너는 마땅히 부처가 되어 '석가'라 부를 것이다."라 하였다.

{5} 『본생경』에서 말하였다. "과거에 '불사'라고 이름하는 부처가 있었는데 두 보살이 있었으니 한 분은 석가라 이름하였고 한 분은 미륵이라 이름하였다. 이 부처님이 석가를 살펴보니 그 마음이 아직은 성숙되지 않았으나 그의 모든 제자들은 마음이 모두 농익어 있었는데, 그와 같음에 생각하기를 '한 사람의 마음은 속히 교화하기 쉬우나 대중들의 마음은 재빨리 다스리기 어려울 것이다.'라 하고는 곧 설산에 올라서 보굴 안으로 들어가 화선정(火禪定)에 들었다. 이때 석가보살이 외도의 선인이 되어 산을 올라와 약을 캐다가 부처님을 보고는 환희심을 내어 한 발로 발돋움하여 서서 부처님을 향해 차수(叉手)한 채 한결같은 마음으로 관(觀)함에 눈도 깜짝이지 않으며 7일 밤낮을 게송을 읊어 부처님을 찬양하였다. 그리하여 과거 9겁을 초월하여 91겁만에 아뇩보리를 증득하게 되었다."

{6} 『보요경』에서 말하였다. "보살은 응당 흰 코끼리를 타고 태중(胎中)에 드는데 어인 까닭인가? 세 짐승이 물을 건넘에 코끼리가 그 바닥까지 철저히 딛고 건너는 까닭이다."

{7} 『인과경』에서 이르기를 "태자를 칠보로 장식한 코끼리 수레에 안치하여 성으로 들어감에 왕과 석씨(釋氏)들이 (태자가) 삼보(三寶) 가운데 으뜸임을 인식하지 못하고 곧장 태자를 데리고 가서 하늘신을 모시는 사당에 이르니 범천의 형상들이 모두 자리에서 일어나 태자의 발에 경배하였다."라 하였는데, 다른 경전은 이러한 내용과 조금 다르다.

{8} 아사타 선인이 향산에 있다가 그곳으로부터 날아와 태자가 있는 곳에 이르러 태자의 관상을 보고는 홀연히 슬퍼하며 울었다. 왕이 묻기를 "어떤 불길한 일이 있길래 이와 같이 눈물을 흘리며 우는가? 하니 선인이 말하기를 "설령 하늘에서 금강으로 된 태산을 비 내리듯 하여도 그 털끝 하나도 능히 움직일 수 없을 것이니, 반드시 부처님이 되실 것입니다. 저는 이제 연로하여 응당 무색천상에서 태어날 것이기에 부처님을 뵐 수 없으므로 그 법을 듣지 못하는 까닭에 스스로 슬퍼할 뿐입니다." 하였다.

{9} '구담'을 혹은 '구담미'라 하며 혹은 '교답마'라 하는데 모두 잘못 전해진 것이다. 남산이 말하기를 "구담은 별 이름인데 그 별을 좇아 명칭을 세웠다." 하였으며, 응법사는 '지최승'이라 번역하였으니 사람 가운데 이 종족이 가장 뛰어남을 말하였다. 『십이유경』에 밝혀 놓기를 "아승지겁 초에 대모초왕이 보위를 버려 신하에게 주고 바라문을 섬김에 마침내 그의 성씨를 받아 '소구담'이라 이름했다."고 하였다. 인현겁 초에 식신(識神)이 삶을 받아 태어나서 구담의 성씨를 세웠던 까닭에 구담의 성씨가 멀리는 오랜 과거로부터 시작되었으며 가까이는 백성의 지도자 되는 이로부터 시작되었음을 알 수 있다.

{10} '석가'는 이곳 말로 번역하면 '능인(能仁)'이다. 『장아함』에 이르기를 "예전에 성씨가 '감자'인 윤왕(輪王)이 있었는데 계비의 참소를 듣고는 네 명의 태자를 배척하니 (태자들이) 설산의 북쪽에 이르러 스스로 성을 쌓고 기거함에 그들의 덕행으로 사람들이 귀의하게 되자 몇 년 되지 않아 번성하여 강국이 되었다. 부왕이 후회하는 마음에 사신을 보내 불러들였으나 네 아들이 사양하며 돌아가지 않으니 부왕이 세 번씩이나 탄식하며 '나의 아들은 '석가'로다!' 하고는 그로 인해 성씨를 지어 주었다."고 한다.

{11} 춘성(春城)을 깊은 밤중에 넘고 설령(雪嶺)에서 6년 동안 머물었다.

{12} 『화엄경』에서 말하였다. "보살이 목욕할 때면 모든 천신들이 다투어 그 물을 길러 하늘궁전으로

가지고 갔으며, 못 속의 어류들은 그 물을 마심으로써 천상에 태어남을 얻는다. 보살은 이익이 되는 까닭에 어류들을 제도하여 해탈케 하고자 목욕을 시현(示現)하는 것이다."

{13} 『서역기』에 이르기를 "니련하의 서남쪽 10리에 나무가 있는데 이름이 필파라이다." 하였으니 그것이 보리수일 것이다.

{14} 마왕 파순은 전생에 단지 한 사찰의 주인이 되어 한나절 동안 8계를 받았으며 벽지불에게 한 발우의 음식을 공양한 까닭으로 제6천에 태어나 천마왕이 되었는데, 부처님은 무량겁 동안 공덕을 널리 닦고 헤아릴 수 없는 모든 부처님에게 공양을 하였으며 또한 다시 성문과 연각 등의 사람에게도 셀 수 없는 공양을 하였으니 어찌 파순이 능히 동요시킬 수 있겠는가? 사악한 마군의 무리들이 물러나 흩어지고 항복함이 마땅하다. 『대승방편경』에 이르기를 "만약 부처님의 힘이 아니면 저들 사악한 마군이 어찌 부처님에게 가까이 갈 수 있으리요. 마군은 욕계에서 존귀하고도 뛰어난 존재인 까닭에 뛰어난 존재가 먼저 항복하면 나머지는 모두 항복할 것이기 때문(에 마군이 부처님에게 근접하는 것을 허락한 것)이다." 하였다.

{15} 모두 파순의 딸이다.

{16} 영(癭)은 목에 난 혹이니 목에 혹이 난 귀신을 말하는데, 소동파의 시에 "옷깃 틀 때는 먼저 목 혹을 덮는 옷을 마름질한다." 하였다. 『박물지』에 이르기를 "산에 살다 보면 목혹이 많이 생기는데 흐르지 않는 샘물을 마시기 때문이다." 하였다.

{17} 주나라는 음력 11월[子月]을 한 해의 시작으로 삼으니 주나라의 2월은 지금의 12월이다.

{18} 이는 여래의 나이 78세 때이다. 『서응경』에 이르기를 "마야부인이 태자를 생산한 지 7일 만에 임종하였는데 보살을 회임한 공덕이 큰 까닭에 도리천에 태어났다." 하였으며, 또 이르기를 "태자께서 (자신의) 복덕이 막중하여 여인으로서 그 예(禮)를 감히 받아들일 자가 있지 않음을 스스로 아시고는 그 까닭으로 곧 임종하는 몸에 의탁하여 태어나신 것이다." 하였다.

{19} 이때에는 인연이 있는 중생들을 이미 모두 제도하여 마쳤고 오직 인연이 없어 교화하기 힘든 자들만 남았기에 싫증과 게으름을 부린다는 것이다.

{20} 여래가 수행하고 있던 때에 일찍이 독수리가 되어 이 산중에서 부모를 봉양하였는데 이로 말미암아 이름을 얻게 되었다. 또 성의 남쪽에 주검이 많은 숲이 있는데 독수리들이 그곳에 모여 살며 대체로 죽은 사람을 먹고, 사람이 죽을 것 같으면 독수리가 그 집을 빙빙 돌아 날며 슬피 우는 소리를 내니 사람들이 그로써 미리 아는지라 그러한 까닭에 '신령스런 독수리[靈鷲]'라 이름하게 되었다.

{21} 『육왕전』에서 말하였다. "왕이 계두마사에 이르러 상좌 야사의 앞으로 가서 말하기를 '내가 이제 염부제 안에 8만 4천의 보탑을 건립하고자 한다.' 하니 야사가 이르기를 '왕께서 만약 일시에 탑을 짓고자 한다면 내가 대왕께서 탑을 지을 때에 손으로 해를 가릴 것이니, 나라 안에 두루 칙령을 내려서 손으로 해를 가리고 있을 때에 다함께 일어나 탑을 건립하라고 하면 될 것입니다.' 하였다. 왕이 8만 4천 개의 보물함을 만들고 그 각각에 사리 한 개를 담아 하나의 사리함을 한 명의 야차에게 주고는 염부제에 고루 나아가게 하여 모두 1억 명이 있는 곳마다 보탑 하나씩을 일으키게 하였다."

{22} 오나라 적오 4년에 강거국의 승려 회가 교화하러 다니다 건강에 이르러 불상을 모셔 놓고 불도를 행하니 오나라 사람들이 처음 보고는 그것을 요망하고 괴이하다 일컫기에 담당 관리가 그것을 보고하였다. 왕이 조서를 내려 물으니 회가 이르기를 "여래께서 열반에 드신 지 이미 천년이 되었으나 신령스러운 뼈인 사리도 신비스런 감응이 끝이 없습니다." 하니 왕이 이르기를 "사리를

얻을 수 있다면 응당 탑을 만들리라." 하였다. 회가 여가를 7일 청하여 간곡히 구하였으나 영험이 없었다. 그러다 21일째 새벽녘에 쇳소리가 나니 회가 말하기를 "내가 원하던 바를 이루었다." 하고는 그것을 진상하였다. 손권은 공경대부와 더불어 모여서 그것을 보고는 탄식하여 이르기를 "세상에 드문 상서로움이다." 하고는 역사를 시켜 그것을 부수게 하였더니 깨졌으나 밝은 빛은 여전하였다. 이에 탑을 세우고 건초사를 건립하여 회로 하여금 머물게 하였다.

{23} 서진 건흥 원년에 유위와 가섭의 두 석불상이 바다를 건너 송강 호독구에 닿았는데, 오현의 주응이 평소에 정법을 받들었기에 몇 사람과 함께 맞아들이려 하자 석상이 흐름을 타고 저절로 도착하였으며, 그 등에 명문이 있어 한 존(尊)에는 유위라 이름되어 있고 한 존(尊)에는 가섭이라 이름되어 있었으며, 배에 올릴 때에는 그 가볍기가 마치 깃털 같았으니, 통현사에 봉안하여 공양하였다.

{24} 『고승전』에 말하였다. "진나라 함화 연간에 단양 땅 군수 고회가 장후교포에서 한 존의 금불상을 얻었는데 광배와 받침이 없었으나 아주 섬세하게 조각되어 있었으며 그 앞에 범문(梵文)으로 아육왕의 네 번째 딸이 조성한 것이라 되어 있기에 고회가 장간사에 봉안하였다. 그 후 1년여 쯤에 어부 장계세가 바다어구에서 동으로 된 연화좌가 물 위에 떠 있는 것을 곧장 가져다 현으로 보내 오자 표를 올렸더니 칙서로써 불상의 발아래에 안치시키게 하니 마침 맞아 차이가 없었다. 후에 천축 승려 다섯 명이 고회에게 나아가 말하기를 '예전에 천축에서 아육왕의 불상을 봉안하여 업에 이르러 난을 만났기에 강가에 감춰두었다가 난이 끝난 후에 얼마지 않아 그 두었던 곳을 잊었는데 근자에 꿈에 감응하여 고회라는 사람에 의해 발견되어졌다고 하기에 (이렇게 와서) 한 차례 예배드리고자 합니다.' 하므로 고회가 인도하여 장간사에 이르니 다섯 사람이 불상을 보고는 절을 하고 눈물을 흘림에 불상이 곧 빛을 발하였다. 다섯 사람이 이르기를 '본디 원만한 광배가 있었는데 곧 먼 곳에 있으니 그것 역시 얼마지 않아 도착할 것입니다.' 하였다. 합포 사람 동종지가 부처님의 광배 하나를 얻음에 자사가 표를 올리자 간문제가 칙서로써 불상에 시설케 하였더니 걸어 맞추는 구멍이 같고 빛의 색깔이 한 종류였다. 무릇 40여 년 만에 동서가 상서롭게 감응하여 광배와 연화좌가 바야흐로 갖추어졌다. 그 영묘함과 기이함을 어찌 다 말할 수 있겠는가."

{25} 오나라 승려 지장은 개선사에 거처하고 있었는데 총명한 지혜가 칼날같이 예리하였다. 어떤 관상을 보는 이가 점을 쳐서 말하기를 "스님은 비록 지혜롭게 깨달았다고 하나 과보로 받은 수명은 31년에 이를 뿐입니다." 하였는데 스님의 나이는 바야흐로 29세였으므로 스님은 이에 방을 꾸미고 불상을 시설하여 『반야경』을 읽음에 항상 밤낮으로 그치지 않았다. 기한에 이르러 홀연히 공중에서 소리가 있어 말하기를 "너는 『반야경』을 독송한 공덕으로 곱절의 과보 나이를 얻게 되었다." 하므로 스님이 그 말을 듣고 뛸 듯이 기뻐하며 공덕을 전보다 곱절로 하였다. 후에 점쟁이를 만나자 놀라며 이르기를 "스님이 어찌 여전히 살아 계십니까?" 하므로 곧 그 연유를 일러주니 점쟁이가 탄식하여 이르기를 "불법의 신령스러움은 세간의 지혜로 추측할 바가 아닙니다." 하였다.

{26} 송나라 때 구나발타는 오명(五明)의 주술에 대해 갖추어 정미롭지 않음이 없었는데 초왕이 『화엄경』의 강의를 청하고자 하였더니 구나발타가 스스로 송나라 말을 잘하지 못함을 알고는 아침저녁으로 근심에 쌓여 항상 『관음다라니』를 외우며 그윽한 감응을 구하였는데, 홀연히 꿈에 흰옷을 입은 사람이 칼을 지닌 채 사람의 머리 하나를 들고 와서 말하기를 "무슨 일로 근심하는가? 하므로 구나발타가 사실대로 갖추어 고하였더니 신이 말하기를 "걱정하지 말라! 하고는 곧 칼로써 머리를 떼내고 다시 새 머리를 안치시키고는 돌려보게 하며 이르기를 "통증이 있느냐 없느냐? 함에 답하여 "상처가 없습니다." 하였다. 깬 뒤에는 마음이 상쾌하고 송나라 말을 모두 깨우쳤기에 이에 강좌를 열어 크게 불법을 넓혔다.

사기
(私記)

1 **禪林妙記**：전집(前集)과 후집(後集) 2권으로 되어 있다. 청봉 고수(靑峰高秀)가 지었다. 내용은 진성(眞性)·가연(假緣)·유염(流染)·낭정(郞淨)·관문(觀門)·행법(行法)·승위(乘位)·극과(極果)·교력(敎力)·화공(化功)의 10장(章)으로 되어 있다.

2 **玄則**：(900~975) 중국 오대 때 스님으로 활주(滑州) 위남(衛南) 사람, 호는 보은(報恩)이다. 처음에는 청봉(靑峰)을 찾아뵙고 문답하였으나 뜻에 맞지 않자 청량 정혜(淸凉淨慧)에게 가서 참구하여 말 끝에 문득 깨닫고는 그에게 의지하여 머물렀다. 명성이 날로 치솟자 남당(南唐)의 후주(後主)가 명을 내려 금릉(金陵) 보은사(報恩寺)에서 개당설법(開堂說法)케 하니 당시 국주(國主)가 정혜 선사와 더불어 함께 자리에 참석하였기에 선망의 대상이 되었다. 송나라 태조 개보(開寶) 8년(975) 12월에 76세로 입적하였다.

3 **三身**：불신(佛身)을 법신(法身)·보신(報身)·응신(應身)의 셋으로 나눈 것이다.

1) 법신(法身)：법은 영원불변한 만유의 본체이고, 신은 적취(積聚)의 뜻으로, 본체에 인격적 의의를 붙여 법신이라 한다. 또한 색과 형상이 없는 이불(理佛)이다.

2) 보신(報身)：인연에 따라 나타난 불신으로, 아미타불과 같다. 곧 보살위의 어려운 수행을 하여 정진·노력한 결과로 얻은 유형의 불신이다.

3) 응신(應身)：보신불을 친견하지 못한 이를 제도하기 위해 나타나는 불신으로 역사적 존재인 석가모니불과 같은 불신을 말한다.

4 **錠光如來**：연등불이라고도 함. 오래전에 출현하여 세존에게 미래에 반드시 성불하여 중생을 제도하라는 수기를 주신 부처님이다.

5 **無生忍**：삼법인의 하나로서 무생법인이라고도 한다. 인(忍)은 인가(忍可)·인인(認忍)의 뜻으로, 확실히 그렇다고 인정하는 것이다. 진실의 이치를 깨달은 마음의 평온을 말한다.

1) 음향인(音響忍)：교설을 듣고 깨달아 마음을 편안히 하는 것이다.

2) 유순인(柔順忍)：진리에 수순함으로 자기가 생각해 깨달음을 얻는 것이다.

3) 무생법인(無生法忍, anutpattikadharmakṣānti)：무생(無生)의 법리(法理), 곧 불생불멸의 진여를 깨달아 알고서 거기에 안주하여 움직이지 않는 것이다. 유(有)이면서 공(空)이 역유역공(亦有亦空)이면서 비유비공(非有非空)을 초월한 깨달음을 말한다. 보살이 초지나 7·8·9지에서 얻는 깨달음이다. 무생법인이란 모든 법은 공하여 고정불변의 실체를 갖고 있지 않으며 생멸변화를 넘어서있다는 사실을 깨닫고, 그러한 모든 법의 상황에서 쉽사리 단멸상(斷滅相)을 내지 않고서 참고 견디어 인내함으로써 결국엔 진정한 지혜를 성취한다는 의미이다.

6   **相好 :** 범어 lakṣaṇavyañjana. 원래 상(相, lakṣaṇa)과 호(好, vyañjana)는 인도에서 위인의 모습으로 여겨왔던 것으로, 예컨대 루드라다만 왕을 그 비문에서 "상호를 구비하고 단정한 신체를 가졌던 사람"이라 찬탄한 것 등이 그것이다. 이것이 불교에 들어와 붓다의 육신에 갖추어진 훌륭한 용모를 일컫는 것이 되었는데, 그중에서 현저하여 보기 쉬운 것을 32상으로 나누고, 미세하여 보기 어려운 것을 80종호(種好)로 나누며, 이 둘을 합하여 상호(相好)라 한다. 전륜성왕도 32상을 갖추었고, 보살에게도 80종호는 있다 한다.

1) 32상 : 붓다의 육신이나 전륜성왕의 몸에 갖추어져 있는 거룩한 용모와 형상 중에서 특히 현저하게 뛰어난 32가지를 말한다. 한역『장아함경』의 내용과 그에 해당하는 빠알리어(Mahāpadāna-suttānta) 설명의 중요 내용만을 나열해보면 다음과 같다.

(1) 발밑이 땅에 안주(安住)하여 밀착하였다[足下安平立相] : 왕이시여, 이 왕자는 발이 안정되어 있습니다.

(2) 발바닥의 수레바퀴에는 천 개의 바퀴살이 있고, 서로 비추고 있다[足下二輪相] : 왕이시여, 이 왕자의 발바닥에는 수레바퀴가 생겨나 있으며, 거기에는 천 개의 바퀴살이 있고, 바퀴틀이 있습니다.

(3) 손가락과 발가락이 곱고 가늘며 길어서 능히 따를 자가 없다[長指相] : 왕이시여, 이 왕자는 손가락과 발가락이 깁니다.

(4) 발꿈치가 풍만하여 남이 보더라도 싫어하지 않는다[足跟廣平相] : 왕이시여, 이 왕자는 발꿈치가 넓고 깁니다.

(5) 손발의 물갈퀴가 큰 거위의 물갈퀴 같다[手足指縵網相] : 왕이시여, 이 왕자는 손발이 그물과 같습니다.

(6) 손발이 유연하여 천의(天衣)와도 같다[手柔軟相] : 왕이시여, 이 왕자는 손발이 유연하고 생기가 넘칩니다.

(7) 발꿈치에 높낮이가 없다[足趺高滿相] : 왕이시여, 이 왕자는 발의 복사뼈가 둥근 소라조개처럼 되어 있습니다.

(8) 정강이가 사슴처럼 아래위가 곧바르다[伊泥延膊相] : 왕이시여, 이 왕자는 정강이가 마치 사슴의 정강이와 같습니다.

(9) 똑바로 서서 손을 내리뻗으면 무릎을 지난다[正立手摩膝相] : 왕이시여, 이 왕자는 엎드리지 않고 선 채로도 두 손바닥으로 무릎을 만질 수 있습니다.

(10) 음부가 신체의 내부로 감추어져 있다[陰藏相] : 왕이시여, 이 왕자는 음경이 음낭 속에 감춰져서 겉으로는 보이지 않습니다.

(11) 몸이 곧아서 기울어져 있지 않다[身廣長等相] : 왕이시여, 이 왕자는 곧고 바른 숭고한 자세를 취하고 있습니다.

(12) 털이 나서 오른쪽으로 감아 돌고 있고 감색이며 위로 얽혀 있다[毛上向相] : 왕이시여, 이 왕자는 털이 위로 향하고 있습니다. 또 곱슬로서 오른쪽으로 휘말려 있습니다.

(13) 털구멍에 털이 한 가닥씩 나 있다[一一孔一毛生相] : 왕이시여, 이 왕자는 피부에 하나하나 털을 가지고 있습니다.

(14) 몸이 황금빛이다[金色相] : 왕이시여, 이 왕자는 피부가 황금빛으로 반짝이고 있습니다.

(15) 피부가 곱고 부드러워 티끌이 묻지 않는다[細薄皮相] : 왕이시여, 이 왕자는 피부가 유연하여서 몸에 먼지가 묻어 더럽혀지는 일이 없습니다.

(16) 양 손등과 양 발등, 그리고 양 어깨와 몸통의 일곱 군데가 살이 두툼하고 풍만하다[七處隆滿

相] : 왕이시여, 이 왕자는 몸 가운데 일곱 군데가 불룩하게 돋아 있습니다.

(17) 두 겨드랑이 아래가 융기하여 풍만하다. 또는 뼈마디가 서로 맞잡아 당기는 모습이 마치 쇠사슬을 연결해 놓은 것 같다[兩腋下隆滿相] : 왕이시여, 이 왕자는 어깨에 움푹 파인 곳이 없습니다.

(18) 상반신이 사자의 같이 풍만하다[上身如師子相] : 왕이시여, 이 왕자는 상반신이 사자와 같습니다.

(19) 몸의 길이와 폭이 동일하여 냐그로다 나무와 같다[大直身相] : 왕이시여, 이 왕자는 냐그로다 나무처럼 둥글고, 키가 두 팔을 벌린 길이와 같으며, 또한 몸의 높이가 두 팔을 벌린 길이와 같습니다.

(20) 양 어깨가 풍만하고 둥글며 가지런하다[肩圓滿相] : 왕이시여, 이 왕자는 두어깨가 모두 둥급니다.

(21) 40개의 치아가 있다[四十齒相] : 왕이시여, 이 왕자는 40개의 치아가 나 있습니다.

(22) 치아가 방정하고 가지런하다[齒齊相] : 왕이시여, 이 왕자는 치열이 고릅니다.

(23) 이가 정밀하게 짜여져 틈이 없다[牙無間相] : 왕이시여, 이 왕자는 치열에 틈이 없습니다.

(24) 이가 희고 선명하다[牙白相] : 왕이시여, 이 왕자는 송곳니가 희고 곱습니다.

(25) 뺨이 사자와 같다[師子頰相] : 왕이시여, 이 왕자는 사자의 뺨을 가졌습니다.

(26) 인후가 깨끗하여 음식의 모든 맛을 알 수 있다[味中得上味相] : 왕이시여, 이 왕자는 미각이 매우 예민합니다.

(27) 혀고 넓고 길어서 양쪽 귀를 핥을 수 있다[大舌相] : 왕이시여, 이 왕자는 혀가 넓고 깁니다.

(28) 범음이 청정하고 미묘하다[梵聲相] : 왕이시여, 이 왕자는 곱고 오묘한 목소리를 내고 카라비카 새처럼 말을 합니다.

(29) 눈이 감청색이다[眞靑眼相] : 왕이시여, 이 왕자는 눈이 감청색입니다.

(30) 눈이 소의 제왕과 같고 아래위로 함께 깜빡인다[牛眼睫相] : 왕이시여, 이 왕자는 암소의 속눈썹을 가지고 있습니다.

(31) 정수리 위의 살이 상투 모양으로 융기하여 있다[頂髻相] : 왕이시여, 이 왕자는 정수리에 터번과 같은 것이 붙어 있습니다.

(32) 미간의 백호가 부드럽고 가늘며 윤이 나는데 그 길이가 1심(尋)에 달한다. 백호를 잡았다가 놓으면 다시 우선회로 말려들어 소라처럼 뭉치는데, 마치 진주처럼 보인다[白毛相] : 왕이시여, 이 왕자에게는 양미간에 무명 솜 비슷한 부드러운 털이 나 있습니다.

2) 80종호 : 불보살이 몸에 갖추고 있는 특수한 용모 가운데 미세하고 은밀하여 알 수 없는 것을 종호라 하는데 80가지로 세분한다.

(1) 손톱이 좁고 길고 엷으며 광택이 있다.

(2) 손가락과 발가락이 둥글고 길고 부드러우며 마디가 드러나지 않는다.

(3) 손과 발이 비슷하여 차별이 별로 없다.

(4) 손과 발이 원만하고 보드랍고 깨끗하며 광택이 있다.

(5) 힘줄과 핏대가 얽히고 단단하고 깊이 있어서 나타나지 않는다.

(6) 복사뼈가 겉으로 드러나지 않는다.

(7) 걸음걸이가 반듯하고 자늑자늑하여 코끼리와 같다.

(8) 걸음걸이가 엄숙하여 사자와 같다.

(9) 걸음걸이가 편안하고 조용하여 지나치지도 않고 못 미치지도 아니하여 소와 같다.

(10) 걸어 나아가고 그침이 정당하여 거위와 같다.

(11) 몸을 돌려 돌아볼 때는 반드시 오른쪽으로 돌리는 것이 코끼리와 같다.

(12) 팔다리가 가지런하게 통통하고 원만하여 묘하게 생겼다.

(13) 뼈마디가 서로 틈이 없이 연결된 것이 용이 서린 것 같다.

(14) 무릎이 묘하고 잘 생겨 견고하며 원만하다.

(15) 남근은 무늬가 묘하고 위세가 구족하여 원만하고 청정하다.

(16) 몸과 팔다리가 윤택하고 부드러워 때가 묻지 않는다.

(17) 몸매가 돈독하고 엄숙하여 항상 위세가 당당하다.

(18) 몸과 팔다리가 견고하고 탄탄하여 잘 연결되어 있다.

(19) 몸과 팔다리가 안정되고 정중하여 요동되지 않고 원만하여 이지러지지 않는다.

(20) 몸매가 신선의 왕과 같아서 단정하고 깨끗하여 티가 없다.

(21) 몸에 광명이 있어 환하게 비친다.

(22) 배가 네모지게 반듯하여 이지러짐이 없고 부드럽고 드러나지 않으며 여러 가지 모양이 장엄하다.

(23) 배꼽이 깊고 오른쪽으로 돌았으며, 둥글고 묘하고 깨끗하여 광택이 있다.

(24) 배꼽이 두텁고 오목하거나 두드러지지 않고 동그랗고 묘하다.

(25) 살갗에 버짐이 없고 기미·검은 점·혹·사마귀가 없다.

(26) 손바닥이 충실하고 보드랍고 발바닥이 평평하다.

(27) 손금이 깊고 곧고 분명하여 끊어지지 않았다.

(28) 입술이 붉고 윤택하고 빛나는 것이 빈바의 열매 같다.

(29) 얼굴이 길지도 짧지도 크지도 작지도 아니하여 원만하고 단정하다.

(30) 혀가 부드럽고 넓고 길며 색이 엷고 구릿빛 같다.

(31) 목소리가 깊고 웅장하고 위엄있게 떨치는 것이 사자의 포효같이 명랑하고 맑다.

(32) 음성의 꼬리가 아름답고 묘하고 구족한 것이 깊은 골짜기 같다.

(33) 코가 높고 곧고 구멍이 드러나지 않았다.

(34) 이가 반듯하고 깨끗하고 희다.

(35) 송곳니가 둥글고 희고 깨끗하고 점차로 날카롭다.

(36) 눈이 맑고 깨끗하고 검은자와 흰자가 분명하다.

(37) 눈이 넓고 길어 푸른 청련화 같아서 매우 사랑스럽다.

(38) 속눈썹이 위아래가 가지런하고 빽빽하여 성글지 않다.

(39) 눈썹이 길고 촘촘하고 가늘다.

(40) 눈썹이 아름답게 쏠리었으며 검붉은 수정빛이다.

(41) 눈썹이 휜칠하고 빛나고 윤택하여 초승달 같다.

(42) 귀가 두껍고 크고 길고 귓불이 길게 늘어졌다.

(43) 두 귀가 아름답고 가지런하여 아무 흠이 없다.

(44) 용모는 보는 사람마다 사랑하고 공경하는 마음을 내게 한다.

(45) 이마가 넓고 원만하고 번듯하여 아름답고 훌륭하다.

(46) 몸의 웃통이 원만하여 사자와 같이 위엄이 있다.

(47) 머리카락이 길고 검푸르고 촘촘하다.

(48) 머리카락이 향기롭고 깨끗하고 보드랍고 윤택하여 오른쪽으로 구부러져 있다.

(49) 머리카락이 가지런하여 헝클어지지 않는다.

(50) 머리카락이 단단하여 부스러지지 않는다.

(51) 머리카락이 매끄럽고 때가 끼지 않는다.

(52) 몸매가 견고한 것이 나라연보다도 수승하다.

(53) 키가 크고 몸이 단정하다.

(54) 여러 구멍이 깨끗하고 훌륭하다.

(55) 몸과 팔다리가 수승하여 견줄 이가 없다.

(56) 몸매가 여러 사람이 보기 좋아하여 싫어하지 않는다.

(57) 얼굴이 넓고 원만하기가 보름달 같아서 깨끗하고 맑다.

(58) 얼굴빛이 화평하여 웃음을 머금은 것 같다.

(59) 낯빛이 빛나고 화려하여 찡그리거나 푸르거나 붉지 않다.

(60) 살갗이 깨끗하고 때가 없으며 냄새가 나지 않는다.

(61) 털구멍에서 아름다운 향기가 풍긴다.

(62) 입에서 훌륭한 향기가 난다.

(63) 목이 둥글고 아름답다.

(64) 몸의 솜털이 검푸르고 빛나고 깨끗하여 마치 공작의 목덜미와 같다.

(65) 법문 말하는 소리가 듣는 사람의 많고 적음을 따라 알맞다.

(66) 정수리를 볼 수가 없다.

(67) 손가락과 발가락의 사이에 그물 같은 엷은 막이 분명하여 묘하게 장엄하다.

(68) 다닐 때에 발이 땅에서 네 치쯤 뜨며 발자국마다 무늬가 나타난다.

(69) 신통력으로 스스로 자신을 지키고 다른 이의 부축을 받지 않는다.

(70) 위덕이 널리 떨치어 나쁜 마음이 있는 중생은 두려워하고, 무서움에 떨던 중생은 편안함을 얻는다.

(71) 말소리가 중생들의 마음을 따라 화평하고 기쁘게 한다.

(72) 여러 중생들의 언어로 그들이 좋아하는 대로 법문을 연설한다.

(73) 한 말소리로 법을 말씀하시되 여러 중생들이 제각기 알아듣는다.

(74) 법을 말함에 차례가 있고 반드시 인연이 있으며 말에 조금도 실수가 없다.

(75) 중생들을 평등하게 보아 착한 일은 칭찬하고 잘못된 것은 나무라지만 치우쳐 사랑하거나 미워함이 없다.

(76) 온갖 일을 우선 관찰하고 연이어 실행함으로써 모범이 된다.

(77) 상호가 구족하여 여러 사람이 끝없이 우러러본다.

(78) 정수리의 뼈대가 굳고 원만하다.

(79) 얼굴이 항상 젊고 늙지 아니하여 늘 한결같다.

(80) 손발과 가슴 앞에 길상스럽고 환희한 덕상을 구족하여 그 무늬가 비단 같고 빛은 주홍빛이다.

7 **兜率天** → '삼유(三有)-도솔천'조(제1장 경훈警訓 "1. 위산대원선사경책潙山大圓禪師警策" 사기 26. 三有)

8 **菩薩初生** : 세존의 불멸 시기에 대해서는 그 정확한 관련 기록의 부재로 이견이 적지 않아 불기(佛紀)의 산출에 최근까지 혼재를 거듭하였다. 세존의 불멸 시기에 대해서는 세 가지 대표적인 설이 있다.

1) 불기 3000년설(북방불교설) : 주로 중국과 한국 및 일본 등에서 오랫동안 사용해 온 것으로, 대승불교권에서 주장하는 설이다. 이 설의 근거는 중국의 위서(僞書)인 『주서이기(周書異記)』에 두는데, 세존의 탄생을 주(周)나라 소왕(昭王) 24년(甲寅, 기원전 1107) 4월 8일로 기록하고 있고 그 입멸을 주(周)나라 목왕(穆王) 52년(壬申, 기원전 1027) 2월 15일로 기록하고 있으므로 입멸을 기준하는 불기는 서기 2000년이 불기 3027년이 된다. 그러나 이는 중국에서 도교와 불교가 서로 경쟁하던 시대에 도교의 시조 노자(기원전 431~404)보다 그 탄생과 입멸 연대를 높여 노자가 세존의

후신임을 주장하기 위해 조작된 것임이 밝혀지고 나서는 아무런 설득력이 없게 되고 말았다.

2) 불멸 544년설(남방불교설) : 현재 우리나라에서 쓰고 있는 불기로서 남방불교에 전해 내려오는 불멸 544년설에 근거를 두고 있으므로 2000년은 불기 2544년이 된다. 그러나 이 설 또한 남방의 전설에 근거하기 때문에 지금으로서는 실증적인 세존 연대라고 볼 수 없다.

3) 입멸 486년설(다카구스 준지로우의 설) : 전세계 공불기(公佛紀)인 입멸 486년설은 이를 뒷받침하는 두 가지의 유력한 자료가 있어 참고할 가치가 있다. 하나는 아쇼카 왕(기원전 268년 즉위)의 돌비석이며, 하나는 중국 제(齊)나라(478~501) 때 인도 승려 승가바드라가 가져온『중성점기(衆聖點記)』를 들 수 있다. 아쇼카 왕의 돌비석에 따르면 세존의 입멸은 왕의 즉위 전 218년설과 즉위 전 100년설이 있으므로 불멸은 각각 기원전 486년과 기원전 368년이 된다. 그런데 상가바드라가 가져온『중성점기』에 따르면 기원후 489년 그가 광동에 와서『선견율비바사(善見律毘婆沙)』18권을 번역할 때 세존이 입멸하신 지 975년이 되었다 하였으니 기원전 486년이 입멸 연도가 되는 셈이다. 이 설은『사자주고전(獅子洲古傳)』의 483년설 및『면순전(緬順傳)』의 485년설과 비슷하다.

9 **天祠** : 범어 devakula로, 인도에서 대자재천 등 천계의 모든 신들에게 제사를 드리는 사당을 말한다. 또는 기파천상(耆婆天象)을 모신 사당을 일컫기도 하는데, 기파천은 수명을 관장하는 천신으로 제석천을 받들고 있는 천신의 무리이다. 인도를 비롯한 서역의 풍속에 모두 기파천을 섬기는데, 아들을 낳으면 3세가 되었을 때 이 천신의 사당에 기도를 올려 100세의 장수를 기원한다.

10 **阿私陀** : 범어 Asitā를 소릿말적기한 것으로, 중인도 카필라국에 있던 선인의 이름이다. 아사타(阿斯陀)·아사(阿私)·아이(阿夷)라고도 쓰며, 무비(無比)·불백(不白)·단정(端正)이라 번역한다. 브라만의 점상가(占相家)이다.

11 **合掌** : 범어 añjalikarma로, 좌우의 손바닥을 합하여 마음이 한결같음을 나타내는 인도의 경례법의 하나이다. 밀교에서는 두 손을 합하는 것은 정혜상응(定慧相應)·이지불이(理智不二)를 나타내는 것이라 하여 그 공덕이 광대무량하다 하였다.『관음의소(觀音義疏)』상(上)에서 "합장에서, 중국식으로 손을 모아 움켜쥐는 것을 공(恭)이라 하고, 외국식으로 손을 펴서 합치는 것을 경(敬)이라 한다. 두 손을 하나로 하는 것은 감히 산란하지 않음을 표하는 것이다."라 하였다. 열 손가락을 십계(十界)에 배대하여 오른쪽의 엄지[불계(佛界)]·식지[보살계(菩薩界)]·중지[연각계(緣覺界)]·약지[성문계(聲聞界)]·소지[천계(天界)] 및 왼쪽의 엄지[인계(人界)]·식지[수라계(修羅界)]·중지[축생계(畜生界)]·약지[아귀계(餓鬼界)]·소지[지옥계(地獄界)]라 하기도 한다.

12 **瞿曇** : 범어 Gautāmā, Gotama로, 교답마(喬答摩)·구답마(瞿答摩)·교답마(驕答摩)라 한다. 번역하여 지최승(地最勝), 니토(泥土), 지종(地種), 암우(暗牛), 멸악(滅惡)이라 한다. 소[go] 가운데 가장 으뜸[tama]이란 의미로, 신성시하는 소 가운데에서도 최상을 가리키는 말을 빌어 사람으로서 가장 존귀한 분을 일컫는 호칭으로 쓰인 경우이다.

1) 샤라드밧(śaradbat)이라고 하는 옛적 선인의 이름으로 석가족의 조상이다.

2) 교담마 선인의 후예, 곧 석가족의 성을 말한다.

3) 특히 세존을 가리키는 말이다.

13 **五欲** : 재욕(財欲)·색욕(色欲)·식욕(食欲)·명욕(名欲)·수면욕(睡眠欲)을 말한다.

14 **寶馬** : 말 이름은 건척(犍陟)으로, 범어로는 Kaṇṭhaka이다. 건덕(犍德)·건척(乾陟)·가차가(迦蹉迦)·건타가(健他歌)·납(納)이라 번역한다. 싯다르타 태자가 타던 말로, 출가할 때 이 말을 타고 마부 차닉(車匿)을 데리고 밤중에 성을 나와 고행림으로 들어갔다고 한다.

15 **牧牛女人** : 목우녀(牧牛女)는 선생촌(善生村)의 난타이다.

16 **入河** : 하(河)는 니련선하(尼連禪河)를 말하며, 범어 Nairañjanā이다. 유금하(有金河)·불낙착하(不樂着河)라 번역한다. 중인도 마갈타국 가야성의 동쪽에서 북으로 흐르는 강 이름이다. 세존께서 6년 동안 고행하시던 끝에 이곳에서 목욕하고 강을 건너 부다가야로 가서 보리수 나무 아래서 성도하셨다.

17 **吉祥草** : 범어 kusa로, 고사(姑奢)·구시(矩尸)·구서(俱舒)라 소릿말적기하고, 상모(上茅)·묘초(茆草)·희생초(犧牲草)라 번역한다. 습기가 있는 땅이나 논에서 자라며, 띠나 박하와 비슷한 풀이다. 길상이란 이름은 부처님께서 이 풀을 깔고 보리수 아래 앉아서 도를 깨친 데서 연유하였고, 또는 이 풀을 세존에게 공양한 이가 길상 동자라는 데서 연유했다고도 한다.

18 **菩提樹** : 각수(覺樹)·사유수(思惟樹)·도장수(道場樹)·도수(道樹)라고도 한다. 세존께서 나무 밑에서 성도하셨다는 바로 그 성스러운 나무를 뜻하기도 하고, 일반적으로 같은 종류의 나무를 지칭하기도 한다. 이 나무는 원래 발다(鉢多, aśvattha)라 일컫고, 아설타(阿說他)·아수타(阿輸陀)·아습파타(阿濕波他)·패다(貝多)라고 소릿말적기하며, 길상수(吉祥樹)·원길수(元吉樹)·무죄수(無罪樹)라 번역한다. 그 열매를 필발라(畢鉢羅, pippala)라 일컬은 데서 필발라수라는 이름을 얻었다. 무화과와 비슷한 뽕나무과 상록수로 힌두교도 또한 옛부터 이 나무를 신성시하였다고 한다. 세존 이외의 과거와 미래의 모든 부처님들도 제각기 다른 보리수가 있다고 하니, 비바시불은 무우수, 시기불은 분다리수, 비사바불은 사라수, 구루손불은 시리사수, 구나함불은 우담발라, 가섭불은 니구루수, 미륵불은 나가수(용화수) 등이 그것이다.

19 **二月八日** : 주(周)나라 이전에는 자월(子月)로써 세수(歲首)를 삼았었고, 문왕(文王) 이후에는 인월(寅月)로 세수(歲首)를 삼았기 때문에 2월 8일은 지금의 12월 8일에 해당한다. 자월세수(子月歲首)는 자(子, 1월)·축(丑)·인(寅)·묘(卯)·진(辰)·사(巳)·오(午)·미(未)·신(申)·유(酉)·술(戌)·해(亥, 12월)이고, 인월세수(寅月歲首)는 인(寅, 1월)·묘(卯)·진(辰)·사(巳)·오(午)·미(未)·신(申)·유(酉)·술(戌)·해(亥)·자(子)·축(丑, 12월)이다.

20 **波羅奈國** : 중인도에 있었던 고대 왕국으로 예전에는 가시국(伽尸國, Kāśi)이라 불렸고 근세엔 베나레스(Benares)로 불렸으니, 곧 바라나시(Varanasi)이다. 『대당서역기』 권7의 기록에 의하면, 이 나라의 도성은 갠지스 강에 인접하여 길이가 18·19리, 넓이가 5·6리라 하였다. 인구가 많고 사람들의 성품은 온화하고도 공손하나 외도를 많이 믿고 소수만 불법을 공경한다 하였으며, 승도는 대부분 소승 정량부의 법을 익힌다 하였다. 도성의 서북쪽에 녹야원이 있는데 그곳은 부처님께서 다섯 비구를 교화한 장소로, 항상 부처님께서 이곳에서 중생을 교화하였기에 6대 설법처 가운데 한 곳이 되었다. 이곳은 대대로 학술이 흥성하였던 곳으로 북인도의 달차시라(呾叉始羅, Takśasilā)와 더불어 브라만 교학의 중심지이다.

21 **五人** : 오비구 또는 오군비구라고 한다. 세존께서 출가하시던 때 부왕의 명으로 태자를 모시고 함께 고행하던 이들로, 부처님께서 성도하신 후 처음 교화하여 비구가 된 다섯 명의 인척이다.
  1) 마하나마 꿀리까(Mahānāma Kulika, 摩男拘利, 大名)
  2) 다샤발라 까싀야빠(Daśabala Kāśyapa, 十力迦葉, 起氣)
  3) 바드리까(Bhadrika, 拔提, 小賢)
  4) 아싀와짓(Aśvajit, 頞鞞, 馬勝)
  5) 아즈냐따 까운디냐(Ājñāta Kauṇḍinya, 憍陳如, 火器)

22 **說法** : 불교의 모든 경전(대승경전)의 내용을 분류하고 해석하는 데에서 세존께서 법을 설하신 순서에 따라 오시(五時)로 나눈 것이 있으니, 수나라의 지의(智顗)가 이야기한 천태종의 교판으로

오시팔교(五時八敎)가 그것이다. 즉 먼저 화엄(華嚴)·녹원(鹿苑)·방등(方等)·반야(般若)·법화열반(法華涅槃)의 오시로 나누고, 이것을 다시 중생을 교도하는 형식 방법 여하에 따라 돈(頓)·점(漸)·비밀(秘密)·부정(不定)의 4종류(화의化儀의 4교)로 나누고, 또 중생의 성질과 능력에 응해서 가르치고 인도한 교리 내용에 따라 장(藏)·통(通)·별(別)·원(圓)의 4종류(화법化法의 4교)로 나눈 것을 말한다. 송나라 원수(元粹)의『천태사교의비석(天台四敎儀備釋)』에서 "華嚴最初三七日, 阿含十二方等八, 二十二年談般若, 法華涅槃共八年."이라 하였으니, 그 오시만을 간략히 서술하면 다음과 같다.

1) 제1 화엄시(華嚴時) : 성도 후 삼칠일간에『화엄경』을 설하신 시기로, 소에서 짜낸 그대로의 우유 맛에 비유한 것이다.

2) 제2 녹원시(鹿苑時, 阿含時) :『화엄경』을 설하신 뒤 12년 동안 16대국에서 소승의 4아함경을 설하신 시기로, 우유의 다음 단계인 진한 유즙 맛에 비유한 것이다.

3) 제3 방등시(方等時) :『아함경』을 설하신 뒤 8년 동안『유마경』·『사익경』·『승만경』 등의 대승을 설하신 시기로, 진한 유즙의 다음 단계인 생연유 맛에 비유한 것이다.

4) 제4 반야시(般若時) : 방등시 뒤 22년 동안 제부(諸部)의『반야경』을 설하신 시기로, 생연유의 다음 단계인 숙성된 연유 맛에 비유한 것이다.

5) 제5 법화열반시(法華涅槃時) : 최후 8년 동안 설하신『법화경』과 열반에 드시기 위해 일일일야(一日一夜)에 설하신『열반경』의 시기로, 숙성된 연유의 다음 단계이며 최후 단계인 버터[醍醐]의 맛에 비유한 것이다.

23 **安居** : 범어 varṣa, vārṣika의 번역으로 우기를 뜻하며, 하행(夏行), 하경(夏經), 하단(夏斷), 하농(夏籠), 하좌(夏坐), 좌하(座夏), 백하(白夏)라고도 한다. 인도의 강우기 3개월 동안 실시되는 불교 승단의 특수한 연중 행사를 말함. 하계 강우기 때 일하구순(一夏九旬), 곧 4월 16일부터 7월 15일에 이르는 90일 동안은 첫째로는 돌아다니는데 불편하고, 또 벌레들을 밟아 죽일 수가 있으므로 그것을 피하기 위해 일정한 장소에 머물러서 오로지 연구와 정진 및 수양에 힘쓰는 것을 말한다. 그런데 지방에 따라서 우기가 꼭 같지 않은 수가 있기 때문에, 전(前)·중(中)·후(後) 3종의 안거 기간이 인정되고 있다. 안거 기간에 비구는 승원이나 작은 집 또는 암굴 같은 데서 혼자 또는 두 사람 이상이 이것을 행하며, 재가신자가 식사를 나르고 비구에게 설법을 듣는다. 안거의 첫날을 하안거의 제도를 맺는다는 뜻으로 결하(結夏) 혹은 결제(結制)라고 하고, 안거를 완료하는 것을 과하(過夏), 7월 16일 이후 안거의 제(制)를 푸는 것을 해하(解夏) 또는 해제(解制)라 하고, 결하와 해하 사이를 반하(半夏)라 한다. 또 안거 중에 금계를 범해서 외출하는 것을 파하(破夏)라고 한다. 안거를 마친 뒤에 안거 중 스스로 죄를 범한 일이 있고 없는 것을 서로 묻는 작법(作法), 곧 자자(自恣)가 엄숙히 행해지는데 이 자자를 행하는 날을 자자일(自恣日)이라고 한다. 이 안거 행사는 세존 성도의 다음해부터 입멸 때까지 계속됐고, 그 뒤에도 불교가 전승된 모든 지역에서 행해지고 있다. 특히 한국에서는 참선·불교연구·정진·수양의 행사로서 여름과 겨울 2회 행해지고 있다. 여름 이외의 시기에 안거하는 형식으로 행하는 행사를 추안거(秋安居), 동안거(冬安居) 등이라고도 한다.

24 **又於一時 …… 始於此矣** : 불상 조성의 연기를 밝힌 이 글은『증일아함경』제28에 수록되어 있다. 역사적 기록에 의하면 적어도 아쇼카 왕(기원전 268~기원전 232) 때까지는 아직 불상이 만들어진 흔적은 없다. 아쇼카 왕 이후 마가다국이 점차 붕괴함에 따라 불교 교단에는 분파들이 생기는 반면 힌두교와 자이나교 등은 그 세력을 더욱 확장해 나갔는데, 이 시대에 불교에서는 초기의 부처님의 직접적인 유품(사리, 가사, 발우, 머리칼)에 대한 숭배에서 폭을 넓혀 탑이나 사원 등을 건립 회사하며 붓다의 발자국, 보리수, 법륜 등을 숭배하는 풍조가 생겨났으니, 이는 토속의 많은 신을 흡수하여 만신당식(萬神堂式) 종교로 세력을 회복해 가는 힌두교에 대한 반작용으로 나타난 현상

이기도 하다. 이후 까니스까 왕(Kaniṣka, 129~152)의 꾸샤나(Kuṣāna) 제국 시대에 들어 사리탑의 예배와 공양을 중심으로 대승불교가 일어나고 이와 더불어 불상이 조성되기 시작하였으니, 불상 조성을 권장하고 그 공덕을 찬탄하는 경전들이 유포되었으며 대승경전들마다 불상 조성의 공덕을 중간중간에 끼워 넣게 되었다. 당시 중인도의 마투라(Mathurā, 소라 고동형 머리, 수염 없음, 입상과 좌상, 단정한 옷깃)와 함께 그리스 문화의 영향을 받은 서인도의 간다라(Gandhāra, 물결형 머리, 수염, 행주좌와의 자유로운 상, 로만 스타일의 주름이 진 옷깃)가 불상 조성의 중심지였는데, 조성을 시작한 시기로는 간다라가 마투라에 앞선다.

25 **化緣將畢** : 『경덕전등록』 권4에서 숭악 원규(嵩嶽元珪) 선사가 밝힌 붓다의 삼불능(三不能)은 다음과 같다. 그러나 이 삼불능은 소승의 응신불에 대해서 말하는 것이고 대승의 법신불에 있어서는 삼불능이란 있을 수 없다고 하였다.

1) 불능공일체상성만법지이불능즉멸정업(佛能空一切相成萬法智而不能卽滅定業) : 부처님께서는 일체의 현상에 집착하지 않은 채 온갖 지혜를 갖추고 계시지만 선악의 결과를 부르는 결정적인 업인에 대해서는 이것을 멸하여 그 과보를 면하게 할 수 없는 것이니, 부처님이 과거 인행시에 바늘로 이를 찔러 죽였기 때문에 등창을 앓은 일이 그것이다.

2) 불능지군유성궁억겁사이불능화도무연(佛能知群有性窮億劫事而不能化導無緣) : 부처님께서는 모든 중생의 성질을 잘 알아서 그 모든 일을 끝까지 궁구하셨지만 인연이 없는 자는 교화하여 제도하지 못하는 것이 그것이다.

3) 불능도무량유정이불능진중생계(佛能度無量有情而不能盡衆生界) : 부처님께서는 무량한 중생을 구원하시지만 중생계를 다 제도하시어 마칠 수는 없는 것이 그것이다.

26 **塔** : 범어 stūpa로, 탑파(塔婆)라 소릿말적기하고 두파(兜婆)·소투파(蘇偸婆)라고도 하며, 방분(方墳)·원총(圓塚) 등으로 번역한다. 『십송률(十誦律)』에는 이미 세존 재세시에 수달다 장자가 부처님께서 여러 곳을 순례하고 계시는 동안 대신 공양드리기 위해 손톱과 머리카락을 받아 조탑(爪塔)과 발탑(髮塔)을 건립하였다고 기록되어 있는데, 이 또한 불상의 조상연기와 마찬가지로 대승불교의 흥기 때 경전에 삽입된 것으로 여겨진다. 단순한 분묘가 아닌 숭배 대상으로서의 불탑은 부처님 입멸 후 여덟 부족이 부처님의 사리를 나눠 가지고 가서 세운 사리탑이 그 역사적 기원이다. 그 후 아쇼카왕 때 불탑의 건립이 매우 활발하였으니, 이때의 탑은 반구형으로 쌓아 꼭대기에서 수직으로 구멍을 뚫어서 지평면에 이르게 하고 그 밑바닥에 사리 등의 유물을 장치하였으며, 탑 주위로 예배하는 길을 만들고 그 바깥에는 돌로 난간을 두른 형태였다. 그 후 북쪽 지방으로 전해지며 가옥 형태의 전탑(塼塔)과 목탑(木塔) 등 다양한 형태로 발전하다가 목탑의 형태를 지닌 채 축소된 조형물로서의 석탑(石塔)이 생겨나기도 하였으니, 중국은 전탑, 한국은 석탑, 일본은 목탑이 발달하였다.

27 **從鎖隙入** : 제1 결집을 하려고 칠엽굴에 1천 아라한이 모였는데 그중에서 아난만이 도를 깨닫지 못하였으므로 가섭에 의해 쫓겨났다. 아난이 분심을 내서 7일 동안 교근 정진하여 깨닫고 나서 굴 앞에 가서 "내가 도를 깨달았으니 열어 달라."고 하니 가섭이 "네가 참으로 도를 깨달았으면 문틈으로 들어오라."고 하므로 아난이 신통을 부려 굴 속에 들어갔다 한다.

28 **阿育** : 아육왕(阿育王). 범어 Aśoka. 인도 마우리아 왕조 제3대 왕(기원전 268~기원전 232 사이 재위한 것으로 추정)으로, 아서가(阿恕伽)라 구역되었으며, 신역에서는 아륜가(阿輪伽)라 한다. 무우(無憂)라 번역하며, 기원전 2세기에 전 인도를 통일하고 불교를 보호한 왕이다. 남전과 북전에 그 기록이 꼭 같지 않으나, 왕은 기원전 321년경에 인도에 공작 왕조를 개창한 찬드라굽타 대왕의 손자며,

빈두사라 왕의 아들로 출생하였다. 어려서 성품이 거칠고 사나워서 부왕의 사랑이 없었다 한다. 영토인 덕차시라국에 반란이 일어나자 이를 정복하여 귀순케 하였다. 부왕이 죽은 후 배다른 형인 수사마를 죽이고 즉위하였으며, 광폭함을 그치지 아니하여 신하와 여자들을 마구 죽였다고 한다. 그러다가 어떤 사문의 설법을 받았다고도 하며, 돌에 새긴 글에 의하면 즉위 8년에 칼링가를 정복하여 포로로 잡은 15만 가운데 10만을 살육하는 무수한 죽음의 대참사를 목격하고 부처님께 귀의하였다고 한다. 그 후로는 무력에 의한 정복을 중지하였다. 그리고 모든 인간이 지켜야 할 윤리인 법(法, Dharma)에 의한 정치를 이상으로 삼고 이를 실현하는 데 진력하였다. 부모와 어른에게 순종하고 살생을 삼가는 등의 윤리를 백성들에게 장려하였으며, 지방관이나 신설된 관리에게 명령하여 백성들이 윤리를 철저히 지키도록 하였다. 또 도로와 관개 등의 공공사업을 전개하는 등 많은 치적을 남겼다. 당시 인도에는 그에게 대항하는 세력이 없었고, 북서 국경의 그리스 세력도 그들 내분 때문에 다른 지방을 침략할 힘이 없었다. 이와 같은 정세에서 모든 생활양식이 다른 광대한 영토를 현실적으로 지배한 것으로 보아 그가 취한 정책은 매우 현명했다고 볼 수 있으며, 그 이면에는 초기불교의 영향이 있었음을 알 수 있다. 또한 그의 정치이념은 인도 제국이나 다른 많은 민족에게까지 전파되어 그의 사절이 이집트와 마케도니아까지 이르렀다. 그리고 왕은 8만4천의 절과 8만4천의 보탑을 건축하고 정법의 선포를 위하여 바위와 석주 등에 글을 새기어 스스로 부처님의 유적을 순례하였다. 그의 영토는 북쪽은 설산(雪山), 남쪽은 마이소루, 동쪽은 벵갈만, 서쪽은 아라비아해에 이를 정도로 방대하였다. 또 즉위 17년에 화씨성에서 제3차의 결집을 하고, 희랍 5개국에 전도승을 파견하였으며, 26년 동안에 26회의 특사를 내리는 등 정법을 융성케 하였다. 이와 같은 왕의 정책은 36년 동안의 통치 후에는 쇠퇴해 갔으나 그의 치세 중에는 불교를 비롯한 갠지스강 유역의 고도의 문화가 다른 지방에 급속히 퍼져 문화의 발달을 촉진시켰다. 그러나 퇴위한 후에는 매우 불우하였다고 한다.

29 **役御神鬼** : 주석에 있는 "육왕운운(育王云云)"은 『아육왕전(阿育王傳)』 제1에 있는 말로서 『아육왕경』 제1에도 8만4천의 탑을 만들었다 하였다. 경전에 기록된 조탑 연기에 의하면, 아육왕은 즉위를 전후하여 저지른 대량살육에 대해 한 사문의 설법으로 이의 잘못을 깨닫고 불법에 귀의하여 옛날 아사세 왕이 항하에 숨겨놓은 8만4천의 부처님 사리를 찾아내어 8만4천의 탑을 세움으로서 속죄코자 하였다고 한다. 『광홍명집(廣弘明集)』 제15의 '불기서(佛記序)'에 17탑을 열거하고 "已前諸塔, 竝是姫周初, 有大輪王, 名爲阿育, 此日無憂, 續臨此洲, 萬有餘國, 役使鬼神一日而造八萬四千塔, 此土有之, 每發神瑞, 廣如感應傳."이라 하였고, 『법원주림(法苑珠林)』 제38에는 21탑을 열거하고 모두 아육왕이 건립한 것이라 하였으며, 『석보상절(釋譜詳節)』 권24의 25쪽에서는 "귀신들이 월식(月食)할 적에 8만4천 탑을 일시에 세우니 그 탑이 진단국(震旦國)에 있는 것도 열아홉이고 우리나라에도 전라도 천관산과 강원도 금강산에 이 탑이 있어 신령한 일이 계시니라." 한 것이 보인다.

30 **八萬四千** : 많은 수를 나타내는 말로, 팔만(八萬)이라고도 한다. 번뇌의 종류가 많은 것을 '팔만사천의 번뇌' 또는 '팔만사천의 진로(塵勞)', 부처님이 설한 가르침 및 그 뜻이 많은 것을 '팔만사천의 법문'이라 한다. 『관무량수경』에 아미타불의 하나하나의 아름다운 모습[相好]에서 팔만사천의 빛이 비친다고 하였다. 무간지옥은 가로 세로 길이가 팔만 유순이고 거기에 있는 고구(苦具 : 괴로움을 생기게 하는 것)도 각각 팔만사천이 있어 팔만지옥이라고 한다.

31 **舍利** : 범어 śarīra를 소릿말적기한 것으로 실리(實利)·설리라(設利羅)라고도 쓰며, 신체(身體)·유신(遺身)이라 번역한다. 원어의 의미는 단순히 시체를 일컫는 말로서 특히 화장을 한 유골을 가리

컸으나 불교의 흥기와 더불어 부처님의 유골을 의미하게 되었다. 세존의 입멸 후 화장된 유골은 숭배의 대상으로 쟁취의 움직임이 있었으나 도오나 브라만의 중재로 여덟 부족(마가다국의 아자타샤트루 왕, 카필라바스투의 샤카족, 알라캅파의 부리족, 라마그라마의 콜랴족, 베타두비파의 브라만, 파바의 말라족, 쿠쉬나가라의 말라족)에게 골고루 나눠지고 도오나에게는 유골을 담았던 병이 주어졌으며, 분배가 끝나고 도착한 모오리야족에게는 화장터의 재가 전해졌다. 돌아간 여덟 부족은 사리탑을 걸립하였고, 도오나는 병탑(瓶塔)을, 모오리야족은 회탑(灰塔)을 건립하였다고 한다. 후에 아쇼카 왕 때 상징물에 대한 폭넓은 숭배 풍조가 만연되면서 왕은 불교의 전파를 위해 포교사를 각지로 파견하고, 아울러 여덟 곳의 부처님 사리탑 가운데 라마그라마탑을 제외한 나머지 일곱 곳에 매장되어 있던 사리를 분골하여 전 인도에 수많은 사리탑을 세움으로써 불교 사상 전파에 큰 몫을 하게 하였다. 이렇게 부처님의 사리는 아쇼카 왕 시대에 무수히 분골되었으므로 아주 미세하게 되었을 것이니, 따라서 미립의 분골을 세속적으로 '사리'라 부르게 되었다.

32 **丈六之容** : 여러 경전의 기록에 의하면 석가 세존 때 범인의 신장은 약 8척이었고 세존께서는 그 곱절인 1장 6척이나 되었다고 한다. 그러므로 '장육지용(丈六之容)'은 부처님의 본모습을 일컫는 것이며, '장육불(丈六佛)' 또는 '장육상(丈六像)'이라 하면 불신과 동일한 높이로 조각한 불상이나 불화를 일컫는다. 장육불상(丈六佛像)의 건립은 인도에서는 불상 건립의 초기부터, 중국에서는 동진(東晉) 이후에 매우 성행하였다. 통상 입상은 1장 6척으로 좌상은 8척으로 조성하였으며, 이것을 초과하면 대불이라 부른다. 또한 장반상(丈半像) 또는 반장육(半丈六)이 있으니, 입상을 8척으로 좌상은 4척으로 조성한 것을 말한다.

33 **釋迦本狀** : 『석가보(釋迦譜)』 5권(또는 10권)과 『석가씨보(釋迦氏譜)』 1권, 『석가방지(釋迦方誌)』 2권 등을 말한다.

34 **吳** : 중국 삼국 시대에 손권(孫權)이 강소(江蘇)와 절강(浙江) 및 안휘(安徽) 지방에 세운 나라(229~280)로, 건업(建業)에 도읍을 세웠다. 건국 후 4주 59년 만에 서진(西晉)에게 멸망당하였다.

35 **孫權** : (182~252) 중국 삼국 시대 오나라의 왕으로, 자는 중모(仲謀)이고 229~252년에 재위하였다. 유비와 더불어 조조를 대파하였으며, 위나라와 제휴하여 제위에 오름. 연호를 황룡이라 하고 도읍을 건업으로 옮겨서 중국 남방 강소성 일대를 다스렸다. 건흥(建興) 원년에 죽다. 주석에 나오는 "오적오운운(吳赤烏云云)"은 『광홍명집』 제1 "오주손권론서불도삼종(吳主孫權論敍佛道三宗)"을 참조하라.

3

각범홍선사송승걸식서
覺範洪禪師{1}1 送僧乞食序2

●

각범 덕홍 선사가
스님을 걸식 보내며 쓴 서문

曹溪 六祖初以居士服至黃梅,3 夜舂以石墜腰.{2} 牛頭4衆乏粮, 融乞於丹陽, 自負米斛八斗, 行八十里, 朝去暮歸, 率以爲常. 隆化 惠滿5所至, 破柴制履.{3} 百丈 涅槃,6 開田說義.{4} 墜腰石尙留東山, 破柴斧猶存鄴鎭, 江陵之西有負米莊, 車輪之下有大義石. 衲子每以爲遊觀, 不可誣也.

世遠道喪, 而妄庸寒乞之徒入我法中, 其識尙不足以匡欲, 其可荷大法也. 方疊花制襪以副絲絢,{5} 其可夜舂乎? 纖羅剪袍以宜小袖, 其可破柴乎? 升九仞之峻, 僕夫汗血, 不肯出輿, 其可負米乎? 方大書其門云, 當寺今止掛搭,{6}7 其肯開田說義乎? 余嘗痛心撫膺而嘆者也.

屢因弘法致禍, 卒爲廢人, 方幸生還,{7} 逃遁山谷, 而衲子猶以其嘗親事雲庵,{8} 故來相從. 余蓄之無義, 拒之不可, 卽閉關堅臥. 有扣其門而言者曰: "雲庵法施8如智覺,{9} 愛衆如雪峰,{10}9 出其門者, 今皆不然, 道未尊而欲人之貴己, 名不曜而畏人之挨己. 下視禪者如百世之寃, 諂事權

貴如累劫之親. 師皆笑蹈此汚而去, 庶幾雲庵爪牙[10]矣." 余於是蹴然而
起曰: "然則無食奈何?"曰: "當從淨檀行乞, 亦如來大師之遺則也. 老人肯
出, 則庶使叢林知雲庵典型[11]尚存." 余嘉其言, 因序古德事, 以慰其意,
當有賞音者耳.

{1} 師初名惠洪, 後改名德洪, 字覺範. 瑞州 彭氏子, 嗣眞淨 克文和尙.

{2} 墜與縋同. 『說文』以繩有所懸也.

{3} 相州 隆化寺 惠滿禪師, 滎陽 張氏子, 常行乞食, 住無再宿, 所至伽藍, 析薪制履焉.

{4} 百丈山 涅槃 法正和尙, 常誦『涅槃經』, 時呼涅槃和尙也. 一日謂衆曰: "汝等與我開田, 我與
汝證大義."

{5} 『禮』云: "繩履, 無絇." 絇, 履頭繩, 履飾也. 副, 佐也.

{6} 搭·附也, 又掛也.

{7} 師初住江寧 淸涼寺, 坐爲狂僧誣告抵罪. 張丞相當國, 復度爲僧, 易名德洪. 後住黃龍山, 會,
丞相去位, 復竄師南海島上, 三年遇赦.

{8} 眞淨克文和尙.

{9} 求明寺 智覺 延壽禪師.

{10} 雪峰 義存禪師.

{11} 法度也.

조계 육조는 애초에 거사의 옷차림으로 황매에 이르러 밤중에 방아를 찧을 때 돌을
허리에 매달았고, 우두는 대중들이 양식이 없어 곤궁해 하면 스스로 단양에서 구걸
하여 직접 쌀 18말을 짊어지고 80리 길을 걸어 아침이면 갔다가 저녁에 돌아오기를
예삿일로 여겨 행하였으며, 융화 혜만은 이르는 곳마다 장작을 패고 짚신을 삼았으
며, 백장 열반은 밭을 개간하며 의리를 설하였다. 허리에 매달았던 돌은 아직도 동산
에 남아 있고, 장작을 패던 도끼는 여전히 업진에 그대로 있으며, 강릉의 서쪽에 부
미장이 있고, 거륜산의 아래에는 대의석이 있다. 납자들이 매번 만행할 때 볼거리로
여겼으니 속일 수는 없다.

세대가 아득히 멀어지고 도가 쇠퇴하자 망령되고 용렬하며 곤궁하여 빌어먹는 무리들이 우리 법 가운데 들어오니 그들의 식견이 오히려 욕심을 바로 잡기에도 부족하거늘 그들이 어찌 크나큰 법을 짊어지겠는가? 바야흐로 꽃무늬 장식을 포개어 버선을 만들고 그것으로써 신발 끈 장식을 북돋우는데, 그러고도 밤중에 방아를 찧을 수 있겠는가? 가느다란 비단으로 장삼을 만듦에 편하고자 소매를 줄이는데, 그러고도 장작을 팰 수 있겠는가? 아홉 길의 험준한 언덕을 오름에 노복들이 피땀을 흘려도 가마에서 내리려 들지 않는데, 그러고도 쌀을 짊어질 수 있겠는가? 바야흐로 그 문에 크게 써 놓기를 "당 사찰은 이제 방부를 중지합니다."라 하는데, 그러고도 즐거이 밭을 갈며 진리를 설하려 하겠는가? 내가 일찍이 마음이 아파 가슴을 어루만지며 한탄하던 바다.

　누차 불법을 홍보한 인연으로 화를 당하다 결국에 폐인이 되었다가 바야흐로 다행히 살아 돌아와 산 속 계곡으로 도망하여 은둔하였으나 납자들이 오히려 일찍이 운암선사를 친히 섬겼다 하여 짐짓 찾아와서 서로 붙좇았다. 내가 그들을 돌봐주는 것은 의미가 없겠지만 거절할 수도 없기에 곧 문을 닫은 채 자리를 틀고 누워 있었는데, 그 문을 두드리며 말하는 자가 있어 이르기를 "운암은 법 베풀기를 흡사 지각 선사와 같이 하였고 대중 사랑하기를 흡사 설봉 선사처럼 하였습니다만 그 문중에서 나온 자들은 지금에 모두 그렇지 않습니다. 도는 아직 높지 않되 사람들이 자신을 귀하게 여겨주길 바라고, 이름은 빛을 발하지 않음에도 사람들이 자신을 배척할까 두려워하고 있으며, 참선하는 자들을 멸시하기를 마치 백세의 원수같이 하고, 권력과 부귀에 아첨하고 섬기기를 마치 누겁에 걸친 어버이같이 하고 있습니다. 선사께서는 모두 웃으며 이러한 더러움을 뒤밟고 떠나가니 아마도 운암 문중의 가장 으뜸이 될 분일 것입니다."라 하였다. 내 이에 궐연히 일어서며 말하기를 "그렇지만 먹을 음식이 없는데 어찌하겠는가?" 하니 이르기를 "응당 깨끗한 단월을 좇으며 걸식할 것이니, 이 또한 여래와 대사들께서 남기신 법도입니다. 노인께서 기꺼이 나오신다면 아마도 총림으로 하여금 운암의 법도가 아직 남아 있음을 알게 할 수 있을 것입니다." 하였다. 내가 그 말을 가상히 여기고 그 인연으로 고덕의 사실을 써서 그 뜻을 위로하니, 응당 이 말을 즐겨 듣는 자가 있을 것이다.

{1} 선사는 애초에 이름이 혜홍이었다가 후에 덕홍으로 고쳤으며 자는 각범이다. 서주 팽씨의 자손으로서 진정 극문 화상의 법을 이었다.

{2} 추(墜)는 縋와 같다. 『설문』에는 꼬아서 만든 줄로서 매어 달린 것이 있는 것이라 하였다.

{3} 상주 융화사의 혜만 선사는 영양 장씨의 자손으로서 항상 걸식을 행하였으며 머물렀던 곳에 거듭 묵지 않았다 하며, 도착하는 가람에서마다 섶나무를 쪼개고 신을 삼았다고 한다.

{4} 백장산 열반 법정 화상은 항상 『열반경』을 외웠기에 당시에 열반화상이라 불려졌다. 하루는 대중들에게 말하기를 "너희들이 나와 함께 밭을 개간하면 내가 너희들에게 대의(大義)를 증명해 보이리라." 하였다.

{5} 『예기』에 이르기를 "노끈으로 엮은 신에는 구(絇)가 없다." 하였으니, 구는 신 머릿부분의 줄로서 신발의 장식이다. 부(副)는 돕는다는 것이다.

{6} 탑(搭)은 부착하다 또는 거는 것을 말한다.

{7} 선사가 처음에 강녕 청량사에 머무르다 미친 승려의 무고에 연루되어 죄를 받았다. 장승상이 국정을 맡자 다시 득도하여 승려가 되어 이름을 덕홍이라 고쳤다. 후에 황룡산에 머무를 때 마침 승상이 자리에서 물러나자 선사를 다시 남해의 섬으로 귀양을 보냈었는데 3년 만에 사면을 받았다.

{8} 진정 극문 화상.

{9} 구명사 지각 연수 선사.

{10} 설봉 의존 선사.

{11} 법도이다.

사기
(私記)

1 覺範德洪 : (1071~1128) 중국 송나라 때 스님으로, 자는 각범(覺範), 호는 적음(寂音) 존자. 균주(筠州, 강서고안江西高安) 유(喩)씨의 자손으로, 14세 때 출가하여 17세 때 동경(東京)에서 경전을 시험보고 '혜홍(慧洪)'이란 임시 승적으로 구족계를 받았다. 유식론의 오묘한 뜻에 정통하고 아울러 자사(子史)의 기서(奇書)를 두루 섭렵하였으며, 자기 눈으로 한 번 훑은 책은 평생토록 그 내용을 잊지 않았고, 붓을 한 번 들면 아무리 긴 글이라도 중간에 머뭇거려 생각함이 없었기에 경사(京師)에 시명(詩名)이 자자하였다. 후에 남쪽으로 돌아가 진정 극문(眞淨克文)에게 참구하여 법을 얻었다. 숭녕(崇寧) 연간에 천북선원(川北禪院)의 주지를 지내다 금릉(金陵)의 청량사(淸涼寺)로 옮겼다가 채 한 달도 못 되어 호적을 속이고 남을 비방하였다고 고발되어 옥에 갇혀 어려움을 겪었다. 장상영(張商英)과 곽천민(郭天民) 등이 그를 위해 사면을 주청하자 지금의 이름으로 고칠 수 있도록 허락받고 아울러 자의(紫衣)도 하사받게 되었다. 얼마 후에 장(張)·곽(郭) 두 사람이 견책을 당해 외지로 귀양 가자 그를 시기하던 자가 그 두 사람과 연루되었다고 무고하니, 황제의 조서에 의해 가사를 빼앗기고 애주(厓州)로 유배를 갔다가 3년 뒤에야 비로소 돌아오게 되었다. 얼마 후 다시 병주(幷州)의 감옥에 구류되었다가 해를 넘겨 석방되더니 마침내 속복으로 구봉동산(九峯洞山)에 들어가 글을 짓는 것으로 즐거움을 삼았다. 후에 상서(湘西)로 가던 중 남창(南昌)에서 다시 도사(道士)의 일에 연루되어 하옥되었다가 마침 사면을 만나 풀려나서는 마침내 남대(南台)에 머물렀다. 정강(靖康) 연간에 칙명으로 다시 머리를 깎고 승복을 입게 되었으며 옛 이름도 회복하게 되었다. 건염(建炎) 2년 동안(同安)에서 58세로 입적하였다. 『능엄전석(楞嚴箋釋)』, 『제경의소(諸經義疏)』, 『선림승보전(禪林僧寶傳)』, 『고승전(高僧傳)』, 『지증전(智證傳)』, 『지림(志林)』, 『냉재야화(冷齋夜話)』, 『석문문자선(石門文字禪)』 등의 서적이 세간에 전한다.

2 乞食 : 범어 pindapata를 옮긴 말이다. pinda는 쌀 따위로 만든 경단 같은 것을 가리키는데 그 뜻이 변하여 일반적인 음식이나 식량 또는 시식(施食) 등을 의미하게 되었으며, pata는 떨어진다는 의미이다. 그러므로 본래 음식이 그릇 속으로 떨어짐을 의미하기에 음식물을 준 것이라는 의미가 되고 나아가 수행승이 바루에 얻은 음식을 가리키게 되었다. 결국 원어에는 음식을 주는 것이 위주가 될 뿐 구걸한다는 의미는 없지만 걸식(乞食)으로 한역되며 구걸의 의미가 강해지게 되었다. 또한 '시식(施食)으로 얻은 음식을 먹는 사람'을 의미하는 pindapatika가 걸식으로 번역되기도 하였으며, bhikṣu(비구)의 파생어인 bhaikṣa(베푼 음식으로 생활함) 또는 bhaikṣya(시식에 의해 얻은 음식물)가 걸식으로 번역되기도 하였다.

3 黃梅 : 『대명일통지(大明一統志)』61에 "黃州府黃梅山, 在黃梅縣西四十里, 其山多梅故名, 隨以此山名縣."이라 하였다. 중국 선종의 제5조 홍인이 황매산(黃梅山) 동급원(東扱院)에 주석하였

으므로 홍인을 황매(黃梅)라고도 부르게 되었다.

4 牛頭 : (594~658) 법융(法融) 선사. 우두선(牛頭禪)의 개조(開祖)로서 중국 윤주 연릉 사람이다. 속성은 위(韋)씨이고, 호는 우두(牛頭), 이름은 법융(法融)이다. 19세에 경사(經史)의 학문을 연구했다. 『대반야경』을 읽다가 진공(眞空)의 이치를 통달하고 뒤에 모산(茅山)의 경(炅) 법사 아래에서 승려가 되어 수학하였다. 정관(貞觀) 17년(643) 건강 우두산 유서사(幽棲寺) 북쪽 바위 아래에 선실을 짓고 있었다. 하루는 4조 도신이 와서 일러줌을 받고 심요를 깨달았으며 이로부터 사방에서 道俗(도속)들이 모여와 교화를 받게 되니 문인이 100인이 넘었다. 영휘(永徽) 3년(652) 그 고을 원소원선(蕭元善)의 청으로 건초사(建初寺)에서 『대품경』을 강설하고, 현경(顯慶) 1년(656)에 또 소원선의 청으로 건초사에 있다가 이듬해에 64세로 열반하였다. 후에 그의 법계를 우두선이라 한다.

5 隆化惠滿 : 중국 수말 당초의 스님으로 영양(榮陽) 사람이다. 속성은 장(張)씨, 융화는 호(號), 혜만은 이름. 승나(僧那) 선사의 지시를 받고 검소하고 소박한 데 뜻을 두어 다만 바늘 두 개만 가지고 겨울에는 누더기를 기워 입고 여름에는 버렸으며, 항상 걸식하며 주무재숙(住無再宿)으로 이르는 곳마다 장작을 패고 짚신을 삼았다. 당나라 태종 정관(貞觀) 16년(642) 4월 대장간[도야소陶冶所]에서 70세로 입적하였다.

6 百丈涅槃 : 백장 회해(百丈懷海)의 제자. 호는 열반(涅槃) 화상, 이름은 법정(法正)이다.

7 掛搭 : 괘(掛)도, 탑(搭)도 건다는 뜻이다. 곧 휴대하고 있는 의(衣)·발(鉢)·대(袋) 등을 승당의 옷걸이 고리에 건다는 뜻이다. 여러 지방을 행각하고 있던 운수(雲水)가 수행하기 위하여 어느 사원에 체류하는 것을 일컫기도 한다. 여행 중에 휴대하였던 석장(錫杖)을 건다는 뜻의 괘석(掛錫)도 같은 의미이다. 또 식사가 끝나고서 식기를 걸고리에 거는 괘발(掛鉢)도 이 뜻이 변해 쓰인 것이다. 괘탑의 절차에 대해서는 『백장청규(百丈清規)』 권하(卷下)에 상세히 규정되어 있다. 대개 엄숙한 사가(師家)는 괘탑의 법을 엄중히 하고 새로 들어오는 학인의 인품을 시험한다.

8 法施 : 가르침을 설해 주는 것을 말한다. 법시를 인(人)·천(天) 등에 태어나는 행위를 가리키는 세간법시(世間法施)와, 깨달음에 이르는 행위(37보리분법 및 삼해탈문三解脫門 등)를 가리키는 출세법시(出世法施)로 나누기도 한다.

9 雪峰 : (821~908) 속성은 회(會), 이름은 의존(義存)이고, 당나라 선종 스님이다. 천주(泉州) 남안(南安)에서 태어나 12세 때 아버지를 따라 포전(蒲田) 옥윤사(玉潤寺)에 가서 경현(慶玄) 스님의 시동(侍童)이 되고 17세에 승려가 되었다. 부용산 항조(恒照)를 스승으로 섬기며 명산을 찾아다니다가 선장(禪匠)을 만났다. 함통(咸通) 11년(870) 행실(行實)의 청으로 상골산(象骨山)에 암자를 짓고 살았는데, 겨울이 되면 이 산에 가장 먼저 눈이 내린다고 하여 설봉(雪峰)이라 이름하였다. 희종 황제로부터 진각(眞覺) 선사란 호와 자가사(紫袈裟)를 받고 민(閩)에 가서는 민왕(閩王)의 후의를 입었으며, 개평(開平) 2년(908) 87세로 입적하였다.

10 爪牙 : 손톱과 어금니. 이것이 전용되어 자기를 수호하고 보좌하는 사람을 의미하게 되었다. 자기의 당여(黨與)를 말한다.

11 奈何 : 대명사로서 여하(如何)와 같으며 두 가지 용법이 있다.
1) 방식·상황·원인 등을 묻거나 반문을 나타내고, 술어·부사어가 되며, '어떻게', '어찌', '무엇 때문에' 등으로 해석한다. 『노자(老子)』 74장 "民不畏死, 奈何以死懼之(어떻게 죽음으로써 그들을 두렵게 하겠는가)?"
2) 무어라 말할 수 없는 동작이나 상황을 대신하고, 부정 형식에 쓰이며 '어찌', '어떻게'라고 해석한다. 『장자(莊子)』 「인간세(人間世)」 "奈何哉, 其相物也(어찌하리오, 그것들이 서로 하찮다고 헐뜯는 것을)?"

4

석문등과기서

釋門登科記序

●

불문의 급제에 관한 서문

三代{1}僧史, 十科取人,{2}1 讀誦一門, 功業尤重. 皇朝著令, 帝王誕辰, 天下度僧, 用延聖祚,{3} 尊崇吾敎, 宣布眞風, 自古皆然, 於玆尤盛. 方今州縣淨侶寔繁,{4} 每歲選人必量經業,{5} 開場考試, 合格精通, 公牓星羅, 獎平生之勤苦; 綸恩2露墜,{6} 許畢世以安閑. 外被田衣, 內懷戒寶,3 爲法王子,4 作人天師. 不事耕桑, 端受信施, 棲心物外, 旅泊寰中.{7} 釋子之榮, 豈復過此?

　近世出俗, 多無正因, 反欲他營, 不崇本業, 唯圖進納, 濫預法流, 或倚恃宗親, 或督迫師長. 至有巡街打化, 袖疏干求, 迭惠追陪, 强顏趨謁, 頻遭毀辱, 備歷艱辛, 爲者百千, 成無數十. 豈信有榮身良策, 安樂法門? 斯由當者昧出家心, 抑亦爲人無丈夫志! 況『蓮華』妙典, 鷲嶺極談, 大事因緣, 開佛知見. 是諸佛降, 靈本致實, 群生悟入津途, 無量國中不知名字, 幸而聞見, 那不誦持? 豈獨孤恩, 誠爲忘本!

　奉勉未度者, 宜加精至, 早冀變通. 已達者, 莫廢溫尋, 終爲道業. 百金供施, 實亦能消, 四輩5瞻依, 諒無慙德. 幻軀有盡, 實行不亡, 故有舌相粲

{8} 若紅蕖,{9} 身骨碎如珠顆.{10} 具書傳錄, 識者備聞. 況『般若』有經耳之緣,『法華』校隨喜⁶之福.{11} 幸依聖訓, 勿棄時陰, 近期於削髮爲僧, 遠冀於破魔成佛. 若能如此, 夫復何言? 所患爲僧不應於十科, 事佛徒消於百載, 古賢深誡, 寧不動心哉!

{1} 梁·唐·宋.

{2} 梁 慧皎作『高僧傳』, 唐 宣律師作『續高僧傳』, 宋 通慧大師作『大宋高僧傳』, 咸分十科, 以取高僧, 是僧史也.

{3} 周主廢佛寺三萬三百所, 毁鎭州大悲像鑄錢, 世宗親秉鉞, 洞其膺, 不四年, 痕潰于膺. 宋祖目擊其事故, 卽位元年, 廣建佛寺, 歲度僧八千, 又誕聖節, 於天下命僧陞座, 祝天算爲準, 祝聖始此.

{4} 凡削染爲僧者, 通謂"淨侍".『西域記』云: "講一部則免知事, 講二部則加土房資具, 講三部則差侍者秪承, 講四部則給淨人, 講五部則許乘輿." 謂爲僧者爲淸淨給侍故, 云淨侍.

{5} 建隆三年, 詔每年試童行, 通『蓮經』七軸者, 給祠部牒披剃. 太宗 太平興國元年, 詔天下僧尼, 復試經科.

{6} 『禮記』"王言如系, 其出如綸." 注: 綸, 如宛轉繩也. 試以科經精通而應選則, 王澤之及身如露下而霑草木也.

{7} 旅如客店暫住, 豈可久居? 泊如舟行夜纜, 天曉復放. 寰, 人寰也, 寰中, 猶言人間也, 言無滯累於人間也.

{8} 鮮好貌. 獸三爲群, 人三爲衆, 女三爲㛛.

{9} 臨訴 王梵行, 少聲, 其母慈念, 口授『法華』, 布衣蔬食, 禪誦無缺, 計誦經一萬七千部. 後, 跏趺而逝, 遺言露屍林野. 久之, 皮肉旣盡, 惟舌不壞, 色如蓮華. 又唐僧遺俗, 誦『法華』千遍, 因疾告友曰: "某平生誦經, 意希有驗, 若生善道, 舌根不壞, 可埋十年, 發視." 言訖而寂. 後十年啓視, 舌果不壞. 誦『法華』而舌根不壞者, 前後甚衆.

{10} 唐僧神悟幼嬰惡疾, 蓺指懺悔, 所苦頓愈, 因出家. 每入法華道場, 九旬禮念, 逝後闍維得舍利, 累累粲然可數, 如是者古今無數也.

{11} 隨他修習善因, 喜他感得善果.

세 왕조의 승가 역사는 열 가지 과목으로 나누어 그에 합당한 인물을 골라 수록하였는데, 경전을 독송하는 부문의 공덕을 특히 중요시하였다. 황제의 조정에서 영을 내려 제왕의 탄신에 즈음하여 천하에 널리 승려들을 득도시킴으로써 성인의 복록을 오래 가게 하였으니, 우리 불교를 존중하고 숭앙하여 참된 교화의 바람을 널리 펴는 것은 예로부터 모두 그러하였지만 지금에 더욱 번성하다. 바야흐로 오늘날 주와 현에 청정비구가 참으로 많아서 매년마다 사람을 선발하면 반드시 경전의 수업으로 재량하니, 과거장을 열어 시험을 치르고 정통한 이를 합격시켜 공고하는 방에 별처럼 나열하여 평생의 수고로움을 장려하고 천자의 은혜를 이슬처럼 내려주어 생을 마칠 때까지 편안하고 한가히 지내도록 하였다. 밖으로 가사를 입고 안으로 계율의 보검을 품은 채 법왕의 아들이 되고 인천(人天)의 스승이 되어, 밭 갈거나 누에 먹이지 않고 단정히 신도의 시주만을 받으며, 마음을 사물밖에 깃들인 채 사람들 사이에서 매임이 없이 머무르니, 부처님 제자로서의 영화로움이 어찌 여기에 지나치겠는가?

근세에 세속을 떠나 출가함에 대체로 바른 인연이 없이 도리어 다른 것을 경영하고자 본래의 업을 숭상하지 않고 오로지 나아가 바치는 일만 도모함으로써 외람되이 법을 지키는 무리에 참예하고 있는데, 혹은 종친을 의지하여 믿고 혹은 스승과 어른을 독촉하여 다그치기도 한다. 심지어 거리를 돌아다니며 화주를 하고, 소매 속에 소문(疏文)을 넣어 다니며 바라는 바를 구하며, 물품을 보내고 혜택을 베풀며 따르고 모시며, 두꺼운 얼굴을 하고 종종걸음으로 뛰어가 배알하며, 빈번히 험담과 욕을 만나고 간난(艱難)과 신고(辛苦)를 두루 겪으면서까지 하고자 하는 자는 수백수천이나 정작 이루는 자는 수십 명이 되지 못하니, 몸을 영화롭게 하는 좋은 책략과 안락한 법문이 있음을 어찌 믿겠는가! 이것은 당사자의 우매한 출가심으로 말미암은 것이거나 그렇지 않으면 그 사람됨에 장부의 뜻이 없기 때문이다. 하물며 오묘한 『법화경』은 영축산에서의 지극한 말씀으로서 대사인연(大事因緣)으로 깨달음의 지견(知見)을 열어 보인 것이며, 이는 부처님께서 강령한 근본 취지이며 진실로 중생의 무리가 깨우쳐 들어가는 나룻길인데, 수많은 나라에서는 그 이름도 모르거늘 다행히 듣고 보았으니 어찌 암송하여 지니지 않겠는가? 어찌 다만 은혜를 저버릴 뿐이겠는가, 진실로 근본을 잊는 게 될 것이다!

받들어 힘쓸지니, 아직 득도하지 못한 자는 마땅히 정성과 지극함을 더하여 일찍 변통하기를 바란다. 이미 다다른 자는 거듭 익히기를 그만두지 않음으로써 마침내 도업을 이룬다면 1백금이나 되는 공양과 시주물이라도 실로 녹여 낼 수 있을 것이요 사부대중들이 우러르고 의지하더라도 덕이 미흡하여 부끄러움을 느끼는 일은 진실로 없을 것이다. 덧없는 몸뚱이는 다함이 있으나 실다운 행(行)은 없어지지 않는다. 그러므로 혀의 모양이 맑고도 밝은 것이 마치 붉은 연잎과 같은 자가 있었고 몸의 뼈가 부수어져 마치 구슬의 낱알같이 된 자가 있었으니, 모두 책에 전해지므로 식자들은 갖추어 들었으리라. 하물며 『반야경』에는 귀에 스치는 인연이 있고 『법화경』에는 따라 기뻐함의 복록을 비교하고 있음에랴! 다행히 성스러운 가르침에 의지하여 시간을 낭비하지 말기를 바라나니, 가까이는 삭발하여 승려가 되기를 바라며, 멀리로는 마군을 격파하고 불도를 이루기를 바라노라. 만약 능히 이와 같이 한다면 무릇 다시 무엇을 말하겠는가? 근심하는 바는, 승려가 되어 십과(十科)에 참여하지 못하면 부처님을 섬김에 헛되이 백 년을 소비하는 것이리다. 옛 성현들이 깊이 경계하였으니 어찌 마음이 움직이지 않겠는가!

{1} 양나라, 당나라, 송나라.

{2} 양나라 혜유는 『고승전』을 지었으며, 당나라 선율사는 『속고승전』을 지었으며, 송나라 통혜대사는 『대송고승전』을 지었는데, 모두 10과(科)로 나누어 고승들의 이야기를 골라 취했으니 곧 승려의 역사이다.

{3} 주나라의 군주가 불교 사찰 3만 3백 곳을 폐사시켰는데, 진주의 대비상(大悲像)을 헐어 돈을 주조할 때는 세종이 친히 도끼를 잡고 그 가슴을 꿰뚫어 부수었더니 4년이 채 되지 않아 가슴에 종기가 나서 문드러졌다. 송나라 태조는 그 일을 목격했던 까닭에 즉위한 첫해에 널리 불교 사찰을 건립하고 해마다 승려 8천 명을 득도시켰으며, 또 불탄일에는 온 천하의 승려들에게 명하여 설법의 자리에 올라 천수(天壽)를 축원하는 것을 법도로 삼았으니 성인을 축원하는 것이 여기에서 비롯되었다.

{4} 무릇 삭발하고 물들인 옷을 입어 승려가 된 자를 통칭 '정시(淨侍)'라 일컫는다. 『서역기』에 이르기를 "1부(部)를 강설한즉 지사(知事)를 면제하고, 2부를 강설한즉 토방과 가구를 더해 주며, 3부를 강설한즉 시자를 보내어 공경히 받들게 하고, 4부를 강설한즉 정인(淨人)을 보내주며, 5부를 강설한즉 가마 타는 것을 허락하였다."고 하였으니 승려가 되면 청정을 위하여 시중을 들어주는 까닭에 정시라 일컬었음을 말한 것이다.

{5} 건륭 3년에 조서를 내려 매년 동행(童行, 행자行者)들을 시험 치르게 했는데, 『법화경』 7축(軸)을 능통하게 하는 자는 사부(祠部)에서 도첩을 주고 머리를 깎게 하였다. 태종 태평흥국 원년에 조서를

내려 천하의 승니들에게 다시 경과(經科)에 응시하게 하였다.

{6} 『예기』에 "왕의 말은 마치 가는 실과 같아서 흡사 인끈과도 같이 나온다." 하고는 그 주석에, 인끈[綸]은 꼬아서 만든 줄 같은 것이라 하였다. 과목별 경전에 정통한지를 시험하여 그 선별에 적응하면 왕의 은택이 그 몸에 미침이 마치 이슬이 흘러내려 초목을 적시는 것과도 같게 된다.

{7} 나그네란 그저 객점에 잠시 머무르는 자일 뿐이니 어찌 오래도록 기거할 수 있겠는가? 정박한다는 것은 그저 배가 지나가다 밤에 닻을 내린 것일 뿐이기에 날이 밝으면 다시 닻을 풀 것이다. 환(寰)은 사람이 사는 장소이며 환중(寰中)이란 인간(人間)이라 말함과 같으니, 인간세에 막혀서 묶여 있음이 없음을 말한 것이다.

{8} 곱고도 좋은 모양이다. 짐승이 세 마리 모이면 무리[群]가 되고 사람이 세 명 모이면 대중[衆]이 되며 여자가 세 명 모이면 찬(粲, 세 사람의 미녀)이 된다.

{9} 임소의 왕범행은 젊어서 소경이 되었는데 그 어미가 자애로운 생각에서 『법화경』을 읊어서 전해 주었더니 베옷을 입고 나물 음식을 먹으며 참선한 채 경전을 외우는데 틀린 곳이 없었으며 외운 경전이 모두 1만 7천 부나 되었다. 후에 가부좌를 틀고 임종을 맞으며 시신을 들녘에 내어놓으라 유언하였다. 오래 지나서 거죽과 살점은 이윽고 다 없어졌는데 오직 혀만 그대로 남아서 색깔이 마치 연꽃과도 같았다. 또 당나라 승려 유속이 『법화경』을 1천 번을 외우더니, 질병으로 인해 (임종을 맞아) 친구에게 이르기를 "내가 평생에 경전을 외우며 영험이 있기를 마음으로 바랐었는데, 만약 살아서 착한 도업을 이루었다면 혀가 허물어지지 않을 것이니 매장한 지 10년 만에 발굴하여 보면 될 것이다." 하고는 말을 마치자 곧 적멸에 들었다. 그 뒤 10년 만에 열어 보니 혀가 과연 허물어지지 않았었다. 『법화경』을 외워 혀가 허물어지지 않은 자는 전후로 매우 많았다.

{10} 당나라 승려 신오가 어려서 악질에 걸렸는데 손가락을 사르며 참회하였더니 그 고통이 순식간에 치유되었기에 그로 인연하여 출가하였다. 매번 법화도량에 들어가면 90일 동안 예불을 올렸는데, 죽은 후에 다비하여 사리를 얻음에 겹겹으로 찬연한 것이 제법 되었으니, 이와 같은 이들이 고금에 무수하였다.

{11} 다른 이들이 착한 인연을 닦고 익히는 것을 따르고 다른 이들이 착한 과보를 받아 가지는 것을 기뻐함.

사기
(私記)

1 **三代僧史十科取人** → '고승전(高僧傳)'조(제2장 면학勉學 "2. 고소경덕사운법사무학십문姑蘇景德寺雲法師
務學十門" 사기66. 高僧傳)

2 **綸恩** : 천자의 은혜. 윤언(綸言), 윤음(綸音) 또는 윤지(綸旨)라고도 한다.

3 **戒寶** : 계주(戒珠)와 같음. 계율은 결백하여 인신(人身)을 장엄하기 때문에 보주(寶珠)에 비유한 것
이다.

4 **法王子** : 범어 kumārabhūta를 옮긴 말로서, 동진(童眞)이라고도 한다.
1) 보살을 말함. 다음에 법왕[佛]의 자리에 오르게 되므로 이같이 불린다.
2) 특히 문수보살을 가리키는데, 그것은 문수가 다른 왕자(보살)의 제일 상수로서 부처님의 교화
를 돕는 제일법자(第一法子)이기 때문이다.

5 **四輩** : 사부(四部) 즉 비구(比丘)·비구니(比丘尼)·우바새(優婆塞)·우바니(優婆尼)를 말한다.

6 **隨喜** : 다른 사람이 행한 선에 수순하여 기뻐하는 것으로, 『지도론(智度論)』 권61에서 "수희공덕
(隨喜功德)은 수희하는 선행을 지은 자보다 훌륭하다고 하였다. 수희는 또한 죄를 멸하기 위해 행
하는 다섯 가지 행위인 오회(五悔)의 하나이다. 천태종에서 말하는 오회는 참회(懺悔 : 죄를 뉘우치고
용서를 구함)·권청(勸請 : 교敎를 설하여 중생을 구원하기 위해 붓다에 청함)·수희(隨喜)·회향(回向 : 착한 행위
를 깨달음을 위해 돌림)·발원(發願 : 깨달음을 향한 마음을 일으킴)이다.

8
장

원문
願文

1

이산연선사발원문

怡山 然 禪 師{1} 發 願 文1

●

이산 혜연 선사 발원문

歸命²十方調御師, 演揚淸淨微妙法, 三乘四果解脫僧, 願賜慈悲哀攝受. 但某甲自違眞性, 枉入迷流, 隨生死以飄沉, 逐色聲而貪染. 十纏³十使,⁴ 積成有漏之因; 六根六塵, 妄作無邊之罪. 迷淪苦海, 深溺邪途, 着我耽人, 擧枉措直.{2} 累生業障, 一切愆尤, 仰三寶以慈悲, 瀝一心而懺悔.{3} 所願 能仁拯拔, 善友提携, 出煩惱之深源, 到菩提之彼岸. 此世福基命位, 各願 昌隆; 來生智種靈苗, 同希增秀. 生逢中國, 長遇明師. 正信出家, 童眞入 道.{4} 六根通利, 三業純和. 不染世緣, 常修梵行.⁵ 執持禁戒, 塵葉不侵.{5} 嚴護威儀, 蜎飛無損.{6} 不逢八難,{7}⁶ 不缺四緣.{8} 般若智以現前, 菩提 心而不退. 修習正法, 了悟大乘. 開六度之行門, 越三祇之劫海. 建法幢⁷於 處處, 破疑網於重重. 降伏衆魔, 紹隆三寶. 承事十方諸佛, 無有疲勞. 修學 一切法門, 悉皆通達. 廣作福慧, 普利塵沙. 得六種之神通,⁸ 圓一生之佛果. 然後不捨法界, 徧入塵勞. 等觀音之慈心, 行普賢之願海. 他方此界, 逐類 隨形, 應現色身, 演揚妙法. 泥犁苦趣,{9} 餓鬼道中, 或放大光明, 或現諸神變. 其有見我相, 乃至聞我名, 皆發菩提心, 永出輪廻苦. 火鑊⁹氷河之地, 變作香林; 飮銅食鐵之徒, 化生淨土. 披毛戴角, 負債含怨, 盡罷辛酸, 咸霑利樂. 疾疫世而現爲藥草, 救療沉痾, 飢饉時而化作稻粱, 濟諸貧餒.{10} 但有利益, 無不興崇. 次期累世寃親, 現存眷屬, 出四生之汩沒, 捨萬劫之愛纏, 等與含生, 齊成佛道. 虛空有盡, 我願無窮, 情與無情, 同圓種智.

{1} 然, 惠然.

{2} 『傳』曰: "擧直措諸枉." 此則反是. 枉, 屈也; 直, 伸也. 擧人之屈, 置人之伸也.

{3} 仰彼三寶以與樂拔苦, 滌我一心而改往修來也.

{4} 『釋名』云: "兒年十五曰童." 童者, 獨也. 自七歲至十五歲, 皆稱童者, 以太和未散, 於色不染, 名曰童眞.

{5} 永嘉云: "無情, 罔侵塵葉, 有識, 無惱蟭螟; 幽澗, 未足比其淸, 飛雪, 無以方其素." 不侵塵, 謂不掘地; 不侵葉, 言不壞生. 『十誦』云: "畫地作字, 一頭時輕, 兩頭時重." 壞生可知.

{6} 不傷微細飛蟲也.

{7} 『成論』"菩薩說四輪, 摧八難: 一, 生中國輪, 能摧五難, 謂三途北洲及長壽天; 二, 修正願輪, 摧世智辯聰; 三, 植善因輪, 摧盲聾瘖啞; 四, 近善人輪, 摧佛前佛後." 欲摧八難, 當習四輪.

{8} 四緣: 一, 親近善友; 二, 親聞正法; 三, 思惟其義; 四, 如說修行也.

{9} 泥犁, 此云無有, 無有喜樂. 或言墮落, 或言無處, 更無救處.

{10} 佛, 昔爲帝釋時, 遭飢歲, 疾疫流行, 醫療無功, 道殣相屬. 帝釋悲愍, 思所救濟, 乃變其形爲大蟒身, 僵尸川谷, 空中徧告, 聞者咸慶, 相率奔赴, 隨割隨生, 療飢療疾. 菩薩救世, 例多如此. 殣, 『左傳』云: 路死人也.

시방삼세 부처님과 　　　　팔만사천 큰 법보와

보살성문 스님네게 　　　　지성귀의 하옵나니

자비하신 원력으로 　　　　굽어 살펴주시옵소서.

저희들이

참된 성품 등지옵고 　　　　무명 속에 뛰어들어

나고 죽는 물결 따라 　　　　빛과 소리 물이 들고

심술 궂고 욕심내어
보고 듣고 맛봄으로
잘못된 길 갈팡질팡
나와 남을 집착하고
여러 생에 지은업장
삼보전에 원력 빌어
바라옵건대
부처님이 이끄시고
고통바다 헤어나서
이 세상에 명과 복은
오는 세상 불법 지혜
날 적마다 좋은 국토
바른 신심 굳게 세워
귀와 눈이 총명하고
세상일에 물 안 들고
서리같이 엄한 계율
점잖은 거동으로
이내 목숨 버리어도
삼재팔난 만나잖고
반야지혜 드러나고
제불정법 잘 배워서
육바라밀 행을 닦아
곳곳마다 설법으로
마군중을 항복받아
시방제불 섬기는 일
온갖 법문 다 배워서

온갖 번뇌 쌓았으며
한량없는 죄를 지어
생사고해 헤매면서
그른 길만 찾아다녀
크고 작은 많은 허물
일심참회 하옵나니

보살님네 살피옵서
열반언덕 가사이다.
길이길이 창성하고
무력무력 자라나서
밝은 스승 만나오며
아이로서 출가하여
말과 뜻이 진실하며
청정범행 닦고 닦아
털끝인들 범하리까.
모든 생명 사랑하여
지성으로 보호하리
불법인연 구족하며
보살마음 견고하여
대승진리 깨달은 뒤
이승지겁 뛰어넘고
천겁만겁 의심 끊고
삼보를 잇사올제
잠깐인들 쉬오리까.
모두 통달하옵거든

복과 지혜 함께 늘어
여섯 가지 신통 얻고
관음보살 대자비로
보현보살 행원으로
여러 갈래 몸을 나퉈
지옥아귀 나쁜 곳엔
내 모양을 보는 이나
보리마음 모두 내어
확탕지옥 끓는 물은
검수도산 날쌘 칼날
고통받던 저 중생들
나는 새와 기는 짐승
갖은 고통 벗어나서
모진 질병 돌 적에는
흉년 드는 세상에는
여러 중생 이익한 일
천겁만겁 내려오던
이 세상 권속들도
얽히었던 애정 끊고
시방세계 중생들이
허공 끝이 있사온들
유정들도 무정들도

무량중생 제도하며
무생법인 이룬 뒤에
시방법계 다니면서
많은 중생 건지올제
미묘 법문 연설하고
광명 놓고 신통 보여
내 이름을 듣는 이는
윤회고를 벗어나되
감로수로 변해지고
연꽃으로 화하여서
극락세계 왕생하며
원수 맺고 빚진 이들
좋은 복락 누려지다.
약풀 되어 치료하고
쌀이 되어 구제하되
한가진들 빼오리까.
원수거나 친한 이나
누구누구 할 것 없이
삼계고해 뛰어나서
모두 성불하사이다.
이 내 소원 다하리까.
일체종지 이루어지이다.

– 운허(耘虛) 스님 옮김

{1} 연(然)은 혜연이다.

{2} 『전』에 이르기를 "곧은 것을 들어 굽은 것에 놓는다." 하였는데 여기서는 그것의 반대이다. 왕(枉)은 잘못된 것이요 직(直)은 잘한 것이니, 다른 이의 잘못된 것을 들추어내고 잘한 것은 내버려두는 것이다.

{3} 저 삼보를 우러러봄으로써 즐거움을 같이하고 괴로움은 제거하며, 나의 이 한 마음을 씻어서 고쳐가며 수행하다.

{4} 『석명』에 이르기를 "아이가 15살이면 동(童)이라 한다." 하였으니 동이란 곧 독(獨)이다. 7살부터 15살까지를 모두 동이라 일컫는데, 동정을 아직 잃지 않아 색(色)에 물들지 않은 까닭에 이름하여 동진(童眞)이라 말한다.

{5} 영가가 이르기를 "무정(無情)은 티끌이나 낙엽도 침범하지 않고 유식(有識)은 초명 벌레도 번뇌롭게 하지 않나니, 그윽한 산골의 물도 그 맑음에 비견되기 부족하고 흩날리는 눈도 그 흰 빛깔에 견줄 수가 없다." 하였는데, 티끌을 침범하지 않는다 함은 땅을 파고들지 않음을 일컬으며 낙엽도 침범하지 않는다 함은 생명을 파괴하지 않음을 일컫는다. 『십송』에 이르기를 "땅에 획을 그어 글자를 쓸 때 한 차례로 하면 그 죄가 가볍고 두 차례로 하면 무겁다." 하였으니 괴생(壞生)을 가히 알 수 있을 것이다.

{6} 미세한 날벌레도 다치게 하지 않는다.

{7} 『성론』에 "보살이 네 가지의 윤회를 설하여 (부처님을 만나지 못하는) 여덟 가지 어려움을 극복하였다. 첫 번째는 중국(中國)에 태어나는 윤회로서 능히 다섯 가지 어려움을 극복함이니 삼도(三途)와 북주(北洲) 및 장수천(長壽天)을 말하며, 두 번째는 올바른 발원을 수행하는 윤회로서 세간의 얕은 지혜로 참다운 이치에 따르지 않음[世智辯聰]을 극복하였으며, 세 번째는 착한 인연을 심는 윤회로서 소경과 귀머거리 및 벙어리의 우환을 극복하였으며, 네 번째는 선한 사람을 가까이하는 윤회로서 부처님이 계신 시기의 전후에 태어나는 불운을 극복하였다." 하였으니 여덟 가지 어려움을 극복하고자 한다면 응당 네 가지 윤회를 익힐 것이다.

{8} 네 가지 인연이란, 첫 번째는 착한 벗을 친근히 하는 것이요, 두 번째는 바른 법을 가까이하여 듣는 것이요, 세 번째는 그 뜻을 곰곰이 생각하는 것이요, 네 번째는 말한 것과 같이 수행하는 것이다.

{9} '니리'란 이곳 말로 하면 '있지 않다'이니 기쁨과 즐거움이 없다는 것이다. 혹은 '타락'이라고 말하며 혹은 '머물러 둠이 없음' 더 나아가서 '용서하여 둠이 없음'이라고 말한다.

{10} 부처님께서 예전에 제석(帝釋)이 되었을 때 흉년을 만났는데 질병이 만연하고 모든 치료가 효험이 없었기에 길에는 주검이 널려 있게 되었다. 제석이 슬퍼하고도 근심하여 구제할 방법을 생각하다가 이에 형체를 큰 이무기의 몸으로 변화시키고는 그 주검을 냇가와 골짜기에 던지고는 공중에서 두루 알리니 듣는 자들이 모두 기뻐하며 서로 달려와서 베어 먹는 대로 그에 따라 생겨나니 굶주림과 질병이 치료되었다. 보살이 세상을 구제함은 예를 들면 대체로 이와 같다. 근(殣)은 『좌전』에서 말하기를 길에서 죽은 사람이라 하였다.

사기
(私記)

1 **發願文** : 청나라 서옥(書玉)의 『이산발원문약설(怡山發願文略釋)』 1권과 『이과합해(二課合解)』 권6
에 주석을 단 것이 있다.

2 **歸命** : 범어 namas의 번역으로, 나무(南無)·낭모(曩謨) 등으로 소릿말적기하고, 마음으로부터 믿
고 공경함을 뜻한다. 한자의 의미로 볼 때, 붓다의 명령을 따른다던가, 자신의 생명을 걸고 구원
을 구한다던가, 생명의 본래의 모습인 깨달음에 돌아간다는 등으로 해석된다. 귀(歸)는 귀순의 뜻
이고, 명(命)은 붓다의 교명(敎命)이라고 『기신론의기(起信論義記)』에 기록되어 있다.

3 **十纏** → '개전(盖纏)−십전(十纏)'조(제6장 기문記文 "5. 양주석문사승당기襄州石門寺僧堂記" 사기 6. 盖纏)

4 **十使** : 오리사(五利使)와 오둔사(五鈍使)를 말한다. 그 성품이 예리하고 우둔함에 의하여 언제나
마음을 어지럽게 하는 번뇌를 말한다. 십번뇌(十煩惱)라고도 한다.
1) 오리사(신견身見·변견邊見·사견邪見·오취견見取見·계금취견戒禁取見) : 진리를 추구하여 일어나고,
성질이 날카로워 중생의 마음을 구사하므로 이렇게 말한다.
2) 오둔사(탐貪·진瞋·치癡·만慢·의疑) : 오리사에 비유하면 그 성질이 아둔하고 마음을 몰아붙이는
번뇌이므로 이렇게 말한다.

5 **梵行** : 범어 brahmacarya의 번역으로 정행(淨行)이라고도 번역하며 청정한 행위를 말한다. 범천
(색계에 포함됨)은 음욕을 떠났으므로 음욕을 여의는 것을 범행이라고 한다. 또 계를 지키는 것, 넓
은 의미로는 탐욕을 떠난 팔성도와 같은 행위도 범행이라 한다. 브라만의 생애를 네 시기로 구분
하는데, 그중 제1기를 범행기라 한다. 이는 불음(不婬)을 지키고 베다 등을 배우는 수행의 시기이
기 때문이다. 보살의 다섯 가지 행은 다음과 같다.
1) 성행(聖行) : 보살이 자기의 해탈과 남을 교화하기 위해 닦는 다섯 가지 행 가운데 자기를 위해
닦는 계·정·혜 삼학을 말한다.
2) 범행(梵行) : 공(空)·유(有)의 양쪽에 치우쳐 물들지 않고 맑고 깨끗한 자비심으로 중생의 고통
을 건지고 즐거움을 주는 행을 말한다.
3) 천행(天行) : 보살이 닦는 행은 천연의 이치에 계합하는 묘한 행이므로 이와 같이 말한다.
4) 영아행(嬰兒行) : 영아는 사람이나 하늘무리 또는 소승의 지혜가 얕은 데 비유한 것으로, 그들
과 같이 지혜가 얕은 중생을 교화하기 위해 자비한 마음으로 그들과 같이 작은 선행을 행하는 것
[동사섭(同事攝)]을 말한다.
5) 병행(病行) : 병을 중생의 죄업에 비유한 것으로, 보살이 대비심으로 중생의 죄업을 다스리는
대행을 말한다.

6 **八難** : 부처님을 보지 못하며 불법을 듣지 못하는 여덟 가지의 경계이다.

1~3) 지옥(地獄), 아귀(餓鬼), 축생(畜生) : 이상은 삼악도의 고통이 심하기 때문임

4) 장수천(長壽天) : 장수를 즐겨 도를 구하는 마음이 생기지 않기 때문임

5) 변지(邊地) : 즐거움이 너무 많기 때문임

6) 맹농음아(盲聾瘖瘂) : 감각기관의 결함 때문임

7) 세지변총(世智辯聰) : 세속지(世俗智)뿐이라 정리(正理)를 따르지 못하기 때문임

8) 불전불후(佛前佛後) : 부처님께서 세상에 계시지 않기 때문임

7 **建法幢** : 법당(法幢)이란 오묘한 법이 높은 것을 마치 깃대[幢]가 우뚝 솟은 것에 비유한 말이거나, 또는 용맹한 장수가 깃대를 세우는 것과 같이 불·보살이 법을 설하여 마군을 항복시키고 승리를 거둠에 비유한 것이다. 건법당(建法幢)은 이러한 법당을 세운다는 뜻으로, 건당(建幢)이라고도 한다. 행해(行解)가 높아서 다른 사람의 사표가 될 만하면 전법사(傳法師)에게서 법맥을 이어받는데, 이를 건당 또는 입실(入室)이라 한다. 건당하여 법맥을 이어받음으로써 비로소 부처님의 법을 설할 수 있는 설법의 자격과 함께 아울러 별도의 당우를 건립하여 머물 수 있는 자격이 주어지게 되어 그 당우의 이름을 딴 당호(堂號)로 불리어지게 되는 까닭에 건당(建幢)을 건당(建堂)이라 일컫기도 한다. 그러나 이는 후기에 파생되어 덧붙여진 의미일 뿐이다.

8 **神通** : 범어 abhijñā의 번역으로, 순(旬)이라고도 옮기는데, 신통력(神通力)·신력(神力)·통력(通力)·통(通)이라고도 한다. 선정을 수행함으로써 얻는 무애자재하고 초인간적인 불가사의한 작용을 말한다.

1) 신족통(神足通) : 생각하는 곳에 마음대로 갈 수 있는 능도(能到, 비행飛行), 마음대로 모습을 바꾸는 전변(轉變, 변화變化), 바깥 세계의 대상경계를 자유자재로 하는 성여의(聖如意, 수의자재隨意自在)의 셋이 있다. 성여의는 부처님만이 가지고 있다고 한다.

2) 천안통(天眼通) : 세간의 모든 것에 원근(遠近)·고락(苦樂)·추세(麤細) 등을 모두 관찰하는 작용이다.

3) 천이통(天耳通) : 세간의 모든 소리를 듣는 작용이다.

4) 타심통(他心通) : 타인의 마음속에 생각하고 있는 선악을 모두 아는 작용이다.

5) 숙명통(宿命通) : 과거세의 생존 상태를 모두 아는 작용이다.

6) 누진통(漏盡通) : 번뇌를 모두 끊을 수 있어 두 번 다시 미혹한 세계에 태어나지 않는다는 것을 깨닫는 신통력이다.

9 **火鑊** : 화탕(火湯) 지옥. 끓는 솥 안에서 삶아지는 고통을 받는 지옥이다. 넓이가 40유순 되는 18개의 큰 솥이 있어, 5백 나찰들이 불을 때면 솥 안에 있는 끓는 쇳물이 튀어서 다시 솥으로 들어간다 함. 계를 파한 사람, 중생을 죽여 고기를 먹은 사람, 산과 들에 불을 질러 많은 생류를 상하게 한 사람, 또 중생을 태워 죽인 사람 등은 죽어서 이 솥에 삶아지는 고통을 받고 이 과보가 다하면 축생으로 태어나서 8천만 세를 지나서야 겨우 사람의 몸을 받으나 병이 많고 수명이 짧다 한다.

2

산곡거사황태사발원문
山谷居士黃太史{1}1發願文

●

산곡거사 황태사 발원문

昔者師子王, 白淨法爲身, 勝義空谷中, 奮迅{2}及哮吼. 念弓明利箭, 被以慈哀甲, 忍力{3}不動搖, 直破魔王軍. 三昧常娛樂, 甘露爲美食, 解脫味爲漿, 遊戲於三乘, 安住一切智,2 轉無上法輪.{4}3 我今稱揚, 稱性實語, 以身口意, 籌量觀察, 如實懺悔. 我從昔來, 因癡有愛, 飮酒食肉, 增長愛渴,{5}入邪見林, 不得解脫.

今者對佛發大誓願, 願從今日盡未來世不復淫欲, 願從今日盡未來世不復飮酒, 願從今日盡未來世不復食肉. 設復淫欲, 當墮地獄, 住火坑中, 經無量劫. 一切衆生爲淫亂故, 應受苦報, 我皆代受. 設復飮酒, 當墮地獄, 飮洋銅汁, 經無量劫. 一切衆生爲酒顚倒, 應受苦報, 我皆代受. 設復食肉, 當墮地獄, 吞熱鐵丸, 經無量劫. 一切衆生爲食肉故, 應受苦報, 我皆代受.

願我以此盡未來際忍事誓願, 根塵淸淨, 具足十忍,4 不由他敎, 入一切智, 隨順如來, 於無盡衆生界中現作佛事.5 恭惟十方洞徹, 萬德莊嚴, 於刹刹塵塵爲我作證. 設經歌羅邏身, 忘失本願,{6}6 惟垂加被, 開我迷雲.

稽首如空,{7} 等一痛切.{8}

{1} 太史黃庭堅, 字魯直, 號山谷居士. 初謁圓通秀禪師, 遂著發願文, 痛戒酒色, 日惟粥飯, 銳志參求. 後依晦堂, 一日, 侍堂山行次, 聞木犀花香, 釋然了悟. 木犀花, 桂花也.

{2} 振毛羽狀

{3} 『阿含』有六種力: 小兒, 啼爲力; 女人, 瞋爲力; 國王, 憍爲力; 羅漢, 進爲力; 諸佛, 悲爲力; 比丘, 忍爲力.

{4} 上, 『華嚴·離世間品』偈, 有小異處.

{5} 愛爲輪廻之本, 渴者情愛之至也.

{6} 『名義集』明胎五位: 初七日, 名歌羅邏, 此云凝滑, 又云薄酪, 狀如凝酥; 二七日, 名頞部曇, 此云疱, 狀如瘡疱; 三七日, 名蔽尸, 此云凝結, 狀如凝血; 四七日, 名健南, 此云凝厚, 漸堅硬故; 五七日, 名鉢羅奢佉, 具諸形故.

{7} 經云, 法身如虛空.

{8} 等一者, 平等一心也.

옛날에 사자왕이 희고 맑은 법으로 몸을 삼아 최상의 진리인 빈 골짜기에서 떨치고 일어나며 포효하였으니, 바른 생각의 활과 밝고 예리한 화살을 지니고 자비와 애민의 갑옷을 입은 채 인욕하는 힘으로 조금도 흔들리지 않은 채 곧장 마왕의 군대를 격파하였고, 삼매를 항상 즐기며 감로를 맛있는 음식으로 여기고 해탈의 맛으로 조미를 삼아 삼승(三乘)에서 즐겨 노닐고 일체의 지혜에 편안히 머물며 위없는 법의 바퀴를 굴리셨다. 내가 이제 그 성품에 맞는 참된 말로써 일컬어 찬양하며 몸과 입과 뜻으로써 헤아리고 관찰하여 실답게 참회하나이다. 내가 예로부터 지내오며 어리석음으로 인해 애욕을 가졌으며, 술 마시고 고기 먹음으로 애욕의 갈증을 증장시키고 삿된 견해의 숲으로 들어가 해탈을 얻지 못하였습니다.

　이제 부처님을 대하여 큰 서원을 발합니다. 원하건대 오늘부터 미래세가 다하도록 다시는 음욕하지 않으며, 원하건대 오늘부터 미래세가 다하도록 다시는 술 마시지 않으며, 원하건대 오늘부터 미래세가 다하도록 다시는 고기 먹지 않겠습니다.

만약 다시 음욕하면 응당 지옥에 떨어져 불구덩이 속에서 머무르며 무량한 겁의 시간을 지내게 될 것이며, 일체의 중생들이 음란한 까닭으로 마땅히 받는 괴로움의 과보도 내가 모두 대신 받겠습니다. 만약 다시 술을 마신다면 응당 지옥에 떨어져 철철 넘치는 구리 쇳물을 마시며 무량한 겁의 시간을 지내게 될 것이며, 일체의 중생들이 술로 인해 잘못 되어 마땅히 받는 괴로움의 과보도 내가 모두 대신 받겠습니다. 만약 다시 고기를 먹는다면 응당 지옥에 떨어져 뜨거운 쇳덩이를 삼키며 무량한 겁의 시간을 지내게 될 것이며, 일체 중생들이 고기를 먹음으로써 마땅히 받는 괴로움의 과보도 내가 모두 대신 받겠습니다.

원하건대 나는 이로써 미래의 끝이 다하도록 인욕하는 일로 소원을 서약함으로써 오근(五根)과 오경(五境)이 청정하여지고 십인(十忍)을 빠짐없이 갖추어 다른 가르침으로 말미암지 않고 일체지(一切智)에 들어가 여래를 따라 순종하여 다함이 없는 중생계 가운데에서 불사를 이루어 드러내겠사옵니다. 삼가 생각건대 시방세계를 환히 통하는 만 가지 덕으로 장엄하신 불보살님은 수많은 국토마다 그리고 그 속의 티끌마다에서 저를 위해 증명하여 주십시오. 만약 가라라신을 지나며 본래의 소원을 잊어버린다면 오직 가피를 드리워 나의 미혹한 구름을 열어젖혀 주시옵소서. 청정법신에 머리를 조아려 한결같은 한마음으로 간절히 바라옵니다.

{1} 태사 황정견은 자가 노직이요 호가 산곡거사이다. 원통 수선사를 처음 찾아뵙고는 마침내 발원문을 짓고 술과 음욕에 관한 계율에 대해 절실히 느껴서 매일 단지 죽과 밥 만을 먹으며 첨예한 의지로 참구하였다. 후에 회당에게 의지하였는데, 하루는 회당을 모시고 산행을 하다가 목서화의 향기를 맡고는 확연히 깨닫게 되었다. 목서화는 계수나무의 꽃이다.

{2} 깃털을 흩날리는 모양이다.

{3} 『아함경』에서는 여섯 종류의 힘이 있다 하였으니, 어린아이는 우는 것으로 힘을 삼으며, 여인은 성냄으로 힘을 삼으며, 국왕은 교만함으로 힘을 삼으며, 나한은 정진하는 것으로 힘을 삼으며, 모든 부처님은 자비로 힘을 삼으며, 비구는 인내로 힘을 삼는다 하였다.

{4} 윗부분은 『화엄경』 "이세간품"과 조금 다른 점이 있다.

{5} 애욕(愛慾)은 윤회의 근본이며 갈망(渴望)은 애정이 도달하는 곳이다.

{6} 『명의집』에는 태아의 다섯 단계를 밝혀 놓았다. 첫 7일째를 '가라라'라 이름하니 이곳 말로 응활

(凝滑, 미끄럽게 엉겨 있음) 또는 박락(薄酪, 엷게 엉겨 있는 유즙)인데 그 형상이 마치 응결된 타락과 같다. 14일째를 '알부담'이라 이름하니 이곳 말로 포(疱, 천연두)인데 그 형상이 마치 종기나 천연두 같다. 21일째를 '폐시'라 이름하니 이곳 말로 응결(凝結)인데 그 형상이 마치 응결된 핏덩이와 같다. 28일째를 '건남'이라 이름하니 이곳 말로 응후(凝厚, 두텁게 응고됨)인데 점차 견고하게 굳어지기 때문이다. 35일째를 '발라사거'라 이름하니 모든 형태를 갖추었기 때문이다.

{7} 경전에 이르기를 법신은 허공과 같다 하였다.

{8} 등일(等一)이란 평등한 하나의 마음이다.

사기
(私記)

1 **山谷居士** : (1045~1105) 중국 송나라 때의 시인. 황(黃)씨로 이름은 정견(庭堅), 자는 노직(魯直), 분녕(分寧) 사람이다. 과거에 급제하여 벼슬길에 나아가 태화현(太和縣)의 지사가 되어서는 평이함을 다스림의 원칙으로 삼았으며 태수(太守)로 나아가서는 치적이 있었다. 붕당의 소용돌이 속에서 유배되었다가 숭녕(崇寧) 4년 융주(戎州)의 유배지에서 61세로 세상을 떠났다. 정견은 오래전부터 불교를 받들어 신당 조심(晨堂祖心) 선사를 스승으로 섬기며 참구함에 다소 깨닫는 바가 있었다. 일찍이 환(皖) 지방의 산곡사(山谷寺)에서 노닐며 그곳 천석(泉石)의 절경을 즐긴 인연으로 스스로 산곡거사(山谷居士)라 일컬으며, 만년에는 부강(涪江) 곁에 정사를 짓고 정토법을 닦았기에 부옹(涪翁)이라 일컫는다. 융주에 있을 때 날마다 선념(禪念)에 잠김이 마치 노비구와 같았으며, 임종의 시기를 미리 알고는 친척과 벗들에게 따로 글을 띄우고는 세상을 떠났다. 시에 능하고 서체에 뛰어났으며 『산곡집(山谷集)』 내외(內外)가 있다.

2 **一切智** : 삼지(三智)의 하나로, 일체 제법의 총상을 개괄적으로 아는 지혜를 말한다. 천태종에서는 성문과 연각의 지혜라 하고, 구사종에서는 부처님의 지혜라 한다. → '종지(種智)'조(제3장 유계遺誡 "4. 종산철우인선사시동행법회鍾山鐵牛印禪師示童行法晦" 사기 15. 種智)

3 **轉無上法輪** : 본문 "昔者師子王 …… 轉無上法輪"까지는 『화엄경』 "이세간품"에 나오는 보현보살의 게송 가운데 그 일부를 추려서 몇 글자를 수정한 뒤 그 앞뒤를 조정한 글이다. 게송을 40단락으로 과도(科圖)하였을 때 그 각 부분에 해당하는 글귀를 게송의 원래 순서대로 나열하면 다음과 같다.
　1) 제4 절사인미(折邪引迷) : "菩薩師子王, 白淨法爲身," "勝義空谷中."
　2) 제30 십지행법(十地行法) : "被以慈哀甲."
　3) 제31 원만행법(圓滿行法) : "奮迅及哮吼," "轉無上法輪."
　4) 제38 탁사표법(託事表法) : "念弓明利箭," "忍力不動搖, 直破魔王軍," "三昧常娛樂," "甘露爲美食," "解脫味爲漿, 遊戲於三乘."
　5) 제39 총결보살행(總結菩薩行) : "安住一切智"

4 **十忍** : 보살이 번뇌를 끊고 일체법이 본래 적연한 것을 깨달을 때에 일어나는 열 가지 안주하는 마음이다.
　1) 음성인(音聲忍) : 부처님의 설법하는 소리에 의하여 진리를 깨닫고 안주하는 마음이다.
　2) 순인(順忍) : 지혜로써 일체법을 생각하고 관찰하여 진리에 수순하는 마음이다.
　3) 무생법인(無生法忍) : 불생불멸하는 진여법성(眞如法性)을 증득하여 편히 머무르고 온갖 법의 형상을 여의는 마음이다.

4) 여환인(如幻忍) : 일체법은 인연으로 생기는 것으로 그 성품이 적연한 것이 마치 환(幻)과 같음을 알고 안주하는 마음이다.

5) 여염인(如焰忍) : 물심양면의 현상은 모두 아지랑이와 같이 순간적인 존재로, 본성이 공적(空寂)한 것임을 알고 안주하는 마음이다.

6) 여몽인(如夢忍) : 범부의 어리석은 마음은 꿈속의 경계와 같이 진실성이 없는 줄 알고 안주하는 마음이다.

7) 여향인(如響忍) : 범부의 귀에 들리는 언어와 음성은 인연으로 생긴 것이니, 메아리와 같이 진실성이 없는 줄 알고 안주하는 마음이다.

8) 여영인(如影忍) : 범부의 몸은 오온이 잠시 모여 생긴 것이니 진실성이 없는 것이 마치 그림자와 같음을 알고 안주하는 마음이다.

9) 여화인(如化忍) : 일체법은 생멸변화하는 것으로 있는 듯하다가도 없고, 없는 듯하다가도 있어서 마치 변화하는 사상(事象)과 같아서 그 실체가 없는 줄 알고 안주하는 마음이다.

10) 여공인(如空忍) : 세간과 출세간의 일체법은 허공과 같아서 만질 수 있는 실체가 없는 줄 알고 안주하는 마음이다.

5 佛事 :

1) 부처의 덕을 찬탄하고 선양하는 일로, 입지(立地)라고도 한다. 『유마경』 권하(卷下)에서는 붓다와 관련하여 붓다의 덕을 나타내는 모든 일을 불사라 한다 하였다.

2) 선종에서는 어떠한 일을 통해 불법을 펼쳐 보이는 것을 불사라고 하니, 개안(開眼)·안좌(安座 : 불상을 법당 안에 안치하는 것)·염향(拈香 : 향을 향로에 사루는 것) 등을 가리키기도 한다.

3) 후세에 와서는 불전에서 행하는 의식 또는 법회, 사원이나 탑 등의 건립을 말한다.

6 歌羅邏 : 태내오위(胎內五位)의 하나로, 탁태(托胎)한 최초의 7일 동안을 말한다.

1) 태내오위(태아의 266일간 생장의 과정을 5단계로 나눔)

(1) 갈라람(羯剌藍) : 범어 kalalaṁ를 소릿말적기한 것으로, 가라라(歌羅邏)·갈라람(羯羅藍)이라고도 쓰며 응활(凝滑)·잡예(雜穢)라고 번역한다. 수태 직후의 7일간을 말한다.

(2) 알부담(頞部曇) : 범어 arbudaṁ를 소릿말적기한 것으로, 아부담(阿部曇)이라고도 쓰며 포포결(皰皰結)이라 번역한다. 제2의 7일간을 말한다.

(3) 폐시(閉尸) : 범어 peśī를 소릿말적기한 것으로, 폐시(蔽尸)·비시(箄尸)라고도 쓰며 응결(凝結)·육단(肉段)이라 번역한다. 제3의 7일간을 말한다.

(4) 건남(鍵南) : 범어 ghana를 소릿말적기한 것으로, 건남(健男)·갈남(羯南)이라고도 쓰며 응후(凝厚)·경육(硬肉)이라 번역한다. 제4의 7일간을 말한다.

(5) 발라사가(鉢羅奢佉) : 범어 praśākhā를 소릿말적기한 것으로, 지절(支節)·지지(枝枝)라 번역한다. 수족이 형성되는 시기로, 출산까지의 238일간을 말한다.

2) 태외오위(사람의 일생을 5단계로 나눔)

(1) 영해(嬰孩) : 출생에서 6세까지를 말한다.

(2) 동자(童子) : 7세에서 15세까지를 말한다.

(3) 소년(少年) : 16세에서 30세까지를 말한다.

(4) 성년(成年) : 31세에서 40세까지를 말한다.

(5) 노년(老年) : 41세 이후를 말한다.

9
장

선문

禪文

1

전선관법
傳 禪 觀 法¹

●

참선의 관법을 전하다

禪法濫觴,**{1}** 自於秦世僧叡法師²序關中³出禪經,**{2}4** 其文則明心達理之
趣也. 然譬若始有其方, 未能修合, 弗聞療疾, 徒曰醫書. 矧以大教旣敷, 群
英分講, 註之者矜其辭義, 科之者5逞其區分.**{3}** 執塵搖松,**{4}** 但尙其乘機
應變; 解紛挫銳,**{5}** 唯觀其智刃辭鋒. 都忘所詮, 不求出離.

    江表 遠公**{6}**慨禪法未敷, 於是苦求而得也.**{7}** 菩提達磨祖師觀此土
之根緣, 對一期之繁紊,**{8}** 而宣言曰不立文字, 遣其執文滯迹也; 直指人
心, 明其頓了無生也. 其機峻, 其理圓, 故不免漸修之徒篤加訕謗. 傳禪法
者, 自達磨爲始焉, 直下相繼, 六代傳衣, 橫枝而出, 不可勝紀, 如『曹溪寶
林傳』**{9}8**所明也.

{1} 『書』云: "三江浩浩, 其源濫觴." 濫, 但可泛一盃而已, 又泛溢於盃觴也, 言其源則小而漸成江
　　·漢之浩瀚. 禪法之傳, 亦如是也.

{2} 達磨未來中土時, 晋 遠公先譯其禪經二卷, 藏秦 關中, 僧叡出關中所藏禪經, 作序流布.

{3} 逞者, 矜而自呈也. 區分者, 區別分限也, 言分別乎序正流通等之區局也.

{4} 鹿之大者爲麈, 群鹿隨之, 皆視麈尾所轉爲準, 古之談者揮之, 良有以也. 搖松者, 惠朗禪師
得法於石頭, 常執松枝爲人禪話, 後人以爲談柄松. 又生公擯在虎丘山, 執松枝爲談柄故. 詩
云: "聽徒千箇石, 談柄一枝松"云也.

{5} 魯仲連遊趙, 言秦稱帝之害, 秦將聞之, 却五十里, 平原君欲封之, 連笑曰: "所貴乎天下士者,
爲人排難解紛而無取也, 有所取者, 是商賈之事也." 江淹祭戰亡文: "巨醜挫銳", 注: 巨醜, 强
胡也; 挫‧折也, 銳‧利也. 此言解釋其紛亂之心, 折挫其惠利之志.

{6} 廬山在潯陽九江之外, 故云江表遠公居之.

{7} 『定祖圖』云: "秦僧智儼, 於罽賓國懇請佛陀跋多, 偕來中夏. 初至長安, 後至廬山, 遂出禪經,
與遠公同譯而藏秦關中焉."

{8} 音問, 亂也.

{9} 唐儀鳳中, 曹叔良建閣於雙峰大溪之間, 六祖居之, 因名曹溪. 貞元中, 金陵沙門慧炬, 將祖
偈, 往曹溪, 同西天勝持三藏, 重共參校並唐初以來傳法宗師機緣, 集成『寶林傳』.

선법의 기원은 진나라 때 승예 법사가 관중에서 나온 선문(禪門)의 경전에 서문을 쓰고 부터이니 그 글은 곧 마음을 밝히고 이치를 통달하는 요지이다. 그러나 비유하자면, 처음으로 그 방법은 있으되 아직 능히 수행하여 합치시켜 보지 못한 것이 마치 병을 치료하였음은 듣지 못한 채 다만 의서만을 말하는 것과 같았다. 하물며 큰 가르침이 널리 퍼지게 되자 영명한 무리들이 나누어 강의함에 있어 주석을 단 이는 그 글자의 의미를 자랑하고 과목을 나눈 이는 그 구분 지음을 만족하게 여겼다. 총채를 움켜잡고 소나무 가지를 흔들지만 단지 임기응변의 묘미만을 숭상할 뿐이요, 어지러운 것을 풀고 날카로운 것을 꺾음에 오직 그 지혜의 칼날과 논술의 날카로운 기세만을 들여다 볼 뿐이니, 나타내고자 하는 바는 모두 잊어버리고 문자 여의기를 추구하지 않았다.

강표의 원공이 선법이 펼쳐지지 못함을 개탄하다가 이에 애써 구해 얻은 것이다. 보리달마 조사께서 이 땅의 근기와 인연을 들여다보고 한 기간 번잡하고 문란해질 것에 대해 선언하여 이르기를 "문자를 세우지 않는다는 것[不立文字]은 문자에 집착하여 자취에 체류함을 놓아버리는 것이요, 사람의 마음을 곧장 가리킨다는 것[直旨人心]은 태어남이 없음을 문득 깨우쳐 체득함을 밝힌 것이다."라 하였는데, 그 기틀이 높이 빼어나고 그 이치가 원만한 까닭에 점수(漸修)하는 무리들의 신랄한 비방을 면치 못하였다. 선법을 전한 것은 달마로부터 비롯하여 곧장 아래로 이어져 6대까지 가사를 전하였고, 곁가지로 뻗어 나간 것은 이루 기록할 수 없으니 『조계보림전』에 밝힌 것과 같다.

{1} 『서경』에 이르기를 "세 강줄기가 광활하게 흐르지만 그 근원은 잔 하나 띄울 정도일 뿐이다." 하였으니, 남(濫)은 단지 잔 하나를 띄울 수 있을 뿐이라는 것, 또는 잔 하나를 가득 채울 정도라는 것이므로 그 근원은 작으나 차츰 나아가 장강과 한수의 크고 넓음을 이루었음을 말한다. 선법의 전수도 역시 이와 같다.

{2} 달마가 아직 중국 땅에 오지 않았을 때 진(晉)나라 원공이 먼저 선에 관한 경전 2권을 번역하여 진(秦)의 관중에 간직하여 두었더니 승예가 관중에 간직해 두었던 선에 관한 경전을 꺼내어 서문을 지어 유포하였다.

{3} 영(逞)이란 긍지를 가지고 스스로 드러내는 것이다. 구분(區分)이란 구별하여 나누고 한계를 짓는 것이니 서(序)와 정(正)과 유통(流通) 등의 구분을 분별하는 것을 말한다.

{4} 사슴 가운데 대장을 주(麈)라 하는데 사슴 무리들이 그를 따르며 모두 그의 꼬리가 움직이는 바를 보아서 (행동의) 기준으로 삼으니, 예전에 담론하던 자들이 그것을 휘두르는 데는 진실로 까닭이 있기 때문이었다. 소나무를 흔든다는 것은, 혜랑 선사가 석두 선사로부터 법을 얻고는 항상 소나무 가지를 잡고서 사람들을 위해 선화(禪話)를 하였더니 뒷사람들이 소나무 가지를 담병(談柄, 이야기할 때 손에 쥐는 불자拂子)으로 여겼기 때문이다. 또는 생공이 배척당하여 호구산에 있을 때 소나무 가지를 잡고 담병으로 여겼기 때문이다. 시에서 말하기를 '듣는 무리는 1천 개의 돌이요 담병으로는 한 가지 소나무로다.'라 하였다.

{5} 노나라 중련이 조나라에 노닐다가 진나라가 칭제(稱帝)한 해악을 말하였더니 진나라 장수가 이 말을 듣고는 50리를 물러가거늘 평원군이 그를 책봉하려 하자 중련이 웃으며 말하기를 "천하의 선비가 귀하게 여겨지는 까닭은 다른 이들을 위해 어려움을 물리치고 분란을 해소시키지만 취하는 것이 없기 때문인데, 취하는 바가 있는 것은 곧 장사치의 일입니다." 하였다. 강엄이 전사한 망자들을 제사 지내는 글에서 '거추좌예(巨醜挫銳)'라 하였는데 거추(巨醜)는 강력한 오랑캐이며 좌(挫)는 꺾음을 말하고 예(銳)는 예리함을 말한다. 이는 분란스러운 마음을 해소시키고 날카로운 뜻을 주저앉힘을 말한다.

{6} 노산은 심양의 구강 바깥 편에 있기에 강표(江表)라 일컫는다. 원공이 그곳에 거처하였다.

{7} 『정조도』에 이르기를 "진나라 승려 지엄이 계빈국에서 불타발다에게 간청하여 함께 중국으로 건너왔다. 처음에는 장안에 이르렀다가 후에 노산에 도착하여 마침내 선법에 관한 경전을 꺼내어 원공과 더불어 함께 번역하여 진(秦)의 관중에 간직하여 두었다.

{8} 음은 문(問)이요, 어지럽다는 뜻이다.

{9} 당나라 의봉 연간에 조숙량이 쌍둥이 뫼봉과 큰 시냇물 사이에 누각을 세웠는데 육조 대사가 그곳에 기거한 인연으로 '조계'라 이름하였다. 정원 연간에 금릉의 사문 혜거가 조사들의 게송을 가지고 조계에 가서 서천의 승지삼장과 함께 거듭 정리 교정하고 당나라 초기 이래 법을 전해 받은 종사들의 기연(機緣)을 아울러서 『보림전』을 집성하였다.

사기
(私記)

1 **傳禪觀法**：『대송승사략(大宋僧史略)』권상(卷上)의 "전선관법(傳禪觀法)"에 실려 있다.

2 **僧叡法師**：위군(魏郡) 장락(長樂) 사람. 18세에 승현(僧賢)의 제자가 되었으며, 뒤에 구마라집을 따라『삼론(三論)』을 배우고,『성실론(成實論)』이 번역되자 이를 강의하여 구마라집의 인정을 받았다.『십이문론(十二門論)』과『중론(中論)』등 여러 경전의 서문을 지었다.

3 **關中**：지금의 섬서성(陝西省) 지방으로, 주나라와 진(晋)나라 이래로 정치와 교통의 중심지이다. 이곳은 동쪽에 동관(童關), 남동에 무관(武關), 서쪽에 소관(蕭關) 및 마관(魔關), 남서에는 대암관(大巖關)이 있으므로 공수(攻守)의 요새지였으므로 이렇게 불렸다.

4 **禪經**：『관중출선경서(關中出禪經序)』(出三藏記集 卷第1) "禪法者, 向道之初門, 流涅之津經野. 此土先出修行大小十二門大小安般. 雖是其事旣不根飛, 又無受法, 學者之戒蓋闕如也. 究摩羅法師, 以辛丑六年十二月二十日, 自姑戲至長安予郎以其月二十六日, 後受禪法, 旣蒙啓授, 乃至學有成准法有成條, 首楞嚴經云, 人在山中學道, 無事道經不成, 是其事也. 尋華抄撰衆蒙禪要. 得此三卷, 初四十偈, 是究摩羅陀法師所造, 後二十偈, 是馬鳴菩薩地所造也. 其中五門, 是婆須蜜僧伽羅又漚波崛僧伽斯那比丘馬鳴羅陀禪要之中, 抄集之所出世. 六覺中偈, 是馬鳴菩薩修習之, 以釋六覺也, 初觀婬恚癡相及其三門, 皆僧伽羅叉之所撰也. 息門六事, 諸論師說也. 菩薩習禪法中, 後更依持世經, 益十二因緣一卷, 要解二卷, 別時撰出, 夫馳心縱想, 則情愈滯而惑愈深. 繫意念明, 則澄鑑朗照而造極彌密, 心如水火, 擁之聚之, 則其用彌全, 洪之散之, 則其勢彌薄, 故論云, 質微則勢重, 質重則勢微, 如北質車故勢不如水, 水性重故力不如火, 火不如風, 風不如心, 心無形故力無上, 神通變化入不思議, 心之力也, 心力旣全, 乃能轉昏入明. 明雖愈於不明, 而明未全也. 明全在乎忘照, 照忘然後, 無明非明, 無明非明爾乃幾乎息矣. 幾乎息矣. 慧之功也, 故經云, 無禪不智, 無智不禪, 然則禪非智不照, 照非禪不成, 大哉禪客之業, 不可務乎, 出此經後至弘始九年自月五日, 重求檢校, 懼初受之不審, 差之一毫, 特有千里之降, 詳而定之, 輒復多有所正, 旣正篇無間然矣. 僧叡法師."

5 **科之者**：경론을 해석하기 위해 내용에 따라서 문단을 구별하는 것을 과문(科文) 또는 과장(科章)·과절(科節)·과단(科段)·분과(分科)라 한다. 경전은 일반적으로 서분(序分 : 그 경전을 설하게 되는 연유나 인연을 말한 부분으로 경문 가운데 서론에 해당됨)과 정종분(正宗分 : 그 경전 1부의 종요를 말한 부분으로 본론에 해당됨) 및 유통분(流通分 : 그 경전의 이익을 말하여 후대까지 길이 유전流轉하고 널리 드날리기를 권한 부분으로 결론結論에 해당됨)의 삼대분단(三大分段)으로 나뉘는데 이것을 삼분과경(三分科經)이라고 한다. 경을 셋으로 나누는 것은 인도에서는『불지경론(佛地經論)』권1에서 볼 수 있으며, 중국에서는 진(晋)나라의 도안(道安)에서 비롯되었다.

6 　所詮 : 능소(能所)에서 능(能)은 동작의 주체가 되는 것을 말하며, 소(所)는 그 동작의 객체(목적)가 되는 것을 말한다. 능전(能詮)이라 하면 경전이나 그 경전을 강설하는 사람을 가리키며, 소전(所詮)이라 하면 말하여 나타내는 문구 속에 담겨진 뜻을 가리킨다.

7 　六代傳衣 : 육대는 동토의 육조로서 보리달마·대조(大祖) 혜가(慧可)·감지(鑑智) 승찬(僧璨)·대의(大醫) 도신(道信)·대만(大滿) 홍인(弘忍)·대감(大鑑) 혜능(慧能)을 말한다. 전의란 선종에서 법을 전수한 신표(信標)로 전해 받은 법의를 말한다. 옛적 세존께서 대법을 부촉하실 때에 금란가사를 함께 주었으므로 그 뒤로 그것을 스승이 제자에게 대대로 전하여 달마에 이르고, 달마가 중국에 와서 6조 혜능에게까지 전하였다. 그러나 혜능이 5조에게서 이것을 전해 받을 때에 빼앗으려는 이가 있었으므로 혜능은 이것을 조계산(曹溪山)에 두고 다시 전하지 않았으나, 후세에는 스승이 제자에게 자기의 가사를 주어서 법을 전해준 신인(信印)으로 삼았다. 또한 교법을 제자에게 전하는 것도 전의(傳衣)라 하게 되었다.

8 　曹溪寶林傳 : 10권. 당나라 지거(智炬)가 지었으며 불조의 전등한 차례를 기록한 책이다. 801년(당나라 정원貞元 17)에 지거가 7불 28조의 게송을 가지고 조계(曹溪)에 가서 승지삼장(勝持三藏)과 함께 보정(補訂)하고 당나라 여러 조사의 전법기연을 아울러 기록하여 절 이름을 따라 『보림전』이라 이름하였다. 이 책은 『부법장인연전(付法藏因緣傳)』의 23조에 제7조로 바수밀(婆須密)을 더하여 24조라 하고, 그 마지막인 사자(師子) 비구 다음에 바사사다(婆斯舍多)·불여밀다(不如密多)·반야다라(般若多羅)·보리달마(菩提達磨)의 4조를 더한 28조를 기록한 현존 최고(最古)의 문헌이다. 중간에 오랫동안 일실되었다가 제6권이 일본 도쿄 청련원(青蓮院)에서 발견되고, 제1권~제5권 및 제8권이 중국 산서성(山西省)에서 발견되어 도합 7권이 『송장유진(宋藏遺珍)』에 수록되어 전한다. 그러나 이 책은 의심할 만한 것이 많다 하여 세상 사람들이 흔히 『전법정종기(傳法正宗記)』 이하의 책들을 쓰고 이 책은 신용치 않았다. 요나라 도승(道乘)이 전이요(詮耳堯) 등에게 명하여 경록(經錄)을 평정(評定)하고 『육조단경(六祖壇經)』과 『보림전(寶林傳)』 등을 불태워버린 일이 『석촌정통(釋忖正統)』 제8권에 기록되어 있다.

2

장로자각색선사좌선의

長蘆慈覺賾禪師{1}坐禪儀

●

종색 선사가 좌선의 격식에 대해 말하다

學般若菩薩, 先當起大悲心, 發弘誓願, 精修三昧, 誓度衆生, 不爲一身獨求解脫. 爾乃放捨諸緣, 休息萬事, 身心一如, 動靜無間, 量其飮食不多不小, 調其睡眠{2}不節不恣.{3}

欲坐禪時, 於閒靜處{4}厚敷坐物, 寬繫衣帶, 令威儀齊整, 然後結跏趺坐, 先以右足安左腿上, 左足安右腿上. 或半跏趺亦可, 但以左足壓右足而已. 次以右手安左足上, 左掌安右掌上, 以兩手大拇指面相拄, 徐徐擧身前向, 復左右搖振, 乃正身端坐, 不得左傾右側, 前躬後仰. 令腰脊·頭項骨節相拄, 狀如浮屠.{5} 又不得聳身太過, 令人氣急不安. 要令耳與肩對,{6} 鼻與臍對.{7} 舌拄上齶, 脣齒相着, 目須微開, 免致昏睡. 若得禪定, 其力最勝. 古有習定高僧, 坐常開目, 向法雲 圓通禪師{8}1亦訶人閉目坐禪, 以爲黑山鬼窟,{9} 盖有深旨, 達者知焉.

身相旣定, 氣息旣調, 然後寬放臍腹, 一切善惡都莫思量. 念起卽覺, 覺之卽失, 久久忘緣, 自成一片, 此坐禪之要術也. 竊爲坐禪乃安樂法門,而人多致疾者, 盖不善用心故也. 若善得此意, 則自然四大輕安, 精神爽利, 正念分明, 法味資神, 寂然淸樂.

若已有發明者, 可謂如龍得水, 似虎靠山; 若未有發明者, 亦乃因風吹火, 用力不多. 但辦肯心, 必不相賺. 然而道高魔盛, 逆順萬端, 但能正念現前, 一切不能留礙.{10} 如『楞嚴經』·『天台止觀』² ·圭峰『修證儀』,³ 具明魔事. 預備不虞者, 不可不知也.

若欲出定, 徐徐動身, 安詳而起, 不得卒暴.{11} 出定之後, 一切時中, 常依方便{12}護持定力如護嬰兒,{13} 卽定力⁴易成矣. 夫禪定一門最爲急務, 若不安禪靜慮, 到遮裡總須茫然. 所以探珠宜靜浪, 動水取應難, 定水澄淸, 心珠自現. 故『圓覺經』云:⁵ "無礙淸淨慧, 皆依禪定生.』『法華經』云: "在於閒處修攝其心, 安住不動如須彌山."

是知超凡越聖,{14} 必假靜緣; 坐脫立亡,⁶ 須憑定力.{15} 一生取辦尙恐蹉跎, 況乃遷延, 將何敵業? 故古人云: "若無定力, 甘伏死門, 掩目空歸, 宛然{16}流浪." 幸諸禪友, 三復⁷斯文, 自利利他, 同成正覺.

{1} 眞州 長蘆 慈覺 宗賾禪師, 洛州 孫氏子, 嗣長蘆 應天禪師.
{2} 意識昏迷曰睡, 五情暗冥曰眠.
{3} 坐禪須調五事: 調心, 不沈不浮; 調身, 不緩不急; 調息, 不澁不滑; 調眠, 不節不恣; 調食, 不飢不飽. 今卽有二.
{4} 無喧雜處名閑, 無憒鬧處名靜.
{5} 此云聚相, 安聚骨相.
{6} 釋上不得前躬後仰.
{7} 釋上不得左傾右側.
{8} 法雲 圓通 法秀禪師, 嗣天衣 義懷禪師.
{9} 『四行論』"閉目入禪定, 是謂鬼魅心." 大鐵圍山 ·小鐵圍山中間, 日月光明不到處爲黑山, 群鬼咸萃焉. 言合眼而有坐馳之心故, 名黑山鬼窟.
{10} 一切魔事, 無奈我, 何.
{11} 急也, 又卒起貌.

{12} 坐禪方法便宜.

{13} 人之胸前曰嬰, 以小兒置之胸前, 以乳養之故, 曰嬰兒.

{14} 超脫凡情聖解.

{15} 坐化者無數而立亡者亦多, 鄧隱峯倒立而化, 若非禪定之力, 能如是乎?

{16} 宛然猶依然也.

반야를 배우는 보살은 먼저 마땅히 대자비심을 일으키고 커다란 서원을 발하여 삼매를 정미롭게 닦으며 중생 제도를 서약해야 하리니, 한 몸 홀로 해탈을 구하지는 말지어다. 그대는 모든 인연을 버리고 만 가지 일을 쉬며 몸과 마음을 한결같이 하여 움직임과 고요함에 간격이 없이 하고, 먹고 마심을 요량하여 적지도 않고 많지도 않게 하며, 수면을 조절하여 너무 절제하지도 말고 너무 내키는대로 하지도 말라.

좌선하고자 할 때는 한가하고 고요한 곳에서 깔개를 두껍게 깔고 옷의 띠는 느슨하게 매되 위의를 가지런히 한 후에 결가부좌를 하는데, 먼저 오른발을 왼쪽 넓적다리 위에 편안히 올려놓고 왼쪽 발을 오른쪽 넓적다리 위에 편안히 올려놓는다. 혹은 반가부좌도 괜찮으니, 단지 왼발로 오른발을 눌러주면 된다. 다음에는 오른손을 왼발 위에 편안히 올려놓고 왼쪽 손바닥을 오른쪽 손바닥 위에 올려놓은 뒤에 양손의 엄지손가락을 마주하여 서로 떠받치게 하고는 서서히 몸을 들어 전방을 향하며, 다시 좌우로 흔들어서 몸을 바로 하고 단정히 앉되 좌우로 기울거나 앞뒤로 굽히지 말아야 한다. 허리의 등골뼈와 머리와 목덜미의 골절을 서로 떠받치게 하여 그 형상이 마치 부도(浮屠)와 같아야 하며, 또 몸을 너무 지나치게 솟구침으로써 호흡의 기운이 급하여 불안하게 하지 말아야 한다. 귀는 어깨와 더불어 수직이 되게 하고 코는 배꼽과 더불어 수직이 되게 해야 하며, 혀는 윗잇몸을 떠받치고 입술과 이는 서로 붙이며, 눈은 모름지기 가늘게 떠서 얼핏 잠드는 것을 면하도록 하면 선정을 얻게 될 때 그 힘이 가장 수승할 것이다. 옛날에 선정을 익히던 고승이 있었는데 앉았을 때는 항상 눈을 뜨고 있었으며, 예전에 법운 원통 선사 역시 눈을 감고 좌선하는 사람들을 꾸짖어 그것을 검은 산의 마귀 소굴로 여겼으니, 대개 깊은 뜻이 있는지라 통달한 자는 알 것이다.

　　몸의 모습이 안정되고 호흡의 기운이 조절된 연후에 배꼽과 배를 느슨히 풀어 놓아 일체의 선과 악을 모두 생각으로 헤아리지 말라. 망념이 일어나거든 망념이 일어났음을 곧 깨달을지니 그것을 깨달으면 이내 없어질 것이며, 오래도록 반연하는 바를 잊으면 자연스레 집중을 이룰 것이니 이것이 좌선의 요긴한 방술이다. 가만히 생각건대 좌선은 곧 안락한 법문이니, 사람들이 많이들 질병을 이루는 것은 대개 마음 쓰기를 잘하지 못한 까닭이다. 만약 이 뜻을 잘 체득하면 곧 자연히 육신이 가볍고도 편안해질 것이고 정신이 상쾌하고도 날래게 될 것이며 정념(正念)이 분명하여 법미(法味)가 정신을 도울 것이므로 고요히 맑고도 즐거울 것이다.

　　만약 이미 깨달은 바가 있는 자라면 마치 용이 물을 얻은 것과 같고 흡사 호랑이가 산을 의지한 것이라 말할 수 있으며, 만약 아직 깨달음이 있지 않다 하더라도 또한 바람으로 불길을 부추기는 것이기에 힘이 그리 많이 들지 않을 것이다. 다만 긍정적인 마음으로 힘쓰면 반드시 속임을 당하지는 않을 것이다. 그러나 도가 높아지면 마가 왕성하여 순조로움을 거스르는 경계가 만 가지로 나타나니, 단지 바른 생각을 눈앞에 드러낼 수 있다면 일체의 것이 만류하거나 장애하지 못하리다. 예컨대 『능엄경』과 『천태지관』 및 규봉의 『수증의』 등에서 마군의 일을 갖추어 밝혀놓아서 조심하지 못하는 자에게 예비토록 하고 있으니 불가불 알아야 한다.

　　만일 선정에서 나오고자 한다면 서서히 몸을 움직임에 편안하고도 자세히 하여 일어나야지 갑작스레 해서는 안 되며, 선정에서 나온 후에는 일체의 시간 중에 항상 방편에 의지하여 선정의 힘을 보호하여 가지되 마치 갓난애를 보호하듯 해야 곧 선정의 힘을 쉽게 이룰 것이다. 무릇 '선정'이라는 이 한 부문이 가장 급선무가 되나니, 만약 편안히 선정에 들어 고요한 생각을 지니지 못하면 죽음의 경계에 이르러 모두 망연해질 뿐이다. 그러한 까닭으로 구슬을 찾으려면 물결이 고요해야 하니 물이 움직이면 취하기가 응당 어려울 것이요, 선정의 물이 고요하고도 맑으면 마음의 구슬은 저절로 드러날 것이다. 그러므로 『원각경』에 이르기를 "장애 없는 청정한 지혜는 모두 선정에 의지해 생겨난다." 하였고, 『법화경』에 이르기를 "한가한 곳에 있으면서 그 마음을 닦아 거두어들이되 편안히 머물며 움직이지 않음이 마치 수미산 같을지다." 하였다.

이로서 알건대 범부를 초월하고 성현을 뛰어넘으려면 필시 고요함의 반연을 빌릴 것이요, 좌탈입망(坐脫立亡)하려면 모름지기 선정의 힘에 의지해야 한다. 일생 동안에 끝장을 보고자 하더라도 오히려 차질이 날까 두렵거늘 하물며 이에 미적미적하면 장차 어찌 업에 대적하겠는가? 그러므로 옛사람이 이르기를 "만약 선정의 힘이 없으면 죽음의 문에 달갑게 엎드려 눈을 가리고 텅 빈 채 돌아갈 때 의연히 물결 따라 흘러갈지어다."라고 하였다. 바라건대 모든 선우(禪友)들이 이 글을 하루에 세 번 반복하여 읽어서 스스로를 이롭게 하고 나아가 다른 이를 이롭게 함으로써 함께 바른 깨달음을 이룰지어다.

{1} 진주의 장로 자각 종색 선사는 낙주 손씨의 자손으로서 장로 응천 선사의 법을 이었다.

{2} 의식이 혼미한 것을 수(睡)라 하고 오근(五根)의 정(情)이 어두운 것을 면(眠)이라 한다.

{3} 좌선할 때는 모름지기 다섯 가지를 조절해야 하는데, 마음을 조절함에 가라앉지도 말고 들뜨지도 말 것이며, 몸을 조절함에 느리게도 말고 빠르게도 말 것이며, 호흡을 조절함에 거칠게도 말고 (의식적으로) 부드럽게도 말 것이며, 수면을 조절함에 너무 절제도 말고 너무 마음대로도 말 것이며, 음식을 조절함에 너무 주리지도 말고 너무 배부르게도 말 것이다. 여기서는 두 가지만 이야기하고 있다.

{4} 시끄러움으로 인한 혼잡스러움이 없는 곳을 한(閑)이라 하고 심란함으로 인한 혼잡스러움이 없는 곳을 정(靜)이라 한다.

{5} (부도浮屠는) 이곳 말로 하면 취상(聚相, 형상을 모음)이니 유골을 온전히 모음을 말한다.

{6} 위에서 말한 '앞으로 굽히거나 뒤로 젖히지 말라'고 한 것을 풀어놓은 것이다.

{7} 위에서 말한 '좌로 기울거나 우로 기울이지 말라'고 한 것을 풀어놓은 것이다.

{8} 법운 원통 법수 선사는 천의 의회 선사의 법을 이었다.

{9} 『사행론』에 "눈을 감고 선정에 들어가면 그것을 일컬어 귀신이나 도깨비의 마음이라 한다." 하였다. 대철위산과 소철위산 사이로 해와 달의 빛줄기가 도달하지 않는 곳이 흑산인데 귀신의 무리들이 모두 모여 있다고 한다. 눈을 닫으면 앉은자리에서 천리를 달음박질치는 마음이 생기기에 흑산의 귀신굴이라 이름함을 말한다.

{10} 일체 마군의 일이 나를 어찌할 수 없는데 어찌겠는가?

{11} 급작스러움이며 또는 갑자기 일어나는 모습이다.

{12} 좌선함에 있어서의 그 방법과 편의이다.

{13} 사람의 가슴 앞부분을 영(嬰)이라 하나니, 어린아이는 가슴 앞에 두어서 젖을 먹여 기르는 까닭에 영아(嬰兒)라 한다.

{14} 범부의 애정을 초월하고 성인의 견해를 벗어남.

{15} 앉은 채로 입적하는 자는 무수히 많으며 선 채로 입적하는 자 역시 많은데, 등은봉은 거꾸로 선 채 입적하였으니 만약 선정의 힘이 아니면 어찌 능히 이와 같을 수 있겠는가.

{16} 완연(宛然)은 의연(依然)과 같다.

사기
(私記)

1 **法雲圓通** : (1027~1090) 중국 진주(秦州) 농성(隴城) 사람으로, 속성은 신(辛)씨이고, 법운(法雲)은 사명(寺名), 원통(圓通)은 호, 이름은 법수(法秀)이다. 어려서 출가하여 20세에 『화엄경』을 강의해 내니 그 명성이 널리 퍼졌다. 뒤에 남방을 유력하며 무위 회(無爲懷) 선사를 참알(參謁)하고, 언하(言下)에 종지를 깨치고 10년을 수종(隨從)하였다. 뒤에 회(淮)의 사면산(四面山)을 거쳐 진주(眞州) 장로(長蘆)로 옮겨 동경(東京)에 법운사(法雲寺)를 이루고 개산(開山)하니 이로 말미암아 운문종풍(雲門宗風)이 조위(趙魏)에 흥기하였다. 그 성품이 강직하여 평생 꾸짖는 것으로써 불사를 삼으니 사람들이 수철면(秀鐵面)이라 일컬었다. 송나라 철종(哲宗) 원우(元祐) 5년 9월에 64세로 입적하였다.

2 **天台止觀** : 천태종 지의(智顗)가 지은 『마하지관(摩訶止觀)』. 수(隋)나라 개황(開皇) 14년(594) 형주(荊州) 옥천사(玉泉寺)에서 강설한 것을 제자 관정(灌頂)이 필기한 것으로 20권이다. 천태 3대부의 하나로서, 『법화현의(法華玄義)』와 『법화문구(法華文句)』 2부는 모두 천태종의 교상을 밝혔으나 이 책은 실천의 관심문(觀心門)을 밝힌 것이다. 처음에는 지관법문(止觀法門)의 상승(相承)을 밝히고, 다음 본론에 들어가서 5략(略)과 10광(廣)의 2단으로 나누었다. 5략은 발대심(發大心)·수대행(修大行)·감대과(感大果)·대열망(大裂網)·귀대처(歸大處)의 다섯으로 이것은 10광의 제1인 대의에 해당된다. 10광의 제2에서 지관의 이름을 밝히고, 제3에서 지관의 체상(體相)을 밝히고, 제4에서 지와 관의 두 법은 모든 법을 섭수하고 있는 것을 말하고, 제5에서 편교(偏敎)와 원교(圓敎)를 구별하고 있다. 다음으로 관법에 대해 이야기하는데, 제6에서 관심(觀心)하기 전의 준비인 25방편에 대하여 말하고, 제7에 관경(觀境)을 밝히어 10경을 말하되 개개의 경에 10승관법(乘觀法)을 밝혔다. 이 제7의 절반까지의 강설로 기간이 다 되어 강설을 중지하였다.

3 **修證儀** : 규봉(圭峰)이 『원각경』 "변음장(辨音章)"에 있는 3관(觀) 25행(行)을 서술한 책이다.

4 **定力** : 오력(五力)의 하나. 오력은 범어 pañcabalāni의 번역으로, 37도품(道品) 중의 하나이다. 신력(信力, 신앙信仰)·근력(勤力, 노력努力)·염력(念力, 억념憶念)·정력(定力, 선정禪定)·혜력(慧力, 지혜智慧)의 다섯 가지로, 악을 쳐부수는 힘이 있으므로 력(力)이라 한다. 그 내용은 5무루근(無漏根)과 같이 불교의 실천도를 가리킨다. 대체로 전자에서 후자로 서서히 차례를 밟아 실천에 옮긴다.

5 **圓覺云云** : 『원각경』의 "변음장"에 있는 게송(偈頌).

6 **坐脫立亡** : 일단의 불교 수행자들이 임종시에 단정히 앉아 열반에 드는 것을 좌화(坐化) 또는 좌탈(坐脫)이라고 하니, 여기서 화(化)는 변화하여 간다는 의미이다. 또한 일단의 선종 수좌들은 꼿꼿이 선 채 열반에 들기도 하여 이것을 입망(立亡)이라 일컫는데, 이 둘은 모두 해탈을 얻어서 생사를 능히 스스로 주재할 수 있는 힘을 얻었다는 표식으로 인정되어 좌탈입망(坐脫立亡)이라 불린다.

7 **三復** : 세 번 되풀이하는 것. 『공자가어(孔子家語)』"제자행편(弟子行篇)"에서 "獨屬思仁, 公言言義, 其於詩也, 則三復白圭之玷, 是爾容絅之行也."라 하였고, 또 『논어(論語)』의 "선진(先進)"에 "南容三復白之玷, 孔子以其兄之子, 妻之."라 한 데서 나온 말로서 여러 번 되풀이하여 송찬하는 것을 말한다.

3

권참선문
勸 參 禪 文

●

참선을 권하는 글

夫解須圓解, 還他明眼宗師; 修必圓修, 分付叢林{1}道伴. 初心薄福, 不
善親依, 見解偏枯, 修行懶惰. 或高推聖境, 孤負己靈, 寧知德相神通? 不
信凡夫悟道; 或自恃天眞, 撥無因果, 但向胸襟流出, 不依地位修行. 所以
麤解法師,1 不通敎眼; 虛頭禪客, 不貴行門, 此偏枯之罪也. 或則渾身破
碎,{2} 滿面風埃.{3} 三千細行全無, 八萬威儀總缺.{4} 或卽追陪人事, 緝理
門徒,2 身遊市井之間,{5} 心染閭閻3之態.{6} 所以山野常僧未免農夫{7}之
誚, 城隍{8}釋子反爲儒士之羞, 此懶惰之罪也.

何不再離煩惱之家, 重割塵勞之網, 飮淸風而訪道流, 探微言而尋知
己, 澄神祖域, 息意宗乘, 靜室虛堂, 斂禪衣而宴坐; 靑山綠水, 携錫杖以
經行? 忽若心光透漏, 凝滯氷消, 直下分明, 豈昧三祇之極果?{9} 本來具
足, 何妨萬行之因華?{10} 由是宗說兼通,{11} 若杲日{12}麗虛空之界;{13}
心身俱靜, 如琉璃含寶月之光. 可謂蓬生麻中, 不扶自直;4 衆流入海, 總號
天池.{14} 反觀前非, 方知大錯, 忠言逆耳, 敢冀銘心, 此世他生, 同爲法侶.

{1} 叢林, 乃衆僧捿身行道之所也. 草不亂生曰叢, 木不亂長曰林, 言其內有規矩法度也. 又『大論』云: "衆多比丘, 一處和合, 是名僧伽, 譬如大樹叢聚成林. 一樹不名爲林, 一比丘不名爲僧, 諸比丘和合叢聚處, 得名叢林."

{2} 言全無戒行檢束也.

{3} 言奔走風塵也.

{4} 三聚各有一千, 幷三千; 貪·嗔·癡·等分各二萬一千, 幷八萬四千.

{5} 市·恃也, 養瞻老小, 恃而不匱. 祝融作市, 又神農所作. 市, 交易之處; 井, 共汲之所. 古者, 朝聚汲水處, 將貨物於井邊買賣故, 曰市井.

{6} 閭閻, 皆里門名也, 謂染於俗態也.

{7} 厲山氏有子, 曰農, 能植百穀故, 後世因名耕田氓爲農.

{8} 隍, 『說文』: 城池. 有水曰池, 無水曰隍.

{9} 佛佛皆修因於三阿僧祇劫, 以成佛果.

{10} 諸菩薩皆修萬行, 以爲成佛之因.

{11} 淸凉云: "宗通自修行, 說通示未悟."

{12} 日在木下曰杳, 日在木中曰東, 日在木上曰杲.

{13} 『易』 "日月麗乎天, 百穀草木麗乎土." 麗音離, 附也, 著也.

{14} 南溟也.

무릇 알기를 모름지기 원만히 알고자 한다면 저 밝은 눈을 가진 종사에게 돌아갈 것이요, 수행을 반드시 원만히 닦고자 한다면 총림의 도반에게 부촉할 것이다. 처음 마음을 일으킨 자가 박복해 친하고 의지함을 잘하지 못하여 견해가 치우치고 메마르며 수행이 게을러지고, 혹은 성현의 경계를 높이 밀쳐놓아 자기의 영명함을 저버리게 되니, 어찌 덕상(德相)과 신통(神通)을 알겠는가? 범부도 도를 깨달을 수 있음을 믿지 않게 된다. 혹은 본래가 참된 부처님[天眞佛]이란 것만 지나치게 믿고 인과는 무시해 버리며 흉금을 향해 유출하고 진심에 호소만 할 뿐 지위에 의지하여 수행하지 않는다. 그러한 까닭에 견해가 거친 법사는 교리의 안목에 능통하지 못하고 실속 없는 선객은 수행의 문을 귀하게 여기지 않으니, 이것은 견해가 치우치고 메마름으로 인한 잘못이다. 혹은 온몸은 깨뜨려 부서지고 온 얼굴은 바람에 날리는 티끌이라 3천의 세밀한 계행이 전혀 없으며 8만의 위의가 모두 결핍되었다. 혹은 세속의 일을 쫓아다니며 문도를 읽어 다스리니 몸은 대처의 저잣거리 사이에서 노닐고 마음은 여염집의 작태에 물들었다. 그러한 까닭에 산야의 하릴없는 승려는 농부의 꾸짖음을 면하지 못하고 성 안의 스님네는 도리어 선비들이 수치스러워 하는 바가 되나니, 이것이 게으름으로 인한 잘못이다.

어찌하여 다시 번뇌의 집을 여의고 거듭 고뇌의 그물을 베어내며, 맑은 바람을 마시고 도 닦는 무리들을 방문하며, 미묘한 언어를 탐색하고 자기를 알아주는 이를 찾아다니며, 정신을 조사의 영역에서 맑히고 최상의 깨달음에서 뜻을 쉬며, 고요하고 빈 당실에서 참선하는 옷깃을 수렴하여 편안히 앉으며, 푸른 산 초록빛 물줄기에 석장을 거머쥐고 경행하지 않는가? 문득 만약 마음의 빛이 환히 비쳐 나와 맺혔던 것이 얼음 녹듯이 사라지면 그 자리에서 분명해지거늘 어찌 삼아승지겁을 거쳐서 열리는 깨달음의 열매가 미혹된 것이겠는가? 본래 모두 갖추어져 있거늘 어찌하여 만 가지 보살행으로 피어나는 인과의 꽃이 방해롭겠는가? 이러한 까닭에 종통(宗通)과 설통(說通)을 겸하여 능통하면 마치 밝은 해가 허공의 세계에서 빛나는 것 같으며 마음과 몸이 모두 고요함은 마치 유리가 보배로운 달빛을 머금은 것과 같으니, 가히 쑥이 삼 가운데 나면 북돋우지 않아도 스스로 곧게 되고 뭇 물줄기들이 바다로 흘러 들어가면 뭉뚱그려 부르기를 천지(天池)라고 일컬을 수 있는 것과 같다. 예전의 잘못을 되돌아보아야만 바야흐로 크게 잘못되었음을 알 수 있으며, 충고의 말이 귀에는 거슬릴 것이지만 마음에 새겨두기를 감히 바라니, 이 세상과 다른 내생에 함께 법을 나누는 도반이 될지어다.

{1} 총림(叢林)이란 대중스님들이 몸을 의탁하여 도업을 수행하는 곳이다. 풀이 어지럽지 않게 자란 것을 총(叢)이라 하고 나무가 어지럽지 않게 성장한 것을 림(林)이라 하니 (총림이라 함은) 그 내부에 규율과 법도가 있음을 말한다. 또 『대론』에 이르기를 "무리를 이룬 많은 비구들이 한 곳에서 화합하며 지내는 것을 이름하여 승가(僧伽)라 하는데 비유하자면 큰 나무들이 정연히 모여 숲을 이룬 것과 같다. 나무 한 그루를 숲이라 부르지 않듯이 한 명의 비구를 승(僧)이라 이름하지 않나니, 모든 비구들이 화합으로 정연히 모인 곳이라야 총림이란 이름을 얻게 된다." 하였다.
{2} 계를 지키는 행위나 단속함이 전혀 없음을 말한다.

{3} 풍진에 분주함을 말한다.

{4} 삼취(三聚)에 각기 1천이 있으니 아우르면 3천이요, 탐·진·치와 등분에 각기 2만 1천이니 아우르면 8만 4천이다.

{5} 시(市)는 믿어 의지함이니, 늙은이와 어린이를 봉양하고 구휼함에 믿고 의지하기를 모자라지 않도록 한다는 것이다. 축융이 시를 처음으로 만들었는데, 또는 신농씨가 만든 것이라고도 한다. 시는 교역의 장소이며 정(井)은 함께 물을 긷는 곳이다. 옛날에는 아침이면 물을 긷는 곳에 모여 물건들을 가지고 와서 우물 근처에서 사고 팔았던 까닭에 시정(市井)이라 하였다.

{6} 여(閭)와 염(閻)은 모두 동리의 문짝 이름이니 세속의 형편에 물들었음을 말한다.

{7} 여산씨에게 농(農)이라는 아들이 있었는데 모든 곡식을 능숙하게 경작하였던 까닭에 후세에 그로 인해 밭을 경작하는 백성들을 이름하여 농이라 하였다.

{8} 황(隍)은 『설문』에서 성 주위로 파놓은 못이라 하였다. 물이 있으면 지(池)라 하고 물이 없으면 황이라 한다.

{9} 여러 부처님들은 모두 삼아승지겁 동안 인(因)을 닦음으로써 부처님의 과(果)를 이루게 되었다.

{10} 여러 보살들은 모두 만 가지의 행(行)을 닦는 것으로써 성불(成佛)의 인(因)으로 여겼다.

{11} 청량이 말하였다. "종통(宗通)은 종지를 스스로 잘 수행하여 깨달았음이요, 설통(說通)은 아직 깨닫지 못한 이에게 자신이 깨달은 경지를 잘 드러냄이다."

{12} 해가 나무 아래에 있으면 묘(杳)요, 해가 나무 가운데 있으면 동(東)이요, 해가 나무 위에 있으면 고(杲)이다.

{13} 『역』에 말하기를 "해와 달은 하늘에 붙어 있고 백곡과 초목은 땅에 붙어 있다." 하였는데, 麗는 음이 리(離)요 붙어 있다 또는 부착되어 있다는 뜻이다.

{14} 남명(南溟, 남해南海)이다.

사기
(私記)

1 **法師** : 불탑[塔寺]을 중심으로 불탑 공양을 통하여 붓다를 찬미하고 숭배하는 재가 신자들을 위주로 하는 집단에 의해 일어난 새로운 운동인 대승불교에서 그 지도자를 법사(dharmabhāṇaka)라 불렀다. 법사의 기원은 아마도 출가수행자 중에서 재가 신자들에게 붓다의 전기나 비유를 설하던 전문가였을 것으로 보는데, 대승의 자료에 의하면 재가 신도 중의 지도자나 혹은 출가자라도 정식의 구족계를 받지 않은 사람들을 법사라 한다고 하였다. 『법화경(法華經)』의 "법사품(法師品)"에는 법화경에 설해진 종교 실천을 행하는 이의 호칭이 법문의 진전에 따라 변화가 이루어져, '사람', '선남자·선여인'에서 시작하여 재가출가의 '『법화경』을 독송하는 자(dharmabhāṇaka)' 설법자 즉 법사로 불린다. 이로서 법사란 불법에 통달하고 언제나 청정한 수행을 닦아 남의 스승이 되어 사람을 이끌어가는 이를 말하게 되었다.

2 **門徒** : 하나의 법문에 의해서 종지를 세운 일종일파(一宗一派)를 종문(宗門)이라고 하고, 그 종문에 속하는 것을 문하의 도제(徒弟)라고 하는 의미로 문도(門徒)·문제(門弟) 또는 나무의 지엽에 비유해서 문엽(門葉)·문말(門末) 등이라고 한다. 후세에 정토종을 문도종이라고 일컫는 경우가 있고, 또 단월(檀越 : 시주)을 문도로 부르는 습관도 생겼다.

3 **閭·閻** : 『설문해자(說文解字)』에서 다음과 같이 설명한다.
1) 여(閭) : 里門也. 段注: 周制, 二十五家爲里, 其後則人所聚居爲里, 不限二十五家也. 里部曰: 里門曰閭. 『周禮』, 五家爲比, 五比爲閭. : 閭, 侶也. 二十五家相羣侶也.
2) 염(閻) : 里中門也. 段注: 別於閭閈爲里外門也.

4 **蓬生麻中, 不扶自直** : 선천적으로 선악의 구별이 있는 것이 아니라 다만 습관에 따라 모든 것이 달라질 뿐임을 말한다.
1) 『순자(荀子)』"근학편(勸學篇)" "蓬生麻中, 不扶而直, 白沙在涅, 與之俱黑."
2) 『사기(史記)』"삼왕가(三王家)" "傳曰蓬生麻中, 不扶而直."

10
장

시중

示衆

1

여산동림혼융선사시중
廬山東林混融禪師¹示衆

●

혼융 선사가 대중에게 훈시하다

避萬乘²尊榮, 受六年飢凍, 不離草座, 成等正覺, 度無量衆, 此黃面老爺出家樣子. 後輩忘本, 反爲口體. 不務耕桑, 見成利養爲便; 不奉君親, 免事征役爲安. 假名服, 竊世緣, 以鬪諍作佛事,{1} 老不知悔, 死爲園菌,{2} 良可悲夫! 汝輩出家, 當思齊草座之前, 自省園菌之下可爾.

{1}　佛法中, 多有諍論, 且如西天大·小乘, 分河飮水, 大乘之內, 性相又殊, 小乘之中, 二十部異, 各皆自是他非, 爰及此方, 詎免諍競.

{2}　有長者, 名梵摩淨德, 園中有樹生大耳, 其味甚美, 惟長者及第二子取以食之, 自餘親屬, 皆不能見. 十五祖迦羅提婆, 知比丘之宿因, 問長者: "年多少?" 曰: "七十九." 尊子曰: "汝年八十一, 此樹不生耳."

만승(萬乘)의 존귀한 영화를 피하시고 6년 동안 굶주림과 추위를 받아들이며 짚자리를 떠나지 않은 채 등정각(等正覺)을 이루어 무량한 중생을 제도하셨으니, 이것은 황금빛 얼굴의 서역 성인께서 출가하신 모습이다. 후배들은 그 근본을 망각하고 도리어 입과 몸만을 위하고 있다. 밭 갈거나 누에치는 수고를 하지 않은 채 눈앞에 이뤄져 있는 이익으로 편함을 누리며, 임금도 어버이도 받들지 않은 채 군역과 부역을 면하는 것으로 안락함을 삼으며, 이름과 옷을 빌리고 세상의 인연을 도둑질하고 다투어 언쟁하는 것을 불사(佛事)로 삼아서 늙도록 뉘우칠 줄 모르다가 죽어서 정원의 버섯이 되었으니 진실로 애달프지 않은가! 너희 출가자들은 마땅히 생각을 풀자리의 앞과 같기를 생각하고 정원의 버섯 아래를 스스로 살펴봄이 옳을 것이다.

{1} 불법(佛法) 가운데 논쟁이 많았음에 또한 서천의 대소승은 물줄기를 나누어 물을 마셨으며 대승 안에서도 성상(性相)이 또한 달랐고 소승 가운데도 20부파의 갈래가 있어 각각에 모두 자신들이 옳고 다른 이는 그르다 하였으니, 이에 이 지방에 미쳐서 쟁론과 경쟁을 어찌 면하겠는가.

{2} 범마정덕이라 이름하는 한 장자가 있었는데, 정원에 어떤 나무에서 표고버섯이 나서 그 맛이 매우 좋았으나 오직 장자와 그 둘째 아들만이 그것을 가져다 먹을 수 있을 뿐 그 나머지 식구들은 모두 그것을 볼 수 없었다. 15대 조사인 가라제바가 그것이 한 비구의 오랜 인과에 의한 것임을 알고는 장자에게 묻기를 "나이가 몇인가?" 하니 "일흔아홉이오." 하는지라 존자가 이르기를 "그대의 나이 여든 하나가 되면 이 나무에서 버섯이 나지 않을 것이다." 하였다.

사기
(私記)

1   **東林混融** : 형주(衡州) 사람으로, 동림(東林)은 호, 혼융(混融)은 이름이다. 여산(廬山, 중국 강서성 구강부덕화현九江府德化縣) 동림사(東林寺)에 오래 있었으므로 동림이란 호가 생겼다.

2   **萬乘** : 주나라 때 천자는 그 영토 안에서 병거(兵車) 1만 냥을 내는 제도가 있었다. 따라서 천자나 천자의 자리, 또는 대국을 뜻한다. 『한서(漢書)』 "형법지(刑法志)"에서 "天子畿方千里, 提封百萬井, 定出賦六十萬井, 戎馬四萬匹, 兵車萬乘, 故稱萬乘之主."라고 한 데서 나온 말이다.

2

백양순선사시중

白 楊 順 禪 師 [1]1 示 衆

●

법순 선사가 대중에게 훈시하다

染緣易就, 道業難成. 不了目前, 萬緣差別, 只見境風浩浩, 凋殘功德之林, 心火炎炎, 燒盡菩提之種. 道念若同情念, 成佛多時; 爲衆如爲己身, 彼此事辦. 不見他非我是, 自然上敬下恭, 佛法時時現前, 煩惱塵塵解脫.[2]

{1}　撫州 白楊 法順禪師, 綿州 文氏子, 嗣佛眼遠禪師.

물든 인연은 성취하기 쉽고 도업은 이루기 어렵나니, 눈앞에 놓인 만 가지 반연의 차별됨은 속속들이 알지 못하고 다만 경계의 바람이 어마어마하여 공덕의 숲을 시들어 쇠잔케 하고 마음의 불길이 활활 타올라 보리의 종자를 남김없이 태우는 것을 볼 뿐이다. 도를 구하고자 하는 생각이 만약 정을 구하고자 하는 생각과 같다면 불도를 이룬 지가 이미 오래일 것이요, 중생 위하기를 마치 자기 몸을 위하는 것같이 한다면 피차에 전념하여 힘쓸 수 있을 것이다. 남의 그릇됨과 나의 옳음을 보지 않는다면 자연히 윗사람이 경애하고 아랫사람은 공순할 것이니, 불법은 시시각각 눈앞에 드러나고 번뇌는 티끌마다에서 해탈을 이룰 것이다.

{1} 무주 백양 법순 선사는 면주 문씨의 자손으로서 불안 원 선사의 법을 이었다.

사기
(私記)

1 **白楊法順**: (1076~1139) 중국 송나라 때 스님으로, 금주(錦州) 문(文)씨의 자손이다. 어려서 출가하여 경전과 교리를 익혔다. 불면 청원(佛眠淸遠)이 법문할 때 부(傅) 대사의 『심왕명(心王銘)』에 있는 "水中塩味, 色裡膠靑, 決定是有, 不見其形."이라는 대목에서 깨달았다. 그 후로는 율신청고 (律身淸苦)하며 장립(杖笠)만을 가지고 혼자 다녔다 한다. 임주(臨州)의 광수사(廣壽寺)와 백양사(白楊寺) 등에 두루 머물렀다. 소흥(紹興) 9년에 64세로 입적하였다.

2 **塵塵解脫**: 별해탈(別解脫)은 범어 prātimokṣa(바라제목차波羅提木叉)를 옮긴 것으로, 이는 신체나 언어로 짓는 허물을 따로따로 분별하여 방지하는 계율이니, 그 하나하나를 지켜감으로써 그 하나하나에 대해 해탈을 이루게 되어 결국에는 전체의 온전한 해탈에 이르게 된다고 한다.

3

부용해선사소참

芙蓉楷禪師{1}1 小參2

●

도해 선사의 소참 법문

夫出家者, 爲厭塵勞, 永脫生死, 休心息念, 斷絶攀緣, 故名出家, 豈可以等
閒利養, 埋沒平生? 直須兩頭{2}撒開, 中間{3}放下. 遇聲遇色, 如石上栽
花; 見利見名, 如眼中着屑. 況從無始3以來, 不是不曾經歷, 又不是不知次
第?{4} 不過翻頭作尾, 止於如此, 何須苦苦貪戀? 如今不歇, 更待何時? 是
以先聖敎人只要盡却今時, 能盡今時, 更有何事? 若得心中無事, 佛祖猶
是冤家, 一切世事自然冷淡, 方始那邊相應.

你不見隱山{5}至死不肯見人, 趙州至死, 不肯告人,{6} 區檐{7}拾橡栗
爲食, 大梅4以荷葉爲衣,{8} 紙衣道者5只披紙,{9} 玄泰6上座7只着布,{10}
石霜8置枯木堂與人坐臥,{11} 只要死了你心, 投子9使人辦米同煮共餐,
要得省取你事. 且從上諸聖有如此榜樣, 若無長處, 如何甘得? 諸仁者若
也於斯體究的不虧人, 若也不肯承當, 向後深恐費力.

山僧行業無取, 忝主山門, 豈可坐費常住, 頓忘先聖付囑? 今者輒斅
古人爲住持體例, 與諸人議定: 更不下山, 不赴齋, 不發化主, 唯將本院莊

課一歲所得, 均作三百六十分, 日取一分用之, 更不隨人添減. 可以備飯則作飯, 作飯不足則作粥, 作粥不足則作米湯. 新到相見, 茶湯而已, 更不煎點, 惟置一茶堂, 自去取用, 務要省緣, 專一辦道.

又況活計具足, 風景不疎, 花解笑, 鳥能啼, 木馬長鳴, 石牛善走, 天外之青山寡色, 耳畔之流泉無聲. 嶺上猿啼, 露濕中宵之月; 林間鶴唳, {12} 風回清曉之松. 春風起而枯木龍吟, 秋葉凋而寒林華發. 玉階舖苔蘚之紋, 人面帶烟霞之色. 音塵寂爾, 消息沈然, 一味蕭條, 無可趣向.

山僧今日向諸人面前說家門, 已是不着便, 豈可更去陞堂入室, 拈搥豎拂, 東喝西棒, 張眉努目, 如癲病發相似? {13} 不惟屈沈上座, 況亦孤負先聖. 你不見達磨西來, <u>少室山</u>下{14}面壁九年, 二祖至於立雪斷臂, 可謂受盡艱辛. 然而<u>達磨</u>不曾措了一辭, 二祖不曾問着一句, 還喚<u>達磨</u>作不爲人, 得麼? 二祖做不求師, 得麼? 山僧每至說着古聖做處, 便覺無地容身, 慙愧後人軟弱. 又況百味珍羞, {15} 遞相供養, 道我四事具足, 方可發心. 只恐做手脚不迭, {16} 便是隔生隔世去也. 時光似箭, 深爲可惜. 雖然如是, 更在諸人從長相度, 山僧也强教你不得. 諸仁者! 還見古人偈麼?{17}10

山田脫粟飯, 野菜淡黃虀, 喫則從君喫, 不喫任東西.

伏惟同道各自努力. 珍重!

{1} <u>芙蓉山</u> <u>道楷禪師</u>, <u>沂州</u> <u>崔氏子</u>, 嗣<u>投子</u> <u>義青禪師</u>.

{2} 根境二處.

{3} 中六識.

{4} 曾經歷知次第者, 是根境識三也.

{5} 『傳燈』<u>龍山和尙</u>是也, 不知何方人氏.

{6} 逢人, 只云"喫茶去", 了無他語.

{7} <u>匶檜山</u> <u>曉了禪師</u>.

{8} <u>大梅禪師</u>, 偈云"一池荷葉, 衣無盡."

{9} <u>涿州</u> <u>紙衣道者</u>, 卽<u>克符禪師</u>也.

{10} 一生未嘗衣帛, 時人謂之泰布衲.

{11} 師居石霜二十年, 學者多有常坐不臥, 屹若株杌, 天下謂之枯木衆.

{12} 鶴頸曲, 其聲出戾故, 以鶴鳴爲㖒.

{13} 癇音閑, 小兒癲病. 醫書, 小兒有五癇, 五臟各有畜所屬: 心癇, 其聲如羊; 肝癇, 其聲如犬; 脾癇, 其聲如牛; 肺癇, 其聲如雞; 腎癇, 其聲如猪.

{14} 崇山有大室·小室, 故號崇山爲小室.

{15} 『智論』云: "百味者, 有能以百種供養, 是名百味; 有云餅種數五百, 其味有百, 是名百味; 有云百種藥草, 作歡喜丸, 是爲百味; 有云飲食羹餅, 總有百; 有云飲食, 種種備足, 故稱爲百味."

{16} 若能見性, 有黏斯脫則六根互用; 不然, 那能迭相作用諸根也.

{17} 牛頭 融禪師偈.

무릇 '출가'라는 것은 세속의 티끌과 수고로움을 싫어하여 영원히 태어나고 죽는 일에서 벗어나며 마음을 쉬고 생각을 그쳐 반연을 단절하는 까닭에 '집을 떠난다'라고 이름하는데, 어찌 한가로이 이익을 구하여 육신을 기르는 것으로써 평생을 매몰시킬 수 있겠는가? 모름지기 곧장 두 가지를 놓아버리고 그 중간도 내려놓아라. 소리를 마주치거나 색을 마주치면 마치 돌 위에 꽃을 심는 듯이 여기고, 이익을 보고 명예를 보면 마치 눈 안에 티끌이 붙은 양 여길지니, 하물며 무시이래(無始以來)로 일찍이 겪지 않았던 것이 아니며 또한 그 순서를 알지 못한 것이 아님에랴? 다만 머리를 뒤집어서 꼬리를 삼아 이와 같음에 그친 것에 불과한데 어찌 모름지기 애를 쓰고 애를 써서 탐내고 사모하겠는가? 만약 지금에 쉬지 않는다면 다시 어느 때를 기다리겠는가? 이러한 까닭에 옛 성현께서 사람들을 가르치되 다만 지금 이때에 남김없이 해치워야 한다 하였으니, 지금 이때를 능히 다할 수 있다면 다시 무슨 일이 있겠는가? 만약 마음 가운데 아무 일 없음을 얻는다면 부처나 조사도 오히려 원수와 같겠거니, 일체의 세상일들이 자연히 냉담해질 것이며 바야흐로 저쪽과 상응하게 될 것이다.

　　그대는 보지 못했는가? 은산은 죽음에 이르기까지 사람들을 보려 하지 않았고, 조주는 죽음에 이르기까지 사람들에게 알리려 하지 않았고, 편첨은 상수리와 밤을 주워 먹거리로 삼았으며, 대매는 연잎으로 옷을 지었고, 지의도자는 다만 종이옷만을 입었고, 현태 상좌는 단지 베옷만을 입었으며, 석상은 고목당을 지어놓고 사람들과 더불어 앉고 누우며 다만 그 마음 죽이기를 바랐고, 투자는 사람들로 하여금 쌀을 마련하게 하고는 함께 밥을 지어 같이 먹음으로써 그대의 일거리를 덜어주고자 하였다. 또한 위로부터 모든 성현들에게 이와 같은 모범이 있었으니, 만약 장점이 없었다면 어찌 달갑게 받아들이겠는가? 모든 어진 자들이여! 만약 여기에서 체득하여 궁구한다면 분명 사람들에게 손해를 입히지는 않을 것이나, 혹여 기꺼이 받아들여 수긍하지 못한다면 향후에 힘만 허비할까 매우 두렵다.

산승은 그 행적에 취할 것이 없음에도 욕되게 산문의 주인이 되었는데, 어찌 앉아서 상주물만 소비하며 앞선 성현들께서 부촉한 일들을 깜빡 잊을 수 있겠는가? 이제 문득 옛사람들이 주지를 하시던 바탕과 사례를 본받아 모든 사람들과 더불어 논의하여 결정하나니, 다시는 산을 내려가지 않고 대중공양에 나아가지 않으며 화주도 보내지 않은 채 오직 본 사원 장과(莊課)의 한 해 소득을 가지고 균등하게 3백6십 등분하고 하루에 그 1분을 취하여 사용함에 사람 수에 따라 늘이거나 줄이지 않을 것이니, 밥을 지을 만하면 곧 밥을 짓고 밥을 짓기에 부족하면 곧 죽을 쑤고 죽 쑤기에 부족하면 곧 미음을 끓일 것이다. 새로 도착한 이를 맞더라도 차와 간식으로 할 뿐 다시 점심을 준비하지 않으며, 오직 한 곳의 다실을 설치하여 스스로 가서 사용하도록 함으로써 힘써 반연을 줄이고 오로지 도에 힘쓰도록 할 것이다.

또 하물며 생계가 구족하고 풍경이 쓸쓸하지 않으니, 꽃은 웃을 줄 알고 새는 능히 지저귀며 나무로 된 말은 길게 울고 돌로 된 소는 잘 달리며, 하늘 바깥의 푸른 산은 바랜 색을 띠고 귓가에 흐르는 샘은 소리가 없으며, 뫼봉 위에 원숭이가 우니 이슬은 한밤중의 달빛을 적시고 수풀 사이 학이 우니 바람은 맑은 새벽의 소나무를 휘감아 돌며, 봄바람이 일어나니 마른나무로 용의 읊조림이 들리고 가을 잎이 시들어 떨어지니 한랭한 수풀로 꽃이 피어나며, 옥빛 계단에는 이끼무늬가 널려 있고 사람들의 얼굴은 안개와 노을빛을 띠고 있다. 세간의 소리와 티끌은 고요해지고 소식은 가라앉으니 한결같은 맛으로 한적하기에 즐겨 달려갈 만한 것이 없도다.

산승이 오늘 모든 사람들의 면전에서 집안일을 이야기하는 것이 이미 정당한 측에 들지 못하는데 어찌 다시 나아가 법당에 오르거나 방안으로 들어서서 방망이를 집어 들고 불자를 세울 것이며, 동쪽으로 할(喝)을 내뱉고 서쪽으로 주장자를 두드릴 것이며, 눈썹을 치세우고 눈을 부릅떠서 마치 놀람병이 도진 것같이 하겠는가? 이는 다만 그대 대덕들을 짓눌러 가라앉히는 것일 뿐만 아니라 더욱이 옛 성인들을 저버리는 것이리다. 그대는 보지 못했는가? 달마는 서쪽으로부터 건너와 소실산 아래에서 면벽을 9년 동안 하였고 혜가는 눈 속에 서서 팔을 끊기까지 하였으니 온갖 어려움과 괴로움을 받았다 할 수 있다. 그러나 달마는 일찍이 한 마디의 말도 던지지 않았고 혜가도 일찍이 한 글귀도 묻지 않았으니, 그러면 달마를 일러 사람들을 위하지 않았다고 해야만 옳을 것이며 혜가가 스승을 구하지 않았다고 해야만 옳을 것인가? 산승이 매번 옛 성현들의 일들을 이야기할 때마다 문득 몸 숨길 곳이 없음을 깨닫게 되고 뒷사람의 연약함을 부끄럽게 여기게 된다. 게다가 하물며 백 가지 맛난 음식으로 번갈아 서로 공양하며 나에게 말하기를 네 가지의 일이 충분히 갖추어져야 비로소 발심할 수 있다고 하지만, 다만 손써 볼 틈도 없이 문득 이 삶과 이 세상에서 멀어져 떠나버리지 않을까 두려울 뿐이다. 시간의 빛은 화살과도 같으니 더욱 애석할 뿐이다. 비록 이와 같지만 다시금 모든 사람에게 있어서 장점을 좇아 서로 제도할 뿐, 산승이 또한 강제로 그대들을 가르치려 해도 그리되지 않으리다. 모든 어진 자들이여 옛사람들의 게송을 본 적이 있는가?

산마루의 밭을 다녀   훑어 모은 뉘밥덩이,
저물 들녘 나물 뽑아   묽게 무친 채소 반찬,
먹겠다면 그대 마음   내킨 대로 먹을 게고,
먹지를 않겠다면야   그저 그리 남기리다.

엎드려 바라건대 같은 길을 가는 이들은 서로 노력하고 진중할지니!

{1} 부용산 도해 선사는 기주 최씨의 자손으로서 투자 의청 선사의 법을 이었다.

{2} 근(根)과 경(境)의 두 처(處, āyatana)이다.

{3} 중육식(中六識)이다.

{4} 증경력(曾經歷), 지차제(知次第)란 곧 근(根)·경(境)·식(識) 셋이다.

{5} 『전등록』에서 말하는 용산 화상이 바로 그인데 어느 지방의 무슨 성씨인지 알 수 없다.

{6} 사람을 만나면 단지 "차나 마시고 가게!" 하고는 다른 말이 없었다.

{7} 편첨산 효료 선사이다.

{8} 대매 선사의 게송에 이르기를 "못 하나의 연잎이면 옷 지음에 가없으리."라 하였다.

{9} 탁주의 지의도자이니 곧 극부 선사이다.

{10} 평생 비단을 입지 않았으니 당시 사람들이 그를 일러 '태포납'이라 하였다.

{11} 선사께서 석상에 머무르기 20년, 그에게 배우는 자들은 대체로 늘 앉아 있을 뿐 눕지 않았으니 그 우뚝 솟은 모습이 마치 베어놓은 나무 그루터기 같았기에 천하에서 그들을 일컬어 '고목중'이라 하였다.

{12} 학은 목이 굽어 있어 그 소리가 나오며 어그러지는 까닭에 학이 소리내는 것을 운다[唳]고 한다.

{13} 癇의 음은 한(閑)이며 어린아이가 앓는 지랄병이다. 의서에 어린아이에게 다섯 가지의 지랄병이 있는데 오장에 따라 각기 연관되는 짐승이 있다 하였으니, 심장에 의한 지랄병은 그 소리가 마치 양과 같고, 간에 의한 지랄병은 그 소리가 마치 개와 같고, 지라에 의한 지랄병은 그 소리가 마치 소와 같고, 폐에 의한 지랄병은 그 소리가 마치 닭과 같고, 콩팥에 의한 지랄병은 그 소리가 마치 돼지와 같다고 하였다.

{14} 숭산에는 대실과 소실이 있는 까닭에 (단지) 숭산이라 부를 때는 소실이 된다.

{15} 『지론』에서 말하였다. "백미(百味)란 1백 가지 종류로써 능히 공양함이 있기에 이를 백미라 이름하는 것이며, 또는 떡이 그 종류의 수가 5백이요 그 맛이 1백 가지이므로 이를 백미라 이름한다고 하며, 또는 1백 종류의 약초로 환희환을 만드니 이것이 1백 가지 맛[百味]이 된다고 하며, 또는 음식과 국 및 떡 등이 모두 1백 가지가 있다고 하며, 또는 음식이 종류별로 모두 갖추어진 까닭에 그것을 일컬어 백미라 한다고 한다."

{16} 만약 능히 성품을 본다면 유점(有黏)이 이로서 벗어질 것인즉 육근이 상호 작용할 것이나, 그렇지 않다면 어찌 능히 갈마들며 모든 근(根)이 서로 작용하겠는가.

{17} 우두 융 선사의 게송이다.

사기
(私記)

1. **芙蓉道楷**: (1043~1118) 중국 송나라 때 스님으로, 기수(沂水) 최(崔)씨의 자손이다. 처음에는 이양산(伊陽山)에서 도술을 배워 능히 피곡(避穀 : 선술仙術을 닦아 불로장생하기 위해 곡식을 먹지 아니함)하였다. 후에 그것의 그릇됨을 깨닫고 불문에 들어와 자의 청(子義靑) 선사에게 투신하고 참구하여 법을 얻고, 원풍(元豊) 3년 기주(沂州)의 선동(仙洞)을 나와 낙(洛) 지방의 초제사(招提寺)와 영(郢) 지방의 대양사(大陽寺) 및 수(隋) 지방의 대홍사(大洪寺) 등의 사찰을 역임하니 그 명성이 중국 전역에 자자하여 따르는 자가 마치 구름과 같이 많았다. 숭녕(崇寧) 3년 휘종(徽宗)이 그 명성을 듣고 불러들여 경사(京師)의 시방원(十方院)에 주석케 하고 자의(紫衣)를 하사하였는데 도해(道楷)가 그 옷이 부처님의 법에 맞지 않다 하며 거절하고 받지 않자 휘종이 노하여 묵형(墨刑)에 처하고 유배를 보냈으나 결국 굴복하지 않았다. 후에 휘종이 깨우치고는 그가 하자는 대로 청을 들어주자 돌아와 부용호(芙蓉湖)에 머무니 세간에서 부용 해(芙蓉楷)라 일컬었다. 중화(重和) 원년 5월에 "吾年七十六, 世緣今已益, 生不愛天堂, 死不怕地獄."이란 임종게를 남기고 76세로 입적하였다. 어록과 시 및 게송 등이 세간에 전한다.

2. **參**: 선종에서 주지가 대중을 모아 가르침을 설시(說示)하는 것이나, 사장(師匠)을 뵙고 가르침을 묻는 일이나, 또는 좌선하는 것을 말한다.
   1) 대참(大參) : 매월 5일, 10일, 20일, 25일 정기적으로 상당하여 설법하는 것을 말한다.
   2) 소참(小參) : 불시에 주지가 법당 혹은 장소를 따로 정하지 않고 거실(居室)에서 대중을 모아 설법하는 것을 말한다. 대참에 비해 규모가 작으므로 소참이라 하며, 또한 가참(家參)이라고도 한다.
   3) 조참(朝參) : 아침 식사 후에 선당(禪堂)에 나아가 설법을 듣고 강경(講經)하는 것을 말한다.
   4) 만참(晚參) : 저녁 무렵 집회를 가지고 주지의 설법을 듣거나 염송 또는 참선을 하는 것이다. 『조정사원(祖庭事苑)』에서 "日晡念誦, 謂之晚參."이라 하였다.
   5) 변참(徧參) : 운수(雲水)가 널리 제방의 스승을 찾아서 참학하는 것을 말한다.
   6) 방참(放參) : 주승(住僧)의 유고(有故)나 임시로 갖는 기도 등으로 인해 만참을 쉰다는 것을 알리는 것이다. 이를 알리기 위해 치는 종을 '방참종', 이 일을 계시하는 패를 '방참패'라 한다.

3. **無始**: 범어 anādi 또는 anādikāla의 번역으로, 아무리 거슬러 올라가도 그 비롯하는 시작점을 알 수 없는 상태를 나타내는 말이다. 일체 세간의 중생과 법이 모두 처음이 없는 것과 같이 금생은 전생의 인연을 따라 존재하고, 전생은 또한 전생을 따라 존재하는 것처럼 이같이 추구해 들어가면 중생과 법은 원래 얻을 수 없으므로 무시라고 한다.

4. **大梅**: (741~808) 중국 당나라 때 스님으로, 속성은 정(鄭)씨, 대매(大梅)는 호, 이름은 법상(法常)이다. 형주(荊州)의 옥종사(玉宗寺)에 가서 처음 마조를 찾고 묻기를 "어떤 것이 부처님입니까?" 하

니 마조가 "즉심시불(卽心是佛)."이라 하는 데서 크게 깨달았다. 당나라 덕종(德宗) 때 대매산(大梅山)에 호성사(護聖寺)를 짓고 종풍을 크게 떨쳤다. 당나라 헌종(憲宗) 원화(元和) 3년 6월에 68세로 입적하였다.

5 紙衣道者: 임제 의현의 제자로, 이름은 극부(克符), 호는 탁주(涿州), 지의도자(紙衣道者)는 별호이다.

6 玄泰:『전등록(傳燈錄)』제16에서 "南岳玄泰, 不知何許人, 沈黙寡言, 未嘗衣帛, 衆謂之泰布衲."이라 하다. 이름은 현태(玄泰), 호는 칠보대(七寶台)로, 당나라 소제(昭帝) 천복(天復) 2년(902)에 입적하였다.

7 上座: 범어 sthavira, 빠알리어 thera이며, 이것을 소릿말적기하여 실타설라(悉他薛羅) 또는 실제나(悉提那)라 한다. 장로(長老), 상랍(上臘), 수좌(首座), 상좌(尙座), 주위(住位)라고도 일컫는다. 또는 비구의 범칭으로 쓰이기도 한다.
1) 상좌의 세 가지 의미
(1) 법랍이 높은 승려에 대한 존칭이다.『사분율산번보궐행사초(四分律刪繁補闕行事鈔)』권하(卷下) "二十夏至四十九夏名上座."
(2) 덕행이 있는 승려에 대한 존칭이다.『십송률(十誦律)』에서는 계(戒)를 잘 지키고 선행이 있는 자를 말한다고 하였다.
(3) 사원 삼강(三綱)의 하나로, 전체 사원의 어른을 뜻한다.
2)『비니모경(毘尼母經)』권6
(1) 기구장숙(耆舊長宿) : 50랍 이상으로서 국왕과 장자 및 출가인들로부터 존경을 받는 이를 말한다.
(2) 상좌(上座) : 20랍~49랍을 말한다.
(3) 중좌(中座) : 10랍~19랍을 말한다.
(4) 하좌(下座) : 무랍(無臘)~ 9랍을 말한다.
3)『집이문족론(集異門足論)』권4
(1) 생년상좌(生年上座, jatisthavira) : 존장(尊長) 또는 기구(耆舊)를 가리킨다.
(2) 세속상좌(世俗上座, saṃvṛtisthavira) : 세속의 재산이나 지위 또는 권력이 있는 자를 가리킨다.
(3) 법성상좌(法性上座, dharmasthavira) : 법랍이 비교적 높으며 해탈에 대한 깨달음을 지니고 이미 아라한을 증득한 자를 가리킨다.
4)『석씨요람(釋氏要覽)』권상(上)
(1) 승방상좌(僧房上座) : 율장에서 말하는 삼강상좌(三綱上座)를 말한다.
(2) 승상좌(僧上座) : 단상(壇上)의 상좌, 혹은 수계시 당중(堂中)의 상좌를 말한다.
(3) 별방상좌(別房上座) : 선림에서 모든 요사채에 머물고 있는 수좌(首座)를 말한다.
(4) 주가상좌(住家上座) : 계재석(計齋席)의 상좌를 말한다.

8 石霜: (807~888) 중국 당나라 때 스님으로, 여릉(廬陵, 강서성 길안부吉安府) 신금옥사향(新金玉筍鄉) 사람이다. 속성은 진(陳)씨, 석상(石霜)은 호, 이름은 경제(慶諸). 13세에 홍정서산(洪井西山)의 소란선옹(紹鑾禪翁)에게서 중이 되고, 23세에 숭산(嵩山)에 가서 구족계를 받았다. 뒤에 원지(圓智)의 법을 잇고, 석상산(石霜山)에 가서 그를 시봉하였다. 원지가 입적한 뒤에는 배우려는 무리가 운집하여 5백이나 되었다고 한다. 희종(僖宗)이 선사의 명성을 듣고 자의(紫衣)를 하사하니 굳이 사양하고 받지 않았다. 광계(光啓) 4년에 82세로 입적하였다. 시호는 보회(普會) 대사이다.

9 投子: (1032~1083) 중국 북송(北宋) 때 스님으로, 서주(舒州) 청사(青社) 사람이며, 속성은 이(李)씨

이다. 7세에 묘상사(妙相寺)에서 출가, 법상종을 배우고 또 화엄종을 연구하였다. 뒤에 선문의 덕 있는 이들을 방문, 부산 법원(浮山法遠)의 일깨움을 받고 드디어 태양 경현(太陽警玄)의 법을 이어 원통 법수를 만나 여산(廬山)의 혜일사(慧日寺)에서 대장경을 개람(開覽), 1075년 서주(舒州)의 투자산(投子山)에서 태양의 종풍을 크게 펼쳤으므로 투자(投子)란 호를 얻었다. 송나라 원풍(元豊) 6년 5월에 52세로 입적하였다. "兩處住持, 無可助道, 珍重諸人, 不須尋討."라 유계(遺誡)하였다.

10   **古人 :** 주석에는 우두 융(牛頭融) 선사의 게송이라 하였으나, 『전등록(傳燈錄)』 제5권의 '우두미선사장(牛頭微禪師章)'에서 "師上堂示衆曰: 三世諸佛用一點伎倆不得, 天下老師口似匾擔, 諸人作麽生大容易, 除非知有莫能知之. 僧問: 如何是和尙家風? 師曰: 山畬粟米飯, 野菜澹黃虀. 僧曰: 忽遇上客來, 又作麽生? 師曰: 喫卽從君喫, 不喫任東西. 問: 不問驪龍頷下珠, 如何識得家中寶? 師曰: 忙中爭得作閑人."이라 하였다.

4

나암추화상법어

懶 庵 樞 和 尙{1}1 法 語

●

도추 화상의 법어

佛誡羅睺羅²頌云: "十方世界諸衆生, 念念已證善逝果. 彼旣丈夫我亦爾, 何得自輕而退屈?" 六凡四聖,³ 同此一性, 彼旣如是, 我何不然? 直須內外資熏, 一生取辦, 更若悠悠過日, 是誰之咎? 古德云: "此身不向今生度, 更待何生度此身?"

天台 智者大師云: "何不絶語言, 置文字, 破一微塵, 出大千經卷?" 一微塵者, 衆生妄念也; 大千經卷者, 衆生佛性也. 衆生佛性爲妄念所覆, 妄念若破, 則佛性現前. 此老人爲固執文字語言者, 興此歎也. 此亦是金鎞⁴刮膜之義.{2} 他日眼開, 方知得力.

『楞嚴經』⁵云: "云何賊人假我衣服, 裨販如來, 造種種業?" 若不以戒攝心者, 縱饒解齊佛祖, 未免裨販如來, 造種種業, 況平平之人? 淸涼國師⁶以十願律身者,{3} 良有以也, 戒以愼爲義. 又曰洗心曰齋, 防患曰戒.

{1} 靈隱寺 懶庵 道樞禪師, 吳興 嚴安 徐氏子, 嗣道場 居慧禪師.

{2} 金鎞者, 『涅槃經』云: "如有盲人, 爲治眼故, 造詣良醫, 良醫卽以金鎞抉其眼膜." 以況台老所
說開人心目也.

{3} 華嚴第六祖澄觀大士, 字大休, 會稽 夏候氏子也. 至德中, 以十事自勵曰: "體不捐沙門之表,
心不違如來之制, 坐不背法界之經, 性不染情碍之境, 足不履尼寺之塵, 脇不觸居士之榻, 目
不視非儀之彩, 舌不味過午之餚, 手不釋圓明之珠, 宿不離衣鉢之側."

부처님께서 라후라를 훈계하는 게송에서 말씀하셨다.

시방세계 모든 중생　　생각생각 이미 모두　　선서과를 이뤘음에,
저도 장부 나도 장부　　어찌 앞서 가볍사리　　스스로가 물러나리.

여섯 갈래 범부의 세계와 네 갈래 성인의 세계는 다같이 한 성품이거늘 저가 이미
이와 같거니 나도 어찌 그렇지 않겠는가? 모름지기 안팎으로 돕고 훈습하면 한 생
에 끝장을 보겠지만 다시 만약 유유자적 세월을 보낸다면 이는 누구의 허물인가?
옛 덕 있는 이가 이르기를 "이 몸 금생에 제도하지 못하면 다시 어느 생을 기다려 이
몸을 제도하겠는가." 하였다.

　　천태 지자 대사가 이르기를 "어찌하여 언어를 단절시키고 문자를 내버려둔 뒤
하나의 미세한 티끌을 깨트려 대천세계만 한 경전을 꺼내지 않는가?" 하였으니, 하
나의 미세한 티끌이란 중생의 망념을 말하며 대천세계만 한 경전이란 중생의 불성
을 말한다. 중생의 부처 되는 성품은 망념에 의해 덮여져 있으니 망념이 만약 깨어
지면 이내 불성이 눈앞에 드러나게 된다. 이 늙은이는 문자와 언어를 고집하는 자들
을 위해 이 탄식을 일으킨 것이다. 이 또한 금비로 눈의 망막을 후벼낸다는 것이니,
뒷날 눈이 열리면 바야흐로 힘을 얻은 줄 알지어다.

　　『능엄경』에 이르기를 "어찌하여 도적이 나의 옷을 빌려 입고 여래를 팔아 각종
의 업을 짓는가?"라고 하였으니, 만약 계로써 마음을 다독거리지 못하는 자는 설령

그 견해가 넉넉하기를 부처님이나 조사들과 가지런하다 할지라도 여래를 팔아 각종의 업 지음을 면치 못할 것인데 하물며 평범하고 평범한 사람임에랴? 청량 국사가 열 가지 원력으로 몸을 단속한 것은 진실로 까닭이 있으니, 계는 삼가는 것으로 그 뜻을 삼는다. 또 이르기를 "마음 씻는 것을 재(齋)라 하고 근심 방지하는 것을 계(戒)라 한다."고 하였다.

{1} 영은사 나암 도추 선사는 오흥 엄안 서씨의 자손으로서 도장 거혜 선사의 법을 이었다.

{2} 금비란,『열반경』에 이르기를 "만약 어떤 맹인이 눈을 치료하기 위해 훌륭한 의사를 찾아가면 그 의사는 곧 금비로써 눈의 막을 도려낸다." 하였으니, 이로써 천태 대사가 말한 바가 사람들의 마음의 눈을 열어줌을 비유한 것이다.

{3} 화엄 제6조 징관 대사는 자가 대휴로서 회계 하후씨의 자손이다. 지덕 연간 중에 열 가지 일로써 스스로를 채찍질하여 말하였다. "몸은 사문의 의표를 버리지 않고, 마음은 여래의 제재를 어기지 않으며, 앉을 때는 법계의 경전을 등지지 않고, 성품은 정이라는 장애의 경계에 물들지 않으며, 발은 비구니절의 티끌을 밟지 않고, 겨드랑이는 거사들의 의자에 닿지 않으며, 눈으로는 위의 답지 못한 채색을 보지 않고, 혀로는 한 나절이 지난 반찬을 맛보지 않으며, 손에는 둥글고 밝은 구슬을 놓지 않고, 잘 때는 의발의 곁을 여의지 않는다."

치문경훈

사기
(私記)

1 懶庵道樞 : (?~1176) 중국 송나라 때 스님으로, 자는 나암(懶庵), 오흥(吳興) 서(徐)씨의 자손이다.
도장 혜(道場慧) 선사의 법을 이어 남악(南岳)의 16세 손이 되었다. 처음에는 하산(何山)에 주석하
다 곧이어 화장사(華藏寺)로 옮겼으며, 융흥(隆興) 초에 항주(杭州) 영은사(靈隱寺)로 옮겼다. 효종
(孝宗)이 불러들여 법을 묻자 선문의 평상적인 문구로서 적절하고도 당당하게 답하였다. 후에 노
약함을 들어 물러나와 명교 설숭(明敎契嵩) 선사의 영안원(永安院)에 머물다가 순희(淳熙) 3년 8월
에 "雪裡梅花春信息, 池中月夜精神, 年未可是無住趣, 莫把家風拳似人."이란 게송을 남기고
입적하다.

2 羅睺羅 : Rāhula를 소릿말적기한 것으로, 구역에서는 나운(羅云)·나후라(羅睺羅) 등으로, 신역에
서는 갈라호라(曷羅怙羅)·하라호라(何羅怙羅) 등으로 번역하였다. 부처님의 아들로서 일설에는
잉태한 지 6년이 되어 태어났다고도 한다. 15세에 출가하여 사리불을 화상(和尙)으로 삼고 사미
가 되어 마침내 아라한과를 성취하였으며, 부처님 10대 제자 가운데 밀행제일(密行第一)로 존경
받았다. 라후라는 후에 법회 회상에서 도칠보화여래(蹈七寶華如來)의 수기를 받았다. 이름은 나후
라아수라왕(羅睺羅阿修羅王)이 달을 가릴 때에[障蝕] 태어났다 하여 라후라라고 한다. 라후라란 집
일(執日) 또는 장폐(障蔽)의 뜻이니, 그는 전생에 왕이 된 적이 있었는데 출가한 형이 작은 일로 자
자(自恣)함에 잠시 뒷뜰에 가두었다가 무슨 일로 깜빡 잊고 6일 동안 열어주지 않은 과보로 잉태
된 채 6년 동안 있게 되었다 한다.

3 六凡四聖 : 6범은 지옥·아귀·축생·아수라·인간·천상을 말하며, 4성은 성문·연각·보살·부처
를 말한다. 이를 합하여 10법계(法界)라 일컫는다.

4 金錍 : 금비(金鎞)라고도 한다. 의사가 안막(眼膜)을 긁어내어 맹인을 치료하는 데 쓰는 의료기구
인데, 밀교에서는 아사리(阿闍梨)가 관정(灌頂)을 받고자 하는 사람의 눈에 가지(加持)하는 도구를
말한다.

5 楞嚴經 : 『능엄경(楞嚴經)』제6권 "사결정(四決定) 청정명회중(淸淨明晦中) 투도계조(偸盜戒條)"에
있는 말이다.

6 淸凉國師 : (?~839) 화엄종의 제4조로, 회계(會稽) 사람이다. 성은 하후(夏候), 자는 대휴(大休), 이
름은 징관(澄觀). 청량 국사는 헌종이 내린 호. 구조(九朝 : 당나라의 현종玄宗, 숙종肅宗, 대종代宗, 덕종德
宗, 순종順宗, 헌종憲宗, 목종穆宗, 경종敬宗, 문종文宗)의 문사(門師)를 지냈다. 문종의 개성(開城) 3년 3월
6일에 101세로 입적하였다. 『화엄경주소(華嚴經註疏)』, 『화엄경수소연의초(華嚴經隨疏演義鈔)』등
4백여 권의 저서가 있다.

11
장

게찬
偈讚

1

백시랑육찬게병서

白 侍 郎[1] 六 讚 偈 幷 序 {1}

●

백시랑의 찬불 게송 여섯 수

樂天常有願, 願以今生世俗文筆之因, 翻爲來世讚佛乘轉法輪之緣也. 今年登七十, 老矣病矣, 與來世相去甚邇. 故作六偈, 跪唱於佛法僧前, 欲以起因發緣, 爲來世張本[2]也.

● **讚佛**

十方世界, 天上天下,　　　我今盡知, 無如佛者,
堂堂巍巍, 爲天人師,　　　故我禮足, {2} 讚歎歸依.

● **讚法**

過現當來, 千萬億佛,　　　皆因法成, 法從經出,
是大法輪, 是大寶藏,　　　故我合掌, {3} 至心回向.[3]

● 讚僧

緣覺聲聞, 諸大沙門,　　　　漏盡果滿, 衆中之尊,

假和合力, 求無上道,　　　　故我稽首,[4] 和南僧寶.

● 讚衆生

毛道凡夫,[5]4 火宅5衆生,　　　胎卵濕化, 一切有情,

善根苟種, 佛果終成,　　　　我不輕汝, 汝無自輕.[6]

● 懺悔

無始劫來, 所造諸罪,　　　　若輕若重, 無大無小,

我求其相, 中間內外,　　　　了不可得, 是名懺悔.[7]6

● 發願[8]

煩惱願去,[9] 涅槃願住,　　　十地願登,[10] 四生願度.[11]

佛出世時, 願我得親,　　　　最先勸請, 請轉法輪.[12]

佛滅度時, 願我得值,　　　　最後供養,[13] 受菩提記.

{1} 出『長慶集』. 白居易, 字樂天, 得法於香山 佛光 如滿禪師, 自號香山居士. 穆宗 長慶元年, 自中書舍人出爲杭州刺史. 有『白氏長慶集』七十五卷, 元微之序. 鷄林賈人求市頗切云, 東國宰相每以百錢換一篇云.

{2} 以我無上之頂, 禮彼最下之足, 敬之至也.

{3} 『觀音疏』云: "此方, 以拱手爲恭; 外國, 以合掌爲敬. 手本二邊, 今合爲一, 表不放縱, 專至一心."

{4} 『荀子』云: "平衡曰拜, 下衡曰稽, 首至地曰稽顙." 注: 平衡, 謂磬折而首與腰平.

{5} 梵云婆羅, 此云毛道, 謂行心不定猶如輕毛, 隨風東西也.

{6} 常不輕菩薩常禮一切云: "我不輕汝." 普賢云: "我於一切衆生, 種種承事供養, 如敬父母乃至如來, 等無有異." 又『法華』云: "法師道行淸峻, 爲衆所敬, 若行之時, 但視地而行, 見有微虫當路, 卽自念言: '焉知此佛子, 先我得道?' 便避而行." 後學可不思齊?

{7} 此卽理懺. 若是事懺, 晝夜六時, 三業淸淨, 對於尊像, 披陣罪過, 更不覆藏, 又不造新.

{8}　具發四弘誓願.

{9}　卽煩惱誓願斷.

{10}　卽佛道誓願成.

{11}　卽衆生誓願度.

{12}　卽法門誓願學.

{13}　純陀, 此云解妙義, 乃拘尸羅城巧匠之子. 佛臨涅槃, 一切天人所有供養皆不受之, 惟受純陀之供, 佛言: "一切諸佛, 臨涅槃時, 最後供養者, 其福勝於一切." 又『涅槃』云: "佛臨涅槃時, 一切天人大衆皆獻不受, 獨受純陀之供, 一切大衆出大音聲唱言: '奇哉! 純陀成大福德, 能令如來取最後供? 我等無福, 所設供具, 卽爲唐捐.' 如來卽於身上一一毛孔, 化無量佛, 各有無量諸比丘僧, 諸佛及衆悉皆現身, 受大衆供, 釋迦自受純陀所奉之供, 其成熟之食, 以摩伽陀所用之斛, 滿足八斛, 以佛神力, 一切大衆足."

낙천에게는 항상 소원이 있으니, 원컨대 금생에 세속에서 붓을 잡은 인연으로 내세에 가서는 불법을 찬탄하고 법의 바퀴를 굴리는 인연이 되기를 바란다. 이제 나이 일흔에 오르니 늙고 또한 병이 들어 내세와 더불어 서로의 거리가 매우 가깝다. 그러므로 여섯 수의 게송을 지어 불법승의 삼보 앞에 무릎을 꿇어 읊조림으로써 인(因)을 일으키고 연(緣)을 발하여 내세의 은밀한 밑거름이 되고자 한다.

● 찬불

시방세계 천상천하	내가 이제 모두 아니
부처같이 높으신 분	어디에도 없더이다.
당당하고 높을세라	하늘 인간 스승일세
그런고로 예하오니	찬탄하고 귀의할세.

● 찬법

삼세제불 천만억불	모두 법에 바탕하고
법은 또한 경전에다	그 뿌리를 두었으니,
이가 바로 법의 바퀴	이가 바로 보배창고

그런고로 합장하니   지극정성 회향할세.

● 찬승

연각성문 크신 사문   번뇌 다해 원만하니
뭇 중생의 무리 중에   존귀하고 존귀하며,
화합하는 힘을 빌어   위가 없는 도 구하니
그런고로 머리 숙여   승보전에 엎디올세.

● 찬중생

털날 같은 한낱 범부   불집 속의 중생들과
태란습화 모습 지닌   일체 모든 유정들이,
착한 뿌리 정성 심어   결국에는 부처되니
내가 그대 중히 보니   그대 역시 가벼말세.

● 참회

무시이래 억겁 동안   짓고 지은 모든 죄업
가볍거나 무겁거나   크다거나 작다거나,
그 모습을 찾아봄에   중간이나 안팎이나
구하여도 얻지 못해   참회라고 이름할세.

● 발원

바라노니 번뇌 가고   바라노니 열반 들고
바라노니 십지 올라   바라노니 사생 벗어,
부처님이 나실 적에   바라노니 친히 모셔
가장 우선 청할 것은   법의 바퀴 굴림이며,
부처님이 드실 적에   바라노니 친히 뵈어

가장 나중 공양하고   보리 수기 받을세라.

{1} 『장경집』에 나온다. 백거이는 자가 낙천으로 향산의 불광 여만 선사에게 법을 얻어 스스로 향산 거사라 불렀다. 목종 장경 원년에 중서사인의 관직으로부터 물러나와 항주자사가 되었다. 『백씨 장경집』 75권이 있으며 원미지가 서문을 썼다. 계림의 장사치들은 매우 간절히 그것을 구입하려 했다고 하며, 동국의 재상들은 매번 1백 전(錢)으로 1편을 바꾸었다고 한다.

{2} 나의 위없는 정수리로써 상대의 가장 아래인 발에 예(禮)함은 공경이 지극함이다.

{3} 『관음소』에서 말하였다. "이 지방에서는 두 손을 맞잡는 것으로써 공경함을 삼고, 외국에서는 두 손바닥을 합치는 것으로써 공경함이라 여긴다. 손은 본래 두 가장자리이나 이제 합쳐서 하나가 되게 함은 방종하지 않고 오로지 한 마음에 이름을 표방한 것이다."

{4} 『순자』에 이르기를 "평형됨을 배(拜)라 하고, 평형에서 내려간 것을 계(稽)라 하며, 머리가 땅에 닿는 것을 계상(稽顙)이라 한다." 하였는데, 주석에서 평형은 경쇠처럼 몸을 굽혀 머리가 허리와 더불어 평평해짐이라 하였다.

{5} 범어의 '바라'는 이곳 말로 모도(毛道)이니, 마음을 행하는 것이 안정되지 못하여 그 가볍기가 마치 털과 같아서 바람에 따라 동쪽이나 서쪽으로 나부낌을 말한다.

{6} 상불경보살이 항상 모든 이에게 예(禮)를 올리며 이르기를 "나는 그대를 가벼이 여기지 않는다." 하였으며, 보현보살이 이르기를 "나는 일체 중생들을 가지가지로 받들어 공양함에 마치 부모나 여래를 공경하듯이 동등하게 하여 다름이 없게 한다." 하였다. 또 『법화경』에 이르기를 "법사의 도행은 맑고도 엄격하여 대중들이 공경하는 바가 되었으니, 만일 길을 갈 때는 다만 땅을 쳐다보며 걷다가 자그마한 벌레가 길을 막고 있으면 곧 스스로 생각하여 말하기를 '이 불자가 나보다 먼저 득도할 지 어찌 알겠는가?' 하며 곧 피해서 가곤 하였다." 하였으니 후학들은 이와 가지런해질 것을 생각하지 않을 수 있겠는가?

{7} 이것은 곧 이참(理懺)이다. 만약 사참(事懺)이라면 낮과 밤의 24시간 동안 삼업이 청정해야 하고 존귀한 형상을 대하여 죄과를 헤쳐 늘어놓음에 다시 덮어 가리지 않으며 또한 새로이 짓지도 말아야 할 것이다.

{8} 사홍서원을 갖추어 발원함.

{9} 즉 번뇌가 끊어지기를 바람[煩惱誓願斷]이다.

{10} 즉 불도가 이루어지기를 바람[佛道誓願成]이다.

{11} 즉 중생들을 제도하기를 바람[衆生誓願度]이다.

{12} 즉 법문을 배우기를 바람[法門誓願學]이다.

{13} 순타는 이곳 말로 해묘의(解妙義)이니 곧 구시라성의 장인바치의 아들이다. 부처님께서 열반에 임했을 때 일체의 하늘사람들이 공양하는 것은 모두 받지 않으시고 오직 순타의 공양만을 받으시며 말씀하시기를 "일체의 모든 부처님이 열반에 임했을 때 최후로 공양하는 자는 그 복덕이 모든 것보다 뛰어나다." 하였다. 또 『열반경』에 이르기를 "부처님께서 열반에 임했을 때 일체의 하늘사람들이 모두 공양을 바쳤으나 받지 않으시고 오로지 순타의 공양만을 받으니 모든 대중들이 나와서 큰소리로 노래하여 말하기를 '기이하도다! 순타는 얼마나 큰 복덕을 지었기에 능히 여

래로 하여금 최후의 공양을 받아 가지게 하는가? 우리들은 복이 없어 온전히 베풀어놓은 공양도 곧장 헛되이 버리게 되었구나.' 하므로 여래께서 곧 몸의 털구멍 하나하나에서 무량한 부처님을 변화해 내시고 그 각각에 무량한 뭇 비구승들을 거느리게 하고는 모든 부처님과 대중스님들이 낱낱이 몸을 드러내게 하여 대중들의 공양을 받게 하였으며 석가께서는 스스로 순타가 받들어 올린 공양을 받았으니, 익힌 음식 가운데 마갈타국에서 사용하는 용량으로 8곡(斛)을 채워 부처님의 신통력으로써 모든 대중들을 만족케 하였다."라고 하였다.

사기
(私記)

1　**白侍郎**：(772~846) 중국 당나라 시대의 대표적인 시인. 자는 낙천(樂天), 호는 향산거사(香山居士)이다. 그가 형부상서 시랑의 자리를 지냈으므로 백시랑이라 한다. 대중적인 작품인 "장한가(長恨歌)"와 "비파행(琵琶行)" 등은 문사(文士)와 서민들간에 널리 애송된다. 『백씨문집(白氏文集)』71권이 있다. 무종(武宗) 회창(會昌) 6년에 75세로 세상을 떠났다.

2　**張本**：일의 발단되는 근원. 과현당래(過現當來)는 과거와 현재와 당래(當來, 미래未來와 같음)의 삼세를 말한다.

3　**回向**：범어 pariṇāmana로, 회전취향(廻轉趣向)이란 뜻이다. 자기가 쌓은 선근 공덕을 다른 사람에게 돌려서 그 사람을 이익되게 하거나 깨닫게 하는 일을 말한다. 일반적으로 법요·독경·염불·보시 등의 선행으로써 공덕을 중생에게 돌려서 불도에 들게 하는 것을 말한다.
1) 수나라 혜원(慧遠)이 『대승의장(大乘義章)』9권(卷)에서 말한 3종 회향
(1) 중생회향(衆生回向)：자기가 지은 선근 공덕을 다른 중생에게 회향하여 공덕 이익을 주려는 것이니, 불·보살의 회향과 세속에서 영가를 천도하기 위하여 독경하는 등이 그것이다.
(2) 보리회향(菩提回向)：자기가 지은 온갖 선근을 회향하여 보리의 과덕(果德)을 얻으려고 추구하는 것이다.
(3) 실제회향(實際回向)：무상한 것을 싫어하고 진실한 이법을 구하기 위해 자신의 선행을 평등하고 불변한 진리 그 자체로 향하게 하는 것이다.
2) 당나라 담란(曇鸞)이 『왕생론주(往生論註)』에서 밝힌 2종 회향
(1) 왕상회향(往相回向)：자기가 지은 과거와 금생의 선근 공덕을 중생에게 베풀어서 함께 정토에 왕생하기를 원하는 것이다.
(2) 환상회향(還相回向)：정토에 왕생한 뒤에 다시 대비심을 일으켜 이 세계에 돌아와서 중생을 교화하여 함께 불도에 들게 하는 것이다.

4　**毛道凡夫**：모도중생(毛道衆生) 또는 모두중생(毛頭衆生)이라고도 일컬으며 간략히 모도생(毛道生)이라고도 한다. 모도범부(毛道凡夫)란 말은 보리류지가 번역한 『금강반야경』 등에 나오는 번역어인데, 범어 원문은 bālapṛthagjana로서 그 의미는 영우범부(嬰愚凡夫)이나, 어두의 bāla(어리석음, 愚)를 vāla(털, 毛)로 잘못 오인한 까닭에 '모도(毛道)'라 번역한 것이다. 그러므로 그 의미는 『금강경』의 이역(異譯)에 있는 "小兒凡夫(笈多譯)" 또는 "嬰兒凡夫(眞諦譯)"의 뜻으로 해석해야 한다.

5　**火宅**：범어 ādīptāgāra의 번역. 『법화경(法華經)』에서 말한 일곱 가지 비유 가운데 하나로서, 번뇌와 고통이 충만한 이 세상을 불타고 있는 집에 비유하여 말한 것이다. 『법화경』 제3 "비유품(譬喩

品)”“三界無安, 猶如火宅, 衆苦充滿, 甚可怖畏, 常有生老, 病死憂患, 如是等火, 熾然不息.”

6 **懺悔** : 『법보단경(法寶壇經)』“前念後念及今念, 念念不被愚迷染, 從前惡行, 一時永斷, 自性若除, 卽是懺悔 …… 懺者, 終身不作; 悔者, 知於前非. 惡業恒不離心, 諸佛前, 口說無益(앞의 생각과 뒤의 생각 및 지금의 생각에 이르기까지 생각생각마다에서 어리석음과 미혹에 물들지 않으며, 종전의 악행을 한 순간에 영원히 끊어 참된 성품으로부터 떨쳐버린다면 곧 이것이 참회이다. …… 참회란 끝끝내 잘못을 짓지 않는 것이요, 회悔란 지난날의 잘못을 아는 것이다. 나쁜 죄업을 항상 마음에서 버리지 않으면 모든 부처님 앞에서 입으로 말하여도 이익이 없다).”

7 **十地** : 지(地)는 범어 bhūmi의 번역으로, 주처(住處) 혹은 주지(住持)나 생성(生成)의 뜻이다. 그 자리[住]를 사는 집으로 하고, 또 그 자리의 법을 보존하고 육성하는 것에 의해서 결과를 낳게 됨을 말한다.
1) 신역 『화엄경』 권34에 의한 십지의 분류에 따라 『대승의장(大乘義章)』 권14에서 혜원(慧遠)이 붙인 각 지(地)에 대한 해석은 다음과 같다.
(1) 환희지(歡喜地, pramuditābhūmi) : 처음으로 성자가 되어서 크게 기쁜 마음이 일어나는 자리를 말한다.
(2) 이구지(離垢地, vimalābhūmi) : 잘못을 일으켜 계를 파하고 번뇌를 더하는 마음을 여읜 자리를 말한다.
(3) 발광지(發光地, prabhākarībhūmi) : 선정에 의해서 지혜의 빛을 얻어 문(聞)·사(思)·수(修)의 삼혜(三慧)를 닦아서 진리가 밝혀지는 자리를 말한다.
(4) 염혜지(焰慧地, arcismatībhūmi) : 전삼지(前三地)의 조처에 의한 견해를 여의고 지혜의 불이 번뇌의 섶[薪]을 태우는 불꽃으로 인하여 지혜의 본체를 깨닫는 자리를 말한다. 곧 그 깨달음에 의해서 일으키는 아함광(阿含光)이 구슬의 광염과 같은 자리라는 뜻이다.
(5) 난승지(難勝地, sudurjayābhūmi) : 확실한 지혜를 얻었기에 그 이상은 넘어 올라가기가 곤란하다는 지위를 말한다. 또 출세간의 지혜를 얻어서 자유자재한 방편을 가지고 구하기 어려운 중생을 구원하는 자리라고 한다.
(6) 현전지(現前地, abhimukhībhūmi) : 반야바라밀을 듣고서 대지(大智)가 눈앞에 나타나는 자리를 말한다.
(7) 원행지(遠行地, dūraṇgamabhūmi) : 무상행(無相行)을 닦아서 마음의 작용이 세간을 뛰어 넘은 자리를 말한다. 이 자리에서는 위로 구해야 할 보리도 없고 아래로 구원할 중생도 없다고 보아서 무상적멸의 이(理)에 잠겨 수행을 할 수 없게 될 걱정이 있다. 이것을 칠지침공(七地沈空)의 난(難)이라고 한다. 그러나 이때 시방의 제불(諸佛)들이 7종의 법을 가지고 권려(勸勵)하기 때문에 다시 수행의 용기를 분발시켜 제8지에 나간다고 하여 이것을 칠권(七勸)이라 한다.
(8) 부동지(不動地, acalābhūmi) : 무상(無相)의 지혜가 간단없이 일어나서 번뇌에 결코 움직이지 않는 자리를 말한다.
(9) 선혜지(善慧地, sādhumatībhūmi) : 보살이 거리낌이 없는 힘으로 설법하여 이타행을 완성하므로 지혜의 작용이 자재한 자리를 말한다.
(10) 법운지(法雲地, dharmameghābhūmi) : 대법신을 얻어서 자재력을 갖춘 자리를 말한다.
2) 십지가 소속된 오십이수행위(五十二修行位).
(1) 십신(十信) : 범부가 처음으로 한 생각 믿는 마음을 내어 대보리심을 일으킴을 말한다.
(2) 십주(十住) : 신념이 확고하여 퇴굴하지 않고 보살위(菩薩位)에 안주하는 것을 말한다.
(3) 십행(十行) : 이타의 수행을 완수하고자 중생의 제도에 노력하는 지위를 말한다.

(4) 불회향(十廻向) : 자기가 닦은 선근 공덕을 다른 중생이나 자기의 불과(佛果)에 돌려 향하는 것을 말한다.

(5) 십지(十地) : 지(地)라 함은 불지(佛智)를 생성하고 주지하여 움직임이 없어 온갖 중생을 짊어지고 교화함이 대지가 만물을 싣고 있는 것과 같다는 뜻이다.

(6) 등각(等覺) : 보살의 극위(極位)로서 그 지혜가 원만한 부처님과 대개 같다는 뜻으로 불타의 신통을 나투면서 항상 본경(本境)에 머무나 아직은 불타라 할 수 없다.

(7) 묘각(妙覺) : 일체의 번뇌를 끊어 없애고 지혜가 원만하여 스스로 깨닫고 또 남도 깨닫게 하는 모든 각행(覺行)이 원만하여 불가사의한 무상정각(無上正覺)의 불위(佛位)이다.

2

사마온공해선게
司馬溫公{1}1解禪偈

●

사마온 공이 선을 풀이한 게송

文中子{2}2以佛爲西方聖人, 信如文中子之言, 則佛之心可知矣. 今之言
禪者, 好爲隱語3以相迷, 大言以相勝,{3} 使學者伥伥然,{4} 益入於迷妄,
故余廣文中子之言而解之, 作解禪偈六首. 若其果然, 則雖中國行矣, 何
必西方? 若其不然, 則非余之所知也.

忿怒如烈火, 利欲如銛鋒,{5}　　　　終朝長戚戚,{6} 是名阿鼻獄.

顔回安陋巷,{7} 孟軻4養浩然,{8}5　　富貴如浮雲,{9} 是名極樂國.

孝悌通神明,{10} 忠信行蠻貊,{11}　　積善來百祥, 是名作因果.

言爲百代師, 行爲天下法,　　　　久久不可掩, 是名不壞身.

仁人之安宅,{12} 義人之正路,{13}　　行之誠且久, 是名光明藏.

道德修一身,{14} 功德被萬物,　　　爲賢爲大聖, 是名佛菩薩.

{1}　司馬光, 字君實, 官至宰相, 封溫國公. 蘇軾作公墓誌云: "公不喜佛曰: '其精微, 大抵不出於

吾書, 其誕, 吾不信.'" 劉屏山論曰: "嗟乎! 聰明之障人, 如此其甚耶? 同則以爲出於吾書, 異則以爲誕而不信, 適足以自障其聰慧而已."

{2} 隋 王通, 其門人私諡曰文中子.

{3} 阿鼻獄, 在鐵圍山間, 極樂國, 在於西方, 是秘隱之語; 不壞身, 光明藏等, 是勝大之言.

{4} 『書』曰: "瞽者, 無相倀倀然, 其何之助也." 倀倀, 失道貌, 又無見也.

{5} 銛音瞻, 利也.

{6} 『論語』"小人長戚戚."

{7} 顔子, 一簞食·一瓢飮, 居于陋巷, 人不堪其憂, 回也不改其樂.

{8} 孟子曰: "我善養吾浩然之氣, 其爲氣也, 至大至剛, 以直養而無害, 則塞於天地之間."

{9} 子曰: "富貴於我, 如浮雲."

{10} 神, 天神也; 明, 日月也. 敦行孝悌則, 神及明無不知也.

{11} 南蠻, 北狄.

{12} 仁言安宅者, 謂其安而可處也.

{13} 義言正路者, 謂其正而可遵也.

{14} 心通曰道, 成名之謂也; 正身曰德, 立身之謂也.

문중자는 부처님을 서방의 성인으로 여겼으니, 진실로 문중자의 말과 같다면 곧 부처님의 마음을 알 수 있을 것이다. 지금에 선(禪)을 말하는 자들은 은어로써 서로를 미혹되게 하고 큰 말로써 서로를 이기기 좋아하며 학자들로 하여금 어리둥절한 채 더더욱 미망 속으로 빠져들게 하는 까닭에 내가 문중자의 말을 넓히고 그것을 해석하여 선을 풀이한 게송 여섯 수를 짓는다. 만약 그것이 과연 그렇다면 곧 비록 중국에서라도 행해질 것이니 하필 서방이겠으며, 만약 그것이 그렇지 않다면 내가 알 바 아니다.

원망으로 성내는 맘 　　　 타오르는 불길 같고
이익 욕망 탐내는 맘 　　　 날카로운 칼날 같네,
아침녁이 다하도록 　　　 근심하고 근심하니
이를 바로 이름하여 　　　 아비지옥이라 하네.

안회 같은 덕 높은 이
맹자 같은 현성들은
부귀공명 내려놓아
바로 이것 이름하면
효도공경 오랜 모습
충성신의 굳센 절개
쌓은 선의 보답으로
바로 이것 이름하여
내뱉느니 모든 말씀
한 걸음의 행위라도
오래도록 밝게 빛나
바로 이것 이름하면
어짊이란 사람들이
옳음이란 사람들이
그 모든 것 행하기를
바로 이것 이름하여
도덕으로 이 한 몸을
그 공덕을 고이 들어
그대로가 현인이요
바로 이것 이름하면

누추한 곳 마다 않고
호연지기 길렀으며,
구름같이 여겼으니
극락국이 아니런가.
밝은 신명 상통하고
그 땅에도 행해지며,
일백 길상 찾아오니
인과라면 틀리런가.
천년만년 스승이요
온 천하의 법이 되어,
가릴 수도 없을지니
불괴금강 몸이로세.
편안 느낄 저택이요
곧게 나갈 길이러니,
성의 있고 오래하면
대광명장 할 것일세.
정성들이 수행하고
만물에게 입히우면,
그대로가 성인이니
불보살이 될 것일세.

{1} 사마광은 자가 군실이요 관직이 재상까지 이르렀으며 온국공에 책봉되었다. 소식이 공의 묘지문을 지어 이르되 '공께서는 부처를 좋아하지 않으며 말하기를 '그 자세하고 빈틈이 없음은 대체로 나의 책에서 벗어나지 않으며 그 거짓됨은 내가 믿지 않는다.' 하였다.'고 하니 유병산이 논평하여 이르기를 "오호라! 총명이 사람을 장애하는 것이 이처럼 심할 줄이야. 같으면 자신의 책에서 나온 것으로 여기고 다르면 거짓되어 믿지 못할 것으로 여기니, 자신의 만족에 부합시킴으로써 스스로 그 총명한 지혜를 장애할 뿐이로다." 하였다.

{2} 수나라 왕통이 그의 문인을 사사로이 시호하여 문중자라 하였다.

{3} 아비지옥은 철위산 사이에 있으며 극락국은 서방에 있다 함은 곧 비밀스럽고도 은밀한 말이며, 불괴신(不壞身)이라거나 광명장(光明藏, 여래의 몸은 한량없는 광명으로 가득한 보물창고) 등은 곧 뛰어나고도 중히 여겨지는 말이다.

{4} 『서경』에 이르기를 "소경은 안내자가 없으면 갈팡질팡하니 어떻게 도울 것인가." 하였는데, 창창(倀倀)은 길을 잃은 모습이며 또는 보이는 것이 없음이다.

{5} 銛의 음은 첨(瞻)이며 예리함을 말한다.

{6} 『논어』에 "소인은 항상 근심하고 근심할 뿐이다." 하였다.

{7} 안자가 한 광주리의 먹거리와 한 표주박의 마실거리로 누추한 골목에 거처하니 세상 사람들은 그 근심을 감당하지 못하였으나 그는 그 즐거움을 고치지 않았다.

{8} 맹자가 말하였다. "나는 나의 호연지기를 잘 기르는데 그 기운참은 지극히 크고도 지극히 강건하니, 곧게 길러 해악이 없는 것으로써 곧 하늘과 땅 사이를 채울 것이다."

{9} 공자가 말하였다. "부귀는 나에게 있어서 뜬구름과도 같다."

{10} 신(神)은 천신이며, 명(明)은 해와 달이다. 효도와 우애를 돈독히 실행하면 천신과 일월이 알지 못함이 없을 것이다.

{11} 남쪽 오랑캐 만(蠻)과 북쪽 오랑캐 적(狄)이다.

{12} 인(仁)을 안락한 저택이라 말하는 것은 그 안락함이 머무를 만함을 일컬은 것이다.

{13} 의(義)를 바른 길이라 말하는 것은 그 올바름이 좇을 만함을 일컬은 것이다.

{14} 마음이 통함을 도(道)라 하니 성명(成名)하였음을 일컬으며, 올바른 몸을 덕(德)이라 하니 입신(立身)하였음을 일컫는다.

사기
(私記)

1　**司馬溫公**：(1019~1086) 중국 북송 때의 학자이자 정치가로, 자는 군실(君實), 호는 우부(迂夫) 또는 우수(迂叟). 신종(神宗) 초년에 왕안석(王安石)의 신법에 반대하여 관직을 사직하고 『자치통감(自治通鑑)』의 편찬에 전념하였다. 시호는 문정(文正)이다.

2　**文中子**：(584~617) 수나라 시대의 사상가로, 성은 왕(王)씨, 이름은 통(通), 자는 중엄(仲淹)이고 문중자(文中子)는 시호이다. 일찍이 문제(文帝)에게 '태평책(太平策)'을 상주했다가 권신들의 시기를 받아 쓰임을 받지 못하고 향리에서 강학과 저술 활동에만 전념했다. 유가에 기초를 둔 유·불·도 삼교의 합일을 주창하였다. 수나라 양제(煬帝) 대업(大業) 연간(605~616)에 착작랑(着作郎)을 지내다 37세로 요절하였다. 저서는 『문중자(文中子)』 외 다수가 있다.

3　**隱語**：본래는 자기들끼리만 알고 있는 말을 일컫는데 여기서는 선가의 격외담(格外談)을 말한다.

4　**孟軻**：(기원전 372~기원전 289) 중국 춘추 전국 시대의 철인(哲人)으로, 산동성(山東省) 추현(雛縣)에서 출생하였다. 가(軻)는 이름, 자는 자여(子輿) 또는 자거(子車). 공자의 출생지인 노나라에서 가까워 어려서부터 공자를 숭배하여 사숙하였다. 어머니는 소위 '삼천지교(三遷之敎) 단기지훈(斷機之訓)'으로 후세에 전해진 현모로서 그의 감화를 받아 성장하였고 자사(子思)에게 배웠다. 주나라 난왕(赧王) 26년 11월 10일에 84세로 세상을 떠났다. 『맹자(孟子)』 7편을 지었다.

5　**浩然**：호연지기(浩然之氣)의 준말. 널리 천지간에 유통하는 정대(正大)한 원기, 또 사람의 마음에 차 있는 정대한 기운을 말한다.

12
장

호법

護法

1

한현종개불화법본내전

漢 顯 宗 開 佛 化 法 本 內 傳[1]

●

한나라 현종이
부처님의 교화를 밝힌 『법본내전』

傳云: 明帝[2] 永平十三年,[3] 上夢神人,[4] 金身丈六, 項有日光. 寤已, 問諸臣下, 傅毅[5]對詔: 有佛, 出於天竺. 乃遣使往求, 備獲經像及僧二人.{1} 帝乃爲立佛寺,[6] 畵壁千乘萬騎繞塔三匝. 又於南宮{2} 清凉臺{3}[7]及高陽門上顯節陵所圖佛立像,{4} 幷『四十二章經』緘於蘭臺石室, 廣如前集牟子[8]所顯.

傳云: 時有沙門迦葉摩騰·竺法蘭, 位行難測, 志存開化. 蔡愔使達, 請騰東行, 不守區域, 隨至雒陽,{5} 曉喩物情, 崇明信本. 帝問騰曰: "法王出世, 何以化不及此?" 答曰: "迦毗羅衛國者, 三千大千世界, 一百億日月之中心也.[9] 三世諸佛皆在彼生, 乃至天龍鬼神有願行者, 皆生於彼, 受佛正化, 咸得悟道. 餘處衆生, 無緣感佛, 佛不往也. 佛雖不往, 光明及處, 或五百年,[10] 或一千年, 或二千年外, 皆有聖人傳佛聲敎, 而化導之." 廣說敎義, 文廣故略也.

傳云: 永平十四年正月一日, 五岳諸山道士{6}朝正之次, 自相命曰:

"天子棄我道法, 遠求胡敎, 今因朝集, 可以表抗之." 其表[11]略曰: "五岳十八山觀太上三洞[12]弟子褚善信[13]等六百九十人, 死罪上言: 臣聞太上[14]無形無名, 無極無上, 虛無自然. 大道出於造化之前, 上古同遵, 百王不易. 今陛下道邁羲 黃, 德高堯 舜, 竊承陛下棄本追末, 求敎西域, 所事乃是胡神, 所說不參華夏. 願陛下恕臣等罪, 聽與試驗. 臣等諸山道士, 多有徹視遠聽, 博通經典. 從元皇已來, 太上群錄 · 太虛[15]符祝, 無不綜鍊, 達其涯極. 或策使鬼神, 或呑霞飮氣, 或入火不燒, 或履水不溺, 或白日昇天, 或隱形不測, 至於方術, 無所不能. 願得與其比較, 一則聖上意安, 二則得辨眞僞, 三則大道有歸, 四則不亂華俗. 臣等若比對不如, 任聽重決; 如其有勝, 乞除虛妄."

勅遣尙書令宋庠引入長樂宮, 以今月十五日可集白馬寺.[16] 道士等便置三壇, 壇別開三十四門. 南嶽道士褚善信, 華嶽道士劉正念, 恒嶽道士桓文度, 岱岳道士焦得心, 嵩嶽道士呂惠通, 霍山 · 天目 · 五臺 · 白鹿等十八山道士祁文信等, 各賣『靈寶眞文』[17] · 『太上玉訣』 · 『三元[18]符錄』等五百九卷, 置於西壇; 『茅成子』 · 『許成子』 · 『黃子』 · 『老子』等二十七家子書, 二百三十五卷, 置於中壇; 饌食 · 奠祀百神, 置於東壇; 帝御行殿,[19] 在寺南門; 佛舍利 · 經像, 置於道西.

十五日齋訖, 道士等以柴荻和檀沈香爲炬,[20] 遶經泣曰: "臣等上啓太極大道[21] · 元始天尊[22] · 衆仙百靈, 今胡神亂夏, 人主信邪, 正敎失蹤, 玄風墜緒. 臣等敢置經壇上, 以火取驗, 欲使開示蒙心, 得辨眞僞." 便縱火焚經, 經從火化, 悉從煨燼. {7} 道士等相顧失色, 大生怖懼, 將欲昇天, 隱形者無力可能禁, 效鬼神者呼策不應, 各懷愧惡, 南嶽道士費叔才自憾而死.

太傅[23]張衍語褚信曰: "卿等所試無驗, 卽是虛妄, 宜就西來眞法."

褚信曰:「『茅成子』云『太上者, 靈寶天尊是也. 造化之作, 謂之太素.[24]』斯豈妄乎?"

衍曰:"太素有貴德之名, 無言敎之稱. 今子說有言敎, 卽爲妄也." 信黙然.

時佛舍利光明五色, 直上空中, 旋環如盖, 遍覆大衆, 暎蔽日光. 摩騰法師踊身高飛, 坐臥空中, 廣現神變. 于時天雨寶華, 在佛僧上, 又聞天樂, 感動人情, 大衆咸悅, 歎未曾有, 皆遶法蘭, 聽說法要, 蘭並吐梵音,²⁵ 歎佛功德, 亦令大衆稱揚三寶, 說善惡業, 皆有果報, 六道三乘, 諸相不一.

又說出家功德, 其福最高. 初立佛寺, 同梵福量. 司空²⁶陽城侯 劉峻²⁷與諸官人士庶等千餘人出家,²⁸ 四嶽諸山道士呂惠通等六百三十人出家, 陰夫人²⁹·王婕妤³⁰等與諸宮人婦女二百三十人出家, 便立十所寺, 七所城外安僧, 三所城內安尼,³¹ 自斯已後廣矣.³² 傳有五卷, 略不備載. 有人{8}疑此傳近出, 本無角力³³之事, 案『吳書』明費叔才憾死, 故傳爲實錄矣.{9}

{1} 帝遣博士王遵等十八人, 同往西域, 求其佛法, 至月支國, 遇二梵僧, 帶白氎畵釋迦立像及舍利并『四十二章經』, 駄白馬而至.

{2} 禮部司.

{3} 五臺山.

{4} 明帝預造壽陵, 號曰顯節陵, 於此畵佛立像.

{5} 雒, 本作洛. 漁豢云: "光武, 以漢火行忌水故, 去水加隹, 自光武後, 改爲雒字."

{6} 士者, 事也. 身心順理, 唯道是從, 從道爲事, 故曰道士也.

{7} 佛經不燒, 但烟熏爲黃色而已. 其後造紙者, 表經皆染爲黃色而尊稱黃卷云.

{8} 道士尹文操.

{9} 『吳書』"闞澤對吳主曰: '佛法初來, 五岳道士與摩騰角力, 道士不如, 費叔才憾而死, 門徒歸葬南岳, 故不預出家.'"

『법본내전』에 이르기를 "명제 영평 13년에 황제께서 신인의 꿈을 꾸셨는데 1장 6척의 금색 몸으로 목덜미에 햇살 같은 빛이 있었다. 잠에서 깬 뒤 신하들에게 물으니 부의가 조서로 답하기를 '부처님이란 분이 천축에서 나셨습니다.' 하기에 사신을 파견하여 가서 구하게 하였더니 경전과 불상 및 승려 두 명을 데리고 돌아왔다. 황제가 이에 그들을 위해 부처님의 사원을 세우고 벽화를 그렸으며 1천의 수레와 1만의 기마로 탑을 감싼 채 세 번을 휘돌았다. 또 남궁의 청량대와 고양문 위 및 현절능 등에 불화를 그리고 불상을 세운 뒤 『사십이장경』과 아울러 난대의 석실에 밀봉하여 보관하였으니, 자세한 것은 전집에서 모자(牟子)가 밝힌 바와 같다."라 하였다.

『법본내전』에 이르기를 "이때 사문 가섭마등과 축법란이 있었으니, 처신과 행위는 예측하기 어려웠으며 뜻은 중생을 교화하는 데 두고 있었다. 채음이 사자로 가서 마등에게 동쪽으로 갈 것을 청하니 강역의 구분을 고수하지 않고 그를 따라와 낙양에 이르러서 중생들의 감정을 깨우쳐주고 믿음의 근본을 숭상하여 밝혔다. 황제께서 마등에게 묻기를 '법왕이 세상에 나오셨는데 어찌하여 그 교화가 여기는 미치지 않는가?' 하니 답하기를 '가비라위국은 삼천대천세계와 백억 일월의 중심이니 삼세의 모든 부처님이 모두 그곳에서 태어나시고, 게다가 천룡과 귀신 등 원력의 행이 있는 자는 모두 그곳에서 태어나서 부처님의 바른 교화를 받고 모두 도를 얻어 깨우치게 됩니다. 나머지 다른 곳의 중생들은 부처님의 교화에 감응할 인연이 없기에 부처님께서 가시지 않는 것입니다. 부처님이 비록 가시지는 않지만 광명이 미치는 곳이면 5백 년이나 1천 년 혹은 2천 년 뒤에 모두 성인이 있어서 부처님의 가르침을 전하여 그들을 교화하고 이끌 것입니다.'라 하였다."라며 가르침의 뜻을 폭넓게 이야기하였는데 그 글이 광범위하여 생략한다.

『법본내전』에 이르기를 "영평 14년 정월 초하루에 오대산악 모든 산의 도사들이 정월 조례에 참석하던 차에 스스로 서로 간에 논의하여 이르기를 '천자께서 우리의 도법을 버리고 멀리서 오랑캐의 가르침을 구하였으니 이제 조례에 모인 것을 기화로 표로써 항의하는 것이 옳을 것입니다.' 하였다. 그 표를 간단히 요약하여 이르자면, '오악 십팔산관 태상 산동제자 저선신 등 6백90인은 죽을 죄로 말씀을 올립니다. 신들이 듣건대, 태상노군은 형체도 없고 이름도 없으며 다함도 없고 위도 없으며 허무하고도 자연스러움에 큰 도가 천지가 조화되기 이전에 나왔으므로 상고로부터 한결같이 좇아 지키며 백 대의 제왕도 이를 바꾸지 않았습니다. 지금 폐하께선 도가 복희씨나 황제씨보다 나으며 덕은 요 임금과 순 임금보다 높으시거늘, 가만히 듣자오니 폐하께선 근본을 버리고 끝단을 추구하여 서역으로부터 가르침을 구하니, 섬기는 바는 곧 오랑캐의 신이며 말하는 바는 화하의 정서와 가지런하지 않습니다. 원컨대 폐하께서는 신 등의 죄를 용서하시고 시험해 보도록 허락해 주십시오. 신 등 모든 산의 도사들은 대체로 모든 것을 꿰뚫어보고 멀리까지 들으며 경전에 널리 통하여 원황 이래로부터 태상(太上)의 뭇 기록과 태허(太虛)의 부축(符祝) 등 자세히 익히지 않은 것이 없으며 그 지극한 곳까지 통달하였습니다. 혹은 귀신을 채찍질하여 부리며, 혹은 노을을 삼키고 기운을 마시며, 혹은 불 속에 들어서도 타지 않으며, 혹은 물을 밟아도 빠지지 않으며, 혹은 밝은 대낮에 하늘을 오르며, 혹은 모습을 숨겨 헤아리지 못하게도 하며, 방술에 이르러서는 가능하지 않은 것이 없습니다. 원컨대 그들과 더불어 비교하여 주시면 첫째는 성상의 뜻이 편안할 것이며, 둘째는 참과 거짓을 분별하게 될 것이며, 셋째는 대도가 그 귀의처를 가지게 될 것이며, 넷째는 화하의 풍속이 어지럽게 되지 않을 것입니다. 신 등이 만약 상대와 견주어 여의치 않다면 중대 결단에 맡겨 따르겠으며, 만일 이기게 된다면 바라건대 허망한 것을 제거하여 주십시오.'"라 하였다.

칙서를 내리고 상서령 송상을 파견하여 장락궁으로 불러들이고는 그 달 15일에 백마사에 모이게 하였다. 도사들이 곧 세 개의 단을 설치하고 단에 따라 34개의 문을 개설하였다. 남악도사 저선신과 화악도사 유정념과 항악도사 환문도와 대악도사 초득심과 숭악도사 여혜통과 곽산·천목·오대·백록 등 18산 도사 기문신 등이 각자 『영보진문』과 『태상옥결』 및 『삼원부록』 등 5백 9권을 가져다 서쪽 단에 안치했으며, 『모성자』·『허성자』·『황자』·『노자』 등 27가(家)의 제자백가서 2백 35권을 중앙단에 안치하였으며, 1백 신에게 제사 드릴 음식은 동쪽 단에 두었으며, 제께서 머무는 어행전은 절의 남쪽 문에 두었고 부처님의 사리와 경전 및 불상은 길의 서쪽에 안치하였다.

15일 사시공양을 마치자 도사 등이 억새로 엮은 섶에 전단과 침향나무를 더하여 횃불을 만들어 경전을 에워싼 채 울며 이르기를 "신 등은 위로 태극대도 원시천존 중선백령에게 여쭈옵니다. 지금에 오랑캐의 신이 화하를 문란하게 하고 백성의 주인 된 이가 삿된 것을 믿으니 바른 가르침은 실종되고 현묘한 교풍은 그 위업이 땅에 떨어졌습니다. 신 등이 감히 단 위에 경전을 안치하고 불로써 시험하여 덮씌워진 마음을 열어 보임으로서 참과 거짓을 분별할 수 있고자 합니다."라 하고는 이내 불을 놓아 경전을 태우자 경전이 불길을 따라 모두 잿더미가 되어버렸다. 도사들이 서로 돌아보며 실색하고 크게 두려움을 드러내었으니, 하늘로 올라가 모습을 숨기려고 하던 자는 그렇게 할 힘이 없었고 귀신을 주술로써 부리려던 자는 호통치고 채찍질하여도 응하지 않았기에 각자 부끄러운 생각을 품었고, 남악도사 비숙재는 스스로 한탄하며 죽었다.

태부 장연이 저신에게 말하기를 "경 등이 시험한 바는 영험이 없으니 곧 이는 허망한 것이므로 마땅히 서쪽에서 온 참된 법을 취하겠다."고 하였다.

저신이 말하길 "『모성자』에 이르기를 '태상노군은 신령스럽고 보배로운 천존이 바로 그 분이다. 조화를 지어놓은 것을 일컬어 태소라 한다.' 하였으니 이것이 어찌 허망한 것이겠습니까?" 하였다.

장연이 이르기를 "태소는 귀하고 덕스러운 이름만 있을 뿐 말씀과 교법의 칭호가 없거늘 이제 그대가 말씀과 교법이 있다고 말하였으니 곧 허망한 것이다." 하자 저신이 침묵하였다.

그때에 부처님의 사리에서 오색광명이 곧장 공중으로 치솟아 마치 일산처럼 둥글게 선회하여 두루 대중들을 덮으며 그 빛이 햇빛을 가렸으며, 마등 법사는 몸을 솟구쳐 높이 날며 공중에서 앉고 눕는 등 신비한 변화를 널리 드러내었다. 이때 하늘에서 보배로운 꽃비가 부처님과 스님들의 머리 위로 내리고 또한 하늘음악이 들려 사람의 마음을 감동시키니, 대중들이 함께 기뻐하고 일찍이 없었던 일이라 찬탄하며 모두 법란을 에워싼 채 불법의 요점을 설하는 것을 들었다. 법란이 아울러 범음(梵音)을 내뱉으며 부처님의 공덕을 찬탄하고 또한 대중으로 하여금 삼보를 찬양하게 하며 설법하기를 "선업이던 악업이던 그 모두에 과보가 있어서 육도와 삼승의 모든 상(相)이 하나가 아니니라."라고 하였다.

또 설법하기를 "출가의 공덕은 그 복이 가장 높으며, 처음으로 부처님의 사원을

치문경훈

세우면 범천(梵天)이 지닌 복의 양과 같다."라 하였다. 사공 양성후 유준은 모든 관인과 선비 및 서민 등 1천여 명과 함께 출가하였으며, 사악제산도사 여혜통 등 6백 30인이 출가하였으며, 음부인과 왕의 궁녀 등 모든 궁인과 기녀 2백 30인이 함께 출가하였다. 곧 열 곳의 사찰을 세움에 일곱 곳은 성 밖에 세워 비구를 안치하고 세 곳은 성안에 두어 비구니를 안치하였으니, 이로부터 그 이후로 더욱 광범위해졌다."라 하였다.

『법본내전』은 5권이 있으나 생략하고 모두 싣지 않는다. 어떤 사람이 『법본내전』이 근자에 나온 것이라 의심하며 본래 힘을 겨루었던 일이 없었다고 하였으나 『오서』에 의하면 비숙재가 한탄하며 죽은 것이 분명하므로 『법본내전』을 실록으로 여겼다.

{1}　황제가 박사 왕준 등 18명을 파견하여 함께 서역으로 가서 불법을 구하게 하였더니, 월지국에 이르러 두 명의 범승을 만나서 흰 모직물에 그린 석가의 입상 및 사리를 『사십이장경』과 더불어 백마에 싣고 돌아왔다.

{2}　예부의 관아이다.

{3}　오대산이다.

{4}　명제가 생전에 미리 무덤을 만들어 현절능이라 부르고는 그곳에 부처의 입상을 그렸다.

{5}　락(雒)은 본래 洛으로 되어 있었다. 어환이 말하기를 "광무제가 한나라는 화행(火行)이어서 수(水)를 꺼리는 까닭에 수를 떼어버리고 추(隹)를 더했더니, 광무제 이후로는 고쳐져 락 자가 되었다."고 하였다.

{6}　사(士)란 섬긴다는 뜻이다. 몸과 마음이 이치에 순종하여 오직 도(道)만을 좇으니, 도를 좇는 것을 일삼는 까닭에 도사(道士)라 일컫는 것이다.

{7}　불경은 불타지 않고 다만 연기에 쪼여 황색이 될 뿐이었다. 그 후에 종이를 만드는 자가 경전의 표지를 할 때는 모두 물들여 황색으로 만들었고 불경을 존칭하여 황권(黃卷)이라 하였다고 한다.

{8}　도사 윤문조이다.

{9}　『오서』에 "감택이 오나라 군주에게 말하였다. '불법이 처음 건너왔을 때 오악의 도사들이 마등과 더불어 힘을 겨루었는데 도사들이 뜻대로 되지 않자 비숙재가 원한을 품고 죽어 그 문도들이 남악으로 돌아가 장사를 지냈던 까닭에 출가에 참여하지 못하였습니다.'."라 하였다.

사기
(私記)

1　**漢顯云云** : 『법본내전(法本內典)』은 5권(闕本)으로 『광홍명집(廣弘明集)』제1의 귀정법(歸正法) 제1의1에 실려 있는데 작자 미상이라 하였다. 한나라 때 불교와 도교가 각각 그 경전을 불태움으로써 서로 영험을 다툰 일을 기록한 책으로 『파사론(破邪論)』권상(上)과 『속집고금불도론형(續集古今佛道論衡)』권1에서 "漢法本內典凡五卷, 第一卷 明帝得夢求法品, 第二卷 請法師立寺功德品, 第三卷 與道師比校度脫品, 第四卷 明帝大臣等稱揚品, 第五卷 度通流布品."이라 하였다. 이 가운데 제1권 "명제득몽구법품(明帝得夢求法品)"은 『파사론(破邪論)』상(上), 『광홍명집』제1, 『집고금불도론형(集古今佛道論衡)』제1, 『법원주림(法苑珠林)』제18 등에서 인용하였고, 또 제3권 "여도사비교도탈품(與道師比校度脫品)"은 『속집고금불도론형』에서 인용하여 수록하였다. 또 『통기(統紀)』제35, 『통재(通載)』제4에도 도사(道士)들과 다툰 일이 기록되어 있다.

2　**明帝** : (28~75) 동한의 2대 황제로, 이름은 장(莊), 원래 이름은 양(陽), 자는 려(麗)이다. 현종(顯宗)은 묘호(廟號). 광무제(光武帝)의 넷째 아들로, 57~75년에 재위하였다. 일찍이 관료 정치를 정돈하고 외척의 정치 참여를 금지하였으며, 서역의 경영에 신중하였다. 또 부역을 감했으며 수리 사업을 일으켜 닦았다. 통치 기간에는 정치가 비교적 맑고 깨끗하여 민생이 안정되었다. 영평(永平) 18년 8월에 세상을 떠났다.

3　**永平十三年** : 영평은 동한 2대 명제의 연호(58~75). 불교가 중국에 들어온 해가 영평 10년, 곧 서기 67년인데 영평 13년이라 한 것은 미상이다.

4　**上夢神人** : 후한 명제의 감몽구법설(感夢求法說)을 기록한 문헌은 위진남북조 시대의 문헌을 비롯하여 후대의 『불조통기(佛祖統紀)』까지 방대하다. 그 가운데 원형으로 추정되는 『후한기(後漢紀)』의 기록과 비교적 초기 문헌 가운데 그 내용이 가장 정연한 형태로 서술되어 있는 『모자이혹론(牟子理惑論)』의 관련 부분을 인용하면 다음과 같다.

1) 『후한기』 "初明帝夢見金人, 長大項有日月光. 以問群臣, 或曰: 西方有神, 其名曰佛, 陛下所夢得, 無是乎? 於是遣使天竺, 問其道術, 而圖其形像焉."

2) 『모자이혹론』 "昔孝明皇帝, 夢見神人, 身有日光, 飛在殿前. 欣然悅之, 明日博問群臣, 此爲何神. 有通人傅毅曰: 臣聞天竺有得道者之曰佛. 飛行虛空, 身有日光, 殆將其神也. 於是上悟遣使者張騫·羽林郎中秦景·博士弟子王遵等十二人, 於大月支, 寫佛經四十二章, 藏在蘭臺石室第十四間. 時於洛陽城西雍門外, 起佛寺. 於其壁畫千乘万騎繞塔三匝. 又於南宮淸涼臺, 及開陽城門上, 作佛像. 明帝存時, 豫修造壽陵, 陵曰顯節, 亦於其上, 作佛圖像. 時國豊民寧, 遠夷慕義. 學者由此而滋."

5 **傅毅**: 무릉(茂陵) 사람으로, 자는 무중(武仲)이다. 박학능문(博學能文)하여 명제(明帝)의 부름을 받아 난합(蘭合)·영사(令史)·중랑(中郎)·기실(記室)·대장군(大將軍) 등을 지냈다.

6 **寺**: 중국에서 사(寺)는 본래 공공기관을 의미하였으니, 한나라 때는 관서나 관사를 일컬어 '寺'라 하였다.『좌전(左傳)』은공(隱公) 7년에는 "發幣于公卿"이라 한 뒤 그 주석에서 "詣公府卿寺"라 하였고 또한 그 소(疏)에 "自漢以來, 三公所居謂之府, 九卿所居謂之寺."라 하였다. 그러한 사가 지금의 사찰을 의미하게 된 것은, 한나라 때 외국인의 접대를 맡은 관사로 홍려시(鴻臚寺 : 寺의 발음은 '시')가 있었는데 처음으로 서역에서 스님들이 왔을 때 여기에 묵게 되었고, 그 후에 백마사(白馬寺)를 건립하여 묵게 한 것으로 인해 寺가 곧 불교 사찰로서의 의미를 지니게 되었다. 사원에 해당하는 범어로는 vihāra와 saṃghārāma가 있으니, 앞의 것은 비가라(毘訶羅)라 소릿말적기하고 주처(住處)·유행처(遊行處)라 번역하며, 뒤의 것은 승가람마(僧伽藍摩)·가람(伽藍)이라 소릿말적기하고 중원(衆園)이라 번역하는데, 어떤 것이나 흔히 정사(精舍)라고 번역하니 정사는 수행을 정련(精練)하는 자가 있는 집을 의미한다.

7 **淸涼臺**: 오대산(五台山)을 말함. 난대(蘭台)는 비밀서류(秘密書類)를 넣어두는 데를 말하는데 어사중성(御史中省)이 관장한다.『정원신정석교록(貞元新定釋敎錄)』제1에서 "騰於白馬寺, 出四十二章經, 初緘蘭台石室第十間內."라 하였다.

8 **牟子**: 동한 환제(桓帝, 147~166) 때 창오(蒼梧, 지금의 광서廣西 오주梧州) 사람으로, 성씨는 모(牟), 이름은 융(融), 자는 자우(子優)이다. 영제(靈帝) 때 모친을 모시고 난을 피해 교지(交趾, 지금의 월남)에 머무르며 유교와 도교의 학문을 연구, 26세 때 고향으로 돌아오자 태수가 그를 불러 참모로 삼고자 하였으나 거절하고 나아가지 않았다. 깊이와 넓이를 갖춘 학식으로 뒤에는 불교와 더불어『노자』를 깊이 연구하였고,『이혹론(理惑論)』37편과『모자(牟子)』란 책을 저술하여 불교를 널리 천양(闡揚)하는 한편, 유교와 도교의 설을 널리 융합하여 불학과 회통시켰다.

9 **中心**: '중심이 되는 곳'이란 의미이므로 '중국(中國)'이란 말과도 통한다. → '중국(中國)'조.(제7장 서문 "1. 남곡신법사자경록서藍谷信法師自鏡錄序" 사기 9. 中國)

10 **或一千年**: 당나라 법림(法琳)은 그의『변정론(辨正論)』에서『주서이기(周書異記)』를 인용하여 다음과 같이 기록하고 있다. "昭王卽位二十四年甲寅四月八日, 江河泉池汎溢, 山川土地悉震. 是夜, 五色光氣入貫太微, 遍於西方, 作靑紅色. 上問太史蘇由, 是何祥耶? 對曰有大聖人, 生西方故也, 一千年後, 聖敎當被於此. 於是, 鐫石誌之, 埋於南郊天祠前."『변정론』은 불교와 도교와 유교를 비교하면서 불교가 가장 올바른 것임을 주장한 글로서, 당나라 고조(高祖) 때의 부혁(傅奕)을 옹호하여 불교 배척에 노력한 도사 이중경의 십이구미론(十異九迷論)과 유진희의 현정론(顯正論)을 반박한 글이다. 모두 8권이다.

11 **表**: 윗사람에게 올리는 글을 말한다.『문선(文選)』의 이선주(李善注)에 의하면 표는 일의 순서를 밝혀 주상을 깨우쳐서 충성을 다할 수 있는 것이라 하였다. 하(夏)·은(殷)·주(周) 3대에서는 부주(敷奏)라 하였는데, 진(秦)에서 고쳐 표(表)라 하였다. 진나라와 전한 때는 표와 상서(上書)를 병칭(竝稱)하였는데, 후한과 위나라 이후에는 오로지 표라 하였다.

12 **五岳云云**: 오악산(五岳山) 내에 있는 십팔산관(十八山觀 : 觀은 도교의 도사가 있는 데를 말함). 태상(太上)은 태상노군(太上老君)을 말하며 노자의 존칭이다. 삼동(三洞)은 삼청(三淸)과 같은 말이니, 옥청(玉淸)·상청(上淸)·태청(太淸)으로 모두 신선이 사는 곳이다.

13 **褚善信**: 양주계(楊州界) 예장군(豫章郡) 오구현(吳丘縣)에 있던 당시 도교의 최고 영도자. 전기는

미상이다.

14 太上：'최고'라는 말로서 도가에서 가장 높고 가장 존귀한 신 또는 최고의 것을 지칭할 때 쓰인다. 또는 태상노군(太上老君), 즉 노자(老子)의 약칭으로 쓰이기도 한다.

15 太虛：공적(空寂)의 경계를 뜻한다. 『장자』 "지북유(知北遊)"에 "是以不過乎崑崙, 不遊乎太虛." 라 하고는 그 소(疏)에 곤륜(崑崙)은 높고도 아득히 있는 산이요, 태허(太虛)는 깊고도 근본이 되는 이치라 하였다.

16 白馬寺：하남(河南) 낙양시(洛陽市) 동쪽 10킬로미터 지점에 건립된 중국 최초의 절이다. 전하는 바에 의하면 동한 명제(明帝) 영평(永平) 10년(68)에 천축승(天竺僧) 섭마등(攝摩騰)과 축법란(竺法蘭)이 황제의 초빙에 응해 낙양에 이르렀으며, 그다음 해에 조정에서 조서를 내려 옹문(雍門) 밖에 그들이 머물 곳을 건립하여 거처하게 하니 곧 백마사이다. 사찰의 이름이 '백마(白馬)'인 것은 서역 어느 나라의 한 임금이 초제사(招提寺)를 허물고자 하였는데 그때 백마가 탑을 돌며 슬피 울기에 허무는 일을 그만 두었다는 고사에서 연유하였다고도 하며, 한나라 명제가 사신을 보내 불법을 구할 때 백마가 경전을 싣고 온 까닭에 '백마'를 절 이름으로 삼았다고도 한다. 백마사는 원래 인도의 기원정사를 모방하여 건립되었기에 절 중앙에 탑이 있고 전각 안에는 벽화가 있었으나, 현존하는 건축과 비석 등은 대부분이 명·청대의 유물이다. 사찰 문의 양쪽에는 섭마등과 축법란의 묘지가 있으며, 사찰 동쪽에는 금나라 대정(大定) 15년(1175)에 건립한 사리전탑(舍利磚塔)이 있다.

17 靈寶眞文：도교의 서적인 제구화(第九化)에 태상노군이 중황(中皇) 원년(元年) 3월 1일 왕청천(王淸天) 금강상궁(金剛上宮)에서 『영보진문(靈寶眞文)』 3백 권과 부도(符圖) 7천 장과 옥결(玉訣) 9천 편을 찬집하였다 한다. 『속집고금불도론형』 제1에서 『한법본전(漢法本傳)』 제3의 '도사도탈품(道士度脫品)'조의 내용을 인용하여 말하였다. "爾時南岳道士褚善信等七十人, 將靈寶眞文一部, 太上靈寶玉訣一部, 空洞靈章一部, 中玄步虛章一部, 太上左仙公請問一夫, 自然五稱一部, 諸天內音一部(合一百三卷); 華嶽道士劉正念等七十人, 將智慧定志一部, 智惠上品戒一部(合六十二卷); 恒嶽道士劉正念等七十人, 將本業上品一部, 法科罪福一部, 明眞科齊儀一部, 太上說洞玄眞文一部(合八十卷); 坔岳道焦德心等七十人, 將諸天靈書度命一部, 太上說太極太虛自然一部, 減度五練生屍一部, 度自然處儀一部(合八十五卷); 嵩岳道士呂患通等一百四十人, 將太上安志上品一部, 三元誠品一部, 太極左公神仙本起內傳一部, 服御五牙立成一部, 朝夕朝儀一部(合九十五卷); 霍山天目山五日雲山(五台山)白鹿山宮山合八山諸山觀道士和文信等二百七十人, 將太極眞人敷靈寶文一部, 太上洞玄靈寶天文五符經一部, 步虛文一部, 神仙藥法一部, 尸解品一部, 上天符錄勅禁一部(合八十卷); 幷茅成子一部, 許成子一部, 列成子一部, 患子一部, 合二十七家諸子經書, 總二百四十五卷."

18 三元：
1) 도가에서는 인신(人身)의 원정(元精)과 원기(元氣) 및 원신(元神)을 세 가지의 으뜸으로 여긴다. 『성명규지(性命圭旨)』에 "정(精)·기(氣)·신(神)을 일컬어 세 가지 으뜸 되는 것이라 하니 이 삼원이 하나로 합쳐지면 단(丹)이 이뤄진다." 하였다.
2) 천(天)·지(地)·수(水)를 일컬어 삼원(三元)이라 하는데 삼관(三官)이라 일컫기도 한다.

19 御行殿：천자가 순행 도중에 임시로 머무는 궁전. 옛날에는 곳곳에 미리 설비해 두었다고 한다.

20 道士等：『속집고금전도론형(續集古今傳道論衡)』에서는 "帝謂道士曰, 諸大德慾試, 今正是時先顯卿等所能以示大衆, 道士等奉勅, 卽以柴荻如栴檀沈水等香木積, 遶西壇經敎上云云."이라 하였다.

21 **太極大道**：천지가 개벽하기 전에 원기가 혼돈할 때를 말한다.

22 **元始天尊**：신의 이름. 도가에서 원시천존(元始天尊)은 태원(太元)보다 먼저 생(生)하였다 한다.

23 **太傅**：삼공(三公)의 하나로 주나라의 성왕(成王)이 주관(周官)을 만들었을 때 주공(周公)이 태부(太傅)가 되고 소공(召公)이 태보(太保)가 되었다고 전해진다. 태사(太師)·태부·태보를 삼공, 소사(少師)·소부(少傅)·소보(少保)를 삼소(三少)라 하였다. 전한의 고조(高祖) 원년에 왕릉(王陵)을 태부로 임명하였으나 그 후에는 두지 않다가 다시 부활되었다. 원수(元壽) 2년에는 대사마(大司馬)·대사도(大司徒)·대사공(大司空)을 삼공이라 하고 태부는 삼공의 위에 두었다. 후한에서는 태부를 상공(上公)이라 하였고 태사와 태보는 설치하지 않았다. 남북조와 수·당대에도 존속되었으나 실직(實職)은 아니고 우대관제(優待官制)의 성격을 띠고 있었다. 송대에는 태사·태부·태보를 삼사(三師)라 칭하였고, 태위(太尉)·사도(司徒)·사공(司空)을 삼공이라 하였는데 상설관이 아니었으며, 적임자가 있을 때에만 한하여 임명하였다. 따라서 당·송 이후에는 증관(贈官)으로 이용되었다.

24 **太素**：『건곤착도(乾坤鑿度)』"太初者氣之始也, 太始者形之始也, 太素者質之始也." 『白虎通』"始起之天, 先有太初, 後有太始, 形兆旣成, 名曰太素."

25 **並吐梵音**：騰法師偈 "狐非師子類, 燈非日月光, 池無巨海納, 丘非嵩岳嶸, 法雲垂世界, 善種得開萌, 顯道稀有法, 處處化群生."

26 **司空**：동관(冬官)·대사공(大司空)·어사대부(御史大夫). 전하는 바에 의하면, 상고시기의 오제(五帝) 때 소호(少昊)가 처음으로 이 관직을 설치하였으며, 요순 때도 두었다고 한다. 주나라 시대에는 육경(六卿, 육관六官) 가운데 하나로서 동관(冬官)이라 불리며 수토(水土)에 관련된 일을 관장함으로써 후대 공부(工部)의 시초가 되었다. 역대 왕조에서 그 명칭과 직무는 여러 차례 변화했다. 진나라 시대에는 어사대부(御史大夫)라 하였고, 한나라 시대에는 대사공(大司空)이라 고쳐서 대사도(大司徒, 승상丞相)·대사마(大司馬, 태위太衛)와 함께 삼공(三公)이라 일컬었다가 후에 '대(大)'자를 빼고 단지 사공(司空)이라고만 불렀다. 위진남북조 시대 역시 삼공 가운데 하나로서 천자의 보좌를 맡았다. 수나라와 당나라 이후 모두 이 제도가 있었으며, 원나라 시대에 이르러 단지 삼사부(三師府)만을 잔류시키고 삼공은 폐지했다.

27 **劉峻**：『파사론』권상(上)과 『속집고금불도론형』에 유선준(劉善峻)으로 되어 있다.

28 **千餘人出家**：
1) 『속집고금전도론형』"爾時大衆開帝聽許, 皆大歡喜四嶽諸山觀道士呂惠通等六百二十人出家. 南岳觀道士褚善信費叔才在會身死, 南岳觀道士六十八人, 殯埋信等不預說法不得出家, 五品已上陽城侯劉善峻等九十三人出家. 時帝侍衛九品已上, 鎭遠將軍姜苟兒等一百七十五人出家. 京都治民及婦女阿藩等一百二十一人出家云云……"
2) 『파사론』권상(上) "四岳道士呂惠通等六百二十人出家, 五品已上九十三人出家, 九品已上曰百七十五人出家, 京都治下民張子尙等二百七十人出家, 明帝後宮陰夫人王婕妤等一百九十人出家, 京都婦女阿藩等一百二十人出家云云……"

29 **夫人**：주(周)나라 시대에는 천자의 첩과 제후의 처를 모두 부인이라 불렀다. 『예기(禮記)』"곡예(曲禮)" 하(下)에 "天子有后, 有夫人, 有世婦, 有嬪, 有妻, 有妾."이라 하고는 그 소(疏)에 "有夫人者, 夫扶也, 言扶持于王也."라 하였으며, 또 이르기를 "天子之妃曰后, 諸侯曰夫人, 大夫曰孺人, 士曰婦人, 庶人曰妻."이라 하였다. 제후 땅의 백성들은 제후의 처를 군부인(君夫人)이라 불렀다. 제후의 부인은 모두 천자에게서 임명을 받았으나 노(魯)나라 소공(昭公) 때부터 천자에게서

임명을 받지 않게 되고는 춘추 시기에서 진나라와 한나라에 이르기까지 그 제도를 간략히 하였다가 왕망(王莽) 때 처음으로 부인을 책봉하는 예식을 거행하였다.『한서(漢書)』"외척전서(外戚傳序)"에서 "漢興, 因秦之稱號 …… (帝)適稱皇后, 妾皆稱夫人."이라 하였다. 또한 열후(列侯)의 처를 부인이라 일컬은 것은『한서(漢書)』문제기(文帝紀) 여순(如淳)의 주(注)에 보이며, 황손(皇孫)의 처를 부인이라 일컬은 것은『서한회요(西漢會要)』"내직(內職)"에 보인다. 동한(東漢) 때는 부인의 칭호가 보이지 않다가, 진(晋)나라 무제(武帝) 때 귀빈(貴嬪)과 부인 및 귀인(貴人)의 작위를 두어 삼부인으로 삼았다. 이후 많은 변화를 보이다가 청나라 때는 종실의 봉작으로서 장자와 패륵(貝勒) 이하 진국(鎭國)·보국장군(輔國將軍) 이상의 처들은 모두 부인으로 책봉하여, 일품(一品)의 처는 일품부인이 되고 이품(二品)의 처는 이품부인으로 삼았다.

30 **婕妤** : 여관명(女官名)으로 첩여(倢伃)라고도 하며, 한나라 무제(武帝) 때 처음으로 설치하였다.『한서(漢書)』"외척전상(外戚傳上)"에서 "至武帝制倢伃·娙娥·傛華·充依, 各有爵位."라 하였으며 사고(師古)의 주석에서 "倢, 言接幸于上也; 伃, 美稱也."라 하였다. 동한(東漢) 때는 이 관직명이 보이지 않다가 위나라 때 다시 설치하였으며, 진나라 무제(武帝) 때는 구빈(九嬪) 가운데 하나로 정해지게 되었다. 남조 송나라 명제(明帝) 때는 그 작위가 강등되어 구빈의 아래에 처하였다가, 제나라·양나라 때 다시 구빈의 반열에 올랐으며, 진(陳)나라 문제(文帝) 때 다시 구빈의 아래로 강등되었다. 수나라 때는 첩여의 인원을 12명으로 하였다가 당나라 때 9명으로 줄였으나 모두 정삼품의 반열이었다. 이후로 역대 왕조에서는 모두 그 작위가 구빈의 아래에 처해졌다가 청나라 때는 설치되지 않았다.

31 **城內安尼** : 부처님 당시 코살라국의 수도 사밧티에 사는 장자의 딸로 태어난 웃파라반나(Utpalavarñā, 蓮華色尼)는 뛰어난 미모로 인해 혼기에 접어들자 수많은 구혼으로 곤란을 겪다가 부친의 권유로 출가하여 곧 깨달음을 얻고 신통력을 갖춘 아라한이 되었다. 사밧티 근교 안다바나(어두운 숲이라는 뜻)라는 숲에 머물며 탁발로 생활하던 그녀는 평소 사모하던 사촌오빠인 아난다에게 음욕을 강제 당하는 일을 겪게 되자, 부처님께서 코살라국의 파세나디 왕에게 요청하여 왕성 내에 원림(園林)을 개방해 비구니들을 머무르게 하였으니, 이때부터 비구니들은 숲속이 아닌 마을 안에 머물면서 수행하게 되었다 한다.(『법구경주法句經註』제5 바라밧가 10) 또한 그녀의 출가 동기에 대해『장로니게(長老尼偈)』에서는, 첫 번째 남편을 친정어머니와 함께 섬기고 두 번째 남편을 친딸과 함께 섬기다 비운을 느끼고 비야리성에서 음녀(淫女) 생활을 하다가 목건련 존자의 법을 듣고 출가하였다고 달리 표현하고 있다.

32 **自斯已後廣矣** : 고려(高麗) 무기(無寄)의『석가여래행적송』에서 "自漢至於唐, 貝葉多出來, 譯之成部袠, 六千有餘軸."이라 송(頌)하고 그 주석에서 중국에 불교가 들어온 이래 왕조별로 경전을 번역한 것과 사찰을 건립한 것 및 출가인의 숫자를 간략히 밝혀 놓았다.

1) 서진(西晉, 265~316) : 역경(譯經) 260부(部), 조사(造寺) 180곳, 승니(僧尼) 3천 7백 인.

2) 동진(東晉, 317~420) : 역경 260부, 조사 1천 7백 68곳, 승니 2만 4천 인.

3) 송(宋, 420~479) : 역경 110부, 조사 1천 9백 13곳, 승니 3만 6천 인.

4) 제(齊, 479~502) : 역경 72부, 조사 2천 11곳, 승니 3만 2천 5백 인.

5) 양(梁, 502~557) : 역경 230부, 조사 2천 8백 46곳, 승니 8만 2천 7백 인. 후량(後梁) 때는 조사 180곳, 승니 3천 2백 인.

6) 진(陳, 557~589) : 역경 11부, 조사 1천 2백 32곳, 승니 3만 2천 인.

7) 원위(元魏, 386~534) : 역경 49부, 조사 3만 8백 50곳, 승니 2백만 인.

8) 고제(高齊, 550~580) : 역경 14부, 조사 43곳, 승니 궐수(闕數).

9) 주(周, 557~581) : 역경 16부, 조사 9백 31곳.

10) 수(隋, 581~619) : 역경 82부, 조사 3천 9백 85곳, 승니 23만 6천 2백 인.

11) 自漢永平, 至晉永嘉, 止有四十二寺. 及後魏都洛, 造寺一千餘所, 後趙都鄴, 造寺八百餘區; 此等十六國, 不無譯經建寺僧尼之數而僭僞故不錄. 又唐及五代, 至大宋金, 闕錄; 然盛弘佛教, 莫如唐宋金三朝, 雖闕其錄, 例上可知矣.

33　**角力 :** 한나라 때 각종 체육 활동과 악무잡기(樂舞雜技)의 총칭인 각저희(角抵戲)의 하나로서 지금의 씨름을 각력이라 하는데, 전하여 실력을 다투거나 실력을 비교하는 것을 각력이라 한다.

2

수고조문황제칙문
隋¹高祖²文皇帝勅文

●

수나라 고조 문 황제의 칙문

皇帝敬問光宅寺 智顗禪師.{1}

  朕於佛教敬信情重, 往者周 武³之時毀壞佛法, 發心立願, 必許護持.
及受命於天, 仍卽興復. 仰憑神力, 法輪重轉, 十方衆生俱獲利益. 比以有
陳, 虐亂殘暴, 東南百姓勞役, 不勝其苦, 故命將出師, 爲民除害, 吳 越之
地, 今得廓淸, 道俗又安, 深稱朕意.

  朕尊崇正法, 救濟蒼生, 欲令福田永存, 津梁無極. 師旣已⁴離世網, 修
己化人, 必希獎進僧伍, 固守禁戒, 使見者欽服, 聞卽生善, 方副大道之心,
是爲出家之業. 若身從道服, 心染俗塵, 非直含生之類無所依歸, 抑恐妙
法之門更來謗讟, 宜相勸勵, 以同朕心. 春日漸暄, 道體如宜也.

  開皇十年正月十六日, 內史⁵令安平公臣李德林宣, 內史侍郎武安子
臣李元操奉, 內史舍人⁶裴矩行.

황제는 정중히 광택사의 지의 선사에게 묻노라.

짐은 불교에 대해 공경하고 믿는 정이 막중함에, 지난 북주 무제 때 부처님의 법을 허물고 파괴하자 발심하여 원을 세우고 반드시 불법을 보호하여 지킬 수 있도록 허락하리라 하였다. 하늘로부터 명을 받음에 이르러 거듭 일어나게 되었으며, 우러러 신력에 의지하여 법의 바퀴를 거듭 굴리니 시방의 중생들이 모두 함께 이익을 얻게 되었다. 근자에 진나라가 잔학하고 포악하여 동남방의 백성들이 노역으로 그 괴로움을 이기지 못하기에 장군에게 명하고 군사를 내어 백성들을 위해 해악을 제거하니, 오월의 땅은 이제 깨끗이 정리되고 도속(道俗)이 또한 안정되므로 참으로 짐의 뜻에 맞도다.

　　짐은 바른 법을 존중하고 숭상하며 창생을 구제함에 복전이 영원히 존속되고 진리의 나루터와 돌다리가 다함이 없기를 바라노라. 선사는 이미 세속의 그물을 여의고 자신을 수행하며 타인을 교화할 새 필시 승도들을 장려하여 매진케 하고 금지된 계율을 고수하여 보는 이들로 하여금 공경하여 복종케 하고 듣는 이로 하여금 곧 착한 마음을 내게 하면 바야흐로 대도의 마음에 부응하게 될 것이니, 이것이 출가의 본업일 것이오. 만약 몸은 불도의 법복을 따르되 마음은 세속의 티끌에 물들어 있으면 다만 생명을 머금고 있는 부류만이 귀의할 바가 없을 뿐만 아니라 도리어 오묘한 불법의 문 안에서 다시 비방과 원망만을 부를까 두렵도다. 마땅히 서로 권면하고 책려함으로써 짐의 마음과 같이 될진저. 봄날이 점차 따뜻해지니 도체(道體)도 편안하리다.

　　개황 10년 정월 16일, 내사령 안평공 신 이덕림은 선포하고, 내사시랑 무안자 신 이원조가 받들고, 내사사인 배구가 시행하다.

{1} 양나라 산기상시 익양공 진기의 두 번째 아들로서, 광주 대소산 사대 선사를 찾아가 심관(心觀, 천태의 관법觀法)을 받았다.

사기
(私記)

1   **隋** : (581~618) 양견(楊堅)의 부친 양충(楊忠)은 북주(北周)의 공신으로서 수국공(隋國公)에 책봉되었다. 양견은 부친의 작위를 계승하여 북주 정권에서 매우 높은 지위에 있었다. 580년 주나라 선제(宣帝)가 병사하자 8세의 정제(靜帝)가 제위를 잇게 되었는데, 양견이 대승상(大丞相)의 신분으로 정치를 보좌하며 북주의 군정 대권을 장악했다. 581년 양견(수나라 문제文帝)이 주나라 정제를 폐하고 자립하여 국호를 수(隋)라 하고 개황(開皇)으로 개원했다. 583년(개황 3) 대흥(大興, 지금의 섬서陝西 서안西安)에 도읍했다. 대흥 9년 진(陳)나라를 멸하고 전국을 통일했다. 강역은 동쪽과 남쪽이 바다에 이르고 서쪽은 신강(新疆)의 동부에 닿았으며, 서남쪽은 운남(雲南)·광서(廣西)와 월남(越南)의 북부에 이르고 북쪽은 대막(大漠)에 닿았으며 동북쪽은 요하(遼河)에 이르렀다. 611년(양제煬帝 대업大業 7)부터 시작하여 각지의 농민들이 연이어 봉기를 일으키자 수나라 정권은 와해되고 통치 집단의 핵심에서 분열이 발생, 시위부대(侍衛部隊)를 이끄는 사마덕감(司馬德戡)과 귀족인 우문화(宇文化)가 618년 봄 정변을 일으켜 강도(江都, 지금의 강소江蘇 양주揚州)에서 수나라 양제를 목졸라 죽이니, 수나라는 멸망했다. 모두 2제(帝), 38년의 통치였다.

2   **隋高祖** : (541~604) 양견(楊堅). 수나라의 건립자로, 581~604년에 재위하였다. 홍농(弘農) 화음(華陰, 지금의 섬서에 속함) 사람으로, 북주(北周)의 귀족인 양충의 아들이다. 주나라 무제(武帝) 때 수주자사(隋州刺史)에 임명되고 습작(襲爵)으로 수국공(隋國公)이 되었다. 일찍이 무제를 따라 종군하여 북제(北齊)를 멸했다. 딸이 주나라 선제(宣帝)의 황후이다. 580년(대상大象 2) 주나라 정제가 어린 나이에 즉위하자 그는 외척으로서 정치를 보좌하여 대승상(大丞相)에 제수되고 수왕(隋王)으로 책봉되었다. 이듬해 북주를 대신하여 황제라 칭하며 수조(隋朝)를 건립하고 연호를 개황(開皇)이라 했다. 587년(개황 7) 후량(後梁)을 멸했다. 개황 9년 진(陳)나라를 멸하여 장기적인 남북분열 상태를 결말 지은 뒤 전국을 통일했다. 아울러 균전제(均田制)를 실시하고 전토(田土)를 개간하여 그 면적을 늘렸으며, 호적을 정리하고 조세와 부역을 깨끗이 하였으며, 관제를 개혁하고 과거 제도를 건립하였으며 중앙집권을 더욱 강화했다. 후에 태자 양광(楊廣)에 의해 살해되었다. 그의 불교에 대한 믿음은 독실하였으며 그 업적이 매우 크다.

1) 조상(造像)이 대소(大小) 10만 6천 5백 80존.

2) 수치고상(修治故像)이 1백 50만 8천 9백 40존.

3) 사경(寫經)이 46장(藏), 13만 2천 80권.

4) 수치고경(修治故經)이 3천 8백 50부.

5) 민간인의 자유 출가를 허락하여 개황 10년(590)에는 무려 십수만(진陳나라 때는 사찰이 1,617곳, 승니僧尼가 32,000인)이나 되었다.

6) 3회에 걸쳐 사리탑을 건립. 제1회는 인수(仁壽) 원년(601) 자신의 생일날 전국 13주에 사리탑을 건립하고 사리를 봉안하였고, 제2회는 인수 2년 4월 초파일 불탄일에 전국 53곳에 사리를 나누어 보낸 뒤 함에 넣어 탑을 세웠으며, 제3회는 인수 4년 4월 초파일 다시 30주에 사리를 나누어 보내 탑을 세우라는 칙령을 내렸다.

7) 개황 5년(585)에 법경사(法經師)에게 보살계를 받다.

8) 개황 3년에 살생 금지령을 내렸고, 개황 5년에 사죄(死罪)와 향형수(降刑囚) 3천 7백 명과 죄수 2만 4천 9백 여 인을 특별 사면하였으며, 인수 3년 자신의 생일날 도살 금지령을 내렸다.

9) 수나라 시대의 승려 수는 23만 6천여 명에 달하였다.

3 **周武** : 북주(北周) 문제(文帝)의 넷째 아들로, 성씨는 우문(宇文), 이름은 옹(邕), 자는 신라돌(神羅突)이다. 대사마진공(大司馬晉公) 우문호(宇文護)를 독살하고 561년 즉위하여 18년만인 578년 6월 36세로 세상을 떠났다.

4 **旣已** : 부사로서 사건의 완성이나 시간의 흐름을 나타내고 동사성 술어 앞에 쓰이며, '이미', '~이후'라고 해석한다.『사기(史記)』"손자오기열전(孫子吳起列傳)""魏將龐涓聞之, 去韓而歸, 齊軍旣已過而西矣(제나라 군대는 이미 국경을 넘어 서쪽을 향해 나아갔다)."

5 **內史** : 좌내사(左內史)·우내사(右內史)·경조윤(京兆尹)·좌풍익(左馮翊)·내사령(內史令)·중서령(中書令). 시대별로 이 관직의 내용 역시 차이가 있다. 주나라 시대에는 천관대재(天官大宰) 다음에 위치하는 관위(官位)로서 왕의 정치를 보좌하였고, 진(秦)나라 시대에는 경사(京師)의 행정장관을 일컬어 내사(內史)라 하였으며, 한나라 때는 우내사(右內史)를 고쳐 경조윤(京兆尹 : 수도의 장관)이라 하고 좌내사(左內史)를 고쳐 좌풍익(左馮翊 : 관중삼보關中三輔 가운데 하나)이라 하였으며, 수나라 시대에 이르러 예전의 중서성(中書省)을 고쳐 내사성(內史省)이라 하면서 그 대신(大臣 : 재상직宰相職)을 내사령(內史令)이라 하고 그 부직(副職)을 내사시랑(內史侍郎)이라 하였다.

6 **舍人** : 주(周)나라 시대에 지관(地官)에 속하여 궁중의 정치에 참여하고 겸하여 재정을 관리했다. 그 후로 위진남북조 시대에 공부(公府) 혹은 왕국(王國)에도 이 관직을 설치했다. 수나라 시대에는 통사사인(通事舍人)을 두어 서신(書信)을 관리하고 참내(參內)와 배알(拜謁) 등을 중개하게 하였으며, 또한 기거사인(起居舍人)을 두어 중서성(中書省)에 예속시켜 천자의 언행을 기록하게 하였다.

7 **裴矩** : (?~627) 수나라 시기 하동(河東) 문희(聞喜, 지금의 산서山西 문희 동북방) 사람으로, 자는 홍대(弘大)이다. 북제(北齊)와 북주(北周)에 나란히 벼슬을 살았다. 수나라 초기에 급사랑(給事郎)에 임명되어 명을 받들고 영남(嶺南)을 순무(巡撫), 그 공으로 민부시랑(民部侍郎)을 제수받고 얼마 후 내사시랑으로 옮겼다가 사부시랑(吏部侍郎)으로 전직되었다. 대업(大業) 연간 초에 장액(張掖)의 주관 아래 서역(西域)과 변경무역을 행하자 서역의 상인들을 두루 방문하였기에 서역의 정황을 잘 이해하여 각 부족의 우두머리들을 인도하여 입조(入朝)하게 했다. 양제(煬帝)가 피살된 뒤 먼저 우문화(宇文化)에게 귀순했다가 다시 두건덕(竇建德)에게 귀부하였으며 후에 당(唐)에 투항, 얼마 후 이세민(李世民)이 제위를 잇는 데 보좌하여 민부상서(民部尙書)에 임명되었다.『서역도기(西域圖記)』3권을 찬술, 서역의 정치와 풍속 및 산물을 기록했다. 또한『개업평진기(開業平陳記)』가 있다.

3

진왕수보살계소

晋 王 {1}1 受 菩 薩 戒 疏

●

진나라 왕이 보살계를 받으며 쓴 다짐의 글

使持節上柱國太尉公 楊州摠管諸軍事楊州刺使晋王弟子2楊廣, 稽首奉請十方三世諸佛·本師釋迦如來·當降此土補處彌勒·一切尊經無量法寶·初心以上金剛3·以降諸尊·大權摩訶薩埵·辟支4·緣覺獨脫明悟·二十七賢聖{2}他心道眼, 乃至三有最頂十八梵王·六欲天子·帝釋天主·四大天王5·天仙龍神, 飛騰隱顯, 任持世界, 作大利益, 守塔衛法, 防身護命, 護持淨戒無量善神, 咸願一念之頃, 承佛神力, 俱會道場, 證明弟子誓願, 攝受弟子功德.

竊以識暗萌興, 卽如來性, 無明俯墜, 本有未彰, 理數斯歸,{3} 物極則反. 欲顯當果, 必積于因, 是調御世雄, 備歷生死, 草木爲籌, 不可勝計, 恒沙集起,{4} 固難思議, 深染塵勞, 方能厭離. 法王啓運, 本化菩薩, 譬如日出, 先照高山, 隨逗根宜, 權爲方便, 如彼衆流, 咸宗大海. 弟子基承積善, 生在皇家, 庭訓早趨, 貽敎夙漸,{5}6 福理攸鍾, 妙機須悟. 恥崎嶇於小逕, 希優遊於大乘, 笑止息於化城,7 誓舟航於彼岸.

但開士^{6}萬行, 戒善爲先; 菩薩十受,^{{7}8} 專持最上. 喻造宮室, 必因基址, 徒架虛空, 終不成立. 弗揆庸懵, 抑又聞之, <u>孔 老釋</u>門, 咸資鎔鑄,^{8} 不有軌儀, 孰將安仰? 誠復<u>釋迦能仁</u>本爲和尙, <u>文殊師利</u>冥作闍梨, 而必藉人師顯傳聖授, 自近之遠, 感而遂通.

<u>薩陀波崙</u>^{9}罄髓於<u>無竭</u>,^{10} <u>善財童子</u>忘身於法界, 經有明文, 敢爲臆說? 深信佛語, 聿遵明導. <u>天台 智顗禪師</u>, 佛法龍象,⁹ 童眞出家, 戒珠圓淨, 年將耳順,^{{11}10} 定水淵澄, 因靜發慧, 安無礙辯, 先物後己, 謙揖盛風, 名稱普聞, 衆所知識. 弟子所以虔誠遙注, 命楫遠迎, 每畏緣差, 値諸留難.^{12} 亦旣至止, 心路豁然; 及披雲霧, 卽消煩惱.

謹以今<u>開皇</u>十一年十一月二十三日, 摠管金城設千僧蔬飯, 敬屈禪師授菩薩戒. 戒名爲'孝',^{13} 亦名'制止',^{14} 方便智度,^{15} 歸親奉極, 以此勝福, 奉資至尊皇后, 作大莊嚴, 同如來慈, 普諸佛愛, 等視四生, 猶如一子. 弟子卽日種羅睺業, 生生世世還生佛家, 如<u>日月燈明</u>¹¹之八王子, 如<u>大通智勝</u>十六沙彌,¹² 眷屬因緣, 法成等侶, 俱出有流,¹³ 到無爲地. 平均六度, 恬和四等, 衆生無盡, 度脫不窮. 結僧那於始心, 終大悲以赴難,^{16} 博遠如法界,^{17} 究竟若虛空,^{18} 具足成就, 皆滿願海. <u>楊廣</u>和南.^{19}

{1} 卽<u>隋 煬帝</u>.

{2} 『釋籤』云: "阿含有十八學人·九無學人. 十八學人者: 一, 信行; 二, 法行; 三, 信解; 四, 見得; 五, 身證; 六, 家家; 七, 二種子; 八, 向初果; 九, 得初果; 十, 向二果; 十一, 得二果; 十二, 向三果; 十三, 得三果; 十四, 中般; 十五, 生般; 十六, 有行; 十七, 無行; 十八, 上流. 九無學人者: 一, 思; 二, 進; 三, 退; 四, 不退; 五, 不動; 六, 住; 七, 護; 八, 慧; 九, 俱. 此中, 信法二行是賢, 餘皆名聖."

{3} 理數者, 天道至妙, 因數可以明其理, 蓋理因數顯, 數假理出故, 理數, 可相倚而不可違也.

{4} 恒沙, 亦云殑伽河. 阿耨達池, 四面各出一河, 東銀牛口, 出殑伽河, 其沙極細而多, 喩過去受生之數, 難量也.

{5} 胎教, 『列女傳』"太妊有娠, 目不視惡色, 耳不聽婬聲, 口不言傲語, 能以胎教子而生昌." 又 "孕子時, 使瞽者鼓樂誦詩."

{6} 卽開導之士, 謂菩薩也.

{7} 十無盡.

{8}　鎔融,陶鑄也.

{9}　此云常啼.

{10}　具云曇無竭,此云法起.常啼聞無竭在衆香城說般若,叩骨取髓而求之.

{11}　『論語』"六十耳順",言聲入心通,無所違逆,事理皆通,入耳無所不順.

{12}　王欲受菩薩戒,致書累請,師初陳寡德,次讓名僧,後擧同學,三辭而不能免,乃赴之.

{13}　孝順父母,必須修善,善不違理,是名持戒.

{14}　制止,戒之別名,制善令行,止惡令斷.

{15}　『淨名』疏云: "方便是權智,權智外用,能有成辦,如父營求長成; 智度卽是實智,實智有能顯 出法身之力故,如母能生."

{16}　兩句卽『肇論』文.僧那,此云弘誓.

{17}　無邊.

{18}　無盡.

{19}　王襯戒師衣物五十八事,供僧兼施曰襯.

사지절 상주국 태위공 양주총관제군사 양주자사 진왕 제자 양광은 머리를 조아려 시방삼세 모든 부처님과, 본사 석가여래와, 이 땅에 응당 내려오실 보처 미륵과, 일체의 존귀한 경전 및 무량한 법보와, 초심 이상 금강 이하의 모든 존귀하신 큰 방편의 마하살타와, 벽지불 및 연각승처럼 홀로 해탈하여 깨달음을 밝힌 스물일곱 현인과, 성인인 타심통과, 도안을 지닌 이들 내지 삼계의 최정상인 십팔범왕과, 육욕천자와, 제석천주와, 사대천왕과, 하늘신선 용신이 날아오르며 숨었다 나타났다 하면서 이 세계를 맡아 지탱하고 큰 이익을 지으며 탑을 수호하고 법을 보위하며 신명을 막아 지키고 깨끗한 계율을 보호하여 지키는 무량한 선신들에게 받들어 청하오니, 모두에게 원하건대 한 생각 사이에 부처님의 신비한 힘을 받들고 함께 도량에 모여 제자의 서원을 증명하시고 제자의 공덕을 받아들여 주옵소서.

　가만히 생각건대, 식(識)의 어두움이 가만히 싹이 터 일어난 것이 곧 여래의 성품이건만 무명 속으로 굽어 떨어져서 본디 지니고 있던 것이 드러나지 못하고 있을 뿐이니, 이 모든 것이 이치와 운수가 돌아갈 바이므로 만물이 극에 달하면 곧 원래의 자리로 돌아가게 되는 것입니다. 응당 올 과보를 드러내고자 하면 반드시 원인을

594　　치문경훈

쌓아야 하니, 이는 조어세웅께서 삶과 죽음을 갖추어 겪었던 것이 모든 초목으로 산가지를 만들어 써도 모두 셈할 수 없고 항하의 모래를 모두 모아 일으켜도 진실로 사량(思量)하기 어려운 것과 같이, 번뇌에 깊이 물들어야만 비로소 염증을 내어 능히 여읠 수 있을 것입니다. 법왕께서 교화의 운을 열며 처음으로 보살을 교화하신 것은 비유컨대 해가 뜨면 제일 먼저 높은 산을 비추는 것과 같으며, 근기의 마땅한 바에 따르고 맞추어서 권도를 방편으로 삼은 것은 마치 저 여러 물줄기들이 모두 큰 바다로 향하는 것과 같습니다. 제자는 근본 적선을 승계하여 황가에서 태어나 황실의 가르침에 일찍 나아갔으며 태교에도 일찍이 젖어들었기에 복록이 모두 모인 바라 묘한 기밀을 모름지기 깨닫고자 하는 것이오니, 작은 길에서 갈팡질팡 헤맴을 부끄러워하고 대승에 넉넉히 노닐기를 희망하여 신기루의 성에서 머물러 쉼을 비웃고 피안으로 배를 저어갈 것을 맹세합니다.

다만 도를 일궈가는 선비의 만 가지 행위에서 계를 지키는 선행이 가장 먼저가 되고, 보살의 십무진계(十無盡戒)에서도 전일하게 계행을 지니는 것이 최상입니다. 비유컨대 궁실을 지음에 반드시 기초되는 터로부터 의지해야지 그저 허공에 가설한다면 결국에는 이루지 못한 것과 같습니다. 용렬하고 몽매함을 헤아리지 않고 또한 듣자오니 공자와 노자 및 석가 문중 모두는 녹여서 새로이 만들어내는 것에 바탕하고 있으니, 법칙과 위의가 있지 않다면 누가 장차 편안히 머무르고 우러러보겠습니까? 참으로 또한 석가능인께서도 원래는 스님이셨고 문수사리도 아사리가 되셨듯이 반드시 인간의 스승이라는 신분에 의지하여 성스러운 가르침을 드러내고 전해주셨으니, 가까이로부터 먼 곳에 이르기까지 감응하면 마침내 통하는 것입니다.

살타파륜은 무갈에게 골수를 빨아 정성을 다하였고 선재동자는 법계에서 자신의 몸을 잊었으니, 경전에 분명한 문장이 있는데 감히 억지 이야기를 하겠습니까? 부처님의 말을 깊게 믿고 오직 밝은 인도를 좇을 뿐입니다. 천태 지의 선사는 불법 가운데의 용상(龍象)이라 동진으로 출가하여 계행의 구슬이 원만하고도 깨끗하며, 나이가 곧 예순이 되고자 할 때 선정의 물결이 깊고도 잔잔하여 그 고요함으로 인해 지혜가 일어났는데, 거리끼는 말은 어디에도 없었으며 남을 앞세우고 자기를 뒤에 놓아 성대한 인기에도 겸양하였으니, 그 명성이 널리 알려져 대중들이 아는 바입니다. 제자가 그런 까닭으로 지극한 정성을 멀리까지 쏟아서 선박을 내어 영접토록 명을 내렸으나 인연이 어긋나서 모시기가 어렵게 될까 매번 두려워하였습니다. 그러다 오셔서 머무시게 되니 마음 길은 시원스레 뚫리고, 구름과 안개를 헤쳐주셨기에 번뇌는 사라지게 되었습니다.

삼가 개황 11년 11월 23일인 지금, 총관 금성에서 1천 승려에게 소반(疏飯)을 베풀고 공경히 선사에게 몸을 굽히니 보살계를 내려주셨습니다. 계는 이름을 '효(孝)'라 하고 또는 '제지(制止)'라 하니, 방편과 지도(智度)로 어버이에게 귀의하여 받들기를 극진히 하고 이러한 수승한 복으로써 지존의 황후를 받들어 도와 큰 장엄을 지어서 여래의 자비와 같이 되게 하고, 모든 부처님의 사랑을 두루 미치게 하여 사생(四生)을 동등하게 봄이 마치 외아들처럼 여기게 하여 주십시오. 제자는 오늘로 라후라의 업을 심어 세세생생 불가에 환생하길 마치 일월등명불의 여덟 왕자나 대통지승여래의 열여섯 사미와 같을 것이며, 권속의 인연으로 법을 이룬 무리들은 모두 유위의 흐름에서 벗어나 무위의 경지에 이르게 할 것이며, 육도(六度)를 균등하게 하고 사등(四等)을 자연스레 조화시켜 다함이 없는 중생을 끊임없이 제도하여 해탈하게 할 것입니다. 처음 비롯하는 마음에 크나큰 서원을 맺어 마침내 크나큰 자비로써 중생의 어려움에 나아가되 널리 하고 멀리까지 함은 마치 가없는 법계처럼 하고, 극진하고도 지극히 함은 마치 끝없는 허공처럼 하여 구족히 성취하게 함으로써 모두가 서원의 바다에 충만하여지이다. 양광이 합장하옵니다.

{1} 즉 수나라 양제이다.

{2} 『석첨』에서 말하였다. "아함에 18학인(學人)과 9무학인(無學人)이 있다. 18학인이란 1이 신행(信行)이요, 2가 법행(法行)이요, 3이 신해(信解)이며, 4가 견득(見得)이요, 5가 신증(身證)이요, 6이 가가(家家)이며, 7이 이종자(二種子)요, 8이 향초과(向初果)요, 9가 득초과(得初果)며, 10이 향이과(向二果)요, 11이 득이과(得二果)요, 12가 향삼과(向三果)며, 13이 득삼과(得三果)요, 14가 중반(中般)이요, 15가 생반(生般)이며, 16이 유행(有行)이요, 17이 무행(無行)이요, 18이 상류(上流)이다. 9무학인이란 1이 사(思)요, 2가 진(進)이요, 3이 퇴(退)며, 4가 불퇴(不退)요, 5가 부동(不動)이요, 6이 주

(住)며, 7이 호(護)요, 8이 혜(慧)요, 9가 구(俱)이다. 이 가운데 신행(信行)과 법행(法行)은 곧 현인(賢人)이요 나머지는 모두 성인(聖人)이라 이름한다."

{3} 이수(理數)란, 하늘의 도가 지극히 오묘하나 숫자로 인하여 그 이치가 밝혀지는데, 대개 이치는 숫자로 인해 드러나고 숫자는 이치를 빌어 나오는 까닭에 이(理)와 수(數)는 서로 의지할 수는 있으나 위배될 수는 없다.

{4} 항사(恒河)는 '긍가하'라고도 한다. 아뇩달지는 사면으로 각기 물줄기 하나씩을 내보냄에 동쪽의 은우구로는 긍가하가 흘러나오는데 그 모래가 지극히 미세하고도 많으니, 과거에 받았던 생(生)의 숫자가 헤아리기 어려움을 비유한 것이다.

{5} 태교는 『열녀전』에서 "태임이 임신을 하자 눈으로는 추악한 색을 보지 않고 귀로는 음란한 소리를 듣지 않으며 입으로는 거만한 말을 하지 않는 등 임신한 채 자식을 교육시켜 창(昌)을 낳았다."고 하였으며, 또 "자식을 임신하였을 때 소경으로 하여금 북을 치고 악기를 연주하게 하며 시를 읊조리게 했다."고 하였다.

{6} 즉, 어리석음을 깨닫도록[開]하여 불도로 인도[導]하는 선비이니 보살을 일컫는다.

{7} 십무진계(대승보살이 지키는 열 가지 계율)이다.

{8} 녹여 융합시켜서 틀에 부어만들어 내는 것이다.

{9} 이곳 말로는 상제이다.

{10} 갖추어 말하면 '담무갈'로서 이곳 말로는 법기(法起)이다. 상제가 무갈이 중향성에서 반야의 법을 설한다는 말을 듣고는 뼈를 빼내고 골수는 뽑아내어 가서 법을 구하였다.

{11} 『논어』에서 "나이 60이면 들리는 모든 것이 귀에 거슬리지 않는다." 하였으니, 소리가 마음속으로 들어와 통함에 거슬리는 바가 없고 일의 이치를 모두 통달하였기에 귀에 들어오는 것은 도리를 따르지 않은 바가 없음을 말한 것이다.

{12} 왕이 보살계를 받고자 하여 서신을 보내 누차 청하였으나 선사가 처음에는 (자신의) 덕이 적음을 진설하고 다음에는 이름 있는 스님에게 양보하였다가 뒤에는 같이 공부한 도반을 천거하였는데, 세 번이나 사양하였으나 면하지 못하자 이에 나아가게 되었다.

{13} 부모에게 효도로서 순종하려면 반드시 선(善)을 닦아야 하나니, 선이 이치에 어긋나지 않으면 곧 그것을 이름하여 지계(持戒)라 한다.

{14} 제지(制止, 정도에 알맞게 하는 것과 못하도록 그치게 하는 것)는 계(戒)의 다른 이름이니, 선(善)은 정도에 알맞게 하여 시행되도록 하고 악(惡)은 못하도록 그치게 하여 단절되게 하는 것이다.

{15} 『유마경』의 소(疏)에서 말하였다. "방편은 권지(중생 교화의 묘한 작용과 차별상을 통달한 지혜)이니 권지는 외부적인 쓰임이며 능히 이루어짐이 있음이 마치 아비가 성장을 도모함과 같으며, 지도는 곧 실지(진리를 달관하는 참다운 지혜)이니 실지는 법신의 힘을 드러내는 능력이 있는 까닭에 마치 어미가 능히 생산함과 같다."

{16} 두 구절은 곧 『조론』의 문장이다. 승나는 이곳 말로 하면 홍서(弘誓)이다.

{17} 변두리의 끝이 없다.

{18} 다함이 없다.

{19} 왕이 계사에게 의복과 물품 58가지를 베풀었으니, 승려에게 공양을 겸하여 시주하는 것을 친(襯)이라 말한다.

사기
(私記)

1 **晋王**: (569~618) 양광(楊廣). 수나라 시대의 황제로, 604~618년에 재위하였으며, 일명 영(英)이라고도 한다. 수나라 문제(文帝)의 둘째 아들로, 처음에는 진왕(晉王)에 책봉되었다. 일찍이 병주총관(幷州總管)에 임명되었다. 588년(개황開皇 8) 행군원수(行軍元帥)에 제수되어 제군(諸軍)을 통제하여 진(陳)나라를 공격했다. 이듬해 진나라를 멸했으며, 후에 또 군대를 거느리고 돌궐을 방어했다. 양소(楊素) 및 우문술(宇文述) 등과 결탁하여 독고후(獨孤后)를 아첨으로 섬기며 태자 용(勇)을 참언하여 폐위시키고 태자에 책립되었다. 604년(인수仁壽 4) 문제를 살해하고 즉위했다. 초기에는 문제의 정치풍토를 그대로 계승했다. 얼마 후 동도(東都)인 낙양(洛陽)을 건립할 때 궁전과 정원을 극도로 화려하게 했다. 또 운하를 개통하고 장성을 쌓고 치도(馳道 : 천자나 귀인이 거동하는 길)를 개설하였으며 여러 차례 남북을 순행(巡幸)하며 노닐어 민력(民力)이 고갈되었다. 611년(대업大業 7) 해를 이어 군사를 일으켜 정벌을 행하여 세 차례나 고구려를 원정하였다. 정벌 비용의 징수와 군사의 노역이 가혹하고도 무거워 백성들이 안심하고 살 수 없었기에 농민 봉기군이 마침내 전국적으로 일어났다. 그는 잔혹하게 진압하는 동시에 강도(江都, 지금의 강소江蘇 양주揚州)로 도피하여 한쪽에서 안락을 즐겼다. 후에 장령(將領) 우문화급(宇文化及)·사마덕감(司馬德勘) 등에게 목이 졸려 죽었다. 그의 불교 업적은 다음과 같다.

1) 진왕(晉王)에 있을 때 지자(智者)에 귀의(歸依)하고 그를 위하여 천승재(千僧齋)를 베풀었다.

2) 수치고상(修治故像)이 10만 1천 존.

3) 주조신상(鑄造新像)이 3천 8백 56존. 수경(修經) 및 사경(寫經)이 612장(藏), 90만 3천 5백 80권.

4) 도승(度僧)이 1만 6천 2백인.

5) 대업 3년(607) 천하의 승니 가운데 덕이 없는 자를 환속시키고 동시에 사원을 파괴·정리하였으며, 동(同) 9년(613)에 천하의 사(寺)를 고쳐 도량(道場)이라 부르게 하였다.

2 **弟子(śisya)**: 실쇄(室灑)라 소릿말적기되는 범어 śiṣya의 본뜻은 '소교(所教)'라 의역되니, 그것이 제자로 번역되더라도 상하 또는 주종의 관계를 내포하는 것은 아니다. 혜원(慧遠, 334~416)은 『유마경의기(維摩經義記)』 제2권 '제자품(弟子品)'에서 제자를 "성문은 학업이 부처님의 뒤에 있기 때문에 제(弟)라 이름하고, 부처님의 교화로부터 생기므로 자(子)라 한다."고 해석하였다. 또 길장(吉藏, 549~623)은 『유마경』을 주석하며 "스승과 제자의 관계에 대해 제자가 스승을 뵈올 때는 마치 아버님을 대하듯 하며 자신의 처신은 자식과 같이 할 것이요, 스승이 제자를 대할 때는 마치 동생을 대하듯 하며 자신의 처신을 형과 같이 해야 한다."고 설명하였다. 그러므로 불교에서는 본래 인간을 깨달아야 할 존재라 하여 스승과 제자를 상하나 주종의 관계로 보지 않는다. 이는 화상(和尙, upādhyāya)에 대해 언급한 율장에서도 분명히 나타나 있으니, 제자가 가르침의 스승인 화상에

대해 신변의 시중이나 가르침을 받음은 물론, 화상 또한 그 제자에 대해 가르침을 설하고는 계행을 지키며 수행할 수 있도록 돌보아주어야 한다고 하였다.

3 金剛 : 금강유정위(位)를 말한다. 금강유정은 제10지 보살이 마지막으로 조금 남은 구생소지장(俱生所知障)과 저절로 일어나는 번뇌장(煩惱障)의 종자를 끊고 불지(佛地)에 들어가기 위하여 드는 선정이니 곧 등각을 말한다.

4 辟支 : 벽지불(辟支佛). 범어 pratyekabuddha(辟支迦佛陀)를 소릿말적기한 뒤 줄여서 이른 것이다. 구역에서는 연각(緣覺)이라 의역하였고 신역에서는 독각(獨覺)이라 하였다. 연각승(緣覺乘)의 극과(極果)로서 인연의 이치를 관하여 미혹을 끊고 도를 얻은 성자를 말한다. 삼계의 번뇌를 떨쳐버린 외에 얼마간 번뇌의 습기마저 끊어버린 까닭에 그가 증득한 바는 성문승의 아라한이 증득한 것보다 깊다고 일컬어진다. 천태종에서는 이를 둘로 구분하고 있으니, 부처님이 계시지 않는 세상에 나서 독자적으로 만물의 인연을 들여다보아 스승이 없이 스스로 깨우친 자를 '독각'이라 일컬으며, 부처님이 설하신 십이인연법을 듣고 법에 의거해 수행하여 과를 증득한 자를 '연각'이라 일컫는다 하였다.

5 天('~deva'의 의미) : 범어 deva는 소릿말적기하면 제바(提婆)가 되고 천(天)이라 번역되는데, 미계(迷界)인 오취나 육도 가운데 가장 고귀하고 수승한 유정의 존재(god·天神) 또는 그 유정이 생존하는 세계(heaven·天界)를 가리킨다.
1) 수승한 유정의 존재를 가리키는 경우 : 제석천(śakradevānām indra)이나 범천(brahmadeva)과 같은 경우에는 대체로 신(神)이란 말에 해당한다. 육도 가운데 하나인 천도(天道, devagati)는 곧 몸에 광명이 있고 저절로 쾌락을 받는 중생[天, deva]들이 태어나는 곳[道, gati]이란 의미이며, 붓다의 십호 가운데 하나인 천인사(天人師, śāstādevamanuṣyānām)는 곧 부처님은 하늘중생[天, deva]과 인간[人, manuṣya]의 스승[師, śāstā]이란 의미이다. 이 경우 deva를 신(神)이라 번역하지 않고 굳이 천(天)이라 한 것은 신이 영혼(靈魂)의 뜻으로서 보편적으로 통용되던 어휘의 의미성이 고려된 듯하다.
2) 수승한 유정이 생존하는 세계를 가리키는 경우 : 도솔천(tuṣitadeva)의 경우 deva는 수승한 유정의 존재가 생존하는 devaloka[天界]를 의미한다.

6 貽教 : 이훈(貽訓 : 조상이 자손에게 끼친 교훈)에 의한 가르침. 원주(原註)에 기록된 "胎教云云"은 이교(貽教)가 태교(胎教)로 잘못 기록된 원전에 따라 그대로 주석한 것이다.

7 化城 : 법화칠유(法華七喩) 가운데 하나로 『법화경』 "화성유품(化城喩品)"에 있다. 여러 사람이 보배가 있는 목적지를 찾아가다가 그 길이 험악하여 사람들이 피로해 하므로 대상(隊商)의 지도자가 한 계교를 내어 신통력으로써 임시로 큰 성을 나타내어 여기가 보배 있는 곳이라 하니, 여러 사람들이 대단히 기뻐하여 이 변화하여 만든 성에서 잠시 쉬었다. 길잡이는 여러 사람의 피로가 회복됨을 보고는 화성(化城)을 없애버리고, 다시 진짜 보배가 있는 곳에 이르게 하였다 한다. 이 화성은 방편교의 깨달음 또는 소승의 열반을 비유한 것이고, 보배 있는 곳은 진실교의 깨달음을 비유한 것이다. 법화칠유는 1) 제2권 비유품(譬喩品)의 화택유(火宅喩), 2) 제2권 신해품(信解品)의 궁자유(窮子喩), 3) 제3권 약초유품(藥草喩品)의 약초유(藥草喩), 4) 제3권 화성유품(化城喩品)의 화성유(化城喩), 5) 제4권 수기품(授記品)의 의주유(衣珠喩), 6) 제5권 안락행품(安樂行品)의 계주유(髻珠喩), 7) 제6권 수량품(壽量品)의 의자유(醫子喩)이다.

8 菩薩十受 : 보살의 십중대계(十重大戒)로, 1) 살(殺), 2) 도(盜), 3) 음(婬), 4) 망언(妄言), 5) 고주계(酤酒戒), 6) 설사중과계(說四衆過戒), 7) 자찬훼타계(自讚毀他戒), 8) 간석가훼계(慳惜加毁戒), 9) 진심불수회계(瞋心不受悔戒), 10) 방삼보계(謗三寶戒)를 말한다.

9 龍象 : 범어 nāga는 용(龍)이라고도 번역하고 상(象)이라고도 번역한다. 덕이 높고 학식이 있는 훌륭한 고승을 용상이라고 부르는 것은 물짐승과 뭍짐승의 왕에 비유한 것이다. 용은 번뇌의 불길이 타오르는 곳에 조화로 비를 뿌려 그 불길을 식혀 잠재우니 번뇌의 소멸을 의미하며, 상은 하천을 건널 때 반드시 그 다리가 바닥에 닿는다 하니 수행의 철저함을 의미하기도 한다.

10 耳順 : 60세를 말함.『한서(漢書)』의 "소망지전(蕭望之傳)"에서 "至於耳順之年, 履折衝之位."라 하였고,『논어(論語)』"위정(爲政)"에서 "子曰: 吾十有五而志于學, 三十而立, 四十而不惑, 五十而知天命, 六十而耳順, 七十而從心所欲, 不踰矩."라 한데서 나온 말이다.

11 日月燈明 : 이 부처님의 광명이 하늘에서는 일월과 같고 땅에서는 등불과 같으므로 일월등명불이라 한다. 오랜 겁 전에 나서 중생을 위하여 돈교(頓教)와 점교(漸教) 및 대승과 소승의 여러 경전을 설하고, 뒤에는 방편교가 그대로 일승진실교(一乘眞實教)라고 보이어『법화경』을 설법하였다. 2만의 동명불(同名佛)이 계속 출현하여 설법하였으므로 이만등명불(二萬燈明佛)이라고도 한다. 최후에 일월등명불이 묘광보살에게『법화경』을 설하였고, 묘광은 또 대중에게 설하여 청중 8백명 중에 구명(求名)보살이 있었다. 묘광보살은 지금의 세존이며, 구명보살은 미륵이라 한다.

12 大通智勝, 十六沙彌 : 대통지승은 삼천진점겁(三千塵點劫)의 옛적에 출세한 여래의 이름이다. 이 부처님께서 세상에 계실 때 열여섯 왕자가 출가하여 사미가 되어서 부처님의『법화경』을 듣고 부처님이 입정한 뒤에 열여섯 사미가 각각 법좌에 올라 대중에게 다시『법화경』을 강설하였다. 그 아홉 번째 사미가 성불하여 아미타불이 되고, 열여섯 번째 사미가 성불하여 석가여래가 되었다. 이들은 뒤에 모두 부처가 되어 지금 시방 국토에서 설법중이라 한다. 아촉불(阿閦佛)과 수미정불(須彌頂佛)은 동방, 사자음불(師子音佛)과 사자상불(師子相佛)은 동남방, 허공주불(虛空住佛)과 상멸불(常滅佛)은 남방, 제상불(帝相佛)과 범상불(梵相佛)은 서남방, 아미타불(阿彌陀佛)과 도일체세간고뇌불(度一切世間苦惱佛)은 서방, 다마라발전단향불(多摩羅跋栴檀香佛)과 수미상불(須彌相佛)은 서북방, 운자재불(雲自在佛)과 운자재왕불(雲自在王佛)은 북방, 양일체세간포외불(壤一切世間怖畏佛)은 동북방, 석가불(釋迦佛)은 사바세계를 관장한다.

13 有流 : 사류(四流), 즉 사폭류(四暴流)의 하나이다. 폭류는 홍수가 빨리 흐르며 언덕을 무너뜨리고 나무 등을 떠내려 보내는 것같이 나쁜 일을 떠내려 보낸다는 뜻이니, 번뇌에 비유한 것이다.
1) 견류(見流) : 삼계의 견혹(見惑)을 말한다.
2) 욕류(欲流) : 욕계의 모든 번뇌 중에 견혹의 16과 수혹(修惑)의 3과 지말혹(枝末惑)의 10을 합하여 29혹(惑)을 총칭한 것이다.
3) 유류(有流) : 욕계와 무색계에 있는 모든 번뇌의 탐(貪)과 만(慢)에 각각 5종, 합하여 20이 되고, 여기에 의(疑)에 8을 더하여 총계 28번뇌를 말한다.
4) 무명류(無明流) : 삼계의 무명이다. 유정은 이 사법(四法)에 표류하여 쉬지 아니하므로 류(流)라 한다.

4

양황사도사불조

梁 皇{1}1 捨 道 事 佛 詔

●

양나라 황제가 도교를 버리고
불교를 섬기며 내린 조서

梁 高祖 武皇帝,² 年三十四登位, 在政四十九年, 雖億兆務殷, 而卷不釋手, 內經外典, 罔不措懷, 皆爲訓解, 數千餘卷. 而儉約自節, 羅綺不緣, 寢處虛閒, 晝夜無怠, 致有布被莞席, 草履葛巾. 初臨大寶, 卽備斯事, 日唯一食, 永絶辛羶, 自有帝王, 罕能及此. 舊事老子, 宗尙符圖, 窮討根源, 有同妄作, 帝乃躬運神筆下詔捨道, 文曰:

維天監三年四月八日, 梁國皇帝蘭陵 蕭衍稽首和南十方諸佛·十方尊法·十方聖僧. 伏見經云: "發菩提心者卽是佛心, 其餘諸善不得爲喩. 能使衆生出三界之苦門, 入無爲之勝路."

故如來漏盡, 智凝成覺, 至道通機, 德圓取聖. 發慧炬以照迷, 鏡法流以澄垢, 啓瑞迹於天中, 爍靈儀於象外, 度群迷於慾海, 引含識於涅槃, 登常樂之高山, 出愛河之深際, 言乖四句, 語絶百非.³ 應跡娑婆, 示生淨飯王宮, 誕相步三界而爲尊, 道樹成光, 遍大千而流照. 但以機心淺薄, 好生厭

怠, 自期二月當至雙林.⁴ 爾乃湛說圓常, 且復潛輝鶴樹.【2】 闍王滅罪,【3】
婆藪除殃.【4】

　　若不逢値大聖法王, 誰能救接? 在跡雖隱, 求道無虧. 弟子經遲荒迷,
耽事老子, 歷葉相承,⁵ 染此邪法. 習因⁶善發, 棄迷知返, 今捨舊醫,⁷ 歸憑
正覺. 願使未來世中, 童男出家, 廣弘經教, 化度含識, 同共成佛. 寧在正法
之中長淪惡道, 不樂依老子教暫得生天. 涉大乘心, 離二乘念. 正願諸佛
證明, 菩薩攝受, 弟子蕭衍和南.

【1】 梁 高祖, 姓蕭名衍, 蘭陵人. 漢相蕭何二十四代孫, 法名冠達.
【2】 娑羅, 此云堅固, 八根合爲四株, 故號曰雙林. 佛臨涅槃時, 慘然變白, 其色如鶴, 故云鶴樹. 僧
　　亮云: "樹高五丈許, 上合下離, 其花甚白, 其實如瓶, 香美具足."
【3】 摩竭陀國 頻婆王之子阿闍世, 殺父心悔, 以熱惱故, 遍體生瘡, 臭不可近, 種種世藥, 難以療
　　之, 耆婆勸王見佛, 王卽詣佛前, 慙愧悔罪, 佛入月愛三昧, 放光照之, 毒瘡卽愈, 亦罪消滅.
【4】 『方等陀羅尼經』云: "爾時, 婆藪從地獄出, 將九十二億罪人, 來詣娑婆世界, 十方亦然, 文殊
　　語舍利弗言: '此諸罪人, 佛未出時造不善行, 經於地獄, 因於華聚放大光明, 承光而出'." 婆天
　　·藪慧, 云: "何天慧之人, 地獄受苦?"

　　양 고조 무황제는 나이 서른넷에 보위에 올라 정사에 임한 지 마흔아홉 해로서, 비록
억조창생을 위하는 업무가 많았으나 책을 손에서 놓지 않아서 내경과 외전을 두루
마음에 두지 않음이 없었으니, 모두 수천 권을 해석하고 풀이하였다. 그러나 검약하
고 스스로 절제하여 비단옷은 두르지 않고 침실은 허전하였으되 밤낮으로 게으르지
않았으니, 심지어 무명이불과 왕골자리와 짚신과 칡두건 등도 있었다. 처음 천자의
지위에 임하여 곧 이러한 일을 갖추고 하루에 오직 한 끼만 먹으며 영원히 매운 것과
비린내 나는 것을 끊었으니, 제왕이 있게 되고부터 능히 여기까지 이른 이는 매우 드
물었다. 예전에 노자를 섬기며 부적(符籍)과 도록(圖錄)을 종지로 삼아 숭상하였으나
근원을 남김없이 검토하여 보니 황망한 것과 같음이 있기에 제께서 이에 몸소 신령

스러운 붓을 놀려 조서를 내리며 도교를 버리게 하였으니, 그 글에서 말하였다.

"생각건대, 천감 3년 4월 8일 양나라 황제 난릉 소연은 머리를 조아려 시방의 모든 부처님과 시방의 존귀한 법과 시방의 성스러운 스님들께 합장하옵니다. 엎드려 경전을 보니 '보리심을 내는 자는 곧 부처의 마음이며 그 나머지의 모든 선(善)은 이에 비유할 바가 되지 못하니, 능히 중생으로 하여금 삼계의 괴로운 문에서 벗어나 작위하는 바가 없는 수승한 길로 접어들게 한다.'라고 하였습니다.

그러므로 여래는 번뇌가 다하고 지혜가 엉기어서 깨달음을 이루었으니, 지극한 도에서 진리의 기밀을 통하자 덕이 원만해져 성스러움을 취하게 되었으며, 지혜의 횟불을 일으켜 미혹을 비추시고 정법의 흐름을 거울삼아 때를 맑히며, 하늘 가운데서 상서로운 자취를 열고 신령스러운 위의는 형상 밖에서 빛이 나며, 욕망의 바다에서 길을 잃은 군중을 제도하고 중생들을 열반으로 끌어들이며, 상락(常樂)의 높은 산에 오르고 애하(愛河)의 깊은 물속에서 벗어났으니, 말은 사구(四句)를 어그러뜨리고 언어는 백비(百非)를 끊었습니다. 자취를 사바세계로 응하여 정반왕에게 태어남을 보이시고 왕궁에 모습을 탄생하시어 삼계를 걸으며 존귀한 자가 되셨으며 보리수에서 빛을 이루어 삼천대천세계를 고루 비추셨습니다. 다만 중생들 근기의 마음이 천박한 까닭으로 싫어하고 게으른 생각을 내기 좋아하기에 스스로 기약하여 2월에 마땅히 쌍림에 이르리라 하고는 이에 고요히 원상(圓常)의 도리를 설하셨고 또 다시 학수(鶴樹)에서 빛을 숨기셨으니, 사왕은 죄를 멸함 받고 바수는 재앙을 덜게 되었습니다.

만약 대성법왕을 만나지 않았다면 누가 능히 구제하여 인도하였겠습니까? 자취에 있어서는 비록 숨겼다 하나 도를 구함에는 이지러짐이 없습니다. 제자가 지난날 황당하고 미혹된 것에 지체하며 노자를 섬기는 일을 탐닉하여 누대를 지나 이어오며 이 삿된 법에 물들었다가, 인(因)의 종자로 익혀두었던 선이 피어나 미혹을 버리고 돌이킬 줄 알게 되었기에 이제 옛 의사를 버리고 바른 깨달음에 귀의하여 의지할 것입니다. 원하옵건대, 미래세에서는 남자아이로 출가하여 널리 경전의 가르침을 퍼트리고 중생을 교화하여 제도함으로써 함께 성불할 수 있도록 하여 주십시오. 차라리 바른 가르침 가운데에서 길이 악도에 빠질지라도 노자의 가르침에 의지하여 잠시 하늘에 태어남을 즐기지는 않을 것입니다. 대승의 마음을 섭렵하고 이승의 생각은 여읠 것이니, 정히 바라건대 모든 부처님께서는 증명하여 주시옵고 보살님은 섭수하여 주십시오. 제자 소연이 합장하옵니다."

{1} 양나라 고조는 성이 소(蕭)이고 이름은 연(衍)이며 난릉 사람이다. 한나라 재상 소하의 24대손으로 법명은 관달이다.

{2} 사라는 이곳 말로는 견고(堅固)인데 여덟 뿌리가 합쳐져서 네 그루가 된 까닭에 쌍림(雙林)이라 부른다. 부처님이 열반할 때 참담하여 하얗게 변했는데 그 색이 학과 같았기에 학수(鶴樹)라고 한다. 승려 양(亮)이 이르기를 "나무의 높이는 5장 남짓으로 윗부분은 합쳐져 있고 아랫부분은 떨어져 있으며 그 꽃은 매우 희고 그 열매는 마치 항아리 같은데 향기와 아름다운 모양을 모두 갖추었다."고 하였다.

{3} 마갈타국 빈파왕의 아들 아사세는 부친을 살해한 뒤 진심으로 후회하며 열뇌(熱惱)한 까닭으로 온몸에 두루 종기가 생겨서 그 악취로 근접할 수 없었는데, 가지가지 세상의 약으로도 치료가 어렵자 나이 많은 할미가 부처님을 친견하기 권하니 왕이 곧 부처님 앞으로 나아가 부끄러움으로 죄를 후회하자 부처님께서 월애삼매에 들어가 방광하여 그를 비추니 독창(毒瘡)이 치유되었으며 죄과 역시 소멸되었다.

{4} 『방등다라니경』에 "이때 바수가 지옥으로부터 나오며 92억의 죄인을 거느리고 사바세계에 이르니 시방(十方) 역시 그러하였는데, 문수가 사리불에게 말하였다. '이 모든 죄인들은 부처님께서 아직 세상에 나시지 않았을 때 선하지 못한 행위를 지어 지옥을 지나게 되었는데 화취보살이 대광명을 놓은 것으로 인연하여 그 빛을 받아 세상으로 나왔다.'"라고 하였다. '바'는 천(天)이요 '수'는 혜(慧)이니, 이르기를 "어찌 하늘 지혜를 가진 사람이 지옥에서 고통을 받는가?" 하였다.

사기
(私記)

1 **梁皇云云**：『광홍명집(廣弘明集)』권 제4의 '귀정편(歸正篇)' 1의 4에는 "捨事李老道法詔"로 되어 있고, 『집고금불도론형(集古今佛道論衡)』권갑(甲)에는 "梁高祖先事黃老後歸信佛下勅捨奉老子事"로 되어 있다. 『치문(緇門)』을 편집할 때 두 가지를 절록(節錄)해 온 듯하다.

2 **梁高祖**：(464~549) 양나라 무제(武帝)로, 남조 양(梁)의 건립자이다. 남란능도리(南蘭陵都里) 사람으로, 성씨는 소(蕭)씨, 이름은 연(衍), 자는 숙달(叔達), 소자(小字)는 연태(練兒)이다. 한나라 재상이었던 소하(蕭何)의 24세손. 아버지 이름은 순지(順之), 어머니는 장(張)씨, 시호는 무(武), 묘호(廟號)는 고조(高祖). 재위 48년. 무제의 신앙심은 대단하여 천감(天監) 3년(504) 4월 초파일에 도속(道俗) 2만여 인을 거느리고 중운전(重雲殿)에서 사도봉불식(捨道奉佛式)을 거행하였고, 또 공경백관(公卿百官)의 가족에게 명하여 도교를 버리고 불교에 귀의케 하였다. 천감 10년에는 자신이 술과 고기를 끊는다는 칙문을 내렸고, 동(同) 16년에는 제사에 사용하기 위한 살생을 금하고 소과(蔬果)로 대용케 하였으며, 대의(大醫)에게 명하여 생류(生類)를 약에 섞어 쓰지 못하게 하는 한편 전국의 도관을 폐하고 도사를 환속시켰다. 천감 18년 4월 초파일 초당사(草堂寺)의 혜약(慧約)에게 보살계를 받았다. 이때 황태자 이하 백관과 서민들까지 계를 받은 이가 4만 8천이나 되었다. 대통(大通) 원년 9월에 동태사(同泰寺)에서 도속 5만 인에 대하여 사부무차대회(四部無遮大會)를 연 것을 비롯하여 수륙대재(水陸大齋), 평등대재(平等大齋), 무애대재(無礙大齋), 구고재(救苦齋) 등을 여러 차례 열었다. 대통 2년 3월에 사신(捨身)하고 사원의 쇄소(灑掃)와 세의(洗衣) 등 삼보에 종이 되었는데, 군신들이 돈 1억 전을 염출하여 황제를 속(贖)하기를 전후 네 차례나 하였다. 또한 대통 5년 2월에는 동태사에서 『반야경』을 강의하는 등, 불교를 독실히 믿음은 물론 몸소 실천하였다. 옹주 자사로 있을 때는 부인 치씨를 위해 『자비도량참법』 10권을 지었다.

3 **四句百非**：사구분별(四句分別)·사구문(四句門)이라 하여 변증법의 한 형식을 말한다.

1) 사구(四句)

(1) 사구는 정립(定立)·반정립(反定立)·긍정종합(肯定綜合)·부정종합(否定綜合)이다. 유(有)와 공(空)으로 만유의 제법을 판정할 때에 제1구의 유는 정립, 제2구의 공은 반정립, 제3구의 역유역무(亦有亦無)는 긍정종합, 제4구의 비유비공(非有非空)은 부정종합이다. 처음 2구를 양단(兩單), 뒤의 2구를 구시구비(俱是俱非) 또는 쌍조쌍비(雙照雙非)라 한다. 백비(百非)는 부정을 거듭하는 것으로서, 몇 번이고 부정을 거듭할지라도 참으로 사물의 진상을 알기 어려울 때에 써서, 중생들의 유무의 견해에 걸림을 없애게 하는 것이다.

(2) 『종경록(宗鏡錄)』제46：又直饒見超四句始出單四句, 猶有複四句具足四句, 且單四句者. 一有二無, 三亦有亦無, 四非有非無. 複四句者, 一有有有無, 二無有無無, 三亦有亦無有, 亦有

亦無無, 四非有非無有. 非有非非無無. 而言複者, 四句之中皆說有無. 具足四句者, 謂一有有, 二有無, 三有亦有亦無, 四有非有非無. 第二無句中具四者, 一無有, 二無無, 三無亦有亦無, 四無非有非無. 第三亦有亦無具四者, 一亦有亦無有, 二亦有亦無無, 三亦有亦無亦有亦無, 四亦有亦無非有非無. 第四非有非無具四者, 一非有非無有, 二非有非無無, 三非有非無亦有亦無, 四非有非無非有非無. 上四一十六句爲具足四. 第四絶句者, 一單四句外一絶言, 二複四句外一絶言, 三具四句外一絶言, 有三絶言, 上諸四見, 一一皆有八十八使相應 [中略] 在法名四句, 悟入名四門, 妄計名四執, 毀法名四謗, 是知四句, 不動得失空生, 一法無差昇沈自異.

2) 백비(百非)

(1) 일(一)·이(異)·유(有)·무(無)를 근본 사구라 하고, 근본 사구에 일(一)·비일(非一)·역일역비일(亦一亦非一)·비일비비일(非一非非一) 등의 사구가 또 있고, 삼세에 각각 사구가 있고, 또 이기(已起)와 미기(未起)가 있어 96이 되고, 여기에 근본 사구를 합하면 백이 된다.(4×4→16×3→48×2→96+4→100)

(2) 유·무·역유역무·비유비무를 근본 사구라 하고, 근본 사구 각각이 사구를 갖추면 16구가 되고, 그것에 이기와 미기가 있으니 32구가 되며, 또 각각 삼세에 배합하면 96구가 되며, 아울러 근본 사구를 더하면 100구가 된다.(창산蒼山)

(3) 갖추어진 16구에 먼저 삼세를 배합한 뒤 이기와 미기에 배대하고 근본 사구를 더하면 100구가 된다.(장수長水)

(4) 『백비송(百非頌)』 "妄計眞性起有無, 翻成十六性淨麤, 已起未起並三世, 根本四句百不孤 (참된 성품 망령되어 있고 없음 일으키니, 맑고 밝던 십육 성품 어느샌가 추한 모습, 이미 일고 나중 일고 삼세까지 아우르니, 근본 사구 일백 되어 외롭지나 않으련가)?"

(5) 『대반열반경(大般涅槃經)』 제3 "금강신품(金剛身品)" 제2 : 如來之身, 無量億劫堅牢難壞, 非人天身非恐怖身非雜食身, 如來之身非身是身, 不生不滅, 不習不修, 無量無邊, 無有足跡, 無知無形畢竟淸淨無有動搖, 無受無行不住不作, 無味無雜, 非是有爲云云, 無字離字, 非聲非說亦非修習, 非稱非量, 非一非異, 非像非相云云, 不戰不觸, 非性, 住性, 非合非散, 非長非短, 非圓非方, 非陰界亦陰界, 非增非損, 非勝非負云云, 非有爲非無爲, 非世非不世, 非作非不作, 非依非不依, 非四大非不四大, 非因非不因, 非衆生非不衆生, 非沙門非婆羅門, 是師子非師子, 非身非不身.

4   **雙樹 - 沙羅樹** : 범어 sālavṛkṣa를 소릿말적기로, 사라(沙羅)·살라(薩羅)·소란(蘇連)이라고도 쓰고 견고(堅固)·고원(高遠)이라 번역한다. 용뇌향과(龍腦香科)에 속하는 교목(喬木)이다. 비사부불(毘舍浮佛 : 과거 7불 중의 제3)이 이 나무 밑에서 개오했다고 하며, 세존이 쿠시나가르 성 밖에 있는 숲 속의 두 그루 사라수, 곧 사라쌍수 사이에서 반열반하였으므로 이 숲을 사라쌍수림이라 한다. 단 이때 세존을 에워싼 쌍수는 사방에 각각 쌍수가 있었으므로 도합 8사라수를 가리킨다고 하며, 또 8수 가운데서 세존이 입적할 때 네 그루는 시들어버리고 네 그루는 무성했다고 전하므로 이 사고사영수(四枯四榮樹)라 한다.

5   **相承** : 스승으로부터 제자에게 차례로 계속해서 법(法)을 전승하는 것으로, 자세히는 사자상승(師資相承)·부법상승(付法相承) 등이라고 한다. 율이나 교법 등의 전지상승(傳持相承)은 인도 이래 행해졌던 것으로 경전에 따라서는 그 상승의 순서를 기록한 것이 있다. 중국과 한국 및 일본에 이르러서 각 종파가 다 열조(列祖)를 세워 상승을 중시하기에 이르렀다. 그에 따라 각 종파는 각기 독자적인 상승설이 있는데, 이들의 설을 크게 나누면 사자(師資)가 친히 만나서 입으로 전하여 혈맥보(血脈譜) 또는 의발(衣鉢) 등을 전승(傳承)하는 것과, 면수친문(面授親聞)에 의하지 않고 경권

(經卷) 혹은 몽고(夢告) 등에 의해서 법의(法義)를 상승하는 것 두 가지로, 앞의 것을 사자상승·적적상승(嫡嫡相承)·구결상승(口決相承) 등으로 부르고 뒤의 것을 의용상승(依用相承)·경권상승(經卷相承) 등이라고 한다. 선종의 28조설 같은 것은 앞의 것에 속하고, 진종(眞宗)의 칠조상승(七祖相承)과 같은 것은 뒤의 것에 속한다.

6 **習因 :** 범어 sabhāgahetu의 번역으로, 6인(因)의 하나이다. 동류인(同流因)이라고도 한다. 인과 관계에서 원인이 그 결과와 동류인 것을 말한다. 이를테면 결과로 나타나는 선의 원인이 또한 선인 때에나 악의 원인이 또한 악인 때에 그 인을 말한다.

7 **舊醫 :** 『대열반경(大涅槃經)』 제2의 "수명품제(壽命品第)" 제1의 2(36권본은 제2 "애탄품哀歎品" 제3에 있음)에 있는 말로서 불교 이전에 브라만교의 가르침을 비유한 것이다. (『열반경집해涅槃經集解』 제7, 『마하지관摩訶止觀』 제4의 1, 『동보행전홍결同輔行傳弘決』 제4)

5

인종황제찬삼보문

仁宗[1]皇帝讚三寶[2]文

●

인종 황제가 삼보를 찬탄한 글

● 讚佛

天上天下, 金仙世尊, 一心十號, 四智[3]三身.
度脫五陰, 超踰六塵, 生靈歸敬,{1} 所謂能仁.

● 讚法

萬法唯心, 心須至靜, 由彼一心, 能生萬行.
背覺爲妄, 悟眞則聖, 稽首法門, 昭然佛性.

● 讚僧

六度無懈, 四恩匪常, 爲人眼目, 助佛津梁.
體潤一雨,{2} 心薰衆香,{3} 道無不在, 此土他方.

● 찬불

하늘 위와 하늘 아래	대각금선 대성세존
한 마음에 열의 명호	네 지혜와 세 몸으로,
오음망상 건너시고	육진장애 초월하니
생령들이 귀의함에	그러기에 능인일세.

● 찬법

모든 만법 오직 마음	참마음은 고요할 뿐
그 한 마음 말미암아	만 가지 행 능히 나네,
돌아서면 허망하고	깨달으면 성인이니
참 법문에 머리 숙여	밝은 불성 귀의하네.

● 찬승

육바라밀 나태 없고	네 은혜에 무상이라
사람들의 눈이 되어	부처 도와 나루 되니,
비 한 방울 몸 적시고	향 한 개비 음 적셔
이곳저곳 어느 곳도	도 없는 곳 없으리다.

{1} 일체 중생은 모두에게 영각(靈覺, 중생이 본래 모두 갖추어 있는 영령각오靈靈覺悟한 성性)이 있는 까닭에 생령(生靈)이라 한다.

{2} 한 방울의 비는 뛰어난 맛을 지닌 부처님의 법에 비유되니, 모든 대사문들이 몸으로써 뛰어난 맛을 지닌 법의 빗방울에 젖어든다는 것이다.

{3} 승보(僧寶)는 마음이 계정혜의 참된 오분향에 젖어든다.

사기
(私記)

1 **仁宗**: (1009~1063) 송나라 제4대 천자로, 성은 조(趙)씨, 이름은 정(禎), 묘호(廟號)는 인종(仁宗)이다. 어머니는 이(李)씨이다. 1022년 즉위하여 조모인 유태후(劉太后)가 11년 동안 수렴청정을 하다가 24세부터 비로소 친히 정사를 돌보았다. 재위 41년. 1063년 3월에 55세로 세상을 떠났다.

2 **三寶**: 범어 triratna를 옮긴 것으로, 불교에서 불교도들이 귀의할 대상인 불·법·승을 가리키니, 곧 교주와 교의와 교단이다. 불전과 제승제종(諸乘諸宗)의 설(說)에 의하면 삼보의 분류는 다양하나, 일반적으로 석가모니 등의 부처님과 불법의 진실한 의리(義理) 및 성현승중(聖賢僧衆)을 일컬어 '진실삼보(眞實三寶)'라 하며, 불상과 불경 및 승니를 말할 때는 '주지삼보(住持三寶)'라 말한다. 삼보 가운데 법보가 중심이 되는데, 경전은 모든 부처님과 여래께서 귀의할 법이기 때문이다.

3 **四智**: 법상종에서 세운 여래의 네 가지 지혜로, 범부의 8식(識)이 변하여 여래의 4지(智)가 된다.
1) 대원경지(大圓鏡智): 유루(有漏)의 제8식에 비쳐서 얻는 무루의 지혜. 이것은 거울에 한 점의 티끌도 없이 삼라만상이 그대로 비추어 모자람이 없는 것과 같이 원만하고 분명한 지혜이므로 대원경지라 한다. 불과(佛果)에서 처음으로 얻는 지혜를 말한다.
2) 평등성지(平等性智): 제7식이 변하여 얻은 무루의 지혜. 통달위(通達位)에서 그 일부분을 증득하고 불과에서 그 나머지 전체를 증득한다. 일체 모든 법과 자기나 다른 유정들을 반연하여 평등일여(平等一如)한 이성(理性)을 관하고 나이거나 남이라는 차별심을 여의어 대자대비심을 일으키며, 보살을 위하여 가지가지로 교화하여 이익케 하는 지혜를 말한다.
3) 묘관찰지(妙觀察智): 제6식이 변한 것이다. 모든 법의 상(相)을 묘하게 관찰하여 설법을 베풀고 의혹을 끊는 데 사용되는 지혜를 말한다. 묘(妙)는 불가사의한 힘의 자재를 말한다.
4) 성소작지(成所作智): 불과에 이르러 유루의 전5식과 그 상응심품(相應心品)을 전사(轉捨)하고 얻는 지혜. 십지 이전의 보살과 이승(二乘) 및 범부 등을 이익 되고 즐겁게 하기 위하여 시방에서 삼업으로 여러 가지 변화하는 일을 보여 각기 이익과 기쁨을 얻게 하는 지혜이다.

6

송문제집조재론불교
宋[1] 文 帝[2] 集 朝 宰 論 佛 教[3]

●

송나라 문제가 조정의 재상을 모아놓고 불교를 논하다

文帝, 卽宋 高祖第三子也. 聰睿英博, 雅稱'令達', 在位三十年. 嘗以暇日
從容而顧問侍中[4]何尙之[5]·吏部[6]羊玄保曰: "朕少來讀經不多, 比日彌復
無暇, 三世因果未辨, 措懷而復不敢立異者, 正以卿輩時秀, 率所敬信也.
范泰[7]·謝靈運[8]常言: 『六經典文本在濟俗爲政{1}, 必求性靈眞奧, 豈得不
以佛理爲指南耶?』近見顔延之[9]『折達性論』,{2} 宗炳『難白黑論』,{3} 深明
佛法, 尤爲名理, 並足開奬人意. 若使率土之濱皆敦此化, 則朕坐致太平
矣, 夫復何事?"

　尙之對曰: "悠悠之徒, 多不信法. 以臣庸弊, 更荷襃拂, 非所敢當之. 至
如前代群英, 則不負明詔矣. 中朝{4}已遠, 難復盡知. 渡江以來, 則{5}王導
·周顗·庾亮·謝濛·謝尙·郗超·王坦·王恭·王謐·郭文擧·謝敷·戴逵·
許詢,[10] 及亡高祖兄弟,[11] 及王元琳昆季·范汪·孫綽·張玄·殷顗等,[12] 或
宰輔之冠盖, 或人倫之羽儀, 或置情天人之際, 或抗跡烟霞之表,{6} 並禀
志歸依, 措心歸信. 其間比對, 則蘭 護 開 潛, 深 遁 崇 邃,{7}[13] 皆亞迹黃

中,^{8}14 或不測之人也. 慧遠法師嘗云: 『釋氏之化, 無所不可. 適道固自敎源, 濟俗亦爲要務.』竊尋此說, 有契理要, 若使家家奉戒, 則罪息刑淸, 陛下所謂坐致泰平, 誠如聖旨."

羊玄保進曰: "此談皆天人之際, 豈臣所宜預? 竊謂秦¹⁵ 楚¹⁶論强兵之事, 孫 吳盡呑倂之術, 將無取於此也." 帝曰: "此非戰國之具, 良如卿言."

尙之對曰: "夫禮隱逸則戰士怠, 貴仁德則兵氣衰. 若以孫 吳爲志, 苟在呑噬, 亦無取堯 舜之道, 豈惟釋敎而已哉?" 帝曰: "釋門有卿, 亦猶孔門之有季路, 所謂惡言不入於耳也."

自是文帝致意佛經. 及見嚴 · 觀¹⁷諸僧,^{9} 輒論道義, 屢延殿會, 躬御地筵, 同僧列飯. 時有沙門竺道生¹⁸者, 秀其群品, 英義獨拔, 帝重之. 嘗述生頓悟義, 僧等皆設巨難, 帝曰: "若使逝者可興, 豈爲諸卿所屈?"^{10} 時顏延之著『離識論』, 帝命嚴法師辨其同異, 往返終日. 笑曰: "卿等今日無愧支 許之談也."^{11}

{1} 句.

{2} 衡陽太守何承天與惠琳比狎, 著『達性論』, 詆訶釋敎, 永嘉太守顏延之作『折達性論』, 往復再三, 乃止.

{3} 沙門惠琳假服僧衣, 而毀其法, 著『白黑論』, 太子舍人宗少文信法者也, 作『難白黑論』以難之.

{4} 西晋.

{5} 劉聰滅兩晋入據洛陽, 司馬睿渡江而都建康, 故曰渡江.

{6} 『弘明集』具云: "王 · 周, 宰輔之冠盖; 庾 · 謝, 人倫之羽儀; 郗及三王, 或號體絶, 或稱獨步; 郭 · 謝 · 戴 · 許, 置情天人之際, 抗跡烟霞之表; 亡高祖兄弟, 以情識軌世; 王元琳昆季, 以才華冠朝. 其餘, 靡不時俊."

{7} 蘭, 于法蘭, 高陽人, 道振三河, 名流四遠. 護, 竺法護. 開, 于法開, 蘭公從弟也, 善講諸經, 尤精醫術, 謝安 · 王文度, 悉以友善. 潛, 竺道潛, 字法深, 理致深遠, 風鑑淸高. 深, 時有名法深者, 亦以"英俊"稱. 遁, 支遁, 字道林, 與謝太傅 · 王右軍, 共結方外交. 崇, 法崇, 敏而好學, 又以"戒律"見稱. 邃, 道邃, 燉煌人, 風鑑淸高, 內外該博, 法護常稱: "邃有古人風, 爲大法棟梁."

{8} 『文言』云: "君子黃中通理, 正位居體, 美在其中."

{9} 慧嚴, 豫州 范氏子, 羅什法師門人; 慧觀, 淸河 崔氏子, 十歲以博見知名, 亦羅什門人.

{10} 按『通』載, 宋 文帝卽位九年, 法師道生著『頓悟成佛』等論, 明年正月, 隱几而化. 十二年, 帝詔求沙門能述生法師頓悟義者, 刺史庾登之以法瑗·僧弼等聞焉, 召對顧問, 瑗伸辨詳明, 尙之歎曰: "意謂生公之後, 微言永絶, 今復聞象外之談, 所謂天未喪斯文也."

{11} 支遁·許詢共在會稽山, 每論道, 莫不歡欣.

문제는 송 고조의 셋째 아들이다. 총명하고 슬기로우며 영특하고 해박하여 평소 '영달(令達)'이라 불렸으며 30년 동안 재위하였다. 일찍이 한가한 날을 틈타 조용히 시중 하상지와 이부 양현보에게 의견을 물어 이르기를 "짐은 어려서부터 읽은 경전이 많지 않은데 근자에 더욱더 틈이 없기에 삼세의 인과를 아직 분명히 하여 마음에 품어두지 못하고 있으나, 다시 감히 이견을 세우지 않는 것은 바로 경과 같은 이 시대에 빼어난 인물들이 따르며 공경하고 믿는 바이기 때문이다. 범태와 사령운이 항상 말하기를 '육경의 전적은 본디 세속을 구제하고 정치를 위하는 데 그 뜻이 있습니다. 반드시 성품과 신령의 참되고 오묘함을 구하고자 하면 어찌 불교의 이치로써 지침을 삼지 않는 것입니까?' 하였다. 얼마 전에 안연지의 『절달성론』과 종병의 『난백흑론』을 보니 불법을 깊이 있게 밝혀 놓았는데, 더욱이 명가의 이론이 됨직하여 아울러 사람들의 뜻을 족히 깨우쳐 장려할 만하였다. 만일 온 천하로 하여금 모두 이 교화에 돈독하게끔 한다면 곧 짐은 앉아서 태평에 이를 것이니, 무릇 다시 무슨 일이 있겠는가?" 하였다.

하상지가 대답하였다. "유유자적하는 무리들은 흔히 법도를 믿지 않습니다. 신의 용렬함과 피폐함으로써 다시 포양(襃揚)하고 보필함을 떠맡았으나 감히 감당할 바는 아니옵고, 만약 앞 시대의 군웅들이라면 곧 밝으신 조서를 저버리지 않았을 것입니다. 중조(中朝)는 이미 요원하여 모두 아는 것은 어렵습니다만 장강을 건너온 이래 곧 왕도·주의·유량·사몽·사상·극초·왕탄·왕공·왕밀·곽문거·사부·대규·허순 및 돌아가신 고조의 형제와 왕원림의 형 및 동생과 범왕 손작 장현 은의 등이 혹은 재상의 재목으로, 혹은 인류의 의표로서, 혹은 뜻을 하늘사람의 영역에 두고, 혹은 노을 밖에 자취를 남겼으니, 모두가 뜻을 받들어 돌아가 의지하였고 마음을 두어 귀의하여 믿었습니다. 그 사이에 견주어 짝 할 수 있는 이들로는 곧 우법란과 축법호와 우법개와 축도잠 및 법심과 지둔과 축법숭과 우도수 등인데, 모두 행적이 황중(黃中)에 버금가며 혹은 예측할 수 없는 사람들입니다. 혜원 법사가 일찍이 말하기를 '석가의 교화는 가능하지 않은 바가 없습니다. 도에 나아감에 진실로 가르침의 근원으로부터 하며, 세속을 제도하는 일 역시 요긴하게 힘 쓸 일로 여기고 있습니다.' 하였는데 이 말을 가만히 생각해 보면 이치의 요점과 계합하는 바가 있습니다. 만약 집집마다 계를 받들도록 한다면 이내 죄는 쉬어들고 형벌은 맑아질 것이니, 폐하께서는 일컫는 바처럼 앉아서 태평에 이르게 될 것이므로 진실로 성지(聖旨)와 같다 할 것입니다."

양현보가 나아가 이르기를 "이러한 이야기는 모두 하늘사람의 영역임에 어찌 신이 마땅히 간여할 바이겠습니까? 가만히 생각건대 진나라와 초나라는 군사를 강성하게 하는 일만을 논의하였고 손자와 오자는 삼켜 아우르는 술책에만 진력을 다하였으니 아마도 여기에서는 취할 것이 없을 것입니다." 하니, 제께서 이르기를 "이는 전쟁하는 나라의 도구가 아니니 참으로 경의 말과 같도다." 하였다.

하상지가 대답하여 이르기를 "무릇 은둔자들을 예우하면 곧 전사들이 태만해지고 어짊과 덕을 귀하게 여기면 곧 병사들의 기운이 쇠퇴해진다 하였습니다. 만약 손자와 오자의 술책으로 뜻을 삼아 씹어 삼키는 데 진력한다면 역시 요순의 도 또한 취할 것이 없거니와 어찌 한갓 석가의 가르침일 따름이겠습니까?" 하니, 제께서 이르기를 "석가의 문중에 경이 있음은 마치 공자의 문중에 계로가 있음과 같을지니, 소위 악한 말이란 것은 귀에 들어오지 않는다." 하였다.

이로부터 문제는 불경에 뜻을 두었으며, 혜엄과 혜관 등 모든 승려들을 보게 되자 번번이 도의 뜻을 논하였으며, 누차 궁전에서의 모임을 베풀고는 몸소 바닥의 대자리로 나아가 승려와 같은 반열에서 공양하였다. 이때 사문 축도생이란 자가 있어 그 무리 가운데에서 빼어나고 영명하며 의로와 홀로 특출하기에 제께서 그를 중히 여겼다. 일찍이 축도생의 돈오(頓悟)한 뜻을 찬술하였는데, 승려들이 모두 크게 비난하거늘 제께서 말하기를 "만약 죽은 자를 다시 일어나게 할 수 있다면 어찌 여러 경들에게 굽힐 바가 되겠는가?" 하였다. 이때 안연지가 『이식론』을 지으니 제께서 엄 법사에게 명하여 같고 다름을 가리게 하고는 종일토록 문답이 오가게 하고는 웃어

가로되 "경 등은 오늘에 지둔과 허순의 담론에 부끄러움이 없도다." 하였다.

{1} 글귀이다.

{2} 형양태수 하승천이 혜림과 더불어 어깨를 견주고 가까이 지내며 『달성론』을 지어 석가의 가르침을 꾸짖어 나무라니, 영가태수 안연지가 『절달성론』을 지어 두세 번 오가더니 이에 (하승천의 비방이) 그쳤다.

{3} 사문 혜림이 거짓으로 승복을 입고 불법을 허물며 『백흑론』을 지으니, 태자사인 종소문은 불법을 믿는 자였는데 『난백흑론』을 지어 그를 난처하게 만들었다.

{4} 서진이다.

{5} 유총이 양진(兩晉→서진西晉)을 멸하고 낙양에 들어가 자리하자 사마예는 장강을 건너 건강에 도읍하였던 까닭에 '강을 건넜다'고 말한 것이다.

{6} 『홍명집』에서 갖추어 일컫기를 "왕도와 주의는 재상의 재목이며, 유량과 사몽은 인륜의 의표이며, 극초와 왕탄·왕공·왕밀은 혹은 체절(體絶)이라 불려지고 혹은 독보(獨步)라 일컬어지며, 곽문거와 사부와 대규와 허순은 뜻을 하늘사람의 영역에 두고 노을 밖에 자취를 남겼으며, 돌아가신 고조의 형제는 정식(情識)으로써 세상에서 본보기가 되었으며, 왕원림의 형과 동생은 재화(才華)로써 조정에서 관직을 살았다. 그 나머지도 한 시기의 준재가 아님이 없다." 하였다.

{7} 란(蘭)은 우법란으로 고양 사람인데 도력을 삼하(三河) 지역에 떨치니 이름이 사방의 먼 곳까지 퍼져갔다. 호(護)는 축법호이다. 개(開)는 우법개로서 우법란의 사촌 아우인데 모든 경전을 잘 강론하였고 더욱이 의술에 정통하였으며 사안 및 왕문도 등이 모두 벗으로서 친하게 지냈다. 잠(潛)은 축도잠으로 자는 법심이며 이치가 심원하였고 기풍이 청아하고도 고상하였다. 심(深)은 당시에 법심이라 이름하는 자가 있었으니, 역시 영준(英俊)하였다고 일컬어졌다. 둔(遁)은 지둔으로 자는 도림이며 사태부 및 왕우군과 더불어 세속의 테두리에서 벗어난 교류를 함께 맺고 있었다. 숭(崇)은 법숭으로 민첩하면서도 학문을 좋아하였으며 또한 계율(戒律)로써 일컬어지기도 하였다. 수(邃)는 도수로서 돈황 사람인데 기풍이 청아하고도 고상하며 안팎으로 해박하여 법호가 항상 일컫기를 "도수는 옛사람의 기풍이 있어 큰 법의 동량이 될 것이다."라고 하였다.

{8} 『주역』의 문언에서 말하였다. "군자가 황중(黃中)으로 이치를 통달하고 올바른 자리가 그 몸에 있으니 아름다움이 그 가운데 있다."

{9} 혜엄은 예주 범씨의 자손으로서 구마라집 법사의 문인이며, 혜관은 청하 최씨의 자손으로서 10살 때 박식한 견해로 이름이 알려졌으며 역시 구마라집의 문인이다.

{10} 『통감』에 기재된 것에 의하면 송 문제 즉위 9년에 법사 도생이 『돈오성불』 등의 논서를 저술하더니 다음 해 정월에 안석에 의지한 채 임종하였다. 12년에 황제가 조서를 내려 사문 가운데 도생 법사가 밝힌 돈오의 뜻을 능히 서술할 자를 찾았더니 자사 유등지가 법원과 승려 필 등을 거론하여 아뢰는지라 불러들여 질문을 해 보니 법원이 생각을 폄에 상세하고도 분명하여 상지가 찬탄하며 이르기를 "생각건대 도생법사 이후 미묘한 언어는 영영 단절되었으리라 여겼더니 이제 다시 뜻밖의 담론을 들으니 소위 하늘이 아직 이 글을 버리지 않았다고 하는 것이리라." 하였다.

{11} 지둔과 허순이 함께 회계산에 있으며 매번 도(道)를 논하면서 마음으로 기뻐하지 않음이 없었다.

사기
(私記)

1 **宋**：유송(劉宋). 남조(南朝)의 하나. 유유(劉裕)는 원래 동진(東晉)의 북부병(北府兵) 장령(將領)이 되었다가 마침내 점차 동진의 정권을 장악하게 되었다. 420년 유유가 동진의 공제(恭帝) 사마덕문(司馬德文)을 폐하고 진나라를 대신하여 황제를 칭하며 국호를 송(宋, 420~479)이라 하고 건강(建康, 지금의 강소江蘇 남경南京)에 도읍을 세웠다. 역사에서는 유송(劉宋)이라 부른다. 초기의 전성기 때는 북쪽의 진령(秦嶺)과 황하(黃河, 지금의 황하보다 조금 북쪽)로 북위(北魏)와 경계를 삼고 서쪽은 사천(四川)의 대설산(大雪山)에 이르렀으며, 서남쪽은 운남(雲南)을 포괄하고 남쪽은 지금의 월남 횡산(越南橫山)으로 임읍(林邑)과 접경을 이루고 있었으며, 동쪽과 동남쪽은 바다에 닿아 있었으니 이는 남조(南朝)에서 강역이 가장 넓었던 왕조였다. 뒤에 오면서 황하 이남과 회하(淮河) 이북 지역이 점차 북위에게 탈취당했다. 나라의 형세가 점차 약해지는 상황에서 금군(禁軍)을 통수하던 중령군(中領軍) 소도성(蕭道成)이 기회를 잡아 유송(劉宋)의 정권을 탈취하였으며, 479년 송나라는 소제(蕭齊)에 의해 대치되었다. 모두 8제(帝) 60년의 통치였다.

2 **文帝**：(407~453) 유의륭(劉義隆). 남조 유송(劉宋)의 황제. 424~453년에 재위하였다. 유유(劉裕)의 아들. 재위 때는 관료의 정치를 정돈하고 학술을 중시했으며, 농전(農田)과 수리(水利)를 발전시켜 남조의 안정된 번영기를 이루었으니, 역사에서 이를 '원가(元嘉)의 치(治)'라 일컫는다. 북위와의 전투 중에 회북(淮北) 지역을 상실하였으며, 골태(滑台, 지금의 하남河南 골현滑縣 동남방)를 반격하였으나 또 패퇴하였다. 450년(원가 27) 북위군이 회수(淮水)를 넘어 남쪽으로 내려와 과부(瓜埠, 지금의 강소江蘇 육합六合 동남방)까지 이르니 강북(江北)이 또다시 노략질을 당하여 나라의 형세는 날로 쇠퇴했다. 후에 다시 즉위하여 자리를 이으려 했으나 태자 유소(劉劭)에게 살해되었다.

3 **宰論佛教**：중국에서 삼교(三敎)간에 불교를 논박한 글을 모은 것으로 『홍명집(弘明集)』과 『광홍명집(廣弘明集)』을 들 수 있다. "송문제집조재론불교(宋文帝集朝宰論佛教)"는 『집고금불도론형(集古今佛道論衡)』 권갑(甲) 및 『홍명집』 권 제1에 수록되어 있다.
1) 『홍명집』: 14권. 양나라 승우(僧祐) 엮음. 중국 전통사상으로부터의 불교 비판과 국가 권력의 불교 통제에 대한 불교 측의 주장과 반론을 집대성한 호법론집(護法論集). 주로 동진(東晋)에서 양나라에 이르기까지의 승려와 재가 신도들의 논설과 서간(書簡) 및 표(表)를 싣고 있다. 승우가 만년에 편찬한 『출삼장기집(出三藏記集)』에는 10권으로 기록되어 있으며, 수나라의 『중경목록(衆經目錄)』에도 10권으로 기록되어 있으나, 당나라 초기에 14권 57편으로 증보되었다. 본서는 속사(俗士)의 육의(六疑)라고 불리는 당시 중국인들의 불교에 대한 여섯 가지 의문에 답하고, 배불론자와 도교 무리의 불교 비판에 대한 논설을 싣고 있어서 유·불·도 삼교의 사상적 교섭을 알 수 있는 귀중한 문헌이다.

2)『광홍명집』: 30권. 당나라 도선(道宣) 지음. 승우의『홍명집』에 이어서 불교의 중국 초기 전래부터 당나라 초기에 이르기까지 불교 호지(護持)에 관한 자료를 집성한 총서이다. 인덕(麟德) 원년(664)에 성립되었으며, 본서의 구성은 귀정(歸正)·변혹(辨惑)·불덕(佛德)·법의(法義)·승행(僧行)·자제(慈濟)·계공(戒功)·계복(啓福)·회죄(悔罪)·통귀(統歸)의 10편으로 이루어져 있다. 각 편의 서두에 그 취지를 서술하고 있으며, 총 296편의 논문(論文), 전기(傳記), 서간(書簡), 조록(詔錄), 비명(碑銘), 시문(詩文) 등이 실려 있다. 그 중심적인 주제들은 황제나 명사의 불교신앙과 도교 비판 및 폐불 정책에 대한 반응, 출가사문과 국가와의 관계 등이며, 도선은 본서를 통해서 당시의 도교우대 정책 및 사문배속(沙門拜俗) 문제에 대한 불교도의 입장을 잘 나타내고 있다.

3)『집고금불도론형』: 4권. 당나라 시대 도선(道宣, 596~667)이 용삭(龍朔) 원년(661)에 찬술. 집합고금불도론형실록(集合古今佛道論衡實錄), 고금불도론(古今佛道論), 고금불도론형(古今佛道論衡), 불도론형(佛道論衡)이라고도 한다.『신수장경』제52책에 수록. 동한(東漢)에서 당나라 초기에 이르는 기간에 있었던 불(佛)·도(道) 양교 논쟁의 기사로서 중국의 불교와 도교 관계사에서 중요한 자료이다. 권갑(甲)에는 동한과 전위(前魏) 및 북위·송나라·양·북제 등의 기간에 있었던 불교와 도교간의 논쟁 사적과 함께 덧붙여『위진사왕조식변도론(魏陳思王曹植辯道論)』과『진손성로담비대현론(晉孫盛老聃非大賢論)』및『진손성로자의문반신(晉孫盛老子疑問反訊)』등을 수록하고 있다. 권을(乙)에는 북주(北周)와 수(隋) 양대의 불교와 도교간의 항쟁 사적으로 되어 있다. 권병(丙)은 당나라 시대, 그리고 권정(丁)에는 현경(顯慶) 연간의 불교와 도교간의 논쟁 과정이 수록되어 있다.『신수장경』에 수록된 판본에는 "권정속부(卷丁續附)"란 제목 아래 용삭(龍朔) 연간에 도사 돈행진(敦行眞)의 사도귀불(捨道歸佛)한 내용이 첨가되어 있다. 이 책에 이어 당나라 시대의 지승(智昇)도『속집고금불도론형』1권을 찬술하였다. 이 외에 유송(劉宋)과 남제(南齊) 시대 불교와 도교의 사상적 차이와 우열 등을 논설한 글들은 양나라 승우가 편찬한『홍명집』에 적지 않게 수록되어 있다.

4 **侍中** : 시내(侍內)·납언(納言)·우상(右相)·문하시중(門下侍中). 한나라 시대에 천자를 시종(侍從)하는 것 외에 천자의 교통에 관련된 장비와 어의(御衣)의 관리를 겸하는 관직을 시중이라 일컬었다. 위(魏)·진(晉) 이후 문하성(門下省)의 대신(大臣)이 시중(재상宰相 직분)이라 일컬어졌고, 수나라 시대에는 문하성 시내(侍內) 혹은 납언(納言)이라 일컬었으며, 당나라 시대의 시중은 우상(右相, 좌상左相은 중서성의 중서령中書令을 가리킨다)이라 일컬었다. 이후 각 왕조는 이 제도를 모방하였으며, 송에 이르러 중서(中書)와 문하(門下) 두 성(省)이 병합되면서 문하시중(門下侍中)으로 고치고 상서성(尙書省)의 좌복사(左僕射, 재상 직분)가 그 직무를 겸했다. 원나라 이후 이 관직은 폐지되었다.

5 **何尙之** : (382~460) 남조(南朝) 송나라 여강(廬江) 첨현(灊縣, 지금의 안휘성 곽산霍山 동북東北) 사람으로, 자는 언덕(彦德)이다. 젊어서 노름을 좋아하였으나 성장해서는 올곧은 행위로 이름이 있었다. 진(晉)나라에 임진령(臨津令)으로 벼슬을 살았으며, 송(宋)에 들어와서는 단양윤(丹陽尹)의 관직을 지냈다. 건강(建康)의 남쪽 성 밖에 저택을 짓고 무리를 모아 강학하니 서수(徐秀)·하담(何曇)·황회(黃回) 등이 모여 '남학(南學)'을 이루었다. 문제(文帝) 말기에 명을 받아 오경(五經)을 초찬(抄撰)하였으며, 학사(學士)들을 널리 구하여 조정에 천거하였다. 사부상서(吏部尙書)와 상서령(尙書令)을 두루 역임하는 등 벼슬에 나아간 지 오래지 않아 조정의 여러 요직을 섭렵하였다. 태자 소(劭)가 문제(文帝)를 살해하고 스스로 황제의 지위에 오르자 그는 나아가 사공(司空)이 되었으나, 소군(劭軍)을 토벌한 장령(將領)의 권속 가운데 경사(京師)에 있던 이들이 그의 힘으로 온전할 수 있었기에 뒤에 효무제(孝武帝)가 즉위하고도 여전히 상서령(尙書令)의 자리에 있게 되었다.

6 **吏部** : 조정의 부서로서 육부의 하나이다. 관원의 선발과 천거, 품계(品階), 봉작(封爵), 과거(科擧) 등의 일을 관장하였다.

7 范泰 : 성은 범(范)씨, 이름은 태(泰), 자는 백륜(伯倫), 시호는 선(宣)이다. 영(寧 : 자는 무자武字,『춘추곡양전집해春秋穀梁傳集解』의 저자)의 아들. 고조(高祖) 때(420~422) 광록대부(光綠大夫)를 지냈다.『홍명집』제12에 그의 글이 실려 있다.

8 謝靈運 : 남조(南朝) 송나라의 시인. 진(晋)나라 명장 사현(謝玄)의 손자로서 강락공(康樂公)의 작위를 이었으므로 사강락(謝康樂)이라 불렸다. 문제(文帝) 때 시중(侍中)이 되었으나 참언에 걸려 사형을 당하였다. 그의 청신한 시풍은 후대에 큰 영향을 미쳤으며, 종제(從弟) 혜련(惠連)에 상대하여 대사(大謝)라 일컬어진다. 불교에도 조예가 깊어『대반열반경(大般涅槃經)』36권의 번역을 완성시켰다. 문제(文帝) 원가(元嘉) 10년(433)에 49세로 죽었다.

9 顏延之 : 남조(南朝) 송나라의 문장가로, 자는 연년(延年). 벼슬이 어사중승(御史中丞)과 비서감(秘書監) 등을 거쳐 금자광록대부(金紫光綠大夫)에 이르렀다. 시재(試才)가 있어 사령운과 함께 일컬어졌다. 효건(孝建) 3년(456) 12월에 죽으니 시호는 헌(憲).『절달성론(折達性論)』은『홍명집』제4에『석하형양달성론(釋何衡陽達性論)』이라고 되어 있다.

10 왕도(王導)에서 허순(許詢)까지 각인의 간략한 소개는 다음과 같다.

1) 왕도(王導) : 자는 무홍(茂弘), 호는 중부(仲父). 동진(東晋) 원제(元帝) 때 사람. 시호는 문헌(文獻).

2) 주의(周顗) : 자는 백인(伯仁), 시호는 강(康).

3) 유량(庾亮) : 자는 원규(元規), 시호는 문강(文康). 동진 무제(武帝) 때 사람.

4) 사몽(謝濛) : 자는 선원(宣遠). 6세 때부터 글을 잘하였다. 무제 때 사람.

5) 사상(謝尙) : 자는 인조(仁祖), 시호는 간(簡). 동진 목제(穆帝) 때 사람.

6) 극초(郄超) : 자는 경흥(景興) 또는 가빈(嘉賓). 동진 명제(明帝) 때 사람.

7) 왕탄(王坦) : 자는 문도(文度), 이름은 탄지(坦之), 호는 헌(獻). 동진 원제(元帝) 때 사람.

8) 왕공(王恭) : 자는 효백(孝伯), 시호는 충간(忠簡).

9) 왕밀(王謐) : 자는 치원(稚遠), 시호는 문공(文恭).

10) 곽문거(郭文擧) : 이름은 문(文), 자는 문거(文擧). 왕도(王導)와 같은 시기 사람.

11) 사부(謝敷) : 회계(會稽) 사람. 자는 경서(慶緒).

12) 대규(戴逵) : 자는 안도(安道). 동진 효무제(孝武帝) 때 사람.

13) 허순(許詢) : 자는 현도(玄度) 또는 원도(元度). 고양(高陽) 사람. 동진 폐제(廢帝) 때 사람.

11 亡高祖 : 돌아간 고조(高祖)의 형제(兄弟)란 말로서 고조의 큰 동생과 작은 동생을 말한다. 큰 동생의 이름은 도련(道憐), 시호는 경(景). 의희초(義熙初, 405~418)에 당읍태수(堂邑太守), 강릉평윤(江陵平尹), 형주자사(荊州刺史)를 지냈고, 무제(武帝)가 즉위한 뒤에 장사왕(長沙王)이 되었다. 작은 동생의 이름은 도규(道規), 자는 도칙(道則), 시호는 열무(烈武). 동진(東晋) 안제(安帝) 때 형주자사로 있다가 무제가 즉위한 후에 임천왕(臨川王)에 추봉(追封)되었다.

12 왕원림(王元琳)에서 은의(殷顗)까지 각인의 간략한 소개는 다음과 같다.

1) 왕원림(王元琳) : 자는 개산(開山), 시호는 목(穆). 동진(東晋) 원제(元帝) 때 사람. 곤계(昆季)는 형과 동생.

2) 범왕(范汪) : 자는 중진(仲眞), 시호는 충(忠). 원제 때 사람.

3) 손작(孫綽) : 진대(晋代)의 문인(文人). 태원(太源) 사람. 자는 흥공(興公). 경안령(景安令)을 거쳐 정위경(廷慰卿)이 되었음.『유천대산부(遊天台山賦)』를 지어 당시 그의 문재(文才)를 날렸다. 368년에 죽으니 나이 58세.

4) 장현(張玄) : 하양(河陽) 사람. 자는 군하(君夏).

5) 은의(殷顗) : 자는 백통(伯通). 동진(東晋) 효무제(孝武帝) 때 사람.

13　우법란(于法蘭)에서 우도수(于道邃)까지 각인의 간략한 소개는 다음과 같다.

　　1) 란(蘭) : 우법란이니 고양(高陽) 사람. 15세에 출가하였다.

　　2) 호(護) : 월지국 스님. 대대로 돈황에 살았고, 8세에 출가하여 축고좌(竺高座)를 섬김. 진(晋)나라 무제(武帝) 때(265~290)에 스승을 따라 서역에 가서 여러 나라로 다니면서 36국의 말을 배워 정통하였다. 범본 경전을 많이 가지고 중국에 돌아와 번역에 종사하였다. 266~313년에 『현겁경(賢劫經)』, 『정법화경(正法華經)』 등 165부를 번역하였다. 당시 사람들이 돈황 보살이라 일컬었다.

　　3) 개(開) : 섬백산(剡白山) 우법개(于法開)이니 법란(法蘭)의 제자. 수학(數學)을 특히 잘하였다. 동진(東晋) 애제(哀帝) 때의 사람이다.

　　4) 잠(潛) : 축도잠(竺道潛)이니 성은 왕(王)씨, 자는 법심(法深). 진(晋) 승상공돈(承相公敦)의 동생. 18세에 출가하여 동진의 성제(成帝) 성강(成康) 2년(236)에 나이 89세로 입적하였다.

　　5) 심(深) : 『홍명집』 『집고금불도론형』 신수본(新修本) "치문(緇門)"에도 심(深)으로 되어 있으나, 『고승전(高僧傳)』 제7권의 '석혜엄장(釋慧嚴章)'에 "其間比對則蘭護開潛淵遁崇邃"로 되어 있고, 『고승전(高僧傳)』 제4에는 강승연(康僧淵), 축법잠(竺法潛), 지둔(支遁), 우법란(于法蘭), 우도수(于道邃), 축법숭(竺法崇) 등의 순서로 실려 있으니 심(深)은 연(淵)으로 보아야 한다. 강승연은 부모가 서역 사람이지만 중국 장안에 와서 태어났다. 동진 성제(成帝) 때 스님이다.

　　6) 숭(崇) : 축법숭(竺法崇)이니 은사(隱士) 공순지(孔淳之, 397~418. 동진 안제安帝 때의 사람)와 교우하였다.

　　7) 수(邃) : 우도수(于道邃)이니 돈황 사람. 어려서 부모를 잃고 16세에 출가하여 우법란의 제자가 되었다. 병으로 31세의 젊은 나이에 요사하였다.

14　黃中 : 심장을 말하니 전하여 안으로 지니고 있는 덕행을 가리키거나, 덕을 안으로 간직하는 겸손함을 뜻하기도 한다. 고대에는 다섯 가지 색으로 오행과 오방에 배대하였는데, 토(土)는 중앙에 자리하는 까닭에 황색이 중앙의 정색(正色)이 되며, 심장은 오장의 중심인 까닭에 황중(黃中)이라 일컫게 된 것이다. 『당서(唐書)』 "黃中正位, 含章居貞." 『위서(魏書)』 "高子黃中內潤, 文明外昭, 必爲一代偉器."

15　秦 : (기원전 221~기원전 207) 주조(周朝)의 나라 이름. 영(嬴)씨 성으로, 주(周)의 효왕(孝王)이 백예(伯翳)의 후예인 비자(非子)를 책봉하여 부용(附庸) 세력으로 삼았다. 진(秦)나라 양공(襄公) 때 처음으로 나라를 세운 뒤 진(秦)나라 효공(孝公)에 이르기까지 날로 부강해져 전국칠웅의 하나가 되었다. 춘추 시기에는 섬서성(陝西省) 지역을 장악하였기에 섬서를 진(秦)으로 일컫기도 한다. 기원전 221년 진왕 정(政)이 중원을 통일하고 스스로 시황제(始皇帝)라 일컬으며 함양(咸陽)에 도읍하였으니, 이로써 중국 최초의 전제주의 중앙집권적 봉건왕조로 성립되게 된다. 호해(胡亥)와 자영(子嬰)을 거쳐 3세 15년 만에 한나라에 의해 기원전 206년에 멸망하였다.

16　楚 : (?~기원전 223) 춘추전국시대의 나라로, 도읍은 영(郢)이다. 진(秦)나라에 망하였다.

17　嚴觀 : 엄(嚴)은 혜엄(慧嚴)이니 성은 범(范)씨이고 예주(豫州) 사람이다. 16세에 출가하여 구마라집의 제자가 되었다. 북송의 문재(文宰) 원가(元嘉) 20년(443)에 동안사(東安寺)에서 81세로 입적하였다. 관(觀)은 혜관(慧觀)이니 청하(淸河, 산동성山東省 동창부東昌府 청평현淸平縣)의 사람으로, 성은 최(崔)씨이다. 요진(姚秦) 홍시(弘始) 3년 구마라집이 관중(關中)에 온다는 말을 듣고 그에게 가서 제자가 되었다. 송나라 원가년중(元嘉年中)에 71세로 입적하였다. 『돈오점오의(頓悟漸悟儀)』를 지었는데 없어져 전하지 않는다.

18 **竺道生** : (?~434) 속성은 위(魏). 거록(鉅鹿)의 사람. 어려서부터 영특하여 축법태(竺法汰)에게 출가하고 15세에 벌써 강석에 올랐다. 409년 청원사(靑園寺)에 있으면서 왕홍(王弘), 범태(范泰), 안연(顏延) 등의 귀의를 받았다. 또 『열반경(涅槃經)』이 전하여 오기 전에 천제(闡提 : 삶과 죽음을 원하고 출리出離를 구하지 않는 사람)도 성불한다는 말을 주장하여 세상 사람들을 놀라게 하였다. 원가(元嘉) 11년 여산(廬山)에서 입적하였다. 『돈오성불론(頓悟成佛論)』, 『이제론(二諦論)』, 『불성당유론(佛性當有論)』, 『불무정토론(佛無淨土論)』, 『법신무색론(法身無色論)』 등을 지었다.

13
장

잡록
雜錄

1

명교숭선사존승편
明教嵩禪師{1}1尊僧篇

●

명교 계숭 선사가 스님을 존경하라 하다

敎必尊僧, 何謂也? 僧也者, 以佛爲姓, 以如來爲家, 以法爲身, 以慧爲命, 以禪悅{2}爲食故, 不恃俗氏, 不營世家, 不修形骸, 不貪生, 不懼死, 不溺乎五味.{3}2 其防身有戒, 攝心有定, 辨明有慧.

語其戒也, 潔淸三惑,{4} 而畢身不汚; 語其定也, 恬思慮正, 神明而終日不亂; 語其慧也, 崇德辨惑{5}而必然. 以此修之之爲因, 以此成之之爲果. 其於物也, 有慈, 有悲, 有大誓, 有大惠. 慈也者, 常欲安萬物; 悲也者, 常欲拯衆苦; 誓也者, 誓與天下見眞諦; 惠也者, 惠群生以正法.

神而通之, 天地不能掩; 密而行之, 鬼神不能測. 其演法也, 辯說不滯; 其護法也, 奮不顧身. 能忍人之不可忍, 能行人之不能行. 其正命也,{6} 丐食而食而不爲恥; 其寡欲也, 糞衣{7}綴鉢{8}而不爲貧; 其無爭也, 可辱而不可輕; 其無怨也, 可同而不可損.

以實相待物, 以至慈修己, 故其於天下也, 能必和, 能普敬. 其語無妄故, 其爲信也至; 其法無我故, 其爲讓也誠. 有威可敬,{9} 有儀可則, 天人望而儼然, 能福於世, 能導於俗. 其忘形也, 委禽獸而不恡; 其讀誦也, 冒寒暑而不廢.

以法而出也, 遊人間徧聚落,{10} 視名若谷響, 視利若遊塵, 視物色若陽艷.{11} 煦嫗³貧病,{12} 瓦合與攫而不爲卑.{13} 以道而處也, 雖深山窮谷, 草其衣, 木其食, 晏然自得, 不可以利誘, 不可以勢屈, 謝{14}天子諸侯而不爲高. 其獨立也, 以道自勝, 雖形影相弔而不爲孤; 其群居也, 以法爲屬, 會四海之人而不爲混.{15}

其可學也, 雖三藏十二部, 百家異道之書無不知也, 他方殊俗之言無不通也. 祖述{16}其法, 則有文有章也.{17} 行其中道, 則不空不有也. 其絶學也, 離念清淨, 純眞一如, 不復有所分別也.

僧乎! 其爲人至, 爲其心博,{18} 其爲德備, 其爲道大. 其爲賢, 非世之所謂賢也, 爲其聖, 非世之所謂聖也, 出世殊勝之賢聖也. 僧也如此, 可不尊乎?

{1}　師諱契嵩, 鐔津 李氏子, 嗣洞山 曉聰禪師. 作『原教論』十萬言, 以抗韓愈排佛之說, 仁宗皇帝覽而嘉之, 勅入大藏流行, 賜號明教大師.

{2}　禪定資神, 輕安適悅, 爲禪悅.

{3}　『禮記』云: "飲食不溽." 注: 恣縱食味爲溽, 溽之言, 欲也.

{4}　殺·盜·婬.

{5}　尊崇道德, 辨明疑惑. 又凡人若能知所當爲而無爲利之心, 其德自此而愈高, 不然而少有利欲之心, 德不崇矣. 惑之甚者, 必起於微細, 能辨之於早則不至於大惑矣. 故, 懲忿所以辨惑也.

{6}　知時乞食, 不以邪命, 是爲正命.

{7}　南山云: "人之所棄, 無復堪用, 義同糞掃, 體是賤物. 離自貪着, 必不爲王賊所害, 得資身長道也."

{8}　世尊, 成道三十八年, 赴王舍城國王請. 食訖, 令羅云"洗滌", 失手才暴鉢, 以爲五片, 佛言: "我滅後, 初五百年, 諸惡比丘分毘尼藏爲五部." 因以綴之, 故云綴鉢. 才暴音朴, 擊聲也.

{9}　或作警.

{10}『善見』云: "無市曰村, 有市曰聚落." 聚·衆也, 落·居也.

{11}陽焰同. 陽艷, 風塵與日光交者也. 或云遊絲.

{12}『禮記』註云: "天以氣煦之, 地以形嫗之, 天覆煦而地嫗育." 此言, 憐愍貧病, 若天地之覆育萬物也. 又煦者, 陽氣和於萬物; 嫗者, 婆心撫乎兒孫.

{13} 『禮記』"毁方而爲瓦合." 註云: "陶瓦之事, 其初則圓, 剖而四, 其形則方, 毁其圓以爲方, 合其
方而爲圓. 盖於函容之中, 未嘗無分辨也." 『左史』曰: "天有十日, 人有十等." 註云: "王臣曰公,
公臣曰大夫, 大夫臣曰士, 士臣曰皂, 皂臣曰輿, 輿臣曰隷, 隷臣曰僚, 僚臣曰僕, 僕臣曰擡."

{14} 棄也, 絶也.

{15} 雜也.

{16} 仲尼祖述堯·舜, 註: 祖本也. 又遠祖諸古, 近述諸今.

{17} 五色錦而成文, 黑白合而成章. 又粲然有文, 蔚然有章.

{18} 與普同, 廣也, 大也.

반드시 스님들을 존경하라 한다면 무엇을 일컫는 것인가? 승려란 부처님으로써 성
씨를 삼고 여래로써 집을 삼으며 법으로써 몸을 삼고 지혜로써 생명을 삼으며 선정
의 희열로써 음식을 삼는 까닭에, 세속의 성씨에 기대지 않고 세간의 집을 꾸리지
않으며 형상을 닦지 않고 삶을 탐하거나 죽음을 두려워하지 않으며 다섯 가지 맛에
젖어들지 않으니, 그 몸을 가로막아 보호함에는 계행[戒]이 있고 마음을 다독거려
거두어들임에는 선정[定]이 있으며 분별하여 밝힘에는 지혜[慧]가 있음을 일컫는 것
이다.

계(戒)를 말하자면 세 가지 미혹됨을 맑혀 이 몸이 다하도록 더럽히지 않는 것
이요, 정(定)을 말하자면 사려를 고요히 하고 신명을 바르게 하여 종일토록 어지럽
히지 않는 것이요, 혜(慧)를 말하자면 도덕을 숭상하고 의혹을 밝힘이 필연적이다.
이(계정혜 삼학으)로써 닦으면 그것이 인(因)이 되고, 이(계정혜 삼학으)로써 이루면 그
것이 과(果)가 된다. 만물에 대해서는 자애로운 마음이 있고 가엾게 여기는 마음이
있으며 커다란 서원이 있고 커다란 은혜가 있다. 자애로움이란 항상 만물을 편안하
게 하고자 함이요, 가엾게 여김이란 항상 중생의 괴로움을 덜어주고자 함이며, 서원
이란 천하와 더불어 참된 법 보기를 서원함이요, 은혜라는 것은 여러 무리의 중생들
에게 베풀기를 바른 법으로써 한다는 것이다.

(승려가 삼학에) 신묘하게 두루 통하면 하늘과 땅도 가릴 수 없고, 은밀히 행하면
귀신도 능히 예측할 수 없다. 법을 연설하면 말이 뛰어나 막히지 않으며, 법을 수호

하면 떨치고 일어남에 몸을 돌아보지 않으니 사람들이 참지 못하는 것을 능히 참아내고 사람들이 행하지 못하는 것을 능히 행하며, 생명을 바르게 가짐에는 밥을 빌어먹더라도 부끄러움으로 여기지 않으며, 욕심을 적게 가짐에는 누더기 옷과 꿰맨 발우라도 가난하게 여기지 않으며, 다툼이 없음에는 자신이 욕됨을 받을지언정 상대를 가벼이 여기지 않으며, 원망함이 없음에는 상대방의 입장과 같아지려고 할지언정 손해나게 하지는 않는다.

참된 모습으로 만물을 대하고 지극한 자애심으로 자신을 닦으므로 천하에 대해서는 반드시 화목할 수 있고 널리 공경할 수 있는 것이다. 그 말에 허망된 것이 없는 까닭에 그 믿음 또한 지극한 것이며, 그 법에 나 자신이 없는 까닭에 그 겸양 또한 진실스러운 것이다. 위엄[威]이 있기에 공경스러우며 품위[儀]가 있기에 본받을 만하니 천하의 사람들이 우러러보고 정중히 여기기에 세속을 복되게 하여 이끌어갈 수 있다. 겉모습을 잊음에는 짐승처럼 내버려두어도 아끼지 않으며, 경전을 독송함에는 추위와 더위를 무릅쓰고 그만두지 않는다.

법을 위해 세상에 나가면 사람들 사이에서 노닐고 취락을 두루 다니되 명예 보기를 마치 골짜기의 메아리같이 여기고 이익 보기를 마치 떠다니는 먼지같이 여기고 물질 보기를 마치 아지랑이같이 여기며, 가난하고 병든 자들을 따뜻하게 보살필 때는 노복과 뒤섞이더라도 비천하게 여기지 않으며, 도를 위하여 처신할 때는 비록 깊은 산 궁벽한 골짜기에서 풀잎으로 옷을 입고 나무열매로 먹거리를 삼더라도 마음에 편히 여기고 만족하게 생각하니, 이익으로써 가히 유혹할 수 없고 권세로써 굴복시킬 수 없으며 천자나 제후의 자리를 버리고 떠나더라도 스스로 높게 여기지 않는다. 홀로 우뚝 설 때는 도로써 스스로를 이겨내니 비록 형상과 그림자가 서로 불쌍히 여기더라도 외롭다 여기지 않으며, 무리지어 거처할 때는 법으로써 권속을 삼으니 사해의 사람들이 모두 모일지라도 혼잡하게 여기지 않는다.

가히 배울 만한 것은 비록 삼장과 12부 및 제자백가와 외도들의 글이라 하더라도 알지 못하는 것이 없고 다른 지방의 특이한 풍속의 말이라도 통하지 않는 것이 없으니 법을 찬술하면 곧 참다운 글귀가 있고 참다운 문장이 있으며, 중도를 행하면

치문경훈

곧 공(空)도 아니요 유(有)도 아니며, 배움을 끊으면 잡념을 여의고 청정하여 그 순수하고 참됨이 한결 같아서 거듭 분별하는 바가 있지 않게 된다.

'승려'란 그 사람됨이 지극하고 그 마음 됨이 넓으며 그 덕 됨이 두루 갖추어져 있고 그 도(道) 됨이 크며, 그 어짊은 세속에서 말하는 바의 어짊이 아니고 그 성스러움은 세속에서 말하는 바의 성스러움이 아니니 세속을 벗어난 수승한 어짊과 성스러움이다. 승려란 것이 이와 같으니 어찌 존경하지 않으리오?

{1} 선사의 휘는 계숭이요 심진 이씨의 자손으로서 동산 효총 선사의 법을 이었다. 10만 자에 이르는 『원교론』을 지어 한유의 척불론에 대항하였더니 인종 황제가 그것을 살펴보고는 가상히 여기고 칙서를 내려 대장경 안에 포함시켜서 유포하게 하고는 '명교대사'라는 호를 하사하였다.

{2} 선정이 정신을 도와서 가벼이 편안하며 쾌적한 기쁨을 지니면 선열(禪悅)이 된다.

{3} 『예기』에 이르기를 "음식에는 깊게 젖어들지 말라." 하였는데 그 주석에서, 음식의 맛에 거리낌 없이 빠져들면 욕(溽)이 되는데 욕이란 욕심[欲]을 말한다.

{4} 살생과 절도와 사음이다.

{5} 도덕을 존숭하고 의혹을 분명히 밝힘이다. 또한 무릇 사람이 만약 응당 해야 할 바를 능히 알되 이익을 위하는 마음이 없다면 그 덕은 그로부터 더욱 높아질 것이며, 그렇지 않고 조금이라도 이익이나 욕망의 마음이 있다면 그 덕은 숭고하지 않을 것이다. 미혹 가운데 정도가 심한 것이라도 필시 미세한 것에서 시작되었을 것이니 조기에 능히 분별할 수 있다면 커다란 미혹으로까지 이르지는 않을 것이다. 그러므로 분노를 삼가함은 미혹을 분별하기 위함이다.

{6} 때를 알아 걸식함에 사명(邪命)으로써 하지 않으면 곧 정명(正命)이 된다.

{7} 남산이 말하였다. "사람이 버리는 바로서 감히 다시 사용하지 않는다 함은 의미로는 똥걸레 같은 것이며 그 실체는 곧 천한 물건을 말한다. 탐욕과 집착을 여의면 필시 제왕이나 도적에게 해악을 입는 바가 되지 않으며 몸을 돕고 도력을 증장시킴을 얻을 것이다."

{8} 세존께서 성도한 지 38년 만에 왕사성 국왕의 청에 나아갔다. 공양을 마치고 라후라에게 씻어라 하였더니 실수하여 발우를 깨트려 다섯 조각이 나자 부처님께서 말씀하시기를 "내가 입멸한 후 처음 5백 년 동안에 모든 사악한 비구들이 율법을 나누어 다섯 부로 할 것이다." 하시고는 그것을 꿰매었기에 철발(綴鉢)이라 일컫는다. 음은 박(朴)이며 부딪쳤을 때 나는 소리이다.

{9} 혹은 경(罄)으로 되어 있기도 하다.

{10} 『선견』에 이르기를 "시장이 없는 곳을 촌(村)이라 하고 시장이 있는 곳을 취락(聚落)이라 한다." 하였다. 취(聚)는 무리[衆]이며 락(落)은 거주함[居]이다.

{11} 양염(陽焰, 아지랑이)과 같다. 양염(陽艶)이란 바람에 이는 먼지가 빛과 더불어 교차하는 것이다. 혹은 유사(遊絲, 아지랑이)라고도 한다.

{12} 『예기』의 주석에 이르기를 "하늘은 기운으로써 따뜻하게 하고 땅은 형상으로써 따뜻하게 하니, 하늘은 덮어서 따뜻하게 하고 땅은 따뜻하게 하여 양육함이다." 하였으니, 이는 빈곤하고 병든 이들을 불쌍히 여기는 것이 마치 하늘과 땅이 만물을 덮어 양육함과 같음을 말한다. 또한 후(煦) 란 양기가 만물에 화합함이요 구(嫗)란 할미의 마음으로 자손을 어루만짐이다.

{13} 『예기』에 "모난 것을 허물어 와합(瓦合)이 되다." 하였는데 주석에 이르기를 "도자기란 것은 애초 에 둥근 것을 쪼개어 넷이 되게 하면 그 형상이 모가 나게 되는데 둥근 것을 허물어서 모가 나게 된 것이요 그 모난 것을 합하면 둥근 것이 되니, 대개 함용(函容)한 가운데에서는 나누어 분별함 이 없지는 않다." 하였다. 『좌사』에 이르기를 "하늘에는 십일(十日)이 있고 사람에게는 십등(十等) 이 있다." 하였는데 주석에 이르기를 "왕의 신하를 공(公)이라 하고, 공의 신하를 대부(大夫)라 하 고, 대부의 신하를 사(士)라 하고, 사의 신하를 포(包)라 하고 포의 신하를 여(輿)라 하고, 여의 신 하를 예(隸)라 하고, 예의 신하를 요(僚)라 하고 요의 신하를 복(僕)이라 하고, 복의 신하를 대(擡)라 한다."고 하였다.

{14} 버리는 것이요 단절시킴이다.

{15} 잡다함이다.

{16} 중니가 요순의 도를 본받아 서술하여 밝혔다 하고는 그 주석에서 조(祖)는 근본[本]이라 하였다. 또 멀리로는 모든 옛것들을 본받아 모방하고 가까이는 모든 지금의 것을 서술하여 밝힌다 하였다.

{17} 오색비단으로 문(文)을 이루고 흑백이 합쳐져 장(章)을 이룬다. 또는 찬연함에 문이 있게 되고 울 연함에 장이 있게 되었다.

{18} 보(普)와 더불어 같으니 넓다는 것이요 크다는 것이다.

사기
(私記)

1 **明教嵩** : (1007~1072) 중국 송나라 때 등주(藤州) 심진현(鐔津縣, 광서성廣西省 오주부悟州府 등현북藤縣北) 사람으로, 이름은 설숭(契嵩), 속성은 이(李)씨, 자는 중영(仲靈), 자호는 잠자(潛子)이다. 7세 때 모친에 의해 절에 시주되었던 것을 인연으로 출가하여 13세에 스님이 되고 19세에 구족계를 받고는 제방을 유력하였다. 뒤에 균주(筠州)의 동산 효총(洞山曉聰) 선사에게서 선법을 받았으며, 항시 관음의 명호를 외는 것으로 일과를 삼았다. 문장에 능하여 『원교효론(原教孝論)』을 지어 유교와 불교가 일관하다는 뜻을 밝혀 한퇴지의 배불(排佛)을 반박하였다. 『선종정종도』와 『전법정종기(傳法正宗記)』 및 『전법정종론(傳法正宗論)』을 지어 선종의 28조가 별전(別傳)한 계통을 논증하였다. 가우(嘉祐) 4년 4월에 자가사(紫袈裟)와 명교(明教) 대사란 호를 하사받았다. 희녕(熙寧) 4년(1071) 6월 항주(杭州)의 영은사(靈隱寺)에서 66세로 입적하였다. 그의 문도들이 흩어졌던 그의 글을 모아 『심진집(鐔津集)』20권을 내놓으니 세간에 널리 유통되었다. 소동파(蘇東坡)가 일찍이 "吾入吳尙及見嵩, 其爲人常瞋." 이라 하였다. 『보교편(輔教篇)』 3권과 『치평집(治平集)』 등 무릇 백여 권의 저서가 있다.

2 **五味** : 천태 지자 대사가 세존의 일대교설을 오시(五時)로 하여 오미(五味)에 비유한 것으로, 유미(乳味) · 낙미(酪味) · 생소미(生酥味) · 숙소미(熟酥味) · 제호미(醍醐味)가 그것이다. 천태종의 지의(智顗)는 이것을 오시교(五時敎)에 비유하여, 화엄시는 유(乳)와 같고, 아함시는 낙(酪)과 같으며, 방등시는 생소(生酥)와 같고, 반야시는 숙소(熟酥)와 같으며, 법화시는 제호(醍醐)와 같다 하였다. 그러나 여기서는 식욕을 언급한 문구에 쓰였으므로 일반적인 감(甘) · 산(酸) · 신(辛) · 고(苦) · 염(鹽)의 다섯 가지 맛을 의미한다.

3 **煦嫗** : 입김을 불어 따뜻하게 하고 체온으로 따뜻하게 함. 따뜻하게 하여 기름. 전하여 양육함이라는 뜻이다.

4 **形影相弔** : 자기의 몸과 그림자가 서로 불쌍히 여긴다는 뜻으로 매우 외로워 의지할 곳이 없음을 이른다.

2

석난문

釋難文[1]

●

스님 되기가 이렇게 어려우니

希顏首座,[2] 字聖徒. 性剛果,{1} 通內外學,{2} 以風節自持. 遊歷罷, 歸隱故廬, 跡不入俗, 常閉門宴坐, 非行誼{3}高潔者, 莫與友也. 名公貴人累以諸刹{4}招之, 堅不答. 時有童行, 名參己, 欲爲僧, 侍左右. 顏識其非器, 作釋難文以却之曰:{5}

知子莫若父, 知父莫若子,[3] 若予之參己, 非爲僧器. 盖出家爲僧, 豈細事乎? 非求安逸也, 非求溫飽也, 非求蝸角利名也.{6} 爲生死也, 爲衆生也, 爲斷煩惱, 出三界海, 續佛慧命也. 去聖時遙, 佛法大壞, 汝敢望爲爾?[4]『寶梁經』云: "比丘不修比丘法, 大千無唾處."{7}『通慧錄』云:[5] "爲僧不預十科, 事佛徒勞百載, 爲之不難得乎?{8}" 以是觀之, 予濫厠僧倫, 有詒於佛, 況汝爲之耶?

然出家爲僧, 苟不知三乘十二分教·周公[6]·孔子之道, 不明因果, 不達己性, 不知稼穡艱難,{9} 不念信施難消, 徒飲酒食肉, 破齋犯戒, 行商坐賈,{10} 偸姦博奕,{11}[7] 覻覦[8]院舍,{12} 車盖出入, 奉養一己而已.

悲夫! 有六尺之身而無智慧, 佛謂之痴僧; 有三寸舌而不能說法, 佛謂之啞羊僧;{13} 似僧非僧, 似俗非俗, 佛謂之鳥鼠僧,{14}9 亦曰禿居士.{15}10 『楞嚴經』曰: "云何賊人假我衣服, 裨販如來, 造種種業?"{16} 非濟世舟航也, 地獄種子爾! 縱饒彌勒下生出得頭來? 身已陷鐵圍百刑之痛, 非一朝一夕也. 若今爲之者, 或百或千, 至於萬計, 形服而已, 篤論其中何有哉? 所謂鷲翰而鳳鳴也,{17} 碌碌之石非玉也, 蕭敷艾榮{18}非雪山忍草也.{19}

國家度僧, 本爲祈福, 今反責以丁錢,{20}11 示民於僧不然, 使吾徒不足待之之至也. 只如前日育王璉{21}12 · 永安嵩{22} · 龍井淨{23} · 靈芝照,{24} 一狐之腋, 自餘千羊之皮何足道哉? 於戲! 佛海穢滓未有今日之甚也, 可與智者道, 難與俗人言.{25}

{1} 剛毅果斷.

{2} 釋氏, 以佛經 · 禪策爲內, 以儒道諸家爲外.

{3} 與義同.

{4} 『垂裕記』云: "盖取莊嚴差別, 名之爲刹." 此, 通指國中名刹也. 又伽藍, 號梵刹者, 『輔行』云: "西天以樹表刹, 示所居處也." 『阿含』云: "若沙門於佛法中, 勤苦得一法者, 便當豎幡刹, 以告四遠也."

{5} 上, 卽編集者所敍.

{6} 蠻與觸二國, 在蝸兩角上, 日以戰爭, 伏尸盈溝, 言名利之不實.

{7} 比丘若無戒行, 五百大鬼從後掃其跡, 然則無容身之地. 無唾處者, 斯之謂矣.

{8} 僧錄贊寧, 字通遠, 錢塘 高氏子. 太宗賜號通惠大師. 嘗撰 『大宋高僧傳』, 其後序云: "爲僧不預十科"云云.

{9} 『書』云: "知稼穡艱難, 乃逸則知小民之所依." 註: 以勤爲逸也; "不知稼穡之艱難, 乃逸." 註: 以逸爲逸也.

{10} 行販曰商, 坐賣曰賈.

{11} 博, 卽六博, 雙六也. 又投瓊曰博, 瓊卽今骰子也. 奕, 圍碁也. 骰音投. 博與奕, 皆姦巧之事也.

{12} 『漢書』註云: 覬音冀, 幸也, 覦欲也, 謂幸得其所欲也. 言幸得盛利, 欲以榮身逸志.

{13} 雖不破齋, 根鈍無慧, 不分好惡輕重, 不知有罪無罪, 若有僧事, 二人共爭, 不能決斷, 默然無言, 如啞羊, 人殺之, 不能作聲. 又各喩二意, 啞, 無說法之能, 羊, 無聽法之用也.

{14} 『正法念經』云: "蝙蝠, 人捕鳥時, 入穴爲鼠, 人捕鼠時, 出穴爲鳥." 避僧避俗曰鳥鼠, 佛取之爲喩也.

{15} 僧形俗行曰禿居士.

{16} 禆, 附也. 禆附佛敎中, 以佛貪販利養也.

{17} 『楊子法言』"鳳鳴而鷙翰." 註: 凡鳥之勇 · 獸之猛悍者, 皆曰鷙. 又猛擊鳥也.

{18} 蕭, 草名, 白葉莖麤, 科生香氣, 祭則爇以報氣也. 艾, 『說文』"氷臺"也. 『博物志』"削氷令圓, 擧以向日, 以艾承其影得火, 故號氷臺."

{19} 香草也.

{20} 出家功德, 至大至重, 設若度人爲僧, 國祚綿長, 是古制也, 今則懲以丁年差役軍夫之錢, 蔑視吾徒之至也.

{21} 育王寺 懷璉禪師.

{22} 永安寺 戒嵩禪師.

{23} 南山 龍井寺 元淨禪師.

{24} 靈芝寺 元照律師.

{25} 師古曰: 狐腋下之皮, 輕柔難得.

희안 수좌의 자는 성도이다. 성품이 강직하고 과단성 있으며 안팎의 학문에 두루 통하여 풍모와 절제로써 스스로를 지탱하더니, 만행을 다니다 그만두고 돌아와 옛 오두막에 은거하여 자취를 세속에 들이지 않은 채 항상 문을 닫고 편안히 앉아 있음에, 행실과 의리가 고결한 자가 아니면 더불어 벗하지 않았다. 공경대부와 귀인들이 누차 여러 사찰로써 그를 불러도 굳이 대답하지 않았다. 이때 이름이 참기(參己)인 행자가 있었는데, 승려가 되어 가까이서 시봉하고자 하였으나 희안이 그가 그릇이 아님을 알고는 "석난문"을 지어 그것으로써 그를 물리치며 말하였다.

"아들 알기로는 아비만 한 자가 없으며 아비 알기로는 아들만 한 자가 없다 하였으니, 우리 참기는 승려가 될 그릇이 아니다. 대저 출가하여 승려가 되는 일이 어찌 세세한 일이겠는가. 이는 안락하고 편안함을 구하는 것도 아니요 따뜻하고 배부름을 구하는 것도 아니며 달팽이 뿔 위에서 이익이나 명예를 구하는 것도 아니니, 바

치문경훈

로 삶과 죽음을 위함이고 중생을 위함이며 번뇌를 끊고 삼계의 바다를 벗어나 부처님의 혜명(慧命)을 잇고자 해서이다. 성인이 계셨던 때와 멀어져 아득하고 불법은 크게 무너졌는데 네가 감히 되기를 바라는가?『보량경』에 이르기를 '비구가 비구의 법을 닦지 않으면 대천세계에 침 뱉을 곳이 없다.' 하였으며, 『통혜록』에 이르기를 '승려가 되어 10과(科)에 참여하지 못하면 부처님을 섬기더라도 한평생이 헛수고일 뿐인데 승려가 됨이 어렵지 않다고 할 수 있겠는가?' 하였다. 이로써 보건대 나도 외람되이 승려의 무리에 끼어 부처님을 기만함이 있거늘 하물며 네가 그것을 하려는가?

그러나 출가하여 승려가 되었으되 진실로 3승의 12분교와 주공이나 공자의 도를 모르고 인과를 밝히지 못하며 자기의 성품을 통달하지 못하고 농사일의 어려움을 알지 못하며 신도들의 시주물이 소화하기 어려운 것임을 생각하지 못한 채, 다만 술 마시고 고기 먹어 재(齋)를 깨트리고 계(戒)를 범하며 장사치로 나다니고 들어앉아 물건 팔며 도둑질과 간음에 장기 두고 바둑 두면서 사원이나 넘겨다보며 화려한 수레로 출입하면서 자신 한 몸만을 받들어 살찌울 뿐이다.

슬프도다! 6척의 몸은 있으되 지혜가 없으니 부처님께서 이를 두고 어리석은 승려[痴僧]라 하였고, 세 치 혀는 있으되 설법해내지 못하니 부처님께서 이를 두고 벙어리 염소 같은 승려[啞羊僧]라 하였으며, 승려 같으나 승려가 아니요 속인 같으나 속인도 아니니 부처님께서 이를 두고 박쥐 같은 승려[鳥鼠僧] 또는 대머리 거사[禿居士]라 하였다. 『능엄경』에 이르기를 '어찌하여 도적이 나의 옷을 빌어 입고 여래를 팔아 각종의 업을 짓는가?'라고 하였으니, 세상을 건지는 배가 아니라 지옥종자일 뿐이다. 설령 미륵이 이 세상에 내려온다 한들 머리를 내밀 수 있겠는가? 몸은 이미 철위산에 빠졌으니 온갖 고통은 하루나 이틀의 일이 아니다. 만약 지금 그렇게 하는 자가 혹은 1백이요 혹은 1천이요 심지어 천만을 헤아리더라도 겉으로 복종할 뿐이니 그 내심을 확실히 따져본다면 어찌 있다 하겠는가? 말하자면 맹금(猛禽)의 날갯짓에 봉새 울음 우는 격이니, 자질구레한 돌덩이는 옥석이 아니요 널리 흩어져 무성한 대쑥은 설산의 인내초가 아닌 셈이다.

나라에서 승려를 득도시키는 까닭은 본디 복을 빌고자 해서인데 지금은 도리어 정전(丁錢)으로 빚을 받아감으로써 백성들에게 승려가 그렇지 못하다는 것을 내보이니, 우리 무리들로 하여금 충분히 대접받지 못하게 함이 심할 뿐이다. 다만 예전의 육왕련과 영안숭과 용정정 및 영지조 등과 같은 이들은 한 마리 여우의 겨드랑이 털이요 그 나머지는 천 마리 양의 가죽일 뿐이니 어찌 족히 말하겠는가? 오호라! 부처님의 바다가 더럽혀지고 때가 낀 것으로는 오늘날의 심각함이 여태껏 존재하지 않았다. 지혜로운 자와는 더불어 말할 수 있겠지만 속인과는 함께 말하기 어렵도다."

{1} 강직하여 굴하지 않고 용기 있게 결단함이다.

{2} 불가에서는 불경과 참선의 경책을 내전(內典)으로 여기고 유교와 도교 등의 제가(諸家)의 것을 외전(外典)으로 여긴다.

{3} 의(義)와 같다.

{4} 『수유기』에 이르기를 "대개 장엄의 차별을 취하여 이름한 것이 찰(刹)이 되었다." 하였으니 이는 통상적으로 나라 안의 명찰(名刹)을 지적한 것이다. 또 가람을 범찰(梵刹)이라 부르니, 『보행』에 이르기를 "서역에서는 나무로서 사찰이라 표방하여 거처하는 바를 드러내 보인다." 하였으며, 『아함』에 이르기를 "만약 사문이 불법을 닦던 중에 어렵사리 한 법을 얻게 되면 곧 응당 번찰(幡刹)을 세움으로써 사방 먼 곳까지 그 사실을 알린다." 하였다.

{5} 윗부분은 편집자가 서술한 것이다.

{6} 만(蠻)과 촉(觸) 두 나라는 달팽이의 두 뿔 위에 있는데 날마다 전쟁을 치러 주검이 봇도랑에 가득 찼다 하였으니, 명예와 이익은 실되지 못함을 말한 것이다.

{7} 비구가 만약 계행이 없으면 5백 명의 큰 귀신들이 그 뒤를 쫓으며 그의 자취를 쓸어버리니, 그렇게 되면 몸덩이를 용납할 땅이 없게 된다. 침 뱉을 곳이 없다는 것이 이를 일컫는 말이다.

{8} 승록 찬영은 자가 통원이요 전당 고씨의 자손이다. 태종이 '통혜대사'란 호를 하사하였다. 일찍이 『대송고승전』을 편찬하였는데 그 후서(後序)에서 이르기를 "승려로서 10과에 참예하지 못하면……" 운운하였다.

{9} 『서경』에 이르기를 "농사의 어려움을 알고서 이에 일(逸)한즉 소시민이 의지하는 바를 알 수 있다."라고 하니 주석에서 근(勤, 열심히 노력하다)으로써 일(逸)의 뜻을 삼은 것이라고 하였으며, "농사의 어려움을 알지 못하고 이에 일(逸)한다."라고 하니 주석에서 일(逸, 편안히 노닐다)로써 일(逸)의 뜻을 삼은 것이라고 하였다.

{10} 다니며 판매하는 것을 상(商)이라 하고 앉아서 파는 것을 고(賈)라 한다.

{11} 박(博)은 곧 육박(六博)을 말하니 쌍륙(雙六)이다. 또 주사위 놀음[投瓊]을 박이라 하는데, 경(瓊)은 곧 지금의 주사위이다. 혁(奕)은 바둑이다. 骰의 음은 투(投)이다. 박과 혁은 모두 간교한 일이다.

{12} 『한서』의 주석에 이르기를, 覬의 음은 기(冀)로서 희망하다는 뜻이며 유(覦)는 하고자 한다는 뜻이니 (기유覬覦는) 하고자 하는 바를 얻을 수 있도록 희망함을 일컫는다. 성대한 사찰을 얻어 몸을 영예롭게 하고 뜻을 안일하게 가지게 되기를 희망함을 말한다.

{13} 비록 재계(齋戒)를 파하지는 않았으나 근본이 아둔하고 지혜가 없어 좋고 나쁨과 가볍고 무거움을 구분하지 못하고 죄가 있음과 죄가 없음을 알지 못하니, 만약 승가(僧家)의 일이 있어 두 사람이 다투더라도 능히 결단을 내려주지 못한 채 묵묵히 말이 없는 것이 마치 벙어리 양이 사람이 죽이더라도 능히 소리를 지르지 못하는 것과 같다. 또한 두 의미를 각기 비유하고 있으니, 아(啞)는 설법할 능력이 없음을 비유하였고 양(羊)은 법을 듣고도 활용하지 않음을 비유하였다.

{14} 『정법념경』에 이르기를 "박쥐는 사람들이 새를 잡을 때는 구멍으로 들어가 쥐가 되고 사람들이 쥐를 잡을 때는 구멍을 나와서 새가 된다." 하였는데, 승가를 회피하고 속가도 회피하는 것을 조서(鳥鼠)라 말함에 부처님이 이 말을 취하여 비유한 것이다.

{15} 승가의 모습으로 속가의 행위를 하는 자를 독거사라 말한다.

{16} 비(神)는 부착됨이니, 불교 가운데 빌붙어 부처님을 이용하여 이익을 탐냄이다.

{17} 『양자법언』에 "봉황새가 울면 맹금이 날갯짓한다." 하고는 주석에, 무릇 날짐승 가운데 용맹스러운 것과 들짐승 가운데 사나운 놈은 모두 취(鷲)라 한다고 하였다. 또는 맹격조(猛擊鳥)이다.

{18} 소(蕭)는 풀 이름으로 잎사귀는 희고 줄기는 거칠며 뿌리에서 향기가 나는데 제사 때는 불에 살라서 기운을 북돋운다. 애(艾)는 『설문』에서 말한 빙대(氷臺)이다. 『박물지』에 "얼음을 깎아 둥글고 만들어 해를 향하게 들고 서서 그 그림자를 쑥으로 받으면 불을 얻게 되는 까닭에 빙대라 부른다." 하였다.

{19} 향기 나는 풀이다.

{20} 출가의 공덕은 지극히 크고도 막중한지라 만약 속인을 득도시켜 승려가 되게 하면 나라의 복록이 길이 이어진다고 여기는 것이 오랜 제도이거늘, 지금엔 만 **20**세에 부역이나 군역 나가는 대신 내는 돈으로써 책임을 징계토록 하니 우리 무리를 멸시함이 매우 심하다.

{21} 육왕사의 회련 선사이다.

{22} 영안사의 계숭 선사이다.

{23} 남산 용정사의 원정 선사이다.

{24} 영지사의 원조 율사이다.

{25} 안사고가 말하기를, 여우의 겨드랑이 아래쪽 가죽은 가볍고도 부드러운데 얻기 어렵다.

사기
(私記)

1 **釋難文** : 『인천보감(人天寶鑑)』 권상(上)에 기록되어 있다.

2 **希顔首座** : 송나라 때 스님. 희(希)는 睎로 쓰기도 한다. 사명(四明) 봉화(奉化) 사람으로, 자호는 설계(雪溪)이다. 밭을 가는데 벌레가 밟혀 죽는 것을 보고 매년 해태(海苔) 360근을 사다가 하루에 한 근으로 죽을 쑤어 먹고 살았다 한다. 『불조통기(佛祖統紀)』 제28에서 "臨終沐浴, 更衣端座, 念佛而化."라고 하였다.

3 **知子莫若父, 知父莫若子** : 『한비자(韓非子)』 "知臣莫若君, 知子莫若父." 『管子』 大匡篇 "鮑叔曰: 先人有言, 知子莫若父, 知臣莫若君."

4 **爲爾** : 대명사로서 '여차(如此)'와 같고 윗문장을 대신하며 술어가 되며, '이와 같이', '이처럼 하면'이라고 해석한다. 『진서(晋書)』 "왕열전(王悅傳)" "導嘗共悅奕棋, 爭道. 導笑曰 相與有瓜葛, 那得爲爾耶?(왕도王導는 일찍이 왕과 함께 바둑 두기를 좋아하였는데 한번은 길을 다투었다. 왕도가 웃으며 말하기를 '우리는 서로 인척 관계인데도 어찌 이렇게 할 수 있는가?'라고 하였다)."

5 **爲僧云云** : 『대송고승전』의 후서(後序)가 아닌 제30권의 "잡과성덕제십일말(雜科聲德第十一末) 논왈(論曰)"이라는 데 기록되어 있다.

6 **周公** : 옛날 주나라 때의 어진 신하로, 이름은 단(旦)이고 문왕(文王)의 아들이다. 형인 무왕(武王)을 도와 은나라를 치고 천하를 통일시켰다. 무왕이 죽은 뒤 그의 아들인 성왕(成王)이 즉위하였으나 나이가 어려 주공이 섭정이 되어 주나라 왕실의 기반을 닦아놓았다. 유교의 예는 주공에 의하여 시작하였으므로 그의 인격과 정치를 공자와 같이 숭배한다.

7 **博奕** : 도박의 일종으로 저포(樗蒲)·원현도(袁玄道)라고도 한다. 저(樗)·포(蒲)는 모두 식물의 이름으로서 모양이 같으면서 색은 달라 옛날부터 주사위 등의 놀이에 사용되었다. 저포는 저포(樗蒲)라고도 한다. 『태평어람·방술(太平御覽·方術)』 "저포복조(樗蒲卜條)"에는 "博物志曰: 老子入西戎, 造樗蒲, 樗蒲五木也. 或云胡人亦爲樗蒲卜, 後傳樓陰善其功."이라 되어 있다.

8 **覬覦** : 분수에 넘치는 당치 않은 일을 바람. 아랫사람으로서 바라서는 안 될 일을 바라는 것이다.

9 **鳥鼠僧** : 『불장경(佛藏經)』 권상(上)에 "譬如蝙蝠, 欲捕鳥時則入穴爲鼠, 欲捕鼠則飛空爲鳥而實無有鳥鼠之用. 其身臭穢, 俱樂闇冥, 舍利佛, 破戒比丘, 亦復如是, 旣不入於布薩自恣, 亦復不入王者使役, 不名白衣, 不名出家."라 하였다.

10 **禿居士** : 겉모습은 승려인 듯하나 마음 씀은 승려가 아닌 것을 이름. 『설문(說文)』에서 "禿, 無髮也."라 하였다. 『열반경(涅槃經)』 제3에서 "破戒不護法者, 名禿居士."라 하였고, 『태평광기(太平

廣記)』에 하동기(河東記)를 인용하되 야차(夜叉)가 경행하는 승려 행온(行蘊)을 꾸짖어 말하기를 "적독노(賊禿奴)야! 어째서 망상을 일으키느냐?"라고 하였다 한다.

11 **丁錢** : 면정전(免丁錢). 면정(免丁)이라고도 하는데, 정(丁)은 일정한 장년(흔히 20세)에 달한 이를 말한다. 송나라 건염(建炎) 15년에 천하의 승도(僧道)에 조칙을 내려 처음으로 정전(丁錢)을 바치게 했으니, 10전으로부터 1천3백까지 9등급으로 나누고 이것을 청한전(淸閑錢)이라 하였으며, 나이 60세 이상 된 이와 질병을 앓는 이는 정전을 바치지 않아도 된다고 허락하였다 한다.(『불조통기』제47) 우리나라에서는 1469년(조선 예종 1년)에 승려의 득도하는 법을 정하고 베 30필씩 정전을 받고 도첩을 주었다.

12 **育王璉** : 중국 절강성(浙江省) 영파부(寧波府) 은현(鄞縣)의 동쪽 아육왕산(阿育王山)에 있는 아육왕사(阿育王寺)의 대각 회련(大覺懷璉)을 말한다. 장주(漳州) 용계(龍溪)의 사람으로, 성은 진(陳)씨, 이름은 회련(懷璉), 호는 대각(大覺), 자는 사주(泗洲)이다. 송나라 철종(哲宗) 원우(元祐) 5년(1090)에 82세로 입적하였다.

3

범촉공송원오선사행각
范蜀公{1}1 送圓悟禪師2 行脚

●

범촉공이 원오 선사를 행각 보내며

觀水莫觀汚池水, 汚池之水魚鱉卑;
登山莫登迤邐山,{2} 迤邐之山草木稀.
觀水須觀滄溟廣, 登山須登泰山上.
所得不淺所見高, 工夫用盡非徒勞.
南方幸有選佛地, 好向其中窮妙旨;
他年成器整頹綱, 不負男兒出家志.
大丈夫, 休擬議, 豈爲虛名滅身計?
百年隨分覺無多, 莫被光陰暗添歲.
成都況是繁華國, 打住只因花酒惑.
吾師幸是出家兒, 肯隨齷齪{3} 同埋沒.
吾師幸有虹蜺志,{4}3 何事躊躇溺泥水?
豈不見?
吞舟之魚不隱卑流, 合抱之木不生丹丘.

大鵬一展九萬里,　　　　　　豈同春岸飛沙鷗?
何如急駕千里驥,　　　　　　莫學鷦鷯戀一枝.{5}
直饒講得千經論,　　　　　　也落禪家第二機.
白雲長是戀高臺,　　　　　　暮罩朝籠不暫開,
爲慰蒼生霖雨望,　　　　　　等閑依舊出山來.
又不見?
荊山有玉名瓊瑤,⁴　　　　　良工未遇居蓬蒿,
當時若不離荊楚,　　　　　　爭得連城價倍高?

{1} 范鎭, 字景仁, 華陽人. 擧進士第, 官至翰林學士, 封蜀國公, 以戶部侍郎致仕. 克勤禪師, 字無
　　著, 彭州駱氏子, 受具後, 遊成都, 從敏行大師學經論, 蜀公作詩以送. 後, 徽宗賜號圓悟.

{2} 『吳季重書』云: "登東山然後, 知衆山之迤邐." 注: 小而相連曰迤邐.

{3} 急促局狹貌.

{4} 『音義』云: "雙色鮮, 盛者爲雄, 闇者爲雌." 朱子曰: "日與雨交, 倏然成質, 不當交而交, 天地之
　　淫氣也. 陽氣下而陰氣應則爲雲而雨, 陰氣起而陽不應則爲虹."

{5} 『莊子』"鷦鷯巢於深林, 不過一枝."

그대 물을 볼라치면　　　　　얕은 물은 보지 말라,
얕은 물은 자라 고기　　　　　있다 하나 잔챙이뿐.
그대 산을 오르려면　　　　　동산일랑 생각 마라,
올망졸망 낮은 산은　　　　　풀과 나무 드문드문.
물 보려면 모름지기　　　　　넓은 바다 봐야 하고,
산 오를 땐 모름지기　　　　　태산 정상 오를지라.
얻는 바가 얕지 않고　　　　　보는 바가 드높으면,
힘을 다해 공부해도　　　　　그 노력이 헛되잖네.

남방에는 다행스레
그대 좋이 거기 가서
다른 날에 그릇 이뤄
남아로써 출가한 뜻
대장부면 이리저리
어찌 헛된 이름 위해
백 년 동안 본분 따라
빛줄기가 가만가만
성도 땅은 더군다나
주저앉아 머문다면
우리 스님 다행스레
이 세상의 좀스러움
우리 스님 다행스레
무슨 일로 머뭇하다
어찌하여 그대 진정
배 삼키는 여느 고기
아름드리 여느 나무
저 붕새는 한달음에
어찌하여 봄 강변의
어찌 급히 천리마를
여린 뱁새 애타는 맘
그대 설사 넉넉잡아
선가 문턱 밟이면
흰 구름이 길게 뻗어
아침이나 저녁이나
창생들의 목마름을

부처 뽑는 땅 있으니,
오묘한 뜻 찾을지다.
이 기강이 무너지면,
저버림이 아닐지다.
꾀하는 일 그만두라,
멸신 계책 세우는가.
깨달아도 많잖으리,
주는 나이 먹을 겐가.
좀 번화한 도읍진가,
꽃 술 유혹 인할지나,
출가사문 몸인지라,
따라 매몰되겠는가.
무지개 뜻 품은지라,
흙탕물에 빠지겠나.
이것 보지 못했던가?
얕은 물에 숨을 거며,
민둥산에 자라는가.
구만리를 날아가니,
갈매기와 짝하리오.
모는 것과 비길 건가,
그대 배워 무엇하리.
일천 경론 강설해도,
제이기(第二機)로 떨어지리.
높은 누대 연모하여,
감싸안고 있다가도,
위로하기 위함이면,

치문경훈

툴툴 털고 예전처럼 산을 내려 나오노라.
어찌하여 그대 또한 이것 보지 못했던가?
형산 위에 옥이 있어 이름하여 경요지만,
좋은 장인 못 만나서 쑥풀 속에 묻혔더니,
그때 만약 가시덤불 여의지를 못했다면,
어찌하여 뭇 성들의 가격보다 높으리오.

{1} 범진은 자가 경인으로 화양 사람이다. 진사로서 과거에 급제하여 관직이 한림학사에 이르렀으며 촉국공에 책봉되었다가 호부시랑의 직위로 관직에서 물러났다. 극근 선사는 자가 무착으로 팽주 낙씨의 자손이니, 구족계를 받은 후에 성도를 유력하다 민행 대사를 좇아 경학을 배움에 촉국공이 시를 써서 보내었다. 휘종이 '원오'라는 호를 하사하였다.

{2} 『오계중서』에 이르기를 "동산에 오른 연후에야 뭇 산들이 완만히 이어져 있음을 안다." 하고는 주석에서, 작으면서도 서로 이어져 있는 것을 이리(迤邐)라 말한다고 하였다.

{3} 급히 재촉하며 국면이 협소한 모양.

{4} 『음의』에 이르기를 "쌍색(雙色)이 선명함에 치성한 것이 웅(雄)이 되고 어두운 것이 자(雌)가 된다." 하였으며, 주자가 이르기를 "햇살과 빗방울이 교차하여 갑자기 형질을 이룬 것이니 마땅히 교차하지 않을 것이 교차한 것으로서 천지의 음기(淫氣)이다. 양기가 내려옴에 음기가 상응하면 곧 구름이 되어 비를 뿌리고, 음기는 일어서지만 양기가 상응하지 않으면 곧 무지개가 된다." 하였다.

{5} 『장자』에 "뱁새와 굴뚝새는 깊은 수풀 속에 보금자리를 짓더라도 (필요한 것은) 나뭇가지 하나에 지나지 않는다." 하였다.

사기
(私記)

1 范蜀公 : 화양(華陽) 사람으로, 자는 경인(景仁), 이름은 진(鎭)이다. 인종(仁宗) 때(1023~1063) 간원한림학사(諫院翰林學士)를 지내고, 철종(哲宗) 원우(元祐) 3년(1088) 12월에 죽었다. 촉나라의 공(公)에 봉해졌으므로 촉공(蜀公)이라 한다.

2 圓悟禪師 : 팽주(彭州) 숭녕(崇寧, 사천성四川省 성도부成都府 숭녕현치崇寧縣治) 사람으로, 성은 낙(駱)씨, 이름은 극근(克勤), 자는 무착(無着)이다. 어릴 적에 묘적원(妙寂院) 자성(自省)에게 출가하여 문희 민행(文熙敏行)을 따라 경론을 연구. 뒤에 5조 법연(法演)의 법을 이었다. 불안(佛眼) 및 불감(佛鑑)과 함께 5조 문하의 삼불(三佛)이라 일컬어졌다. 성도(成都)의 소각사(昭覺寺)에 있다가 뒤에 남쪽으로 가서 장무진 거사를 만나고 그의 요청에 따라 협산(夾山)의 벽암(碧岩)에서 지냈다. 학인들을 위해 설두(雪竇)의 『송고백칙(頌古百則)』을 제창하고 이를 엮어 『벽암록(碧岩錄)』을 만들었다. 뒤에 안사부(安沙府) 도림사(道林寺)에서 불과(佛果) 선사란 호를 받고, 금릉(金陵)의 장산(蔣山)에서 원오(圓悟) 선사란 호를 받았다. 만년에 소각사(昭覺寺)에 들어가 소흥(昭興) 5년 8월 8일에 73세로 입적하였다. 유게(遺偈)에서 "已徹無功, 不必留頌, 聊爾應祿, 珍重珍重."이라 하였다. 시호는 진각(眞覺)이다.(『승보정통전僧寶正統傳』제4,『가태보등록嘉泰普燈錄』제11,『희원회元會』제19,『통기統紀』제46,『통재通載』제30,『계고략稽古略』제4,『속전등록續傳燈錄』제25)

3 虹蜺志 : 『화이지(華夷志)』에서 "海中大魚, 口可容舟, 名曰摩竭."이라 하였고, 『열자(列子)』의 "양주편(楊朱篇)"에서 "吞舟之魚, 不游枝流."라 하였다. 현자는 항상 고상한 뜻을 지님을 비유한 것이다.

4 荊山玉 : 『한비자(韓非子)』의 "변화편(卞和篇)"에 나오는 말로 초나라 사람 변화(卞和)가 산중에서 박옥(璞玉)을 얻어서 초나라의 여왕(厲王)에게 바쳤다. 여왕이 전문가에게 감정시켰더니 돌이라 판정하므로 왕은 변화가 거짓말하는 사람이라 하여 그의 왼쪽 다리를 끊었다. 여왕이 죽은 뒤에 또 무왕(武王)에게 바쳤더니 왕이 역시 전문가를 시켜 감정하였는데 또 돌이라 판정하기에 왕은 변화의 오른쪽 다리마저 끊어버렸다. 무왕이 죽고 문왕(文王)이 즉위하자 변화는 옥을 안고 초나라 산속에서 3일 밤낮을 통곡하였다. 왕이 울음소리를 듣고 사람을 보내어 사연을 들어보니 답하기를 "나는 양쪽 다리를 베인 것이 아까워 우는 것이 아니라 보옥을 돌이라 하고 깨끗한 선비를 미친놈이라 하는 것이 안타까워 슬피 운다." 하였다. 왕이 이 말을 듣고 전문가를 시켜 세밀하게 감정한 결과 보옥이라 하므로 이 옥을 화씨벽(和氏璧)이라 하였다. 그 뒤에 이 보옥이 조나라 혜왕(惠王)의 소유가 되었다. 진왕(秦王) 소왕(昭王)이 15성(城)과 그 옥을 바꾸자고 하였으므로 이것을 '연성(連城)의 벽(璧)'이라고도 이름한다.

4

길주용제산우운무화상사예설

吉州龍濟山友雲鏊和尙{1}1蛇穢說

●

종무 화상의 사예설

世間最毒者, 無甚於蛇虺;{2} 至穢者, 莫過乎便利. 盖蛇虺之毒, 能害人之性命; 便利之穢, 能穢人之形服. 所以欲保其性命也, 必遠於毒害; 欲潔其形服也, 必除其穢惡.

如世之人夢蛇虺卽欣其有財, 夢便利卽悅其獲利, 何寤寐愛惡之不同哉? 苟知惺有所忌, 寐有所懼, 又何必見財斯喜, 見利斯悅者乎? 況財之毒尤甚於蛇虺, 利之穢更過乎便利. 且古之人以財害乎性命者, 不止於一; 以利汚乎形服者, 亦有其衆. 而由不悟者, 愛之而不已, 貪之而不止, 是亦可悲也.

且夫貧也富也, 人之分定也. 能安其分, 雖貧亦樂; 不安其分, 縱富常憂. 能知分之可安, 貧之可樂, 則性命可以保而生, 形服可以潔而存, 是知貪財者是養於蛇虺, 好利者必汚乎形服.

吾非好貧也, 是遠毒害也; 吾非惡富也, 是除穢惡也. 如有遠財如遠蛇虺, 去利如去便利者, 吾保此人漸可以爲達人矣. 不然生生2之厚,{3} 貪愛無休, 必將見傷其性命, 而汚其形服矣. 世人其訓之!

{1} 師, 嗣妙峰 之善禪師. 紹修禪師上堂, 有異人, 入會聞法訖, 端坐而化, 師集衆曰:"此人有異, 汝等不可草草, 須要諦視." 衆乃諦觀, 乃一猿也. 師始爲說前事, 衆皆嗟異, 擧火茶毘之際, 師親摩其頂曰:"二百年後, 還汝受用." 至宋南渡, 有民家婦懷姙, 夢猿入室而誕一男, 貌與猿肖. 及長, 不樂婚娶, 堅求出家, 送入龍濟爲僧, 名宗鑿. 其後, 大轉法輪, 號友雲. 有語錄十卷・文集四卷, 其『蛇穢說』, 尤行四方.

{2} 蛇, 毒蟲. 虺音毁, 細頸大頭, 色如文綬. 大者, 長七八尺.

{3} 衣帛食粟・不飢不寒之類, 所以厚人之生也.

세간에서 가장 독한 것으로 살모사보다 심한 것이 없으며 지극히 더러운 것으로는 똥오줌에 지나칠 것이 없다. 대개 살모사의 독은 사람의 성품과 생명을 해칠 수 있으며, 똥오줌의 더러움은 사람의 몸과 옷을 더럽힐 수 있다. 그런 까닭에 성품과 생명을 보존하려면 반드시 독의 해악에서 멀리 있어야 하고, 몸과 옷을 깨끗하게 하고자 한다면 반드시 더럽고 추한 것을 떼어버려야 한다.

세속의 사람들은 꿈에 살모사를 보면 곧 재물 운이 있다 하여 기뻐하고 꿈에 똥오줌을 보면 곧 이득을 얻는다 하여 기뻐하는데, 어찌 깨어 있을 때와 잠들었을 때 좋아하고 싫어함이 같지 않은가? 깨어 있을 때 꺼리는 바가 있고 또한 두려워하는 바가 있음을 진실로 안다면 또한 어찌하여 재물을 보고는 그렇게 기뻐하고 이득을 보고는 그렇게 좋아하는가? 하물며 재물의 해독이 살모사보다 더욱 심하며 이득의 더러움이 똥오줌에 훨씬 지나침에랴. 또한 옛사람 가운데 재물 때문에 성품과 생명에 해를 입은 이가 한둘에 그치지 않았고 이득 때문에 몸과 옷에 더러움을 입게 된 사람 역시 무리를 이룰 정도지만 오히려 깨닫지 못하는 것은, 그것을 사랑하여 마지않고 그것을 탐하여 그치지 않는 까닭으로 말미암은 것일지니, 이 역시 슬픈 일이라 하겠다.

또한 무릇 가난함과 부귀는 사람의 분수요 기준이기에 능히 그 분수에 안주할 줄 알면 비록 가난하더라도 또한 즐거울 것이요 그 분수에 안주하지 못하면 설령 부귀하더라도 항상 근심스러울 것이다. 분수에 안주할 줄 알고 가난해도 즐거울 줄 안다면 곧 성품과 생명을 보존하여 살아갈 수 있으며 몸과 옷을 깨끗이 하여 보존할 수 있을 것이니, 이로서 알건대 재물을 탐하는 자는 바로 살모사를 기르는 것이요 이득을 좋아하는 자는 필시 몸과 옷을 더럽히는 것이다.

　　나는 가난을 좋아하는 것이 아니라 그저 독의 해악을 멀리하려는 것이요, 부귀를 미워하는 것이 아니라 단지 더럽고 추함을 떨쳐버리려는 것이다. 재물을 멀리하기를 마치 살모사를 멀리하는 것같이 하고 이득을 떨쳐버리기를 마치 똥오줌을 떨쳐버리듯 하는 자는, 내가 그 사람에게 보증하건대, 점차 그렇게 함으로써 달인이 될 수 있을 것이다. 그렇지 않고 살아가는 삶이 후덕해져 탐내고 사랑함을 쉬지 않으면 필시 장차 그 성품과 생명이 상하고 몸과 옷이 더럽혀지는 것을 보게 될 것이다. 세상 사람들이여 이를 교훈 삼을지어다.

{1} 선사는 묘봉 지선 선사의 법을 이었다. 소수 선사가 설법의 자리에 오르니 어떤 기이한 사람이 법석에 들어와 법문 듣기를 마치자 단정히 앉아 입멸하는지라 선사가 대중을 모아 이르기를 "이 사람은 기이한 바가 있는데 너희들은 덤벙대지 말고 자세히 보아야 할 것이다." 하기에 대중들이 이에 자세히 살펴보니 한 마리의 원숭이였다. 선사가 비로소 앞선 일들을 말해 주니 대중들이 모두 탄식하며 기이하게 여겼다. 불로 다비하는 즈음에 선사가 친히 그의 정수리를 어루만지며 이르기를 "2백 년 후에 다시 너를 받아들이리라." 하였다. 송나라가 (장강의) 남쪽으로 건너가기에 이르러 한 민가의 부인이 회임을 하였는데 원숭이가 방으로 들어오는 꿈을 꾸고는 한 사내아이를 낳음에 용모가 원숭이를 닮았다. 성장하여서는 장가들려 하지 않고 굳이 출가하고자 하기에 용제로 들여보내 승려가 되게 하여 이름을 '종무'라 하였다. 그 후에 법륜을 크게 굴렸으니, 호는 '우운'이다. 어록 10권과 문집 4권이 있는데 그의 『사예설』은 더욱이 사방으로 유행하였다.

{2} 사(蛇)는 독충이다. 虺의 음은 훼(毁)이며 가는 목과 큰 머리에 색은 무늬 있는 인끈과 같다. 큰 것은 길이가 7~8척이다.

{3} 비단옷을 입고 오곡을 먹으며 주리지 않고 춥지 않은 것 등이 사람의 생을 후하게 하는 바이다.

사기
(私記)

1 **友雲鼇 :** 항주(杭州) 영은(靈隱) 묘봉 지선(妙峰之善) 선사의 제자로, 성은 최(崔)씨, 이름은 종무(宗 鼇), 우운(友雲)은 호이다. 남송(南宋) 고종(高宗) 소흥(紹興) 4년(1134) 5월 21일에 83세로 입적하였다.

2 **生生 :** 자기의 생에 집착하여 살려고 애쓰는 일을 말한다. 『장자(莊子)』 "殺生者不殺, 生生者不 生." 또는 부단히 활동하는 모양이나 만물이 끊임없이 생성하는 모양을 나타내기도 한다.

5

당수아법사청송법화경가

唐 修 雅 法 師 聽 誦 法 華 經 歌

●

당나라 수아 법사가 『법화경』을 듣고 지은 가사

山色沈沈, 松煙羃羃.　　　　　空林之下, 盤陀之石,
石上有僧, 結跏橫錫,　　　　　誦『白蓮經』, 從朝至夕.
左之右之, 虎跡狼跡.　　　　　十片五片, 異花狼藉.
偶然相見, 未深相識,
知是古之人? 今之人?　　　　　是曇彦? 是曇翼?{1}1
我聞此經有深旨,　　　　　　　覺帝稱之眞妙義.
合目暝心仔細聽,　　　　　　　醍醐滴入焦腸裡.{2}
佛之意兮祖之髓,　　　　　　　我之心兮經之旨.
可憐彈指及擧手,　　　　　　　不達目前今正是.
大矣哉! 甚奇特!　　　　　　　空王要使群生得光輝,
一萬八千土,　　　　　　　　　土土皆作黃金色.
四生六道一光中,　　　　　　　狂夫猶自問彌勒.

我亦當年學空寂, 一得無心便休息;
今日親聞誦此經, 始覺驢乘非端的.
我亦當年不出戶, 不欲紅塵沾步武;{3}
今日親聞誦此經, 始覺行行皆寶所.
我亦當年愛吟咏, 將謂冥搜亂禪定;
今日親聞誦此經, 何妨筆硯資眞性?
我亦當年狎兒戲, 將謂光陰半虛棄;
今日親聞誦此經, 始覺聚沙非小事.
我昔曾遊山與水, 謂它山非故里;
今日親聞誦此經, 始覺山河無寸地.
我昔心猿未調伏, 常將金鎖虛拘束;{4}
今日親聞誦此經, 始覺無物爲拳拳.

師誦此經經一字, 字字爛嚼醍醐味,
醍醐之味珍且美, 不在唇,不在齒,
只在勞生方寸裡.
師誦此經經一句, 句句白牛親動步,
白牛之步疾如風, 不在西,不在東,
只在浮生日用中.
日用不知一何苦, 酒之腸,飯之腑,{5}
長者揚聲喚不回, 何異聾,何異瞽,
世人之耳非不聰, 耳聰特向經中聾;
世人之目非不明, 目明特向經中盲.
合聰不聰,合明不明, 轆轤上下,{6} 浪死虛生.
世人縱識師之音, 誰人能識師之心?
世人縱識師之形, 誰人能識師之名?

師名醫王行佛令,　　　　來與眾生治心病.

能使迷者醒, 狂者定, 垢者淨, 邪者正, 凡者聖.

如是則非但天恭敬, 人恭敬, 亦合龍讚詠, 鬼讚詠, 佛讚詠,

豈得背覺合塵之徒不稽首而歸命?

{1} 曇彦, 未詳. 曇翼, 前身爲雉, 在山中, 有僧法志, 結庵山中, 誦『法華經』, 雉聞經聲, 侍立聽受,
如是十年. 一日, 憔悴, 法志撫之曰: "汝雖羽族, 而能聽經, 苟脫業軀, 必生人道." 明朝遠殂,
卽瘞之. 及夢, 童子拜曰: "我卽雉也. 因師聽經, 今生王氏家爲男子, 右腋雉毳猶在, 可驗." 後,
王氏設齋, 志踵門, 兒曰: "我和尙, 來也!" 後, 出家, 因名曇翼, 授與『蓮經』, 不遺一字.

{2} 焦者, 熱也, 卽三焦也. 『醫經』云: "上焦, 在心下胃上口, 主納而不出; 中焦, 在胃中脘, 不上不
下, 主腐熟水穀; 下焦, 在膀胱上口, 主出而不納. 三焦, 水穀之道路, 氣之所始終也." 腸者, 大
腸·小腸, 『釋名』"腸, 暢也, 通暢胃氣也."

{3} 六尺曰步, 三尺曰武.

{4} 『智論』云: "譬在囹圄, 桎梏所拘, 雖復蒙赦, 更繫金鎖. 人爲愛縛, 如在囹圄, 雖得出家, 更着禁
戒, 如繫金鎖也."

{5} 腑, 六腑也: 小腸, 胃, 膽, 大腸, 膀胱, 命門. 腑, 亦作府, 以其受盛故, 謂之府. 胃, 水穀之府; 小
腸, 受盛之府; 膽, 清淨之府; 大腸, 行道之府; 膀胱, 津液之府; 命門, 量腸之府, 卽三焦也. 又
膽, 積精之府.

{6} 轆轤, 井上汲水輪木也. 此言增減劫爲名也, 劫之增減上下, 如彼輪轉木也. 一增一減劫, 計
一千六百八十萬年, 此名轆轤劫, 計二十轆轤劫, 爲三萬三千六百萬年.

뫼봉 색조 침침한데　　　　소나무에 엉긴 안개,

빈 숲 아래 여기저기　　　　평탄찮은 바위덩이.

반석 위로 가부좌승　　　　석장 하나 비껴놓고,

백련경을 송하는데　　　　새벽부터 해저물녘.

오른쪽엔 범 발자국　　　　왼쪽으론 이리 자취,

열 조각에 다섯 조각　　　　기화묘초 흩날리네.

우연히도 서로 보니　　　　아직 깊이 알지 못해,

알진대!

예전 사람이란 말가   지금 사람이란 말가,
담언이란 말이던가   담익이란 말이던가.
내 이 경전 말 듣건대   깊은 참뜻 있다 하니,
깨달음의 황제께서   오묘하다 칭하셨다.
눈을 닫고 마음 앉혀   자세히들 들어보라,
참된 선정 우락덩이   방울져서 스며든다.
이것이 곧 부처님 뜻   이것이 곧 조사 골수,
나의 참된 마음이요   경전 속의 참된 의미.
손 퉁기면 알 것이고   손을 들면 알 것인데,
그대 앞의 지금 바로   이것임도 못 깨닫네.
참 크기도 하여지다   참 기특도 하여지다,
공왕께서 무리중생   얻어지게 하는구나.
일만팔천 모든 국토   밝디밝게 비춰주니,
비추는 곳 국토마다   황금빛을 짓는도다.
사생육도 달리 없고   한 빛줄기 가운덴걸,
미친 이는 돌아서며   미륵에게 되묻는다.
나도 역시 당년에는   텅빈 진리 배워서는,
단박 무심 얻고 나서   곧장 쉬려 하였더니,
이 경전의 외는 소리   오늘 직접 들어보니,
당나귀가 끄는 수레   바른 과녁 아닌 것을.
나도 역시 당년에는   산문 밖을 나서잖고,
한걸음도 세상 티끌   안 젖고자 하였는데,
이 경전의 외는 소리   오늘 직접 들어보니,
걸음걸음 딛는 곳이   보물창고였던 것을.
나도 역시 당년에는   읊조리기 좋아함에,

가만가만 더듬는 것
이 경전의 외는 소리
붓과 벼루 어이하여
나도 역시 당년에는
그렇게들 지낸 시간
이 경전의 외는 소리
모래톱을 쌓던 것도
지난날에 내가 일찍
다른 곳의 산과 들은
이 경전의 외는 소리
산과 하천 둘러봄에
예전에는 내 마음이
쇠사슬로 얽어매어
이 경전의 외는 소리
시방세계 어느 하나
이 경전의 한 구절을
구절구절 우락덩이
그 우락의 맛이란 게
입술에도 있지 않고
수고로운 중생들의
이 경전의 한 구절을
구절구절 허연 소가
그 흰 소의 걸음걸이
서쪽에도 있지 않고
덧없는 삶 중생들의
매일 쓰되 모르나니

선정 방해 한댔더니,
오늘 직접 들어보니,
참된 성품 방해되리.
아이들과 놀이하며,
허비했다 하였더니,
오늘 직접 들어보니,
작은 일이 아니로세.
산과 물로 노닐적에,
타향이라 여겼더니,
오늘 직접 들어보니,
한 치 땅도 없던 것을.
허둥대던 잔나비라,
구속하려 들었더니,
오늘 직접 들어보니,
끄달릴 것 없던 것을.
선사께서 욀 때마다,
농익어서 씹혀오니,
진기하고 감미로와,
치아에도 있지 않고,
마음에만 젖어드네.
선사께서 욀 때마다,
걸음걸음 움직이니,
빠르기가 바람 같아,
동쪽에도 있지 않고,
날마다에 있더구나.
그 얼마나 괴로운가,

술로 가득 오장이요
장자 소리 다급해도
그가 바로 귀머거리
세속인 중 어느 누가
귀는 밝되 경전 앞만
세속인 중 어느 누가
눈은 밝되 경전 앞만
귀 밝을 곳 귀 먹은 채
도르랜가 물결인가
세속인 중 혹시라도
누가 있어 혹시라도
세속인 중 혹시라도
누가 있어 혹시라도
선사 이름 의사 대왕
다가와서 중생들의
미혹된 자 깨워주고
때긴 자는 깨끗하게
평범한 이 이끌어서
이 같기에 사람에다
또한 용이 찬탄하고
더군다나 부처님도
깨달음에 등진 이들
어찌 아니 조아리고

밥이 그득 육부로다.
돌아볼 리 만무려니,
그가 바로 눈뜬 소경.
귀가 밝지 않으리오,
다가서면 귀머거리.
눈이 밝지 않으리오,
다가서면 당달봉사.
밝을 곳 눈 감은 채,
태어나고 죽어가고.
선사 음성 들을지나,
선사 마음 알겠는가.
선사 모습 볼지라도,
선사 이름 알겠는가.
부처님령 시행하니,
마음의 병 치료하네.
미친 자는 안정시켜,
삿된 자는 올바르게,
성스럽게 올려주네.
하늘마저 공경하며,
귀신마저 찬탄하며,
찬탄하여 읊조리니,
온갖 티끌 야합한 이,
어찌 아니 귀의하리.

치문경훈

{1} 담언은 미상이다. 담익은 전생에 꿩이 되어 산중에 있었는데 법지라고 하는 승려가 산중에서 암자를 지어놓고 『법화경』을 외우니 꿩이 경 읽는 소리를 듣고는 곁에 서서 경청하였으니, 그와 같이 10년을 하였다. 하루는 수척하여 생기를 잃자 법지가 그를 어루만지며 이르기를 "네가 비록 날개 달린 족속이나 능히 경전을 경청하였으니 업의 몸뚱이를 벗기만 한다면 반드시 사람으로 태어나리라." 하였더니 다음 날 아침 갑자기 죽었기에 곧 그를 묻어주었다. 이에 꿈을 꾸니 동자가 절을 하며 이르기를 "제가 바로 꿩입니다. 선사 덕분으로 경전을 듣고 이제 왕씨 집안에 태어나 남자가 될 것인데 오른쪽 겨드랑이에 꿩의 솜털이 여전히 남아 있는 것으로 증험이 될 것입니다." 하였다. 후에 왕씨가 공양을 베풀기에 법지가 문전에 이르자 아이가 "우리 스님 오셨네!" 하였다. 후에 출가하여 그러한 인연으로 담익이라 이름하였으며, 『법화경』을 가져다주니 한 글자도 빠트리지 않았다.

{2} 초(焦)란 열(熱)이니 곧 삼초(三焦)이다. 『의경』에 이르기를 "상초(上焦)는 심장 아래 위장의 위쪽 입구에 있는데 주로 받아들이고 내놓지는 않으며, 중초(中焦)는 위장의 밥통 한가운데 있는데 올라가지도 않고 내려가지도 않은 채 주로 물이나 곡식을 부식시키거나 숙성시키며, 하초(下焦)는 방광의 위쪽 입구에 있는데 주로 내놓고 받아들이지는 않는다. 삼초는 물과 곡식이 다니는 길이며 기(氣)가 시작되고 마치는 곳이다." 하였다. 장(腸)은 소장과 대장인데 『석명』에 "장은 창(暢)이니 위장의 기운을 통틀어 편다는 것이다." 하였다.

{3} 6척을 보(步)라 하고 3척을 무(武)라 한다.

{4} 『지론』에서 말하였다. "비유하자면 감옥에서 족쇄와 수갑에 구속되었다가 비록 사면을 입었다고 하지만 다시 쇠사슬에 매인 것이니, 사람이 애욕에 속박됨이 마치 감옥에 있는 것과 같았다가 비록 출가를 하였다지만 다시 금지하는 계율에 붙들린 것이 마치 쇠사슬에 매인 것과 같음이다."

{5} 부(腑)는 육부(六腑)이니, 소장과 위와 담과 대장과 방광과 명치이다. 부는 또한 府(곳집)로도 쓰는데, 받아서 담아 놓는 까닭에 그것을 일컬어 곳집[府]이라 한 것이다. 위는 물과 곡식의 곳집이요, 소장은 받아서 담는 곳집이요, 담은 청정한 곳집이요, 대장은 지나다니는 곳집이요, 방광은 진액의 곳집이요, 명치는 양장(量腸)의 곳집이니 곧 삼초이다. 또 담은 적정(積精)의 곳집이다.

{6} 녹로(轆轤, 도르래)는 우물 위에 물을 긷는 나무로 된 바퀴이니, 이는 증겁(增劫)과 감겁(減劫)을 이름한 것으로서 겁의 늘고 주는 오르내림이 마치 도르래의 나무 바퀴가 구르는 것과 같음을 말한다. 한 차례의 증겁과 한 차례의 감겁을 계산하면 1천 6백 8십만 년인데 이것을 녹로겁(轆轤劫)이라 이름하며, 20녹로겁을 계산하면 3만 3천 6백만 년이 된다.

사기
(私記)

1　**曇翼** : 두 사람의 동명이인(同名異人)이 있다.

1) 동진(東晉)의 형주(荊州) 장사사(長沙寺)의 석담익(釋曇翼)이니 기주(冀州)의 사람이다. 성은 요(姚)씨이다. 16세에 출가하여 도안(道安)의 제자가 되었다. 동진 효무제(孝武帝) 태원(太元) 19년(394) 2월 8일에 82세로 입적하였다.

2) 남조(南朝) 송나라의 산음(山陰) 법화산(法華山)의 석담익(釋曇翼)이니 여산 혜원(廬山慧遠)의 제자이다. 오흥여항(吳興餘杭, 고소성姑蘇省 항주부杭州府 여항현餘杭縣) 사람으로, 송나라 문제(文帝) 원가(元嘉) 27년(450)에 70세로 입적하였다.

6

주지삼보

住 持 三 寶 {1}

●

불법을 유지하는 세 가지 보물

住持三寶者, 人能弘道, 萬載之所流慈, 道假人弘, 三法於斯開位, 遂使代代興樹, 處處傳弘, 匪假僧揚, 佛法潛沒. 至如漢 武崇盛,{2} 初聞佛名{3} 旣絶僧傳, 開緒斯竭. 及顯宗{4} 開法, 遠訪身毒,{5} 致有迦 竺來儀,{6} 演布聲敎,{7} 開物成務,{8} 發信歸心, 實假敷說之勞,{9} 誠資相狀之力,{10} 名僧寶也.

所說名句, 表理爲先, 理非文言, 無由取悟, 故得名敎說聽之緣, 名法寶也. 此理幽奧, 非聖莫知, 聖雖云亡, 影像斯立, 名佛寶也. 但以群生福淺, 不及化源, 薄有餘資, 猶逢遺法.

此之三寶, 體是有爲, 具足漏染, 不足陳敬. 然是理寶之所依持, 有能遵重, 相從出有,{11} 如俗王使巡歷方隅, 不以形徵, 故敬齊一.{12} 經云: "如世有銀, 金爲上寶, 無銀有鍮, 亦稱無價, 故末三寶, 敬亦齊眞." 今不加敬, 更無尊重之方, 投心何所, 起歸何寄? 故當形敬靈儀, 心存眞理, 導緣設化, 義極於斯.

經云: "造像如麥, 獲福無量,{13} 以是法身之器也." 論云: "金木土石,體是非情, 以造像故, 敬毀之人自獲罪福." 莫不表顯法身, 致令功用無極. 故使有心行者, 對此靈儀莫不涕泣橫流, 不覺加敬. 但以眞形已謝, 唯見遺蹤, 如臨淸廟,{14} 自然悲肅, 擧目摧感, 如在不疑.{15}

今我亦爾, 慈尊久謝, 唯留影像, 導我慢幢, 是須傾屈接足而行禮敬, 如對眞儀而爲說法. 今不見聞,{16} 心由無信. 何以知耶? 但用心所擬, 三界尙成, 豈此一堂, 頑痴不動?{17} 『大論』云:"諸佛常放光說法, 衆生罪故, 對面不見." 是須一像旣爾, 餘像例然. 樹石山林, 隨相標立, 導我心路, 無越聖儀.

{1} 泥塑木造爲佛, 黃卷赤軸爲法, 剃髮染衣爲僧, 是名住持三寶.

{2} 治業之盛.

{3} 『三寶記』"漢 武帝 元狩元年, 霍去病伐匈奴, 過延山, 擒休屠王獲金人十二來, 長丈餘, 以爲大神, 列甘泉宮, 燒香禮拜. 後, 張騫使大夏還後, 始知有身毒國."

{4} 後漢 明帝, 廟號顯宗.

{5} 身音干. 『西域記』云:"天竺之稱, 舊云身毒, 或云賢豆, 今云印度." 唐言, 月, 以其土聖賢相繼御物, 如月照臨故.

{6} 迦葉摩騰·竺法蘭二開士也. 帝夢金人, 遣使求之, 遇二人於月支國, 偕來. 來儀, 『書』云:"詔簫九成, 鳳凰來儀."

{7} 振擧於此, 遠者聞焉, 故謂之聲; 軌範於此, 近者效焉, 故謂之教. 又佛以說法音聲, 敎化衆生故, 謂佛經爲聲教也.

{8} 開物者, 人所未知者, 發開之; 成務者, 人之欲爲者, 成全之也.

{9} 敷宣教說以流通也.

{10} 像佛儀容以住持也.

{11} 從理性, 出生住持三寶也.

{12} 帝王不能親自巡狩, 只以使者御命而去, 民吏畏懼, 奔走承命, 與王無異.

{13} 經云:"若人臨終, 發言造像乃至如麥麥廣, 能除三世八十億劫生死之罪." 麥廣音廣, 大麥也.

{14} 淸廟, 文王之廟, 事神之道, 尙潔, 故曰淸廟, 謂淸淨之廟. 廟者, 貌也, 死者不可得見故, 立宮室, 所以彷彿先人之容貌也.

{15} 言: 周公臨廟, 悲感肅恭, 猶若生時, 儼然不疑也.

{16} 今不見佛·不聞說法.

{17} 今此一堂之僧, 頑然無知而不能起心感佛耶?

세상에 불법이 머물러 유지하도록 하는 삼보란, 사람은 도를 넓힐 수 있으므로 만년 토록 흐르는 자비이며, 도는 사람에 의지하여 넓혀지므로 (붓다의) 세 가지 법은 이것 (인 사람)에서 자리를 열어서 마침내 대대로 일으켜 세워지고 곳곳마다 전하여 넓혀 지니, 승려에 의지하여 선양된 것이 아니면 불법은 마침내 잠기어 가라앉을 것이다. 한나라 무제 때 국운이 융성하자 처음으로 부처님의 명호를 듣게 되었으나 이미 승 려를 통해 전해짐이 끊겼기에 열리려던 실마리가 이로서 고갈되었었다. 현종이 교 법을 열게 되면서 멀리 신독[印度]을 방문하여 가섭마등과 축법란을 오게 하고는 불 법을 널리 퍼트려서 만물을 열어주는 것으로 임무를 삼으며 믿음을 발하여 마음으 로 돌아오게 하였는데, (이는) 진실로 불법을 펴서 연설하는 수고로움에 의지한 것이 요 진실로 모습과 형상의 힘에 도움 받은 것이니, 이름하여 '승보'라 한다.

　　말씀한 바의 글귀는 진리를 표현하는 것으로서 우선을 삼는데, 진리는 글이나 말이 아니면 깨달음을 취할 연유가 없으므로 가르침[敎]이란 이름을 얻은 것이니, 말 하고 듣는 반연을 이름하여 '법보'라 한다. 이 이치는 그윽하고도 오묘하여 성인이 아 니면 알 수 없는지라, 성인이 비록 돌아가셨다지만 진영(眞影)과 형상이 이에 세워졌 으니, 이름하여 '불보'라 한다. 다만 중생들이 복이 얕아 교화의 근원에는 미치지 못 하지만 엷으나마 남아 있는 밑천이 있기에 그래도 남겨주신 법을 만난 것이다.

　　이 삼보는 그 바탕이 유위(有爲)이기에 유루(有漏)와 염법(染法)이 갖추어져 있기 에 공경을 베풀기엔 부족하다. 그러나 이것은 진리의 삼보가 의지하는 바이므로 존 중할 수 있으면 서로 붙좇아 유위(有爲)에서 벗어나게 하니, 마치 세속에서 왕의 사 신이 변두리 지방을 순찰할 때는 그 겉모습을 따지지 않는 까닭에 하나같이 가지런 히 존경하는 것과 같다. 경전에 이르기를 "만약 세상에 은이 있더라도 금이 있으면 금을 최고의 보물로 여기지만 금과 은이 없이 놋쇠만 있다면 그 놋쇠를 무상의 가치 를 지닌 보배라 일컬을 것이니, 끄트머리 삼보[住持三寶]를 공경하기를 더욱이 참된 것[實相三寶]과 가지런히 해야 한다." 하였다. 이제 공경을 더하지 않고 게다가 존중 할 곳이 없다면 마음을 어디에 의탁할 것이며 귀의할 마음을 일으켜선 어디에 의지 하겠는가? 그러므로 응당 형상은 신령스러운 위의를 공경하고 마음은 진리에 둬야 할 것이니, 인연을 이끌어 교화를 베푸는 것은 이러한 점에서 그 의미가 지극하다.

경전에 이르기를 "불상 조성하기를 마치 보리알만 하게 하더라도 얻어지는 복락은 무량하다." 하였는데, 이는 바로 법신의 그릇이기 때문이다. 『논』에 이르기를 "쇠와 나무와 흙과 돌은 그 바탕이 정(情)은 아니지만 그것으로써 불상을 조성하는 까닭에 공경하거나 훼손하는 사람이 스스로 죄업과 복락을 얻게 된다." 하였는데, (무엇이든) 법신을 표현하지 않는 것이 없기에 그 효능이 끝이 없도록 한 것이다. 그러므로 마음으로 행하는 바가 있는 자로 하여금 이 신령스러운 불상에 대해 눈물이 좌우로 흘러내려 자신도 모르게 더욱 공경하게 하는 것이니, 다만 참된 모습은 이미 떠나가고 오직 남겨진 자취만 보는 것이지만 마치 청정한 묘역에 임하자 자연히 슬프고도 숙연하여 눈을 들고 감정을 억누르며 신명이 와 있는 듯함을 의심치 않는 것과도 같다.

지금의 나 또한 그럴 따름이니, 자애로운 세존께선 오래 전에 떠나시고 오직 진영과 형상만을 남겨 내 자신 교만의 깃대를 이끌어 교화하시니, 이에 모름지기 몸을 기울이고 구부려 발에 가닿음으로써 예의와 공경 행하기를 마치 참된 위의로 설법하심을 대하듯 해야 한다. 지금 보지 못하고 듣지 못하는 것은 마음에 믿음이 없음으로 말미암은 것이다. 어찌 그것을 아는가? 단지 마음을 써서 헤아리는 바로서 삼계도 이루어지거늘 어찌 이 한 무리만이 완고하고 어리석게 움직이지 않겠는가? 『대론』에 이르기를 "모든 부처님이 항시 밝은 빛을 발하며 법을 설하지만 중생은 그 죄업 때문에 마주 대하고도 보지 못한다." 하였다. 이는 모름지기 하나의 상(像)에도 이미 그러할 뿐만 아니라 여타의 상(像)에도 대부분 그러하다. 산의 숲속에 돌을 세우고 그 모습에 따라 표식을 세울 것이니, 나의 마음 길을 이끄는 것으로는 성스러운 불상보다 나을 것이 없다.

{1} 진흙의 소상이나 나무로 조성한 것이 불(佛)이요, 누른 두루마리에 붉은 축으로 된 것이 법(法)이며, 깎은 머리에 물들인 옷을 입은 것이 승(僧)이니, 이것을 주지삼보(住持三寶)라 이름한다.

{2} 다스림의 업적이 융성함이다.

{3} 『삼보기』에 "한 무제 원수 원년에 곽거병이 흉노를 치며 연산을 지나다 휴도왕을 사로잡고 쇠로

치문경훈

만든 사람[金人] 20을 획득하여 왔는데, 길이가 1장 남짓으로 큰 신으로 여겨서 감천궁에 늘여 세워놓고 향을 사르며 배례하였다. 후에 장건이 대하에 사신으로 갔다가 돌아온 후에야 비로소 신독국(身毒國)이 있음을 알게 되었다."라고 하였다.

{4} 후한 명제의 묘호(廟號)가 현종이다.

{5} 身의 음은 간(干)이다. 『서유기』에 이르기를 "'천축'의 명칭은 옛날에는 '간독' 혹은 '현두'라 하였는데 지금은 '인도'라 한다." 하였다. 당나라 말로는 월(月)이니, 그 땅에서는 성현들이 연이어 사물을 다스림이 마치 달빛이 비추어주는 것과도 같은 까닭이기 때문이다.

{6} 가섭마등과 축법란 두 개사(開士, 고승의 칭호)이다. 황제가 꿈에서 금인(金人)을 보고는 사신을 파견하여 구하였는데 사신이 월지국에서 두 사람을 우연히 만나 함께 왔다. 내의(來儀)는, 『서경』에 이르기를 "아름다운 퉁소 소리 아홉 차례 울리니 봉황이 훌륭한 모습을 하고 오는구나." 하였다.

{7} 여기에서 떨치고 일어나니 멀리에 있는 자가 들으므로 그것을 성(聲)이라 일컬으며, 여기에서 본보기를 보이니 가까이 있는 자가 본받으므로 그것을 교(敎)라 일컫는다. 또한 부처님께서 설법하는 음성으로써 중생들을 교화하셨던 까닭에 불경을 일컬어 성교(聲敎)라 한다.

{8} 개물(開物)이란 사람들이 아직 알지 못하는 것을 개발해 가는 것이요, 성무(成務)란 사람들이 하고자 하거나 되고자 하는 것을 온전히 이루어가는 것이다.

{9} 교설(敎說)을 널리 보급시킴으로써 유통하게 함이다.

{10} 부처님의 위의와 모습을 닮음으로써 불법이 지속되어 나가게 함이다.

{11} 이성(理性)을 좇아 주지삼보를 드러내놓음이다.

{12} 제왕은 제후의 나라를 친히 순회하며 시찰할 수 없으므로 단지 사자가 명을 받들고 가지만 백성과 관리들이 두려워하며 명을 받들기에 분주한 것은 제왕에 견주어 다름이 없다.

{13} 경전에 이르기를 "만약 사람이 죽음에 임하여 심지어 보리거죽같이 하더라도 불상을 조성하라고 발언하면 삼세 80억 겁 동안 나고 죽으며 지은 죄도 능히 소멸할 수 있다." 하였다. 음은 광(廣)이며 큰 보리이다.

{14} 청묘는 문왕의 묘인데 귀신을 섬기는 도리는 청결을 숭상하는 까닭에 청묘(淸廟)라 하였으니 청정한 묘라는 말이다. 묘(廟)는 '용모'이니, 죽은 자는 뵐 수가 없으므로 궁실을 세움에 죽은 이의 용모와 방불케 하는 까닭이다.

{15} 주공이 묘역에서 비통해 하고도 엄숙해 함이 오히려 살아 있을 때처럼 하였으며 그 근엄함으로 인해 의심스럽지 않음을 말한다.

{16} 이제 부처님을 보지 못하고 설법을 듣지 못함이다.

{17} 이제 이 한 무리의 승려들이 완고하고도 무지하여 능히 마음을 일으켜 부처님을 감응하지 못하는 것인가?

7

우가영승록삼교총론
右街寧僧錄{1}三敎總論

●

승록이 불교와 유교를 총괄하여 논하다

問曰: 略僧史{2}求事端,{3} 其故何也?

答曰: 欲中興佛道, 令正法久住也.{4}

曰: 方今天子重佛道, 崇玄門, 行儒術, 致太平, 已中興矣. 一介比丘力輪何轉, 而言中興佛道耶?

答曰: 更欲助其中興耳. 苟釋氏子不知法, 不修行, 不勤學科,{5} 不明本起,{6} 豈能副帝王之興乎?

或曰: 子有何力令正法久住乎?

答曰: 佛言: "知法知摩夷,{7} 護持攝受,{8} 可令法不斷也."

又曰: 諸師已廣著述, 何待子之爲耶?

答曰: 古人著述, 用則闕如, 曾不知三敎循環, 終而復始, 一人在上, 高而不危.{9} 有一人故, 奉三敎之興, 有三敎故, 助一人之理. 且夫儒也者, 三王以降則宣用而合宜; 道也者, 五帝之前則冥符於不宰.{10} 昔者馬『史』1躋道,{11} 在九流之上;{12} 班『書』2拔儒, 冠藝文之初.{13} 子長3欲返其朴而還其淳, 尙帝道也; 孟堅思本其仁而祖其義, 行王道焉. 自夏·商·周至于今, 凡幾百千齡矣, 若用黃·老而治, 則急病服其緩藥矣. 由此仁義薄禮刑生, 越其禮而逾其刑, 則儒氏拱手矣.

　釋氏之門, 周其施用, 以慈悲變暴惡, 以喜捨變慳貪, 以平等變冤親, 以忍辱變瞋恚. 知人死而神明不滅, 知趣到而受業還生, 賞之以天堂, 罰之以地獄, 如範脫土, 若模鑄金. 邪範漏模, 寫{14}物定成其寢陋; 好模嘉範, 傳形必吿其端嚴. 事匪口談, 人皆目擊. 是以帝王奉信, 群下歸心, 草上之風{15} 翕然{16}而偃. 而能旁憑老氏, 兼假儒家, 成智猶待於三愚,{17} 爲邦合遵於衆聖, 成天下之亹亹,{18} 復{19}終日之乾乾{20}之於御物也, 如臂使手, 如手運指, 或擒或縱, 何往不臧邪?{21}

　夫如是, 則三教是一家之物,{22} 萬乘是一家之君. 視家不宜偏愛. 偏愛則競生, 競生則損敎. 已在其內, 自然不安; 及已不安, 則毀損其敎. 不欲損敎, 則莫若無偏. 三敎旣和, 故法得久住也.{23} 且如秦 始焚坑儒術,{24}4 事出李斯;5 後魏{25}誅戮沙門, 職由寇謙之6·崔浩.7 周 武8廢佛道二敎, 矜衒己之聰明, 盖朝無正人. 唐 武宗9毀除寺像, 道士趙歸眞率劉玄靖同力謗誣,{26} 李朱崖影助.{27} 此四君諸公之報驗, 何太速乎!{28}

　奉勸吾曹, 相警互防, 勿罹愆失. 帝王不容, 法從何立? 況道流守寶, 不爲天下先,{29} 沙門何妨饒禮以和之? 當合佛言, 一切恭信, 信于老君先聖也, 信于孔子先師也. 非此二聖, 曷能顯揚釋敎, 相與齊行, 致君於羲 黃之上乎? 苟咈{30}斯言, 譬無賴子弟無端鬪競, 累其父母破産遭刑.

　然則損三敎之大猷, 乃一時之小失.{31} 日月食過, 何損於明?{32} 君不見秦焚百家之書, 聖人預已藏諸屋壁,{33} 坑之令剗絶, 楊 馬 二戴,{34} 相次而生, 何曾無噍類耶?{35} 梁 武捨道,{36} 後魏勃興; 拓跋誅僧,{37} 子孫重振.{38} 後周毀二敎, 隋 堅復之;{39} 武宗陷釋門,10 去未旋踵, 宣宗11十倍興之.{40} 側掌豈能截河 漢之流? 張拳不可暴虎兕之猛.{41} 況爲僧莫若道安, 安與習鑿齒交遊, 崇儒也; 爲僧莫若慧遠, 遠送陸修靜12過虎溪,¹³ 重道也. 余慕二高僧好儒重道, 釋子猶或非之. 我旣重他, 他豈輕我? 請信安·遠行事, 其可法也. 詩曰: "伐柯, 伐柯, 其則不遠." 孟子曰: "天時不如地利, 地利不如人和." 斯之謂歟.

{1} 眞宗 咸平元年, 奉詔入職右街僧錄, 尋遷左街.

{2} 『僧史略』自序云: "以太平興國初, 勅居東寺, 披覽多暇, 遂樹立門題, 搜求事類, 始于佛生, 教法流衍, 至于三寶住持, 諸務事始, 一皆驪栝, 約成三卷, 盖取裵子野『宋略』爲目耳."

{3} 旣略其僧史, 又何能求事故之多端而總論三教乎?

{4} 『祖庭』云: "非我失之, 自我復之爲中興, 如王中否而再興, 周之宣王·漢之光武是也. 吾道東漸, 經三武破壞, 有德業盛大之宗師綱領斯道, 佛法中興耳."

{5} 十科之學.

{6} 佛法根本始起之因由也.

{7} 『華嚴·玄談』云: "摩夷, 此云行母, 依論藏成行故, 是行之母." 又『四分』云: "知法, 知律, 知摩夷." 知法者, 善持修多羅藏, 如阿難等; 知律者, 善持毘尼藏, 如優婆離等; 知摩夷者, 善於訓導, 宰任玄綱, 如迦葉等.

{8} 憐憫濟溺曰攝, 存約眷想曰受.

{9} 若三教幷行不悖, 則雖一人居高而奈何其殆哉坂乎? 坂, 危也.

{10} 『老子』曰: "長而不宰, 是謂玄德." 註: 宰, 主也. 長養萬物而不作主也. 五帝之前, 帝王皆以無爲自然之道, 以治天下.

{11} 司馬遷, 字子長, 作『史記列傳』. 『詩』云"君子攸躋", 躋, 言登也.

{12} 九流者: 一, 儒流, 祖述堯·舜, 憲章文·武, 宗仰仲尼者也; 二, 道流, 淸虛自守, 卑弱自持, 此人君南面之述, 合堯之克讓·『易』之謙謙者; 三, 陰陽流, 敬順昊天曆象日月, 以授民時者也; 四, 法流, 信賞必罰, 以補禮制矣; 五, 名流, 名位不同, 禮亦異數, 正名列位, 以成事矣; 六, 墨流, 推兼愛之意, 養老惠施也; 七, 縱橫流, 言其當權受制, 宜受命而不受詞也; 八, 雜流, 兼儒·墨, 合名·法, 知國大體, 事無不貫矣; 九, 農流, 播百穀, 勸耗桑, 以足衣食也.

{13} 班固, 字孟堅, 作『漢書·藝文志』.

{14} 傾也, 輪也.

{15} 『論語』"君子之德, 風; 小人之德, 草也. 草上之風, 必偃." 註: 上, 與尙同, 加也.

{16} 翕如鳥羽翼會聚也.

{17} 古語, 三愚成一智.

{18} 『易』云: "成天下之亹亹." 注云: 不倦之意也.

{19} 返也.

　　　　치문경훈

{20} 又云: "君子終日乾乾." 註: 天道自强不息貌.

{21} 臧, 否也. 『詩』 "卜云其吉, 終焉永臧."

{22} 局喻.

{23} 結答 "子有何力, 令正法久住?" 之問.

{24} 術, 經術, 『詩』·『書』也, 言焚術坑儒也.

{25} 拓跋燾.

{26} 謗法, 誣僧.

{27} 如影從形而佐助也.

{28} 崔浩信重寇謙之, 奉其道. 浩不喜佛, 言於魏主而廢之, 謙之先得惡疾而死, 浩繼以暴揚國惡被誅, 崔·寇二家悉夷五族. 燾廢教誅僧, 壘始入王宮門, 燾令斬之, 斫無所傷, 又餧檻虎, 虎伏不起. 燾悔過, 始爲說法, 明辨因果, 燾大生愧懼, 遂感癘疾, 以其過由於二人, 卽族兩家. 周武性甚猜忌曰: "儒·道二教, 此國奉遵, 佛教後來, 朕欲不立." 令道士張賓之與沙門知炫, 辨優劣, 賓之不勝, 遂兼道教罷之, 旣已, 癘疾作, 尋卒. 其滅佛法受罪報, 見『冥報記』. 唐武宗, 自幼不喜釋氏, 卽位, 召道士趙歸眞等, 於禁內受仙籙. 又召衡山道士劉玄靖, 爲光祿大夫, 充崇玄舘, 學士鄧元超等排毀釋氏, 帝遂廢除寺像, 未幾, 金丹發藥而殂. 諸道士等報驗, 具載別錄焉.

{29} 老子有三寶: 一, 慈; 二, 儉; 三, 不爲天下先.

{30} 戾也, 違也.

{31} 雖暫被毀斥, 乃三教之小失, 實爲損謗者之大害. 『四十二章經』云: "有人罵佛, 佛黙不對, 罵止, 問曰: '子以禮從人, 其人不納, 禮歸子乎?' 對曰: '歸矣.' 佛言: '今子罵我, 我今不納, 子自持禍, 歸子身矣.'"

{32} 『語』曰: "君子之過也, 如日月之食焉, 過也, 人皆見之, 更也, 人皆仰之."

{33} 『書·序』云: "魯公王餘, 景帝子也. 好治宮室, 壞孔子舊宅, 以廣其居, 壁中得經書. 孔子十三代孫襄, 好經書博學, 畏秦法峻急, 乃壁藏『家語』·『孝經』·『尙書』·『論語』於孔子舊宅壁中, 餘壞宅, 得之, 悉歸于襄孫子國."

{34} 楊雄·司馬遷, 戴德·戴聖, 二戴, 世所稱大戴·小戴也.

{35} 『漢書』 "襄城無噍類." 言: 無復有活而噍食者. 音初, 嚙也.

{36} 梁武有捨道事佛詔也.

{37} 拓跋, 後魏姓. 北人謂土爲 "拓", 謂辰爲 "跋", 魏之先出於黃帝, 以土德王, 故爲拓跋.

{38} 燾癘作而卒, 孫文成帝濬立, 重興釋教.

{39} 周武以惡疾殂, 靜帝立, 楊堅修政十三月, 封爲隋國公, 卽復二教.

{40} 宣宗卽武宗叔也. 武宗忌憚之, 沈于宮廁, 宦者仇公武俾髡髮爲僧. 嘗參鹽官齊安, 安一日預誡知事曰: "當有異人至此, 禁雜語, 止橫事, 恐累佛法." 明日, 行脚數人來禮, 安令維那高位安置, 禮殊他等, 因語帝曰: "時至矣, 無滯泥蟠." 囑令佛法後事. 去爲江陵少尹, 武宗崩, 宰臣迎立之, 大興佛教焉.

{41} 子謂子路曰: "暴虎馮河, 死而無悔." 注: 徒搏曰暴, 徒涉曰馮, 如馮几然. 兕, 野牛, 青色一角.

물었다. "승려의 역사를 간략히 서술하였거늘 거듭 일의 실마리를 구하는 까닭은 무엇인가?"

대답하였다. "불도를 중흥시켜 정법을 오래 머무르도록 하고자 함입니다."

말하였다. "바야흐로 지금의 천자께서 불도를 중시하고 도교를 숭상하며 유학을 시행하여 태평성대에 이르렀으니, 이미 중흥을 이루었다 하겠거늘 일개 비구가 역량이 얼마나 미칠 수 있겠기에 불도를 중흥시키겠다고 말하는가?"

대답하였다. "거듭 그 중흥을 돕고자 할 뿐입니다. 만일 석씨의 자손으로써 법을 알지 못하고 수행하지 않으며 과목의 학문에 힘쓰지 않고 근본 되는 기원을 밝히지 않는다면 어찌 능히 제왕의 중흥에 부응하겠습니까?"

어떤 이가 말하였다. "그대가 무슨 힘이 있어 정법을 오래도록 머무르게 하겠는가?"

대답하였다. "부처님께서 말씀하시기를, 법을 알고 논장(論藏)을 알아서 보호하여 가지고 거두어들인다면 법이 끊어지지 않게 할 수 있다 하였습니다."

또 말하였다. "모든 선사들이 이미 널리 저술하였거늘 하필 그대가 하기를 기다리겠는가?"

답하여 말하였다. "옛사람들의 저술은 활용하기에 좀 미흡한 듯하니, 세 가지 가르침이 돌아가며 적용되어 끊겼다가도 다시 시작되면 한 분이 그 윗자리에 있어서 아무리 높아도 위태롭지 않음을 예전에는 알지 못하였습니다. 높은 자리에 한 분이 있기 때문에 세 가르침이 홍성하게 되고, 세 가르침이 있기 때문에 그 분의 다스림을 돕게 되는 것입니다. 게다가 무릇 유교는 삼왕 이래로 베풀어 씀에 이치에 합당하였으며, 도교는 오제 이전에 곧 무위(無爲)의 도에 가만히 부합하였습니다. 옛적에 사마천의 『사기』에선 도(道)를 올려놓아 아홉 부류의 위에 두었고, 반고의 『한서』에선 유교를 끌어올려 예문지의 첫머리에 두었습니다. 자장은 질박한 데로 돌이키고 순박한 데로 돌아가고자 하였으니 황제의 도를 숭상함이요, 맹견은 어짊을 근본으로 하고 의리를 본받을 것을 생각하였으니 왕도를 행한 것입니다. 하나라와 상나라 및 주나라로부터 지금에 이르기까지 무릇 수백천 년이기에 만약 황제와 노자의

치문경훈

도를 사용하여 치료한다면 곧 급한 병에 더딘 약을 복용하는 것과 같습니다. 이로 말미암아 인의가 엷어지고 예절과 형벌이 생겼으니, 그 예절을 넘어서고 그 형벌을 건너뛰면 곧 유씨(儒氏)는 팔짱을 끼고 있을 것입니다.

석씨의 문중은 베풀어서 쓰기를 두루하였기에 자비로써 포악함을 변화시키고, 희사함으로써 아끼고 탐냄을 변화시키고, 평등으로써 원수와 친함을 변화시키고, 인욕으로써 성냄을 변화시킵니다. 사람은 죽더라도 신명은 멸하지 않음을 알고 또한 응당의 사후세계에 도달하더라도 업을 받아 환생함을 알아서 천당으로써 상을 주고 지옥으로써 처벌함은 마치 흙을 떨구어낸 거푸집과 같고 쇠를 부어 만든 모형과 같습니다. 삐뚤어진 거푸집과 새는 모형에 물건을 쏟아 부으면 반드시 볼품없는 모양을 이루고 좋은 모형과 훌륭한 거푸집으로 형상을 전하면 반드시 단정하고 엄밀함을 이루게 될 것이니, 이러한 일은 입으로만 이야기하는 것이 아니라 사람들이 모두 눈으로 목격하는 바입니다. 이러한 까닭에 제왕이 받들어 믿고 많은 신하들이 마음으로 귀의함이 마치 풀 위로 바람이 불자 나란히 한쪽으로 쏠리는 것과 같습니다. 그리고 곁으로 노씨의 말씀에 능히 기대고 겸하여 유가의 말씀에도 의지한다면 지혜를 이룸에 있어서 마치 세 사람의 어리석은 이를 기다리는 것과 같습니다. 나라를 위해서는 여러 성현들을 함께 붙좇아야 하니, 온 천하가 부지런히 힘쓰는 풍토를 이루고 종일토록 쉬지 않고 나아가는 풍토를 회복하면 만백성을 제어함에 있어 마치 팔이 손을 부리듯 하고 손이 손가락을 움직이듯 하여 사로잡기도 하고 풀어주기도 하므로 어디에 간들 좋지 않겠습니까?

무릇 이와 같으면 이내 세 가지 가르침은 바로 한 집안의 물건이요 만승은 바로 한 집안의 주인이 되니 집안을 돌볼 때는 마땅히 편애하지 말아야 할 것입니다. 편애하면 곧 경쟁이 생겨나고 경쟁이 생겨나면 이내 가르침을 훼손하므로, 이미 그 안에 있으면 자연히 불안할 것이요 불안해졌으면 곧 그 가르침을 훼손하게 될 것입니다. 가르침을 훼손시키고자 하지 않는다면 편애함이 없는 것만 같지 못합니다. 세 가지 가르침이 화합하고서야 그로 인해 법이 오래도록 머무를 수 있습니다. 또한 진나라 시황제가 유교의 경전을 불태우고 유생들을 땅에 묻은 것은 그 일이 이사로부터 나왔고, 후위 때 사문들을 참살시킨 것은 그 주장이 구겸지와 최호에게서 말미암았으며, 후주의 무왕이 불교와 도교의 두 가르침을 폐하고 자신의 총명을 자랑함에 힘쓴 것은 대개 조정에 바른 사람이 없었기 때문이고, 당나라 무종이 사찰과 불상을 훼손시켜 없앤 것은 도사 조귀진이 유현정을 거느리고 힘을 합쳐 불법을 비방하고 사문을 무고함에 이주애가 암암리에 도왔기 때문이니, 이 네 임금과 모든 신하들이 과보로 받은 영험이 어찌 그리 신속할 수가 있겠습니까?

우리 사문들에게 받들어 권하오니, 서로 경책하고 서로 막아주어 허물이나 과실에 걸리지 않도록 해야 할 것입니다. 제왕이 용납하지 않으면 불법이 어디를 좇아 세워지겠습니까? 하물며 도교의 학문은 '보배를 지킴에 감히 천하의 앞에 나서지는 않는다.' 하였으니 예절을 넉넉히 하고 화합해 나아감이 사문에게 어찌 방해가 되겠습니까? 부처님께서 일체를 공경하여 믿어라 하신 말씀에 마땅히 부합하여 노자를 믿는 것은 앞선 성인이기 때문이며 공자를 믿는 것은 앞선 스승이기 때문입니다. 이 두 성인이 아니었다면 어찌 능히 석가의 가르침을 드러내어 선양하고 서로 더불어 나란히 행함으로서 임금님을 복희씨와 황제씨의 위에 놓이게 했겠습니까? 만일 이 말을 어기면 비유컨대, 무뢰한 자제들이 까닭 없이 겨루어 다투다가 그 부모에게 누를 끼치고 가산을 탕진한 뒤 형벌을 받는 것과 같습니다.

그렇지만 세 가지 가르침의 큰 도를 훼손하는 것은 곧 한 때의 작은 실수일 뿐이니, 일식이나 월식이 어찌 밝음을 해치기야 하겠습니까? 그대는 보지 못하였습니까? 진나라 때 백가의 서적을 불태웠지만 성인께서 미리 집의 벽 속에 갈무리하여 두었고, 유생들을 구덩이에 파묻어 전멸케 하였으나 양웅과 사마천 및 두 대씨가 서로 연이어 태어나니 어찌 일찍이 살아남은 자가 없었겠습니까? 양 무제가 도교를 버리자 후위가 발흥하였으며, 탁발씨가 승려를 주살하거늘 그 자손이 거듭하여 불교를 진흥시켰고, 후주에서 두 교를 훼멸시키자 수나라 양견이 이를 부활시켰으며, 무종(武宗)이 석가 문중을 무너뜨리거늘 떠난 지 얼마 되지 않아 선종(宣宗)이 열 배로 이를 부흥시켰으니, 손바닥을 기울여 어찌 능히 하수(河水)와 한수(漢水)의 흐름을 끊을 수 있겠습니까? 주먹을 내질러 호랑이나 코뿔소의 사나움을 말릴 수는 없을 것입니다.

하물며 승려로서 도안만 한 이가 없으나 도안이 습착치와 더불어 교류한 것은 유교를 숭상한 것이요, 승려로서 혜원만 한 이가 없으나 혜원이 육수정을 전송할 때 호계를 지나쳤으니 이는 도교를 중시한 까닭입니다. 내가 두 고승을 사모하며 유교를 좋아하고 도교를 중시하니 석가의 자손들이 오히려 혹 그르다 하겠지만, 내가 이미 다른 이들을 중시하는데 다른 이들이 어찌 나를 경시하겠습니까? 청하건대 도안과 혜원이 행한 일을 믿어 그것을 본받으십시오. 『시경』에 이르기를 '도끼 자루를 베고 도끼 자루를 베니 그 법다움이 멀리 있지 않도다.' 하였으며, 맹자가 이르기를 '하늘의 운명은 땅의 이로움만 못하고 땅의 이로움은 사람들의 화합만 못하다.' 하였으니, 이를 두고 말한 것일 것입니다."

{1} 진종 함평 원년에 조서를 받들고 들어가 우가승록을 지내다가 얼마지 않아 좌가승록으로 자리를 옮겼다.

{2} 『승사략』의 자서(自序)에서 말하였다. "태평흥국 초기에 칙서를 받들어 동사에 거처하며 책을 펼쳐보는 등 여가가 많았기에 마침내 문제(門題)를 수립하고 일의 유형들을 찾아 구하였으니, 부처님의 탄생에서 시작하여 교법이 널리 퍼진 일과 삼보를 주지하는 일에 이르기까지 모든 일들의 시말을 하나같이 모두 정리하여 3권으로 묶었으며, 대개 배자야의 『송략』에서 취한 것은 목차를 흉내 낸 것뿐이다."

{3} 이미 그 승사(僧史)를 간략히 하였는데 또 어찌 사건들의 잡다한 단서를 구하여 세 가지 교법을 총괄적으로 논하려는 것인가?

{4} 『조정』에서 말하였다. "내가 잃은 것이 아니나 나로부터 그것이 회복되었으면 중흥(中興)이라 하니, 마치 왕이 중간에는 어려움을 겪다가 다시 발흥한 경우와 같은데, 주나라의 선왕과 한나라의 광무제의 경우가 바로 그것이다. 우리 불도가 동쪽으로 점차 나아오다 삼무(三武)의 파괴를 경력하였으나 덕업이 성대한 종사들이 있어서 이 도를 이끌었기에 불법이 중흥하였던 것이다."

{5} 십과(十科)의 학(學)이다.

{6} 불법이 근본적으로 비롯하여 일어난 유래이다.

{7} 『화엄경』의 현담에 이르기를 "'마이'는 이곳 말로 하면 행모(行母)인데 논장에 의지하여 행(行)이 이뤄지는 까닭으로 곧 행을 낳게 하는 모인 것이다."라 하였다. 또 『사분율』에 이르기를 "법도 알고 율도 알고 마이도 안다." 하였다. 법을 안다는 것은 경장(經藏)을 잘 지니는 것이니 아난 등과 같은 이요, 율을 안다는 것은 율장(律藏)을 잘 지니는 것이니 우바이 등과 같은 이요, 마이를 안다는 것은 교화에 뛰어나고 교리를 잘 다루는 것이니 가섭 등과 같은 이다.

{8} 물에 빠진 이를 가엾이 여겨서 구제하는 것을 섭(攝)이라 하고, 염려하여 다독거리는 것을 수(受)라 한다.

{9} 만약 삼교(三敎)가 나란히 행해지며 어긋나지 않으면 비록 한 사람이 높은 곳에 자리하여 있더라도 그 위태로움이 어찌 위기이겠는가. 판(坂)은 위기이다.

{10} 『노자』에 이르기를 "만물을 양육하나 주재하지는 않으니 이것을 일컬어 현덕(玄德)이라 한다." 하고는 주석에, 재(宰)는 주관함이라 하였으니 만물을 길러 양육하지만 주재하지는 않음을 말한다. 오제(五帝) 이전에는 제왕들이 모두 무위자연의 도리로써 천하를 다스렸다.

{11} 사마천의 자는 자장으로 『사기열전』을 지었다. 『시경』이 이르기를 "군자가 아득히 올라." 라고 하였으니 제(隮)는 높은 곳에 오름을 말한다.

{12} 아홉 부류란, 첫 번째가 유가로서 요 임금과 순 임금의 도를 본받아 서술하여 밝히고 문왕과 무왕을 본받아 그 법을 밝히며 중니를 종조로써 숭앙하는 자들이다. 두 번째는 도가로서 맑고도 공허함을 스스로 지키고 낮고도 연약함을 스스로 유지하니, 이는 인군남면(人君南面)의 언설로써 요 임금의 극양(克讓, 자기의 마음을 눌러 남에게 겸양함)과 『주역』에서의 겸겸(謙謙, 남에게 겸양하는 모습)을 합한 것이다. 세 번째는 음양가로서 일월성숙의 천문이치에 삼가 순종함으로써 백성들에게 알맞은 시기를 주는 자들이다. 네 번째는 법가로서 공 있는 사람은 반드시 상 주고 죄 있는 사람은 반드시 벌줌으로써 예법과 제도를 보완하는 것이다. 다섯 번째는 명가로서 이름과 지위가 같지 않고 예법도 또한 수리(數理)가 다르니 명위(名位)를 바르게 나열함으로써 일을 이루도록 하는 것이다. 여섯 번째는 묵가로서 평등하게 사랑한다는 뜻을 추앙하여 경로(敬老)와 보시(布施)를 행하는 것이다. 일곱 번째는 종횡가로서 당권수제(當權受制)하여 마땅히 명(命)은 받고 사(詞)는 받지 않음을 말한다. 여덟 번째는 잡가로서 유가와 묵가를 겸하고 명가와 법가를 합하였으니 나라의 큰 가닥만 안다면 다스림에 있어 꿰뚫지 않음이 없다. 아홉 번째는 농가로서 모든 곡식을 기르며 밭 갈고 뽕 치는 것을 권하여 먹거리와 입을 거리를 풍족하게 하는 것이다.

{13} 반고의 자는 맹견으로 『한서·예문지』를 지었다.

{14} 기울이다, 또는 회전시킴이다.

{15} 『논어』에 "군자의 덕은 바람이요 소인의 덕은 풀이다. 풀에 바람이 가해지면 반드시 쓰러진다." 하고는 주석에, 상(上)은 상(尚)과 같은데 가해짐[加]이라 하였다.

{16} 흡(翕)은 새의 날개 깃이 모여 무리를 이룬 것과 같다.

{17} 옛말에 어리석은 자 셋이 지혜로운 이 하나를 이긴다 하였다.

{18} 『주역』에 이르기를 "하늘 아래 부지런히 힘씀을 이룬다." 하고는 주석에, 게으르지 않다는 뜻이라 하였다.

{19} 돌이킴이다.

{20} 또 이르기를 "군자는 종일토록 쉼이 없다." 하고는 주석에, 하늘의 도가 스스로 굳세어 쉬지 않는 모습이라 하였다.

{21} 장(臧)은 아니라는 것이다. 『시경』에 "점술로는 길함을 말하지만 결국에는 영원히 그렇지 않다." 라 하였다.

{22} 부분적인 비유이다.

{23} "그대는 무슨 힘이 있어 정법을 오래도록 머무르게 하겠는가?"라고 하는 질문에 답한 것이다.

{24} 술(術)은 경학(經學)으로 『시경』이나 『서경』이니, 서적을 불태우고 유생들을 매장함을 말한다.

{25} 탁발도이다.

{26} 불법을 비방하고 사문을 무고함이다.

{27} 마치 그림자가 형상을 좇는 듯이 보좌하여 도움이다.

{28} 최호는 구겸지를 믿고 중히 여겨 그의 도를 받들었다. 최호는 부처님을 좋아하지 않아 위나라 군주에게 말하여 폐지하게 하였는데, 구겸지가 먼저 악질을 얻어 죽고 연이어 최호는 나라의 나쁜 점을 폭로하였다가 주살 당하였으니, 최호와 구겸지의 두 집안은 5족이 모두 멸족당했다. 탁발도는 교학을 폐지하고 승려들을 주살하였는데 승려 담시가 왕궁의 문 안으로 들어오자 탁발도가 영을 내려 그의 목을 치게 하였으나 베어도 상처가 나지 않았으며 또 우리 속의 호랑이에게 먹이게 하였더니 호랑이가 엎드린 채 일어나지 않았다. 탁발도가 죄과를 후회함에 담시가 그를 위해 설법하고 인과를 분명하게 분별하여 주었더니 탁발도가 크게 부끄러움과 두려운 마음을 내었으며 마침내 문둥병에 걸렸는데, 그 허물이 두 사람에게서 비롯하였다 하여 곧 두 집안을 멸족시켰다. 주나라 무왕은 성격에 투기가 심하여 말하기를 "유교와 도교는 이 나라에서 받들고 따르던 것이요 불교는 뒤에 전래된 것이므로 짐은 불교를 세우지 않고자 한다." 하고는 도사 장빈지에게 명하여 사문 지현과 우열을 가리게 하였더니 장빈지가 승리하지 못하자 마침내 도교도 함께 혁파시켰는데, 그러자 문둥병이 발병하여 얼마지 않아 죽었다. 부처님의 법을 멸하고 받은 그러한 죄과는 『명보기』에 보인다. 당나라 현종은 어려서부터 부처님을 좋아하지 않았는데 즉위해서는 도사 조귀진 등을 불러 궁궐 안에서 선록(仙籙)을 받았다. 또 형산도사 유현정을 불러들여 광록대부로 삼아 숭현관에 보직하게 하였고, 학사 등원초 등은 부처님을 배척하고 훼멸하였으며, 황제는 마침내 사찰을 폐지하고 불상을 없애더니 얼마지 않아 금단에서 독약의 기운이 배어나와 죽었다. 여러 도사 등이 징험을 당한 것은 별도의 기록에 상세히 기재하였다고 한다.

{29} 노자는 세 가지 보물이 있다 하였으니, 첫 번째가 자비요 두 번째가 검약이요 세 번째가 천하에서 나서지 않음이다.

{30} 어그러짐이요 어긋남이다.

{31} 비록 잠시 훼멸과 배척을 당했음에 삼교(三敎)에 있어서는 작은 손실이었지만 훼방하던 자들은 실로 커다란 해악을 입게 되었다. 『사십이장경』에 이르기를 "어떤 사람이 부처님을 욕하자 부처님은 묵묵히 대꾸하지 않았는데 욕이 그치자 물어 가로되 '그대가 예의로써 다른 사람을 따르는데 그 사람이 그 예절을 받들이지 않으면 그 예(禮)가 그대에게 돌아가는가?' 하니 대답하기를 '돌아가나이다.' 하기에 부처님께서 말하기를 '지금 그대가 나를 욕하였는데 내가 이제 받들이지 않았으니 그대는 스스로 재앙을 지닌 채 그대의 몸으로 돌아가리라.' 했다."고 하였다.

{32} 『논어』에서 말하였다. "군자의 허물은 일식이나 월식과 같기에 허물이 있으면 사람들이 모두 그것을 보게 되고 고쳐지면 사람들이 모두 그것을 숭앙하게 된다."

{33} 『서경』의 서문에서 말하였다. "노공 왕여는 경제의 아들인데 궁실을 건축하기 좋아하여 공자의 옛 저택을 허물어 그의 거처를 넓히다가 벽에서 경서를 발견하였다. 공자의 13대손인 공양이 경서를 좋아하여 박학하였는데 진나라의 법이 준엄함을 두려워하여 공자의 옛 저택 벽 속에 『공자가어』, 『효경』, 『상서』, 『논어』 등을 숨겨 두었음에 왕여가 집을 허물다 그것들을 얻어서는 모두 공양 자손의 나라에 돌려보냈다."

{34} 양웅과 사마천은 대덕과 대성의 이대(二戴)로서 세상에서는 대대(大戴)와 소대(小戴)라 일컫는다.

{35} 『한서』에 "양성에는 초류(噍類)가 없다." 하였는데, 다시 살아 있어 음식을 먹을 자가 없음을 말한다. 음은 초(初)이며 '깨물다'이다.

{36} 양나라 무제 때 도교를 버리고 불교를 섬기는 조서가 있었다.

{37} '탁발'은 후위 왕족의 성씨다. 북방 사람들은 땅을 일컬어 '탁'이라 하고 별을 일컬어 '발'이라 하는데, 위나라의 선조는 황제(黃帝)로부터 나왔기에 토덕(土德)으로 왕이 되었다 하여 '탁발'이라 한 것이다.

{38} 탁발도가 문둥병이 발병하여 죽자 손자 문성제 탁발예가 즉위하여 불교를 중흥시켰다.

{39} 주나라 무왕이 악질로 죽고 정제가 즉위하자 양견이 정치에 참여한 지 13개월 만에 수국공에 책봉되어 즉각 도교와 불교를 회복시켰다.

{40} 선종은 곧 무종의 숙부이다. 무종이 그를 꺼렸는데 궁실의 뒷간에 빠져 있던 것을 환관 구공무가 머리를 깎여 승려가 되게 하였다. 일찍이 염관(鹽官) 제안과 함께 하였었는데, 제안이 하루는 지사에게 미리 경계시켜 이르기를 "어떤 이인(異人)이 여기에 도착하면 잡다한 말을 금하고 제멋대로 대하지 말라. 불법에 누를 끼칠까 두려울 뿐이다." 하였다. 다음날 행각승 몇 사람이 예방하거늘 제안이 위나를 시켜 높은 자리로 모시게 하고 그 예우가 다른 이들과는 달랐으며, 그런 인연으로 제(帝)에게 말하기를 "시기가 올 것이오니 진흙 속에서 몸을 서리고 계시는 것이 그리 지체되지는 않을 것입니다." 하며 불법에 관한 뒷일을 부탁하였었다. 얼마 후 강릉소윤이 되었는데 무종이 죽자 재상과 신하들이 그를 맞아들여 즉위시키니 불교를 크게 일으켰다.

{41} 공자께서 자로에게 이르기를 "맨손으로 호랑이를 죽이고 걸어서 황하를 건넘에 죽어도 후회가 없다 하였는데……"라 하고는 그 주석에, 맨손으로 때리는 것을 폭(暴)이라 하고 걸어서 건너는 것을 풍(馮)이라 하였으니 마치 안석에 의지함과 같이 그렇게 함이다. 시(兕)는 야생소로서 푸른색에 뿔이 하나이다.

사기
(私記)

1. **馬史**: 『사기(史記)』를 이름. 사마천(司馬遷)이 지었다 하여 마사(馬史)라 한다. 처음에 태사공서(太史公書)라 이름하였으나 후세에 이르러 『사기』라 고쳐 불렀다. 한나라 무제(武帝) 때 전국의 계서(計書)를 관장하는 태사공(太史公)이라는 관리에 사마천의 부친인 사마염(司馬炎)을 임명하였었다. 사마염은 고금의 사실(史實)을 종합하여 역사를 편찬코자 하였으나 뜻을 이루지 못한 채 죽었다. 사마천은 자기 부친의 유지를 계승하여 태사공이 되어 『좌전(左傳)』, 『국어(國語)』, 『세본(世本)』, 『전국책(戰國策)』 등을 산삭(刪削)하고, 위로는 황제(黃帝)로부터 아래로는 한나라 무제에 이르기까지의 3천 년간의 사실(史實)을 녹편(錄編)하였다. 이 책은 전기체(傳記體)의 시조로서 본기(本紀) 12, 표(表) 10, 서(書) 8, 세가(世家) 30, 열전(列傳) 70 등 총 130편으로 되어 있다. 본기에서는 제왕(帝王)의 시말흥폐(始末興廢)를, 표에서는 세계연봉(世系年封)을, 서에서는 예악(禮樂)의 제도를, 세가에서는 춘추전국 시대 제후의 존망과 한나라를 섬긴 왕족공신(王族功臣)을, 열전에는 충신효자(忠信孝子) 기타 여러 종류의 인물을 기재하였다.

2. **班書**: 『한서(漢書)』를 이름. 『서한서(西漢書)』라고도 하며 120권이다. 후한의 부풍(扶風) 사람인 반고(班固, 자는 맹견孟堅)가 지은 것이므로 『반서(班書)』라 한다. 전한 12세, 220년 동안의 기전체(紀傳體)의 역사책. 반고의 아버지 반표(班彪)가 사마천의 『사기』에 이어 기전(紀傳) 수십 편을 지었는데 끝을 맺지 못하고 죽으니 반고가 그를 이어 잠정연사(潛精研思)하여 그 유업을 끝내려 했으나 구사(舊史)를 개작하였다는 무고로 옥에 갇히었다. 반고의 동생이 상소를 올려 저술하는 뜻을 아뢰니 명제(明帝)가 그를 사면하여 그 저술을 끝내게 하였다. 반고가 이에 전사(前史)를 탐색(探索)하고 들은 바를 철집(綴集)하여 고제(高帝)로부터 평제(平帝)에 이르기까지 12세 230년 동안 『기표지전(紀表志傳)』 100편을 만들었다.

3. **子長**: 전한의 역사가 사마천의 자(字). 태사령(太史令) 사마염(司馬炎)의 아들. 한나라 무제 때 흉노에게 항복한 이릉(李陵)의 일족을 멸살하려는 논의가 있자 그의 충신과 용전(勇戰)을 변호하다가 무제의 격노를 사서 궁형(宮刑)을 당하고 그 후에 중서령(中書令)이 되었다. 부친 사마염이 끝내지 못한 수사(修史)의 업을 계승하여 태사령(太史令)으로 있을 때 궁정에 비장한 책을 자유로이 읽었고, 궁형을 당한 뒤에는 더욱 발분하여 130편이나 되는 거작인 『사기』를 지었다.

4. **焚坑儒術**: 진시황이 민간에 있는 의약(醫藥)·복서(卜筮)·종수(種樹) 이외의 책을 모조리 불태워 없앤 것과, 선비를 생매장한 일을 이름. 『사기』의 "진시황기(秦始皇紀)"에서 자세히 볼 수 있다. 이때가 진시황 34년이고 매장한 사람이 460여 인이라 하고 함양(咸陽)에 묻어 죽였다 한다.

5. **李斯**: 초나라 상채(上蔡) 사람. 진나라의 객경(客卿)이 되어 진시황제를 도와 천하를 통일하고, 군현제를 창립함. 2세 황제 때에 참소를 만나 피살당했다.

6   **寇謙之 :** 도가의 도사로, 자는 보진(輔眞), 옹주(雍州) 사람이다.

7   **崔浩 :** 자는 백연(伯淵), 북위(北魏) 사람이다. 정무(政務)에 연달(練達)하고 군서(群書)에 정통하였다. 후에 참소당하여 주살되었다.

8   **周武 :** 후주(後周)의 제3대 임금인 무제(武帝)이니, 성은 우문(宇文)이요 이름은 옹(邕), 시호는 무(武)이다.

9   **唐 武宗 :** 당나라 제15대 임금. 제12대 목종(穆宗)의 다섯 번째 아들로, 성은 이(李)씨, 이름은 염(炎), 무종(武宗)은 묘호(廟號)이다. 6년(841~846) 동안 재위하였고, 33세의 젊은 나이로 죽었다.

10   **陷釋門 :**

1) 중국 역사에서 '삼무일종(三武一宗)'이라 하여 대거 불교를 훼멸시킨 네 명의 제왕이 있었으니, 곧 북위의 태무제(太武帝)와 북주의 무제(武帝)와 당나라의 무종(武宗) 그리고 후주의 세종(世宗)이다. 폐불도이교(廢佛道二教)는 『역대삼보기(歷代三寶記)』 제3, 『광홍명집(廣弘明集)』 제6·8·10, 『속고승전(續高僧傳)』 제8·23·25, 『법원주림(法苑珠林)』 제55, 『석가방지(釋迦方志)』 제2, 『북주서(北周書)』 제5·7·8, 『북사(北史)』 제28, 『불조통기(佛祖統紀)』 제38 등에 상세히 기록되어 있다.

(1) 북위 태무제의 훼불 : 북위의 태무제 척발도(拓跋燾, 424~452년 재위)는 초기에 불교를 숭상하였으나, 자신이 선비족의 신분이기에 한족 전통의 도교(道教)를 이용하여 민족간의 갈등을 해소하고 황권을 공고히 할 목적으로 도교를 믿고 있던 사도(司徒) 최호(崔浩)와 도사(道士) 구겸지(寇謙之)의 영향 아래 도교를 신봉하게 되었다. 그러다 태평진군(太平眞君) 5년(444)부터 시작하여 불교를 폐하여 금지시키고 오로지 도교만을 믿었으며, 조서를 내려 신하나 백성들이 사사로이 승니를 봉양하지 못하게 하는 한편, 고승 현고(玄高)와 혜숭(慧崇) 등을 살해하였다. 7년(446)에 장안의 한 사찰 내부에 병기가 숨겨져 있었고, 모 사찰의 굴실(窟室)에는 부녀자가 숨겨져 있었으며(기실은 군목군(郡牧)인 한 부호가 전란에 대비하기 위해 숨겨놓은 병기와 그 식솔들이었다), 사원에서 널리 재물을 긁어모은다는 이유로 최호가 상소를 올리자 조서를 내려 장안의 승니를 주살하게 하고는 불교를 폐하여 없애고 경전과 불상을 불사르며 사문들을 묻어 죽이도록 명하였다. 그러나 태자 척발황(拓跋晃)이 고의로 조서를 지연시켜 선포함으로써 원근의 승니들이 그 소문을 듣고 달아나고 숨었으며 불상과 경전의 상당 부분이 비밀스레 숨겨졌으나 오직 경내의 사탑들은 그 피해를 면치 못하였다. 이후 5~6년 동안에는 북위의 군대들이 명을 받들고 사방으로 나가 사원을 약탈하고 승니들을 묻어 죽였으니, 다만 산 속에 은둔하던 승니들만이 그 난을 면할 수 있게 되었다. 오래지 않아 구겸지가 병으로 죽고 최호 역시 10년(450)에 범휘(犯諱)로 하옥되어 죽고 그 친우(親友) 백여 인이 주살당하였다. 2년 후에 무제 또한 죽자 그 손자 문성제(文成帝) 척발준(拓跋濬)이 즉위하여 불교의 중흥을 명하니 불교가 점차 부흥하게 되었다. 태무제가 태평진군 7년(446)에 내린 조서의 내용은 다음과 같다. "昔에 漢後荒하야 信惑邪僞하야 以亂天常할새 由是로 政教不行하고 禮義大壞하야 鬼道熾盛하고 視王者之法이 蔑如也라. 自此已來로 繼代禍亂하야 天罰極行하야 民死略盡하고 五服之內ㅣ 鞠爲丘墟하고 千里蕭條하야 不見人迹홈이 皆由於此라. 朕承天緖에 屬當窮運之弊하야 欲除僞定眞하야 復羲農之政하고 蕩滌胡神하야 滅其踪迹호려하노니, 自今已後에 若有事胡神者와 及造其形像인 泥人銅人者는 門誅하라하노니, 皆由漢代의 劉元眞과 呂伯强之徒ㅣ 接乞胡之誕言하고 用莊老之虛假하야 附而益之나 皆非眞實하야 至使王法으로 廢而不行이니라. 世有非常之人이라야 能行非常之事하나니 非朕이면 孰能去此歷代之僞物이리요, 諸有佛像과 及胡經者는 皆擊破焚燃하고 沙門은 無長幼히 悉坑之하라."

(2) 북주 무제의 훼불 : 북주 무제 우문옹(宇文邕, 561~578년 재위)은 즉위 초기에 전례를 좇아 불교를 신봉하였다. 그러나 승니가 날로 증가하여 국고의 수입에 영향이 있자 불교에 대해 점차 반감을 가지고 있다가 환속한 사문인 위원숭(衛元嵩)과 도사 장빈(張賓)의 영향으로 불교를 배척키로 마음을 먹게 되었다. 천화(天和) 연간에서 건덕(建德) 연간에 이르기까지(566~578) 일곱 차례에 걸쳐 백관과 승려 및 도사들을 소집하여 삼교(三教)의 우열을 논의케 하였으며, 군신들에게 명하여 불교와 도교의 선후와 천심(淺深) 및 동이(同異)를 상세히 논의하게 하였으니, 이는 이 기회에 불교를 폐지하고자 하는 의도에서였다. 그러나 사예대부(司隷大夫) 견란(甄鸞)이 『소도론(笑道論)』을 찬술하고, 승려 도안(道安)이 『이교론(二教論)』을 찬술하였으며, 승면(僧勔)이 『십팔조난도장(十八條難道章)』 및 『석노자화호전(釋老子化胡傳)』 등을 찬술하여 불교의 우세와 도교의 열등함을 논박하게 되자 폐불의 논의가 점차 그치게 되었다. 건덕(建德) 3년(574)에 신료들을 크게 모으고 도사 장빈에게 명하여 승려와 더불어 변론케 하였더니 승려 지현(智炫)이 도교를 논박하자 무제 역시 그를 굴복시키지 못하고는 이에 조서를 내려 불교와 도교를 함께 폐지케 하였는데, 승려와 도사들을 환속시키고, 사찰과 도관을 왕공에게 나누어 하사하고, 재물을 신하들에게 나누어주었으니, 환속된 승려와 도사가 2백만 명에 달하였다. 건덕 6년(577)에 무제가 군사를 일으켜 북제를 멸한 다음 제나라 경내의 사문 대통 법상(大統法上) 등 5백여 인을 소집하여 폐불의 뜻을 선포하였더니 정영사(淨影寺)의 승려 혜원(慧遠)이 나서서 반대하며 황제와 더불어 수차례 쟁론이 벌어졌었는데, 무제가 비록 말문이 궁색하였으나 그대로 조서를 내려 제나라 경내의 불교를 폐지하게 하였다. 이로 인해 여덟 주의 사찰 4만여 곳이 모두 저택으로 고쳐졌으며, 경전과 불상이 불에 타고 재산은 관에서 몰수하고 3백만 명에 가까운 승니들을 모두 환속시켰다. 그다음 해에 무제가 죽자 선제(宣帝) 우문윤(宇文贇)이 즉위하여 환속한 승려 도림(道林) 등이 요청한 대로 불교의 회복을 허락하였다. 후에 정제(靜帝) 우문연(宇文衍)이 제위를 이어받는 기간에 좌승상(左丞相) 양견(楊堅)의 주관 아래 불교와 도교가 정식으로 회복하게 되었다. 건덕 6년(577)에 무제가 폐불의 뜻을 선포하며 정영사의 승려 혜원과 벌인 쟁론은 다음과 같다. "帝集沙門하야 詔曰 '朕受天命이 寧一區宇리요 世弘三教하나 今竝廢之하리라. 然其儒教는 文弘政術과 禮義忠孝하야 於世有宜나 故須存立이나, 且眞佛無相이라 遙敬表心이어늘 而佛經에 廣歎崇建圖塔하야 壯麗修造하야 致福極多나 此實無情이라 何能恩惠리요마는 愚人嚮信하고 傾竭珍財하야 徒有引費하니 故須除蕩이니 凡是經像은 皆壞滅之하라. 父母恩重커늘 沙門不敬하니 悖逆之甚이라 竝退還家하야 用崇孝治니라. 朕意如此하니 諸德如何오?' 于時에 沙門上統等五百餘人이 竝相顧無色하야 俛首流淚而已어늘 有慧遠法師遂出하야 對曰 '眞佛無相이라하시니 誠如天旨로소이다. 但耳目生靈은 賴經聞佛하고 藉像表眞하나니 今若廢之하면 無以興敬니이다.' 帝曰 '虛空이 眞佛이라홈을 咸自知之니 未假經像이니라.' 遠云 '漢明已前에 經像未至此土할젠 含生何故로 不知虛空眞佛이러이까? 若不借經教코도 自知有法者인댄 三皇已前에 未有文字할젠 人應自知五常等法이어늘 當時之人이 何爲 但識其母하고 不知其父하야 同於禽獸러이까?' 帝無所答하니 遠又云호대 '若以形像이 無情이라하야 辜之無福者인댄 國家七廟之像은 豈是有情이완대 而妄相을 尊事乎잇가?' 帝不答此難하고 乃云호대 '佛經은 外國之法이라 此土에 不須故로 廢之耳니라. 七廟는 上代所立이나 朕亦不以爲是할새 將同廢之하노라.' 遠云호대 '若以外國之法이라 非此土所用者인댄 仲尼所說은 出自魯國일새 秦晉之地에는 亦應不行이며 又以七廟爲非하야 將欲廢之인댄 則是不尊祖니 祖考不尊이면 則昭穆失序니다. 然則五經無用과 前存儒教는 斯言安在며 若爾三教同廢인댄 將何治國이리꼬?' 帝曰 '魯與秦晉은 封疆乃殊나 莫非王者의 一化故로 不類佛經之難이니라.' 遠云호

대 '若以秦晉이 同遵一化라하야 經教通行者인대 震旦之與天竺이 國界雖異나 莫不同在閻浮四海之內의 輪王一化어니 何不同遵佛經而今獨廢리까?' 帝又無答하니라. 遠云호대 '退僧還家라야 崇孝養者인댄 孔經亦云호대 立身行道하야 以顯父母 ㅣ 卽是孝行이라하야시늘 何必還家리꼬?' 帝曰 '父母恩重하야 交資色養이어늘 棄親向疎하니 未成至孝니라.' 遠曰 '若如來旨인댄 陛下左右에 皆有二親이어늘 何不放之하고 乃使長役五年에 不見父母니꼬?' 帝曰 '朕亦依番上下하야 得歸侍養이니라.' 遠曰 '佛亦聽 僧의 冬夏는 隨緣修道하고 春秋는 歸家侍養이니라. 故 目連乞食餉母하고 如來擔棺臨葬하시니 此理大通이라 不可獨廢니이다.'하니 帝乃無答이어늘 遠이 因抗聲曰 '陛下今恃勢力하야 自在破滅三寶하니 是邪見人이니다. 阿鼻地獄은 不揀貴賤이어늘 陛下는 何得不怖리꼬?' 帝ㅣ 悖然作色하야 直視遠曰 '但令百姓得樂이면 朕亦不辭地獄諸苦니라.' 遠曰 '陛下ㅣ 以邪法化人하야 現種苦業하니 當共陛下ㅣ 同趣阿鼻하면 何樂之有리까?' 帝亦無答하고 但云호대 '僧等且還하라!'하다. 於是에 毁諸寺廟하야 並賜王公하야 充爲第宅하고, 退僧三百萬人하야 皆復軍民하야 還歸編戶하고, 融刮佛像하며 焚燒經教하고 三寶福財는 簿錄入宮하더니, 帝未盈一月에 癘氣內蒸할새 隱雲陽宮이라가 尋崩하니라.'"

(3) 당 무종의 회창법난(會昌法難) : 당나라 무종 이염(李炎, 841∼866년 재위)은 본래 도교를 좋아하였는데, 그가 즉위하던 시기에는 앞 조정에서 내전에 힘을 쏟아 요역이 날로 무거워지자 많은 백성들이 사원으로 도피하여 사원의 경제가 날로 확장되었기에 조정과 경제적인 문제에 있어 알력이 매우 심각해지게 되었다. 그러자 도교를 믿던 총신 이덕유(李德裕)와 도사 월귀진(越歸眞) 등의 책동 아래 나이가 어린 무종은 불교를 멸하고 도교를 일으키고자 마음을 먹기에 이르게 되었다. 회창(會昌) 2년(842)부터 시작하여 먼저 승니 가운데 계행이 청정하지 못한 자들을 강제로 환속시키고, 외국의 승려들을 하나하나 조사하였으며, 조서를 내려 불아(佛牙)에 공양을 금하고 도량 안의 경전과 불상들을 훼손시켰다. 회창 5년(845)에 칙서를 내려 전국의 사찰을 헐게 하고 그 재산을 관에서 몰수하였으며 승려들은 환속시켰다. 조서가 행해진 후에 전국적으로 모두 규모가 큰 사찰 4천 6백여 곳과 작은 사찰 4만여 곳이 헐리고, 승니로서 억지로 환속된 자가 26만여 인에 달하였으며, 사원의 노비들을 돌려보내 봄가을로 두 차례 세금을 바치게 하는 호구(戶口)로 만든 것이 15만 명이었으며, 회수한 사원의 전지(田地)는 수천만 경(頃)이었다. 그러나 당시는 번진(藩鎭)의 세력이 막중하여 일부 어떤 지역은 교지대로 불교를 완전히 훼손하지 못하기도 하였다. 그다음 해에 무종이 죽자 선종(宣宗) 이침(李忱)이 즉위하여 조서를 내리고 불교를 부흥시켰다. 그러나 무종의 훼불이 불교에 미친 타격이 심각하여 이후 불교의 발전에 대해 끼친 영향이 막대하였으며, 불교의 원기를 크게 상하게 하였기에 당나라 중기의 번성기를 회복하지 못하게 되었다.

(4) 후주 세종의 훼불 : 삼무일종의 법난 이외로 후주(後周) 세종(世宗)의 훼불을 들 수 있다. 후주 세종 시영(柴榮, 954∼959년 재위)은 행동파의 군주였으니, 그의 배불은 순전히 불교가 국가의 부세와 병역에 미치는 영향의 고려에서 나온 것이지 도교와는 관계가 없었다. 현덕(顯德) 2년(955)에 조서를 내려 불교를 도태시키게 하였으니, 조정에서 하사한 편액을 지니지 못한 사원은 일률적으로 폐지토록 규정하고, 편액사원이 없는 지방에는 한 곳 또는 두 곳의 사원을 남겨두도록 근근이 허락하였다. 사사로이 득도(得度)함을 엄격히 금지하고 출가하고자 하면 엄격한 독경 시험을 반드시 거치게 하였다. 당시 불교계에 유행하였던 소신(燒身)이나 소지(燒指) 등의 행위를 금지시켰다. 조서가 시행된 후에는 국내 사원 가운데 폐지된 것이 절반을 넘었으며, 민간에서 보존하고 있던 동으로 만든 불상을 모두 몰수하여 동전의 주조에 사용하여 국고에 충당시켰다. 5년 동안 폐지된 사원이 3천 3백 36곳이요 남겨진 곳은 2천 6백 94곳이었으며, 승니 가운데 여전히 승적

을 가진 자는 6만 1천 2백 명이었다.

2) 우리나라에서도 불교 자체의 부패와 유생들의 척불로 조선 시대 태종이 즉위하면서부터 배불정책을 단행하였다.

(1) 태종 : 1402년 서운관의 상언(上言)에 따라 성 밖의 70개 사찰을 제외한 모든 사원의 토지 및 조세를 군자(軍資)에 영속케 하고 노비를 제사(諸司)에 나누어 소속시켰다. 그 밖에 사찰의 수를 대폭적으로 제한하였다. 그가 시행한 불교에 대한 정책을 나열해 보면, 종파를 병합하고, 사원의 수를 줄이며, 승려를 환속시키고, 사찰의 토지를 국유화하였으며, 사원에 딸린 노비를 군정(軍丁)에 충당하였고, 도첩제를 엄하게 하고, 왕사와 국사의 제도를 폐지하고, 능사(陵寺)의 제도를 금한 것 등이었다.

(2) 연산군 : 선종의 본사인 흥천사(興天寺)와 교종의 본사인 흥덕사(興德寺)·대원각사(大圓覺寺)마저 폐사시키고 이를 공묘(公廟)로 삼았으며, 삼각산 각 사찰의 승려를 모조리 쫓아내어 빈 절을 만들고 도성 안의 비구니 사찰을 헐고 비구니는 궁방의 노비로 삼았으며, 승려는 환속시켜 관노로 삼거나 처를 얻게 하였으며, 사찰의 토지는 모두 몰수하였다.

(3) 중종 : 승과를 완전히 폐지시키고 경주의 동불상을 부수어 군기(軍器)를 만드는 한편 원각사를 헐어서 그 목재는 민가의 건축재로 사용하게 하였다.

11 宣宗 : 당나라 제16대 임금으로, 성은 이(李)씨, 이름은 침(忱), 선종(宣宗)은 묘호(廟號)이다. 11대 헌종(憲宗)의 열세 번째 아들. 847~859년에 재위하였으며, 도사에게 독살되었다.

12 陸修靜 : 도사로서 수정(修靜)은 이름, 자는 견적(見寂). 북송의 명제(明帝) 태시(泰始) 3년(467)에 죽었다. 시호는 간적(簡寂) 선생이다.(『통기』 제26)

13 虎溪 : 『여산기(廬山記)』 제1에서 "옛적에 혜원 법사가 손님을 전송하는데 여기를 지나가니 범이 문득 울었으므로 호계(虎溪)라 이름하였다."고 한다. 여산(廬山)의 혜원(慧遠) 법사가 하루는 그의 친구인 도연명과 육수정의 방문을 받고 두 사람이 돌아갈 때에 이들을 전송하여 서로 이야기하면서 가다가 모르는 사이 일찍부터 이 다리를 건너 산 밖으로 나가지 아니하리라고 서원하였던 호계의 다리를 지나쳐 버리고는 이 일을 두 벗에게 말하고 세 사람이 손뼉을 치면서 웃었는데 세상에서 이것을 호계삼소(虎溪三笑)라고 부른다.(지원智圓의 『한거편閑居篇』 제16)

8

상태재문공자성인
商¹ 太 宰 {1} 問 孔 子 聖 人

●

상나라 태재가 공자에게 성인에 대해 묻다

太宰嚭²問孔子曰: "夫子聖人歟?"

對曰: "丘也, 博識强記, 非聖人也."

又問: "三王聖人歟?"

對曰: "三王善用智勇,{2} 聖非丘所知."

又問: "五帝聖人歟?"

對曰: "五帝善用仁義, 聖非丘所知."

又問: "三皇聖人歟?"

對曰: "三皇善用時政,{3} 聖非丘所知."

太宰大駭曰: "然則孰爲聖人乎?"

夫子動容有間, 曰: "丘聞西方有聖者焉, 不治而不亂, 不言而自信, 不化而自行, 蕩蕩乎人無能名焉."

據斯以言, 孔子深知佛爲大聖也. 時緣未昇, 故黙而識之, 有機故擧, 然未得昌言其致矣.

{1} 贊寧『西方聖人論』云: "商, 宋也. 太宰名嚭, 字蕩."

{2} 如湯伐夏, 武王伐紂之類, 是善用智勇也.

{3} 中古三皇, 伏羲·炎帝·黃帝也. 伏羲畫八卦, 知天文故, 爲天皇; 炎帝教稼穡, 相地宜故, 爲地皇; 黃帝作宮室·造舟車, 用干戈教征伐故, 爲人皇. 此爲用時政也.

태재 비가 공자에게 물었다. "그대는 성인입니까?"

대답하였다. "나는 널리 알고 잘 기억할 뿐 성인은 아닙니다."

또 물었다. "삼왕은 성인입니까?"

대답하였다. "삼왕은 지혜와 용기를 잘 활용하였습니다만 성인인지는 내가 알지 못합니다."

또 물었다. "오제는 성인입니까?"

대답하였다. "오제는 인의를 잘 활용하였습니다만 성인인지는 내가 알지 못합니다."

또 물었다. "삼황은 성인입니까?"

대답하였다. "삼황은 시기적절한 정치를 잘 활용하였습니다만 성인인지는 내가 알지 못합니다."

태재가 크게 놀라며 말하였다. "그러면 누가 성인입니까?"

공자가 점잖게 자세를 고치고 조금 있다가 말하였다. "내가 듣건대 서방에 성자가 있다고 하는데, 다스리지 아니하여도 어지럽지 않고, 말을 하지 않아도 스스로 믿으며, 교화하지 않아도 스스로 행하니, 광대하고도 광대함에 사람들이 능히 이름할 수 없다 합니다."

이 말에 의거하면 공자는 부처님이 큰 성인됨을 깊이 알고 있었는데, 때의 인연이 아직 오르지 않았던 까닭에 묵묵히 그것을 알고만 있다가 기회가 있기에 들먹였던 것이나 아직 그 이치를 드러내어 말하지는 못하였다.

{1} 찬영의 『서방성인론』에 이르기를 "상(商)은 송나라이다. 태재의 이름은 영(盈)으로 자는 탕(蕩)이다."라 하였다.

{2} 여탕이 하나라를 정벌하고 무왕이 주왕을 정벌한 경우가 지혜와 용기를 선용한 것이다.

{3} 중국의 고대 삼황(三皇)은 복희씨와 염제씨 및 황제씨이다. 복희는 팔괘를 그려서 천문을 알았던 까닭에 천황이 되었으며, 염제는 농사를 가르쳐 땅의 이로움을 살폈던 까닭에 지황이 되었으며, 황제는 궁실을 짓고 배와 수레를 만들었으며 병기를 사용하여 정벌하는 법을 가르쳤던 까닭에 인황이 되었으니, 이것이 시기적절한 정치를 잘 활용하였음이 된다.

사기
(私記)

1   **商**: (?~기원전 1213) 탕(湯) 임금이 하나라의 걸왕(桀王)을 멸하고 세운 나라. 박(亳)에 도읍하였다가 후에 반경(盤庚)이 은(殷, 지금의 하남성河南省 언사현偃師縣)으로 천도하여 은(殷)나라로 고쳤다. 28주(主)만에 주나라의 무왕(武王)에게 멸망하였다.

2   **嚭**: 『설문(說文)』에서 "春秋傳吳有大宰嚭."라 하였고, 『자휘(字彙)』에 "春秋有伯, 嚭伯犁之孫也爲吳大宰."라 하였다.

9

제현송구
諸 賢 頌 句

●

현인들의 게송

● 龐居士頌

但自無心於萬物,　　　何妨萬物常圍繞.
鐵牛不怕獅子吼,　　　恰似木人見花鳥.
木人本體自無情,　　　花鳥逢人亦不驚.
心境如如只遮是,　　　何慮菩提道不成?

● 宏智禪師省病僧

訪舊懷論實可傷,　　　經年獨臥涅槃堂.
門無過客窓無紙,　　　爐有寒灰席有霜.
病後始知身自苦,　　　健時多爲別人忙.
老僧自有安閑法,　　　八苦交煎總不妨.

● 洞山和尙自誡

不求名利不求榮,　　　　　只麼隨緣度此生.

三寸氣消誰是主?　　　　　百年身後謾虛名.

衣裳破處重重補,　　　　　粮食無時旋旋營.

一箇幻軀能幾日?　　　　　爲他閒事長無明.

● 靈芝律師勉住持[1]

深嗟末法實悲傷,　　　　　佛法無人得主張.

未解讀文先坐講,　　　　　不曾行脚便陞堂.

將錢討院如狂狗,　　　　　空腹高心似啞羊.

奉勸後賢休繼此,　　　　　免敎地獄苦時長.

● 勉學徒(靈芝照律師頌)

聽敎參禪逐外尋,　　　　　未嘗回首一沈吟.

眼光欲落前程暗,　　　　　始覺平生錯用心.

● 佛眼禪師十可行中三節

1. 禮拜[2]

禮佛爲除憍慢垢,　　　　　由來身業獲清凉.

玄沙[1]有語堪歸敬,　　　　是汝非他事理長.

2. 經行[3]

石上林間鳥道平,　　　　　齋餘無事略經行.

歸來試問同心侶,　　　　　今日如何作麼生?

3. 誦經

夜靜更深自誦經,　　　　　意中無惱睡魔惺.

雖然暗室無人見,　　　　　自有龍天側耳聽.[4]

● [慈受禪師]**勉僧看病**[2] (靈巖石刻)

四海無家病比丘,　　　　　孤燈獨照破牀頭,
寂寥心在呻吟裏,　　　　　粥藥須人仗道流.
病人易得生煩惱,　　　　　健者長懷惻隱心,
彼此夢身安可保?　　　　　老僧書偈示叢林.

● **眞淨文禪師頌**

剃髮因驚雪滿刀,　　　　　方知歲月不相饒.
逃生脫死勤成佛,　　　　　莫待明朝與後朝.

● **慈受禪師訓童行**{5}[3]

世諦紛紛沒了期,　　　　　空門得入是便宜,
直須日夜常精進,　　　　　莫只勞勞空過時.
燒香禮拜莫忽忽,　　　　　目覩心存對聖容,
懺悔多生塵垢罪,　　　　　願承法水洗心胸.
也要學書也念經,　　　　　出家心地要分明,
他年圓頂方袍日,　　　　　事事臨時總現成.
一等出家爲弟子,　　　　　事師如事在堂親,
添香換水須勤愼,　　　　　自有龍天鑑照人.
廊下逢僧須問訊,　　　　　門前過客要相呼,
出家體態宜謙讓,　　　　　莫學愚人禮數無.
出家不斷葷和酒,　　　　　枉在伽藍地上行,
到老心田如未淨,　　　　　菩提種子亦難生.
莫說他人短與長,　　　　　說來說去自招殃,
若能閉口深藏舌,　　　　　便是安身第一方.
色身健康莫貪眠,　　　　　作務辛勤要向前,

不見碓坊盧行者, 祖師衣鉢是渠傳.
香積廚中好用心,
香積廚[4]中好用心, 五湖龍象在叢林,
瞻星望月雖辛苦, 須信因深果亦深.
常住分毫不可偸, 日生萬倍恐難酬,
猪頭驢脚分明見, 佛地今生掃未休.{6}
家事精麤宜愛惜, 使時須把眼睛看,
莫將恣意胡抛擲, 用者須知成者難.
諸寮供過要精勤, 掃地煎茶莫厭頻,
事衆若能常謹切, 身心方是出家人.
拳手相交不可爲, 麤豪非是出家兒,
遭人唾面須揩拭, 到底饒人不是癡.
出家言行要相應, 戰戰常如履薄氷,
雖是未除鬚與髮, 直教去就便如僧.

● 宏智禪師示衆

蒿里[5]新填盡少年, 修行莫待鬚毛班.
死生事大宜須覺, 地獄時長豈等閒?
道業未成何所賴, 人身一失幾時還?
前程黑暗路頭險, 十二時中自着奸.{7}

● 讚佛傳法偈{8}

假使頂戴經塵劫, 身爲床座遍三千,
若不傳法度衆生, 畢竟無能報恩者.

● 黃蘗禪師偈

塵勞迥脫事非常, 緊把繩頭做一場.

不是一番寒徹骨, 爭得梅花撲鼻香?

● 報恩法演禪師頌{9}

佳人睡起懶梳頭, 把得金釵挿便休.
大體還他肌骨好, 不塗紅粉也風流.

{1} 安住道德, 執持敎化. 又住於眞性, 持而不失.

{2} 『業報差別經』云: "禮佛一拜, 獲十種功德: 一, 得妙色身; 二, 出語人信; 三, 處衆無畏; 四, 佛所護念; 五, 具大威儀; 六, 衆人親附; 七, 諸天愛敬; 八, 具大福德; 九, 命終往生; 十, 速證涅槃. 一拜尙如是, 況多拜乎?"

{3} 律: "佛聽經行, 經行有五利: 一, 堪遠行; 二, 能思惟; 三, 少病; 四, 消飮食; 五, 得定久住."

{4} 昔, 開山 安禪師, 定中見, 二僧先談佛法, 天龍拱聽, 後談世諦, 鬼神掃迹. 善惡昭然, 豈可麤行耶?

{5} 二十偈中抄出.

{6} 律云: "不得盜常住財物. 常住, 如毒藥, 毒藥猶可療, 盜常住物, 無能救濟. 常住者, 體通十方, 唯局本處, 不可分用." 『善生經』云: "病人, 常住物貸用, 當十倍還之. 餘不病人, 切莫開也." 『大集經』云: "但衆僧所食之物, 不得輒與一切俗人, 若自費用, 此罪, 重於無間獄報." 唐開元中, 毛牢妻生子, 猪頭象鼻, 魚腮驢脚, 面有三行字云: "前生, 於開元寺借錢三千文·布一端不還, 故獲此報." 刺使以聞, 勅名毛債, 於開元寺掃地, 又令諸寺門壁畵形懲後. 有人詩曰: "堪嗟毛債異人類, 費用僧錢業報酬. 兩片魚腮兼象鼻, 一雙驢脚戴猪頭. 前生自作無知罪, 佛地如今掃未休. 爲報後來貪物者, 僧錢不用古來追."

{7} 奸, 求也.

{8} 出『智論』.

{9} 直據本分, 不借新熏.

● 방거사송
그대 다만 스스로가 만물에 다 무심하면,
오만 물건 에워싼들 그 무엇이 방해런가.
무쇠 소는 사자 포효 눈 깜짝도 하잖느니,

그는 마치 나무 사람
나무 사람 본디부터
그 사람을 마주쳐도
마음 경계 변함없기
이리하면 보리도를

꽃과 새를 보는 듯이.
정이란 것 없을지니,
꽃과 새는 놀라잖네.
다만 이와 같을지니,
어이하여 근심하리.

● 굉지선사성병승

오랜 벗과 푸는 회포
해 지나도 그저 홀로
과객 하나 발길 없고
화로 속엔 흰 재 만이
병든 후에 그제서야
건강할 땐 하릴없이
나에게는 본디부터
여덟 고통 들볶아도

실로 가히 맘 아프니,
열반당에 누웠도다.
창살만이 쓸쓸하며,
자리 위의 서리 같네.
몸 괴론 줄 알았음에,
몸뚱이나 위했거니.
편히 쉬는 법 있으니,
도무지가 자유롭네.

● 동산화상자계

아무 명예 구하잖고
그저 다만 인연 따라
세 치 기운 사라지면
평생 몸을 버린 후에
옷가지는 떨어진 곳
먹을 양식 없을 때는
구름 같은 몸뚱이는
그것 위해 헛된 일로

아무 영광 구하잖고,
이 한 삶을 건넬지니.
그 누구가 주인인가,
부질없는 헛된 이름.
거듭거듭 꿰매 입고,
두루두루 엮어가리.
능히 몇 날 가겠는가,
무명만을 길렀구나.

● 영지율사면주지

가슴 깊이 탄식할 새	이내 말법 슬프나니,
그 누구도 불법 들어	펼치지를 않는구나.
글귀 한 줄 읽지 않고	앞에 나서 강설하고,
행각 일 보 딛지 않고	은근 슬쩍 당(堂) 오르네.
돈 싸들고 절 구함은	미친개나 진배없고,
텅빈 배에 교만함은	벙어리 양 그것일세.
권하노니 후현들은	이런 짓 좀 그만두어,
지옥에서 받을 고통	조금이나 줄여보소.

● 면학도

교법 듣고 참선함에	마음 놈은 겉노나니,
언제 한번 고개 돌려	음미조차 않았구나.
지친 눈빛 내려앉자	그 앞길이 캄캄하니,
그제서야 한평생을	그릇되게 지냈음을.

● 불안선사십가행중삼절

1. 예배

부처님께 하는 예배	교만 벗기 위함이니,
그로 인해 몸의 업은	청정함을 얻는 것을.
현사 말씀 법다움에	귀의하여 공경하면,
다름 아닌 네 자신이	이참사참(理懺事懺) 얻을지니.

2. 경행

반석 위로 숲 사이로	좁다란 길 뻗었으니,
공양 끝에 한가할 새	맘 가벼이 거니노라.

돌아와선 마음 맞는   도반에게 물어보길,
오늘 하루 그 무엇을   어찌하고 어찌했나.

3. 송경
고요한 밤 삼경 깊어   홀로 앉아 경전 외니,
뜻 가운데 번뇌 없고   잠귀신은 달아나네.
그리 비록 어둔 방에   보는 이가 없다 하나,
용과 하늘 거기 있어   귀 기울여 듣는다네.

● 영암석각 면승간병
넓은 사해 집도 없이   병든 몸의 사문비구,
외론 등불 닿는 곳은   헤진 침상 머리맡쯤.
적적한 맘 있는 곳은   가느다란 이 신음 속,
미음과 약 구하느니   다름 아닌 도류도반.
병든 사람 걸핏하면   번뇌망상 생기나니,
건강한 자 그대들이   측은지심 품을지다.
저도 이도 꿈 같은 몸   어찌 가히 보존하리,
노승이 쓴 게송 주어   총림에다 내보이네.

● 진정문선사송
머리 깎다 칼날 위로   쌓인 눈에 문득 놀라,
그제서야 이 세월이   넉넉잖음 알게 되다.
생과 사를 벗어나서   힘써 부처 이룰 진정,
내일이나 모레 아침   기다리지 말지니라.

● 자수선사훈동행

세상 도리 분분하여
빈 문 안에 드는 것이
모름지기 밤낮으로
그저 앉아 끙끙거려
향 사르고 예배하되
눈에 담고 맘에 담되
많은 생애 티끌 때로
원하건대 법 물줄기
또한 글을 늘 배우고
출가하는 마음바탕
다른 날에 머리 깎고
일마다에 임해서는
한결같이 출가하여
어버이를 섬기듯이
향 덧피워 물 갈 때는
용과 하늘 거기 있어
복도에서 스님 뵈면
문앞으로 지나는 객
출가한 이 몸의 태도
못난이의 예절 법도
출가하여 매운 채소
가람 위를 걷는 걸음
늙도록에 마음밭이
보리 종자 생겨나기
다른 이의 장단점은

마칠 기약 없다 하니,
마땅하고 옳으리다.
항상 정진할지언정,
괜히 시간 허비 말라.
급한 마음 멀리하고,
참 모습을 대한 듯이.
찌든 죄를 참회하고,
얻어 마음 씻으리다.
또한 경전 늘 외워서,
분명해야 할지니라.
한 벌 가사 걸치는 날,
드러나서 이루리다.
불제자가 되었으면,
스승님을 섬길지라.
모름지기 부지런히,
살펴 비춰줄 것이다.
모름지기 안부 묻고,
서로 불러 인사하라.
응당 겸양할 것이니,
배우지를 말지니라.
술을 끊지 않는다면,
헛되고도 헛되리다.
깨끗하지 못하다면,
어렵고도 어려우리.
말하지도 말 것이니,

그런 이야기 오고가다
만약 능히 입을 닫고
그것 바로 몸 편안한
이 색신이 건강할 때
일할 때는 더욱 힘써
방앗간의 노행자를
조사 의발 바로 그가
향적주(香積廚)의 가운데로
다섯 호수 용 코끼리
별을 보고 달을 봄이
모름지기 깊은 원인
상주물은 털끝만도
날마다에 만 배 불어
돼지 머리 나귀 다리
부처님의 땅을 삶에
집안일의 좋고 나쁨
사용할 땐 모름지기
방자한 뜻 가지고서
쓰는 자는 모름지기
모든 요사 공양함에
마당 쓸고 차 내는 일
모든 대중 섬기기를
그런 몸과 그런 맘이
주먹으로 사귀는 일
거칠고도 난폭함은
다른 이가 침 뱉으면

재앙만을 초래하리.
혀를 깊이 숨긴다면,
제일방책일 것이다.
수면 탐치 말 것이고,
앞장서서 나아가라.
그대 보지 못했던가,
전수받아 갔느니라.
좋게 마음 쓸 것이니,
총림 속에 있느니라.
비록 힘은 들지라도,
그 결과도 그러하리.
훔치지를 말지니라,
다 갚기가 어려우리.
어김없이 드러나니,
지금까지 쉬지 못해.
응당 마음 둬야 거늘,
정신 차려 볼지니라.
내던지지 말 것이니,
이룬 자를 생각하라.
자세하고 부지런히,
찡그리지 말지니라.
삼가하고 절실하면,
바로 출가한 이로다.
그대 할 바 아닐지니,
출가인이 아니로다.
그저 얼굴 씻을지니,

넉넉한 남 이루는 일　어리석음 아니로다.
출가한 이 말과 행동　상응함이 필요하니,
조심스레 하여감이　항상 엷은 얼음 밟듯.
비록 수염 머리털을　깎지 않고 있더라도,
행동거지 하나하나　승려같이 할지니라.

● 굉지선사시중
호리들녘 새 무덤도　모두 젊음이었으니,
수행하며 귀밑머리　반백 될 날 기약 마라.
죽고 사는 이 한 큰일　모름지기 깨우치라,
지옥 시절 장구하니　어찌 등한하오리까.
애써 도업 못 이루면　그 무엇에 의지하리,
사람의 몸 한 번 잃고　언제 다시 돌아오리.
놓인 앞길 캄캄하고　길머리는 험하기만,
하룻나절 가운데서　착심하여 구할지라.

● 전법게
내가 설령 부처 업고　티끌만큼 겁을 지나,
이 내 몸을 침상 삼아　삼천대천 편력해도,
만일 법을 전해 받아　중생제도 못한다면,
필경에는 털끝만도　은혜 보답 못하리니.

● 황벽선사게
속된 수고 못 벗은 일　보통일이 아니러니,
줄머리를 당겨 잡고　한바탕을 해볼거나.
한 차례의 독한 추위　뼛속까지 닿잖으면,

| 어찌 매화 코 찌르는 | 향기 뿜어낼 것인가. |

● 보은법연선사송

어여쁜 이 잠자리서	게으른 듯 머리 빗고,
금비녀를 잡아 꼽곤	돌아앉아 쉬느니라.
대체로는 저 기골이	어여쁨에 돌리나니,
연지분이 없더라도	또한 풍류 아니런가.

{1} 도덕에 편안히 머물며 교화하는 일을 꾸준히 지켜나감이다. 또는 참된 성품에 머물러 지켜나감으로써 잃지 않음이다.

{2} 『업보차별경』에서 말하였다. "예불 때 올리는 절 한 번에 열 가지 공덕을 얻을 수 있다. 첫째는 묘색신을 얻음이요, 둘째는 말을 하면 사람들이 믿음이요, 셋째는 대중 가운데 거처함에 두려움이 없음이요, 넷째는 부처님이 호념(護念)하는 바가 됨이요, 다섯째는 커다란 위의를 갖춤이요, 여섯째는 대중들이 친근하게 붙좇음이요, 일곱째는 모든 하늘신들이 경애함이요, 여덟째는 커다란 복덕을 갖춤이요, 아홉째는 명을 마침에 왕생극락함이요, 열째는 속히 열반을 증득함이다. 절 한 번도 오히려 이와 같거늘 항차 절을 많이 함이랴!"

{3} 율장에서 말하였다. "부처님께서 경행을 허락하심에 경행에는 다섯 가지 이로움이 있으니, 첫째는 멀리 다님을 감당할 수 있음이요, 둘째는 능히 사유(思惟)할 수 있음이요, 셋째는 병이 적어짐이요, 넷째는 음식을 소화시킴이요, 다섯째는 선정을 얻으면 오래도록 머물 수 있음이다."

{4} 옛날에 개산 안 선사가 선정 중에 보니, 두 스님이 먼저 불법에 대해 담론함에 천룡들이 함께 들었으며 후에 세간의 도리에 대해 담론하니 귀신들이 자취를 쓸어 없었다. 선과 악이 이렇듯 분명하니 어찌 가히 제멋대로 행동하겠는가.

{5} 20수의 게송 가운데 가려 뽑은 것이다.

{6} 율장에 이르기를 "상주재물을 도적질하지 말라. 상주물이란 독약과도 같은데, 독약은 오히려 치료할 수 있으나 상주물을 도적질하면 구제할 길이 없다. 상주(常住)란 것은 그 실체는 시방으로 통하더라도 오직 본디 있는 장소에 국한된 것이며 나누어 쓸 수도 없다." 하였다. 『선생경』에 이르기를 "병든 사람이면 상주물을 빌려쓰고 응당 열 배로 갚을 것이며, 그 나머지 병들지 않은 사람은 절대로 손대지 말라." 하였다. 『대집경』에 이르기를 "단지 대중스님이 먹을 음식이라면 쉽사리 어떠한 속인에게도 주지 말 것이며, 만약 스스로 쓴다면 그 죄는 무간지옥의 과보보다 더 무거울 것이다." 하였다. 당나라 개원 연간 중에 모뢰의 아내가 아들을 낳았는데 돼지 머리에 코끼리 코를 하였고 물고기 뺨에 당나귀 다리를 하였으며 얼굴에는 석 줄의 글자가 있었는데 이르기를 "전생에 개원사에서 빌린 돈 3천 문(文, 네모진 구멍이 있는 돈. 또는 돈을 세는 단위. 『동언원董彦遠』 "漢一斤金四兩, 直二千五百文.")과 베 1단을 갚지 않은 까닭에 이러한 과보를 얻었다."라 하였다. 자사가

이 사실을 아뢰니 칙서를 내려 모채(毛債)라 이름하게 하고 개원사에서 땅을 쓸게 하였으며, 또한 영을 내려 모든 사찰의 문에 그 형상을 그려 후인들에게 징계토록 하였다. 어떤 사람이 시를 지어 말하기를 "오호라! 모채가 사람의 무리와 다른 것은, 승가의 돈을 쓰고 그 업보를 갚음이로다. 두 쪽의 물고기 뺨과 코끼리 코, 한 쌍의 나귀 다리에 돼지 머리를 이고 있네. 전생에 스스로 알지 못하는 죄를 지었다가, 부처님 땅에서 지금같이 땅을 쓸며 쉬지 않는구나. 후에 물건을 탐내는 자들을 위하여 알리나니, 승가의 돈은 쓰지 않더라도 예로부터 추징한다 하였네."라고 하였다.

{7} 간(奸)은 구함이다.

{8} 『지론』에 나온다.

{9} 바로 본분에 의지할 뿐 신훈(新熏)을 빌지 않는다.

사기
(私記)

1 **玄沙** : (835~908) 중국 선종 승려. 복주(福州) 설봉 의존(雪峰義存) 선사의 제자인 복주(福州) 현사 종일(玄沙宗一) 대사로서, 법명은 사비(師備), 복주 민현(閩縣) 사람으로 속성은 사(謝)씨이다. 어릴 때부터 낚시질을 좋아하여 남대강(南臺江)에 작은 배 하나를 띄워놓고 여러 어부들과 어울리곤 하였다. 당나라 함통(咸通) 초 나이 30에 이르러 홀연히 세간을 벗어날 생각을 가지고 고깃배를 버린 뒤 부용산(芙蓉山) 영훈(靈訓) 선사에게 가서 머리를 깎고 예장(豫章) 개원사(開元寺)에 가서 도현(道玄) 율사에게 구족계를 받았으며, 베옷과 짚신에 음식은 겨우 호흡을 이을 정도에 그치고 항상 종일토록 앉아 있었으니 대중들이 모두 이상히 여겼다. 설봉 선사와는 본래 사형사제였으 나 섬기기를 스승처럼 하여 그에게 인가를 받았으며, 뒤에 매계의 보응원(普應院)과 현사산(玄沙山)에 있었다. 양나라 태조 개평(開平) 2년에 74세로 입적하였다. 『전등록』권18 및 『서장(書狀)』의 "답종직각(答宗直閣)" 등에 그에 관한 기록이 있다.

2 **勉僧看病** : 10권본 『치문(緇門)』에는 "偈示叢林" 아래 다음 문구가 더 수록되어 있다. "氣濕風 勞猶可療, 不知禪病若爲醫? 衲僧更擬論方藥, 便把拳頭驀口揪."

3 **師訓童行** : 초출시(抄出時) 생략한 부분을 전문(全文)에서 추가하면 다음과 같다.
1) "願承法水洗心胸"과 "也要學書也念經" 사이 "心猿易縱安教縱, 意馬難調亦要調, 到老情 塵掃不盡, 出家四事恐難消."
2) "自有龍天鑑照人"과 "廊下逢僧須問訊" 사이 "衣衫鞋襪須齊整, 掛搭巾單不可無, 身四威 儀常具足, 莫隨愚輩學粗疏."
3) "便是安身第一方"과 "色身健康莫貪眠" 사이 "莫學愚人說脫空, 脫空說得有何窮? 暗中莫 道無人見, 只恐難瞞馬相公."
4) "祖師衣鉢是渠傳"과 "香積廚中好用心" 사이 "二時普請宜先到, 衆手能爲事不差, 諷誦如 來經一卷, 勝如閑話口吧吧."
5) "身心方是出家人"과 "拳手相交不可爲" 사이 "有時緣幹出街頭, 照顧潙山水牯牛, 門外草 深常管帶, 等閑失卻恐難收."
6) "到底饒人不是癡"와 "出家言行要相應" 사이 "三通浴鼓入堂時, 觸淨須分上下衣, 語笑高 聲皆不可, 莫將粗行破威儀."

4 **香積廚** : 향적(香積)은 여러 가지의 좋은 향기를 합한 것을 말한다. 향적대(香積臺)라고도 하니, 곧 선원의 부엌을 가리킨다.

5 **蒿里** : 산 이름. 전하는 바에 의하면 태산(泰山)의 남쪽에 있어 주검을 묻는 곳이라 하며, 또한 죽 은 이의 혼백이 머무는 곳이라 한다. 전하여 묘지를 가리키는 말이 되었다.

1) 북망(北邙) : 중국 낙양의 북쪽에 있는 망산(邙山)을 말한다. 한나라 이래로 유명한 묘지이므로, 전하여 무덤 또는 묘지의 뜻으로 쓰였다.

2) 시다림(屍多林) : 범어로는 śītavana, 시다바나(尸多婆那)라 소릿말적기하고 시다림이라 번역한다. 중인도 마갈타국 왕사성 근처에 있는 숲으로 많은 시체를 장사하던 곳인데, 숲이 깊고 찬 바람이 도는 까닭에 한림(寒林)이라고도 불렸다. 전하여 뒤에는 송장을 가져다 두는 곳을 일컫게 되었으며, 우리나라에서는 죽은 이의 상가에 참석하여 염불하고 설법해 주는 의식의 집전을 시다림이라고 한다.

부록
附錄

1

전기
傳記

●

● **超夜叉[1]之難[2]**

昔外國山寺有年少比丘, 每誦 『法華』. 嘗於寺外經行, 忽遇羅刹女鬼, 變爲婦人來嬈比丘, 比丘被惑, 遂與之通. 通後神昏無覺, 鬼負飛行, 欲返本處將噉. 從一伽藍上過, 比丘在鬼背上聞誦 『法華』, 因卽少惺, 心暗誦之, 鬼便覺重漸漸近地, 棄之而去. 比丘聞鍾入寺, 陳其本末. 然計去鄕二千餘里, 諸僧云: "此人犯重, 不可同止." 有一上座云: "爲鬼所惑非是自心, 旣能脫免, 現經威力, 可住寺令懺." 後遇鄕信, 乃發遣之.

● **戒互用之罪[3]**

雲盖 智禪師, 一夕雨霽, 寒月微暎, 宴坐方丈, 將及二鼓, 忽聞炮炙之臭. 俄有枷鎖之聲, 開戶視之, 貌不常類, 荷枷帶索, 枷上火起而復滅, 立方丈之前, 以枷尾倚於門閫. 智曰: "汝是誰耶, 曷苦如此?" 枷下人曰: "我前住當山守顥也." 智大驚曰: "公居此山, 院宇一新, 道風遠播, 意非四禪不足處之, 云何若是?" 顥曰: "我修道二十年, 不互用化士供僧之物. 後造僧堂,

互用僧供, 猶未塡設, 受苦至此." 智曰: "作何方便可免?" 顒曰: "望以慈
悲回賣僧堂, 塡圓衆供." 智曰: "浸久之事, 以何爲憑?" 曰: "當時意謂修造
畢功, 即爲塡設, 無何至死. 嘗以破籠盛檀越名目, 置庫司暗閣上, 今幸存
焉." 翌日集衆詣庫司, 帳目果在. 唱賣衣鉢及僧堂, 遂爲塡設, 五年及足.
後夢顒來謝: "賴師之力, 幸免獄苦, 得生人中." 三生後復爲僧. 以此觀之,
用僧供物造僧房屋, 願還不及, 尙受此報. 當今撥無因果者, 互用財利, 甚
竊常住以爲己有, 爲如何哉? 彼明眼人被互用罪, 尙受苦報, 況具縛人取
三寶物, 私用之罪, 豈可逃乎?

又東山 淵公行業高潔, 自東山遷至五峰, 見火筯, 與東山方丈所用無
異, 遂謂其眷曰: "莫是東山方丈之物乎?" 眷曰: "然! 彼此常住無利害, 故
將至矣." 師曰: "汝輩無識, 安知因果有互用罪?" 急令送還.

● 辨救命之報[4]
『搜神記』云: "隨縣 溠水側有斷蛇丘. 昔隨侯出見大蛇爲牧童所傷, 疑其
靈, 以藥傅之, 蛇乃去, 因名其丘. 後歲餘, 蛇含珠而報之, 其珠徑寸純白,
夜有光可以燭百里, 謂之隨侯珠, 亦曰夜光珠, 又靈蛇珠."

● 驚多言之失[5]
古人詩云: "若不三山霜霧艾, 千載能燒我不死. 自口出藥還自死, 不如緘
口釜中煮." 又『異苑』云: "東吳 孫權時, 有人入山遇大龜, 即束之而歸, 能
作人言曰: 『遊不良時, 爲君所得.』人甚怪之, 載出欲上吳王, 夜泊越里, 攬
船於大桑樹, 夜自樹中有聲呼龜曰: 『勞乎元緖! 無事爾耶?』龜曰: 『今被
拘執, 方見烹哉. 雖盡南山樵, 不能潰我, 諸葛元孫博識, 必致相苦.』樹曰:
『若救, 如我之徒, 計將安出?』龜曰: 『無多辭, 禍將及汝.』樹寂然而止. 既
至, 權命烹之, 焚柴萬車, 語猶如舊, 諸葛恪曰: 『燃老桑, 乃熟.』獻者仍說
龜樹共言, 權命使伐桑煮龜, 立即爛." 又有一句: "世上功名看木鴈, 坐中

談笑愼桑龜."

註: 木, 以材見伐; 鴈, 以不鳴就死. 見『莊子』.[6]

● 明惜字之益[7]

<u>宋</u> <u>王沂公</u>父, 見字紙遺地, 必拾取, 以香湯洗過焚之. 一夕夢, 先聖撫背曰: "汝敬重吾字之紙, 勤也. 恨汝老矣, 無可成就, 他日當令<u>曾參</u>, 來生汝家, 顯大門閭." 未幾果生一子, 遂命<u>王參</u>. 弱冠擢第壯元, 卽<u>沂公</u>也. 以此推之, 有字紙面不可抛撒踐踏. 偈曰: "世間文字藏經同, 見者須將付火中, 或擲淸流埋淨處, 賜君壽福永無窮."

● 彰建屋之福[8]

『仁孝勸善書』云: 昔<u>維衛佛</u>與六萬二千比丘出山還父<u>王國</u>, 王於城外割地立屋, 處諸比丘. 有一比丘語左右家, 欲倩作屋, 男子不許, 其家老母手自爲之, 屋旣成之, 十指皆穿. 比丘坐中入定, 一夜入火光三昧, 舍現大火, 母望念言: 『作屋尋燒, 何其薄福?』走見, 如舊但火光中見比丘, 甚喜. 壽終生天. <u>釋迦</u>成佛, 天命未盡, 下來白佛: 『明日飯佛及僧.』佛默然受之. <u>匡王</u>又遣人請佛, 佛曰: 『已受天請.』王自思曰: 『未嘗見天人下施, 何緣有此?』明日遣人候之, 不見施辦. 日近午正, 亦復寂然, 王勅修饌: 『若無其人, 吾當供之.』日中天至, 了不賚食, 但將天女, 鼓諸音樂, 禮佛而住, 白曰: 『時到.』卽擧手巾, 衆事自然皆辦. 行水[9]旣訖擧手出廚, 百味甘露自然在地, 手自斟酌, 衆會皆足. 王見驚異, 白佛: 『此女何福乃爾?』佛爲王說前世爲比丘作屋以手. 從是生天九十一劫,[10] 手出衆物, 福尙未終.

● 야차에게 당한 더러움을 벗어나다

옛날 외국의 한 산사에 나이가 어린 비구가 있었는데 매번 『법화경』을 암송하였다.

일찍이 절 밖을 경행하다 홀연히 나찰 여자 귀신을 만났는데, 부인으로 변해서 다가와서는 비구를 홀리니 비구가 미혹되어 마침내 그와 더불어 정을 통하였다. 통정한 후 정신이 혼미하여 깨어나지 못하자 귀신이 업고 날아가서 본거지로 돌아가 씹어 먹고자 하였는데, 어느 한 가람 위를 지나가며 비구가 귀신의 등 위에서 『법화경』의 암송 소리를 듣고는 이내 조금 정신을 차리고 마음으로 그것을 가만히 외우니 귀신이 곧 무겁게 느끼고는 점차 땅에 근접하게 되더니만 그를 버리고 가버렸다. 비구가 종소리를 듣고 절로 들어가 그 자초지종을 이야기하였다. 그러나 고향과는 2천 여리 떨어져 있었기에 모든 승려들이 "이 사람은 중대한 계율을 범하였으니 같이 머물 수 없다." 하였으나 한 상좌가 있어 이르기를 "귀신의 유혹에 빠진 것이지 스스로의 마음이 아니며, 이미 벗어났으니 경전의 위력을 드러낸 것이므로 절에 머무르며 참회할 수 있도록 해야 한다." 하였다. 후에 고향의 소식을 접하게 되자 이에 그를 보내주었다.

● 호용하여 사용하는 죄를 경계하다

운개 지 선사가 어느 날 저녁에 비가 개이자 차디찬 달덩이가 어슴푸레 비추는 가운데 방장에서 편안히 좌선하고 있었는데, 막 이경이 치려할 때 홀연히 고기를 굽는 듯 뜸을 뜨는 듯한 냄새가 났다. 얼마지 않아 칼과 쇠고랑 소리가 들리기에 문을 열고 보니 기이한 용모에 칼을 쓰고 포승을 둘렀는데 칼 위로 불길이 일어났다 다시 삭아들곤 하였다. 방장 앞에 서서 칼끝으로 문턱에 기대거늘 지 선사가 이르기를 "너는 누구인데 어찌하여 받는 고통이 이와 같은가?" 하니 칼을 쓴 이가 말하기를 "나는 전에 이 산에 머물렀던 수옹입니다." 하였다. 지 선사가 크게 놀라며 이르기를 "공이 이 산에 거처하여 사원이 일신되고 도풍이 멀리까지 전파되었기에, 생각건대 사선천이 아니면 족히 거처할 수 없을 것이거늘 어찌하여 이와 같습니까?" 하니 수옹이 이르기를 "내가 도를 닦은 지 20년에 화주들이 승려에게 준 상주물을 서로 넘나들며 쓰지는 않았는데, 후에 승당을 지으며 승려들의 공물을 엇바꾸어 쓰다가 아직 충당하지 못하였기에 괴로움을 받으며 여기에까지 이르렀습니다." 하였다. 지 선사가 이르기를 "어떤 방편을 쓰면 고통을 면할 수 있겠습니까?" 하자 수옹이 이르기를 "원하건대 자비로운 마음으로 승당을 다시 매각하여 대중의 공양물에 원만히 충당하여 주십시오." 하였다. 지 선사가 "아주 오래된 일이라 무엇으로써 증명이 되겠습니까?" 하니 "당시 생각으로는 조성하는 일을 마치고는 곧 채워넣으려 하였는데 느닷없이 죽게 되었습니다. 일찍이 깨어진 대바구니에 단월의 명목을 넣어 창고의 벽장 위에 놓아두었는데 다행이라면 지금까지 있을 것입니다." 하였다. 다음날 대중을 모아 창고의 벽장에 이르니 대장이 과연 있었다. 의발과 승당을 경매하여 하나하나 빠짐없이 충당하게 하였더니 5년 만에 충족되었다. 후에 꿈을 꾸니 수옹이 와서 사례하며 "선사의 힘을 입어 다행히 지옥의 고통을 면하고 사람으로 태어남을 얻어 3생 뒤에는 다시 승려가 될 것입니다." 하였다.

이로 보건대 승려의 공양물을 이용하여 승당의 방을 짓고는 돌려주려 하였으나 그렇게 하지 못하였음에도 오히려 이와 같은 과보를 받거늘, 지금에 인과를 무시하는 자가 재물과 이익됨을 넘나들며 사용하고 심지어 상주물을 도둑질하여 자기의 소유로 삼는다면 어떻게 되겠는가. 저 밝은 눈을 가진 자도 오히려 고통스러운 과보를 받거늘, 하물며 갖가지 번뇌에 속박된 사람이 삼보의 상주물을 취하여 사사로이 쓴 죄는 어찌 벗어나겠는가.

또 동산 연공은 행업이 고결하였는데, 동산으로부터 오봉으로 옮겨와서 부젓가락이 동산의 방장에서 사용하던 것과 같음을 보고는 마침내 그의 권속에게 이르기를 "동산 방장의 물건이 아닌가?" 하니 권속이 이르기를 "그렇습니다. 피차가 상주물이기에 이익되고 해됨이 없을 것 같기에 가지고 왔습니다." 하였다. 선사께서 이르기를 "너희들은 아는 바가 없으니 어찌 인과에 엇바꾸어 사용한 죄가 있음을 알겠는가." 하며 급히 돌려보내게 하였다.

● 목숨을 구한 과보를 밝히다

『수신기』에서 말하였다. "수현의 사수 옆에 단사구가 있다. 예전에 수현의 제후가 외출하다 큰 뱀이 소치는 아이에게 상처를 입는 것을 보고는 그 영묘함을 이상하게 여기고 약을 발라주었더니 뱀이 이에 가버렸는데, 그로 인해 그 언덕을 그렇게 이름한 것이다. 1년 남짓 후에 뱀이 구슬을 머금고 와서 보답하였는데, 그 구슬은 직경이 1촌 남짓으로 순백색이었으며 밤중에도 빛이 나서 1백 리를 밝힐 수 있었기에 '수후주'라 일컫고 또한 '야광주' 또는 '영사주'라 일컬었다."

● 말이 많으면 실수가 있음을 경계하다

옛사람이 시로 말하였다. "만약 세 산의 상무 쑥이 아니면 천 년을 태워도 나는 죽지 않으리다. 제 입으로 비방을 내뱉는 것은 도리어 스스로를 죽이는 일이니, 입을 다물고 솥 속에서 삶기는 것만 못하다."

또한 『이원』에서 이르기를, "동오의 손권 때 어떤 이가 산에 들어가다 큰 거북이와 마주치자 곧 그것을 묶어 돌아왔는데 사람의 말을 해내며 이르기를 '좋지 못한 때에 노닐다 그대에게 잡혔구나.'라고 하였다. 사람들이 매우 괴이하게 여기고는 싣고 나와서 오왕에게 바치려 하였는데, 밤에 월리에 머무르며 배를 큰 뽕나무에 매어 두었더니, 밤중에 나무로부터 소리가 나서 거북이를 부르며 이르기를 '거북아! 수고스럽겠구나. 너는 아무 일 없느냐?' 하였다. 거북이 이르기를 '이제 잡혔으니 바야흐로 삶겨질게다. 비록 남산의 땔나무를 다 태우더라도 나를 문드러지게 하지 못하겠지만 제갈씨의 원손은 박식하니 필시 고통을 맛보게 될 것이다.' 하므로 나무가 이르기를 '만약 구원하고자 하면 나와 같은 무리는 어떻게 계책을 내면 되겠는가?' 하기에 거북이 이르기를 '많은 말을 하지 말라. 재앙이 장차 네게 미칠 것이다.' 하므로 나무가 조용히 멈춰 있었다. 이윽고 도착하자 손권이 명을 내려 거북을 삶게 하며 1만 수레의 땔나무를 살랐으나 오히려 전과 같다고 말하였다. 제갈각이 이르기를 '여러 해 묵은 뽕나무를 베어다 거북을 삶으면 이내 익힐 것입니다.'라 하니 거북을 바쳤던 자도 거북이 나무와 함께 하던 말을 이야기하거늘 손권이 명을 내려 뽕나무를 베어다 거북을 삶게 하자 이내 문드러졌다."라고 하였다.

또 한 글귀가 있으니. "세상에서 공덕과 명예를 바라는 자들은 나무와 기러기의 일을 살펴보고, 하릴없이 앉아 담소나 하는 이들은 뽕나무와 거북의 일을 거울삼을 지니라."

치문경훈

주석: 나무는 재목됨으로 벌목되고, 기러기는 울지 않음으로 죽음에 이른다. 『장자』를 보라.

● 글씨를 아낀 이익을 밝히다

송나라 왕기공의 아버지는 글자가 쓰인 종이가 땅에 떨어진 것을 보면 반드시 거두어들여 향물로 씻은 다음에 그것을 불살랐다. 하루저녁 꿈에 옛 성인께서 등을 어루만지며 이르기를 "너는 내 글씨가 쓰인 종이를 공경하고 중히 여김에 매우 부지런하더구나. 한스러운 것은 네가 늙어 성취할 수 있을 만한 것이 없다는 것이다. 다른 날 응당 증삼으로 하여금 너의 집안에 태어나게 하여 문중을 크게 선양토록 하겠다."라 하였다. 얼마지 않아 과연 한 아들을 낳아 왕삼이라 이름하였다. 약관에 장원으로 급제하니 그가 곧 기공이다. 이로써 추측해 보건대 글자가 있는 종이는 버리거나 던져놓아 밟게 해서는 안 된다. 게송에 말하였다.

이 세간의 모든 문자   장경과도 같을지니,
보는 자는 모름지기   불속에다 던지거나,
맑은 물속 버리거나   땅속에다 파묻으면,
그대에게 오는 복락   영원토록 지속되리.

● 절을 지은 복을 드러내다

『인효권선서』에서 말하였다. "옛적에 유위불이 6만 2천 비구와 함께 산을 나와서 부왕의 나라로 돌아가니 왕이 성 밖에 땅을 떼어 집을 세우고 모든 비구들을 거처하게 하였다. 어떤 한 비구가 좌우의 인가에 말하여 품을 사서 집을 짓고자 하였으나 남자가 허락하지 않았는데, 그 집의 노모가 손수 스스로 절을 지음에 집이 완성되자 열 손가락이 모두 뚫어졌다. 비구가 그 가운데 앉아 선정에 들어가니 하루 저녁에는 화광삼매에 들어 집에 큰불이 나타나는지라, 노모가 그것을 바라보고 생각하며 말하기를 '집을 지은 지 얼마 되지 않아 불이 나니 어찌 이리도 박복한가!' 하였다. 달려와서 보았더니 예전과 같았고 단지 불빛 가운데 비구가 보이기에 매우 기뻐하였으며, 목숨이 다해서는 하늘에 태어났다.

"석가께서 성불하자 천상의 명이 아직 다하지 않았지만 내려와서 부처님에게 말씀 드리기를 '내일은 부처님과 스님들에게 공양을 바치겠습니다.' 하니 부처님께서 묵묵히 그것을 받아 들였다. 익왕이 또 사람을 보내 부처님을 청하자 부처님께서 '이미 하늘의 청함을 받았습니다.' 하므로 왕이 스스로 생각하며 이르기를 '하늘사람이 내려와 베푸는 것을 아직 보지 못했는데 어찌된 연고로 이 같은 일이 있는가?' 하였다. 다음날 사람을 보내 기다리게 하였으나 공양을 베푸는 것이 보이지 않았다. 해가 정오에 가까웠지만 여전히 고요하므로 왕이 칙령을 내려 음식을 마련하게 하고는 '만약 그 사람이 없으면 내가 응당 부처님을 공양하리다.'라고 하였다. 정오가 되어 하늘사람이 도착하였으나 음식을 가져오지 않고 다만 하늘여인들을 거느리고 모든 음악을 연주하며 부처님께 예배하고는 머무르며 아뢰기를 '시간이 되었습니다.' 하며 곧 수건을 들자 모든 일들이 자연히 갖추어졌다. 물로 깨끗이 하기를 마치고는 손을 드니 요리를 드러나서 온갖 맛깔스러운 음식과 감로수가 저절로 땅에 있게 되어 손수 적절히 처리하니 대중들이 모두 만족해 하였다. 왕이 보고는 놀랍고 이상하게 여겨 부처님에게 아뢰기를 '이 여인은 무슨 복으로 이러합니까?' 하니 부처님이 왕에게 전생에 비구를 위해 손수 집을 지은 이야기를 해주었다. 이로부터 하늘에 태어나 91겁 동안 손에서 모든 물건이 나왔으며, 그러고도 복락은 여전히 끝나지 않았다."

2

계고

稽 古

●

● 得髓得皮[11]

達磨住少林經九年, 欲返天竺, 乃謂門人曰: "時將至矣, 盍各言所得?" 道副曰: "不執文字, 不離文字, 以爲道用." 曰: "汝得吾皮." 摠持曰: "我今所解, 如慶喜見阿閦佛國, 一見不再見." 曰: "汝得吾肉." 道育曰: "以我見處, 無一法可得." 曰: "汝得吾骨." 最後慧可出禮三拜, 依位而立. 曰: "汝得吾髓."

● 一麻一麥[12]

『瑞應本起經』云: "菩薩取草布地叉手閉目, 一心誓言: 『使吾於此肌骨枯腐, 不成佛終不起.』天神進食不受, 天令左右自生麻麥, 菩薩日食一麻一麥,[13] 端坐六年."

● 飛錫點基[14]

舒州 潛山, 世稱奇絶而山麓尤勝. 誌公與白鶴道人爭居之, 共奏梁 武帝, 帝使二人各以物誌之, 先得者居之. 於是道人先放白鶴, 誌公次飛錫杖,[15]

錫先卓立, 甘泉湧出, 誌公結庵安居. <u>王陽明</u>詩曰:

　　險夷元不滯胸中, 何似浮雲過太空?

　　夜靜海濤三萬里, 月明飛錫下天風.

　　<u>黃梅泉</u>題<u>順天</u> <u>仙巖寺</u>詩曰:

　　幽壑鍾聲自宇寰, 燈燈遂現百年間. 飛空試卓泉根錫, 度世聊探樹裡環.

　　半榻晝明花綴牖, 九霄雲盡月籠山. 向平華髮秋無數, 願乞金丹一粒還.

● 錫杖解虎

<u>齊僧慧稠</u>在<u>懷州</u> <u>王屋山</u>聞虎鬪, 以錫杖解之. 因成頌曰:"本自不求名, 剛被名求我. 岩前解兩虎, 障却第三果."

　　又<u>曇詢</u>因山行見兩虎相鬪, 累日不歇, 遂執錫分之, 因語曰:"同居林藪, 計豈大乖? 幸各分路." 於是兩虎低頭受敎而去. 詩曰:"窓前錫杖解兩虎, 床下鉢盂藏一龍."

　　　　　　　　　　　　　　　　　　　　『緇門警訓』終.

● 골수를 얻고 껍질을 얻다

달마가 소림에 머무르며 9년을 지내고는 천축으로 돌아가려 하며 문인들에게 말하기를 "때가 장차 도래하려 하니 어찌 각각 얻은 바를 말하지 않으려는가?" 하였다. 도부가 이르기를 "문자를 고집하지도 않고 문자를 여의지도 않고, 그렇게 하여 도의 쓰임으로 여길 뿐입니다."라 하였더니 "너는 나의 껍질을 얻었도다." 하였다. 총지가 이르기를 "제가 지금 깊이 아는 바는 그 기쁘기가 마치 아축불의 나라를 본 것과 같은데, 한 번 보고는 다시 보지 않나이다."라 하였더니 "너는 나의 살을 얻었도다." 하였다. 도육이 이르기를 "내가 본 곳으로는 한 법도 얻을 만한 것이 없습니다." 하였더니 "너는 나의 뼈를 얻었도다." 하였다. 최후로 혜가가 나아가 삼배로 예를 하고 자리에 의지해 서 있거늘, 이르되 "너는 나의 골수를 얻었도다." 하였다.

● 한 알의 마와 한 알의 보리
『서응본기경』에서 말하였다. "보살이 풀을 베어다 땅에 깔고 차수한 채 눈을 감고는 한 마음으로 맹세하여 말하기를 '나는 이 자리에서 살과 뼈가 마르고 썩더라도 성불하지 못하면 끝내 일어서지 않으리다.' 하였다. 천신이 음식을 드려도 받지 않으니 하늘이 그 주위로 하여금 저절로 삼과 보리가 생겨나게 하므로 보살이 하루에 마 한 알과 보리 한 알을 먹으며 단정하게 6년을 앉아 있었다."

● 석장을 날려 터를 잡다
서주의 잠산은 세상에서 일컫기를 기묘하여 절경이라 하는데 산기슭이 더욱 빼어나다. 지공이 백학도인과 더불어 그곳을 점거하고자 다투다가 함께 양나라 무제에게 주청을 올리니 무제가 두 사람으로 하여금 각기 물건을 써서 그곳에 표식을 하여 먼저 하는 자가 그곳에 거처하게 하였다. 그리하여 도인이 먼저 흰 학을 풀어놓자 지공은 그 다음에 석장을 날리니 석장이 먼저 우뚝 세워지면서 감미로운 샘이 솟아나오는지라 지공이 암자를 짓고 안거하였다. 왕양명의 시에 말하였다.

험난하고 평탄함은 맘에 걸림 없다 하니,
뜬 구름이 허공 가듯 그와 아니 흡사한가.
고요한 밤 바다 물결 삼만 리에 뻗쳤는데,
달은 밝아 날던 석장 바람결에 떨어진다.

황매천이 순천 선암사를 표제로 하여 쓴 시에서 말하였다.

그윽한 골 종소리는 스스로가 삼천대천,
밝은 등불 등불마다 일백 년을 빛을 낸다.

허공 날려 시험 삼아
이 세상을 제도함에
걸상머리 나앉으니
하늘구름 걷히더니
저 향평의 꽃머리는
원하건대 금단 한 알

샘 근원에 석장 두니,
그저 숲속 옥 찾는다.
낮은 밝고 꽃은 얽혀,
달은 산을 에워싸다.
해마다에 셀 수 없어,
얻어 지녀 돌아가리.

● 석장으로 호랑이를 화해시키다

제나라 승려 혜조가 회주 왕옥산에 있을 때 호랑이가 싸우는 소리를 듣고는 석장으로 말렸다. 그로 인연하여 송을 지어 말하였다. "본디 스스로 명예를 구하지 않음에, 명예가 억지로 나를 구하는구나. 바위 앞에서 두 호랑이의 싸움을 말리니, 장애 되어 제3과를 물리치게 되었다."

또 담순이 산행을 하다 두 호랑이가 서로 싸우며 여러 날이 되도록 쉬지 않기에 마침내 석장을 집어다 그들을 갈라놓으며 말하기를 "숲속에서 함께 살면서 어찌 크게 어긋나고자 하는가? 각기 길을 나누어 가라." 하였더니 두 호랑이가 머리를 숙여 가르침을 받고는 떠났다. 시로써 말하였다. "창 앞의 석장으로 두 호랑이를 화해시키고, 침상 아래 발우로는 한 마리 용을 갈무려두다."

『緇門警訓』終.

사기
(私記)

1 **夜叉** : 범어 Yakṣa를 소릿말적기한 것으로 원래의 뜻은 '놀랍고 이상한 출현'이다. 인도신화에서 이 야차는 재보나 부를 축적하는 반신(半神)으로 표현되어 은혜를 사람들에게 아낌없이 베푸는 이미지를 갖고 있으며, 그 왕은 '꾸베라'로 되어 있다. 불교에 들어와서 꾸베라는 비사문천왕이 되고 야차는 그 권속으로 불법을 수호하는 팔부신중의 하나가 된 것이다. 야차가 두려운 면을 갖고 있다는 것은 확실하나 두려운 귀신으로 정착한 것은 언제부터인지 확실치 않은데, 생김새가 추하고 잔인·혹독한 귀신이었으나 불법에 귀의하여 비사문천왕의 휘하에서 북방을 수호하는 수문장의 역할을 담당하게 되었다 한다.

2 **超夜叉之難** : 성총본 『치문』 가운데 "明理三寶功高歸之益大"의 "信士超夜叉之難"에 대한 주석 내용이다.

3 **戒互用之罪** : 성총본 『치문』 가운데 "天台圓法師懺悔文"의 "三寶資緣多互用"에 대한 주석 내용이다.

4 **辨救命之報** : 성총본 『치문』 가운데 "雲峯悅和尙小參"의 "各各自謂握靈蛇之寶"에 대한 주석 내용이다.

5 **警多言之失** : 성총본 『치문』 가운데 "慈受禪師示衆箴規"의 "千古令人笑不休"에 대한 주석 내용이다.

6 **見莊子** : 『장자(莊子)』 "외편(外篇)" 산목(山木) 제20 "莊子行於山中, 見大木枝葉盛茂, 伐木者止其旁而不取也. 問其故, 曰: '无所可用.' 莊子曰: '此木以不材得終其天年!' 夫子出於山, 舍於故人之家. 故人喜, 命豎子殺雁而烹之. 豎子請曰: '其一能鳴, 其一不能鳴, 請奚殺?' 主人曰: '殺不能鳴者.' 明日弟子問於莊子曰: '昨日山中之木, 以不材得終其天年; 今主人之雁, 以不材死. 先生將何處?' 莊子笑曰: '周將處夫材與不材之間. 材與不材之間, 似之而非也, 故未免乎累. 若夫乘道德而浮遊則不然. 无譽无訾, 一龍一蛇, 與時俱化, 而无肯專爲. 一上一下, 以和爲量, 浮遊乎萬物之祖. 物物而不物於物, 則胡可得而累邪! 此神農黃帝之法則也. 若夫萬物之情, 人倫之傳則不然. 合則離, 成則毀, 廉則挫, 尊則議, 有爲則虧, 賢則謀, 不肖則欺, 胡可得而必乎哉! 悲夫! 弟子志之, 其唯道德之鄉乎!'"

7 **明惜字之益** : 성총본 『치문』 가운데 "登廁規式"의 "盖尊重字畫, 不忍狼籍, 況書臭廁中, 豈不折福."에 대한 주석 내용이다.

8 **彰建屋之福** : 성총본 『치문』 가운데 "鐵鉢賦"의 "比自然之天供何別"에 대한 주석 내용이다.

9 **行水** : 결재(潔齋)를 위해 깨끗한 물로 몸을 닦아 깨끗하게 하는 것이다. 또는 식사 후 바릿대와

손을 닦는 것을 가리키기도 한다.

10 **九十一劫**:『백연경(百緣經)』에서 "過去維衛佛遺法之中, 有一人, 行到塔上, 見有萎花, 塵土汚坌, 卽取拂塵, 還用供養, 以是因緣, 九十一劫, 不墮惡道, 常生人天, 身體柔軟, 顏色鮮澤, 財富無量, 有大威德."이라 하였으며, 같은 경전에서 "過去毘婆尸佛滅後, 遺法之中, 有一人, 入佛塔中, 以栴檀香燒之, 供佛舍利, 以是因緣, 九十一劫, 生人天中, 容貌端正, 身諸毛孔出栴檀香."이라 하였으며, 또한 같은 경전에서 "兄弟百人, 投佛出家, 一時俱得阿羅漢果. 大衆見已, 問佛宿因, 佛言 過去毘婆尸佛滅後, 有王起塔, 安佛舍利而供養之, 時有同邑一百餘人, 作諸伎樂, 供養彼塔, 以此因緣, 九十一劫, 得生人天, 受福快樂."이라 하였다.

11 **得髓得皮**: 성총본『치문』가운데『賾禪師誡洗麵文』의 "但願糸禪得髓"에 대한 주석 내용이다.

12 **一麻一麥**: 성총본『치문』가운데『賾禪師誡洗麵文』의 "一麻一麥"에 대한 주석 내용이다.

13 **日食一麻一麥**:『석가여래행적송(釋迦如來行蹟頌)』에서 "王聞益憂惱, 擇遣五人侍, 一日食一麻, 七日食一麥; 三人不耐苦, 棄捨便他去, 二人侍左右, 六年無改心."이라 하였으며, 그 주석에서 "太子靜坐苦行林中, 守戒, 日食一麻一麥, 七日食一麻米, 設有乞者, 亦以施之. 五人相從旣久, 難堪其苦, 三人捨去."라 하였다.

14 **錫杖解虎**: 성총본『치문』가운데 "錫杖賦"의 "解虎競兮未須勢力"에 대한 주석 내용이다.

15 **飛錫杖**: 승려의 여행 또는 행각에 대한 미칭이기도 하며 흔히 포교를 위해 다님을 말하기도 하니, 당나라 은봉(隱峰) 선사가 석장을 허공에 날리고는 그것을 타고 갔다는 고사에서 연유한다.

참고서적

1. 원전류

- 『精選懸吐 치문경훈』釋震湖 編. 서울 法輪社. 1981.
- 『緇門警訓』開成禪寺. 中國 臺灣. 1994. : 淸 光緖 18년에 판각 발행한 揚州 藏經院 소장 목판본을 1993년 臺灣 開成禪寺에서 다시 영인 출판한 것.
- 『緇門警訓』: 『新修大藏經』제48권에 수록된 10권본.
- 『緇門警訓』佛光寺. 中國 臺灣. 1994. : 『禪藏』제38권에 수록된 10권본.
- 『緇門警訓註』: 『한국불교전서』제8책에 수록된 釋性聰 註 3권본.

2. 번역류

- 『정선현토 치문』釋呑虛 譯. 서울 敎林. 1985년 재판.
- 『치문경훈』李一影 譯. 서울 寶蓮閣. 1983년 초판.
- 『치문경훈』韓定燮·鄭智徹 譯註. 서울 法輪社. 1988년 재판.
- 『치문경훈』釋巨芙 譯註. 修德寺僧伽大學. 1999년 재판.
- 『치문경훈』: 法藏 스님이 원문과 각주를 筆寫하고 그 번역을 倂記하여 한 권의 책으로 정리한 필사본.

3. 사기류

- 『緇門Ⅰ-Ⅳ』筆寫者 미상 : 雲門寺 학인으로 알려짐.
- 『緇門私記』釋智冠 編著. 海印寺講院. 1963년 프린트물.
- 『精選緇門警訓註解』釋宗眞 編著. 海印寺講院. 1966년 프린트물, 1993년 활자 초판.
- 『蝦蟆記』筆寫者 미상 : 동국대학교 소장 私記本을 월운 스님이 '蝦蟆記'라 이름한 것.

찾아보기

치문경훈 緇門警訓

ⓒ 현진, 2023

2023년 6월 26일 초판 1쇄 발행

옮긴이 현진
발행인 박상근(至弘) • 편집인 류지호 • 상무이사 김상기 • 편집이사 양동민
책임편집 김소영 • 편집 김재호, 양민호, 최호승, 하다해 • 디자인 쿠담디자인
제작 김명환 • 마케팅 김대현, 이선호 • 관리 윤정안
콘텐츠국 유권준, 정승채
펴낸 곳 불광출판사 (03169) 서울시 종로구 사직로10길 17 인왕빌딩 301호
　　　　대표전화 02) 420-3200 편집부 02) 420-3300 팩시밀리 02) 420-3400
　　　　출판등록 제300-2009-130호(1979. 10. 10.)

ISBN 979-11-92997-37-7 (03220)

값 50,000원